SCHILLERS WERKE

NATIONALAUSGABE

Begründet von

JULIUS PETERSEN

Fortgeführt von

LIESELOTTE BLUMENTHAL
und
BENNO VON WIESE

Herausgegeben im Auftrag der
Nationalen Forschungs- und Gedenkstätten
der klassischen deutschen Literatur
in Weimar (Goethe- und Schiller- Archiv)
und des Schiller-Nationalmuseums
in Marbach von

NORBERT OELLERS
und
SIEGFRIED SEIDEL

ZWEITER BAND
TEIL II A
GEDICHTE
(ANMERKUNGEN ZU BAND 1)

1991

VERLAG
HERMANN BÖHLAUS NACHFOLGER
WEIMAR

SCHILLERS WERKE

NATIONALAUSGABE

ZWEITER BAND
TEIL IIA

GEDICHTE

(ANMERKUNGEN ZU BAND 1)

Herausgegeben von
Georg Kurscheidt und Norbert Oellers

1991

VERLAG
HERMANN BÖHLAUS NACHFOLGER
WEIMAR

CIP-Titelaufnahme der Deutschen Bibliothek

Schiller, Friedrich:
[Werke]
Schillers Werke / begr. von Julius Petersen. Hrsg. im Auftr. der Nationalen Forschungs- und Gedenkstätten der Klassischen Deutschen Literatur in Weimar (Goethe- und Schiller-Archiv) und des Schiller-Nationalmuseums in Marbach von Lieselotte Blumenthal und Benno von Wiese. – Nationalausg. – Verlag Hermann Böhlaus Nachfolger Weimar
1991
   Teilw. hrsg. von Julius Petersen und Hermann Schneider. – Teilw. hrsg. von Norbert Oellers und Siegfried Seidel. – Literaturangaben
ISBN 3-7400-0031-7
NE: Blumenthal, Lieselotte [Hrsg.]; Oellers, Norbert [Hrsg.]; Petersen, Julius [Begr.]; Schiller, Friedrich: [Sammlung]

Nationalausg.
Bd. 2.
   Teil 2. Gedichte.
      A. (Anmerkungen zu Band 1) / hrsg. von Georg Kurscheidt und Norbert Oellers. – 1991
ISBN 3-7400-0139-9
NE: Kurscheidt, Georg [Hrsg.]

ISBN 3-7400-0031-7
Bd. 2 II A   ISBN 3-7400-0139-9

Erschienen im Verlag Hermann Böhlaus Nachfolger Weimar GmbH & Co.
© 1991 by Verlag Hermann Böhlaus Nachfolger Weimar GmbH & Co.

Alle Rechte vorbehalten. Ohne schriftliche Genehmigung des Verlages ist es nicht gestattet, das Werk unter Verwendung mechanischer, elektronischer und anderer Systeme in irgendeiner Weise zu verarbeiten und zu verbreiten. Insbesondere vorbehalten sind die Rechte der Vervielfältigung – auch von Teilen des Werkes – auf photomechanischem oder ähnlichem Wege, der tontechnischen Wiedergabe, des Vortrags, der Funk- und Fernsehsendung, der Speicherung in Datenverarbeitungsanlagen, der Übersetzung und der literarischen oder anderweitigen Bearbeitung.

Printed in Germany
Satz und Druck: Druckhaus Köthen GmbH
Bindearbeiten: „Maxim Gorki"-Druck GmbH, Altenburg
L.-Nr. 2709

GEDICHTE

Anmerkungen

Vorbemerkung

Die Anmerkungen zu den in den Bänden 1 und 2 I dieser Ausgabe vorliegenden Gedichten Schillers sollten lange Zeit in einem einzigen Buch erscheinen, der den Umfang des vorliegenden Teilbandes nicht hätte überschreiten dürfen. Der Band sollte zunächst Nachträge (zu den Texten) liefern und dann eine längere Einleitung bieten, in der die Geschichte der Schillerschen Lyrik (Entstehungs-, Publikations- und Wirkungsgeschichte) und die Eigenarten des Lyrikers Schiller dargestellt werden. Ein Verzeichnis der für die Anmerkungen benutzten Literatur, zusammenfassende Erläuterungen zu mythologischen Begriffen und verschiedene Register sollten den Band beschließen.

Während der Arbeit an dem Band schwollen die Anmerkungen dermaßen an, daß sie den ursprünglich geplanten Umfang um ein Mehrfaches übertrafen. Auch nach Kürzung des Materials (um etwa die Hälfte) waren die Bearbeiter von dem Ziel, es mit einem Band genug sein zu lassen, weit entfernt. Die Herausgeber haben daher darauf gedrängt, den Anmerkungsband 2 II zu teilen (in 2 II A und 2 II B).

Nach der Entscheidung für die Teilung des Bandes hielten es die Herausgeber für zweckmäßig, die zusammenfassende Darstellung über Schillers Lyrik, die sich auf Band 1 und Band 2 I bezieht, an den Schluß des Bandes 2 II B zu setzen, und zwar zwischen die Nachträge (die nun den Anmerkungen folgen) und das Literaturverzeichnis. Durch diese Verschiebung wird auch die Bemühung begünstigt, die beiden Teilbände auf einen ungefähr gleichen Umfang zu bringen. Aus denselben Gründen wird ein Stichwortverzeichnis zu den „Tabulae votivae" und „Xenien" erst im Schlußband erscheinen.

Herausgeber und Bearbeiter danken dem Verlag für sein Entgegenkommen, ohne das die Teilung des Bandes nicht möglich gewesen wäre.

Münster/Bonn/Weimar, im April 1989.

*Verzeichnis der
Siglen und Abkürzungen*

H:	*Handschrift (Original).*
h:	*Abschrift von fremder Hand.*
bH:	*Abschrift von fremder Hand mit Eintragungen Schillers.*
KH:	*eigenhändige Korrekturen und Ergänzungen Schillers.*
E:	*der erste Druck.*
EH:	*eigenhändige Korrekturen und Ergänzungen in E.*
D:	*spätere Drucke, soweit sie für die Textgeschichte wichtig sind.*

GSA:	*Goethe- und Schiller-Archiv Weimar.*
SNM:	*Schiller-Nationalmuseum Marbach.*
SNM (Cotta):	*Cotta'sche Handschriftensammlung im Schiller-Nationalmuseum Marbach (Stiftung der Stuttgarter Zeitung).*
SBPK:	*Staatsbibliothek Preußischer Kulturbesitz Berlin (West).*

BA:	*Schiller. Sämtliche Werke in zehn Bänden. Berliner Ausgabe. Hrsg. von Hans-Günther Thalheim und einem Kollektiv von Mitarbeitern. Berlin und Weimar 1980 ff. – Bd 1: Gedichte. Bearbeitet von Jochen Golz. Berlin und Weimar 1980.*
NA:	*Schillers Werke. Nationalausgabe. Im Auftrag des Goethe- und Schiller-Archivs, des Schiller-Nationalmuseums und der Deutschen Akademie hrsg. von Julius Petersen† und Gerhard Fricke. Bd 1. Weimar 1943. – Im Auftrag des Goethe- und Schiller-Archivs und des Schiller-Nationalmuseums hrsg. von Julius Petersen† und Hermann Schneider. Bd 3, 5, 8, 9, 13, 14, 16, 22, 23, 27. Weimar 1948–1958. – Begründet von Julius Petersen. Hrsg. im Auftrag der Nationalen Forschungs- und Gedenkstätten der klassischen deutschen Literatur in Weimar (Goethe- und Schiller-Archiv) und des Schiller-Nationalmuseums in Marbach von Lieselotte Blumenthal und Benno von Wiese. Bd 6, 7 I, 11, 17, 18, 20, 21, 25, 28, 29, 30, 35, 36 I, 36 II, 38 I, 42. Weimar 1961–1979. – Begründet von Julius Petersen. Fortgeführt von Lieselotte Blumenthal und Benno von Wiese. Hrsg. im Auftrag der Nationalen Forschungs- und Gedenkstätten der klassischen deutschen Literatur in Weimar (Goethe- und Schiller-Archiv) und des Schiller-Nationalmuseums in Marbach von Norbert Oellers und Siegfried Seidel. Bd 2 I, 4, 7 II, 10, 12, 24, 31, 32, 33 I, 34 I, 37 I, 37 II, 39 I, 40 I. Weimar 1980–1990.*
SA:	*Schillers Sämtliche Werke. Säkular-Ausgabe in 16 Bänden. In Verbindung mit Richard Fester u. a. hrsg. von Eduard von der Hellen. Stuttgart und Berlin [1904/1905]. – Bd 1: Gedichte I. Mit Einleitung und Anmerkungen von Eduard*

SIGLEN UND ABKÜRZUNGEN 9

	von der Hellen. – Bd 2: Gedichte II. Erzählungen. Mit Einleitungen und Anmerkungen von Eduard von der Hellen und Richard Weißenfels.
WA:	*Goethes Werke. Hrsg. im Auftrage der Großherzogin Sophie von Sachsen [Weimarer Ausgabe]. [I. Abtheilung.] Bd 1–55. – II. Abtheilung: Goethes Naturwissenschaftliche Schriften. Bd 1–13. – III. Abtheilung: Goethes Tagebücher. Bd 1–15. – IV. Abtheilung: Goethes Briefe. Bd 1–50. Weimar 1887 bis 1919.*
ALG:	*Archiv für Litteraturgeschichte. Hrsg. von Richard Gosche [Bd 3 ff. von Franz Schnorr von Carolsfeld]. Bd 1–15. Leipzig 1870–1887.*
ALZ:	*Allgemeine Literatur-Zeitung. [Hrsg. von Christian Gottfried Schütz und Gottlieb Hufeland.] Jena 1785–1803 [Fortsetzung Halle 1804–1849].*
Gedichte 1:	*Gedichte von Friederich Schiller. Erster Theil. Leipzig, 1800./ bey Siegfried Lebrecht Crusius.*
Gedichte ²1:	*Gedichte von Friederich Schiller. Erster Theil. Zweite von neuem durchgesehene Auflage. Leipzig, 1804. / bei Siegfried Lebrecht Crusius.*
Gedichte 2:	*Gedichte von Friederich Schiller. Zweyter Theil. Leipzig bey Siegfried Lebrecht Crusius 1803.*
Gedichte ²2:	*Gedichte von Friederich Schiller. Zweiter Theil. Zweite, verbesserte und vermehrte Auflage. Leipzig, 1805. / bei Siegfried Lebrecht Crusius.*
JbGG:	*Jahrbuch der Goethe-Gesellschaft. Im Auftrage des Vorstandes hrsg. von Hans Gerhard Gräf [Bd 10 ff. von Max Hecker]. Bd 1–21. Weimar 1914–1935.*
RB:	*Schwäbischer Schillerverein Marbach-Stuttgart. 1.–43. Rechenschaftsbericht über die Jahre 1895–1939. 1.–26. RB: Marbach a. N. 1897–1922. – 27.–43. RB: Stuttgart 1925 bis 1939.*

*

erg.:	*ergänzt.*
gestr.:	*gestrichen.*
Jg.:	*Jahrgang.*
mhd.:	*mittelhochdeutsch.*
ü. d. Z.:	*über der Zeile.*
V.:	*Vers.*
verb.:	*verbessert.*
Wz.:	*Wasserzeichen.*
Z.:	*Zeile.*

VORBEMERKUNGEN ZU DEN ERLÄUTERUNGEN

Umfang und Art der Erläuterungen richten sich nach den unterschiedlichen Erfordernissen der einzelnen Gedichte, nicht nach einem festen Muster.

Die Hinweise auf spezielle Forschungsliteratur müssen ergänzt werden durch die Bibliographien: Wolfgang Vulpius: Schiller-Bibliographie 1893 bis 1958. Weimar 1959; 1959–1963. Berlin und Weimar 1967; Peter Wersig: Schiller-Bibliographie 1964–1974. Berlin und Weimar 1977; Roland Bärwinkel/Natalija I. Lopatina/Günther Mühlpfordt: Schiller-Bibliographie 1975 bis 1985. Berlin und Weimar 1989; Paul Raabe/Ingrid Bode: Schiller-Bibliographie 1959–1961. In: Jahrbuch der Deutschen Schillergesellschaft 6 (1962). S. 465 bis 553; Ingrid Bode: Schiller-Bibliographie 1962–1965. In: Ebd. 10. 1966. S. 465–502; 1966–1969. In: Ebd. 14. 1970. S. 584–636; 1970–1973. In: Ebd. 18. 1974. S. 642–701; 1974–1978. In: Ebd. 23. 1979. S. 549–612; 1979–1982. In: Ebd. 27. 1983. S. 493–551; Ingrid Hannich-Bode: Schiller-Bibliographie 1983–1986. In: Ebd. 31. 1987. S. 432–512.

Generell ist für die Einzelstellenerläuterungen auf folgende kommentierende Literatur hinzuweisen: Viehoff, Schillers Gedichte erläutert (zuerst: 1839 bis 1841); Boas, Xenienkampf (1851); Boas, Schiller's und Goethe's Xenien-Manuscript (1856); Boas, Schiller's Jugendjahre (1856); Düntzer, Schillers lyrische Gedichte (zuerst: 1864–1865); Goedeke, Schillers sämmtliche Schriften (1867–1876); Minor, Schiller (1890); Schmidt/Suphan, Xenien 1796 (1893); Weltrich, Friedrich Schiller (1899); Jonas, Erläuterungen (1900); SA 1 (1904), 287–360; SA 2 (1904), 363–406; Boelitz, Schillers Gedichte (1910–1911); Güntter/Witkowski, Schillers Werke (1910–1911) 2, 247–268, 3, 248–269; Weltrich, Schiller auf der Flucht (1923); Müller, Schiller. Ausgewählte Werke 1 (1954), 7–52, 585–674; Mommsen, Anthologie (1973); BA 1 (1980), 590 bis 863.

Auf Literaturhinweise wird aus Raumgründen in der Regel ebenso verzichtet wie auf Bemerkungen zur Rezeption der Gedichte Schillers in der Musik, insbesondere über die Vertonungen einzelner Gedichte. – Vgl. hierzu u. a.: Wurzbach, Schiller-Buch (1859); Brandstaeter, Schiller's Lyrik im Verhältnisse zu ihrer musikalischen Behandlung (1863); Friedlaender, Schillers Gedichte in der Musik (1896); Friedlaender, Das deutsche Lied (1902); Friedlaender, Kompositionen zu Schillers Werken (1905); Riemann, Schiller in der Musik (1905); Blaschke, Schillers Gedichte in der Musik (1905).

Zitate aus Quellen, die Schiller vermutlich angeregt und beeinflußt haben, werden, soweit das möglich ist, Ausgaben entnommen, die Schiller benutzt oder besessen hat. In anderen Fällen wird auf zeitgenössisch verbreitete und auf moderne historisch-kritische oder vergleichbare Ausgaben zurückgegriffen. – Über Schillers Bibliothek und Lektüre informieren u. a.: Boxberger, Schillers Lectüre (1872); Wurzbach, Aus Schillers Bibliothek (1900/01); Schüddekopf, Schillers Bibliothek (1905); Köster, Schillers Handbibliothek (1905/06); Ort-

lepp, Schillers Bibliothek und Lektüre (1915 [auch unter dem Titel „Schillers Bibliothek" (1914)]); Bulling, Schiller als Benutzer der Universitätsbibliothek Jena (1958/59).

Literatur wird in der Regel abgekürzt zitiert; davon ausgenommen sind Quellennachweise in zeitgenössischen Periodica. Vollständige Literaturangaben bieten das „Verzeichnis der abgekürzt zitierten Literatur" und das „Verzeichnis der Siglen und Abkürzungen".

Anmerkungen zur antiken Mythologie sind in der Regel nicht den Einzelstellenerläuterungen, sondern den „Hinweisen zu mythologischen Namen und Begriffen" zu entnehmen.

Auf Parallelen in Themen, Motiven und Wendungen außerhalb der Werke Schillers wird aufmerksam gemacht, wenn sich ein zumindest mittelbarer Einfluß annehmen läßt.

Gelegentlich, vor allem in den frühen Gedichten, erschienen Erläuterungen zu sprachlich schwer verständlichen Stellen notwendig; sie werden auch dann gegeben, wenn sie umstritten bleiben müssen.

Ähnliches gilt für die epigrammatischen Gedichte, insbesondere die „Xenien": Auch dort, wo sich Anspielungen, Bezüge und Hintergründe nicht oder nicht eindeutig klären ließen, wird in der Regel ein Erklärungsversuch angeboten oder – in einigen Fällen – auf die differierenden Ergebnisse der Forschung hingewiesen.

Die Erläuterungen zu den einzelnen Gedichten sollen durch zusammenfassende Abschnitte mit charakteristischen Beispielen für Schillers Reimgebrauch und für bestimmte Sprach- und Stileigenarten entlastet werden; vgl. die Vorbemerkungen zu den Jugendgedichten (unten S. 14–17).

GEDICHTE

ERSTER BAND

ZU DEN JUGENDGEDICHTEN

1. Reim

Schillers Gedichte weisen bis weit in die achtziger Jahre, z. T. noch darüber hinaus, Reime auf, die auf seine schwäbische Mundart zurückgehen und ihm schon unter den Zeitgenossen den Vorwurf eingetragen haben, unrein zu reimen. August Wilhelm Schlegel spottete in einem Epigramm mit dem Titel „Kennzeichen":

> Wenn jemand Schooße reimt auf Rose;
> Auf Menschen, wünschen; und in Prose
> Und Versen s c h i l l e r t: Freunde! wißt,
> Daß seine Heimat Schwaben ist.

(Musenalmanach für das Jahr 1832. Hrsg. von Amadeus Wendt. Leipzig. S. 320.) Schlegel bezieht sich auf „Der Venuswagen" (V. 129/131) und „Die Kindsmörderin" (V. 56/58) sowie „Eine Leichenfantasie" (V. 37/39). Diese und viele andere Reime gelten im Schwäbischen als rein. Die folgende Übersicht stellt zur Veranschaulichung einige Beispiele aus den frühen Gedichten zusammen. Vgl. dazu im einzelnen die Untersuchungen zur Sprache des jungen Schiller von Kasch und Pfleiderer sowie Belling, Die Metrik Schillers (1883), 30–36, 341–396.

â–a	Namen : schwammen *(Der Venuswagen, V. 249/251)*
a–â	man : Kahn *(Die Journalisten und Minos, V. 22/24)*
ä–e	schämen : nehmen *(Bacchus im Triller, V. 56/57)*
ä–i	Bonzenträne : Miene *(Der Venuswagen, V. 17/19)*
	Gesängen : schwingen *(Der Abend, V. 9/11)*
ä–ö	Lächeln : Röcheln *(Trauer-Ode [. . .] Wiltmaister, V. 16/17)*
d–t	baden : Saaten *(Der Abend, V. 24/26)*
	Helden : Welten *(Der Abend, V. 1/3)*
ê–e	Gebete : Wette *(Der Venuswagen, V. 189/191)*
e–i	brennt : Flammenwind *(Die Entzükung / an Laura, V. 27/30)*
	Verschwender : minder *(Das Glück und die Weisheit, V. 5/7)*
e–ö	sehr : Verhör *(Der Venuswagen, V. 202/204)*
ei–eu	steigt : niederbeugt *(Trauer-Ode [. . .] Wiltmaister, V. 33/36)*
g–k	Sarge : Starke *(Trauer-Ode [. . .] Wiltmaister, V. 28/29)*
i–ä	beschimmert : niederdämmert *(Der Abend, V. 35/38)*
	springt : hängt *(An die Parzen, V. 54/56)*
	blinzen : scharwänzen *(Der Venuswagen, V. 49/51)*
i–î	umgriff : entschlief *(Der Venuswagen, V. 110/112)*
	Gewinnst : Dienst *(Der Venuswagen, V. 214/216)*
i–ü	spielt : fühlt *(Der Venuswagen, V. 22/24)*
	Himmel : Weltgetümmel *(Der Abend, V. 5/7)*
	Winden : verkünden *(Der Venuswagen, V. 1/3)*

k–g	Schöpfungswerke : Zwerge *(Roußeau, V. 16/17)*
	rükt : lügt *(Der Venuswagen, V. 134/136)*
ô–o	Zofen : hoffen *(Der Venuswagen, V. 177/179)*
	davon : Silberton *(Der Venuswagen, V. 130/132)*
o–u	Monde : Honigmunde *(Der Venuswagen, V. 61/63)*
	Purpurstrom : Elisium *(Der Abend, V. 39/41)*
ö–ä	Höllengöttin : hätten *(Die Rache der Musen, V. 45/47)*
ö–e	König : wenig *(Die Journalisten und Minos, V. 49/51)*
ö–i	strömen : schwimmen *(Der Abend, V. 82/83)*
s–ss	Frülingsrosen : hingegossen *(Der Abend, V. 40/42)*
s–z	Felsen : wälzen *(Laura am Klavier, V. 27/28)*
t–d	drunter : wunder *(Die Rache der Musen, V. 53/55)*
u–o	brummen : durchkommen *(Kastraten und Männer, V. 102/104)*
	nun : Orgelton *(Laura am Klavier, V. 25/26)*
ü–ä	Sternenbühne : Thräne *(Der Triumf der Liebe, V. 32/33)*
ü–e	rühmen : nehmen *(Bacchus im Triller, V. 58/59)*
ü–i	glühn : Königin *(Der Abend, V. 32/34)*

2. Sprache

Auf andere mundartbedingte Eigenheiten von Schillers Sprache und Orthographie kann in den Erläuterungen nicht im einzelnen eingegangen werden. Ausführlich unterrichten darüber Kasch und Pfleiderer; vgl. auch die Übersicht bei Müller (Schiller. Ausgewählte Werke 1 [1954], 583–584). Einige Beispiele aus den Gedichten bis 1782:

Kurzvokal vor „t" (vgl. *Pfleiderer, 306):* Vätter *(Elegie auf den frühzeitigen Tod Johann Christian Weckerlins, V. 45),* Klaggezetter *([Räuberlied], V. 26);*

Unterdrückung des „e" in „-er-" nach der Diphthongierung von mhd. û, î, iu (vgl. *Pfleiderer, 316):* feyren *(Der Eroberer, V. 107),* Leyr *(Vorwurf / an Laura, V. 45),* Sklavenmauren *(An einen Moralisten, V. 46);*

Unterdrückung des Umlauts, z. B. „u" vor „ck" (vgl. *Pfleiderer, 295):* eingedrukt *(Die Journalisten und Minos, V. 78),* oder innerhalb der Flexion: schlaft *(Trauer-Ode auf den Todt des Hauptmanns Wiltmaister, V. 6);*

anlautendes „g" statt „j" und umgekehrt (vgl. *Pfleiderer, 320–321):* gähen *(Vorwurf / an Laura, V. 34),* Jauner *(Die Journalisten und Minos, V. 86);*

Unterdrückung des Partikels „ge-" im Partizip Präteritum (vgl. *Pfleiderer, 315):* überblieben *(Roußeau, V. 7),* durchkommen *(Kastraten und Männer, V. 104);*

Synkope des „-e-" in der 3. Person Sing. Präs. nach stammauslautendem „d" oder „t" (vgl. *Pfleiderer, 314):* angericht *(Der Venuswagen, V. 158),* hingemordt *(Vorwurf / an Laura, V. 33),* redt *(Die Winternacht, V. 37);*

Übernahme des präteritalen „-e" der schwachen Flexion in die starke (vgl. *Pfleiderer, 281–282):* schlose *(Der Abend, V. 57),* hielte *(Der Venuswagen, V. 111),* gebare *(Roußeau, V. 56);*

einzelne Verbformen wie dörfen *(Todenfeyer am Grabe Philipp Friderich von Riegers, V. 10) oder* weißt *in der 3. Person Sing. Präs. (Der Triumf der Liebe, V. 102; Kastraten und Männer, V. 15; Die Winternacht, V. 40) (vgl. Pfleiderer, 299–300, 375); Adjektivendungen auf „-icht"/„-igt" (vgl. Pfleiderer, 399–400):* rosigten *(Der Venuswagen, V. 127),* krampfigt *(Die Journalisten und Minos, V. 78),* weißlichte *(Die Kindsmörderin, V. 22); Komparativformen wie* gerner *(Vergleichung, V. 19) (vgl. Pfleiderer, 355).*

Abgesehen davon, daß die Orthographie im 18. Jahrhundert allgemein uneinheitlich war, entstehen Schwankungen in der Schreibweise dadurch, daß bestimmte Lautwerte im Schwäbischen zusammenfallen, wie z. B. „e–ö": Schreken *(Der Eroberer, V. 40)* – schröklichmahnend *(Die Kindsmörderin, V. 44); „i–ü":* Gebirg *(Die Herrlichkeit der Schöpfung, V. 2) –* Gebürgen *(An die Sonne, V. 13); „d–(d)t":* Todtentöne *(Elegie auf den frühzeitigen Tod Johann Christian Weckerlins, V. 3) –* Todenfeyer *[...],* tödtet *–* töden *(Der Eroberer, V. 19/20); hierher gehören auch Schreibungen wie* Dinten *(Die Journalisten und Minos, V. 67),* Brode *(ebd., V. 27) u. ä.; gelegentlich findet sich auch „s" für „ß":* heisester *(Der Eroberer, V. 29),* kreisen *(für „kreißen") (Elegie auf den frühzeitigen Tod Johann Christian Weckerlins, V. 116).*

Die Schreibung „k" für „ck" (s. o.) und „z" für „tz" (z. B. Jezt *[Der Abend, V. 9],* Mäze *[Der Venuswagen, V. 40, 53]) entspricht den Forderungen der schwäbischen Grammatiker (vgl. Pfleiderer, 317), ebenso „ai" für „ei" (vgl. Pfleiderer, 283) in Fällen wie* Sail *(Bacchus im Triller, V. 29) oder* faigen *(In einer Bataille, V. 65).*

3. Stil

In stilistischer Hinsicht ist die Sprache in den frühen Gedichten Schillers von Vorbildern, insbesondere von Klopstock, beeinflußt worden. Der jugendliche Dichter suchte nach einer erhabenen Sprache für erhabene Gegenstände, nach einer dynamischen, „großartigen" Sprache für „die gigantischen Proportionen der Gestalten und Bewegungen in seinem riesenhaften Kosmos zwischen höchster Höhe und tiefster Tiefe" (Dyck, Die Gedichte Schillers [1967], 12). Da nicht in jedem Einzelfall darauf hingewiesen werden kann, folgt hier eine Sammlung charakteristischer Beispiele aus den ersten Gedichten. Auf Abhängigkeiten in Themen, Motiven, Bildern und Wendungen, auch von anderen Schriftstellern, wird von Fall zu Fall in den Einzelstellenerläuterungen aufmerksam gemacht. Vollständigkeit ist hierbei nicht angestrebt. Ausführlich informiert darüber Richard Müller, Schillers lyrische Jugenddichtung (1916).

Verwendung des bloßen Dativs statt einer Präpositionalkonstruktion (vgl. Der Eroberer, V. 1, 2; An die Sonne, V. 5–6);

Verwendung des bloßen Akkusativs statt einer Präpositionalkonstruktion (vgl. Der Eroberer, V. 106; Die Herrlichkeit der Schöpfung, V. 2, 47);

ANMERKUNGEN ZU BAND 1   17

Unterdrückung des Artikels (vgl. Der Abend, V. 99; Der Eroberer, V. 26, 40);
transitiver Gebrauch intransitiver Verben (vgl. Der Eroberer, V. 10, 55, 86;
   Hymne an den Unendlichen, V. 11–12, Elisium, V. 23);
Gebrauch des Simplex statt des Kompositums (vgl. Der Abend, V. 76; Der
   Eroberer, V. 52, 92, 95; Der Venuswagen, V. 132; Die Entzükung / an
   Laura, V. 38; Die Herrlichkeit der Schöpfung, V. 18);
Verzicht auf das Reflexionspronomen (vgl. Roußeau, V. 62; Vorwurf / an Laura,
   V. 65; Melancholie / an Laura, V. 21);
Epizeuxis (vgl. Der Eroberer, V. 7, 73–76, 93–95);
Vorliebe für hyperbolische Epitheta (vgl. Der Eroberer, V. 13, 30, 42, 46–47,
   53, 101);
komplizierte Satzperioden (vgl. Der Eroberer, V. 30–36, 66–72, 77–108);
Gebrauch des Partizips Präsens statt eines Adjektivs (vgl. Die Herrlichkeit der
   Schöpfung, V. 28; Elisium, V. 15);
Gebrauch von Adjektivabstrakta statt Substantiven (vgl. Die Herrlichkeit der
   Schöpfung, V. 4, 42);
Neigung zu ungewöhnlichen neuen Komposita (vgl. Der Abend, V. 65, 75; Der
   Eroberer, V. 86; Die Herrlichkeit der Schöpfung, V. 26, 40; Die Gröse der
   Welt, V. 18; Elisium, V. 25, 31; Die Freundschaft, V. 1, 18).

Eine besondere Vorliebe hatte Schiller für Komposita wie Riesenspanne *(Der*
Venuswagen, V. 109), Riesenrüstung *(Todenfeyer am Grabe Philipp Friderich*
von Riegers, V. 77), Riesenfall *(Fantasie / an Laura, V. 20),* Riesenarm *(Laura*
am Klavier, V. 19); vgl. ähnlich „An die Parzen" *(V. 39),* „Der Triumf der
Liebe" *(V. 82),* „Hymne an den Unendlichen" *(V. 9),* „Die schlimmen Monarchen" *(V. 79),* „Freigeisterei der Leidenschaft" *(V. 2),* „Resignation" *(V. 64)*
und spätere Gedichte wie „Die Künstler" *(V. 171),* „Das verschleierte Bild zu
Sais" *(V. 20),* „Die Kraniche des Ibycus" *(V. 103),* „Der Kampf mit dem
Drachen" *(V. 248),* „Das Lied von der Glocke" *(V. 205).*

OS MAGNA SONATURUM 1776–1780

Os magna sonaturum] *Mit diesen Worten aus Horaz'* „Sermones" *(1,4 [V. 43 bis
44]) – „ein Mund, der Großes singen wird" – charakterisierte Balthasar Haug
den Verfasser des in seinem* „Schwäbischen Magazin von gelehrten Sachen auf
das Jahr 1776" *erschienenen Gedichts* „Der Abend": Es dünkt mich, der [...]
habe schon gute Autores gelesen, und bekomme mit der Zeit os magna sonaturum. *(Ebd. 10. Stück. S. 721.)*

2 Schiller 2 II A

3—5 Der Abend

ENTSTEHUNG. Das früheste gedruckte Gedicht Schillers entstand vermutlich 1776. (Möglicherweise beziehen sich die Verse 3—4 auf die Vereinigten Staaten von Nordamerika, deren Unabhängigkeit am 4. Juli 1776 erklärt wurde.) Balthasar Haug (1731—1792), der es im Oktober 1776 in dem von ihm herausgegebenen „Schwäbischen Magazin" veröffentlichte, bemerkte dort (S. 721), es stamme von einem sechzehnjährigen Jüngling.

ÜBERLIEFERUNG. H: ? h¹: GSA. Abschrift der Verse 1—91 von unbekannter Hand. h² und h³: GSA. Abschriften der Verse 17—20 von Christophine Reinwald. h⁴: SNM (Cotta). Abschrift der Verse 1—91 von Charlotte von Schiller. — E: Schwäbisches Magazin von gelehrten Sachen auf das Jahr 1776. 10. Stück. S. 715—719; unterzeichnet: Sch. — Textwiedergabe nach E.

LESARTEN. h¹ ist offensichtlich eine Abschrift von E; die Vorlage für h² und h³ war vermutlich ebenfalls E, obwohl in h² für V. 20 zwei Verse — Theil Welten unter sie / Nur Vater mir Gesänge — gebraucht wurden.

ERLÄUTERUNGEN. Balthasar Haug hatte dem jungen Verfasser bescheinigt, er habe sich gute Dichter zum Vorbild genommen. Zu diesen Autoren zählte neben Haller, Gellert, Uz, Gerstenberg und Schubart, neben Vergil, Shakespeare, Lessing und Goethe vor allem Friedrich Gottlieb Klopstock (1724—1803), dessen Oden (1771 in mehreren Ausgaben) und dessen „Messias" (1755—1773) eine sehr große Wirkung auf Schiller ausübten. Spuren von Klopstocks Einfluß weisen viele der Jugendgedichte Schillers auf (vgl. die „Vorbemerkungen" zum Stil, S. 16—17).

Über Schillers jugendliche Klopstockbegeisterung vgl. seine Briefe an Georg Friedrich Scharffenstein und Georg Friedrich Boigeol aus dem Jahr 1776 (?); außerdem die Berichte von Johann Wilhelm Petersen, Friedrich Wilhelm von Hoven, Christophine Schiller, Karl Philipp Conz und Andreas Streicher (NA 42, 7, 12, 19, 20, 32).

1 Die Sonne bis Helden] *Die Sonne als Gegenstand der Erhabenheit, die Dimensionen von* Sphären *(V. 13) und* weiten Himmeln *(V. 72)* mit ihren Planeten und Kometen *(V. 73) verweisen auf Klopstocks Vorliebe für die Unermeßlichkeit und Unendlichkeit der Räume mit ihren* Myriaden *(V. 91) von Himmelskörpern. Vgl. dazu Schillers Gedichte „An die Sonne" (V. 31—44), „Die Herrlichkeit der Schöpfung" (V. 31—38), „Die Gröse der Welt" (V. 1—30). Der Vergleich der Sonne mit einem Helden — bei Schiller ebenso in „Vorwurf / an Laura" (V. 23/25), außerdem in den „Räubern" (III 2; NA 3, 78, Z. 30—31) und in „Kabale und Liebe" (IV 8; NA 5, 80, Z. 16—18) — findet sich auch bei Gellert (Die Ehre Gottes aus der Natur, V. 5—8), bei Uz (Der wahre Mut, V. 75—76) — und in der Bibel (Ps. 19, 5—6).*

9—12 Jezt bis Ziel.] *Der Dichter bittet um göttliche Weihe seiner Poesie angesichts des heiligen Gegenstandes (vgl. Der Messias 1, 8—17).*

An die Bezieher der Schiller-Nationalausgabe

Im Jahre 1991 erscheint ein photomechanischer Nachdruck des seit langer Zeit vergriffenen Bandes 22: Vermischte Schriften. Gegenüber der 1. Auflage wird die Ausgabe um ein umfangreiches PERSONEN- und SACHREGISTER erweitert, das für alle diejenigen, die bereits im Besitz des Bandes sind, auch gesondert als Broschüre im Angebot sein wird. Preis: ca. 6,– M.

Alle Bestellungen sind *direkt* an den Verlag zu richten.

13—16 Mich *bis* Gefühl.] *Die Verse sind syntaktisch abhängig von dem Imperativ* Laß *(V. 10 und 11).*
20 Theil *bis* Gesänge.] *Zur Bitte des Dichters um* paradisisches Gefühl *(V. 16) und* Kraft zu Gesängen *(V. 20) vgl. Klopstocks Ode „Die Stunden der Weihe", in welcher der abendlichen Dämmerung die gleiche Bitte entgegengebracht wird (vgl. V. 1-4).*
22 Das wallende Gewölk bemalen] *Vgl. zu diesem Bild „Der Messias" (2, 656) und die Ode „Die frühen Gräber" (V. 4), außerdem Schubarts „Abendlied" (V. 7-8). Noch in Schillers „Lied von der Glocke" (V. 328-330) scheint ein Reflex dieses Bildes vorzuliegen.*
25 O Anblik *bis* mich!] *ähnliche Formulierungen bei Klopstock, z. B. in „Der Tod" (V. 1-3).*
26 Gold *bis* Saaten] *vielleicht nach Hallers „Morgen-Gedanken":* Und brennend Gold bedeckt das Feld. *(V. 12; Versuch Schweizerischer Gedichte [1762], 2.)*
28 Vergöldet] *Der ungewöhnliche Umlaut ist bei Schiller nur hier belegt. Er findet sich gelegentlich in Hallers Gedichten (vgl. im einzelnen Pfleiderer, 296 bis 297) und bei Brockes, z. B. in „Der Morgen" (V. 4, 14).*
30—33 Das Thal *bis* falben Haar] *vielleicht durch Haller und Brockes angeregt; in Hallers „Morgen-Gedanken" heißt es:* Die falben Wolken glüh von blitzendem Rubine *(V. 11; Versuch Schweizerischer Gedichte [1762], 2); in Brockes Gedicht „Der Abend" werden* purprichter gebrochner Wolcken Grentzen *(V. 48) in* Rubinen-Licht *(V. 47) beschrieben (*Rubine *auch in V. 29, 61, 63), ein Vergleich, der im Gedicht „Der Morgen" wiederkehrt:* An den Spitzen der Wolken Sieht man sodann ein Roth, wie Rosen und Rubin *(V. 13). Schließlich benutzt Brockes in seinem Abend-Gedicht auch das Bild von V. 30:* Ein lieblich Feuer-Meer voll kleiner güld'ner Wellen *(V. 51). (Auszug der vornehmsten Gedichte [1738], 350 bzw. 75.)*
30 beschwimmt] *beschwimmen: hier „beschwemmen" (vgl. Grimm 1, 1607).*
33 falben] *falb: aus mhd. val, das sowohl bleich, „fahl", als auch blond, gelb, „falb" bedeutete; hier soviel wie „goldgelb".*
35 Königsstadt] *Das Bild der im Sonnenglanz liegenden Königsstadt verwendet Schiller ähnlich auch in „Der Eroberer" (V. 52), „An die Sonne" (V. 32), „Die Herrlichkeit der Schöpfung" (V. 24), „Vorwurf / an Laura" (V. 23). Vgl. auch „Der Messias" (4, 282).*
40 Gleich *bis* Frülingsrosen] *Haller vergleicht in seinem Gedicht „Morgen-Gedanken" die Morgensonne mit dem Glanz der Rosen (V. 7). Ein ähnlicher Vergleich findet sich auch in seinem Gedicht „Ueber den Ursprung des Uebels" (1, 54).*
57 schlose] *Die Form entstand durch Übernahme des präteritalen „-e" der schwachen Verben in die starke Flexion (vgl. Pfleiderer, 381-382). Dasselbe gilt für* Hielte *(Der Venuswagen, V. 111),* gebare *(Roußeau, V. 56) oder* sahe *(Hochzeitgedicht [...], V. 22; Wunderseltsame Historia, V. 99).*
58 Entathmet] *hier in transitiver Bedeutung. Ähnliche Verbbildungen begegnen bei Klopstock (vgl. die „Vorbemerkungen" zum Stil der Jugendgedichte, S. 17).*
65 Und ich *bis* o Harfe] *Die gleiche Situation findet sich in Ewald Christian von Kleists Gedicht „Lob der Gottheit":* Soll ich denn allein verstummen? soll

ich ihm kein Loblied bringen? / Nein, ich will des Geistes Flügel auch zu seinem Throne schwingen *(V. 5–6; Sämmtliche Werke 1 [1778], 122).*

66 Schall *bis* Harfe] *Der Vers meint: Das Lob des Herrn soll erschallen aus dem Gesang des Menschen. – Der Vergleich des Gesangs mit der Harfe und des Menschen mit dem Staub findet sich auch in Klopstocks „Frühlingsfeyer" (V. 33, 35, 39). – Vgl. zur Situation – der Dichter verspürt den Zwang zum Unterbrechen des staunenden Schweigens angesichts der ehrfurchtgebietenden Natur – Klopstocks Gedicht „Die Gestirne" (V. 13–16).*

68 Dann] *hier in kausaler Bedeutung: „denn" (vgl. Kasch, 9).*

68 entzittert] *diese Verbbildung auch im „Messias" (13, 561).*

69—70 Hör auf *bis* brausen] *Beide Verse sind Ossian-Zitate. Vgl. Werthers Ossian-Lesung in Goethes „Die Leiden des jungen Werthers" (1774):* Schweig eine Weile o Wind, still eine kleine Weile o Strohm *(2, 195).*

71 Und horcht *bis* mir] *Vgl. zur Situation – Natur und Dichter vereint im Lobpreis des Schöpfers – Klopstocks Ode „Die Gestirne" (V. 18–20).*

73—74 Planeten *bis* drehn] *Auch dies sind Vorstellungen, die sich bei Klopstock finden (vgl. Die Zukunft).*

76—78 wenn der Adler *bis* Sonne strebt] *Vgl. zum Bildbereich Adler – Sonne – Flug die Erläuterungen zu „Die Gröse der Welt".*

80 Wurm] *Der Wurm als Gegenbild und Maßstab für die Unendlichkeit des Weltalls: Vgl. dazu Klopstocks Ode „Die Frühlingsfeyer" (V. 21–27); außerdem Friedrich Leopold zu Stolbergs „Der Abend. An Johann Martin Miller" (V. 17–18).*

81—84 Ein Leben *bis* webt] *Vgl. zur Vorstellung der beseelten Natur – auch im Bild des Wurmes – Klopstocks „Frühlingsfeyer" (V. 21–32). Für Schiller steht dahinter der Gedanke einer universellen, die materielle wie immaterielle Welt umspannende Sympathie, die sein Gedicht „Die Freundschaft" beschreibt (vgl. die Erläuterungen dazu).*

81 Leben in dem Wurme] *In Klopstocks Ode „Die Frühlingsfeyer" (V. 17–20 u. ö.) gibt es die Vorstellung vom Wassertropfen, der Myriaden von Lebewesen beherberge.*

85—90 Und willst *bis* Sphäre] *Vgl. zur Situation – plötzlicher Einbruch des Gedankens an Stillstand, Vergängnis, Tod – Klopstocks Oden (z. B. den Schluß der „Gestirne").*

91—94 O Dichter *bis* Gesang.] *Vgl. zur Situation – Gefühl poetischer Ohnmacht des Dichters angesichts der überwältigenden Größe des Gegenstandes – Klopstocks Oden (z. B. Die Welten, V. 5–12), auch Hallers „Morgen-Gedanken" (V. 41–44).*

91 Myriaden] *griech.* μυριάς : *Zahl oder Menge von zehntausend; übertragen: Unzahl.*

95—99 Doch bald *bis* Ewigkeit!] *Die Erwartung höherer Erkenntnis im Jenseits wird in Klopstocks Oden verschiedentlich ausgedrückt, z. B. in „Dem Erlöser" (V. 55–58), „Die Genesung" (V. 13–20), „Die Frühlingsfeyer" (V. 33 bis 36), „Die Glückseligkeit Aller" (V. 93–100).*

97 Und heller *bis* klingen] *Der Vers meint: Und heller noch wird deine Harfe (die des Dichters als eines Engels) klingen.*

DER ABEND / DER EROBERER   21

6—9   Der Eroberer

*ENTSTEHUNG UND AUFNAHME. Das Gedicht entstand vermutlich Ende
1776. Balthasar Haug, der es in seinem „Schwäbischen Magazin" im März 1777
veröffentlichte, merkte in einer Fußnote zur Überschrift an (3. Stück. S.
221):*
Von einem Jüngling, der allem Ansehen nach Klopstoken lißt, fühlt und beynahe versteht. Wir wollen sein Feuer bey Leibe nicht dämpfen; aber non sense,
Undeutlichkeit, übertriebene Metathesen – wenn einst vollends die Feile darzu
komt; so dörfte er mit der Zeit doch seinen Plaz neben – *[gemeint ist Schubart]*
einnehmen, und seinem Vaterlande Ehre machen. – *Später erinnerte sich Karl
Philipp Conz (Zeitung für die elegante Welt 1823. Nr 3; vgl. NA 42, 19):*
Als ich einst seines Gedichtes *[...]* „d e r E r o b e r e r ," gegen ihn mit
Theilnahme erwähnte, sagte er: „O ! d a m a l s w a r i c h n o c h e i n
S k l a v e v o n K l o p s t o c k." Es war mir auffallend: denn nicht sowohl
Klopstockische, als schon Shakespearsche Nachbildung schien mir darin zu herr-
schen.

*ÜBERLIEFERUNG. H: ? E: Schwäbisches Magazin von gelehrten Sachen auf
das Jahr 1777. 3. Stück. S. 221—225; unterzeichnet: Sch.*

LESARTEN. 46 Ruin] eine *E (Die Konjektur* Ruin *hat zuerst Heinrich Düntzer vorgeschlagen, und zwar in: Schillers lyrische Gedichte 1 [1864], 9. Sie
wurde von Goedeke – Schillers sämmtliche Schriften 1, 42 – übernommen.)*
108 ich] ihn *E*

*ERLÄUTERUNGEN. Die Abhängigkeit vom Vorbild erstreckt sich nicht nur
auf Stilistisches, sondern auch auf Thematik, Motivik und Metrik. Zum Thema
vgl. den „Messias" (16, 307—319), ebenso die Oden „Für den König" (V. 19 bis
25), „Friedrich der Fünfte" (V. 5—12), weiterhin „Der Lehrling der Griechen"
(V. 10—12); zu einzelnen Bildern und Motiven vgl. die Einzelerläuterungen. In
der Metrik greift Schiller auf die asklepiadeische Strophenform zurück, die Klopstock z. B. in den Oden „Der Zürchersee" und „An Gleim" benutzt. Auf zwei
trochäisch-daktylische, zwölfsilbige (asklepiadeische) Verse mit fünf (sechs) He-
bungen und einer Zäsur nach der dritten Hebung (—∪—∪∪—|—∪∪—∪—)
folgt ein dreihebiger, siebensilbiger, ebenfalls trochäisch-daktylischer (pherekrateischer) (—∪—∪∪—∪) und ein vierhebiger, achtsilbiger (glykonischer) Vers
(—∪—∪∪—∪—) gleichen Versmaßes.*
1—4 Dir Eroberer *bis* Angesicht!] *Das Bild des „Eroberers" als Widersachers
der göttlichen Weltordnung, als Inkarnation des Bösen, findet sich vorgezeich-
net im „Messias" (vgl. die Figur des satanischen Adramelech), ebenso der Gedanke von Rache und Vergeltung vor dem Weltgericht am Ende der Zeit (vgl.
den 16. und 18. Gesang).*
3—4 Vor dem Auge *bis* Angesicht] *Vgl. „Der Messias" (2, 807).*
5—12 Wenn *bis* Mitternacht.] *Vgl. zum Motiv – Visionen, Erscheinungen des
Zukünftigen als Traumbilder um* Mitternacht – *Klopstocks Oden „An Ebert"
(V. 32—35), „Friedrich der Fünfte" (V. 13—16), „Mein Vaterland" (V. 5).*
7 Träume flattern] *Vgl. das Bild im „Messias" (4, 609).*

14 Ihn] *bezieht sich auf den Namen des Tyrannen (vgl. V. 11); davor ist „schallt" zu ergänzen (vgl. V. 10).*

22 Blutgang des Siegs] *Das gleiche Bild findet sich in Klopstocks Ode „Für den König" (V. 19–20).*

22–24 Väter *bis* fluchet ihm] *Vgl. die Schilderung des biblischen Kindermords durch Herodes in Bethlehem in Klopstocks „Messias" (2, 511–526).*

26–27 Meteor *bis* winket] *Ein ähnliches Bild – vom Himmel fallende Sterne als Vorboten Christi als des Weltenrichters – bietet Matth. 24, 29–30. Vgl. auch „Der Messias" (17, 139–141).*

28 fleuch] *Imperativform von „fliehen" (vgl. Pfleiderer, 373–374).*

30–48 Hoch *bis* nur!] *Vgl. zum Typus des unersättlichen Eroberers, dessen Machtstreben sich bis an die Gestirne erstreckt, die Figur des Adramelech in „Der Messias" (2, 840–844); ebenso Uz' Gedicht „Die wahre Größe" (V. 25 bis 36).*

31 bäumen] *soviel wie „erheben" (vgl. Kasch, 7).*

34–36 Auf die Trümmer *bis* hinweggeschaut] *Gemeint ist vermutlich: „Die Trümmer der Welt nicht sehend, stürzt sich der Eroberer auf sie." Nach anderer Auffassung bedeutet die Formulierung auf die Erobrungen / Hinzuschwindeln „die Eroberungen schwindelnd zu überschauen" (BA 1, 593; auch Jonas, Erläuterungen, 11); anstelle des Partizips* hinweggeschaut *wird vorgeschlagen: „hinweggeschaurt" (Boxberger, Schillers Werke 2, 50); dies heißt nach Jonas: „in Wonneschauern weggerissen" (Erläuterungen, 11).*

43 Sternen an] *Adverb (wie* himmelan *[V. 62]).*

52 Flammen der Königsstadt] *Schiller hatte wohl kein bestimmtes historisches Ereignis im Sinn wie den Brand Roms unter Nero (vgl. Die Räuber V 1; NA 3, 123) oder die Eroberung Jerusalems durch die Römer (vgl. Messias 20, 445 bis 452; 17, 623–630). Das Bild der Königsstadt findet sich auch andernorts und ohne historischen Bezug (vgl. zu „Der Abend" [V. 35]).*

55–56 Ruhm *bis* Unsterblichkeit.] *Die Stelle meint: Du (Eroberer) hast nur nach Ruhm und Unsterblichkeit gedürstet; kaufe (d. h. bezahle ihm) den Ruhm, Welt (mit Blut und Menschenleben), und damit – die Unsterblichkeit und die ewige Gerechtigkeit.*

57–60 Ja, Eroberer *bis* unsterblich seyn.] *Im „Messias" (18, 811–814) spricht der rächende Seraph am Jüngsten Tag zu einem der Verdammten:*

Geh nun, du fülltest dein Ohr mit der süßen Unsterblichkeit Schalle!
Geh, du hast sie erlangt; doch die nicht, welche du träumtest!
Ewig ist euer Name, vom untersten Pöbel der Seelen
Mit den wildesten Flüchen der Hölle genannt zu werden!

(Bd 2 [1974]. S. 234.)

61–108 Schau gen Himmel *bis* Tag!] *Zum Fluch des Dichters über den Tyrannen vgl. die Angstvisionen Franz Moors in den „Räubern" (V 1; NA 3, 116 bis 120).*

61–62 wo du *bis* himmelan] *Anastrophe zum Zweck emphatischer Betonung; hier: Antizipation des Relativsatzes; ähnlich in „Die Gröse der Welt" (V. 1 bis 2) und „Elegie auf den frühzeitigen Tod Johann Christian Weckerlins" (V. 36–37).*

69 fliehn] *„fliehen"* hier wie öfter im Sinne von *„fliegen"*, *„eilen"* (vgl. Kasch, 12).
71 Olympus] hier, nach Klopstocks Vorbild, zusammen mit Erebus (V. 72), dem Sohn des *„Chaos und der Dunkelheit"* (Hederich, 1023), als Synonym für Himmel und Hölle.
77—78 Wenn *bis* geböt] Vgl. ähnlich die Formulierung im *„Messias"* (12, 87 bis 88).
82 des Weltgerichts Wag] *Die Waage als ursprünglich antikes Symbol eines gerecht zugemessenen Schicksals wurde erst in der christlichen Kunst des Mittelalters auch dem Erzengel Michael zugewiesen. Klopstock bezog sie dann auf das biblische Jüngste Gericht, z. B. in der Ode „An Fanny" (V. 25–26). Vgl. dazu auch Schillers erste Karlsschulrede (NA 20, 5), seine Gedichte „Die schlimmen Monarchen" (V. 95–96) und „Resignation" (V. 19) sowie „Die Räuber" (V 1; NA 3, 119).*
89 Seraphim, Cherubim] *nach der Überlieferung des Alten Testament Engel in der Umgebung Gottes, dessen Dienerschaft (vgl. Is. 6; Off. 4, 6–9). Sie gehören zum Personal des „Messias".*
91 Tiefe der Tiefen] *ebenso „Der Messias" (13, 729, 1003; 16, 587).*
97—102 O dann *bis* gesättiget] *Der Dichter steigert sich mit maßlosen Fluchformeln in die Vorstellung von Rache und Vergeltung hinein; so auch Klopstock in „Der Messias" (6, 291–300).*

10 [Aus „Selim und Sangir"]

ENTSTEHUNG. *Die Verse finden sich am Schluß eines Briefes, den Schiller vermutlich 1776 an seinen Mitschüler Georg Friedrich Scharffenstein geschrieben hat (vgl. NA 23, 2–6). Das Gedicht, von dem keine weiteren Verse überliefert sind, ist wahrscheinlich im selben Jahr entstanden.*

ÜBERLIEFERUNG. *H: SNM. Vgl. NA 23, 238. – E: Schiller-Album (1861), 15. – Textwiedergabe nach H.*

LESARTEN. 3 Sangir] Sang *H*

ERLÄUTERUNGEN. *Aus dem Brief an Scharffenstein geht hervor, daß in dem verlorenen Gedicht die Freundschaft zwischen Selim (Schiller) und Sangir (Scharffenstein) besungen wurde. Über die Gründe, die zum Bruch der Freundschaft führten – u. a. Schillers Klopstock-Begeisterung –, vgl. Schillers Brief und die Erläuterungen dazu.*
Titel und Inhalt sind vermutlich durch Ewald von Kleists Gedicht „Die Freundschaft. An Herrn Gleim" (1758) angeregt worden, in dem die Freunde Leander und Selim einander ihr Leben opfern wollen, beide aber aus Todesgefahr gerettet werden.

10 [Aufschriften für ein Hoffest]

ENTSTEHUNG. *Die Aufschriften, die für ein der Reichsgräfin Franziska Theresia von Hohenheim gegebenes Fest bestimmt waren (vgl. Aufschrift 4), lassen sich mit deren Geburtstag am 10. Januar 1779 in Verbindung bringen, also auch mit Schillers erster Karlsschulrede „Gehört allzuviel Güte, Leutseeligkeit und große Freygebigkeit im engsten Verstande zur Tugend?" (NA 20, 3–9.) Der Text ist vermutlich kurz vor diesem Datum niedergeschrieben worden. Vgl.* ERLÄUTERUNGEN.

ÜBERLIEFERUNG. *H: SNM. 1 Blatt 20,3 (–20,7) × 31 (–31,2) cm, 1 S. beschrieben. Festes geripptes Papier, vergilbt. Wz.: C & I HONIG. – E: Beiträge zur Schillerlitteratur (1859), 21. – Textwiedergabe nach H.*

LESARTEN. *Überschrift fehlt* H *Zwischenüberschriften (1 und 3) nicht unterstr.* H 3 T e m p e l :] Tempel. H **11** Ihr] *verb. aus* Fra[nziskens] H *unter dem Text:* Schiller
   Eleve H

ERLÄUTERUNGEN. *Die vorliegenden Aufschriften waren vermutlich für das Fest anläßlich des Geburtstages der Reichsgräfin von Hohenheim (1748 bis 1811), der Mätresse des Herzogs Karl Eugen von Württemberg, am 10. Januar 1779 bestimmt. Zum Rahmen der Feierlichkeiten gehörten Schulaufführungen mit szenischen Darstellungen voll handgreiflichster Allegorik. 1779 lautete der Titel der Aufführung: „Der Preiß der Tugend, in ländlichen Unterredungen und allegorischen Bildern von Göttern und Menschen, zur Ehre der besten Frau, an Ihrem Geburts-Tag, Frau Francisca, Reichs-Gräfin von Hohenheim, gewidmet, auf gnädigen Befehl Sr. Herzoglichen Durchlaucht durch Eleven der Herzoglichen Militär-Akademie auf und in Musik gesezt, und von ihnen nebst einigen Demoiselles des Erziehungs-Instituts dargestellt". (Das Stück liegt in einem Druck ohne Orts- und Verlagsangabe und ohne Seitenzählung vor; auf dem Titelblatt findet sich die Angabe: „Stuttgard, den 10. Januar 1779".) Verfasser soll Balthasar Haug gewesen sein (vgl. Weltrich, 203).*

Schillers aus gleichem Anlaß gehaltene Festrede war zum Vortrag in einem durch Inschriften und Embleme als Tempel der Tugend *dekorierten Saal konzipiert (vgl. NA 20, 3). (Bibliothek und Speisesaal des Herzogs im Akademiegebäude hatten die Form eines Tempels.) Dieses Motiv bildet zugleich den Höhepunkt des Spiels „Der Preiß der Tugend"; es kommt gegen Ende zur Apotheose Franziskas, und Jupiter spricht:*

> Komm, Sterbliche, den Göttern gleich,
> Hier sey Dein Plaz in meinem Reich!
> [...]
> Ich, Zevs, ich will, daß heut
> Für Sie ein Tempel stehe:
> Der Plaz sey diese Höhe!

Der Tempel wird dann mit Franziskas Bildnis geschmückt, diese selbst dadurch unsterblich. Die Grazien, aufgefordert, das Heiligtum zu zieren, verlangen nach einer Göttin; darauf Jupiter:

>Nun, Griechen, stellt Ihr Bild,
>So reizend, gut und mild
>So, wie Sie ist, hinein.

Zwei Genien erscheinen mit Lorbeer und wenden ihn dem Bild um das Haupt, der Chor singt zum Schluß:

>Geist und Herze bauen Tempel
>Der Unsterblichkeit,
>Die zum Rang der Götter führen,
>Wenn Sie die Verdienste zieren,
>Und die Tugend weyht.

Die Aufschriften, deren 4. und 6. in diesen Kontext passen, dienten vermutlich der Aufschlüsselung allegorischer oder emblematischer Darstellungen wie: ein brennendes Herz (V. 7), oder: Die Tugend übergibt der Fama Franziskas Bildnis (vgl. V. 11–12).

Parallelen in Bildern und Motiven zu den „Empfindungen der Dankbarkeit" (vgl. Aufschrift Nr 4 mit V. 6–7, Nr 5 mit V. 40, Nr 6 mit V. 33–34 des von der École des Demoiselles vorgetragenen Gedichts) machen die Beschränktheit des vorgeschriebenen Rahmens solcher Feste deutlich.

11–13 Empfindungen der Dankbarkeit beim NahmensFeste Ihro Excellenz der Frau Reichsgräfin von Hohenheim

ENTSTEHUNG. *Die Gedichte unter dieser Überschrift entstanden als Auftragsarbeiten des Herzogs Karl Eugen, des Gründers der Karlsschule, aus Anlaß des Namenstages von Franziska Theresia von Hohenheim, der Schirmherrin der École des Demoiselles, am 4. Oktober (vgl. die Erläuterungen zu „[Aufschriften für ein Hoffest]"). Die Nähe des Textes zu Schillers erster Karlsschulrede zum 10. Januar 1779 läßt vermuten, daß die Gedichte zum 4. Oktober 1778 verfaßt wurden. Dagegen spricht auch nicht die Beziehung des Textes zu dem am 10. Januar 1778 von den Schülern der Karlsschule und den Schülerinnen der École des Demoiselles aufgeführten Spiel „Denkmal des besten Herzens": Die Verse 41–42 könnten als Quintessenz oder im nachhinein formuliertes Motto dieses Spiels angesehen werden. Das Spiel endet mit der Errichtung eines Denkmals, Das gleich der Unsterblichkeit sey (Druck ohne Seitenangabe); als Baumaterialien kommen Erz und Stein in Frage,*

Doch kein Marmor gleicht dem Denkmal,
Das die Brust enthält,
Ewiger, als Stein und Schriften,
Die Verdienst und Ehre stiften,
Theurer, als die Welt.

ÜBERLIEFERUNG. H: GSA. 1 Doppelblatt 20,4 × 30,8 cm, 3½ S. beschrieben. Ziemlich festes geripptes Papier, leicht vergilbt und etwas stockfleckig. Wz.: C & I HONIG / nach links gerichtete Hollandia im Hag mit Hut auf Stange, davor ein stehender Löwe mit Pfeilen und Schwert, darüber PRO PATRIA. – E: Nachlese zu Schillers Werken 1 (1840), 17–20. – Textwiedergabe nach H.

LESARTEN. **1,2** uns] verb. aus z[u] H   **7** in einander] ineinander H
19 erschallt] verb. aus ertö[nt] H   **2,19** Denn] Den H   heut'] danach zu gestr. H

ERLÄUTERUNGEN.

1. Von der Akademie

vor 1 Akademie] Die Karlsschule trug 1773–1781 den Titel einer Militärakademie.
6—7 Ein Fest bis traffen] Vgl. „[Aufschriften für ein Hoffest]" (V. 8–9).
21—24 Sie bis Tod.] Kanon biblischer Werke der Barmherzigkeit (vgl. Matth. 25, 35–44).
27 Naturen] Geschöpfe, „die sammtheit der dinge" (Grimm 7, 433).
33—34 Ihr holder Nahme bis Blik] Vgl. „[Aufschriften für ein Hoffest]" (V. 11–12).

2. Von der École des Demoiselles

vor 1 École des Demoiselles] Neben der Karlsschule gab es im Stuttgarter Alten Schloß eine Bildungsstätte für Mädchen, die unter dem Protektorat Franziskas von Hohenheim stand.
18 kühne stolze Wendung] Gemeint ist die Anrede der Gräfin als Mutter.
22 Verspruch] Versprechen (vgl. Kasch, 30).

14   Die Gruft der Könige

ENTSTEHUNG. Das Gedicht, von dem nur 3 Verse überliefert sind, ist vermutlich 1778 oder 1779 entstanden. Ein halbes Jahr nach Schillers Tod wurde in einem anonym unter der Sigle -s- erschienenen, wahrscheinlich von Karl Philipp Conz stammenden Aufsatz „Fragmente, Schillers Jugendjahre betreffend" (vgl. dazu Oellers, Schiller, 103–106) mit Nachdruck versichert: Er [Schiller] dichtete viel in der Militair-Akademie. [...] Schiller dichtete besonders einen „Triumphgesang der Hölle" der fürchterlich schön war, und eine

„Gruft der Könige." [...] Die Gruft der Könige veranlaßte Schubart, seine Fürstengruft zu dichten. (Der Freimüthige oder Ernst und Scherz 1805. Nr 220 vom 4. November. S. 463.) Schubart dichtete „Die Gruft der Fürsten" 1779; das Gedicht erschien 1780. Daß Schubart dem jugendlichen Schiller gefolgt sei, läßt sich allerdings schwerlich denken, zumal unwahrscheinlich ist, daß er Kenntnis von Schillers Produkt bekommen hat. Der von Andreas Streicher nahegelegte umgekehrte Sachverhalt, Schiller habe sich an Schubarts Gedicht orientiert, das er als Manuskript besessen habe (vgl. Schiller's Flucht, 82), hat sich bisher nicht bestätigen lassen. Vgl. auch zur Entstehung von „Die schlimmen Monarchen".

ÜBERLIEFERUNG. H: ? h: SNM (Cotta). In handschriftlichen, 1807 oder später geschriebenen Aufzeichnungen von Johann Wilhelm Petersen, dem Jugendfreund Schillers auf der Karlsschule, über des Dichters Jugendgeschichte heißt es: Neben den Räubern dichtete er in diesen Jahren mehrere kleine lyrische u. lyrisch-dramatische Stücke. Die merkwürdigsten darunter waren: Die Fürstengruft u. der Triumph der Hölle. *Eine Anmerkung zu diesem Hinweis lautet:* Beide Stücke sind, wie es scheint, verlohren. Das erstere fieng an:
   Jüngsthin gieng ich mit dem
    Geist der Grüfte.
Auch erinnere ich mich noch folgender Verse daraus:
   Schwerer murrt der Donner
    über'm Tanze
   Überstimmt das wilde Saiten-
     spiel.
E: Hartmann, Jugendfreunde (1904), 202 (nach h). – Textwiedergabe nach h.

LESARTEN. Vgl. ÜBERLIEFERUNG.

ERLÄUTERUNGEN. Fragment eines nicht überlieferten Gedichts, das vermutlich unter dem Einfluß von Klopstocks Elegie „Rothschilds Gräber" stand, die dieser aus Anlaß des Begräbnisses des dänischen Königs Friedrich V. am 19. März 1766 in der Königsgruft im Dom zu Roskilde verfaßt hatte. (Ein ähnliches Motiv enthält auch Klopstocks Gedicht „Kaiser Heinrich" [V. 1–8].) Vermutlich kannte Schiller auch Schubarts Gedicht „Auf die Leiche eines Regenten" (in: Todesgesänge [1767], 179–183). Im übrigen gab es eine Vielzahl verwandter Gedichte von Miller, Voß, Bürger, Gleim, Pfeffel, Friedrich Leopold zu Stolberg; allein in den ersten beiden Jahrgängen von Johann Heinrich Voß' Musenalmanach (1776: Lauenburg; 1777: Hamburg) erschienen zehn solcher Gedichte.

14   Triumphgesang der Hölle

ENTSTEHUNG. Das Gedicht entstand offenbar in zeitlicher Nähe zu „Die Gruft der Könige", also 1778 oder 1779.

ÜBERLIEFERUNG. H: ? h: SNM (Cotta). In Petersens Aufzeichnungen (vgl. zu „Die Gruft der Könige") heißt es: In dem Gedicht sang ein Chor von Teufeln die wiederkehrenden Schlußverse:
Pfui! heilige Dreifaltigkeit!
Pfui! heilige Dreifaltigkeit!
E: Hartmann, Jugendfreunde (1904), 202 (nach h). – Textwiedergabe nach h.

LESARTEN. Vgl. ÜBERLIEFERUNG.

ERLÄUTERUNGEN. Über den Inhalt des nicht überlieferten Gedichts wird berichtet: In jener regellosen Ode zählte Satan alle seine Erfindungen auf von Beginn der Welt bis auf heut', um das Menschengeschlecht zu verderben, und die übrigen Teufel fielen mit blasphemischen Chören ein. *(-s-, Fragmente [vgl. zu „Die Gruft der Könige"], 463.)*

15–23   Der Venuswagen

ENTSTEHUNG. Das Gedicht erschien – ohne Angabe von Ort und Jahr – anonym. Die Verfasserschaft Schillers ist durch seinen Brief an Wilhelm von Wolzogen vom 23. März 1788 bezeugt. Es kann vermutet werden, daß der Druck Ende 1781 erfolgte, und zwar im Verlag von Johann Benedict Metzler in Stuttgart, wo im Juni 1781 (ebenfalls anonym und mit fingiertem Druckort) „Die Räuber" erschienen waren und wo die „Anthologie auf das Jahr 1782" zum Druck vorbereitet wurde. „Der Venuswagen" entstand wahrscheinlich einige Zeit vor den meisten „Anthologie"-Gedichten, kaum später als im Winter 1778/79. – Vgl. Simon, Schillers „Venuswagen" (1913).

ÜBERLIEFERUNG. H: ? E: Einzeldruck o. O. u. J. [Stuttgart 1781?] 24 S.

LESARTEN. **110** umgriff,] umgriff *E*   **141** Krüke] Krücke *E*   **151** pralen] ptalen *(Druckfehler) E*   **212** pitschirt.] pitschirt? *E*   **216** Dienst,] Dienst. *E*   **219** Lekerbißen] Leckerbißen *E*   **241** Venusrichter.] Venusrichter *E*   **257** Meere,] Meere *E*

ERLÄUTERUNGEN. Das Gedicht, in seiner Art an Satiren, Narren- und Sünderschelten des 15. und 16. Jahrhunderts erinnernd (Sebastian Brant, Thomas Murner, Hans Sachs, Johann Fischart), entstand vermutlich auf Anregung durch Gottfried August Bürgers Gedicht „Fortunens Pranger", das im Göttinger „Musen Almanach" für 1779 (S. 150–156) erschienen war. Stoff und Motive verweisen darüber hinaus auf den Einfluß von Wielands „Agathon" (2. Fassung, 1773) und „Der verklagte Amor" (1774), außerdem auf Cervantes' „Don Quixote" (1605/1615). Ein Gedicht ähnlicher Spezies ist „Bacchus im Triller".
1 Klingklang!] *Das Eingangsbild – Zug durch die Stadt mit der Sünderin und dem Ausrufer voran – erinnert an „Don Quixote" (26. Kapitel des ersten Teils).*

4 Prometheus] *Tonbeugung bei antiken Namen – vgl. auch V. 10 – kommt in Schillers frühen Gedichten gelegentlich vor (Kastraten und Männer, V. 46; Abschied Andromachas und Hektors, V. 10).*

9 Matronen] *nach lat. matrona: Ehefrau, Gattin; „eine angesehene, verheirathete oder doch verheirathet gewesene Frau von einem reifen Alter" (Adelung 3, 109).*

17 Bonzenträne] *Bonze: Name buddhistischer Priester.*

19 Farisäer] *Pharisäer: Mitglieder einer jüdischen Sekte, „welche sich durch eine äußere strenge Beobachtung des Gesetzes Mosis vor andern hervorthaten" (Adelung 3, 765); hier: Heuchler.*

33 Euch] *Der Akkusativ des Personalpronomens erscheint unkorrekt, es sei denn, der Vers wird zu einem Satz ergänzt: „rufe ich herbei" o. ä.*

33 Gelustes] *der Gelust: nach Fischer (3, 308) im Schwäbischen mit maskulinem Genus gebraucht; vgl. auch NA 4, 436.*

40 Zypria] *Cypria (nach der Insel Zypern): Beiname der Venus. – So wird die Göttin im Gedicht „Die Künstler" als Göttin der Schönheit genannt (V. 433; vgl. die Erläuterungen dazu). – Vgl. auch V. 226.*

42 Spindel] *hier: „axe der erde, des weltalls" (Grimm 10 I, 2498).*

43–44 der Jahrzal bis schreibt] *Gemeint ist: „jahraus, jahrein, seit dem Sündenfall Adams und Evas".*

45 du's zu sparen] *sparen: erhalten, bewahren (vgl. Grimm 10 I, 1922). Gemeint ist: „dachtest du es [dein Treiben] fortzusetzen".*

46 Mamsell] *nach franz. mademoiselle: „bezeichnung und titel bürgerlicher unverheiratheter" (Grimm 6, 1520).*

46 genade dich] *g(e)naden: begnadigen (vgl. Grimm 4 I 5, 561).*

48 Ludewig] *Gedacht ist wohl an den französischen König Ludwig XIV. (1638 bis 1715), König von 1643 bis 1715, vielleicht auch an seinen Nachfolger Ludwig XV. (1710–1774), König von 1715 bis 1774, unter Anspielung auf deren luxuriösen Lebenswandel.*

51 scharwänzen] *„durch schmeicheln jemand bethören" (Grimm 8, 2230), „kriechen" (Fischer 5, 706).*

61–120 Volkbeherrscher bis flieht.] *Anregungen zur Thematik dieser Strophen – Venus in ihrem Einfluß auf Regenten und Regierungen – könnten von Wielands „Agathon" ausgegangen sein; dort hält im 6. Kapitel des 14. Buches Aspasia eine Rede gegen das Geschlecht der Männer, in der in ähnlicher Weise vom Einfluß einer schönen Frau auf die Politik gesprochen wird.*

61 Götter unterm Monde] *Der Vergleich von Tyrannen mit Göttern der Erde findet sich auch in „Todenfeyer am Grabe Philipp Friderich von Riegers" (V. 28, 44) und „Die schlimmen Monarchen" (V. 2); vgl. darüber hinaus „Kabale und Liebe" (III 6; NA 5, 62) und „Don Karlos" (V 10, V. 5229; NA 7 I, 638). Schubart gebraucht in seinem Gesang „Auf die Leiche eines Regenten" (V. 1) die Formulierung Götter dieser Erde (Todesgesänge, 179).*

65 menschlich fühlen] *In ganz neuer Bedeutung findet sich die Vorstellung „menschlicher Götter" – auf eine ästhetische und religionsgeschichtliche Ebene gehoben – im Gedicht „Die Götter Griechenlandes".*

66 fast] *sehr (Kasch, 12); hier also: „gar sehr".*

67 Nasos Chronik] *Ovids „Metamorphosen" und die in ihnen enthaltenen erotischen Göttergeschichten.*
68 Schnakisch] *„komisch, lächerlich" (Fischer 5, 1025).*
71 Jupiter auf vieren] *In der Gestalt eines Stiers entführte Jupiter Europa nach Kreta.*
74 zum Wunder] *„selten" (Fischer 6, 973).*
81 mäkeln] *einen „unehrbaren zwischenhandel" treiben (Grimm 6, 1489).*
84 ermauscheln] *mauscheln: „sich mit heimlichen und unerlaubten geschäftchen abgeben" (Grimm 6, 1820), „schachern" (Fischer 4, 1561).*
87—88 In dem bis um.] *In Wielands „Agathon" (2. Fassung [1773], 9. Kapitel des 14. Buchs) wird die schöne Frau als erste Bewegerin der Triebräder der politischen Welt (4, 216) bezeichnet.*
87 Uhrwerk] *Räder in einem Uhrwerk, einer Maschine – dies gehört zu Schillers Lieblingsbildern; vgl. unter den Gedichten „Fantasie / an Laura" (V. 17, 34), „Das Geheimniß der Reminiszenz" (V. 50), „Die Freundschaft" (V. 5), „Melancholie / an Laura" (V. 36–37), „Die Götter Griechenlandes" (V. 166), „An die Freude" (V. 40), „An Göthe als er den Mahomet von Voltaire auf die Bühne brachte" (V. 30) sowie das vorliegende (V. 135). Schiller gebraucht es besonders gern als Symbol für die ewige Bewegung der Erde und der Himmelskörper wie in Hallers „Ueber die Ewigkeit" (V. 41–44) und „An Herrn D. Geßner" (V. 105–107) oder Ewald Christian von Kleists „Hymne" (V. 32).*
87 nistern] *umnistern: herumtasten, herumstöbern (vgl. Kasch, 29).*
90 Blöden] *blöd: schwach; unerfahren, furchtsam, schüchtern (vgl. Grimm 2, 139).*
92 Delfos Götterspruch] *Gemeint ist das Orakel zu Delphi, wo die Priesterin Pythia (vgl. V. 95), von Apollon begeistert, wahrsagte.*
99 hub] *oberdeutsche Form des starken Präteritums von „heben" (vgl. Pfleiderer, 369).*
100 Zopf] *vielleicht im Sinne der Wendung „jemandem einen Zopf machen" („zum besten halten"), vielleicht auch mit sexuellen Konnotationen.*
101—112 Deßen bis entschlief.] *Die Verse beziehen sich auf Alexander den Großen (356–323 v. u. Z.).*
103 Sirius] *Hauptstern des Großen Hundes am südlichen Sternhimmel.*
105—106 Dem bis war] *Diese Vorstellung – Alexander weinend am Grenzstein der Erde, weil er seine Macht nicht bis in den Himmel ausdehnen kann – findet sich auch in Hallers Gedicht „Ueber die Ehre" (V. 157–162) und in Lessings Gedicht „Alexander" (V. 5–6).*
107 Saturnus] *Er wurde mit dem griechischen Kronos gleichgesetzt, dieser wiederum wegen der Ähnlichkeit des Namens mit Chronos. In Darstellungen erscheint er als Greis, die Länge der Zeit versinnbildlichend, u. a. mit einer Sichel, als Hinweis darauf, „daß die Zeit [griech. χρόνος] alles gleichsam abmähne, und [. . .] alles verzehret" (Hederich, 2168). Der Vers meint also: Jene Träne war so selten, daß die Zeit sie noch nicht verschlungen hatte; eine solche Träne war, seit Zeit existiert, noch nicht geweint worden.*
108 Nacht] *Nox, griech. Nyx, Tochter des Chaos, Gemahlin des Erebus: „Sie wurde als eine der ältesten Göttinnen verehrt [. . .] und für die Mutter, nicht*

allein der Menschen, sondern auch der Götter, gehalten." (Hederich, 1745.)
111 Babylon] *Alexander starb, nach einigen Überlieferungen in luxuriösem Wohlleben, in Babylon.*
112 Weltpopanz] *Popanz: Schreck-, Trug-, Scheinbild (vgl. Grimm 7, 1999).*
122 Kozytus Boot] *Hier ist wohl Charon, der Totenfährmann, gemeint.*
123 Stundenglas und Hippe] *Sanduhr und Sichel oder Sense als Attribute des personifizierten Todes.*
129 Frynen] *Phryne, eine griechische Hetäre aus dem 4. Jahrhundert v. u. Z.; sie soll dem Bildhauer Praxiteles in Athen Modell für seine Venus von Knidos gewesen sein; weiter wird erzählt, sie sei vor Gericht freigesprochen worden, als sie den Richtern ihre Brüste zeigte (vgl. V. 193-204).*
136 Seiger] *Sanduhr, Uhr (vgl. Kasch, 25). Nach Kluge/Mitzka (S. 699) bedeutet „Seiger" zunächst Turmuhr, benannt nach mhd. seigære (Waage) wegen der Unruhe dieser Uhren, die aus einem waagrecht schwingenden Balken mit verschiebbaren Gewichten bestand. Von diesem Hintergrund mögen die Vorstellungen vom „Räderwerk des Herzens" und vom „Seiger des Gewissens" angeregt worden sein.*
137 Eitel] *vergeblich, unnütz (vgl. Grimm 3, 386).*
141 Greisen] *„Greis" kommt beim jungen Schiller nur in schwacher Flexion vor (vgl. Pfleiderer, 334).*
143 Afernus] *Im Avernersee bei Cumä in Mittelitalien befand sich nach mythologischer Vorstellung einer der Eingänge zur Unterwelt.*
159 Rede stellen] *„Rede stehen" (vgl. Grimm 10 II 2, 2204-2205). Die Verwechslung von „stehen" und „stellen" geht auf Schillers Mundart zurück (vgl. Kasch, 26).*
164 Stößer] *Bezeichnung für Vögel wie den Hühnerhabicht, der auch Taubenstößer genannt wird, und ähnliche Raubvögel.*
169-170 Siebenmal *bis* stehn] *Vom Kampf des Erzengels Michael gegen den Drachen und seine Engel berichtet das Neue Testament (vgl. Off. 12, 7-9).*
170 Moloch] *Name eines kanaanäischen Götzen.*
176 Wirfft *bis* zu] *Zitternadel: nach Adelung (4, 1728) Stück eines weiblichen Schmucks, das (nach Jonas, Erläuterungen, 36) zum Befestigen des Schleiers oder Brusttuchs diente. Unter dieser Voraussetzung könnte gemeint sein: „gibt sich ihm hin" (nachdem ihre Sympathie für „das Böse" schon vorher [V. 174] deutlich geworden ist).*
178 Komplexion] *Temperament (vgl. Grimm 5, 1686).*
183 Hörner des Altares] *nach biblischer Überlieferung (vgl. Exod. 27, 2; 1 Kön. 1, 50) „hornförmige ecken" des Altares (Grimm 4 II, 1820), Symbol der göttlichen Gegenwart.*
189-190 Nimfomanisch *bis* Zimmermann] *Mit der Nymphomanie zusammenhängende Probleme, u. a. mit Blick auf Klöster und Orden (vgl. V. 185-188), behandelt die Schrift „Von der Einsamkeit" (1773) von Johann Georg Zimmermann (1728-1795), Arzt in Hannover und Popularphilosoph, Schüler und Biograph Albrecht von Hallers.*
193-208 Selbst *bis* Amtmännin!] *Vgl. zu dieser Gerichtsszene und dem fallenden Halstuch (V. 197) Wielands „Agathon" (2. Buch, 1. Kapitel), wo der*

kleinen Verschiebung des Halstuchs einer schönen Angeklagten mehr Wirkung zugetraut wird als langen Reden von Demosthenes und Lysias; außerdem Wielands „Der verklagte Amor" (1, 22–33) sowie die Erläuterungen zu V. 129.
199 Alpen] *Plural von „Alp" (gespenstisches Wesen; Alpdrücken) (vgl. Grimm 1, 245).*
202 Statum] *lat. status: Zustand.*
206 sechsten Sinn] *Bezeichnung für den Geschlechtstrieb (vgl. Grimm 10 I, 1145–1146).*
210 kalumnirt] *lat. calumnari: verleumden.*
212 pitschirt] *versiegelt, „zugeklebt" (vgl. Fischer 1, 1143).*
215 Schamade schlagen] *Schamade: „zeichen durch trommel oder trompete zur übergabe einer festung an den feind" (Grimm 8, 2110).*
226 Zypern] *Vgl. zu V. 40.*
230 Torus] *lat.: Pfühl, Ehebett; Bahre.*
234 Saite] *die Saite des überspannten Bogens.*
241—260 So gebot *bis* Strand.] *Von der sagenhaften Insel, wo die Menschen gerade nicht so sind wie zuvor beschrieben, die also „utopisch" ist, d. h. nirgendwo existiert, ist in Wielands „Agathon" die Rede; am Ende des 3. Kapitels im 10. Buch wird vom Lande Utopia und der Insel Atlantis gesprochen: Es seien die Orte, für die spekulative Geister ideale Menschen zu entwerfen pflegen.*
246 Kolumb] *Christoph Kolumbus (1451–1506).*
247 Kortez] *Hernando Cortez (1485–1547), spanischer Seefahrer und Eroberer Mexikos.*
247 Pizarro] *Francisco Pizarro (1478–1561), spanischer Seefahrer und Eroberer Perus.*

23—24   Die Entzükung / an Laura

ENTSTEHUNG. *Das Gedicht entstand (Mitte?) 1781. Im Februar dieses Jahres war Schiller als Untermieter der Hauptmannswitwe Luise Dorothea Vischer nach Stuttgart gezogen; ihr galten seine poetischen Laura-Huldigungen. „Die Entzükung / an Laura" erschien Ende 1781.*

ÜBERLIEFERUNG. *H: ? h: GSA. V. 19–21. Abschrift von Christophine Reinwalds Hand, eingetragen in ein Heft „Auszüge aus der Anthologie vom Jahr 1782" (S. [16]). – E: Schwäbischer Musenalmanach / Auf das Jahr 1782. Hrsg. von Gotthold Friedrich Stäudlin. Tübingen. S. 140–142; unterzeichnet:* Schiller. *– Eine umgearbeitete Fassung ließ Schiller wenig später unter dem Titel „Die seeligen Augenblike / an Laura" in der „Anthologie auf das Jahr 1782" erscheinen. Vgl. NA 1, 64–65. – Danach gekürzt unter dem ursprünglichen Titel in: Gedichte* ²2 *(1805). S. 88–89. – Textwiedergabe nach E.*

LESARTEN. *Vgl. die Varianten der 2. Fassung in NA 1, 64–65; außerdem zu „Die seeligen Augenblike / an Laura".*

DER VENUSWAGEN / DIE ENTZÜKUNG 33

ERLÄUTERUNGEN. Das Gedicht ist, von anderen Änderungen abgesehen, eine vermutlich von Stäudlin gekürzte Fassung der Ode „Die seeligen Augenblike / an Laura", die später, zusammen mit fünf weiteren Laura-Gedichten, in der „Anthologie auf das Jahr 1782" erschien. Von Laura ist dort außerdem in den Gedichten „An die Parzen", „Der Triumf der Liebe" und „Meine Blumen" die Rede.

Die Laura-Dichtung hat ihren Ursprung in den Laura-Sonetten von Francesco Petrarca (1304–1374), in denen die Geliebte, anders als zuvor im Minnesang, als reale Person erscheint und besungen wird. Sie wurden Ausgangspunkt einer neuen Periode erotischer Lyrik. Einflüsse des Petrarkismus in Deutschland lassen sich von der Renaissance über das Barock bis ins 18. Jahrhundert beobachten. Gleim, Hölty, Lessing u. a. schrieben Laura-Gedichte. Schiller fand vermutlich über Klopstock den Anschluß an diese Tradition (vgl. Klopstocks Gedichte „Die künftige Geliebte" und „Petrarca und Laura").

Nach einer von Minna Körner überlieferten Äußerung Schillers hatten dessen Laura-Gedichte einen konkreten Adressaten: „Jene Laura, [...] als deren Petrarka ich mich erklärt hatte, war eine Hauptmannswitwe, [...] die mich weit mehr durch ihre Gutmütigkeit, als durch ihren Geist, am wenigsten aber durch ihre Schönheit anzog. Sie spielte sehr gut Klavier und verstand es, ein vortreffliches Glas Punsch zu machen. Sie selbst hat nie eine Ahnung davon gehabt, daß ich sie zu meiner ‚Laura' erwählt und in Entzückungen sie besungen. [...]." *(NA 42, 105.) Gemeint ist die Witwe des 1779 verstorbenen Hauptmanns und Regimentsquartiermeisters Ferdinand Christoph Vischer (geb. 1749), Luise Dorothea Vischer (1751–1816), bei der Schiller in Stuttgart von Februar 1781 bis September 1782 zur Untermiete wohnte.*

Unabhängig von der Frage nach dem biographischen Hintergrund der Laura-Gedichte ist freilich darauf hinzuweisen, daß sie weniger zur Erlebnis- als vielmehr zur Gedankenlyrik zu rechnen sind: Sie verarbeiten Elemente einer Liebes-Theorie, die Schiller schon zuvor, unter dem Einfluß Adam Fergusons und der englischen Moralphilosophie, entwickelt hatte. In seiner zweiten Karlsschulrede über „Die Tugend in ihren Folgen betrachtet" nennt er die Liebe das grose Band des Zusammenhangs aller denkenden Naturen *(NA 20, 32). Diese Vorstellung bestimmt in verschiedener Weise auch die Laura-Gedichte (vgl. im einzelnen die Erläuterungen dazu).*

Schiller hat sich zu seinen Gedichten wiederholt geäußert. In der Rezension des Stäudlinschen Almanachs erwähnt er u. a. sein Gedicht „Die Entzükung / an Laura" und erklärt, sie verdiente den besten ihrer Art an der Seite zu stehen *(NA 22, 188). In der Selbstrezension seiner Anthologie urteilt er dagegen generell:* [...] überspannt sind sie alle und verraten eine allzu unbändige Imagination; hie und da bemerke ich auch eine schlüpfrige sinnliche Stelle in platonischen Schwulst verschleiert. *(NA 22, 133.) Später sagte Schiller einmal Körners gegenüber, es sei ihm mit diesen Gedichten* nicht so ernstlich gemeint gewesen *(NA 42, 105). Im Brief an Körner vom 27. Mai 1793 aber nennt er das vorliegende Laura-Gedicht immerhin* eins der fehlerfreyesten.

3 flimmt] *flimmen: soviel wie „flimmern" (vgl. Grimm 3, 1798).*
6 Himmelblauem Spiegel] *Nach einer von Eduard Boas überlieferten Beschrei-*

bung aufgrund der Mitteilungen von Schillers Tochter Emilie von Gleichen-Rußwurm war Luise Dorothea Vischer „eine magere Blondine mit blauen, schwimmenden Augen" (Schillers Persönlichkeit 2 [1908], 38).
13 Amoretten] *geflügelte Kindergestalten in der Kunst der Renaissance, des Barock und des Rokoko, den antiken Eroten in Wand- und Vasenmalerei nachgebildet.*
16 rollen] *kreisen (vgl. Grimm 8, 1143).*
37 Chronos] *Vgl. zu „Der Venuswagen" (V. 107).*

STAMMBUCHBLÄTTER 1776–1781

26   [Für Ferdinand Moser]

ENTSTEHUNG. Beide Einträge erfolgten wahrscheinlich 1779 oder 1780, als Schiller sich in der Schlußphase seines Studiums befand.

ÜBERLIEFERUNG. H: SNM. Stammbuch Christoph Ferdinand Mosers, S. 15 u. 268: 2 Blätter 17,7 × 11 cm. Leicht vergilbtes geripptes Papier, etwas stockfleckig. Wz.: 1) [C & I H]ONIG. 2) Teil eines gekrönten Schildes. – Vgl. auch NA 2 I, 100 und die Erläuterungen dazu. – E: Goedeke, Schillers sämmtliche Schriften 1 (1867), 361 (offenbar nach einer im selben Jahr erschienenen, von Carl Künzel besorgten Photographie), ohne vollständige Wiedergabe der Horaz-Verse. – Textwiedergabe nach H.

LESARTEN. praeparatum] præparatum *H*   Amicitiae] Amicitiæ *H*

ERLÄUTERUNGEN. Christoph Ferdinand Moser (1759–1800) war der Sohn von Philipp Ulrich Moser (1720–1792), Pfarrer in Lorch und Lehrer an der Dorfschule, bei dem Schiller, zusammen mit Ferdinand Moser, 1765/1766 den ersten Latein- und Griechischunterricht erhielt. Ferdinand Moser wandte sich der Theologie zu, wurde später Vikar (bei seinem Vater in Dettingen), war dann in verschiedenen württembergischen Gemeinden, zuletzt, ab 1798, in Herbrechtingen bei Heidenheim als Pfarrer tätig; daneben war er Herausgeber eines pädagogischen Taschenbuchs und Journals und setzte sich für die Verbesserung des Volksschulwesens ein.
Zum Thema und zum Begriff der „Sympathie" vgl. das Gedicht „Die Freundschaft" und die Erläuterungen dazu.
10 m. c.] *lat. medicinae candidatus: Kandidat der Medizin.*
11–13 Sperat *bis* Pectus.] *Zitat aus Horaz' Ode „An den Licinus" (Carmina II 10, 13–15): „Ein gefaßtes Herz hoffet im Unglück, fürchtet im Glücke den Wechsel des Schicksals" (nach Christian Friedrich Karl Herzlieb und Johann Peter Uz; Horaz, Oden und Epoden, 157).*

14—16 Hoc *bis* vult] *lat.: Dies will zur Erneuerung des Andenkens an die alte Freundschaft seinem Freund gewidmet wissen . . .*
18 Acad. milit. alumn. et M. C.] *lat. Academiae militaris alumnus et Medicinae Candidatus: Zögling der Militärakademie und Kandidat der Medizin.*

26—27 [Für Immanuel Elwert]

ÜBERLIEFERUNG. *H: ? 1904 im Besitz von Frau Hory (Tübingen), der Enkelin Immanuel Elwerts (vgl. Hartmann, Jugendfreunde [1904], 344). Facsimile bei Hartmann, Jugendfreunde [1904], S. [70—71]. — E: Ebd., 68 (mit der Angabe, daß sich die Einträge „mit recht verblaßter Tinte auf vergriffenen Blättern" fänden). — Textwiedergabe nach dem Facsimile.*

ERLÄUTERUNGEN. *Immanuel Gottlieb Elwert (1759—1811) aus Cannstatt war wie Schiller Karlsschüler (bis 1780) und Mediziner (vgl. Schillers Urteil über ihn im „Bericht an Herzog Karl Eugen über die Mitschüler und sich selbst" [NA 22, 12—13]). Er wurde Stadt- und Amtsphysikus in seiner Heimatstadt und Verfasser verschiedener medizinischer Schriften. Das verkürzt und frei wiedergegebene Zitat stammt aus Goethes „Leiden des jungen Werthers" (1774; 1, 19). Die Verse aus dem Gesangbuch gehören zu dem Kirchenlied „O Ewigkeit, du donner-wort" von Johannes Rist (1607—1667) (Würtembergisches Gesang-Buch, Enthaltend Eine Sammlung Reiner und Kräfftiger Lieder [. . .]. Stuttgart 1741. Nr 243. 7. Strophe. S. 365).*

27 [Für Heinrich Friedrich Ludwig Orth]

ENTSTEHUNG. *Ludwig Orth war in den Jahren 1776—1783 auf der Karlsschule. Die Einträge in seinem Stammbuch beginnen im März 1779 und enden im April 1783. Schillers Verse stammen vermutlich aus dem Jahre 1780.*

ÜBERLIEFERUNG. *H: ? 1910 „im Besitz eines einer alten Heilbronner Familie Entstammten" (Julius Hartmann in: 14. RB, 61). Facsimile in: 14. RB (1909/10). S. 62. (Vgl. ebd., 63: „Die, wie das sichtliche Beschneiden einiger Blätter, namentlich auch des wertvollsten, von Schiller, zeigt, ursprünglich losen Blätter sind später in einen hübschen, tadellos erhaltenen, grünen Lederband mit Goldpressung und Goldschnitt gebracht [. . .].") — E: Goedeke, Schillers sämmtliche Schriften 1 (1867), 133 (nach einer durch Carl Künzel besorgten Abschrift von H). — Textwiedergabe nach dem Facsimile.*

LESARTEN. *Das untere Drittel der letzten Zeile ist durch das Beschneiden des Blattes verlorengegangen.*

ERLÄUTERUNGEN. *Heinrich Friedrich Ludwig Orth (geb. 1760) war von 1776 bis 1783 Karlsschüler, später Student in Göttingen, Kanzleiadvokat in Heilbronn, 1789 Mitglied des Gerichts. Über sein weiteres Leben ist nur be-*

kannt, daß er, offenbar wegen drückender Schulden, im Januar 1795 aus Heilbronn floh, von seinem Vater Heinrich Karl Philibert Orth, dem Bürgermeister der Stadt, angezeigt und daraufhin verhaftet wurde. Nach Entfernung aus seinen Ämtern wurde er im April 1795 im städtischen Spital in Gewahrsam gehalten. Danach verlieren sich seine Spuren. (Nach freundlicher Auskunft von Archivoberamtmann Weckbach, Stadtarchiv Heilbronn.) – Schillers Eintragung ist das Gegenstück zur dritten Strophe von Klopstocks Ode „Das neue Jahrhundert": O Freyheit! / Silberton dem Ohre! / Licht dem Verstand, und hoher Flug zu denken! / Dem Herzen groß Gefühl! (Oden [1776], 173.)

27 [Für Johann Christian Wekherlin]

ENTSTEHUNG. Schillers Eintrag in Wekherlins Stammbuch datiert vom 6. Oktober 1778. Vgl. ÜBERLIEFERUNG und LESARTEN.

ÜBERLIEFERUNG. H: SNM. Wekherlins Stammbuch, S. 84 u. 85: 15,4 × 9,8 cm. Festes geripptes Papier, leicht vergilbt und etwas stockfleckig. Die Eintragung Schillers auf S. 84. – Im GSA befindet sich ein loses Stammbuchblatt mit dem gleichen Eintrag von Schillers Hand. (9,7 × 7,3 cm. Vergilbtes geripptes Papier.) Dort ist die von Schiller geschriebene Jahreszahl – 1780 [?] – unleserlich gemacht, darunter eine neue Jahreszahl von fremder Hand gesetzt worden: 1777. Auf der Rückseite des Blattes hat Albert Schott, ein Neffe Wekherlins, vermerkt: Verse welche F. Schiller in das Stammbuch seines Jugend u. Academie Freundes Johann Christian Wekherlin († Janr 1781. am 3. Aug. 1777 geschrieben hat. *Ein beiliegender Umschlag enthält denselben Vermerk und dazu:* Der Frau Baronin E. v. Gleichen als ein Zeichen seiner Verehrung übergeben von Procurator Alb. Schott. *Eine Abschrift des Textes von Schiller und Schott, besorgt von Emilie von Gleichen, befindet sich ebenfalls im GSA. – Da nicht angenommen werden kann, daß Wekherlin zwei Stammbücher besaß, in die Schiller zu verschiedenen Zeiten denselben Text geschrieben hat, dürfte es sich bei dem Blatt, das Albert Schott an Emilie von Gleichen gegeben hat, um den Teil eines Stammbuchs, dessen Besitzer unbekannt ist, handeln. Im übrigen ist unwahrscheinlich, daß Schiller im August 1780, etwa zwei Jahre nach dem Abgang Wekherlins von der Karlsschule und wenige Monate vor seinem Tod, in dessen Stammbuch schreiben sollte – so erklärt sich auch die „Korrektur" der Jahresangabe auf dem Blatt, das Albert Schott an Emilie von Gleichen gab. – E: Neues Frankfurter Museum 1861. Nr 160 vom 30. Juli. S. 796 (fehlerhaft; vermutlich nach einer Abschrift von Albert Schott).*

LESARTEN. Der Text lautet in H:
    Auf ewig bleibt mit dir vereint
    Der Artzt, der Dichter, und dein Freund

  Stutgard d: 6. 8br.
    1778.   Schiller

ERLÄUTERUNGEN. *Johann Christian Wekherlin (auch: Weckherlin, Weckerlin) (1759–1781) war von 1775 bis 1778 Karlsschüler. Er studierte Medizin und trat in die väterliche Apotheke ein. – Vgl. Schillers „Elegie auf den frühzeitigen Tod Johann Christian Weckerlins".*

27   [Einem ausgezeichneten Esser]

ENTSTEHUNG. Der Eintrag ist durch Johann Wilhelm Petersen überliefert, der mit dem Zitat einen Aufsatz über Schillers Entwicklung bis zum Jahre 1777 beschließt. Der Eintrag könnte in diesem Jahr erfolgt sein.

ÜBERLIEFERUNG. H: ? – E: Morgenblatt für gebildete Stände 1807. Nr 186 vom 5. August. S. 741 (Johann Wilhelm Petersen).

ERLÄUTERUNGEN. In wessen Stammbuch Schiller den Bibelspruch (vgl. 5 Mose 8,10) geschrieben hat, ist nicht bekannt. Petersen hat bei der Veröffentlichung lediglich angemerkt, er sei für einen der „Mitlehrlinge" bestimmt gewesen – für einen Karlsschüler also.

28   [Für Karl Philipp Conz]

ENTSTEHUNG. Schiller trug das Sallust-Zitat wohl im Jahre 1781 in das Stammbuch von Conz ein. Über den Umgang der Freunde in dieser Zeit vgl. Conz' Aufsatz „Einiges über Schiller" (in: Zeitung für die elegante Welt 1823. Nr 3–7 vom 4.–10. Januar).

ÜBERLIEFERUNG. H: ? – E: Zeitung für die elegante Welt 1823. Nr 3 vom 4. Januar. Sp. 19 (Karl Philipp Conz).

ERLÄUTERUNGEN. Karl Philipp Conz (1762–1827) war, zusammen mit Ferdinand Moser, Schillers Spielgefährte in Lorch, dann Karlsschüler, später Diakon in Vaihingen, ab 1809 Professor für klassische Philologie in Tübingen. – Das (nicht ganz vollständig wiedergegebene) Zitat stammt aus Sallusts Schrift „De Catilinae coniuratione" (I, 2–3): „[...] der Geist ist das Herrschende, der Körper mehr das Dienende in uns [...]. Darum scheint es mir richtiger, wenn wir mit geistigen Mitteln Anerkennung suchen statt mit bloßen Körperkräften, und wenn wir dem Andenken an uns eine möglichst lange Dauer schaffen – das Leben selbst ist ja so kurz, das wir genießen!" (Nach Wilhelm Schöne; Sallust, Werke und Schriften, 7.)

28   [Für einen Unbekannten]

ÜBERLIEFERUNG. H: SBPK. Stammbuch 4 von Christoph Friedrich Nicolai. Der Eintrag Schillers auf S. 109. 1 Blatt 10,5 × 18 cm. Leicht vergilbtes geripptes Papier. – E: Zeitschrift für deutsches Alterthum und deutsche Literatur

ANMERKUNGEN ZU BAND 1, S. 28-33

25 (1881). S. 94 (Fritz Jonas); dort wiedergegeben als „ein stammbuchblatt in Nicolais oder seines sohnes stammbuch". − Textwiedergabe nach H.

LESARTEN. *Der Eintrag ist unterschrieben:* Frid. Schiller.

ERLÄUTERUNGEN. *Das Stammbuch mit der vorliegenden Eintragung gehörte Christoph Friedrich Nicolai (1733−1811), Buchhändler, Verleger und Schriftsteller in Berlin, und seinem Sohn Samuel. Es ist anzunehmen, daß die Widmung dem Vater gilt. Er hielt sich im Juli 1781 drei Tage in Stuttgart auf und lernte Schiller kennen. Nicolai berichtet darüber in seiner „Beschreibung einer Reise durch Deutschland und die Schweiz" (10 [1795], 82−83): Er habe u. a. den berühmten Hrn.* S c h i l l e r *kennengelernt, damals noch Regimentsarzt [...], der zwar von Leuten, welche einsehen konnten, was von einem so treflichen Kopfe noch zu erwarten seyn möchte, etwas gerühmt ward; aber doch sehr unterdrückt war. Schiller setzte nach seiner Flucht aus Stuttgart Hoffnungen auf eine Verbindung mit dem einflußreichen Verleger (vgl. seine Briefe an Christian Friedrich Jacobi und an Christophine Schiller vom 6. November 1782). − Über die späteren Beziehungen zwischen Schiller und Nicolai vgl. die Erläuterungen zu den „Xenien" Nr 142−144.*

TRAUERGEDICHTE 1780−1782

31−32 Trauer-Ode
auf den Todt des Hauptmanns Wiltmaister

ENTSTEHUNG. *Johann Anton von Wiltmaister war am 27. Dezember 1780 gestorben.*

ÜBERLIEFERUNG. H: ? *h*: SNM. Herrenschwandsches Poesiebuch. 2. Theil: *Philosophische und andre Gedichte. S. 20−22. Auf der 1. Seite des Buchs ist vermerkt:* Von Franz Anton von Herrenschwand d. jüng. bey seiner Abreise zum Geschenk bekommen. Scholl. 1781. d. 6tn April. *Die Eintragungen des zweiten Teils sind vermutlich in den Jahren 1805/06 erfolgt, vielleicht durch Karl Friedrich Scholl, den Besitzer, selbst.* − E: *Einzeldruck 1781 [?]; nicht überliefert.* D: *Prager Tagblatt vom 17. April 1910 (wie verschiedene spätere Drucke nach h.) − Textwiedergabe nach h.*

LESARTEN. *In h sind die dritten und sechsten Verse der einzelnen Strophen nicht eingerückt. Überschrift:* T r a u e r - O d e . *h; später hinzugefügt:* auf den Todt des Hauptm. Wildmaister *h*   6 Müller] Miller *h*   schlaft.] schlaft *h*   8 erschüttert] erschittert *h*   13 Antliz] Angliz *h*   38 Flügeln] Fliegeln *h*   47 Heere:] Heere *h*   48 Sie,] Sie *aus* Sieh' *h*   56 müde] miede *h*   *unter dem Gedichttext:* Schiller *h*

ERLÄUTERUNGEN. Joseph Anton von Wiltmaister (Wiltmeister, Wildmeister) (geb. 1739), herzoglicher Hauptmann im Augéschen Grenadierregiment in Stuttgart, war am 27. Dezember 1780 gestorben. Schiller, der seit dem 15. Dezember 1780 im gleichen Regiment als Medikus Dienst tat, wird Wiltmaister, mit dem er ansonsten nur während dessen Zeit als Aufsichtsoffizier an der Karlsschule (2. Oktober bis 1. November 1774) in Berührung gekommen sein kann, nur flüchtig gekannt haben. Vermutlich ist das Gedicht eine Auftragsarbeit des Offizierskorps. So fehlt die persönliche Betroffenheit des Dichters, die in den Trauergedichten der „Anthologie" spürbar ist, in die das vorliegende Gedicht daher wohl nicht aufgenommen wurde. Vielleicht orientierte Schiller sich an einem Gedicht der gleichen Gattung, das er in der von Schwan in Mannheim redigierten „Schreibtafel" (Siebente Lieferung. Mannheim 1779. S. 63–65) fand; es heißt „Grablied eines Soldaten" und beginnt mit den Versen: Wohlan! der dumpfe Wirbel ruft / Zu unsers Kameraden Gruft. *Aus Friedrich Wilhelm von Hovens Lebenserinnerungen geht hervor, daß diese Anthologie in Schillers Freundeskreis auf der Karlsschule bekannt war und mit Beiträgen beliefert wurde (Biographie des Doctor Friedrich Wilhelm von Hoven [1840], 57). Vgl. auch zu V. 6.*

Ob ähnlich wie später beim „Reiterlied" Einflüsse von Kriegsgedichten des Renaissancedichters Julius Wilhelm Zincgref ausgegangen sind, sei in beiden Fällen dahingestellt.
1 wirgt] *Es ist unklar, ob „wirkt" oder „würgt" gemeint ist (zur Orthographie von „i/ü" und „g/k" vgl. Pfleiderer, 285–287, 319). Wahrscheinlicher ist „würgt": Als* Würger *wird der Tod in der „Elegie auf den frühzeitigen Tod Johann Christian Weckerlins" (V. 132) und in „Melancholie / an Laura" (V. 66) bezeichnet. Denkbar ist auch „wirkt" im Sinne von „arbeitet" (vgl. Fischer 6, 873).*
5 Schranken] *Gitterwerk zur Einschließung eines Ortes (vgl. Adelung 3, 1642).*
6 Müller] *Gemeint sind möglicherweise der Obristwachtmeister und Platzmajor zu Stuttgart Christian Müller (geb. 1710/1711), der am 29. November 1780 gestorben war, oder der am 7. November 1779 verstorbene Corporal David Müller (geb. 1749/50) aus dem Gabelenzischen Regiment, der Adressat des eingangs erwähnten „Grablieds".*
23 Larve] *Maske (vgl. Grimm 6, 208).*
38 Donner] *Gemeint ist: „Donner der Geschütze".*
45 Helden Carls] *Herzog Karl Eugens Offiziere.*

33–37 Elegie auf den frühzeitigen Tod Johann Christian Weckerlins

ENTSTEHUNG. Johann Christian Wekherlin (auch: Weckherlin, oder: Weckerlin) war am 15. Januar 1781 gestorben. Im Namen der Schulfreunde verfaßte Schiller, nach dem Brauch der Zeit, ein Trauergedicht, das als Einblattdruck, auf eigene Kosten hergestellt, ins Trauerhaus geschickt wurde. (Vgl. dazu Schillers Brief an Friedrich Wilhelm von Hoven vom 4. Februar 1781.) Dieser Druck stellt eine Fassung dar, die nach Anordnung des Zensors Johann

Christian Volz (1720/21–1783), Rektor des Gymnasiums zu Stuttgart und Pädagogarch der lateinischen Schulen des Herzogtums unter der Steig, zustande kam. Vgl. auch ÜBERLIEFERUNG.

ÜBERLIEFERUNG. H: ? – h^1H: SNM (Cotta). Abschrift der ursprünglichen Fassung (nach der Handschrift oder dem unzensierten Erstdruck) aus dem Nachlaß Johann Wilhelm Petersens, mit Wiedergabe der Randnotizen des Zensors (Johann Christian Volz) und der mit Rötelstift vorgenommenen Varianten Schillers für den zensierten („offiziellen") Erstdruck. 1 Doppelblatt 21 × 33 cm, 4 S. beschrieben. Festes geripptes Papier, vergilbt und stockfleckig. h^2: SNM (Cotta). Abschrift des zensierten Erstdrucks (mit Hinweisen zu den Zensureingriffen) von unbekannter Hand. h^3: SNM. Herrenschwandsches Poesiebuch (vgl. zu „Trauer-Ode auf den Todt des Hauptmanns Wiltmaister"). 2. Theil. S. 22–26 (nach E^1). – E^1: Elegie auf den frühzeitigen Tod Johann Christian Weckerlins. / von seinen Freunden. Stuttgart, den 16ten Januar 1781. Daselbst mit Mäntlerischen Schriften. (1 Doppelblatt 20,2 × 33 cm; der Text des Gedichts auf S. 2–4.) Unzensierter Druck. E^2: Elegie [...]. Zensierter Druck. D: Anthologie auf das Jahr 1782 [...]. S. 26–32. Vgl. zu NA 1, 57–60. – Textwiedergabe nach E^1.

LESARTEN. *Augenvarianten und Interpunktionsänderungen werden im folgenden nicht verzeichnet. – Überschrift:* Elegie auf den frühen Tod Johann Christian Weckerlins h^1H Elegie auf den frühzeitigen Todt J. C. Weckerlins von seinen Freunden h^3 *vor dem Motto:* P. N. Was auf dem Rande jedesmal bemerkt ist, sind Worte des damaligen Censors, Hrn. Rektors Volz. Ohne diese, hernach beliebten Randgloßen oder vielmehr Veränderungen, wurde die erste Auflage gedruckt. Was mit Rothstein angemerkt ist, sind Schillers eigenhändige Veränderungen. h^1H **1** vorm] vom h^1H **8** Pralen] Prahlen *gestr.* h^1H, *dazu am linken Rand:* Da diß Wort öfters in einer schlimmen Bedeutung gebraucht wird: so könnte es vielleicht mißdeutet, u. übel aufgenommen werden. h^1H **10** mit] mir h^1H **20** wähnen] wählen h^3 **21** hoft noch und] hoft u. noch h^3 **22** wenn] wann h^3 **23** kraftgerüstet] Kraftgerüstet h^3 **24** wie] des h^3 **29** unsre] unsere h^3 **39** erschlaffen] entschlaffen h^3 **47–58** *gerade Verse eingerückt* h^1H h^2 h^3 E^1 E^2 **55** Ueber] Ober h^3 **69** rollten] rollen h^1H **70** sinkt] senkt h^3 **74** Röcheln] Röchlen h^3 **77** der Pharisäer] die Pharisäer h^3 **78** Pfaffen brüllend] *gestr.* h^1H, *dazu am linken Rand:* Müsten weniger anstößige Ausdrücke gewählt werden. h^1H, *am rechten Rand mit Rötel:* Manche h^1H Manche brüllend h^2 E^2, *dazu in* h^2 *eine Anmerkung am Fuß der Seite:* Statt „Manche" hat Schiller urspr. „P f a f f e n " geschrieben. **80** Meze die Gerechtigkeit] *unterstr. und gestr.* h^1H, *dazu am rechten Rand:* Möchte in einem satyrischen Aufsaze passiren, nicht aber in einem ernsthaften Gedichte. h^1H, *darüber mit Rötel:* Falsche h^1H Falsche die Gerechtigkeit h^2 E^2, *dazu in* h^2 *eine Anmerkung am Fuß der Seite:* Falsche – Metze – **82** hin zur] in die h^3 **83** gaukeln] gaukeln h^3 **85** schaukeln] schaukeln h^3 **92** Ruh] Rnh E^2 *(Druckfehler)* **93** Teufelvollen] *unterstr.* h^1H, *dazu am linken Rand:* Dieser Ausdruck sollte auch gemildert werden h^1H,

ELEGIE AUF DEN TOD J. CHR. WECKERLINS 41

am rechten Rand mit Rötel: Bosheitsvollen b^1H Bosheitsvollen b^2 E^2, *dazu in b^2 eine Anmerkung am Fuß der Seite:* – Bosheitsvollen – Teufelvollen Todtenvollen b^3 **97** Narrheit] gestr., *am linken Rand:* Thorheit b^1H Thorheit b^2 E^2 **101** Mit dem Todte in gewießem Bunde b^3 **104** Larve tauschet mit Natur] Maske tauscht mit der Natur b^3 **105** zur] zum b^3 **113** nach aufgerißnen Todesriegeln] nach aufgerissnem Todesrügel b^3 **114** schwingt] schwinkt *verb. aus* schwenkt b^3 **121** in Himmeln] im Himmel b^3 **131** schwarzen stummen] schwarze stumme b^3 **132** Würger] Wirger b^3 **140** Fliegt] Flügt b^3 *am linken unteren Rand der letzten Seite:* Nach oben bemerkten Verbesserungen, welche nicht unterlassen werden derffen: Impr. J. C. Volz b^1H *Vgl. auch die Lesarten zu „Elegie auf den Tod eines Jünglings".*

ERLÄUTERUNGEN. Johann Christian Wekherlin (geb. 1759) war am 15. Januar 1781 gestorben (vgl. über ihn die Erläuterungen zu „[Für Johann Christian Wekherlin]"). Im Brief an Friedrich Wilhelm von Hoven vom 4. Februar 1781 berichtet Schiller von großer Wirkung: [...] das kleine hundsvöttische Ding hat mich in der Gegend herum berüchtigter gemacht als 20 Jahre Praxis.

Provoziert wurde, lange vor den „Göttern Griechenlands", wohl vor allem das religiöse Gefühl der Umwelt, denn Schillers Gedicht enthält (ähnlich wie „Die Pest") unverhüllte Anklagen gegen die göttliche Vorsehung (vgl. V. 35 bis 46); die Apostrophe Gottes als Gott der Grüfte *(V. 137), der mit* Graun *(V. 138) verehrt werde, mag als ebenso bedenklich empfunden worden sein wie der Zweifel an einem Leben nach dem Tod (vgl. V. 123–126). Mit Rücksicht auf die Zensur wurde dies für die Aufnahme des Gedichts in die „Anthologie", hier unter dem Titel „Elegie auf den Tod eines Jünglings", unterdrückt oder gemildert.*
vor 1 „Ihn aber *bis* fest"] *Das Motto ist Hallers Ode „Unvollkommenes Gedicht über die Ewigkeit" (V. 14–16) entnommen, und zwar offenbar der 9. Auflage des „Versuchs Schweizerischer Gedichte" (Göttingen 1762. S. 206). Die übrigen Auflagen (soweit sie geprüft werden konnten) enthielten die Lesart:* Der nichts zu uns zurücke läßt.
3 Stiftes] *Stiftskirche in Stuttgart.*
8 Pralen] *hier im Sinne von „Stolz".*
11 Fichten] *Das Bild von Fichte oder Tanne steht in emblematischem Sinn für: „Stärkung durch Widerstand" (vgl. Henkel/Schöne, Emblemata, 254). Hinzu tritt – unausgesprochen – das Bild des Lorbeerbaums, der vom Blitz nicht getroffen werden kann (vgl. V. 12), im vorliegenden Zusammenhang deutbar auf „Tugend und Versuchung" (vgl. Henkel/Schöne, Emblemata, 204).*
11 hochveraltet] *veralten: alt werden (vgl. Grimm 12 I, 69).*
17–18 Pralt *bis* fleugt?] *ähnlich das Bild in „Vorwurf / an Laura" (V. 5–6).*
18 fleugt] *„fliegt". Zum Diphthong „eu" aus mhd. „iu" vgl. Pfleiderer, 374.*
21 dort oben] *bezieht sich auf* Fichten, Berge, Himmel, Held, Thatenberge.
21 hienieden] *bezieht sich auf* Wurm, Blüthen *und* Pflanzen *oder auch auf den „gemeinen" Menschen, der es nicht zu außergewöhnlicher Höhe des Lebens bringt.*
28 sprung] *„sprang". Vgl. zum alten Ablaut Pfleiderer, 367.*

30 O der schneidenden Erinnerung] *Genitiv auf vorhergehende Interjektion nach dem lateinischen sogenannten „griechischen Genitiv".*

31—34 Da Er bis schwur] *Boas (Schiller's Jugendjahre 1, 221) vermutet, dies Gelübde sei aus Anlaß des Begräbnisses von August von Hoven abgelegt worden, der am 13. Juni 1780 gestorben war (vgl. die Erläuterungen zu „Eine Leichenfantasie").*

36—37 Weltregierer bis baute] *Anastrophe zum Zweck der Betonung, Isolierung des Substantivs vom abhängigen Relativsatz (vgl. zur Umstellung von Satzteilen auch „Der Eroberer" [V. 61–62] und „Die Gröse der Welt" [V. 1 bis 2]).*

39 Sehnen] *Der Begriff hat schwankende anatomische Bedeutung: „Sehnen", „Nerven", „Adern"; „besonders als sitz körperlicher spannkraft, jugendlicher frische" (Grimm 10 I, 149).*

59—60 Stumm bis Begrabenen] *In der Ossian-Übersetzung Werthers in Goethes Roman heißt es ähnlich:* Eng ist nun deine Wohnung, finster deine Stäte. [...] Tief ist der Schlaf der Todten *(Die Leiden des jungen Werthers [1774] 2, 199–200).*

65 Seine] *des Hügels (vgl. V. 63).*

66 Sein] *des Westwinds (vgl. V. 65).*

83—106 Ueber bis nur.] *Die beiden Strophen erinnern an traditionelle mittelalterliche und barocke Weltklagen: das Leben unter dem Einfluß der Fortuna ein „topelspil" („Würfelspiel"; vgl. zum Begriff Wolfram von Eschenbachs „Parzival" [115, 19 u. 289, 24] und das Lehrgedicht „Der Winsbeke" [20, 9]), – das „Theatrum mundi" ein „gampelspil" („Possenspiel"; vgl. Walther von der Vogelweides Gedichte [67, 14; Lachmannsche Zählung]).*

84 Blind] *Gemeint ist wohl „verblendet"; blind für Angemessenheit und Billigkeit des zugewiesenen Geschicks.*

86 wüsten] *„wüst" hier im Sinn von „schmutzig", „dreckig" (vgl. Grimm 14 II, 2428).*

90 Lottospiel] *franz. lot: Los; ital. lotto: Losspiel, Glücksspiel. Das Bild findet sich auch in den „Räubern" (vgl. III 2; NA 3, 78, Z. 28), ebenso die Vorstellung des Lebens als Possenspiels (vgl. IV 5; NA 3, 109, Z. 11-12) und Würfelspiels (vgl. ebd.; NA 3, 105, Z. 17-18; 114, Z. 15).*

96 Plaudite] *Imperativ von lat. plaudere: klatschen. Aufforderung der Schauspieler in der römischen Komödie an die Zuschauer am Ende des Stücks; als Substantiv hier soviel wie „Ende der Vorstellung".*

99 Bürger unterm Monde] *Menschen; vgl. den Ausdruck* Götter unterm Monde *in „Der Venuswagen" (V. 61).*

104 Natur] *Gemeint ist: „Natur" des Menschen als Staub von Staub, Erde von Erde.*

111—118 Bis auf bis wiederkäun] *Ein sehr ähnliches Szenarium des Jüngsten Gerichts entwirft Schiller in den „Räubern" (V 1; NA 3, 118-119).*

112 Posaune] *In „Der Eroberer" (V. 77-78) kündigt die Donnerposaune GOttes die Wiederauferstehung der Toten an.*

113 nach aufgerißnen Todesriegeln] *Nachahmung des absoluten Ablativs; gemeint ist also: „nach Aufreißen der Todesriegel".*

116 kreisen] *„kreißen" im Sinne von „hervorbringen".*
119—122 Nicht *bis* gewiß.] *In leicht veränderter Fassung übernahm Schiller diese Verse für seine Eintragung [„In die Holy Bible für Frau von Lengefeld"]. Der Satz meint: Wenn es auch weder in* Welten, *im* Paradiß *oder in* Himmeln *der Fall sein wird — irgendwo und irgendwie werden wir dich dennoch wiedersehen.*
120 Pöbels] *„Pöbel" hier nicht mit pejorativer Bedeutung, sondern, im Sinne der Aufklärung, unabhängig von der Standeszugehörigkeit: die Zahl der Unaufgeklärten, Ungebildeten.*
130 fleußt] *Vgl. zu V.* 18.
132 Würger] *Tod.*
133 Geheul ergoßne] *Gemeint ist: „in Tränen des Jammers ergossene" o. ä.*
133 Kläger] *„Lamentatores", die Klageschrei um den Verstorbenen ertönen lassen (vgl. Grimm 5, 925).*

37—39   Todenfeyer am Grabe
            Philipp Friderich von Riegers

ENTSTEHUNG. *Das Trauergedicht, das Schiller im Auftrag der herzoglichwürttembergischen Generalität verfaßte, entstand unmittelbar nach dem am 15. Mai 1782 erfolgten Tode Riegers.*

ÜBERLIEFERUNG. H: ? — E: *Todenfeyer / am Grabe / des '/ Hochwohlgebohrnen Herrn, / HERRN / Philipp Friderich / von Rieger, / Generalmajors und Chefs eines Infanterie=Bataillons, / Kommandanten der Vestung Hohenasperg, und des / Herzoglich militairischen St. Karls Ordens '/ Ritters, / Welcher / im sechzigsten Jahr Seines Alters am 15ten May 1782. zu Hohenasperg / an einem Schlagflusse seelig verschied, / und / den 18ten des Monats feierlichst zur Erde bestattet wurde, / Ihm / zum Ehrendenkmal geweyht / von / sämmtlicher Herzoglich=Wirtembergischen / Generalität. / Stuttgard '/ gedrukt mit Erhardischen Schriften* [1782]. *Foliodoppelblatt, unpaginiert.* D: *Taschenbuch für Damen auf das Jahr* 1808. *Tübingen* [1807]. *S.* 252-254: *Todtenfeyer am Grabe Phil. Frdr. von Rieger's. — Eine Prosa-Abschrift des Gedichts (SNM) sowie die handschriftliche Druckvorlage für D (SNM [Cotta]) haben keinen textkritischen Wert; es handelt sich offenbar in beiden Fällen um Abschriften von E. — Textwiedergabe nach E.*

LESARTEN. 16 Groß o] Groß, o E   46 („Alles] „(Alles E   48 Euch] euch E   60 fragen?] fragen E   *In E sind durch verschiedene Auszeichnungsschriften hervorgehoben:* 2 Rieger   4 Rieger, Rieger   7 Held   9 grosen Mann   11 guten lieben Mann   12 Riegers   16 Rieger Deine   17 Dein   Seinem   18 Dein   20 Freund   Deinen   25 Deines Fürsten   27 Dir   30 Dein   31 Fürsten   33 Dein   41 Riegers   60 Riegers   61 Ihm   63 Seiner   67 dort   hier   68 GOtt wir   69 Dir! Seeliger! Verklärter   70 Deinen   71 Deinem   73 Deine

75 Du   79 Du   81 Du   85 Du   86 Dich   89 Rieger   92 Ihm
94 Rieger

ERLÄUTERUNGEN. *Philipp Friedrich Rieger (1722–1782), einer der Taufpaten Schillers, war eine umstrittene Persönlichkeit, ein durch seine rasche Thätigkeit, süße und bittre Schiksale, gute und böse Gerüchte in Deutschland sehr bekannter Nahme (Schubart's Leben und Gesinnungen 2 [1793], 143–144). Als Günstling Karl Eugens und dessen berüchtigter Soldatenwerber führte ihn seine Karriere bis an die Spitze der Militärverwaltung. Durch die Intrige eines Konkurrenten, des Grafen Friedrich Samuel von Montmartin (1712–1778), wurde er gestürzt und 1762 für vier Jahre auf dem Hohentwiel gefangengesetzt. Nach der Entlassung und einigen Jahren in fremden Diensten wurde er rehabilitiert und 1776 Kommandant der Festung Hohenasperg.*

Ein Zeitgenosse urteilt aus eigener Erfahrung: Dieser Rieger war im höchsten Grad Schmeichler, ein Mann voll Feuer und Lebhaftigkeit, voll Intrigen, und dabey äußerst kühn und verwegen, daß er auch die verderblichsten Anschläge auszuführen unternahm (Gegel, Beleuchtung einer Regierungsperiode des gegenwärtigen Regenten Würtembergs [1789], 35).

Schiller lernte Rieger bei einem Besuch Schubarts kennen, der seit 1777 zu Riegers Gefangenen gehörte. In seiner Erzählung „Spiel des Schicksals" (1789) griff Schiller auf die Geschichte Riegers zurück. Dort heißt es am Schluß über seinen Tod: [...] eine Aufwallung des Zorns gegen einen derselben [der Gefangenen] streckte ihn auf den Sarg in seinem achtzigsten Jahre. (NA 16, 44.) Tatsächlich starb Rieger am 15. Mai 1782, sechzig Jahre alt, an einem Schlaganfall aus Jähzorn, nachdem ein kranker Soldat sich nach gehässiger Beschimpfung mit einer derben Antwort gewehrt hatte (vgl. Pfaff, Oberst Rieger und Graf Montmartin [1859], 224). Wie Schubart den „Todtengesang ihrem Vater und Führer Herrn Philipp Friederich von Rieger etc. im Namen der sämtlichen Officiers seines Bataillons" (Sämtliche Gedichte 2 [1786], 242–246), so verfaßte auch Schiller sein überschwenglich lobendes Totengedicht als Auftragsarbeit; er benutzte es jedoch zugleich, im Sinne seiner Gedichte „Der Eroberer" und „Die schlimmen Monarchen", als Vehikel der Kritik an den Erdengöttern (V. 28) und nicht zuletzt auch an Karl Eugen selbst, dem das Gedicht bezeichnenderweise mißfallen hat, weil es „verschiedene Seiten der fürstlichen Existenz zu verletzen schien" (Wolzogen, Schillers Leben [1830] 1,40). Hochschätzung spricht andererseits aus Schillers Anmerkung zu einem möglicherweise von Schubart stammenden Geburtstagsgedicht auf Rieger in der „Anthologie auf das Jahr 1782" (S. 156–161) unter dem Titel „Gefühl am ersten Oktober 1781" (vgl. Mommsen, Anthologie [1973], 47), in welcher der Herausgeber die wärmste Hochachtung vor dem würdigen Mann ausdrückt (S. 156).*

5–6 Wie bis schwindet] *Möglicherweise ist das Bild mit Bezug auf Matth. 24, 27 verwendet.*

12 Riegers Söhnen] *Soldaten aus Riegers Bataillon (vgl. den Titel von Schubarts Gedicht, in dem Rieger als Vater apostrophiert wird).*

16 Stufe] *Hier von „geistigen eigenschaften und fähigkeiten" gesagt: „ausdruck einer allgemein gehaltenen hoch- oder geringwertung" (Grimm 10 IV, 300).*

24 Christ] *Rieger hatte während seiner Gefangenschaft zur Beschäftigung mit der Bibel gefunden, auch Kirchenlieder verfaßt. Über Riegers Religiosität berichtet auch Schubart (Schubart's Leben und Gesinnungen 2 [1793], 154–157).*
38 Krieger KARLS] *Karl Eugens Offiziere.*
44 ungerochen] *„ungerächt". Zu diesem nhd. sonst schwach gebildeten Partizip Präteritum vgl. Pfleiderer, 378.*
47 pochen] *Hier vom „ungestümen, zornigen, unmutigen, trotzigen, hoffärtigen, prahlerischen, höhnischen auftreten, handeln und reden" gesagt (Grimm 7, 1958).*
49 Rittersterne] *Ordenssterne (vgl. Grimm 8, 1075).*
55 schlechte] *„schlichte", „bloße" (vgl. Grimm 9, 525).*
62 Ritterkreuz] *Kreuz als „auszeichnung eines ordensritters" (Grimm 8, 1062).*
70 Sonnenflug] *Zum Bildbereich Sonne – Flug vgl. die Erläuterungen zu „Die Gröse der Welt" (V. 27–30).*
71 Menschheit] *hier wie oft bei Schiller: „Menschlichkeit", „humanitas" (vgl. Grimm 6, 2077).*
73–74 Schöne Thaten *bis* schöne Welt] *dieser Gedanke – irdische Taten im himmlischen Schuldbuch – auch in Klopstocks Ode „Die Königinn Luise" (V. 109–112), ähnlich auch in „Friedrich der Fünfte" (V. 33–36), „Friedensburg" (V. 45–48), „Für den König" (V. 62–64), „Rothschilds Gräber" (V. 71–72).*
76 fällt] *„fällen" hier abstrakt: „stürzen", „überwältigen" (vgl. Grimm 3, 1286).*
84 Sanften Mitleids] *Der Genitivus qualitatis bezieht sich auf* Du *(V. 81).*
91–92 Und *bis* schäumt] *ähnlich das Bild in der „Elegie auf den frühzeitigen Tod Johann Christian Weckerlins" (V. 129–130).*

ANTHOLOGIE AUF DAS JAHR 1782

41–134   Anthologie auf das Jahr 1782

Schillers Anthologie entstand als Konkurrenzunternehmen zu dem im September 1781 in Tübingen bei Johann Georg Cotta erschienenen „Schwäbischen Musenalmanach / Auf das Jahr 1782" (ab 1783: Schwäbische Blumenlese [...]) von Gotthold Friedrich Stäudlin (1758–1796). Schiller fühlte sich provoziert von der Rolle eines Mentors der schwäbischen Poesie, die Stäudlin für sich in Anspruch nahm, indem er die bessern Köpfe *seines Vaterlands um sich zu versammeln und den Beweis anzutreten suchte, daß* die herrliche Pflanze des Genies *auch* unter einem so sehr böotischen Himmel gedeihen könne *(Vorrede, o. S.).*

Anlaß zur Verärgerung über den Landsmann bot überdies der Umstand, daß dieser Schillers Ode „Die Entzükung / an Laura" nur in verkürzter Form abgedruckt, andere Gedichte offenbar ganz zurückgewiesen hatte. Dafür könnte Stäudlins poetische Epistel „An Herrn Professor S-[chott] in Erlang[en]" aus

seinem Almanach für 1783 (S. 180–192) sprechen; darin führt er u. a. ironische Klage über das leidige Geschäft eines Almanachherausgebers, der untaugliche Texte zugesandt bekommt. Folgende Verse lassen sich auf Schiller beziehen:
Ich brech' ein zweites Siegel auf – und hu!
Ein Odensturm – wie tobt er auf mich zu!
Gehäufter Unsinn überall
Und ungeheurer Wörterschwall –
Ha! welch ein Flug! – Das tönt mir allzu lyrisch!
Mich dünkt, ich lese gar sibirisch!
(S. 186. [Schillers „Anthologie" weist als fingierten Druckort die sibirische Stadt Tobolsko aus, um damit Stäudlins Böotien noch zu übertrumpfen (vgl. Schillers Vorrede und die Erläuterungen dazu; NA 22, 85, 373).])

Schillers eigener Beitrag zu der Auseinandersetzung bestand in einer kritischen Rezension von Stäudlins „Proben einer teutschen Aeneis nebst lyrischen Gedichten" (NA 22, 179–186), die etwa gleichzeitig mit dem „Schwäbischen Musenalmanach" erschien.

Der Gestus eines Erneuerers der schwäbischen Poesie verdroß Schiller um so mehr, als er davon überzeugt war, dem Schwall von Mittelmäßigkeit, dem Froschgequäke der Reimer, *so seine Kritik (NA 22, 188),* die bessere Poesie entgegensetzen zu können. In der Selbstrezension der „Anthologie" stellte Schiller dann selbstbewußt fest, daß diese Sammlung manche ihrer Schwestern in Schatten gestellt habe *(NA 22, 134).*

So nahm Schiller den Wettkampf mit dem Rivalen auf, um ihn „zu zermalmen" *(Georg Friedrich Scharffenstein in seinen „Erinnerungen"; Hartmann, Jugendfreunde, 153),* und machte sich in Eile ans Werk. In wenigen Monaten, von November 1781 bis Februar 1782, stellte er mit Hilfe von Freunden seine „Anthologie auf das Jahr 1782" zusammen. Die kleine Schar seiner Mitarbeiter versuchte er durch eine Vielzahl unterschiedlicher Siglen, mit denen die anonym erscheinenden Beiträge unterzeichnet waren, optisch zu vergrößern. Die Zuordnung dieser Siglen zu den verschiedenen Autoren ist nicht völlig sicher vorzunehmen *(vgl. hierüber die Erläuterungen zu den zweifelhaften Gedichten „Aus der ‚Anthologie auf das Jahr 1782'"; NA 2 I, 446–458).* Auch wer im einzelnen zu den Beiträgern gehörte, ist nicht restlos geklärt; sie stammten, wie Johann Wilhelm Petersen, Ferdinand Friedrich Pfeiffer, Ludwig Friedrich Grub, Friedrich Haug, Friedrich Wilhelm von Hoven, aus Schillers Stuttgarter Freundeskreis. Außerdem wird vermutet, daß Christian Friedrich Daniel Schubart und sein Sohn Ludwig Albrecht vertreten waren *(vgl. die Erläuterungen zu „Todenfeyer am Grabe Philipp Friderich von Riegers").* Sicher ist, daß Schillers Lehrer auf der Karlsschule, Jakob Friedrich Abel, mitwirkte *(vgl. die Erläuterungen zu den zweifelhaften Gedichten [s. o.]).*

Dem Zweck des Unternehmens, vor dem Hintergrund der als traditionell und harmlos empfundenen Lyrik der Stäudlinschen Sammlung Provokation, Polemik, Satire und Kritik zu betreiben, mußte die kurze Entstehungszeit keineswegs Abbruch tun. Poetischem Ewigkeitsstreben *(vgl. die „Widmung" der „Anthologie"; NA 22, 83)* wurde bewußt Improvisation entgegengesetzt, dem Mittelmaß eine Vielfalt, ja Ordnungslosigkeit der Beiträge und Gattungen, der

Inhalte und des Niveaus. Die Themen – Politik, Religion, Liebe, Tod, Weltanschauung – finden Behandlung in Formen kurzer Epigrammatik und vielstrophiger pathetischer Oden, politischer Tendenzlyrik und schwärmerischer Empfindsamkeit, hoher Gedankenlyrik und schlichter Geschmacklosigkeit. Die Programmatik dieser bunten Mischung wird um so deutlicher, als Schiller sie in seiner Selbstrezension kritisiert (vgl. NA 22, 134), sie zugleich jedoch als Alternative zu den Produkten von zuckersüßen Schwätzern und Schwätzerinnen *verteidigt (vgl. ebd., 135).*

Buchhändlerisch war die „Anthologie" kein Erfolg, obwohl Schiller sich offenbar Hoffnungen auf ein Geschäft gemacht hatte. Scharffenstein berichtet, der Entschluß zur „Anthologie" sei auch „hinsichtlich des Lukrativen" (Hartmann, Jugendfreunde, 153) gefaßt worden. 1798 brachte der Verleger Johann Benedikt Metzler den Restbestand der ersten Auflage als Titelauflage, jetzt mit Angabe des inzwischen berühmten Herausgebers und des Verlags, heraus. Schiller selbst hat sich später kritisch geäußert; in der „Vorerinnerung" zum zweiten Teil seiner „Gedichte" (Leipzig 1803) charakterisiert er seine frühen Gedichte als wilde Produkte eines jugendlichen Dilettantism *(NA 22, 112). Dabei wird er vor allem an die „Anthologie"-Gedichte gedacht haben.*

In seiner Rezension der „Anthologie" nimmt Schiller zu einzelnen, meist eigenen Gedichten Stellung: Von „Roußeau", „Elegie auf den Tod eines Jünglings", „An die Sonne", „Die Gröse der Welt", „In einer Bataille", „Die Freundschaft" und „Die schlimmen Monarchen" heißt es, sie enthielten starke, kühne und wahrpoetische Züge. *(NA 22, 133–134.) Die Gedichte „Die Kindsmörderin", „Der Triumf der Liebe", „An Minna", „Morgenfantasie" und „An den Frühling" werden* zärtlichweich und gefühlvoll *(NA 22, 134) genannt. An „Kastraten und Männer", „An einen Moralisten" und „Vergleichung" werden* ein schlüpfriger Witz und petronische Unart *(ebd.) gerügt. „Bacchus im Triller", „Die Rache der Musen" und „Baurenständchen" seien* launisch und satirisch, ihr Witz jedoch oft auch gezwungen und ungeheuer *(ebd.). Die epigrammatischen Gedichte erscheinen dem Rezensenten meistens als nichtssagende Lückenfüller (vgl. ebd.), mit Ausnahme von „Spinoza", das* treffend und gut *sei (ebd.). Zum Urteil über die Laura-Gedichte vgl. die Erläuterungen zu „Die Entzükung / an Laura".*

43–45 Die Journalisten und Minos

ENTSTEHUNG. *Schiller hat bei der Veröffentlichung des Gedichts dessen Entstehungsjahr mit 1781 angegeben. Es ist möglicherweise als Ausfall gegen die Zensur zu lesen, mit der es Schiller in diesem Jahr zu tun hatte, wie die Überlieferung der „Elegie auf den frühzeitigen Tod Johann Christian Weckerlins" zeigt. – Vgl. Ernst Müller, Schillers Jugenddichtung (1896), 41–44.*

ÜBERLIEFERUNG. *H: ? – E: Anthologie auf das Jahr 1782. S. [1]–6. Das Gedicht ist mit Y. unterzeichnet.*

LESARTEN. *Überschrift:* Die Journalisten und Minos. 1781. E

ERLÄUTERUNGEN. Mit diesem Gedicht eröffnete Schiller seine "Anthologie auf das Jahr 1782". Es ist eine Burleske auf teutsche Zeitungsschreiber *(V. 55), deren Schwarm sich mit dem Wasser der Unterweltflüsse ihre Tintenfässer füllt, so daß sie zu versiegen drohen, weshalb Minos, einer der Totenrichter, den Höllenhund auf sie hetzt. Schiller wußte, wovon er schrieb: Aus finanziellen Gründen arbeitete er von Mai bis Ende 1781 anonym als Redakteur an den "Nachrichten zum Nuzen und Vergnügen" von Christoph Gottfried Mäntler (1735–1795) in Stuttgart mit (vgl. dazu Hermann Müller, Schillers journalistische Tätigkeit [1915] sowie NA 42, 15–16, 459). Vermutlich bezieht sich das Gedicht, von seiner allgemeinen Bedeutung abgesehen, auf Stäudlin und seine Mitarbeiter.*

7 Freykorps] *Truppen von Freiwilligen; operierten häufig im Rücken des Gegners.*
22 krebset] *"krebsen": zwecklos tappen, krabbeln; auch: Krebse fangen (vgl. Grimm 5, 2131).*
23 sich rathen] *sich (be)helfen (vgl. Grimm 8, 175).*
27 kommt vom Brode] *"wird beschäftigungslos".*
31 frohnen] *dienen (Grimm 4 I 1, 234).*
37 spükte] *"spukte". Zum Umlaut vgl. Pfleiderer, 296.*
43 Röhren von Hollunder] *ausgehöhlte Holunderstengel als Kinderspielzeug.*
47 empfahen] *mhd. Form von "empfangen" (vgl. dazu Pfleiderer, 374).*
48 Sanssouci] *Friedrich II. (der Große) (1712–1786), seit 1740 König von Preußen, residierte im Schloß Sanssouci in Potsdam. In seinem Buch "De la littérature allemande" (Berlin 1780) hatte er sich sehr abschätzig über die deutsche Literatur ausgesprochen.*
49 König] *Es redet im folgenden (V. 53 ff.) in Personalunion Friedrich II./Minos als Literatur- und Unterweltrichter.*
57 gleichbalden] *alsbald, sogleich (vgl. Grimm 4 I 4, 8024).*
59 Bei'm Essen zu behalten] *Gemeint ist: "in Arrest zu behalten" (vgl. Fischer 2, 883).*
60 Schwager] *Gemeint ist der Tod.*
69 Herab mit ihren Daumen!] *Der Verlust des Daumens, der als entehrende Strafe galt, soll die Autoren an weiterem Schreiben hindern. Jonas (Erläuterungen, 38) verweist in diesem Zusammenhang auf eine Satire in den "Neuen Beyträgen zum Vergnügen des Verstandes und Witzes" (Bd 3. 1. Stück. Leipzig und Bremen ²1750), in der das Ausbrechen des rechten Daumens als Mittel gegen das Autorfieber, das Streben nach Ewigkeit nämlich, empfohlen wird (vgl. S. 16–18).*
74 Bullen] *des Bullenbeißers. Gemeint ist Kerberos, der Höllenhund.*
76 Joli] *franz.: hübsch, niedlich; hier als ironische Bezeichnung für den Höllenhund (möglicherweise in Anspielung auf die Hundeliebhaberei des frankophilen Friedrich II.).*
80 gichterisch] *"krampfhaft" (vgl. Grimm 4 I 4, 7295–7296).*
86 Jauner] *Gauner; vgl. NA 4, 432.*
87 Sich helfen mit Perüken] *Diebe mit abgeschnittenen Ohren verbargen ihren Verlust durch Tragen von langen Haaren oder Perücken.*

88 Probatum] *lat. probatus: erprobt, bewährt.*
88 davor] *dafür. Vgl. Pfleiderer, 389.*

46–48   Fantasie / an Laura

ENTSTEHUNG. Das Gedicht ist vermutlich 1781 entstanden. Im Inhaltsverzeichnis von D hat Schiller die Jahreszahl 1782 angegeben, was auf das Erscheinungsjahr der "Anthologie" verweist.

ÜBERLIEFERUNG. H: ? h: GSA. Abschrift von Christophine Reinwalds Hand, eingetragen in ein Heft "Auszüge aus der Anthologie vom Jahr 1782" (S. [3–6]); unterzeichnet: Sch.; als Abschrift von E ohne textkritische Bedeutung. – E: Anthologie auf das Jahr 1782. S. 7–11. Das Gedicht ist mit Y. unterzeichnet. D: Gedichte 2 (1803). S. 80–84; danach in: Gedichte ²2 (1805). S. 80–84. – Textwiedergabe nach E.

LESARTEN. 1 Wirbel] Wirbel, *D*   4 monarchisch] gewaltig *D*   6 Ewgen] Ew'gen *D*   8 ziehn;] ziehn. *D*   9 goldnen Stralenregen] gold'nen Strahlenregen *D*   11 Erquikung] Erquickung *D*   12 Geister] Leben *D*   21 Tilg] Tilg' *D*   Göttinn] Göttin *D*   24 preißt] preist *D*   25 ists] ist's *D*   29 Sennen] Sehnen *D*   34 ewgen] ew'gem *D*   37 Frölichkeit] Fröhlichkeit *D*   43 goldnen] gold'nen *D*   47 bulen] buhlen *D*   50 Scham] Schaam *D*   51 Gröse] Größe *D*   Adlerflügel] Aderflügel *D*   54 Glük] Glück *D*   56 Offnen] Off'nen *D*   61 hör] hör' *D*   sprechen, –] sprechen, *D*   63 Hochzeitfakel] Hochzeitfackel *D*   66 unsrer] uns'rer *D*

ERLÄUTERUNGEN. Das Gedicht spricht von der Liebe des Dichters zu Laura (über deren Person vgl. die Erläuterungen zu "Die Entzükung / an Laura"). Es behandelt zugleich, von diesem Anlaß ausgehend, den von Schiller wiederholt vorgetragenen, unter Einfluß der englischen Moralphilosophie Hutchesons und Fergusons (in der Vermittlung durch Garve) und der Wolff-Leibnizschen Philosophie entwickelten Gedanken einer universalen Sympathie (V. 46): Die Liebe wird in Analogie zum Phänomen der Gravitation gesetzt (so schon in Francis Hutchesons Schrift „An Inquiry into the Original of our Ideas of Beauty and Virtue" [London 1725; deutsch (von Johann Heinrich Merck) Frankfurt und Leipzig 1762]) und zum zentralen bewegenden Prinzip der Schöpfung, der belebten und unbelebten Natur erklärt. Auf diese Weise wird der Versuch unternommen, eine (religiös-)teleologische Weltanschauung mit einer (wissenschaftlich-)mechanischen zu verknüpfen. Schubart schrieb über den Laura-Dichter: [...] er hörte des Weltalls Sinfonie, / Beginnend im tausendstimmigen Einklang der Liebe, / Endend im allstimmigen Einklang der Liebe! (An Schiller, V. 41–43; Sämtliche Gedichte 2 [1786], 70.)

Vgl. zu dieser Thematik die Gedichte „Der Triumf der Liebe" und „Die Freundschaft" sowie Schillers medizinische Dissertationen „Philosophie der

Physiologie" und „Versuch über den Zusammenhang der thierischen Natur des Menschen mit seiner geistigen" (NA 20, 10–29, 37–75), seine zweite Karlsschulrede „Die Tugend in ihren Folgen betrachtet" (NA 20, 30–36), außerdem seine „Philosophischen Briefe" (NA 20, 107–129; besonders S. 119–122) und das philosophische Gespräch im „Geisterseher" (NA 22, 159–184).

8 Fürstin] *die Sonne als Königin der Planeten.*

10 rollende] *„kreisende" (vgl. Grimm 8, 1143).*

12 Geister] *(Lebens-)Geister (vgl. hierzu die Lesarten sowie die Erläuterungen zu „Das Geheimniß der Reminiszenz" [V. 8]).*

17 Uhrwerk] *von Schiller gern benutztes Bild (vgl. zu „Der Venuswagen" [V. 87]).*

17 Naturen] *die „weltkörper, die gesammtheit der dinge" (Grimm 7, 433).*

20 Newtone] *Gemeint sind Astronomen. Der englische Physiker und Mathematiker Isaac Newton (1643–1727) ist der Entdecker der Gravitationskraft und Begründer der Mechanik der Himmelskörper. Hallers Gedicht „Gedanken über Vernunft, Aberglauben und Unglauben" spricht von Newton als des Weltbau's Meister (V. 52) und Entdecker der inneren Kraft, die sich in Cörpern regt, / Den einen sinken macht, und den im Kreiß bewegt (V. 53–54; Versuch Schweizerischer Gedichte [1762], 61).*

21 Geister Orden] *nach lat. ordines: Ordnungen, Klassen, Stufen geistiger Wesen (vgl. Grimm 7, 1317).*

22 in der Körper Tod] *„in einem Tod wie in der Körperwelt".*

26 geußt] *„gießt". Zum Diphtong „eu" nach mhd. „iu" vgl. Pfleiderer, 373.*

29 Sennen] *Sehnen. Zum Kurzvokal vgl. Pfleiderer, 307; zur Bedeutung die Erläuterungen zur „Elegie auf den frühzeitigen Tod Johann Christian Weckerlins" (V. 39).*

34 Federtrieb] *Gemeint sind Regelmäßigkeit und Stetigkeit des (federgetriebenen) Uhrwerks (vgl. V. 17).*

35 arachneischen Gewebe] *Vgl. über Arachne die „Hinweise zu mythologischen Namen und Begriffen".*

40 Starrende] *„erstarren machende" (vgl. Grimm 10 II 1, 922).*

41 Wollust] *hier nicht in geschlechtlichem, moralisch abwertendem Sinn, sondern in der Bedeutung „Wonne", „Entzücken", „innigste Freude" (vgl. Grimm 14 II, 1393); so verwendet Schiller den Begriff häufig (vgl. Laura am Klavier, V. 16; Ein Vater an seinen Sohn, V. 19; Das Geheimniß der Reminiszenz, V. 3; Die Freundschaft, V. 26; u. a.); vgl. auch NA 4, 430.*

43 goldnen Kindern] *Tränen. In Ovids „Metamorphosen" (2, 359–366) beweinen Phaëtons in Bäume verwandelte Schwestern dessen Tod mit Tränen, die zu (goldenem) Bernstein werden.*

46 Sympathie] *nach griech.* συμπάθειν: *mitleiden, mitempfinden; in Wechselwirkung stehen mit (vgl. auch die einführenden Erläuterungen).*

49 flechten Schlangenwirbel] *wohl mit Blick auf die Laokoon-Gruppe: „in der Art von Schlangen umwinden".*

51 Adlerflügel] *Zum Bildbereich Adler – Flug vgl. die Erläuterungen zu „Die Gröse der Welt" (V. 27–30).*

FANTASIE / BACCHUS IM TRILLER   51

59 Saturnus] *hier als Gott der Zeit aufgefaßt; vgl. zu „Der Venuswagen"
(V. 107).*
61—68 Einst bis freue dich!] *Zum Thema Liebe und Ewigkeit heißt es in der
„Theosophie des Julius":* Liebe, mein Raphael, ist das wuchernde Arkan [...],
das Ewige aus dem vergänglichen und aus dem zerstörenden Brande der Zeit
das große Orakel der Dauer zu retten. *(Philosophische Briefe; NA 20, 125.)*

49—50 Bacchus im Triller

ENTSTEHUNG. *Das Gedicht ist vermutlich im Jahre 1781 entstanden.*

ÜBERLIEFERUNG. *H: ? - E: Anthologie auf das Jahr 1782. S. 12-15.
Das Gedicht ist mit W. D. unterzeichnet.*

LESARTEN. **47** Trillt] Trill E *(so korrekt, da - anders als in den
Versen 3 und 25 - offenbar der Singular gemeint ist)*

ERLÄUTERUNGEN. *Wie „Der Venuswagen" enthält das Gedicht ein satirisches Strafgericht über einen antiken Gott, Bacchus, den Gott des Weines.
Einflüsse gingen von Gottfried August Bürgers Gedicht „Fortunens Pranger"
(wie schon im Fall des „Venuswagens") und dessen Trinklied „Herr Bacchus",
außerdem von Schubarts „Palinodie an Bacchus" aus.*
  Bacchus kommt zur Strafe für seine Untaten in den Triller, ein „Drehhäuschen" (Kasch, 28), eine Art „käfig, der um seine achse läuft und in dem verurteilte gedreht werden" (Grimm 11 I 2, 516).
4 Stük] *„Bubenstück" (vgl. Grimm 10 IV, 222).*
4 von altem Adel] *Vielleicht ist gemeint: „Manchen großen Herrn (hast du
auf dem Gewissen)", im Sinne von Bürgers „Herr Bacchus":* Denn er ist gar
vortrefflich wohl / Bei grossen Herrn gelitten *(V. 23-24; Gedichte [1778],
38]); vielleicht aber auch: „manches (aus Mythologie und Literatur) altbekannte,
von den Alten schon erzählte Bubenstück" o. ä.*
5 Vetter] *hier nicht Verwandtschaftsbezeichnung, sondern in spöttischem Sinn:
„ein schlimmer, sauberer, rarer vetter" (Grimm 12 II, 32).*
5 auf der Nadel] *„auf dem Kerbholz" (Fischer 4, 1920).*
9 berülpet] *nach „Rülp": grober Kerl, Rüpel (vgl. Grimm 8, 1477).*
27 Wiz] *„verstand, die natürliche auffassungs- und beurteilungskraft" (Grimm
14 II, 865); entspricht franz. esprit.*
29 am Sail gezwirbelt] *„zwirbeln": „wirbelnd herumtreiben" (Fischer 6, 1465).
Gemeint ist wohl: „am Seil im Kreis herumgetrieben" oder, im Sinne von „am
(Narren-)Seil führen": „zum Narren gehalten" (vgl. Grimm 10 I, 212).*
34 Ohrgebrümmel] *Ohrensausen (vgl. Grimm 7, 1262).*
40 Heidelberger Tonne] *das 1751 von Kurfürst Karl Theodor von Pfalz-Bayern
(1724-1799) in Auftrag gegebene riesige Faß im Keller des Heidelberger*

Schlosses, das über 200.000 Liter faßt. Es wird auch in Bürgers „Herr Bacchus" erwähnt (V. 31).
48 Schwager] *hier ironisch vertrauliche Anrede (vgl. Grimm 9, 2177).*
50 Pfiffe] *nach dem Pfiff, mit dem Taschendiebe ihre Opfer ablenkten, im Sinne von „schlau angelegte, betrügerische Pläne" (vgl. Grimm 7, 1696–1697).*
54 kaudern] *„unverständlich (Kauderwelsch) reden" (vgl. Kasch, 19).*
55 Junker] *eigentlich: Sohn aus adligem Geschlecht (vgl. Grimm 4 II, 2400 bis 2401), hier ironisch.*
58 Hollunken] *Halunken (vgl. Grimm 4 II, 1763); vgl. Näheres in NA 4, 468.*
60 Bärnhäuter] *Bärenhäuter: Schimpfwort für einen Faulpelz, „Taugenichts" (vgl. Grimm 1, 1128–1129).*
61 aus Glas gekerbet] *aus Glas geschnitten (vgl. Grimm 5, 561).*
62 zerscherbet] *in Scherben zerschlagen (vgl. Grimm 15, 756).*
63 treiben] *drehen (wie einen Kreisel) (vgl. Grimm 11 I 2, 46).*

51–52 An die Sonne

ENTSTEHUNG. *Schillers Schwester Christophine hat auf zwei von ihr überlieferten Fassungen des Gedichts (h^1 und h^2), die möglicherweise Niederschriften aus dem Gedächtnis und nicht Abschriften einer Vorlage darstellen, mitgeteilt, daß Schiller das Gedicht in seinem 14. Lebensjahr geschrieben habe; danach stammt es also aus dem Jahre 1773. Daß Schiller es für den Druck überarbeitet hat, ist anzunehmen; dafür sprechen auch die Varianten zu den von Christophine überlieferten Fassungen. Daß eine Abschrift von unbekannter Hand (h^3) die Angabe enthält, Schiller habe das Gedicht in seinem 12. Lebensjahr gedichtet, mag auf einem Lese- oder Hörfehler des Abschreibers beruhen oder auch so auf seiner (unbekannten) Vorlage gestanden haben. Gewiß stammt auch die in h^3 überlieferte Gedichtfassung eher aus dem Jahre 1773 als aus dem Jahre 1771.*

ÜBERLIEFERUNG. *H: ? h^1: SNM. Abschrift (oder Niederschrift aus dem Gedächtnis) von Christophine Reinwald. 1 Blatt 20 × 34,8 cm, 1 S. beschrieben. Festes geripptes Papier, stark vergilbt. Wz.: Schild. Am linken Rand des Blattes, quer zur Schreibrichtung, von Christophines Hand:* Gedicht von Schiller in seinem 14. Lebensjahr. *Auf der Rückseite des Blattes eine Bleistiftzeichnung, ein Pferd darstellend. Die Gedichtfassung wurde veröffentlicht in:* Deutsches Museum *1859. Nr 40 vom 24. November. S. 778–779 (August Henneberger). h^2: SNM. Abschrift (oder Niederschrift aus dem Gedächtnis) von Christophine Reinwald. 1 Blatt 9 × 22,5 cm, 2 S. beschrieben. Festes Velinpapier, vergilbt. Wz.: NV. Unter dem Text in fast verwischter Bleistiftschrift von Christophines Hand:* Schiller war 14 Jahr als er diß dichtete. *Die Gedichtfassung erschien 1905 als Facsimile:* Schillers ältestes Gedicht in unbekannter Fassung. Abschrift von Schwester Christophine. Zum 9. Mai 1905 dargebracht von Georg Witkowski. *[Leipzig 1905.] h^3: SNM. Abschrift von unbekannter Hand. Als*

BACCHUS IM TRILLER / AN DIE SONNE   53

*Vorlage kommen h¹ und h² ebensowenig in Frage wie E. 1 Doppelblatt 12 ×
19,6 cm, 1 ²/₃ S. beschrieben. Geripptes Papier, vergilbt, stock- und wasserfleckig, stark beschädigt. Auf der 3. S. oben: Von Schiller in dessen 12ᵗᵉᵐ Jahr
gedichtet und erhalten durch seine Schwester Hofräthin Reinewald. – E: Anthologie auf das Jahr 1782. S. 16–18. Das Gedicht ist mit W. unterzeichnet. –
Textwiedergabe nach E.*

LESARTEN. *Um die Abweichungen der Fassungen h¹, h² und h³ von der einzigen autorisierten Fassung (E) zu verdeutlichen, erscheint ein vollständiger
Abdruck der Fassungen h¹, h² und h³ am sinnvollsten, zumal nicht auszuschließen ist, daß sie mit Teilen eines nicht überlieferten Textes von Schillers Hand
übereinstimmen.*

Fassung h¹:

Preis dir! die du dorten herauf strahlst Tochter des Himmels
Preis dem lieblichen Glanz deines Lächelns der alles belebt
und alles erfreut, – Tief im Schatten der Nacht lag begraben
die prächtige Schöpfung, Tod war die Schönheit lang dem
5   lezenden Blik – aber nun steigst du früh aus dem rosigen
Schooße deiner Wolken empor, Wektest uns durch die Morgenröthe
und freundlich schimmert diese herfür über die Berge und verkündet
deine nahe Hervorkunft – schnell begann nun das Grauen sich
zu wälzen in ungeheuern Gebürgen, dann erschienest du selbst
10 Herrliche du, und verschwunden waren die neblichten
Riesen – ach! wie Liebende nun, liebäugelt der Himmel
zur Erden, und diese lächelt zum Liebling empor /
und es küßen am Saum der Berge die Hügel
⁺Alle Wesen taumeln wie am Busen der Wonne seelig
15 die ganze Natur! und dies Alles o Sonn entquoll
deiner himmlische Liebe! Vater der Herrlichen vergieb,
o vergieb mir, daß ich auf mein Angesicht falle und anbete dein Werk – – Aber nun ziehet sie vort
im Zug der Purpur Gewölke über der Könige Reich
20 über die unabsehbarn Waßer, über das Welt All.
Unter ihr werden zu Staub alle Thronen ach, die Erde
ist selbst GrabesHügel geworden. Sie aber bleibt in
der Höhe, lächelt der Mörderin Zeit, und erfüllet ihr
groses Geschäft erleuchtet die Sphären –
25 O besuche noch lang herrliches Vorbild der Edlen unsre
Wohnung, bis einst von dem Schelten des Ewigen
sinken die Sterne und du selbsten erbleichst!

[unterschrieben:] Reinwald gebohrne Schiller

[am linken Rand:]
⁺Es wirbelt der Chor des Gevögels*Freudenlieder hinauf – Alle Wesen
*aus der vergoldeten Grüne den Wäldern

Fassung b²:

Aufgang der Sone.

Preiß dir die du dorten herauf steigst
    Tochter des Himmels.
Preis dem lieblichen Glanz deines Lächelns
    der alles belebet und alles erfreut!
Tief im Dunkel der Nacht lag begraben
    die herrliche Schöpfung,
Todt lag die Schönheit lang dem lechzen-
    den Blick –
Aber liebevoll stiegst du früh aus dem 5
    mosigen Schose
Deiner Wolken empor – Wektest uns
    durch die Morgenröthe
Und freundlich schimmert diese herfür, über
    die Berge
Und verkündet deine nahe Hervorkunft.
Schnell begann nun das Grauen sich
    zu wälzen in ungeheuern Gebirgen
Dann erschienst du selbst – Herrliche du! 10
Und entschwunden waren die neblichte
    Riesen –
Ach! wie Liebende nun, lange getrennt,
    liebäugelt der Himmel zur Erden
Und diese lächelt zum Liebling empor
Und es küßen die Wolken am Saume
    der Höhe die Hügel
Alle Fluren baden in deines Ange- 15
    sichts Abglanz sich
Und es wirbelt der Chor des Gevögels
    Freudenlieder herauf!
Alle Wesen taumeln wie am Busen
    der Wonne,
Selig die ganze Natur!
Und dieß alles o Son' entquoll
    deiner himmlischen Liebe! – –
Vater der Heiligen vergieb o vergieb mir 20
    daß ich auf mein Angesicht falle
Und anbete dein Werk – –

Aber nun ziehet sie fort im Zug der Purpur
    Gewölke
Über der Könige Reich – über die unabsehbarn
    Waßer, über das Weltall! –

Unter ihr werden zu Staub alle Thronen
..... die heraufschimmernden Städte
Ach! die Erde ist selbst Grabeshügel geworden.
Sie aber bleibt in der Höhe, lächelt der Mörderin
                                        Zeit
Und erfüllet ihr groses Geschäft erleuchtet die
                                        Sphären
O! besuche noch lang herrlichstes Vorbild der Edlen
Unsre Erde! bis einst von
Dem Schelten des Ewigen sinken
    die Sterne,
Und du selbsten erbleichst.

Fassung b³:

An die Sonne.

Preis dir, die du dorten herauf strahlst Tochter des Himmels!
Preis dem lieblichen Glanz deines Lächelns der alles belebet,
                                        und alles erfreuet;
Tief im Dunkel der Nacht lag begraben die prächtige Schöpfung,
Tod war die Schönheit lang dem lechzenden Blik.
Aber liebevoll steigst du früh aus dem rosigen Schose deiner
                                        Wolken empor
Wektest uns durch die Morgenröthe, und schimmert diese
                                        herfür,
Über die Berge und verkündet deine nahe Hervorkunft.
Schnell begann nun das Grauen sich zu wälzen dahin in
                                        ungeheuren Gebirgen
Dann erschienest du selbst, Herrliche Du! und verschwunden
                                        waren die neblichte Riesen –
Ach! wie Liebende nun, lange getrennt, liebäugelt der Himmel
                                        zur Erden
Und diese lächelt zum Liebling empor,
Und es küßen die Wolken am Saume der Höhe die Hügel –
Alle Fluren baden in deines Angesichts Abglanz sich.
Und es wirbelt der Chor des Gevögels aus der Vergoldeten
                                        Grüne der Wälder
Freudenlieder hinauf!
Alle Wesen tummeln wie am Busen der Wonne seelig
                                        die ganze Natur!
Und dies alles o Sonn' entquoll deiner himmlischen Liebe!
Vater der Heiligen vergieb, daß ich auf mein Angesicht falle
                                        und anbete dein Werk –

Aber nun ziehet sie hin, im Zug der Purpur Gewölke
Über der Könige Reich, über die unabsehbaren Waßer, 20
  über das Weltall.
Unter ihr werden zu Staub alle Thronen, Moder
  die herauf schimmernden Städte.
Ach die Erde ist selbst Grabeshügel geworden
Sie aber bleibt in der Höhe, Lächelt der Mörderinn Zeit,
Und erfüllet ihr groses Geschäft, erleuchtet die
  Sphären –
O! besuche noch lang herrlichstes Vorbild der Edlen 25
  Unsre Wohnung!
Biß einst von dem Schelten des Ewigen
Sinken die Sterne, und du selbsten erbleichst.

S.

ERLÄUTERUNGEN. Eine erhabene Naturerscheinung wird zum Gegenstand der Poesie, zum Ausgangspunkt tiefer Gefühlsäußerung und des Gedankens an den Schöpfer angesichts seiner Schöpfung. Damit steht das vorliegende Gedicht in der Tradition der Barocklyrik; insbesondere aber verrät es den Einfluß Klopstocks (vgl. zum Sonnenaufgang Klopstocks Ode „Die Frühlingsfeyer"): in der Vorliebe für die Dimensionen unendlicher Räume (vgl. V. 31–33; so auch in „Die Freundschaft" [V. 7–9] und „Die Gröse der Welt" [V. 2–6]), in der Kontrastierung des Lebendigen mit Tod und Verfall (vgl. V. 34–36; ebenso die Erläuterungen zu „Der Abend" [V. 85–90]), die sich auch in Uz' gleichnamigem Gedicht „An die Sonne" findet (vgl. V. 13), durch die Wiederkehr Gottes am Ende der Zeit als Abschluß der Naturbetrachtung (vgl. V. 42–44 und die letzte Strophe von Klopstocks Gedicht „Die Gestirne"). Klopstock-Einfluß zeigen auch stilistische Details wie die Personalisierung von Naturgegenständen (die Sonne als Tochter des Himmels [V. 1]; ähnlich in „Die Herrlichkeit der Schöpfung" [V. 36] und „Hymne an den Unendlichen" [V. 8–9]), die Neigung zu ungewöhnlichen Pluralbildungen (z. B. Purpurgewölke [V. 31]; ähnlich in „Die Herrlichkeit der Schöpfung" [V. 8]) oder die Bildung ungewöhnlicher Adjektivabstrakta wie die Grüne (V. 23). Vgl. Weiteres in den „Vorbemerkungen" zu den Einzelstellenerläuterungen der Gedichte (S. 16–17 in diesem Band). Daneben erinnern Gedankengang (vom Kampf der Sonne mit der Nacht bis zum Lobpreis Gottes) und die Beschreibung des Bildes von der aufgehenden Sonne im Detail (Nebel, Wolken, Morgenröte, Vögel, sonnenglanzerfüllte Felder u. a. m.) stark an Hallers Gedicht „Morgen-Gedanken".

22 wirbelt] *„wirbeln" hier in akustischer Bedeutung, soviel wie „trillern" (vgl. Grimm 14 II, 542).*

28—30 Vater bis Werk!] *Vergeben soll der Schöpfer, daß statt seiner die Schöpfung angebetet wird. Vgl. zu diesem Gedanken Klopstocks „Frühlingsfeyer" (V. 28–31).*

32 der Könige Reich] *Zu diesem Bild und den himmelaufschimmernden Städten (V. 35) vgl. die Erläuterungen zu „Der Abend" (V. 35).*

37—38 Sie aber *bis* Zeit] *die Sonne als Symbol der Ewigkeit – so auch in Hallers „Unvollkommenem Gedicht über die Ewigkeit" (V. 76–79).*
41 Fürbild der Edeln] *In „Der Abend" (V. 1) wird die Sonne mit dem Helden verglichen.*
42—44 bis einst *bis* erbleichst] *biblische Vorstellung (vgl. Off. 8, 12; Luk. 21, 25 u. 23, 45). Sie findet sich auch in Uz' Gedicht „Erinnerung des letzten Gerichts" (V. 24).*

53—54 Laura am Klavier

ÜBERLIEFERUNG. H: ? *(Eine früher im Germanischen Seminar der Universität Berlin aufbewahrte Handschrift, die als von Schiller stammend angesehen wurde, ist als Gerstenbergksche Fälschung ohne textkritischen Wert.)* h: *GSA. Abschrift von Christophine Reinwalds Hand, eingetragen in ein Heft „Auszüge aus der Anthologie vom Jahr 1782" (S. [7-9]); unter der Abschrift die Notiz Christophines:* N: Elegie auf den Tod eines Jünglings ist noch einzutragen / geschrieben im Jahr / 85. – E: *Anthologie auf das Jahr 1782. S. 19 bis 21. Das Gedicht ist mit* Y. *unterzeichnet.* D: *Gedichte 2 (1803). S. 85–87; danach in: Gedichte* ²2 *(1805). S. 85–87. – Textwiedergabe nach E.*

LESARTEN. Augenvarianten in h *sowie Interpunktionsänderungen durch Christophine werden nicht verzeichnet; ebensowenig die geringfügigen Abweichungen in der 2. Auflage der Gedichte gegenüber D.* – **2** itzt] jezt *h*   **3** Izt] Jezt *h* Itzt *D*   steh] steh' *D*   **6** Philadelphia; –] Philadelphia – *D*   **9** Hingeschmidet] Hingeschmiedet *D*   **10** ewgen] ew'gen *D*   **18** Neugebohrne Serafim] Neugebohr'ne Seraphim *D*   **21** Funkend] Funkelnd *D* Finsternuß] Finsterniß *h* Nacht *D*   **22** der goldne Saitenguß] der Töne Zaubermacht *D*   **23** izt] jezt *h* itzt *D*   bunten] glatten *D*   Kieseln] Kießeln *h*   **24** rieseln] rießeln *h*   **25** Majestätisch] Mayestettisch *h*   **27** izt] jezt *h* izt *D*   **30** linde,] linde *D*   **35** verlornes] verlohrenes *h* verlor'nes *D*   **37** Kunde:] Kunde *D*   **39** Ists] Ist's *D*   **41—50** *fehlt D*

ERLÄUTERUNGEN. Zur Person Lauras und zu den übrigen Laura-Gedichten vgl. die Erläuterungen zu „Die Entzükung / an Laura".
2 entgeistert] *„zur leblosen Statue erstarrt"; vgl. auch die Erläuterungen zu „Fantasie / an Laura" (V. 12).*
6 Philadelphia] *Jakob Philadelphia war ein Magier und Zauberkünstler; er galt als Meister in mathematischen, sympathetischen, magnetischen und in allen Taschenspielerkünsten (Schubarts „Deutsche Chronik auf das Jahr 1775" [81. Stück vom 9. Oktober. S. 647]). Obwohl er allgemein bekannt war, liegen nur wenige und unsichere Informationen über ihn vor. Er wurde 1735 im amerikanischen Philadelphia geboren, trat seit 1756/1757 auf, war zuletzt in Straßburg, wo sich 1779 seine Spuren verlieren. – Die vorliegende Stelle spielt auf die magische Kunst an, die Seelen Abwesender herbeizubeschwören.*

ANMERKUNGEN ZU BAND 1, S. 53–56

9 Hingeschmidet zum Gesang] *„festgschmiedet, gefesselt zum Anhören des Gesangs".*
10 Wirbelgang] *Kreislauf (vgl. Grimm 14 II, 528).*
12 Naturen] *wohl die Gestirne.*
16 wollüstig] *Vgl. zu „Fantasie / an Laura" (V. 41).*
18 Serafim] *Engel; vgl. zu „Der Eroberer" (V. 89).*
19–21 Wie des Chaos *bis* Finsternuß] *Anlehnung an Klopstocks „Frühlingsfeyer" (V. 9–16).*
23–36 Lieblich *bis* schleift.] *Die Lautmalerei dieser Verse unterstreicht die verschiedene Weise des Klavierspiels, das auch durch den Rhythmuswechsel in V. 27–32 hervorgehoben wird, indem Daktylen an die Stelle der Trochäen treten.*
26 Donners Orgelton] *ähnlich in „Hymne an den Unendlichen" (V. 12–13).*
46–48 Neuer Geister *bis* Morgenroth!] *ähnliche Bilder in „Der Triumf der Liebe" (V. 171–173) und „An die Freude" (V. 55–56).*
49–50 Weg *bis* Gott] *In der durch die Kunst der Geliebten gesteigerten Empfindung gelangt der Dichter zur Erfahrung der Existenz Gottes. Eine solche von Platon beeinflußte Vorstellung von enthusiastischer Liebe als Weg der Annäherung ans Göttliche vertritt Schiller in der „Theosophie des Julius": Liebe als Leiter, worauf wir emporklimmen zu Gottähnlichkeit (Philosophische Briefe; NA 20, 124).*
49 Insektenwize] *Das Bild der Insekten als Widerpart der Riesen (vgl. V. 19) hat emblematische Tradition (vgl. Henkel/Schöne, Emblemata, 764). In den „Räubern" heißt es: ihre Bienensorgen, und ihre Riesenprojekte (III 2; NA 3, 78), ähnlich in „Ueber das gegenwärtige teutsche Theater": Menschen mit Insektenblick wie Ameisen vor einem grossen majestätischen Palaste (NA 20, 82); in „Kabale und Liebe" ist von Insektenseelen die Rede (II 5; NA 5, 40). – „Witz": Vgl. zu „Bacchus im Triller" (V. 27).*

55–56 Die Herrlichkeit der Schöpfung

ENTSTEHUNG. *Das Gedicht ist vermutlich 1777, vielleicht schon 1776 entstanden; es steht in unmittelbarer Nachbarschaft zur „Hymne an den Unendlichen".*

ÜBERLIEFERUNG. *H: ? – E: Anthologie auf das Jahr 1782. S. 22–25. Das Gedicht ist mit W. unterzeichnet.*

LESARTEN. **18** Und webten] *vermutlich Druckfehler in E statt* Umwebten

ERLÄUTERUNGEN. *Schillers Hymnus ist beeinflußt vom philosophischen Optimismus Shaftesburys und Leibniz', der die Welt als die beste der möglichen betrachtet, sowie von den in dieser Überzeugung entstandenen Gedichten Kleists, Hallers, Uz' und Klopstocks. Die Herrlichkeit der Schöpfung als Spiegel der Herrlichkeit und Weisheit Gottes – vgl. dazu Kleists „Hymne" („Groß ist der Herr! [...]") und „Lob der Gottheit", Hallers „Morgen-Gedanken" und „Ueber den Ursprung des Uebels", Uz' „Theodicee" und „Preis des Höchsten" und Klopstocks „Frühlingsfeyer". Die Bewunderung des Dichters gilt der Natur als dem Werk Gottes; die Erkenntnis der Natur und ihres verborgenen Plans heißt „Nach-denken" den Gedanken Gottes (vgl. Klopstocks Ode „Der Zürchersee" [V. 3–4]). Dies bedeutet Annäherung an Gott und führt den Zustand vollkommener Erfüllung mit sich (vgl. Klopstocks Ode „Die höchste Glückseligkeit"). Christian Garve bezeichnet in seinen Anmerkungen zu Fergusons Moralphilosophie folgende Bestimmung als eine der schönsten Stellen des Fergusons: „Der Zustand einer Seele, die bis auf den Grad erleuchtet ist, daß sie den Plan der göttlichen Vorsehung im Ganzen vor Augen hat, ist der Zustand der glückseligsten Seele" (Fergusons Grundsätze der Moralphilosophie [1772], 409).*

Das Verhältnis von Gott und Natur erscheint als das von zwo Größen, die sich vollkommen gleich sind (Philosophische Briefe; NA 20, 123). Einen Vergleich von Leibniz aufgreifend (vgl. NA 21, 166), schreibt Schiller im Brief an Reinwald vom 14. April 1783: S e i n *[Gottes] Bild sieht er [Gott] aus der ganzen Oekonomie des Erschaffenen vollständig, wie aus einem Spiegel, zurükgeworfen (vgl. auch die Erläuterungen zu dem Brief). Zum thematischen Umkreis des vorliegenden Gedichts gehören die „Hymne an den Unendlichen", in der es wieder um die Erkenntnis Gottes aus der Natur geht, die in „Die Gröse der Welt" jedoch an der Unendlichkeit der Schöpfung scheitert, und „Die Freundschaft", wo die geistbegabte, vernünftige Seele als Spiegel Gottes gedeutet wird (V. 55–60).*

2 verschollen] *starkes Partizip Perfekt von „verschallen" (Grimm 12 I, 1138).*
7 Thale] *bibelsprachlicher Plural (vgl. Pfleiderer, 338).*
8 Maigewölken] *Zu dieser Art Pluralbildung vgl. die Erläuterungen zu „An die Sonne".*
15 Broken] *Brocken, eigentlich: Berg im Harz; hier wohl „Berg" in allgemeiner Bedeutung.*
20 Die innre Himmel] *biblische Vorstellung mehrerer, bis zum Thron Gottes reichender Himmel übereinander (vgl. Deut. 10, 14). Sie findet sich auch gegen Ende des „Messias" (20, 1184–1186).*
21–51 Und izt bis Geist!] *Schiller hatte wie Klopstock eine Vorliebe für die poetische Bewegung des Durchmessens unendlicher Räume (vgl. die Erläuterungen zu „Der Abend" [V. 1]).*
24 Königesstädten] *Zu diesem Bild vgl. die Erläuterungen zu „Der Abend" (V. 35).*
31 saphirnen Höhen] *Haller beschreibt den Himmel so in seinen „Morgen-Gedanken" (V. 5, 37).*
36 Lichtesköniginn] *ähnlich im Gedicht „An die Sonne" (V. 1). Vielleicht entstand das Bild mit Blick auf Uz' Gedicht „Der wahre Mut", in dem die Sonne die Königinn des Lichts (V. 77; Sämmtliche Poetische Werke [1772] 1, 197) genannt wird; sonst heißt sie auch Königinn der Welt (An die Sonne, V. 1; ebd., S. 249; ähnlich in „Gott, der Weltschöpfer" [V. 67]). – Über die Vorliebe*

für die Personifikation von Naturgegenständen vgl. die Erläuterungen zu „An die Sonne".
39 Gesicht] *Anblick (vgl. Grimm 4 I 2, 4088).*
39—40 Mein Lied *bis* Wagen?] *des Dichters Bekenntnis seiner Unfähigkeit zur angemessenen Beschreibung des Angeschauten; wiederholt auch bei Klopstock (vgl. Die Frühlingsfeyer, V. 81; Die Welten, V. 5—8; Die Gestirne, V. 16—18).*
43 ausgedacht] *In der „Theosophie des Julius" heißt es:* Das Universum ist ein Gedanke Gottes. *(Philosophische Briefe; NA 20, 115.)*
48—49 Der grose Lobgesang *bis* Natur!] *Die Natur singt das Loblied Gottes: so auch in Klopstocks Ode „Die Gestirne" (V. 1—12) und in Kleists „Hymne" (V. 13—48) und „Lob der Gottheit" (V. 1—4).*
49 Laute der Natur] *genauso in „Triumf der Liebe" (V. 161), ähnlich in der „Elegie auf den frühzeitigen Tod Johann Christian Weckerlins" (V. 35).*

57—60 Elegie auf den Tod eines Jünglings

ENTSTEHUNG. *Das Gedicht ist die zweite Fassung der Anfang 1781 entstandenen „Elegie auf den frühzeitigen Tod Johann Christian Weckerlins". Vgl. zu NA 1, 33—37.*

ÜBERLIEFERUNG. H: ? h^1: *GSA. Abschrift von Christophine Reinwalds Hand; als letztes Gedicht eingetragen in ein „Auszüge aus der Anthologie vom Jahr 1782" überschriebenes Heft (S. [53—58]). Welche Vorlage Christophine benutzt hat, ist schwer zu bestimmen, weil sich in der Abschrift auch Verse aus der „Elegie auf den frühzeitigen Tod Johann Christian Weckerlins", die Schiller in die „Anthologie"-Fassung nicht übernommen hat, finden.* h^2: *GSA. Eine weitere Abschrift (auf einem Doppel- und einem Einzelblatt) von Christophine Reinwalds Hand. Auch in diesem Falle lassen die Varianten keinen eindeutigen Schluß auf die Vorlage (h^1?) zu. — E: Anthologie auf das Jahr 1782. S. 26—32. Das Gedicht ist mit* Y. *unterzeichnet. — Textwiedergabe nach E.*

LESARTEN. **3** Todentöne] Todtentöne h^1 h^2 Münsters] Stiftes h^1 *(für urspr. Münsters, das Wort wurde später gestr.; am Rand zunächst mit Blei, dann mit Tinte durch* Stiftes *ersetzt)* Stiftes h^2 **13—22** fehlt h^2 **16** hegt?] dekt h^1 *nach* **24** *Text der Verse 23—34 der „Elegie auf den frühzeitigen Tod Johann Christian Weckerlins"* h^1 h^2 *(mit den Lesarten:* **25** wie] wie's h^1 wies h^2 **27** unsern] unsere h^1 unsre h^2 **28** unsern] unsre h^1 h^2 sprung] sprang h^1 h^2 **34** ewgen] ewigen h^1)   **25—27** *von Christophine später am linken und rechten Rand durch senkrechte Striche hervorgehoben* h^1 **25** voll der] voll von h^1 **28** freundlich, so bezaubernd] liebreich so bezaubert h^1 lieblich, so bezaubert h^2 **33** Ueber] Uber h^1 **39** ewig] langer *über gestr.* ewig h^1 langer, h^2 **44** Sein] Ihr h^1 h^2 **50** schläft sichs] schläfts sich h^1 schläfts sichs h^2 **51** hier auch] auch hier h^1 h^2 **55** dich] dir h^1 h^2 **56** Fromme Mordsucht] Blinde Mordsucht *gestr., am rech-*

DIE HERRLICHKEIT DER SCHÖPFUNG – ROUSSEAU 61

ten Rand ersetzt durch falsche Andacht h^1 Falsche Andacht h^2 **57** Gauner] Heuchler h^2 **58** Bastarttochter] Bastarttochter, h^1 h^2 **61–72** *fehlt* h^2 **65** deiner] dieser h^1 **66** komischtragischem] komischtragischen h^1 **69** Gewimmel] Gewümmel h^1 **70** arbeitsvollen] Arbeitvollen h^1 **73** unsrer] unserer h^1 h^2 **74** unsern] unsren h^1 unseren h^2 **75** der Grabeshöle] des grabes Höle h^1 h^2 **80** diese] seine h^1 h^2 **81** Bis] Wenn h^1 h^2 **83** zerschmelzender Planeten Rauche] zerschmelzendem Planeten-Rauche h^1 *und (ohne Bindestrich)* h^2 **84** Raub] Staub h^1 **87** die] sie h^2 **91** über's] übers h^1 ü b e r s h^2 **92** es] sie h^1 h^2 **94** schlirft] schlürft h^1 schürft h^2 **95** in] mit h^1 h^2 **98** den] d e n h^1 **100** ihm] ihn, h^1 h^2 **103** Heilig! Heilig! Heilig!] Heilig, heilig, *(danach* heilig, *gestr.)* h^1 Heilig, heilig, heilig, h^2 **106** Fliegt der Geist doch] Schwingt der Geist, sich h^2 **108** dauert] dauret h^1 – *Vgl. auch die Lesarten zu „Elegie auf den frühzeitigen Tod Johann Christian Weckerlins".*

ERLÄUTERUNGEN. Die Überarbeitung der früheren Fassung zeigt drei Tendenzen:
1. Entindividualisierung: V. 3 tilgt mit Münsters *statt* Stiftes *den Bezug zu Stuttgart, V. 11 mit dem Wechsel von „unser" zu „mein" den Bezug zur Freundesgruppe und den Entstehungsbedingungen des Gedichts (in V. 73 wurde diese Änderung, vermutlich irrtümlich, nicht vorgenommen, dagegen läßt sich „unser" in V. 47 und 74 als Pluralis modestiae auffassen); Gleiches gilt für die Unterdrückung der 3. Strophe der Erstfassung.*
2. Mäßigung und Milderung: Mit Rücksicht auf die Zensur fehlt Religionskritisches wie die 4. Strophe der Erstfassung und die Pfaffen-Schelte von V. 56 (früher V. 78), wurden V. 89–92 (früher V. 123–126) durch Wechsel der Konjunktion von Ob *zu* Daß *entschärft, kürzte Schiller schließlich die Klage über die Welt um eine (früher die 9.) Strophe.*
3. Streben nach größerer metrischer Regelmäßigkeit: Alle Strophen umfassen jetzt 12 Verse (ursprünglich hatte die 1. Strophe nur 10 Verse); es herrscht überall, mit Ausnahme der 3. Strophe, Kreuzreim und Wechsel von weiblichem und männlichem Versschluß vor (ursprünglich hatte auch die 1. Strophe ein abweichendes Reimschema).
7 Pochend] pochen: *ungestüm, trotzig auftreten, handeln und reden (vgl. Grimm 7, 1958).*
8 zükt] *„zücken" bis ins 18. Jahrhundert wie „zucken" gebraucht (vgl. Grimm 16, 283).*

61–63   Roußeau

ENTSTEHUNG. Rousseau (geb. 1712) ist am 2. Juli 1778 gestorben. Schillers Gedicht entstand wahrscheinlich im Herbst desselben Jahres. Es setzt die Kenntnis von Johann Georg Jacobis Nachruf auf Rousseau, der im September 1778 in Wielands „Teutschem Merkur" erschienen war, voraus.

ÜBERLIEFERUNG. H: ? h: GSA. Abschrift von Christophine Reinwald, eingetragen in ihr Heft „Auszüge aus der Anthologie vom Jahr 1782" (S. [11 bis 15]). Vor V. 43 *von fremder Hand (mit Tinte) ein* x, *dazu die Fußnote von derselben Hand:* Hier scheint eine Trennung im Abschreiben vorgegangen zu seyn. *Der Satz, für den es keinen ersichtlichen Grund gibt, ist mit Bleistift gestrichen; von letzterer Hand sind die letzten vier Verse des Gedichts gestrichen. – E: Anthologie auf das Jahr 1782. S. 33–37. Das Gedicht ist mit M. unterzeichnet. D: Gedichte 2 (1803). S. 234 (V. 1–6 und 37–42 von E); danach in: Gedichte* ²2 *(1805). S. 238. – Textwiedergabe nach E.*

LESARTEN. Augenvarianten und Interpunktionsveränderungen in D sind nicht verzeichnet. – **1** unsrer] unserer *h*   **2** Schandschrift] Schmachschrift *D*   **54** Erinnys] Erennys *E (Druckfehler oder Hörfehler in der vielleicht diktierten Druckvorlage)*   **56** Himmelsohn] Himmelsohn *h*   **67** hundertrachtige] Hundertträchtige *h*   **74** Todesnachen] Todesrachen *h*   **78** Jahrmarktsdudelei] Jahrmarkt Dudelei *h*

ERLÄUTERUNGEN. Schillers panegyrisches Gedicht steht unter dem Einfluß des aus Anlaß von Rousseaus Tod von Johann Georg Jacobi verfaßten Aufsatzes „Ueber J. J. Rousseau", der in Wielands „Teutschem Merkur" (September 1778. S. 201–218) erschienen war. Ihm folgte im November-Heft 1778 (S. 182 bis 187), ebenfalls von Jacobi, eine „Beylage zum Aufsatz über J. J. Rousseau".

Jacobis Nachruf dient nicht der sachlich-informativen Würdigung des Verstorbenen, sondern dem Ausdruck leidenschaftlicher Verehrung, die in einem abschließenden Totengedicht (S. 217–218) gipfelt. Rousseau erscheint in erster Linie als religiöser Reformator (vgl. V. 63 des vorliegenden Gedichts), als Vorkämpfer einer natürlichen Religion, für die er zum Märtyrer wird – Anlaß zu heftiger Kritik an den Verfolgungen durch die christliche Geistlichkeit. Vor diesem Hintergrund wird Rousseaus Leben als ruhelose Flucht von einem Ort zum andern geschildert. (Ähnliche Tendenz weist die Rousseau-Darstellung von Helfrich Peter Sturz in seinen „Denkwürdigkeiten von Johann Jakob Rousseau" auf [in: Schriften 1 (1779), 129–180].)

Auch Schillers Gedicht verehrt in Rousseau, mit dessen kulturphilosophischen Lehren der Dichter erst später intensiver bekannt wurde, allgemein den heroischen Verfechter eines Lebens für die Wahrheit *(Jacobi, S. 203), einen Mann, der im Dienste der Wahrheit jedem gleich ist, und, entschlossen für die Wahrheit zu sterben, vor keinem sich fürchtet (S. 211), den* Lobredner der Freyheit *(S. 212).*

1 Monument] *Denkmal, Ehrenmal, Mahnmal (vgl. Grimm 2, 941).*
2 Mutterlande] *Gemeint sind die Schweiz (Rousseau wurde in Genf geboren) und Frankreich.*
5 Fried *bis* vergebens] *Nach Erscheinen seines Romans „Émile ou De l'éducation" (1762) wurde Rousseau seiner Glaubensfreiheit wegen vom Pariser Parlament verurteilt, in bischöflichen Hirtenbriefen angeklagt und floh nach Genf, von wo er ebenso wie aus anderen Orten der Schweiz (1765) ausgewie-*

sen wurde. Er ging über Straßburg nach London, wurde später (1770) wieder in Paris geduldet, lebte schließlich in Ermenonville, wo er starb.
9 umgestrudelt] *strudeln: eilen, hasten; hier transitiv (vgl. Grimm 10 IV, 107 bis 108).*
10—11 Um *bis* grüßen] *im Hintergrund möglicherweise der Streit griechischer Städte um das Vorrecht, als Geburtsort Homers zu gelten (vgl. Xenion Nr 264).*
13—15 Und *bis* Genies] *Im Juni 1778 hatte Wieland in seinem „Teutschen Merkur" eine durch einen Nachruf auf den am 12. Dezember 1777 verstorbenen Albrecht von Haller eröffnete Rubrik mit „Nachrichten von den merkwürdigsten Lebensumständen und Schicksalen kürzlich verstorbner berühmter Männer unsrer Nation" (S. 248-249) eingeführt und dabei zu bedenken gegeben:* Und am Ende, wo ist der Sterbliche, dem es zukommt, in demjenigen was wir an Menschen Verdienst und Tugend nennen, das ächte und reine genau von dem zu scheiden, was in dem allbewährenden Feuer einst verzehrt, oder als Schaum ausgeworfen und als Schlacken zu Boden gestürzt werden wird? *(S. 256.) Hier liegt vermutlich die Quelle für Schillers Bild.*
15 Silberblike] *„zumal wird von den bergleuten dem silber ein blick zugeschrieben, wenn auf dem treibherd in flusz gerathen es alles unreine ausgetrieben hat, auf der oberfläche starrt und einen schnell vorübergehenden schein oder schimmer zum zeichen seiner lauterkeit wirft" (Grimm 2, 114).*
17 Gegen *bis* Zwerge] *In seiner „Beylage" zitiert Jacobi einen Leserbrief aus dem „Journal de Paris", in dem der Absender seinen Eindruck von einer Vorlesung Rousseaus aus dessen Lebensgeschichte wiedergibt; dort heißt es u. a.:* Wie viele Riesen in Zwerge verwandelt [...] durch das einzige Zeugniß eines Biedermanns! *(S. 186.)*
23 geilet] *„frech und mutwillig darüber hinaus strebt" (Grimm 4 I 2, 2585).*
24 abzustehn] *„abstehen" hier wohl im Sinne von lat. distare: „sich unterscheiden" (vgl. Grimm 1, 128).*
25 Irresonne] *Komet, dessen Erscheinen als böses Vorzeichen gedeutet wurde.*
26 Garonne] *Fluß im Südwesten Frankreichs; ohne Bezug zu Rousseau; wohl: Frankreich allgemein; vermutlich aus Reimzwang gewählt.*
27 Meteorisch] *griech.* μετεωρός: *in der Luft schwebend, schwankend.*
28—29 Schwelgerei *bis* Reichen] *Was Rousseau hier zur Last gelegt wird, ist Gegenstand von dessen eigenen Vorwürfen an die (französische) Gesellschaft (vgl. Jacobis Aufsatz, S. 205-206).*
29 mavortisch] *nach Mavors, der älteren lateinischen Form von „Mars".*
35 belebender Posaunen] *Posaunen, die das Jüngste Gericht und die Wiederauferstehung der Toten ankündigen (vgl. auch zu „Der Eroberer" [V. 77-78]).*
40 Sokrates] *Die Sophisten, umherziehende Gelehrte, die gegen Bezahlung Unterricht in Rhetorik, Rechts- und Staatskunde u. a. erteilten, seit Sokrates und Platon Bezeichnung für rabulistische Scheinphilosophen, warfen Sokrates (470-399 v. u. Z.) Gottlosigkeit und Verführung der Jugend vor, worauf dieser angeklagt und zum Tode verurteilt wurde. — Ein Hinweis auf Sokrates, der für die Tugend gestorben sei, findet sich am Schluß der „Denkwürdigkeiten von Johann Jakob Rousseau" von Sturz (Schriften 1 [1779], 179). Den*

Vergleich mit Rousseau und der Geistlichkeit könnte Jacobis Aufsatz veranlaßt haben, in dem die Theologen, die Rousseau verfolgten, der Unlauterkeit und Unwahrhaftigkeit des Denkens bezichtigt werden (vgl. S. 207–209).

42 Roußeau *bis* wirbt] *Jacobi schreibt zu Rousseaus Deutung des Christentums als natürlicher Religion:* Im Emile sonderte er die speculativen Wahrheiten der Religion von denen ab, deren Einfluß auf unser Leben niemand läugnen wird. *(S. 210.) Dann zitiert er Rousseaus Auffassung Christi als* eines in Menschheit gehüllten Gottes *(S. 210)*.

49 Basiliskenpfeile] *Basilisk: antikes und biblisches Fabelwesen mit tödlichem Blick und giftigem Hauch, Mischwesen zwischen Drache und Hahn (vgl. Henkel/Schöne, Emblemata, 627).*

50–51 Krokodilgeheule *bis* Melodien] *Jacobi schreibt:* Ihn haben Engelsgesichter ins Elend gesungen; aus den friedlichsten Büschen sind Harpyien herbeygeflogen, giftigen Unrath zu werfen auf sein Mahl. *(S. 203.)* Krokodilgeheule *steht für Falschheit und Verstellung. In emblematischen Darstellungen beweint das Krokodil den Menschen, den es gerade getötet hat („Krokodilstränen"; vgl. Henkel/Schöne, Emblemata, 672–673).*

53–54 Wenn *bis* verziehn] *Es sei empörend, schreibt Jacobi, zu sehen, wie die beste Religion, die auf dem Erdboden war, von dem größten Theil ihrer Anhänger verkannt und gemißbraucht wird. (S. 208.)*

53 Imane] *Iman, besser Imam: türkisch-islamischer Geistlicher.*

54 verziehn] *verzerren, entstellen (vgl. Grimm 12 I, 2610).*

55 im acht und zehnten Jubeljare] *Gemeint ist offenbar das 18. Jahrhundert. Bonifatius VIII. (um 1235–1303), Papst seit 1295, begründete die Tradition, wonach das jeweils erste Jahr eines Jahrhunderts als Jubeljahr, mit allgemeinem Ablaß für alle Rombesucher, begangen wurde.*

56 gebare] *Zu dieser Form des Präteritums vgl. die Erläuterungen zu „Der Abend" (V. 57).*

58–60 Hier *bis* schrie] *Der Erzgießer Perillos, eigentlich Perilaos, verfertigte im Auftrag des despotisch herrschenden Phalaris von Agrigent (6. Jahrhundert v. u. Z.) einen ehernen Ochsen, in dem Gegner und Missetäter zu Tode gebraten wurden. Die Erklärung des Bildes und der Bezug zu Rousseau erscheinen nicht recht klar; vermutlich aber bezieht sich* Perille *auf die Geistlichkeit, das Gebrülle ist das des verfolgten Rousseau.*

62 V o r u r t h e i l] *Auch in Jacobis „Beylage" wird Rousseau als Opfer der Vorurtheile (S. 185) bezeichnet.*

67–72 Mag *bis* baun.] *In Jacobis „Beylage" wird ausführlich ein Aufsatz Rousseaus zitiert (S. 183–184), in dem von der Krankheit seiner Frau, deren und seiner eigenen materiellen Not die Rede ist und um Hilfe gebeten wird.*

73 Trillingsdrachen] *Wahrscheinlich ist neben „Vorurtheil" (V. 62) und „Eigennutz" (V. 68) auch an die „Dummheit" (V. 64) gedacht.*

75 frank] *frei (vgl. Grimm 4 I 1, 56).*

76–78 Geh *bis* Jahrmarktsdudelei.] *Im Bericht über Rousseaus Vorlesung aus seiner Lebensgeschichte (vgl. zu V. 17) heißt es über deren Verfasser, er entlarve alle die Marktschreyer, deren unser Jahrhundert so voll ist. (S. 186.)*

77 Krieg der Frösch' und Mäuse] *Die „Batrachomyomachie" (griech. βάτραχος:*

Frosch; μῦς: *Maus;* μάχη : *Kampf) ist eine anonyme Parodie auf Homers "Ilias" aus dem 1. Jahrhundert v. u. Z.*

80 nieder] *vermutlich: "auf niedriges, nicht auf hohes gerichtet", oder biblisch: "sich nicht überhebend, demütig" (Grimm 7, 747, 748).*

82 Wahnwiz] *Verstandes-, Vernunftlosigkeit; Unverstand, Verblendung (vgl. Grimm 13, 686-687).*

82 gängeln] *(wie ein Kind) am Gängelband führen (vgl. Grimm 411, 1244).*

64—65   Die seeligen Augenblike / an Laura

ENTSTEHUNG. Das Gedicht entstand 1781. Vgl. zu "Die Entzükung / an Laura".

ÜBERLIEFERUNG. H: ? – E: Anthologie auf das Jahr 1782. S. 38-41. Das Gedicht ist mit Y. unterzeichnet. D: Gedichte 2 (1803). S. 88-89 (V. 1-24 des Gedichts) mit dem Titel "Die Entzückung / an Laura"; danach in: Gedichte ²2 (1805). S. 88-89. Vgl. auch zu "Die Entzükung / an Laura". – Textwiedergabe nach E.

LESARTEN. Überschrift: Die Entzückung an Laura. *D*   **9 trunken]** trunknes *D*   **11 wollustheißem]** wollustheissen *D* – *Vgl. auch die Varianten der 1. Fassung in NA 1, 23-24.*

ERLÄUTERUNGEN. Vgl. die Erläuterungen zu "Die Entzükung / an Laura" und zur "Anthologie auf das Jahr 1782". Von kleinen Veränderungen abgesehen, weist die vorliegende Fassung des Gedichts im Unterschied zur Erstpublikation zwei zusätzliche Strophen auf (V. 31-36, 43-48), die vermutlich von Stäudlin unterdrückt worden waren. Beide verstärken das Gewicht der Thematik von Liebe und Vergänglichkeit, Liebe und Tod.

2 lichten] sonnen *(vgl. Grimm 6, 881).*

34—36 Die Natur *bis* Flut] *die Liebe schwindelnd zum Tode hindrängend – ähnlich in "Das Geheimniß der Reminiszenz" (V. 4-5, 123-125).*

65   Spinoza

ENTSTEHUNG. Schiller schrieb die Verse vermutlich 1781.

ÜBERLIEFERUNG. H: ? h: GSA. Abschrift von Christophine Reinwald (offenbar nach E), eingetragen in ihr Heft "Auszüge aus der Anthologie vom Jahr 1782" (S. [15]). – E: Anthologie auf das Jahr 1782. S. 41. Das Gedicht ist mit O. unterzeichnet. – Textwiedergabe nach E.

ERLÄUTERUNGEN. Schillers Gedicht "Roußeau" verurteilt dessen Gegner wegen Intoleranz und Unverstand, Xenion Nr 53, "Kant und seine Ausleger", verspottet später letztere wegen ihrer intellektuellen Unselbständigkeit – die

Nachfolger Benedictus (eigentlich: Baruch) de Spinozas (1632–1677) im Kreis der Leibnizschen und Wolffischen Schule trifft beiderlei Kritik: daß sie ihn ausbeuteten und zugleich ablehnten.

Hintergrund des Epigramms sind nicht Spinozas philosophische Lehren im allgemeinen, sondern bestimmte theologische Aussagen seines „Tractatus theologico-politicus" (1670). Spinoza vertrat dort die Ansicht, Philosophie und Theologie müßten strikt getrennt, der Aberglaube müsse bekämpft werden. In „Caput VII." „De Interpretatione Scripturæ" („Von der Auslegung der Schrift") behandelt er bibelkritische und hermeneutisch-philologische Fragen und fordert, „ne verum sensum cum rerum veritate confundamus" (S. 86 [„daß man den wahren Sinn (einer Stelle) nicht mit der Wahrheit ihres Inhalts verwechselt"]), sondern daß zwischen historischer Metaphorik und überzeitlichem Gehalt unterschieden werden müsse.

Im „Schwäbischen Magazin von gelehrten Sachen auf das Jahr 1776" (3. Stück. S. 139–152), in dem sein Gedicht „Der Abend" erschienen war, konnte Schiller einen Aufsatz über die „Vergleichung der neuen Hermenevtik mit der Erklärungsart des Spinoza" finden, in dem festgestellt wurde, daß jene sich von dieser nicht sehr unterscheidet – obwohl Spinoza im Verdacht des Atheismus stand. Der Verfasser bedauert, daß Spinozas „Hermenevtisches Sistem nicht das Glük gehabt, so viele Verehrer zu haben, als die Erklärungsart der Neuern" (S. 139), obwohl man einzelne Thesen „aufs Haar bei einigen Gottesgelehrten antreffen" könne (S. 145). Gemeint sind die Vertreter der historischen Bibelwissenschaft, unter ihnen Johann Salomo Semler (1725–1791), der S. 150 erwähnt wird.

66–69 Die Kindsmörderin

ENTSTEHUNG. *Das Gedicht entstand vermutlich Ende 1781, angeregt durch Stäudlins Gedicht „Seltha, die Kindermörderin" in dessen „Schwäbischem Musenalmanach", der im September 1781 erschienen war; vgl. auch ERLÄUTERUNGEN.*

ÜBERLIEFERUNG. H: *?* h: *GSA. Abschrift von Christophine Reinwald, eingetragen in ihr Heft „Auszüge aus der Anthologie vom Jahr 1782" (S. [17–22]). –* E: *Anthologie auf das Jahr 1782. S. 42–48. Das Gedicht ist mit* Y. *unterzeichnet. –* D: *Gedichte 2 (1803). S. 90–96 unter dem Titel „Die Kindesmörderin"; danach in: Gedichte ²2 (1805). S. 90–96. – Textwiedergabe nach* E.

LESARTEN. **1** Gloken] Klocken *h*   **22** izt] jezt *h*   **36** verliebten] verliebtem *h*   **81** vermiße,] erblike *h (Versehen beim Abschreiben)*   **82** erblikt] vermißt – *h (später hinter gestr.* erblikt; *Versehen beim Korrigieren)*   **111** hochan flodern E *h; vielleicht Druckfehler in E; dann wäre zu korrigieren (wie in D) zu* hochauf lodern *(vgl. auch die Erläuterungen zu diesem Vers)*

ERLÄUTERUNGEN. Hintergrund des Gedichts sind die gesellschaftliche Diskriminierung von unehelich geborenen Kindern und ihren Müttern sowie die unmenschliche zeitgenössische Rechtsprechung. Beides war Gegenstand einer juristisch-pädagogischen Diskussion und intensiver literarischer Behandlung.

1780 hatte die Mannheimer „Kurfürstliche deutsche gelehrte Gesellschaft" ein Preisausschreiben zum Problem des Kindermords veranlaßt. Ein Beitrag dazu, den Schiller sehr wahrscheinlich gekannt, wenn auch kaum gebilligt hat, war in Haugs „Schwäbischem Magazin von gelehrten Sachen auf das Jahr 1780" (10. Stück. S. 585–615) erschienen: „Beantwortung der Preißfrage: welches sind die beste ausführbare Mittel, dem Kindermord Einhalt zu thun?" Der mit B. unterzeichnende Verfasser verteidigt im Kern die unnachsichtige Anwendung der Todesstrafe. Bei gleicher Gelegenheit entstand die Schrift „Ueber Gesezgebung und Kindermord" (1783). Verfasser war Johann Heinrich Pestalozzi (1746–1827). Diese Schrift kannte Schiller nicht; sie gibt aber deutlich die vorherrschende Tendenz der Behandlung des Themas in der Literatur wieder. Unter Ausbreitung umfangreichen Materials übt Pestalozzi heftige Kritik an Staat und Gesellschaft und macht die rigide Gesetzgebung sowie doppelte Moral, Prüderie und Heuchelei mitverantwortlich für das Schicksal der Betroffenen: Fürsten! Müken seigen, und Kameele verschlüken ist der Geist unsrer Gesetzgebung und Sitten, sonst würden wir Menschlichkeit höher achten, als Unfruchtbarkeit, und Kinderlosigkeit nicht mit Menschenverheerung erkauffen. *(S. 107.) Pestalozzi fordert Hilfe für die Betroffenen, statt sie in die Kriminalisierung zu treiben.*

Im Sturm und Drang nahmen sich viele Autoren dieser Problematik an. Vgl. dazu ausführlich: Beat Weber: Die Kindsmörderin (1974). Unmittelbarer Anlaß für Schillers Gedicht war Stäudlins „Seltha, die Kindermörderin. Bruchstük eines grösern Gedichts" in dessen „Schwäbischem Musenalmanach" für 1782 (S. 43–46). Sich teilweise eng an diese Vorlage anlehnend, damit den Vergleich provozierend, versuchte Schiller, mit einem Gegenentwurf Stäudlin zu übertreffen. Übereinstimmungen bestehen auch mit August Gottlieb Meißners (1753–1807) gemeinsam veröffentlichten und zusammengehörigen Gedichten „Lied einer Gefallenen" und „Die Mörderin" (in: Deutsches Museum 1779. Bd 1. 4. Stück. S. 379–383); abgesehen von einzelnen Motiven ist die Situation sehr ähnlich: Beide Gedichte bestehen aus einem Monolog der Mutter, die, voll Verzweiflung angesichts der Ähnlichkeit mit dem untreuen Vater, ihr Kind tötet, dem Vater flucht und sich schließlich auf dem Schafott dem Urteilsspruch Gottes überantwortet.

Darüber hinaus hat Schiller offenbar Anregungen aus einem Aufsatz von Helfrich Peter Sturz „Ueber Linguets Vertheidigung der Todesstrafen" erhalten (in: Deutsches Museum 1776. 12. Stück. S. 1063–1068; wieder abgedruckt in Sturz' „Schriften" [1, 232–240]), insbesondere wohl durch die dort zitierte Rede einer jungen Kindsmörderin vor ihren Richtern (S. 238–240).

Der sentenzhafte Schluß des Gedichts, der nach Art einer angehängten „Moral" eine Deutung der vorhergehenden Darstellung gibt, gehört zur emblematischen Struktur, die einige Gedichte Schillers aufweisen (vgl. die Erläuterungen zu „Columbus").

Stäudlins Gedicht lautet:

> Ha! wie getroffen steh' ich hier!
> Wie ist das Mark, die Seele mir
>   Von bangem Schaur durchflossen!
> Ach weh! es ist dein Blut, mein Kind!
> Das hier an diesem Felsen rinnt! 5
>   Ach weh! ich hab's vergossen!
>
> Vergossen, Muter! Kindesblut!
> Fühl's ganz, wie lastend auf dir ruht
>   Der Fluch vom Sündenrächer!
> Nimm, armes Weib! nimm aus der Hand 10
> Der Rache, dir von GOtt gesandt,
>   Den giftgefüllten Becher!
>
> Dich trift die Rache nicht allein!
> Auch Warthfils harret Höllenpein,
>   Der treulos dich verlassen! 15
> Ha! siehst du nicht die Furien
> Mit Geisseln, die den Schändlichen
>   An Naken wütend fassen!
>
> Der Falsche! — Ach! wie liebt ich ihn!
> Gab ihm der Unschuld Blüte hin 20
>   Mit zärtlichen Bedauern!
> Zertreten ist die Blume nun!
> Der sie zertrat, er floh davon
>   Auf neuen Raub zu lauern!
>
> Magst bulen auch in fernen Land, 25
> Verräther! wirst du doch der Hand
>   Des Richters nicht entfliehen!
> In Stunden süsser Taumellust
> Wirst fülen in der bangen Brust
>   Die ganze Hölle glühen! 30
>
> In jedem Traum mit Angst erfüllt
> Wird mein und meines Kindes Bild
>   Dir vor den Bliken schweben!
> Wirst hören meinen Fluch — wirst sehn
> Bluttropfen den Getödteten 35
>   An Stirn' und Wange kleben!
>
> Will stehn am Lager Nächte lang
> Und dir in stürmendem Gesang

DIE KINDSMÖRDERIN 69

Des Meineids Strafe singen!
40 Wie Donner soll ein jeder Schwur,
Von GOtt gehört und der Natur,
In deine Ohren dringen! –

Ach wehe! da ich fluche dir,
Grausamer Vater! seh' ich hier
45 Dein Kind zu meinen Füssen!
Ich sehe noch um seinen Mund,
Entstellt von Todesbläß' und Wund',
Ein süßes Lächeln fliessen!

Weg Leichnam! – dein gebrochner Blik,
50 Dein todtes Lächeln heischt zurük
Von mir, von mir dein Leben!
Wollt' schmachten Jahre lang in Pein,
Ein Scheusal unter Menschen seyn;
Könnt' ich dir's wieder geben!

55 So mordet dann mich Mörderin!
Nimmt all mein Blut mein Leben hin!
Was weil' ich auf der Erde,
Wo meinen Bliken überall
Mein Kind erscheint in Todesqual
60 Mit blutiger Gebärde!

Straf Richter du und Rächer mich!
Erbarme mein, Erbarmer, dich!
O schon der Hoffnunglosen
Verlaßnen Muter! – Ewig nicht
65 Verwirf von deinem Angesicht,
Die Kindesblut vergoßen!

Vgl. auch die Erläuterungen zur 2. Fassung des Gedichts (NA 2 I, 211–214).
14 Paradieseskinder Fantasie'n] *Das erste Wort ist wohl als Genitiv aufzufassen.*
17–32 Schön *bis* ein.] *Die junge Mutter in Sturz' Aufsatz schildert ihre Situation ähnlich:* Ich war blühend und glücklich, von allen Mädchen beneidet, von allen Jünglingen geliebt. O, verachtet mich nicht nach meinem Tode, ihr Ungefallenen! gedenket meiner, wenn ihr könt, in der Stunde der Leidenschaft [...]; rettet dann eure Unschuld, wenn euch ein Gott hilft! *(S. 239.)*
25 Weinet *bis* gefallen] *Für Schillers Gedicht mag gelten, was er von der Geschichte „Der Verbrecher aus verlorener Ehre" sagt: daß* sie den grausamen Hohn und die stolze Sicherheit ausrottet, womit gemeiniglich die ungeprüfte aufrechtstehende Tugend auf die gefallne herunterblickt *(NA 16, 9).*

26 der Unschuld Liljen] *Vgl. zu diesem Sinnbild (auch in V. 119) Henkel/ Schöne, Emblemata, 307.*
30 Empfindung *bis* seyn] *"Dafür, daß ich menschlich empfunden habe, soll ich nun verurteilt werden."*
41 auf entfernte Meilen] *Umkehrung von Substantiv und Adjektiv; etwa: "auf meilenweite Entfernung".*
46 Gelispel] *lispeln: flüstern (vgl. Grimm 6, 1062).*
47—48 Bohr *bis* Rosenbild] *Auf diese Stelle weist Jean Paul in der "Vorschule der Aesthetik"* (²1813) *hin, um ein Beispiel für den bei Schiller häufig anzutreffenden Befund zu geben, daß das sinnliche Bild sinnliche Anschaulichkeit, nicht aber eben Wirklichkeit habe, eine Kühnheit, die Jean Paul für poetisch legitim erklärt (§ 82; 2, 651).*
52 kann?] *Zu ergänzen wäre: "rührte dich" o. ä.*
55 an der S e i n e Strande] *Paris, traditionell Stadt der Laster.*
62 Schelmen] *"Schelm" nicht wie heute scherzhaft, sondern: Verräter, Verführer (vgl. Grimm 8, 2507—2508).*
73 Deine Mutter *bis* Hölle!] *elliptisch; gemeint ist etwa: "Deine Mutter – o ich fühle bei diesem Namen im Busen die Hölle!" Die Kindesmörderin bei Sturz sagt: Der ehrwürdige Name Mutter ist ein ewiger Schandtitel für mich. (S. 239.)*
90 Schatten] *Seele des getöteten Kindes.*
94 grasser] *grass: schrecklich, furchtbar (vgl. Grimm 4 I 5, 2017—2018).*
97—100 Seht *bis* Sensenklang] *In Meißners Gedicht "Die Mörderin" ruft die Mutter nach der Tat: Die knospende Blume! – Da liegst du entstellt! / Da liegst du, wie Gras, von der Sense gefällt. (V. 17—18; S. 381.)*
98 kurz] *kürzlich, vor kurzem (vgl. Grimm 5, 2836).*
103—104 Freudig *bis* Flammenschmerz.] *In der von Sturz zitierten Rede der jungen Mutter heißt es: [...] ich umarme den Tod als meinen Freund. Ihr strafet mich nicht; ihr erlöset mich nun von einer Reihe unleidlicher Qualen. (S. 238—239.)*
105—106 Joseph *bis* Sünderin.] *Vielleicht variiert Schiller bewußt die entsprechende Stelle in Meißners "Die Mörderin". Gegen Ende zweifelt dort die Mutter an der Gnade Gottes; dann spricht sie den Vater ihres Kindes an: Ha! zage, Verruchter! / Verzeiht Er nicht mir; / Dann bin ich, Verfluchter, / bald flammend bei dir. / Und schlepp dich zur Hölle (V. 71—75; S. 383).*
111 flodern] *flackern, flattern (vgl. Grimm 3, 1812; Fischer 5, 1009).*

70—72 In einer Bataille / von einem Offizier

ENTSTEHUNG. *Das Gedicht entstand vermutlich 1781.*

ÜBERLIEFERUNG. H: ? – E: *Anthologie auf das Jahr 1782. S. 49—53. Das Gedicht ist mit v. R. unterzeichnet.* D: *Gedichte 2 (1803). S. 142—146 unter dem Titel "Die Schlacht"; danach in: Gedichte ²2 (1805). S. 142—146. – Textwiedergabe nach E.*

DIE KINDSMÖRDERIN – AN DIE PARZEN 71

LESARTEN. Augenvarianten und Interpunktionsveränderungen in D sind nicht verzeichnet. – Überschrift: Die Schlacht *D*   8 Todengesichtern] Todtengesichtern *D*   42 Sonn] Sonne *D*   47 Toden] Todten *D*   54–55 Kanone sich / Heischer speit] Kugelsaat / Regnet, *D*   56 Hieher] Hierher *D*

ERLÄUTERUNGEN. Das Gedicht unterscheidet sich in seinem wenig heroischen Charakter von vielen Kriegsliedern Gleims, Klopstocks u. a. Spürbar sind Nachwirkungen der beschreibenden Lyrik Ewald von Kleists (1715–1759), von dessen Versdichtung „Der Frühling" (1749) und dem Gedicht „Sehnsucht nach der Ruhe" (1745). Möglicherweise wurde Schiller von Stäudlins enthusiastischem Kriegsgedicht „Der junge Held vor der Schlacht" in dessen „Proben einer deutschen Æneis nebst lyrischen Gedichten" (Stuttgart 1781. S. 132–134) zu einer poetischen Entgegnung angeregt.

Als Hintergrund der Schilderung des Schlachtgeschehens dient die Friderizianische Lineartaktik, wonach die Truppen, Infanterie in der Mitte, Kavallerie zu beiden Seiten, in Linie vorrückten; die Infanterie bildete Reihen, die vorderen knieten, die hinteren standen.

13–14 Prächtig *bis* Gebürge?] *Anastrophe; hier Antizipation der adverbialen Bestimmung vor dem Fragesatz; vgl. auch „Der Eroberer" (V. 61–62) und „Eine Leichenfantasie" (V. 11–12).*
17 Gott *bis* Kinder] *So lautet auch der Ruf der nach Amerika verkauften Soldaten in „Kabale und Liebe" (II 2; NA 5, 29).*
25 fleugt] *Vgl. zu „Elegie auf den frühzeitigen Tod Johann Christian Weckerlins" (V. 18).*
35 Ploton] *franz. peleton, hier: militärische Unterabteilung.*
38 Kartetsche] *Artilleriegeschoß; ursprünglich Hülse aus Papier, mit Kugeln, gehacktem Blei, Nägeln o. ä. gefüllt.*
43 Schwarz *bis* Nacht] *In seiner Rezension von Stäudlins „Äneis"-Übersetzung schlug Schiller für die Stelle* ponto nox incubat atra *(1, 89) die Übersetzung* Die Nacht liegt brütend über dem Meere *vor (NA 22, 183). Vgl. dagegen NA 2 I, 10 (V. 66): der Pelagos wallt in Mitternachtsschauern.*
55 Heischer] *heiser (vgl. Adelung 2, 1088).*
60 strampft] *strampfen: „mit den Füssen schnell aufstossen" (Kasch, 26); stampfen. Vgl. auch „Morgenfantasie" (V. 23).*
65 reißt] *„reißen" hier: in schnelle Bewegung versetzen (vgl. Grimm 8, 755).*
65 faigen] *„feige" hier wohl: unselig, verwünscht; dem Tod verfallen, sterblich (vgl. Grimm 3, 1442–1443).*

73–74   An die Parzen

ENTSTEHUNG. Das Gedicht ist um 1780 entstanden; sicher nicht schon 1776, wie h^2 angibt; wahrscheinlich auch nicht erst im Winter 1781/82, wie sich aus h^3 schließen ließe.

ÜBERLIEFERUNG. H: ? h^1: GSA. Abschrift von Christophine Reinwald, eingetragen in ihr Heft „Auszüge aus der Anthologie vom Jahr 1782" (S. [23 bis

26]). *h²: GSA. Unvollständige Abschrift (ohne die Strophen 1–4) von Christophine Reinwald (1 Doppelblatt, 3¹/₂ S. beschrieben). Unter dem Text von Christophines Hand:* Schiller im 17 Lebensjahr; *darunter mit Bleistift von fremder Hand einige Zeilen, die beginnen:* Die Zeit ist ein kaltes fühlloses Wesen das von Freud und Leid des Menschen keine Notiz nimmt [...]. *h³: GSA. Unvollständige Abschrift (ohne die Strophen 1–4 und 14) von Christophine Reinwald (1 Doppelblatt, 3¹/₃ S. beschrieben). Über dem Text von Christophines Hand:* S: im 23ten / Lebensjahr. Auf der 3. S. ist die 14. Strophe *von fremder Hand ergänzt. Auf der 4. S. Notiz von Christophine:* 3 Strofes hat hier nichts zu thun –. *h⁴: GSA. Unvollständige Abschrift (ohne die Strophen 1–4 und 14–15) von Christophine Reinwald (1 Doppelblatt, Abschrift auf S. 1 und 4 nach Faltung eines Einzelblatts, auf dessen Vorderseite – nun S. 2 und 3 des Doppelblatts – Christophine unter dem Datum des 9. Januar 1845 eine Quittung über empfangenes Holz ausgestellt hat – offenbar vor der Abschrift des Gedichts). – E: Anthologie auf das Jahr 1782. S. 54–57. Das Gedicht ist mit* Y *unterzeichnet. – Textwiedergabe nach E.*

LESARTEN. Die Zeugen h²–h⁴ erscheinen ohne jeden textkritischen Wert; deshalb werden nur die Lautvarianten von h¹ verzeichnet. – 12 Begierden] Begierten *h¹*   19 leiserem] leiseres *h¹*   25 unsers] unseres *h¹*   41 wollüstig] *später gestr., darüber (vielleicht von anderer Hand)* der Freude *h¹*   43 Schauerschlunde] Schauerstunde *h¹*   53 izt] jez *h¹, später (mit Blei)* t *ergänzt*   56 schwindelnd] schwindlend *h¹*

ERLÄUTERUNGEN. Das Gedicht gehört in den Umkreis der Laura-Gedichte (vgl. die Erläuterungen zu „Die Entzükung / an Laura"). Zum Thema der Schlußstrophen (V. 49–60) – Liebe und Ewigkeit – vgl. „Fantasie / an Laura".
2 spreißt] *sich spreißen: „hoffärtig einherstolzieren" (Kasch, 25); sich spreizen.*
3 Bajouten] *Es kann Verschiedenes gemeint sein: feine Spitzenkragen oder, nach franz. bayette, ein spezieller Stoff oder der halblange, aus Spitzenzeug gefertigte Kapuzenmantel, der zum venezianischen Maskenanzug gehörte.*
14 Föbus] *Phoibos, lat. Phöbus, Beiname des Apollon, hier als Gott der Sonne.*
17 Geschwister] *Die (kollektive) Singularform meint hier: Geschwisterpaar (vgl. Grimm 4 I 2, 4003). Im weiteren werden auch nur Klotho und Lachesis genannt.*
24 Kein bis starb] *Anspielung auf Schäfer- und Hirtendichtung. Arkadien, griechische Landschaft auf dem Peloponnes, war beliebter Schauplatz der Hirtenidylle.*

75–80   Der Triumf der Liebe

ENTSTEHUNG. Die Erwähnung Lauras (V. 159) könnte auf das Jahr 1781 als wahrscheinliche Entstehungszeit weisen; allerdings hat Schiller das deutliche Muster seines Gedichts, Bürgers „Die Nachtfeier der Venus", schon einige Zeit vorher gekannt. Da auch der Ton des Gedichts für eine frühere Datierung spricht, kann angenommen werden, daß es zur gleichen Zeit wie „Der Venuswagen" (1778/79?) entstanden ist.

AN DIE PARZEN / DER TRIUMF DER LIEBE 73

ÜBERLIEFERUNG. H: ? – E: Anthologie auf das Jahr 1782. S. 58–68. Das Gedicht ist mit Y. unterzeichnet. D: Gedichte 2 (1803). S. 97–107 (2. Fassung); danach in: Gedichte ²2 (1805). S. 97–107. – Textwiedergabe nach E.

LESARTEN. Im folgenden sind keine Augenvarianten und Interpunktionsveränderungen in D verzeichnet. – Überschrift: Der Triumph der Liebe. Eine Hymne *D* **26** Schoos Ozeanus.] Schooß des Meers, *D* **27** Ungeküsset] Ungegrüßet *D* **28** In die Arme Hesperus] In den Schooß des Meers *D* **43–46** *fehlt D* **48** Winternacht] Mitternacht *D* **58–61** *fehlt D* **73** Prächtig *bis* Donnerhorn,]

    Thronend auf erhab'nem Sitz
    Schwingt Chronion seinen Blitz *D*

76 *fehlt D* **82** Riesentöder] Riesentödter *D* **85** Föbus] Föbös *D* *(Druckfehler, 1805 korrigiert zu* Föbos*)* **91–96** Zitternd *bis* Pfau.]

    Vor der Gattinn des Chroniden
    Beugen sich die Uraniden
    Stolz vor ihrem Wagenthrone
    Brüstet sich das Pfauenpaar,
    Mit der gold'nen Herrscherkrone
    Schmükt sie ihr ambrosisch Haar. *D*

100–102 Seht ihr *bis* fahn.]

    Und von ihren stolzen Höhen
    Muß die Götterkönigin
    Um des Reizes Gürtel flehen,
    Bei der Herzenfeßlerin. *D*

112 schmollt] blikt *D* **115** Himmlich *(Druckfehler)*] Himmlisch *E D* **116** Beller] Hüter *D* **119** Mildete] *vielleicht Druckfehler, 1805 geändert in* Milderte *(vgl. Die Kindsmörderin, V. 52)* **140** Sonnenhügel?] Sonnenhügel, *D* **143–146** *fehlt D* **148–149** Frühling *bis* Feste.] Regten mir die Seele nicht, *D* **152** ihrem] einem *D* **157–159** *fehlt D* **167** izt] itzt *D* **169** Heldenkühn] heldenkühn *D* **170** Size] Sitze *D* **173** Rize] Ritze *D*

ERLÄUTERUNGEN. Das Gedicht entstand nach Schillers Selbstkritik der „Anthologie" wahrscheinlich auf Veranlassung der Nachtfeier der Venus von Bürger (NA 22, 134). Gemeint ist „Die Nachtfeier der Venus. Nach dem Lateinischen" (1773) von Gottfried August Bürger. Vorlage war die anonyme spätlateinische Versdichtung „Pervigilium Veneris". Grundmotive dieses Gedichts sind der hymnische Lobpreis der Venus als Göttin der Liebe und die Schilderung des wunderbaren Frühlingserwachens in Tier- und Pflanzenwelt. Schiller greift diese Thematik auf, um sie mit Vorstellungen aus seiner Liebesphilosophie zu verbinden: Liebe als Vermittlerin zwischen Himmel und Erde,

Menschen und Göttern; als Wegbereiterin der Erkenntnis Gottes; als Anlaß der Sehnsucht nach Unsterblichkeit; als bewegendes Prinzip der gesamten Schöpfung. Vgl. die Gedichte „Fantasie / an Laura", „Laura am Klavier", „Die Freundschaft", „An die Freude" und die Erläuterungen dazu. Sein Gegenstand und die (später unterdrückte) Erwähnung des Namens (V. 159) rücken das Gedicht in den Umkreis der Laura-Gedichte (vgl. die Erläuterungen zu „Die Entzükung / an Laura").

Wie das lateinische Vorbild wird das Gedicht durch einen (sechszeiligen) Refrain in Abschnitte geteilt: der Zustand der Welt vor Erscheinen der Liebe und deren Auftreten (V. 1–68), die machtvolle Wirkung bei den olympischen Göttern (V. 69–108), in der Unterwelt (V. 109–134), in der Natur (V. 135–161), die Dominanz der Liebe über die Weisheit (V. 162–186). Vgl. auch die Erläuterungen zur 2. Fassung des Gedichts.

vor 1 Hymne] *griech. ὕμνος: Lobgesang, Festgesang; ursprünglich feierlicher Preisgesang auf einen Gott oder Helden. Später wurden in Hymnen sowohl religiöse wie auch profane Gegenstände besungen. Seit Klopstock dient der Begriff der Bezeichnung von Gedichten in freien Rhythmen zum Ausdruck hoher Begeisterung.*

8 Stimmen Dichter ein] *Der Sinn ist nicht ganz klar; vermutlich aber: „singen einstimmig" (vgl. Grimm 3, 312).*

11—34 Stein *bis* noch.] *Vgl. hierzu die Beschreibung der Welt vor Erscheinen der Schönheit in „Die Künstler" (V. 103–115).*

16 Amoretten] *Vgl. zu „Die Entzükung / an Laura" (V. 13).*

29 Wild *bis* Hayne] *Jonas (Erläuterungen, 83–84) verweist hierzu auf den „Lobgesang der Liebe" von Johann Friedrich von Cronegk, der auch auf das „Pervigilium Veneris" zurückgeht; dort heißt es: Als irrend durch den Hayn das erste Volk der Erden / Noch ungesittet lief und schüchtern, wie das Wild / [...] (Schriften 2 [1763], 327).*

36 Himmelstochter] *Aphrodite.*

41 das allmächtge W e r d e] *Vgl. Gen. 1, 3; 1, 6.*

46 lispelndes] *lispeln: flüstern (vgl. Grimm 6, 1062).*

49—50 Balsamische *bis* Füßen] *Das Bild bezieht sich womöglich auf die Überlieferung nach Hesiod, wonach Aphrodite nach Zypern gekommen sei, „da denn, wo sie mit ihren Füßen hintrat, Gras und Bluhmen hervor brachen" (Hederich, 2438). In Höltys Gedicht „Hymnus an die Morgensonne" heißt es: Wo die Göttliche geht, keimen Blumen hervor, / Füllen Balsamgerüche die Luft. (V. 11–12; Anthologie der Deutschen. Dritter Theil. Hrsg. von Christian Heinrich Schmid. Leipzig 1772. S. 212.)*

70 wollüstger] *„wollüstig" hier: wohlgemut, heiter (vgl. Grimm 14 II, 1405).*

73—75 Prächtig *bis* Loken] *Die Verse gehen auf Homers „Ilias" (1, 528–530) zurück.*

73 Chronions] *Chronion: Zeus als Sohn des Kronos.*

76 Sfärenwirbeln] *den Kreisbahnen der Sterne (vgl. Grimm 10 I, 2205–2206; 14 II, 528).*

79 arkadisch] *gleich dem schmachtenden Schäfer Arkadiens (Die Räuber III 1 [NA 3, 75]). Vgl. auch zu „An die Parzen" (V. 24).*

DER TRIUMF DER LIEBE 75

82 Schläft *bis* ein] *entspricht nicht der Überlieferung.*
82 Riesentöder] *Anspielung auf Zeus' Kampf gegen seinen Vater Kronos und die Titanen.*
85 Föbus] *Phoibos, lat. Phöbus, Beiname des Apollon.*
91 Götterfürstin] *Hera, Gemahlin des Zeus.*
95 Myriaden] *Vgl. zu „Der Abend" (V. 91).*
96 Pfau] *Er gehört zu den der Hera gewidmeten Tieren. „Zuweilen fuhr sie auf einem goldenen Wagen, den zween Pfaue zogen" (Hederich, 1399).*
100 Chronos Tochter] *Hera.*
101 verneinen] *„mit miszachtung beiseite setzen" (Grimm 12 I, 916).*
102 Herzen *bis* fahn] *Im Hintergrund steht die Episode zwischen Hera und Zeus, in der jene ihren Gatten mit Hilfe des Gürtels der Aphrodite zum Liebesgenuß verführt, um ihn einzuschläfern und so Poseidon die Gelegenheit zu geben, den Griechen vor Troja beizustehen (vgl. Ilias 14, 153–360).*
102 fahn] *nach mhd. vâ(he)n: fangen (vgl. Pfleiderer, 374).*
112 schmollt] *„schmollen" hier: „lächeln", aus „Wohlbehagen, auch Spott, Schadenfreude [...], aber ebenso oft Wohlwollen, Freundlichkeit" (Fischer 5, 1009; vgl. auch Kasch, 24).*
112 der schwarze König] *Hades als Herrscher im Reich der Nacht. Schwarz waren der Überlieferung nach nur seine Krone und die Pferde seines Wagens (vgl. Hederich, 2029).*
115—128 Himmlich *bis* Thrazier.] *bezieht sich auf Orpheus in der Unterwelt, hier offenbar in der Überlieferung durch Vergil. Nur Vergil berichtet, daß auch Kerberos, der* wilde Beller *(V. 116), von Orpheus' Gesang bewegt worden sei (vgl. Georgica 4, 483). Auch erwähnt Vergil den Namen Tityos (vgl. V. 124) unter den Verdammten des Tartaros (Äneis 6, 595), und schließlich findet sich bei ihm das Motiv der Geißel (Äneis 6, 570–571; vgl. V. 122). Die Geschichte galt Schiller später weniger als Beispiel für die Macht der Liebe als vielmehr für die Macht von Kunst und Schönheit (vgl. den Gedichtentwurf „[Orpheus in der Unterwelt]").*
146 Weste] *Westwinde. Der Westwind Zephyros galt als Bote des Frühlings.*
159 L a u r a] *Zur Figur der Laura vgl. die Erläuterungen zu „Die Entzükung / an Laura".*
160 lispelt] *Vgl. zu V. 46.*
161 Laute der Natur] *ähnlich das Bild in „Die Herrlichkeit der Schöpfung" (V. 48).*
162—164 Weisheit *bis* Liebe.] *Venus Urania als Göttin der Wahrheit und Weisheit, Venus Cypria als Göttin der Schönheit und Liebe – zu dieser Allegorie vgl. besonders „Die Künstler" (V. 54–65, 433–436).*
168—180 Wer *bis* Geister.] *Liebe als Vermittlerin der Vorstellung von Gott und Unsterblichkeit, der Erkenntnis von Schöpfung und Schöpfer. Vgl. ähnlich „Laura am Klavier" (V. 37–50). Später übernimmt in „Die Künstler" statt der Liebe die Schönheit eine solche Funktion.*
171—173 Wer *bis* Rize?] *ähnlich das Bild in „Laura am Klavier" (V. 46–48).*
171 zerriß das Heiligthum] *Gemeint ist: „den verhüllenden Schleier vor dem Heiligtum".*

ANMERKUNGEN ZU BAND 1, S. 80–81

176—177 Suchten *bis* Meister?] *Gemeint ist etwa: „Würden die Geschöpfe ihren und der Natur Schöpfer suchen, erkennen wollen?" – Zum Begriff „Geister" vgl. „Das Geheimniß der Reminiszenz" (V. 8) und die Erläuterungen dazu.*

81 Klopstok und Wieland

ENTSTEHUNG. Die Verse wurden wahrscheinlich 1779 oder 1780, nach der um 1779 einsetzenden Distanzierung von Klopstock, geschrieben.

ÜBERLIEFERUNG. H: ? h: GSA. Abschrift von Christophine Reinwald, eingetragen in ihr Heft „Auszüge aus der Anthologie vom Jahr 1782" (S. [27]). – E: Anthologie auf das Jahr 1782. S. 68. Das Gedicht ist mit A. unterzeichnet. – Textwiedergabe nach E.

ERLÄUTERUNGEN. Das epigrammatische Gedicht dokumentiert nicht nur Schillers Opposition gegen den Klopstock-Kult, wie er z. B. in Städlins „Schwäbischem Musenalmanach" betrieben wurde, es markiert auch eine veränderte persönliche Einstellung Schillers zum Dichter des „Messias", als dessen Sklave (vgl. zu „Der Eroberer") er sich nicht länger fühlen mochte. Das Epigramm „Die Messiade" bestätigt die neue kritische Haltung. (Ausführlich setzt sich Schiller mit Klopstock später in seiner Abhandlung „Ueber naive und sentimentalische Dichtung" auseinander; vgl. NA 20, 455–458.)

Wie sehr Schiller sich gleichzeitig von Wieland angezogen fühlte, belegt sein Brief an den Mannheimer Buchhändler Christian Friedrich Schwan vom 2. Februar 1782, in dem er um die Vermittlung von Wielands Bekanntschaft bat: Ich liebe den Mann unaussprechlich, und muß noch von ihm gekannt seyn. *(Vgl. auch die Erläuterungen zu diesem Brief.) Über Schillers Einschätzung durch Wieland seinerseits informiert dessen Brief an den Hofrat Friedrich August Klemens Werthes (1748–1817) in Stuttgart vom 6. März 1782; darin heißt es:* Vor Kurzem hat mir Herr Schiller, l e i d e r ! der Verfasser der Räuber, einen so honetten, verbindlichen und bescheidenen Brief geschrieben, daß ich nicht weiß, was ich antworten soll. Aus dem Brief zu urtheilen ist der Mann unendlich mal mehr werth, als sein Schauspiel. Aber auch in diesem ungeheuren Product brechen hier und da Funken von Genie hervor, und ich verzweifle nicht, daß aus dem jungen Mann noch was werden könnte *(h: Württembergische Landesbibliothek, Stuttgart. Abschrift von Johann Wilhelm Petersen). Wielands Antwort sei „sehr geistreich und schmeichelhaft" gewesen, berichtet Streicher (Schiller's Flucht [1836], 33). Zum ersten persönlichen Treffen zwischen Wieland und Schiller kam es erst im Juli 1787 in Weimar.*

1 überm Strome drüben] *in der Unterwelt, jenseits des Flusses Acheron.*

81 Gespräch

ENTSTEHUNG. Eine genauere Datierung der Verse als die durch das Erscheinen der „Anthologie" gegebene ist kaum möglich.

ÜBERLIEFERUNG. H: ? h: GSA. Abschrift von Christophine Reinwald, eingetragen in ihr Heft „Auszüge aus der Anthologie vom Jahr 1782" (S. [27 bis 28]). – E: Anthologie auf das Jahr 1782. S. 69. Das Gedicht ist mit O. unterzeichnet. – Textwiedergabe nach E.

LESARTEN. 6 'n] eim h

ERLÄUTERUNGEN. Hintergrund des Gedichts ist der aufsehenerregende Fall einer ärztlichen Fehldiagnose. Einer der Leibärzte von Maximilian III. Joseph, dem Kurfürsten von Bayern (geb. 1727), Johann Joseph (von) Sänf(f)-t(e)l (Sanf[f]t[e]l), hatte eine Pockenerkrankung seines Patienten, an der dieser am 30. Dezember 1777 gestorben war, als Masern diagnostiziert. Sänftels Name wurde daraufhin zum Synonym für einen Kurpfuscher. (Näheres über Sänftel konnte trotz Anfragen u. a. beim Bayerischen Hauptstaatsarchiv, München, und beim Institut für Geschichte der Medizin und medizinische Soziologie an der Technischen Universität München nicht ermittelt werden.) Eine Schilderung der skandalösen Behandlungsweise Sänftels enthalten die Schriften „Berichtigung des Tagebuchs von der letzten Krankheit Sr. Höchstsel. Durchleucht Maximilian des III. [...]" (Frankfurt 1778) und „Vertraute Briefe über eine ganz unerhörte und nachtheilige Pockenkur, herausgegeben Im Jahr 1778" (o. O.), die in diesem Zusammenhang ebenso wie Schillers Gedicht die unseriöse Praxis der Doktordiplomverleihung „für baares Geld" (Vertraute Briefe, S. 52) kritisieren. Im Fall Schillers ist der Hinweis auf Schwaben (vgl. V. 11) ein Hieb gegen die Stuttgarter Militärakademie, die gerade, Ende 1781, zur Hohen Karlsschule erhoben worden war und das Promotionsrecht erworben hatte.

Wer mit Herr Onkle (V. 5) gemeint ist, konnte nicht ermittelt werden. Möglicherweise handelt es sich um einen Laienbehandler, Wunderheiler oder Scharlatan, die zum Verdruß der promovierten Ärzte zur damaligen Zeit des öfteren Zugang zu Fürstenhöfen fanden (nach freundlicher Auskunft von Prof. Dr. Dr. Christian Probst, Institut für Geschichte der Medizin, München).

Der Vergleich der Hinrichtung mit einem Tanz am Galgen (in Paris) findet sich in Helfrich Peter Sturz' Aufsatz „Ueber Linguets Vertheidigung der Todesstrafen", den Schiller vermutlich kannte (vgl. die Erläuterungen zu „Die Kindsmörderin"); dort berichtet Sturz, er sei, als „in Paris ein diebischer Abbé aufgehangen" wurde, zu diesem Schauspiel mit den Worten eingeladen worden: „Allons, Monsieur, faire un tour à la place de Greve, pour voir danser Monsieur l'Abbé." (Schriften 1 [1779], 234, 235.) („Mein Herr, laßt uns einen Spaziergang zur Place de Grève machen, um den Herrn Abbé tanzen zu sehen.")

Eine andere Medizinersatire aus der "Anthologie" ist das Epigramm "Polizeyordnung" (S. 124 [von Friedrich von Hoven?]):

> Getrost! Izt würgt das Pfuscherheer
> Mit Henkers Hand das Volk nicht mehr,
> Das Mittel ist jezt ausgedacht,
> Daß man sie all – zu Doktors macht.

82 Vergleichung

ENTSTEHUNG. *Das Gedicht ist vermutlich vor 1780 entstanden. Es ist zweifellos durch das mit Ung. unterzeichnete Gedicht "Der Mond und die Frau. Nach einem lateinischen Sinngedichte", das im "Leipziger Musenalmanach aufs Jahr 1776" (S. 293) erschienen war, angeregt worden. – Vgl. Reuschel, Zu zwei Anthologiegedichten Schillers (1925).*

ÜBERLIEFERUNG. *H: ? – E: Anthologie auf das Jahr 1782. S. 70–71. Das Gedicht ist mit O. unterzeichnet.*

ERLÄUTERUNGEN. *Das Gedicht im "Leipziger Musenalmanach" lautet:*

> Der Mond und die Frau.
> Nach einem lateinischen Sinngedichte.
>
> Der Mond wird roth, wird blaß, nimmt zu:
> Das, liebe Frau, das thust auch du.
> Er irrt, spaziert des Nachts umher:
> Auch du thust dieß sehr oft, wie er.
> Der Mond hat Hörner; und man spricht,   5
> Du machtest welche mir; dieß aber glaub ich nicht.
> Er ändert jeden Monat sich:
> Du änderst jede Stunde dich.

1 Frau Ramlerin] *"rammeln" (eigentlich von Tieren): sich begatten (vgl. Grimm 8, 77–78).*
8 Büchse Blut] *vielleicht eine Schminkdose mit Rouge. – "Blut": womöglich Anspielung auf dessen Anwendung als Liebeszauber (vgl. Handwörterbuch des deutschen Aberglaubens 1, 1436).*
9 *das bis* danken] *Die Redensart heißt soviel wie: "[...] das danke dir der Teufel" (Adelung 2, 1129). – Herodes (der Große) (um 72–4 v. u. Z.), römischer Statthalter von Galiläa, berüchtigt durch den Bethlehemitischen Kindermord (vgl. Matth. 2, 3–16).*
15 Schwager] *hier vertraute Anrede, ironisch zur Bezeichnung der Verwandtschaft.*
17 prunkirt] *prunkieren: großtun (vgl. Grimm 7, 2195).*

83–84 Die Rache der Musen

ENTSTEHUNG. Das Gedicht ist – als Ausfall gegen Stäudlin – wahrscheinlich 1781 entstanden.

*ÜBERLIEFERUNG. H: ? – E: Anthologie auf das Jahr 1782. S. 72–75. Das Gedicht ist mit * unterzeichnet.*

ERLÄUTERUNGEN. Neben „Die Journalisten und Minos" und „Bacchus im Triller" gehört „Die Rache der Musen" zu den satirischen Gedichten mit mythologischem Personal, die Schiller in seiner Selbstrezension der „Anthologie" kritisiert, weil der Witz *oft gezwungen und ungeheuer* sei *(NA 22, 134).*

Wie das Eingangsgedicht der „Anthologie" richtet sich das vorliegende gegen Gotthold Friedrich Stäudlin und die Mitarbeiter an dessen Almanach.
1 die Neune] *die Musen.*
2 Liedergott] *Apollon als Gott der Künste und Musenführer.*
9 Springer] *Pegasos. – In seiner Rezension von Stäudlins Sammlung „Vermischte poetische Stüke" (1782) schreibt Schiller:* Pegasus hat bei Hrn. Stäudlin einen harten Dienst. *(NA 22, 189.)*
12 Barden] *ursprünglich keltische Dichter und Sänger. In Deutschland entstand während der siebziger Jahre des 18. Jahrhunderts, unter Anlehnung an germanische Mythologie und altdeutsche Literatur, die sogenannte Bardendichtung, bei den Mitgliedern des Göttinger Hains, bei Heinrich Wilhelm von Gerstenberg (1737–1823), Karl Friedrich Kretschmann (1738–1809) u. a., besonders bei Klopstock. Als Vertreter der Bardendichtung empfand Stäudlin sich selbst; so hatte er in seinem Gedicht „Mein Wunsch. An meinen Freund Petersen" der Hoffnung Ausdruck gegeben, sich* aufzuschwingen zu den Stralenhöhn / Des deutschen Bardenchors! zu glänzen dort, / Wo Klopstock und mein grauer Bodmer glänzt! *(Proben einer deutschen Æneis nebst lyrischen Gedichten [1781], 152.) Über dieses poetische Selbstverständnis hatte Schiller sich schon in der Rezension der „Proben [...]" lustig gemacht (vgl. NA 22, 185).*
17–18 Einer *bis* H e e r !] *Gemeint ist Stäudlin als Mentor der schwäbischen Dichter. In der Rezension von Stäudlins „Schwäbischem Musenalmanach" nennt Schiller Stäudlin den* Heerführer der schwäbischen Musen *(NA 22, 187). In der Vorrede zu seiner „Schwäbischen Blumenlese / Auf das Jahr 1783" griff Stäudlin dieses Wort auf; am Schluß richtet er dort an die schwäbischen Musen die Bitte:* [...] betet, daß euer Heerführer, nicht sterbe. *(Vor S. 1.)*
23 Z w e i m a l *bis* gepfiffen] *vielleicht eine Anspielung auf Stäudlins Vorrede des „Schwäbischen Musenalmanachs" auf 1782. Dort fordert er (erstens) seine lieben jungen Mitbrüder* auf: [...] tretet muthig hervor, und laßt sehen, ob ihr Männer werden könnet, *und bittet (zweitens)* die bessern Köpfe *des* Vaterlands um Mitarbeit für die Fortsetzung des Almanachs *von Jahr zu Jahr.*
25 Droht *bis* wieder] *Vgl. zu V. 23.*
29 Föbus] *Phoibos, lat. Phöbus, Beiname des Apollon.*
53 hübsche Jungens] *Gemeint sind Schillers Freunde Conz und Haug und er selber; sie alle hatten Stäudlin Beiträge geliefert, die Schiller auch schon in*

seiner Rezension des Almanachs von der Kritik ausgenommen hatte (vgl. NA 22, 188).
57 abortirt] *abortieren: eine Mißgeburt, Frühgeburt erleiden.*

85   Das Glück und die Weisheit

ENTSTEHUNG. Das Gedicht ist um 1780 entstanden.

ÜBERLIEFERUNG. H: ? – E: Anthologie auf das Jahr 1782. S. 76–77. Das Gedicht ist mit Rr. unterzeichnet. D: Gedichte 2 (1803). S. 157–158 (2. Fassung); danach in: Gedichte ²2 (1805). S. 157–158. – Textwiedergabe nach E.

LESARTEN. Vgl. die Varianten der 2. Fassung in NA 2 I, 143.

ERLÄUTERUNGEN. Das Gedicht behandelt das Thema der Unabhängigkeit der Weisheit von äußerem Glück in Art einer Paramythie, der ethischen Ausdeutung der allegorischen Figuren der Fortuna und Sophia (vgl. 2. Fassung, V. 13). Thematisch verwandt ist das Gedicht „Ein Vater an seinen Sohn".
Vgl. auch die Erläuterungen zur 2. Fassung des Gedichts.
1 Favoriten] *Favorit: Günstling.*
11 sie] *Gemeint sind* meine Schätze *(V. 3).*
12 Du hast genug.] *Zur Bedeutung vgl. die 2. Fassung des Verses.*

86–87   An einen Moralisten

ENTSTEHUNG. Das Gedicht ist um 1780 entstanden.

ÜBERLIEFERUNG. H: ? – E: Anthologie auf das Jahr 1782. S. 78–81. Das Gedicht ist mit M. unterzeichnet. D: Gedichte 2 (1803). S. 177–178 (2. Fassung); danach in: Gedichte ²2 (1805). S. 177–178. – Textwiedergabe nach E.

LESARTEN. Vgl. die Varianten der 2. Fassung in NA 2 I, 147.

ERLÄUTERUNGEN. Das Gedicht stellt gewissermaßen das Gegenstück zu „Der Venuswagen" dar, dem poetischen Strafgericht über Venus, zugleich ein Seitenstück zu „Kastraten und Männer". Die Antithetik von Engel und Mensch (vgl. V. 47–48) und die Entscheidung für den Menschen erinnert an das Epigramm „Klopstok und Wieland", in dem ein Bekenntnis für Wieland als den Dichter Für Menschen *(V. 4) abgelegt wird. Wielands erotische Dichtungen boten offensichtlich Orientierung, z. B. das Schicksal des asketischen Stoikers Phanias in „Musarion, oder die Philosophie der Grazien" (1768) (vgl. dazu V. 32–36).*
Vgl. auch die Erläuterungen zur 2. Fassung des Gedichts.

1 Renegat] *Glaubensverleugner; auch allgemein: Abtrünniger.*
4 schmälest] *auf jemanden schmälen: seinen Unwillen auf jemanden zum Ausdruck bringen (vgl. Adelung 3, 1555).*
7—8 Die Armuth *bis* Verächterin.] *wohl Anspielung auf die Äsop zugeschriebene Fabel von dem Fuchs und den (unerreichbar hoch hängenden) Trauben.*
10 teutschen Wirbel] *Walzer (vgl. Grimm 14 II, 545–546).*
12 Nektarduft] *Nektar: der Trank der Götter.*
13 Seladon] *Céladon, der Held des Schäferromans „L'Astrée" (5 Tle. 1607 bis 1627) des französischen Dichters Honoré d'Urfé (1567–1625); Typus des schmachtenden Liebhabers.*
15 Julien] *Julie d'Etanges, Heldin in Rousseaus Roman „Lettres de deux amans" (1761).*
21 romantisch] *romanhaft; hier: phantastisch, die Phantasie anregend (vgl. Grimm 8, 1155–1156).*
29—36 Wenn *bis* Triumf!] *Badende Nymphen und ein heimlicher Beobachter gehören zu den traditionellen Motiven erotischer Literatur. Friedrich Haug berichtet von einem poetischen Wettstreit in dieser Gattung zwischen Schiller und seinen Freunden zum Thema „Rosalinde im Bade" (vgl. Schillers Persönlichkeit 2 [1908], 4). Vgl. auch „Kastraten und Männer" (V. 93–104).*
32 Zeno] *Zenon aus Kition (um 335–264 v. u. Z.), griechischer Philosoph und Begründer der Stoa. Als erstrebenswert galt den Stoikern ein von Affektlosigkeit (ἀπαθία), Gleichmut und Seelenfrieden (ἀταραξία) bestimmtes Leben.*
34 Kamisol] *Weste (vgl. Adelung 2, 1476).*
45—48 Zwingt *bis* seyn.] *Zum Gedanken – der Mensch zwischen Tier und Engel – vgl. Schillers „Versuch über den Zusammenhang der thierischen Natur des Menschen mit seiner geistigen", wo der Mensch als das* unseelige Mittelding von Vieh und Engel *bezeichnet wird (NA 20, 47). Dieses Wort stammt von Albrecht von Haller; vgl. dessen Gedichte „Gedanken über Vernunft, Aberglauben und Unglauben" (V. 17) und „Ueber den Ursprung des Uebels" (2. Buch. V. 103).*
45 der thierische Gefährte] *der Körper als Gefährte des Geistes (Versuch [...]; NA 20, 47).*

87   Grabschrift eines gewissen — Physiognomen

ENTSTEHUNG. *Das gegen Johann Kaspar Lavater gerichtete Gedicht entstand vermutlich nicht unmittelbar nach dessen Besuch in der Karlsschule (1774), bei dem die Demonstration seiner physiognomisch begründeten Charakterisierungskunst nicht völlig überzeugen konnte, sondern einige Jahre später (vielleicht um 1778).*

ÜBERLIEFERUNG. *H: ? – E: Anthologie auf das Jahr 1782. S. 81. Das Gedicht ist mit O. unterzeichnet.*

ERLÄUTERUNGEN. Johann Kaspar Lavater (1741–1801) war Theologe und Schriftsteller in Zürich, Verfasser der Schrift „Physiognomische Fragmente, zur Beförderung der Menschenkenntniß und Menschenliebe" (1775–1778). Er vertrat die Auffassung, man könne aus den Gesichtszügen eines Menschen Rückschlüsse auf dessen Charakter ziehen. Schiller hat seine Skepsis im Hinblick auf Lavaters Kunst auch in seinem „Versuch über den Zusammenhang der thierischen Natur des Menschen mit seiner geistigen" zum Ausdruck gebracht (vgl. NA 20, 70).

88—90   Eine Leichenfantasie

ENTSTEHUNG. Das Gedicht auf Christian August von Hoven entstand kurz nach dessen Tod am 13. Juni 1780.

ÜBERLIEFERUNG. H: ? h¹: SNM. Herrenschwandsches Poesiebuch (vgl. zu „Trauer-Ode auf den Todt des Hauptmanns Wiltmaister"). 2. Theil: Philosophische und andre Gedichte. S. 31–33, vielleicht nach E¹. Vgl. ÜBERLIEFERUNG zur „Trauer-Ode auf den Todt des Hauptmanns Wiltmaister". h²: GSA. Abschrift von Christophine Reinwald, vielleicht nach dem Druck in der „Anthologie" (E²) (1 Doppelblatt, 4 S. beschrieben). – E¹: ? Der Einzeldruck, der nach dem Zusatz (in Musik zu haben beim Herausgeber.) existiert haben dürfte, ist nicht bekannt. E²: Anthologie auf das Jahr 1782. S. 82–87. Das Gedicht ist mit Y. unterzeichnet. – Textwiedergabe nach E².

LESARTEN. Da nicht ausgeschlossen ist, daß h¹ eine frühere Fassung des Gedichts repräsentiert, erscheint eine vollständige Wiedergabe dieser Abschrift sinnvoll. Auf die Verzeichnung der Korrekturen in dieser Fassung, die sich daraus erklären ließen, daß die Niederschrift nach Diktat erfolgt ist, wird dabei verzichtet.

Fassung h¹: Der Leichenzug

    Mit erstorbnen Scheinen
    Steth der Mond auf todtenstillen Haynen
    seufzend spricht der Nachtgeist durch die Luft
    Nebelwolken weinen Sterne greinen bleich herab wie
                        Lampen in der Gruft
    Gleich gespenstern stumm u. hohl u. hager   5
    Zieht im schwarzen Todten Pumpe dort
    ein gewimmel nach dem Leichen Lager
    Unterm Schauerflor der Grabnacht fort

    Zitternd an der Krüke
    Wer mit düstrem rükgesunknen Blike   10
    Aus gegossen in ein heulend ach!

GRABSCHRIFT / EINE LEICHENFANTASIE

Schwer genekt vom schelmischen Geschike
Schleicht dem stummgetragnen Sarge nach
Floß es Vater von des Jünglings Lippe nasse Schau-
  er schauern fürchterl.
Durch sein Gram geschmolzenenes Gesichte
seine Silberhaare bämen sich

Aufgerißen deine Feuerwunde
Durch die Seele Höllen Schmerz
von des Jünglings Munde
Sohn gelispelt hat das Vaterherz
Eiskalt Vater ligt er hier im Sarge
u. dein Traum so golden einst so süß
Donnert donnert dir im innern Marke
Deine Wonne und dein Paradis.

Mild wie umweht von elisichen Lüften
Wie aus Auroras Umarmung geschlüpft
Himmlisch umgürtet mit rosigten Düften
Mayensohn über das Blumenfeld hüpft
Floh er einher auf den Lachenden Wiesen
Nachgespiegelt von silberner Fluth
Feuerflammen entsprüten den Küßen
Jagten die Mägdchen in liebende Glut

Muthig sprang er in dem Kreise der Menschen
Wie auf gebürgen ein Jugendl. Reh.
Himmelan flog er in schweifenden Wünschen
Hawie die Adler in Sonnigter Höh
Stolz wie die Roße sich sträuben und schäumen
Werfen im Stürmen die Mienen umher
Königl. wieder die Zügel sich bäumen
Trat er vor Sklaven und Fürsten daher

Heiter wie Frühlingstag schwand ihm das Leben
Flog ihm vorüber in Hesperus Glanz
Klagen ertränkt er im Golde der Reben
Schmerzen verhüpft er im wirbelnden Tanz
Welten entschlüfen im zärtl.en Jungen
Hawenn er einstens zum Manne gereift
Freue dich Vater im herrlichen Jungen
Wann einst die schlafende Keime gereift

Nein doch Vater hadie Kirchhoftüre Brauset
u. die ehrnen Angel klirren auf
Wies hinein ins Grabgewölke grauset
Nein doch laß den Tränen ihren Lauf

Geh du holder Jüngling geh' im Pfad der Sonne
Freudig weiter der Vollendung zu
Lösche nun den heißen Durst nach Wonne 55
Grämend Bruder in Walhallas Ruh
Wiedersehen Himmlischer Gedanke
Wiedersehen dort an Edens Thor
Horch der Sarg versinkt mit dumpfigem Geschwanke
Wimmernd schnurrt das Todtenseil empor. 60

Da wir trunken um einander rollten
Lippen stummten und das Auge sprach
Haltet haltet, da wir boßhaft grollten
Aber Tränen Tränen stürzten wärmer nach

Mit erstorbnen Haynen 65
Steth der Mund auf todten stillen Haynen
Seufzend spricht der Nachtgeist durch die Luft
Nebelwolken weinen Sterne greinen bleich herab wie
       Lampen in der Gruft
Dumpfer schollerts überm Sarg zum Hügel
O um Erdballs Schäze nur noch einen Blik 70
Starr und ewig schlüßen Grabes Riegel,
Nimmer nimmer nimmer gibt das Grab zurük   Schiller

LESARTEN in b² Überschrift: Leichenfantasie. 1780. **1** erstorbnem] erstorbnen **7** stumm und hohl] hol und bleich **15** stummgetragnen] stumm getragenen **29** umweht] umwebt **30** Auroras] Aurorens **39** Himmelum flog] Himmel umflog **46** Floh] Flog **50** einsten] einstens **54** eh'rnen] eißern **59** edeln] edlen **69** erstorbnem] erstorbnen **74** *nachträglich am unteren Rand der 4. S. des Doppelblatts – über einem horizontalen Strich – eingetragen* **75—79** *fehlt*

ERLÄUTERUNGEN. Christoph August von Hoven (geb. 1761), Karlsschüler, war der jüngere Bruder von Schillers engem Freund Friedrich Wilhelm von Hoven. Wie die „Trauer-Ode auf den Todt des Hauptmanns Wiltmaister", die „Elegie auf den frühzeitigen Tod Johann Christian Weckerlins" und die „Todenfeyer am Grabe Philipp Friderich von Riegers" gehört das Gedicht *zur Gattung der obligatorischen Leichencarmina, wenn auch Schiller hier, wie schon im Falle Weckerlins, persönlichen Anteil nahm (vgl. Schillers Briefe an den Vater des Verstorbenen, Christian Daniel von Hoven, vom 15. Juni 1780 und an Christophine Schiller vom 19. Juni 1780).*

* Im Schreiben an die Schwester wird Schillers über den Anlaß hinausgehende Empfänglichkeit für den Gedanken an den Tod und das Gefühl von Lebensüberdruß und Todessehnsucht in dieser Zeit spürbar. Literarische Nachwirkungen von Edward Youngs epischem Gedicht „The complaint, or night thoughts on*

EINE LEICHENFANTASIE

life, death, and immortality" (1742-1745; dt. u. a. von Johann Arnold Ebert, Dr. Eduard Young's Klagen [1760-1771]) lassen sich ebenso annehmen wie der Einfluß von Goethes „Leiden des jungen Werthers" (1774).
Zur Person Christoph August von Hovens vgl. Schillers von Kritik nicht freien „Bericht an Herzog Karl Eugen über die Mitschüler und sich selbst" (NA 22, 13-14).
Titel Musik] *Komponist war Schillers Mitschüler Johann Rudolf Zumsteeg (1760-1802) (vgl. Wurzbach, Das Schiller-Buch [1859], 51, Nr 729).*
1—6 Mit *bis* Gruft.] *Beerdigungen fanden gewöhnlich nachts statt. Auch Goethe ließ Werther nachts, um elf Uhr, begraben.*
8 Todenpompe] *(nach lat. pompa: Aufzug, Umzug:) Leichenzug.*
11—15 Zitternd *bis* nach?] *Die anastrophische Struktur des Satzes soll die Aufmerksamkeit auf die Person des gebrochenen Vaters konzentrieren. Eine ähnlich inversive Satzstellung findet sich in Werthers Ossian-Lesung; mit Bezug auf den Vater des gefallenen Morar heißt es:* Wer auf seinem Stabe ist das? *(Die Leiden des jungen Werthers [1774] 2, 200.)*
16 Floß *bis* Lippe?] *Gemeint ist wohl: „Nannte der verstorbene Jüngling diese schwankende Gestalt einst Vater?"*
23 gelispelt] *lispeln: flüstern (vgl. Grimm 6, 1062).*
32 Florens Sohn] *Es ist nicht eindeutig, wer gemeint ist; möglicherweise Amor, der gelegentlich als Sohn der Flora bezeichnet wird (vgl. Hederich, 807). Denkbar ist auch eine Anspielung auf Zephyr, den Frühlingsboten, der als blumenbekränzter, freundlicher Jüngling vorgestellt wird; er ist freilich der Sohn der Aurora und des Asträus und Gatte der Flora (vgl. Hederich, 2498 u. 1118-1119).*
38 Wie *bis* Reh] *In Werthers Ossian-Lesung heißt es:* Du warst schnell [...] wie ein Reh auf dem Hügel *(Die Leiden des jungen Werthers [1774] 2, 199).*
49 Welten] *Gemeint ist hier: gewaltige Pläne.*
51—52 im herrlichen *bis* gereift] *Inversion wie V. 11-15.*
54 klirren] *schnarren, knarren (vgl. Grimm 5, 1210).*
57 Pfad der Sonne] *In Klopstocks Ode „Dem Unendlichen" tönen* Sonnen auf der Strasse voll Glanz *(V. 15).*
60 Walhallas] *Walhall: in der altnordischen Mythologie die Stätte gefallener Krieger und Helden, die dort auf das Weltende warten; auch allgemein: Totenreich. Der Begriff findet sich häufig in Klopstocks Oden, bei Schiller sonst nur noch in „Amalia im Garten" (V. 1).*
63—64 Horch! *bis* empor!] *In Werthers Abschiedsbrief an Lotte heißt es:* [...] ich folgte ihrer Leiche, und stand an dem Grabe. Wie sie den Sarg hinunter ließen und die Seile schnurrend unter ihm weg und wieder herauf schnellten, dann die erste Schaufel hinunter schollerte, und die ängstliche Lade einen dumpfen Ton wiedergab, und dumpfer und immer dumpfer, und endlich bedeckt war! *(Die Leiden des jungen Werthers [1774] 2, 210.) Vgl. auch V. 75 und 78.*
75 Dumpfig *bis* Hügel] *Vgl. zu V. 63-64.*
78 Dumpfer *bis* Hügel] *Vgl. zu V. 63-64.*
79 Nimmer *bis* zurük.] *Diese Endgültigkeit tritt auch dem Vater des toten Morar in Werthers Ossian-Übersetzung entgegen:* Nimmer achtet er auf die

Stimme, nie erwacht er auf deinen Ruf. *(Die Leiden des jungen Werthers [1774]
2, 200.)*

91 **Aktäon**

ENTSTEHUNG. *Das Gedicht ist um 1780 entstanden.*

ÜBERLIEFERUNG. *H: ? − E: Anthologie auf das Jahr 1782. S. 100. Das Gedicht ist mit O. unterzeichnet.*

ERLÄUTERUNGEN. *Zur Figur des Aktaion vgl. die „Hinweise zu mythologischen Namen und Begriffen". − Das Gedicht ist wohl beeinflußt von Moritz August von Thümmels Gedicht „Romanze", das im Leipziger „Almanach der deutschen Musen auf das Jahr 1773" (S. 105) erschienen war. − Vgl. Reuschel: Zu zwei Anthologiegedichten Schillers (1925).*

91 **Zuversicht der Unsterblichkeit**

ENTSTEHUNG. *Das Gedicht ist um 1780 entstanden.*

ÜBERLIEFERUNG. *H: ? − E: Anthologie auf das Jahr 1782. S. 100. Das Gedicht ist mit O. unterzeichnet.*

ERLÄUTERUNGEN.
4 Und *bis* mich] Vgl. *den Gedanken in „Der Eroberer" (V. 57−60).*

92−94 **Vorwurf / an Laura**

ENTSTEHUNG. *Das Gedicht ist vermutlich 1781 entstanden.*

ÜBERLIEFERUNG. *H: ? h: GSA. Abschrift von Christophine Reinwald, eingetragen in ihr Heft „Auszüge aus der Anthologie vom Jahr 1782" (S. [40 bis 43]). − E: Anthologie auf das Jahr 1782. S. 101−105. Das Gedicht ist mit Y. unterzeichnet. − Textwiedergabe nach E.*

LESARTEN. *Auf die Verzeichnung von Korrekturen in h sowie auf Augenvarianten und Interpunktionsabweichungen gegenüber E wird hier verzichtet. Die Lautvarianten legen die Vermutung nahe, daß die Niederschrift auf Grund eines Diktats erfolgt ist.*
9 Narrentheidigst] Tändelst ruhig *h*   **11** Trippelst] Trippelt *h*   **14** Fortunens] Fortanens *h*   **22** Rosenbette] Rosenbeete *h*   **27** das vernichtend]

so vernichtet *h* **28** die vernichtend] so vernichtet *h* **34** Schwindelnd] Schwindelt *h* **58** izt] jezt Lächeln] Lächlen *h* **60** jede Kraft] jede Kraft jede Kraft *h* **72** Izo] Jezo sie!] Sie! *h*

ERLÄUTERUNGEN. *Das vorliegende Gedicht behandelt das den Laura-Liedern gemeinsame Liebesthema auf spezifische Weise. In spielerischer Manier knüpft es an Motive barocker Liebeslyrik an: Der unbarmherzigen Geliebten, die ihre Zaubermacht bewußt ausübt, steht der seiner Ruhe, seiner Autonomie beraubte Mann wehrlos gegenüber. – Zur Person der Laura vgl. die Erläuterungen zu „Die Entzükung / an Laura".*

5–6 Weggehaucht *bis* Sonnenhöhn.] *ähnlich das Bild in der „Elegie auf den frühzeitigen Tod Johann Christian Weckerlins" (V. 17–18).*

9 Narrentheidigst *bis* Raub] *Narrenteiding: Narretei (vgl. Grimm, 7, 382 bis 383). – Gemeint ist wohl: „Du treibst Narretei mit dem, was du mir geraubt hast" – so wie der mutwillige Amor öfter mit Waffen und Kleidung der Helden vorgestellt wird (vgl. Hederich, 813).*

10 Meiner *bis* Pyramiden] *vielleicht nach Horaz' „Carmina" (III 30, 1–2): Exegi monumentum aere perennius / regalique situ pyramidum altius („Errichtet hab' ich mir ein Denkmal, ewiger als Erz, / erhabner als der königlichen Pyramiden Bau"; nach Christian Friedrich Karl Herzlieb und Johann Peter Uz, Horaz, Oden und Epoden [1981], 263).*

13–18 Zu *bis* Augenspiel.] *Die Liebe zu Laura hindert den Dichter an der Erhebung zur Erkenntnis Gottes; umgekehrt der Gedanke in „Laura am Klavier" (V. 41–50).*

13 Adlerpfade] *Zum Bildbereich Adler – Flug vgl. die Erläuterungen zu „Die Gröse der Welt" (V. 27–30).*

20 Eisenfluren] *Eisen im Sinn von „Schwert", also: Schlachtfelder.*

21 Frynen] *Vgl. zu „Der Venuswagen" (V. 129).*

23 Sonne über Fürstenstädte] *ein ähnliches Bild in „Der Abend" (V. 35).*

25 Heldin] *die Sonne. Vgl. „Der Abend" (V. 1).*

26 Adler] *Vgl. zu V. 13.*

37 Evoe] *Jubelruf der Mänaden und Bacchantinnen im Gefolge des Dionysos.*

46 wiederhallt mein Busen] *Gemeint ist: von den Tönen der Leier Apollons.*

52 Varus Adler] *römisches Feldzeichen. Publius Quin(c)tilius Varus (geb. um 46 v. u. Z.) wurde in der Schlacht im Teutoburger Wald im Jahr 9 u. Z. von dem Cheruskerfürsten Arminius (18/16 v. u. Z.–19/21 u. Z.) vernichtend geschlagen und nahm sich darauf das Leben.*

54 Hermann] *Arminius; vgl. zu V. 52.*

60 empören] *im Sinn von „anregen" (vgl. Grimm 3, 435).*

61–72 Daß *bis* sie!] *Liebe bedeutet Verzicht auf Ewigkeit und Unsterblichkeit; umgekehrt der Gedanke in „Fantasie / an Laura" (V. 57–68) und „Die Entzükung / an Laura" (V. 37–42).*

61 Orion] *Sternbild am südlichen Sternhimmel.*

61 schmiegte] *sich schmiegen: sich langsam hinaufschieben (vgl. Grimm 9, 1072).*

68 Stern] *Ordensstern.*

69 ihre Marmor] *ihre marmornen Grabsteine; dieselbe Synekdoche findet sich in Klopstocks Elegie „Rothschilds Gräber" (V. 16).*
71 Ueber Menschen] *Gemeint ist: über die Grenzen des menschlichen Lebens. Zur Entscheidung des Dichters für das diesseitige Leben vgl. auch die Gedichte „Klopstok und Wieland" und „An einen Moralisten" (V. 41–48).*

95   Ein Vater an seinen Sohn

ENTSTEHUNG. *Das Gedicht gehört sicher zu den frühesten Gedichten Schillers; es ist vermutlich 1776 oder 1777 entstanden.*

ÜBERLIEFERUNG. *H: ? – E: Anthologie auf das Jahr 1782. S. 110–111. Das Gedicht ist mit W. unterzeichnet.*

ERLÄUTERUNGEN. *Das Gedicht behandelt ein traditionelles Thema didaktischer Lyrik. Vergleichbar sind Höltys Gedicht „Der alte Landedelmann an seinen Sohn", Gellerts Fabeln „Der Jüngling und der Greis" und „Warnung vor der Wollust", insbesondere aber Klopstocks Ode „Der Jüngling", die offenbar zur Orientierung diente. Die Situation – Frühling, in den unversehens der Sturm einbricht – findet sich dort ebenso wieder wie die Berufung auf der höhern Weisheit Stimme (V. 16; vgl. bei Klopstock V. 15), deren Bedeutung für die Tugend Schiller schon in seiner ersten Karlsschulrede hervorgehoben hatte (vgl. NA 20, 3–4). – Thematisch verwandt ist Schillers Gedicht „Das Glück und die Weisheit".*
19 Wollust] *hier: Gefühl der Freude und Befriedigung im Bewußtsein sittlichen Handelns (vgl. Grimm 14 II, 1393). Vgl. auch zu „Fantasie / an Laura" (V. 41).*

95   Die Messiade

ENTSTEHUNG. *Die Verse entstanden nach Erscheinen von Stäudlins „Schwäbischem Musenalmanach" im Herbst 1781. Sie sind ein deutliches Zeugnis der spätestens 1779 beginnenden Abwendung Schillers von Klopstock.*

ÜBERLIEFERUNG. *H: ? – E: Anthologie auf das Jahr 1782. S. 111. Die Verse sind mit Rr. unterzeichnet.*

ERLÄUTERUNGEN. *Das Epigramm entstand offenbar als Antwort auf das von Karl Philipp Conz stammende Gedicht „Auf Klopstoks Bild" in Stäudlins „Schwäbischem Musenalmanach / Auf das Jahr 1782" (S. 28–29). Dort heißt es:*

    „Daß du Messias heisser nun
    „Voll Innbrunst liebst, Religion

"Mit Wonn' und Ehrfurcht dich erfüllt,
„Das macht der Geist, der aus mir quillt.

(V. 13–16.) So läßt der Verfasser Klopstocks Bildnis zum Betrachter sprechen. In beiden Fällen beziehen sich die Verse auf Klopstocks religiöse Dichtung „Der Messias". Vgl. auch die Erläuterungen zu „Klopstok und Wieland".

96–99   Kastraten und Männer

ENTSTEHUNG. Das Gedicht ist um 1780 entstanden. Es stellt eine Satire auf Bürgers zuerst 1778 erschienenes Gedicht „Männerkeuschheit" dar.

ÜBERLIEFERUNG. H: ? – E: Anthologie auf das Jahr 1782. S. 115–122. Das Gedicht ist mit O. unterzeichnet. D: Gedichte 2 (1803). S. 171–176 (2. Fassung) unter dem Titel „Männerwürde"; danach in: Gedichte ²2 (1805). S. 171–176. – Textwiedergabe nach E.

LESARTEN. 76 leere] leree E (Druckfehler) – Vgl. die Varianten der um acht Strophen gekürzten 2. Fassung des Gedichts in NA 2 I, 144–146.

ERLÄUTERUNGEN. Wie „Der Venuswagen" und „Bacchus im Triller" lehnt sich auch dieses satirische Gedicht, dem Schiller in der Selbstrezension der „Anthologie" vor allen anderen schlüpfrigen Witz und petronische Unart (NA 22, 134) bescheinigte, an eine Vorlage Gottfried August Bürgers an. Mit teilweise wörtlichen Entlehnungen aus dessen Gedicht „Männerkeuschheit" stellt es den Bezug zum Vorbild her, um dieses in Art einer poetischen Replik zu übertrumpfen. Auch Wielands erotische Versdichtungen wie „Combabus" und „Der verklagte Amor" stehen im Hintergrund. – Vgl. zum Thema Karl Moors Rede gegen das schlappe Kastraten-Jahrhundert in den „Räubern" (I 2; NA 3, 20–21).

Vgl. auch die Erläuterungen zur 2. Fassung des Gedichts, in der die stellenweise derbe Erotik gemildert erscheint.
1 Ich bin ein Mann!] *In Bürgers „Männerkeuschheit" lautet die 1. Strophe:*

> Wer nie in schnöder Wollust Schoos
> Die Fülle der Gesundheit gos,
> Den ziemt's, daß er sich brüsten kan;
> Ihn ziemt das Wort: Ich bin ein Man!

(V. 1–4; Gedichte [1778], 216.)
25–28 Und *bis* Golde!] *In Bürgers Gedicht heißt es von der Auserwählten des „keuschen Mannes": Sie, ihm allein getreu und hold, / Erkauft kein Fürst mit Ehr' und Gold. (V. 55–56; S. 218.) Schillers Strophe dreht die Situation*

um und steigert sie: Der Mann hat nicht nur keine Sorge um die Treue seiner Geliebten angesichts der fürstlichen Buben, vielmehr haben diese Anlaß, wachsam zu sein.

33 Feuergeist] *Bei Bürger heißt es:* Die Götterkraft, die ihn durchfleust, / Beflügelt seinen Feuergeist *(V. 9–10; S. 216). Zur Götterkraft vgl. V. 39.*

40 Nur leere Pfeifen dudeln] *Anspielung auf die hohen Töne eines Dudelsacks, mit denen der Soprangesang von Kastraten verglichen wird (vgl. V. 61–64).*

41 T a l i s m a n] *arabisch: magisches Bild; später allgemein „Glücksbringer"; hier: Männlichkeit.*

45—46 Pompejen *bis* bezwungen] *Gnaeus Pompeius (106–48 v. u. Z.), römischer Staatsmann und Feldherr, wurde im Bürgerkrieg von Gaius Iulius Caesar (100–44 v. u. Z.) in der Schlacht bei Pharsalos in Thessalien (48 v. u. Z.) entscheidend geschlagen.*

47—48 Roms *bis* gerungen] *Anspielung auf die Niederlage der Römer unter Quin(c)tilius Varus gegen den Cheruskerfürsten Arminius in der Schlacht im Teutoburger Wald im Jahr 9 u. Z.*

49—56 Saht *bis* gesehen!] *Schiller greift eine Anekdote auf, die er aus Schirachs Übersetzung von Plutarchs „Biographien" kannte. Danach wurde dem römischen Konsul Gaius Marius (156–86 v. u. Z.) auf der Flucht vor seinem Widersacher Lucius Cornelius Sulla (138–78 v. u. Z.) nach Afrika durch den römischen Prätor Sextilius verboten, das Land zu betreten; Marius trug daraufhin dem Boten, der die Nachricht überbracht hatte, auf, dem Sextilius folgendes zur Antwort auszurichten:* S a g i h m , d u h ä t t e s t d e n C a i u s M a r i u s a l s e i n e n F l ü c h t l i n g a u f d e n R u i n e n v o n C a r t h a g o s i t z e n g e s e h e n *(Biographien des Plutarchs [1777–1780] 4, 180).*

49 kraus] *Gemeint ist: mit krauser Stirn; widerstrebend, unwirsch (vgl. Grimm 5, 2091).*

51—52 Sein Aug *bis* blizen.] *Plutarch berichtet von einem Reiter, der den Auftrag hatte, Marius zu ermorden, jedoch floh, als er in der Dunkelheit Flammen aus dessen Augen blitzen sah (vgl. Biographien [...] 4, 177).*

52 Hekla] *Vulkan im Süden Islands.*

60 P f e i l e n] *die* Feuerflammen *seiner Augen (vgl. V. 51–52).*

61—62 Drauf *bis* abdrehen] *Zu des Marius Enkeln zählt u. a. Combabus, dessen Geschichte Wieland berichtet (Combabus [1770]). Er entmannt sich, um angesichts der schönen Königin Astarte seinem König Antiochus die Treue halten zu können. Vgl. V. 61 der 2. Fassung von Schillers Gedicht.*

78 Retort] *kugelförmiges Gefäß mit krummem Hals, Kolben zum Destillieren.*

80 Flegma] *Phlegma: „wassergehalt einer geistigen flüssigkeit, die beim destillieren zurückbleibt" (Grimm 7, 1833).*

89 das Halstuch fällt] *Vgl. die Erläuterungen zu „Der Venuswagen" (V. 193–208).*

93 Schadenfroh] *substantivisch häufig vom Teufel gesagt.*

94 Nimfen baden] *Beim Baden belauschte Nymphen gehören zu den traditionellen Motiven erotischer Dichtung; sie finden sich auch im Gedicht „An einen Moralisten" (V. 21–36).*

97 Spiegelfluß] *die widerspiegelnde Wasseroberfläche.*
99 Arkana] *lat. arcanum: Geheimnis.*
106 beteufeln] *höllische Qualen vermitteln.*
107 Kontreband] *franz. contrebande: verbotene (Schmuggel-)Ware.*
109 Ehrenmann] *Gemeint ist: jeden Mann, der mit Ehren Mann ist.*

100   An den Frühling

ENTSTEHUNG. Schiller hat sich schon in seinen ersten Karlsschuljahren mit der anakreontischen Lyrik, in deren Tradition das Gedicht gehört, beschäftigt. Dennoch ist nicht anzunehmen, daß es lange vor 1780 entstanden ist; die poetische Qualität wird nicht durch Epigonalität bestimmt. Außerdem scheint das Gedicht von Schubarts 1778 entstandenem Gedicht „Der Frühling" beeinflußt worden zu sein (vgl. ERLÄUTERUNGEN), das zwar erst 1785 erschienen ist, aber Schiller schon vorher bekannt gewesen sein konnte. Andreas Streicher hat in seinem Bericht „Schiller's Flucht von Stuttgart und Aufenthalt in Mannheim von 1782 bis 1785" davon gesprochen, daß Schiller auf der ersten Fluchtstation (in Enzweihingen) – am 23. September 1782 – „ein Heft ungedruckter Gedichte von Schubart" hervorgezogen habe, „von denen er die bedeutendsten seinem Gefährten vorlas" (S. 82). Vgl. auch zu „Die schlimmen Monarchen".

ÜBERLIEFERUNG. H: ? – E: Anthologie auf das Jahr 1782. S. 123–124. Das Gedicht ist mit M. unterzeichnet. D: Gedichte 2 (1803). S. 140–141; danach in: Gedichte ²2 (1805). S. 140–141. – Textwiedergabe nach E.

LESARTEN. 5 da] Da *D*   **7** herzlich] herzlich, *D*   **14** Erbettelt' ich] Erbat ich mir *D*   **15** komm] komm' *D*   bettle] bitte *D*   **16** gibst] giebst *D*

ERLÄUTERUNGEN. Das Gedicht stellt eine für Schiller, auch innerhalb der Gattungsvielfalt seiner Gedichtsammlung, vereinzelte Übung in anakreontischer Manier dar. Von dieser Tradition abgesehen, hat möglicherweise Schubarts Gedicht „Der Frühling" Einfluß ausgeübt; es heißt dort:

      Da kömmt er nun wieder,
      Der Jüngling des Himmels,
      [...]
      „Willkommen! willkommen!
      „Du lächelnder Lenz,
      [...]!"

(V. 1–2, 16–17; Gedichte aus dem Kerker [1785], 36.) Das (traditionelle) Motiv – Blumen als Boten des Frühlings und der Liebe – findet sich auch in den Gedichten „Meine Blumen" und „Das Mädchen aus der Fremde".

101 Hymne an den Unendlichen

ENTSTEHUNG. *Das Gedicht, das deutlich in der Nachfolge Klopstocks und Hallers steht, gehört zu den frühesten überlieferten Gedichten Schillers; es ist wahrscheinlich 1776 oder 1777 entstanden.*

ÜBERLIEFERUNG. *H: ? – E: Anthologie auf das Jahr 1782. S. 126–127. Das Gedicht ist mit Y. unterzeichnet.*

ERLÄUTERUNGEN. *Das Thema des Gedichts ist die Erkenntnis Gottes aus der Natur, dem* Spiegel Jehovahs *(V. 10). Vgl. „Die Herrlichkeit der Schöpfung" und die Erläuterungen dazu.* Die Vorstellung von der Natur als der Unendlichkeit / Riesentochter (V. 8–9), *als Sinnbild für die unendliche Größe Gottes, entstammt einer kosmologischen Weltanschauung, die auf die Lehre von der Unendlichkeit des Weltalls von Giordano Bruno (1548–1600) zurückgeht. Diese der dogmatisch-christlichen Kosmologie, die nach dem biblischen Bericht von Anfang und Ende der Welt ausging, zuwiderlaufende Auffassung wurde von der Kirche als ketzerisch verfolgt. Erst spät fand sie Eingang in die Literatur und das allgemeine Bewußtsein, zunächst bei Barthold Hinrich Brokkes, später bei Haller und Klopstock.*

In seinem Gedicht „Die himmlische Schrift" beschreibt Brockes die Unendlichkeit des Alls und zieht daraus die theologische Konsequenz, deren sich die religiöse Lyrik Hallers und Klopstocks als Voraussetzung bedient: Die Unendlichkeit der Schöpfung spiegelt die Unendlichkeit des Schöpfers, der sich damit menschlicher Vorstellungskraft entzieht. Jeder Versuch, sich ein anschauliches Bild von ihm zu machen, führt zu einem falschen Anthropomorphismus:

> Ach! wie verschwinden hier die kindischen Ideen
> Von einem alten Mann,
> [...]
> Denn hätt' er eine Form: So müst' er endlich seyn.
> Was endlich's aber nun von einer GOttheit glauben,
> Heisst, Ihr Allgegenwart, ja gar die GOttheit, rauben.

(V. 163–164, 182–184; Auszug der vornehmsten Gedichte [1738], 120, 121.)
  Die Thematik wird von Haller beispielsweise in den Gedichten „Morgen-Gedanken" und „Unvollkommenes Gedicht über die Ewigkeit", von Klopstock in „Die Welten", „Die Gestirne", „Das grosse Halleluja" behandelt. Mit beiden war Schiller vertraut, ob auch mit Brockes, ist ungewiß, doch erinnert der Anfang von dessen Gedicht „Das Firmament" sehr an den Beginn der Schillerschen Hymne:

> Als jüngst mein Auge sich in die Sapphirne Tiefe,
> Die weder Grund, noch Strand, noch Ziel, noch End' umschrenckt,

Ins unerforschte Meer des holen Luft-Raums, senckt',
Und mein verschlung'ner Blick bald hie – bald dahin liefe,
Doch immer tiefer sanck; entsatzte sich mein Geist,
Es schwindelte mein Aug', es stockte meine Seele
Ob der unendlichen, unmäßig- tiefen Höle,
Die, wohl mit Recht, ein Bild der Ewigkeiten heisst,
So nur aus Gott allein, ohn' End' und Anfang, stammen.

(V. 1-9; Auszug der vornehmsten Gedichte [1738], 477.) Vgl. auch die Erläuterungen zu V. 15-17.

Die Metrik orientiert sich, wie in „Der Eroberer", an der asklepiadeischen Strophenform. Auf die beiden asklepiadeischen Verse folgen hier ein kurzer zweihebiger trochäischer Vers (−∪−∪), dann ein pherekrateischer (−∪−∪∪−∪) und zwei glykonische Verse (−∪−∪∪−∪−). Ungewöhnlich ist die Verwendung des Reims in den jeweils letzten beiden Versen sowie in V. 3/4.

6 Und ich bis Ewiger.] *das Betrachten der unendlichen Natur als Nachdenken über Gott. Vgl. zu diesem Gedanken die Erläuterungen zu „Die Herrlichkeit der Schöpfung". Bei Klopstock findet sich diese Formulierung (mit dem transitiven Gebrauch des intransitiven Verbs „denken") verschiedentlich: in „Dem Allgegenwärtigen" (V. 19-20), „Dem Unendlichen" (V. 1-2), „Die höchste Glückseligkeit" (V. 3-4).*

7 schauernden] *schauern, hier: schauern machen (vgl. Grimm 8, 2336).*

10 Spiegel Jehovahs] *traditionelle (irrige) Aussprache des Eigennamens Jahwe, des Gottes Israels, dessen Erwähnung schon von den Juden in vorchristlicher Zeit seiner Heiligkeit wegen vermieden wurde. In den Bibelübersetzungen ist von κύριος, dominus, die Rede; bei Luther heißt es „Herr".*

Die Vorstellung von der Erkenntnis des Schöpfers aus der Schöpfung findet sich auch bei Klopstock (vgl. Dem Allgegenwärtigen, V. 37-44) und Uz (vgl. Die Strafgerichte Gottes, V. 45-46; Gott, der Weltenschöpfer, V. 155-160).

13—18 Horch! bis dich.] *Gewitter, Donner, Blitz als Vorboten des nahenden Gottes. Vgl. ebenso Klopstocks „Frühlingsfeyer" (V. 85-100) und Uz' „Preis des Höchsten" (V. 25-28), „Gott im Ungewitter" u. a.*

14 Zebaoths] *hebräisch Zebaoth: Heerscharen; im Alten Testament eine Bezeichnung Jahwes als des Gottes der (israelitischen oder himmlischen) Heerscharen.*

15—17 Hingeschrieben bis m i c h ?] *Am Schluß von Brockes' Gedicht „Die himmlische Schrift" erklärt der Dichter beim Anblick des Himmels und der Sterne:*

So deucht mich, daß ich hie und da
Und überall geschrieben sah
Den grossen Namen JEHOVAH.

(V. 247-249; Auszug der vornehmsten Gedichte [1738], 123.)

102   Die Gröse der Welt

ENTSTEHUNG. *Die Ode weist die gleiche Strophenform auf wie die „Hymne an den Unendlichen" und ist wie diese von Klopstock beeinflußt; vermutlich ist sie aber später (1778?) entstanden.*

ÜBERLIEFERUNG. *H: ? – E: Anthologie auf das Jahr 1782. S. 128–130. Das Gedicht ist mit Y. unterzeichnet. D: Gedichte 2 (1803). S. 168–170; danach in: Gedichte ²2 (1805). S. 168–170. – Textwiedergabe nach E.*

LESARTEN. *Augenvarianten und Interpunktionsveränderungen in D sind nicht verzeichnet. – Überschrift:* Die Größe der Welt *D*   **10** lokenden] lockenden *D*   **18** Sonnenwandrer] Sonnenwanderer *D*

ERLÄUTERUNGEN. *Das Gedicht steht nicht nur wie die themenverwandten Gedichte „Die Herrlichkeit der Schöpfung" und „Hymne an den Unendlichen" Klopstock nahe (vgl. dessen Oden „Die Frühlingsfeyer" und „Die Welten"); auch von Haller (Unvollkommnes Gedicht über die Ewigkeit) gingen Einflüsse aus. Der Dichter, überwältigt vom Eindruck der Unendlichkeit der Schöpfung, wird sich seiner menschlichen Ohnmacht bewußt. Das Motiv des Pilgers, der vor Erreichen seines Ziels scheitert, weist auf Schillers Gedicht „Der Pilgrim" voraus.*

Wie in der „Hymne an den Unendlichen" variiert Schiller die Form der asklepiadeischen Odenstrophe (vgl. „Der Eroberer" und die Erläuterungen dazu). Dabei kommt es zu metrischen Härten, z. B. in V. 17–18, wo nach dem ersten Trochäus ein Daktylus, und V. 28, wo am Anfang ein Trochäus verlangt ist. Anders als Klopstock, ähnlich wie Haller, versieht Schiller die Odenstrophe mit einem Reim.
1 Die *bis* schlug] *Antizipation des Relativsatzes (Bezugswort:* Welt, *V. 2) vor den folgenden Hauptsatz. Vgl. zu „Der Eroberer" (V. 61–62) und „Melancholie / an Laura" (V. 6–7).*
9 spielen] *hier: sich auf etwas hinbewegen (vgl. Grimm 10 I, 2347).*
12 Räume schon – sternenleer] *Die Erfahrung der Unendlichkeit des leeren Weltalls hat theologisch-philosophische Konsequenzen. In der „Theosophie des Julius" wird der Glaube an die Wirklichkeit einer uneigennüzigen Liebe vertreten, denn:* Ein Geist, der sich allein liebt, ist ein schwimmender Atom im unermeßlichen l e e r e n Raume. *(NA 20, 122.) Mit der Auffassung des Weltalls als unendlicher Größe seit Giordano Bruno (vgl. die Erläuterungen zu „Hymne an den Unendlichen") ist der kosmologische Gottesbeweis, der von der Existenz einer bedingten Welt auf die Existenz eines unbedingten, absoluten Urhebers als deren letzter Ursache schloß, problematisch geworden. In den „Philosophischen Briefen" wird die Liebe zum Gottesbeweis angesichts des leeren Weltalls, in dessen Unendlichkeit der Markstein der Schöpfung (V. 6, 24) unerreichbar ist. Vgl. zur Liebe als Wegbereiterin der Erkenntnis Gottes die Gedichte „Laura am Klavier" (V. 49–50) und „Die Freundschaft" (V. 17 bis 18, 49–54).*

14 Flug des Lichts] *In Hallers „Unvollkommenem Gedicht über die Ewigkeit" (V. 65) ist von des Lichtes Flügel die Rede (Versuch Schweizerischer Gedichte [1762], 209).*

16 Himmel *bis* vorüber] *Die Metrik verlangt in diesem pherekrateischen Vers einen Trochäus mit anschließendem Daktylus, so daß an eine Hebung erhält. Mithin ist trotz Getrenntschreibung* Himmel an *als Adverb aufzufassen wie* himmelan *in „Der Eroberer" (V. 62) und* Himmelum *in „Eine Leichenfantasie" (V. 39). Demnach bezieht sich* mir *als bloßer Dativ auf* vorüber *wie in „Kastraten und Männer" (V. 10).*

18 Sonnenwandrer] *Außer ihrer emblematischen Bedeutung als Bild für die Wahrheit erhält die Sonne die Funktion eines Symbols von Unendlichkeit und Ewigkeit. Dies ist in Hallers „Unvollkommenem Gedicht über die Ewigkeit" (V. 76, 79) der Fall, ebenso in Uz' „Gott, der Weltschöpfer" (V. 42–43) und „An die Sonne", wo sich der Dichter beim Anblick der Sonne der eigenen Sterblichkeit bewußt wird (vgl. V. 13). Zum Bildbereich Sonne – Adler – Flug vgl. die Erläuterungen zu V. 27–30.*

20 Waller] *Dieses Wort für „Wanderer" findet sich auch bei Klopstock (vgl. z. B. „Die höchste Glückseligkeit" [V. 6]).*

22 Seiner] *bezieht sich auf der schaffende Geist (V. 1).*

27–30 Senke nieder *bis* Anker hie.] *Mit der Überwältigung durch die Unendlichkeit endet auch des grossen Gedankens Flug (V. 14) in Klopstocks Ode „Die Welten": Ich unterliege dem grossen Gedanken! (V. 20; Oden [1776], 50, 51.)*

Die Bilder von „Adler", „Sonne", „Flug" kommen in Schillers Gedichten wiederholt vor (vgl. Der Abend, V. 76–78; Todenfeyer am Grabe Philipp Friderich von Riegers, V. 70; Fantasie / an Laura, V. 51; Vorwurf / an Laura, V. 13; Das Geheimniß der Reminiszenz, V. 44–45). Sie haben emblematische Tradition. Das Streben des Adlers, des einzigen Vogels mit Sonnenblickfestigkeit, zur Sonne, durch Gewitter, über Felsen hinweg und unter anderen Gefährdungen, steht für das furchtlose Bemühen um Wahrheit (vgl. hierzu Henkel/Schöne, Emblemata, 15, 778–779). (Schiller ergänzt und kommentiert hier das Bild des Adlers, der seinen Flug einstellt, durch das des Segelns und des muthlosen Ankers: Resignation vor dem nicht erreichbaren Ziel.) Ähnliche Bilder finden sich bei Klopstock (s. o.), Haller (Die schnellen Schwingen der Gedanken [Unvollkommenes Gedicht über die Ewigkeit, V. 63; Versuch Schweizerischer Gedichte (1762), 209]) und Uz (Hoch auf zur Sonne flog der Adler aus den Feldern [Gott, der Weltschöpfer, V. 121; Sämmtliche Poetische Werke 1, 300]).

Besonderen Eindruck auf Schiller wird dessen Lehrer Abel mit seiner Rede über das Genie gemacht haben. Dort heißt es: Das Genie voll Gefühl seiner Kraft voll edlen Stolzes, wirft die entehrende Fesseln hinweg, höhnend den engen Kerker in dem der gemeine Sterbliche schmachtet, reißt sich voll Helden-Kühnheit loß, und fliegt gleich dem königlichen Adler weit über die kleine niedre Erde hinweg, und wandelt in der Sonne. Ihr schimpft, daß er nicht im Gleise bleibt, daß er aus den Schranken der Weißheit und Tugend getretten, Insekten, er flog zur Sonne. *(Beschreibung des Sechsten Jahrs-Tags der Herzoglichen Militair-Akademie zu Stuttgart, den 14*ten *December 1776. Nebst [...]*

einer philosophischen Rede von Professor Abel. Stuttgart o. J. S. 53.) Über die Insekten, das gleichfalls emblematisches Gegenbild zum Adler, vgl. die Erläuterungen zu „Laura am Klavier" (V. 49). – Vgl. zum gesamten Zusammenhang Wilhelm Voßkamp, Emblematisches Zitat (1974).

30 muthloses Anker] *Zum neutralen Genus finden sich weder in den Wörterbüchern von Adelung, Grimm und Fischer noch bei Pfleiderer Hinweise. „Trübners Deutsches Wörterbuch" (Bd 1. Berlin 1939. S. 86) lokalisiert den Gebrauch des Neutrums in Norddeutschland. Kasch hält es für mundartlich (vgl. S. 4).*

103   Meine Blumen

ENTSTEHUNG. *Das Gedicht ist – wie die übrigen Laura-Gedichte – vermutlich 1781 entstanden.*

ÜBERLIEFERUNG. *H: ? h: GSA. Abschrift der 2. Fassung (D) von Schillers Diener Rudolph für die geplante Prachtausgabe („Ausgabe letzter Hand"). Vgl. zu NA 2 I, 209. – E: Anthologie auf das Jahr 1782. S. 132 bis 133. Das Gedicht ist mit Y. unterzeichnet. D: Gedichte 1 (1800). S. 47–48 (2. Fassung) unter dem Titel „Die Blumen"; danach in: Gedichte ²1 (1804). S. 47–48. – Textwiedergabe nach E.*

LESARTEN. *Vgl. die Varianten der 2. Fassung in NA 2 I, 209.*

ERLÄUTERUNGEN. *Das (traditionelle) anakreontische Motiv der Blumen als Boten der Liebe findet sich auch in den Gedichten „An den Frühling" und „Das Mädchen aus der Fremde". Hier ist es verbunden mit dem Gedanken, allererst als solche erhielten die Blumen* Leben *(V. 25). Die Erwähnung Lauras (V. 22) stellt den Bezug zu den anderen Laura-Gedichten her (vgl. die Erläuterungen zu „Die Entzükung / an Laura").*

Vgl. auch die Erläuterungen zur 2. Fassung.

17 wollüstig] *hier im Sinne von „schön", „lieblich", „angenehm", „üppig" (vgl. Grimm 14 II, 1401).*

21 vom Dom umzingelt] *Folgende Erklärungsversuche wurden bisher unternommen:*

1. Dom ist ein Druckfehler für „Dorn" oder „Gram". Im ersten Fall bezieht sich das Partizip Perfekt Passiv auf die Blumen (auch auf die Veilchen *[V. 2]?), im zweiten auf Laura. – 2. Dom ist kein Druckfehler, sondern bedeutet a) aus dem Mittelhochdeutschen und Französischen kommend mundartlich soviel wie „Duft", auch „Dunst"; mithin ist gemeint: „Laura vom Duft der Blumen, (Veilchen) umgeben" o. ä.; b) allgemein (Dom-)Kirche, umgeben von einem Friedhof, in dessen Bezirk sich Laura aufhält; c) nach lat. domus „Haus"; gemeint ist also: „Laura im Haus (und Garten) der Eltern festgehalten" (vgl. die 2. Fassung, V. 21–22); d) metaphorisch „Gewölbe" (vgl. Grimm 2,*

1233–1234); demnach könnte es heißen: „vom Laubgewölbe (des Hayns [V. 30]), vom Himmelsgewölbe o. ä. umfangen"; e) als pars pro toto „Kloster"; f) im übertragenen Sinne „Einflußbereich kirchlicher Moral und Gebote".

Einiges scheint für die Auffassung zu sprechen, auch mit Rücksicht auf die 2. Fassung, Laura sei vom Dom umzingelt, da sie sich innerhalb von Klostermauern aufhalten muß. Auf diese Weise pflegten Liebende nicht nur in der zeitgenössischen Literatur getrennt zu werden. Das Motiv ist also ein durchaus geläufiges; Schiller kannte es mindestens seit seiner Lektüre von Johann Martin Millers Roman „Siegwart" (1776); vgl. darüber Wolzogen, Schillers Leben 1, 34. – Vgl. zum Vorhergehenden u. a. Weltrich, Friedrich Schiller (1899), 449–451; Jonas, Erläuterungen, 106; Witkowski, „Vom Dom umzingelt" (1915); Kauffmann, Vom Dom umzingelt (1918); Mommsen, Anthologie (1973), 44*–45*.

26 Flügelboten] Vorstellung der Blumen als geflügelter Amoretten.

104–108 Das Geheimniß der Reminiszenz

ENTSTEHUNG. Das Gedicht ist vermutlich 1781 entstanden.

ÜBERLIEFERUNG. H: ? h: GSA. Abschrift der 2. Fassung (D) von Schillers Diener Rudolph für die geplante Prachtausgabe („Ausgabe letzter Hand"). Vgl. zu NA 2 I, 203–204. – E: Anthologie auf das Jahr 1782. S. 137–146. Das Gedicht ist mit Y. unterzeichnet. D: Gedichte 2 (1803). S. 237–240 (2. Fassung); danach in: Gedichte ²2 (1805). S. 241–244. – Textwiedergabe nach E.

LESARTEN. Vgl. die Varianten der 2. Fassung in NA 2 I, 203–204.

ERLÄUTERUNGEN. Das Gedicht enthält eine weitere Variation der Liebesthematik im Zyklus der Laura-Gedichte (vgl. die Erläuterungen zu „Die Entzükung / an Laura"): Liebe als Sehnsucht nach der Wiederherstellung eines verlorengegangenen Zustandes ungetrennter Einheit. Es greift dabei auf verschiedene Motive mythologischer, philosophischer und religiöser Überlieferung zurück. Der Titel verweist auf Platons Lehre von der Anamnesis, der Wiedererinnerung; danach besaßen die Seelen vor ihrer Verbindung mit dem menschlichen Körper Existenz im Reich der Ideen. Von dieser Voraussetzung aus wird Erkenntnis als Erinnerung anläßlich des Anblicks der (empirischen) Gegenstandswelt gedeutet (vgl. Platons Dialoge „Phaidon" [72e–77a] und „Menon" [81c–82b]). Hinzu tritt der in Platons „Symposion" (189c–193d) dem Aristophanes in den Mund gelegte Mythos von der ursprünglichen Natur des Menschen als männlich-weiblicher Ganzheit, die zur Strafe für menschlichen Übermut von Zeus aufgehoben wurde und seitdem mit Hilfe des Eros im Vollzug der Liebe zu erneuern versucht wird. Schließlich, am Ende des Gedichts (vgl. V. 136–145), werden diese antiken Vorstellungen mit der alttestamentarischen Überlieferung vom Paradies und der Geschichte von Adam und Eva verknüpft.

*Anregungen gingen möglicherweise von der zeitgenössischen Diskussion über
die Unsterblichkeit der Seele und die Seelenwanderung aus. Veranlaßt durch
Johann Georg Schlossers Schrift „Ueber die Seelenwanderung" (1781), veröffentlichte Herder im Januar- und Februarstück des „Teutschen Merkur" von 1782
„Drei Gespräche" „Ueber die Seelenwandrung" (S. 12–54, 97–123). Zuvor
hatten schon Moses Mendelssohn (Phaedon oder über die Unsterblichkeit der
Seele in drey Gesprächen [1767]) und Lessing (Die Erziehung des Menschengeschlechts [1780], §§ 93–100) über diese Problematik gehandelt. Aber auch
Vergils „Äneis", die Schiller gut kannte, erzählt von der Wanderung der Seelen
(vgl. 6, 724–751).*

*Die Deutung der Liebe als Strebens nach Wiedervereinigung zusammengehöriger Seelen in der Erinnerung an ihre frühere Liebe in einer jenseitigen Welt
hatte Wieland bereits im 2. Gesang seiner Versdichtung „Anti-Ovid, oder die
Kunst zu lieben" (1752) und in seiner Schrift „Sympathien" (1756) vertreten.*

*Vgl. zu Schillers Liebesmetaphysik, welche die Liebe zur zentralen bewegenden Kraft nicht nur des menschlichen Lebens, sondern der gesamten Natur und
des Universums erklärt, die Erläuterungen zu den übrigen Laura-Gedichten sowie zu „Der Triumf der Liebe" und „Die Freundschaft". Die „Theosophie des
Julius" in Schillers „Philosophischen Briefen" formuliert den Grundgedanken
des vorliegenden Gedichts in universeller Erweiterung:* Die Anziehung der
Geister in's Unendliche vervielfältigt und fortgesezt, müßte endlich zu Aufhebung jener Trennung führen, oder [...] Gott hervorbringen. Eine solche Anziehung ist die Liebe. *(NA 20, 124.) Umgekehrt gilt:* [...] die Natur ist ein
unendlich getheilter Gott. *(Ebd.)*

Vgl. auch die Erläuterungen zur 2. Fassung des Gedichts.
Titel Reminiszenz] *(nach lat. reminisci: sich erinnern:) (Wieder-)Erinnerung.*
3 Wollust] *Vgl. zu „Fantasie / an Laura" (V. 41).*
4–5 In bis versinken] *Liebe als Vermischung der Wesen (vgl. auch V. 134):
Diese Vorstellung entwickelte Schiller ausführlich in seinem Brief an Reinwald
vom 14. April 1783.*
6 verrätherisch] *den wahren Sachverhalt (die ursprüngliche Einheit mit Laura)
aufdeckend.*
8 Geister] *Gesamtheit der intellektuellen und emotionalen Kräfte, (Lebens-)
Geister. Adelung definiert den Begriff „Geist":* „Ein feines, flüssiges Wesen,
welches [...] in den Nerven der Menschen und Thiere angenommen wird, und
die wirkende Ursache [...] aller Empfindungen seyn soll, und auch d e r N e r -
v e n s a f t [...], ingleichen d i e L e b e n s g e i s t e r [...] genannt wird."
*(2, 513.) Schiller legte in seiner „Philosophie der Physiologie" die Lehre von
der* Mittelkraft *dar, die er im Anschluß an Albrecht von Haller auch als* Nervengeist *bezeichnet; von dieser Kraft, die vermutlich* ein von Materie und Geist
verschiedenes Weesen *(NA 20, 14) besitzt und* zwischen den Geist und die Materie trit und beede verbindet *(NA 20, 13), heißt es:* Die Mittelkraft wohnet
im Nerven. Dann wann ich diesen verleze, so ist das Band zwischen Welt und
Seele dahin. *(NA 20, 16. [Vgl. die Erläuterungen in NA 21, 117, 119.]) Es ist
denkbar, daß mit dem Ausdruck* Geister *solch ein vermittelndes Agens zwischen Körper und Seele gemeint ist, dessen Verlust die Seele aus ihrer Verbin-*

DAS GEHEIMNISS DER REMINISZENZ 99

dung mit dem Körper befreit, zugleich jedoch bedeutet, sterbend zu versinken *(V. 5). Vgl. auch zu V. 116-117.*

9 Lebens Brüke] *Im Sinne der Erläuterungen zu V. 8 könnte damit die (Leben ermöglichende) Brücke zwischen Geist/Seele und Materie/Körper gemeint sein, die Nervenbahnen, der Sitz von* Mittelkraft *und* Nervengeist. *Sonst steht das Bild der Brücke bei Schiller auch für den Übergang vom Leben zum Tod (vgl. Resignation, V. 11).*

27 Weltzernichter] *Das (in der 2. Fassung unterdrückte) Bild gewaltiger Zerstörungskraft ist wohl als Ausdruck ungeheurer (göttlicher) Macht zu verstehen, die das ganzheitliche Wesen der Liebenden besaß. Vgl. V. 36. In Platons „Symposion" (190 b) werden die männlich-weiblichen Gemeinschaftswesen mit den Riesen Otos und Ephialtes verglichen.*

31—35 Aber *bis* schelten.] *Diese Strophe über Groll und Neid der Götter angesichts der androgynen Natur des Menschen erinnert an die von Aristophanes berichtete Episode, in der Zeus und die anderen Götter beratschlagen, wie sie diesem Zustand ein Ende machen könnten (vgl. Platons „Symposion" [190 c bis 190 d]).*

43 Unserm *bis* Chaosriegel] *Gemeint ist etwa: Die Geheimnisse der Weltenschöpfung öffneten sich auf unsern Wink.*

44—45 Zu *bis* Flügel] *Über die emblematische Bedeutung des Bildes von Sonne und Flug vgl. die Erläuterungen zu „Die Gröse der Welt" (V. 27-30).*

49 Lyonets] *Pierre Lyonnet (1707-1789), Insektenforscher. Goethe schrieb in seinen „Tag- und Jahresheften" von 1817:* Wie viel weiter in sinniger Betrachtung organischer Naturwesen sind wir nicht seit dem fleißigen und übergenauen Lyonnet gekommen! *(WA I 36, 119.) Ein Beispiel für Lyonnets Genauigkeit: Er wollte in der Weidenraupe 2500 Muskeln unterschieden wissen.*

50 Räder] *die Räder (eines Uhrwerks) als Bild für die geheimen Triebkräfte der Natur (vgl. auch zu „Der Venuswagen" [V. 87]).*

50 winden] *sich winden: sich drehen (vgl. Grimm 14 II, 288).*

52 des G l ü k e s Nietentonne] *Dieses Bild in Anlehnung an die Vorstellung von der Glücksgöttin Fortuna und ihrem Glücksrad findet sich auch in „Das Siegesfest" (V. 81-82).*

56 dieser G o t t] *Der durch das Demonstrativpronomen angedeutete Bezug fehlt durch ein Versehen im Vorhergehenden; er wird erst in der 2. Fassung des Gedichts durch eine neue Strophe (V. 26-30) hergestellt.*

79 Friedensflaggen im Ostindermeere] *Anspielung auf den englisch-französischen Konflikt 1778-1781 in Ostindien, der mit einem Sieg der Engländer am 1. Juli 1781 bei Porto Novo beendet wurde.*

81 Pulverweke] *„das aufwecken durch geschützdonner" (Grimm 7, 2226).*

84 Posidaons] *nach griech.* Ποσειδάων *: Poseidon.*

93 verwandter] *Wie im Lateinischen bezeichnet der Komparativ in Fällen, in denen ein verglichener Gegenstand nicht genannt ist, das Vorhandensein einer Eigenschaft über das gewöhnliche Maß hinaus, hier etwa: „ziemlich verwandt", „ganz verwandt". Ebenso ist der Komparativ kühner in V. 108 zu verstehen. Dieser Gebrauch des Komparativs begegnet auch bei Klopstock.*

101 lispeln] *flüstern (vgl. Grimm 6, 1062-1063).*

108 kühner] *Vgl. zu V. 93.*
116—117 Und *bis* entfallen] *Die Stelle ist unklar. Möglicherweise aber sind in bezug auf V. 6–8 mit den* Vasallen *jene dienenden, oben mit* Sklaven *(V. 6) verglichenen* Geister *gemeint, deren „verräterische" Flucht zur Auflösung der Verbindung von Körper und Seele führt, so daß diese ihrer Welt entfallen kann (vgl. zu V. 8). Von derartigem ist offenbar auch in V. 114–115 die Rede.*
118 Mit *bis* pralen] *Auch dieser Vers ist unklar. Nach V. 117 erscheinen die* Seelen *als Subjekt des Satzes; mithin könnte gemeint sein: Die Seelen prahlen damit, daß sie der* Tyrannensteuer *des Staubs, des Körpers, überhoben sind, d. h. in platonischem Sinn, daß sie sich des Körpers als ihres Gefängnisses entledigt haben. (Weniger in dieses Bild paßt wohl, sich die Seelen als Tyrannen zu denken, die damit prahlen, daß ihnen der Staub Tribut zu zahlen hat.)*
119—120 Tod *bis* Schaalen] *Im Anschluß an die Erläuterungen zu V. 8, 116 bis 117 und 118 könnten die Verse folgendermaßen verstanden werden: Die Flucht der (Lebens-)Geister führt an die Grenze zwischen Leben und Tod; beide halten sich die Waage; sie erzeugen* wollüstge Qualen, *sofern zwar der Tod, zugleich aber die Wiedervereinigung der Seelen in Aussicht stehen. In ähnlichem Sinn ließen sich die Verse deuten, wenn die Präposition* zu *so verstanden wird, daß einerseits die Alternative Tod oder Leben, andererseits das Oxymoron „wollüstige Qualen" die Waagschalen beschweren.*
123 Mit *bis* zanken] *„Die Geister (vgl. zu V. 8) verlassen streitend die Körper."*
131 zurükgeglostet] *glosten: glimmen (vgl. Kasch, 15).*
136—145 Laura *bis* schmollten.] *Die beiden letzten Strophen des Gedichts führen die christlichen Vorstellungen vom Paradies, von Adam und Eva und vom Sündenfall aus der alttestamentarischen Schöpfungsgeschichte (vgl. Gen. 3, 1–24) ein und bringen sie in Verbindung mit dem platonischen Mythos der ursprünglichen (geschlechtlichen) Einheit des Menschen.*

Der Sinn der Verse ist umstritten; denkbar erscheint jedoch folgende Erklärung: Mit Hilfe der Erzählung vom Sündenfall soll der Verlust des einstigen ganzheitlichen Zustandes des Menschen (unsers Glükes Wunde, *V. 141) anschaulich gemacht werden, ohne daß notwendig ist anzunehmen, es sei vom Dichter und Laura oder den ganzgeschlechtlichen Menschen des Aristophanes die Rede. Die Menschen im Paradies griffen verbotenerweise nach dem* Göttertraume *(V. 140), d. h. sie wollten, was ihnen nicht zustand – sein wie Gott (vgl. Gen. 3, 5); diese Möglichkeit hatte ihnen der Teufel in Gestalt der Schlange in Aussicht gestellt. Im Gedicht bedeutet das „Sein wie Gott", untrennbar miteinander verbunden zu sein (vgl. V. 56 sowie die 2. Fassung, V. 26–30). Was nach dem Genuß des Apfels geschieht, zeigt, daß diese Einheit den Bewohnern des Paradieses versagt bleibt. Flammen in ihrem Gesicht, die Röte der Scham, signalisieren die eingetretene Distanz zwischen den Geschlechtern, deren Beziehung von nun an in die Dimension von Schuld und Sünde gerückt ist, – und über die werdenden Sünder* schmollten *(V. 145), d. h. wie öfter bei Schiller: lächelten, schmunzelten, freuten sich die Teufel (vgl. zu „Der Triumf der Liebe" [V. 112]).*

109 Gruppe aus dem Tartarus

ENTSTEHUNG. *Das Gedicht, das in den Umkreis von Schillers „Räubern"
gehört (vgl. auch „Monument Moors des Räubers"), ist wohl 1780 oder 1781
entstanden.*

ÜBERLIEFERUNG. *H: ? – E: Anthologie auf das Jahr 1782. S. 147. Das
Gedicht ist mit Y. unterzeichnet. D: Gedichte 2 (1803). S. 150; danach in:
Gedichte ²2 (1805). S. 150. – Textwiedergabe nach E.*

LESARTEN. **2** holer] hohler *D* Beken] Becken *D* **3** schweres – leeres]
schweres, leeres *D* **6** Gesicht –] Gesicht, *D* **7** Ihren] Ihre *in der Ausgabe von 1805* **8** Blike] Blicke *D* **9** bang] bang' *D* Brüke] Brücke, *D*
10 tränend] thränend *D* Trauerlauf. –] Trauerlauf, *D* **12** *nicht hervorgehoben D* **13** Kraise] Kreise, *D*

ERLÄUTERUNGEN. *Das Gedicht bezog Anregungen von Vergils Schilderung der Unterwelt in der „Äneis" (6, 548–636). Die erste Strophe ist die
poetische Erweiterung von V. 557 des 6. Buches, in dem es heißt:* hinc exaudiri gemitus: *„Stöhnen drang von hier herauf" (nach Johannes Götte, Vergil.
Äneis [⁶1983], 253). – Im 2. Teil seiner Gedichtsammlung ließ Schiller dem
vorliegenden Gedicht unmittelbar das Gedicht „Elisium" folgen (vgl. NA 2 I,
142).*
12 V o l l e n d u n g] *Gemeint ist: Ende der Qualen.*
13–14 Ewigkeit *bis* entzwey.] *Sieg der Ewigkeit, deren* Kraise *ohne Anfang
und Ende sind, über Zeit und Endlichkeit. Saturn, griech. Kronos, als Personifikation der Zeit aufgefaßt, hat keine Macht in der Unterwelt. Seine Sense,
emblematisches Attribut für Zeit, Endlichkeit und Tod (vgl. Henkel/Schöne,
Emblemata, 1814–1815), das die ursprüngliche Sichel des Kronos ersetzt, zerbricht. Vgl. auch „Vorwurf / an Laura" (V. 66).*

110–111 Die Freundschaft

ENTSTEHUNG. *Das Gedicht, das – ohne die beiden ersten Strophen – in
die „Philosophischen Briefe" eingefügt wurde (vgl. NA 20, 120–121 u. 124
bis 125), entstand wohl 1781; es gibt keinen Hinweis darauf, daß Schiller
schon vorher an dem „Roman", der aus den Briefen Julius' an Raphael gebildet
werden sollte, gearbeitet hat.*

ÜBERLIEFERUNG. *H: ? h: GSA. Abschrift von Christophine Reinwald, eingetragen in ihr Heft „Auszüge aus der Anthologie vom Jahr 1782". (S. [44 bis
46].) – E: Anthologie auf das Jahr 1782. S. 148–151. Das Gedicht ist mit
Y. unterzeichnet. D: Thalia. 3. Heft. 1786. S. 123–124 u. 130–131 (ohne die
beiden ersten Strophen). – Textwiedergabe nach E.*

LESARTEN. In h ist von den im Druck hervorgehobenen Wörtern nur Eines *(V. 5) unterstrichen.* 7 e i n e s] Eines *h*   9 Labyrinthenbahnen] Labyrenthenbahnen *h*   22 umrütteln] umrüttlen *h*   23 schütteln] schüttlen *h*   34 folternde] foldernde *h*   36 Ungedultig] Ungeduldig *h*   wollüstges] Wollüstigs *h*   38 ich] fehlt *h*   43 Tode] Todte *h*   wir – wenn] wir wenn *h –   Vgl. die Varianten der Fassung D in NA 20, 120–121 u. 124–125.*

ERLÄUTERUNGEN. Das Gedicht behandelt, wie bereits einige der vorhergehenden, das Thema von Liebe und Freundschaft und stellt es in den Rahmen einer philosophisch-religiösen Interpretation. Wie stark der metaphysische Bezug ist, zeigt die Aufnahme des Gedichts in die „Theosophie des Julius" innerhalb der „Philosophischen Briefe".

Einige der zentralen Gedanken von Schillers Philosophie der Liebe finden hier ihren Ausdruck. Sie sind beeinflußt von pantheistischen Vorstellungen, die von Spinoza und Leibniz entwickelt wurden und durch die Vermittlung der englischen Moralphilosophie, insbesondere durch Adam Ferguson (1723–1816) und dessen von Christian Garve übersetzte Schrift „Grundsätze der Moralphilosophie" (1772) sowie der Popularphilosophie Johann Georg Sulzers (1720 bis 1779), Moses Mendelssohns (1729–1786) und Jakob Friedrich Abels (1751 bis 1829) Eingang in Schillers Denken fanden. Auf literarischem Gebiet trugen dazu Haller, Uz, allen voran Klopstock bei. Für die Schiller immer wieder interessierende Frage nach dem Verhältnis zwischen Körper und Seele, zwischen materieller und geistiger Welt, sind außerdem die physiologischen Theorien von Georg Ernst Stahl (1660–1734) und Albrecht von Haller (1708–1777) von Bedeutung. Außerhalb poetischer Behandlung setzte Schiller seine frühen philosophischen Vorstellungen in der medizinischen Dissertation „Philosophie der Physiologie" (1779), in der Karlsschulrede über „Die Tugend in ihren Folgen betrachtet" (1780), in der zweiten Dissertation „Versuch über den Zusammenhang der thierischen Natur des Menschen mit seiner geistigen" (1780) sowie in den erst 1786 erschienenen, jedoch spätestens seit 1783 entstandenen „Philosophischen Briefen" auseinander.

Das Gedicht vereinigt folgende, für den jungen Schiller charakteristische Überzeugungen: 1. Es besteht ein psychophysischer Parallelismus zwischen der organischen und der unorganischen Welt; beide werden von einer und derselben Gesetzlichkeit bestimmt; der im Gravitationsgesetz formulierten Anziehungskraft im physikalischen Sinne entspricht die von Freundschaft und Liebe ausgehende auf geistig-seelischem Gebiet (vgl. V. 1–12, auch das Gedicht „Fantasie / an Laura"). Dieser Gedanke findet sich bei Leibniz (s. u.) ebenso wie bei Hutcheson (vgl. die Erläuterungen zu „Fantasie / an Laura") und Ferguson, der in seinen „Grundsätzen der Moralphilosophie" eine Analogie zwischen dem Gesetz der Schwere und dem Trieb zur Geselligkeit herstellt.

2. Mit dem Gedanken des Parallelismus ist der einer universellen Sympathie im Reich sowohl der belebten wie der unbelebten Natur unmittelbar verknüpft. Nach Leibniz' Lehre von der prästabilierten Harmonie hat Gott die Welt, ein für allemal, so geschaffen, daß alle Substanzen, indem jede selbständig ihrem eigenen Gesetz folgt, sich zugleich in genauer Übereinstimmung untereinander befinden. Insbesondere gilt das für das Verhältnis von Leib, Seele, Geist, aber auch für das Stufenreich der Monaden, deren niedrigste mit der höchsten, Gott, in Harmonie lebt (vgl. V. 46-48).

3. Unter dieser Voraussetzung erscheinen Mensch und Natur als Spiegel Gottes, die Schöpfung als Abbild des Schöpfers (vgl. V. 55-60). – Vgl. zur Thematik des vorliegenden Gedichts im einzelnen die Erläuterungen zu den Laura-Gedichten sowie zu „Der Abend", „An die Sonne", „Die Herrlichkeit der Schöpfung", „Der Triumf der Liebe", „Hymne an den Unendlichen" und „Die Gröse der Welt".

Für Schiller war Freundschaft nicht nur als philosophisches Phänomen von Interesse, sondern auch in persönlicher Hinsicht von großer Bedeutung. Die Reihe intensiv gepflegter und erlebter Freundschaften reicht von Georg Friedrich Scharffenstein (vgl. die Erläuterungen zum Fragment „[Aus ‚Selim und Sangir']") über Christian Gottfried Körner, Wilhelm von Humboldt, Johann Friedrich Cotta bis zu Goethe. Abgesehen vom enthusiastischen Freundschaftskult der Empfindsamkeit im allgemeinen und Schillers Erziehung in der Militärakademie im besonderen, in deren Atmosphäre der Sinn für Jünglings- und Männerbündnisse gefördert worden sein mag, entsprach die Freundschaft einem spezifischen Bedürfnis Schillers. Sie war für Schiller über die individuelle Beziehungsebene hinaus der Raum, in dem sich sein Menschheitsideal, ein Leben in uneingeschränkter Offenheit und unbedingtem Vertrauen, auch über soziale Grenzen hinweg, ansatzweise realisieren ließ. Freundschaft bedeutete weniger Gelegenheit zu privater „Ergießung" als die Möglichkeit, im Bund mit dem Freund an den großen Aufgaben der Zeit mitzuwirken, im Sinne von Karlos' Worten an Marquis Posa: [...] Arm in Arm mit D i r – / So fodr' ich mein Jahrhundert in die Schranken! *(Thalia-Fragment 1785, V. 1348-1349; NA 6, 406.) Nicht gemeinsame Selbsterkenntnis, sondern, ähnlich der Funktion der Liebe in den Laura-Gedichten, Annäherung an die Erkenntnis der Wahrheit über die Menschen, die Welt, ja über Gott, wurde in der Erfahrung der Freundschaft erstrebt. Später wurde ein anderer Aspekt wichtig: Kommunikation in vertrautem Kreis war Schiller eine wesentliche Voraussetzung poetischer Produktion; Inspiration bezog er nicht aus der Begegnung mit der Muse in der Einsamkeit des Dichters, sondern aus dem „Mittelpunct einer, den Geist anregenden Discussion", aus dem „Gespräch, für das Schiller ganz eigentlich geboren schien", wie Humboldt den Freund beschrieb (Ueber Schiller [1830], 13). – Schiller hat sich selbst zur Freundschaft ausführlich geäußert, u. a. in seinen Briefen an Scharffenstein (vermutlich) aus dem Jahr 1776, an Reinwald vom 14. April 1783, an Körner vom 10. Februar, vom 7. Mai und vom 3. Juli 1785.*

Titel (aus bis Roman)] *Zur Ausführung des Romans kam es nicht, wohl aber entstanden die „Philosophischen Briefe" (NA 20, 107-129). Vgl. die Erläuterungen dazu (NA 21, 152).*

2 Schämen sich] *imperativisch: Schämen sollen sich [...].*

4—6 Geisterreich bis gehn.] *Freundschaft wird (wie die Liebe) mit der Gravitation in Analogie gesetzt (vgl. die einführenden Erläuterungen).* H i e r, *d. h. im Körperweltgewüle, also in der physischen Welt, entdeckte Isaac New-*

ton (1643–1727), der englische Physiker und Mathematiker, das Gesetz der Schwerkraft.

In der „Theosophie des Julius" wird die Liebe als der allmächtige Magnet in der Geisterwelt *(NA 20, 119) mit der* Anziehung der Elemente *(NA 20, 124) verglichen, ebenso schon in der Rede über „Die Tugend in ihren Folgen betrachtet" das* Band der allgemeinen Liebe *mit der* allwirkenden Kraft der Anziehung in der Körperwelt *(NA 20, 32). Auch der „Versuch über den Zusammenhang der thierischen Natur des Menschen mit seiner geistigen" vertritt die Auffassung des Parallelismus zwischen psychischer und somatischer Verfassung des Menschen (vgl. § 12; NA 20, 56–57).*

5 Rades] *Zum Bild des Rades (in einem Uhrwerk, einer Maschine) vgl. die Erläuterungen zu „Der Venuswagen" (V. 87).*

7–9 S f ä r e n *bis* ziehn] *Das Bild der Sonne, um die Planeten harmonisch geordnete Laufbahnen ziehen, findet sich auch in Klopstocks Gedicht „Die Gestirne" (V. 37–40).*

10–12 G e i s t e r *bis* fliehn.] *In der „Theosophie des Julius" wird das Bild des prismatisch gebrochenen weißen Lichtstrahls verwendet. Er vereinigt alle einzelnen Spektralfarben in der Weise, wie* alle Bäche in e i n e m Ozean aufhören *(NA 20, 124).*

16–18 Raphael *bis* Vollendungsgang.] *Freundschaft führt zu Gott, wie die Liebe (vgl. Laura am Klavier, V. 41–50). In der „Theosophie des Julius" ist* Liebe die Leiter, worauf wir emporklimmen zu Gottähnlichkeit *(NA 20, 124). Gegen Ende von Klopstocks Ode „Der Zürchersee" heißt es zum Lobpreis der Freundschaft:*

> Aber süsser ists noch, schöner und reizender,
> In dem Arme des Freundes wissen ein Freund zu seyn!
> So das Leben geniessen,
> Nicht unwürdig der Ewigkeit!

(V. 61–64; Oden [1776], 118.) Schiller zitiert die Verse im Stammbucheintrag „[Für Wilhelmina Friederica Schneider]".

25–30 Muß *bis* sich.] *Die Strophe beschreibt, was Schiller in der „Theosophie des Julius"* einen Tausch der Persönlichkeit, eine Verwechslung der Wesen *(NA 20, 119), im Brief an Reinwald vom 14. April 1783 Äußerungen eines* zur V e r m i s c h u n g strebenden Wesens *nennt (NA 23, 80).*

26 Wollust] *Vgl. zu „Fantasie / an Laura" (V. 41).*

37–39 Stünd *bis* sie] *Unter der Voraussetzung der* Sympathie *(V. 42) gelingt die Belebung der toten Natur durch die Macht der Liebe, wie dem Bildhauer Pygmalion, auf dessen Geschichte Schiller hier vielleicht anspielt, dem sich der behauene Stein mit Leben erfüllte.*

42 Sympathie] *griech.* συμπάθειν: *mitempfinden; in Wechselwirkung stehen mit. Vgl. des näheren die einführenden Erläuterungen.*

43–44 Tode Gruppen *bis* umfassen!] *In der „Theosophie des Julius" wird gesagt:* Wenn ich hasse, so nehme ich mir etwas; *und es wird der* Menschenhaß ein verlängerter Selbstmord *genannt (NA 20, 120).*

46—54 Aufwärts *bis* **Zeit —]** *Leibniz betrachtete die Welt als Stufenleiter der Wesen, als harmonisches System von Monaden, von den niedrigsten aufsteigend bis zur höchsten, Gott. In poetischem Gewand begegnet diese Vorstellung bei Ewald Christian von Kleist:* Steig' auf der Leiter der Dinge selbst bis zum Throne der Gottheit *(Die Unzufriedenheit des Menschen, V. 20; Sämmtliche Werke 1, 155).*

50 Mogolen] *Bewohner Indostans, des Reiches* „zwischen dem Fluß Indus und Ganges in Asien" *(Zedler, Universal Lexicon 21, 816); oder es ist vom Titel eines Moguls (nach der mohammedanischen Dynastie in Indien aus dem 16. Jahrhundert) die Rede wie in den* „Räubern": Groß-Mogol aller Schelmen *(II 3; NA 3, 68).*

51 Seraf] *Engel am Thron Gottes.*

55—60 Freundlos *bis* **Unendlichkeit.]** *Der Gedanke, die geistbegabten Wesen seien Spiegelbilder Gottes, findet sich bei Leibniz; in seinem Aufsatz* „Vernünftige Grundsätze von der Natur und von der Gnade" *heißt es:* Was die vernünftige Seele, oder den Geist anbelangt, so ist in ihm etwas mehr, als in den M o n a d e n oder in den einfachen Substanzen. Er ist nicht nur ein Spiegel des Weltgebäudes, sondern auch noch ein E b e n b i l d G o t t e s. *(In: Theodicee [1744], 778.) Ähnlich bezeichnet Klopstock in seiner Ode* „Die Glückseligkeit Aller" *die Geister als* wunderbare Schatten / Deiner [Gottes] Herrlichkeit *(V. 83—84; Oden [1776], 42). Im Hintergrund steht die weitergreifende Vorstellung von der Schöpfung überhaupt als Abbild des Schöpfers, die nach Spinozas pantheistischer Formel* „deus sive natura" *auch von Leibniz aufgegriffen wird: Jede einzelne Monade sei Spiegel des Weltalls. Schiller erklärt in der* „Theosophie des Julius": Gott und Natur sind zwei Größen die sich vollkommen gleich sind. *(NA 20, 123.) Die Natur faßt er demnach als* einen unendlich geteilten Gott *auf (NA 20, 124). (Liebe und Gravitation mit ihrer Anziehungskraft vermögen das Getrennte zusammenzuführen und, ins Unendliche fortgesetzt, Gott hervorzubringen [vgl. ebd.].)*

In „Die Götter Griechenlandes" *(V. 177—184) werden die Vorstellung eines* „freundlosen Gottes" *und der Gedanke, die Welt sei dessen Abbild, nun mit kritischem Akzent, wiederaufgegriffen.*

56—57 Fühlte *bis* **Seligkeit]** *Klopstock fragt in seiner Ode* „Die Glückseligkeit Aller":

> Warum, da allein du dir genung warst, Erster, schufst du?
> Zahllosen Schaaren Seliger
>   Wolltest du der unerschöpfliche Quell
>   Ihrer Seligkeit seyn!

(V. 85—88; Oden [1776], 42.)

57 Sel'ge Spiegel] *Gott vermehrt seine Seligkeit durch deren Spiegelung in seinen Geschöpfen; diese empfinden Seligkeit, indem sie die Schöpfung als Abbild Gottes betrachten, in der Natur Gott erkennen. Für Ferguson gilt als höchste Glückseligkeit, in der geschaffenen Welt Plan und Gedanken Gottes aufzudecken. Vgl. die einleitenden Erläuterungen zu* „Die Herrlichkeit der Schöpfung".

59—60 Aus *bis* Unendlichkeit] In Goethes „Leiden des jungen Werthers" (1774) wird ein ähnliches Bild gebraucht; dort ist von dem schäumenden Becher des Unendlichen *die Rede (1, 94).*

112 Der Wirtemberger

ENTSTEHUNG. *Die Verse sind vermutlich um 1780 entstanden.*

ÜBERLIEFERUNG. H: ? – *E: Anthologie auf das Jahr 1782. S. 162. Das Gedicht ist mit O. unterzeichnet.*

LESARTEN. **1** Wirtemberg] Wirtenberg E

ERLÄUTERUNGEN. *Der volksetymologischen Erklärung des Namens Württemberg steht keine zureichend gesicherte wissenschaftliche zur Seite. Der Name taucht erstmals im 11. Jahrhundert im Zusammenhang mit Conradus de Wirtinsberc auf, dem Erbauer der Stammburg Wirtemberg auf dem Rotenberg bei Stuttgart (vgl. Fischer 6 I, 1002).*

112—115 Melancholie / an Laura

ENTSTEHUNG. *Das Gedicht ist 1781 entstanden.*

ÜBERLIEFERUNG. H: ? *(Die Vermutung Minors [Aus dem Schiller-Archiv (1890), 115], in ein Exemplar der Gedichtsammlung Schillers, die 1800 unrechtmäßig [mit der Angabe „Frankfurt und Leipzig" als Verlagsorten] erschien, habe der Dichter [auf S. 82] handschriftliche Verbesserungen des Gedichts vorgenommen, ist zu korrigieren: Die Marginalien neben den Versen 85–91 stammen mit großer Wahrscheinlichkeit von Ernst von Schiller; sie lauten: Ach ist es / des Lebens Lust / die das / Leben falsch / zerstöret, / Und) h: GSA. Abschrift von Christophine Reinwald, eingetragen in ihr Heft „Auszüge aus der Anthologie vom Jahr 1782" (S. [47–52]). In h ist V. 116 mit Blei unterstrichen, am unteren Rand der Seite dazu die Notiz (ebenfalls mit Blei, vermutlich von Christophines Hand): Das Schiksal hat seine Wünsche erfüllt. Die letzten 5 Verse des Gedichts sind in h an beiden Rändern mit dunkler Tinte angestrichen, darunter (über der Bleistiftnotiz) mit derselben Tinte von Christophines Hand: Diesen Wunsch hat ihm das Schiksal gewährt. – E: Anthologie auf das Jahr 1782. S. 166–172. Das Gedicht ist mit Y. unterzeichnet. – Textwiedergabe nach E.*

LESARTEN. **2** Brennt] *nach gestr.* Herscht *h* **6** Tropfe] Tropfen *h* **21** aufthürmenden] aufthürmende *h* **22** Städte] Stätte *h* **23** modernden] Moderden *h* **24** Nelken] Rosen *von späterer Hand (nicht von Christophine)* *über gestr.* Nelken *h* 33 eisernen] eißern *h* 36 ach] auch *von späterer Hand (nicht von Christophine) aus* ach *h* 39 Todennacht] Todtennacht *h* 40 D e i n e] *nicht hervorgehoben h* 42 Wangen] Wange *h* 48 Wangenröthe] Morgenröthe *h* 49 Todes schönrer] Todtes schönerer *h* 68 süßen] schönen *h* 90 *ganz unterstrichen h* 93 G e n i e] *nicht hervorgehoben h* 97 frechen] stärkern *von späterer Hand (nicht von Christophine) aus* starken *h* 100 Lenze fliegen] *in V. 99 gesetzt h* 102 in eignem] im eignen *h*

ERLÄUTERUNGEN. Das Gedicht behandelt erneut die Thematik von Liebe und Tod wie in den vorhergegangenen Laura-Gedichten. Im Vordergrund steht nicht mehr der Gedanke an Liebe und Ewigkeit wie in „Entzükung / an Laura" (später „Die seeligen Augenblike / an Laura") oder „Fantasie / an Laura", sondern die Vorstellung von der Vergänglichkeit sowohl der Schönheit der Geliebten als auch der Lebens- und Schaffenskraft des Dichters. Das Gedicht erinnert an barocke Klagen über den transitorischen Charakter des Daseins und die Nichtigkeit alles Irdischen, wie sie auch in der „Elegie auf den frühzeitigen Tod Johann Christian Weckerlins" anklingen (vgl. dort V. 71–106).

Wie in den Gedichten an Laura, so stehen sich auch in der Lyrik des Barock Verherrlichung nach Fortdauer in Ewigkeit strebender Liebe und das Bewußtsein gegenüber, Daß alle lust vergänglich sey, wie Christian Hofmann von Hofmannswaldau (1617–1679) bekennt (WO sind die stunden / Der süssen zeit [...]; Auserlesene Gedichte [1725], 366). Auch das Motiv vom körperlichen Verfall der Geliebten gehört in diese Tradition; Hofmannswaldaus Sonett „Vergänglichkeit der Schönheit" (Auserlesene Gedichte, 14) beschreibt diesen Prozeß ausführlich. In gleichem Sinn beschreibt Wollmar in Schillers „Spaziergang unter den Linden" die Natur als ein rotwangigtes Mädchen, *dessen in* Wahrheit bereits eingetretene Verwesung *hinter* blendenden Flittern verborgen sei *(NA 22, 74).*

Die Frage nach der Existenzmöglichkeit der Schönheit in dieser Welt hat Schiller, unter anderen Voraussetzungen, wiederholt beschäftigt; vgl. u. a. „Die Götter Griechenlandes", „Die Künstler", „Nänie".

4–5 Deiner Thränen *bis* Entzücken] *Gemeint ist wohl: Deine Tränen haben das Entzücken zur Mutter; also: Selbst deine Tränen sind entzückend.*
6–7 Dem *bis* schaut] *Inversion: Beide Relativsätze beziehen sich auf das erst später folgende Bezugswort* Jüngling *(V. 8). Vgl. diese Satzkonstruktion auch in „Die Gröse der Welt" (V. 1–2).*
12 Mayet] *maien: zum Mai machen (vgl. Grimm 6, 1475).*
22–26 Unsrer Städte *bis* Menschengruft] *Im „Spaziergang unter den Linden" erinnert Wollmar seinen Freund Edwin daran, daß die Welt das* Grabmal seiner Vorfahren sei, *daß er in der erfrischenden Quelle vielleicht die* zermalmten Gebeine unsrer großen Heinriche koste *(NA 22, 75).*
28 seine] *Gottes, des Schöpfers.*
33 eisernen Fluren] *Schlachtfelder (vgl.* Vorwurf / an Laura, *V. 20). In Klopstocks Ode „Der Lehrling der Griechen" heißt es:* das eiserne Feld *(V. 12;* Oden *[1776], 73).*

36—37 Laufen *bis* Planetenuhren] *Zum bei Schiller beliebten Bild der Uhrenräder vgl. die Erläuterungen zu* „Der Venuswagen" *(V. 87).*

47 dem Starken] *dem Tod.*

50 blumigten Tapete] *Das Bild meint, in mittelalterlich-barockem Sinn, die Haut als täuschende Oberfläche des menschlichen Körpers.*

52 deinem Schwärmer] *dem, der für dich schwärmt.*

58 Kreaturen des Tyrannen] *die Pulse (V. 56) als Gehilfen des Todes.*

65—66 Aus *bis* nur] *In Schillers Dissertation* „Ueber den Zusammenhang der thierischen Natur des Menschen mit seiner geistigen" *wird in nahezu wörtlicher Übereinstimmung die Auffassung vertreten, daß* d e r T o d a u s d e m L e b e n , w i e a u s s e i n e m K e i m e s i c h e n t w i k l e. *(NA 20, 75.)*

66 der ew'ge Würger] *der Tod (vgl. Elegie auf den frühzeitigen Tod Johann Christian Weckerlins, V. 132).*

75 stark wie Eiche] *die Eiche als emblematisches Bild der Beharrlichkeit (vgl. Henkel/Schöne, Emblemata [1967], 222).*

80 seines] *Gottes (vgl. V. 28).*

81—82 Der *bis* niederreißt] *Der Relativsatz bezieht sich auf* mein Geist *(V. 79).*

83—84 Kühn *bis* Schranken.] *Vgl. dazu den* Sonnenwandrer *(V. 18) in* „Die Gröse der Welt", *der vor Erreichen der Grenzen des Weltalls resigniert.*

89—98 Unglükselig *bis* zusammen!] *Das Verständnis dieser schwierigen Verse muß vermutlich von Schillers Vorstellung eines Parallelismus zwischen körperlichen und seelisch-geistigen Abläufen ausgehen (vgl. dazu im einzelnen die Erläuterungen zu* „Die Freundschaft"). *Im vorliegenden Zusammenhang geht es um die Störung der psychophysischen Harmonie im Falle des Dichters, des Genies, welches unternimmt,* G ö t t e r f u n k e n *aus dem* S t a u b *zu schlagen (V. 90). Die vier folgenden Verse bringen in Bilder, was Franz Moor in den* „Räubern" *so formuliert:* Leidenschaften m i ß h a n d e l n die Lebenskraft – der überladene Geist drückt sein Gehäuse zu Boden *(II 1; NA 3, 38).*

Unter dieser Voraussetzung meinen die Verse 91 und 92: Das Saitenspiel, das dichterische Schaffen des Genies, zerstört die Harmonie *(als Akkusativ verstanden) von Körper und Geist, welche die* kühnste *genannt wird, weil sie* Staub *und* Götterfunken *zusammenzubringen versucht. Wird* Harmonie *als Nominativ und Subjekt des Satzes gefaßt, ergibt sich Ähnliches: Das Saitenspiel, metonymisch für Instrument, dieses als Bild für den menschlichen Körper, wird von* kühnsten Tonfolgen, *d. h. genialen Gedanken, überfordert. (Denkbar ist auch, daß* Saitenspiel *nicht nur für Körper, sondern, genauer, für dessen ausgewogenes Verhältnis zum Geist steht; für dieses ist nämlich der von Schiller* Mittelkraft *genannte Nervengeist verantwortlich, von dessen Sitz, dem Nerv, angenommen wurde, daß er eine* elastische Saite sei, und durch Schwingungen wirke *[Philosophie der Physiologie; NA 20, 16].)*

Das nächste Bild (V. 93—94) zielt noch einmal auf das Mißverhältnis: Der flammende Aetherstral *des Genies verzehrt die geringe Energie der* Lebenslampe. *Franz Moor sagt über den Bruder:* Seht dieses feurige Genie, wie es das Oel seines Lebens in sechs Jahren so rein weggebrannt hat, daß er bei lebendigem Leibe umgeht *(I 1; NA 3, 14).*

Für die weiteren Verse 95 bis 98 ist der Begriff Geister *von Bedeutung. Wie in "Das Geheimniß der Reminiszenz" (vgl. dort zu V. 8) sind damit vermutlich die Lebensgeister gemeint. Sie werden als* Wächter an des Lebens Thron *bezeichnet, sofern ihre Funktion darin besteht, zwischen* Geist und Körper *zu vermitteln und dafür Sorge zu tragen, daß weder ein* Uebermaaß von Kraft *noch ein* Mangel an Kraft *das Gleichgewicht beider verletze und zur Destruktion der Maschine führe (Versuch über den Zusammenhang der thierischen Natur des Menschen mit seiner geistigen; NA 20, 72, 73);* ihm, dem Genie, in Dienst gestellt, *werden sie um die Erfüllung ihrer Aufgabe betrogen und zu frechen Flammen mißbraucht, weil sie geniale Kraftanstrengungen hervorzubringen helfen, diese aber nicht unter Kontrolle zu halten vermögen. Insofern "verschwören" sie sich gegen Gesundheit und Leben des Dichters.*
102 Und *bis* aus] *Vgl. den Hinweis auf das Schicksal Phaetons in "Monument Moors des Räubers" (V. 39–48).*
106 Laura *bis* entweiche] *Solche Wirkung Lauras beklagte der Dichter schon in "Vorwurf / an Laura" (V. 26–30).*
108 Adlergang] *Zum emblematischen Bild des Adlers vgl. die Erläuterungen zu "Die Gröse der Welt" (V. 27–30).*
115–119 Lösch *bis* Haus.] *Der Satzzusammenhang ist syntaktisch nicht eindeutig: Entweder beziehen sich V. 117–118 als Vergleich auf den Vorgang des Auslöschens der Fackel, oder* Wie *(V. 117) ist als temporale Konjunktion ("sobald", "wenn") aufzufassen, und der Nebensatz gehört zum Hauptsatz in V. 119. Die erste Möglichkeit würde die Inversion in V. 119 ungewöhnlich erscheinen lassen, doch findet sich dergleichen bei Schiller (vgl. Monument Moors des Räubers, V. 12).*
115–116 Lösch *bis* aus] *In der antiken Kunst wurde der Tod als Jüngling dargestellt, der eine gesenkte Fackel trägt. Vgl. dazu "Die Götter Griechenlandes" (V. 108–109) und "Der Genius mit der umgekehrten Fackel".*
117–119 Wie *bis* Haus] *Im Bild des Lebens als eines Trauerspiels klingt wieder, wie in der "Elegie auf den frühzeitigen Tod Johann Christian Weckerlins" (V. 95–106), das mittelalterlich-barocke Motiv des "Theatrum mundi" an.*
119 Schatten] *Der Begriff des "Schattens" ist möglicherweise bewußt mehrdeutig gewählt. Er läßt ebenso an die Schatten der abtretenden Schauspieler hinter dem gefallenen Vorhang denken wie an die Seelen der Verstorbenen, die nach antiker Vorstellung ihren Weg in die Unterwelt antreten. In diesem Sinn findet sich der Begriff in Schillers Lyrik, insbesondere der späteren, häufig (vgl. Klage der Ceres, V. 28; Nänie, V. 3; Das Lied von der Glocke, V. 251, 259; Kassandra, V. 103; u. ö.).*

116   Die Pest

ENTSTEHUNG. *Das Gedicht ist vermutlich um 1780 entstanden.*

ÜBERLIEFERUNG. H: ? – E: *Anthologie auf das Jahr 1782. S. 173–174. Das Gedicht ist mit* Y. *unterzeichnet.*

ERLÄUTERUNGEN. *Es ist möglich, das Gedicht als Anklage oder als Lobpreis Gottes aufzufassen. Im ersten Fall gilt die Beschreibung der Pest, wie am Ende von Lukrez' Lehrgedicht "De rerum natura", als Beweis der Abwesenheit eines die Welt lenkenden Gottes. Denn sonst müßte ein Gott angenommen werden, der sich,* indem er die Gerechten mit den Ungerechten gleichem Verderben preisgab, keineswegs väterlich *beweist; dieser Gedanke ergriff Goethe als Knaben, als er vom Erdbeben in Lissabon 1755 erfuhr (Dichtung und Wahrheit. 1. Buch; WA I 26, 43), welches der Frage der Theodizee unmittelbare Aktualität verlieh. Schiller hatte schon anläßlich des frühen Todes seines Freundes Wekherlin in seiner "Elegie" über dieses Ereignis von einem* Mißklang auf der grossen Laute *(V. 35) gesprochen und die Gerechtigkeit Gottes in Frage gestellt (vgl. V. 36).*

Im zweiten Fall ist an Klopstock zu erinnern, von dessen Schilderung der Pest im "Messias" (3, 539–555), die freilich vom Satan ins Werk gesetzt wurde, möglicherweise Anregungen ausgegangen sind. Klopstock vertritt wiederholt die Auffassung, auch das Unbegreifliche und Schmerzliche sei als von Gott veranlaßt verehrungswürdig, so angesichts von Trennung und Tod (vgl. An Giseke, V. 15–18) oder des unerforschlichen Schicksals (vgl. An Gott, V. 75–76). Bei Kleist heißt es in diesem Sinn: [...] in Krieg und Pest / Trau ihm [Gott] und sing' ihm Lob! *(Hymne, V. 45–46; Sämmtliche Werke 1, 10.)*

Im Hintergrund steht ein philosophischer Optimismus (vgl. die einleitenden Erläuterungen zu "Die Herrlichkeit der Schöpfung"), wie er bei Shaftesbury zum Ausdruck kommt: [...] unmöglich konnte der Himmel etwas anders als das Beste wollen und schaffen. [...] Wir dürfen uns daher nicht wundern, wenn durch Erdbeben, Stürme, pestilenzialische Seuchen, Wasserfluthen, irdisches oder himmlisches Feuer, die lebendigen Geschöpfe oft Schaden leiden [...]. Aber alles dies ist natürlich und gut. *(Die Moralisten [1777], 250, 264, 265.)*

Eine weitere Pestszene in der "Anthologie auf das Jahr 1782" (S. 208) enthält Schillers "Semele".

2 würgende Seuchen] *würgen: töten (vgl. Grimm 14 II, 2201 sowie zu "Trauer-Ode auf den Todt des Hauptmanns Wiltmaister" [V. 1]). Die Bibel kennt die Vorstellung vom Würgeengel als Vollstrecker des göttlichen Zorngerichts, auch als Verbreiter der Pest (vgl. 2 Sam. 24, 15–16).*

6 Gichtrisch] *gichterisch: im Schwäbischen "krampfhaft" (vgl. Fischer 3, 649).*

12 das finstre Reich] *Totenreich, Unterwelt.*

116   Das Muttermal

ENTSTEHUNG. *Die Verse sind vermutlich um 1780 entstanden.*

ÜBERLIEFERUNG. *H: ? – E: Anthologie auf das Jahr 1782. S. 174. Die Verse sind mit Rr. unterzeichnet.*

ERLÄUTERUNGEN. *Der Spaß besteht, abgesehen von der (medizinisch) irrigen Annahme des Mannes, bei dem Muttermal seines Sohnes handele es sich um eine Pockennarbe und diese sei vererbbar, offenbar darin, daß die Ehefrau beim Versuch, die Ähnlichkeit zwischen Vater und Kind zu erklären, jenem bescheinigt, daß er zum Erschrecken häßlich ist.*

117–118   Monument Moors des Räubers

ENTSTEHUNG. *Das Gedicht entstand nach dem Abschluß (und Druck) der ersten „Räuber"-Fassung, also 1781.*

ÜBERLIEFERUNG. *H: ? – E: Anthologie auf das Jahr 1782. S. 177–180. Das Gedicht ist unterzeichnet:* Vom Verfasser der Räuber.

LESARTEN. **48** Phaëton] Phäeton E *(Druckfehler)*

ERLÄUTERUNGEN. *Das Gedicht bedient sich nicht nur des Motivs einer Grabinschrift wie in den Gedichten „Spinoza" und „Grabschrift eines gewissen – Physiognomen" aus der „Anthologie" oder dem späteren Distichon „Grabschrift" (*Freust du dich deines Lebens*), sondern auch der Form einer solchen, wie die typographische Anordnung des Textes symmetrisch zu einer senkrechten Längsachse andeutet. Wie Goethe die 2. Fassung seines „Werther" mit der Aufforderung an den Leser begleitete:* Sey ein Mann, und folge mir nicht nach *(WA I 19, 388), so warnt der Verfasser der „Räuber" unter Hinweis auf das Schicksal des Phaeton (vgl. V. 39–48) vor der Nachfolge seines Helden, dem er Bewunderung freilich nicht versagen kann. Eine Formulierung wie* Majestätischer Sünder *(V. 3, 15) ist charakteristisch für die ambivalente Einschätzung nicht nur Moors, sondern des „großen Verbrechers" überhaupt, der, in Abweichung des moralischen Urteils von dem ästhetischen, mit seiner Tat, sobald sie nur Kraft verrät,* Gefallen erregt. *So äußerte sich Schiller in seinem Aufsatz „Gedanken über den Gebrauch des Gemeinen und Niedrigen in der Kunst" (NA 20, 244, 245) von Anfang der neunziger Jahre; in den „Zerstreuten Betrachtungen über verschiedene ästhetische Gegenstände" aus der gleichen Zeit resümiert Schiller:* G r ö ß e *und* S c h r e c k b a r k e i t *können also in gewissen Fällen für sich allein eine Quelle von Vergnügen abgeben. (NA 20, 227.) Der „erhabene Verbrecher" war eine Keimzelle des „Fiesko" (vgl. NA 4, 244, Nr 1; 247, Nr 12).*
Titel Monument] *Der Begriff ist (bewußt) mehrdeutig verwendet. Zunächst ist darunter „Grabmal" oder „Denkmal" verstanden (vgl. Grimm 2, 941); in diesem Sinn kommt der Begriff in V. 34 und 51 vor. Zugleich kann damit das Gedicht selbst gemeint sein, das sich als „Mahnmal" warnend an den Leser wendet. Darüber hinaus ist an Franz Moor zu denken, der im Schauspiel „Die Räuber" mit Blick auf den Bruder prophetisch von dem* Monumente *spricht, das er sich zwischen Himmel und Erden errichtet (I 1; NA 3, 14), womit Hochgericht und Galgen umschrieben sind (vgl. V. 18). Schließlich ließe sich V. 51 auf das Schauspiel „Die Räuber" beziehen.*

6 Beginner und Ender] *Solche Substantivierungen finden sich verschiedentlich in Klopstocks "Messias", z. B.:* Du Beginner, und o du Vollender *(13, 731; Bd 2 [1974], 86).*

8 V e r s t o ß der Mutter Natur] *Als solchen, aber in abwertendem Sinn, charakterisiert sich auch Franz Moor im Schauspiel:* Wirklich ich glaube sie hat von allen Menschensorten das Scheußliche auf einen Hauffen geworffen, und mich daraus gebacken. *(I 1; NA 3, 18.)*

10 die Pforten] *des Tartaros.*

12 Zuken die Völker] *inversive Satzstellung (vgl. die Erläuterungen zu "Melancholie / an Laura" [V. 115–119]).*

18 Wiege des offnen Himmels] *der Galgen. An die Bewegung des "Wiegens" erinnert auch Spiegelbergs Umschreibung eines Gehängten: [...]* wenn dich der Wanderer so hin und her fliegen sieht im Winde *(I 2; NA 3, 29).*

20—21 Wo *bis* steigt] *Gemeint ist möglicherweise: "Wo sich, angesichts des offnen Himmels (V. 18), dem Thron (Gottes als der Instanz der Gerechtigkeit) gegenüber die Richtstatt, das Hochgericht, der Galgen erhebt." Denkbar ist auch, den Genitiv Heißer Ruhmsucht auf* T h r o n *zu beziehen: Dem Gipfel des Ruhms, den Moor zu erklimmen unternahm, steht der Galgen als Schranke auf dem Weg dorthin gegenüber.*

23—24 Zu *bis* Schande!] *In den "Räubern" sagt Moor zu Spiegelberg:* Steig du auf Schandsäulen zum Gipfel der Ehre. *(I 2; NA 3, 24.) In der Rede über "Die Tugend in ihren Folgen betrachtet" findet sich ein ähnliches Bild:* Voltaire und Lamettrie hätten *auf den Ruinen tausend verunglükter Geister eine Schandsäule aufgerichtet, ihres Frevels unsterbliches Denkmal! (NA 20, 33.)*

25—26 Einst *bis* Bewunderung.] *Vgl. dagegen V. 58–59.*

27—38 Nassen *bis* Amalia!] *Das moralische Verdikt hindert nicht das Mitgefühl mit dem großen Verbrecher. In seiner 1792 erschienenen Schrift "Ueber den Grund des Vergnügens an tragischen Gegenständen" erklärt Schiller: [...]* das Leiden eines Verbrechers ist nicht weniger tragisch ergötzend, als das Leiden des Tugendhaften, *denn Selbstaufopferung,* Reue und Verzweiflung über ein begangenes Verbrechen zeigen uns die Macht des Sittengesetzes nur später, nicht schwächer, *und so werden auch sie eine* Quelle moralischer Lust *(NA 20, 141, 143, 142).*

34 steinernen Herold] *Gemeint ist wohl ein Denkstein mit Inschrift auf Moors Grab oder am Fuße des Galgens, gemäß dem Brauch, den Urteilsspruch an den Galgen zu heften.*

38 Amalia] *Karl Moors Geliebte in den "Räubern". Vgl. die Gedichte "Amalia im Garten" und "Amalia".*

39—48 Jünglinge *bis* Phaëton.] *Ovid, der die Geschichte von Phaeton in den "Metamorphosen" (2, 1–328) erzählt, beendet sie mit dem Hinweis auf Phaetons Grabinschrift; sie lautete:* ‚Hic situs est Phaëton, currus auriga paterni; / quem si non tenuit, magnis tamen excidit ausis.' *(2, 327–328.) (",Phaëton liegt hier, der des Vaters Wagen bestiegen; / hielt er ihn nicht, ist er doch bei großem Wagnis gefallen'"; nach Erich Rösch, Metamorphosen [1983], 61.) Diese Worte lassen sich auch auf Karl Moor beziehen.*

40 des *bis* Aetherstral] *ebenso "Melancholie / an Laura" (V. 93, 102).*

51 Mal] *Denkmal.*
55—56 Dein *bis* nicht] *Diese Aussicht widerspricht der Prophezeiung Spiegelbergs über den Nachruhm eines rechten Räubers: Im Gegensatz zu manchen Königen und Kurfürsten spreche man* von so einem *noch* Jahrhunderte, Jahrtausende lang (I 2; NA 3, 29).
58—59 Seine *bis* nicht.] *Der Sinn der Verse ist vermutlich, mit Bezug auf V. 55-56: Seine, Moors, Sünde und Schande werden weiterleben, auf seinem Monument wird als (gewissermaßen von der* Weltgeschichte *verfaßte) Inschrift* nur *geschrieben stehen:* Räuber Moor, *nicht aber ihr (der Sünde und Schande)* Name: *der mit den kühnen (Un-)Taten Moors zu Lebzeiten verknüpfte Ruhm. In seinem Aufsatz* „Was kann eine gute stehende Schaubühne eigentlich wirken?" *beschreibt Schiller, wie das Theater* kühne Verbrecher, die längst schon im Staub vermodern, unter ihnen Medea, Lady Macbeth und Franz Moor, ihr schändliches Leben *auf der Bühne vor der Nachwelt wiederholen läßt* — und mit wollüstigem Entsezen verfluchen wir ihr Gedächtniß. *(NA 20, 92.)* — *Das dem Jüngling zur Warnung gedachte Argument der beiden Verse widerspricht allerdings V. 25-26 und auch dem Beispiel des „mutwilligen Phaeton" (V. 48).*
nach 59 R ä u b e r] *Das Schauspiel „Die Räuber" war im Sommer 1781 erschienen (vgl. die Erläuterungen zur Entstehung; NA 3, 290).*

119—120 Morgenfantasie

ENTSTEHUNG. Das Gedicht gehört thematisch in den Umkreis der Laura-Gedichte, ist also vermutlich auch 1781 entstanden.

ÜBERLIEFERUNG. H: ? — E: Anthologie auf das Jahr 1782. S. 184—186. Das Gedicht ist mit Y. unterzeichnet. D: Gedichte 2 (1803). S. 147—149 unter dem Titel „Der Flüchtling"; danach in: Gedichte ²2 (1805). S. 147—149. — Textwiedergabe nach E.

LESARTEN. Augenvarianten und Interpunktionsveränderungen in D sind nicht verzeichnet. — Überschrift: Der Flüchtling *D*   **2** düstre Tannenrizen] düst'rer Tannen Ritzen *D*   **9** Jugendlichschön] Jugendlich schön *D*   **15** in perlendem] im perlenden *in der Ausgabe von 1805*   **41** Todenflur] Todtenflur *D*

ERLÄUTERUNGEN. Inmitten der Schönheit der Natur tritt plötzlich der Gedanke an Tod und Vergängnis hervor — diese Situation findet sich wiederholt in Schillers Gedichten, so in „Der Abend" (V. 85—90), „An die Sonne" (V. 34—37), später noch in „Der Jüngling am Bache" (V. 13—16). Anregungen sind wohl nicht nur von der Barocklyrik (vgl. zu „Melancholie / an Laura"), von Klopstock und Uz (vgl. zu „An die Sonne") ausgegangen, sondern auch von Goethes „Die Leiden des jungen Werthers". Schillers Gedicht trägt etwas von der Stimmung der Ossian-Lieder Werthers an sich: Warum wekst du mich Frühlingsluft, du buhlst und sprichst: ich bethaue mit Tropfen des Him-

mels. Aber die Zeit meines Welkens ist nah, nah der Sturm, der meine Blätter herabstört! (2, 206.)
Möglicherweise spielen auch persönliche Erlebnisse Schillers eine Rolle, der Tod der Mitschüler von Hoven (vgl. zu „Eine Leichenfantasie") und Wekberlin (vgl. zu „Elegie auf den frühzeitigen Tod Johann Christian Weckerlins"), die Suizidabsichten des Schulkameraden Joseph Friedrich Grammont (vgl. zu Schillers Bericht „Über die Krankheit des Eleven Grammont"; NA 22, 352). Im Zusammenhang mit von Hovens Tod hatte Schiller seiner Schwester Christophine am 19. Juni 1780 geschrieben: Ich freue mich nicht mehr auf die Welt, und ich gewinne alles, wenn ich sie vor der Zeit verlaßen darf. (NA 23, 14.)
Vgl. auch die Erläuterungen zur 2. Fassung des Gedichts.
6 gewirbeltem] *wirbeln, hier von Vögeln: eine rasche Folge von Tönen hervorbringen (vgl. Grimm 14 II, 542).*
12 Anger] *„mit Gras bewachsener Platz" (Adelung 1, 305); Wiese.*
12 Au] *wasserdurchzogenes „gutes Weideland" (Adelung 1, 466).*
23 strampfen] *stampfen; stoßen (vgl. Adelung 4, 420). Vgl. auch „In einer Bataille" (V. 60).*
24 Farren] *Stiere (vgl. Grimm 3, 1334).*
32 elenden Stab] *Stab des Elends; Stab, der ins Elend führt oder auch in die Fremde, in die Verbannung (nach mhd. ellende: der in oder aus einem fremden Land ist; verbannt).*

120—121 An Minna

ENTSTEHUNG. *Das Gedicht ist wahrscheinlich nicht vor 1781 entstanden – auch wenn es nicht Wilhelmine Andreae, der Nichte Luise Dorothea Vischers, mit der Schiller Anfang 1781 bekannt wurde, gegolten haben sollte.*

ÜBERLIEFERUNG. *H: ? – E: Anthologie auf das Jahr 1782. S. 190–192. Das Gedicht ist mit M. unterzeichnet. D^1: Gedichte 2 (1803). S. 154–156. D^2: Gedichte ^{2}2 (1805). S. 154–156 (2. Fassung). – Textwiedergabe nach E.*

LESARTEN. *Augenvarianten und Interpunktionsveränderungen in D werden nicht verzeichnet.* – **5** Laffen] Thoren D **7** Eitel in sich selbst verloren – D **9** Sonnenhute] Sommerhute D **24** Hure] Thörin D – *Vgl. die Varianten der 2. Fassung in NA 2 I, 165–166.*

ERLÄUTERUNGEN. *Weniger drastisch als der „Fluch eines Eifersüchtigen" von Johann Jakob Abel in der „Anthologie" (S. 134–136), das der untreuen Geliebten die Syphilis herbeiwünscht, führt das Gedicht Klage gegen Minna, die sich andern Männern zuwandte. Ob sich hinter dem Vornamen Wilhelmine Andreae (1764–1837), die Nichte von Luise Vischer (vgl. über diese zu „Die Entzükung / an Laura") verbirgt, die auch von Stäudlin, Karl Friedrich Reinhard und Karl Philipp Conz umworben wurde, läßt sich nicht sicher nachweisen (vgl. die Zusammenstellung der Zeugnisse bei Weltrich, Friedrich Schiller, 817–822).*

Literarische Anregungen gingen möglicherweise von Stäudlins themenverwandtem Gedicht „Der Eifersüchtige" im „Schwäbischen Musenalmanach / Auf das Jahr 1782" (S. 155–159) aus, auf das Schiller eine poetische Antwort lieferte. In den „Vermischten poetischen Stüken" (1782) war Stäudlins an Wilhelmine gerichtetes Huldigungsgedicht „An Minna. Zum Geburtstage. 1781" (S. 47–50) erschienen.
Vgl. auch die Erläuterungen zur 2. Fassung des Gedichts.
1 trüber] *Zu diesem Gebrauch des Komparativs vgl. die Erläuterungen zu „Das Geheimniß der Reminiszenz" (V. 93).*
35–36 Blumenscene / Deines Mays] *Gemeint ist wohl: Schönheit deiner Jugend. Vgl. den Gedanken von der Vergänglichkeit der Schönheit in „Melancholie / an Laura".*
37 Liebesgeize] *Geiz: Gier, Habgier (vgl. Grimm 4 I 2, 2811); also: Liebesgier.*
39 Zischen] *sich abfällig äußern (vgl. Grimm 15, 1634).*

122–123 Elisium

ENTSTEHUNG. *Das Gedicht, dessen Nähe zu „Gruppe aus dem Tartarus" unverkennbar ist, ist wahrscheinlich 1780 oder 1781 entstanden.*

ÜBERLIEFERUNG. *H: ? – E: Anthologie auf das Jahr 1782. S. 196–198. Das Gedicht ist mit M. unterzeichnet. D: Gedichte 2 (1803). S. 151–153; danach in: Gedichte ²2 (1805). S. 151–153. – Textwiedergabe nach E.*

LESARTEN. *Augenvarianten und Interpunktionsveränderungen in D werden nicht verzeichnet. – Verteilung der Strophen auf einen Chor und fünf Stimmen fehlt D.* Überschrift: Elisium *D* 3 jedwedes] jegliches *D* 22 Halmen] Halme *in der Ausgabe von 1805* 31 Balsamwest] Balsam west *D (in der Ausgabe von 1805* Balsamwest*)*

ERLÄUTERUNGEN. *Das Gedicht vervollständigt nach den Szenen aus dem „allerfinstersten Ort in der Hölle" (Hederich, 2289) in „Gruppe aus dem Tartarus" die Schilderung der Unterwelt in der „Anthologie". Sich wieder an Vergils „Äneis" orientierend (vgl. 6, 637–665), beschreibt es Elysium, den „Aufenthalt der Frommen" (Hederich, 987). Der mit den Begriffen „Tartarus" und „Elysium" umschriebene Zustand der abgeschiedenen Seelen der Menschen gehört mit seiner eschatologischen Perspektive in den Gedankenkreis einer in universaler Harmonie organisierten Welt, welcher die Vorstellung von Vergeltung einschließt.*

In Fergusons „Grundsätzen der Moralphilosophie" heißt es dazu: Die Regierung Gottes ist gerecht; aber die instinktartige Begierde des Menschen nach austheilender Gerechtigkeit, wird nicht in diesem Leben befriedigt. Daher der allgemeine Glaube, daß der Böse noch hinzukommende Strafen, und der Gute noch hinzukommende Belohnungen in einem künftigen Zustande zu erwarten habe. *(Garve, Fergusons Grundsätze einer Moralphilosophie [1772], 119.)*

Vollständige Erkenntnis der Wahrheit über die göttliche Gerechtigkeit ist nur im jenseitigen Leben möglich, wenn sich, wie Leibniz sagt, die Sonne der Gerechtigkeit so zeigen und darstellen wird, wie sie ist; alsdann werden wir diese Gerechtigkeit sehen. *(Theodicee, 136 [§ 82].) In Klopstocks Ode „An Fanny" heißt es über das Jüngste Gericht:* Was in der Dinge Lauf jetzt misklingt, / Tönet in ewigen Harmonien! *(V. 27-28; Oden [1776], 107.) Im Brief an Körner vom 30. März 1789 deutete Schiller später die Unsterblichkeit in diesem Sinne als ein* Product des Gefühls für Ebenmaaß, *dort allerdings mit der kritischen Einschränkung:* nach dem der Mensch die moralische Welt beurtheilen wollte, eh er diese genug überschaute.

Schiller, der hier das antike Elysium mit christlichen und philosophischen Vorstellungen verbindet, entwickelte den mythologischen Begriff später fort. Er dient der Umschreibung des ursprünglichen Zustandes eines ganzheitlichharmonischen Menschen und wird so zu einem wichtigen Bestandteil von Schillers Ästhetik (vgl. die Gedichte „Die Götter Griechenlandes", „Die Künstler", „Das Reich der Schatten" und die Abhandlung „Ueber naive und sentimentalische Dichtung", besonders NA 20, 472).

Titel Kantate] *kurzes, abgeschlossenes Singstück lyrischer Art für Chor- und Solostimmen mit Instrumentalbegleitung; im Gegensatz zur dramatischen Opernarie und zum epischen Oratorium. „Elisium" wurde u. a. von Franz Schubert in zwei Entwürfen vertont (vgl. Friedlaender, Kompositionen zu Schillers Werken [1905], 263; ders., Schillers Gedichte in der Musik [1896], 34*).*

3 Ersäufen jedwedes Ach] *Hiermit korrespondieren V. 3-4 in „Gruppe aus dem Tartarus".*

6 Durch *bis* Bach] *Vgl. dagegen das Bild des weinenden Bachs in „Gruppe aus dem Tartarus" (V. 2).*

12 Wahrheit *bis* entzwei] *Das Motiv vom Schleier der Wahrheit kommt, in neuer Wendung, wiederholt in Schillers Gedichten vor (vgl. vor allem „Die Künstler"* [V. 433-436] *und „Das verschleierte Bild zu Sais"). Es findet Eingang in Schillers Kunstlehre: Unverschleiert ist Wahrheit dem irdischen Menschen weder zugänglich noch verträglich. Die Kunst aber, selbst lediglich „Schein", vermag auf ästhetischem Weg Wahrheit in der Schönheit zu vermitteln. Für die Kunst wird der Schleier der Wahrheit zum Medium ihrer Erkenntnis. In diesem Sinn empfängt der Dichter in Goethes Gedicht „Zueignung" (1784) von der Göttin der Wahrheit ein Geschenk:* Aus Morgenduft gewebt und Sonnenklarheit, / Der Dichtung Schleier aus der Hand der Wahrheit. *(V. 95-96; WA I 1, 7.) Vgl. auch die Erläuterungen zu „Die Künstler" (V. 54-65). – Der Glaube an die volle Erkenntnis der Wahrheit im Jenseits gehört zu den Themen von Klopstocks Oden; vgl. darüber die Erläuterungen zu „Der Abend" (V. 95-99).*

16 Sanfter *bis* Schmerz] *Gemeint ist: Es gibt keinen Schmerz, nur geringere Grade von* Entzüken.

20—22 Seine *bis* sehn] *Neben der Vorstellung eines Lebens ohne „arebeit" (mhd.: Mühe, Mühsal) evoziert das Bild den Gedanken an den personifizierten Tod, dessen Untätigkeit für die Aufhebung von Vergänglichkeit und Zeitlichkeit steht (vgl. V. 33 und Gruppe aus dem Tartarus, V. 13-14).*

23—26 Dessen *bis* hier] *anastrophische Konstruktion: Die Relativsätze in V. 23-25 beziehen sich auf den Subjektsatz in V. 26.*
23 wallte] *wallen, hier: vom Wind bewegt sein (vgl.* Grimm 13, 1282); *transitiv gebraucht (vgl. die „Vorbemerkungen" zum Stil der Jugendgedichte, S. 16-17).*
29 Hier *bis* Gatten] *Sehr ähnlich lautet V. 123 der „Götter Griechenlandes".*
31 Balsamwest] *Gemeint ist der Westwind Zephyr, der als Vorbote des Frühlings galt.*
33 Hiebe] *Im Hintergrund steht das Bild des Todes mit Sense oder Sichel.*

123   **Quirl**

ENTSTEHUNG. Die Verse sind um 1780 entstanden.

ÜBERLIEFERUNG. H: ? – E: Anthologie auf das Jahr 1782. S. 198. Die Verse sind mit O. *unterzeichnet.*

ERLÄUTERUNGEN. Das Epigramm geht wie das Eingangsgedicht der „Anthologie", „Die Journalisten und Minos", gegen die schreibende Zunft der Zeitungs- und Journalbeiträger. Ob sich hinter Quirls Wochenblatt *eine bestimmte Zeitung verbirgt, ist ungeklärt. Schiller selbst war, von Beiträgen zu Balthasar Haugs Zeitschriften „Schwäbisches Magazin von gelehrten Sachen" und „Zustand der Wissenschaften und Künste in Schwaben" abgesehen, kurze Zeit Mitarbeiter der „Nachrichten zum Nuzen und Vergnügen" von Christoph Gottfried Mäntler (1735-1795) in Stuttgart sowie Mitherausgeber des „Wirtembergischen Repertoriums" (vgl. NA 22, 359-361, 366-368). – Gemeint ist möglicherweise: Eure Verwunderung darüber, daß das Wochenblatt an Umfang gewonnen hat, ist nicht am Platz, weil ihr doch hörtet, daß es genug Nachrichten, nämlich die Mitteilungen des Ausrufers, gibt, die gedruckt werden können, ohne Rücksicht darauf, ob sie bereits bekannt sind. Mit anderen Worten: Ein Journal wie das von Quirl kann nur die Seiten füllen, indem es überflüssige und nebensächliche Informationen ansammelt.*

124—127   **Die schlimmen Monarchen**

ENTSTEHUNG. Das Gedicht ist vermutlich um 1780 entstanden. Die Fragmente „Die Gruft der Könige" und „Triumphgesang der Hölle" könnten früheren Fassungen angehört haben. Der Zusammenhang mit Schubarts 1780 zuerst erschienenem Gedicht „Die Gruft der Fürsten" (vgl. zu „Die Gruft der Könige") – und das heißt wohl: die Abhängigkeit des Schillerschen Gedichts von dem Schubarts – ist deutlich. Daß Schiller „Die Gruft der Fürsten" nicht erst im Druck kennengelernt hat, läßt die Notiz Streichers in seinem Bericht „Schil-

ler's Flucht von Stuttgart [...]" vermuten: Am frühen Morgen des 23. September 1782 „zog Schiller sogleich ein Heft ungedruckter Gedichte von Schubart hervor, von denen er die bedeutendsten seinem Gefährten vorlas. Das Merkwürdigste darunter war die F ü r s t e n g r u f t , welches Schubart in den ersten Monaten seiner engen Gefangenschaft mit der Ecke einer Beinkleiderschnalle in die nassen Wände seines Kerkers eingegraben hatte." (S. 82.) Die Gedichte Schubarts hatte vermutlich dessen Sohn Ludwig, der 1777 in die Militärakademie eingetreten war, Schiller zukommen lassen. Die persönliche Bekanntschaft Schubarts machte Schiller erst Ende 1781, als er den Gefangenen auf dem Hohenasperg besuchte.

ÜBERLIEFERUNG. H: ? – E: *Anthologie auf das Jahr 1782. S. 244–250. Das Gedicht ist mit Y. unterzeichnet.*

ERLÄUTERUNGEN. *Das Gedicht über die verstorbenen Regenten behandelt das gleiche Thema wie „Die Gruft der Könige", wovon freilich nur ein Fragment überliefert ist. Mit der „Aufschrift einer Fürstengruft" (S. 48) enthält die „Anthologie" ein weiteres Gedicht aus diesem Umkreis. Einflüsse gingen nicht nur von Schubarts Gedicht „Die Gruft der Fürsten" aus – es erschien in Heinrich Wagners „Frankfurter Musenalmanach auf das Jahr 1781" (S. 144 bis 150), Schiller kannte es in einer handschriftlichen Fassung (vgl. ENTSTEHUNG) –, sondern auch von Klopstocks „Messias", dessen 18. Gesang am Ende das göttliche Strafgericht über die unheiligen Könige am Jüngsten Tag schildert (vgl. 18, 782–845), und von Hallers Gedicht „Ueber die Ehre", mit dem das vorliegende u. a. im Reimschema (aab ccb) übereinstimmt.*

Im November 1781 lernte Schiller den auf dem Hohenasperg (von 1777 bis 1787) in Festungshaft sitzenden Schubart bei einem Besuch kennen (vgl. NA 42, 21). Schubart war als mißliebiger Kritiker der Regierenden verhaftet und ohne Anklage und Prozeß eingekerkert worden. Es ist denkbar, daß dieses Erlebnis fürstlicher Willkür Schillers Groll nährte, der sich in kaum verhüllten Angriffen auf den Landesherrn, Herzog Karl Eugen, Ausdruck verschaffte.

1–30 Euren bis ruhn.] *Die zunächst unklare Situation wird ab V. 31 deutlich: Der Dichter redet die toten Fürsten in ihren Gräbern an.*

2 Erdengötter] *ebenso in „Todenfeyer am Grabe Philipp Friderich von Riegers" (V. 28, 44); in „Der Venuswagen" (V. 61) ist von* Göttern unterm Monde *die Rede.*

2–3 süsen Feyer / Anadyomenens] *Anadyomene, Beiname der Aphrodite nach griech.* ἀναδυομένη: *die dem Meer Entstiegene. Als solche wird die Göttin in „Der Triumf der Liebe" besungen (vgl. V. 35–38). Jonas (Erläuterungen, 130) nimmt an, daß* süse Feyer *eine Anspielung auf dieses Gedicht ist.*

4 pompende] *pompen: mit Pomp auftreten, prangen (vgl. Grimm 7, 1997).*

9 Wahlplaz] *Walplatz (nach mhd., ahd. wal: Kampfplatz): Schlachtfeld.*

12 Phrynen] *griechische Hetäre (vgl. zu „Der Venuswagen" [V. 129]); hier allgemein „Schöne", „Geliebte".*

16 Euer bis tändelt] *Gemeint ist wohl: Wo ihr zur Befriedigung bloßer Launen gefährlich mit der Macht spielt (o. ä.).*

19 Sing *bis* Diademen?] *Gemeint ist: Soll ich davon singen, daß unter Diademen Ruhe herrsche. In Hallers Gedicht „Ueber die Ehre" heißt es:*

> Die Ruh wohnt bey der Ehre nie.
> *[...]*
> Es klingt zwar herrlich in den Ohren,
> Zum Herrscher von der Welt gebohren,
> Und grösser noch von Würdigkeit!
> Allein der Glanz von zehen Kronen,
> Die Majestät so vieler Thronen,
> Ist nur der Unruh Feyer-Kleid.

(V. 81, 91-97; Versuch Schweizerischer Gedichte [1762], 14, 15.)
21—24 Wenn *bis* begehrt.] *Angesichts von Tod und Vergänglichkeit erscheinen die Reichtümer der Könige dem Sklaven nicht begehrenswert. In Hallers Gedicht „Ueber die Ehre" wird in ähnlicher Weise auf die Scheinhaftigkeit des Glücks der Regenten hingewiesen (vgl. V. 85-90).*
25—30 Zeig *bis* ruhn.] *Nach den in V. 7-24 verworfenen Möglichkeiten, ein angemessenes Lied auf die* Erdengötter *anzustimmen, zeigt der Imperativ am Beginn der Strophe an, daß ein treffendes Bild für das* F ü r s t e n g l ü k *(V. 36) gefunden wurde: das Grab. Dort, wo sie das Los ihrer* Ruderssklaven *teilen, haben sie, wie eine Reihe von Bildern veranschaulicht, ihre irdische Größe eingebüßt.*
33 jach] *jäh (vgl. Grimm 4 II, 2198-2199).*
43—48 Traurig *bis* gewacht.] *Ganz ähnlich lautet die 13. Strophe von Hallers Gedicht „Ueber die Ehre":*

> Baut, eitle Herrscher unterm Süden,
> Die unzerstörbarn Pyramiden,
> Gepflastert mit des Volkes Blut;
> Doch wißt, daß einst der Würmer Speise,
> Man unter Last vom höchsten Preise
> Nicht besser als im Rasen ruht.

(V. 73-78; Versuch Schweizerischer Gedichte [1762], 14.)
47—48 Doch *bis* gewacht.] *Gemeint ist: Nur Würmer stehen im Sold statt wie zu Lebzeiten Scharen von Bedienten und Soldaten.*
53 des Unholds] *des Todes.*
53 Zoten] *hier: Späße, Streiche (vgl. Grimm 16, 125).*
54 Sultan] *wohl allgemein: Herrscher.*
55—73 Springt *bis* Stille —] *Der Gedanke der Strophen ist vermutlich: Sind die königlichen* Siebenschläfer *nicht einmal durch fürstliche Vergnügungen aufzuwecken, so sind sie wirklich tot. — Die Verse umschreiben notorische Leidenschaften Karl Eugens, für deren Finanzierung jedes Mittel recht war (etwa der 1752 abgeschlossene Subsidienvertrag mit Frankreich, der ihn verpflichtete, im Siebenjährigen Krieg Landeskinder als Soldaten zur Verfügung zu stellen): das Militärwesen, verschwenderische Feste, besonders Jagden, und Mätressen.*
58 Zinken] *Blasinstrument aus Holz mit Tonlöchern, auch Kornett genannt.*
70 düßeln] *tuscheln, flüstern (vgl. Kasch, 10).*

75 Trabanten] *Trabant: Fußkrieger, Söldner; Soldat; Bedienter eines Herrschers, Leibwächter (vgl. Grimm 11 I, 946).*

76—78 Und *bis* gestekt?] *Die Verse wollen wohl sagen: Und ihr fordert noch im Tod Verehrung, weil der blinde Zufall euch einst Macht über eine Welt zugespielt hat?*

77 blinde Meze G l ü k] *Im Hintergrund steht die mittelalterlich-barocke Vorstellung der Fortuna, die, blind für Verdienst und Billigkeit, Glück und Unglück zuteilt.*

79—84 Und *bis* aus.] *Die Regenten als* Gaukler *und komödiantische* Stümper *auf dem Welttheater – in V. 29 war von* Theaterminotauren *die Rede –: So hatte die „Elegie auf den frühzeitigen Tod Johann Christian Weckerlins" die Menschen schlechthin beschrieben (vgl. V. 95–106).*

81 Opernhaus] *Der prunkliebende Karl Eugen hatte 1764 in Ludwigsburg eines der größten Opernhäuser Europas einrichten lassen, an denen die bekanntesten Musiker, Sänger und Tänzer gastierten. Die Oper war so großzügig bemessen, daß bei Opern und Schauspielen ganze Schlachten aufgeführt wurden, wobei bis zu 500 Soldaten, auch Reiterei mit beschuhten Pferden, die Bühne füllten.*

82—84 Pöbelteufel *bis* aus.] *Mit „Teufeln" ist vielleicht auf jene Gruppen in der Umgebung der Fürsten angespielt, die ihnen nach Art von Claqueuren schmeichlerischen Beifall zollen, mit „Engeln" auf die Wohlmeinenden, die ihnen die Wahrheit sagen.*

85—90 Ins *bis* sehn.] *Der Sinn ist wohl: Eure Hofschranzen und Einbläser würden, wenn sie könnten, so weit gehen, euch, nach Schlangenart, das Gewissen zu umstricken und abzutöten; wißt aber, daß vor Gottes Blick nichts verborgen bleiben kann.*

87 Mäkler] *Makler; nach „mäkeln": „unehrbaren zwischenhandel" treiben (Grimm 6, 1489), hier: zwischen Wünschen und Gewissen.*

89 Pharisäerlarven] *Pharisäer: Mitglieder einer jüdischen Sekte, „welche sich durch äußere strenge Beobachtung des Gesetzes Mosis vor andern hervorthaten" (Adelung 3, 765); hier allgemein: Heuchler.*

91—94 Prägt *bis* Münze] *Die Verse spielen auf die Verschlechterung des Münzgehalts zur (scheinbaren) Aufbesserung der Staatsfinanzen an. Das Finanzwesen Württembergs lag in der Hand von Juden. Unter Karl Eugens Vorgänger, Herzog Karl Alexander (1684–1737), betrieb der Geheime Finanzrat Joseph Süß-Oppenheimer (1698/99–1738) im Namen seines Herrn eine rücksichtslose Finanzpolitik, an die Karl Eugen durch Ausschreibung verfassungswidriger Steuern, Errichtung von Monopolen u. a. anknüpfen ließ.*

96 Waage] *die Waage des Jüngsten Gerichts (vgl. Der Eroberer, V. 82, und die Erläuterungen dazu).*

97 Seraile] *aus dem Türkisch-Persischen: Paläste.*

98 des Himmels fürchterlicher Presser] *Presser: Steuereintreiber; also das Gewissen oder der Tod.*

99 des grosen Pfundes Zinsen] *Der Vers erinnert an die biblischen Gleichnisse von den verschiedenen Talenten (vgl. Matth. 25, 14–30) und vom Edelmann und seinen Knechten (vgl. Luk. 19, 12–27).*

100–102 Ihr bis erfand.] *Die Verse spielen auf die Karlsschule an, in der Karl Eugen die Schüler bigotte Reden über Tugend und Tugendhaftigkeit halten und sich und Franziska von Hohenheim überschwengliche Huldigungen darbringen ließ, während des Herzogs ausschweifendes Leben bekannt war (vgl. Schillers eigene Karlsschulreden; NA 20, 3–9, 30–36). Als Karl Eugen 50 Jahre alt wurde, legte er zu seinem Geburtstag am 11. Februar 1778 ein öffentliches Gelübde ab, d. h. er ließ von den Kanzeln herab ein Ausschreiben verlesen, worin er ein Sündenbekenntnis ablegte, seine Jugendvergehen bereute und seinen Untertanen versprach, ihnen künftig ein besserer Landesherr zu sein.*
105 Bübelt] *bübeln: sich wie ein Bube, Schurke betragen (vgl. Kasch, 8).*
105 Hinterhalt] *hier: Deckung, Schutz.*
106 für] *vor (vgl. Pfleiderer, 389).*

128–130 Graf Eberhard der Greiner von Wirtemberg

ENTSTEHUNG. *Da das Gedicht als Gegenstück zu dem „Kriegslied eines Corsen" in Stäudlins „Schwäbischem Musenalmanach / Auf das Jahr 1782" (S. 130–131) von Karl Philipp Conz zu verstehen ist, kann es frühestens Ende 1781 entstanden sein. Eduard Boas (Schiller's Jugendjahre 2, 161–162) hat nach einem mündlichen Bericht Christoph Friedrich von Stälins mitgeteilt, daß Schillers Mitschüler Johann Christoph Friedrich Haug „über diesen Stoff einen poetischen Wettkampf mit Schiller gehalten habe".*

ÜBERLIEFERUNG. H: ? – E: *Anthologie auf das Jahr 1782. S. 251–256. Das Gedicht ist mit W. D. unterzeichnet.* D: *Gedichte 2 (1803). S. 135–139; danach in: Gedichte* ²2 *(1805). S. 135–139. – Textwiedergabe nach E.*

LESARTEN. *Augenvarianten und Interpunktionsveränderungen werden nicht verzeichnet.* – **19** Schwerdertanz] Schwertertanz D   **54** *nicht hervorgehoben* D   **65** Lustfeyren] Lustfeyern D

ERLÄUTERUNGEN. *Den Hintergrund des Gedichts bilden die Auseinandersetzungen zwischen dem Grafen Eberhard II. von Württemberg (1315–1392; Herzog seit 1344) und den miteinander verbündeten Reichsstädten, über die er die Landeshoheit erstrebte. Im Mai 1377 brachte die Stadt Reutlingen Eberhards Sohn Ulrich (1343–1388) eine Niederlage bei, in deren Folge Eberhard, welcher sehr erzürnt über seinen Sohn gewesen sein soll, Gebietsverluste hinnehmen mußte. Die zeitweilige Dominanz der Städte wurde jedoch schließlich in der Schlacht bei Döffingen in der Nähe von Weil am Rhein im August 1388 vollständig gebrochen. Eberhards Sohn Ulrich fiel in dieser Schlacht.*

  Die Strophenform des Gedichts gleicht, um den vierten Vers erweitert, der Chevy-Chase-Strophe, deren sich u. a. Gleim in seinen Kriegsgedichten bediente.
Titel Greiner] *Außer diesem Beinamen, der soviel wie „Zänker" bedeutet, trug Eberhard einen weiteren: „der Rauschebart" (vgl. V. 28).*
2 Die Nasen eingespannt] *Gemeint ist: Tragt die Nasen nicht so hoch!*

6—7 Prahlt *bis* Ludewig.] *Die genannten Namen beziehen sich vermutlich auf die römischen Kaiser (Karl), die englischen Könige (Eduard), die römischen Kaiser und deutschen Könige (Friedrich) und die französischen Könige (Ludwig).*

22 gepantscht] *pantschen: schlagen (vgl. Kasch, 23).*

23 Der *bis* Gesicht] *In Christian Friderich Sattlers „Geschichte des Herzogthums Würtenberg" (1757–1768) wird berichtet:* „Dise Niderlage gieng Gr. Eberharden sehr zu Herzen und man meldet von ihm, daß er seinen Sohn für unwürdig gehalten neben ihm an der Tafel zu speisen, sondern da er einst mit ihm gespeiset, das Tafeltuch zwischen ihm und gedachtem seinem Sohn entzwey geschnitten. Er durfte sich auch selten unterstehen ihm unter die Augen zu kommen." *(2, 256.)*

31 bald darauf] *Zwischen beiden Schlachten lagen in Wirklichkeit elf Jahre (vgl. die einleitenden Erläuterungen).*

40 Lanzennacht] *Bild für die Schlacht, in welcher der Himmel vor Lanzen verdunkelt scheint.*

42 Schwung] *älteres Präteritum von „schwingen" (vgl. Pfleiderer, 367); ebenso* sunk *(V. 47) von „sinken".*

42 Heldenstab] *Schwert.*

47 Sunk] *Vgl. zu V. 42.*

48 Trieb] *Trupp (vgl. Kasch, 27).*

54 M e i n *bis* M a n n !] *Diese Reaktion Eberhards ist im 2. Band der „Annales Suevici" (1596) von Martin Crusius überliefert:* „E r s c h r e c k e t   n i c h t :   e r   i s t   w i e   e i n   a n d e r e r   M a n n :   S t e h e t   t a p f f e r :   s i h e   d i e   F e i n d t   f l i e h e n." *(S. 309.) Auch von Eberhards Trauer nach der Schlacht (vgl. V. 66–70) ist hier die Rede:* „Victor Eberhardus, qui luctum filii in proelio prudenter celauerat, noctu dolorem interfecti non amplius dißimulare potuit: non sinebat inditus naturâ amor patriam consistere mentem: sed illum, vt vnicum, seriò iam lugebat." *(S. 309.) (In der nicht ganz wörtlichen Übersetzung von Johann Jacob Moser lautet die Stelle:* „Eberhard, der die Betrübnuß über dem Tod seines Sohns währendem Treffen weißlich verborgen hatte, liesse zu Nacht dieselbe deutlich an sich spühren, und bedauerte aus Vätterlicher Liebe denselbigen als seinen eintzigen Sohn"; *Schwäbische Chronick [1738]. Bd 2. 6. Buch. 2. Kapitel. S. 3.)*

Ob Schiller unmittelbar diese Quelle benutzte, ist ungewiß. Er kannte die Anekdote gewiß auch durch Johann Gottlieb Schott (1751–1813), der an der Karlsschule Geschichte, insbesondere württembergische Geschichte unterrichtete. In der auf ihn zurückgehenden (fälschlich Schiller zugeschriebenen) „Geschichte von Württemberg" (1859) wird Eberhard nach dem Tod seines Sohnes mit folgenden Worten zitiert: „[...] erschrecket nicht, er ist wie ein anderer Mann, stehet tapfer, sehet, die Feinde fliehen!" *(S. 19.) Auf Eberhards Tränen nach der Schlacht findet sich allerdings kein Hinweis. In Sattlers „Geschichte des Herzogthums Würtenberg" wird mitgeteilt:* „Gr. Eberhard sprach den Seinigen einen Muth ein, daß sie sich um seinen Sohn nicht bekümmern, sondern fest stehen und mannlich streiten sollten." *(2, 281.) Auch hier findet sich über Eberhards spätere Trauer nichts.*

131–132 Baurenständchen

ENTSTEHUNG. *Das Gedicht – ein Gegenstück zu den Bauernliedern in Stäudlins „Schwäbischem Musenalmanach / Auf das Jahr 1782" – ist frühestens Ende 1781 entstanden.*

ÜBERLIEFERUNG. *H: ? – E: Anthologie auf das Jahr 1782. S. 260–262. Das Gedicht ist mit W. D. unterzeichnet.*

ERLÄUTERUNGEN. *Das Gedicht greift den in den Alpenländern als „Kiltgang", „Gasseln" oder „Fensterln" bezeichneten Brauch auf, daß junge Männer des Nachts unter dem Fenster ihrer Mädchen erscheinen und durch den Vortrag von brauchtümlichen Sprüchen und Liedern auf Erhörung hoffen.*
2 Kleken] *klecken: ausreichen, genügen (vgl. Kasch, 19).*
10 dieser Loosen] *Zu ergänzen ist: zuliebe, wegen.*
33 Winterbeulen] *Frostbeulen (vgl. Fischer 6, 860).*
38 vom Fenster regnet] *Über Wassergüsse ähnlicher Art berichtet Schiller aus Jena in seinem Brief an Körner vom 29. August 1787.*
43 gehudelt] *hudeln: quälen, plagen (vgl. Kasch, 18).*

133–134 Die Winternacht

ENTSTEHUNG. *Das letzte Gedicht der „Anthologie" ist als deren Epilog zu verstehen; es ist Ende 1781 oder Anfang 1782 entstanden.*

ÜBERLIEFERUNG. *H: ? – E: Anthologie auf das Jahr 1782. S. 268–271. Das Gedicht ist mit +. unterzeichnet.*

ERLÄUTERUNGEN. *Das Gedicht zum Beschluß der „Anthologie auf das Jahr 1782" nimmt Bezug auf deren „Vorrede", in welcher die Entstehung der Gedichtsammlung ins ferne Sibirien verlegt wurde (vgl. NA 22, 85–86). Außerdem spielt es auf Schillers Entlassung aus der Karrlsschule und den Antritt seines Amtes als Regimentsmedikus an.*
26 Stört *bis* um] *umstören: herumstöbern (vgl. Grimm 11 II, 1191).*
31 Terenz] *Publius Terentius Afer (um 190–159 v. u. Z.), lateinischer Komödiendichter.*
31 Minellis] *Johann Minelli(us) (1625–1683), holländischer Philologe und Schulrektor in Rotterdam, veranstaltete Schulausgaben klassischer Autoren mit erläuternden Anmerkungen.*
33 Landexamen] *jährlich zu wiederholende Prüfung zur Aufnahme in eines der weiterführenden Seminare in Württemberg, die nach der Lateinschule auf das Theologiestudium vorbereiteten. Schiller legte sein erstes Landexamen, das zum späteren Besuch des Tübinger Stifts berechtigte, im Jahr 1769 ab und wiederholte es bis 1772 noch dreimal.*
38 spreißt] *spreizt (vgl. Kasch, 25).*

39 Leker] *Lecker: Schimpfwort für einen jungen, unreifen Burschen (vgl. Fischer 4, 1083); lasterhafter Mensch (vgl. Adelung 2, 1963).*

39 baß] *mhd. baz: besser.*

43 schweigt bis Perüken] *schweigt vor, verschweigt der weiseren Perüke.*

45 zum Doktor ausgesprochen] *Am 15. Dezember 1780 wurde Schiller aus der Militärakademie entlassen und als Regimentsmedikus (ohne ärztliche Approbation) beim Grenadierregiment Augé in Stuttgart angestellt.*

AUF DER FLUCHT
STAMMBUCHBLÄTTER UND GELEGENHEITSGEDICHTE 1784–1786

1782 erschienen die „Kasualgedichte eines Wirtembergers" von Johann Ulrich Schwindrazheim (1736–1813), Pfarrer in Gomaringen, zuvor Professor an der Lateinschule in Ludwigsburg, die Schiller im „Wirtembergischen Repertorium" (1782. 1. Stück. S. 196–198) im ganzen sehr wohlwollend besprach (vgl. NA 22, 191–192). Schillers im folgenden versammelte Gedichte widmen sich, wie die kritisierten Gedichte Schwindrazheims, dem unfruchtbaren Stoff der Hochzeiten und anderer alltäglicher Angelegenheiten. Sie erinnern dabei vereinzelt an den schwäbischen Pfarrer, etwa in der moralisch-erbaulichen Rhetorik des „Hochzeitgedichts auf die Verbindung Henrietten N. mit N. N." oder in der Wahl der altertümlichen Form einer Chronika, in welche die „Wunderseltsame Historia" gekleidet ist.

136   **[Aus „Teufel Amor"]**

ENTSTEHUNG und ÜBERLIEFERUNG. *Streicher hat in seinem Bericht „Schiller's Flucht von Stuttgart [...]" (1836) die beiden Verse überliefert; sie entstammten einem ziemlich langen Gedicht, das Schiller während des Aufenthalts in Frankfurt (im Oktober 1782) vergeblich einem dortigen Buchhändler habe verkaufen wollen. Streicher erinnerte sich: „Dieses Gedicht [...] war eines der vollkommensten, die Schiller bisher gemacht, und an schönen Bildern, Ausdruck und Harmonie der Sprache, so hinreißend, d a ß   e r   s e l b s t – was bei seinen andern Arbeiten nicht oft eintraf – ganz damit zufrieden schien, und seinen jungen Freund mehrmals durch dessen Vorlesung erfreute. Leider ging es in den nächsten vier Wochen [...] mit noch andern Sachen, wahrscheinlich durch die Zerstreuung des Dichters selbst, in Verlust, indem sich in der von ihm herausgegebenen Sammlung seiner Gedichte keine Spur davon findet, und das meiste davon der Bekanntmachung fast würdiger gewesen wäre, als einige Stücke aus seiner frühern Zeit." (S. 114–115.)*

ERLÄUTERUNGEN. *Andreas Streicher, der von der Entstehung des Fragments berichtet, teilt über das vollständige Gedicht weiter mit, Schiller habe es trotz finanzieller Schwierigkeiten nicht verkauft, weil der Buchhändler, dem er es angeboten hatte, möglicherweise Johann Georg Fleischer (1723–1796) in Frankfurt, nur 18 statt der verlangten 25 Gulden zu zahlen bereit war (vgl. Schiller's Flucht, 115).*

Das Gedicht war offenbar ein Seitenstück zu „Der Venuswagen" und, nach den Verhandlungen mit dem Buchhändler zu schließen, wohl noch länger als dieses. Streichers Beschreibung zufolge scheint es weniger satirisch, eher lustiglaunischen Charakters gewesen zu sein. Denkbar ist, daß wie im Fall des „Venuswagens" Einflüsse von Wielands „Der verklagte Amor" (1774) ausgegangen sind. Der Titel erinnert an die von Friedrich Ludwig Wilhelm Meyer übersetzte Episode aus dem Roman „Le diable amoureux" (1772) von Jacques Cazotte (1720–1792): Teufel Amor. Erzählung, nach Cazotte; in: Bibliothek der Romane. [Hrsg. von Heinrich Ottokar Reichard.] Bd 3. Riga und Leipzig ²1785. S. 237–257; Bd 4. Berlin 1779. S. 187–240; Bd 5, Riga 1780. S. 167 bis 214. Zu Schillers Bibliothek gehörte auch Johann Riemers Roman „Amor Der Tyranne" (Merseburg 1685) (vgl. Schüddekopf, Schillers Bibliothek, Nr 163); es ist freilich unklar, ob Schiller Riemers Roman schon während seiner Zeit in Oggersheim und Frankfurt kannte.

**137–141   Hochzeitgedicht auf die Verbindung
Henrietten N. mit N. N.**

ENTSTEHUNG. *Das Gedicht entstand Anfang 1783 in Bauerbach aus Anlaß der Hochzeit Henriette Sturms, einer Pflegetochter von Henriette von Wolzogen, und des Verwalters Schmidt aus Walldorf (bei Meiningen). Vgl. Schillers Brief an Henriette von Wolzogen vom 4. Januar 1783.*

ÜBERLIEFERUNG. *H: Stadtarchiv Hannover. 3 ineinandergelegte Doppelblätter 24,8 × 18,7 cm; der Titel auf S. 1, der Text auf S. 3–11. Geripptes Papier, beschädigt und stark vergilbt. Wz. (aller drei Doppelblätter): Nach links gerichtete stehende Frau mit Stange (fast unkenntlich) / verschlungener Buchstabe (W?). h: GSA. Abschrift von Rudolph (nach H, daher ohne textkritische Bedeutung). – E: Wolzogen, Schillers Leben (1830) 1, 133–139. – Textwiedergabe nach H.*

LESARTEN. *Die Anredepronomina sind von Schiller durch besonders schöne Schrift hervorgehoben (oft durch lateinische Zierschrift). Überschrift:* Henrietten] *verb. aus* Henriettens H   *unter der Überschrift:* 1783 H   **1** noch (Druckfehler)] *nach* H   **3** Dichterkiel.] *danach ein Gedankenstrich gestr.* H   **14** rinnen,] *Komma fehlt* H   **21** Sympathie] Sympathie. H   **108** seyn?] *Fragezeichen verb. aus Ausrufezeichen* H

ERLÄUTERUNGEN. *Das Gedicht galt der Hochzeit von Henriette Sturm (1752–1816), der Pflegetochter Henriette von Wolzogens (1745–1788), mit dem Freiherrlich von Marschalkischen Verwalter Johann Nikolaus Schmidt (1735–1786), am 2. Februar 1783 in Walldorf bei Meiningen. Schiller, der sich seit Anfang Dezember 1782 auf Einladung der Frau von Wolzogen auf deren Gut in Bauerbach unter dem Namen Dr. Ritter aufhielt, erfüllte mit dem Gedicht ein Versprechen der Braut gegenüber (vgl. Schiller an Henriette von Wolzogen vom 4. Januar 1783) und nutzte den Anlaß zugleich zu einer Huldigung an seine Gastgeberin (vgl. V. 37–54, 115–150).*

1 nach langer Musse] *Die bis zum Zeitpunkt der Hochzeit letzten Gedichte, die Schiller geschrieben hatte, waren die „Todenfeyer am Grabe Philipp Friderich von Riegers" vom Mai 1782 und der vermutlich im Sommer oder Frühherbst desselben Jahres entstandene „Teufel Amor". Außer mit Lyrik war Schiller damals freilich mit der Arbeit an „Kabale und Liebe" beschäftigt.*

4 Schäferstunde] *in der Tradition der Hirtendichtung: Stunde der Begegnung von Liebenden. Es ist denkbar, daß Schiller bei Abfassung des Gedichts nicht nur das Brautpaar im Sinn hatte, sondern sich auch durch seine Neigung zu Charlotte von Wolzogen (1766–1794), der Tochter Henriette von Wolzogens, angeregt fand.*

11 Sie *bis* vester] *Ebenso argumentiert Klopstock in seiner Ode „Auf die G. und H. Verbindung" (später „Die Braut") (V. 33–34).*

22 sahe] *Zu dieser Form des Präteritums vgl. die Erläuterungen zu „Der Abend" (V. 57).*

23—24 Und *bis* nie.] *Auch Klopstock hatte für sich in Anspruch genommen,* Nie durch höfisches Lob zu entweihn / Die heilige Leyer *(Fürstenlob, V. 3–4; Cramer, Klopstock [1777], 173). Vgl. auch „Stintenburg" (V. 41–60).*

41—42 Ihr *bis* mitgebracht.)] *Henriette von Wolzogen war eine geborene Freiin Marschalk von Ostheim. – Später geht Schiller noch weiter, indem er* sittlichen Adel *nicht den gemeinen Naturen, die (bloß) sittlich* h a n d e l n, *zuerkennt, sondern nur den „schönen Naturen", die sittlich* s i n d *(vgl. das Distichon „Unterschied der Stände" aus den „Tabulae votivae" [Nr 5]).*

61—66 Wie *bis* gethan.] *In der „Philosophie der Physiologie" bezeichnete Schiller die Liebe als* die grose Kette der empfindenden Natur *(NA 20, 11), in den Laura-Gedichten erscheint sie als Führerin zu Gott (vgl. die Erläuterungen dazu sowie zu „Der Triumf der Liebe" und „Die Freundschaft").*

79—90 Wenn *bis* sehn.] *Vergleichbar sind V. 89–104 im Gedicht „[An Körner. Zu dessen Hochzeit, 7. August 1785]".*

91—96 Wenn *bis* sey?] *Die Strophe erscheint nicht unmittelbar verständlich. Vielleicht ist ungefähr folgendes gemeint: Als „Einsamer", in sozialen Kontakten Eingeschränkter, könnte der Ehemann die süße Bürde der Ehe als Last empfinden; in diesem Fall soll die Frau ihm ersetzen, was er verloren hat, ja zeigen, daß er den schöneren Teil gewählt hat; sie soll aus dem Ehejoch Eheglück machen. – Ähnliches drücken V. 81–82 des Gedichts „[An Körner. Zu dessen Hochzeit, 7. August 1785]" aus.*

142–146 Wunderseltsame Historia

ENTSTEHUNG. *Das Gedicht entstand im Januar 1783. Vgl. Schillers Brief an Reinwald vom 29. Januar 1783.*

HOCHZEITGEDICHT / WUNDERSELTSAME HISTORIA 127

ÜBERLIEFERUNG. H: GSA. 2 ineinandergelegte Doppelblätter 17 × 22,3 cm, 8 S. beschrieben. Festes geripptes Papier, vergilbt und etwas stockfleckig. Wz. beider Blätter: Posthorn in ornamentiertem Schild. Auf der 1. S. oben links von fremder Hand mit Tinte: No 3; am unteren Rand der Seite (unter der Überschrift), ebenfalls von unbekannter Hand mit Tinte: Schiller war im Winter 1802/3 [!] zu Bauerbach. *Am rechten Rand quer mit grüner Tinte von Reinwalds Hand:* Spottgedicht auf die raschen militärischen Anstalten des Koburg. Hofs zur Einrückung ins hiesige Land, bey Herzog Georgs Krankheit 1783. gemacht vom damahls anwesenden Schiller, auf Angabe unsers Herzogs, von Schillers eigener Hand, und einigen Veränderungen von mir. *Über Reinwalds Eingriffe vgl. die Textwiedergabe von E. h^{1-4}: GSA. 4 Abschriften der Fassung Reinwalds, vermutlich nach E. h^5: SNM. Abschrift der Fassung Reinwalds, vermutlich nach E. (Die Abschriften h^{1-5} sind ohne textkritische Bedeutung.) – E: Meiningische wöchentliche Nachrichten. 5 Stück. Sonnabends den 1 Hornung, oder Februar 1783. S. 19–20. Das Exemplar aus Reinwalds Besitz (GSA) ist von diesem mit 2 Einträgen versehen, und zwar auf S. 19 oben links:* Gedicht von Schiller; *am unteren Rand der Seite:* Dieses Blat muß ich mir auch wieder ausbitten; ich habs nur einmal. WFHR. *Über Reinwalds zusätzliche Eingriffe vgl. die Angaben im Anschluß an die Textwiedergabe von E. – Textwiedergabe nach H.*

LESARTEN. Im folgenden sind zunächst nur die von Schillers Hand stammenden Lesarten in H angeführt; die Eingriffe Reinwalds ergeben sich aus der Fassung des Erstdrucks, die möglicherweise von Schiller autorisiert wurde und daher vollständig wiedergegeben wird.
Überschrift: unternehmen wollte] *in der nächsten Zeile* aber mit langer Nase *gestr.* H   einer] *ü. d. Z. erg.* H   Krebsauge] Krebsauge. H   Bakkalaur] Bakkalaur. H   9 Kaldäer Land] KaldäerLand H   15 frisch] *über gestr.* schön H   26 Das] D *verb. aus* S H   43 aus] *verb. aus* auf H   90 Hosjanna] Hosianna H   dem Gesalbten!] *unter gestr.* schon dem König H   115 Post] *über gestr.* Zeitung H
Der Text des Erstdrucks nach den Eingriffen Reinwalds:

Wunderseltsame Historia des berühm=
ten Feldzuges, welchen Hugo San=
herib, König von Aßyrien, ins Land
Juda unternehmen wollte, aber unver=
richteter Ding wieder einstellen mußte; aus
einer alten Chronica gezogen und in schna=
kische Reimlein bracht von Simeon Krebs=
auge, Baccalaur.

In Juda – schreibt die Chronica –
    War ehedem ein König,
Dem war von Dan bis Berseba
    Die Gegend unterthänig.
5   Und war dabey ein wackrer Fürst,
    Desgleichen selten finden wirst.

Der war nur kürzlich, wie bekannt,
  Vom Freyen heim gekommen,
Und hatte vom Chaldäerland
  Ein Weibchen mitgenommen. 10
Ein Weibchen seiner Freuden Quell –
Doch ihn befiel ein Fieber schnell.

Ein Großer, der im Reich regiert,
  Ist nicht wie unser einer –
Wenn unsre Seele fort marschirt 15
  Drob kümmert sich wohl keiner –
Ein Uebel, das ein König klagt,
Wird weit und breit herumgesagt.

Drum nimmt Frau Fama, nimmerfaul,
  Das Hifthorn von dem Nacken, 20
(Man kennet schon ihr großes Maul,
  Und ihre dicken Backen)
„Fürst Josaphat liegt todkrank da"
Posaunt sie durch ganz Asia.

Sogleich vernahm den Trauerton 25
  Fürst Sanherib, sein Vetter, –
Zu Aßur hatt' er seinen Thron –
  Die Lüge fliegt wie Blätter
Im Herbst von Bäumen abgestreift,
Und schneller als ein Windhund läuft. 30

„Da fischt sich was – hol mich der Dachs!" –
  Und Huy! spitzt er die Ohren.
„Stirbt Josaphat, so zieh ich stracks
  „Hinein zu Hebrons Thoren.
„Er braucht Arzney – er treibts nicht lang! 35
„Das Ländchen war ein feiner Fang."

Gleich läuft die Ordre aus dem Schloß
  Durch Stadt und Wachtparade,
Des Contingentes fauler Troß
  Muß fort ohn' alle Gnade. 40
Das Kriegsgeräthe, glaubt mir keck,
Fras zehen Seckel Silber*) weg.

Die Wach' am Thor bekommt sogleich
  Die striktesten Befehle:

*) Nach unsrer Münze ohngefähr 2000 Rthlr.

Unangebrummt in unser Reich
    Laßt keine fremde Seele!
Brieftaschen und Patent heraus —
Sonst — Marsch ihr Herrn ins Narrenhaus.

„Woher mein Freund?" brüllt auf und ab,
    Die Schildwach' an die Fremde.
„Wohin die Reis'? Wo steigt ihr ab?
    „Was führt ihr unterm Hemde?
„Thorschreiber 'raus! — Der Herr bleibt stehn!
„Man wird ihn heisen weiter gehn."

Da war nun mancher Passagier
    Dem Corporal verdächtig,
Die Fragen gehn zur Folter schier,
    Kaum ist man seiner mächtig:
Man visitirt von Pack zu Pack,
Doch zeigt sich nichts — als Schnupftoback.

Doch während daß der Vetter schon
    Nach deiner Krone schielte,
Und auf dem noch besetzten Thron
    Schon seine Hoheit fühlte:
Lagst du, o Fürst — beweint vom Land
Noch unversehrt in Gottes Hand.

Schnell schickt er einen Cherub fort,
    Und spricht mit sanftem Lächeln:
„Geh Raphael — dem Fürsten dort
    „Erfrischung zuzufächeln.
„Er ist mein Sohn — mein guter Knecht!
„Er lebe! — denn ich bin gerecht."

Dem Willen Gottes unterthan,
    Steigt Raphael herunter;
Nimmt eines Arztes Bildung an,
    Und heilet durch ein Wunder
Den Fürsten — Jauchze Vaterland!
Ihn rettete der Allmacht Hand.

Die Post schleicht nach Aßyria,
    Wo Sanherib regieret,
Und eben seine Dame da
    Vom Schlitten heimgeführet; —
„Ihr Durchlaucht! Ein Courier!" Herein!
Es werden Trauerbriefe seyn.

> Schnell öfnet er den Brief und ließt, 85
> Ließt – Ach! der Posten trübste –
> „Daß Josaphat am Leben ist" –
> Drob seufzet seine Liebste:
> „Der Krieg ist aus! noch vor der Schlacht!
> „Zehn Seckel Silbers gute Nacht!" 90

In seinem Druckexemplar hat Reinwald dreimal Josaphat *(V. 23, 33 u. 87) durch* Hieskias *ersetzt; außerdem an die Stelle von* Ihr Durchlaucht! *(Vers 83)* Herr König – *gesetzt. Dem Druck des Gedichtes ist die Notiz vorangestellt:* Folgendes ist zum Einrücken eingeschickt worden.

ERLÄUTERUNGEN. *Bei den Abschriften des Gedichts im GSA liegt ein Blatt mit Versen, die als (unmittelbare?) Antwort (eines Unbekannten) auf die Lektüre der „Historia" gelesen werden können – offenbar Verse eines Betroffenen:*

> Die Chronika aus Juda schrieb
> Mit einer schwarzen Feder.
> Gescheider wärs, der Dichtertrieb
> Gieng mehr auf Bußgebeter,
> Als auf Pasquille dieser Art, 5
> Sein Eifer gränzt an Doctor Bahrd.
>
> Fürst Sanherib denkt nicht so böß,
> Wie diese Chronik schreibet.
> Es kam nach Aßur ein Getös
> Daß Josaphat entleibet 10
> Den Hals auf einer Schweinsjagd brach,
> Zu Dan schon auf der Bahre lag.
>
> Wer Josaphat nur wenig kennt,
> Weiß, daß er gerne jaget,
> Und selbst, trotz einem Hirsche rennt, 15
> Pferd, Hund und Menschen plaget.
> Sein Fürstlich Leben gar nicht schont,
> Nur den, der mit ihm rennt belohnt.
>
> Der Fama Ruf von diesem Fall
> War also gar kein Wunder. 20
> Es kam auch der Posaunen Schall
> Von Dan zu uns herunter,
> Als wir dem lieben Vetter schon
> Gewünscht viel Glück zu seinem Thron.
>
> Als Miterb von dem Fürstenthum 25
> That Sanherib das Seine:

Er schickte den Befehl herum
Und stellte auf die Beine
So viel von seinem Contingent
Als nöthig war zu diesem End.

Dieß hätt ein jeder Fürst gethan
Bey einem Trauerfalle.
Stirbt Josaphat, gehts wieder an:
Fürst Sanherib und alle,
Die mit dem Fürsten sind verwandt,
Vertheilen sich in dieses Land.

Es ist nicht ausgeschlossen, daß dieses Gedicht ursprünglich auf dem 2. Blatt eines Doppelblatts stand, dessen 1. Blatt einen Brief des Unbekannten (vielleicht sogar an Reinwald?) enthielt. Damit erklärte sich die Notiz am unteren Rand der Vorderseite des überlieferten Blattes: * mir gütigst geliehenes Büchelchen nebst gehorsamstem Dank zurück. Es ist sehr schön. −

Schillers satyrisches Gedicht (an Henriette von Wolzogen vom 1. Februar 1783) mit dem in der Tradition des Barock parodistisch formulierten umständlichen Titel hat folgenden historischen Hintergrund: Im Dezember war Herzog Georg Friedrich Karl von Sachsen-Meiningen (1761−1803) schwer erkrankt. Da er kinderlos war, machte sich sein Vetter, Herzog Ernst Friedrich von Sachsen-Coburg-Saalfeld (1724−1800), dessen Land hoch verschuldet war, Hoffnungen auf die Erbnachfolge. Er ließ mobil machen und die Truppen an die Landesgrenze rücken, um seine Ansprüche gegebenenfalls mit militärischen Mitteln durchzusetzen. Während Coburg gespannt auf die Todesnachricht wartete, erholte sich der Meiningische Herzog, und am 4. Februar 1783, seinem Geburtstag, wurde seine Genesung mit einem Fest gefeiert, zu dem auch der düpierte Vetter aus Coburg seine Glückwünsche entsandte. Vgl. hierzu im einzelnen: Lauter, Kleinstaatenpolitik (1943).

Das Gedicht verlegt die Geschichte ins jüdische Altertum, wobei verschiedene Überlieferungen miteinander verquickt werden. In 2 Kön. 19, 32−36 wird von der Belagerung Jerusalems durch den Assyrerkönig Sanherib im Jahr 701 v. u. Z. berichtet und von der Rettung der Stadt durch den Engel des Herrn, der die Feinde mit der Pest schlug, worauf Sanherib von seinem Vorhaben abließ und nach Ninive zurückzog. Zu dieser Zeit, um 725/715 bis 697/687, herrschte in Jerusalem König Ezechias; auf ihn geht auch die Erzählung von Krankheit und Wunderheilung durch den Propheten Isaias zurück (vgl. Is. 38). Der im Gedicht genannte Josaphat war früher, von 868 bis 851, König von Juda (vgl. über ihn 2 Chron. 17−20).

Das anonym veröffentlichte Spottgedicht rief einige Reaktionen hervor. Von dem oben abgedruckten Gegengedicht, das sich gegen den Meininger Hofprediger Johann Georg Pfranger (1745−1790) als den vermeintlichen Verfasser der „Wunderseltsamen Historia" richtet (vgl. die 1. Strophe), abgesehen, wurde in den „Meiningischen wöchentlichen Nachrichten" vom 8. Februar 1783 − im Stil eines Deutsch radebrechenden Franzosen − ein weiteres veröffentlicht: „Die

Obligation für üpsche Poesie, / Die vor 8 Tagk kestand in die Gazett allih" (S. 23-24) (abgedruckt in: Lauter, 309-311).
Titel Hugo Sanherib] *Die Bedeutung des Vornamens ist unklar. Über Sanherib vgl. die einleitenden Erläuterungen.*
Titel schnakische] *schnakisch: spaßig, wunderlich (vgl. Grimm 9, 1159).*
Titel Simeon Krebsauge] *Die Bedeutung des Vornamens ist unklar. Gepulvertes Krebsauge galt als Augenspülmittel zur Entfernung störender Fremdkörper (vgl. Grimm 5, 2131).*
Titel Bakkalaur] *mlat. baccalaureus: Hintersasse; Knappe vor dem Ritterschlag; seit dem 13. Jahrhundert Bezeichnung für den untersten akademischen Grad.*
2 olim] *lat.: einst.*
3 von Dan bis Berseba] *Dan: Stadt nahe den Jordanquellen im Norden Palästinas; Bersheba: Stadt am Nordrand der Wüste Negev im Süden des Reichs. Die Formel steht nach Richt. 20, 1 für „ganz Israel".*
9 Kaldäer Land] *babylonisches Reich.*
13—18 Die Trauung bis befiel.] *Herzog Georg Friedrich Karl war kurz nach seiner Hochzeit mit der Prinzessin Eleonore von Hohenlohe-Langenburg (1763-1837) erkrankt. Möglicherweise nehmen die Verse Bezug auf die folgende Hochzeit der Schwester des Herzogs Prinzessin Amalie (1762-1798) mit Heinrich Karl Erdmann Fürst von Carolath-Beuthen (1759-1817), die nach der Genesung des Herzogs am 10. Februar stattfand.*
26 Hifthorn] *Jagdhorn (vgl. Grimm 4 II, 1321).*
33 Assur] *assyrische Stadt am rechten Tigrisufer, frühere Hauptstadt des assyrischen Reiches; zur Zeit Sanheribs war dies Ninive.*
35 Balle] *Ballen (vgl. Kasch, 7); hier: „geballte Masse" o. ä.*
37 Da fischt sich was] *„fischen" hier: „einen unerwarteten, aber auch mit Schlauheit gemachten Gewinn" sich verschaffen (Fischer 2, 1518).*
40 Hebrons] *Hebron war bis zu Davids Zeiten Hauptstadt Judas; seit der Eroberung durch David war dies Jerusalem.*
49 Wache vor dem Thor] *In Coburg ließ Herzog Ernst Friedrich Torschreiber an die Stadttore postieren, die Ankommende zu visitieren und nach den neuesten Nachrichten aus Meiningen auszuforschen hatten.*
54 Narrenhaus] *vermutlich: Gefängnis (vgl. Grimm 7, 372) oder Triller (vgl. Adelung 3, 431 sowie die Erläuterungen zu „Bacchus im Triller").*
72 zehen Sekel Silbers] *Nach Coburger Archivunterlagen betrugen die Kosten der Aktion 1118 Reichstaler (vgl. Lauter, 306), blieben also unter der im Gedicht genannten Summe von 2000 Talern. – „Sekel" (oder „Schekel") war eine in ganz Vorderasien verbreitete Gold- oder Silbermünze von etwa 14-16 Gramm. „Neuer Israelischer Schekel": Zahlungsmittel im heutigen Israel.*
94 Davids Harfe] *David, der künftige König Israels, spielte dem vom Geist des Herrn verlassenen König Saul auf der Harfe vor, um ihn in seiner Schwermut zu erleichtern (vgl. 1 Sam. 16, 23).*
99 sahe] *Über diese Flexionsweise vgl. zu „Der Abend" (V. 57).*
105 Raphaël] *einer der (ursprünglich vier) Erzengel.*
124—125 Und bis Dich!] *Die in den Versen zum Ausdruck kommende Vor-*

stellung, die Gemahlin Herzog Ernst Friedrichs, Sophie Antoinette (1724 bis 1802), sei die treibende Kraft des Unternehmens gewesen, ist falsch. Den Dokumenten zufolge spielte diese Rolle der Coburgische Regierungspräsident und Kanzler Melchior Heuschkel (1719-1796). Vgl im einzelnen: Lauter, 301-302.

147–148 Prolog

ENTSTEHUNG. *Das Gedicht entstand im April 1783. Vgl. Schillers Brief an Reinwald von Mitte April 1783.*

ÜBERLIEFERUNG. *H: GSA. 1 Doppelblatt 17,7 × 20,7 cm; der Gedichttext nimmt 2¹/₃ S. ein; der Brief an Reinwald schließt sich an. Geripptes Papier, vergilbt und fleckig. Wz.: Harfe. – E: Goedeke, Schillers sämmtliche Schriften 3 (1868), 175-176. – Textwiedergabe nach H.*

LESARTEN.   9 *Zeilenbeginn weiter nach links (wie V. 1 u. a.)* H   **18** schrökt,] *Komma verb. aus Punkt* H

ERLÄUTERUNGEN. *Das Gedicht entstand auf Bitte von Schillers späterem Schwager Wilhelm Friedrich Hermann Reinwald (1737-1815), Bibliothekar in Meiningen, für die Aufführung eines Kinderstücks anstelle eines Epilogs, den Schiller nicht schrieb, weil er den Inhalt des Stücks nicht kannte. Vgl. hierüber seinen Brief an Reinwald von Mitte April 1783. Der Adressat des Gedichts ist nicht bekannt.*
1 Sie] *Thalia, Muse der Schauspielkunst.*
22–23 Den M a n n *bis* Bürgerpflichten] *fast wörtliche Übernahme aus dem „Hochzeitgedicht auf die Verbindung Henrietten N. mit N. N." (V. 79–81).*

150 [Für Rahbek]

ENTSTEHUNG. *Rahbek besuchte am 22. Juli 1784 Schiller in Schwetzingen; nach seinen Angaben trug dieser die Verse Wielands bei dieser Gelegenheit in das Stammbuch ein.*

ÜBERLIEFERUNG. *H: ? – E: K. L. Rahbek: Erindringer af mit Liv. Kopenhagen 1825. S. 285. T. 2. D: Minor, Aus dem Schiller-Archiv (1890), 36. – Textwiedergabe nach E (?).*

LESARTEN. **1** Liebesbündniß] Liebesbundniß *E*   **2** Augenblick.] *Punkt fehlt E*   **3** andre] Andere *D*   **4** dabey] dabei *D*   überzählen] überzählen, *D*   **6** des andern Blick] der andern Blik *E*   des Andern Blick *D*   **8** lieben.] lieben; *E*   **9** Der] der *E*   glaub] glaub' *D*   **10** unsre] unsere *D*

ERLÄUTERUNGEN. Knut Lyne Rahbek (1760–1850), dänischer Dichter, Dramatiker, Übersetzer, Publizist, später Mitdirektor des Theaters in Kopenhagen, kam im Auftrag von Friedrich Ludwig Schröder (1744–1816), damals noch Direktor des Wiener Burgtheaters, nach Mannheim, um für Schröders in Aussicht stehende Direktion in Hamburg (ab 1785) Schauspieler zu vermitteln. Während seines Aufenthalts in Mannheim traf Rahbek aus Anlaß der Aufführung seines einaktigen, als Nachspiel gegebenen Stücks „Der Vertraute", das Iffland inszenieren ließ, am 20. Juli 1784 mit Schiller zusammen. In Schwetzingen, zwei Tage später, sahen sich die beiden noch einmal. Vgl. Rahbeks Bericht (NA 42, 74–75). – Die Verse stammen aus Wielands Verserzählung „Idris und Zenide" (2. Gesang, 93. Strophe).

150 [Für Spangenberg]

ÜBERLIEFERUNG. H: Stadtarchiv Hannover. 1 Blatt 18,9 × 11,8 cm. Ziemlich festes geripptes Papier, etwas vergilbt, alle 4 Seiten beschnitten, rechter Rand mit Goldauflage. Wz.: IV. Unten auf dem Blatt der Vermerk von fremder Hand: Aus dem Stammbuche des H. Bergmeister Spangenberg geschnitten. Darunter von anderer Hand: Empfangen von dem Kreisphysicus Herrn D. Hoffmann zu Suhl. Ilmenau am 12. Aug. 1844. Richter. Auf der Rückseite eine weitere Eintragung: NB. Dieses Stammbuchblatt hat der gefeierte Schiller meinem seelgen Vater, dem Bergmeister und Stadtsyndicus Wilhelm Gottlieb S p a n g e n b e r g, als er zu Leipzig mit ihm studierte, geschrieben. Suhl am 13. XII 1834. H. Spangenberg, Kammerrat und Notar. – E: Schiller-Album der Allgemeinen deutschen National-Lotterie zum Besten der Schiller- und Tiedge-Stiftungen. Dresden 1861. S. 21 (G. A. Kuhlmey). – Textwiedergabe nach H.

LESARTEN. prœstare (Druckfehler)] præstare H

ERLÄUTERUNGEN. Wilhelm Gottlieb Spangenberg (1763–1827), Bergmeister, Stadtsyndikus, Justizkommissar und Notar, Inspektor der Gewehrfabrik in Suhl. – Nach dem Besuch des Gymnasiums in Schleusingen studierte Spangenberg von 1781 bis 1785 Jura in Leipzig. Dort „erlangte er bald Zutritt in mehreren sehr angesehene Häuser und lernte dadurch viele später sich sehr auszeichnende Männer kennen, worunter selbst der erste unserer deutschen Sänger der hochgefeierte Schiller sich befand, der oft in traulichen Abendzirkeln seine Freunde mit den Produkten des jüngst verflossenen Tages entzückte." (Neuer Nekrolog der Deutschen 5 [1827]. T. 1. Ilmenau 1829. S. 247.) – Das Zitat stammt aus dem Eingangssatz von Sallusts Schrift „De Catilinae coniuratione"; der Text lautet vollständig: „Omneis homines, qui sese student praestare ceteris animalibus, summa ope niti decet, ne vitam silentio transeant [...]." („Jeder Mensch, der sich vor den übrigen Geschöpfen auszeichnen möchte, muß sich mit aller Kraft darum bemühen, nicht unbeachtet durchs Leben zu gehen [...]"; nach Wilhelm Schöne, Sallust, Werke und Schriften, 6, 7.)

150 [An Körner / In dessen Exemplar der Anthologie]

ENTSTEHUNG. *Emilie von Gleichen-Rußwurm fügte ihrer Abschrift (h) die Angabe hinzu, Schiller habe sie 1785 in das Körnersche Exemplar der Anthologie eingetragen.*

ÜBERLIEFERUNG. *H: ? h: GSA. Abschrift von Emilie von Gleichen-Rußwurm. – E: Goedeke, Schillers sämmtliche Schriften 4 (1868), 16 (nach einer von Carl Künzel mitgeteilten Abschrift Körners). – Textwiedergabe nach E.*

LESARTEN. 2 Wenige] wenige *h*

ERLÄUTERUNGEN. *Die Verse in Körners Exemplar der „Anthologie auf das Jahr 1782" erwecken den Eindruck, als habe diese Gedichtsammlung die Verbindung zwischen Schiller und Körner (sowie den anderen Leipziger Freunden) hergestellt. Tatsächlich aber galt die Begeisterung in Leipzig vornehmlich Schiller als dem Dichter der „Räuber".*

151 Unserm theuren Körner

ÜBERLIEFERUNG. *H: ? h: SNM (Cotta). Abschrift Minna Körners. Auf der 3. S. des Doppelblatts die Notiz:* Meinem werthen Freund Herrn Künzel geb ich das Zeugnis das dieses Gedicht von Schiller, gänzlich der Welt unbekannt ist, und zu meines verklärten Gatten Geburtstag 1785 gedichtet war. Marie Körner. *Darunter Bemerkungen Joachim Meyers mit dem Text der Eintragung Schillers in Körners „Anthologie"-Exemplar (Abschrift von h; vgl. zu „[An Körner ...]"). – E: Goedeke, Schillers sämmtliche Schriften 4 (1868), 6–7 (nach h). – Textwiedergabe nach h.*

LESARTEN. 19–22 Anführungszeichen fehlen vor diesen Versen *h* 27 gesät] gesaet *h* 35 Vers ist herausgerückt *h* 42 in] im *h*

ERLÄUTERUNGEN. *Am 1. Juli war Schiller zum erstenmal persönlich mit Christian Gottfried Körner (1756–1831), Rat am Dresdner Oberkonsistorium, auf dem Rittergut Kahnsdorf bei Borna zwischen Leipzig und Dresden zusammengetroffen. An dem Treffen im Hause des Philologen August Wilhelm Ernesti (1733–1801) nahmen auch Ludwig Ferdinand Huber (1764–1804), der Verlobte Dora Stocks, der Schwester von Körners Verlobter Minna, und Georg Joachim Göschen (1752–1828), Buchhändler und Verleger in Leipzig, teil. Nach der Abreise Körners kehrten die Freunde auf dem Rückweg nach Gohlis am 2. Juli zum Frühstück in einem Gasthaus ein, wo sie auf Körners Gesundheit tranken und, ohne sich dessen zunächst bewußt zu sein, seinen Geburtstag feierten. Vgl. hierüber ausführlich Schillers Brief an Körner vom 3. Juli 1785. Das wenig später an Körner geschickte Gedicht ist gewissermaßen die poetische Nachfeier dieses Geburtstages.*

8—9 der Sieben *bis* dienen] *In Off. 1, 4 ist von sieben Geistern am Throne Gottes die Rede.*
16 Unsre Mutter — Ewigkeit] *Die Ewigkeit erscheint als Mutter des Genius dieses Tages, als Mutter der Zeit: In der „Fantasie / an Laura" (V. 59—60) wurde die Ewigkeit als Braut des Saturn (als des Gottes der Zeit) bezeichnet.*
34 ein neuer — schönrer Morgen] *der Morgen von Körners Hochzeitstag (am 7. August 1785).*

153—158   [An Körner / Zu dessen Hochzeit, 7. August 1785]

ÜBERLIEFERUNG. *H: ? h (Abschrift von E?):* SNM. *Unter der Abschrift: Seiner A. am 1. Nov. 1806. — A. — Mit der Übersendung von h ans SNM teilte Hildegard Hauck (Heilbronn) am 19. Februar 1905 mit, die Abschrift stamme aus dem Besitz ihres Großvaters, des Prokurators Albert Schott. — E: Taschenbuch für Damen auf das Jahr 1807. Tübingen [September 1806]. S. 18—24. In einer Fußnote zur Überschrift heißt es:* Schiller dichtete dies in fremdem Nahmen zur Vermählung eines seiner würdigsten Freunde. Er schrieb es, umgeben von mehrern Menschen, aus der Fülle seiner schönen Seele. Ohne es wieder durchzusehen, gab er es zum Drucke hin. Die ersten Verse beziehen sich auf die Schwierigkeiten, die sich der so schönen Wahl des Liebenden anfangs entgegenstellten. *Zu* Kästchen *(V. 34) ist angemerkt:* Bezieht sich auf eine Stelle in Shakespears Kaufmann von Venedig. *D^1: Hochzeitgedicht von Friedrich Schiller. Hamburg 1810 (selbständige Veröffentlichung nach E; ohne textkritischen Wert). D^2: Gedenkbuch an Friedrich Schiller [...]. Leipzig 1855. S. 240—245. In einer Vorbemerkung zu diesem Druck heißt es (S. [239]):* [...] die Begrüßung der Hochzeit seines Freundes Körner. Fräulein Charlotte Endner, Körner's Nichte, theilte es in einer damals [1785] genommenen Abschrift dem Schillervereine mit und bei der Feier des Jahres 1841 trug es Frau Dessoir vor. *— Textwiedergabe nach D^2.*

LESARTEN. *Im folgenden sind die Lesarten von E verzeichnet — ohne Augenvarianten und Interpunktionsabweichungen; außerdem Abweichungen von D^2 (Druckfehler; vgl. V. 72 und 100). — Überschrift:* Hochzeitgedicht *E* Hochzeitgedicht, von Schiller *h* (Seinem Freunde Körner.) *D^2*   **3** fängt] geht *E*   **8** zum] am *E*   **13** nicht und] nicht, nicht *E*   **16** nur Liebe.] die Liebe! *E*   **17** Menge] Thoren *E*   **18** geschmachtet,] getrachtet. *E*   **20** nie geachtet.] stolz verachtet. — *E*   **21** um] nach *E*   **26** Trotzest] Trotztest *E*   **29** Flitterputz] Flittergold *E*   **30** Mag] Hat *E*   **33** Weiberherzen] Mädchenherzen *E*   **39** einem] Einer *E*   **41—44** Dich entzückt die Gattinn nicht, / Die nach Siegen trachtet, / Männerherzen Netze flicht, / D e i n e s nur verachtet; — *E*   **45** Geizig nach dem Ruhm] Eitel auf das Lob *E*   **47** Stolzer, schöner] Schöner, stolzer *E*   **52** Modepuppe] mod'sche Puppe *E*   **53** Bücherkram] Wörterkram *E*   **57—64** *fehlt E (vgl. V. 41—44)*   **65** Glücklich macht] Dich entzückt *E*   **68** Liebend] Innig *E*   **72** findet,] findet. *D^2*   **73—76** T r a u e r t , w e n n D u f i n -

ster bist, / Weinet, wenn du klagest, / Jauchzet, wenn
Du fröhlich bist, / Zittert, wenn Du wagest, – *E*   **79** in]
an *E*   **89–104** *gesperrt E*   **89** die ernste Männerpflicht] d e r   M ä n n e r
e r n s t e P f l i c h t *E*   **99** ganze] w e i t e *E*   **100** gleichet: –] gleichet. –
*D*² **107** Schöner] Fröhlich *E*   **109** untergehn] einst vergehn *E*   **112**
den lieben] geliebten *E*   **117** reizend] lieblich *E*   **120** Feurig, kühn] Edel,
treu *E*   **121** Rosenflor] Blumenflor *E*   **123** Herrlich] Fröhlich *E*   **127**
der] ein *E*   **129** ereilt] erreicht *E*   **130** schwinden,] enden – *E*
131 Uns'res] Unsers *E*   Spiel] Ziel *E*   **140** Ehre] E h r s u c h t *E*
145 Weisen] Wandrer *E*   **148** verschwunden,] verschwunden! – *E*   **149**
bis **156** *fehlt E*   **172** Stark] Fest *E*   **174** Dau're] Währe *E*

*ERLÄUTERUNGEN. Christian Gottfried Körner heiratete am 7. August
1785 Anna Maria Jakobine (Minna) Stock (1762–1843). Vgl. Schillers Glückwunschbrief an beide vom selben Tag.*
6 Kampf der Jahre] *möglicherweise, ebenso wie V. 9–24, Anspielung auf die
Weigerung Johann Gottfried Körners (1726–1785), des Vaters von Schillers
Freund, der Verbindung seines wohlhabenden Sohnes mit der Tochter des unbegüterten Kupferstechers Johann Michael Stock (1739–1773) zuzustimmen;
Körners Vater war am 4. Januar 1785 gestorben.*
9–24 Nichts *bis* Seelen.] *Vgl. zu V. 6.*
33–40 Weiberherzen *bis* liegen.] *Mit dem Kästchen zum vexiren zitiert das
Gedicht ein altes Motiv von Brautwerbungsgeschichten: Die Freier eines Mädchens haben unter (drei) Kästchen verschiedenen Inhalts das richtige zu wählen (vgl. Frenzel, Motive der Weltliteratur [1980], 190–191). – Vgl. Shakespeares „Der Kaufmann von Venedig" I 2, II 1, II 7, II 9 und weiter.*
40 Die Juwele] *nach Adelung (2, 1456) gebräuchliches Femininum.*
62 Assembleen] *franz.: Versammlungen; Gesellschaften.*
81–82 Sie *bis* missen] *Vergleichbar sind V. 91–96 des „Hochzeitgedichts auf
die Verbindung Henrietten N. mit N. N.".*
89–104 Wenn *bis* Lächeln.] *Solche Pflichten werden in ähnlichen Formulierungen der Braut auch im „Hochzeitgedicht auf die Verbindung Henrietten N. mit
N. N." (V. 79–90) zugewiesen.*

158–159 Am 7. August 1785

*ÜBERLIEFERUNG. H: SNM. Der Text stellt die Beilage zu Schillers Brief
an Körner vom 7. August 1785 dar. Vgl. NA 24, 15–16.*

LESARTEN. Vgl. zu NA 24, 15–16.

ERLÄUTERUNGEN. Die allegorische Prosadichtung war Schillers Glückwunschbrief vom selben Tag an Körners zu deren Hochzeit beigefügt. Er

diente vermutlich der Erläuterung der Bilder auf den beiden Urnen, die
Schiller dem Brautpaar zum Geschenk machte.

159—160 Unterthänigstes Pro memoria

ENTSTEHUNG. *Das Gedicht entstand Mitte Oktober 1785 in Loschwitz.*

ÜBERLIEFERUNG. *H des Umschlags mit der Überschrift „Unterthänigstes
Pro Memoria [...] Trauerspieldichter.": SNM. Das viermal gefaltete, stark
beschädigte Blatt aus grobem (Pack-)Papier hat – auseinandergefaltet – eine
Größe von 31 × 19,2 cm; es ist gesiegelt. H des Gedichttextes: ? 1859 im
Besitz von Friedrich Förster (Berlin), der im selben Jahr ein Facsimile anfertigen und durch den Berliner Verleger Gustav Hempel verkaufen ließ. Am
29. November machte dieser öffentlich bekannt, „dass ich Exempl. davon an
meine buchhändlerischen Geschäftsfreunde abgebe." Er betonte „die bis in's
kleinste Detail (Papier – Oblate etc.) meisterhaft gelungene Nachahmung des
Originals" und bemerkte zur Herkunft der Handschrift: „Das Original befindet sich [...] im Besitz des Hofrathes Dr. F. Förster, welcher dasselbe von
der Frau Körner (der Mutter Theodor Körner's) zum Geschenk erhielt. ‚Unser
Weinberghäuschen in Loschwitz', erzählte Frau Körner, ‚welches ich als junge
Frau mit meinem Manne und meiner Schwester im Herbst 1785 bezog, hatte
im oberen Stock nur zwei kleine Stübchen und zwei Kämmerchen. Für unsern
Freund Schiller richtete ich zu ebener Erde die Presskammer zur Wohnstube
ein mit grünseidenen Vorhängen, einem Schreibtisch, woran er den Don Carlos
schrieb, einem Grossvaterstuhle und dem Bette; ein Ofen war darin nicht vorhanden. Nur ein schmaler Gang trennte sein Zimmer von der Waschküche, dem
Winzerstübchen und dem Kuhstalle, in welchem zwei Kühe standen. Da wir wegen
der Weinlese bis Ende October im Weinberge wohnten, hatte unser lieber Freund
wohl Ursache, über ‚angefrorene Finger' zu klagen und da ich eines Tages mit
Körner und der Schwester über Nacht in der Stadt zu bleiben genöthigt war,
ohne den Schlüssel zur Speisekammer zurückgelassen zu haben, mochte das
Abendbrot etwas schmal angerichtet worden sein, wie es denn auch mit dem
Geklatsch in der Waschküche seine Richtigkeit gehabt haben mag. Jedenfalls
verdanken wir diesen trübseligen Zuständen ein sehr heiteres Gedicht.'" An
diesen Bericht schloß sich der Text des Gedichtes an. Das Facsimile, von dem
sich einige Exemplare in öffentlichem Besitz (GSA, SNM [Cotta], Stadtarchiv
Hannover, Freies Deutsches Hochstift Frankfurt a. M., Rhätisches Museum Chur
u. a.) erhalten haben, gestattet folgende Angaben über H: 1 Blatt 13,1 ×
21,1 cm, 2 S. beschrieben. Ein Facsimile des Umschlags ist meistens beigefügt.*

*Von dem Gedicht gab es schon zu Schillers Lebzeiten Abschriften (vgl. zu
E und D^1), von denen die Ludwig Ferdinand Hubers (h^1: Privatbesitz) vermutlich die früheste ist. Von Christophine Reinwald haben sich 3 Abschriften
erhalten (h^2 und h^3: GSA; h^4: Freies Deutsches Hochstift Frankfurt a. M.),
3 weitere von unbekannten Händen (h^5: GSA; h^6 und h^7 [vermutlich Abschrift*

von b⁶]: SNM); ferner ist eine Abschrift von Eduard Mörike (b⁸: SNM) überliefert. Da auszuschließen ist, daß es von dem Gedicht eine zweite Fassung gegeben hat, sind die Varianten der Abschriften (ebenso wie die der frühen Drucke, die auf Abschriften beruhen) ohne textkritische Bedeutung. Hingegen sind die einleitenden Bemerkungen von Christophine Reinwald (in b², ähnlich in b³) und einem unbekannten Abschreiber (in b⁶, ähnlich in b⁷) überlieferungsgeschichtlich von Belang.

In b² vor dem Gedichttext von Christophine Reinwald: Die Körnersche Familie in Dresden machte eine Lustparthie nach Löschwez ihren Gute. S. wurde auch dazu eingeladen und sagte es zu. In dieser Hinsicht schloß die Hausfrau alles zu und befahl daß in der Zeit gewaschen und gescheuert werde, nachher besann sich S. daß es doch beßer wäre er bliebe zu Hause und schrieb an seinen Don Carlos, besonders da er von Göschen dem Buchhandler sehr presiert wurde – aber von allen Bedürfnißen entblößt machte er folgendes Gedicht.

In b⁶ vor dem Gedichttext von unbekannter Hand:

Anekdote von Schiller.

Als die 3 ersten Akte von Schillers Don Carlos in Leipzig bei Göschen gedruckt wurden, lebte er bei Consistorialrath Körner in Loschwiz bei Dresden. Einst an einem Herbsttage fuhr die ganze Körnerische Familie aus, um einen Besuch in der Nachbarschaft zu machen, weil während ihrer Abwesenheit das ganze Haus gewaschen u. gescheuert werden sollte. Man lud auch Schiller ein, mitzufahren; allein dieser, der sich der Vollendung des Don Carlos wegen immer mehr in Gedanken fühlte, da Göschen die ersten Akte schon zu drucken angefangen hatte, mußte die Partie abschlagen, um zu arbeiten; unglücklicherweise hatte aber die Frau Consistorialräthin, in der festen Meinung, Schiller fahre mit, alle Schränke u. den Keller zuschließen laßen; man vergaß also vollkommen, ihm das Nöthige zu sr. Bequemlichkeit zuvor heraus zu geben, u. Schiller befand sich, als sie abgefahren waren, ohne Speis und Trank, ohne Holz sogar, um sein Zimmer heizen zu laßen, in dieser kritischen Lage dichtete er folgendes. *E: Rheinländische Zeitung. Nr 89 vom 6. November 1803. S. 354-355. Titel:* Unterthänigstes Promemoria an die Konsistorialrath K – sche wirkliche Waschdeputation eingereicht, von einem niedergeschlagenen Trauerspieldichter in L –. *Darunter:* (Von nachfolgendem Gedicht eines unserer größten Dichter, welchen man aus verschiedenen Anspielungen darin leicht wieder erkennen wird, erhielt ein deutscher Reisender in Italien von einem andern, der es in seiner Schreibtafel bei sich führte, eine Kopie. Die Gelegenheit zu diesem Gedicht gab ein Besuch, den der Dichter in L. machte, und wo er wohl eine große Wäsche aber niemand von der Herrschaft zu Hause und alles verschlossen fand.) *D¹: Neue Berlinische Monatschrift. August 1804. S. 93-94. Die Vorbemerkung (S. 90-92), mit O. unterzeichnet, beginnt:* Während der berühmte Schiller an seinem Trauerspiel Don Karlos arbeitete, hielt er sich einige Wochen des Herbstes 1785 bei seinem Freunde K**r auf, in dessen Weinberge zu Loschwitz bei Dresden; und, weil damal im Wohnhause gebaut werden mußte, zog er nach dem Häuschen des Winzers, woselbst sich zugleich das Waschhaus befand, durch welches der Eingang in Schillers Stube war. Einst wurde große Wäsche angestellt. Die Waschweiber wußten nicht, daß irgend Jemand, geschweige daß ein Dichter in dem Stübchen wohne; sie hanthirten und schwatzten also ganz unbekümmert, und hatten sogar seine Thüre mit ihren Geräthen besetzt, so daß er nicht herauskommen konnte. Diese Art von Belagerung veranlaßte ein allerliebstes scherzhaftes Gedicht, das er am folgenden Tage der geistvollen Frau vom Hause und ihrer eben so geistreichen als liebenswürdigen Schwester überreichte. *Der Herausgeber versichert danach, er besitze das Gedicht* handschriftlich seit Jahren, *und zwar in einer offensichtlich besseren Fassung als der Herausgeber der Frankfurter „Rheinländischen Zeitung". Meine* Abschrift, die ich von sehr guter Hand bekam, ist ohne Streit die richtige. *Schließlich heißt es noch*: Die Veranlassung hat der Herausgeber der Rheinl. Zeitung offenbar ganz unrichtig erzählt. *(Die ungenügende Qualität der Fassung* D^1 *erhellt allerdings schon aus der Tatsache, daß die Verse 5–8 des Gedichts fehlen; in V. 12 heißt es fälschlich „deinen Jünger" statt „deine Sänger", u. a.)* D^2: *Der Freimüthige oder Ernst und Scherz. Nr 204 vom 12. Oktober 1805. S. 299. (Mitgeteilt von E-z., der in einer Fußnote zu dem in der Vorbemerkung gegebenen Hinweis, daß Göschen bereits mit dem Druck des noch unfertigen „Don Karlos" begonnen hätte, mutmaßte, daß „die U n e i n h e i t des Plans" dieses Dramas aus den Zeitnöten des Dichters, wie sie das Gedicht offenbare, zu erklären sei.) Der Text entspricht (einschließlich der Vorbemerkung „Anekdote von Schiller") im wesentlichen dem der Abschrift* h^6, *die vielleicht als Druckvorlage für* D^2 *angesehen werden kann. Allerdings heißt es hier wie anderswo, daß sich Schiller wegen des „Don Karlos"-Fortgangs im Gedränge (statt in Gedanken*, wie h^6 *angibt) fühlte. Spätere Drucke (bis 1859) entsprechen im wesentlichen dieser Fassung (*D^2*). – Textwiedergabe der Überschrift nach H, des Gedichttextes nach dem Facsimile von H.*

LESARTEN. *Abweichungen in H – nach dem Facsimile – gegenüber dem Abdruck in NA 1, 159–160:* **17** Roß;] Roß, *H* **34** Prinzessin] Prinzeßin *H* Gott] *danach zu (?) gestr. H* **36** hohlen.] *Punkt fehlt H*

ERLÄUTERUNGEN. *Im September und Oktober 1785 wohnte Schiller in Körners Landhaus in Loschwitz an der Elbe. Über den Anlaß für die Entstehung des Gedichts vgl. zu* ÜBERLIEFERUNG.
Titel Pro memoria] *lat.: zum Gedächtnis; Denkschrift, Bittschrift.*
6 gewalkten Lumpen] *walken: Zerstampfen von Lumpen zur Papierherstellung (vgl. Grimm 13, 1247).*
15 Flügelthier] *Pegasos.*
16 König Philipps] *Philipp II. von Spanien (1527–1598), Vater des Don Karlos.*
21–28 Ich *bis* Trauer.] *Die Strophen beziehen sich auf die Szene zwischen der Prinzessin Eboli und Don Karlos im 8. Auftritt des 2. Aufzuges (NA 6, 95 bis 114). Schiller erwähnt sie auch in seinem Brief an Ludwig Ferdinand Huber vom 5. Oktober 1785.*

PRO MEMORIA / FREIGEISTEREI DER LEIDENSCHAFT 141

THALIA 1786

163–165   Freigeisterei der Leidenschaft

ENTSTEHUNG. *Nicht nur der Untertitel, sondern auch der Inhalt des Gedichts lassen die zuweilen geäußerte Vermutung als sehr fraglich erscheinen, daß es zur selben Zeit entstanden sei wie die Laura-Gedichte für die „Anthologie" (also 1781). Es gibt auch keine triftigen Argumente für die Annahme, Schiller habe das Gedicht aus Zensurrücksichten von der „Anthologie" ferngehalten. Spätere Besorgnisse, das Gedicht könne bei der Zensur Anstoß erregen (vgl. Schillers Briefe an Göschen von etwa 18.-21. und vom 23. Dezember 1785), lassen nicht den Schluß zu, dieselben Besorgnisse hätten drei oder vier Jahre vorher auch bestanden. Hingegen deutet der Inhalt, der vermutlich Schillers Verhältnis zu Charlotte von Kalb reflektiert, auf den Winter 1784/85 als Zeit der Entstehung. Die offenkundige Nähe des Gedichts zum gleichzeitig erschienenen Gedicht „Resignation" und dessen Nähe zum (ebenfalls zur selben Zeit erschienenen) Lied „An die Freude" lassen es auch nicht undenkbar erscheinen, daß „Freigeisterei der Leidenschaft" erst nach Schillers Abreise aus Mannheim (also vielleicht im Sommer 1785 in Leipzig oder im Herbst 1785 in Dresden) entstanden ist. Vgl. auch die Erläuterungen zu „Der Kampf" (NA 2 I, 119).*

ÜBERLIEFERUNG. *H: ? – E^a: Thalia. Zweytes Heft [erschienen im Februar 1786]. S. 59–63. Das Gedicht ist mit Y. unterzeichnet. E^b: Nachdruck Göschens für: Thalia. Herausgegeben von Schiller. Erster Band / welcher das I. bis IV. Heft enthält. 1787. Zweytes Heft. S. 59–63. D: Gedichte 1 (1800). S. 279-280 (2. Fassung mit der Überschrift „Der Kampf"); danach in: Gedichte ^{2}1 (1804). S. 279-280. – Textwiedergabe nach E^a.*

LESARTEN. *Überschrift im Inhaltsverzeichnis von E^b:* Freygeisterey der Leidenschaft.   **9** deines] Deines E^b **40** Kuß,] Kuß. E^b **44** los,] los. E^b **48** Blick,] Blik. E^b **53** unnennbare] unennbare E^a *(Druckfehler)*   **75** solten] sollten E^b **83** du] Du E^b – *Vgl. die Varianten der 2. Fassung in NA 2 I, 119.*

ERLÄUTERUNGEN. *Das Gedicht behandelt mit dem Konflikt zwischen* Sinnenglück und Seelenfrieden *– so heißt es im „Reich der Schatten" (V. 6) – ein zentrales Thema im Denken Schillers, dem es später um die Möglichkeit des Ausgleichs dessen geht, was hier als unvereinbarer emotionaler Gegensatz, in der Kantischen Moralphilosophie als Antinomie zwischen Pflicht und Neigung erscheint.*

    Biographischer Hintergrund dieses wie des folgenden Gedichts „Resignation" ist Schillers Beziehung zu Charlotte von Kalb, geb. Marschalk von Ostheim (1761-1843). Während Schillers Aufenthalt in Bauerbach 1782/1783 hatten beide durch Berichte von Henriette von Wolzogen voneinander gehört, sich aber wahrscheinlich nicht gesehen. Charlotte von Kalb lebte damals bei ihrem

Onkel Dietrich Philipp August Freiherr von Stein (1741–1803) in Nordheim, später auf den Ostheimischen Gütern Trabelsdorf und Dankenfeld. Vgl. hierzu im einzelnen: Weltrich, Schiller auf der Flucht (1923), 118–130, ebenso die Erläuterungen zu dem Gedicht „[Als vier Fräuleins einen Lorbeerkranz schickten]". Im Oktober 1783 heiratete Charlotte, weniger aus persönlichem Anteil, als vielmehr aus Rücksicht auf die sozialen und ökonomischen Interessen der eigenen Familie, den seinerzeit in französischen Diensten stehenden Offizier Heinrich Julius Alexander von Kalb (1752–1806). Im Frühjahr des folgenden Jahres, am 9. Mai 1784, kam es auf der Durchreise Charlotte von Kalbs und ihres Mannes nach Landau zum ersten Zusammentreffen mit Schiller in Mannheim (vgl. Schiller an Henriette von Wolzogen vom 26. Mai, 7. und 15. Juni 1784). Als Frau von Kalb im August des Jahres Wohnung in Mannheim nahm, vertiefte sich Schillers Beziehung zu ihr bis zur Entwicklung gegenseitiger Neigung, bis Schiller das problematische Verhältnis durch seinen Weggang nach Leipzig im April 1785 vorläufig beendete. Beide sahen sich im Sommer 1787 in Weimar wieder.

Vgl. ausführlich: Minor, Schiller (1890) 2, 333–353; über Charlotte von Kalb: Palleske, Charlotte (1879), 114–142; Klarmann, Geschichte der Familie von Kalb (1902); Naumann, Charlotte von Kalb (1985), 79–105.

Vgl. auch die Erläuterungen zur 2. Fassung des Gedichts.

Titel Freigeisterei] „Freigeister" oder „Freidenker" waren ursprünglich Bezeichnungen für die Anhänger des englischen Deismus um die Wende vom 17. zum 18. Jahrhundert. Verbreitet wurde der Begriff des „Freidenkers" durch die Schrift „A Discourse of Free-Thinking" (1713) von Anthony Collins. Kant definierte in seinem Aufsatz „Was heißt: sich im Denken orientiren?" (In: Berlinische Monatsschrift 1786. Bd 8. S. 304–330) „Freigeisterei" als „Denkungsart", die den „Grundsatz, gar keine Pflicht mehr zu erkennen", befolge (S. 328).

Titel Laura] Der Bezug zu Laura und den ihr gewidmeten Gedichten, die zum größten Teil in der „Anthologie auf das Jahr 1782" erschienen waren, diente der Verschleierung des aktuellen Sachverhalts. Laura wird auch in „Resignation" (V. 37) erwähnt.

17 elektrisch] *im zeitgenössischen Sprachgebrauch Bezeichnung für die Eigenschaft von Körpern, Anziehungskraft auszuüben (vgl. Adelung 1, 1787; Zedler, Universal Lexicon 8, 708).*

18 Talisman] *hier wohl: Zaubermittel, Schutzmittel gegen die Macht der Leidenschaft. Vgl. auch zu „Kastraten und Männer" (V. 41).*

nach 24 Ich *bis* glückten.] *Die Fußnote fügte Schiller auf Wunsch der Zensur dem Abdruck des Gedichts bei. Vgl. seinen Brief an Georg Joachim Göschen vom 23. Dezember 1785.*

45 Schäferstunde] *Vgl. zu „Hochzeitgedicht auf die Verbindung Henrietten N. mit N. N." (V. 4).*

58 des Zufalls schwere Missethat] *Anspielung auf die Ehe Charlottes mit Heinrich Julius Alexander von Kalb. Dem Brauch, Eheschließungen aus äußeren, standespolitischen und ökonomischen Motiven vorzunehmen, setzt Schiller seine Liebesphilosophie entgegen, die von einer universal herrschenden „Sympa-*

thie" der Wesen und der Vorbestimmung der Seelen füreinander ausgeht. Vgl. V. 69–70, außerdem die Laura-Gedichte und „Die Freundschaft" sowie die Erläuterungen dazu. Gegen die Ehe aus Staatsräson wendet sich auch der „Don Karlos", für die Liebe über Standesgrenzen hinweg setzt sich „Kabale und Liebe" ein.

63 Das Herz *bis* verloren] *In der „Thalia"-Fassung des „Don Karlos" (I 1) erklärt Karlos der Königin: [...] die Rechte meiner Liebe / sind älter als die Formel am Altar (V. 904–905; NA 6, 385).*

65 er] *der Geist des Gatten (V. 67).*

67 Vorsicht] *Vorsehung (vgl. Grimm 12 II, 1569).*

71–72 Er *bis* Spott.] *Gemeint ist wohl: Er widerrufe den Bund, den die erröthende Natur bereut (V. 59/60), oder töte meine „Lebensgeister" (vgl. zu „Das Geheimniß der Reminiszenz" [V. 8]) und bewahre mich vor dem Spott des Wurmes, seines geringsten Geschöpfs zwar, aber eines, das doch den Zweck seines Daseins erfüllt.*

73–88 Sanftmütigster *bis* dahin!] *Die Strophen entwerfen das Bild eines Gottes als eines freudlosen, widernatürliche Entsagung auf sinnliches Glück fordernden Dämons. Darin weisen sie auf die Kritik an der christlichen Gottesvorstellung in „Die Götter Griechenlandes" (1. Fassung) voraus.*

85–88 O *bis* dahin!] *Anspielung auf Matth. 6, 2: „Wenn du Almosen gibst, laß es also nicht vor dir herposaunen, wie es die Heuchler in den Synagogen und auf den Gassen tun, um von den Leuten gelobt zu werden. Amen, das sage ich euch: Sie haben ihren Lohn bereits erhalten."*

166–169 Resignation

ENTSTEHUNG. Das Gedicht ist vermutlich nicht vor Ende 1784 entstanden; seine Nähe sowohl zu „Freigeisterei der Leidenschaft" wie zu „An die Freude" ist offenkundig. Vgl. die Erläuterungen zu diesen Gedichten.

ÜBERLIEFERUNG. H: ? – E^a: Thalia. Zweytes Heft [erschienen im Februar 1786]. S. 64–69. Das Gedicht ist mit Y. unterzeichnet. E^b: Nachdruck Göschens für: Thalia. Herausgegeben von Schiller. Erster Band / welcher das I. bis IV. Heft enthält. 1787. Zweytes Heft. S. 64–69. D: Gedichte 1 (1800). S. 293–297 (2. Fassung); danach in: Gedichte ^{2}1 (1804). S. 293–297. – Textwiedergabe nach E^a.

LESARTEN. **14** zurücke] zurüke E^b **28** nannten] nannten, E^b **57** von mächtigem] vom Mächtigen E^a E^b *(so korrigiert am Schluß des 4. Heftes der „Thalia" [erschienen Ende 1786] in einem Druckfehler-Verzeichnis)* **84** Güte *(Druckfehler)*] Güter E^a E^b **86** Kinder,] Kinder E^b – *Vgl. die Varianten der 2. Fassung in NA 2 I, 401–403.*

ERLÄUTERUNGEN. Wie die „Freigeisterei der Leidenschaft" entstammt das Gedicht, in V. 37 vordergründig auf Laura bezogen, der Erfahrung der

Beziehung zu Charlotte von Kalb. Es stellt dem Gegensatz zwischen Pflicht und Neigung die Alternative zwischen „Hoffnung" (auf jenseitige Vergeltung entsagender Pflichterfüllung) und (irdischem) „Genuß" zur Seite (vgl. V. 90).

Auf philosophische Weise behandelt Schiller eine verwandte Problematik in seinen Schriften „Der Spaziergang unter den Linden" von 1782, wo sich die optimistische Weltanschauung Edwins und der Pessimismus Wollmars gegenüberstehen, und in den „Philosophischen Briefen", die 1786 in der „Thalia" erschienen und in denen es um die Auseinandersetzung zwischen der theosophischen Spekulation des Julius und dem skeptischen Materialismus Raphaels geht. Auch in der Erzählung „Der Geisterseher" findet sich, in Zusammenhang mit der Figur des Prinzen, eine ähnliche Thematik; über den Eintritt des Prinzen in die Gesellschaft des Bucentauro heißt es: [...] er hatte sich in dieses Labyrinth begeben als ein glaubensreicher Schwärmer, und er verließ es als Zweifler und zuletzt als ein ausgemachter Freigeist. *(NA 16, 106.)*

Schiller selbst hat Erläuterungen zum Inhalt des Gedichts gegeben, allerdings später, 1794, und in Kenntnis der Kantischen Moralphilosophie. Vgl. „[Zu Rapps Kritik der ‚Resignation']" (NA 22, 178).

Vgl. auch die Erläuterungen zur 2. Fassung des Gedichts.

1 Auch *bis* geboren] *Schiller greift ein geflügeltes lateinisches Wort seiner Zeit auf: „Et in Arcadia ego". Diese Formel, deren literarische Herkunft unbekannt ist, findet sich ursprünglich auf Gemälden der italienischen Maler Guercino, eigentlich Giovanni Francesco Barbieri (1591–1666), und Bartolommeo Schidone (um 1570–1615) und des französischen Malers Nicolas Poussin (1593/94 bis 1665). Bei Schidone betrachten zwei junge Hirten gedankenvoll einen Totenkopf, unter dem die Worte „Et in Arcadia ego" stehen. Bei Poussin haben Hirten einen Sarkophag mit dieser Inschrift inmitten einer arkadischen Landschaft aufgefunden und versuchen, die Schrift zu entziffern. Poussins Bild war durch Stiche und Nachbildungen, u. a. von Adam Friedrich Oeser (1717–1799), den Schiller 1785 in Leipzig kennenlernte, weit verbreitet. Schiller begegnete dem Motiv später bei einem Besuch des Malers Johann Christian Reinhart (1761–1847) in Meiningen (vgl. Schiller an Körner vom 8. Dezember 1787).*

Die Bedeutung der unvollständigen Formel im Zusammenhang der Gemälde war offenbar eine andere als in Schillers Gedicht. Im Sinne einer emblematischen Subscriptio verweist der Spruch auf Anwesenheit und Unumgänglichkeit des Todes auch in Arkadien, der entrückten Idylle unbeschwerten Hirtendaseins. Hier, im Gedicht, soll gesagt werden: Auch ich habe einmal Glück genossen. Vgl. Kuhn, Auch ich in Arcadien (1966), 77.

8–9 Der *bis* nieder] *In antiken Darstellungen tritt der Tod als Jüngling mit gesenkter Fackel auf. Vgl. „Die Götter Griechenlandes" (V. 108–109) und das Epigramm „Der Genius mit der umgekehrten Fackel".*

10 Erscheinung] *„Erscheinung" der Welt oder, noch vor Schillers Kantstudium, „Welt der Erscheinungen", die empirische Wirklichkeit.*

15 Ich *bis* Seligkeit.] *Für den Skeptiker Wollmar im „Spaziergang unter den Linden" ist es dem Menschen grundsätzlich unmöglich, zur Glückseligkeit zu gelangen (vgl. NA 22, 77).*

19 des Gerichtes Waage] *Vgl. zu „Der Eroberer" (V. 82).*

24 Vorsicht] *Vorsehung (vgl. Grimm 12 II, 1569).*
33 Weisung] *„Anweisung; Einweisung auf ein zustehendes Gut" (Fischer 6, 652).*
37 Laura] *Zur Figur der Laura vgl. die einleitenden Erläuterungen zu „Die Entzükung / an Laura" und „Freigeisterei der Leidenschaft". In einer Notiz auf Schillers Brief vom 24. April 1785 vermutet Christian Friedrich Schwan (1733–1815), Buchhändler und Verleger in Mannheim, der Name beziehe sich auf seine Tochter Margaretha (1766–1796), die von Schiller zur Zeit seiner Beziehung zu Charlotte von Kalb gleichfalls umworben wurde (vgl. NA 24, 3–4).*
41–43 Du *bis* liegen.] *Im „Spaziergang unter den Linden" beschreibt Wollmar die Natur als ein scheinbar rotwangigtes Mädchen, das jedoch, genau betrachtet, lediglich Verwesung zu blendenden Flittern stutze (NA 22, 74).*
46–75 „"„Die *bis* Vergelterin?""] *Vergleichbare Ansichten wie die der Welt und der Spötter vertritt der Prinz im „Geisterseher" dem Baron von F*** gegenüber (vgl. NA 16, 123–124).*
52 Wahn *bis* weiht] *Gemeint ist: (Aber-)Glaube, dem nur sein Alter, seine Tradition Überzeugungskraft verleiht. – In gleichem Sinn des Begriffes „Verjährung" ist in den Briefen „Ueber die ästhetische Erziehung des Menschen" von verjährten Aussprüchen der gemeinen Vernunft (NA 20, 310) die Rede.*
55 Menschenwiz] *Witz: Verstand, Auffassungs- und Beurteilungsgabe (vgl. Grimm 14 II, 865).*
57 von mächtigem] *Zu ergänzen ist „Gewürm": Herrschende, die den Glauben an jenseitige Vergeltung aus politischen Gründen zu befördern suchen. Vgl. auch LESARTEN.*
60 wo *bis* brennt] *Gemeint ist wohl: wo der Respekt vor der Autorität des Staates zu wünschen übrig läßt.*
61 heißt] *„verheißt".*
64–65 der *bis* Gewissensangst] *Der Prinz im „Geisterseher" sagt:* Viele sehen ihren eigenen Schatten, die Gestalten ihrer Leidenschaft, vergrößert auf der Decke der Zukunft sich bewegen und fahren schaudernd vor ihrem eigenen Bilde zusammen. *(NA 16, 124.)*
73–75 Sechstausend *bis* Vergelterin?] *Ähnlich äußert sich der Prinz im „Geisterseher":* Eine tiefe Stille herrscht hinter dieser Decke; keiner, der einmal dahinter ist, antwortet hinter ihr hervor *(NA 16, 124).*
73 Sechstausend Jahre] *Zum Zeitpunkt des Erscheinens des Gedichts, 1786, waren nach jüdischer Zeitrechnung 5547 Jahre vergangen.*
81 geschlachtet] *„zum Opfer gebracht".*
86–100 Mit *bis* zurük.] *Wie die „Scriptura" eines Emblems nehmen die Worte des Genius eine abschließende Deutung der „Pictura", der vorangehenden Darstellung, vor. Eine solche emblemartige Struktur findet sich wiederholt in Schillers Gedichten (vgl. die Erläuterungen zu „Columbus").*
99–100 was *bis* zurük] *In eben diesem Sinne sagt der Prinz im „Geisterseher":* Wenn alles vor mir und hinter mir versinkt – [...] wenn die Zukunft mir nichts bietet – [...] wer verargt es mir, daß ich dieses magre Geschenk der Zeit – den Augenblick – feurig und unersättlich [...] in meine Arme schließe? *(NA 16, 123.)*

169–172 An die Freude

ENTSTEHUNG. *Das Gedicht entstand 1785 im geselligen Körner-Kreis, wahrscheinlich im Sommer dieses Jahres in Gohlis, wie sich Körner später erinnerte: „Schiller [...] verlebte einige Monate des Sommers zu Golis, einem Dorfe bey Leipzig, in einem fröhlichen Zirkel. Das L i e d a n d i e F r e u d e wurde damals gedichtet." (Nachrichten von Schillers Leben, XV.)*

ÜBERLIEFERUNG. *H: ? h¹: GSA. Abschrift von unbekannter Hand aus dem Besitz des Grafen Schimmelmann, der das Gedicht vermutlich mit einem nicht überlieferten Brief Schillers (aus dem Jahr 1792?) erhielt. h²: SNM. Abschrift von der Hand Theodor Körners. – E¹: V. 85–108 in: Litteratur und Völkerkunde. Hrsg. von Johann Wilhelm von Archenholtz. Februar-Heft 1786 (auf der Rückseite des Titelblatts und der folgenden, ebenfalls nicht paginierten Seite). – E²ᵃ: Thalia. Zweytes Heft [erschienen im Februar 1786]. S. [1] bis 5. – E²ᵇ: Nachdruck Göschens für: Thalia. Herausgegeben von Schiller. Erster Band / welcher das I. bis IV. Heft enthält. 1787. Zweytes Heft. S. [1] bis 5. D: Gedichte 2 (1803). S. 121–127; danach in: Gedichte ²2 (1805). S. 121 bis 127. Diese Fassung des Gedichts hatte Schiller für die Prachtausgabe seiner Gedichte bestimmt. Vgl. NA 2 I, 141 und 185–187 sowie LESARTEN in NA 2 II B. – Textwiedergabe nach E²ᵃ.*

Eine Anekdote, die der Überlieferungsgeschichte von „An die Freude" gilt und nicht selten für wahr gehalten wurde, ist zu korrigieren: Im „Bremer Sonntagsblatt" vom 16. Juli 1854 (Nr 29. S. 227–228) veröffentlichte Heinrich Pröhle „Stammbuchblätter und Zeitbetrachtungen von Friedrich Ludwig Jahn", darunter auch den Bericht, daß der Verfasser (Jahn) als Schüler und Student eine Abneigung gegen Schiller gehabt habe, und zwar vor allem wegen dessen Gedicht „An die Freude", das er 1796 bei einem Besuch in Jena als „grobe Lüge" kritisiert habe. „Das gab Hader und Zank, und hätte bald was Ernsthafteres gegeben, wenn nicht eine alte Muse dazwischen gesprochen: ‚Der von Halle hat Recht. Schiller hat nie, ein „Lied an die Freude" gedichtet, und es hieß erst: „Freiheit schöner Götterfunken", aber der Censor strich Freiheit, da mußte Freude eingetauscht werden. Und nach meiner Handschrift ist es gedruckt worden, ich war damahls Schreiber bei Schiller.' D e r M a n n h i e ß H e u b n e r , u n d h a t t e n u r E i n e H a n d . Von diesem Augenblick war ich mit Schiller ausgesöhnt [...]." Die Anekdote fand auch Eingang in die von Carl Euler herausgegebene Ausgabe der Werke Jahns (Bd 2 II. Hof 1887. S. 984–985). Um sie als erfunden zu erkennen, genüge der Hinweis, daß Schiller 1785 keinen Schreiber hatte und daß von Gottlieb Leonhardt Heubner (geb. 1767), der ihm später zuweilen in Jena zu Diensten war, nicht bekannt ist, daß ihm eine Hand fehlte. Möglicherweise hat Jahn einen Studentenspaß ernst genommen.

LESARTEN. *Augenvarianten (einschließlich veränderter Groß- und Kleinschreibung, der Aufhebung von Sperrungen und wechselnder Einzüge am Versanfang) sowie Interpunktionsveränderungen in h¹, h², E¹ und D werden im folgenden nicht verzeichnet.* – **2** Elisium] Elysium $h^1 h^2$ **6–7** Was die Mode streng geteilt, / Alle Menschen werden Brüder, *D*   **12** lieber] guter h^2 **13** große] grose h^1 **16** seinen] seine h^2 **19** nie] nicht h^2 **20** diesem] unserm h^2 **21** den] dem h^2 großen] grosen h^1 **22** Simpathie] Sympathie $h^1 h^2$ **30** im Tod] in Tod h^1 in Noth h^2 **32** Cherub] Seraph h^2 **33** Stürzet nieder, Millionen! h^1 **35** Such'] Such E^{2b} **40** großen] grosen h^1 **44** kennt!] kennt. E^{2b} **48** zum] zu h^2 **54** Fahnen] Fahne h^2 **58** für] vor h^2 **59** Droben] Dorten h^1 **60** großer] groser h^1 **63** melden] melden, E^{2b} **64** den] dem $h^1 h^2$ **66** verziehn *(Druckfehler)*] verziehn. E^{2a} **68** nage] nagen h^1 **73** in] aus h^2 **74** in] Aus h^1 goldnem] goldnen h^2 **79** sprützen] spritzen *D*   **81** Den der Sterne] Dem den Sternen h^2 Sterne] Sonne h^1 **85** schwerem] schweren h^1 **90** gält'] gält E^{2b} **97 bis 101** *fehlt D*   **97–108** *fehlt* h^2 **101** Toden] Todten $h^1 E^1$ *unterzeichnet:* Schiller. h^1 – *Vgl. die Varianten der 2. Fassung in NA 2 I, 185 bis 187.*

ERLÄUTERUNGEN. Das Gedicht kontrastiert aufs stärkste mit Skepsis und Pessimismus der in den beiden vorangegangenen Gedichten angestellten Betrachtungen. In einem Brief an den Verleger der „Thalia", Georg Joachim Göschen, von etwa dem 18. bis 21. Dezember 1785 schrieb Schiller über diese: [...] *ich habe* s e h r *wichtige Gründe, diese 2 Gedichte bekannt zu machen, weil ich sie in einem andern gänzlich widerlege. Daß sich der letzte Hinweis auf das Gedicht „An die Freude" bezieht, ist zu vermuten, aber nicht ganz sicher, denn Schiller hatte es Göschen schon am 29. November zugeschickt (vgl. Schillers Brief vom selben Tag).*

Indem er die Freude zur zentralen Triebkraft in Menschenleben und Natur erklärt, weist Schiller ihr eine ähnliche Bedeutung zu wie den Begriffen „Liebe", „Freundschaft", „Sympathie", die er in den Laura-Gedichten, in „Der Triumf der Liebe" und „Die Freundschaft" entwickelt hatte. Dort wie hier zeigt sich Schiller beeinflußt durch den Optimismus der eudämonistisch ausgerichteten englischen Moralphilosophie. Moralität bedeutet nicht Befolgung enger Maximen, sondern Ausleben der ganzen Individualität. Der Konflikt zwischen altruistischen und egoistischen Motiven erscheint ausgeglichen. Sittlichkeit besteht nicht in Selbstverleugnung, sondern in Selbstverwirklichung, bedarf nicht beherrschter Emotionalität, sondern – wie bei Shaftesbury (A letter concerning enthusiasm [1708]) – gerade des „Enthusiasmus", der Begeisterung für alles Wahre, Gute und Schöne.

Anlaß, sich einer solchen Philosophie erneut zuzuwenden, boten Schiller die glücklichen Verhältnisse, in die er sich nach seinem Mannheimer Aufenthalt mit persönlichen, beruflichen und ökonomischen Problemen durch die Hilfe und Zuwendung der neu gewonnenen Freunde um Christian Gottfried Körner (1756 bis 1831) und dessen Frau Minna (1762–1843), deren Schwester Dora Stock (1760–1832) und deren Verlobten Ludwig Ferdinand Huber (1764–1804) versetzt sah. Die Stimmung, in der sich Schiller im Körnerschen Kreis befand, dokumentiert anschaulich sein Brief an Körner vom 3. Juli 1785, ebenso der vom 11. Juli, in dem es ganz im Sinne des Gedichts heißt: Deine Freundschaft und Güte bereitet mir ein Elisium. *Vgl. auch Körners Bericht in seinen "Nachrichten von Schillers Leben" (S. XIV–XV).*

Literarische Beziehungen bestehen zu einigen themengleichen Gedichten wie Friedrich Hagedorns Lied "An die Freude", Klopstocks Ode "Der Zürchersee" (V. 25–32), die auf Hagedorn Bezug nimmt, Johann Peter Uz' Gedicht "An die Freude", das dieselbe metrische Form aufweist wie die ersten Strophenverse bei Schiller (vierhebige trochäische Verse mit Kreuzreim und alternierend weiblicher und männlicher Endung) und Johann Wilhelm Ludwig Gleims Gedicht "An die Freude". Hinzu kommen Gedichte von Ewald Christian von Kleist, Johann Friedrich von Cronegk, Ludwig Christoph Heinrich Hölty u. a. Vgl. im einzelnen: Schultz, Die Göttin Freude (1926).

Verbindungen gibt es auch zu Herder. Im 2. Teil seiner "Ideen zur Philosophie der Geschichte der Menschheit" (1786) entwickelt er den Gedanken, daß Freude, das Himmelskind, *die Glückseligkeit in ihren verschiedensten Formen den Menschen aller Völker der Erde erstrebenswertes Ziel sei; dabei hängt die Glückseligkeit des Einzelnen von den Bestrebungen aller ab. In der Zehnten Sammlung der "Briefe zu Beförderung der Humanität" (1797) heißt es später:* „Keiner für sich allein, jeder für Alle; so seyd ihr alle euch einander werth und glücklich." *(S. 209.) Aus solchem Gefühl der Einheit, dem* G e f ü h l d e r M e n s c h h e i t *(ebd.) fließt Freude; Glückseligkeit und Humanität gehen ineinander über – so, wie es auch für Schillers Gedicht charakteristisch ist.*

Die Vorstellung von der Freude als des vereinigenden Bandes unter den Menschen gehört ebenso wie der Gedanke von Freundschaft, Freiheit, Gleichheit und Brüderlichkeit zum Themenkreis der zeitgenössischen freimaurerischen Lyrik. Vgl. dazu Vaihinger, Zwei Quellenfunde zu Schillers philosophischer Entwickelung (1905); Deile, Freimaurerlieder als Quellen zu Schillers Lied "An die Freude" (1907). Einen Eindruck davon vermitteln Sammlungen wie "Lieder, zu singen für die Freimäurerlogen" (1782) von Balthasar Ockel und "Lieder mit Melodien zum Gebrauch der Loge zu den drey Degen in Halle" (1784). Ob von hier aus Anregungen auf Schiller ausgegangen sind, läßt sich nicht mit Bestimmtheit sagen, obwohl nicht ausgeschlossen ist, daß er in Leipzig durch Körner, den Maler Reinhart u. a., die selbst Freimaurer waren, mit deren Literatur bekannt wurde. (Über Schillers Beziehung zu den Freimaurern vgl. seinen Brief an Henriette von Wolzogen vom 11. September 1783.) Immerhin gibt es Bezugspunkte zum vorliegenden Gedicht; abgesehen davon, daß die Ockelsche Anthologie neben den schon oben erwähnten Gedichten von Hagedorn und Uz eine Reihe von Gedichten verwandter Thematik und Motivik enthält, weisen einige Lieder in der Halleschen Sammlung, wie "Die Freude" und "Der Entschluß", Ähnlichkeiten auf; im ersten Gedicht heißt es:

> Vom Olymp ward uns die Freude,
> Ward uns die Fröhlichkeit gesandt;
> Blumenkränze tragen beyde
> Für Euch, Ihr Brüder, an der Hand.

Im zweiten Gedicht finden sich die Verse:

AN DIE FREUDE

Höher klimmen wollen wir
Unsern Pfad, ihr Brüder!
Losung sei uns Wissbegier,
Unser Wandel bieder,
Unser Blick sei Heiterkeit,
Unser Zweck Vollkommenheit.

Oben über'm Sternenheer
Herrschet unser Meister,
[...].

Drüben, drüben über'm Grab
Leuchtet er uns näher,
Fröhlich werft die Hüllen ab,
Einst beglückt're Späher!
Jauchzt, die Gruft beschliesst uns nicht,
Heller sehn wir dann das Licht.

(Weder die Hallesche noch die Ockelsche Sammlung konnte autopsiert werden. Daher wird hier nach Vaihinger, 140, zitiert.) Tatsache ist, daß Schillers Gedicht in den Kreisen der Freimaurer begeisterte Aufnahme fand und in einzelnen Sozietäten bei ihren Tafellogen gesungen wurde (vgl. den Brief J. Zerboni di Sposettis an Schiller vom 14. Dezember 1792).

Wenn nicht als „Tafellogenlied" (Deile, 84), so hat Schiller selbst sein Gedicht als Gesellschaftslied bezeichnet (an Körner vom 10. Juni 1803). Aus diesem Grund wurde es wohl auch später in der Ausgabe letzter Hand in die Nachbarschaft von Gedichten gleichen Charakters plaziert; „Das Siegesfest" z. B., das dieselbe metrische Form, auch den Wechsel von Solo- und Chorstrophen aufweist, zählte Schiller ebenfalls zur Gattung des Gesellschaftsliedes (vgl. an Goethe vom 24. Mai 1803).

Die Wirkung des Gedichts, das noch vor Drucklegung von Johann Friedrich Kunze (1755–1803), dem befreundeten Kaufmann, Ende 1785 in Leipzig verbreitet wurde (vgl. Kunze an Schiller vom 11. Dezember 1785), war bereits zu Lebzeiten Schillers sehr groß. Vgl. die Zusammenstellung von Zeugnissen bei Klötzer, Zu Schillers „Lied an die Freude" (1894). Die Beurteilung fiel durchaus unterschiedlich aus, wobei die Kritik vorwiegend die theologischen Implikationen des Gedichts betraf. Indiz für die bis heute ungebrochen starke Rezeption mögen die mittlerweile über 100 bekannten Vertonungen des Gedichts sein, unter denen die in Beethovens 9. Symphonie herausragt.

Zur Gruppe derer, die wie Klopstock das Gedicht ablehnten – nach dem Bericht Giuseppe Acerbis urteilte Klopstock, es sei das Abscheulichste, was man sich auf der Welt denken kann (Aus Klopstock's letzten Jahren [1894], 67) –, gesellte sich später auch der Verfasser selbst; in seinem Brief an Körner vom 21. Oktober 1800 nannte er es ein schlechtes Gedicht: Es sei fehlerhaft und zu sehr dem Zeitgeschmack angepaßt; es repräsentiere eine Stufe unvollkomme-

ner literarischer Bildung des Autors. Die Gründe für Schillers Selbstkritik lassen sich vermuten. Sicherlich konnten Begriffe wie „Freiheit", „Gleichheit", „Brüderlichkeit" nach der Französischen Revolution keine uneingeschränkte Begeisterung mehr erregen. Vielleicht war Schiller aber auch der einstige Enthusiasmus, der sein Gedicht hervorbrachte und den es auslösen sollte, selbst suspekt geworden; die Überzeugungskraft der Glückseligkeitsphilosophie mag unter der Auseinandersetzung mit Kant gelitten haben, die Auffassung von poetischer Wirksamkeit über den direkten emotionalen Appell mag durch die Kritik an der Stimmungslyrik (wie in der Bürger-Rezension) und durch die Entwicklung der Konzeption einer „ästhetischen Erziehung" des Menschen modifiziert worden sein.

Vgl. auch die Erläuterungen zur 2. Fassung des Gedichts.

1—2 Freude *bis* Elisium] *Hagedorns Gedicht „An die Freude" beginnt:* Freude, Göttinn edler Herzen! Höre mich *(V. 1; Oden und Lieder [1747], 41); in V. 5 heißt es:* Muntre Schwester süsser Liebe! Himmels-Kind! *(Ebd.) In Uz' gleichnamigem Gedicht lautet der erste Vers:* Freude, Königinn der Weisen *(Sämmtliche Poetische Werke [1772] 1, 242). Klopstocks Ode „Der Zürchersee" nennt sie* Göttinn Freude *(V. 29) und* Schwester der Menschlichkeit *(V. 30; Oden [1776], 116). Gleims Lied „An die Freude" setzt ein:* Kind des Himmels, Freude, komm *(V. 1; Sämmtliche Werke [1811] 2, 93).*

7 Bettler *bis* Fürstenbrüder] *Vgl. dagegen noch „Die schlimmen Monarchen" (V. 25—26).*

9—10 Seid *bis* Welt!] *Dem Gefühl,* Weltbürger *zu sein, hatte Schiller schon in der Ankündigung der „Rheinischen Thalia" Ausdruck gegeben (vgl. NA 22, 93).*

12 lieber Vater] *Vgl. dagegen die Vorstellung Gottes in „Freigeisterei der Leidenschaft" (V. 73—88).*

19—20 Und *bis* Bund!] *Der Vers löste bei den Zeitgenossen Irritation aus, weil er, wie es in einer „Vorlesung" „Ueber Schillers Lied an die Freude" von Hermann Christoph Gottfried Demme im „Neuen Teutschen Merkur" (Mai 1793. S. 21—37) heißt,* etwas äusserst unangenehmes hat, und mir mit den andern Empfindungen des Wohlwollens, der höchsten und reinsten Humanität, die das Lied athmet, zu stark zu kontrastiren scheint. *(S. 31.) Zu den bedeutenden Kritikern gehört Johann Paul Friedrich Richter; in seiner „Vorschule der Aesthetik" (²1813) schreibt er:* Wie poetischer und menschlicher würde der Vers durch drei Buchstaben: der stehle weinend sich i n unsern Bund! / Denn die liebewarme Brust will im Freudenfeuer eine arme erkältete sich andrücken. *(Dritte Abtheilung. S. 887.)*

21 großen Ring] *Erdkreis.*

23—24 Zu *bis* tronet.] *Wie die „Sympathie" hier, so war die Liebe in „Laura am Klavier" (V. 49—50) und „Der Triumf der Liebe" (V. 178—179) Führerin zu Gott. Vgl. auch die „Theosophie des Julius" (NA 20, 124).*

31—32 Wollust *bis* Gott.] *Freude umfaßt die gesamte Stufenleiter der Wesen (wie die Liebe in „Die Freundschaft" [vgl. V. 46—54]), sei ihre Quelle* Wollust *(hier allgemein: Entzücken, Wonne o. ä. [vgl. Grimm 14 II, 1390]) oder die Anschauung Gottes, die seinen Engeln zuteil wird. – In Uz' Gedicht „Die Glück-*

seligkeit" heißt es von dieser ähnlich: Ihr Band verknüpfet alle Wesen, / Vom Staube bis zu Cherubim. *(V. 11–12; Sämmtliche Poetische Werke [1772] 1, 135.)*

37—40 Freude *bis* Weltenuhr.] *In den Gedichten „Fantasie / an Laura" (V. 1-36) und „Die Freundschaft" (V. 1-12) war die Liebe als gemeinsame Triebfeder des Lebens von Mensch und Natur beschrieben worden.*

37—38 Freude *bis* Natur.] *Sehr ähnlich heißt es in Leisewitz' Trauerspiel „Julius von Tarent" (1776), das Schiller seit der Karlsschule wohlvertraut war:* Liebe ist die grosse Feder in dieser Maschine *(III 3; S. 66).*

43 Sphären rollt sie] *Sterne versetzt sie in kreisende Bewegungen.*

44 des Sehers Rohr] *Fernrohr des Astronomen.*

45—48 Froh *bis* siegen.] *Das Bild erinnert an das der Sonne als Helden, das sich in Psalm 19,6 findet. Schiller benutzte es bereits in „Der Abend" (V. 1) und „Vorwurf / an Laura" (V. 25).*

47 Laufet] *„laufen" im Schwäbischen für „gehen" (vgl. Kasch, 20); in der Fassung der Prachtausgabe heißt es* Wandelt.

51—52 Zu *bis* Bahn.] *Hier gelingt der Ausgleich zwischen Lebens-Freude und Tugend. Beides war in der „Freigeisterei der Leidenschaft" als Antinomie erschienen.*

52 Dulders Bahn] *Im Gedicht „Resignation" war von des Dulders Dornenbahn (V. 27) die Rede, deren Durchlaufen ohne Vergeltung blieb.*

55—56 Durch *bis* stehn.] *Das Bild, hier das Jüngste Gericht andeutend, ähnelt dem in „Laura am Klavier" (V. 46-48) und in „Der Triumf der Liebe" (V. 171 bis 173).*

58—60 Duldet *bis* belohnen.] *Die Verse stehen in unmittelbarem Gegensatz zur Auffassung in „Resignation".*

62 ihnen gleich zu seyn] *Diese Wirkung der Freude war in „Der Triumf der Liebe" der Liebe zugesprochen worden:* [...] durch die Liebe / Menschen Göttern gleich! *So heißt es im Refrain. Später, im Gedicht „Das Reich der Schatten" von 1795, übernehmen Kunst und Schönheit diese Funktion (vgl. V. 21, 39-40).*

71—72 Brüder *bis* gerichtet.] *Die Verse paraphrasieren Matth. 7, 2. – Anders hieß es in der „Todenfeyer am Grabe Philipp Friderich von Riegers":* Richtet GOtt – wie wir? *(V. 68.)*

79—84 Laßt *bis* oben!] *Dem „guten Geist" – das ist die stehende Umschreibung des christlichen Gottes im evangelischen Kirchenlied – wird hier in einer Weise gehuldigt, die an die antike Dionysosverehrung erinnert. Die Verse, in denen „auf die höchst merkwürdige Krasis antiker mythologischer Zeremonie mit christlich humanistischen Glaubensvorstellungen der Aufklärung zu achten" ist, sind ein Beispiel für das Ineinanderfließen antiker und christlicher Mythologie in Schillers frühen hymnisch-„enthusiastischen" Gedichten. Vgl. im einzelnen: Berger, Schiller und die Mythologie (1952) (Zitat: S. 198).*

81 Den *bis* loben] *Der Gedanke findet sich ähnlich in Klopstocks Gedichten „Die Gestirne" und „Dem Unendlichen".*

89—90 Männerstolz *bis* Blut] *wie* Miller *in „Kabale und Liebe" (II 6) und* Marquis Posa *in „Don Karlos" (III 10).*

99 Hoffnung *bis* Sterbebetten] *Uz schreibt in seinem Gedicht* „*An die Freude*":
  Dir war dieser Herr des Lebens
  War der Tod nicht fürchterlich,
  Und er schwenkete vergebens
  Seinen Wurfspieß wider dich;
  Weil im traurigen Gefilde
  Hoffnung dir zur Seite gieng,
  [...].
(V. 33–40; Sämmtliche Poetische Werke [1772] 1, 243–244.)
105–106 Eine *bis* Leichentuch!] *Die Verse erinnern stärker an antike als an christliche Vorstellungen. Vgl. das Bild vom Tod als Jüngling mit gesenkter Fackel, das in* „*Die Götter Griechenlandes*" *(V. 105–112) christlichen Darstellungen des Todes als* gräßliches Gerippe *(V. 105) entgegengestellt wird.*

108 Todtenrichters] *Auch dieser Ausdruck verweist eher auf die antike Unterwelt, in der die drei Totenrichter Minos, Rhadamanthys und Aiakos zu Gericht saßen, als auf den Himmel und den christlichen Gott.*

173–174 Die unüberwindliche Flotte

ENTSTEHUNG. *Das Gedicht entstand 1785 im Zusammenhang mit Schillers frühestem historischen Aufsatz, der Mercier-Übersetzung* „*Philipp der Zweite, König von Spanien*"*. Vgl. ÜBERLIEFERUNG.*

ÜBERLIEFERUNG. *H: ? – E: Thalia. Zweytes Heft [erschienen im Februar 1786.] S. 76–78 als Fußnote* b *innerhalb des Aufsatzes* „*Philipp der Zweite, König von Spanien*" *zu dem Satz:* [...] und hätte nicht ein wohlthätiger Sturm jene furchtbare Flotte [Philipps] zerstreut, die mit dem Namen der U n - ü b e r w i n d l i c h e n pralte, so war dieser glükliche Freistaat [Britannien] aus dem Globus vertilgt. *Die Fußnote beginnt:* Diese merkwürdige Begebenheit hat ein Dichter jener Zeit in folgender Ode besungen: [...] *– Göschens* „*Thalia*"*-Nachdruck (1787) brachte das Gedicht unverändert. D: Gedichte 2 (1803). S. 128–131; danach in: Gedichte* ²*2 (1805). S. 128–131. – Textwiedergabe nach E.*

LESARTEN. *Augenvarianten und Interpunktionsveränderungen sind nicht verzeichnet. – Überschrift:* Die unüberwindliche Flotte. Nach einem ältern Dichter *D*   **31** Schwerde] Schwerdte *D   Schlußbemerkung, Zeile 1:* zween leztern] zwei letzten *in der Ausgabe von 1805*

ERLÄUTERUNGEN. *Der Aufsatz in Schillers* „*Thalia*" *ist ein Auszug aus dem Vorwort, dem* „*Précis Historique*" *aus Jean Louis Sébastien de Merciers* „*Portrait de Philippe II, Roi d'Espagne*" *(1785), von Ludwig Ferdinand Huber übersetzt, von Schiller aber wahrscheinlich überarbeitet (vgl. NA 7 II, 123). Das Gedicht schildert, abgesehen von der 4. Strophe, die erfunden ist, in Versen, was bei Mercier in Prosa formuliert ist; dort lautet die Fußnote zu jener* merkwürdigen Begebenheit *(s. ÜBERLIEFERUNG):*

Voici de quelle maniére un poëte a peint cet evenement / „Une flotte formidable fait mugir les flots. C'est plutôt une armée de châteaux flottans; on l'appelle l' invincible, & la terreur qu'elle inspire, consacre ce nom; l'Océan qui tremble sous son poids, paroit obéir à sa marche lente & majestueuse; elle avance, cette flotte terrible, comme un orage qui grossit; elle est prête à fondre sur l'isle généreuse que le Ciel regarde d'un œil d'amour, sur l'isle fortunée dont les nobles habitans ont le droit d'être libres, & l'emportent en dignité sur tous les habitans de la terre, parce qu'ils ont su faire des loix qui enchaînent depuis le roi jusqu'au dernier citoyen; ils ont voulu être libres, ils le sont devenus; le génie & le courage maintiennent leurs augustes privileges. Jamais cette isle si chere aux grands coeurs, aux ennemis de la tyrannie, ne parut si près de sa ruine. Les hommes généreux qui d'un pole à l'autre s'interessent à cette majestueuse république, croyoient sa délivrance impossible; mais le Tout-Puissant voulut conserver le noble rempart de la liberté, cet asyle inviolable de la dignité humaine; il souffla, & cette flotte invincible fut brisée & dispersée; ses débris épars furent suspendus aux pointes des rochers, ou couvrirent les bancs de sable, écueils vengeurs où s'anéantirent l'arrogance & le témérité." (*Portrait de Philippe II* [1785], *VIII–IX.*) (*„Hier, wie ein Dichter dieses Ereignis geschildert hat: ‚Eine gewaltige Flotte macht die Fluten brausen. Es ist mehr eine Armee schwimmender Festungen; man nennt sie* d i e U n - ü b e r w i n d l i c h e , *und der Schrecken, den sie einflößt, rechtfertigt diesen Namen; der Ozean, der unter ihrem Gewicht erzittert, scheint ihrem langsamen, majestätischen Gang zu gehorchen; diese schreckliche Flotte bewegt sich vorwärts wie ein Sturm, der anschwillt; sie ist bereit, über die großherzige Insel herzufallen, auf die der Himmel mit liebevollem Auge blickt, über die glückliche Insel, deren Bewohner das Recht haben, frei zu sein, und allen Bewohnern der Erde an Würde überlegen sind, weil sie Gesetze zu schaffen wußten, die den König wie den Bürger binden; sie haben frei sein wollen, sie sind es geworden; der Geist und der Mut bewahren ihre erhabenen Vorrechte. Niemals schien diese Insel, die den großen Herzen, den Feinden der Tyrannei, so teuer ist, ihrem Untergang so nahe. Die großherzigen Männer, die von einem Pol zum anderen dieser majestätischen Republik ihr Interesse bezeigen, hielten ihre Rettung für unmöglich; aber der Allmächtige wollte das edle Bollwerk der Freiheit, dieses unverletzliche Asyl der menschlichen Würde erhalten; er blies, und diese unüberwindliche Flotte wurde zerstört und in alle Winde zerstreut; ihre Trümmer hingen an den Felsspitzen oder bedeckten die Sandbänke, rächende Klippen, an denen der Hochmut und die Vermessenheit zerbrachen.'"* [Nach BA 1, 628–629.])

Wer mit dem von Mercier erwähnten poëte, *von Schiller als* Dichter *jener Zeit bezeichneten Autor gemeint ist – in der 2. Fassung des Gedichts wird von einem ältern Dichter gesprochen –, ist nicht völlig geklärt. Vielleicht verbirgt sich Mercier selbst dahinter. Es gibt aber Grund zu der Annahme, daß Mercier wenn nicht eine poetische, so doch eine religiöse Quelle für seine Schilderung benutzt hat. Es handelt sich um die verbreitete, auch wiederholt ins Französische übersetzte Erbauungsschrift „Der Christ in der Einsamkeit" (1756 u. ö.) des Predigers Martin Crugot (1725–1790), die Mercier in einer Übersetzung vorge-*

legen haben könnte. Die Schilderung der spanischen Armada beginnt dort: „Sie brauset durch die Fluthen daher, jene schreckliche Flotte, oder vielmehr das furchtbare Heer schwimmender Schlösser. Sie heißt auf Erden die Unüberwindliche, und sie heißt es, dem Ansehen nach, mit Recht" *(zitiert nach der Ausgabe Breslau 1760, S. 40). Die frappanten Übereinstimmungen mit Mercier betreffen auch den übrigen Text. Vgl. darüber: Manchot, Martin Crugot (1886).*

„*Die unüberwindliche Flotte*" *war die Armada Philipps II. (1527–1598), die 1588 von der Flotte des protestantischen England geschlagen und auf der Heimfahrt durch einen Sturm vor Schottland und Irland zerstört wurde.*

Das Gedicht steht in Zusammenhang mit Schillers Arbeit am „*Don Karlos*"*. Dort wird nicht nur auch des Untergangs der spanischen Flotte gedacht (III 6; NA 6, 168–169), sondern ebenso England als Mutterland der Freiheit dem despotisch regierten Spanien gegenübergestellt (vgl. III 10; NA 6, 190). Schillers Urteil über England änderte sich (vgl. sein Gedicht* „*An ****", *später* „*Der Antritt des neuen Jahrhunderts. An ****") *– möglicherweise ein Grund, das Gedicht nicht in die geplante Ausgabe letzter Hand aufzunehmen. – Vgl. auch das Gedichtfragment* „*[Deutsche Größe]*"*.*

1 des Mittags] *des Südens; Spaniens.*

4 dir] *Der Bezug klärt sich erst in V. 16:* Glükselge Insel.

5 Citadellen] *Zitadelle:* „*eine kleine Festung, welche neben einer großen Stadt angeleget wird, die Einwohner im Gehorsam zu erhalten, zuweilen auch eine Festung dadurch zu verstärken.*" *(Adelung 1, 1337.)*

9 weiht] „*weihen*" *hier: rechtfertigen, begründen; ähnlich in* „*An Körner. Zu dessen Hochzeit, 7. August 1785*" *(V. 10) und* „*Resignation*" *(V. 52). Bei Mercier heißt es* „*consacrer*" *(s. o.).*

17 Gallionenheere] *Gallione, Galeone:* „*eine Art großer Kriegsschiffe von drey bis vier Verdecken, besonders in Spanien*" *(Adelung 2, 397).*

21–31 Wer *bis* Schwerde?] *Dieses England gewidmete Hohelied der Freiheit geht über Mercier hinaus; es steht mit der England-Begeisterung im* „*Don Karlos*" *in Verbindung.*

23–26 Hast *bis* macht?] *Die Verse beziehen sich auf die* „*Magna Charta*" *(libertatum), die freilich nicht von stolzen Königen* entworfen, *sondern von Adel und Geistlichkeit dem englischen König Johann ohne Land im Jahr 1215 abgenötigt wurde. Auch machte sie nicht Könige zu Bürgern, beschnitt aber doch königliche Macht und Willkür auf politischem, wirtschaftlichem und juristischem Felde und förderte die Entwicklung des englischen Bürgertums.*

27 Der *bis* Obermacht] *Englands Aufstieg zur Seemacht begann erst nach dem Sieg über Spanien.*

39 Löwenflaggen] *Löwe (span.* leon) *und Turm (span.* castel) *als Wappenzeichen deuten auf die Vereinigung der Reiche León und Kastilien (endgültig unter Ferdinand III., dem Heiligen [1201?–1252]) hin.*

41 Albion] *alter, wohl keltischer Name für Britannien.*

nach 49 Die *bis* sunt.] *Die Anmerkung bezieht sich auf Merciers Text, in dem es im Anschluß an die Schilderung vom Untergang der Armada (s. o.) heißt:* Ces mots du poëte, le Tout-Puissant souffla, sont allusion à la médaille que la reine Elisabeth fit frapper en mémoire de ce grand événement. On voyoit au revers une flotte fracassée par la tempête, avec cette légende: A f f l a v i t D e u s, & d i s s i p a t i s u n t. *("Die Worte des Dichters: Der Allmächtige blies, sind eine Anspielung auf die Medaille, die Königin Elisabeth zur Erinnerung an dieses große Ereignis prägen ließ. Auf der Rückseite sah man eine vom Sturm zerschmetterte Flotte, mit diesem Text: Afflavit [...]"; nach BA 1, 629; der lateinische Satz bedeutet: „Es blies Gott, und sie wurden vernichtet.") – Die Medaille stammt nicht von Elisabeth, sondern aus Holland.*

DRESDEN 1787

177–179   **Ein Wechselgesang**

ENTSTEHUNG. *Das Gedicht ist vermutlich für Körner und seine Frau geschrieben worden, die sich als Leontes und Delia unschwer erkannt haben dürften. Als Entstehungszeit kommt der Herbst 1785 in Betracht; die Hochzeit des Paares hatte am 7. August dieses Jahres stattgefunden. Vgl. auch ERLÄUTERUNGEN.*

ÜBERLIEFERUNG. *H: GSA. 1 Doppelblatt 11,4 × 18,9 cm, $3^{3}/_{4}$ S. beschrieben. Dünnes geripptes Papier, vergilbt und etwas fleckig. Wz.: & / ZOONEN. Auf der 4. S. die Notiz Minna Körners:* Ein Gedicht aus der Jugendzeit Schillers von seiner Hand geschrieben. Bezeug ich hiemit. Geheime Ober Regierungs Rathin Korner. *– E: Vierteljahrschrift für Litteraturgeschichte 6 (1893). S. 608–610 (Bernhard Suphan). – Textwiedergabe nach H.*

LESARTEN. **36** Stralen] *unter gestr.* Ströme *H*   **37** deiner] *über gestr.* zweier *H*   **44** dahin] *verb. aus* davon *H*   **55** die] *danach* le[is?] *gestr. H nach* **56** B e i d e *(wie oben) H; keine Wiederholung der Verse 37–40; der Hinweis* wie oben *erfolgte vermutlich, nachdem Schiller die ursprüngliche Schlußstrophe gestrichen hatte; diese lautet:* Froh und harmonisch und spiegelhell fließen / fließen uns Tage und Stunden dahin, / Klar wie ein Bach durch Wiesen, / unter der Liebe Umarmungen hin. *H*

ERLÄUTERUNGEN. *Wahrscheinlich war dieser Singspieltext für die Musik und Gesang ausübende Familie Körner bestimmt (vgl. zu ENTSTEHUNG). Nach anderer Auffassung könnte es sich um eine Auftragsarbeit handeln. Schiller hatte in Dresden mit dem Hofkapellmeister Johann Gottlieb Naumann (1741–1801) Kontakt. Dieser war ebenso als Komponist tätig wie der sich im journalistischen und lyrischen Fach versuchende Jurist Johann Leopold Neumann (1745–1813), den Schiller ebenfalls kennenlernte. Denkbar ist auch, daß ein Zusammenhang mit dem Operettenplan besteht, den Schiller im Brief an Huber vom 17. Mai 1786 aus Dresden erwähnt:* Kannst Du Dir vorstellen, daß ich gestern 2 Arien und 1. Terzett zu einer Operette gemacht habe, und daß der Text schon in den Händen des Musikus ist. *Bei dem Musikus könnte es sich um Ignaz Franz Joseph Fränzl handeln. Vgl. ausführlich die Erläuterungen zu „Lied [I]" und „Lied [II]".*

Daß Schiller sich gelegentlich mit Texten für musikalische Aufführungen beschäftigte, bezeugt auch seine in der „Anthologie auf das Jahr 1782" erschienene „lyrische Operette" „Semele". Später tauchte der Plan auf, Wielands „Oberon" als Oper zu bearbeiten (vgl. Schiller an Körner vom 19. Dezember 1787). Seinem Freund Zumsteeg gegenüber sprach Schiller noch viele Jahre danach vom Plan zu einem Operntext (vgl. Zumsteeg an Schiller vom 12. Februar 1800). Vgl. auch das Fragment „[Arie aus ‚Oberon']".

Schillers Meinung über seine Produkte war freilich nicht sehr hoch. Über die „Semele" äußerte er im Brief an Caroline von Beulwitz und Charlotte von Lengefeld vom 30. April 1789: Mögen mirs Apoll und seine Neun Musen vergeben, daß ich mich so gröblich an ihnen versündigt habe! *Und in dem erwähnten Brief an Huber heißt es:* Ich hoffe, [...] daß die Musik noch immer um einen Gran schlechter als meine Arien ausfallen wird, und diese sind gewiß schlecht! – Indeß es wird eine Oper unter dem Frisieren und ich thue es mit Absicht um – schmieren zu lernen.

46 gefürchteten Kahn] *Die Seelen der Verstorbenen wurden nach antiker Vorstellung vom Fährmann Charon über den Fluß Acheron in die Unterwelt gebracht.*

179–180 [An Elisabeth Henriette von Arnim]

ENTSTEHUNG. *Die Überschrift in E nennt den 2. Mai 1787 als Abfassungstag des Gedichts; nach h² wurde es am 7. Mai 1787 geschrieben. Das frühere Datum ist das wahrscheinliche; denn in den Tagen um den 5. Mai war das Verhältnis zwischen Schiller und Henriette von Arnim sehr gespannt. Vgl. Henriette von Arnims Brief an Schiller vom 5. Mai 1787.*

ÜBERLIEFERUNG. H: ? *h¹: Germanisches Nationalmuseum Nürnberg. Abschrift von der Hand Henriette von Arnims. Dazu die Bemerkung Karl August Böttigers:* Dieses Lied dichtete Schiller vor 20 Jahren bei seinem Aufenthalt in Dresden an eine schönes Fräulein von Arnim, die er damals liebte. Von ihrer eignen Hand geschrieben. *h²: Freies Deutsches Hochstift Frankfurt a. M. Abschrift von unbekannter Hand, wahrscheinlich älter als der Erstdruck (des Jahres 1808), vielleicht dessen Vorlage. Über dem Text die Notiz von derselben Hand:* Von Schiller ungedruckt, gedichtet am 7 May 1787 gerichtet an ein Fräulein von A. aus Dresden, seine heißeste Liebe wahrscheinlich. *– E: Studien. Hrsg. durch Ferdinand Max Gottfried Schenk von Schenkendorf. Wien 1808. S. 100–101. Zur Überschrift die Fußnote:* Das Publikum vereinigt sich gewiß mit dem Herausgeber zu Dank gegen die holde Gräfin von K*** geb. v. A. für die Mittheilung dieser an sie gerichteten, noch ungedruckten Verse S c h i l l e r s, von dessen Handschrift der Herausgeber sie kopirte. *– Textwiedergabe nach h¹.*

LESARTEN. *Augenvarianten und Interpunktionsabweichungen werden nicht verzeichnet. – Überschrift:* Am 2ten Mai 1787. E   *keine Überschrift* h²

1 diesem] diesen h^1 6 genug;] genug. h^1 12 buntem] bunten h^1 h^2
19 haschen] hoffen h^2 E   20 edlen] edeln E   21 Magnetisch] mangnetisch h^1 23 fremdem] fremden h^1 h^2 E   *unterzeichnet*: Schiller. h^2 F. Schiller. E

ERLÄUTERUNGEN. *Marie Henriette Elisabeth von Arnim (1768–1847) war eine der Töchter der verwitweten Dresdner Kammerdame Friederike Johanna Elisabeth von Arnim, geb. Roßler (1733–1808). Seit Schiller sie Anfang 1787 auf einem Maskenball in Dresden kennengelernt hatte, war ihm der Kopf so warm geworden, daß er aus dem Concept gebracht zu werden drohte. Dieses Selbstgeständnis Schillers im Brief an Siegfried Gotthelf Koch vom 1. Juni 1787 wird von Körner bestätigt, der berichtet, Schiller habe sich im Zustande leidenschaftlichster Aufregung befunden (NA 42, 108).*

Die Freunde betrachteten die Beziehung zu Henriette von Arnim nicht ohne Mißtrauen, weil das Haus der Arnims im Ruf stand, die Töchter bewußt in die verschiedensten Verbindungen zu setzen. Die Liaison währte bis in den Mai 1787, ehe briefliche Äußerungen von beiden Seiten ihre Auflösung signalisierten. Aufschlußreich ist der Brief Henriettes an Schiller vom 5. Mai, in dem es heißt: Beinahe muß ich fürchten daß die Stelle in Ihrem Brief S c h m e i - c h e l t e s I h n e n E m p f i n d u n g e n e r w e c k t z u h a b e n d i e S i e n i c h t e r w i e d e r n ich fürchte daß sich diese Stelle eher in meinen als in Ihren Brief geschickt hätte [. . .].

Vgl. im einzelnen: Minor, Schiller 2, 504–516, sowie die Berichte Maria Körners, Sophie Albrechts und Körners (NA 42, 106–108) und die Erläuterungen dazu (NA 42, 505, 507).
7 Larve] *Maske (vgl. Grimm 6, 208).*
12 dieses *bis* Lottospiele] *Das Bild begegnet schon in der „Elegie auf den frühzeitigen Tod Johann Christian Weckerlins" (V. 90).*
20–32 Den *bis* seyn.] *Sympathie, Freundschaft, Liebe waren die Themen der Laura-Lieder und der Gedichte „Der Triumf der Liebe", „Die Freundschaft".*
32 Freundin *bis* seyn] *ganz ähnlich:* An die Freude, *V. 14.*

WEIMAR, RUDOLSTADT, VOLKSTEDT 1787–1788

183   [An Caroline Schmidt]

ENTSTEHUNG. *Die Verse entstanden vielleicht im Oktober 1787, nachdem Schiller sein zunächst abschätziges Urteil über Caroline Schmidt revidiert hatte. Vgl. Schillers Briefe an Körner vom 6. u. 14. Oktober 1787.*

ÜBERLIEFERUNG. H: ? *h: GSA. Abschrift von der Hand Charlotte von Schillers. –* E: *Morgenblatt für gebildete Stände 1837. Nr 42 vom 18. Februar. S. 168. Den Versen vorangestellt ist die Bemerkung:* Folgende Zeilen sind von S c h i l l e r *eigenhändig in ein Exemplar des Don Karlos eingetragen worden, welches er der Tochter des Geheimeraths Schmidt in Weimar, Carolinen, spä-*

ter verehlichten Swaine, überreichte. Wir hoffen uns durch Mittheilung derselben den Dank mancher Leser zu verdienen, obgleich der Dichter weder die Absicht noch die Ahnung hatte, daß seine kleinen Episteln je sollten veröffentlich[t] werden. – *Textwiedergabe nach E.*

LESARTEN. Überschrift: An Caroline Schmidt 1787. in einem Exemplar des Don Carlos *h* *keine Überschrift E* **1** Lebende] Lebende, *h* **2** Sympathie] Simpathie *h* **3** Und] und *h* vorhandenen] vorhandnen *h* **4** Entlehnte] entlehnte *h* **5** Ein] ein *h* **7** In] in *h* wiederklingt] wieder klingt *h* **10** Zu] zu *h* **11** So] so *h* **12** Hätt'] Hätt *h* **13** deinem] Deinem *h* Caroline] Karoline *h* *unterzeichnet:* S. *h* E

ERLÄUTERUNGEN. Carolina Christina Schmidt (1762–1842), Tochter des Wirklichen Geheimen Assistenzrates Johann Christoph Schmidt (1727–1807) in Weimar, war Schiller von Körner als gute Partie vorgeschlagen worden. Zwei Tage nach seiner ersten Ankunft in Weimar, am 23. Juli 1787, wies Schiller diesen Gedanken im Brief an Körner von sich: Sie solle ein redseliges affektiertes und kaltes Geschöpf seyn. *Als er einige Wochen später ihre persönliche Bekanntschaft machte, sah er sich bestätigt:* Es ist eine kostbare Demoiselle, gegen die ich nie etwas fühlen könnte. *(An Körner vom 29. August 1787.) Am 6. Oktober teilt Schiller Körner dann mit:* Die Mlle Schmidt ist gar sehr artig gegen mich; *am 14. Oktober schließlich,* sie und ihr Vater seien *immer soviel werth, als die* g u t e n *Dresdnermenschen.*

Diese Äußerungen deuten ein verändertes Verhältnis Schillers zu Caroline Schmidt an, das im Brief an Körner vom 28. Mai 1789 noch deutlicher zum Ausdruck kommt: Das Mädchen selbst würde mir auch ohne ihr Geld grade nicht misfallen, in Weimar hat sie mir immer am besten unter allen gefallen, und es gieng nicht mir allein so.
2–3 Sympathie / Und Freundschaft] *Das waren die Themen der Laura-Lieder und der Gedichte „Der Triumf der Liebe" und „Die Freundschaft".*

184—185 Prolog

ENTSTEHUNG. Die Verse sind vermutlich Anfang November 1787 entstanden. Am 8. November wurden sie bei der Wiedereröffnung des Weimarischen Theaters von der neunjährigen Christiane Neumann vorgetragen.

ÜBERLIEFERUNG. H: GSA. 1 Doppelblatt 19 × 23,5 cm, 3 S. beschrieben. Leicht vergilbtes geripptes Papier, auf der 4. S. durch waagerechte Klebestreifen im mittleren Falz verstärkt. Wz.: Posthorn in gekröntem Schild mit angehängter Bienenkorbmarke. *h¹: GSA.* Abschrift von der Hand Emilie von Gleichen-Rußwurms. *h²: SNM (Cotta).* Abschrift von der Hand Emilie von Gleichen-Rußwurms. *h³: GSA.* Abschrift von unbekannter Hand. Die Abschriften haben keine textkritische Bedeutung. – *E:* Goedeke, Schillers sämmtliche Schriften 6 (1869), 2–4. – *Textwiedergabe nach H.*

LESARTEN. **2** Freudegeberinn] FreudeGeberinn *H* **5** düstrer] *verb. aus* düstres *H* **14—20** *eingeklammert H* **24—29** *eingeklammert H* **32** Der] der *H* **35** zagenden] *über gestr.* zitternden *H* **39** schweige] sc *verb. aus* we *H* **51** zeigen] zeigen, *H* **53** K i n d ! !] *danach gestr.:* Was Männer nicht erbitten dürfen, darf / ein Kind vielleicht erflehen! – *[danach zunächst gestr.:* Seine Unschuld, *anschließend:]* Den Richter / entwaffnen seine *H* **56** besticht,] *vor der Z. erg. H*

ERLÄUTERUNGEN. Das Weimarische Theater stand unter der Leitung von Joseph (Giuseppe) Bellomo, eigentlich Joseph Edler von Zambiasi (1754 bis 1833), dessen Truppe an diesem Abend das Schauspiel „Bewustseyn!" von August Wilhelm Iffland gab (Uraufführung: Mannheim 1786; gedruckt: Berlin 1787). Goethe, der das Theater 1791 übernahm, setzte große Hoffnungen in Christiane Neumann (1778–1797), die er für eine überaus talentierte Schauspielerin hielt; nach ihrem frühen Tod widmete er ihr seine Elegie „Euphrosyne".
1 Der *bis* Ferne.] *Den Sommer über ging die Theatertruppe auf Tournee.*
3 Verließen] *„überließen".*
14 Was *bis* schied] *Ganz ähnlich lautet V. 6 von „An die Freude".*
21—22 Pöbel / der Afterkenner] *Afterkenner: Nach Adelung bezeichnen Kompositumbildungen mit der Präposition „after", „was geringer und schlechter ist, als ein anderes bestimmtes Ding gleicher Art" (1, 176). – Hier ist das (ungebildete) Publikum der Sommertourneen angesprochen.*
49 Hesperiens] *Hesperien: griech. Name für das (im Westen gelegene) Abendland; zunächst, wie auch hier, mit Italien identifiziert.*

186—188   Die Priesterinnen der Sonne

ENTSTEHUNG. Das Gedicht wurde zum Geburtstag der Herzogin Louise am 30. Januar 1788 verfaßt.

ÜBERLIEFERUNG. H: ? h¹: *SNM (Cotta). Abschrift von unbekannter Hand mit Korrekturen Charlotte von Schillers; Druckvorlage für* E¹. h²: *GSA. Abschrift Emilie von Gleichen-Rußwurms nach einer Abschrift (vermutlich nach* h¹). *Auf der 1. S. von Emilie von Gleichen-Rußwurm:* 14 Verse *[gemeint:* Strophen*]* hier Hoffmeister *[in: Nachlese zu Schillers Werken 3, 372–375]* brachte nur 13. *[nämlich nach* E¹*]* der n e u e ist **roth** angestrichen. / Abschrift / des Gedichts „D i e   P r i e s t e r i n n e n   d e r   S o n n e" / wie es in dem Nachlaß meiner seligen Mutter gefunden in A b s c h r i f t – aber von ihrer Hand oben darüber geschrieben: / „zum 30ten Jänner 1788 / „zu einem Masquenball." / D i e   A b s c h r i f t ist am 4 Dec. 1858 an Professor Joachim Meyer zur Benutzung von mir abgeschickt worden. / Emilie von Gleichen / geb. von Schiller – E¹: *Taschenbuch für Damen auf das Jahr 1809. [1808.] S. 1–3 (ohne die Verse 31–35; vgl. dazu die LESARTEN); unterzeichnet:* Friedrich Schiller. E²: *Morgenblatt für gebildete Stände 1808. Nr 246 vom 13. Oktober. S. 982. Der Rezensent des „Taschenbuchs für Damen auf das Jahr*

1809", *Johann Christoph Friedrich Haug, teilte eine zweite Fassung der ersten Strophe mit (vgl. LESARTEN) und schrieb dazu:* In der Anfangs-Strophe reimten zuerst s o l l t e und G o l d e ; Ref. erinnert sich aber der Schiller'schen Verbesserung aus einer spätern Abschrift, und setzt sie zur Ergänzung bey: E^3: *Goedeke, Schillers sämmtliche Schriften 6 (1869), 7–10. Erster vollständiger Druck (nach E^1 und h^1). – Textwiedergabe nach E^1, ergänzt durch h^1 (V. 31 bis 35) und eine durch h^1 gegründete Emendation nach E^2 (in V. 5).*

LESARTEN. *Augenvarianten und Interpunktionsabweichungen werden im folgenden nicht verzeichnet. – Überschrift:* Zum 30ten Jänner 1788 zu einem Masquenball. *(von Charlotte von Schillers Hand)* Die Priesterinnen der Sonne h^1 + zum 30 Jänner 1788 zu einem Maskenball. / Die Priesterinnen der Sonne / + von der Hand Char[l]ottens von Schiller geschrieben h^2 Die Priesterinnen der Sonne. Zum dreyßigsten Jänner 1788. von einer Gesellschaft Priesterinnen überreicht. E^1 E^3 **1—5** Der Tag kam, der der Sonne Dienst / Vertilgen sollt' auf immer. / Wir sangen ihr das letzte Lied, / Und Quito's schöner Tempel glüht' / in ihrem letzten Schimmer. E^2 **5** Golde] Glanze, *darüber mit Blei von der Hand Charlotte von Schillers* Golde? h^1 Glanze h^2 E^1 **8** ätherischem] äthrischen h^1 **10** gemildet *(Emendation)*] gemildert h^1 h^2 E^1 **17** bessre] besser h^2 **26** Seht] Sehet h^1 h^2 **29** süße] süßer, r *von Charlotte von Schiller mit Blei umrandet* h^1 **30** Aug befeuchtet] Auge feuchten E^3 **31—35** *fehlt* E^1; *die Auslassungsvorschrift ist in* h^1 *durch zwei senkrechte Striche mit Rötel am linken Rand angezeigt* **31** sich] sie h^2 **37** Ein] "Ein E^1 **58** diesem] diesen h^1 **59** sanften] sanftem h^1 **63** sanft] samft h^1 **69** schönem] schönen h^1 **70** erneuern] erneuen h^1 *unterzeichnet:* Schiller h^1 h^2

ERLÄUTERUNGEN. *Im Rahmen der Redoute zur Feier des Geburtstages der Herzogin Louise Auguste (1757–1830), der Gemahlin des Herzogs Karl August von Sachsen-Weimar-Eisenach (1757–1828), sollte ein Zug aztekischer Sonnenpriesterinnen der Herzogin ihre Huldigung darbringen. Derartige Kostüme waren, in Anlehnung an die nach Jean-François Marmontels Roman „Les Incas" entstandene Oper „Cora" (1780) von Johann Gottlieb Naumann, dem Dresdner Hofkapellmeister, in Mode.*

Im Weimarer Almanach „Pandora oder Kalender des Luxus und der Moden für das Jahr 1789" findet sich folgende Beschreibung: „E i n e S o n n e n - P r i e s t e r i n a u s P e r u. Das Kleid ist ganz von weißem Crepe, reich mit Golde garnirt; auf dem Kopfe ein grüner Lorbeerkranz; der Schleyer ist, wie immer, von dünnen Flor." (S. 79.)

Eine ähnliche Gelegenheit, seine Poesie in den Dienst einer Fürstin zu stellen, hatte Schiller in Mannheim auf Bitten Dalbergs wahrgenommen, als er zum Namenstag der pfälzischen Kurfürstin Marie Elisabeth (1721–1794) zum 19. November 1783 eine (nicht überlieferte) poetische Rede verfaßte, die ihm damals freilich noch nach seiner verfluchten Gewohnheit satyrisch und scharf geriet und von Dalberg unterdrückt wurde (vgl. Schiller an Henriette von Wolzogen vom 13. [und 14.] November 1783).

4 Quito's] *Quito, die spätere Hauptstadt Ekuadors, hier als Metropole des Sonnenkults der Inkas.*
61 Zwey Fürsten-Töchter] *Neben Herzogin Louise Auguste ist wohl die Herzoginmutter Anna Amalia (1739–1807) gemeint.*

189 [In das Stammbuch Charlottens von Lengefeld]

ÜBERLIEFERUNG. H: GSA. 1 Blatt 16,2 × 12,6 cm, die Rückseite beschrieben (in zwei Spalten). Vergilbtes geripptes Papier. Wz.: Teil eines Schildes. Auf der Vorderseite des Blattes der Stammbucheintrag Charlotte von Kalbs:

>   Da nimm die Hand! am Lebensufer blühen
>   Uns spät noch Blümchen, und kein bittrer Schmerz
>   Soll unsern Gang mit Wolken überziehen,
>   Nichts trüben unser Herz.
>
> 5   Wann spät am Abend uns die Händ' entsinken,
>   Und kühle Grabes Lüfte um uns wehn,
>   Dann laß uns sterbend noch einander winken:
>   Uns drüben bald zu sehen!

Weimar den 11ten Merz. 88.   Charlotte Kalb, geb: Marschalk
                                                           v Ostheim

E: Schiller-Lotte (1856). S. 4–5 (mit Facsimile nach S. 584). – Eine nur geringfügig veränderte Fassung hatte Schiller unter der Überschrift „Einer jungen Freundin ins Stammbuch" schon 1795 in seinen „Musen-Almanach für das Jahr 1796" (S. 36–37) eingerückt. Vgl. NA 2 I, 60 und die Erläuterungen dazu. – Textwiedergabe nach H.

LESARTEN. Es scheint, als habe Schiller das Pronomen „dein" stets klein geschrieben (so auch in V. 3, 4, 8, 11), ebenso „du" (so auch in V. 18). **11** Reitze] *vorher* Schätze [?] *(Rasur) H*   **14** Dem] *verb. aus* Der *H*   **17** D i e s e n] d i e s e n *H*   **22** stolzem] *vorher* frohem [?] *(Rasur) H – Vgl. die Varianten der 2. Fassung in NA 2 I, 60.*

ERLÄUTERUNGEN. Louise Antoinette Charlotte von Lengefeld (1766 bis 1826), Schillers spätere Gattin, hielt sich von (vermutlich) Anfang Februar bis zum 6. April in Weimar auf. Schiller hatte sie zuvor bei einem Besuch in Rudolstadt am 6. Dezember 1787 gesehen und sich von ihr und ihrer Schwester Caroline angezogen gefühlt (vgl. Schiller an Henriette von Wolzogen vom 20. Dezember 1787). Zum erstenmal waren sich beide, allerdings nur flüchtig, am 6. Juni 1784 in Mannheim begegnet. Vgl. im einzelnen die Erläuterungen zu Schillers Brief an Charlotte von Lengefeld vom 18. [?] Februar 1788.
Im Brief an Charlotte vom 16.–20. März 1788, in dem er ankündigte, morgen

ins Stammbuch schreiben zu wollen, erklärt Schiller ganz im Sinne der späteren Eintragung: Man kann den M e n s c h e n recht gut seyn und doch wenig von ihnen empfangen; dieses glaube ich ist auch Ihr Fall [...]. Ich habe nie glauben können, daß Sie in der Hof- und – – Luft sich gefallen. *Schillers poetische Warnung vor falschen Freunden scheint ohne tiefe Wirkung geblieben zu sein; in ihrem Dankbillett vom 3. oder 4. April für die Stammbuchverse äußerte Charlotte ihr Bedauern darüber, Schiller nicht häufiger sehen zu können, da ihr alte und neue Freunde gleich lieb seien.*

Weniger pessimistisch als Schillers Einschätzung erscheinen auch die Verse von Charlotte von Kalb auf der Rückseite des Stammbuchblattes, dessen Vorderseite Schiller (bewußt?) für seine Eintragung benutzte; siehe ÜBERLIEFERUNG.

Vgl. auch die Erläuterungen zur 2. Fassung des Gedichts.
15 Talisman] *Vgl. zu „Kastraten und Männer" (V. 41).*
29 je *bis* Grab] *Gemeint ist wohl: Wie die Blumen, abgepflückt, in deiner Nähe absterben, so verlieren die vermeintlichen Freunde, in Anspruch genommen, den Schein der Freundschaft.*

190–195 Die Götter Griechenlandes

ENTSTEHUNG. *Das Gedicht entstand im Frühjahr 1788. Vgl. „Dokumente zu Entstehung und Aufnahme".*

ÜBERLIEFERUNG. H: ? – E: *Der Teutsche Merkur 1788. Märzheft. S. 250–260; unterzeichnet:* Schiller. D^1: *Gedichte 1 (1800). S. 281–287 (2. Fassung); danach in: Gedichte* ^{2}*1 (1804). S. 281–287; danach bestimmt für die Prachtausgabe. Vgl. NA 2 I, 363–367.* D^2: *Gedichte 2 (1803). S. 209–220 (1. Fassung) mit dem Zusatz:* Für die Freunde der ersten Ausgabe abgedruckt. *Danach in: Gedichte* ^{2}*2 (1805). S. 209–220. – Textwiedergabe nach* E.

LESARTEN. *In* D^2 *beginnen alle Verse mit einem Großbuchstaben.* **25** Hilfe] Hülfe D^2 **35** Töchter] Tochter D^2 **66** *Fußnote zu* Ganymeda's *fehlt* D^2 **119** der] des E **138** arbeitvoller] arbeitvollen D^2 – *Vgl. die Varianten der 2. Fassung in NA 2 I, 363–367.*

Dokumente zu Entstehung und Aufnahme

1) *An Körner, 17. März 1788*
Angenehm wird Dir's seyn zu hören, daß ich mich aus dem Schulstaub meines Geschichtwerks auf etliche Tage losgerüttelt und mich ins Gebiet der Dichtkunst wieder hineingeschwungen habe. [...] Wieland rechnete auf mich bei dem neuen Merkurstück und da machte ich in der Angst – ein Gedicht. Du wirst es im März des Merkurs finden und Vergnügen daran haben, denn es ist doch ziemlich das Beste das ich neuerdings hervorgebracht habe und die Horazische Correctität, welche Wielanden ganz betroffen hat, wird Dir neu

daran seyn. [...] Was w i r sonst, wenn Du Dich noch gern darauf besinnen magst, miteinander getrieben haben, die Wortfeile, treibe ich jezt mit Wieland und einem Epitheton zu Gefallen werden manche Billets hin und wieder gewechselt, am Ende aber bleibt immer das erste stehen.

2) Von Körner, 25. April 1788
Dein Gedicht habe ich endlich gelesen. [...] Einige Ausfälle wünschte ich weg, die nur die plumpe Dogmatik, nicht das verfeinerte Christenthum treffen. Sie tragen zum Werth des Gedichts nichts bey [...]. Meine Lieblingsstrophe ist: Unbewußt der Freuden p *[V. 161–168]* Nachst dieser die beyden von der Sonne *[V. 17–24]* und vom Bacchus *[V. 73–80]*. Manche Beyspiele besonders in der Strophe: Jener Lorbeer wand sich einst p *[V. 25–32]* scheinen mir keine begeisternde Idee zu enthalten. Ueber die Wirkung der Mythologie auf Kunst hätte ich mehr erwartet. Die Diktion habe ich sehr correkt gefunden, und den Vers, da wo die Ideen den meisten Gehalt haben [...] sehr melodisch. Die gelehrten Namen stören zuweilen. Was hat Dir denn der schöne Name Hebe gethan? *[V. 66.]* Der Pausanias dabey hat mir Spaß gemacht. [...] Ueber die Idee: D a d i e G ö t t e r m e n s c h l i c h e r p *[V. 191–192]* ließe sich manches sagen, was ich aber jetzt noch nicht durchgedacht habe.

3) [Karl Ludwig von Knebel:] Ueber Polytheismus. (veranlaßt durch das Gedicht, die Götter Griechlands, im letzten Stücke des T. M.). In: Der Teutsche Merkur. April 1788. S. 293–300
Auch die Griechen hatten, aller Wahrscheinlichkeit nach, ihren Polytheismus aus Egypten ererbt. [...] So entstanden auch hier die Götter aus den Bedürfnissen des menschlichen Lebens und des menschlichen Herzens. [...] Von dem Alter des Mannes die aufblühende sinnliche Kraft der Jugend wieder zu verlangen, hieße das unmögliche von der Natur fodern. Unsre Denkart kann, alle äusserlichen Umstände ungerechnet, nimmermehr in die Zeiten der Griechen und Römer zurücktreten. *(S. 295, 296, 299.)*

4) An Körner, 7. Mai 1788
In dem Aprilstück des Teutschen Merkurs ist nichts von mir, ich habe nicht Zeit gehabt; aber ein Aufsatz über Polytheismus von Herrn v. Knebeln und Herdern zusammengestoppelt, den meine Götter Griechenlandes veranlaßt haben sollen. Du wirst selbst sehen mit welchem Rechte dieses gesagt werden kann.

5) Karl Ludwig von Knebel an Charlotte von Lengefeld, 27. April 1788 (Charlotte 3, 297–298)
In Schillers Gedicht habe ich eine warme Versifikation und einzelne gute und angenehme Bilder gefunden, welche jedoch bei mehrerer Arbeit noch sehr hätten gewinnen können. Das Ende ist fatal, ganz falsch empfunden und in der That anstößig. *(S. 298.)*

6) An Körner, 12. Juni 1788
Dein Urtheil über die G ö t t e r G r i e c h e n l a n d e s mus ich noch nachhohlen. Was Du von g e s u c h t e n Nahmen sagst dürfte mich nicht treffen. Ich mußte ja, um keinen Mischmasch zu liefern, alle r ö m i s c h e Benennungen vermeiden, weil ich nur von Griechenland rede *[...]*. Nicht zu rechnen daß ich gerne die gewöhnlichen Nahmen vermied, die mich durch ihre Trivialität aneckeln. Mit Ganymeda allein habe ich mir etwas herausgenommen, weil das Wort ungemein schön fließt und ich 4 Silben brauchte, ein Epithet aber nicht gerne mochte. Die Note aus Pausanias ist ohne mein Angeben von Wieland beygesetzt worden. Mir gefällt diß Gedicht sehr, weil eine gemäßigte Begeisterung darinn athmet, und eine edle Anmuth mit einer Farbe von Wehmuth untermischt – und just diese scheint flacher auf D i c h gewirkt zu haben. Meine liebsten Stellen sind die: I. *[V. 1–8]* II. *[V. 9–16]* III. *[V. 17–24]* VI. *[V. 41–48]* XI. *[V. 81–88]* XIV. *[V. 105–112]* XVI. *[V. 121–128]* XVII. *[V. 129–136]* XIX. *[V. 145–152]* XX. *[V. 153–160]* und zwar weniger, der Gedanken wegen, als wegen des Geists der sie eingab und wie ich glaube darinn athmet.

7) Friedrich Leopold Graf zu Stolberg: Gedanken über Herrn Schillers Gedicht: Die Götter Griechenlandes. In: Deutsches Museum. 8. Stück. August 1788. S. 97–105
Auch die Poesie komt von Gott! dürfen wir kühn sagen; aber nur ihr wahrer Gebrauch heiliget sie. Ihre Bestimmung ist Wahrheit zu zeigen. *[...]* Poesie, welche die Wahrheit anfeindet, mag als Dichtkunst bewundern wer da will; *[...]*. Ein Geist aber, welcher gegen Gott lästert, ist kein guter Geist. Ein Geist, welcher die Tugend verächtlich zu machen sucht, ist kein guter Geist. Ich sehe wol das poetische Verdienst dieses Gedichtes ein, aber der wahren Poesie lezter Zweck ist nicht sie selbst. *[...]* Ein solcher Mißbrauch der Poesie betrübt mich eben so sehr, als mich ihr wahrer Gebrauch entzückt. *[...]* Spiele der griechischen Fantasie, deren Götterlehre die gröbste Abgötterei mit dem traurigsten Atheismus verband. *[...]* Dieser Kindschaft *[des christlichen Vatergottes]* entsagen zu wollen, um, wenn das möglich wäre, wieder zu glauben, daß Bakchus mit frechen Mänaden schwärmen, und Venus mit Gnade auf den Dienst ihrer unzüchtigen Priesterinnen herab schaue, ist der abentheuerlichste Wunsch, dem sich ein Mensch überlassen kan, ein Wunsch, dessen Aeusserung sich nicht vom Begriffe der Lästerung trennen läßt. *(S. 98, 99, 102–103, 105.)*

8) Von Wieland, 15. September 1788
Mir ist lieb, daß Sie den platten Grafen Leopold für seine, selbst eines Dorfpfarrers im Lande Hadeln unwürdige Querelen über Ihre g r i e c h i s c h e n Götter ein wenig heimschicken wollen.

9) An Körner, 25. Dezember 1788
[Über Körners Aufsatz „Ueber die Freiheit des Dichters bei der Wahl seines Stoffs":] Alles was mir zu wünschen übrig blieb, war, daß Du mit etwas mehr Ausführlichkeit ins Detail gegangen seyn möchtest *[...]*. Mir schiens daß Dir

wirklich die Stolbergische Sottise und mein Gedicht einige Details an die Hand gegeben haben würden, Deine allgemeine Richtschnur auf einen besondern Fall anzuwenden. *[...]* Der Gott den ich in den Göttern Griechenlands in Schatten stelle ist nicht der Gott der Philosophen, oder auch nur das wohlthätige Traumbild des großen Haufens, sondern es ist eine aus vielen gebrechlichen schiefen Vorstellungsarten zusammen gefloßene Mißgeburt – Die Götter der Griechen, die ich ins Licht stelle sind nur die lieblichen Eigenschaften der Griechischen Mythologie in e i n e Vorstellungsart zusammen gefaßt. Kurz, ich bin überzeugt, daß jedes Kunstwerk nur sich selbst d. h. seiner eigenen Schönheitsregel Rechenschaft geben darf, und keiner andern Foderung unterworfen ist.

10) Christian Gottfried Körner: Ueber die Freiheit des Dichters bei der Wahl seines Stoffs. In: Thalia. Bd 2. 1789. 6. Heft. S. 59–71 [Anfang März 1789 erschienen]
Nicht in der Würde des Stoffs, sondern in der Art seiner Behandlung zeigt sich das Verdienst des Künstlers. *[...]* Er verfehlt seine Bestimmung, wenn er, um irgend einen besondern moralischen Zweck zu befördern, eine höhere ästhetische Vollkommenheit aufopfert. *(S. 65–66.)*

11) An Körner, 2. Februar 1789
Die Götter Griechenlands hat er *[Goethe]* sehr günstig beurtheilt; nur zu lang hat er sie gefunden, worin er auch nicht unrecht haben mag.

12) An Caroline von Beulwitz und Charlotte von Lengefeld, 30. April 1789
Bürger sagt mir, daß er noch mehr Aufsätze in Mscrpt gelesen habe, die für die Götter Griechenlands gegen Stollberg Parthey nehmen und noch gedruckt werden würden. Er macht sich herzlich über Stollbergs Schwachsinnigkeit lustig und kämpft für sein gutes Herz, das einzige, was sich allenfalls noch retten läßt.

13) Johann Georg Forster: Fragment eines Briefes an einen deutschen Schriftsteller, über Schillers Götter Griechenlands. In: Neue Litteratur und Völkerkunde. Für das Jahr 1789. Nr 5. Mai. S. 373–392
Dem Wahrheitsuchenden gefällt die freymüthige Aeusserung Ihres *[gemeint ist Stolberg]* misbilligenden Urtheils über Schillers neues Gedicht; denn jeder hat das Recht, seine Meynung nicht nur für sich zu hegen, sondern auch frey zu bekennen und mit Gründen zu rechtfertigen. *[...]* Die gutmüthige Absicht, für die Glückseligkeit anderer sorgen zu wollen, oder die hinterlistige Herrschsucht, die sich dieser Larve bedient, äußert sich nur gar zu oft in Z w a n g m i t t e l n, um jene begünstigte Form *[der Glückseligkeit]* zur einzigen zu erheben, alle andere neben ihr zu vernichten *[...]* da doch nichts mit siegreicheren Gründen erwiesen ward, als daß S e l b s t b e s t i m m u n g, oder mit andern Worten, moralische Freyheit, die einzigmögliche Quelle der menschlichen Tugend ist *[...]*. Jetzt kehre ich von einer Abschweifung, welche sowohl für unsere

Materie, als wegen einiger neueren Attentate gegen die Denk- und Gewissensfreyheit wichtig ist, zu Ihnen zurück. *(S. 373, 375, 378.)*

14) Johann Jakob Stolz: Briefe litterärischen, moralischen und religiösen Inhalts, die, gelesen zu werden, bitte. Erste Hälfte. Winterthur 1789. 20. Brief. S. 159–198
Ich sehe jenen Göttern Griechenlandes *[in Schillers Gedicht]* nur einen Gott entgegen gesetzt, der ein Werk des Verstandes ist, einen Gott, so wie sich ihn der menschliche Geist mittelst der Abstraktion *[...]* denkt; der nicht positiv würkt, der ohne alle menschliche Persönlichkeit handelt, der nichts mit der Menschheit gemein hat *[...]* und Christen und edle Naturalisten können sagen: „Zwischen uns und S c h i l l e r n ist kein Zwist; der E i n e, dessen er nicht mehr mag, ist nicht d e r Gott, zu dem w i r uns bekennen *[...]*." *(S. 169, 195.)*

15) An Körner, 28. Mai 1789
Gestern erhalte ich aus Winterthur eine Broschure, worinn die Götter Griechenlands von einem Pfarrer *[Johann Jakob Stolz; siehe Nr 14]*, und noch dazu, einem s c h w ä r m e r i s c h e n C h r i s t e n gegen Stollberg lebhaft vertheidigt sind.

16) Von Körner, 5. Juni 1789
Dein geistlicher Advokat aus der Schweitz *[Johann Jakob Stolz; siehe Nr 14]* ist wahrscheinlicher Weise von Lavaters Schule. Seine Sprache verräth ihn, so wie ich L*[avater]* kenne. Ein andrer Advokat im May der Literatur und Völkerkunde (der junge Forster, wie mir Huber als ein Geheimniß geschrieben hat) hat meine Erwartung nicht befriedigt. Ich vermiße Klarheit und Zusammenhang in diesem Aufsatze und der Stil ist ungleich, bald trocken bald zu sehr geschmückt.

17) Johann Georg Forster an Friedrich Heinrich Jacobi, 1. November 1789 (Forster, Werke 15 [1981], 363)
[...] ich mag keinen Despotismus, auch nicht den der a l l g e m e i n g ü l t i g e n P r i n c i p i e n. *[...]* Diese ausschließende Rechthaberei hat mich immer revoltirt. Gegen sie schreibe ich den Aufsatz über Proselytenmacherei, gegen sie schrieb ich, als ich Schiller'n vertheidigte.

18) Wilhelm von Humboldt: Über Religion. In: Werke 1, 45–76
Als die Idee des sinnlich Schönen entstand und verfeinert ward, erhob man die personificirte sinnliche Schönheit auf den Thron der Gottheit, und so entstand die Religion, die man Religion der Kunst nennen könnte.*) *[In der Fußnote heißt es:]* Hätte man diesen Gesichtspunkt gewählt; so hätte man vielleicht weniger einseitig über ein Gedicht geurtheilt, das man mit Recht zu den Meisterstükken deutscher Dichtkunst zählen kann. Der Dichter wählt darin den Gesichtspunkt der Kunst, des sinnlich Schönen, und des sittlich Schönen, insofern es durch jenes ausgedrukt wird. Aus diesem Gesichtspunkt allein vergleicht er die Religion der Alten und die unsre, den Einfluss, den beide auf Sittlichkeit und Glükseligkeit haben. *(S. 65.)*

19) *Friedrich von Hardenberg: Apologie von Friedrich Schiller.* In: *Schriften* 2, 24–25

Man hat fast überall über das vortreffliche Gedicht des Herrn Raths Schiller „Die Götter Griechenlands" Weh und Ach geschrieen [...]. Kluge und unpartheyische Köpfe haben größtenteils darüber mit mehr Gerechtigkeit geurtheilt [...]. Ob ich mich gleich nicht will zu den klugen Köpfen rechnen, so schmeichle ich mir doch, wenigstens unpartheyisch zu seyn [...]. Ich glaube also wohl etwas Recht zu haben, einen Mann, den Deutschland unter seine ersten Köpfe zählt, denen Wenigen, die meine Pièce lasen, in einem andern Lichte zu weisen, das nach meiner innigsten Überzeugung das Wahre ist, in dem er betrachtet zu werden verdient.

20) *Franz von Kleist: Das Lob des einzigen Gottes ein Gegenstück zu den Göttern Griechenlands im T. Merkur 1783 [richtig: 1788]. März. S. 250.* In: *Der Teutsche Merkur. August 1789. S. 113–129*

[...]
Kann ich wohl ein Wesen lieben,
das mein Herz mit Abscheu nennt?
Kann die Gottheit Gutes üben,
die von zügellosen Trieben,
gleich dem schwächsten Jüngling brennt?
[...]
Ihm, – Ihm laßt uns Opfer bringen,
diesem e i n z g e n, w a h r e n Gott!
Ihm die höchsten Hymnen singen,
des Triumphes Fahne schwingen,
Ihm dem e i n z g e n, w a h r e n Gott!
Nicht in Tempeln, nicht in Häusern
wohnt der Schöpfer unsrer Flur;
nein! Er ruht bey grünen Reisern
in dem S c h o o ß e der N a t u r!

(S. 126, 129.)

21) *Carl Friedrich Benkowitz: Ein Gegenstück zu Schillers Götter Griechenlands. (s. Monat März im deutschen Merkur 1788.)* In: *Neue Litteratur und Völkerkunde. Für das Jahr 1789. Nr 9. September. S. 262–279*

Schöpfer! dessen Kräfte mich beleben,
Wenn dich gleich nicht meine Wage wägt,
Hast du mir doch so viel Licht gegeben,
Daß dein Strahl mich nicht danieder schlägt.
Sende nur die heil'ge Wahrheit nieder,
Die den Spiegel leuchtend vor mir hält;
Aber nimmer kehre Täuschung wieder
Aus der frühen Kinderwelt.

(S. 278–279.)

22) *Von Körner, 24. Oktober 1789*
In der Literatur und Völkerk*[unde]* September steht eine v e r s i f i c i r t e
R e c e n s i o n Deiner Götter Griechenlands. Der Verfasser, Benkowitz ist
wenigstens ein besserer Kopf, als der Herr von Kleist im Merkur. Einige Verse
sind sogar nicht übel. Aber freylich ist das Ganze trocken, und der Ton oft sehr
platt.

23) *Christian Heinrich Schütze: Kritik der mythologischen Beruhigungsgründe
mit vorzüglicher Hinsicht auf Schillers Gedicht: die Götter Griechenlandes.
Altona 1799. S. 173*
Zieht hin, Götter Griechenlandes, unnütz einer Welt, die das nicht in euch
finden kann, was eure Griechen selbst nicht in euch fanden – Beruhigung und
Belehrung über die wichtigsten Angelegenheiten des Menschen!

24) *An Körner, 5. Mai 1793*
[Über die Revision der Gedichte:] Ich fürchte die Correctur wird sehr streng
und zeitverderbend für mich seyn; denn schon die Götter Griechenlandes welches Gedicht beinahe die meiste Correction hat, kosten mir unsägliche Arbeit,
da ich kaum mit 15 Strophen darin zufrieden bin.

25) *An Körner, 27. Mai 1793*
Sobald die Götter Griechenlands segelfertig sind, sollen sie Dir vorgelegt
werden. Ich denke Du sollst gestehen, daß mich die Musen noch nicht verlaßen
haben; und daß die Critik die Begeisterung nicht verscheuchte.

ERLÄUTERUNGEN. Es ist in neuerer Zeit häufig die Klage über den Untergang der klassischen Kunst zu vernehmen, und die Sehnsucht nach den griechischen Göttern und Helden ist mehrfach auch von Dichtern behandelt worden.
*(Hegel, Aesthetik 2, 105–106.) Dieser Feststellung läßt Hegel eine Betrachtung
über Schillers „Die Götter Griechenlandes" folgen, als Beispiel für die Auseinandersetzung zwischen griechischer Mythologie und Christentum, die ihm ein
zufälliger, einzelner Gegenstand der Kunst ist, der keine Epoche hat machen
können (ebd. 2, 105). – Was Schiller angeht, so war dieser Gegenstand keineswegs zufällig und durchaus von epochaler Bedeutung.*
 *Caroline von Wolzogen bezeichnete rückblickend das Jahr 1788 in Schillers
Entwicklung als „Wendepunkt für seinen eignen Geist" (Schillers Leben 1,
271). Gemeint sind Begegnung und Auseinandersetzung mit der griechischen
Antike in Weimar, wo sich Schiller seit Juli 1787 aufhielt, und in Rudolstadt.
Bedeutendstes Zeugnis dafür aus dieser Zeit sind „Die Götter Griechenlandes".*
 *Zu Schillers intensiver Beschäftigung mit den Griechen gehörte die eifrige
Homer-Lektüre. Er studierte die „Odyssee" (in Voß' Übersetzung von 1781)
(vgl. den Bericht Caroline von Wolzogens; NA 42, 112–113) und die „Ilias"
(vgl. an Körner vom 20. August 1788; an Charlotte von Lengefeld gegen Ende
August 1788). Darüber hinaus machte er sich mit den griechischen Tragikern,
insbesondere Euripides, bekannt (vgl. an Charlotte von Lengefeld und an Crusius vom 16. Oktober 1788; an Caroline von Beulwitz und Charlotte von*

Lengefeld vom 14. [13.] November 1788; an dieselben vom 4. Dezember 1788; an Körner vom 12. [11.] Dezember 1788). Ergebnis dieser Bekanntschaft waren zwei Euripides-Übersetzungen, die Schiller 1789 in seiner „Thalia" veröffentlichte: „Iphigenie in Aulis" und „Die Phönizierinnen" (6.–8. Heft. S. 1–58 bzw. S. 1–69 bzw. S. 1–41). Im gleichen Jahr erschien Schillers Rezension von Goethes „Iphigenie", deren Entwurf ihn schon im Sommer 1788 beschäftigt hatte (vgl. NA 22, 211–238, 406–407).

Über seine Erfahrungen mit der griechischen Literatur berichtete Schiller am 20. August 1788 an Körner: In den nächsten 2 Jahren, habe ich mir vorgenommen, lese ich keine modernen Schriftsteller mehr. [...] Keiner thut mir wohl; jeder führt mich von mir selbst ab, und die Alten geben mir jetzt wahre Genüße. *Schiller erhoffte sich die Reinigung seines Geschmacks und dadurch die Gewinnung der wahren Simplizität und – vielleicht Classicität (ebd.) seiner eigenen Poesie.*

Die Bedeutung der Begegnung mit dem Geiste des Altertums *(„Iphigenie"-Rezension; NA 22, 212) lag freilich nicht nur auf dem Gebiete des literarischen Geschmacks. Entscheidend ist, daß die Aneignung der Antike Schiller zur Ausbildung des Modells eines idealisierten ursprünglichen Weltzustandes führte, dem forthin im Verhältnis zur historischen Gegenwart paradigmatischer Charakter zukam. Der geschichtsphilosophische Entwurf eines antiken „Arkadien" wurde zum Ausgangspunkt der großen Abhandlungen „Ueber Anmuth und Würde", „Ueber die ästhetische Erziehung des Menschen" und „Ueber naive und sentimentalische Dichtung".*

Schillers Verhältnis zu griechischem Altertum und griechischer Kultur war nicht immer so uneingeschränkt positiv wie zur Zeit der „Götter Griechenlandes". Im „Brief eines reisenden Dänen" (1785) über den Antikensaal zu Mannheim heißt es noch: Die Griechen philosophierten trostlos, glaubten noch trostloser [...] als wir. *(NA 20, 105.) Im gleichen Zusammenhang klingt jedoch auch schon einer der Grundgedanken des Gedichts an (vgl. V. 191–192):* Die Griechen mahlten ihre Götter nur als edlere Menschen, und näherten ihre Menschen den Göttern. Es waren Kinder e i n e r Familie. *(NA 20, 105.)*

Eine sich wandelnde Einschätzung signalisiert Schillers Veröffentlichung von Ludwig Ferdinand Hubers Aufsatz „Ueber moderne Größe" in der „Thalia" (1786. 2. Heft. S. 6–20). Huber äußert darin Kritik am Zeitalter der Aufklärung und stellt diesem die Antike gegenüber: [...] die Griechische Kultur glich nicht der heutigen. Die ängstliche kalte Beleuchtung aller Gegenstände die den Menschen begeistern und zu edeln Handlungen entzünden können, hat sie herabgewürdigt, daß sie keinen Enthusiasmus mehr erweken können. Tugend und Größe ist a n a l i s i r t worden: man hat sie mit dem Seziermesser zerstükt, weil man sie schon als t o d t betrachtete. Alles ist Wissenschaft geworden *(S. 11). Die Parallelen zu Schillers Gedicht liegen auf der Hand.*

Als Vermittler griechischer Literatur und Philosophie trug vor allem Wieland zur Entwicklung von Schillers Bild der Antike bei. Schiller stand mit Wieland, der sein Gedicht veranlaßte und förderte (vgl. „Dokumente", Nr 1), seit Oktober 1787 in nach und nach enger werdendem Kontakt. Er fand ihn in dieser Zeit mit der Übersetzung von Lukians „Sämtlichen Werken" beschäftigt, deren erste drei Teile 1788 erschienen. Schiller schrieb am 19. Dezember begeistert darüber an Körner, er habe schon viel gelesen und nicht geglaubt, daß in Lucian so herrliche Wahrheit steckt. *Mit Wieland teilte Schiller die Auffassung von der das Wahre und Gute vermittelnden Funktion des Schönen:* Allein unter den Händen der Grazien verliert die Weisheit und die Tugend der Sterblichen das Uebertriebene und Aufgedunsene, das Herbe, Steife, und Eckichte, welches eben so viele Fehler sind, wodurch sie, nach dem moralischen Schönheitsmaß der Weisen, aufhört Weisheit und Tugend zu seyn. *(Wieland, Die Grazien, 163-164.) Wieland entwickelt die Vorstellung von* „geistigen Empfindungen" *(vgl. ebd., S. 144), welche die Grazien gegenwärtig zu machen und so den Menschen in einen verlorenen Paradieseszustand zu versetzen imstande seien. Verwandte Gedanken finden sich nicht nur in* „Die Götter Griechenlandes", *sondern auch im Gedicht* „Die Künstler". *(Vgl. auch Schillers Begriff der schönen Seele in den Schriften* „Ueber Anmuth und Würde" *und* „Ueber naive und sentimentalische Dichtung".*) Ganz im Sinne der genannten Gedichte geht Wieland Schiller mit der Auffassung voran, daß nach dem Verlust einer frühen Naturstufe menschlichen Lebens der Kunst und den Künstlern besondere Verantwortung zufalle, da sie den Geist der heiligen Götter empfangen haben, um die Bilder der großen Menschen, die nicht mehr sind, im Kunstwerk zu bewahren (Über die Abnahme des menschlichen Geschlechts [1777], 243).*

Neben Wielands Einfluß steht der von Karl Philipp Moritz (1757-1793), den Schiller 1785 in Leipzig kennengelernt hatte und dessen Abhandlung „Ueber die bildende Nachahmung des Schönen" *(1788) er im Dezember 1788 mit Zustimmung las (vgl. an Caroline von Beulwitz vom 3. [-6.] Januar 1789; an Körner vom 2. Februar 1789). Anlaß war der Besuch von Moritz in Weimar auf seiner Rückreise von Italien, der möglicherweise auch Gelegenheit bot, gesprächsweise Moritz'* „Götterlehre" *(1791), an der dieser schon in Italien gearbeitet hatte, kennenzulernen. Über die Bedeutung der Begegnung mit Moritz schreibt Schiller selbst, mit Bezug auf das folgende große Gedicht über die Kunst:* Doch hat dieses öftere Nachdenken und Sprechen über Schönheit und Kunst vielerley bey mir entwickelt, und auf die Künstler besonders einen glücklichen Einfluss gehabt. *(An Caroline von Beulwitz und Charlotte von Lengefeld vom 12. Februar 1789.)*

Schließlich ist auf Herders „Ideen zur Philosophie der Geschichte der Menschheit" *hinzuweisen. In deren drittem Teil (1787) wird eine Beschreibung Griechenlands und der Entwicklung seiner Kunst und Kultur gegeben, die im Kern mit den Auffassungen Schillers übereinstimmt. Eine der zentralen Thesen des vorliegenden Gedichts über die Anthropomorphisierung der Götter bei den Griechen fand hier schon Ausdruck:* Alles hing an der kühnen Idee, daß Götter mit ihnen verwandte, höhere Menschen und Helden niedere Götter seyn; diesen Begriff aber hatten ihre Dichter gebildet. *(3, 161.)*

Nicht nur die Auseinandersetzung mit dem alten Griechenland, auch aktuelle persönliche Konflikte stehen im Hintergrund des Gedichts. Schiller stand vor der Alternative Kunst oder Wissenschaft und hatte eine Entscheidung zu fällen, d. h. die Frage zu beantworten, ob er als Poet oder als Historiker seine Existenz zu sichern versuchen solle (vgl. an Körner vom 7. und 18. Januar so-

wie vom 12. Februar 1788). Schiller entschied sich gegen sein Bedürfnis (vorerst) für die Geschichte. Unter diesem Aspekt erscheinen „Die Götter Griechenlandes" mit ihrer Kritik am wissenschaftlichen Zeitalter der Aufklärung und ihrem Plädoyer für die Rückkehr der Göttin der Schönheit wie ein poetischer Einwand gegen den zuvor gefaßten Entschluß.

Der Brief an Körner vom 17. März 1788 zeigt Schillers Freude darüber, daß ihn seine Muse, ohngeachtet der bisherigen Vernachläßigung, *noch nicht verlassen habe:* Wieland hatte für das Märzheft seines „Teutschen Merkurs" um einen Aufsatz gebeten und erhielt – das Gedicht. Zufrieden erklärt Schiller im gleichen Brief, *das Gedicht sei ziemlich das Beste das ich neuerdings hervorgebracht habe, und lobt* selbst dessen Horazische Correctität, womit wohl nicht die metrische Form, sondern die umfangreich eingearbeitete antike Mythologie gemeint ist (vgl. „Dokumente", Nr 1).

Körners kritisches Urteil betraf zum einen diesen Punkt, die allzu vielen gelehrten Namen; zum anderen wies Körner bereits auf den Sprengstoff hin, der in diesem Gedicht lag und ihm zu rasch einsetzender, lang andauernder Wirkung verhalf, die Angriffe auf das Christentum. Vgl. zur Diskussion um „Die Götter Griechenlandes" die „Dokumente zu Entstehung und Aufnahme" sowie Fambach 2, 40–73.

In der Tat nahm die kontrovers geführte Debatte hier ihren Ausgangspunkt. Vielen Kommentatoren schien Religionskritik das zentrale Anliegen Schillers, das unterschiedliche Reaktionen hervorrief. Während Knebel sich in sachlicher Form mit dem Polytheismus als einer vergangenen Epoche der Religionsgeschichte auseinandersetzte und deren Wiederbelebung als anachronistisch ablehnte, nahm Stolberg das Gedicht zum Anlaß, von Gotteslästerung zu sprechen und es als Produkt der Autonomie der Dichtkunst zu brandmarken. Schiller plante eine Erwiderung (vgl. „Dokumente", Nr 8, und Wolzogen, Schillers Leben 1, 292), die jedoch unterblieb; erst in den „Xenien" revanchierte sich Schiller (vgl. Nr 117, 118; über Schillers Verhältnis zu Stolberg im übrigen u. a. Schiller an Goethe vom 31. Juli 1796).

An Stelle Schillers formulierte Körner eine Antwort (vgl. Körner an Schiller vom 12. Dezember 1788). Schiller war dankbar für die Bemerkungen „Ueber die Freiheit des Dichters bei der Wahl seines Stoffs", fand diese Replik jedoch zu allgemein, zu wenig auf den aktuellen Konflikt bezogen (vgl. „Dokumente", Nr 9). Zugleich erläuterte er seinen eigenen Standpunkt: Die Bilder, die sein Gedicht vom christlichen Gott und den griechischen Göttern zeichne, seien Ergebnis eines bewußten Typisierungsprozesses, der „idealischen" Behandlung ihres Gegenstandes, ungeachtet seiner „Wirklichkeit" (vgl. ebd.).

Trotzdem nahm Schiller auf die vorgetragene Kritik ebenso wie auf den Hinweis Goethes, das Gedicht sei zu lang, genaue Rücksicht, als er die 2. Fassung der „Götter Griechenlandes" vorlegte (vgl. die Erläuterungen dazu).

Im Lauf des Jahres 1789 erschienen weitere Stellungnahmen, die in je eigener Weise Schiller zu verteidigen suchten. So bot für Forster die literarisch-religiöse Kontroverse eine Gelegenheit zu politischer Kritik; er sah Denk- und Gewissensfreyheit *bedroht* (vgl. über Forster die „Xenien" Nr 336 und 337 sowie die Erläuterungen dazu). Der Schweizer Pfarrer Johann Jakob Stolz

(1754–1821) legitimierte die religiöse Polemik als Kritik am rationalistischen Gottesbild des Deismus. Wilhelm von Humboldt trat in seiner Schrift „Über Religion" (zur unsicheren Datierung vgl. Werke in fünf Bänden 5, 289–293), ähnlich wie Friedrich von Hardenberg in seiner „Apologie von Friedrich Schiller", gegen Einseitigkeit, für Perspektivismus in der Beurteilung von Religionen ein und betonte das primär ästhetische Anliegen des Gedichts (vgl. „Dokumente", Nr 19). Dieses aus einem falschen Gesichtspunkte angesehn zu haben, warf Hardenberg nicht nur Stolberg vor, sondern auch Franz Alexander von Kleist und dessen Gegengedicht „Das Lob des einzigen Gottes", dem sich wenig später ein ähnliches Produkt von Carl Friedrich Benkowitz (1764–1807) zugesellte.

Ein Zeugnis für die anhaltende Wirkung des Gedichts von 1788 ist die Schrift von Christian Heinrich Schütze (1760–1820), Pastor zu Barkau in Holstein, zur „Kritik der mythologischen Beruhigungsgründe" aus dem Jahr 1799.

Schließlich ist auf die poetische Rezeption von Schillers Gedicht hinzuweisen, z. B. in der fünften von Hardenbergs „Hymnen an die Nacht", in Hölderlins Elegie „Brod und Wein" und in Heines Gedicht „Die Götter Griechenlands".

Vgl. auch die Erläuterungen zur 2. Fassung des Gedichts.
1—8 Da ihr noch bis Amathusia!] *Vgl. die Situationsbeschreibung beim Eintritt in den Antikensaal zu Mannheim: [...] du stehst auf einmal mitten im schönen lachenden Griechenland, wandelst unter Helden und Grazien, und betest an, wie sie, vor romantischen Göttern. (Brief eines reisenden Dänen; NA 20, 102.) In der Abhandlung „Ueber naive und sentimentalische Dichtung" erinnert Schiller an die schöne Natur und den glücklichen Himmel des alten Griechenland und dessen Nähe zur einfältigen Natur (NA 20, 429); der Griechen Götterlehre selbst war die Eingebung eines naiven Gefühls, die Geburt einer fröhlichen Einbildungskraft, nicht der grübelnden Vernunft, wie der Kirchenglaube der neuern Nationen (NA 20, 431). – Zu den Versen vgl. auch „Dokumente", Nr 6.*
2 Freude] *Im Lied „An die Freude" ist die Freude das Medium, in dem Götter und Menschen einander begegnen (vgl. V. 61–62).*
8 Amathusia] *Unter diesem Beinamen ist die Göttin hier Personifikation der Schönheit. Vgl. zur Venus-Allegorie auch V. 197 und V. 200 sowie „Der Triumf der Liebe" (V. 162–164) und „Die Künstler" (V. 54–65, 433–442).*
9—16 Da bis Spur.] *Vgl. „Dokumente", Nr 6.*
17—24 Wo bis Silberschaum.] *Vgl. „Dokumente", Nr 2 und 6.*
25—32 Jener bis Freund.] *Vgl. „Dokumente", Nr 2.*
37—40 Zwischen Menschen bis Amathunt.] *Liebe macht Menschen und Götter gleich – vgl. diese Vorstellung im Refrain des Gedichts „Der Triumf der Liebe".*
41—48 Betend bis bezwang.] *Vgl. „Dokumente", Nr 6.*
47—48 des Reizes bis bezwang] *Vgl. die Erläuterungen zu „Der Triumf der Liebe" (V. 102). Schiller interpretierte den Gürtel der Venus später als Symbol der beweglichen Schönheit (Ueber Anmuth und Würde; NA 20, 252).*

DIE GÖTTER GRIECHENLANDES 173

50 Pindars] *Pindaros aus Kynoskephaleia bei Theben (um 522/518–nach 446 v. u. Z.), griechischer Lyriker, Dichter und Komponist von Chorliedern.*
51 Arions] *Arion aus Methymna auf Lesbos (7. Jahrhundert v. u. Z.); er gilt als Begründer der Kunstform des Dithyrambos.*
52 Phidias] *griechischer Bildhauer aus Athen (5. Jahrhundert v. u. Z.), berühmt durch seine Götterstatuen, besonders der Athene im Parthenon in Athen und des Zeus im Zeustempel zu Olympia.*
63–64 Flöte / in des Hirtengottes Hand] *Gemeint ist Pan, der „zuerst die zusammen gesetzete Hirtenpfeife von sieben Röhren" erfand (Hederich, 1859).*
66 Ganymeda's*)] *Die vom Herausgeber Wieland hinzugefügte Fußnote (vgl. „Dokumente", Nr 2 und 6) bezieht sich auf den griechischen Schriftsteller Pausanias (2. Jahrhundert v. u. Z.). Er verfaßte eine Beschreibung Griechenlands mit historischen und mythologischen Exkursen. In einer zeitgenössischen Übersetzung heißt es im Kapitel über Korinth: „Die Göttin [...] nannten die ältesten Phliusier Ganymeda, der in den folgenden Zeiten der Name H e b e gegeben ist." (Reisebeschreibung 1, 241.)*
73–80 Das *bis* ein.] *Vgl. „Dokumente", Nr 2.*
73 Das *bis* Thyrsusschwinger] *„Evoe" war der Ruf der Begleiter des Dionysos; zu deren Attributen gehörten mit Efeu und Weinlaub umwundene, in einen Pinienzapfen auslaufende Thyrsusstäbe.*
74 Panther] *Sie gehören neben Stieren, Löwen, Leoparden u. a. zu den Tieren, in deren Gestalt Dionysos auftrat. In Ovids „Metamorphosen" (4, 24–25) lenkt Dionysos ein Gespann von Luchsen.*
81–88 Höher *bis* Sinnenwelt.] *Vgl. „Dokumente", Nr 6.*
85–88 Nennt *bis* Sinnenwelt.] *Ähnlich äußert sich Marquis Posa im „Don Karlos" (Ausgabe von 1805, III 10, V. 3229–3232; NA 7 I, 516).*
91 des Isthmus kronenreichen Festen] *Gemeint sind die Isthmischen Spiele, die auf der Landenge von Korinth, der Verbindung zur Peloponnes, seit dem 7. Jahrhundert v. u. Z. abgehalten wurden. Sie waren dem Poseidon geweiht und bestanden aus gymnischen (sportlichen), musischen und hippischen (pferdesportlichen) Wettkämpfen. Vgl. auch „Die Kraniche des Ibycus" (V. 1–2).*
103–104 Finster *bis* kann.] *Der Gedanke findet sich auch in „Freigeisterei der Leidenschaft" (V. 81).*
105–112 Damals *bis* Menschlichkeit.] *Vgl. „Dokumente", Nr 6.*
105 Gerippe] *Vorstellung vom Tod als Skelett mit Stundenglas und Hippe (Sense).*
108–109 senkt' *bis* Fackel] *Zur antiken Vorstellung vom Tod als einem Jüngling mit gesenkter Fackel vgl. die Erläuterungen zu Xenion Nr 549 (Die Basreliefs) und zu „Der Genius mit der umgekehrten Fackel", außerdem Luises Beschreibung des Todes als holden niedlichen Knaben in „Kabale und Liebe" (V 1; NA 5, 86).*
118 Enkel einer Sterblichen] *Minos, Aiakos und Rhadamanthys waren Söhne des Zeus aus der Verbindung mit der Europa und der Aigina.*
119 Thrakers] *Orpheus'. Die Figur des Sängers, der durch die bloße Macht seines Gesangs die Wirklichkeit zu verändern vermag, greift Schiller oft auf, zuerst mehr beiläufig wie in „Die seeligen Augenblike / an Laura" (V. 15) oder*

in „*Der Triumf der Liebe*" (V. 123), *später bewußt als Mythos, der den Sieg der Kunst über den Tod verkündet, wie im Gedichtfragment* „*[Orpheus in der Unterwelt]*" (*vgl. die Erläuterungen dazu*).
121—128 S e i n e *bis* Philoktet.] *Vgl.* „*Dokumente*", *Nr* 6.
127 seinen Freund] *Pylades. Möglicherweise denkt Schiller an die Szene III 3 in Goethes* „*Iphigenie*", *in der Orestes sich schon in der Unterwelt glaubt, als Pylades und Iphigenie zu ihm treten:* Seid ihr auch schon herabgekommen? (*WA I 10, 56.*)
129—136 Aber ohne Wiederkehr *bis* missen kann.] *ganz ähnlich* „*Resignation*" (V. 71–75, 81). – *Vgl. auch* „*Dokumente*", *Nr* 6.
138 arbeitvoller Bahn] „*Arbeit*" *hier im Sinne von mhd. arebeit: Mühe, Mühsal, Not.*
139—140 Großer Thaten *bis* hinan] *Vor allem die Apotheose des Herakles wurde für Schiller zum Sinnbild für den Übergang des Menschlichen ins Göttliche. Vgl. den Schluß des Gedichts* „*Das Reich der Schatten*" (V. 161–180).
141 Wiederforderer der Todten] *Herakles, der dem Thanatos die Alkestis abringt.*
143 Piloten] *Pilot: Steuermann eines Schiffes (vgl. Adelung 3, 769).*
144 Zwillingspaar] *Kastor und Polydeukes als Beschützer der Seefahrer.*
145—152 Schöne *bis* zurück.] *Vgl.* „*Dokumente*", *Nr* 6.
153—160 Alle *bis* leer!] *Vgl. ebd.*
154 des Nordes winterlichem Wehn] *Die Stelle erinnert an Winckelmanns Unterscheidung zwischen der schönen griechischen und der rauhen nördlichen Natur und seine These, daß die Entwicklung von Kunst, Kultur und Religion der Nationen von den jeweiligen klimatischen Verhältnissen abhängig sei. Vgl. auch Schiller an Goethe vom 23. August 1794.*
161—168 Unbewußt *bis* Natur!] *Vgl.* „*Dokumente*", *Nr* 2.
165 Künstlers] *Des Schöpfergottes, der auch im* „*Don Karlos*" *Künstler genannt wird (Ausgabe von 1805, III 10, V. 3230; NA 7 I, 516).*
166 Pendeluhr] *Die Welt, das Weltall, die Natur als Uhrwerk – dieses Bild und ähnliche verwendet Schiller oft. Vgl. die Erläuterungen zu* „*Der Venuswagen*" (V. 87).
167 Gesetz der Schwere] *Gemeint ist das Gravitationsgesetz, das von dem englischen Physiker und Mathematiker Isaac Newton (1643–1727) formuliert wurde.*
171 Spindel] *Achse (vgl. Grimm 10 I, 2498–2499).*
177—184 Freundlos *bis* Bild.] *Zur Vorstellung von der Einsamkeit Gottes vgl. auch das Gedicht* „*Die Freundschaft*" (V. 55–60).
180 auf Saturnus *bis* Thron] *Das Bild ist deutbar als Hinweis auf den Wechsel der Göttergenerationen – Kronos war von Zeus gestürzt worden; hier ist die Ablösung der griechischen Götter durch den Gott des Christentums gemeint – oder, indem Kronos als Gott der Zeit aufgefaßt wird, als Symbol der Zeitenwende nach dem Verlust des Goldenen Zeitalters der Antike. Die Vorstellung von Zeus, der das Reich des Saturnus endigt, war Schiller geläufig als Sinnbild des Sieges über die Zeitgesetze (Ueber die ästhetische Erziehung des Menschen; NA 20, 395).*

184 sein eignes Bild] *Vgl. die Auffassung von der Natur als Spiegel Gottes in der „Theosophie des Julius" (vgl. NA 20, 123–124) sowie in den Gedichten „Die Freundschaft" (V. 57) und „Hymne an den Unendlichen" (V. 10).*

186–187 jenem Gotte *bis* gleichen] *Der Betrachter der alten Götterstatuen des Mannheimer Antikensaals in Schillers „Brief eines reisenden Dänen" erläutert die Faszination, die von den Bildwerken ausgeht, mit der Erkenntnis, es handele sich um vollendete Menschen (vgl. NA 20, 105). Vor allem die Zeusstatue des Phidias in Olympia wurde als der Menschheit Götterbild (Das Reich der Schatten, V. 63) empfunden: Vgl. „Die Künstler" (V. 264–265) sowie Goethes Urteil über das Werk:* Der Gott war zum Menschen geworden, um den Menschen zu Gott zu erheben. *(Winckelmann; WA I 46, 29.)*

190 der Würmer Erster] *Ähnlich bezeichnet die „Hymne an den Unendlichen" den Menschen als den* vernünftgen Wurm *(V. 11), ein für Klopstock charakteristischer Vergleich (z. B. in der Ode „An Gott" [V. 106–107]).*

191–192 Da *bis* göttlicher.] *Vgl. die Erläuterungen zu V. 186–187. – Ein Beispiel für die Vermenschlichung der Götter lieferte Wieland mit der Übersetzung von Lukians „Göttergesprächen"; in der „Vorrede" dazu erklärt er das Vergnügen an diesen Gesprächen mit dem* neuen und kühnen Gedanken, die Götter, so zu sagen, in ihrem Hauswesen und im Neglischee, in Augenblicken von Schwäche, Verlegenheit, [...] kurz, in solchen Lagen und Gemüthsstellungen mit einander reden zu lassen, wo sie [...] sich selbst gleichsam entgöttern und ihren bethörten Anbetern in ihrer ganzen Blöße darstellen mußten. *(Lukian, Sämtliche Werke 2, 3.) – Vgl. auch „Dokumente", Nr 2.*

197 die ernste strenge Göttin] *Mit Bezug auf die Verse 8 und 199 ist hier die Schwestergottheit der Venus Amathusia gemeint: Venus Urania als Personifikation der Wahrheit (vgl. Die Künstler, V. 59, 436).*

196 [In die Holy Bible für Frau von Lengefeld]

ÜBERLIEFERUNG. H: GSA. *Vorsatzblatt von „The Holy Bible containing the Old and New Testaments [...]". Leipzig 1746.* h: GSA. *Abschrift von der Hand Adalbert von Gleichen-Rußwurms.* – E: *Schiller-Lotte (1856).* S. 58–59. *– Textwiedergabe nach h.*

LESARTEN. **2** Paradies] Paradies, H *Datumszeile:* Volksstädt d. 2. August. 1788 H

ERLÄUTERUNGEN. *Am 19. Juni 1788 hatte Schiller im Brief an seinen Leipziger Verleger Georg Joachim Göschen für Louise Juliane Eleonore Friederike von Lengefeld (1743–1823), seine spätere Schwiegermutter, eine englische Bibel bestellt (siehe ÜBERLIEFERUNG), die er unter dem Datum der Eintragung übersandte (vgl. an Charlotte von Lengefeld vom 2. August 1788). – Die Verse stammen aus der „Elegie auf den frühzeitigen Tod Johann Christian Weckerlins" (V. 119–122); der vierte Vers ist leicht verändert.*

196–200 Die berühmte Frau

ENTSTEHUNG. Das Gedicht entstand vermutlich Ende Mai oder Anfang Juni 1788. Vgl. Schillers Brief an Körner vom 12. Juni 1788.

ÜBERLIEFERUNG. H: ? – E: Pandora oder Kalender des Luxus und der Moden für das Jahr 1789. [1788.] S. 1–8; unterzeichnet: Schiller. *D^1: Gedichte 2 (1803). S. 159–167. D^2: Gedichte ^{2}2 (1805). S. 159–167. – Textwiedergabe nach E.*

LESARTEN. Augenvarianten und Interpunktionsveränderungen werden nicht verzeichnet. – Überschrift: Ehemanns] Ehmanns D^1 **47** Einen] einen D^1 **66** dümmste] Dümmste *E*   **79** Den] Dem *E*   **100** ehrenvollen] bunten D^2 **101** Wo Ordensbänder und Doktorenkragen, D^2 **104** Zur Schau sich geben und zu Markte tragen, D^2 **107–108** *fehlt* D^2 **147** B u c h gestrichen*)] B u c h *) gestrichen *E*

ERLÄUTERUNGEN. Das Gedicht beschreibt am Beispiel einer „berühmten Frau", was Schiller einmal (am 18. März 1801) Christiane von Wurmb gegenüber geäußert haben soll: Es ist ein eigen seltsam Ding um die gelehrten Frauens! Alle kämen sie, *so Schiller,* an den Punkt, an dem sie *entweder zur eitlen Törin – oder unglücklich* würden *(NA 42, 311). Ob sich das im Gedicht entworfene Bild auf ein bestimmtes Modell bezieht, ist ungewiß. Wilhelm Fielitz bringt eine Stelle aus Charlotte von Lengefelds Brief an Schiller vom 2. Dezember 1788, in dem von der erwarteten Ankunft der Schriftstellerin Marie Sophie la Roche (1731–1807) in Rudolstadt die Rede ist, die Schiller in seinem Brief vom 22. [und 26.] November zuvor angedeutet hatte, in Zusammenhang mit dem Gedicht:* Wenn Sie noch bei uns wären glaube ich könnte es geschehn, sie würde sich gern für Ihr schönes Bild bedanken.
Auch andere Frauen werden in Erwägung gezogen: Anna Margaretha Schwan (1766–1796), die Tochter des Mannheimer Buchhändlers Schwan, die Schiller umworben hatte (vgl. zu „Resignation" [V. 37]), Charlotte von Kalb (1761 bis 1843) (vgl. über sie und ihre Beziehung zu Schiller die Erläuterungen zu „Freigeisterei der Leidenschaft"), Elisa von der Recke (1756–1833), Schriftstellerin, nach Lavaters Auffassung eine „Amazone in der gelehrten Welt" (vgl. Schiller an Caroline von Beulwitz und Charlotte von Lengefeld vom 19. [und 20.] November 1788).
Literarische Anregungen gingen möglicherweise von einem Beitrag in der „Berlinischen Monatsschrift" 1786 aus, deren Artikel Schiller im Zusammenhang mit seiner Arbeit am „Geisterseher" bekannt wurden: „Ein Brief über die bedenkliche Frage: ob man wohl thue, eine Frau zu nehmen, welche Verse macht?" *(Bd 8. S. 473–481). Vgl. dazu im einzelnen: Simon, Schillers „Berühmte Frau" (1910). Früher schon war in derselben Zeitschrift ein „Brief an die Herausgeber von dem Ehmann einer Sappho" erschienen (1784. Bd 3. S. 164–172). Vgl. darüber: Kraus, Nochmals Schillers „Berühmte Frau" (1911). Zu verweisen wäre in diesem Zusammenhang schließlich noch auf die „Klage*

eines jungen Ehemannes in Berlin an einen Freund" in der *"Berlinischen Monatsschrift"* 1783 (Bd 2. S. 421-427), auf das ein *"Schreiben eines Berlinischen Frauenzimmers an die Herausgeber, zur Vertheidigung ihrer Mitbürgerinnen"* antwortete (ebd. S. 503-507). *Von diesen aktuellen Einflüssen abgesehen, steht das Gedicht in der Tradition von Molières Komödie "Les femmes savantes" (1672). - Vgl. auch Christiana Sophia Ludwig an Schiller vom 6. Dezember 1791.*

Ähnliche Vorstellungen darüber, wie eine Frau nicht sein solle, entwickelte schon Schillers Gedicht „[An Körner. Zu dessen Hochzeit, 7. August 1785]" (V. 41-72).

13 Vaterstadt der Moden] *Paris.*
15 Diligencen] *Franz.: (Eil-)Postkutschen.*
15 Packetbooten] *Paketboote waren schnelle Postschiffe zur Beförderung von Paketen und Passagieren.*
16 Schulfuchs] *Bezeichnung für einen pedantischen Gelehrten, auch Spottname von Studenten für Schulgänger.*
16 Haasen] *Gemeint ist vielleicht ein feiger (anonymer) Zeitungskritiker.*
19 Aristarch] *Aristarchos aus Samothrake (217-145 v. u. Z.) war Erklärer und (Text-) Kritiker der griechischen Dichter, besonders des Homer. Hier steht sein Name im Sinne einer Antonomasie für Kritiker schlechthin.*
22-25 Ein bis sollte.] *Gemeint ist wohl: Ein Verleger aus Leipzig, der Hauptstadt des deutschen Buchhandels, läßt sie dekolletiert abbilden.*
26 kanonischen Gesetzen] *Gesetze des katholischen Kirchenrechts.*
29 N i n o n s] *Anspielung auf Ninon de Lenclos (1616-1706), Geliebte u. a. des Kardinals Richelieu. Sie kommt in Rousseaus Roman „Émile" (1762) vor.*
30 Pharotischen] *Pharo: Kartenglücksspiel.*
34 Molkenkur] *Molke ist die aus geronnener Milch ablaufende Flüssigkeit. Molkenkuren wurden zur Heilung von Rheuma und Erkrankungen der Verdauungsorgane eingesetzt.*
35 an ihrer Linken] *Den Platz zur rechten Seite, der Konvention entsprechend der des Mannes, nimmt sie für sich in Anspruch.*
39 blau bis Röcken] *Blau und Gelb waren die Farben der sächsischen Briefträger.*
43 Zeitungen bis Berlin] *Gemeint sind die ALZ in Jena und Nicolais „Allgemeine deutsche Bibliothek" in Berlin. (Beiden Zeitschriften widmete Schiller später einige „Xenien"; vgl. Nr 372, 254 und 142 bis 144 sowie die Erläuterungen dazu.)*
55 Amorinen] *kleine Liebesgötter.*
59 Abbee] *Abbé: in Frankreich Titel der Weltgeistlichen.*
59 Britten] *Schiller erwähnt den Britten womöglich nicht nur mit Blick auf den Typ des reisenden Engländers, sondern auch als scherzhaften Hieb gegen Charlotte von Lengefelds Vorliebe für England, besonders englische Literatur und Philosophie. Vgl. auch zu V. 61 über Lavater.*
61 Großing] *Franz Rudolph von Großing (geb. 1752) war ein Abenteurer und eine schillernde Figur der zeitgenössischen Halbwelt, Gründer des „R o s e n - o r d e n s zum Besten armer weiblicher Wittwen und Waisen" (Wadzeck, 145).*

Mit der Herausgabe von Damenzeitschriften in den Jahren 1784 bis 1787 warb er um die Gunst der Leserinnen. Im Frühjahr 1788 floh er wegen Betrügereien aus Berlin und wurde im September des gleichen Jahres in Reutlingen verhaftet. Vgl. über ihn: Wadzeck, Leben und Schicksale des berüchtigten Franz Rudolph von Grossing (1789).

61 Z** Wundermann] *Gemeint ist der Züricher Theologe und Schriftsteller Johann Kaspar Lavater (1741–1801), den Schiller schon in der „Anthologie auf das Jahr 1782" mit dem Epigramm „Grabschrift eines gewissen – Physiognomen" verspottet hatte; vgl. auch die „Xenien" Nr 20 und 21. Daß er hier in der etwas wunderlichen Gesellschaft von Großing erwähnt ist, läßt sich vielleicht, ähnlich wie der Hinweis auf den* Britten *(V. 59), mit Schillers Absicht erklären, auf diese Weise die Schwestern Lengefeld (und deren Mutter) zu necken, die begeisterte Anhänger Lavaters waren (vgl. die Erläuterungen zu Schillers Brief an Charlotte von Lengefeld vom 30. Mai 1788).*

66 F a t] *franz.: Geck, Laffe.*

78 Nierensteiners] *Niersteiner: Wein aus Nierstein am Rhein.*

79 Wurm] *eitrige Sehnenentzündung des Fingerendglieds.*

99—109 Auch *bis* preisen!] *Die Szene auf der Promenade von Karlsbad könnte durch den Briefwechsel mit Körner angeregt worden sein. Dieser beabsichtigte, nach Karlsbad zu gehen, und fragte am 2. Juni 1788 bei Schiller an, ob er wisse, wen von der Weimarer Gesellschaft er, Körner, dort treffen könne. Schiller antwortete ausführlich am 12. Juni; u. a. erwähnt er Sophie Friederike Eleonore von Schardt (1755–1819), deren Beschreibung im Brief an die „Berühmte Frau" erinnert.*

101 G r i e c h e n] *vielleicht Kenner der griechischen Sprache und Literatur.*

102 Celebritäten] *nach lat. celebritas: Berühmtheit.*

105—106 wo *bis* heilen] *wo Leute, zu Hause in eine Affäre verwickelt, sich aufhalten, um aus dem Gerede zu kommen.*

114 des Reitzes Göttinnen] *die Grazien.*

147 Cythereas] *Cytherea ist ein Beiname der Aphrodite.*

201—214   **Die Künstler**

ENTSTEHUNG. *Das Gedicht entstand in der Zeit vom Oktober 1788 bis zum Februar 1789. Vgl. „Dokumente zu Entstehung, Kritik und Selbstdeutung"; außerdem Berger: „Die Künstler" (1964), 5–26.*

ÜBERLIEFERUNG. H: ? – E: *Der Teutsche Merkur 1789. Märzheft. S. 283–302; unterzeichnet: Sch.* D¹: *Gedichte 2 (1803). S. 41–65.* D²: *Gedichte ²2 (1805). S. 41–65. Das Gedicht sollte auch Aufnahme in die Prachtausgabe finden. Vgl. NA 2 I, 383–396 (Abdruck nach D²) und die Erläuterungen dazu. – Textwiedergabe nach E.*

LESARTEN. *Entstehungsvarianten früherer Fassungen, die Franz Berger „Urkünstler", „Körner-Fassung" und „Erste Wieland-Fassung" genannt hat (das* fertige Gedicht ist dann die „Zweite Wieland-Fassung"), finden sich – ausgeführt oder nur angedeutet – in Schillers Briefen an Charlotte von Lengefeld vom 22. November 1788, an den Herzog von Augustenburg vom 11. November 1793, an Körner vom 25. Dezember 1788 (zur Fassung der „Urkünstler"); ferner in Schillers Brief an den Herzog von Augustenburg vom 13. Juli 1793 (zur „Körner-Fassung", zu der vermutlich auch die Verse gehört haben, die später die erste Strophe von „Die Macht des Gesanges" [NA 1, 225] bildeten, sowie die Texte, die Schiller Karl Graß und Jens Baggesen in ihre Stammbücher geschrieben hat [NA 1, 217]; vgl. auch Schillers Brief an Körner vom 12. Januar 1789 sowie Körners Brief an Schiller vom 16. Januar 1789); schließlich in Schillers Briefen an Wieland vom (vermutlich) 4. oder 5. Februar und an Körner vom 9. Februar 1789 (zur „Ersten Wieland-Fassung"). Vgl. die „Dokumente zu Entstehung, Kritik und Selbstdeutung".

Im folgenden werden die Varianten in D^1 gegenüber E angeführt; dabei werden Augenvarianten (auch die durchweg aufgehobenen Sperrungen) sowie Interpunktionsveränderungen nicht berücksichtigt. (Die Varianten in D^2 gegenüber D^1 ergeben sich aus den Lesarten zu NA 2 I, 383–396.) – In D^1 beginnen alle Verse mit einem Großbuchstaben. **38** Saitenklang] Seitenklang D^1 (Druckfehler?)   **43** älternde] alternde D^1 **72** verlassenen] Verlassenen D^1 **106** Strahle nur] Strahl D^1 **170** Zitter] Leyer D^1 **201** niederm] niedrem D^1 **262** Fechters] Ringers D^1 **273** *danach keine neue Strophe* D^1 **388** edeln] edlen D^1 **399** Reich;] Reich. E   **408** *danach keine neue Strophe* D^1 **424** *danach keine neue Strophe* D^1 **426** reinre Töne] reine Töne D^1 **445** die Gesunkene] sie D^1 **457** *danach neue Strophe* D^1 **468** euerm] eurem D^1 – Vgl. die Varianten der letzten von Schiller autorisierten Fassung (D^2) in NA 2 I, 383–396.

*Dokumente zu Entstehung, Kritik und Selbstdeutung
aus Schillers Briefwechsel*

1) An Körner, 20. Oktober 1788
Im nächsten Heft der Thalia wird eins *[ein Gedicht, vermutlich die 1. Fassung der „Künstler"]* erscheinen, das ich einem alten Versprechen noch schuldig war. Ich denke es wird Dich sehr interessiren.

2) An Caroline von Beulwitz und Charlotte von Lengefeld, 10. November 1788
Daß ich mich in meiner Vermuthung nicht betrogen habe, das gestrige Gedicht *[die 1. Fassung der „Künstler"]* würde Sie intereßieren, freut mich ungemein *[...]*.

3) An Körner, 14. November 1788
Mein Gedicht sollst Du lesen und beurtheilen, eh ich es drucken lasse. Jezt hat es seine Rundung noch nicht.

4) An Charlotte von Lengefeld, 22. November 1788
[...] ich war in dem Zustand, wie es in den K ü n s t l e r n heißt
— — „in der schöneren Welt
wo aus nimmer versiegenden Bächen
Lebensfluthen der Dürstende trinkt
und gereinigt von sterblichen Schwächen
der Geist in des Geistes Umarmungen sinkt.

5) An Körner, 1. Dezember 1788
Mein Gedicht schick' ich Dir nächstens in Manuscript zu.

6) An Körner, 12. [11.] Dezember 1788
Heute wollt ich Dir mein Gedicht schicken, aber da müßte es wenigstens zu lesen, und einige Lücken ergänzt seyn.

7) An Körner, 25. Dezember 1788
Der Dichter der sich n u r Schönheit zum Zweck setzt, aber dieser heilig folgt, wird am Ende alle andern Rücksichten [...] gleichsam zur Zugabe mit erreicht haben, da im Gegentheil der, der zwischen Schönheit und Moralität oder was es sonst sey, unstet flattert oder um beide buhlt, leicht es mit jeder verdirbt. Hier entsinn ich mich einer Stelle aus einem ungedruckten Gedicht, die hieherpaßt:
„Der Freyheit freye Söhne (die Künstler)
erhebet euch zur höchsten Schöne,
um andre Kronen buhlet nicht!
Die Schwester, die euch hier verschwunden,
hohlt ihr im Schoos der Mutter ein:
Was schöne Seelen s c h ö n empfunden,
muß treflich und vollkommen seyn."
(Vgl. Die Künstler, V. 458–465; V. 458–460 hier in älterer, kürzerer Fassung.)

8) An Körner, 5. Januar 1789
Mein Gedicht ist noch nicht fort geschickt. Du erhältst es noch schriftlich.

9) An Körner, 12. Januar 1789
Hier folgt mein Gedicht. Die dritte Strophe fehlt nur, weil ich zwischen der zweiten und vierten zwei ganze Blätter ausgestrichen habe, da mir das Gedicht zu sehr anschwoll. (Vgl. weiter „Dokumente", Nr 40.)

10) Von Körner, 16. Januar 1789
Fußfällig möchte ich Dich bitten, Dein neues Gedicht nicht zu übereilen. [...] Daß der Inhalt ganz nach meinem Sinne ist, wirst Du mir ohne Versicherung glauben. Aber auch als Gedicht kann es Dein Meisterstück werden. Wenn Dir das Gedicht zu lang scheint, so glaub' ich nicht, daß Du durch A u s s t r e i - c h e n gewinnst. Versuche nur erst die Strophen so zu versetzen, daß vom Bekannten zum Unbekannten fortgeschritten wird, und das Interesse immer s t e i g t. So lange die Erwartung gespannt wird, kann man das Gedicht nicht

zu lang finden. So thut z. B. die Strophe: Die ihr als Kind etc. *[fehlt in E]* nach dem Vorhergehenden keine Wirkung. Kaum wüßte ich ihr einen andern Platz anzuweisen, als unter den ersten Strophen, die von den a n e r - k a n n t e n Verdiensten der Kunst handeln. *[...]* ich zweifle, ob es noch etwas auszustreichen geben wird: höchstens der Anfang, der mir nicht zu dem Tone des Ganzen zu passen scheint. Es ist doch eigentlich ein verbrauchtes Bild, und zwar nicht von der e d l e r e n Wirkung der Kunst, die Dein Stoff ist. Um die V e r s e ist es freilich schade. Auch scheint mir der Sprung von der ersten zur zweiten Strophe zu auffallend. *Vgl. hierzu auch die Erläuterungen zu „[Für Jens Baggesen]" und „Die Macht des Gesanges". – Es folgen Bemerkungen zu Details; vgl. dazu Schillers Erwiderung in den „Dokumenten" zu einzelnen Stellen des Gedichts.*

11) An Körner, 22. Januar 1789
Dein Urtheil über die Künstler freut mich, überraschte mich aber auch gar nicht, weil wir uns ja kennen. *[...]* Ich finde Deine Bemerkungen meistens sehr wahr, in einigen Kleinigkeiten hast Du mich misverstanden *[...]*. *(Es folgen Erläuterungen zu den von Körner im Brief vom 16. Januar angemerkten Details; vgl. dazu die „Dokumente" zu einzelnen Stellen des Gedichts, außerdem die Erläuterungen zu „Poesie des Lebens".)*

12) Von Körner, 30. Januar 1789
Es freut mich daß Du mit meinen Äußerungen über die Künstler zufrieden bist. *[Es folgen Bemerkungen zu Schillers Erläuterungen im Brief vom 22. Januar.]* Uebrigens d a n k e ich Dir, daß Du noch über Deinem Gedicht brüten willst. Fürchte die Länge nicht zu sehr. *[...]* Ein Ausweg fällt mir noch ein. Wie wenn Du das H i s t o r i s c h e und P h i l o s o p h i s c h e trenntest? *(Vgl. weiter „Dokumente", Nr 53.)*

13) An Körner, 2. Februar 1789
Die Künstler habe ich seit gestern und vorgestern wieder vor; und was sie heute nicht werden, werden sie nie. Es ist keine undankbarere Arbeit, als Gedichte in Ordnung zu bringen; ein unerhörter Zeitaufwand, und noch dazu ein verlorener: denn meistens kommt man dahin zurück, wovon man anfangs ausging. Die erste Stimmung, worin es wurde, ist einmal vorbei. Ich habe den Anfang ganz weggestrichen; für die Verse ist's allerdings schade; vielleicht passen sie einmal für ein anderes Ganze *[vgl. die Erläuterungen zu „Die Macht des Gesanges"]*; das Gedicht hat jetzt eine größere Simplicität, und an Kürze hat es auch gewonnen. *[Vgl. weiter „Dokumente", Nr 53.] [...]* Ich gebe die Künstler Wieland, dem ich sonst auf der Welt nichts zu geben habe; ich habe auch noch den eigennützigen Grund, daß sie im Mercur weniger verloren gehen, als in der Thalia, die kaum die Hälfte Leser hat und ohnehin aufhört.

14) An Wieland, etwa 4. oder 5. Februar 1789
Was es aber von den Gedichten im engern Sinn unterschiedet ist nun bloß allein dieses: daß in die F a b e l die durchs ganze durchgeht, zuweilen philo-

sophische Stellen eintreten, die aber die Fabel auslegen helfen; und diß ist die Eigenschaft, die es mit manchen schönen Werken gemein hat.

15) An Caroline von Beulwitz, 5. Februar 1789
Ich habe [...] die Künstler vollendet und so daß ich damit zufrieden bin. Ich muß mich selbst loben. Ich habe noch nichts so vollendetes gemacht – ich habe mir aber auch noch zu nichts soviel Zeit genommen.

16) An Körner, 9. Februar 1789
Ich bin doch gar sehr begierig, was Du n u n zu den Künstlern sagen wirst, wenn Du sie wieder zu Gesichte bekommst. [...] Aber ich will Dich diese Entdeckungen in dem Gedichte selbst machen lassen. Auch einige Deiner Anmerkungen habe ich benutzt, wie Du zu Deiner Befriedigung finden wirst. Das Gedicht ist weit größer geworden, aber ich glaube mit Dir, daß es dadurch doch an Kürze gewonnen hat. *(Vgl. weiter die „Dokumente" zu einzelnen Stellen des Gedichts.)*

17) An Göschen, 10. Februar 1789
Ein wichtiger Aufsatz *[tatsächlich: „Die Künstler"]*, den ich Wielanden für den März des Merkur eben jezt fertig machen muß, ist Schuld, daß ich Ihnen heute nicht neues Mscrpt schicken kann.

18) An Caroline von Beulwitz und Charlotte von Lengefeld, 12. Februar 1789
Vor einigen Tagen war Wieland bey mir, um eine kleine Fehde, die wir über eine Stelle in den Künstlern hatten, mit mir abzuthun. Das Gespräch führte uns weit in gewiße Mysterien der Kunst – Wieland war kaum eine halbe Stunde weg, so durchlas ich meine Künstler, einige vorher sehr werth gehaltene Strophen eckelten mich an, und diß gab mir Anlass 14 Neue dazu zu thun, die ich nicht in mir gesucht hätte, d. h. deren Inhalt bißher nur in mir geschlafen hat.

19) An Körner, 25. Februar 1789
Wie er *[Wieland]* weg war, [...] wurde ich glücklicherweise einiger Schiefheiten und Halbwahrheiten *[in den „Künstlern"]* gewahr, die dem beßern Gesichtspunkt, woraus das Ganze betrachtet seyn will, erstaunlichen Abbruch thaten. Ich warf es fast ganz durcheinander, und Du wirst Dich über das jüngste Gericht wundern, das darüber gehalten worden ist. *[Vgl. weiter „Dokumente", Nr 44.]* [...] Es ist freilich voluminöser geworden, denn es beträgt 3 mal soviel als Du gelesen hast, und verschiednes was Du gelesen hast, ist weg, so daß Du über 200 neue Verse finden wirst. [...] Gleich über der Schwelle strauchelte Wieland. Er wollte es nicht für ein **Gedicht** erkennen, sondern für philosophische Poesie, von der Art, wie Youngs Nächte und dgl. Eine Allegorie die nicht g e h a l t e n sey, sich alle Augenblicke entweder in eine neue Allegorie verliere, oder gar in p h i l o s o p h i s c h e W a h r h e i t übergehe, das Durcheinanderwerfen p o e t i s c h w a h r e r und w ö r t l i c h w a h r e r Stellen incommodirte ihn. Er vermißte die Einheit der Form, die

das Ganze macht. Die mahlerische Sprache und das luxuriöse Uebergehen von Bilde zu Bilde blende ihn, so daß er vor Licht nicht sehe und dgl. mehr. Er nennt dieses Poesie im englischen Geschmack und gesteht, daß er sie nicht liebe, ohne sie gerade zu kritisch verwerfen zu können. Ich glaube, daß diese Manier sich selbst schaden muß, wenn sie fehlerhaft ist; wenn man nicht weiß und faßt, was der Dichter will, wenn man von der Idee des Ganzen durch das Surchargierte in den Details zurückgezogen wird, so ist die Poesie natürlicherweise falsch; ist es aber immer derselbe Gedanke, den man in diesen neuen Formen wieder findet, und schließen sie durch eine natürliche Fortschreitung aneinander, so muß denke ich diese Üppigkeit in der Ausführung ein Vorzug mehr seyn. Die Hauptsache kommt nun bey meinen Künstlern darauf hinaus, ob der Hauptgedanke um den ich mich bewege, den höchsten Grad der Anschaulichkeit erhalten hat.

Wieland wirft mir vor, daß ich nicht Leichtigkeit habe *[...]*. Ich fühle während meiner Arbeiten nur zu sehr, daß er recht hat *[...]*, und meine Ideen sind nicht klar, eh ich schreibe. *[...]*

Das lyrische Fach *[...]* sehe ich eher für ein E x i l i u m, als für eine e r o b e r t e P r o v i n z an. *[...]* Zuweilen ein Gedicht lasse ich mir gefallen; wiewohl mich die Zeit und Mühe, die mir die Künstler gekostet haben, auf viele Jahre davon abschrecken.

20) An Göschen, 26. Februar 1789
Ich habe jezt den teutschen Merkur befriedigt *[...]*.

21) Von Körner, 4. März 1789
Was Du mir von B e w e i s e n sagst, womit Du Deine Darstellung der Kunst unterstützt hast, läßt mich fast vermuthen daß Wieland nicht so ganz Unrecht habe, wenn er das Ganze mehr für eine versificirte philosophische Abhandlung ansieht. *[...]* Aber ich glaube doch immer, daß es mancherley Zwischengattungen zwischen dem lyrischen und dem Lehrgedichte giebt. W a h r h e i t e n können eben so gut begeistern als Empfindungen, und wenn der Dichter nicht bloß l e h r t sondern seine Begeisterung mittheilt, so bleibt er in seiner Sphäre. Was der Philosoph b e w e i s e n muß, kann der Dichter als einen gewagten Satz, als einen OrakelSpruch hinwerfen. Die S c h ö n h e i t der Idee macht, daß man es ihm aufs Wort glaubt. *(Vgl. „Dokumente", Nr 44.)*

22) An Körner, 5. März 1789
Die Künstler werde ich Dir über acht Tage schicken können; gedruckt sind sie, und der Mercur wird diese Woche fertig.

23) An Körner, 9. März 1789
Es ist ein G e d i c h t und keine Philosophie in Versen; und es ist d a d u r c h kein schlechteres Gedicht, wodurch es mehr als ein Gedicht ist. *[...]* Das Gedicht ist übrigens zu ausgezeichnet, um daß nicht ö f f e n t l i c h e Urtheile darüber gefällt werden sollten. Wir wollen sie erwarten.

24) An Körner, 10. März 1789
Ich traue mir zu, schöne Verse zu machen, und einige Strophen in den Künstlern werden Dir keinen Zweifel darüber laßen.

25) Von Caroline von Beulwitz, 18. März 1789
Der große harmonische Eindruck des Ganzen schwebt mir vor der Seele, wie eine reiche große Gegend, in der man sich sehnt, alle schönen Pfade zu durchwandeln.

26) Von Körner, 19. März 1789
Ich glaube nicht, daß ein Product von Dir existirt, das Dir mehr Ehre macht; der Anfang ist unverbesserlich, und viele unter den neuen Stellen von ausgezeichneter Schönheit. [...] Versification und Sprache haben einen Grad von Eleganz, der bei diesem Reichthum an Gedanken in Deutschland ohne Beispiel ist. [...] Was ich hier und da noch vermisse, ist eine gewisse D e u t l i c h k e i t , die glaube ich, ein Erforderniß des Gedichts ist.

27) Von Charlotte von Lengefeld, 25. März 1789
[...] ich habe die Künstler mir abgeschrieben, ich finde immer mehr Schönes je öfter ichs lese. Sie haben den Lorbeer Kranz errungen, so hat noch kein Dichter die Künste besungen [...].

28) Von Caroline von Beulwitz, 25. März 1789
Die Künstler haben wir nun. Es ist mir einer der besten Genüße sie zu lesen, ich finde sie so durchaus schön, und so in einem Geiste, daß ich noch eigentlich keine Lieblingsstelle darain zu nennen wüste. Man mögt es eben gleich ganz in der Seele behalten.

29) An Charlotte von Lengefeld, 26. März 1789
Er [Körner] ist ganz davon begeistert, und fühlt, was ich auch sehr lebhaft fühle, daß es biß jezt das Beste meines Geistes ist. Es ist aber auch auf lange Zeit das letzte.

30) An Körner, 30. März 1789
Ich fürchte, daß Deine Bemerkung wegen gewißer Dunkelheit im Ausdruck wahr ist, und bey einigen Lesern fand ich sie auch schon bestätigt. Wieland hat manches nicht verstanden. *(Es folgen Erläuterungen zu den in Körners Brief vom 19. März kritisierten Versen; vgl. die „Dokumente" zu einzelnen Stellen des Gedichts und Körners Kommentar zu Schillers Erläuterungen im Brief vom 14. April 1789.)*

31) Von Caroline von Beulwitz, 1. April 1789
[...] einen eignen Genus haben Ihre Freunde auch dadurch daran, weil es ein lebendiger Abdruck Ihrer eigensten Individualität ist. Mir ist auch als wäre noch in keins Ihrer Arbeiten mehr von Ihrem innersten Dasein gefloßen.

DIE KÜNSTLER

32) Von Körner, 12. April 1789
Du hast einen Hang Deine Produckte durch Schmuck im Einzelnen zu überladen. Manche schöne Idee geht dadurch verloren, daß man sie bloß im Vorbeygehen mitnehmen soll, da sie doch die ganze Aufmerksamkeit erfodert.

33) Von Körner, 11. Mai 1793
Manche Gedichte haben einen Radicalfehler in der Anlage des Ganzen entschädigen aber durch die Vorzüge der einzelnen Theile. Dieß scheint mir jetzt der Fall bey den Künstlern zu seyn. Dieß Werk ist nicht poetisch sondern philosophisch gedacht. Derselbe Stoff sollte vielleicht erst noch ehe er dargestellt werden konnte, in einen dichterischen Nahrungssaft verwandelt werden.

34) An Körner, 27. Mai 1793
Vor der Durchsicht der Künstler ist mir am meisten bange. Meine Ideen über Kunst haben sich seit der Zeit merklich erweitert *[...]*. Doch muß ich gestehen, daß ich noch sehr viel philosophisch richtiges in den Künstlern finde, und darüber ordentlich verwundert bin. Ueber den Gang des ganzen Gedichts fürchte ich, mein Urtheil zu sagen. Er befriedigt mich gar zu wenig.

35) An Herzog Friedrich Christian von Augustenburg, 13. Juli 1793
Und hier ist es nun, Gnädigster Prinz, wo die Kunst und der Geschmack ihre bildende Hand an den Menschen legen, und ihren veredelnden Einfluß beweisen. *[...]* Die wahre Verfeinerung der Gefühle besteht aber jederzeit darinn, daß der höhern Natur des Menschen und dem göttlichen Theil seines Wesens, seiner Vernunft und seiner Freiheit, ein Antheil daran verschaft wird.

> Wenn Sinnes Lust und Sinnes Schmerz,
> vereinigt um des Menschen Herz
> den tausendfachen Knoten schlingen,
> und zu dem Staub ihn niederziehn
> Wer ist sein Schutz? Wer rettet ihn?
> Die Künste, die an goldnen Ringen
> ihn aufwärts zu der Freiheit ziehn,
> und durch den Reiz veredelter Gestalten
> ihn zwischen Erd und Himmel schwebend halten.

36) An Herzog Friedrich Christian von Augustenburg, 11. November 1793 (Einschluß)
Ich erinnere mich hier einer Stelle aus meinem Gedicht, die Künstler, die (ich weiß nicht mehr, warum) einer andern aufgeopfert worden ist. Sie mag hier als eine Ruine stehen bleiben:

> Wie mit Glanz sich die Gewölke mahlen,
> und des Bergs besonnter Gipfel brennt,
> eh sie selbst, die Königin der Strahlen,
> leuchtend aufzieht an dem Firmament;
> tanzt der Schönheit leichtgeschürzte Hore

der Erkenntniß goldnem Tag voran,
und die jüngste aus dem Sternenchore
oefnet sie des Lichtes Bahn.

37) Von Körner, 10. September 1800
Daß Du aber auch die Künstler und die Freude nicht aufgenommen hast, werden Dir viele nicht verzeihen. Deine Ursachen begreife ich wohl. *[...]* Manches ist freylich nachher im Reich der Formen poetischer gedacht worden. Aber der historische Theil der Künstler gäbe noch immer ein treffliches Gedicht.

38) An Körner, 21. Oktober 1800
[...] sie konnten nicht in ihrer alten Gestalt bleiben *[...]*. Verschiedene, wie die Künstler, habe ich wohl zwanzigmale in der Hand herum geworfen, eh ich mich decidierte. *[...]* Leider ist daßelbe durchaus unvollkommen und hat nur einzelne glückliche Stellen, um die es mir freilich selbst leid thut.

---

39) V. 1–33
Ich eröfne das Gedicht mit einer 12 Verse langen Vorstellung des Menschen in seiner jetzigen Vollkommenheit; dieß gab mir Gelegenheit zu einer guten Schilderung dieses Jahrhunderts von seiner beßern Seite. – Von da mache ich den Uebergang zu der Kunst, die seine Wiege war und der Hauptgedanke des Gedichts wird flüchtig anticipirt und hingeworfen. *(An Körner, 9. Februar 1789.)*

40) V. 34–53
Durch das Empfindungsvermögen des Schönen wird also ein Band der Vereinigung zwischen der sinnlichen und geistigen Natur des Menschen geflochten, und das Gemüth von dem Zustand des bloßen Leidens zu der unbedingten Selbstthätigkeit der Vernunft vorbereitet. Die Freiheit der Geister wird bey dem Schönen in die Sinnenwelt e i n g e f ü h r t , und die reine Dämonische Flamme läßt hier *[...]* auf dem Spiegel der Materie, wie der Tag auf den Morgenwolken, ihre ätherischen Farben spielen. *(An Friedrich Christian von Schleswig-Holstein-Augustenburg, 11. November 1793 [Einschluß]; es folgt die verworfene Strophe: Wie mit Glanz sich die Gewölke mahlen [...]; vgl. „Dokumente", Nr 36.)*

Der Inhalt dieser fehlenden Strophe *[der 3. Strophe der „Körner-Fassung"]* ist der: „Daß die Kunst zwischen der S i n n l i c h k e i t und G e i s t i g k e i t des Menschen das Bindungsglied ausmache *[...]*" *(An Körner, 12. Januar 1789).*

41) V. 51
E w i g e r Raum kann der Dichter insofern sagen, weil man die E w i g k e i t braucht, um die U n e n d l i c h k e i t zu durchlaufen, gerade so wie man sagen

kann, ein viertelstündiger Weg weil man soviel Zeit braucht um ihn zu durchgehen. *(An Körner, 17. [und 22.] Januar 1789; vgl. dazu Körner an Schiller vom 16. Januar 1789.)*

42) V. 54–65
Ich habe nun die Hauptidee des Ganzen d i e V e r h ü l l u n g d e r W a h r h e i t u n d S i t t l i c h k e i t i n d i e S c h ö n h e i t zur herrschenden und im eigentlichen Verstande zur Einheit gemacht. Es ist Eine Allegorie, die ganz hindurch geht mit nur veränderter Ansicht; die ich dem Leser von allen Seiten ins Gesicht spielen lasse. *(An Körner, 9. Februar 1789.)*

43) V. 57
Die Wahrheit geht v e r z e h r e n d über Sternen, kann man dichterisch sagen, weil man sie mit dem Sonnenlicht zu vergleichen gewohnt ist, vorzüglich aber im ganz prosaisch wahren Sinne, weil die nakte Wahrheit uns zu Narren machen würde, da unsre Vernunft nicht darauf calculirt ist. *(An Körner, 22. Januar 1789; vgl. dazu Körner an Schiller vom 16. Januar 1789.)*

44) V. 91–362
Eine ganze Kette neuer Strophen, die zum Inhalt haben, das zu beweisen, was in der vorigen Edition ganz beweislos hingeworfen war, ist nunmehr eingeschaltet. Ich habe über den Ursprung und Fortgang der Kunst selbst einige Ideen hazardirt, und habe alsdann die A r t , w i e sich aus der Kunst die übrige wißenschaftliche und sittliche Bildung entwickelt hat mit einigen Pinselstrichen angegeben. Das Ganze hält nun auch mehr zusammen, und dadurch, daß das, womit angefangen wird im Laufe des Gedichts erwiesen und am Schluße darauf als auf das Resultat zurückgewiesen wird, ist das Gedicht nun ein geschloßener Kreis. *(An Körner, 25. Februar 1789.)*

45) V. 157–164
Ich will sagen: Jedes Kunstwerk, jedes Werk der Schönheit ist ein Ganzes und solange es den Künstler beschäftigt, ist es sein eigener einziger Zweck, so zum Beispiel eine einzelne Säule, eine einzelne Statue, eine poetische Beschreibung. Es ist sich allein genug. *[. . .]* Nun sage ich aber, wenn die Kunst weiter fortschreitet, so verwandelt sie diese einzelne Ganze in Theile eines Neuen und größern Ganzen d. i. ihr letzter Zweck ist nicht mehr in ihnen, sondern ausser ihnen, darum sage ich sie habe ihre K r o n e verloren. Die Statue, die einzeln gleichsam geherrscht hat, gibt diesen Vorzug an den Tempel ab, den sie ziert, der Karakter eines Hektor an sich allein schon vollkommen, dient nur als ein subordinirtes Glied in der Iliade, die einzelne Säule dient der Symmetrie. Je reicher je vollkommener die Kunst wird, desto mehrere einzelne Ganze gibt sie uns in einem größern Ganzen als Theile zu genießen, oder desto verwickelter und üppiger ist die M a n n i c h f a l t i g k e i t in der sie uns E i n h e i t finden läßt. Wenn ich weiter hinten sage, der Zeus des Phidias neige sich in seinen Tempel zu Olympia *[V. 264–265]*, so sage ich nichts anders, als: Diese Statue die für sich selbst ein Gegenstand der allgemeinen Bewunderung seyn

würde hört auf, ihre Wirkung allein hervorzubringen sobald sie in dem Tempel steht, und gibt nur das ihrige zu dem Totaleindruck von Majestät u s.f. der durch das Ensemble des ganzen Tempels hervorgebracht wird. *(An Körner, 30. März 1789; vgl. dazu Körner an Schiller vom 19. März 1789.)*

46) V. 174–178
Die Künste des Schönen und Erhabenen beleben, üben und verfeinern das Empfindungsvermögen, sie erheben den Geist von den groben Vergnügungen des Stoffes zum reinen Wohlgefallen an bloßen Formen *[...]*. *(An Friedrich Christian von Schleswig-Holstein-Augustenburg, 13. Juli 1793.)*

47) V. 177
Jeder sinnlichen Begierde ligt ein gewißer Drang zum Grunde, den Gegenstand dieser Begierde sich einzuverleiben, in sich hinein zu reissen, von der Lust des Gaumens an biss auf die sinnliche Liebe. Die sinnliche Begierde zerstört ihren Gegenstand, um ihn zu einem Theil des begehrenden Wesens zu machen. *(An Körner, 30. März 1789; vgl. dazu Körner an Schiller vom 19. März 1789.)*

48) V. 220–236
Die moralischen Erscheinungen, Leidenschaften, Handlungen, Schicksale, deren Verhältnisse der Mensch im großen Laufe der Natur nicht immer verfolgen und übersehen kann, ordnet der Dichter nach k ü n s t l i c h e n d. i. er gibt ihnen k ü n s t l i c h Zusammenhang und Auflösung. Diese Handlung begleitet er mit Glückseligkeit, jene Leidenschaft läßt er zu diesen oder jenen Handlungen führen, dieses Schicksal spinnt er aus diesen Handlungen oder diesen Carakteren u.s.f. Der Mensch lernt nach und nach diese k ü n s t l i c h e n V e r h ä l t n i ß e in den Lauf der Natur übertragen, und wenn er also eine einzelne Leidenschaft oder Handlung in sich oder um sich herum bemerkt, so leyht er ihr – nach einer gewißen Reminiszenz aus seinen Dichtern – dieses oder jenes Motiv, dieses oder jenes Ende – d. i. er denkt sie sich als den Theil oder das Glied eines Ganzen, denn sein durch Kunstwerke geübtes Gefühl für Ebenmaaß leidet keine F r a g m e n t e mehr. Ueberal sucht er die Symmetrie, die ihn die Kunst kennen gelernt hat. *(An Körner, 30. März 1789; vgl. dazu Körner an Schiller vom 19. März 1789.)*

49) V. 232–233
(Vgl. „Dokumente", Nr 21: Körners Gegenüberstellung von Philosoph und Dichter.)

50) V. 237–253
[...] dieses Gesetz des Ebenmaases wendet er zu früh auf die wirkliche Welt an, weil viele Parthien dieses großen Gebäudes für ihn noch in Dunkel gestellt sind. Um also sein Gefühl für Ebenmaaß zu befriedigen muß er der Natur eine künstliche Nachhilfe geben, er muß ihr gleichsam borgen. So zum Beispiel fehlte es ihm an dem nöthigen Lichte, das Leben des Menschen zu überschauen, und die schönen Verhältniße von Moralität und Glückseligkeit darinn

zu erkennen. Er fand in seiner kindischen Einbildung Disproportionen; da sich aber sein Geist einmal mit dem Ebenmaaße vertraut gemacht, so schenkt er aus dichtender Eigenmacht dem Leben ein zweytes um in diesem zweyten die Disproportionen des jetzigen aufzulösen. So entstand die Poesie von einer Unsterblichkeit. Die Unsterblichkeit ist ein Product des Gefühls für Ebenmaaß, nach dem der Mensch die moralische Welt beurtheilen wollte, eh er diese genug überschaute. *(An Körner, 30. März 1789; vgl. dazu Körner an Schiller vom 19. März 1789.)*

51) V. 250—253
Das Menschliche Leben, sage ich in den vorhergehenden Versen, erscheint dem Menschen als ein Bogen d.i. als ein unvollkommener Theil eines Kreises, den er durch die Nacht des Grabes fortsetzt um den Zirkel ganz zu machen *[...]* Nun ist aber der wachsende Mond ein solcher Bogen, und der übrige Theil, der noch fehlt um den Zirkel völlig zu machen ist unbeleuchtet. Ich stelle also zwey Jünglinge nebeneinander, davon der eine beleuchtet ist, der andere nicht, (mit umgestürztem Lichte) jenen vergleiche ich mit der beleuchteten MondesHälfte, diesen mit der schwarzen, oder was eben soviel sagt, die Alten die den Tod bildeten, stellten ihn als einen Jüngling vor, der eben so schön ist als sein Bruder, das Leben, aber sie gaben ihm eine umgestürzte Fackel, um anzudeuten, daß man ihn nicht sehe — eben so wie wir an den ganzen Ring des Mondes glauben, ob er uns gleich nur als ein Bogen oder als ein Horn erscheint. Ich habe in dieser Stelle ein Gleichniß Oßians in Gedanken gehabt und zu veredeln gesucht. Oßian sagt von einem der dem Tod nahe war „der Tod stand hinter ihm, wie die schwarze Hälfte des Mondes hinter seinem silbernen Horn". *(An Körner, 30. März 1789; vgl. dazu Körner an Schiller vom 19. März 1789.)*

Ideen dieser Art können, däucht mich, nicht die gehörige Wirkung hervorbringen, wenn sie nicht in einem b e s o n d e r n K u n s t w e r k e als ein einzelnes Ganze in das vortheilhafteste Licht gestellt sind. *(Von Körner, 12. April 1789.)*

52) V. 264—265
[...] die eigentliche Schönheit dieser Stelle ligt in einer Anspielung auf die gebückte Stellung des olympischen Jupiters, der in diesem Tempel s i t z e n d und s o vorgestellt war, daß er das Dach hätte aufheben müssen, wenn er sich aufgerichtet hätte. Wer dieses weiß, dem wird durch meinen Ausdruck: er n e i g t s i c h : eine angenehme Nebenidee erweckt. Mir hat überhaupt diese gebückte Stellung des olympischen Jupiters immer sehr gefallen, weil sie soviel sagen kann, als hätte sich der Gott herabgelassen, und nach der menschlichen Einschränkung bequemt, und alles würde unter ihm zusammen fallen, wenn er sich a u f g e r i c h t e t d.i. als Gott zeigte. *(An Körner, 30. März 1789; vgl. dazu Körners Brief vom 19. März 1789 sowie oben zu V. 157—164.)*

Die Idee, die darin liegt, scheint mir aber doch mehr Paradoxie als Schönheit zu haben. Der Tempel ist doch des Bildes wegen, und nicht das Bild des Tempels wegen da. Und wenn die wirklich schöne Idee der Herablassung durch die gebückte Stellung ausgedrückt werden sollte so mußte durch den Raum über dem Haupte schlechterdings angedeutet werden, daß diese Stellung nicht n o t h w e n d i g sondern f r e y w i l l i g war. *(Von Körner, 12. April 1789.)*

53) V. 363–382
Die Stelle: V e r s c h e u c h t v o n m ö r d e r i s c h e n H e e r e n p ist eine der schönsten. Aber man würde sie im Ganzen *[der „Körner-Fassung"]* nicht vermissen. Wie wenn Du diesen Stoff, der hier wirklich nur b e r ü h r t ist, zu einem besondern Gedicht ausdehntest? Vielleicht fändest Du in diesem einen schicklichen Platz zu manchen andern Stellen z. B. zu der Ermahnung: D e r M e n s c h h e i t W ü r d e p *[V. 443 ff.]. (Von Körner, 30. Januar 1789.)*

Wie ich die Verse von der Wiederherstellung der schönen Wissenschaften *[in der „Körner-Fassung"]* anders ordnen soll, weiß ich nicht; denn ich darf doch den z w e i t e n Lenz nicht vor dem e r s t e n bringen, und von dem ersten handelt doch alles vorhergehende. *(An Körner, 2. Februar 1789.)*

Einführung der Zweyten historischen Epoche, *[...]* Wiederauflebung der Künste *(an Körner, 9. Februar 1789).*

54) V. 383–408
Wieland nehmlich empfand es sehr unhold, daß die Kunst nach dieser bisherigen Vorstellung doch nur die Dienerinn einer höhern Kultur sey, daß der Herbst immer weiter gerückt sey als der Lenz, und er ist sehr weit von dieser Demuth entfernt. Alles was wißenschaftliche Kultur in sich begreift, stellt er tief unter die Kunst, und behauptet vielmehr, daß Jene Dieser diene. Wenn ein Wißenschaftliches Ganze über ein Ganzes der Kunst sich erhebe, so sey es nur in dem Falle, wenn es selbst ein Kunstwerk werde. Es ist sehr vieles an dieser Vorstellung wahr, und für mein Gedicht vollends wahr genug. *[...]* Nachdem also der Gedanke philosophisch und historisch ausgeführt ist, daß die K u n s t die wißenschaftliche und sittliche Kultur vorbereitet habe, so wird nun gesagt: daß diese leztere noch nicht das Ziel selbst sey, sondern nur eine zweyte Stuffe zu demselben, obgleich der Forscher und Denker sich vorschnell schon in den Besitz der Krone gesetzt und dem Künstler den Platz unter sich angewiesen. Dann erst sey die Vollendung des Menschen da, wenn sich wißenschaftliche und sittliche Kultur wieder in die Schönheit auflöse. *(An Körner, 9. Februar 1789.)*

Daß Du die Kunst der wissenschaftlichen Cultur nachsetztest, habe ich nicht gefunden. *(Von Körner, 18. Februar 1789; Körner äußert sich im folgenden ausführlich über das Verhältnis zwischen Kunst und Wissenschaft.)*

55) V. 425–442
Diese Vorstellung *[Auflösung von wissenschaftlicher und sittlicher Kultur in die Schönheit]* führe ich nun auch wieder auf meine Allegorie zurücke, und laße die Kunst an diesem Ziele sich dem Menschen in verklärter Gestalt erkennen zu geben. *(An Körner, 9. Februar 1789.)*

56) V. 433–442
Vgl. „Dokumente", Nr 42.

57) V. 443–449
Vgl. „Dokumente", Nr 53.

58) V. 458–465
Vgl. „Dokumente", Nr 7.

ERLÄUTERUNGEN. *Kein Gedicht Schillers hatte eine längere Entstehungszeit als „Die Künstler". Gründe dafür lagen ebenso in der Komplexität des Themas wie in der Vielfalt der Kritik und Anregung von außen, die Schiller suchte, erhielt und sorgfältig verarbeitete.*

Der programmatische Titel deutet an, daß das Gedicht, ein Jahr nach „Die Götter Griechenlandes", einen weiteren Schritt auf kunsttheoretisches Gebiet unternimmt. Hatte jenes Gedicht den Verlust der Existenzbedingungen der Kunst nach dem Untergang der schönen Welt der Griechen (V. 1) beklagt, so tritt die Kunst hier in ganz anderer Weise in den Blick: Unabhängig von einem bestimmten Weltzustand besteht ihre Funktion gerade darin, Wegbereiterin von Kultur und Fortschritt des Menschengeschlechts zu sein und als Vermittlerin von Wahrheit und Sittlichkeit zu wirken. Damit formuliert das Gedicht Thesen, die im Fortgang von Schillers Schönheitslehre eine zentrale Rolle spielen. Sie werden in den ästhetischen Abhandlungen der folgenden Jahre, in denen Schiller die poetische Produktion zugunsten einer intensiven Beschäftigung mit der Philosophie Kants und der Ausarbeitung seiner eigenen Ästhetik zurückstellte, auf eine theoretische Basis gestellt und weiterentwickelt. Besonders enge Beziehungen bestehen zu den Briefen „Ueber die ästhetische Erziehung des Menschen" (1795), in denen Schiller das Schöne und den Geschmack blos in seinem Einfluß auf den Menschen und auf die Gesellschaft untersucht und dabei die reichhaltigsten Ideen aus den Künstlern philosophisch *ausführt (an Körner vom 10. Dezember 1793). Ähnlich äußerte sich Schiller am 3. Februar 1794 Körner gegenüber. Über die Beziehungen des Gedichts zur Abhandlung vgl. im Detail die Einzelerläuterungen.*

Fördernde Kritik und wichtige Anregung erfuhr Schiller in der Korrespondenz mit Körner in Dresden und im Gespräch mit Wieland in Weimar (vgl. „Dokumente zu Entstehung, Kritik und Selbstdeutung aus Schillers Briefwechsel"). Aber auch Einflüsse anderer Art haben Bedeutung. Schiller selbst erwähnt die Diskussionen mit Karl Ludwig von Knebel, in denen es um die Schrift „Ueber die bildende Nachahmung des Schönen" (1788) von Karl Philipp Moritz ging: Es hat dieses öftere Nachdenken und Sprechen über Schönheit und Kunst vielerley bey mir entwickelt, und auf die Künstler besonders einen glücklichen Einfluss gehabt. *(An Caroline von Beulwitz und Charlotte von Lengefeld vom 12. Februar 1789.) Moritz vertrat u. a., wie Wieland (und Schiller), die Auffassung, daß das Schöne über das Wahre, Sittliche und Nützliche zu stellen und daß der Begriff des Schönen unabhängig von dem des Nützlichen sei. Auch mit Moritz selbst hatte Schiller während dessen Besuchs in Weimar vom 2. Dezember 1788 bis zum 1. Februar 1789 Kontakt.*

Darüber hinaus gab es in der literarischen Öffentlichkeit eine Diskussion, die sich ausführlich mit kulturgeschichtlichen Fragen beschäftigte. Schiller kannte einige der wesentlichen Beiträge dazu: Herders „Ideen zur Philosophie der Geschichte der Menschheit" (1784–1791), die bis auf den (vierten und) letzten Teil erschienen waren, und Kants geschichtsphilosophische Aufsätze in der „Berlinischen Monatsschrift": „Idee zu einer allgemeinen Geschichte in weltbürgerlicher Absicht" (1784. November. Bd 4. S. 385–411) und „Muthmaßlicher Anfang der Menschengeschichte" (1786. Januar. Bd 7. S. 1–27). – Über Schillers Begegnung mit dem antiken Griechenland, für ihn die erste kulturelle Blütezeit der Menschheit, vgl. die Erläuterungen zu „Die Götter Griechenlandes."

Der Bedeutung des Gedichts im Rahmen des lyrischen Werks Schillers bis zu diesem Zeitpunkt scheint die verhaltene öffentliche Reaktion nicht gerecht zu werden, ganz gegen Schillers Erwartung (vgl. „Dokumente", Nr 23). *Nachdem Schiller dem Freund in Dresden am 30. März 1789 von dem kuriosen Urteil eines unbekannten Lesers aus Weimar berichtet hatte, machte er ihm am 24. Juni den Vorschlag, im Zusammenhang einer Rezension des „Teutschen Merkur" für die ALZ auch sein Gedicht zu besprechen; nichts dergleichen kam zustande. Erst im Oktober des folgenden Jahres erschien in der von Gottfried August Bürger herausgegebenen „Akademie der schönen Redekünste"* (1790. Bd 1. 2. Stück. S. 127–179) *anonym eine ausführliche Besprechung* „Über die Künstler, ein Gedicht von Schiller" (abgedruckt in: Fambach 2, 74–89). *Als Schiller davon hörte, bemerkte er Körner gegenüber:* So würde mir doch der Wunsch erfüllt, daß nicht ganz davon geschwiegen wird! (An Körner vom 1. November 1790.) *Verfasser war, wie Körner richtig vermutete* (vgl. an Schiller vom 11. November 1790), *August Wilhelm Schlegel, für dessen geistreiches Urtheil Schiller sich später bedankte* (vgl. seinen Brief an Schlegel vom 5. Oktober 1795). *Schlegel hebt „Die Künstler" von der Gattung gewöhnlicher didaktischer Gedichte ab, indem er zeigt, wie der Autor vermocht habe,* das lehrende Gedicht selbst im Stoffe poetisch werden zu lassen (S. 133): Schiller hat seinen Gegenstand nicht so geschildert, wie er ihn etwan aus historischen Factis und philosophischen Raisonnemens kennen konnte, sondern er hat ihn nach seiner Weise idealisirt (S. 136). *Daher dürfe man das Gedicht nicht an der historischen Wirklichkeit messen. Kritik übt Schlegel freilich, wie Körner, daran, daß die Ideen des Dichters gelegentlich* mystisch und dunkel (S. 137) *seien. Resümierend fällt das Urteil jedoch sehr positiv aus:* Die Diction ist völlig harmonisch mit dem Gegenstande. Ueberall webt der milde Hauch jenes Kunstgefühles, das der Sänger preist, und zaubert dem Gedanken gemäßigte sanfte Formen an. Ueberall herrscht ein stiller hoher Geist (S. 179).

Friedrich Schlegel schloß sich dem Bruder in einer ebenfalls anonymen Rezension von dessen Besprechung im ganzen an (in: ALZ 1792. Nr 107 vom 26. April. Sp. 169–176; hier: Sp. 173; abgedruckt in: Fambach 2, 94). Nur fand auch er einiges Dunkel, welches auf einem Theil dieses sonst vortrefflichen Gedichts ruht.

Seit Schiller im Jahr 1793 den Gedanken einer Sammlung seiner Gedichte gefaßt hatte, war er von der Notwendigkeit einer Überarbeitung der „Künst-

ler" überzeugt: *Philosophisch enthalte das Gedicht viel Richtiges, als Ganzes aber sei es für seine fortentwickelten ästhetischen Ansprüche unbefriedigend*, schrieb Schiller am 27. Mai 1793 an Körner (vgl. „Dokumente", Nr 34). Wieland hatte von Anfang *die Einheit der Form, die das Ganze macht*, vermißt („Dokumente", Nr 19). Diesen Mangel vermochte Schiller nicht zu beheben, obwohl er das Gedicht *wohl zwanzigmale in der Hand herum geworfen habe* („Dokumente", Nr 38; vgl. auch Nr 37). Als der 1. Teil der Sammlung von Schillers „Gedichten" (1800) erschien, blieben „Die Künstler" unberücksichtigt; erst in den 2. Teil (1803; S. 41–65) (vgl. NA 2 I, 138, 383–396 und die Erläuterungen dazu) wurden sie zusammen mit vielen anderen Gedichten aufgenommen, die Schiller in der „Vorerinnerung" als Zeugnisse einer überwundenen Stuffe in der Geistesbildung des Dichters charakterisierte. Dennoch blieb das Gedicht für Schiller eine Herausforderung: Als er die Prachtausgabe seiner Gedichte vorbereitete, ließ er in das Manuskript vier leere Blätter mit der Überschrift „Die Künstler" einlegen, offenbar in der Hoffnung, doch noch eine Bearbeitung vornehmen zu können.

1–33 Wie *bis* allein.] Vgl. „Dokumente", Nr 39.

1–12 Wie *bis* stieg!] *Der Beginn des Gedichtes steht in unmittelbarem Gegensatz zur Kritik an der modernen Zeit in „Die Götter Griechenlandes". Schillers Jenaer Antrittsvorlesung vom Mai 1789 „Was heißt und zu welchem Ende studiert man Universalgeschichte?" kommt am Schluß ebenfalls zu einer positiven Würdigung des gegenwärtigen Zeitalters und spricht in diesem Zusammenhang von der* übertriebenen Bewunderung des Alterthums *und der* kindischen Sehnsucht nach vergangenen Zeiten *(NA 17, 375)*.

1 Palmenzweige] *Die Blätter der Palme galten als Sinnbild des Sieges*.

4–5 mit aufgeschloßnem Sinn *bis* Stille] *Ähnlich fällt die Beschreibung der alten Griechen im 6. Brief „Ueber die ästhetische Erziehung des Menschen" aus:* Zugleich voll Form und voll Fülle, zugleich philosophirend und bildend, zugleich zart und energisch, *die* Jugend der Phantasie mit der Männlichkeit der Vernunft *vereinigend (NA 20, 321)*. *In beiden Fällen wird die Erinnerung an Winckelmanns Formulierung von der* edlen Einfalt und stillen Grösse *der griechischen Statuen geweckt (Gedanken über die Nachahmung der Griechischen Werke [²1756], 24)*.

5 milden Ernsts] *Dagegen heißt es zur Charakterisierung der modernen Zeit und ihrer Gottesverehrung in „Die Götter Griechenlandes" (2. Fassung):* Finstrer Ernst *(V. 41)*.

6 der reifste Sohn der Zeit] *Als* Sohn der Zeit *bezeichnet der 9. Brief „Ueber die ästhetische Erziehung" vor allem den Künstler (NA 20, 333)*.

13 Berauscht *bis* Sieg] *Hervorhebungen durch inversive Satzstellung, hier durch Antizipation des Partizips, finden sich oft: Vgl. V. 129, 139–140, 197–198, 204, 229, 363, 450*.

14 die Hand] *Gemeint ist die Kunst, die erst in V. 33 erwähnt wird*.

18 Geisterwürde] *Daß die Kunst den Menschen zur* Geisterwürde *führe, davon ist auch in „Die Macht des Gesanges" die Rede (vgl. V. 31–33)*.

22–23 die Gütige *bis* unterwieß] *Vom Theater hatte es schon früher im Aufsatz „Was kann eine gute stehende Schaubühne eigentlich wirken?" geheißen:*

Hier begleitet sie *[die Bühne]* die Weisheit und die Religion *[...]* und kleidet die strenge Pflicht in ein reizendes lockendes Gewand. *(NA 20, 93.) Freilich fehlt hier der Hinweis auf den Primat der Kunst gegenüber Wissenschaft und Moral (vgl. „Dokumente", Nr 54).*

24—25 und *bis* ließ] *Ein ähnliches Bild gebraucht Schiller in seiner Rezension „Über Bürgers Gedichte", in welcher der Kunst die Aufgabe zugewiesen wird, die Geheimnisse des Denkers in leicht zu entziffernder Bildersprache dem Kindersinn zu erraten zu geben (NA 22, 249).*

30—33 Im *bis* allein.] *Die Vorstellung vom Menschen als sinnlich-geistigem Wesen in der Mitte zwischen Tier und höheren* Geistern, *als dem* unseeligen Mittelding von Vieh und Engel *(Versuch über den Zusammenhang der thierischen Natur des Menschen mit seiner geistigen; NA 20, 47) ist Schiller im Anschluß an Albrecht von Haller (vgl. zu „An einen Moralisten" [V. 45-48]) schon früh vertraut. Die Kunst erhält in diesem Zusammenhang als spezifisches Attribut des Menschen als eines Doppelwesens anthropologische Qualität.*

31 Wurm] *Vermutlich ist an den Seidenspinner gedacht, der auch Seidenraupe und Seidenwurm genannt wird.*

32 vorgezognen Geistern] *In V. 56 ist von* reineren Dämonen *die Rede, in Schillers Schrift „Ueber das Erhabene" von* reinen Geistern: Als solche müssen Menschen gelegentlich handeln und alles körperliche ablegen; *diesen Punkt an der Grenze der Sinnenwelt zu erreichen, hilft ihnen ein Genius, den Schiller als das* Gefühl des Schönen *bezeichnet (NA 21, 41).*

34—65 Nur *bis* gehn.] *In Johann Peter Uz' themenverwandtem Gedicht „Die Dichtkunst" heißt es:*

> Die Wahrheit rührt uns nicht, entblößt und ungeschmückt,
> Wenn sie die Sinne nicht berückt.
> Wer unser Herz erst überwand,
> Gewinnt auch leichtlich den Verstand.
> *[...]*
>
> Du weckest uns zur Lust, befriedigst unsern Schmerz,
> Du, Dichtkunst, öffnest unser Herz
> Der Wahrheit, welcher deine Hand
> Aus Myrth und Rosen Kränze band.
> Dich muß der taube Wille hören,
> Die du nicht finstern Schulwitz liebst,
> Und was die Weisen mühsam lehren,
> Uns zu empfinden giebst.

(V. 57-60, 65-72; Sämmtliche Poetische Werke [1772] 1, 154.)

34—53 Nur *bis* empfand?] *Vgl. „Dokumente", Nr 40.*

34—35 Nur *bis* Land.] *In Hallers „Morgen-Gedanken" findet sich ein ähnliches Bild:* Durchs rothe Morgen-Thor der heitern Sternen-Bühne / Naht das verklärte Licht der Welt *(V. 9-10; Versuch Schweizerischer Gedichte [1762], 2).*

42—53 Was *bis* empfand?] *In Schillers Abhandlung „Ueber Anmuth und*

Würde" wird im gleichen Sinn die These aufgestellt, daß sich die philosophirende Vernunft weniger Entdeckungen rühmen kann, die der Sinn nicht schon dunkel g e a h n d e t , und die Poesie nicht g e o f f e n b a r t hätte. (NA 20, 255.) Ebenso heißt es im 9. Brief „Ueber die ästhetische Erziehung": Ehe noch die Wahrheit ihr siegendes Licht in die Tiefen der Herzen sendet, fängt die Dichtungskraft ihre Strahlen auf, und die Gipfel der Menschheit werden glänzen, wenn noch feuchte Nacht in den Thälern liegt. (NA 20, 334.) Dieser Passage korrespondiert die im Brief an den Herzog von Augustenburg vom 11. November 1793 zitierte, zuvor unterdrückte Strophe Wie mit Glanz sich die Gewölke mahlen [...] (vgl. „Dokumente", Nr 36). Einen ähnlichen Gedanken enthält das Epigramm „Das Göttliche" in den „Tabulae votivae" (Nr 63).

43 *älternde] im Sinn von „reifende".*

43 *erfand] im Sinn von „fand", „erkannte" (vgl. Grimm 3, 798).*

44 *des Schönen und des Großen] in beiden Fällen Genitivus subjectivus mit explikativer Funktion.*

45 *kindischen] im Sinn von „kindlich" ohne pejorative Konnotation. Die Bedeutung des Wortes bei Schiller steht nicht ganz fest; während er in V. 63, dem Hinweis Körners folgend, der das Wort „kindisch" nicht edel genug fand (an Schiller vom 16. Januar 1789), eine Änderung vornahm (vgl. an Körner vom 17. [und 22.] Januar 1789), hielt er eine solche hier offenbar für nicht notwendig. Später differenzierte er in der Abhandlung „Ueber naive und sentimentalische Dichtung" beide Wörter nach heutigem Sprachgebrauch, indem er die kindische Unschuld von der kindlichen unterscheidet (NA 20, 422).*

48 *Solon] athenischer Politiker und Gesetzgeber (um 640–nach 561 v. u. Z.), einer der Sieben Weisen des Altertums. Schiller zeichnete in seiner Vorlesung über „Die Gesetzgebung des Lykurgus und Solon" vom Sommer 1789 ein positives Bild des Atheners und seiner Leistungen (vgl. NA 17, 441).*

51 *Begriff des ew'gen Raumes] Vgl. „Dokumente", Nr 41.*

52 *Sternenbühne] Das Bild begegnet auch bei Haller (vgl. zu V. 34–35).*

54–65 *Die bis gehn.] Vgl. „Dokumente", Nr 42. – Schillers Venus-Allegorie knüpft an die Unterscheidung zwischen der „himmlischen" Venus (Urania) als Göttin der „reinen Liebe, die mit keiner fleischlichen Begierde vermischet ist" (Hederich, 2439), und der „dem ganzen Volk gehörenden" Venus (Pandemos), der Göttin der sinnlichen Liebe, an. Bei Schiller tritt an die Stelle der letzteren Venus Amathusia (Die Götter Griechenlandes, V. 8) oder Cypria. Sie wird hier zur Personifikation der Schönheit, Venus Urania zur Personifikation der Wahrheit. In V. 433–442 wird der vorliegende Zusammenhang wiederaufgenommen.*

Im Ansatz ist die Venus-Allegorie schon im „Triumf der Liebe" (V. 162 bis 164) enthalten; ausdrücklich ist von den Schwestergöttinnen dann in „Die Götter Griechenlandes" die Rede (vgl. V. 8, 197–200). – Das Motiv von der Wahrheit als verschleierter Göttin, das schon in „Elisium" angedeutet ist (vgl. V. 12), später in „Das verschleierte Bild zu Sais" zentrale Bedeutung gewinnt, hat breite literarische Tradition. Am bekanntesten ist vielleicht die göttliche Frauengestalt in Goethes Gedicht „Zueignung" (vgl. zu „Elisium" [V. 12]). Vgl. im einzelnen: Günther, Der Dichtung Schleier (1978).

54 Die] *Venus Urania (vgl. V. 59). – Eine ähnliche inversive Satzstellung mit Antizipation des Relativsatzes zeigen die Verse 351–352 und 397.*

54 Orionen] *Orion, das besonders helle Sternbild, steht hier für Sterne schlechthin; häufig in Klopstocks „Messias" (1, 599; 2, 777; 5, 575 u. ö.).*

56 reineren Dämonen] *„Dämon" nach griech.* δαίμων: *Geist (im guten und bösen Sinn). Zum Komparativ vgl. die Erläuterungen zu „Das Geheimniß der Reminiszenz" (V. 93).*

57 verzehrend *bis* geht] *Vgl. „Dokumente", Nr 43. – Das Bild findet sich auch bei Uz, im Gedicht „Auf den Tod des Majors von Kleist":* Und über Sternen geht der Held *(V. 26; Sämmtliche Poetische Werke [1772], 218).*

58–60 geflohn *bis* Feuerkrone] *Möglicherweise dachte Schiller bei diesen Bildern an die Phaeton-Sage in Ovids „Metamorphosen". Dort ist vom Thron des Sonnengottes Phöbus die Rede, der von Smaragden glänzte (vgl. 2, 24), ebenso davon, daß Phöbus die glänzenden Lichtstrahlen um sein Haupt vor seinem Sohn abgelegt habe (2, 40–41).*

62 Der Anmuth Gürtel] *Zum Gürtel der Venus vgl. die Erläuterungen zu „Die Götter Griechenlandes" (V. 47–48).*

64–65 was *bis* gehn] *Aus diesem Grund heißt es im 23. Brief „Ueber die ästhetische Erziehung des Menschen": [...]* es giebt keinen andern Weg, den sinnlichen Menschen vernünftig zu machen, als daß man denselben zuvor ästhetisch macht. *(NA 20, 383.)*

66–77 Als *bis* Kerkerwand.] *Die Versgruppe enthält etwas weniger drastische Vorstellungen als die ursprüngliche Fassung, die sich in den Stammbuchversen „[Für Karl Graß]" erhalten haben, in denen das Menschenleben als* ewiger aufgedeckter Anblick der Zerstörung *erscheint (so Schillers Kommentar im Brief an Körner vom 17. [und 22.] Januar 1789). Schiller verknüpft hier ohne Bedenken Christliches und Griechisches: der* Erschaffende *steht neben* allen Himmlischen *und* Elysium.

71 Menschliche] *Gemeint ist: „menschlich Empfindende", „von menschlicher Natur".*

74 mit gesenktem Fluge] *Vgl. dagegen V. 466.*

76–77 und *bis* Kerkerwand] *Im Hintergrund steht Platons Höhlengleichnis im 7. Buch der „Politeia", das Schiller hier umdeutet. Bei Platon wurde den auf die Höhlenwand projizierten Schatten der Charakter des bloßen Scheins als Abbild des Wesens, der Idee, mithin ein minderer Grad an Wirklichkeit zugewiesen. Was demnach – erkenntnistheoretisch – eine Täuschung genannt werden könnte, versteht Schiller – unter ästhetischem Aspekt – als* lieblichen Betrug. *Vgl. auch zu V. 117.*

80 heil'ge Mordsucht] *Anspielung auf die Verfolgung Andersgläubiger durch die katholische Kirche, vor allem wohl auf die spanische Inquisition. Das Oxymoron erinnert an die Formulierung* heiliger Barbar *in „Die Götter Griechenlandes" (V. 114).*

87 bleicht] *„läßt erbleichen", „erschreckt"; ebenso „Das Reich der Schatten" (V. 107).*

88 heilige Gewalt] *Mit denselben Worten wird die Wirkung von Kunst und Schönheit in „Die Macht des Gesanges" beschrieben (vgl. V. 34).*

89—90 empfangen *bis* zurück] *Im 21. Brief „Ueber die ästhetische Erziehung des Menschen" erläutert Schiller, wie die* ästhetische Kultur den Menschen dazu befähige, *aus sich selbst zu machen, was er will – daß ihm die Freyheit, zu seyn, was er seyn soll, vollkommen zurückgegeben ist. (NA 20, 377–378.)*
91—362 Glückselige *bis* ausgestreut.] *Vgl. „Dokumente", Nr 44.*
93 würdigte] *hier gebraucht wie franz. daigner: geruhen, die Güte haben.*
102 Menschheit] *im 18. Jahrhundert noch im Sinne von „menschliche Natur", „menschliches Wesen", „Menschlichkeit", lat. humanitas.*
103—111 Eh *bis* Wilden.] *Einen ähnlich anakoluthischen Satzbau mit Isolierung des Vergleichs zeigen auch V. 151–152.*
105—115 ein *bis* Natur] *Im 4. Brief „Ueber die ästhetische Erziehung des Menschen" heißt es:* Der Wilde verachtet die Kunst, und erkennt die Natur als seinen unumschränkten Gebieter *(NA 20, 318). Der 24. Brief kommentiert die vorliegende Stelle am Beispiel des Menschen* in seinem p h y s i s c h e n Zustand: In dieser Epoche ist ihm die Welt bloß Schicksal, noch nicht Gegenstand *[...].* Einzeln und abgeschnitten, wie er sich selbst in der Reihe der Wesen findet, steht jede Erscheinung vor ihm da. *[...]* Umsonst läßt die Natur ihre reiche Mannichfaltigkeit an seinen Sinnen vorüber gehen; er sieht in ihrer herrlichen Fülle nichts, als seine Beute, in ihrer Macht und Größe nichts als seinen Feind. *(NA 20, 388–389.) – Wie in den anschließenden Versen folgt auch in Schillers Antrittsvorlesung „Was heißt und zu welchem Ende studiert man Universalgeschichte?" der Beschreibung der „Wilden" der Hinweis auf Wissenschaft und Kunst als Quellen des menschlichen Fortschritts (vgl. NA 17, 364 bis 366).*
105—106 ein *bis* beschienen] *Gemeint ist:* Die Welt erschien ihm als *unermeßner Bau, der im Dunkel der Nacht nur in seiner, des Wilden, unmittelbaren Nähe durch mattes Licht erhellt war.*
107 ein streitendes Gestaltenheer] *Als feindliches Chaos – so erscheint die Wirklichkeit auch dem Menschen* im Zustand der Kindheit, *den Schiller in seinem Aufsatz „Vom Erhabenen" beschreibt:* In jeder unerwarteten Erscheinung der Natur glaubt er einen Feind zu erblicken *(NA 20, 188). In der Schrift „Ueber das Erhabene" wird der Mensch in seiner ursprünglichen Verfassung als* Sklave der physischen Nothwendigkeit *vor Augen gestellt, ausgeliefert dem* blinden Andrang der Naturkräfte, *der* Fluth von Erscheinungen, die als wilde Naturmassen um ihn herum *ohne Ordnung zu sein scheinen (vgl. NA 21, 46, 47).*
108 die] *bezieht sich auf* Gestalten *(V. 107).*
112 der Begierde blinde Fessel] *wie in V. 183 eine Enallage, eine unlogische Wortbeziehung, hier: Versetzung des Adjektivs.*
116—150 Und *bis* Liebe.] *Im 25. Brief „Ueber die ästhetische Erziehung des Menschen" fixiert Schiller den Zeitpunkt, zu dem der Mensch aus seinem ersten* physischen Zustande *herausfindet:* Erst, wenn er in seinem ästhetischen Stande, sie *[die Sinnenwelt]* außer sich stellt oder b e t r a c h t e t , sondert sich seine Persönlichkeit von ihr ab, *[...]* weil er aufgehört hat, mit derselben Eins auszumachen. *(NA 20, 394.) – Im folgenden wird die Entwicklung der Kunst von der bloßen Nachahmung bis zur Darstellung des* Urbilds alles Schönen *(V.*

218) *angedeutet. Eine ähnliche Stufenleiter führt in Goethes Aufsatz über „Einfache Nachahmung der Natur, Manier, Stil", der einen Monat vor Schillers „Künstlern" im Februar-Heft des „Teutschen Merkur" (S. 113–120) erschienen war, von der Abbildung der Gegenstände bis zum Ergreifen des Wesens derselben.*

116 sie] *Gemeint ist wohl* die schöne Seele der Natur *oder die* Natur *(V. 115).*

117 die nachbarlichen Schatten] *Im Sinne der Verwendung des Attributs in V. 162 könnte das* streitende Gestaltenheer *(V. 107) gemeint sein, das die Künstler nun zu ordnen verstehen. Möglich ist auch, daß sich das Adjektiv „nachbarlich" auf das Verhältnis von Menschen und Schatten bezieht, das nicht mehr wie zuvor von Unverständnis, Feindseligkeit und Unordnung bestimmt ist.*

Der Begriff des Schattens gehört in das Bild von der matt erleuchteten Nacht *(V. 105–106), ebenso zur Vorstellung des auf der Wasseroberfläche reflektierenden Gegenstandes (V. 128). Zugleich erhält er jene Bedeutung, die sich in der Formulierung der Dichtung* muntre Schattenwelt *(V. 340) andeutet und wiederholt bei Schiller begegnet: Schatten als (künstlerische) Form. Um dies zu verdeutlichen, änderte Schiller die Überschrift des Gedichts „Das Reich der Schatten" in „Das Reich der Formen". Vgl. dazu Oellers, Schillers „Das Reich der Schatten" und „Das Ideal und das Leben" (1980). Die Herkunft des Begriffs der Form von dem des Schattens dokumentiert der 25. Brief „Ueber die ästhetische Erziehung des Menschen", in dem Form als Nachbild des Unendlichen definiert wird:* Es reflektiert sich auf dem vergänglichen Grunde. Sobald es Licht wird in dem Menschen, ist auch außer ihm keine Nacht mehr *(NA 20, 394).*

127–132 Die *bis* anzubieten.] *Die Fähigkeit des „Wilden", den Schein von der Wirklichkeit, die Form von dem Körper zu unterscheiden, bedeutet nach dem 26. Brief „Ueber die ästhetische Erziehung des Menschen" den Eintritt in die Menschheit (NA 20, 400, 399).*

134 nicht] *Verwendung der (redundanten) Negation wie im älteren Sprachgebrauch nach Komparativ („besser als ich nicht dachte") oder negativen Verben des Verbietens, Hinderns, Warnens u. a. („ich warne dich, das nicht zu tun").*

135–136 im Thon *bis* aufgefangen] *Im Hintergrund steht die in der „Naturalis historia" (35, 151) des Plinius überlieferte Erzählung des korinthischen Töpfers Bytades, der in Ton den Schatten nachbildete, den seine Tochter von ihrem Geliebten im Lampenschein an der Wand umrissen hatte.*

139–140 Von *bis* umstrickt] *Vgl. zu V. 13.*

141 vertraulichen Gestalten] *korrespondiert mit V. 107.*

142 Talisman] *Vgl. zu „Kastraten und Männer" (V. 41).*

148 Herme] *vierkantiger Pfeiler, nach oben in Kopf oder Oberkörper einer menschlichen Gestalt auslaufend, nicht nur des Hermes, von dem er seinen Namen erhielt, sondern auch anderer Götter.*

149 Haberrohr] *Hirtenflöte zum Nachahmen von Vogelstimmen. – Für „Haber" setzte sich später die mitteldeutsche Form „Hafer" durch (vgl. Grimm 4 II, 78).*

151–152 Die *bis* gebunden] *Vgl. zu V. 103–111.*

DIE KÜNSTLER 199

157—164 Das *bis* voran.] *Vgl. „Dokumente", Nr 45.*
161—162 Die *bis* schließen] *Vgl. Xenion Nr 545 (Säule).*
164 Mäoniden] *Homer als Sohn des Mäon. Mäonien ist ein alter Name für Lydien im antiken Kleinasien.*
165—168 Bald *bis* gethan!] *Im „Bürgerlied" (V. 105-108) ist eine sehr ähnliche Situation beschrieben.*
170 des Sängers Zitter] *Anspielung auf Orpheus als Kitharaspieler oder allgemein auf die antiken Rhapsoden.*
172 Löwentödtern] *Zu ihnen gehört Herakles. Eine seiner Zwölf Arbeiten war die Tötung des Nemeischen Löwen.*
174—178 Zum *bis* verscheiden.] *Vgl. „Dokumente", Nr 46. – In der Schrift „Ueber das Erhabene" wird erläutert, was unter geistigem Genuß zu verstehen ist: die Fähigkeit eines veredelten Gemüts, mehr von der „Form" als dem „Stoff" der Dinge, mehr aus der „Reflexion" als aus dem „Besitz" der Gegenstände Vergnügen zu schöpfen (vgl. NA 21, 40). In diesem Sinne unterscheidet der 25. Brief „Ueber die ästhetische Erziehung des Menschen" zwischen* Reflexion *und* Begierde *(vgl. NA 20, 394).*
177 die *bis* reißt] *Vgl. „Dokumente", Nr 47.*
179—186 Jetzt *bis* Gehirn.] *Der 25. Brief „Ueber die ästhetische Erziehung des Menschen" beschreibt die neue Epoche der Menschheitsgeschichte: Aus einem Sklaven der Natur, solang er sie bloß empfindet, wird der Mensch ihr Gesetzgeber, sobald er sie denkt. (NA 20, 395.)*
183 der Thierheit dumpfe Schranke] *Vgl. zu V. 112.*
185—186 und *bis* Gehirn] *Den Hintergrund bildet wohl die Erzählung von der Geburt der Athene: Als Hephaistos dem Zeus das Haupt mit einer Axt spaltet, soll sie in voller Rüstung aus ihm hervorgesprungen sein. (Das Motiv findet sich auch in „Das Glück" [V. 69-70].) – Das Bild vom Gedanken als einem* Fremdling *erinnert darüber hinaus an philosophische Vorstellungen der Antike. Aristoteles vertrat in seiner Schrift „Über die Seele" die Auffassung, daß die „Vernunft" (νοῦς) zur vegetativen und animalen Natur des Menschen „von außen" (θύραθεν) hinzutrete, um aus Wahrnehmung Erkenntnis, aus Trieben Willensentscheidungen zu machen.*
186 staunenden] *Nach Platon ist das* θαυμάζειν, *das Staunen, d. h. das Entdecken der Probleme, der Anfang aller Erkenntnis.*
187—190 Jetzt *bis* Sonnenlicht.] *Die Stelle paraphrasiert Ovids „Metamorphosen" (1, 84-86). Schiller hatte diese Verse als Motto seiner Dissertation „Versuch über den Zusammenhang der thierischen Natur des Menschen mit seiner geistigen" gewählt (vgl. NA 20, 37 und die Erläuterungen dazu). Herder behandelte im 1. Teil seiner „Ideen zur Philosophie der Geschichte der Menschheit" ([1784], 183-225) den aufrechten Gang ausführlich als spezifisches Attribut des Menschen im Unterschied zum Tier und als Voraussetzung seiner Höherentwicklung.*
190 Sonnenlicht] *Das Bild der Sonne und der Blick nach der Sonne haben emblematische Bedeutung: Wahrheit und Streben nach Erkenntnis (vgl. zu „Die Gröse der Welt" [V. 27-30]).*
197—209 Begraben *bis* Bund.] *Von der Erhebung der Begierde zur Liebe han-*

delt die Schrift „Ueber die ästhetische Erziehung des Menschen" im 27. Brief (vgl. NA 20, 409).
208 das überlebende Verlangen] *Gemeint ist wohl das die unmittelbare sinnliche Befriedigung überdauernde Verlangen.*
210—213 Der Weisen *bis* Glorie.] *Die Verse erinnern an die Frage nach der Entstehung der antiken Götterstatuen, die seit Winckelmanns „Gedanken über die Nachahmung der Griechischen Werke" (1755/²1756) Gegenstand einer allgemeinen Diskussion war. Für Schiller wurde bedeutsam, was Wieland in seinem Aufsatz „Gedanken über die Ideale der Alten" (in: Der Teutsche Merkur. August 1777. S. 121–169) entwickelte: Die griechischen Kunstwerke seien Produkte eines künstlerischen Eklektizismus, der Zusammenschmelzung einzelner Vollkommenheiten zu einem Ideal. Davon scheint in den Versen die Rede zu sein. Eine solche Methode hat Wurzeln schon bei Homer; er verfährt so, als er die Gestalt des Helden Agamemnon dem Leser/Hörer vor Augen stellt; er setzt sie aus den Attributen idealer Vorbilder zusammen (vgl. Ilias 2, 477–483). Schiller spricht in seiner Rezension „Über Bürgers Gedichte" davon, einem Volksdichter müsse es darum gehen,* die in mehrern Gegenständen zerstreuten Strahlen von Vollkommenheit in einem einzigen zu sammeln *(NA 22, 253).*
211 Grazie] *Schiller verwendet den Begriff gleichbedeutend mit dem der „Anmut" (vgl. V. 330, 332), einem der beiden zentralen Begriffe seiner Abhandlung „Ueber Anmuth und Würde".*
220—236 Der *bis* Weltenlauf.] *Vgl. „Dokumente", Nr 48.*
224 Richtscheid] *Lineal der Maurer und Tischler.*
229 Vom *bis* geschrecket] *Es ist möglich, daß der Vers auf die Funktion des Chors in der Tragödie „Die Eumeniden" von Aischylos anspielt; Schiller greift das Motiv in „Die Kraniche des Ibycus" später auf. Vielleicht ist aber auch unter „Chor" – wie in V. 346 – soviel wie „Gruppe", „Ansammlung" o. ä. zu verstehen.*
232—233 Lang *bis* Räthselfragen] *Vgl. „Dokumente", Nr 49.*
235 Thespis Wagen] *Nach Horaz ließ der attische Dichter Thespis (6. Jahrhundert v. u. Z.) seine Stücke auf einem Karren spielen, mit dem er umherzog (vgl. De arte poetica, V. 275–277).*
236 Vorsicht] *Vorsehung (vgl. Grimm 12 II, 1569).*
237—253 Doch *bis* erfüllt.] *Vgl. „Dokumente", Nr 50. – Die dort gegebene Begründung der Hypothese eines jenseitigen Lebens ist das ästhetische Gegenstück zu Kants fast gleichzeitiger Lehre von der Unsterblichkeit der Seele, die er in der „Kritik der praktischen Vernunft" (1788) entwickelt; danach ist es sinnvoll, an die Unsterblichkeit der Seele zu glauben, weil es einem Postulat der reinen praktischen Vernunft entspricht, ein künftiges Leben in einer der Sittlichkeit angemessenen Glückseligkeit zu erwarten. Verwandtschaft besteht auch mit Herders teleologischem Beweis einer Weiterexistenz des Menschen angesichts der Notwendigkeit einer künftigen Vollendung der menschlichen Geistesentwicklung (vgl. Ideen zur Philosophie der Geschichte der Menschheit 1 [1784], 299–318) und schließlich auch mit Auffassungen des philosophischen Optimismus von Anfang des Jahrhunderts (vgl. zu „Elisium").*

248–249 und *bis* an] *Die Verse greifen die 16. Strophe von „Die Götter Griechenlandes" (V. 121–128) wieder auf.*
250–253 Da *bis* erfüllt.] *Vgl. „Dokumente", Nr 51. – Die Verse verquicken verschiedene Bilder: die antike Vorstellung vom Tod als einem Jüngling mit gesenkter Fackel (vgl. Xenion Nr 549 [Die Basreliefs] und die Erläuterungen dazu), den Mythos von Kastor und Pollux, den Zwillingen, von denen der erste sterblich, der zweite unsterblich war (vgl. Xenion Nr 357 [Dioscuren] und die Erläuterungen dazu) und das Bild der Mondscheibe im Anschluß an Ossian. Anregungen zur Verbindung der ersten beiden Bilder gingen möglicherweise von Lessings Schrift „Wie die Alten den Tod gebildet" (1769) aus, die Schiller im Brief an Körner offenbar im Sinn hatte. Dort ist von der sogenannten Gruppe von San Ildefonso die Rede; es handelt sich um zwei Jünglinge, von denen der eine zwei Fackeln in den Händen hält. Lessing interpretierte diese Gruppe unter Zurückweisung der Auffassung, es seien Kastor und Pollux, als die Darstellung von Schlaf und Tod (vgl. S. 39–40).*
255 der schaffende Genie] *Genus wohl nach lat. genius und franz. le génie; findet sich öfter bei Wieland, u. a. in seiner Schrift „Gedanken über die Ideale der Alten" (vgl. zu V. 210–213).*
264–265 das Staunen *bis* neigen] *Vgl. „Dokumente", Nr 52.*
264 Jovisbild] *Jovis: lat. Genitiv von Jupiter.*
266 Die Welt *bis* Fleiß] *In seiner Antrittsvorlesung „Was heißt und zu welchem Ende studiert man Universalgeschichte?" gibt Schiller eine Beschreibung der Wunder des Fleisses, die die gegenwärtige Welt von jener der Wilden unterscheidet (vgl. NA 17, 365–367).*
278 stellt *bis* Säulen] *Gemeint ist: setzt der Natur(erkenntnis) immer weitere Grenzen. Zugrunde liegt die altgriechische Vorstellung von den Säulen des Herakles, die als Grenzpunkte des Erdkreises galten.*
280–287 Jetzt *bis* Symmetrie.] *Die Verse beschreiben die Abhängigkeit der Naturerkenntnis vom menschlichen Bewußtsein und dessen Prinzipien („Gewichte", „Maße", „Harmonie"). Dies erinnert nicht nur an Kants Lehre von der Erfahrung als Deutung von Erscheinungen mit Hilfe reiner Verstandesbegriffe, die in der „Kritik der reinen Vernunft" (^{2}1787) entwickelt wird (Schiller kannte das Werk zu diesem Zeitpunkt noch nicht), es ergeben sich auch Parallelen zu Kants „Kritik der Urtheilskraft" (1790), in der die teleologische Urteilskraft der Natur den Begriff der Zweckmäßigkeit gewissermaßen „leiht" (vgl. V. 285), um Urteile fällen zu können: Die Zweckmäßigkeit der Natur ist also ein besonderer Begriff a priori, der lediglich in der reflectirenden Urtheilskraft seinen Ursprung hat. (Werke 5, 181.)*
285 leiht *bis* Harmonie] *Nach Ansicht der Pythagoreer im 5. Jahrhundert v. u. Z. bestimmen Zahlen und Zahlenverhältnisse das Wesen der Dinge und die Harmonie des Kosmos. Die kreisende Bewegung der in harmonischen Abständen um die Erde angeordneten Himmelskörper erzeugt ihrer Meinung nach die sogenannte „Sphärenmusik".*
288 umlebet] *Wie in V. 434 dient das Kompositum mit „um-" dem Zweck, Zustandsverben in Handlungsverben umzuwandeln. Ein Beispiel dafür bietet auch die „Elegie" (V. 54).*

290 Der Schönheit goldner Gürtel] *Vgl. die Erläuterungen zum Gürtel der Venus in „Die Götter Griechenlandes" (V. 47–48) und „Der Triumf der Liebe" (V. 102).*

300 Huldgöttinnen] *Grazien.*

315 sanften *bis* Nothwendigkeit] *Das Bild erinnert an die Pfeile des Apollon und der Diana, die nach Homer einen schnellen und sanften Tod verursachen.*

331 Ether] *Äther, hier: der „helle Tag", im Gegensatz zum Sternenbogen der Nacht.*

335 D e m großen Künstler] *Daß die Welt ein erhabenes Kunstwerk Gottes sei – diese Vorstellung enthält bereits die „Theosophie des Julius" in den „Philosophischen Briefen" (NA 20, 126). Vgl. dazu Körners Kritik an diesem Gedanken (NA 21, 159) und Schillers Verteidigung im Brief vom 15. April 1788.*

340 der *bis* Schattenwelt] *Vgl. zu V. 117.*

343 die unerweichte Parze] *wohl Atropos, die den Lebensfaden durchtrennt.*

347–350 Jahrtausende *bis* euch!] *Eine differenzierte Beurteilung der Geschichte gibt der 10. Brief „Ueber die ästhetische Erziehung des Menschen"; danach gibt es keinen Zusammenhang zwischen ästhetischer Kultur einerseits und politischer und sittlicher andererseits (vgl. NA 20, 339).*

351–352 Die *bis* stieg] *Vgl. zu V. 54.*

353 sie] *die Menschheit (V. 349).*

357 mit entnervtem Gange] *„Nerv" in der Bedeutung „Band", „Sehne", „Muskel" (vgl. Grimm 7, 610); gemeint ist also: „mit kraftlosem Gange" o. ä.*

361 Zweymal *bis* Zeit] *in der Antike und während der Renaissance.*

363–382 Vertrieben *bis* zurück.] *Vgl. „Dokumente", Nr 53.*

363–366 Vertrieben *bis* Abendland.] *Nach der Eroberung Konstantinopels durch den türkischen Sultan Mohammed II. (1432–1481) im Jahr 1453 suchten viele griechische Künstler und Gelehrte Zuflucht in Italien und belebten dort die Neubeschäftigung mit griechischer Kunst und Kultur.*

369 Hesperiens] *Hesperien war nach antiker Vorstellung der westliche Teil der Welt, das Abendland: (von Griechenland aus betrachtet) Italien.*

370 Joniens] *Bezeichnung für den Siedlungsraum der archaischen Griechen des 2. Jahrtausends v. u. Z., also etwa Attika, Euböa, Achaia; hier gleichbedeutend mit „Griechenland".*

374 des Lichtes große Göttin] *die Aufklärung.*

375–378 Da *bis* Geschlecht.] *Ähnlich beschreibt Schiller den ästhetischen Staat im 27. Brief „Ueber die ästhetische Erziehung des Menschen" (vgl. NA 20, 412).*

383–408 Wenn *bis* zeiget.] *Vgl. „Dokumente", Nr 54.*

385 Päanen] *(Chor-)Lieder (ursprünglich) an Apollon, der den Beinamen Paian trug und als Nothelfer und Heilgott angerufen wurde; später im allgemeineren Sinn Gesänge in und nach der Schlacht, auch nach überstandenen Gefahren.*

397 Die *bis* aufgestiegen] *Vgl. zu V. 54.*

404 Wissenschaft] *im Sinne von „Wissen" (vgl. Grimm 14 II, 781).*

408 auf einmal] *Gemeint ist: „als Ganzes"; dies macht das Wesen des Kunst-*

werks im Unterschied zu wissenschaftlicher Erkenntnis aus; vgl. den Schluß des Gedichts (V. 474–481).

409 vergnüget] *„vergnügen" hier im Sinne von „Genüge tun" (vgl. Grimm 12 I, 463–464).*

416 je] *hier und in den folgenden Versen im Sinne von „um so".*

425–442 So *bis* verklärte.] *Vgl. „Dokumente", Nr 55.*

431 jüngsten] *„letzten".*

433–442 Sie *bis* verklärte.] *Vgl. „Dokumente", Nr 42 und Erläuterungen zu V. 54–65.*

437–438 so *bis* geflohn] *Die Stelle ist undeutlich. Es könnte gemeint sein: Er wird um so eher zur Wahrheit gelangen (Urania wird um so schneller von ihm erhascht), je mehr er sich der Schönheit zugewandt hat (je mehr er Urania gemieden hat). Möglich ist auch, das Verb „fliehen" transitiv zu verstehen, das Partizip geflohn mithin passivisch; der Sinn ist etwa der gleiche.*

439–442 So süß *bis* verklärte.] *In Homers „Odyssee" erscheint Jupiters Tochter Athene dem Telemachos, dem Sohn des Odysseus, in Gestalt Mentors als Ratgeber und Helfer; als dieser wie ein Vogel durch den Kamin davonschwebt, ahnt Telemachos den Gott (vgl. 1, 319–323). Später fliegt er als Adler davon, und die staunende Versammlung erkennt die Göttin (vgl. 3, 371–379). In Fénélons Roman „Télémaque" (1700) enthüllt sich Athene am Schluß dem Telemachos als Göttin.*

442 Jovis] *Vgl. zu V. 264.*

443–449 Der *bis* Harmonie!] *Vgl. „Dokumente", Nr 53.*

443–444 Der *bis* sie!] *Im 9. Brief „Ueber die ästhetische Erziehung des Menschen" schreibt Schiller: Die Menschheit hat ihre Würde verloren, aber die Kunst hat sie gerettet und aufbewahrt (NA 20, 334).*

458–465 Der *bis* seyn.] *Vgl. „Dokumente", Nr 7.*

458 Der freysten Mutter] *Unter Berücksichtigung der früheren Fassung der Verse im Brief an Körner vom 25. Dezember 1788 (vgl. „Dokumente", Nr 7) ist die Freiheit als Mutter der Künstler zu deuten, als Bedingung der Möglichkeit von Schönheit, aber auch von Wahrheit und Moralität (vgl. V. 461: andre Kronen).*

462 Schwester] *Gemeint ist, im Zusammenhang der Venus-Allegorie, die Wahrheit als Schwester der Schönheit, beides Kinder der Freiheit als ihrer Mutter (V. 458, 463). Vgl. zu V. 458.*

466–469 Erhebet *bis* auf.] *Vgl. V. 42–53 und die Erläuterungen dazu.*

474–481 Wie *bis* zurück!] *Schiller verwendete das Bild der Lichtbrechung auf der Grundlage der Farbentheorie Newtons (vgl. zu Xenion Nr 175 [Neueste Farbentheorie von Wünsch]) schon in den „Philosophischen Briefen" (vgl. NA 20, 124), dort zur Veranschaulichung des Verhältnisses von Gott und Natur, hier als Sinnbild des Verhältnisses von Wahrheit und Künsten. In der „Huldigung der Künste" werden später wie hier sieben Künste gezählt: Architektur, Skulptur, Malerei, Poesie, Musik, Tanz, Schauspielkunst. Auch das Motiv des Regenbogens taucht dort wieder auf (vgl. NA 10, 289–292). Die traditionellen „Septem artes liberales" („Sieben freien Künste") des Mittelalters umfaßten seit Augustinus die Sprachkünste Grammatik, Rhetorik und Dialektik und die mathematischen Künste Arithmetik, Geometrie, Musik und Astronomie.*

STAMMBUCHBLÄTTER 1790–1797

217   [Für Karl Graß]

ÜBERLIEFERUNG. H: ? Facsimile von H in: Harnack, Die klassische Ästhetik der Deutschen (1892). Als Einzelblatt (17,3 × 11,7 cm) eingeklebt zwischen Titelblatt und Vorrede. – E: Ebd. S. 241. – Textwiedergabe nach dem Facsimile.

ERLÄUTERUNGEN. *Karl Gotthard Graß (1767–1814) war 1786 bis 1789 Student der Theologie in Jena, später Schriftsteller und Landschaftsmaler. Er besuchte und pflegte Schiller während dessen Erkrankung im Jahr 1791; vgl. seine Berichte darüber (NA 42, 132, 133). Schiller schrieb in seinem Brief an Körner vom 10. April 1791 von ihm. Graß blieb Schiller bis zu dessen Tod freundschaftlich verbunden.*

Beim Text der Eintragung handelt es sich, in wohl veränderter Fassung, um eine verworfene Strophe aus dem Gedicht „Die Künstler". Die Verse gehören der Textstufe an, die Körner am 16. Januar 1789 vorlag. In einem Brief an Schiller von diesem Tag übte er Kritik an V. 13–15 und 16; vgl. Schillers Entgegnung vom 17. [und 22.] Januar 1789. In der Druckfassung des Gedichts wurde die Strophe durch die Verse 66 bis 77 ersetzt. Die in V. 9–17 entwikkelte These vom Verhältnis zwischen Kunst und Wirklichkeit wurde fünf Jahre später Gegenstand des ersten Gedichts, das Schiller nach Beendigung der Produktionspause im Anschluß an „Die Künstler" schrieb, des Gedichts „Poesie des Lebens".

217   [Für Jens Baggesen]

ÜBERLIEFERUNG. H: ? h¹: ? Abschrift von H durch August Baggesen, am 20. Juli 1863 an Joachim Meyer geschickt (nach Mitteilung Goedekes zu D⁴). h²: GSA. Abschrift von unbekannter Hand (nicht nach H), wahrscheinlich Druckvorlage für D¹. – E: Heidelberger Taschenbuch auf das Jahr 1810. [1809.] S. 215 (nicht nach H); unterzeichnet: Fr. Schiller. D¹: Dresdner Morgen-Zeitung 1827. Nr 1; unterzeichnet: Friedrich von Schiller. D²: August Baggesen: Jens Baggesens Biographie. Kopenhagen 1844. Bd 2. S. 202; unterzeichnet: Friedrich Schiller. D³: Archiv für das Studium der neueren Sprachen und Literaturen 32 (1862). S. 254 (M. R., nach einer Abschrift von H durch Jens Baggesen, 1819 eingetragen in das Stammbuch des Freiherrn Bernhard von Beskow); unterzeichnet: Schiller an Baggesen. D⁴: Goedeke, Schillers sämmtliche Schriften 6 (1869). S. 311 (nach h¹). – Textwiedergabe nach D⁴.

LESARTEN. *Überschrift:* (Dichterkönig in Körners Garten) / Schiller an Baggesen, beim Abschied. h² In Baggesens Stammbuch. E Dichter-Kranz. In Körners Garten, Schiller an Baggesen, beim Abschied. D¹ Ein Gedicht von Schil-

ler D^3 **1** In frischem] Im frischen h^2 E D^1 D^3 in ew'gem] im ew'gen h^2 E D^1
2 Zeiten] Jugend h^2 D^1 **4** unvergänglich] unverwelklich h^2 D^1 D^3 **8**
im] Am D^3 **9** Kronen] Kränze h^2 D^1 *Orts- und Datumszeile:* Loschütz,
bei Dresden h^2 Januar 1793. E Loschwitz, bei Dresden. D^1 Jena, 1790. D^2
unterzeichnet: Friedrich von Schiller h^2

ERLÄUTERUNGEN. *Jens Immanuel Baggesen (1764–1826), vielreisender deutsch-dänischer Dichter und Publizist, wurde von Karl Leonhard Reinhold am 5. August 1790 bei Schiller in Jena eingeführt; vgl. Baggesens Bericht darüber (NA 42, 129–130). Ein Jahr später war er maßgeblich an der Vermittlung der dreijährigen Pension beteiligt, die Schiller, der infolge seiner schweren Erkrankung 1791 in finanzielle Schwierigkeiten geraten war, von Herzog Friedrich Christian von Schleswig-Holstein-Augustenburg und dem dänischen Finanzminister, dem Grafen Ernst Heinrich Schimmelmann, erhielt. Baggesen besuchte Schiller in den folgenden Jahren mehrmals. Später trübte sich das Verhältnis im Zusammenhang mit einem kritischen Epigramm gegen Schillers „Musen-Almanach für das Jahr 1796" (vgl. Schiller an Goethe vom 23. [25.?] Juli 1796 und die Erläuterungen dazu). Baggesen seinerseits wurde vermutlich Adressat von Xenion Nr 275 (B**).*

Der Text der Eintragung gehört mit großer Wahrscheinlichkeit zum unterdrückten Material der „Körner-Fassung" des Gedichts „Die Künstler". Dafür spricht, abgesehen vom Inhalt, die formale Übereinstimmung mit der 1. Strophe von „Die Macht des Gesanges", die ursprünglich den Anfang der „Künstler" bildete (vgl. Körner an Schiller vom 2. September 1795). Unsicher ist, ob daraus der Schluß gezogen werden kann, es handele sich um die ehemalige 2. Strophe; über die beiden Eingangsstrophen hatte Körner im Brief vom 16. Januar 1789 gemeint: Auch scheint mir der Sprung von der ersten zur zweiten Strophe zu auffallend.

218 [Für Johannes Groß]

ÜBERLIEFERUNG. H: *? Früher Bibliothek des evangelischen Lyceums in Ödenburg (Sopron), Ungarn, seit dem 2. Weltkrieg verschollen (nach Auskunft von Dr. Karl Mollay, Budapest, vom 3. Februar 1988). Facsimile von H in:* Soproni Szemle 2 (1938). S. 291. *– E:* Neue Jahrbücher für Pädagogik 26 (1910). S. 97 *(Daniel Bothár). – Textwiedergabe nach E.*

LESARTEN *(nach dem Facsimile von H).*   **2** trägt] trægt H   **3** unthätige] unthætige H   Jeder] Jeder, H   **4** Gutes] gutes H   *Datumszeile:* 90.] 90 H   *unterzeichnet:* F. Schiller. H

ERLÄUTERUNGEN. *Johannes Groß studierte von 1789 bis 1792 in Jena Sprachwissenschaft und Philosophie. Später war er von 1803 bis 1838 Professor am evangelischen Lyzeum in Preßburg (Bratislava). Seine Arbeitsgebiete waren*

Linguistik und Ästhetik. Vgl. über ihn: Bothár, Aus einem alten Stammbuch (1910). – Der Text der Eintragung formuliert den Schlußgedanken von Schillers Jenaer Antrittsrede über die Frage "Was heißt und zu welchem Ende studiert man Universalgeschichte?" (Vgl. NA 17, 376.)

218 [Für Behaghel von Adlerskron]

ÜBERLIEFERUNG. *H: GSA. Stammbuch von Gustav Behaghel von Adlerskron. 62 überwiegend beschriebene Blätter, 2 eingelegte Blätter (beschrieben), 33 Silhouetten (zum größeren Teil eingelegt, der Rest aufgeklebt), 2 Bilder, 2 Stiche, 2 Zeichnungen, 1 Seidenstickerei. Der Eintrag Schillers auf S. 88 der durchgezählten Blätter. 13,6 × 8,6 cm. Blaßblaues geripptes Papier, leicht vergilbt. Auf der Rückseite die Eintragung:* Die Menschen sind nicht nur zusammen, wenn sie beysammen sind; auch der Entfernte, der Abgeschiedne lebt uns.

Jena den 14ten März   Lotte Schiller gebohrne von
1791.   Lengefeld.

E: JbGG 12 (1926). S. 170 (Julius Wahle). – Textwiedergabe nach H.

ERLÄUTERUNGEN. *Gustav Behaghel von Adlerskron (1767–1842) stammte aus Friedrichshof bei Dorpat. Er studierte seit 1789 in Jena und pflegte Schiller während dessen Krankheit 1791; vgl. den Bericht von Karl Gotthold Graß und die Erläuterungen dazu (NA 42, 132, 523–524). Schiller schätzte den jungen Mann, wie aus seinem Brief an Charlotte von Kalb vom 29. Juli 1793 hervorgeht, in dem er ihn als Hofmeister empfahl. Adlerskron übernahm diese Stelle nicht, sondern ging 1793 nach Livland zurück. Die Beziehung zwischen ihm und Schiller charakterisiert ein später Brief Charlotte Schillers vom 5. Februar 1823:* Von Ihnen, Ihrer Familie möchte ich ein Bild haben, mein Seegen ist mit Ihnen, und ich wünsche den Söhnen das Edle Gemüth des Vaters. Für Ihre Freundschaft für uns werde ich Ihnen danken so lange ich lebe. Ihre Treue, Ihre Sorgfältige Liebe für Schiller in seinen Krankheiten, lebt immer in meiner Seele. *(H: GSA.) Vgl. auch die Erläuterungen zu Schillers Briefen an Adlerskron vom 1. November 1791 und an Charlotte von Kalb vom 24. Juni 1793.*

219 [Für Franz Paul v. Herbert (?)]

Die Überschrift ist zu korrigieren; die Eintragung wurde für Friedrich Immanuel Niethammer vorgenommen. Vgl. ERLÄUTERUNGEN.

ÜBERLIEFERUNG. *H: SNM. 1 Blatt 14,7 × 9,4 cm, 1 S. beschrieben. Festes geripptes Papier mit ornamentiertem Rand. – E: RB 35 (1931). S. 62 (Otto Güntter). – Textwiedergabe nach H.*

LESARTEN. Datumszeile: März] März. H

ERLÄUTERUNGEN. Schillers Stammbucheintragung galt Friedrich Immanuel Niethammer (1766–1848), der nach seinem theologischen Examen im Tübinger Stift seit dem Frühjahr 1790 in Jena Philosophie studierte; im Mittelpunkt stand das Studium Kants bei Reinhold. Schiller lernte Niethammer bei philosophischen Gesprächen im Kreise Reinholds kennen; vgl. Hojer, Die Bildungslehre F. I. Niethammers (1965), 24, sowie die Erläuterungen zum Brief Schillers an Niethammer vom 5. Oktober 1791. Die Kantische Philosophie hatte auch Franz Paul Freiherr von Herbert (1759–1811), Chemiker und Fabrikbesitzer aus Klagenfurt in Österreich, nach Jena gezogen, der von Ende 1790 bis April 1791 ebenfalls bei Reinhold studierte; vgl. den Bericht Caroline von Wolzogens (NA 42, 133). Daß nicht er, sondern Niethammer Adressat der Stammbucheintragung ist, geht aus einem Brief Niethammers an von Herbert vom 2. Juni 1794 hervor; darin heißt es: Da die Kritik der praktischen Vernunft uns gezeugt und überzeugt hat, daß wir die vollständigste Antwort auf diese Frage *[was wir so lang wir sind sein sollen]* aus uns selbst allein zu holen haben, so sind wir damit gänzlich und reichlich ausgestattet; und ich bin mit Ihnen aufs innigste einverstanden, wenn Sie sagen: „Meines Erachtens soll die Maxime der erste Grundsaz jedes Menschen u Philosophen sein: „Ich wünsche ein moralisches Wesen zu sein!" Dazu brauchen wir weiter keinen höhern Grundsaz, und ich antworte mit Schiller in meinem Stammbuch: „Wer das glaubt, der wird seelig, wer nicht glaubt, der läßts bleiben!" *(H: Privatbesitz.)*

Auf Niethammers Studium der Philosophie Kants, insbesondere der Moralphilosophie, könnte sich demnach die parodistische Paraphrase des Bibeltextes Mark. 16, 15–16 beziehen: „Geht hinaus in alle Welt und verkündet der gesamten Schöpfung das Evangelium! Wer glaubt und sich taufen läßt, wird gerettet, wer aber nicht glaubt, wird verurteilt werden."

219 [Für Georg Friedrich Creuzer]

ÜBERLIEFERUNG. H: ? – E: *Schiller's Album (1837). S. 42. Vor dem Abdruck des Schiller-Textes:* Auf meiner Rückkehr von Jena, wo ich zu den Füßen Schillers gesessen und Geschichte der europäischen Staaten und der Kreuzzüge aus seinem Munde vernommen hatte, schrieb dieser mein verehrter Lehrer folgende Worte in mein Album: *Unter dem Schiller-Text:* Ich gebe sie seinem Andenken dankbar zurück. / Georg Friedrich Creuzer, / Professor zu Heidelberg, Großherzoglich Badenscher Geheimer-/ Rath, geboren zu Marburg am 10. März 1771.

ERLÄUTERUNGEN. Georg Friedrich Creuzer (1771–1858) studierte Theologie, zunächst in Marburg, ab Herbst 1790 in Jena, wo er im Hause des Theologieprofessors Johann Jakob Griesbach wohnte und Gelegenheit hatte, Schiller kennenzulernen, der dort oft zu Gast war. 1791 *ging Creuzer nach Marburg zurück, gründete dort eine Privatlehranstalt, wurde* 1800 *Professor der Philologie und alten Geschichte in Heidelberg. Schiller hielt sich zur Zeit der Stammbucheintragung in Erfurt zur Nachkur im Anschluß an die schwere Erkrankung im Verlaufe des Jahres auf; im September begannen außerdem Vorbereitungen für eine „Don Karlos"-Aufführung; Schiller blieb bis zum* 1. *Oktober.*

219 [Für Karl Wilhelm Justi]

ENTSTEHUNG. *Schiller lernte den Marburger Theologen Karl Wilhelm Justi im August* 1791 *in Erfurt kennen. Aus diesem Monat stammt wahrscheinlich der Stammbucheintrag.*

ÜBERLIEFERUNG. H: ? *Das Stammbuch Justis befand sich bis* 1945 *im Besitz seines Urenkels Ludwig Justi (1876–1957) in Potsdam und ist seitdem verschollen (nach Auskunft der Deutschen Akademie der Wissenschaften zu Berlin vom* 25. *Juli* 1966). *– E: Ernestus Ludovicus Theodorus Henke: Memoria [...] Caroli Guilielmi Justi [...]. Marburg* 1847. *S.* 34–35. *Vor dem Abdruck des Schiller-Textes:* Fr. Schillerus anno 1791 Erfordiae duobus foliis nomen inscripsit, et alteri verba Juvenalis addidit: [...]

ERLÄUTERUNGEN. *Karl Wilhelm Justi (1767–1846) stammte aus Marburg, studierte u. a. in Jena und war mit Georg Friedrich Creuzer befreundet.* 1790 *wurde er Prediger in Marburg,* 1793 *Professor der Philosophie dort. Er schrieb Gedichte, übersetzte hebräische Poesie und verfaßte historische Schriften. Schiller machte seine Bekanntschaft vermutlich in Erfurt im Hause Dalbergs (vgl. dazu Vollmann, Wieland statt Schiller [1970], 583). In der „Neuen Thalia" (1793.* 3. *Stück. S.* 284–285) *veröffentlichte Schiller ein Gedicht von Justi mit dem Titel „Ueber Gefühl" (vgl. dazu Justi an Schiller vom* 16. *Februar* 1793). *– Das Zitat stammt aus den „Saturae" (8,* 83–84) *von Juvenal:* „Halt's für das schmählichste dann, für die Ehr' eintauschen das Leben / Und um des Lebens willen die Gründ' aufopfern, zu leben." *(Nach Alexander Berg, Des Decimus Junius Juvenalis Satiren [o. J.],* 188.)

219 [Für denselben]

ENTSTEHUNG. *Vgl. die Angaben zum* 1. *Stammbucheintrag für Justi.*

ÜBERLIEFERUNG. H: ? *Vgl. die Angaben zum* 1. *Stammbucheintrag für Justi. In den maschinenschriftlichen Lebenserinnerungen von Ludwig Justi, die vermutlich um 1948 geschrieben wurden, heißt es (T. 1. S. 210–211):* In einem Stammbuch Karl Wilhelms, das mir 1945 abhanden gekommen ist, finden sich Eintragungen von Bürger, Matthisson, Novalis, Albrecht Gotthelf Kästner, Frau Schiller gebohrene von Lengefeld (ein Gedicht von Gotter); Schiller selbst hat das folgende (unveröffentlichte) Gedicht in das Album geschrieben: [...]. *(Es folgt der Text des Gedichts; vgl. ERLÄUTERUNGEN). (Nach freundlicher Mitteilung von Herrn Elmar Jansen [Deutsche Akademie der Wissenschaften zu Berlin] vom 25. Juli 1966.) – E: Ernestus Ludovicus Theodorus Henke: Memoria [...] Caroli Guilielmi Justi [...]. Marburg 1847. S. 35. Vor dem Abdruck des Schiller-Textes:* alteri versus aliquot, ni fallor, suos, et nunquam adhuc typis expressos: *– Textwiedergabe nach E.*

ERLÄUTERUNGEN. *Die Verse in Wielands „Musarion" (1. Buch) haben folgenden Wortlaut:*

Doch, auch die Weisheit kann Unsterblichkeit erwerben.
Wie prächtig klingt's, den fesselfreyen Geist
Im reinen Quell des Lichts von seinen Flecken waschen,
Die Wahrheit, die sich sonst nie ohne Schleyer weißt,
(Nie, oder Göttern nur,) entkleidet überraschen;
[...]
Um wie viel mehr, als a l l e Weltbezwinger,
Ist d e r ein Held, (ein Halbgott, kaum geringer
Als Jupiter,) der tugendhaft zu seyn
Sich kühn entschließt; dem Lust kein Gut, und Pein
Kein Uebel ist; zu groß, sich zu beklagen,
Zu weise, sich zu freun; der jede Leidenschaft
Als Sieger an der Tugend Wagen
Gefesselt hat und im Triumphe führt;
(Den alles Gold der Inden nicht verführt,)
Den nur sein eigener, kein fremder Beyfall rührt,
[...]

(Musarion, oder die Philosophie der Grazien [1769], 10, 12–13.)
4–5 Die *bis* überraschen] *Vgl. zum Motiv des Schleiers der Wahrheit „Die Künstler" (V. 54–65) und die Erläuterungen dazu.*

220 [Für H. v. T.]

ENTSTEHUNG. *Wenn (was zu vermuten ist) die Verse für Johann Adolf von Thielmann bestimmt waren, dürften sie während dessen Besuchs bei Schiller im Juni 1792 entstanden sein.*

ÜBERLIEFERUNG. H: *Universitätsbibliothek Basel (Sammlung Geigy-Hagenbach). 1 Blatt 11,5 × 19 cm, 1 S. beschrieben. Geripptes Papier, leicht ver-*

gilbt und zerknittert. Wz.: Buchstabenrest (?) am oberen Rand. (Nach freundlicher Auskunft von Dr. Martin Steinmann, Basel, vom 23. Januar 1989.) Die Überschrift – H. v. T. ins Stammbuch – *und die Unterschrift* – S. – *lassen vermuten, daß die Verse nicht in ein Stammbuch geschrieben wurden, sondern auf ein loses Blatt, das in ein Stammbuch eingelegt werden sollte.* h: *SNM (Cotta). Abschrift von H durch Carl Künzel.* – E: *Goedeke, Schillers sämmtliche Schriften 4 (1868), 20.* – *Textwiedergabe nach E.*

LESARTEN. *Überschrift:* H. v. T. ins Stammbuch *mit einem dem ersten Buchstaben angehängten Kürzel, das zweifelsfrei macht, daß* H. „Herrn" *bedeutet* H *(entsprechend heißt es in* h: Hn v. T. ins Stammbuch.*)* 2 bessern] beßern H 4 durchschweift,] durchschweift. H 10 klein] klein. H 15 So viel] Soviel H 17 Ebenbild.] Ebenbild! H

ERLÄUTERUNGEN. *Die Stammbucheintragung ist vermutlich „H[errn] v[on] T[hielmann]" gewidmet: dem Rittmeister, später Königlich-Preußischen Generalleutnant Johann Adolf von Thielmann (1765–1824) aus Dresden. Er war ein Freund Körners, der Schiller Anfang Juni 1792 besuchte (vgl. an Körner vom 10. Juni 1792). Von späteren Besuchen bei Schiller berichten von Thielmann in seinem Brief an Körner vom 9. Mai 1796 (vgl. NA 42, 210, 567) und Karl Schiller in seinen Lebenserinnerungen (vgl. Schillers Persönlichkeit 3, 2).*

220   [Für Sophie Nösselt]

ÜBERLIEFERUNG. H: *Nösselt-Archiv München. Stammbuch der Sophie Gerhard, geb. Nösselt. 162 Blätter mit Einträgen vornehmlich aus den Jahren 1788–1816. Schillers Verse auf Blatt 72 (S. 143); 17,4 × 10,3 cm. Leicht vergilbtes geripptes Papier, durch den Abdruck des gegenüberliegenden Scherenschnitts (Schiller darstellend) fleckig. Eine Eintragung Charlotte Schillers unter dem Datum des 31. Juli 1793 befindet sich auf S. 58 des Stammbuchs. (Vgl.* JbGG 20 [1934]. S. 145.*)* – E: JbGG 20 (1934). S. 145 (Max Hecker). *Facsimile ebd., nach S. 80.* – *Textwiedergabe nach dem Facsimile.*

LESARTEN. 1 vereinen,] vereinen H

ERLÄUTERUNGEN. *Sophie Nösselt (1776–1857), Tochter des Theologieprofessors Johann August Nösselt (1734–1807) in Halle, verbrachte den Juli und August 1793 im Hause des befreundeten Johann Jakob Griesbach, der Professor der Theologie in Jena war. Dort wird sie Schiller kennengelernt haben.*

221 [Für einen Kunstfreund]

ENTSTEHUNG. Wann die Verse entstanden sind, muß ungewiß bleiben, solange unbekannt ist, für wen sie bestimmt waren. Die gelegentlich geäußerte Vermutung, Schiller habe sie „in ein Stammbuch Rapps" geschrieben (Goedeke, Schillers sämmtliche Schriften 11 [1871], 12), ist falsch, wenn die Angabe zum Erstdruck (1808) richtig ist, der Stammbuchbesitzer sei ein „nunmehr verstorbener, angesehener Mann" gewesen. Der Stuttgarter Kaufmann Gottlob Heinrich Rapp starb 1832. Allerdings ist nicht auszuschließen, daß die Verse während Schillers Schwaben-Reise 1793/94 entstanden sind. – Vgl. auch die fast gleichlautende Eintragung in das Stammbuch Leopold von Oertzens (NA 2 I, 175) und die Erläuterungen dazu.

ÜBERLIEFERUNG. H: ? – E: Morgenblatt für gebildete Stände 1808. Nr 85 vom 8. April. S. 340 (unterzeichnet: C.). Der Mitteilung der Verse ist vorausgeschickt:

Stammbuch-Impromtu von Schiller.

Ein nunmehr verstorbener, angesehener Mann hatte sich ein sogenanntes Stammbuch, und zwar weil er ein Freund der Kunst war, in Grosfolio machen lassen, indem auf diese Art recht schöne Zeichnungen darin Aufnahme finden konnten. Verschied'ne Künstler, von denen ich nur F ü g e r , H a r t m a n n und M e c h a u hier nenne, hatten dazu kontribuirt. Da der Verstorbene auch ein Freund der Dichtkunst war, so erhielten mehrere Dichter, wie G o e t h e , W i e l a n d , S c h i l l e r ebenfalls einen Platz darin, und der letztere schrieb folgenden Vers hinein: *Dem Schiller-Text schließt sich die Bemerkung des Herausgebers (Conz?) an:* Dieses scheint mir immer eine Reliquie von S c h i l l e r , die des Mannes nicht unwürdig ist, und schon darum verdient bekannt zu werden, weil er sich in dieser heitern Gattung von Gedichten nur selten versucht hat. – *Alle späteren Drucke basieren auf E.*

ERLÄUTERUNGEN. Vgl. zur ungeklärten Frage des Adressaten ENTSTEHUNG. – Gotthold Heinrich Rapp (1761–1832) war Kaufmann und Bankier in Stuttgart. Im Hause dieses begeisterten Liebhabers von Kunst, Literatur und Gartenbau, der sich selbst auch als Landschaftsmaler versuchte, hatte Schiller regen gesellschaftlichen Umgang, als er sich Mitte März bis Anfang Mai 1794 in Stuttgart aufhielt. Gesprächen mit Rapp verdankte Schiller Anregungen für seine Rezensionen von „Matthissons Gedichten" und „Cottas Gartenkalender". Als Goethe 1797 in die Schweiz reiste, empfahl Schiller ihm einen Besuch Rapps (vgl. Schiller an Cotta vom 21. Juli 1797).

221 [Für Friederike Brun]

ENTSTEHUNG. *Friederike Brun besuchte Schiller am 9. Juni 1795. An diesem Tage (und nicht im Juli) wird Schiller die Verse in ihr Stammbuch geschrieben haben.*

ÜBERLIEFERUNG. *H: ? – E: Euphorion 12. 1905. S. 160 (Louis Bobé).*

LESARTEN. *Datumszeile:* 95] 95. E

ERLÄUTERUNGEN. *Friederike Brun (1765–1835), deutsch-dänische Schriftstellerin, von Klopstock und Matthisson beeinflußte Lyrikerin und Verfasserin von Reisebeschreibungen; über ihren Besuch bei Schiller auf ihrer Reise nach Italien vgl. NA 42, 207. Sie wurde Mitarbeiterin der „Horen" und des „Musen-Almanachs". Vermutlich ist sie Adressatin von Xenion Nr 273 (An Madame B** und ihre Schwestern).*

221 [Für F. C. J. Bodemann]

ÜBERLIEFERUNG. *H: SNM. Stammbuch „Denkmal der Freundschaft für F. L. [nicht: C.] J. Bodemann". 200 Blätter mit Einträgen aus den Jahren 1795–1814. Schillers Eintrag auf Blatt 73 (S. 145); 16,3 × 9,9 cm. Festes geripptes Papier, leicht vergilbt. Wz.: Teil eines Schildes. Unter dem Text Schillers von unbekannter Hand mit Tinte:* Starb als Hofrath den; *daneben von anderer Hand mit Blei:* 9^{tn} Mai 1805 in Weimar. *– E: Karl Ernst Henrici; Auktionskatalog 83 vom 8./9. Mai 1923. S. 25. – Textwiedergabe nach E.*

LESARTEN. lucem] lucem. H   – Januar] im Januar. H   1797] 1797. H   Schiller] Schiller. H

ERLÄUTERUNGEN. *Friedrich Ludwig (!) Joseph Bodemann (1772–1825) aus Rüper bei Peine war seit dem Wintersemester 1796/97 Student der Theologie in Jena, später Hauslehrer und Pastor in Gadenstedt bei Peine. – Das Zitat stammt aus Horaz' drittem Brief an die Pisonen „De arte poetica" (V. 143); dort wird über Homer gesagt:* Er gibt kein Feu'rwerk, das in Rauch sich endet, / erst macht er Rauch, dann folgt ein rein und gleich / fortbrennend Feuer [...] *(nach Wieland; Horaz, Episteln [1963], 239).*

MUSEN-ALMANACH FÜR DAS JAHR 1796

225—226   Die Macht des Gesanges

ENTSTEHUNG. *Das Gedicht entstand wahrscheinlich im Juli 1795 und wurde vermutlich am 3.* August 1795 *von Schiller an Johann Friedrich Reichardt geschickt. Dieser sandte seine Komposition des Gedichts mit seinem Brief vom 26. August 1795 an Schiller.*

ÜBERLIEFERUNG. H: ? *(Bei dem Autograph in der Universitätsbibliothek Straßburg handelt es sich um eine der zahlreichen Gerstenbergkschen Fälschungen.)* — E: *Musen-Almanach für das Jahr 1796. S. 1—3; unterzeichnet:* SCHILLER. D: *Gedichte 2 (1803). S. 73—75; danach in: Gedichte* ²2 *(1805). S. 73 bis 75.* — *Textwiedergabe nach* E.

ERLÄUTERUNGEN. *Als Schiller 1795 nach sechsjähriger Unterbrechung seines literarischen Schaffens zur Lyrik zurückkehrte, bediente er sich beim Übergang von der Theorie zur Praxis der Poesie schon vorhandener Strophen und Verse aus dem Umkreis des letzten großen Gedichts, „Die Künstler". Dies ist so wie in der „Poesie des Lebens", des ersten Gedichts der neubeginnenden Produktionsphase (vgl. die Erläuterungen dazu).*

In der sogenannten „Körner-Fassung" begannen „Die Künstler" mit Strophen, die von den a n e r k a n n t e n *Verdiensten der Kunst handeln. (Körner an Schiller vom 16. Januar 1789.) Unter diese Strophen gehört auch der Beginn von „Die Macht des Gesanges". Über die damalige Anfangsstrophe schrieb Schiller am 22. Januar 1789 an Körner:* [...] sie führt rasch in die Materie und verräth doch auch nicht gleich das ganze Geheimniß. *Schiller ließ sich jedoch auf Körners Kritik des Gedichtanfangs ein; dieser, so hatte der Freund moniert,* passe nicht zu dem Tone des Ganzen: Es ist doch eigentlich ein verbrauchtes Bild, und zwar nicht von der e d l e r e n Wirkung der Kunst, die Dein Stoff ist. Um die V e r s e ist es freilich schade. *(An Schiller vom 16. Januar 1789.) Körner wiederholte seine Bedenken im Brief vom 30. Januar. Am 2. Februar teilte Schiller ihm mit, er habe die Anfangsverse weggestrichen, und fügte hinzu:* [...] vielleicht passen sie einmal für ein anderes Ganze.

Die Gelegenheit zur Wiederverwendung bot „Die Macht des Gesanges". Körner erinnerte sich nach der Lektüre des Gedichts: Im Anfange erkannte ich die Stelle wieder, die Du in den Künstlern voransetzen wolltest. *(An Schiller vom 2. September 1795.) Ein „Ganzes" freilich schien ihm das neue Gedicht nicht zu sein; er vermißte* Einheit *und beanstandete weiter:* Das Bild in der 3ten *Strophe hat etwas Störendes. Dafür nannte er die letzte Strophe* köstlich *(ebd.). Körners Urteil wurde von Friedrich Schlegel in dessen Rezension des „Musen-Almanachs für das Jahr 1796" in Reichardts Journal „Deutschland"*

(1796. 6. Stück. S. 354) bestätigt; er sprach von einem nicht reif gewordnen Gleichnisse.
Humboldt dagegen hatte das Gedicht begeistert und ausführlich gelobt und dabei besonders die 3. Strophe hervorgehoben (vgl. an Schiller vom 18. August 1795); Körners Kritik konnte er nicht verstehen (vgl. an Schiller vom 22. September 1795). Schiller verteidigte die 3. Strophe dann auch als die beßte des ganzen Gedichts, und was dessen Einheit angehe, so bestehe diese ganz einfach darin: [...] der Dichter stellt durch eine Zauberähnliche und plözlichwirkende Gewalt die Wahrheit der Natur in dem Menschen wieder her. *(An Körner vom 8. September 1795.)*

1—10 Ein *bis* Quellen.] *Das Bild von stürzendem Wasser findet sich ähnlich in der „Elegie" (V. 195–196), der Vergleich mit der Gewalt der Poesie in „Der Graf von Habsburg" (V. 45–50). Ob Schiller dabei auf antike Quellen zurückgriff (vgl. Äneis 2, 304–308; Ilias 11, 492–497), ist ungewiß.*

11—20 Verbündet *bis* Gefühle.] *Vergleichbar beschreibt Schiller in der „Erinnerung an das Publikum" zur Mannheimer Erstaufführung des „Fiesko" 1784 die Macht des dramatischen Dichters, der mit einer* magischen Rute das Herz des Zuschauers *einem Ball gleich dem Himmel oder der Hölle zuwerfen kann (NA 22, 91).*

11 Verbündet] *bezieht sich auf* des Sängers *(V. 13)*.

11 furchtbarn Wesen] *Ursprünglich hatte Schiller von* Mören (Moiren), *den römischen Parzen, gesprochen. Die Änderung erfolgte auf Wunsch Humboldts (vgl. an Schiller vom 18. August und vom 31. August 1795).*

15 Stab des Götterboten] *Hermes erhielt von Apollon einen goldenen Zauberstab, mit dem er Menschen einschläfern und aufwecken und die menschlichen Seelen in die Unterwelt schicken und von dort wieder heraufholen konnte (vgl. zum letzteren die „Äneis" [4, 242–245]).*

19—20 Und *bis* Gefühle] *ähnlich die Wirkung des Eumenidenchors in „Die Kraniche des Ibycus" (V. 145–146).*

21—40 Wie *bis* walten.] *Die hier geschilderten Wirkungen der „Macht des Gesanges" entsprechen denen, die Schiller dem „Erhabenen" zuschreibt (vgl. zu V. 33).*

25—26 Da *bis* Welt] *Vergleichbar ist der Einfluß, den „Das Mädchen aus der Fremde" ausübt.*

31—34 So *bis* Gewalt] *Vgl. die Erläuterungen zu „Die Künstler" (V. 18, 88).*

33 Geisterwürde] *Unter dem Eindruck des* Erhabenen – *so führt Schiller in seiner Schrift „Ueber das Erhabene" aus – vermögen die Menschen* als reine Geister zu handeln, weil sie nur der *Gesetzgebung der Vernunft,* nicht den sinnlichen Trieben folgen *(NA 21, 41, 42). Die Beherrschung der Triebe durch die moralische Kraft definiert Schiller als „Würde" (vgl. Ueber Anmuth und Würde; NA 20, 294).*

49 In *bis* Armen] *In seiner Abhandlung „Ueber naive und sentimentalische Dichtung" bezeichnet Schiller die Dichter als* B e w a h r e r der Natur *und die Natur als die* einzige Flamme, an der sich der Dichtergeist nähret *und durch die er auf den* künstlichen, in der Kultur begriffenen Menschen *wirkt (NA 20, 432, 436).*

227 Das Kind in der Wiege

ENTSTEHUNG. *Das Epigramm entstand wahrscheinlich Mitte August 1795. Vgl. Schillers Brief an Goethe vom 17. August 1795 und die Erläuterungen dazu.*

ÜBERLIEFERUNG. *H: ? (Bei dem Autograph in der Stadt- und Universitätsbibliothek Frankfurt a. M. handelt es sich um eine Gerstenbergksche Fälschung.) – E: Musen-Almanach für das Jahr 1796. S. 4; unterzeichnet: SCHILLER. D: Gedichte 2 (1803). S. 208; danach in: Gedichte ²2 (1805). S. 208. – Textwiedergabe nach E.*

ERLÄUTERUNGEN. *Das Epigramm verwirklicht in der Korrespondenz zwischen Form und Inhalt die Forderungen, die Schiller an ein Distichon stellt: eine im Hexameter steigende, im Pentameter fallende rhythmische – und gedankliche – Bewegung (vgl. das Epigramm „Das Distichon"). Humboldt lobte es in seinem Brief an Schiller vom 31. August 1795 als ein sehr schönes Epigramm im griechischen Sinn. Körner schrieb:* Von den kleinern Gedichten sind der spielende Knabe, und das Kind in der Wiege mir die liebsten *(an Schiller vom 2. September 1795). Herder nannte es* vortrefflich *(an Schiller vom 10. Oktober 1795).*

Die Abhandlung „Ueber naive und sentimentalische Dichtung" formuliert den Gedanken des Distichons ausführlich; im Zusammenhang der Erörterung des „Naiven" setzt Schiller „Beschränktheit" und „Bestimmung" des erwachsenen Menschen der freien „Bestimmbarkeit" des Kindes entgegen (vgl. NA 20, 416).

227 Odysseus

ENTSTEHUNG. *Das Epigramm entstand wahrscheinlich Ende August 1795; Schiller schickte es mit einem seiner nicht überlieferten Briefe vom 31. August und 4. September 1795 an Humboldt. Vgl. dessen Antwort vom 11. September.*

ÜBERLIEFERUNG. *H: ? – E: Musen-Almanach für das Jahr 1796. S. 6; unterzeichnet: SCHILLER. D: Gedichte 1 (1800). S. 33; danach in: Gedichte ²1 (1804). S. 33. Schiller bestimmte das Gedicht auch für die Prachtausgabe seiner Gedichte. Vgl. den Text in NA 2 I, 325. – Textwiedergabe nach E.*

LESARTEN. *Vgl. die Varianten in der Fassung der Prachtausgabe (NA 2 I, 325), die der Fassung in D entspricht.*

ERLÄUTERUNGEN. *Humboldt äußerte über das Epigramm:* In dem Odysseus liegt ein großer und tiefer Sinn. *(An Schiller vom 11. und 12. September 1795.) Herder bewunderte die* Simplicität *der Distichen (an Schiller vom 10. Oktober 1795).*

2 Durch bis Gefahr] *In der „Odyssee" (12, 85–110) erzählt Homer von Skylla und Charybdis, einer gefährlichen Meerenge, die durch ein zwölffüßiges Ungeheuer (Skylla) und einen Felsenschlund (Charybdis) gebildet wurde.*
3 Schrecken des feindlichen Meers] *Odysseus mußte nicht nur die Gefahren durch Skylla und Charybdis bestehen, sondern auch Stürme und widrige Winde. Poseidon, der Gott des Meeres, war ihm wegen der Blendung Polyphems, seines Sohnes, feindlich gesinnt.*
4 Aides] *griech.* Ἄιδες : *Hades.*
5–6 Endlich bis nicht!] *Davon wird im 13. Gesang der „Odyssee" erzählt (vgl. V. 187–189).*

227   Das Unwandelbare

ENTSTEHUNG. *Das Epigramm schickte Schiller mit seinem nicht überlieferten Brief vom 7. August 1795 an Humboldt; es wird kurz zuvor entstanden sein. Vgl. Humboldts Brief an Schiller vom 18. August 1795.*

ÜBERLIEFERUNG. *H: ? – E: Musen-Almanach für das Jahr 1796. S. 24; unterzeichnet:* SCHILLER. *D: Gedichte 2 (1803). S. 208; danach in: Gedichte* ²2 *(1805). S. 208. Schiller bestimmte das Gedicht auch für die Prachtausgabe. Vgl. den Text in NA 2 I, 321. – Textwiedergabe nach E.*

ERLÄUTERUNGEN. *Humboldt urteilte in seinem Brief an Schiller vom 18. August 1795 über das Distichon:* Es ist in der That ein schöner und sehr glücklich gesagter Gedanke, *und Körner berichtete von dem starken Eindruck auf seine Frau und seine Schwägerin (vgl. an Schiller vom 2. September 1795). Das Thema der „Zeit" behandeln auch andere Gedichte, „Spruch des Confucius", „Der Sämann", „Die Ideale".*

227   Zevs zu Herkules

ENTSTEHUNG. *Das Epigramm schickte Schiller mit seinem nicht überlieferten Brief vom 7. August 1795 an Humboldt; es wird kurz zuvor entstanden sein. Vgl. Humboldts Brief an Schiller vom 18. August 1795.*

ÜBERLIEFERUNG. *H: ? – E: Musen-Almanach für das Jahr 1796. S. 28; unterzeichnet:* SCHILLER.

ERLÄUTERUNGEN. *Das Thema des Distichons, der Weg des Menschen zur Göttlichkeit, wird ausführlich in Schillers Gedicht „Das Reich der Schatten" behandelt. Die Gestalt des Herakles dient auch dort der Veranschaulichung des Gedankens vom Uebertritt des Menschen in den Gott, den Schiller in einer geplanten, aber nicht zustandegekommenen „Idylle" darstellen wollte (vgl. an Humboldt vom 29. [und 30.] November 1795); „Herkules im Himmel" lautete der Arbeitstitel dieses Gedichts (nach einer Notiz Schillers auf Humboldts Brief vom 24. Mai 1796, abgedruckt in: Oellers, Ein unbekannter Brief an Schiller [1983], 12). Humboldt äußerte sich zustimmend über das Epigramm:* Der Hexameter und Pentameter macht sich zu solchen kurzen Sentenzen sehr gut, sogar in dem kleinen Dinge: Z e v s z u H e r k u l e s. *(An Schiller vom 18. August 1795.)*

228 Der Tanz

ENTSTEHUNG. Das Gedicht entstand vermutlich in der zweiten Hälfte Juni 1795. Schiller schickte es mit seinem Brief vom 6. Juli 1795 an Cotta, der es am 17. Juli zurückschickte. Am 3. August übersandte Schiller das Gedicht mit der Bitte um Vertonung an Johann Friedrich Reichardt; vgl. seinen Brief vom selben Tag.

ÜBERLIEFERUNG. H: ? – h: The Historical Society of Pennsylvania Philadelphia (USA). 1 Blatt (vgl. ÜBERLIEFERUNG zu „Würden"); auf der Vorderseite die Verse 23–30 ([von Schiller?] durchgestrichen), auf der Rückseite die letzten vier Worte des Gedichts von unbekannter Hand; vielleicht Abschrift der Fassung, die im Juli 1795 zwischen Schiller und Cotta hin- und hergeschickt wurde. Unter den (zurückerhaltenen) Text könnte Schiller dann das Gedicht „Würden" geschrieben haben. – E: Musen-Almanach für das Jahr 1796. S. 32–35; unterzeichnet: SCHILLER. *D: Gedichte 1 (1800). S. 12–14 (2. Fassung); danach in: Gedichte ²1 (1804). S. 12–14. Schiller bestimmte das Gedicht auch für die Prachtausgabe. Vgl. den Text in NA 2 I, 299. – Textwiedergabe nach E.*

LESARTEN. Über Korrekturvorschläge Humboldts vgl. die folgenden Erläuterungen zu V. 4–7, 13 und 19. – Vgl. die Varianten der 2. Fassung in NA 2 I, 299.

ERLÄUTERUNGEN. Das Gedicht behandelt, gewissermaßen als Äquivalent zu „Die Macht des Gesanges", nach Schillers eigenen Worten die Macht der Musik *(an Herder vom 3. Oktober 1795). Über die Beziehung von Musik und Tanz geben die Briefe „Ueber die ästhetische Erziehung des Menschen" Auskunft:* Die Musik in ihrer höchsten Veredlung muß Gestalt werden *(22. Brief; NA 20, 381). In dieser Weise hatte sich auch Herder, von dem auch sonst Anregungen ausgingen (vgl. zu V. 25), in seinen „Kritischen Wäldern" geäußert:* Die T a n z k u n s t der Alten ist nichts, als i h r e s i c h t b a r g e m a c h t e M u s i k *(Viertes Wäldchen [1769]; Sämtliche Werke 4 [1878], 120). Im dritten Teil seiner „Ideen zur Philosophie der Geschichte der Menschheit" (1787) ist ausführlich von der Bedeutung der Musik, der Schauspielkunst und des Tanzes die Rede (vgl. 13. Buch. 2. Kapitel. S. 152–153).*

Zu Beginn des Jahres 1795 hatte Körner mit seinem Aufsatz „Ueber Charakterdarstellung in der Musik" (Horen 1795. 5. Stück. S. 97–121) einen Bei-

trag zum thematischen Umkreis des Gedichts geliefert, den Schiller voller Interesse zur Kenntnis nahm (vgl. an Körner vom 5. Februar 1795); Körner vertrat die Ansicht, das Kunstwerk erfordere eine gewisse Einheit, da es sich als ein menschliches Produkt durch Spuren einer ordnenden Kraft von der blinden Zufälligkeit in der Natur unterscheide (S. 99). Von der Tanzkunst heißt es im Sinne der ersten Gedichtverse: In dem freien Schweben des Körpers, ohne vom Druck der Schwere beschränkt zu werden, fühlt auch der Geist sich gleichsam seiner Bande entledigt. Die irdische Masse, die ihn stets an die Abhängigkeit von der Aussenwelt erinnerte, scheint sich zu veredeln und es erweitern sich die Gränzen seines Daseyns. *(S. 102.)*

Das Gedicht stieß bei den Freunden auf große Zustimmung. Humboldt nannte es meisterhaft *(an Schiller vom 18. August 1795) und gab eine ausführliche Besprechung, in der er drei Änderungsvorschläge machte, die Schiller allesamt noch für den Erstdruck berücksichtigte (vgl. zu V. 4–7, 13, 19). Zwei von ihnen teilte er im Brief vom 28. August 1795 Reichardt mit, der das Gedicht komponieren sollte, was nicht gelang. Körner vertonte es schließlich auf Schillers Bitte (vgl. an Körner vom 31. August 1795 und Körner an Schiller vom 9. September 1795). Herder urteilte im Brief vom 5. August, vielleicht, weil er einige Anklänge an Eigenes vorfand, begeistert:* Das schönste unter allen [Gedichten des „Musen-Almanachs" 1796] ist d e r T a n z , ein in allem Betracht vortreffliches Stück; es wird bleiben, solange die Sprache dauert.

Diese Auffassung teilte die öffentliche Kritik keineswegs. Friedrich Schlegel schrieb in seiner Rezension des Almanachs in Reichardts Zeitschrift „Deutschland" (1796. 6. Stück. S. 348–360; wiedergedruckt in: Fambach 2, 265–269): Für ein Epigramm scheint d e r T a n z zu lang und gleichsam zu ernstlich [...]. Für eine Elegie ist die Einheit im T a n z e nicht poetisch genug, und der Ton vereinigt die Weitschweifigkeit des Ovid, mit der Schwerfälligkeit des Properz. *(S. 352.)*

„Der Tanz" gehört zu den Gedichten, die sich emblematisch verstehen lassen: Auf die „Pictura", hier die bildhafte Beschreibung des Tanzes (V. 1–26), folgt im Sinne einer „Scriptura" deren verallgemeinernde Deutung (vgl. hierüber auch die Erläuterungen zu „Columbus").

Vgl. auch die Erläuterungen zur 2. Fassung des Gedichts.

4—7 Ist *bis* Wellen] *Die Verse 4 und 5 fügte Schiller ein, nachdem Humboldt an den Versen 6 und 7 kritisiert hatte, daß im Pentameter, weil dieser unmittelbar zum (vorhergehenden) Hexameter gehöre, kein neues Bild anfangen dürfe (vgl. an Schiller vom 18. August 1795).*

9—18 Keinen *bis* Spiel.] *Vergleichbar ist die Beschreibung des* englischen Tanzes *in Schillers Brief an Körner vom 23. Februar 1793.*

13 Sieh *bis* durcheinander] *Nach Humboldts Brief vom 18. August 1795 lautete der Anfang des Verses ursprünglich:* „Jetzt, jetzt ver/liert es den; *da er Humboldt metrisch mißfiel, änderte Schiller ihn.*

19 Sprich *bis* schwanken] *Auch dieser Vers veranlaßte in der metrischen Gestalt seiner ursprünglichen Form Bedenken von seiten Humboldts; er lautete:* Sprich was/machts daß in/rastlosem/Wechsel die/Bildungen/schwanken *(an Schiller vom 18. August 1795).*

24 Die *bis* Sprung] *Der 27. Brief „Ueber die ästhetische Erziehung des Menschen" nennt Indizien für die Verwandlung des innern Menschen aus dem Stande der Natur in den Stand der Kultur, u. a.:* Der gesetzlose Sprung der Freude wird zum Tanz, die ungestalte Geste zu einer anmuthigen harmonischen Gebärdensprache, die verworrenen Laute der Empfindung entfalten sich, fangen an dem Takt zu gehorchen und sich zum Gesange zu biegen. *(NA 20, 409.)*

25 Nemesis] *Herder deutete die griechische Göttin der ausgleichenden Gerechtigkeit, der Vergeltung von Gutem und Bösem in seiner Schrift „Nemesis, ein lehrendes Sinnbild" (in: Zerstreute Blätter 2 [1786], 244) als* G ö t t i n d e s M a a s s e s, *als strenge Aufseherin und Bezähmerin der Begierden, als Feindin alles Uebermuths und Uebermaaßes. Er zitiert zwei griechische Epigramme, die veranschaulichen, was gemeint ist:*

Warum, o Nemesis, hast du das Maas und den Zügel in Händen?
„Daß du den Handlungen Maas, Worten den Zügel anlegst."

Nemesis bin ich und halt' in meiner Rechte das Maas hier,
Dir zu deuten: „in Nichts schreite je über das Maas."

(Ebd., S. 235.) Im letzten Vers von Schillers Gedicht wird der Begriff des „Maßes" aufgegriffen. Schiller kannte Herders Schrift seit langem; im Brief an Körner vom 8. [und 9.] August 1787 berichtet er über ihren starken Eindruck auf ihn und von einem Gespräch mit Herder darüber.

229 Spruch des Confucius

ENTSTEHUNG. *Das Gedicht entstand wahrscheinlich im Juli 1795 und wurde wohl am 2. August (mit einem nicht überlieferten Brief) von Schiller an Herder geschickt. Vgl. dessen Brief an Schiller vom 5. August 1795.*

ÜBERLIEFERUNG. *H: ? – E: Musen-Almanach für das Jahr 1796. S. 39; unterzeichnet:* SCHILLER. *D: Gedichte 1 (1800). S. 66; danach in: Gedichte ²1 (1804). S. 66. Schiller bestimmte das Gedicht auch für die Prachtausgabe. Vgl. den Text in NA 2 I, 412. – Textwiedergabe nach E.*

ERLÄUTERUNGEN. *Der Spruch stammt nicht von Konfuzius (um 551 bis 479 v. u. Z.), dem chinesischen Philosophen und Weisen. Mit seinem Namen wird hier lediglich Autorität zur Verkündung einer allgemeinen Wahrheit beansprucht, so wie Goethe später „Weissagungen des Bakis" (1800) veröffentlichte. Das gilt auch für den zweiten, als Zwillingsgedicht entstandenen „Spruch des Konfucius", der, komplementär zum Thema der „Zeit" im ersten, den dreidimensionalen Raum zum Gegenstand hat.*

Raum und Zeit waren Schiller nicht erst durch ihre Definition als reine Anschauungsformen bei Kant ein Begriffspaar, sondern treten schon in früheren Gedichten gemeinsam auf: Vgl. „Elisium" (V. 10–11), die Weltbetrachtung von raum- und zeitenthobenem Standort in „Die Herrlichkeit der Schöpfung" oder den Flug durch die unendlichen Räume bis zum Markstein der Schöpfung

in „Gröse der Welt". *Der lehrhaften Absicht des Spruches entspricht sein formaler Bau: In den drei Strophen wird zunächst ein allgemeiner Satz aufgestellt, dann entwickelt und schließlich, in der Apostrophe des Lesers, die Nutzanwendung gezogen. Im zweiten Spruch folgt die Lehre bereits in der 2. Strophe, an die sich dann reflektierende Verse über die These der 1. Strophe anschließen.*
    Herder fand das Gedicht schön (an Schiller vom 5. August 1795). Humboldt schrieb: Der Spruch des Confucius hat mir viel Freude gemacht. Ich liebe diese Sprache in kurzen Sprüchen gar sehr, und Sie haben sie sehr gut getroffen. *(An Schiller vom 18. August 1795.)*

229 Würden

ENTSTEHUNG. *Schiller schickte das Gedicht mit seinem nicht überlieferten Brief vom 7. August 1795 an Humboldt; es war wohl kurz zuvor entstanden. Vgl. Humboldts Brief an Schiller vom 18. August.*

ÜBERLIEFERUNG. H: *The Historical Society of Pennsylvania Philadelphia (USA). 1 Blatt 18,7 × 19 cm, der obere Rand beschnitten, der untere beschädigt. Leicht vergilbtes geripptes Papier. Das Gedicht steht auf der Rückseite des Blattes. Vgl.* ÜBERLIEFERUNG *zu „Der Tanz". Die vorliegende Fassung geht der des Erstdrucks offenbar voraus. –* E: *Musen-Almanach für das Jahr 1796. S. 48; unterzeichnet:* SCHILLER. D: *Gedichte 1 (1800). S. 194 (2. Fassung); danach in: Gedichte* ²1 *(1804). S. 194. Schiller bestimmte das Gedicht auch für die Prachtausgabe. Vgl. den Text in NA 2 I, 319. – Textwiedergabe nach E.*

LESARTEN. *Die Fassung H lautet:*

Würden

Wie die Säule des Lichts auf des Baches Welle sich spiegelt,
   Hell wie von eigener Glut flammt der vergoldete Saum,
Aber die Welle entführt der Strom, durch die glänzende Strasse
   Drängt eine andere sich schon, schnell wie die erste zu fliehn,
So beleuchtet der Würden Schein den sterblichen Menschen,   5
   Nicht der Mensch, nur der Platz, den er durchwandelte, glänzt.

Zu einem Korrekturvorschlag Humboldts für V. 3 der ursprünglichen (nicht überlieferten) Fassung vgl. ERLÄUTERUNGEN. *– Vgl. die Varianten der 2. Fassung in NA 2 I, 319.*

ERLÄUTERUNGEN. *Dem Gedicht läßt sich, wie gelegentlich bei Schiller (vgl. zu „Columbus"), eine emblematische Struktur zuweisen: Auf den Titel („Motto" oder „Inscriptio") folgt eine bildhafte Darstellung (V. 1–4 [„Pictura"]), dieser die abschließende Deutung (V. 5–6 [„Scriptura"]). – Humboldt, den der schöne epigrammatische Sinn des Gedichts überraschte (an Schiller* vom 18. August 1795), beanstandete an der ursprünglichen Fassung von V. 3 den Hiatus Welle entführt (an Schiller vom 31. August 1795); Schiller änderte daraufhin die Stelle in Welle flieht, griff aber für die Bearbeitung des Gedichts, in der es Well' entführet heißt, auf einen Vorschlag Humboldts zurück (vgl. an Schiller vom 31. August 1795).

229 Deutschland und seine Fürsten

ENTSTEHUNG. *Das Epigramm ist wahrscheinlich im Juli oder August 1795 entstanden. Daß Schiller es vor dem Druck an Körner schickte, geht aus dessen Brief an Schiller vom 14. September 1795 hervor.*

ÜBERLIEFERUNG. *H: ? – E: Musen-Almanach für das Jahr 1796. S. 53; unterzeichnet:* SCHILLER.

ERLÄUTERUNGEN. *Das Epigramm greift eines der zentralen Themen des „Don Karlos", zugleich einen Lieblingsgedanken Schillers in frühen Gedichten (wie „Der Eroberer" und „Todenfeyer am Grabe Philipp Friderich von Riegers") auf: die „Fürsten" als „Menschen". Die Forderung an die Herrschenden, sich der Menschlichkeit nicht zu verschließen, wird hier durch einen dialektisch anmutenden Gedanken erweitert: Weil in Deutschland so viel gehorcht wird, gibt es so viele Herrscher; also müssen auch die Untertanen ihr Verhalten ändern, um die* Könige *zu* Menschen *zu machen.*

230–232 Pegasus in der Dienstbarkeit

ENTSTEHUNG. *Das Gedicht entstand Ende Juli 1795; Schiller schickte es mit seinem nicht überlieferten Brief vom 7. August an Humboldt. Vgl. dessen Brief an Schiller vom 18. August. Im September 1795 änderte Schiller den ursprünglichen Schluß. Vgl. seine Briefe an Humboldt vom 7. und an Körner vom 8. September; siehe* ERLÄUTERUNGEN.

ÜBERLIEFERUNG. *H: ? – E: Musen-Almanach für das Jahr 1796. S. 62–67; unterzeichnet:* SCHILLER. *D: Gedichte 1 (1800). S. 187–191 (2. Fassung unter dem Titel „Pegasus im Joche"); danach in: Gedichte* ²*1 (1804). S. 187 bis 191. – Textwiedergabe nach E.*

LESARTEN. *Zum ursprünglichen Schluß vgl. Humboldt an Schiller vom 18. August, Herder an Schiller vom 22. August und Körner an Schiller vom 2. September 1795 in* ERLÄUTERUNGEN. *– Vgl. die Varianten der 2. Fassung in NA 2 I, 113–115.*

ERLÄUTERUNGEN. *Humboldt nannte das Gedicht göttlich gelungen, sehr leicht und unterhaltend, lebendig und charakteristisch,* den Schluß *majestätisch (an Schiller vom 18. August 1795). Zu diesem Schluß gehörte damals noch eine Rede des Apollon, der die vorhergehende Geschichte deutete; dies geht aus Schillers Briefwechsel hervor. Herder, der das Gedicht ansonsten vortrefflich fand, gab zu bedenken, ob Apollon nicht zu lange rede, und machte den Vorschlag:* Laß ihn lieber seinen entkommenen Pegasus trösten; oder die Fabel ende mit sich selbst. *(An Schiller vom 22. August 1795.) Auch Körner, der das Gedicht ein angenehmes Produkt nannte, behagte der Schluß mit dem Auftreten Apollons nicht; er riet, die Geschichte* mit dem Hungertode des Pegasus zu schließen *(an Schiller vom 2. September 1795). Schiller griff die Kritik auf, schloß sich Herders zweitem Vorschlag an und strich Apollons Rede ersatzlos; die Erscheinung Apollons aber behielt er bei, weil dieser in dem Gedicht* eine unentbehrliche Figur sei, und der Hungertod würde zu platt endigen. *(An Körner vom 8. September 1795.) Dem stimmte schließlich auch Humboldt zu (vgl. an Schiller vom 22. September 1795).*

Anders als Schillers Umgebung fällte Friedrich Schlegel in seiner Rezension des „Musen-Almanachs für das Jahr 1796" ein hartes Urteil über das Gedicht; es war ihm ein Beispiel dafür, daß Schiller, anders als in früherer Zeit, nicht mehr in der Lage sei, die ihm angemessene Tonart zu wählen: Würde er sich damals wohl ein Gedicht wie P e g a s u s verziehn haben? Ohne ursprüngliche Fröhlichkeit, und eine wie von selbst überschäumende Fülle sprudelnden Witzes, können komische und burleske Gedichte nicht interessiren, und ohne Grazie und Urbanität müssen sie beleidigen. Die Meisterzüge im Einzelnen, wie die erste Erscheinung des Apollo, söhnen mit der Grellheit des Ganzen nicht aus. *(In: Deutschland 1796. 6. Stück. S. 353; auch in: Fambach 2, 267.) Diese Bemerkungen veranlaßten Schillers Replik im Xenion Nr 306 (Pegasus, von eben demselben [Schiller]).*

Vgl. auch die Erläuterungen zur 2. Fassung des Gedichts.

1—2 Haymarket *bis* verwandeln] *Im Londoner Stadtteil Haymarket soll es nach altem Recht erlaubt gewesen sein, untreue Frauen zu verkaufen.*
5 Hippogryph] *Fabelwesen, halb Greif, halb Pferd; erfunden wohl von dem italienischen Dichter Matteo Maria Boiardo (um 1440—1494), als Epiker ein Vorläufer Lodovico Ariosts (1474—1533), in dessen Epos „Orlando furioso" (in endgültiger Fassung 1532) „Hippogryph" der Name des Rosses von Atlas, dem Zauberer, ist. Auch am Beginn von Wielands „Oberon" (1780) kommt das fabelhafte Pferd vor (1. Gesang. 1. Strophe. V. 1); hier ist es gleichbedeutend mit Pegasos.*
6 Parade] *das „kurze plötzliche anhalten des reitpferdes, wobei es sich auf die hinterbeine stellt" (Grimm 7, 1453).*
18 Pfund] *Pfund Sterling der englischen Währung.*
19 Täuscher] *mhd. tiuschen, tûschen: tauschen; rostiuscher, -tûscher: Roßtäuscher, Pferdehändler.*
21 Hans] *der Vorname hier in seiner appellativen Bedeutung: „Hans Narr" o. ä (vgl. Grimm 4 II, 460).*
31 Krabbe] *hier wohl Bezeichnung für bewegliche, regsame Tiere (vgl. Grimm 5, 1910).*
32 Koller] *Tollwut (vgl. Grimm 5, 1617).*

36 mit *bis* schlagen] *Enallage, hier: Versetzung des Adverbs als Adjektivattribut zum vorangehenden Substantiv.*
48 Tollwurm] *Wurm, der die Tollwut verursachen soll (vgl. Grimm 11 I 1,647).*
55 lächerlichem Zuge] *Antikes Vorbild für ein solches Gespann aus Ochs und Pferd ist das des Odysseus, mit dem dieser, Salz in die Furchen des Feldes säend, Wahnsinn vortäuschen wollte, um sich der Fahrt nach Troja zu entziehen.*
71—74 Ein *bis* Band] *Dahinter verbirgt sich Apollon, erkennbar an der Zitter; sie gehört mit dem Bogen zu den Attributen des Gottes in Darstellungen und Abbildungen, die ihn auch gelegentlich „mit goldgelben lockichten Haaren" zeigen (Hederich, 339).*
90—92 schießt *bis* Aetherbogen] *Der Überlieferung nach stieg Pegasos nach dem Sturz des Bellerophontes, der sich mit seiner Hilfe zum Olymp aufschwingen wollte, von Zeus aber auf die Erde zurückgeschleudert wurde, zum Himmel empor.*

233 Der spielende Knabe

ENTSTEHUNG. Schiller schickte das Gedicht am 21. August 1795 an Humboldt (vgl. seinen Brief vom selben Tag); es war wohl kurz zuvor entstanden.

ÜBERLIEFERUNG. H: ? – E: Musen-Almanach für das Jahr 1796. S. 79 bis 80; unterzeichnet: SCHILLER. *D: Gedichte 2 (1803). S. 117–118; danach in: Gedichte ²2 (1805). S. 117–118. – Textwiedergabe nach E.*

LESARTEN. Zur ursprünglichen, von Humboldt kritisierten Fassung des Verses 3 vgl. ERLÄUTERUNGEN. **10** Pflicht] Pflicht, D

ERLÄUTERUNGEN. Humboldt, der das Gedicht überaus schön, so lieblich und zart, und so sehr charakteristisch fand (an Schiller vom 31. August 1795), übte Kritik an V. 3, in dem es zunächst der Mutter Arme *hieß, so daß der gesamte Vers nicht einen gewöhnlichen Daktylus enthielt. Schiller änderte ihn daraufhin. Körner war es neben „Das Kind in der Wiege" das liebste unter den kleineren Gedichten des Almanachs (vgl. an Schiller vom 2. September 1795).*
1 Spiele] *Der in V. 5 und 9 wiederholte anaphorische Imperativ rückt den Begriff des „Spiels", als Gegenbegriff zu dem der „Arbeit" (V. 9), in den Mittelpunkt des Gedichts, der in Schillers Briefen „Ueber die ästhetische Erziehung des Menschen" von großer Bedeutung ist. Im Spiel, so wird dort entwickelt, vermag sich der Mensch als ein ganzer, harmonischer wiederherzustellen, dessen dualistisches Wesen in der Vermittlung seiner sinnlichen und vernünftigen Anlagen zum Ausgleich gekommen ist:* Der Mensch ist nur da ganz Mensch, wo er spielt. *(15. Brief; NA 20, 359.) Das kindliche Spiel ist noch nicht Produkt eines solchen Ausgleichs, kann aber als Modell dafür betrachtet werden.*

5 Arkadien] *Anders als in früheren Gedichten muß „Arkadien" hier im Zusammenhang mit dem komplementären Bild „Elysium" verstanden werden. „Arkadien" bezeichnet jene Unschuld des Hirtenstandes eines ursprünglichen Weltzustandes, dessen Wiederherstellung sinnvoll nicht mehr angestrebt werden kann, weil die fortgeschrittene Geschichte dies unmöglich macht. Daher lautet Schillers Forderung an den Dichter: Er führe uns nicht rückwärts in unsre Kindheit, sondern vorwärts zum Entwurf einer Idylle, welche jene Hirtenunschuld auch in Subjekten der Kultur [...] ausführt, welche mit einem Wort, den Menschen, der nun einmal nicht mehr nach* A r k a d i e n *zurückkann, bis nach* E l i s i u m *führt. (Ueber naive und sentimentalische Dichtung; NA 20, 468, 472.)*

6—10 Und *bis* Muth.] *Der 27. Brief „Ueber die ästhetische Erziehung des Menschen" behandelt – am Beispiel des „arbeitenden" und „spielenden" Tieres – den gleichen Gedanken (vgl. NA 20, 406).*

233 Die Ritter des Spitals zu Jerusalem

ENTSTEHUNG. *Schiller schickte das Gedicht mit einem seiner nicht überlieferten Briefe vom 31. August und 4. September an Humboldt; vgl. dessen Antwort vom 11. September. Das Gedicht ist wohl Ende August 1795 entstanden.*

ÜBERLIEFERUNG. H: ? *(Eine Gerstenbergksche Fälschung in: Freies Deutsches Hochstift Frankfurt a. M.)* – E: *Musen-Almanach für das Jahr 1796. S. 90–91; unterzeichnet:* SCHILLER. D: *Gedichte 1 (1800). S. 197 (2. Fassung unter dem Titel „Die Johanniter"); danach in: Gedichte* ²1 *(1804). S. 197. – Textwiedergabe nach* E.

LESARTEN. *Vgl. die Varianten der 2. Fassung in NA 2 1, 116.*

ERLÄUTERUNGEN. *Die „Johanniter" (vgl.* ÜBERLIEFERUNG*), auch Hospitaliter genannt, waren ein seit der Eroberung Jerusalems durch die Kreuzfahrer im Jahr 1099 dort ansässiger geistlicher Ritterorden (1113 bestätigt). Er verband geistliche mit sozialen und militärischen Aufgaben. In der Zeit der Kreuzzüge standen Krankenpflege und Schutz der Pilger im Vordergrund, später der Glaubenskampf. Nach der Eroberung Akkons, von 1187 an Sitz des Ordens, durch die Mamelucken* im *Jahr 1291 setzte sich der Orden in den Besitz der Insel Rhodos. 1523 wurde er von den Osmanen vertrieben und erhielt 1530 von Kaiser Karl V. Malta zum Lehen; daher rührt seine Bezeichnung als Malteserorden.*

Das Gedicht paraphrasiert auf poetische Weise eine Passage aus Schillers Vorrede zu Friedrich Immanuel Niethammers Übersetzung der „Histoire des Chevaliers Hospitaliers de S. Jean de Jérusalem, appellés depuis Chevaliers de Rhodes, et aujourd'hui Chevaliers de Malthe" (1726) (Schiller besaß eine siebenbändige Ausgabe, Paris 1772; vgl. NA 12, 374). Der deutsche Titel lautet: „Geschichte des Malteserordens nach Vertot" (1792–1793). In Schillers Vorrede heißt es:

[...] wenn diese Löwen im Gefechte hier an den Krankenbetten eine Geduld, eine Selbstverleugnung, eine Barmherzigkeit üben, die selbst das glänzendste Heldenverdienst verdunckelt – wenn eben die Hand, welche wenige Stunden zuvor das furchtbare Schwerdt für die Christenheit führte, und den zagenden Pilger durch die Säbel der Feinde geleitete, einem ekelhaften Kranken um G o t t e s w i l l e n die Speise reicht, und sich keinem der verächtlichen Dienste entzieht, die unsre verzärtelten Sinne empören – wer, der die Ritter des Spitals zu Jerusalem in dieser Gestalt erblickt, bei diesen Geschäften überrascht, kann sich einer innigen Rührung erwehren? wer ohne Staunen die beharrliche Tapferkeit sehen, mit der sich der kleine Heldenhaufe in Ptolomais [Akkon], in Rhodus, und späterhin auf Maltha gegen einen überlegenen Feind vertheidigt? (Geschichte des Maltheserordens 1, IX–X.)

Schiller beschäftigte sich intensiv mit dem Orden und dessen Geschichte. So ist Vertots Werk die Quelle des Stoffs für die Ballade „Der Kampf mit dem Drachen" (vgl. die Erläuterungen dazu) sowie für das geplante Trauerspiel „Die Maltheser" (NA 12, 13–87). Außerdem veröffentlichte Schiller unter dem Titel „Belagerung der Johanniter in Rhodus durch die Türken" die Übersetzung eines Auszugs aus Vertot in der „Thalia" (10. Heft. 1790. S. 128–160). Ein Indiz für Schillers Bewunderung der Malteser ist schließlich auch, daß er in der Buchfassung des „Don Karlos" von 1787 aus dem Marquis Posa einen Malteserritter machte, der an der Verteidigung des Forts St. Elmo auf Malta teilgenommen hat (vgl. NA 6, 171–172).

Humboldt bemerkte zu dem Gedicht: Die Ritter sind ja recht fromm geworden, und machen niedliche bunte Reihe gegen das Ende des Almanachs hin mit den Epigrammen. (An Schiller vom 11. und 12. September 1795.)

Vgl. auch die Erläuterungen zur 2. Fassung des Gedichts.
1 des *bis* Rüstung] *Die Johanniter trugen auf Brust und Schultern ein weißes Kreuz auf rotem Grunde.*
2 Akkon] *Hafenstadt im heutigen Israel, nördlich der Haifabucht. Vgl. die einleitenden Erläuterungen.*
4 Cherubim] *Engel am Thron Gottes; in Gen. 3, 24 treten sie, mit Schwertern bewaffnet, als Wächter des Paradieses auf.*
6 Söhne *bis* Stamms] *Die Ritter entstammten gewöhnlich dem Adel.*
10 Demuth und Kraft] *Der Konflikt beider Tugenden wird im „Kampf mit dem Drachen" geschildert.*

233 Der Sämann

ENTSTEHUNG. *Aus Humboldts Brief an Schiller vom 18. August 1795 ergibt sich, daß ihm Schiller das Epigramm am 7. August übersandt hatte. Die zeitliche Nähe zu „Würde der Frauen" wird durch die Überlieferung der Handschrift erkennbar.*

ÜBERLIEFERUNG. H¹: *Universitätsbibliothek Bonn. 1 Blatt 17,3 × 15 cm, 1 S. beschrieben. Leicht vergilbtes geripptes Papier; vielleicht Druckvorlage für E. H²: GSA. 1 Blatt 20,5 × 35,6 cm, 2 S. beschrieben. Blaugraues geripptes Papier, auf der Vorderseite leicht, auf der Rückseite stärker vergilbt, etwas stockfleckig, am rechten Rand eingerissen. Wz.: Achtzackiger Stern. Auf der Vorderseite: „Würde der Frauen", V. 105–118, „Der Sämann" und „Unsterblichkeit"; auf der Rückseite: „Deutsche Treue", V. 1–16. – Über den 2. Teil des ursprünglichen Doppelblatts vgl. zu „Die zwei Tugendwege". – E: Musen-Almanach für das Jahr 1796. S. 97; unterzeichnet: SCHILLER. D: Gedichte 1 (1800). S. 186; danach in: Gedichte ²1 (1804). S. 186. Schiller bestimmte das Epigramm auch für die Prachtausgabe. Vgl. NA 2 I, 318. – Textwiedergabe nach E.*

LESARTEN. **1** Sieh!] Sieh, *verb. aus* Siehe, H^2 **2** Saat.] Saat, H^2 **3** Furche] Furchen H^2 dich] dich, H^2 **4** Weisheit] Weißheit H^2 blühn?] blühn. H^2 *unterzeichnet:* Schiller. H^1 – *Vgl. auch die Varianten in NA 2 I, 318.*

ERLÄUTERUNGEN. *Einen dem Epigramm verwandten Gedanken enthält der 9. Brief „Ueber die ästhetische Erziehung des Menschen"; der aus reinem moralischen Trieb Handelnde, heißt es dort, sei* aufs Unbedingte *gerichtet, für ihn gebe es keine Zeit; an ihn ergehe der Rat: [...] gieb der Welt, auf die du wirkst, die* R i c h t u n g *zum Guten, so wird der ruhige Rhythmus der Zeit die Entwicklung bringen. Diese Richtung hast du ihr gegeben, [...] wenn du, handelnd oder bildend, das Nothwendige und Ewige in einen Gegenstand ihrer Triebe verwandelst. (NA 20, 335.) Vgl. auch die folgenden Verse aus dem Gedicht „Ermunterung" von Johann Gaudenz Freiherr von Salis-Seewis (1762–1834), den Schiller 1790 kennengelernt hatte (vgl. an Charlotte von Lengefeld vom 9. Februar 1790):*

> Handelt! durch Handlungen zeigt sich der Weise,
> Ruhm und Unsterblichkeit ist ihr Geleit.
> Zeichnet mit Thaten die schwindenden Gleise
> Unserer flüchtig entrollenden Zeit.

(V. 41–44; in: Musen Almanach für 1790. / herausgegeben von Joh[ann] Heinr[ich] Voß. S. 51.)
   Humboldt zählte Schillers Epigramm zu seinen liebsten *unter den kurzen Sprüchen, im* Ausdruck *hielt er es für* vollendet *(an Schiller vom 18. August 1795).*

234 Die zwei Tugendwege

ENTSTEHUNG. *Eine erste Fassung des Epigramms entstand vermutlich Anfang Juni 1795. Am 9. Juni trug Charlotte Schiller es in das Stammbuch Friederike Bruns ein. Vgl. Euphorion 12 (1905). S. 160. Die für den Musenalmanach bestimmte Fassung schickte Schiller am 7. August Humboldt zu. Vgl. dessen Antwort vom 18. August.*

ÜBERLIEFERUNG. H: GSA. 1 Blatt 20,5 × 35,6 cm, 2 S. beschrieben. Blaugraues geripptes Papier, auf der Vorderseite stark, auf der Rückseite leicht vergilbt, etwas fleckig, am rechten Rand eingerissen. Wz.: ILA. Am unteren Rand der Rückseite von fremder Hand: Von Schillers Hand. *Auf der Vorderseite: „Deutsche Treue", V. 17–18, „Die zwey Tugendwege", „Das Höchste" und „Ilias"; auf der Rückseite: „Der philosophische Egoist". h: ? (Kopenhagen?) Abschrift Charlotte Schillers in das Stammbuch Friederike Bruns, gedruckt in: Euphorion 12 (1905). S. 160 (Louis Bobé). – E: Musen-Almanach für das Jahr 1796. S. 110; unterzeichnet:* SCHILLER. *D: Gedichte 1 (1800). S. 206; danach in: Gedichte ²1 (1804). S. 206. Schiller bestimmte das Epigramm auch für die Prachtausgabe seiner Gedichte. Vgl. den Text in NA 2 I, 322. – Textwiedergabe nach E.*

LESARTEN. Überschrift: zwei] zwey H . **1** Zweyerley Pfade sind's, die zur Unsterblichkeit führen, h Zwei] Zwey H Pfade,] Wege H emporstrebt.] emporstrebt, H **2** eine] Eine H dir] Dir h *(zweimal)* thut] tut h **3** H a n d e l n d] H a n d l e n d h erringt] ereilt h d u l d e n d!] d u l d e n d , H duldend h **4** sein] Sein h beiden] beyden H h – *Vgl. auch die Varianten in NA 2 I, 322.*

ERLÄUTERUNGEN. In Schillers Schrift „Ueber die nothwendigen Grenzen beim Gebrauch schöner Formen" ist die Parität von „Glücklichem" und „Leidendem" in Hinsicht auf die Tugend zugunsten des letzteren aufgehoben. Echte Moralität, so heißt es dort deutlich unter dem Eindruck der Kantischen Ethik, bewähre sich nur im Leiden, das Glück werde leicht eine Klippe der Tugend; die Begründung lautet: Der ununterbrochen glückliche Mensch sieht [...] die Pflicht nie von Angesicht, wie der Unglückliche, der, da s e i n e r Tugend keine Neigung hilft, den Vorzug habe, die Freyheit des Dämons noch als Mensch zu beweisen. *(NA 21, 27.) Unter diesem Aspekt ist wohl V. 4 zu verstehen. Der Aufsatz „Ueber das Erhabene" formuliert den Gegensatz so:* Das Schöne macht sich bloß verdient um den M e n s c h e n, das Erhabene um den r e i n e n D ä m o n in ihm *(NA 21, 52). Das Beispiel eines „erhabenen" Dulders war für Schiller der krebsleidende Christian Garve (vgl. Xenion Nr 156 [Garve]). Das Verhältnis von Glück und Leid wird im gleichen Sinn auch in dem Distichon „Theophanie" behandelt.*

234–237   Die Ideale

ENTSTEHUNG. Das Gedicht war Mitte August 1795 fertig; Schiller schickte es mit seinem nicht überlieferten Brief vom 17. August an Herder. Vgl. dessen Antwort vom 22. August. An Humboldt ging das Gedicht vermutlich erst am 24. August. Vgl. dessen Brief an Schiller vom 31. August.

ÜBERLIEFERUNG. H: ? h¹ und h²: GSA. Abschriften der Verse 89–104 von Christophine Reinwalds Hand. – E: Musen-Almanach für das Jahr 1796.

S. 135–140, *unterzeichnet:* SCHILLER. *D: Gedichte 1 (1800). S. 42–46 (2. Fassung); danach in: Gedichte* ²1 *(1804). S. 42–46. Schiller bestimmte das Gedicht auch für die Prachtausgabe seiner Gedichte. Vgl. den Text in NA 2 I, 367–369.* – *Textwiedergabe nach E.*

LESARTEN. **91** tröstend] standhaft b^1 Standhaft b^2 **97** du, die] die so b^2 – *Vgl. die Varianten der 2. Fassung in NA 2 I, 367–369.* – *Vgl. auch die Erläuterungen zu V. 69.*

ERLÄUTERUNGEN. *Während Herder das Gedicht* rührend-schön, erhaben-traurig *nannte (an Schiller vom 22. August 1795) und Goethe es zu seinem Lieblingsgedicht machte (vgl. Schiller an Humboldt vom 7. September 1795), weil es eine rührende Empfindung hervorrief (vgl. Humboldt an Schiller vom 31. August 1795), meldete Humboldt aus gleichem Grund Bedenken an. Nachdem er in seiner ausführlichen Besprechung Einzelnes, besonders die 4., 5., die zweite Hälfte der 6. und die 9. Strophe, sehr gelobt hat, bekennt er:* Nur vermisse ich die gedrängte Fülle, den Schwung, den raschen Gang, mit Einem Wort den eigenthümlichen Charakter anderer Gedichte Schillers *(ebd.); im Vordergrund stehe die* rührende Wirkung, *wie das Beispiel Goethes beweise, doch Humboldt beanstandete, daß diese Wirkung mehr aus dem* Stoff *und weniger aus der* Form *entspringe; das* Gefühl *dominiere die* Phantasie *(ebd.), der* reine Dichtergeist sei durch die *Empfindung des Individuums* verdrängt *(an Schiller vom 22. September 1795). Humboldt wiederholte damit eine Kritik, die Schiller selbst zuvor an den Gedichten Gottfried August Bürgers geübt hatte (vgl. seine Rezension „Über Bürgers Gedichte"; NA 22, 245–259). (Zu einigen Detailhinweisen Humboldts vgl. die Einzelstellenerläuterungen zu den beiden Fassungen des Gedichts.)*

Körners Urteil fiel ebenfalls verhalten aus: Die Ideale haben treffliche Stellen, nur den Schluß wünschte ich kräftiger. *(An Schiller vom 2. September 1795.) Schiller bestätigte die Beobachtungen der Freunde, akzeptierte sie jedoch nicht als Anlaß zu Kritik. Im Brief an Humboldt vom 7. September 1795 charakterisiert er sein Gedicht als* Naturlaut (wie Herder es nennen würde) und will es insofern nicht als eigentliche Poesie *beurteilt wissen; Körner gegenüber verteidigt er den schwachen Schluß mit dem Argument, als solcher entspreche er dem* gewöhnlichen Schicksal idealischer Erwartungen *(an Körner vom 8. September 1795).*

Was Humboldt an dem Gedicht kritisierte, bewog ihn andererseits dazu, ihm einen großen Publikumserfolg vorauszusagen, weil es am allgemeinsten verständlich sei *(an Schiller vom 28. September 1795). Daß er recht behielt, geht aus seinem Brief vom 29. Dezember 1795 hervor, in dem er berichtet, der „Musen-Almanach für das Jahr 1796"* werde entsetzlich gekauft, *und weiter:* Unter Ihren Stücken höre ich die Ideale am meisten, den Tanz am wenigsten loben. *Friedrich Schlegel allerdings griff in seiner Rezension des Almanachs die zuvor privat geübte Kritik öffentlich auf. Zwar fand er, der* Schluß sei zu Recht mager, *erklärte jedoch insgesamt:* Der Schmerz über den Verlust der Jugend, die Furcht vor dem Tode sind, so nakt und roh wie sie hier gegeben werden,

DIE IDEALE

nicht dichterisch. *(Deutschland 1796. 6. Stück. S. 355; auch in: Fambach 2, 268.) Einige Ausdrücke, die Schlegel mißbilligte, unterdrückte Schiller in der 2. Fassung (vgl. die Erläuterungen dazu).*
5 verweilen] *transitiv gebraucht.*
25—32 Wie *bis* fuhr.] *Im Brief an Caroline von Beulwitz und Charlotte von Lengefeld vom 10. und 11. September 1789 hatte Schiller geschrieben:* Nur durch das, was wir ihr leyhen, reizt und entzückt uns die Natur. Sie sei der Spiegel, der uns mit unserm eigenen Bilde überrascht. *Vgl. zu dieser Auffassung der Natur auch V. 39-40.*
33 sympathetschem Triebe] *Vgl. zum Begriff der "Sympathie", der in Schillers Jugendgedichten eine wichtige Rolle spielt, die Laura-Lieder sowie "Der Triumf der Liebe" und "Die Freundschaft" und die Erläuterungen dazu.*
37—40 Da *bis* Wiederhall] *Die Stelle erinnert an "Die Götter Griechenlandes" (V. 16-32), wo der Verlust dieses Zustandes ebenfalls beklagt wird.*
42 kreisend] *Ob "kreisen" oder "kreißen" zu lesen ist, ist nicht völlig sicher. Für das letztere spricht allerdings, daß Schiller ein sehr verwandtes Bild nur kurze Zeit später in der Schrift "Ueber die nothwendigen Grenzen beim Gebrauch schöner Formen", die im 9. "Horen"-Stück 1795 erschien, verwendete:* In seinem [des Jugendlichen] Kopf arbeiten dunkle Ideen, wie eine werdende Welt *(NA 21, 20). In ähnlicher Weise hatte Schiller in der "Erinnerung an das Publikum" zur Mannheimer "Fiesko"-Aufführung 1784 seinen Helden als einen großen fruchtbaren Kopf bezeichnet, der* gleich dem g e b ä r e n d e n Geist auf dem Chaos, einsam und unbehorcht eine Welt ausbrütet *(NA 22, 89). Damit ist die erste Lesart freilich nicht ausgeschlossen.*
50 Urne] *Attribut der Najaden.*
55—56 Er *bis* Ozean] *Das Bild findet sich auch im Distichon "Erwartung und Erfüllung".*
69 L i e b e] *Hier und vermutlich auch in V. 83 hatte es zunächst* M i n n e *geheißen; Humboldt hatte den Ausdruck mehr spielend, als ernst empfunden (an Schiller vom 31. August 1795), worauf Schiller ihn noch für den Erstdruck änderte.*
94 F r e u n d s c h a f t] *Freundschaft war Schiller seit seiner Jugendzeit sowohl persönlich wie poetisch die bedeutsamste Form zwischenmenschlicher Beziehungen; vgl. u. a. das Gedicht "Die Freundschaft" und die Erläuterungen dazu. Dies unterstreicht auch Humboldts Urteil (vgl. zu V. 97-104).*
97—104 Und *bis* streicht.] *In seinem Brief vom 31. August 1795 schrieb Humboldt:* Die beiden letzten Strophen, und vorzüglich die letzte schildern auf eine überaus eigenthümliche Art Ihr Leben, und Ihre Individualität, diese fortwährende Geistesthätigkeit, die keiner Schwierigkeit erliegt, nie ermüdet, wie langsam auch der Fortschritt sey.
99 B e s c h ä f t i g u n g] *Humboldt erschien das Wort zu prosaisch (an Schiller vom 31. August 1795). Schiller änderte es aber weder hier noch in der 2. Fassung.*
101—104 Die *bis* streicht] *Mit einer ähnlichen Vorstellung schließt Schillers Jenaer Antrittsrede über die Frage "Was heißt und zu welchem Ende studiert man Universalgeschichte?" Schiller bezeichnet es dort als bewußtes oder unbe-*

wußtes Ziel aller Zeitalter, unser m e n s c h l i c h e s *Jahrhundert herbey zu führen, und als die eigene Aufgabe,* zu dem reichen Vermächtniß von Wahrheit, Sittlichkeit und Freyheit *aus vergangenen Zeiten einen Beitrag zu leisten, es vermehrt an künftige Generationen weiterzugeben und so* an das k o m - m e n d e Geschlecht die Schuld zu entrichten, *die dem vergangenen nicht mehr vergolten werden kann (NA 17, 375, 376).*

101—102 Die *bis* **reicht]** *Das gleiche Bild findet sich in der Schrift „Ueber die nothwendigen Grenzen beim Gebrauch schöner Formen" (vgl. NA 21, 21).*

237   **Der Kaufmann**

ENTSTEHUNG. *Das Epigramm entstand vermutlich im September 1795. Schiller schickte es am 3. Oktober an Herder. Vgl. dessen Brief vom 10. Oktober 1795.*

ÜBERLIEFERUNG. *H: ? – E: Musen-Almanach für das Jahr 1796. S. 144; unterzeichnet:* SCHILLER. *D: Gedichte 1 (1800). S. 185 (2. Fassung); danach in: Gedichte* ²1 *(1804). S. 185. Schiller bestimmte das Gedicht auch für die Prachtausgabe seiner Gedichte. Vgl. den Text in NA 2 I, 326. – Textwiedergabe nach E.*

LESARTEN. *Vgl. die Varianten der 2. Fassung in NA 2 I, 326.*

ERLÄUTERUNGEN. *Handel und Wohlstand als Grundlage der freien Entwicklung von Kunst und Kultur – dieser Gedanke kommt auch in der „Elegie" (V. 115—126) zum Ausdruck. Das Epigramm läßt sich als poetischer Kommentar zum 1. Buch von „Wilhelm Meisters Lehrjahren" lesen, in dessen 10. Kapitel Werner ein glänzendes Gemälde des Welthandels mit der Atmosphäre von Handelsstädten und Häfen und der Faszination eines von großer Fahrt heimkehrenden Handelsschiffes entwirft. Schiller las den Beginn von Goethes Roman im Dezember 1794 und schrieb dem Verfasser am 9. Dezember:* Die Apologie des Handels ist herrlich und in einem großen Sinn. *– Herder zählte das Epigramm zu denen, die er* vortrefflich *fand (an Schiller vom 10. Oktober 1795).*

1 Sidonische Männer] *Sidon, Hafenstadt in Phönikien; die Phöniker waren im Altertum für Handel und Gewerbefleiß bekannt.*
2 den Bernstein, das Zinn] *Bernstein wurde nach* Tacitus *an der Ostsee gefunden (vgl. De origine et situ Germanorum 45, 4), Zinn nach* Herodot *auf den Kassiteriden („Zinninseln"), wohl als die Scilly-Inseln vor der Südwestküste Britanniens zu identifizieren (vgl. Historiae 3, 115).*

238   **Ein Wort an die Proselytenmacher**

ENTSTEHUNG. *Das Epigramm entstand vermutlich im September 1795. Am Ende dieses Monats schickte es Schiller an Humboldt. Vgl. dessen Brief vom 2. Oktober 1795.*

ÜBERLIEFERUNG. H: ? – E: *Musen-Almanach für das Jahr 1796.* S. 155; unterzeichnet: SCHILLER. D: *Gedichte* 1 (1800). S. 298 [recte 198] (2. Fassung unter dem Titel „An die Proselytenmacher"); danach in: *Gedichte* ²1 (1804). S. 198. Schiller bestimmte das Epigramm auch für die Prachtausgabe. Vgl. den Text in NA 2 I, 315. – Textwiedergabe nach E.

LESARTEN. Vgl. die Varianten der 2. Fassung in NA 2 I, 315.

ERLÄUTERUNGEN. Im Neuen Testament sind „Proselyten" (nach griech. προσήλυτος: hinzugekommen) vom Heidentum zum Judentum Bekehrte. „Proselytenmacher" bezeichnet allgemein einen Menschen, der andere zu seinem Glauben bekehren will. – Das Gedicht zitiert die legendäre Äußerung von Archimedes (um 285–212 v. u. Z.), dem griechischen Mathematiker und Mechaniker aus Syrakus, in der vom sogenannten „Archimedischen Punkt" die Rede ist: „Gebt mir einen Platz [außerhalb der Erde], wo ich stehen kann, und ich werde die Erde bewegen." Die Unmöglichkeit, diesen zu finden, dient hier dem Vergleich mit der Aussichtslosigkeit einer Bekehrung. Der Brief Humboldts an Schiller vom 2. Oktober 1795 legt nahe, das Epigramm, zusammen mit „Der Metaphysiker", auf Fichte und seine (Ich-)Philosophie zu beziehen (vgl. die Erläuterungen). – Herder lobte die Verse als vortrefflich (an Schiller vom 10. Oktober 1795).

238 Der beste Staat

ENTSTEHUNG. Vermutlich entstand das Distichon im September 1795.

ÜBERLIEFERUNG. H: ? – E: *Musen-Almanach für das Jahr 1796.* S. 157; unterzeichnet: SCHILLER. D: *Gedichte* 1 (1800). S. 314; danach in: *Gedichte* ²1 (1804). S. 314. Schiller bestimmte das Distichon auch für die Prachtausgabe. Vgl. den Text in NA 2 I, 320. – Textwiedergabe nach E.

ERLÄUTERUNGEN. Der Gedanke des Distichons, sprichwörtlich nach Thukydides' „Geschichte des Peloponnesischen Krieges" (II 45, 2), findet sich, bezogen auf die Tugend, in dem Epigramm „Meine Antipathie" wieder.

238 Der Abend / nach einem Gemählde

ENTSTEHUNG. Das Gedicht entstand vermutlich im September 1795. Vgl. Schillers Brief an Körner vom 25. September 1795.

ÜBERLIEFERUNG. H: ? – E: *Musen-Almanach für das Jahr 1796.* S. 165 bis 166; unterzeichnet: SCHILLER. D: *Gedichte* 1 (1800). S. 41; danach in: *Gedichte* ²1 (1804). S. 41. Schiller bestimmte das Gedicht auch für die Prachtausgabe. Vgl. den Text in NA 2 I, 208. – Textwiedergabe nach E.

LESARTEN. Überschrift: Der Abend / nach] Der Abend, / nach E Der Abend. / Nach D

ERLÄUTERUNGEN. Das Gedicht entstand auf Anregung von Humboldt, der in seinem Brief vom 31. August 1795 Schiller aufforderte, einmal einen Versuch in den eigentlich lyrischen Silbenmaaßen, wie die Klopstockischen und Horazischen sind, zu machen. *Schiller benutzte in Anlehnung an Klopstock (An Cidli, Hermann und Thusnelda, Der rechte Entschluß, Die Rache) folgende Odenstrophe: V. 1 und 2 bestehen jeweils aus einem phaläkischen Vers; auf einen Trochäus folgt ein Chorjambus und schließlich eine katalektische Tripodie (—∪—∪∪—|∪—∪—∪). V. 3 ist ein Pherekrateus mit dem Daktylus an der zweiten Stelle (—∪—∪∪—∪), V. 4 ein archilochischer Vers, in diesem Fall ein daktylischer Hemiepes, d. h. ein halber Hexameter oder daktylischer Trimeter mit einsilbiger Katalexe (—∪∪—∪∪—). Das Ergebnis wurde von den Freunden sehr gelobt. Körner schrieb:* Die Verse sind meisterhaft. *(An Schiller vom 29. September 1795.) Humboldt nannte es ein Gedicht von sehr großer Schönheit und verglich es in seiner Wirkung mit* Stücken der Griechen und Römer; das Silbenmaß sei treflich behandelt *(an Schiller vom 2. Oktober). Auch Herder fand alles sehr schön. Trotz dieser Anerkennung beließ es Schiller, von Jugendgedichten wie „Der Eroberer" abgesehen, bei diesem singulären Versuch in Klopstockscher Manier.*

Ob hinsichtlich des Motivs tatsächlich ein Gemählde zum Vorwurf *diente, ist unbekannt. Möglicherweise knüpfte Schiller an Ovids „Metamorphosen" an, in denen die Vorstellung entwickelt wird, Tethys, die Meergöttin, bewirte Helios, bei Ovid mit dem Beinamen Phoibos und dem Apollon gleichgesetzt, wenn dieser mit seinem Sonnenwagen allabendlich untergehe (vgl. 2, 68–69). Daß Helios, wie im Gedicht, Gatte der Tethys sei, ist nicht mythologisch. Der Bezug zu Ovid macht unwahrscheinlich, daß an Thetis, die Tochter des Nereus, auch eine Meergöttin, gedacht ist, was durch die Orthographie des Namens (auch im späteren Abdruck) nahe zu liegen scheint. Thematische Anregungen könnte Schiller von Goethes Roman „Wilhelm Meisters Lehrjahre" empfangen haben; dort singt im 5. Buch, mit dem sich Schiller im August 1795 beschäftigt hatte (vgl. an Goethe vom 17. August und die Erläuterungen dazu), Philine ein Lied über die Nacht als Zeit der Liebe (vgl. WA I 22, 193–194).*

8 Thetis] *Gemeint ist vermutlich nicht die Nereide Thetis, die Mutter des Achilleus, sondern Tethys, die Meeresgöttin, Gemahlin des Okeanos. Vielleicht dachte Schiller aber an Wielands „Oberon"; dort heißt es zu Beginn der 10. Strophe des 7. Gesanges:* Einst um die zeit, da schon am sternenvollen himmel / In Thetis schoos der funkelnde Arktur / Sich senkt [...]. (^{2}1789. S. 158.)

239 Der Metaphysiker

ENTSTEHUNG. Das Gedicht entstand vermutlich im September 1795. Schiller schickte es Ende dieses Monats an Humboldt. Vgl. dessen Brief an Schiller vom 2. Oktober 1795.

ÜBERLIEFERUNG. H: ? – E: *Musen-Almanach für das Jahr 1796.* S. 171; unterzeichnet: SCHILLER. D: *Gedichte 1* (1800). S. 199; danach in: *Gedichte* ²1 (1804). S. 199. – Textwiedergabe nach E.

ERLÄUTERUNGEN. *Kant benutzt gelegentlich das Bild des Turmbaus als Gleichnis für eine auf unkritischen erkenntnistheoretischen Grundlagen aufgebaute Metaphysik, z. B. im „Anhang" der „Prolegomena" (1783) im Abschnitt „Probe eines Urtheils über die Kritik, das vor der Untersuchung vorhergeht" (Werke 4, 373) und in den ersten Sätzen der „Methodenlehre" der „Kritik der reinen Vernunft" (²1787; Werke 3, 465). Nach einem Hinweis Humboldts im Brief an Schiller vom 2. Oktober 1795 ist das Epigramm, ebenso wie „Ein Wort an die Proselytenmacher", auf Fichte zu beziehen.*

239 Columbus

ENTSTEHUNG. *Das Gedicht ist vermutlich im September 1795 entstanden. Vgl. Körners Brief an Schiller vom 27. September.*

ÜBERLIEFERUNG. H: ? – E: *Musen-Almanach für das Jahr 1796.* S. 179; unterzeichnet: SCHILLER. D: *Gedichte 1* (1800). S. 32 („Kolumbus"); danach in: *Gedichte* ²1 (1804). S. 32. Schiller bestimmte das Gedicht auch für die Prachtausgabe. Vgl. den Text in NA 2 I, 321. – Textwiedergabe nach E.

LESARTEN. *Vgl. die geringfügigen Veränderungen des späteren Drucks in NA 2 I, 321.*

ERLÄUTERUNGEN. *Den Gedanken des Gedichts hatte Schiller schon in den „Philosophischen Briefen" ausgesprochen:* Auf die Unfehlbarkeit seines Kalkuls geht der Weltentdeker Kolumbus die bedenkliche Wette mit einem unbefahrenen Meere ein, die fehlende zwote Hälfte zu der bekannten Hemisphäre [...] zu suchen, [...] und seine Rechnung war richtig. *(NA 20, 127.) Die Figur des in Italien geborenen Seefahrers Christoph Kolumbus (1451 bis 1506) beschäftigte Schiller auch in dem Gedichtfragment „Nach dem fernen Westen wollt ich steuern". Anregungen gingen offenbar von Albrecht von Haller aus; in dessen Gedicht „Gedanken über Vernunft, Aberglauben und Unglauben" heißt es:*

> Ein forschender Columb, Gebieter vor dem Winde,
> Besegelt neue Meer, umschift der Erden Ründe:
> [...]
> Die fernen Grenzen sind vom Ocean umflossen,
> Was die Natur verbarg, hat Kühnheit aufgeschlossen;
> Das Meer ist seine Bahn, sein Führer ist ein Stein,
> Er sucht noch eine Welt, und was er will, muß seyn.

(V. 35–36, 39–42; Versuch Schweizerischer Gedichte [1762], 60.)
Humboldt bezeichnet die in Schillers Gedicht zum Ausdruck kommende Zu-

versicht in das Vermögen der menschlichen Geisteskraft *im Rückblick als charakteristisch für Schiller ebenso wie den* Glauben an die dem Menschen unsichtbar inwohnende Kraft, *die in Übereinstimmung mit der Erde und Weltall ordnenden Kraft stehe und auf diese Weise Naturerkenntnis ermögliche (Ueber Schiller [1830], 22).* Es ist anzunehmen, daß Schiller seine frühe Überzeugung durch das Studium Kants und dessen Auffassung von der Analogie des menschlichen Erkenntnisvermögens und der Natur im Zusammenhang mit der Bestimmung des transzendentalen Begriffs einer Zweckmäßigkeit der Natur als subjektives Prinzip der Urteilskraft bestätigt sah (vgl. zu „Die Künstler" [V. 279–287]).

Das Gedicht ist ein anschauliches Beispiel für die emblematische Struktur, die sich in Schillers Gedichten wiederholt aufweisen läßt. Gemeint ist die Zweiteilung in Darstellungs- und Deutungsebene: An das poetisch entfaltete Bild der „Entdeckungsfahrt" (V. 1–6) schließt sich das sentenzhafte Resümee an, das aus dem besonderen Fall eine allgemeine Wahrheit ableitet (V. 7–8). Unter Einbeziehung des Titels ergibt sich auf diese Weise die Dreigliedrigkeit des Emblems: „Motto" oder „Inscriptio", „Pictura" und „Scriptura". Solche emblematischen Strukturelemente finden sich u. a. in „Die Kindsmörderin", „Die Gröse der Welt", „Resignation", „Der Tanz", „Würden", „Das verschleierte Bild zu Sais", „Sehnsucht", „Nänie". Vgl. im einzelnen: Voßkamp, Emblematisches Zitat (1974).

Das Gedicht fand die Zustimmung der Freunde. Körner schrieb: Unter den kleineren Stücken ist Columbus mein Liebling. *(An Schiller vom 27. September 1795.) Humboldt bemerkte:* Der Schluß ist so überraschend, und enthält eine große und kühne Idee. *(An Schiller vom 2. Oktober 1795.) Herder fand es* vortrefflich *(an Schiller vom 10. Oktober 1795).*

1 Witz] *Es ist möglich, darunter „Spott" oder „Scherz" (der Zeitgenossen oder der Schiffer) zu verstehen (vgl. Grimm 14 II, 883); die gewöhnliche Bedeutung des Wortes im Sprachgebrauch der Zeit und bei Schiller ist aber „Verstand", „Beurteilungskraft" (vgl. Grimm 14 II, 865). In diesem Sinne entspräche der Begriff dem der „Klugheit" im Epigramm „Weißheit und Klugheit", in dem* diese jene *verlacht (V. 2).*

5 dem leitenden Gott] *dem Genius; in seiner Schrift über die „Merkwürdige Belagerung von Antwerpen" bemerkt Schiller über den Herzog von Parma, was auch für Kolumbus hier gelten könnte:* Jener genialische Instinkt, der den großen Menschen auf Bahnen, die der kleine entweder nicht betritt, oder nicht endigt, mit glücklicher Sicherheit leitet, erhob ihn über alle Zweifel, die eine kalte aber eingeschränkte Klugheit ihm entgegen stellte *(NA 17, 316).*

240–243   Würde der Frauen

ENTSTEHUNG. *Das Gedicht entstand im August 1795. Schiller schickte es am 28. August noch ganz warm, wie es aus der Feder und aus dem Herzen kommt, mit der Bitte um Vertonung an Reichardt. Korrekturen besorgte er im September. Vgl.* ERLÄUTERUNGEN.

ÜBERLIEFERUNG. H: GSA. Vgl. die Beschreibung der Handschrift bei den Angaben zu „Der Sämann" (H²). Auf der 1. Seite V. 105–118 von „Würde der Frauen". – E: Musen-Almanach für das Jahr 1796. S. 186–192; unterzeichnet: SCHILLER. *D: Gedichte 1 (1800). S. 330–333 (2. Fassung); danach in: Gedichte ²1 (1804). S. 330–333. Schiller bestimmte das Gedicht auch für die Prachtausgabe. Vgl. den Text in NA 2 I, 205–206. – Textwiedergabe nach E.*

LESARTEN. **105** Schooß] Schoos H **106** Mann] Mann, H **109** Schritte,] *Komma gestr.* H **110** Zwischen Glück und Recht] Zwischen Angenehm und Gut, H **112** fröhlich weilt.] selig ruht. H; *vor* ruht. *ist* weilt. *unleserlich gemacht* H *Verse* **113–118** *nach links ausgerückt* H **116** Aus] In H **117** Leuchtet] Mahlt sich H – *Über eine Änderung für die Druckfassung vgl. die folgenden Erläuterungen zu V. 4–5. – Vgl. die erheblichen Varianten der 2. Fassung in NA 2 I, 205–206.*

ERLÄUTERUNGEN. Als Humboldt das Gedicht kennenlernte, nannte er es ein göttliches Stück *(an Schiller vom 8. September 1795). Seine Begeisterung rührte daher, daß er in dem Gedicht eigene Gedanken in einer so schönen und angemeßnen Diction ausgeprägt fand; er lobte die treffende Charakterisierung des männlichen und weiblichen Wesens und das glücklich gewählte Versmaß und erwartete eine starke Wirkung von dem Gedicht (an Schiller vom 11. und 12. September 1795). Humboldt dachte an seine beiden in den „Horen" erschienenen Aufsätze „Ueber den Geschlechtsunterschied und dessen Einfluß auf die organische Natur" (1795. 2. Stück. S. 99–132) und „Ueber die männliche und weibliche Form" (1795. 3. Stück. S. 80–103; 4. Stück. S. 14–40), in denen verwandte Vorstellungen entwickelt werden.*

Das Verhältnis der Geschlechter hatte Schiller schon früher auf ähnliche Weise bestimmt; in seiner Abhandlung „Ueber Anmuth und Würde" erklärte er diese als Erscheinungsform männlicher, jene als Ausdruck der weiblichen Tugend *(NA 20, 289). Auf poetischem Felde gehören Gedichte wie „Die Geschlechter", „Macht des Weibes", „Tugend des Weibes", „Weibliches Urtheil", „Forum des Weibes", „Das weibliche Ideal" und „Das Regiment" in den thematischen Umkreis.*

Körner teilte Humboldts Anerkennung; auch ihm schien der Wechsel der Versart ein angenehmer Kontrast: Die ruhigen Trochäen mildern den Ernst – und die hüpfenden Daktylen geben der Ruhe eine sanfte Bewegung; *auch er hoffte auf große Resonanz (vgl. an Schiller vom 14. September 1795), an der Schiller selbst nicht zweifelte:* Ich warte jetzt nur auf einige öffentliche Stimmen des Beyfalls über Würde der Frauen *(an Humboldt vom 5. Oktober 1795). Schon bald jedoch stellte sich Unzufriedenheit mit seinem Produkt ein (vgl. an Humboldt vom 29. [und 30.] November 1795), die sich in der späteren erheblichen Überarbeitung dokumentiert. Die öffentliche und private Kritik haben dabei gewiß eine Rolle gespielt. Die Meinung der Frauen selbst war geteilt. Während Caroline von Humboldt und Minna Körner ihren Beifall gaben (vgl. Humboldt an Schiller vom 11. und 12. September 1795 und Körner an Schiller vom 14. September 1795), machte Charlotte von Stein in ihrem Brief*

an Charlotte Schiller vom 7. September Einschränkungen: bei der Würde der Frauen sieht man recht, daß mein Lolloehen der Gegenstand war, aus dem er *[Schiller]* es schöpfte; heimlich aber hat er doch nach der Kantischen Philosophie den Mann zum Tugendhaften gemacht. *(Charlotte 2 [1862], 303.)*
   Professionelle Rezensenten verhielten sich ablehnend. Der Kritiker der neuesten Musenalmanache im „Berlinischen Archiv der Zeit und ihres Geschmacks" (März 1796. S. 215–241; teilweise wiedergedruckt in: Braun I 2, 120–123), Ludwig Tieck, bescheinigt dem Gedicht, es sei in einzelnen Stellen außerordentlich schön, aber ich gestehe Ihnen, daß ich, mit aller Anstrengung, keinen eigentlichen Plan darin habe finden können. *(S. 226.) Ganz ähnlich wird in der Rezension von Schillers Almanach in der „Neuen Bibliothek der schönen Wissenschaften und der freyen Künste" (1796. Bd. 58/2. S. 285–317; wiedergedruckt in: Braun I 2, 160–176) geurteilt (vgl. S. 296). Vor allem Friedrich Schlegel in Reichardts Journal „Deutschland" (1796. Bd 2. 6. Stück. S. 348–360; wiedergedruckt in: Fambach 2, 265–269) fand herbe Worte über das Gedicht:* Diese im Einzelnen sehr ausgebildete und dichterische Beschreibung der Männlichkeit und Weiblichkeit, ist im Ganzen monoton durch den Kunstgriff, der ihr Ausdruck geben soll. [...] Strenge genommen kann diese Schrift nicht für ein Gedicht gelten: weder der Stoff noch die Einheit sind poetisch. Doch gewinnt sie, wenn man die Rhythmen in Gedanken verwechselt und das Ganze Strophenweise rückwärts liest. Auch hier ist die Darstellung idealisirt; nur in verkehrter Richtung, nicht aufwärts, sondern abwärts, ziemlich tief unter die Wahrheit hinab. Männer, wie diese, müßten an Händen und Beinen gebunden werden; solchen Frauen ziemte Gängelband und Fallhut. *(S. 354.)*
   Schiller reagierte auf diese harte Kritik mit seinen Xenien gegen Friedrich Schlegel (Nr 301–308; vgl. besonders Nr 305 [Schillers Würde der Frauen]), wobei anzumerken ist, daß die ironischen Bemerkungen über das Verwechseln der Rhythmen und das Rückwärtslesen von August Wilhelm stammten. Das geht aus Friedrich Schlegels Brief an den Bruder vom 27. Mai 1796 hervor (Friedrich Schlegels Briefe an seinen Bruder August Wilhelm [1890], 274). Aus August Wilhelm Schlegels Nachlaß ist auch eine Parodie des Gedichts „Schillers Lob der Frauen", überliefert; sie beginnt:
       Ehret die Frauen! Sie stricken die Strümpfe,
       Wollig und warm, zu durchwaten die Sümpfe,
       Flicken zerrißene Pantalons aus;
       Kochen dem Manne die kräftigen Suppen,
       [...].
         Doch der Mann, der tölpelhafte
         Find't am Garten nicht Geschmack.
         Zum gegohrnen Gerstensafte
         Raucht er immerfort Taback;
         [...].
(Sämmtliche Werke [1846–1847] 2, 172.)
   Vgl. auch die Erläuterungen zur 2. Fassung des Gedichts.
4–5 Sicher *bis* verschwenden] *Schiller schrieb am 7. September 1795 an Hum-*

boldt, daß er dabei sei, die 2 vorlezten Verse der ersten Strophe *zu ändern. In seinem nicht überlieferten Brief vom 14. September legte er Humboldt offenbar Alternativvarianten vor, von denen dieser die vorliegende auswählte und abdrucken ließ (vgl. Humboldt an Schiller vom 22. September 1795). Für die 2. Fassung bearbeitete Schiller sie nochmals.*
15—20 Aber *bis* Natur.] *Vgl. das Bild des in die Arme der Natur zurückkehrenden Flüchtlings in „Die Macht des Gesanges" (V. 41—50).*

33 Reicher *bis* Bezirken] *Daß das weibliche Geschlecht mit dem männlichen durch das Medium der Darstellung zwar die* W a h r h e i t, *aber nie die* W i s s e n s c h a f t *teile, d. h. daß es durch die Vermittlung der Schönheit Anteil an den Resultaten, nicht aber an deren Hervorbringung habe, — diese Auffassung erläutert Schiller in seinem Aufsatz „Ueber die nothwendigen Grenzen beim Gebrauch schöner Formen" (NA 21, 16).*

41 Netze] *Gemeint ist die Netzhaut (vgl. Grimm 7, 639).*

53 Tausch der Seelen] *Diese Vorstellung findet sich schon in der „Theosophie des Julius". Dort ist vom* Tausch der Persönlichkeit, *von der* Verwechslung der Wesen *die Rede (NA 20, 119).*

58 Äolische Harfe] *Windharfe aus einem Holzkörper mit Saiten, die vom Wind zum Schwingen gebracht werden. Aiolos war in der griechischen Mythologie der Beherrscher der Winde.*

65—66 Mit *bis* Knecht] *Im Jahr 513 v. u. Z. unternahm der Perserkönig Dareios I. einen erfolglosen Feldzug gegen die Skythen in Südrußland. Herodot berichtet vom Sieg der Skythen über die Meder (vgl. Historiae 1, 104).*

65 beweist] *wohl zu ergänzen: „sein Recht".*

70 Charis] *Gewöhnlich ist von drei Chariten die Rede.*

79 Dämonen] *griech.* δαίμων: *Geist (im guten und bösen Sinn); Gottheit.*

89 Menschheit] *„menschliche Natur" (vgl. zu „Die Künstler" [V. 102]).*

91—118 Auf *bis* Gewalt.] *Vergleichbar ist die Gegenüberstellung von männlicher und weiblicher Tugend in der Abhandlung „Ueber Anmuth und Würde": Während der Mann, oft mit heroischer Stärke, die Pflicht gegen die Neigung durchsetzt, findet sich die Sittlichkeit des Weibes gewöhnlich auf Seiten der Neigung. Aus dieser Kongruenz ergibt sich „Anmut" als Ausdruck der weiblichen Tugend (NA 20, 289).*

244   Stanzen an den Leser

ENTSTEHUNG. *Das Gedicht entstand im September 1795. Schiller schickte es am 25. dieses Monats an Körner. Vgl. seinen Brief vom selben Tag.*

ÜBERLIEFERUNG. H: ? — E: *Musen-Almanach für das Jahr 1796. S. 203 bis 204; unterzeichnet:* SCHILLER. D: *Gedichte 1 (1800). S. 334—335 (mit dem Titel „Abschied vom Leser"); danach in: Gedichte* ²1 *(1804). S. 334—335. Schiller bestimmte das Gedicht mit dem Titel „Sängers Abschied" auch für die Prachtausgabe. Vgl. NA 2 I, 417. — Textwiedergabe nach E.*

ERLÄUTERUNGEN. Das Gedicht bildet den Abschluß des eigentlichen Gedichtteils des „Musen-Almanachs für das Jahr 1796", auf den dann noch Goethes „Epigramme. Venedig 1790" folgen. Es soll den Leser auf eine freundliche Art verabschieden. (An Körner 25. September 1795.) Die Freunde äußerten sich beifällig; Körner maß dem Gedicht eine äußerst gefällige Wirkung zu: Nur bin ich überzeugt, daß Du Deinen Werken unrecht thust. (An Schiller vom 29. September 1795.) Humboldt sprach von sehr großer Schönheit, lobte die unnachahmliche Anmuth und Zartheit und das Gleichniß in der 3ten Strophe als einen überaus poetischen Schluß, das Ganze als gelungene Ründung des Almanachs (an Schiller vom 2. Oktober 1795). Auch Goethe gefielen die Stanzen; er fand, sie würden den diesjährigen Jahrgang der Horen sehr schicklich und anmuthig schließen. (An Schiller vom 6. und 10. Oktober 1795.) Selbst der Kritik Friedrich Schlegels hielt das Gedicht, wenigstens seine erste Strophe, stand: Er nannte sie wunderschön (Deutschland 1796. Bd 2. 6. Stück. S. 357).
Titel Stanzen] *Die Stanze ist eine aus dem Italienischen stammende, ursprünglich epische Strophenform. Im Deutschen besteht sie in der Regel aus acht fünfhebigen jambischen Versen im Reimschema ababacc; die kreuzweise reimenden Verse schließen abwechselnd weiblich und männlich, der abschließende Paarreim weiblich. – Vgl. das Distichon „Die achtzeilige Stanze" sowie die einleitenden Erläuterungen zur 2. Fassung von Schillers in Stanzen abgefaßten Vergil-Übersetzung „Die Zerstörung von Troja" und die dort gesammelten „Dokumente zu Schillers Vergil-Übersetzungen".*
1–3 Die Muse *bis* dich] *Vergleichbar heißt es zu Beginn des Dritten Gesangs von Wielands Versdichtung „Der verklagte Amor":* M i n e r v a *schwieg, und mit verschämten Wangen* / *Trat* H y m e n *itzt hervor. (V. 1–2; Sämmtliche Werke 5, 179.)*
13–16 Zur *bis* Horen] *Vergleichbar ist die Charakterisierung des geheimnisvollen Mädchens im Gedicht „Das Mädchen aus der Fremde" (V. 5–8).*
23–24 Der *bis* kamen.] *Einen ähnlichen Gedanken formuliert der Schlußsatz von Schillers Jenaer Antrittsrede über die Universalgeschichte; dort ist von der wahren Unsterblichkeit* die Rede, *wo die That lebt und weiter eilt, wenn auch der Nahme ihres Urhebers hinter ihr zurückbleiben sollte. (NA 17, 376.)*

DIE HOREN 1795–1796

247–251   **Das Reich der Schatten**

ENTSTEHUNG. Das Gedicht entstand im Juli und August 1795. Vgl. Schillers Briefe an Humboldt und Cotta vom 9. August 1795 in den „Dokumenten zu Entstehung, Kritik und Selbstdeutung" (Nr 1 und 2).

ÜBERLIEFERUNG. H: ? h¹: SNM (Cotta). Niederschrift von der Hand Charlotte Schillers, vermutlich nach Schillers Diktat. 2 ineinandergelegte Doppelblätter, denen in der Mitte ein Einzelblatt eingefügt und am Ende ein weiteres Einzelblatt angehängt ist; außerdem war auf der vorletzten Seite der

STANZEN / DAS REICH DER SCHATTEN

Doppelblätter die obere Hälfte mit einem halben Einzelblatt überdeckt (mit Siegellack befestigt); dieses enthält die Variante der 14. Strophe (V. 131–140). 18,4 × 24,3 cm. Ziemlich festes geripptes Papier, vergilbt. Wz. des 1. Doppelblatts: C & I HONIG. Wz. des 2. Doppelblatts: H. Wz. des eingefügten Blatts: ½ *von H. Wz. des angehängten Blatts: C & I HONIG. Wz. des aufgeklebten halben Blatts: H. Der Handschrift liegt ein blauer Umschlag bei mit der Aufschrift von der Hand Emilie von Gleichen-Rußwurms: in diesem blauen Umschlag ist Das Reich der Schatten wie es Charlotte von Schiller aufgeschrieben. Unter ihren Papieren gefunden. Emilie von Gleichen Rußwurm geb. von Schiller gehörend / Greifenstein ob Bonnland den 17 Oct. 1858. Darunter: Mir zum Geschenk gemacht von Frau Emilie Freifrau von Gleichen im Nov. 1859. Joachim Meyer. h^2: GSA. Abschrift von h^1 durch Emilie von Gleichen-Rußwurm. Der Abschrift liegt ein Umschlag bei mit der Aufschrift:* A b s c h r i f t *Das Reich der Schatten wie es Charlotte von Schiller aufgeschrieben / Das Original habe an Professor Joachim Meyer nach Nürnberg geschickt. d 17 Oct. 1864. – E: Horen 1795. 9. Stück. S. 1–10. D^1: Gedichte 1 (1800). S. 262–269 (2. Fassung unter dem Titel „Das Reich der Formen"). D^2: Gedichte ^{2}1 (1804). S. 262–269 (2. Fassung unter dem Titel „Das Ideal und das Leben"). Schiller bestimmte das Gedicht auch für die Prachtausgabe. Vgl. den Text in NA 2 I, 396–400. – Textwiedergabe nach E.*

LESARTEN. Im folgenden werden nur die Varianten in h^1 (ohne Augenvarianten und Interpunktionsabweichungen) sowie die Druckfehler in E verzeichnet. – **2** *zephyrleichte*] Zephirgleiche h^1 **5** Götterjugend] Jugend h^1 **9** Stirn des hohen Uraniden] *am rechten Rand für gestr.* Götterstirne des Chroniden h^1 **15** *nachträglich eingefügt* h^1 **17** *Sinne*] Sinnen h^1 **34** Gespielin] Gespielen h^1 **39** engen dumpfen] *über gestr.* stürmevollen h^1 **41** vor] von h^1 E *(dort im Druckfehlerverzeichnis verbessert)*   **53** Keiner] Keine h^1 **63** Schwebe] Wandle h^1 **67** zum] zu h^1 **68** Unsterbliche] Unsterblichkeit h^1 **70** *unter gestr.* Schwanket, feyre, feyert erscheine hier der Sieg. h^1 **71–80** *fehlte zunächst, nachgetragen auf dem eingefügten Einzelblatt unter der Überschrift:* 8te Strophe. h^1 **72** Den Erschöpften] *über gestr.* Euch zu stärken, h^1 **73** Wehet] Wehe *über gestr.* Flattre h^1 duftger Kranz] Lorbeerkranz h^1 **74** selbst wenn] wenn auch h^1 **78** peinlichem] peinlichen h^1 **79** erblicket] erblicke E *(im Druckfehlerverzeichnis verbessert)* von der Schönheit Hügel] *verb. aus* in der Schönheit Spiegel h^1 **80** Fröhlich das erreichte Ziel h^1; *darunter:* wenn es gilt zu herrschen und zu schirmen pp. h^1 *(Verweis auf die folgende Strophe, die schon – unmittelbar nach der siebten – geschrieben war)*   **88** Ziel] *verb. aus* Ziele h^1 **97** zarter] zarte h^1 Wechselliebe] *nach gestr.* Wechseltriebe h^1 **98** freyem] freyen h^1 **103** Thatenvoll] Schöpferisch h^1 **104** Fleisses] Geistes h^1 **106** das] dem h^1 **107** Ernst] Fleiß h^1 **109** schwerem] schweren h^1 **111** Sphäre] *davor* Sphäre *gestr.* h^1 **113** den] der h^1 *zwischen* **113** *und* **114** Schlank und leicht h^1 **117** Zweifel] Stürme h^1 **119** es] *danach* alle *gestr.* h^1 **121** traurger] dürftger h^1 **123** Schuldbefleckt dem Heiligen euch naht, h^1 **128** grauenvollen] *danach* Bogen *gestr.* h^1

131—140 *Frühere, später überklebte Fassung in h^1:*

> Aber laßt die Wirklichkeit zurücke,
> Reißt euch loß vom Augenblicke
> Und kein Grenzenloses schreckt euch mehr,
> Und der ewge Abgrund wird sich füllen,
> Nehmt das Heilige auf in euren Willen,
> Und des Weltenrichters Thron steht leer.
> Mit der Willkühr ist der Zwang vernichtet,
> Mit dem Zweifel schwindet das Gebot,
> Mit der Schuld der Reine, der sie richtet,
> Mit dem Endlichen der Gott.

142—143 Wenn dort Priams Sohn den Schlangen / Unterliegt mit nahmenlosen Schmerz, h^1 **142** Laokoon] Priams Sohn E *(im Druckfehlerverzeichnis verbessert)*   **149** heilgen] mächtgern h^1 **156** tapfrer] schöner h^1 **161** des Feigen] *über gestr.* Eurystheus h^1 **164** Hydern] Drachen h^1 Leuen] *über gestr.* Leuen h^1 **166** Muthig in des Höllenschiffers Kahn. h^1 **171** G o t t] Gott h^1 **172** M e n s c h e n] Menschen h^1 **175** Fließt] *nach gestr.* Steigt h^1 **178** Verklärten] *über gestr.* Entzückten h^1 Kronions] Chronions h^1 E *(dort im Druckfehlerverzeichnis verbessert)* – Zu Verbesserungsvorschlägen Humboldts für die 1. Druckfassung vgl. die folgenden „Dokumente zu Entstehung, Kritik und Selbstdeutung". – Vgl. die Varianten der 2. Fassung in NA 2 I, 396–400.

Dokumente zu Entstehung, Kritik und Selbstdeutung
aus Schillers Briefwechsel

1) An Humboldt, 9. August 1795
Wenn Sie diesen Brief erhalten, liebster Freund, so entfernen Sie alles was profan ist, und lesen in geweyhter Stille dieses Gedicht. *[...]* Ich gestehe, daß ich nicht wenig mit mir zufrieden bin, und habe ich je die gute Meinung verdient, die Sie von mir haben und deren Ihr letzter Brief mich versicherte, so ist es durch diese Arbeit. Um so strenger muß aber auch Ihre Critik seyn. Es mögen sich gegen einzelne Ausdrücke wohl noch Erinnerungen machen lassen, und wirklich war ich selbst bey einigen im Zweifel; auch könnte es leicht seyn, daß ein anderer als Sie und Ich noch einiges deutlicher gesagt wünschte. Aber nur, was I h n e n noch zu dunkel scheint, will ich ändern; für die Armseligkeit kann ich meine Arbeit nicht berechnen. (Eben fällt mir ein, daß ich das Gedicht an Cotta absenden muß, ehe ich noch Ihre Critik erwarten kann *[...]*.) Senden Sie mir das Gedicht mit rückkehrender Post wieder. Michaelis erhält es nicht, auch ist es für eine AlmanachsArbeit zu gewichtig. *[...]* Es ist gewiß, daß die Bestimmtheit der Begriffe dem Geschäft der Einbildungskraft unendlich vortheilhaft ist. Hätte ich nicht den sauren Weg durch meine Aesthetik geendigt, so würde dieses Gedicht nimmermehr zu der Klarheit und Leichtigkeit in einer so difficilen Materie gelangt seyn, die es wirklich hat.

2) An Cotta, 9. August 1795
Sie haben mir neulich den T a n z für den Almanach zurückgeschickt. Dafür sollen Sie jetzt etwas erhalten, was ich allem andern vorziehe, das ich in den Almanach gebe. Ich gönne es dem Almanach nicht.

3) Schillers Kalender, 10. August 1795
Humboldt. (Reich der Schatten)

4) Von Humboldt, 21. August 1795
Wie soll ich Ihnen, liebster Freund, für den unbeschreiblich hohen Genuß danken, den mir Ihr Gedicht gegeben hat? Es hat mich seit dem Tage, an dem ich es empfieng, im eigentlichsten Verstande ganz besessen, ich habe nichts anders gelesen, kaum etwas andres gedacht, ich habe es mir auf eine Weise zu eigen machen können, die mir noch mit keinem andren Gedichte gelungen ist, und ich fühle es lebhaft, daß es mich noch sehr lang und anhaltend beschäftigen wird. Solch einen Umfang und solch eine Tiefe der Ideen enthält es, und so fruchtbar ist es, woran ich vorzüglich das Gepräge des Genies erkenne, selbst wieder neue Ideen zu wecken. Es zeichnet jeden Gedanken mit einer unübertreflichen Klarheit hin, in dem Umriß eines jeden Bildes verräth sich die Meisterhand, und die Phantasie wird unwiderstehlich hingerissen selbst aus ihrem Innern hervorzuschaffen, was Sie ihr vorzeichnen. Es ist ein Muster der didaktisch-lyrischen Gattung, und der beste Stoff die Erfordernisse dieser Dichtungsart, und die Eigenschaften, die sie im Dichter voraussetzt, daraus zu entwicklen. Ich habe an einzelnen Stellen studirt, zu finden, wie Sie es gemacht haben, um mit der vollkommenen Präcision der Begriffe die höchste poetische Individualität und die völlige sinnliche Klarheit in der Darstellung zu erreichen, und nie hat sich mir die Produktion des Genies so rein offenbart, als hier. Nachdem ich mir eine Zeitlang Gedanken und Ausdruck durch Raisonnement deutlich gemacht hatte, kam ein Moment, in dem ich es nachempfand, wie es in Ihnen mußte emporgestiegen seyn. Es ist schlechterdings mit keiner Ihrer früheren poetischen Arbeiten zu vergleichen. Die Künstler, so vortreflich sie in sich sind, stehn ihm weit nach, und wenn auch in den Göttern Griechenlands, schon durch die Natur des Gegenstandes, eine blühendere und reichere Phantasie herrscht, so stehe ich nicht an, insofern sich beide Stücke, als poetische Produktionen überhaupt mit einander vergleichen lassen, auch hier diesem den Vorzug zu geben. Es trägt das volle Gepräge Ihres Genies und der höchsten Reife, und ist ein treues Abbild Ihres Wesens. Jetzt da ich vertraut mit ihm geworden bin, nahe ich mich ihm mit denselben Empfindungen, die Ihr Gespräch in Ihren geweihtesten Momenten in mir erweckt. Derselbe Ernst, dieselbe Würde, dieselbe aus einer Fülle der Kraft entsprungene Leichtigkeit, dieselbe Anmuth, und vor allem dieselbe Tendenz, dieß alles wie zu einer fremden überirdischen Natur in Eins zu verbinden, leuchtet daraus hervor. Indeß habe ich mich nicht durch seine hohe überraschende Schönheit zu einem Entzücken hinreißen lassen, das die Prüfung verwehrte. Auch ist es für einen solchen Eindruck nicht gemacht, und schwerlich ergründete der seinen tiefen Sinn, auf den es so wirkte. Man muß es erst durch eine gewisse Anstrengung verdienen, es bewun-

dern zu dürfen; zwar wird jeder, der irgend dafür empfänglich ist, auch beim ersten aufmerksamen Lesen den Gehalt und die Schönheit jeder Stelle empfinden, aber zugleich drängt sich das Gefühl auf, bei diesem Gedicht nicht anders, als in einer durchaus verstandenen Bewunderung ausruhen zu können. Ich habe es ganz zu vergessen gesucht, daß es ein Gedicht ist, ich habe den philosophischen Inhalt, den Zusammenhang der Gedanken, die Uebergänge von einem zum andern, wie in einer Abhandlung zergliedert und geprüft, und ich fühle es deutlich, wieviel meine eigentliche Begeisterung dafür dadurch gewonnen hat. Ich bin allerdings auf Stellen gestoßen, von denen ich mir nicht sogleich deutliche Rechenschaft zu geben wußte. Aber bei wiederholtem Lesen und Nachdenken sind mir alle Zweifel verschwunden, ich glaube jetzt alles zu verstehn, und nur ob Eine einzige Stelle nicht noch bestimmter ausgedrückt seyn sollte, will ich Ihnen zu bedenken geben. *[Vgl. „Dokumente", Nr 44.]* Daß dieß Gedicht nur für die Beßten ist, und im Ganzen wenig verstanden werden wird, ist gewiß. Aber wie man es mit dieser Art Undeutlichkeit zu halten hat, darüber sind wir ja längst einig; und zu den Beßten ist hier doch jeder zu rechnen, der einen guten gesunden Verstand mit einem ofnen Sinn und einer reizbaren Phantasie verbindet. Zwar haben Sie Recht, daß es Bekanntschaft mit Ihren Ideen, besonders mit Ihren Briefen *[Ueber die ästhetische Erziehung des Menschen]* b r a u c h e n kann, aber es b e d a r f ihrer nicht, und ruht in jedem Verstande auf sich selbst. *[...]* Daß Sie dieß Gedicht den Horen geben, ist sehr gerecht. Es schickte sich nicht einmal für einen Almanach. Freilich aber ist die Armseligkeit so groß, daß *[...]* man sich keine außerordentliche Aufnahme eines solchen Gedichts versprechen darf. *[...]* Sagen Sie mir doch, wie Körner über die Klarheit Ihres Gedichtes urtheilt? *[Vgl. „Dokumente", Nr 12.]*

5) Von Herder, 22. August 1795
Die Ideale und Schatten sind rührend-schön, erhaben-traurig.

6) Von Cotta, 25. August 1795
[...] das Vergnügen, das mir das Gedicht von Ihnen verursachte, ist so groß, als es überhaupt beim Publikum seyn wird.

7) An Körner, 31. August 1795
Jetzt erwarten Dich noch *[...]* zwey HauptGedichte von mir, worunter das Eine *[Das Reich der Schatten]* besonders mein poetisches HauptWerk ist, das ich je gemacht.

8) Von Karl Theodor von Dalberg, 5. September 1795
In Ihrem Reich der Schatten wohnen die gute Menschen in denen besten Augenblicken des Lebens. aber Schillers hoher Genius ist der erste der dieses Reich mit ätherischen Farben mahlte.

9) Schillers Kalender, 7. September 1795
An Körner (R. d. Schatten)

10) An Humboldt, 7. September 1795
An Körner sende ich heute das Reich der Schatten *[...]*. Das Reich der Schatten ausgenommen, ist mir Natur und Schule unter meinen Gedichten das liebste. *[...]* Ueber ihre Bemerkungen das Reich der Schatten betreffend habe ich Ihnen neulich schon schreiben wollen *[vgl. die „Dokumente" zu einzelnen Stellen des Gedichts].*

11) An Körner, 8. September 1795
Das heutige Gedicht *[Das Reich der Schatten]* begleite ich nicht gern mit einem andern. Es muss Dich allein beschäftigen, und es wird es auch, wie ich vermuthe –

12) Von Körner, 14. September 1795
Du hast wohl gethan mir das Reich der Schatten allein zu schicken. Es hat mich ein Paar Tage lang fast ausschliesslich beschäftigt. In dieser Gattung – der philosophischen Ode – halte ich Dich für einzig. Das U n e n d l i c h e i n d e r B e t r a c h t u n g eines philosophischen Objekts scheint mir der Geist dieser Dichtungsart zu seyn. Was hier unmittelbar dargestellt wird ist der Z u s t a n d des betrachtenden S u b j e k t s im Moment der höchsten Begeisterung. Durch Übergewicht des Objektiven nähert sich diese Gattung dem Lehrgedicht aber dieß ist hier weit weniger der Fall als bey den Künstlern. Pracht der Phantasie, der Sprache, des Versbaues ist nicht Mittel zu irgend einem Zwecke, sondern bloss Folge der exaltierten Stimmung des Dichters. Er dichtet f ü r s i c h s e l b s t – das Publikum behorcht ihn nur.

Um aber ein Werk dieser Art zu genießen muß man den philosophischen Stoff selbst schon durchdacht haben. Denn B e l e h r u n g darf man nicht erst vom Dichter erwarten, sonst geht die schönste Wirkung verloren. Dieß schränkt das Publikum eines solchen Gedichts auf eine kleinere Zahl ein. In dem gegenwärtigen Falle vermindert sich diese Zahl dadurch noch mehr, daß der Stoff ein eigenes und neues System ist, das Du in den æsthetischen Briefen entwickelt hast. Ueber diesen Stoff habe ich Dir nun sehr viel zu sagen, *[...]* ich vermisse noch hier und da Bestimmtheit und Evidenz.

13) An Körner, 18. September 1795
Morgen erwarte ich mit sehr vieler Begierde Dein Urtheil von den Schatten *[...]*.

14) An Körner, 21. September 1795
Es freut mich, daß die S c h a t t e n Dich befriedigt haben. Darin bin aber nicht Deiner Meinung, daß mein System über das Schöne der nothwendige Schlüssel dazu ist. Es harmonirt natürlicherweise ganz damit; aber im übrigen ruht es auf den currenten Begriffen, nur nicht auf den Sulzerschen, davon es freilich, und zu seinem Glücke, der Antipode ist. Der Begriff des uninteressirten Interesse am reinen Schein, ohne alle Rücksicht auf physische oder moralische Resultate, der Begriff einer völligen Abwesenheit einschränkender Bestimmungen und des u n e n d l i c h e n V e r m ö g e n s im Subjecte des

Schönen u. dgl. leiten und herrschen durch das Ganze. [...] Deine philosophische Ode, wie Du sie nennst, halte ich für keine Grenze, bloß für eine Branche meines Faches. Vergleiche die neuen Arbeiten mit den alten, und urtheile, ob sie mehr oder weniger wahrhaft dichterisch sind.

15) Von Charlotte von Schimmelmann, 1. Oktober 1795
willig wollen wir den schönen Pfade folgen in hohr ahndung des S c h a t t e n -
R e i c h s –

16) Von August Wilhelm Schlegel, 13. Oktober 1795
Empfangen Sie meinen wärmsten Dank für den ganz neuen und seltnen Genuß, den mir Ihre Gedichte [...] gewährt haben. So oft ich vorzüglich jenes [Das Reich der Schatten] seit vorgestern schon las, so kehrt doch jedes Mahl der Eindruck von etwas Einzigen, und, wenn es nicht vorhanden wäre, Unglaublichem bey mir zurück. Ich weiß nichts damit zu vergleichen als d i e G ö t t e r G r i e c h e n l a n d s : auch hier finde ich die unnachahmliche Anmuth der Bilder wieder, die ich in ihnen liebte; und der Gedanke hat sich das Element noch vollkommner unterworfen.

17) Von Johann Benjamin Erhard, 22. Oktober 1795
Wie kommt es daß die Horen so schlechte Gedichte haben? einige [...] sind fast unter der Kritik. Auch das Schattenreich im 9$^{t\cdot}$ Heft ist nichts als eine erkünstelte Aufwallung der Phantasie, ein paar verständliche Stellen schwimmen unter einen Haufen Worte, die der Einbildungskraft kein Bild, dem Verstand keinen Gedanken, und dem Gefühl keine Rührung mittheilen.

18) An August Wilhelm Schlegel, 29. Oktober 1795
Ihre Zufriedenheit mit den S c h a t t e n und mit N a t u r u n d S c h u l e ist mir sehr erfreulich. Diese Gedichte zeichnen nebst noch einigen andern meinen Uebergang von der Speculation zur Poesie. Ich hoffe aber, wenn ich nur Zeit und Stimmung finde, nicht immer so ängstlich mehr am Ufer der Philosophie hinsteuren zu müssen, sondern etwas weiter ins freye Meer der Erfindung zu segeln.

19) Von Humboldt, 30. Oktober 1795
Daß das Reich der Schatten nicht würde verstanden werden, ließ sich leicht voraussehn, wenn ich gleich doch Frau von Kalb für erleuchteter gehalten hätte.

20) Von Humboldt, 13. November 1795
Dem Reich der Schatten war sein Schicksal vorherzusagen. Es kann bei der jetzigen Stimmung der Leser nur für äußerst wenige gemacht seyn; auch kann es nur entzücken, oder gänzlich misfallen. [...] Auch in Berlin wird, wie mir Gentz, der einzige, den ich seit lange sprach, sagt, das Reich der Schatten auf den Zustand nach dem Tode gedeutet. Sensation macht, soviel ich bis jetzt hörte, auch das 9te Stück nicht. Erhards Urtheil ist unbegreiflich, und zeigt wenigstens, daß er im Felde der trockensten Philosophie bleiben sollte.

21) Humboldt an Körner, 23. November 1795 (NA 36 II, 16)
Das Reich der Schatten und die Elegie sind unstreitig die beiden schönsten Stücke darunter *[unter Schillers neuen poetischen Produktionen]*, und die gehaltvolle Tiefe des ersteren, und das poetische Leben des letzteren zeigen auf eine wunderbare Weise den Umfang und die Vielseitigkeit des Geistes, dessen Früchte sie sind.

22) An Humboldt, 29. [und 30.] November 1795
Ich muß oft den Gedanken an das Reich der Schatten, die Götter Griechenlands, die Würde der Frauen etc. fliehen, auf die Elegie besinne ich mich immer mit Vergnügen und mit keinem müßigen – sondern wirklich schöpferischen *[...]*.

Mit der Elegie verglichen ist das Reich der Schatten bloß ein Lehrgedicht. Wäre der Innhalt des letztern so poetisch ausgeführt worden, wie der Inhalt der Elegie, so wäre es in gewissem Sinn ein Maximum gewesen. *[...]*

In der sentimentalischen Dichtkunst *[...]* ist die Idylle das höchste aber auch das schwürigste Problem. Es wird nehmlich aufgegeben, ohne Beihülfe des Pathos einen hohen ja den höchsten poetischen Effekt hervorzubringen. Mein Reich der Schatten enthält dazu nur die Regeln; ihre Befolgung in einem einzelnen Falle würde die Idylle von der ich rede erzeugen. Ich habe ernstlich im Sinn, da fortzufahren, wo das Reich der Schatten aufhört, aber darstellend und nicht lehrend. Herkules ist in den Olymp eingetreten, hier endigt letzteres Gedicht. Die Vermählung des Herkules mit der Hebe würde der Inhalt meiner Idylle seyn. Ueber diesen Stoff hinaus giebt es keinen mehr für den Poeten, denn dieser darf die menschliche Natur nicht verlassen, und eben von diesem Uebertritt des Menschen in den Gott würde diese Idylle handeln. *[...]*

Noch etwas, das Reich der Schatten betreffend. Da Sie mir neulich schrieben, auch in Berlin halte man dieses Gedicht allgemein für eine Darstellung des Todtenreichs, so bin ich auf den Gedanken gerathen, ob man nicht *[...]* Veranlassung nehmen könnte, ein paar Worte dieses Gedicht betreffend ins Publikum hinein zu sprechen. *[...]* Vielleicht wäre es für Sie keine unangenehme Beschäftigung *[...]*.

23) Von Humboldt, 20. Februar 1796
Noch muß ich Ihnen sagen, wie Meyer (der Professor) das Schattenreich versteht. Hier seine Frage wörtlich. „Bloße materielle Sinnlichkeit und reine Geistigkeit sind in den Göttern vereint; nicht aber in den Menschen. Was verlangt nun Schiller? Will er, daß die Menschen, wie die Götter, beides vereinigen, oder sich allein an dem Materiellen halten sollen?" Daß in dem Stück von Schönheit auch nur die Rede sey, ahndete er nicht, warum es S c h a t t e n - reich heißt, wußte er nicht. Auch, meynt er, müsse noch eine eigne Strophe da seyn, um zu zeigen, daß die Schönheit gleichsam von Schattennatur sey. Denn eigentlich denke man sich unter Schönheit etwas ganz Körperliches. Dennoch war er über das Gedicht in Ekstase, so wie er überhaupt Sie jetzt unendlich preist.

24) Von Charlotte von Schimmelmann, 14. April 1796
[...] solche schöne träume haben ihre Reallitet, und werden nur ganz wach bey hellem lichten tage geträumt — sollte nicht einst die ächte Philosophie diesen Hoffnungen huldigen?

25) Von Christian Garve, 18. April 1796
[...] wenn mir im R e i c h e   d e r   S c h a t t e n manches gänzlich unverständlich geblieben ist: so kann dieß auch von der jetzigen Schwäche meines Kopfes herkommen.

26) An Goethe, 3. Juli 1796
[...] die aesthetische Welt, das Reich der Schatten im idealen Sinn [...].

---

27) V. 1–40
Dasjenige, wodurch die Deutlichkeit außerordentlich befördert wird, ist die Exposition in den ersten vier Strophen, die in der That zum Bewundern einfach und lichtvoll ist. Von dieser hängt doch alsdann alles Uebrige schlechterdings ab. Sobald einmal die Hauptidee recht gefaßt ist, und für diese haben Sie auf eine Weise gesorgt, die keinen Zweifel mehr übrig läßt, so muß es jedem leicht werden, sich an ihr durch den Gang des Ganzen durchzufinden. *(Von Humboldt, 21. August 1795.)*

28) V. 7–10, 27–30, 31–36, 101–120, 114(–120), 135(–140), 171–180
[...] Stellen [...], die eine wirklich unnachahmliche Schönheit haben, wo man es nicht satt wird zu bewundern, wie unendlich Eins der Ausdruck mit dem Gedanken ist. Gleich die schöne Kürze der Exposition in der ersten Strophe: „Zwischen Sinnenglück u.s.w. die herrliche Anwendung der Fabel von der Proserpina, die göttliche Schilderung der   G e s t a l t ,   die ganzen beiden Strophen „Wenn das Todte u.s.w." und vor allen die bewundernswürdige Leichtigkeit in den Versen: „Nicht der Masse u.s.w. die Erhabenheit in der Stelle: „Nehmt die Gottheit auf u.s.w. und endlich der prächtige Schluß, der den Eindruck, den das ganze Gedicht auf die Seele macht, noch einmal und doppelt stark wiedergiebt. *(Von Humboldt, 21. August 1795.)*

29) V. 16
Strahlen s c h e i b e ist wohl nicht eigentlich gebraucht. Soviel ich glaube, braucht man es nur für Flächen, und der Vollmond ist allerdings eine vollkommen erleuchtete Strahlen s c h e i b e , wenn auch die andere Hälfte des ganzen Mond k ö r p e r s dunkel bleibt. *(Von Humboldt, 21. August 1795.)*

S t r a h l e n s c h e i b e statt S t r a h l e n k u g e l ist kein Versehen sondern eine Betrügerey von mir. Wenn Sie acht geben, so werden Sie finden, daß in dieser Stelle zwey ganz verschiedene Sachen als Eine vorgestellt werden. Die Phasen des Mondes und dann seine nothwendige Verfinsterung auf der Mitternachtseite, die auch beym Vollmond ist.

Hätte ich also gesagt: wird die Strahlen k u g e l niemals voll? so hätte ich nicht von seinen Hörnern sprechen können; ich hätte sagen müssen. Wenn des Mondes Eine Halbkugel beleuchtet wird, muß die andre Halbkugel Nacht seyn? Aber da quälte mich der Reim zu sehr, und ich half mir durch einen Kniff, der freylich nicht der feinste ist. *(An Humboldt, 7. September 1795.)*

30) V. 27–30
Vgl. „Dokumente", Nr 28.

31) V. 31–36
Vgl. „Dokumente", Nr 28.

32) V. 31
[...] e i g n e t absolut und ohne Accusativ des Objects ist zwar schwerlich dem Sprachgebrauch gemäß, scheint mir aber eine sehr zweckmäßige Spracherweiterung. *(Von Humboldt, 21. August 1795.)*

E i g n e t auf diese Art gebraucht hat Lessings Autorität für sich. Im Nathan sagt er. Was ist das für ein Gott der einem Menschen eignet? *(An Humboldt, 7. September 1795.)*

33) V. 38
Die A n g s t d e s I r r d i s c h e n ist ein prächtig gewählter Ausdruck. Kein anderes Wort könnte alles, was Sie hier sagen wollten, so treu und unmittelbar ans Gefühl legen. *(Von Humboldt, 21. August 1795.)*

34) V. 57/59, 104/105, 138/140
Vgl. zum Folgenden Humboldts Kritik am Reim im Brief vom 21. August 1795.

Warum strichen Sie den Reim zwischen S c l a v e und S c h l a f e , N e r v e und U n t e r w e r f e an? Ich kenne in der Aussprache keine Verschiedenheit und für das Auge braucht der Reim nicht zu seyn. Einen wirklich unächten Reim G o t t und G e b o t haben Sie begnadigt: dieser ist aber auch herausgeworfen. *(An Humboldt, 7. September 1795.)*

35) V. 65, 73, 121, 164, 166, 169
Vgl. Humboldts Kritik an den Elisionen in diesen Versen im Brief vom 21. August 1795: styg'schen, duftger, traurger, umarmt' den, Acherontschen, will'gen.

36) V. 71–100
Hier wird das Gebiet des Wirklichen dem Gebiet des Idealischen so bestimmt entgegengesetzt, daß bei hinlänglich verweilender Aufmerksamkeit kein Irrthum darüber Statt finden kann. Dennoch sind gerade bei dieser Entgegensetzung die Stellen, bei denen der Ungeübte stehen bleiben wird, und die auch den Geübten verweilen können. Vorzüglich scheinen sie mir in der 8 – 10ten und dann in der 13ten und 14ten Strophe vorzukommen. In der ersten Stelle

bin ich überzeugt, dürfte kein Wort anders stehen, es ist eigentlich da gar keine Dunkelheit. Schwierigkeit kann wohl in Einem und dem andern gefunden werden, aber dieß konnte und durfte nicht vermieden werden. *(Von Humboldt, 21. August 1795; vgl. auch „Dokumente", Nr 44.)*

37) V. 73
Vgl. „Dokumente", Nr 35.

38) V. 81–90, 176
Bewundernswürdig ist es auch, wie Sie, ungeachtet des einfachen trochäischen Silbenmaaßes (was aber zu dieser Gattung überaus passend ist) doch den Gedanken auf eine so ausdrucksvolle Weise mit dem Silbenfalle begleitet haben. Vorzüglich sichtbar ist dieß in dem Vers: „Schweres Traumbild sinkt und sinkt und sinkt" und in der ganzen Strophe: „Wenn es gilt zu herrschen u.s.w. *(von Humboldt, 21. August 1795).*

39) V. 91–100
Vgl. „Dokumente", Nr 44.

40) V. 101–120
Vgl. „Dokumente", Nr 28.

41) V. 104/105
Vgl. „Dokumente", Nr 34.

42) V. 111–120
Vgl. „Dokumente", Nr 44.

43) V. 114(–120)
Vgl. „Dokumente", Nr 28.

44) V. 121–140
Hier wird das Gebiet des Wirklichen dem Gebiet des Idealischen entgegengesetzt. Mein ganzer Zweifel beruht [...] darauf, ob in der 13ten Strophe das Gebiet der S c h ö n h e i t, das ä s t h e t i s c h e Reich bestimmt genug angedeutet ist? oder ob die Ausdrücke, vorzüglich der Vers: „in die Freiheit der G e d a n k e n" nicht ein wenig zu allgemein sey? Der Sinn nemlich, denke ich, kann kein anderer, als folgender seyn: der b l o ß moralisch ausgebildete Mensch geräth in eine ängstliche Verlegenheit, wenn er die unendliche Foderung des Gesetzes mit den Schranken seiner endlichen Kraft vergleicht. Wenn er sich aber zugleich ästhetisch ausbildet, wenn er sein Inneres, vermittelst der Idee der Schönheit zu einer höheren Natur umschaft, so daß Harmonie in seine Triebe kommt, und was vorher ihm bloß Pflicht war, freiwillige Neigung wird; so hört jener Widerstreit in ihm auf. Diesen letzten Zustand, dünkt mich, haben Sie nicht bestimmt genug bezeichnet. Zwar sichert theils der Geist des ganzen Gedichts, theils die Stelle: „Nehmt die Gottheit u.s.w." den sehr

aufmerksamen Leser, nicht in ein Misverständniß zu verfallen, aber, und dieß sollte doch seyn, er wird nicht genöthigt nur allein den rechten Sinn aufzufassen, er kann sich doch bei dieser Strophe noch immer bloß das denken, was Kant in seiner Sprache „einen guten, reinen Willen erlangen" nennt, und was Sie doch hier nicht meynen. Auch haben Sie in allen andern Stellen, wo die ähnliche Gedankenfolge war (Strophe 10. 12. 16.) die Schönheit entweder selbst genannt, oder doch ganz bestimmt bezeichnet. *(Von Humboldt, 21. August 1795; vgl. auch „Dokumente", Nr 36.)*

45) V. 121
Vgl. „Dokumente", Nr 35.

46) V. 131–140
Das was Sie an der Strophe vom Sittengesetz tadeln ist gar nicht ohne Grund, wenigstens vergleichungsweise mit den 3 andern Strophen läßt diese den Gedanken etwas zweydeutig. Anfangs hieß es:
    Aber laßt die Wirklichkeit zurücke,
    Reißt euch los vom Augenblicke etc.
[Vgl. die ursprüngliche Fassung der Strophe in den LESARTEN und in NA 28, 390.] Aber dieses fand ich zu prosaisch, und auch nicht anschaulich genug. Mir däucht daß die F r e y h e i t d e r G e d a n k e n doch weit mehr auf das aesthetische als auf das rein moralische hinweiset. Dieses wird durch den Begriff r e i n und jenes durch den Begriff f r e y vorzugsweise bezeichnet. Die vier lezten Zeilen dieser Strophe waren schon vorher von mir geändert worden, und diese Veränderung steht auch schon in dem zum Druck abgeschickten Exemplar. Vielleicht hätten Sie weniger gegen die Strophe eingewendet, wenn Sie jene Veränderung gleich mit bekommen hätten. *[Es folgen V. 136–140.] (An Humboldt, 7. September 1795.)*

Die Aenderung, die Sie mir auch schon einmal schrieben, thut eine sehr gute Wirkung und es ist jetzt nicht mehr möglich, Ihren Sinn zu verfehlen. *(Von Humboldt, 30. Oktober 1795.)*

47) V. 135(–140)
Vgl. „Dokumente", Nr 28.

48) V. 138/140
Die Humboldt vorliegende handschriftliche Fassung des Gedichts wies hier den unechten Reim Gott/Gebot auf, den Schiller für den Druck strich. Vgl. „Dokumente", Nr 34.

49) V. 142
Priams Sohn *[soll]* doch wohl Laokoon seyn? Dieser aber war nicht ein Sohn Priams, sondern (denn die Angaben sind verschieden) entweder des A n t e - n o r oder Acoetes, oder des Capys. Die erstere Meynung ist die sichrere. *(Von Humboldt, 30. Oktober 1795.)*

50) V. 161–160
Vgl. „Dokumente", Nr 44.

51) V. 164
Vgl. „Dokumente", Nr 35.

U m a r m t ' d e n L e u e n ist absichtlich. Man kann dem Herkules die Arbeit nicht zu hart machen. *(An Humboldt, 7. September 1795.) Humboldt hatte allerdings nicht gegen die Formulierung, sondern gegen die Elision Bedenken erhoben.*

52) V. 166, 169
Vgl. „Dokumente", Nr 35.

Die Elisionen des i in willigen, acherontischen etc. sind freylich fatal, aber da sich alle Reimer von Anbeginn derselben bedienen, so erlaubte ich mirs auch. *(An Humboldt, 7. September 1795.)*

53) V. 171–180
Vgl. „Dokumente", Nr 28.

54) V. 176
Vgl. „Dokumente", Nr 38.

ERLÄUTERUNGEN. *Das Gedicht greift die in den beiden früheren großen Gedichten „Die Götter Griechenlands" und „Die Künstler" behandelte Frage nach der Möglichkeit von Schönheit unter den Verhältnissen der Gegenwart auf. Hatte das erste im Blick auf das antike Griechenland den Verlust der Schönheit beklagt, so pries das zweite die Kunst als Vermittlerin von Wahrheit und Sittlichkeit und entwarf die Vorstellung einer künftigen Vereinigung beider mit der Schönheit. „Das Reich der Schatten" unternimmt einen weiteren und den in Schillers Schönheitslehre weitestgehenden Schritt, indem die Erlangung des erstrebten ästhetischen Zustandes schon für das gegenwärtige Leben in Aussicht gestellt wird. Auf die thematische Nähe des vorliegenden Gedichts zu den „Künstlern" machte nicht nur Körner aufmerksam (vgl. an Schiller vom 10. September 1800), sie ergibt sich auch aus dem Plan der Prachtausgabe der Gedichte Schillers, in dem dieser beide unmittelbar aufeinander folgen läßt (vgl. NA 2 I, 383–396, 396–400).*

Nach Schillers eigener Darstellung steht der Begriff des uninteressirten Interesse am reinen Schein, ohne alle Rücksicht auf physische oder moralische Resultate *im Mittelpunkt des Gedichts (an Körner vom 21. September 1795; vgl. „Dokumente", Nr 14). Dieser Begriff, den zuvor Kant in seiner „Kritik der Urtheilskraft" (1790) entwickelt hatte, bildet die Grundlage eines „Reichs der Schönheit", um dessen Konstituierung sich die in Auseinandersetzung mit der Kantischen Philosophie entstandenen ästhetischen Abhandlungen Schillers bemühen. In der Schrift „Ueber das Erhabene" heißt es:* Ein Gemüth, welches sich soweit veredelt hat, um mehr von den Formen als dem Stoff der Dinge gerührt zu werden, und ohne alle Rücksicht auf Besitz, aus der bloßen Reflexion über die Erscheinungsweise ein freyes Wohlgefallen zu schöpfen, ein solches Gemüth trägt in sich selbst eine innre unverlierbare Fülle des Lebens *(NA 21, 40). Die Beförderung eines solchen Prozesses gehört zum Programm der Briefe „Ueber die ästhetische Erziehung des Menschen".* Das darin entworfene System über das Schöne *ist trotz Schillers Einspruch im Brief an Körner vom 21. September 1795 (vgl. „Dokumente", Nr 14) als* Schlüssel *zum Verständnis des Gedichts anzusehen. Von Bedeutung sind darüber hinaus die Schriften „Ueber das Pathetische", „Ueber Anmuth und Würde" und „Ueber naive und sentimentalische Dichtung". (Im Brief an Humboldt vom 9. August 1795 betont Schiller selbst den Zusammenhang zwischen seiner* Aesthetik *und der* Klarheit und Leichtigkeit *seines Gedichts; vgl. „Dokumente", Nr 1.)*

Daß das Gedicht den Lesern Schwierigkeiten bereitete, zeigte sich rasch; es teilte das Schicksal der „Götter Griechenlands", indem es wie dieses mißverstanden wurde (s. u.). War dieses Gedicht vordergründig als Religionskritik aufgefaßt worden, so galt jenes vielfach als Darstellung des Totenreiches. Unbemerkt blieb dabei, daß in beiden Fällen vom Reich des Schönen die Rede ist. Die Briefe „Ueber die ästhetische Erziehung des Menschen" bestimmen – im Zusammenhang mit Schillers Lehre von der Vereinigung der beiden menschlichen Grundtriebe, des „Stofftriebs" und des „Formtriebs", im „Spieltrieb" (vgl. den 15. Brief) – das „Reich der Schönheit" als Ort der Synthese der sinnlichen und vernünftigen Anlagen des Menschen, als Zustand einer völligen Abwesenheit einschränkender Bestimmungen und des u n e n d l i c h e n V e r m ö g e n s *im Subjecte, wie Schiller im Brief an Körner vom 21. September 1795 formuliert (vgl. „Dokumente", Nr 14); in der Abhandlung über die ästhetische Erziehung wird beschrieben, was gemeint ist:* Mitten in dem furchtbaren Reich der [Natur-] Kräfte und mitten in dem heiligen Reich der [moralischen] Gesetze baut der ästhetische Bildungstrieb unvermerkt an einem dritten fröhlichen Reiche des Spiels und des Scheins, worin er dem Menschen die Fesseln aller Verhältnisse abnimmt, und ihn von allem, was Zwang heißt, sowohl im physischen als im moralischen entbindet. *(27. Brief; NA 20, 410.)*

Wie Kant in der „Kritik der praktischen Vernunft" (1788) vom Factum der Vernunft *(Werke 5, 31), vom Bewußtsein des Sittengesetzes nämlich, von dem aus auf die* Möglichkeit von Willensfreiheit *(als dessen Voraussetzung) zu schließen sei, so spricht Schiller vom* Faktum der Schönheit *als Indiz für die prinzipielle Fähigkeit des Menschen,* sich von den Schranken zum Absoluten zu erheben, sich als Geist *zu erweisen, ohne der* Materie *zu entfliehen (25. Brief; NA 20, 397).*

Das Reich der „Schatten" als das Reich des „Scheins", des „Spiels", der „Schönheit" – ob dies recht aufgefaßt würde, daran hatte von Anfang an wohl auch Schiller selbst Zweifel. Im Brief an Humboldt vom 9. August 1795 bat er den Freund um Hinweise auf undeutliche und dunkle Stellen in der ursprünglichen Fassung seines Gedichts, die er einräumte, wollte dieses andererseits jedoch nicht für die Armseligkeit *berechnet wissen (vgl. „Dokumente", Nr 1). Humboldt unterstrich seinerseits, es sei in der Tat* nur für die Beßten *und* werde vermutlich *wenig verstanden werden (an Schiller vom 21. August 1795;*

vgl. „Dokumente", Nr 4); er ergänzte sein begeistert zustimmendes Urteil durch die gewünschten Hinweise, auf die Schiller in seinem Antwortbrief vom 7. September 1795 (vgl. „Dokumente", Nr 10) zwar einging, ohne freilich Konsequenzen daraus zu ziehen. Auch Körner hielt den Kreis verständiger Leser für beschränkt (vgl. „Dokumente", Nr 12). Humboldt bestätigte diese Prognose in seinem Brief vom 30. Oktober, in dem er über die (nicht näher beschriebene) verständnislose Aufnahme des Gedichts selbst durch einen Leser wie Charlotte von Kalb berichtete, die doch immer nicht zu den schlechteren gehört (vgl. „Dokumente", Nr 19).

Den Zugang zu Schillers Gedicht behinderte vor allem die Fehlinterpretation des Begriffs „Schatten". Vgl. hierüber im einzelnen: Oellers, Schillers „Das Reich der Schatten" und „Das Ideal und das Leben" (1980). (Eine Übersicht über die Verwendung des „Schatten"-Begriffs gibt auch Wernly, Lexikon der ästhetisch-ethischen Terminologie Friedrich Schillers [1909], 16–26.) Am 13. November 1795 vermeldete Humboldt, auch in Berlin werde das Gedicht auf den Zustand nach dem Tode gedeutet (vgl. „Dokumente", Nr 20). Ein mit Klopstock vertrauter Leser hätte sich in diesem Zusammenhang an die Ode „Wingolf" erinnern können, in der dem mythologischen Begriff des „Schattens" ein anderer an die Seite gestellt wurde, der bereits in die Richtung der Bedeutung „schöne Form" weist; die 3. Strophe des Fünften Liedes lautet:

> Dort seh ich langsam heilige Schatten gehn!
> Nicht jene, die sich traurig von Sterbenden
>   Loshüllen, nein, die, in der Dichtkunst
>   Stund' und der Freundschaft, um Dichter schweben!

(Oden [1776], 88.) Schiller überlegte, ob man nicht ein paar Worte dieses Gedicht [Das Reich der Schatten] betreffend ins Publikum hinein sprechen solle (an Humboldt vom 29. [und 30.] November 1795; vgl. „Dokumente", Nr 22). Dies geschah jedoch nicht. (Vielleicht aber war das Epigramm „Ausgang aus dem Leben", das im Dezemberstück der „Horen" 1795 erschien, als eine Art Lesehilfe gedacht: Dort werden „Tod" und „Ideal" als alternative Zielorte für den Weg aus der Wirklichkeit genannt.)

Auch in der einzigen Besprechung des Gedichts, innerhalb der „Horen"-Rezension in der ALZ (1796. Nr 4, 5 und 6 vom 4., 5. und 6. Januar. Sp. 25–38, 41–47; wiedergedruckt in: Fambach 2, 185–201), fand sich eine Deutung (Sp. 41–44), mit der Schiller nicht zufrieden sein konnte. August Wilhelm Schlegel, der Verfasser, der sich privat schon sehr anerkennend über „Das Reich der Schatten" ausgesprochen hatte (vgl. „Dokumente", Nr 16), resümierte seine im ganzen sehr lobende Darstellung: Der ganze Sinn des Gedichtes liegt in dem Apfel Proserpinens begriffen. (Sp. 43.) Erneut erwog Schiller eine Erwiderung (vgl. an Humboldt vom 25. Januar 1796), die freilich auch nicht zustandekam. (Über Schillers Beurteilung der Rezension insgesamt vgl. seine Briefe an Schlegel vom 9. Januar und an Humboldt vom 9. [und 11.] Januar 1796.) Erst Jahre später reagierte Schiller, indem er, gewissermaßen als Verständnishilfe, den Titel des (im übrigen gekürzten und in Einzelfällen veränder-

DAS REICH DER SCHATTEN

ten) *Gedichts variierte: Er lautete zunächst in der* 1. *Auflage des* 1. *Teils seiner* „Gedichte" (1800) „Das Reich der Formen" (*vgl. NA 2 I, 118 und die Erläuterungen dazu*), *in der* 2. *Auflage* (1804) *dann* „Das Ideal und das Leben" (*vgl. NA 2 I, 164*). *So wurde das Gedicht auch in die Ausgabe letzter Hand aufgenommen* (*vgl. NA 2 I, 396–400 und die Erläuterungen dazu*).

Schillers eigenes Urteil über sein Gedicht entwickelte sich wie in anderen Fällen auch: von spontaner Hochschätzung (*vgl.* „Dokumente", Nr 1 *und* 2) *zu deren distanzierter Relativierung:* Mit der Elegie verglichen ist das Reich der Schatten bloß ein Lehrgedicht. *(An Humboldt vom 29. [und 30.] November 1795; vgl.* „Dokumente", Nr 22.) *Insbesondere die Ausarbeitung des Idyllenbegriffs in der Abhandlung* „Ueber naive und sentimentalische Dichtung" *gab Veranlassung,* „Das Reich der Schatten" (nur) *als Vorstufe der Idylle aufzufassen, deren Wesen Schiller als das* eines völlig aufgelösten Kampfes *bestimmte:* Ihr Charakter besteht also darinn, daß a l l e r G e g e n s a t z d e r W i r k l i c h k e i t m i t d e m I d e a l e [...] vollkommen aufgehoben sey *(NA 20, 472). Es wäre also darum gegangen, wie Schiller im zitierten Brief an Humboldt erklärte, da fortzufahren, wo* „Das Reich der Schatten" *endete: beim Uebertritt des Menschen in den Gott, dargestellt an der* Vermählung des Herkules mit der Hebe. *Die Realisierung des Plans gelang Schiller nicht, obwohl er offenbar noch ein halbes Jahr später damit beschäftigt war: Auf den leeren Seiten des Briefes von Humboldt vom 24. Mai 1796 notierte er u. a. den Gedichttitel* „Herkules im Himmel", *der dem Inhalt des Idyllenprojekts entspricht. Vgl. Oellers, Ein unbekannter Brief an Schiller (1983).*

1–40 Ewig *bis* Schattenreich!] *Vgl.* „Dokumente", Nr 27.

1–3 Ewig *bis* dahin.] *In ähnlicher Weise wird das durch* M ü s s i g g a n g *und* G l e i c h g ü l t i g k e i t *charakterisierte Dasein der griechischen Götter im 15. Brief* „Ueber die ästhetische Erziehung des Menschen" *beschrieben (vgl. NA 20, 359). Klassisches Vorbild solcher Vorstellungen ist Homer; vgl. zum Leben der olympischen Götter etwa* „Odyssee" (6, 41–47).

7–10 Zwischen *bis* Strahl.] *Vgl.* „Dokumente", Nr 28.

9–10 Auf *bis* Strahl.] *Die Briefe* „Ueber die ästhetische Erziehung des Menschen" *demonstrieren, was gemeint ist, nicht an Zeus (Jupiter), sondern am Bildnis seiner Gattin aus der Villa Ludovisi: An diesem werde deutlich, wie sich der* materielle Zwang der Naturgesetze *und der* geistige Zwang der Sittengesetze *sich in einem* höhern Begriff von Nothwendigkeit *vereinigten:* Es ist weder Anmuth noch ist es Würde, was aus dem herrlichen Antlitz einer J u n o L u d o v i s i zu uns spricht; es ist keines von beyden, weil es beydes zugleich ist. *(15. Brief; NA 20, 359.) In diesen Zusammenhang gehört auch Schillers Begriff der* „schönen Seele", *in der Vernunft und Sinnlichkeit, Pflicht und Neigung zur Harmonie gekommen sind (vgl. die Abhandlung* „Ueber Anmuth und Würde"; *NA 20, 288).*

9 Uraniden] *Es dürfte Zeus als Enkel des Uranos gemeint sein.*

16 Strahlenscheibe] *Vgl. über dieses Bild* „Dokumente", Nr 29.

23 Gartens Frucht] *Bei diesem Bild ist wohl nicht (nur) an die Paradiesesgeschichte, sondern schon an die Erzählung vom Apfel der Proserpina zu denken (vgl. V. 27–30).*

24—26 An *bis* Flucht.] *Das Gedicht* „Die Künstler" *bezeichnete die Fähigkeit des Geistes, sich am Schein (statt an Existenz und Besitz) des Gegenstandes zu erfreuen, als Signum der Fortentwicklung des Menschen von der Thierheit zur Menschheit (vgl. V. 174—178, 183—184); die Briefe* „Ueber die ästhetische Erziehung des Menschen" *nennen das* Interesse am Schein *einen entschiedenen Schritt zur Kultur, getragen von der äußern Freyheit der Realität gegenüber. In den Umkreis dieses Begriffs vom ästhetischen Schein, den Schiller vom logischen Schein unterschieden wissen will (alle Zitate: 26. Brief; NA 20, 399), gehört Kants Gedanke vom* Wohlgefallen oder Mißfallen o h n e alles Interesse *(am Dasein eines Gegenstandes):* Der Gegenstand eines solchen Wohlgefallens heißt s c h ö n . *(Kritik der Urtheilskraft [1790]. § 5; Werke 5, 211.) Vgl. auch die einleitenden Erläuterungen.*

27—30 Selbst *bis* Pflicht.] *Vgl.* „Dokumente", *Nr 30.*

28 Ceres Tochter] *Persephone, lat. Proserpina.*

31—36 Nur *bis* Gestalt.] *Vgl.* „Dokumente", *Nr 31.*

31 eignet] *Vgl.* „Dokumente", *Nr 32.*

31 jenen Mächten] *Gemeint sind die Moiren, lat. Parzen.*

33 frey von jeder Zeitgewalt] *In den Briefen* „Ueber die ästhetische Erziehung des Menschen" *heißt es vom ästhetischen Zustand:* Hier allein fühlen wir uns wie aus der Zeit gerissen *(22. Brief; NA 20, 379).*

36 Gestalt] *Im 15. Brief* „Ueber die ästhetische Erziehung des Menschen" *wird eine ausführliche Definition dieses Begriffs gegeben; dort wird* L e b e n *als Gegenstand des sinnlichen Triebes,* G e s t a l t *als Gegenstand des Formtriebes, schließlich* l e b e n d e   G e s t a l t *oder* S c h ö n h e i t *als Gegenstand des Spieltriebes bestimmt (vgl. NA 20, 355). Im vorliegenden Kontext tritt der Begriff in Opposition zu* Körper *(V. 31), so daß der Gedanke an den Gegensatz von* „Stoff" *und* „Form" *nahe liegt; vgl. V. 101—120 und die Erläuterungen dazu sowie zur 2. Fassung des Gedichts unter dem Titel* „Das Reich der Formen".

38 Angst] *Gemeint ist* „Enge", „Not", „Bedrückung" *(vgl. Grimm 1, 358). Im 12. Brief* „Ueber die ästhetische Erziehung des Menschen" *ist vom* „sinnlichen Trieb" *die Rede:* Er gehe vom physischen Daseyn des Menschen aus *und sei damit beschäftigt,* ihn in die Schranken der Zeit zu setzen, ihn auf eine einzige Art des Daseyns zu beschränken *und die* ganze unendliche Möglichkeit seiner Bestimmungen *durch* die höchste Begrenzung *aufzuheben (NA 20, 344—345). - Vgl. auch* „Dokumente", *Nr 33.*

41 jenen fürchterlichen Schaaren] *Der Bezug ist nicht recht deutlich; vermutlich ist aber wie in V. 31 an die Moiren, lat. Parzen, zu denken. Dies entspräche dem Epigramm* „Ausgang aus dem Leben", *in dem der Mensch aufgefordert wird, die Wirklichkeit zum* „Ideal" *hin zu verlassen, statt zu warten, bis die* Parze *ihn aus dem Leben entführt.*

57—59 Aufgerichtet *bis* schlafe] *Zum Reim Sklave/schlafe vgl. den Hinweis in* „Dokumente", *Nr 34.*

59 Erinne] *eine der Erinyen; der Singular hier im Sinne von* „Gewissen".

61—68 Jugendlich *bis* stieg.] *Die Stelle wurde vermutlich von Vergils* „Äneis" *angeregt; im 6. Gesang gibt Anchises dem in die Unterwelt herabgestiegenen*

Aeneas Aufschluß über den Ursprung des Menschengeschlechts, die Verbindung von Geist und Körper und die Seelenwanderung (vgl. 6, 722-751).
63 der Menschheit Götterbild] *Die Annäherung von Mensch und Gottheit gehörte schon zur Thematik der „Götter Griechenlandes" (vgl. besonders V. 191-192) und der „Künstler" (vgl. V. 260-265).*
64 Phantome] *nach griech.* φάντασμα *(„Erscheinung", „Trugbild") aus franz. fantôme („Trugbild", „Täuschung") entlehnt; hier im Sinne Vergils: Seelen auf den elysischen Gefilden in der Unterwelt.*
65 styg'schen] *„stygisch": Adjektiv zu „Styx". – Vgl. „Dokumente", Nr 35.*
66–68 Wie *bis* stieg] *Die Verse umschreiben die von Platon bekannte Auffassung von der Präexistenz der Seele (vgl. die Erläuterungen zu „Das Geheimniß der Reminiszenz"). Sokrates zitiert diese Vorstellung im Dialog „Kratylos"; dort ist auch, mit Blick auf die sprachliche Nähe von griech.* σῶμα *und* σῆμα, *von den „Körpern" als „Gräbern" der Seele die Rede (vgl. 400b bis 400c).*
71–100 Nicht *bis* Feind.] *Vgl. „Dokumente", Nr 36.*
72 Den *bis* erquicken] *Am Anfang ist „sondern" zu ergänzen. – Im 16. Brief „Ueber die ästhetische Erziehung des Menschen" unterscheidet Schiller eine schmelzende und eine energische Schönheit; die Wirkung der letzteren sei, das Gemüth sowohl im physischen als moralischen anzuspannen und seine Schnellkraft zu vermehren (NA 20, 361).*
73 duftger] *Vgl. den Hinweis in „Dokumente", Nr 37.*
78 peinlichem] *„peinlich": schmerzvoll, schmerzlich (vgl. Grimm 7, 1528).*
81–90 Wenn *bis* untersinkt.] *Vgl. „Dokumente", Nr 38.*
81 Wenn] *Die Strophen 9 bis 16 zeigen im Wechsel von „Wenn" und „Aber" antithetische Struktur. In den beiden jeweils aufeinander bezogenen Strophen geht es jedesmal um den Ausgleich eines Gegensatzes, die Auflösung eines Kampfes. Vgl. dazu Schillers Beschreibung seines Idyllenbegriffs in den einleitenden Erläuterungen.*
86 Plan] *ebener Platz; Kampfplatz (vgl. Grimm 7, 1883).*
88 Hippodromes] *(griech.) Hippodrom: Pferde(-Wagen)rennbahn.*
90 Wenn] *im Sinn von „während", „wogegen".*
91–100 Aber *bis* Feind.] *Vgl. „Dokumente", Nr 39.*
98–100 In *bis* Feind] *Die „Aussöhnung der Triebe" läßt sich verschieden deuten: Im Sinne von V. 7-10 (vgl. die Erläuterungen dazu), in Hinsicht auf den im „Spieltrieb" aufgehobenen „Stoff-" und „Formtrieb" (vgl. die einleitenden Erläuterungen) oder auch mit Blick auf die Schilderung gesellschaftlichen und öffentlichen „Kampfes" in der vorhergehenden Strophe als Harmonie des ästhetischen Staates, dessen Begriff im 27. der Briefe „Ueber die ästhetische Erziehung des Menschen" entwickelt wird.*
101–120 Wenn *bis* Bedürftigkeit.] *Vgl. „Dokumente", Nr 40.*
104–105 Da *bis* unterwerfe] *Zum Reim Nerve/unterwerfe vgl. den Hinweis in „Dokumente", Nr 34.*
104 Nerve] *Nerv, hier in der Bedeutung „Band", „Sehne", „Muskel" (vgl. Grimm 7, 610).*
105–106 unterwerfe *bis* Element] *Die gleichen Worte benutzte August Wil-*

helm Schlegel, um Schillers poetische Leistung im vorliegenden Gedicht zu würdigen; vgl. Schlegels Brief an Schiller vom 13. Oktober 1795 („Dokumente", Nr 16).

107 bleichet] *im Sinn von „erschreckt", „erbleichen läßt" (vgl. ebenso „Die Künstler" [V. 87]).*

111—120 Aber *bis* Bedürftigkeit.] *Vgl. „Dokumente", Nr 42.*

111—113 Aber *bis* zurück.] *Im Brief an Körner vom 28. Februar 1793 kommt Schiller im Verlauf seiner Analyse des Schönen in der Kunst zu dem Ergebnis: [...] also ist es die Form welche in der Kunstdarstellung den Stoff besiegt haben muß. Und weiter: Bei einem Kunstwerk also muß sich der* S t o f f *[...] in der* F o r m *[...] der* K ö r p e r *in der* I d e e, *die* W i r k l i c h - k e i t *in der* E r s c h e i n u n g *verlieren.*

114—120 Nicht *bis* Bedürftigkeit.] *Vgl. „Dokumente", Nr 43.*

115—116 Schlank *bis* Blick] *Ähnlich heißt es in „Das Glück" (V. 65—66).*

121—140 Wenn *bis* Majestät.] *Vgl. „Dokumente", Nr 44.*

121 traurger] *Vgl. den Hinweis in „Dokumente", Nr 45.*

122 Gesetzes] *Gemeint ist das Sittengesetz, in der Kantischen Moralphilosophie in den verschiedenen Fassungen des „kategorischen Imperativs" formuliert; die bekannteste lautet:* Handle so, daß die Maxime deines Willens jederzeit zugleich als Princip einer allgemeinen Gesetzgebung gelten könne. *(Kritik der praktischen Vernunft [1788]; Werke 5, 30.)*

131—140 Aber *bis* Majestät.] *Vgl. „Dokumente", Nr 46.*

135—140 Nehmt *bis* Majestät] *Die Verse beschreiben, worin Schiller sich von der seiner Meinung nach rigoristischen Moralphilosophie Kants unterscheidet: im Glauben an die Vereinigung von Pflicht und Neigung (vgl. hierüber auch Xenion Nr 388 [Gewissensscrupel] und die Erläuterungen dazu). Diese Lieblingsvorstellung entwickelt Schiller immer wieder, vor allem am Begriff der „schönen Seele" in der Abhandlung „Ueber Anmuth und Würde" (vgl. die Erläuterungen zu V. 9—10). In den Briefen „Ueber die ästhetische Erziehung des Menschen" wird die Problematik eines nur auf dem Pflichtgesetz der Vernunft gegründeten Moralgesetzes ganz im Sinne der vorliegenden Verse erörtert:* Das Pflichtgesetz erscheine dem Menschen solange als lästiges Verbot und Einschränkung seiner Selbstliebe, bis er *dahin gelangt ist, jene Selbstliebe als das Auswärtige und die Stimme der Vernunft als sein wahres Selbst anzusehen. Er empfindet also bloß die Fesseln, welche die letztere ihm anlegt, nicht die unendliche Befreyung, die sie ihm verschafft. (24. Brief; NA 20, 392.) Im weiteren wendet sich Schiller gegen eine Religion der* Furcht *(vgl. V. 133) und spricht sich für das Gefühl der* Ehrfurcht *als den Geist wahrer Gottesverehrung aus (vgl. ebd.; NA 20, 393). In seinem Brief an Goethe vom 17. August 1795 bezeichnet Schiller die christliche als die einzige monotheistische Religion, deren Wesen in der* A u f h e b u n g d e s G e s e t z e s *oder des Kantischen Imperativs bestehe, an deßen Stelle das Christenthum eine freye Neigung gesetzt haben wolle. – Vgl. auch „Dokumente", Nr 47.*

138—140 Nur *bis* Majestät] *Vgl. den Hinweis in „Dokumente", Nr 48.*

142 Laokoon] *Korrektur im Druckfehlerverzeichnis des 12. „Horen"-Stücks 1795; zur ursprünglich fehlerhaften Version der Stelle vgl. „Dokumente", Nr*

49; außerdem LESARTEN und die Erläuterungen zu V. 112 von "Das Ideal und das Leben".
149—150 Und *bis* euch] *Gemeint ist: Laßt, im Anblick eines Schicksals wie das des Laokoon, eurem Mit-Leid (griech.* συμπάθεια *) freien Lauf, ohne Rücksicht auf das* Unsterbliche, *das "Übersinnliche" im Menschen, die moralische Widerstandskraft im Leiden aufgrund der* Avtonomie *unserer Willensbestimmungen (Ueber das Pathetische; NA 20, 208) im Ausdruck der "Würde".*
151—160 Aber *bis* Blau.] *Während in der vorhergehenden Strophe die Darstellung des Leidens – als bloßen Leidens – (Ueber das Pathetische; NA 20, 196), als solches Gegenstand der* Sympathie *(V. 149) (nicht aber von Kunst und Schönheit), im Vordergrund stand, liegt hier das Gewicht auf dem Unsterblichen im Menschen (V. 150): auf des Geistes tapfrer Gegenwehr (V. 156) gegen das Leiden. Worum es sich handelt, wird in der Abhandlung "Ueber das Pathetische" erörtert. Dort wird der Kunst die (indirekte) Darstellung des Uebersinnlichen (NA 20, 196) zur Aufgabe gemacht. Dies bedeute* Darstellung des moralischen Widerstands gegen das Leiden *(NA 20, 199); das Pathetische diene so der Darstellung des* Erhabenen. *Durch das Erlebnis des Erhabenen erfahre sich der Mensch als intelligibles Wesen und als unabhängig von der Sinnlichkeit. Die Vermittlung dieser Erfahrung, so fügt die Schrift "Ueber das Erhabene" hinzu, habe das* Erhabene *dem* Schönen *voraus, das ja gerade durch das Zusammenstimmen von Vernunft und Sinnlichkeit charakterisiert ist (vgl. NA 21, 43).*
Laokoon, in der antiken Marmorgruppe von Agesandros, Athanadoros und Polydoros, deren Beschreibung durch Winckelmann in dessen "Geschichte der Kunst des Alterthums" (Wien 1776; zuerst 1764) Schiller in seiner Schrift "Ueber das Pathetische" ausführlich zitiert (vgl. NA 20, 205–206), gilt als Exempel für den Kampf der Intelligenz mit dem Leiden der sinnlichen Natur, *in welchem sich der Dualismus von* Thierheit und Menschheit, Naturzwang und Vernunftfreyheit offenbare *(NA 20, 206, 207). Die sich anschließende Analyse der Laokoon-Episode in Vergils "Äneis" (2, 199–227; vgl. Schillers Übersetzung "Die Zerstörung von Troja" [V. 265–312]) gibt einen Hinweis darauf, wie es zur Auflösung dieses Kampfes kommen könne; es heißt dort von Laokoon:* Er ist es jetzt gleichsam selbst, der sich aus freyer Wahl dem Verderben hingiebt, und sein Tod wird eine Willenshandlung. *(NA 20, 210.) Damit ist angedeutet, was in der Schrift "Ueber das Erhabene" näher ausgeführt ist, nämlich die* Freiheit des Menschen als eines moralischen Wesens, welche ihn in den Stand setzt, *eine Gewalt, die er der That nach erleiden muß,* d e m B e g r i f f n a c h z u v e r n i c h t e n , *was bedeute,* sich derselben freywillig [zu] unterwerfen. *(NA 21, 39.)*
Anders als in den vorangehenden Strophen bleibt hier die Andeutung eines Ausgleichs zwischen Vernunft und Sinnlichkeit vage. Obwohl in den Anfangsversen die heitern Regionen *(V. 151) in der* Schönheit Schattenreich *(V. 40) in den Blick gerückt werden, scheint es mehr um das Erhabene als um das Schöne oder dessen sittliches Pendant, das Ideal der "schönen Seele", zu gehen. Ob die Schönheit bestimmt genug bezeichnet sei, hatte Humboldt schon im Hinblick auf V. 121–140 zu bedenken gegeben (vgl. "Dokumente", Nr 44),*

während er gegen die vorliegende Strophe, die auch vom Schönen handeln soll, keinen Einwand erhob. – Vgl. auch „Dokumente", Nr 50.
161—180 Tief *bis* Pokal.] *Die Schlußstrophen greifen den antiken Herakles-Mythos auf. Trotz der ausgiebigen Benutzung der griechischen Mythologie in Gedichten wie „Die Götter Griechenlandes" und „Die Künstler" spielt die Figur des Herakles dort keine Rolle, auch nicht im Zusammenhang der Vorstellung „menschliche Götter / göttliche Menschen". Von der Sinnfälligkeit der Herakles-Gestalt im vorliegenden Falle abgesehen, hat möglicherweise Kant anregend gewirkt. In seiner Replik auf Schillers Rigorismuskritik in der 2. Auflage seiner Schrift über „Die Religion innerhalb der Grenzen der bloßen Vernunft" (1794) setzt er das* G e f ü h l   d e s   E r h a b e n e n *über alles Schöne, die „Würde" über die „Anmut". Allerdings gesteht er der Tugend anmuthige Folgen zu und verweist dabei auf Herakles:* Nur nach bezwungenen Ungeheuern wird Hercules   M u s a g e t , vor welcher Arbeit jene guten Schwestern *[die Grazien]* zurück beben. *(Werke 6, 23.)*

Darüber hinaus ist der Einfluß von Winckelmanns Beschreibung des Torso von Belvedere zu vermuten. Dieser Torso stellt nach Winckelmann Herakles nach dessen Aufnahme in den Olymp dar, also in seiner vergöttlichten Gestalt. Ruhe und Unbewegtheit bestimmen den Eindruck; die Statue zeigt den Helden sitzend, in der frohen Ueberdenkung seiner vollbrachten großen Thaten und ohne ferneren Gebrauche der Kräfte. *Das erinnert an Schillers Idyllenbegriff und der diesem impliziten Vorstellung eines aufgelösten Kampfes (vgl. die einleitenden Erläuterungen). Winckelmann schreibt ganz im Sinn der vorliegenden Verse, in der Statue manifestiere sich das* Ideal eines über die Natur erhabenen Körpers, bis auf den Grad göttlicher Genügsamkeit erhöhet, *ein Herakles,* wie er sich von den Schlacken der Menschheit mit Feuer gereiniget, und die Unsterblichkeit und den Sitz unter den Göttern erlanget hat *(Geschichte der Kunst des Alterthums [1776] 2, 742–743).*
164 umarmt' den Leuen] *Vgl. „Dokumente", Nr 51.*
165—166 Stürzte *bis* Kahn] *vielleicht eine Anspielung auf die Überwältigung des Höllenhundes Kerberos, eine der zwölf Taten des Herakles, der dabei Theseus aus der Unterwelt befreite. Möglich ist auch der Bezug auf Alkestis, die Gemahlin des Admetos, die Herakles in einem Ringkampf dem Thanatos, dem Tod, entriß.*
166 Acherontschen] *Vgl. „Dokumente", Nr 52.*
169 will'gen] *Vgl. „Dokumente", Nr 52.*
171—180 Biß *bis* Pokal.] *Vgl. „Dokumente", Nr 53.*
176 Schweres *bis* sinkt] *Vgl. „Dokumente", Nr 54.*
179 Göttin *bis* Rosenwangen] *Gemeint ist Hebe, die Tochter des Zeus und der Hera; sie wurde als Göttin der Jugend verehrt (griech.* ἥβη: *Jugendalter), darauf bezieht sich das Epitheton* mit den Rosenwangen. *Bei Voß hat sonst Hera das Attribut „rosenwangig".*
180 Reicht *bis* Pokal] *Vgl. das Epigramm „Zevs zu Herkules".*

252–253 Natur und Schule

ENTSTEHUNG. Das Gedicht entstand im August 1795. Auf Grund von Einwänden Wilhelm von Humboldts in dessen Brief vom 31. August nahm Schiller Veränderungen vor, die er am 7. September Cotta mitteilte.

ÜBERLIEFERUNG. H: Freies Deutsches Hochstift Frankfurt a. M. 1 Streifen ca 9 × 1,7 cm. Leicht vergilbtes Papier; darauf die Überschrift: Natur und Schule. *– E: Horen 1795. 9. Stück. S. 89–93. D: Gedichte 1 (1800). S. 23 bis 27 (2. Fassung unter dem Titel „Der Genius"); danach in: Gedichte ²1 (1804). S. 23–27. Schiller bestimmte das Gedicht auch für die Prachtausgabe. Vgl. den Text in NA 2 I, 302–303. – Textwiedergabe nach E.*

LESARTEN. Zu Veränderungen des ursprünglichen Textes für den Erstdruck vgl. die folgenden Einzelstellenerläuterungen. – Vgl. die Varianten der 2. Fassung in NA 2 I, 302–303.

ERLÄUTERUNGEN. Das Gedicht behandelt, ausgehend von der Rousseauschen Frage, inwiefern Kultur, Bildung und Wissenschaft zum wahren Glück führen, den Antagonismus von „Natur" und „Schule". In seinem Brief an Humboldt vom 7. September 1795 erinnerte Schiller im Zusammenhang mit dem Gedicht daran, daß er gerade mit einem Aufsatz übers N a i v e *beschäftigt sei, in dem er* von dem Gegensatz zwischen Einfalt der Natur und zwischen Cultur viel zu reden habe. *Gemeint ist der erste Teil der Abhandlung „Ueber naive und sentimentalische Dichtung", der im 11. Stück der „Horen" 1795 erschien. Dort wird „Natur" bestimmt als* das freiwillige Daseyn, das Bestehen der Dinge durch sich selbst, die Existenz nach eignen und unabänderlichen Gesetzen *(NA 20, 413). In diesem Status habe die Menschheit im verlorenen Zustand ihrer Kindheit gelebt. Zur „Kultur" gehört dagegen alles,* was durch die Kunst und durch den menschlichen Willen ist *(NA 20, 429). Der Ausdruck „Schule" deutet an, daß sich das Gedicht auf einen bestimmten Ausschnitt aus dem Gesamtbereich der „Kultur" bezieht: auf* Weisheit *(V. 1) und* Wissenschaft *(V. 3). Schillers Schrift beläßt es nicht beim Aufweis des Widerspruchs, sondern bindet beide Pole zusammen in der Bestimmung, die Kultur solle uns,* auf dem Wege der Vernunft und der Freyheit, zur Natur zurückführen *(NA 20, 414), doch nicht im Sinne einer Rückkehr ins (vorgeschichtliche)* A r k a d i e n , *sondern eines Fort-Schritts zu einem (postkulturellen)* E l i s i u m (NA 20, 472).

Das Gedicht verzichtet auf eine solche Perspektive (die Humboldt ungern vermißte [s. u.]), es stellt die goldene Zeit *(V. 15) der Gegenwart entgegen und macht den Kontrast an der (unzeitgemäßen) Figur des fragenden Jünglings deutlich. Zum Hintergrund dieser Gestalt gehört, was in der Abhandlung „Ueber Anmuth und Würde" von der „schönen Seele" gesagt wurde: in ihr seien Sinnlichkeit und Vernunft, Pflicht und Neigung zur Harmonie gekommen (NA 20, 288); dann schließt sich folgende, dem Gedicht eng verwandte Charakterisierung an (vgl. V. 53–62):* Daher weiß sie selbst auch niemals um die Schönheit ihres Handelns, und es fällt ihr nicht mehr ein, daß man anders handeln und empfinden könnte; dagegen ein schulgerechter Zögling der Sittenregel, so wie das Wort des Meisters ihn fodert, jeden Augenblick bereit seyn wird, vom Verhältniß seiner Handlungen zum Gesetz die strengste Rechnung abzulegen. *(NA 20, 287.) Die Figur des Jünglings beleuchtet auch, was Schiller in dem von ihm erwähnten Aufsatz zu den Begriffen des „Naiven der Gesinnung" und (im Rückgriff auf Kants Genielehre in der „Kritik der Urtheilskraft") des „Genies" festsetzt; jedes wahre Genie müsse naiv sein, sagt Schiller und fährt fort:* Unbekannt mit den Regeln, den Krücken der Schwachheit und den Zuchtmeistern der Verkehrtheit, bloß von der Natur oder dem Instinkt, seinem schützenden Engel, geleitet, geht es ruhig und sicher durch alle Schlingen des falschen Geschmackes [...]. Es verfährt nicht nach erkannten Prinzipien sondern nach Einfällen und Gefühlen; aber seine Einfälle sind Eingebungen eines Gottes [...] seine Gefühle sind Gesetze für alle Zeiten *(NA 20, 424). Die Züge eines Genies, die den Jüngling auszeichnen, mögen August Wilhelm Schlegel zu der Bemerkung veranlaßt haben, das Gedicht könnte an Goethe gerichtet sein (vgl. Schlegel an Schiller vom 13. Oktober 1795).*

Schillers Freunde zeigten sich von dem Gedicht begeistert. Humboldt schrieb, er liebe es sehr, pries die poetische Behandlung des trockenen Stoffes (vgl. an Schiller vom 31. August 1795), hätte sich aber die Idee *weiter verfolgt gewünscht, bis hin zu den Fragen, ob ein Andauern des beschriebenen Zustands der Unschuld wahrscheinlich oder nur möglich und wozu eigentlich der Mensch als Mensch bestimmt sei. Außerdem machte er eine Reihe von metrischen Ausstellungen, die Behandlung des Hexameters betreffend (vgl. die Einzelerläuterungen), die er später noch ergänzte (vgl. an Schiller vom 30. Oktober 1795). Körners Lob dagegen war uneingeschränkt; er erklärte das Gedicht, was* Gedanke, Vortrag, Anordnung *und* Versbau *angehe, zu seinem* Liebling: Nur selten ist Göthen etwas ähnliches gelungen. *(An Schiller vom 2. September 1795.)*

Schiller nahm Humboldts formale Kritik dankbar auf, brachte umgehend Korrekturen an, die er dem bereits nach Tübingen an Cotta abgegangenen Manuskript hinterherschickte (vgl. an Humboldt und Cotta vom 7. September 1795). Schiller selbst beklagte Unsicherheit in metrischen Fragen (vgl. an Humboldt vom 29. [und 30.] November 1795) und übte noch nachträglich Selbstkritik an „Natur und Schule" (vgl. ebd.). Dagegen ließ er die inhaltliche Kritik an seinem Gedicht, das ihm, „Das Reich der Schatten" ausgenommen, das liebste *schien, nicht gelten; die von Humboldt ins Auge gefaßte Ergänzung sei intellektuell wohl befriedigender, poetisch aber problematisch: Die Einsicht in die Notwendigkeit der Entfernung des Menschen von seinem natürlichen Zustand verhindere nicht das Gefühl des Schmerzes über diesen Verlust,* und nur an diesen hält sich der Poet. *(An Humboldt vom 7. September 1795.) Er verweist Humboldt auf den im Entstehen begriffenen ersten Teil der Abhandlung „Ueber naive und sentimentalische Dichtung" (s. o.), wo über diese Materie mehr zu sagen sei. Im übrigen hatte er die angesprochene Problematik auch in seinen historischen Schriften behandelt; vgl. z. B. „Etwas über die erste Menschengesellschaft nach dem Leitfaden der mosaischen Urkunde" (NA 17, 398–413).*

Auch Herder äußerte sich zustimmend (vgl. an Schiller vom 10. Oktober 1795), ebenso August Wilhelm Schlegel (vgl. an Schiller vom 13. Oktober 1795). Ein ausführliches Urteil gab Schlegel im Rahmen seiner „Horen"-Rezension ab. Er beginnt seine Besprechung des Gedichts mit der Bemerkung, es sei schwer zu entscheiden, ob es mehr das Gefühl als dichterische Darstellung, oder den Kopf als Auflösung eines philosophischen Problems beschäftigt. (ALZ 1796. Nr 5. 5. Januar. Sp. 33; Fambach 2, 191.) Nach der Wiedergabe des Inhalts resümiert er, mit Blick auf Schiller: Wenn ein Dichter bald als zergliedernder Denker und bald als beseelender Künstler Bewunderung erregt; wenn er „erhalten aus dem modrigen Grabe zurückkömmt, und Trost für die Lebenden von den Mumien herbringt:" *[vgl. V. 10–12]* wer wird ihn nicht froh und dankbar begrüßen? *Zugleich warnte er jedoch mit Deutlichkeit:* Ein seltnes, fast beyspielloses, Gelingen darf nicht zum Beyspiele werden. *(Ebd. Sp. 35; Fambach 2, 192.) Schiller hatte bereits in seiner Antwort auf Schlegels oben erwähnten Brief davon gesprochen, mit dem Gedicht sei, ebenso wie mit dem „Reich der Schatten", der* Uebergang von der Speculation zur Poesie *angetreten, und hinzugefügt, er* hoffe zunehmend die Philosophie verlassen und etwas weiter ins freye Meer der Erfindung zu segeln. *(An Schlegel vom 29. Oktober 1795.)*

Auf die öffentlichen Äußerungen reagierte Schiller, indem er die von Schlegel aufgeworfene Frage: Ob der dichterische Geist den ganzen Weg strenger Wißenschaft gehen müsse und dürfe? *(an Schlegel vom 9. Januar 1796), für sich persönlich jedenfalls positiv beantwortete. Einige metrische Einwände Schlegels wies er, anders als die von Humboldt, zurück, entschuldigte sich jedoch mit dem Hinweis, daß dieses [die Gedichte des Sommers 1795]* die ersten Hexameter sind, die ich in meinem Leben gemacht *(ebd.).*

Vgl. auch die Erläuterungen zur 2. Fassung des Gedichts.

1 „Ist *bis* lehren] *Humboldt kritisierte die ursprüngliche Fassung des Verses:* nachspricht der ⏑ Ist *doch, dünkt mich, hart, wenn gleich, ein mehrers im Folgenden, nach der bloßen Regel des Tons erlaubt. (An Schiller vom 31. August 1795.)*

1 sprichst du] *Es spricht der Antwortende, der die an ihn gerichtete Frage gewissermaßen selbst zitiert, bevor er sie beantwortet. Die gleiche Gesprächssituation findet sich in „Poesie des Lebens".*

5 mistraun, der] *Die ursprüngliche Fassung der Stelle –* mis/trauen, der – *beanstandete Humboldt:* Das relativum sollte doch wohl lang seyn, obgleich Voß es sehr oft kurz hat. Ebenso haben Sie es noch ein Paarmal in demselben Gedicht. *(An Schiller vom 31. August 1795.)*

14 Wandeln *bis* Recht] *Humboldt zitiert die ursprüngliche Fassung des Verses:* wandeln / will ich ihn / doch // ist d i e s e s / e i n z i g e / Noth *(an Schiller vom 31. August 1795).*

15 die goldene Zeit] *Der Mythos vom „Goldenen Zeitalter" bezieht sich auf einen paradiesähnlichen Urzustand der menschlichen Gesellschaft, der zunächst durch äußeren Frieden und harmonische Verhältnisse im Innern gekennzeichnet ist. Literarisch wirksam waren die Darstellungen der „aetas aurea" vor allem* von Hesiod in seinem Entwurf der fünf Weltalter (vgl. Werke und Tage, V. 106–201) und von Ovid in den „Metamorphosen" (1, 89–112). Bei Ovid ist auch schon von der inneren Verfassung des Menschen die Rede: Aurea prima sata est aetas, quae vindice nullo / sponte sua, sine lege fidem rectumque colebat. (1, 89–90.) („Erstes Alter ward das Goldene. Ohne Gesetz und / Sühner wahrte aus eigenem Trieb es die Treu und das Rechte"; nach Erich Rösch; Ovid, Metamorphosen [1983], 10, 11.)

17 das Heilige] *wohl im Sinne von „das Göttliche" wie in* der Menschheit Götterbild *(Das Reich der Schatten, V. 63).*

20 hüpfenden Punkt] *Das geflügelte Wort vom „springenden Punkt", lat. punctum saliens, geht zurück auf die von Aristoteles in seiner „Tierkunde" (6, 3) mitgeteilte Auffassung, im Weißen des Vogeleis gebe es einen das Herz des werdenden Tieres markierenden Blutfleck; dieser Punkt hüpfe und springe wie ein Lebewesen.*

25 Profaner] *lat. profanus: vor dem heiligen Bezirk liegend; ungeheiligt.*

27 Gleich *bis* Regel] *Humboldt erhob folgendes Einwand gegen die ursprüngliche Fassung des Verses:* Gleich ver/ständlich für / a l l e / Welt war die *u.s.f. Der trochaeus ohne Abschnitt an dieser Stelle macht, dünkt mich, den Vers sehr schleppend. Ich habe es ein Paarmal in Ihren Beiträgen gefunden. (An Schiller vom 31. August 1795.)*

29 Aber *bis* mehr.] *Humboldt kritisierte die Metrik der ursprünglichen Fassung des Verses:* Aber ach / jene / Zeit ist nicht / wenn ich recht scandirt habe. Denn, was aber auch nicht gut ist, man kann über die scansion zweifelhaft seyn. *(An Schiller vom 31. August 1795.)*

33 Quell, tief] *Die ursprüngliche Fassung der Stelle:* Quelle t i e f, *fand Humboldt metrisch nicht gut (an Schiller vom 31. August 1795.)*

35 Aus *bis* Orakel] *Humboldt kritisierte im ursprünglichen Vers die Stelle* Das O/rakel: Denn Das *hat doch hier keine emphasis. (An Schiller vom 31. August 1795.)*

53 Jenes Gesetz] *Anspielung auf Kants „kategorischen Imperativ" (vgl. die Erläuterungen zu „Das Reich der Schatten" [V. 122]).*

55 Polyklets Regel] *Polykleites (2. Hälfte des 5. Jahrhunderts v. u. Z.), griechischer Bildhauer, berühmt wegen der ausgewogenen Proportionalität seiner Statuen (u. a. werden ihm der Doryphoros und der Diadumenos zugeschrieben); in der Schrift „Kanon" behandelt er die Maßverhältnisse des menschlichen Körpers.*

61 Aber *bis* verfehlen] *Der Vers lautete ursprünglich:* Aber / blind ge/winnst du den / Kranz, d e n w i r / sehend ver/fehlen; *Humboldt bemerkte dazu:* W i r *sollte hier wohl Nachdruck haben. (An Schiller vom 31. August 1795.)*

254–256   Das verschleierte Bild zu Sais

ENTSTEHUNG. *Schiller schickte das Gedicht am 17. August 1795 an Herder (vgl. dessen Antwort vom 22. August); es ist vermutlich kurz zuvor entstanden. Vgl. auch Humboldts Brief an Schiller vom 31. August 1795.*

NATUR UND SCHULE / DAS VERSCHLEIERTE BILD ZU SAIS

ÜBERLIEFERUNG. H: ? – E: Horen 1795. 9. Stück. S. 14–18. D: Gedichte 2 (1803). S. 108–112; danach in: Gedichte ²2 (1805). S. 108–112. – Textwiedergabe nach E.

LESARTEN. Außer Augenvarianten und Interpunktionsveränderungen weist der Druck von 1803 (D) einige Varianten im Zeilenfall auf: **21** *die zwei Zeilen zusammengezogen D* **24** *die zwei Zeilen zusammengezogen D* **32** *die drei Zeilen zusammengezogen D* **36** *die zwei Zeilen zusammengezogen D zwischen V. 37 und 38 keine Leerzeile im Druck von 1805, zwischen V. 67 und 68 keine Leerzeile D – Ferner:* **32** *sieht]* s i e h t *D – Über Änderungen, die Schiller für den Erstdruck vornahm, vgl. die einleitenden Erläuterungen.*

ERLÄUTERUNGEN. Der Mythos der altägyptischen Göttin Isis wird von Plutarch (um 50–um 125) in seiner Schrift „Über Isis und Osiris" (Kap. 9) und von Pausanias (2. Jahrhundert) in der „Reisebeschreibung von Griechenland" (X 32, 13–18) überliefert. Als Quelle diente Schiller jedoch die Schrift „Ueber die ältesten hebräischen Mysterien" (Leipzig 1788) von Karl Leonhard Reinhold (1758–1823), die schon Schillers Aufsatz „Die Sendung Moses" zugrundelag (vgl. NA 17, 397). Wahrscheinlich kannte Schiller auch das motivverwandte Freimaurergedicht „An die Brüder der wahren Eintracht, als ich und Prandstetter ihrer Loge einverleibt wurden" von Johann Baptist Alxinger (1755–1797) aus dessen „Sämmtlichen Gedichten" (T. 1. Klagenfurt, Laibach 1788. S. 257–260), vermutlich durch Vermittlung Wielands oder Reinholds, die dieses Buch besaßen. Vgl. im einzelnen: Klatt, „... des Wissens heißer Durst" (1985).

Auch Kant erinnert in seiner „Kritik der Urtheilskraft" (1790) an den Isis-Tempel und dessen Inschrift (§ 49; Werke 5, 316), die Schiller in seinem Aufsatz (ebenso wie in der Schrift „Vom Erhabenen"; vgl. NA 20, 191) gleich Kant als „erhabenen" Gedanken charakterisiert: Unter einer alten Bildsäule der Isis las man die Worte: „I c h   b i n ,   w a s   d a   i s t" und auf einer Pyramide zu Sais fand man die uralte merkwürdige Innschrift: „Ich bin alles was ist, was war, und was seyn wird, kein sterblicher Mensch hat meinen Schleyer aufgehoben." *(NA 17, 385.) Wenig später wird das Motiv des Gedichts angesprochen; es ist von der heiligen Lade im Innern des Tempels die Rede, die umherzutragen ein Vorrecht der Priester war:* Keinem, als dem Hierophanten war es erlaubt, diesen Kasten aufzudecken, oder ihn auch nur zu berühren. Von einem der die Verwegenheit gehabt hatte, ihn zu eröffnen, wird erzählt, daß er plötzlich wahnsinnig geworden sey. *(NA 17, 386.) (Vgl. auch den Demeter-Kult im themenverwandten Gedicht „Einem jungen Freunde als er sich der Weltweißheit widmete".)*

Über die Bedeutung der verschleierten Göttin gibt noch die gleiche Schrift Hinweise; von Moses wird gesagt, den wahren Gott könne er den Hebräern nicht verkünden, weil sie unfähig seien, ihn zu fassen, er sei also gezwungen, ihn a u f   e i n e   f a b e l h a f t e   A r t zu verkündigen *(NA 17, 391, 392). Deutlicher wird, was gemeint ist, in Erinnerung an die Erzählung des Alten Testamentes, nach der Gott sich in eine Wolke hüllte, als er Moses die Geset-*

zestafeln auf dem Berge Sinai übergab, und Moses seinerseits, erfüllt vom Wort Gottes, das Antlitz mit einem Schleier verhüllte, als er vom Berge zurückkehrte und zu seinem Volk sprach (vgl. Exod. 19, 9; 20, 21; 34, 35).

Die Problematik einer unmittelbaren Erkenntnis der Wahrheit, im vorliegenden Gedicht am verschleierten Götterbild sinnfällig gemacht, hatte Schiller zuvor durch die Venus-Allegorie anschaulich zu machen gesucht, vor allem in den „Künstlern" am Beispiel der furchtbar herrlichen Urania *(V. 59)* – nur angeschaut von reineren Dämonen *(V. 56)* oder vom mündgen Sohne *der Cypria (V. 435). Das Wahrheit-Schleier-Motiv findet sich wiederholt bei Schiller: Von ihm ist andeutungsweise schon in „Elysium" (V. 12) die Rede; das Gedicht über die „Poesie des Lebens" beschreibt die Wirkung des Verzichts auf* Des Lebens rosenfarbnen Schleyer *(V. 25) in einer Weise, die dem Schicksal des erkenntnissuchenden Jünglings gleicht: Die Welt erscheint als Grab. Daß das Aufdecken des Schleiers Unglück bringt, beklagt Kassandra im gleichnamigen Gedicht (vgl. V. 57–64); daß es unmöglich sei, wird in „Die Worte des Wahns" betont (vgl. V. 21). Über die Wohltätigkeit eines deckenden Schleiers berichtet der Jüngling in „Der Taucher" (vgl. V. 94–96).*

Auch außerhalb der Gedichte begegnet das Motiv: Im „Geisterseher" erklärt der Prinz, Vergangenheit und Zukunft sehe er als zwei schwarze und undurchdringliche Decken, an, [...] welche noch kein Lebender aufgezogen hat. *(NA 16, 124.) In „Der versöhnte Menschenfeind" warnt Hutten Angelika, den Schleier aufzuheben, der dir die Wirklichkeit verbirgt (8. Szene; NA 5, 153).*

Schillers Freunde urteilten unterschiedlich über das Gedicht. Körner gesteht ihm zwar trefflicher Darstellung zu, doch findet er im Stoff desselben *etwas* Dunkles und Unbefriedigendes *(an Schiller vom 2. September 1795). Vor allem Herder zeigte sich unzufrieden; seine Begründung:* Wahrheitsdurst könne nie zur Schuld führen, und das zweideutige Verbot der Gottheit reize ja geradezu zur Sünde. Mit beidem, Verbot und Schuld, wolle er nichts zu schaffen haben *(an Schiller vom 22. August 1795). Humboldt dagegen, der Herders Urteil nicht verstehen konnte, äußerte uneingeschränktes Vergnügen:* Für mich liegt eine große und wichtige Wahrheit darin. Die Erfindung paßt sehr gut dazu, und die Erzählung ist sehr poetisch. Nur den Reim vermißte er *(an Schiller vom 31. August 1795). Diese Ansichten beziehen sich auf das Manuskript des Gedichts, dem gegenüber der Erstdruck Varianten aufweist; beispielsweise wurde der Schluß verändert (vgl. Humboldt an Schiller vom 30. Oktober 1795). So beurteilte auch Herder die Druckfassung günstiger (vgl. an Schiller vom 10. Oktober 1795).*

Das Gedicht gehört zu jenen, deren Bau der Struktur eines Emblems ähnelt; V. 1–81 ließen sich als bildhafte Darstellung der „Pictura" verstehen, an die sich deren resümierende Deutung, die „Scriptura", anschließt (V. 82–85). Vgl. hierüber des näheren die Erläuterungen zu „Columbus".

2 Sais] antike Stadt in Unterägypten am Nil.

4 Grad] Schiller berichtet im Aufsatz über „Die Sendung Moses" von den Mysterien in Heliopolis und Memphis: Es gab [...] Stuffen oder Grade, und erst im innern Heiligthum fiel die Decke ganz von ihren [der Epopten] Augen. *(NA 17, 385.)*

6 Hierophant] *nach griech.* ἱερός *(heilig),* φαίνειν *(zeigen): der die heiligen Geräte zeigt.*
15 Regenbogen] *Das Bild findet sich auch am Ende der „Künstler" (V. 474 bis 481).*
19 Rotonde] *lat. rotundus: abgerundet; Rotunde: Rundbau.*
40 Flor] *zartes Zeug aus Seide, Nesselgarn oder Wolle (vgl. Adelung 2, 217).*

257   Der philosophische Egoist

ENTSTEHUNG. *Wahrscheinlich schickte Schiller das Gedicht am 7. September 1795 an Cotta (vgl. seinen Brief vom selben Tag); es ist vermutlich kurz zuvor entstanden.*

ÜBERLIEFERUNG. *H: GSA. Vgl. die Beschreibung der Handschrift bei den Angaben zu „Die zwei Tugendwege". – E: Horen 1795. 9. Stück. S. 126–127. D: Gedichte 1 (1800). S. 192–193 („Die zwey Tugendwege"); danach in: Gedichte* ²1 *(1804). S. 192–193. – Textwiedergabe nach E.*

LESARTEN. *Augenvarianten und Interpunktionsveränderungen in D werden im folgenden nicht verzeichnet.* – **1** Liebe,] Liebe H   **5** Hast du die Mutter gesehn, wenn sie süßen Schlummer dem Liebling D   eine] *ursprünglich* die *(nach Schillers Brief an Humboldt vom 7. September 1795 [NA 28, 42])*   **6** Schlaf,] Schlaf H   Sorglose] Träumende D   **7** Mit dem eigenen Leben ernährt die zitternde Flamme, D   zitternde] zitternden E *(im Druckfehlerverzeichnis verbessert)*   Flamme,] Flamme H   **9** du] die H *(Schreibfehler)*   grosse] große H   Mutter] Mutter! H   **10** empfänget] *verb. aus* empfängt H   bestehst?] besteht. H   **13** Armer] armer H   a l l e i n] allein D

ERLÄUTERUNGEN. *Das epigrammatische Gedicht ist vermutlich nicht (nur) auf die subjektivistische Philosophie des Fichteschen Idealismus (vgl. Xenion Nr 380 und die Erläuterungen dazu), sondern (auch) auf die Kantische Moralphilosophie zu beziehen.*

Das Bild von Säugling und Mutter erscheint als Sinnbild der „Liebe". Daß diese einen vertraulichen Bund *(V. 12) unter den Geschöpfen herstellt, betonen schon Schillers frühe Schriften; in der „Philosophie der Physiologie" wird sie die* grose Kette der empfindenden Natur *genannt (NA 20, 11); die „Philosophischen Briefe" setzen sie so dem* Egoismus *entgegen, der seinen* Mittelpunkt in sich selber errichte, *während die Liebe ihn* in die Achse des ewigen Ganzen pflanze: Liebe zielt nach Einheit, Egoismus ist Einsamkeit. Liebe ist die mitherrschende Bürgerin eines blühenden Freistaats, Egoismus ein Despot in einer verwüsteten Schöpfung. *(NA 20, 123.) „Liebe" ist die paradigmatische Erscheinungsform der „Natur" in ihrer Polarität mit der „Vernunft".*

Der philosophische Egoist vertritt den Standpunkt eines „despotischen" Rigorismus, wonach Vernunft und der aus ihr fließende Pflichtgedanke die einzigen Quellen sittlichen Handelns sind. Ihm gilt der Hinweis auf die Natur, die nicht nur eine (das Vernunftgesetz) „empfangende", sondern zugleich eine (Antrieb zu sittlichem Tun) „gebende" ist (vgl. V. 10). Im Zusammenhang der Rigorismuskritik in der Schrift „Ueber Anmuth und Würde" heißt es: Wäre die sinnliche Natur im Sittlichen immer nur die unterdrückte und nie die m i t - w i r k e n d e Parthey, wie könnte sie das ganze Feuer ihrer Gefühle zu einem Triumph hergeben, der über sie selbst gefeyert wird? *(NA 20, 286.) (Mütterliche) Liebe im vorliegenden Gedicht ist der von Schiller erstrebte Fall: Natur und Vernunft, Pflicht und Neigung sind eins.*

Humboldt fand, das Gedicht sei von einer sehr eignen und hohen Schönheit, die Beschreibung von Mutter und Kind überaus zart und lieblich, und die Wendung des Ganzen schön und überraschend. *(An Schiller vom 11. und 12. September 1795.) Körner war es* sehr lieb *(an Schiller vom 14. September 1795), und Herder erkannte* trefliche Gedanken *in ihm (an Schiller vom 10. Oktober 1795). August Wilhelm Schlegel stellte das Gedicht in seiner „Horen"-Rezension neben „Weißheit und Klugheit", „An einen Weltverbesserer", „Das Höchste" und „Unsterblichkeit" und bemerkte über sie,* in ihnen seien sittliche Verhältnisse des Menschen mit eben so tiefem Blick in sein Innres als weiter Aussicht in die umgebende Welt gefaßt, und ernste Wahrheiten mit der ihnen entsprechenden nachdrücklichen Würde an das Herz gelegt. *(ALZ 1796. Nr 5 vom 5. Januar. Sp. 33; Fambach 2, 191.)*

257 Die Antike an einen Wanderer aus Norden

ENTSTEHUNG. *Schiller übersandte das Gedicht vermutlich mit seinem nicht überlieferten Brief vom 7. August 1795 an Humboldt (vgl. dessen Antwort vom 18. August); es wird kurz zuvor entstanden sein.*

ÜBERLIEFERUNG. *H: ? − E: Horen 1795. 9. Stück. S. 128−129. D: Gedichte 1 (1800). S. 150 (2. Fassung unter dem Titel „Die Antike an den nordischen Wanderer"); danach in: Gedichte* ²1 *(1804). S. 150. Schiller bestimmte das Gedicht auch für die Prachtausgabe. Vgl. den Text in NA 2 I, 324 („Die Antike an den nordischen Wanderer"). − Textwiedergabe nach E.*

LESARTEN. *Vgl. die Varianten der 2. Fassung in NA 2 I, 324.*

ERLÄUTERUNGEN. *Die Aufnahme des Gedichts in Schillers Umgebung war unterschiedlich. Humboldt nannte es* ein prächtiges Stück; es mache mit ernstem und scheltendem Ton *eine große Wirkung und* errege eine *Menge von Betrachtungen über die Vergangenheit und Gegenwart, und die unwiderruflichen Wirkungen der Zeit, die sich in eine Art der Wehmuth auflösen. (An Schiller vom 18. August 1795.) Herder dagegen wollte* mit dem Fluch auf den armen Nordländer *überhaupt* nichts zu schaffen *haben:* Ihr seyd unbarmherzige Richter! *(An Schiller vom 22. August 1795.) August Wilhelm Schlegel monierte in seiner Rezension der „Horen" die Stärke einiger Ausdrücke (in V. 7 und 8:* nebligter Pol, eiserner Himmel, arkturische Nacht*), die dem Bild des Nordens nicht an-*

gemessen seien, kritisiert aber vor allem die These des Gedichts (vgl. V. 6):
[...] sollten die Einflüsse des Himmels, wie sehr auch die menschliche Organisation im Allgemeinen von ihr abhängen mag, für den einzelnen Menschen wirklich so ganz unüberwindlich seyn? *(ALZ 1796. Nr 5 vom 5. Januar. Sp. 33; Fambach 2, 191.)*

In der Tat erkennt Schiller Ausnahmen an. In seiner Abhandlung „Ueber naive und sentimentalische Dichtung" werden die beiden Gattungen angehörenden Dichter einander gegenübergestellt als solche, die entweder Natur „sind" oder sie „suchen" (vgl. NA 20, 436); *die ersten sind naive Dichter, an ihrer Spitze Homer, die letzteren sentimentalische, welche, vom Standpunkt der Kultur aus, Natur nur als Gedanke kennen, der erst realisirt werden soll (NA 20, 437). Diesem Zweck dient keine Wanderung nach Süden, wie sie viele Bildungsreisende nach der Mode der Zeit unternahmen, sondern nur „innere" Entwicklung. Goethe und Johann Heinrich Meyer (1760–1832), Direktor der Zeichenschule in Weimar und kunsthistorischer Schriftsteller, der sich von 1784 bis 1789 in Rom aufhielt, galten Schiller als Gegenbild zum gewöhnlichen Italien-Reisenden. Meyer, der Ende 1795 zu einem erneuten Aufenthalt nach Italien aufbrach, ist das Epigramm „Der griechische Genius" gewidmet. Über die Einschätzung Goethes gibt Schillers Brief vom 23. August 1794 Aufschluß, in dem Goethe als griechischer Geist charakterisiert wird, der in diese nordische Schöpfung geworfen sei; sein Genie aber habe vermocht, seine schlechtere Natur nach dem beßeren Muster zu korrigieren, das sein bildender Geist sich erschuf (NA 27, 25–26).*

Vgl. auch die Erläuterungen zur 2. Fassung des Gedichts.

8 arkturische] *nach Arktur, dem hellsten Stern im Sternbild des Bootes am nördlichen Sternhimmel; also: „nördliche".*
8 Ausoniens] *Ausonia: von römischen Dichtern gebrauchter Name für Italien; vgl. z. B. Vergils „Äneis" (7, 55; 10, 54 u. ö.).*
13 Ioniens] *Ionien: Name für das archaische Griechenland.*

258 Deutsche Treue

ENTSTEHUNG. Das Gedicht entstand vermutlich im August 1795. Wann es Schiller an Cotta und Körner schickte, ist nicht genau bestimmbar. Vgl. Schiller an Goethe vom 9. September (Beilage) und Körner an Schiller vom 14. September 1795.

ÜBERLIEFERUNG. H: GSA. *Vgl. die Beschreibung der Handschrift bei den Angaben zu „Der Sämann" (H²) und „Die zwei Tugendwege". – E:* Horen 1795. 9. Stück. S. 130–131. D: Gedichte 1 (1800). S. 200–201 (2. Fassung); *danach in:* Gedichte ²1 (1804). S. 200–201. *– Textwiedergabe nach E.*

LESARTEN. **1** stritt] rang *H* **2** Fridrich aus Habspurgs] Friedrich, aus Hapsburgs *H* gerufen] berufen *H* **3** Macht,] Macht *H* **7** Freyheit;] Freiheit, *H* **8** ziehn;] ziehn. *H* **9** Aber] Aber, *H* kann er] *danach* frey *unleserlich gemacht* H   10 Siehe,] Siehe H   11 umhalßt] *verb. aus* umarmt, *danach* ih[n] *gestr.* H   Feind, sie wechseln] Feind. Sie theilen H an] an, H   12 dem Freund] dem Freund, H   13 Arme] Arm E *(im Druckfehlerverzeichnis verbessert)*   14 Haß] Hass H   15 muß] muss H Ludwig] Ludewig H   16 bestreitet,] bestreitet H – *Vgl. die Varianten der 2. Fassung in NA 2 I, 117.*

ERLÄUTERUNGEN. Der historische Hintergrund des Gedichts, das auf die Ballade „Die Bürgschaft" vorausweist, ist folgender: Im Jahr 1314 kam es zur Doppelwahl Herzog Ludwigs IV., des Bayern (1282–1347), und Herzog Friedrichs III., des Schönen (um 1286–1330), zum König. Der Wittelsbacher Ludwig, der an die Stelle des zu jungen Johann von Böhmen-Luxemburg getreten war, wurde, unterstützt von der luxemburgischen Partei (Mainz, Trier, Böhmen, Brandenburg, Sachsen-Lauenburg), am 19. Oktober 1314 in Frankfurt am Main mit fünf kurfürstlichen Stimmen gewählt und in Aachen gekrönt. Friedrich, hinter dem die habsburgische Partei (Köln, Pfalz, Sachsen-Wittenberg) stand, erhielt am 20. Oktober 1314 in Sachsenhausen bei Frankfurt drei Stimmen und wurde in Bonn gekrönt. Nach jahrelangem Krieg besiegte Ludwig seinen Kontrahenten in der Schlacht bei Mühldorf am 28. September 1322 und setzte ihn auf der Burg Trausnitz in der Oberpfalz gefangen. Der Versuch der luxemburgischen Partei, den Thron für sich zu gewinnen, scheiterte am Widerstand des Papstes Johannes XXII. (um 1245–1334; seit 1316 Papst), der 1323 einen Prozeß gegen Ludwig u. a. wegen widerrechtlichen Königtums einleitete und ein Jahr später den Bann über ihn aussprach. Am 13. März 1325 schloß Ludwig mit Friedrich den Trausnitzer Vertrag, in dem dieser die Rechtmäßigkeit der Herrschaft Ludwigs anerkannte und frei kam. Nachdem es Friedrich jedoch nicht gelungen war, seinen Bruder Leopold (1290–1326) und den Papst ebenfalls zur Anerkennung Ludwigs zu bewegen, kehrte er freiwillig nach München in Gefangenschaft zurück. Darauf wurde im Vertrag von München am 5. September 1325 festgelegt, daß gemeinschaftlich regiert werden solle; diese Vereinbarung blieb aber ohne praktische Konsequenzen; nach dem Tod des Bruders kehrte Friedrich 1326 mit dem Königstitel, doch ohne Regierungstätigkeit nach Österreich zurück.

Schillers Gedicht geht auf folgende Episode zurück, die Michael Ignaz Schmidt in seiner „Geschichte der Deutschen" (3 [²1786], 526–527) berichtet: Da er [Friedrich] sah, daß er nicht Wort halten konnte, stellte er sich von selbst zu München wieder ein, und warf sich seinem Gegner in die Arme, der durch diese Großmuth gerührt nun mit Friderichen als seinem besten Freunde umgieng, mit ihm an einer Tafel speisete, und in einem Bette schlief, ja so gar, da er seinem bedrängten Sohn nach Brandenburg zu Hülfe ziehen mußte, ihm die Statthalterschaft von Baiern auftrug [...]. Der in Deutschen Sitten unerfahrne Papst Johann, dem dieser Ueberrest altdeutscher Treue und Redlichkeit unbegreiflich vorkam, schrieb hierüber dem König Karl von Frankreich, diese unglaubliche Vertraulichkeit und Freundschaft sey ihm aus Deutschland selbst durch ein Schreiben gemeldet worden.

Körner war das Gedicht sehr lieb (an Schiller vom 14. September 1795),

Humboldt fand es sehr gut *(an Schiller vom 30. Oktober 1795). August Wilhelm Schlegel fügte dem positiven Urteil über das Gedicht hinzu, die Erzählung hätte durch jede hinzugefügte Bemerkung nur geschwächt werden können; die unerwartete dramatische Einführung fühlloser Kleinheit in dem Eindruck, welche die Handlung der beiden Fürsten auf einen dritten macht, hat einen kräftigen Stachel, den man nicht ungern fühlt. (ALZ 1796. Nr 5 vom 5. Januar. Sp. 33; Fambach 2, 191.)*
Vgl. auch die Erläuterungen zur 2. Fassung des Gedichts.
18 Pontifex] *lat. Priester, Oberpriester; der Papst.*

258   Weißheit und Klugheit

ENTSTEHUNG. *Vermutlich schickte Schiller das Epigramm mit einem seiner nicht überlieferten Briefe vom 24. August und 4. September 1795 an Humboldt. Vgl. seinen Brief an Humboldt vom 7. September.*

ÜBERLIEFERUNG. *H: ? – E: Horen 1795. 9. Stück. S. 132. D: Gedichte 1 (1800). S. 310 (2. Fassung unter dem Titel „Weisheit und Klugheit"); danach in: Gedichte ²1 (1804). S. 310. Schiller bestimmte das Gedicht auch für die Prachtausgabe. Vgl. den Text in NA 2 I, 319. – Textwiedergabe nach E.*

LESARTEN. **3** kurzsichtige] *ursprünglich* Verzagte *(nach Schillers Brief an Humboldt vom 7. September 1795). – Vgl. die Varianten der 2. Fassung in NA 2 I, 319.*

ERLÄUTERUNGEN. *Herder entdeckte in dem Epigramm trefliche Gedanken (an Schiller vom 10. Oktober 1795); auch Humboldt äußerte sich zustimmend (vgl. an Schiller vom 11. und 12. September 1795); über August Wilhelm Schlegels Urteil vgl. die einleitenden Erläuterungen zu „Der philosophische Egoist".*
Bei Kant sind „Weisheit" und „Klugheit" Begriffe aus der praktischen Philosophie. „Klugheit" bezeichnet dort, aufs Empirische bezogen, die Geschicklichkeit in der Wahl der besten Mittel zu einem bestimmten Zweck; „Weisheit" dagegen ist nur eine praktische Idee, *die Idee von der nothwendigen Einheit aller möglichen Zwecke (Kritik der reinen Vernunft [²1787]; Werke 3, 254). Im Kontext des Epigramms sind die Begriffe wohl erkenntnistheoretisch aufzufassen, in dem Sinn etwa, wie sich bei Kant „Vernunft" und „Verstand" zueinander verhalten. Beide unterscheiden sich, ebenso wie die vorigen, in ihrem Anwendungsbereich. „Verstand" ist das Vermögen, durch begriffliche Bestimmung von Anschauungen in Erfahrungsurteilen Erkenntnis zu gewinnen; er hat die Tendenz, alles durch die Anschauung Gegebene einheitlich zu verknüpfen, indem er es unter bestimmte allgemeine Gesetze bringt. „Vernunft" dagegen ist als transzendentales Vermögen die oberste Erkenntniskraft; sie*

geht nicht auf Erfahrung oder auf irgend einen Gegenstand, sondern auf den Verstand, um den mannigfaltigen Erkenntnissen desselben Einheit a priori durch Begriffe zu geben, welche Vernunfteinheit heißen mag und von ganz anderer Art ist, als sie von dem Verstande geleistet werden kann. *(Ebd.; Werke 3, 239.) Wie der Verstand Quelle der „Kategorien" ist, so liegt in der Vernunft der Grund der „Ideen".*

Zum Bild des muthigen Flugs der Weisheit über das Ufer *der Erfahrung hinaus vgl. die Figur des muthigen Seglers* Kolumbus *im gleichnamigen Epigramm, der auf seine Weise die Grenzen der Erfahrung durchbricht.*

259 An einen Weltverbesserer

ENTSTEHUNG. *Vermutlich schickte Schiller das wahrscheinlich kurz zuvor entstandene Gedicht mit seinem nicht überlieferten Brief vom 7. August 1795 an Humboldt. Vgl. dessen Antwort vom 18. August.*

ÜBERLIEFERUNG. *H: ? – E: Horen 1795. 9. Stück. S. 133. D: Gedichte 1 (1800). S. 312 (2. Fassung); danach in: Gedichte ²1 (1804). S. 312. Schiller bestimmte das Gedicht auch für die Prachtausgabe. Vgl. den Text in NA 2 I, 319. – Textwiedergabe nach E.*

LESARTEN. *Zur Korrektur des Verses 5 in der ursprünglichen (nicht überlieferten) Fassung vgl.* ERLÄUTERUNGEN. *– Vgl. die Varianten der 2. Fassung in NA 2 I, 319.*

ERLÄUTERUNGEN. *Humboldt bezog das Gedicht auf Johann Gottlieb Fichte (1762–1814), seit Mai 1794 als Nachfolger Karl Leonhard Reinholds Professor der Philosophie in Jena. Er fand es* voll körnigter Weisheit, *lobte besonders V. 6 (vgl. an Schiller vom 18. August 1795), übte aber Kritik an der Metrik von V. 5, den Schiller für den Druck änderte (vgl. an Schiller vom 31. August und Schiller an Humboldt vom 7. September 1795). Über August Wilhelm Schlegels Kritik vgl. die einleitenden Erläuterungen zu „Der philosophische Egoist".*

Als Redner und Prediger versuchte Fichte, nach Kantischen Grundsätzen das Leben allgemein, zunächst das Universitätswesen und das Studententum, zu reformieren; als er in Auseinandersetzungen zwischen Universität und studentischen Ordensverbindungen hineingezogen und von seiten der Studenten bedroht wurde, verließ er im Mai 1795 Jena und hielt sich in Oßmannstedt auf; erst zum kommenden Wintersemester kehrte er zurück (vgl. Körner an Schiller vom 27. April 1795 und die Erläuterungen dazu sowie Schiller an Körner vom 1. Mai 1795).

5 Von *bis* denken] *Humboldt kritisierte an der ursprünglichen Fassung des Verses:* Von der / Menschheit g a n z / recht von / der denke / groß denke / würdig, *sie sei doch ein wenig zu hart. (An Schiller vom 31. August 1795.)*

259 Das Höchste

ENTSTEHUNG. Das Distichon schickte Schiller vermutlich mit seinem nicht überlieferten Brief vom 7. August 1795 an Humboldt. Vgl. dessen Antwort vom 18. August.

ÜBERLIEFERUNG. H: GSA. Vgl. die Beschreibung der Handschrift bei den Angaben zu „Die zwei Tugendwege". - E: Horen 1795. 9. Stück. S. 134. - Textwiedergabe nach E.

LESARTEN. 2 Willenlos] willenlos *H*   ists!] ists. *H*

ERLÄUTERUNGEN. Humboldt rechnete das Distichon zu seinen liebsten unter den kleinen Gedichten (des Sommers 1795) *(an Schiller vom 18. August 1795). - In Schillers Schrift „Etwas über die erste Menschengesellschaft nach dem Leitfaden der mosaischen Urkunde" heißt es, der Mensch solle durch seine Vernunft zum Stande der Unschuld zurückkehren,* und als ein freier vernünftiger Geist dahin zurück kommen, wovon er als P f l a n z e und als eine Kreatur des Instinkts ausgegangen war, er solle dem Sittengesetz so gehorchen, *als er anfangs dem Instinkte gedient hatte, als die Pflanze und die Thiere diesem noch dienen. (NA 17, 399.) In ähnlicher Weise, sich gleichfalls auf Pflanzen und Tiere beziehend, formuliert die Abhandlung „Ueber naive und sentimentalische Dichtung" diesen Gedanken (vgl. NA 20, 414).*

259 Ilias

ENTSTEHUNG. Schiller schickte das Gedicht im August 1795 an Humboldt. Vgl. seinen Brief an diesen vom 21. August.

ÜBERLIEFERUNG. H: GSA. Vgl. die Beschreibung der Handschrift bei den Angaben zu „Die zwei Tugendwege". - E: Horen 1795. 9. Stück. S. 135. - Textwiedergabe nach E.

LESARTEN. 1 Homer,] Homer *H*   2 Werks!] Werks. *H*   4 Züge,] Züge *H   Zur Korrektur des Verses 3 in der ursprünglichen (nicht überlieferten) Fassung vgl. ERLÄUTERUNGEN.*

ERLÄUTERUNGEN. Humboldt fand, in dem Epigramm sei ein großer und sogar so historisch wahrer Gedanke sehr glücklich ausgedrückt *(an Schiller vom 31. August 1795); zugleich machte er einen metrischen Einwand (vgl. zu V. 3), auf den Schiller einging (vgl. an Humboldt vom 7. September 1795). Die Verse beziehen sich auf die „Homerische Frage": Stammen die Werke Homers, die*

„Ilias" und die „Odyssee", von einem einzigen Verfasser, oder gehen sie auf verschiedene Rhapsoden zurück? (Vgl. hierüber auch die „Xenien" Nr 264, 366–368 und 500 und die Erläuterungen dazu.) In den Zusammenhang dieser Diskussion gehört die Auseinandersetzung zwischen Friedrich August Wolf (1759–1824), Professor der klassischen Literatur in Halle, der die Rhapsoden-These vertrat, und Herder, der die Einheitsthese verfocht, – wie, nach Wolfs Meinung, auch Schiller in seinem Epigramm: Schiller berichtete am 26. Oktober 1795 an Humboldt, daß der dumme Teufel mein Epigramm die Ilias betreffend Herdern zugleich aufrückt, und eine Hauptbeschwerde gegen die Herderische Abhandlung [Homer, ein Günstling der Zeit; Horen 1795. 9. Stück. S. 53–88] auf jenes Epigramm gründet. Wolf hatte in seiner „Ankündigung eines deutschen Auszugs aus Prof. Wolf's Prolegomenis ad Homerum und Erklärung über einen Aufsatz im IX Stücke der Horen" (ALZ vom 24. Oktober 1795. Intelligenzblatt Nr 122. Sp. 979–982) geschrieben: Die Ilias und die Odyssee sind zwey Werke der – Zeit und (wenn wir die Zeilen S. 135 zu Hülfe nehmen) der Natur. – Welch ein tiefer Satz, um uns mit Eins über alle Produkte der Natur, wie über die Bücher aller Zeiten ins Helle zu setzen! (Sp. 981.)

Schiller verwendet hier den alkmenischen Vers, bestehend aus einem Hexameter und einem katalektischen daktylischen Tetrameter ($-\cup-\cup\cup-\cup\cup-$), der sich sonst nur noch im Gedicht „Die schönste Erscheinung" findet.
3 Hat bis Mutter] *Humboldt kritisierte die ursprüngliche Fassung des Verses:*
Hat es doch / nūr eine / einzige / Mutter und / trägt ihre Züge // *Diesen Vers möchte ich geändert. Das Stück ist so klein und so schön. (An Schiller vom 31. August 1795.)*

259   Unsterblichkeit

ENTSTEHUNG. *Vermutlich entstand das Distichon im August 1795.*

ÜBERLIEFERUNG. H: GSA. *Vgl. die Beschreibung der Handschrift bei den Angaben zu* „Der Sämann" (H²). – E: *Horen 1795. 9. Stück. S. 136. – Textwiedergabe nach E.*

ERLÄUTERUNGEN. *Humboldt bemängelte in seinem Brief an Schiller vom 30. Oktober 1795 den Ausdruck* Leb' im Ganzen; *er sei* weder bestimmt, noch poetisch genug. *Dessen ungeachtet verwendete Schiller den Begriff des* „Ganzen" *wiederholt in seinen Gedichten: in* „Die Thaten der Philosophen" (V. 37–41) *und besonders in den Epigrammen* „Das Ehrwürdige", „Pflicht für jeden", „Schöne Individualität" *sowie im Xenion Nr 461 (*„Sucht ihr das menschliche Ganze!"). *Zum Gedanken der Unsterblichkeit vgl. das Gedicht* „Die Ideale", *deren Schlußstrophe vom* Beitrag des Einzelnen *zu dem Bau der* Ewigkeiten *spricht (V. 101). – Über August Wilhelm Schlegels Urteil vgl. die einleitenden Erläuterungen zu* „Der philosophische Egoist".

260–266   **Elegie**

ENTSTEHUNG. Das Gedicht entstand im August und September 1795. Am 21. September schickte Schiller es an Körner. Vgl. die „Dokumente zu Entstehung, Kritik und Selbstdeutung".

ÜBERLIEFERUNG. H: ? EH¹: Schillerhaus Weimar. 1. Exemplar von E mit eigenhändigen Varianten Schillers. EH²: Schillerhaus Weimar. 2. Exemplar von E mit eigenhändigen Varianten Schillers. – E: Horen 1795. 10. Stück. S. 72–85. D: Gedichte 1 (1800). S. 49–65 (2. Fassung unter dem Titel „Der Spaziergang"); danach in: Gedichte ²1 (1804). S. 49–65. Schiller bestimmte das Gedicht auch für die Prachtausgabe. Vgl. den Text in NA 2 I, 308–314. – Textwiedergabe nach E.

LESARTEN. Überschrift: Elegie] *gestr., darunter* Der Spaziergang. *EH²*   **12** Wohllaut] *unterstr., am rechten (inneren) Rand durch einen waagrechten Strich markiert, über den beiden Silben bezeichnet je ein waagrechter Strich die metrische Unkorrektheit EH¹*   **15** Bienen] *davor senkrechter Strich EH¹* **17–18** *durch drei senkrechte Striche gestr. EH²*   **21–22** *am rechten (äußeren) Rand durch zwei waagrechte Striche markiert EH¹*   **21** braußts aus] *unterstr. EH¹*   **22** Kronen] *darüber* Wipfel *EH¹*   **29** *am linken (äußeren) Rand durch einen waagrechten Strich markiert,* die Hülle *unterstr., zu* offene *die Variante* geöfnete *EH¹*   **31** *am linken (äußeren) Rand durch einen waagrechten Strich markiert,* ergießt sich *unterstr., dann variiert* ergießt vor meinem Blick sich *EH¹*   **35** *am linken (äußeren) Rand durch einen waagrechten Strich markiert, über der 2. Silbe von* endlos *ein waagrechter Strich EH¹, die ersten sechs Worte werden durch darüber geschriebene Ziffern (1–6) umgestellt:* endlos Unter mir seh ich den *EH¹ EH²*   **41** *am linken (äußeren) Rand durch einen waagrechten Strich markiert, am rechten Rand* durchschneiden *EH¹*   Linien, die] *ü. d. Z. (zwischen den Worten)* sieh! *erg. EH²*   **45–48** *am rechten (äußeren) Rand durch zwei waagrechte Striche markiert, in den Versen 45–46 alle en-Endungen unterstr., durch einen senkrechten Strich am linken Rand und einen waagrechten über die ganze Breite der Seite eingerahmt EH¹*   **49** *am rechten (äußeren) Rand durch einen waagrechten Strich markiert,* en-Endungen *unterstr.,* Heerden *verb. in* Heerde *EH¹* **50** Wiederhall] *waagrechter Strich über der letzten Silbe EH¹*   **51–52** en-Endungen *in* bekränzen, verschwinden, Rücken *und* stürzen *unterstr. EH¹*   **55** Weinstock] *waagrechter Strich über der 2. Silbe EH¹*   **55–56** *je ein waagrechter Strich am rechten (äußeren) Rand,* en-Endungen *unterstr. EH¹*   **58** *am rechten (äußeren) Rand durch einen waagrechten Strich markiert,* du mit deiner *unterstr. EH¹*   **60** *am rechten (äußeren) Rand durch einen waagrechten Strich markiert, die 2. Silbe von* Tagewerk *unterstr. EH¹, durch die Ziffern 1–4 werden die ersten vier Worte umgestellt:* wie dein Tagewerk, Gleich *EH²*   **67–68** *durch einen senkrechten Strich gestr. EH²*   **73** *durch einen waagrechten Strich am linken (äußeren) Rand markiert, waagrechter Strich über* sind *EH¹*   **81** *durch einen waagrechten*

Strich am rechten (äußeren) Rand gestr., Gesetze *unterstr.* EH^1 **83** *durch einen waagrechten Strich am rechten (äußeren) Rand markiert*, Von dem *und* seligen *unterstr.* EH^1 **83—85** en-*Endungen in* steigen, nehmen, Wohnungen, Gaben, erscheinen *und* allen *unterstr.* EH^1 **84** geweyhten] *unterstr.* EH^1 **87** Traube] *gestr., darüber* Rebe EH^1 **93—94** en-*Endungen unterstr.* EH^1 **96** *durch einen waagrechten Strich am linken (äußeren) Rand markiert,* Zuge *unterstr., darüber* Heer-zug EH^1, Zuge *gestr., darüber* Heerzug EH^2 **97** vor der Götter Altären] *geändert in* in der Götter Tempel EH^1 **98** *durch einen waagrechten Strich am linken (äußeren) Rand markiert, über der 2. Silbe von* Rückkehr *ein waagrechter Strich* EH^1 **99** *durch einen waagrechten Strich am linken (äußeren) Rand markiert,* nur der Ruhm kam variiert *zu* kehrte der Ruhm nur EH^1 **101** gieb Kunde] *gestr., darüber* verkündige EH^2 **104—105** *durch zwei waagrechte Striche am linken (äußeren) Rand markiert, über den zweiten Silben von* Oelbaum *und* Eigenthums *je ein waagrechter Strich* EH^1 **108** stürzt sich] *gestr., dafür* rollet EH^1 **109** *darüber* von dem Hebel beschwingt steigt aus dem Bruche der Fels, *wieder gestr.* EH^1 **110** *durch einen waagrechten Strich am rechten (äußeren) Rand markiert, über der 2. Silbe von* Bergmann *ein waagrechter Strich* EH^1 **111** *durch einen waagrechten Strich am rechten (äußeren) Rand markiert, vor dem Vers* Horch, ertönt *geändert in* tönt EH^1 **115** en-*Endungen unterstr.* EH^1 **117—118** en-*Endungen unterstr.*, thürmenden *geändert in* ragenden EH^1 **122—123** en-*Endungen in* Boden *und* Arabien *unterstr., über* en *von* Arabien *ein* a *gesetzt* EH^1 **124** Amalthea] Amathea E *(Druckfehler), korrigiert in* EH^1 EH^2 **126** *durch einen waagrechten Strich am linken (äußeren) Rand markiert, zwischen* Künste *und* empor *zwei kurze waagrechte Striche* EH^1 **129** jonischen] *korrigiert in* ionischen EH^2 **133** *durch einen waagrechten Strich am linken (äußeren) Rand markiert,* zeichnet *unterstr.* EH^1, Gemache *verb. in* Gemach, zeichnet *gestr., darüber* entwirft EH^2 **135** *durch einen waagrechten Strich am linken (äußeren) Rand markiert,* Elemente *unterstr.* EH^1 **140** *durch einen waagrechten Strich am linken (äußeren) Rand markiert, über den beiden ersten Silben von* Jahrhunderte *waagrechte Striche* EH^1 **145—146** *durch zwei senkrechte Striche getilgt* EH^2 **147—148** en-*Endungen unterstr., Text geändert in:* Ach, da reisst im Sturme der Anker, der an dem Ufer / Warnend ihn hielt, ihn ergreift mächtig der flutende Strom, EH^1 **150** *durch zwei waagrechte Striche am rechten Rand markiert,* Fluten Gebirg *und die 2. Silbe von* mastlos *unterstr.,* wieget sich mastlos *geändert in* schwankt der entmastete, *Streichung von* entmastete, *Wiedereinsetzung desselben Wortes am rechten Rand* EH^1, wieget sich mastlos *geändert in* wiegt sich entmastet EH^2 **151** erlöschen] *geändert in* erlischt, *gestr. und noch einmal ü. d. Z.* erlischt EH^1 des Wagens beharrliche Sterne] *geändert in* des Wagens beharrliche Leuchte, *ersetzt durch* des Bootes treues Gestirne EH^1 **154** *durch einen waagrechten Strich am rechten (äußeren) Rand markiert, über den beiden Silben von* Willkühr *je ein waagrechter Strich* EH^1 **157—158** *durch kräftige Striche in beiden Diagonalen getilgt* EH^1 *durch einen senkrechten Strich getilgt* EH^2 **165—166** verpraßt hat sie alle / Alle der Trug] *gestr., darüber:* entwürdiget alle / Hat der Betrug EH^2 **166—167** *durch zwei waagrechte Striche am lin-*

ken *(äußeren) Rand markiert, zwischen* Töne entehrt *und* Freude erfindet *je zwei kurze waagrechte Striche* EH^1 Sprachbedürftige] Sprachebedürftige *(e ü. d. Z. erg.)* EH^1 **166** Töne] *gestr., darüber* Stimmen EH^2 **172** *durch einen waagrechten Strich am linken (äußeren) Rand markiert, über* Des Ge *jeweils ein metrisches Zeichen für Kürze* EH^1 **173** *durch ein Häkchen am rechten (äußeren) Rand markiert, über den beiden ersten Silben von* Jahrhunderte *je ein waagrechter Strich, Änderung des Verses in:* Jahre lang mag Jahrhunderte lang die Mumie dauren EH^1 **174** *durch einen waagrechten Strich am rechten (äußeren) Rand markiert, über den beiden ersten Silben von* kernlose *je ein waagrechter Strich* EH^1 **175** Biß] *geändert in* Bis EH^2 **177** Biß] *geändert in* Bis EH^2 **185—188** *zuerst V.* 187 *durch einen waagrechten, dann beide Distichen durch einen senkrechten Strich getilgt* EH^2 **190** *durch einen waagrechten Strich am linken (äußeren) Rand markiert, über beiden Silben von* vorwärts *und* rückwärts *je ein waagrechter Strich* EH^1 **193** welchen] *Druckfehler E, zu* welchem *verb.* EH^2 **203—204** en-*Endungen unterstr.* EH^1 **205** *durch einen waagrechten Strich am rechten (äußeren) Rand markiert,* Altare nehm *geändert in* Altar empfang EH^1, *durch Überschreibung der Worte mit den Ziffern 1–9 Umstellung des Verses:* Reiner nehm ich mein Leben von deinem reinen Altare, EH^2 **206** *durch einen waagrechten Strich am rechten (äußeren) Rand markiert* EH^1 **208** *durch einen waagrechten Strich am rechten (äußeren) Rand markiert,* Gestalt *unterstr.* EH^1 **211** en-*Endungen unterstr.* EH^1 **212** das gaukelnde Kind] *geändert in* der gaukelnde Knab EH^1 – *Vgl. auch die „Dokumente zu Entstehung, Kritik und Selbstdeutung". – Vgl. die Varianten der letzten Fassung in NA 2 I, 308–314; außerdem das Verzeichnis der Lesarten zu dieser Fassung.*

Dokumente zu Entstehung, Kritik und Selbstdeutung aus Schillers Briefwechsel

1) An Cotta, 18. September 1795
Auch für dieses Xte Stück *[der „Horen"]* erhalten Sie ein Gedicht von 11–12 Seiten von mir, welches mich seit einigen Wochen sehr angenehm beschäftigt.

2) An Körner, 21. September 1795
Die E l e g i e machte mir viel Freude. Unter allen meinen Sachen halte ich sie für diejenige, welche die meiste poetische B e w e g u n g hat, und dabei dennoch nach strenger Zweckmäßigkeit fortschreitet.

3) Schillers Kalender, 21. September 1795
An Körner (Elegie)

4) Von Körner, 27. September 1795
Auch weißt Du, daß ich überhaupt von Dir nicht so leicht zu befriedigen bin. Gleichwohl hat mir keins Deiner neueren Producte einen größern Genuß gegeben, als die Elegie.

5) Schillers Kalender, 28. September 1795
An Cotta. (Mährchen und Elegie)

6) An Körner, 3. Oktober 1795
Daß Du mit meiner Elegie zufrieden bist, freut mich herzlich. Mir schien sie auch das dichterischste meiner Produkte.

7) Franz Ludwig Albrecht von Hendrich an Charlotte Schiller, zwischen dem 3. Oktober und dem 29. November 1795; in: Minor, Ein Billet über Schillers "Spaziergang" (1905/06), 120
Recht in Wiederholten und langsamen Zügen habe ich diese Elegie genossen – mir ein wahrer Geistesnektar. [...] Das Produkt einer M a t t h i s s o n s c h e n Gemüthsstimmung: aber wie ganz anders ausgeführt! Eben die Mahlerey, das sanft verflößte Colorit! Aber wie viel reicher, wie a u s g e s u c h t e r zu Zweck und Stimmung des Ganzen! [...] Ich sehe hier T h o m s o n s Vergeistigungskünste mit Matthissons Farbenmischung vereinigt, dem jene größtenteils gebricht.

8) An Humboldt, 5. Oktober 1795
Hier die Elegie. Ich habe sie heute auch Göthen gelesen, auf den sie sehr gewirkt hat. In Ansehung der Versification bin ich, auf Ihre Warnung *[vgl. Humboldt an Schiller vom 31. August 1795]*, strenge gegen mich gewesen, und ich denke nicht, daß Sie einen erheblichen Fehler dagegen finden werden.

9) Von Herder, 10. Oktober 1795
Die E l e g i e ist eine Welt von Scenen, ein fortgehendes, geordnetes Gemählde aller Scenen der Welt und Menschheit. Wenn sie gedruckt ist, soll sie mir eine Landcharte seyn, die ich an die Wand schlage. Der Faden, der durchs Labyrinth führet, ist zwar sehr leise gezogen; man kommt indeßen doch mit ihm durch. Die Verse sind sehr gut gearbeitet und die Sprache ist ungeheuer glücklich. Die wildesten Stellen sind bis zum Erschüttern wahr und so neu gesagt! – Die Vollendung solcher Stücke muß Ihnen viel Freude bringen.

10) Von Humboldt, 23. Oktober 1795
Ihre Elegie, liebster Freund, hat mich zu sehr gefesselt, als daß ich es mir nicht, da Sie mir kein baldiges Zurückschicken empfohlen hatten, hätte vergönnen sollen, sie länger zu behalten, um sie ganz zu studiren, und mich mit jedem einzelnen Theil genau bekannt zu machen. Wohin man sich wendet, wird man durch den Geist überrascht, der in diesem Stücke herrscht, aber vorzüglich stark wirkt das Leben, das dieß unbegreiflich schön organisirte Ganze beseelt. Ich gestehe offenherzig, daß unter allen Ihren Gedichten, ohne Ausnahme, dieß mich am meisten anzieht, und mein Innres am lebendigsten und höchsten bewegt. Es hat den reichsten Stoff, und überdieß gerade den, der mir, meiner Ansicht der Dinge nach, immer am nächsten liegt. Es stellt die veränderliche Strebsamkeit des Menschen der sichren Unveränderlichkeit der Natur zur Seite, führt auf den wahren Gesichtspunkt beide zu übersehen, und verknüpft somit

alles Höchste, was ein Mensch zu denken vermag. Den ganzen großen Inhalt der Weltgeschichte, die Summe und den Gang alles menschlichen Beginnens, seine Erfolge, seine Gesetze und sein letztes Ziel, alles umschließt es in wenigen, leicht zu übersehenden, und doch so wahren und erschöpfenden Bildern. Das eigentliche poetische Verdienst scheint mir in diesem Gedicht sehr groß; fast in keinem Ihrer übrigen sind Stoff und Form so mit einander amalgamirt, erscheint alles so durchaus als das freie Werk der Phantasie. Vorzüglich schön ist die Mannigfaltigkeit der verschiedenen Bilder, die es aufstellt. Im Anfang und am Schluß die reine und große Natur, in der Mitte die menschliche Kunst, erst an ihrer Hand, dann sich allein überlassen. Das Gemüth wird nach und nach durch alle Stimmungen geführt, deren es fähig ist. Die lichtvolle Heiterkeit des bloß mahlenden Anfangs ladet die Phantasie freundlich ein, und giebt ihr eine leichte, sinnlich angenehme Beschäftigung; das Schauervolle der darauf veränderten Naturscene bereitet zu größerem Ernst vor, und macht das Erscheinen der ofnen Ferne, gleichsam den Eintritt in die Welt noch überraschender. Mit dem Menschen tritt nun die Betrachtung ein. Aber da er noch in großer Einfachheit der Natur getreu bleibt, braucht sich der Blick nicht auf viele Gegenstände zu verbreiten. Allein der ersten Einfalt folgt nun die Cultur und die Aufmerksamkeit muß sich auf einmal auf alle mannigfaltige Gegenstände des gebildeten Lebens und ihre vielfachen Wechselwirkungen zerstreuen. Der Blick auf das letzte Ziel des Menschen, auf die Sittlichkeit, sammelt den herumschweifenden Geist wieder auf Einen Punkt. Er kehrt bei der Verwilderung des Menschen zur rohen Natur wieder in sich zurück, und wird getrieben die Auflösung des Widerstreits, den er vor Augen sieht, in einer Idee aufzusuchen. So entlassen Sie den Leser, wie Sie ihm am Anfang durch sinnliche Leichtigkeit einluden, am Schluß mit der erhabenen Ruhe der Vernunft.

Bei dem ersten Lesen ist es schwer, das Ganze zu übersehn. Sogar beim zweiten habe ich dieß noch gefunden, und leicht dürften einige auch bei noch öfter wiederholtem dieß Urtheil fällen. Anfangs schien es mir wirklich, als läge hierin ein Fehler in Ihrer Arbeit, als wären Sie zu ununterbrochen mit Schilderungen fortgegangen, und hätten nicht genug dafür gesorgt, die zerstreute Phantasie wieder zu sammeln, jedes einzelne Bild in wenige einzelne Züge zusammenzustellen. Allein bei genauerer Untersuchung muß ich dieß Urtheil gänzlich zurücknehmen, das bloß subjektiv war. Alles ist im höchsten Grade klar, unglaublich schön, und freiwillig fließt eins aus dem andern her, und mit der größesten Deutlichkeit durchschaue ich jetzt die herrliche O r g a n i s a t i o n dieser eignen W e l t. [...]

Die Schönheiten der Diction im Einzelnen erreichen ganz und gar die Größe der Anlage des Ganzen. Jeder Ausdruck giebt ein schönes Bild, und die meisten einzelnen Disticha laden zu einem eignen Studium ein. [...]

Der Versbau ist nicht allein sorgfältiger als in Ihren vorigen elegischen Stükken behandelt, sondern auch an sich überaus schön und wohlklingend. [...]

Sein *[Herders]* Urtheil über die Elegie *[vgl. „Dokumente", Nr 9]* ist sehr treffend. Daß der durchs Ganze laufende Faden zu leis gesponnen sey, wie er doch zu meynen scheint, kann ich nicht finden. Wer Sinn hat und aufmerksam ist, kann nicht irren.

11) An Humboldt, 26. Oktober 1795
[...] daß ich gerade jetzt, wo ich durch Krankheit, Lebensweise, selbst durch das Alter, durch jahrelang getriebene Speculation von der dichterischen Vorstellungsweise umsovielmehr hätte abkommen sollen, nichts desto weniger ihr eher näher gekommen bin, (wofür ich meine Elegie allein zum Beweis anführen will), und warum konnte dieß geschehen? Weil ich zugleich in dieser Zeit, obgleich nur sehr mittelbar, aus griechischen Quellen schöpfte.

12) Schillers Kalender, 28. Oktober 1795
Von Cotta. (Elegie abgesch. d. 20.)

13) An Charlotte von Schimmelmann, 4. November 1795
Möchte Ihnen die Elegie [...] die Gefühle zu überliefern im Stande seyn, die mich erfüllten, als ich sie niederschrieb. Ich fühlte mich glüklich in ihrer Verfertigung, aber der Buchstabe kann das Herz nie erreichen.

14) An Humboldt, 9. November 1795
Ueber den Eindruck des X Stücks habe ich derzeit noch nichts Erbauliches gehört. Schütz, den ich vorgestern wieder sprach, erwähnte des Engelischen Aufsatzes mit Lob, aber des übrigen wurde gar nicht erwähnt. Es scheint, auch die Elegie ist diesen Herren zu hoch, da sie doch auch nicht zu platt für sie seyn kann.

15) An Humboldt, 29. [und 30.] November 1795
Ich will Ihnen nicht läugnen, daß ich mir auf dieses Stück auch am meisten zu gut thue, und vorzüglich in Rücksicht auf einige E r f a h r u n g e n die ich unterdessen darüber machte. Mir däucht das sicherste empirische Criterium von der wahren poetischen Güte eines Produkts dieses zu seyn, daß es die Stimmung, worinn es gefällt, nicht erst abwartet, sondern hervorbringt, also in jeder Gemüthslage gefällt. Und das ist mir noch mit keinem meiner Stücke begegnet, außer mit diesem. Ich muß oft den Gedanken an das Reich der Schatten, die Götter Griechenlands, die Würde der Frauen etc. fliehen, auf die Elegie besinne ich mich immer mit Vergnügen und mit keinem müßigen – sondern wirklich schöpferischen, denn sie bewegt meine Seele zum hervorbringen und bilden. Der gleichförmige und ziemlich allgemeine gute Eindruck dieses Gedichts auf die ungleichsten Gemüther ist ein zweyter Beweis. Personen sogar, deren Phantasie in den Bildern, die darinn vorzüglich herrschen, keine Uebung hat, wie z. B. meine Schwiegermutter, sind auf eine ganz überraschende Weise davon bewegt worden. Herders, Göthe, Meyer, die Kalb, hier in Jena Hederich *[gemeint ist der Stadtkommandant Hendrich; vgl. „Dokumente", Nr 7]*, den Sie auch kennen, sind alle ganz ungewöhnlich davon ergriffen worden. Rechne ich Sie und Körner und Li dazu, so bringe ich eine beynahe vollständige Repräsentation des Publikums heraus: ich glaube deßwegen,

daß, wenn es diesem Stücke an einem allgemeinen Beyfall fehlt, bloß zufällige, selbst in den Personen, die es ungerührt läßt, zufällige Ursachen daran schuld sind.

Mein eigenes Dichtertalent hat sich, wie Sie gewiß gefunden haben werden, in diesem Gedichte erweitert: noch in keinem ist der G e d a n k e selbst so poetisch gewesen und geblieben, in keinem hat das Gemüth so sehr als E i n e Kraft gewirkt. [...]

Für den Versbau will ich noch soviel als möglich zu thun suchen. Ich bin hierinn der roheste Empiriker, denn außer Moritz kleiner Schrift über Prosodie erinnere ich mich auch gar nichts, selbst nicht in Schulen, darüber gelesen zu haben. [...] Indessen glaube ich doch, daß die Empirie zuweilen gegen die Regel recht hat, und daß dieses auch in diesem Gedicht manchmal der Fall war. [...]

Mit der Elegie verglichen ist das Reich der Schatten bloß ein Lehrgedicht. Wäre der Innhalt des letztern so poetisch ausgeführt worden, wie der Inhalt der Elegie, so wäre es in gewissem Sinn ein Maximum gewesen.

16) An August Wilhelm Schlegel, 9. Januar 1796
Seitdem [...] die Elegie gedruckt ist, habe ich schon über 40 corrigenda darinn entdeckt, den bloßen Versbau betreffend. Zu meiner Entschuldigung muss ich jedoch anführen, daß dieses die ersten Hexameter sind, die ich in meinem Leben gemacht, einige jugendliche Versuche in meinem sechzehnten Jahre abgerechnet.

---

17) V. 1–126
An dem Ganzen ist nichts mehr zu ändern, es sey denn daß einige Theile faßlicher verbunden, einiges besser unterschieden würde. (*An Humboldt, 29. [und 30.] November 1795.*)

18) V. 10, 15, 42, 113, 131–132
Vorzüglich sind mir einige Bilder und Beiwörter aufgefallen, die zugleich Neuheit und Schönheit auszeichnet, das „energische Licht" *[V. 10]*, des Schmetterlings „zweiflendem Flügel" *[V. 15]*, die Vergleichung der begränzten Aecker mit einem Teppich Demeters *[V. 42]*, die Beschreibung der Spindel *[V. 113]*, des Brückenbogens *[V. 131–132]*. (*Von Humboldt, 23. Oktober 1795.*)

19) V. 12, 50, 55, 98, 104, 110, 154, 172
Ob die Composita W o h l l a u t *[V. 12]*, W e i n s t o c k *[V. 55]*, B e r g m a n n *[V. 110]*, W i e d e r h a l l *[V. 50]*, O e l b a u m *[V. 104]* etc. als Trochaeen in Dactylen gebraucht werden können, auch wenn ein Vocal darauf folgt, möchte zu bezweifeln seyn. Voß hat es sich niemals erlaubt, dafür ist Göthe desto freigebiger damit gewesen. In den Versen
– Rückkehr für euch – *[V. 98]*
– Willkühr vermischt – *[V. 154]*

kann es gar nicht entschuldigt werden.
Ferner wird ein Rigorist schwerlich verzeyhen
Des Gesetzes Gespenst *[V. 172]*
[. . .]. (An Humboldt, 29. [und 30.] November 1795.)

20) V. 13, 15, 119, 133, 197
Nur Einen Abschnitt, der Ihnen nicht ungewöhnlich ist, halte ich nicht für sonor; den nemlich nach dem dritten Fuß, ohne daß doch auf diesen Fuß unmittelbar ein einsylbiges Wort, oder eine Schlußsilbe folgt. In der Elegie finde ich bloß folgende fünf Verse dieser Art:
> Frei mit weitverbreitetem / Teppich *[V. 13]*
> Um mich summen geschäftige / Bienen *[V. 15]*
> Siehe, da wimmeln von fröhlichem / Leben *[V. 119]*
> Aber im stillen Gemache / zeichnet *[V. 133]*
> Wild ist es hier und schauerlich / öde *[V. 197]*

(von Humboldt, 23. Oktober 1795).

Es soll der Abschnitt, den Sie als ungewöhnlich tadeln, in mehrern der angeführten Verse eigentlich gar nicht gehört werden, weil dieses das Bild unterstützen hilft. In dem Vers z. B.
> Frey, mit weithin verbreitetem Teppich empfängt mich die Wiese *[V. 13]*

drückt das Sylbenmaaß selbst die W e i t e aus, auf der das Auge dahingleitet, und sich verliert. Den Hexameter:
> Siehe da wimmeln von fröhlichem Leben etc. *[V. 119]*

soll man ohne Abschnitt lesen. Die wimmelnde Bewegung verstattet keinen Stillstand. *(An Humboldt, 29. [und 30.] November 1795.)*

21) V. 15
Vgl. „Dokumente", Nr 18 und 20.

22) V. 21/22, 47/48, 53/54, 85/86, 95/96
Auf die zu große Häuffung der fatal klingenden Endsilbe
– en
haben mich die LitteraturBriefe aufmerksam gemacht. Ich werde deßwegen im eilften Distichon der Elegie so wie im 24sten, 27sten, 43sten, 48sten und andern zu helfen suchen. *(An Humboldt, 29. [und 30.] November 1795.)*

23) V. 35
E n d l o s *[. . .]* das erstemal als Trochaeus gebraucht, ist auch nicht wohl zu gestatten. Ich werde setzen:
> Endlos unter mir seh ich etc. *[vgl. 2. Fassung, V. 33]*

Daß der ganze Hexameter zwischen den beiden endlos eingeschlossen wird, macht hier, wo das Unendliche vorgestellt wird, keine üble Wirkung. Es ist selbst etwas Ewiges, da es in seinen Anfang zurückläuft. *(An Humboldt, 29. [und 30.] November 1795.)*

24) V. 41
    Jene / Linien / die des / Landsmanns / Eigenthum / scheiden
Diesen Vers wünschte ich sehr geändert. Er ist der einzige, der so wenig fest und so eingeschnitten einhergeht. *(Von Humboldt, 23. Oktober 1795.)*

25) V. 42
Vgl. „Dokumente", Nr 18.

26) V. 47/48
Vgl. „Dokumente", Nr 22.

27) V. 47
Jedes einzelne Bild für sich ist äußerst charakteristisch. Nur Einmal bin ich angestoßen. Es ist eine der schönsten Stellen des Gedichts, wo Sie der „länderverknüpfenden Straße" gedenken. Auch bei mir haben sich von jeher an eine Landstraße soviele Ideen gereiht, und, Sie erinnern Sich vielleicht, daß wir einmal auf einem Spatziergang weitläufig davon redeten. Aber gehört die Straße wohl recht in dieß Zeitalter zwar nicht ganz ursprünglicher, aber doch immer sehr früher Einfalt? und hätten Sie sie nicht besser in das folgende gebracht, das erst den Handel und den Krieg kennt, die beiden vorzüglichsten Mittel der Länderverknüpfung? Mir ist es um so mehr aufgefallen, da Sie mir in dem gleich darauffolgenden Verse nicht ohne Absicht und mit großem Recht: „Flösse" statt Schiffe gewählt zu haben schienen. Und doch ging die Seecommunication der Landcommunication noch voraus. *(Von Humboldt, 23. Oktober 1795.)*

Ihr Einwurf gegen die zu frühe Einführung der Landstraße in das Gemälde ist nicht ungegründet; hier hat die Wirklichkeit der Idee vorgegriffen, die Landstraße war einmal in der Scene, die meiner Phantasie sich empirisch eingedrückt hatte. Es wird mir Mühe kosten, die Landstraße nachher einzuführen, und doch muß ich die sinnlichen Gegenstände, an denen der Gedanke fortläuft, so sehr als möglich zu Rath zu halten suchen. Sie werden bemerkt haben, daß ich biß da, wo die Betrachtungen über die Corruption angehen *[von V. 141 an]*, beynahe immer von einem äusern Objekt ausgehe. *[...]* Vielleicht aber kann ich noch mehr, als ich gethan, aus der sinnlichen Anschauung nehmen, so daß alle Spur eines Plans verschwindet indem die Wirkungen desselben noch fühlbarer werden. *(An Humboldt, 29. [und 30.] November 1795.)*

28) V. 50
Vgl. „Dokumente", Nr 19.

29) V. 53/54
Vgl. „Dokumente", Nr 22.

30) V. 55
Vgl. „Dokumente", Nr 19.

31) V. 58, 98, 99, 105
Kleine Härten in der Prosodie wären etwa folgende:
Theilst du mit deiner Flur *[V. 58]*
Flehten um Ruhm und Sieg, flehten um Rückkehr für *[V. 98]*
Ehre ward Euch und Sieg, doch nur der Ruhm kam zurücke *[V. 99]*
Munter entbrennt des Eigenthums *[V. 105]* (doch ist dieß ein schwieriges Wort) *(von Humboldt, 23. Oktober 1795).*

Den Vers:

Theilst du mit | deiner | Flur

lasen Sie anders als ich. Sie lasen: mit deiner, welches freilich hart klingt; freilich ist meine Scansionsart auf der andern Seite wieder schleppend. Herzlich gern hätte ich gerade herausgesagt:

Theilst du mit deinem Gespann,

wenn es nicht lächerlich gewesen wäre.

Der SemiHexameter:

– Doch nur der Ruhm kam zurücke

klingt mir darum nicht hart, weil der starke Accent auf R u h m das k a m gar nicht aufkommen läßt. Mir kommt vor, als könnte man es nicht nur entschuldigen, sondern sogar gut heißen „daß, um gewissen Silben, auf denen ein großer VerstandesAccent liegt, eine größere prosodische Länge zu verschaffen, eine an sich nicht kurze Silbe neben ihnen kurz gemacht wird; wenigstens muß das R u h m in obigem Vers um so länger gelesen werden, je weniger das k a m kurz seyn will, und dieß ist es gerade, was der Sinn verlangt." *(An Humboldt, 29. [und 30.] November 1795.)*

32) V. 60
Der Pentameter:

Gleich wie dein Tage/werk

klingt mir auch nicht recht. Man macht Tagewerk zum Daktylus, oder der Abschnitt ist wenigstens nicht bemerklich genug gemacht. *(Von Humboldt, 23. Oktober 1795.)*

33) V. 61
Da, wo sich die Cultur an die erste Einfachheit anschließt, ist der Uebergang: „Aber wer raubt mir auf einmal u.s.w. allerdings abgebrochen, aber dieß vermehrt, dünkt mich, sehr die poetische Bewegung und die lyrische Wirkung. *(Von Humboldt, 23. Oktober 1795.)*

34) V. 75–76, 137–138, 152, 182, 185–188, 198
Andre Stellen zeichnen sich durch Tiefe des Sinns und die Wahrheit der Empfindung, welchen beiden der Ausdruck so herrlich anpaßt aus. So „Enger wird u m ihn u.s.w. – Welt." *[V. 75–76]* „Sucht das vertraute Gesetz – Flucht." *[V. 137–138]* „es irrt selbst in dem Busen der Gott." *[V. 152]* „Weit von dem Menschen fliehe der Mensch – besteht." *[V. 185–188]* Dann die Kühnheit des

Verses: „Hängt nur der Adler und knüpft an das Gewölke die Welt." *[V. 198]* und die unnachahmliche Kürze dieses: „und in der Asche der Stadt sucht die verlorne Natur." *[V. 182]* *(Von Humboldt, 23. Oktober 1795.)*

35) V. 79
In dem Vers
    Tausend Hände belebt Ein Geist, in tausend Brüsten
schleppen die vier Schlußtrochäen zu sehr. Auch „Brüsten" gefällt mir nicht recht. *(Von Humboldt, 23. Oktober 1795.)*

36) V. 85/86
Vgl. „Dokumente", Nr 22.

37) V. 95/96
Vgl. ebd.

38) V. 98
Vgl. „Dokumente", Nr 19 und 31.

39) V. 99
Vgl. „Dokumente", Nr 31.

40) V. 104
Vgl. „Dokumente", Nr 19.

41) V. 105
Vgl. „Dokumente", Nr 31.

42) V. 109
Der Vers: „Aus dem B r u c h e wiegt sich der Fels" war mir anfangs etwas dunkel. Vielleicht weil man nicht leicht allein B r u c h sondern Stein-Marmorbruch und so sagt. *(Von Humboldt, 23. Oktober 1795.)*

43) V. 110
Vgl. „Dokumente", Nr 19.

44) V. 113
Vgl. „Dokumente", Nr 18.

45) V. 118
„Thürmend" vom Mast ist zwar nicht ungewöhnlich, aber es schien mir nie eigentlich. Beim Mast ist das in die Augen fallende die H ö h e. Beim Thurm mehr die M a s s e. *(Von Humboldt, 23. Oktober 1795.)*

46) V. 119
Vgl. „Dokumente", Nr 20.

47) V. 126, 166, 167
Hiatus von e und e sind mir folgende aufgestoßen:
> Von der Freiheit gesäugt wachsen die Künste empor
> Alle der Trug der Natur köstlichste Töne entehrt.
> Die das sprachebedürftige Herz in der Freude erfindet

(von Humboldt, 23. Oktober 1795).

Unter den 3 Hiaten, die Sie bemerken, kann ich Ihnen nur die 2 ersten einräumen.
> Freude erfindet

ist in meinem Ohre keiner, weil das e in Freude ein stummes, das andre ein scharfes ist. (An Humboldt, 29. [und 30.] November 1795.)

48) V. 128
Für „Holz" beim Dädalus wünschte ich, sollte es auch gegen die Geschichte seyn, lieber S t e i n. (Von Humboldt, 23. Oktober 1795.)

49) V. 131–132
Vgl. „Dokumente", Nr 18.

50) V. 133
Vgl. „Dokumente", Nr 20.

51) V. 137–138
Vgl. „Dokumente", Nr 34.

52) V. 141(–188)
Sie werden bemerkt haben, daß ich biß da, wo die Betrachtungen über die Corruption angehen, beynahe immer von einem äusern Objekt ausgehe. (Bey der Corruption war es in der Natur der Sache, daß das Gemüth in sich selbst versinkt, und die Einbildungskraft die ganze Kosten des Gemähldes trägt. Ich gewann dadurch den großen Vortheil, daß nach einer so langen Zerstreuung, während der doch die Reise immer fortgeht, die Natur auf einmal als Wildniß dastehen kann.) (An Humboldt, 29. [und 30.] November 1795.)

53) V. 152
Vgl. „Dokumente", Nr 34.

54) V. 154
Vgl. „Dokumente", Nr 19.

55) V. 158
D e r freche Gelust war mir fremd. Ich dächte d a s. (Von Humboldt, 23. Oktober 1795.) [Adelung (2, 542) gibt Schiller Recht.]

56) V. 166
Vgl. „Dokumente", Nr 47.

57) V. 167
Vgl. ebd.

58) V. 172
Vgl. „Dokumente", Nr 19.

59) V. 182
Vgl. „Dokumente", Nr 34.

60) V. 185–188
Vgl. ebd.

61) V. 197
Vgl. „Dokumente", Nr 20.

62) V. 198
Vgl. „Dokumente", Nr 34.

ERLÄUTERUNGEN. Die „Elegie" knüpft an die kulturgeschichtliche Thematik an, die in Gedichten wie „Die Götter Griechenlandes" und „Die Künstler" bereits eine wesentliche Rolle spielte. Dabei erhalten, anders als etwa zu Anfang der „Künstler" (vgl. V. 1–12) oder im „Bürgerlied" später, kultur-, kritische Vorstellungen großes Gewicht. Sein Thema stellt das Gedicht in Beziehung zu Schillers theoretischen Schriften, in denen verwandte Fragestellungen behandelt werden, angefangen von der Dissertation „Versuch über den Zusammenhang der thierischen Natur des Menschen mit seiner geistigen" (vgl. § 11: „Aus der Geschichte des Menschengeschlechts") über die Jenaer Antrittsrede „Was heißt und zu welchem Ende studiert man Universalgeschichte?" und den Aufsatz „Etwas über die erste Menschengesellschaft nach dem Leitfaden der mosaischen Urkunde" bis zur Diskussion des Verhältnisses von Natur und Kultur in den Briefen „Ueber die ästhetische Erziehung des Menschen" und der Abhandlung „Ueber naive und sentimentalische Dichtung", die zur Zeit der „Elegie" im Entstehen begriffen war. Auf das allgemeine Interesse an Fragen der Kulturgeschichte und die darüber geführte öffentliche Auseinandersetzung wurde bereits in den einleitenden Erläuterungen zu den „Künstlern" hingewiesen.

Schillers Gedicht reflektiert geschichtliche Zusammenhänge nicht in streng historischer Weise; in der zuletzt genannten Abhandlung heißt es im Verlauf der Erörterungen des Begriffs der elegischen Dichtung, die Poesie könne einen Stoff nie so brauchen, wie sie ihn vorfindet, sondern müsse ihm seine poetische Dignität erst selbst verleihen: Der elegische Dichter sucht die Natur, aber als eine Idee und in einer Vollkommenheit, in der sie nie existiert hat, wenn er sie gleich als etwas da gewesenes und nun verlorenes beweint. (NA 20, 450–451.)

Im vorliegenden Fall bedient sich die poetische Darstellung des geschichtlichen Stoffes einer genuin ästhetischen Kategorie: Natur und Geschichte erscheinen unter dem spezifischen Blickwinkel von Schillers Theorie des „Erhabenen" und erhalten so paradigmatischen Charakter. Viele der beschriebenen Naturgegenstände finden sich unter den Beispielen für die verschiedenen Auffassungen des Begriffs in den Schriften „Vom Erhabenen", „Zerstreute Betrachtungen über verschiedene ästhetische Gegenstände" und „Ueber das Erhabene". Auch die historische Vergangenheit wird dort mit dem „Erhabenen" in Verbindung gebracht; die letztgenannte Schrift argumentiert, es sei für den vernunftbegabten Menschen unendlich ehrenvoller, ein kleiner, vom Scheitern bedrohter Bürger im Reich der Freiheit zu sein, als in den beschränkten Verhältnissen eines glücklichen Naturstandes den ersten Platz einzunehmen: Aus diesem Gesichtspunct betrachtet, und n u r aus diesem, ist mir die Weltgeschichte ein erhabenes Object. Die Welt, als historischer Gegenstand, ist im Grunde nichts anders als der Konflikt der Naturkräfte unter einander selbst und mit der Freyheit des Menschen und den Erfolg dieses Kampfs berichtet uns die Geschichte. *(NA 21, 49.) Vor diesem Hintergrund führt der Weg des Wanderers in der „Elegie" durch eine angenehme und schöne Natur (am Anfang des Gedichts) in eine erhabene hinein, der Gang der Geschichte vom* Glücklichen [aber unfreien] Volk der Gefilde *(V. 57) zur freien (aber gefährdeten) Gesellschaft, „erhaben" über die Abhängigkeit von der Natur. Vgl. hierzu auch: Stenzel, „Zum Erhabenen tauglich" (1975); Riedel, „Der Spaziergang" (1989).*

Das Aufdecken kultureller Verfallserscheinungen verbindet das Gedicht mit einer breiten Tradition poetischer Kulturkritik. Die Abhandlung „Ueber naive und sentimentalische Dichtung" nennt z. B. (neben Juvenal und Jonathan Swift) Rousseau und Albrecht von Haller unter denen, die in einem ausgearteten Zeitalter *(NA 20, 444)* gelebt und gedichtet hätten; beide rechnet Schiller zu den Vertretern der *elegischen Dichtung (NA 20, 451) und spielt auf Hallers Dichtung „Die Alpen" (1732) an; mit Blick auf die „Elegie" ist außerdem an Gedichte wie „Ueber den Ursprung des Uebels", „Die verdorbenen Sitten" u. a. zu erinnern. Im gleichen Zusammenhang erwähnt Schiller Ewald von Kleist, dessen Gedicht „Sehnsucht nach der Ruhe" (1745) er zitiert und kommentiert:* Er flieht gerne das leere Geräusch der Gesellschaft und findet im Schooß der leblosen Natur die Harmonie und den Frieden, den er in der moralischen Welt vermißt. *(NA 20, 454.) Auch findet sich der Name James Thomsons, des Verfassers der viel beachteten Dichtung „The Seasons" (endgültige Fassung 1746), das Kleists Versdichtung „Der Frühling" (1749, endgültige Fassung 1756) anregte (vgl. NA 20, 455). Die* Landschaft-D i c h t u n g *(NA 22, 265) Friedrich Matthissons, innerhalb dieser dessen Alpenlyrik, schätzte Schiller als* Darstellung des Starken und Erhabenen *(NA 22, 278); als Beispiel zitiert er die Gedichte „Der Alpenwanderer" und „Die Alpenreise", wo das Große mit dem Schönen, das Grauenvolle mit dem Lachenden abwechselt (ebd.).*

Äußere Anregungen sind wohl von den Hohenheimer Gartenanlagen in der Nähe Stuttgarts ausgegangen. In Cottas „Taschenkalender auf das Jahr 1795, für Natur- und Gartenfreunde" (S. 53–79) hatte Gotthold Heinrich Rapp (vgl.

über ihn die Erläuterungen zu „*[Für einen Kunstfreund]"*) *eine Beschreibung dieser Anlagen gegeben; in Schillers Rezension des Kalenders klingen Motive der* „*Elegie" an:* Ländliche Simplizität und versunkene städtische Herrlichkeit, die zwei äußersten Zustände der Gesellschaft, grenzen auf eine rührende Art aneinander, und das ernste Gefühl der Vergänglichkeit verliert sich wunderbar schön in dem Gefühl des siegenden Lebens. *(NA 22, 290.) So erhalte die Landschaft einen tiefen elegischen Ton (ebd.). Schiller nennt den Weg von Stuttgart nach Hohenheim eine* versinnlichte Geschichte der Gartenkunst *(ebd.), ausgehend vom* ersten physischen Anfang *über die* französische Gartenkunst und Pracht und Eleganz des herzoglichen Schlosses *bis zur* Wiederherstellung der Simplizität *der* ländlichen Natur *in dem sogenannten* e n g l i s c h e n Dorfe *(NA 20, 290, 291). Diese Bezüge hindern nicht, daß Landschaftseindrücke aus der Umgebung Jenas, etwa des Saaletals mit dem Jenzig, in das Gedicht ebenso eingegangen sind wie aus der Gegend um Rudolstadt.*

Der Titel des Gedichts wirft die Gattungsfrage auf. Zunächst läßt er an die gewöhnliche Bedeutung des Begriffs der Elegie im antiken Sinn denken: an eine Dichtung in Distichen. Die Tatsache, daß Schiller während der Entstehung des Gedichts mit der Arbeit an der Abhandlung „*Ueber naive und sentimentalische Dichtung" beschäftigt war, lenkt den Blick auf die dort, im zweiten Teil vom Dezember 1795, vorgenommenen Begriffsbestimmungen. Schiller unterscheidet einen allgemeinen von einem speziellen Elegiebegriff:* Setzt der Dichter die Natur der Kunst und das Ideal der Wirklichkeit so entgegen, daß die Darstellung des ersten überwiegt, und das Wohlgefallen an demselben herrschende Empfindung wird, so nenne ich ihn e l e g i s c h *(NA 20, 448) – im Gegensatz zum* „satirischen" *Dichter. Von der Elegie im engeren Sinn wird gesagt, in ihr sei* die Natur und das Ideal ein Gegenstand der Trauer, wenn jene als verloren, dieses als unerreicht dargestellt wird. *(Ebd.) Werden beide als* ein Gegenstand der Freude, d. h. als wirklich, *vorgestellt, nennt Schiller dies eine* I d y l l e *in weitester Bedeutung (NA 20, 448, 449).*

Es ist nicht notwendig, das vorliegende Gedicht einer der gegebenen Definitionen als einer ausschließenden Gattungsbestimmung zuzuordnen, denn Schiller legt Wert auf die Feststellung, daß mit seinen Begriffen nicht Gattungsgrenzen markiert sein sollen, sondern lediglich die in verschiedenen Dichtungsarten herrschende E m p f i n d u n g s w e i s e *charakterisiert wird (NA 20, 449). Für die Auffassung, der Gedichttitel deute auf die Abhandlung voraus, spricht Schillers Brief an Humboldt vom 29. [und 30.] November 1795, in dem es mit Bezug auf das Gedicht heißt:* Ich will eine I d y l l e schreiben, wie ich hier eine Elegie schrieb. *Was die Frage nach den Gründen der späteren Titeländerung (in* „*Der Spaziergang") angeht, so ließe sich in diesem Fall vermuten, daß Schiller damit darauf reagierte, daß die Idylle nicht zustandegekommen war. Wird der Elegiebegriff in seiner traditionellen Bedeutung genommen, so könnte seine Ablösung gerade durch seine Neufassung motiviert gewesen sein.*

Die „*Elegie" löste bei Schillers Freunden und Bekannten begeisterte Zustimmung aus (vgl. die* „*Dokumente"). Auch die öffentliche Kritik fiel positiv, wenn auch zu Schillers Verdruß nicht immer treffend aus. Johann Friedrich Reichardt erklärte in der Rezension der* „*Horen" in seinem Journal* „*Deutsch-*

land" (Bd 1. 1796. 3. Stück. S. 373–381; wiedergedruckt in: Fambach 2, 246–250): Die Elegie ist wohl eines der schönsten vollendetsten Gedichte, das je dem Herzen eines ächt philosophischen Dichters entfloß. Es umfaßt den ganzen innern und äußern Menschen, die Natur die ihn umgiebt und die er beseelt. *(S. 375.)*

Zuvor schon hatte August Wilhelm Schlegel dem Gedicht im Rahmen seiner „Horen"-Besprechung breiten Raum gewidmet (ALZ 1796. Nr 5 vom 5. Januar. Sp. 35–37; wiedergedruckt in: Fambach 2, 192–194): Die Elegie [...] besingt einen großen, ja für uns Menschen den größesten aller Gegenstände: die Schicksale der gesammten Menschheit. *Es folgt eine Paraphrase des Inhalts, die mit dem Hinweis schließt:* Ob die unendlichen Vortheile der Vervollkommnung des geselligen Lebens für die zahllosen Uebel, welche sie erschafft, entschädigen, mehr als entschädigen können, ist eine uralte und vielleicht nie rein aufzulösende Frage. *Das Resümee lautet:* Sein *[des Dichters]* Hauptgedanke ist folgender: die Menschen, die zur Geselligkeit geboren scheinen, und durch sie in den Stand gesetzt werden, wundernswürdige Dinge auszuführen, verderben sich dennoch unter einander. Das Gefühl, welches ihn auf diese Betrachtungen leitet, ist das Verlangen, im einsamen, vertrauten Umgange mit der Natur sich vor dem verderblichen Einflusse der Gesellschaft und ihren einengenden Verhältnissen zu retten. *Und mit Blick auf die Natur am Anfang und am Ende des Gedichts lobt Schlegel dessen* Einheit, sowohl lyrisch als philosophisch betrachtet. *Dem Lob schließt sich eine Reihe von kritischen Einwänden an (vgl. auch die Hinweise in den Einzelerläuterungen):* In der Ausführung wird die strömende Fülle des Ausdrucks vielleicht hier und da zum Ueberflusse. Beym Eingange könnte man einige Augenblicke zweifeln, ob man hier nicht bloß ein Landschaftsgemälde zu erwarten habe. Die Schilderung der wirklichen Scene und der Anfang der Vision fließen in einander: sind ihre Gränzen mit Absicht nicht genau gezogen? Von den einzelnen Anschauungen [...] ist fast jeder Zug auf das bedeutendste gewählt; sie sind immer kräftig, größtentheils mit auffallender Neuheit, und oft wahrhaft erhaben dargestellt. Unter vielem Schönen sind folgende Zeilen über allen Ausdruck schön: *[Es folgen V. 41–44.]* Doch scheint der letzte Vers mit dem „glücklichen Volk der Gefilde," *[V. 47]* das gleich darauf geschildert wird, im Widerspruche zu stehn. So wäre auch die „Länderverknüpfende Straße" *[V. 47]*, so treffend sie gezeichnet ist, bey der Schilderung des Handelsverkehrs wohl mehr an ihrer Stelle [...]. Die Einführung der griechischen Götter *[vgl. V. 83–90]* darf nicht befremden, eben so wenig, als das ganz individuelle Beyspiel von spartanischer Aufopferung für das Vaterland *[V. 99–102]*. Da der Dichter die Geschichte des ganzen Menschengeschlechts in Einer Bilderreihe aufstellt, so ist er berechtigt, von einzelnen Völkern zu entlehnen, was gerade bey jedem in der ausgezeichnetsten Vortrefflichkeit erscheint. Hiedurch läßt sich auch die Erwähnung der Presse *[V. 139–140]* so kurz nach der Kunst im griechischen Styl rechtfertigen.

Später werden einige metrische Anmerkungen gemacht; Lob gilt dem Beginn der Verse 108, 129 und 132 und dem anapästischen Aufsprung *in Vers 107:* So meisterhafte Hexameter findet man mehrere in diesem Gedichte. *In seinem Brief an Schlegel vom 9. Januar 1796 erklärte sich Schiller* befriedigt *durch die Rezension, akzeptiert, mit Ausnahmen, Schlegels metrische Ansichten und verweist auf die von ihm selbst vorgenommene Kritik des Versbaus (vgl. „Dokumente", Nr 16).* Humboldt gegenüber allerdings zeigte sich Schiller weniger zufrieden: Schlegel ist viel zu sehr Coquette, als daß er dem Kitzel widerstehen könnte, s i c h hören zu lassen, wo er bloß bey dem Objekte bleiben sollte. Daß er die E l e g i e nicht besser gefaßt hat, ist freilich kaum zu vergeben *(an Humboldt vom 25. Januar 1796). − Vgl. auch die Erläuterungen zur 2. Fassung des Gedichts.*

1−216 Sey *bis* uns.] *Vgl. „Dokumente", Nr 17.*
1−28 Sey *bis* herein.] *Über den Grund des starken Eindrucks, den die Natur auf den Menschen machen kann, heißt es in der Abhandlung „Ueber naive und sentimentalische Dichtung", es gebe ein spezifisches Wohlgefallen an der Natur, das nicht „ästhetisch", sondern „moralisch" sei,* denn es wird durch eine Idee vermittelt, nicht unmittelbar durch Betrachtung erzeugt *(NA 20, 414).*

1 Sey *bis* Gipfel] *Deskription und Reflexion seien am (nicht genau bestimmten) Anfang des Gedichts nicht klar getrennt, bemerkte Schlegel (vgl. die einleitenden Erläuterungen).*
8 engen Gespräch] *wohl Gespräch über Dinge des Alltags.*
10 energische] *energisch: nach griech.* ἐνέργεια: *Wirksamkeit, Tätigkeit; griech.* ἐνεργός: *wirksam, fruchttragend, ergiebig. − Vgl. „Dokumente", Nr 18.*
11 Au] *wasserdurchzogene Landschaft (vgl. Grimm 1, 601).*
12 Wohllaut] *Vgl. „Dokumente", Nr 19.*
13 verbreitetem] *„ausgebreitetem". − Zum Vers vgl. auch „Dokumente", Nr 20.*
15 mit zweifelndem Flügel] *Beispiel einer Enallage: Vertauschung des Adjektivs, das zu* Schmetterling *gehört. − Vgl. auch „Dokumente", Nr 18 und 20.*
19 Weste] *Westwinde.*
21−22 Doch *bis* Gras] *Vgl. „Dokumente", Nr 22.*
23 ambrosische] *Ambrosia: Speise der olympischen Götter, der diese ihre Unsterblichkeit verdanken. Als Attribut der Nacht kommt das Adjektiv gelegentlich bei Homer vor.*

31−32 Unabsehbar *bis* Welt.] *Sehr ähnlich wird die Situation des Betrachters in Hallers Gedicht „Ueber den Ursprung des Uebels" beschrieben (vgl. 1. Buch. V. 5−8). − Das Landschaftsbild dient in den „Zerstreuten Betrachtungen über verschiedene ästhetische Gegenstände" als Beispiel des „Erhabenen" (vgl. NA 20, 238).*
33−36 Tief *bis* hinab] *Vergleichbar ist die Beschreibung des „erhabenen" Natureindrucks in den „Zerstreuten Betrachtungen" (vgl. NA 20, 239−240) und in der Schrift „Ueber das Erhabene" (vgl. NA 21, 47).*
35 Unter *bis* endlos] *Vgl. „Dokumente", Nr 23.*
37 der ewigen Höh] *„ewig" hier im Sinne von „unendlich" wie in „Die Künstler" (V. 51); vgl. Schillers Kommentar in den „Dokumenten" (Nr 41) zu diesem Gedicht.*
38 ein geländerter Steig] *Der Blick von einem solchen Standort in die Tiefe wird in der Schrift „Vom Erhabenen" als Beispiel im Zusammenhang des Kontemplativerhabenen benutzt (vgl. NA 20, 179−180, 188).*

41—44 Jene *bis* verschwand] *Ovid gibt in seinen "Metamorphosen" eine Beschreibung der vier Weltalter; auch dort findet im "Ehernen Zeitalter" die Teilung des Landes statt (vgl. 1, 135-136, sowie Schillers "Bürgerlied", V. 137 bis 142), und auch dort kommt es zur Niederlage von Liebe und Gerechtigkeit (vgl. 1, 149-150, außerdem V. 157-158 der "Elegie"). — Die Verse fanden Schlegels höchstes Lob (vgl. die einleitenden Erläuterungen).*
41 Jene *bis* scheiden] *Vgl. "Dokumente", Nr 24.*
42 In *bis* gewirkt] *Vgl. "Dokumente", Nr 18.*
47 Länder *bis* Straße] *Vgl. "Dokumente", Nr 22 und das Urteil Schlegels in den einleitenden Erläuterungen.*
50 Wiederhall] *Vgl. "Dokumente", Nr 19.*
53—54 Nachbarlich *bis* Dach] *Vgl. "Dokumente", Nr 22.*
54 umruhn] *Vgl. zu dieser Kompositumbildung die Erläuterungen zu "Die Künstler" (V. 288).*
55 Weinstock] *Vgl. "Dokumente", Nr 19.*
58 Theilst *bis* Flur] *Vgl. "Dokumente", Nr 31.*
58 das enge Gesetz] *die Naturgesetzlichkeit.*
60 Gleich *bis* Tagewerk] *Vgl. "Dokumente", Nr 32.*
61 Aber *bis* Anblick?] *Vgl. "Dokumente", Nr 33.*
62 fremdere] *Der Komparativ ist, wie gelegentlich auch bei Klopstock, im Sinne des lat. Elativs superlativisch zu verstehen: „ganz fremde".*
63 kaum noch] *Gemeint ist: „eben noch".*
66 Pomp] *nach griech.* πομπή: *Geleit; feierlicher Aufzug, Festzug.*
75—76 Enger *bis* Welt] *Vgl. "Dokumente", Nr 34.*
79 Tausend *bis* Brüsten] *Vgl. "Dokumente", Nr 35.*
83 die seligen Götter] *Vgl. Schlegels Kommentar in den einleitenden Erläuterungen. — Ausführlicher noch wird die Herabkunft der Götter im "Bürgerlied" (V. 113-192) geschildert.*
85—86 Herrliche *bis* herbey] *Vgl. "Dokumente", Nr 22.*
86 Hermes] *hier als Gott des Handels und der Kaufleute mit der Schiffahrt in Verbindung gebracht.*
91 Heilige *bis* Menschheit] *Die mit diesem Vers beginnende Darstellung politisch-gesellschaftlicher Kultur und deren Verfalls erinnert an das Athen Solons (6. Jahrhundert v. u. Z.) und der Perserkriege (5. Jahrhundert v. u. Z.), wo als Folge der Freiheit das goldne Alter von Athen sich eröffnete (Die Gesetzgebung des Lykurgus und Solon; NA 17, 444); es reiften in Athen alle Tugenden, blühten alle Gewerbe und Künste, regten sich alle Sehnen des Fleißes, [...] wurden alle Felder des Wissens dort bearbeitet. (Ebd.; NA 17, 441.) Sie erinnert darüber hinaus an das Sparta des Leonidas (vgl. V. 101 bis 102), an die Sykophanten des kaiserlichen Rom (vgl. V. 160 und die Erläuterungen dazu), erwähnt in "Ueber naive und sentimentalische Dichtung" (vgl. NA 20, 447), und an die spanische Inquisition (vgl. Geschichte des Abfalls der vereinigten Niederlande von der Spanischen Regierung; NA 17, 59). Über die Niederlande vor Philipp II. heißt es wie über Athen: [...] im Schooße des Ueberflusses und der Freiheit reiften alle edleren Künste (ebd.; NA 17, 36); über die Niederlande unter der Herrschaft Philipps und der Inquisition*

dagegen: Die Sicherheit des Eigenthums, die Wahrheit des Umgangs war dahin. Alle Bande des Gewinns waren aufgelöst, alle des Bluts und der Liebe. Ein ansteckendes Mißtrauen vergiftete das gesellige Leben, die gefürchtete Gegenwart eines Lauschers erschröckte den Blick im Auge und den Klang in der Kehle. *(Ebd.; NA 17, 62.) Schließlich mag auch der Eindruck der Französischen Revolution im Hintergrund stehen.*

93 Weise *bis* Thoren] *Im (biblischen) Altertum wurden auf freien Plätzen in der Nähe der Stadttore Rechtssachen verhandelt (vgl. z. B. Deut. 17, 1; Amos 5, 10).*

95–96 Auf *bis* verschlang] *Vgl. die in Homers „Ilias" geschilderte Abschiedsszene zwischen Hektor und seiner Gattin Andromache, dazu Schillers Lied „Abschied Andromachas und Hektors" aus den „Räubern". Eine ähnliche Szene findet sich in Horaz' „Carmina" (II 2, 6–12). – Vgl. auch „Dokumente", Nr 22.*

98 Flehten *bis* euch] *Vgl. „Dokumente", Nr 19 und 31.*

99 Ehre *bis* zurücke] *Vgl. „Dokumente", Nr 31.*

101–102 „Wanderer *bis* befahl"] *Von Herodot wird ein dem griechischen Lyriker Simonides von Keos (um 556–um 467 v. u. Z.) zugeschriebenes Epigramm als Grabschrift für die dreihundert Spartaner überliefert, die unter Führung des Leonidas im Jahr 480 v. u. Z. den Thermopylenpaß zwischen dem Kallidromosgebirge und dem Golf von Lamia gegen eine persische Übermacht verteidigten (vgl. 7, 228). Schillers Übersetzung geht auf die lateinische Version des Spruches in Ciceros „Tusculanae disputationes" („Tusculanische Gespräche"; 1, 101) zurück:* Dic, hospes, Spartae nos te hic vidisse iacentis, / Dum sanctis patriae legibus obsequimur. *(„Wanderer, kommst du nach Sparta, so sage, du habest uns hier liegen gesehen, da wir dem heiligen Gesetz des Vaterlandes gehorchten"; nach Olof Gigon, Cicero, Gespräche in Tusculum [⁵1984], 96, 97.)*

104 Grünet *bis* Saat] *Öl-(Oliven-)baum als Symbol des Friedens; danach könnte im Hintergrund der Gedanke an den nach Abschluß der Perserkriege einsetzenden Friedenszustand in Griechenland stehen (vgl. die Erläuterungen zu V. 91). Oder es könnte, da der Ölbaum besonders in Attika angebaut wurde, gemeint sein: „Ihr habt das Vaterland vor Zerstörung bewahrt."*

104 Oelbaum] *Vgl. „Dokumente", Nr 19.*

105 Munter *bis* Eigenthums] *Vgl. „Dokumente", Nr 31.*

106 der bläulichte Gott] *Poseidon: „Er wurde als eine Mannsperson mit bläulichten Haaren gebildet" (Hederich, 1715). Vgl. dazu z. B. Vergils „Äneis" (8, 64) und Ovids „Metamorphosen" (2, 8).*

107 Zischend *bis* Dryade] *Vgl. Schlegels Urteil über diesen Vers in den einleitenden Erläuterungen.*

108 Hoch *bis* Last] *Schlegel lobte den Versbau zu Beginn des Verses (vgl. die einleitenden Erläuterungen).*

109 Aus dem Bruche] *Vgl. „Dokumente", Nr 42.*

110 Bergmann] *Vgl. „Dokumente", Nr 19.*

111–112 Mulcibers *bis* Stahls] *Die Verse erinnern an Vergils „Äneis" (8, 419–420, 451–453).*

113 Glänzend *bis* Spindel] *Vgl.* „Dokumente", *Nr 18.*
115 Pilot] *Steuermann, Lotse (vgl. Adelung 3, 769).*
118 thürmenden Mast] *Vgl.* „Dokumente", *Nr 45.*
119 Siehe *bis* Leben] *Vgl.* „Dokumente", *Nr 20.*
121 Stapel] *Stapelplatz, Warenlager, Niederlage (vgl. Grimm 10 II 1, 847).*
123 kocht] *kochen: zur Reife bringen (wie lat. coquere) (vgl. Grimm 5, 1556).*
123 die äusserste Thule] *Thule war ein von dem griechischen Seefahrer Pytheas von Massilis im 4. Jahrhundert v. u. Z. beschriebenes sagenhaftes Land sechs Tagesfahrten nördlich von Britannien, möglicherweise Norwegen; später sprichwörtlich für* „äußerstes Nordland" *(vgl. Vergils* „Georgica" *[1, 30]:* ultima Thule*).*
126 Von *bis* empor] *Vgl.* „Dokumente", *Nr 47.*
128 Holz] *Vgl.* „Dokumente", *Nr 48.*
129 Künstliche *bis* Säulen] *Schlegel lobte den Versbau zu Beginn des Verses (vgl. die einleitenden Erläuterungen).*
129 Künstliche Himmel] *Das Bild findet sich in ähnlichem Kontext – Entfaltung des Luxus im Verlauf der Menschheitsgeschichte – in Schillers Dissertation* „Versuch über den Zusammenhang der thierischen Natur des Menschen mit seiner geistigen" *(§ 11; NA 20, 54).*
129 jonischen Säulen] *Im Vergleich zur dorischen Säule war die jonische schlanker und eleganter, zugleich aber weniger prunkvoll als die korinthische Säule.*
130 Pantheon] *Vorzustellen ist, mit Blick auf das römische Pantheon (heute Santa Maria della Rotonda), ein runder Kuppelbau, ein Tempel mit den Bildnissen der Götter ringsumher.*
131–132 Leicht *bis* Strom] *Am 13. September 1795 fragte Schiller bei Goethe an, ob es bey Vicenza ist, wo die schöne Brücke mit Einem Bogen (über die Etsch wie ich denke) geführt ist. [...] Ich brauche diese Brücke zu einem Hexameter. Goethe konnte nicht weiterhelfen (vgl. an Schiller vom 16. September). Möglicherweise bezog Schiller das Bild aus seiner Erinnerung an Johann Jakob Heinses Roman* „Ardinghello" *(1787), den er im Jahr seines Erscheinens gelesen hatte (vgl. an Huber vom 26. Oktober 1787) und in der Abhandlung* „Ueber naive und sentimentalische Dichtung" *verurteilte (vgl. NA 20, 464); in dem Roman ist die Rede von einer Brücke zu Vicenza über den Bacchilion, so leicht und reizend und sicher in ihrem Bogen, wie ein beherzter Amazonensprung (1, 50). – Vgl. auch* „Dokumente", *Nr 18.*
132 Hüpfet *bis* Strom] *Schlegel lobte den Versbau zu Beginn des Verses (vgl. die einleitenden Erläuterungen).*
133–134 Aber *bis* Weise] *Anspielung auf den griechischen Mathematiker und Mechaniker Archimedes (um 285–212 v. u. Z.) aus Syrakus; über seinen Tod nach der Eroberung von Syrakus durch die Römer im Jahr 212 v. u. Z.* wird in des Valerius Maximus „De factorum dictorumque memorabilium libri novem" („Denkwürdige Taten und Aussprüche in neun Büchern"; *erschienen im Jahr 31 oder wenig später) berichtet, er sei in auf den Sandboden gezeichnete mathematische Skizzen vertieft gewesen, als ein römischer Soldat auf ihn zutrat, den er bat, die Zeichnungen nicht zu zerstören, worauf ihn dieser, aus Mißverstand, niedergestoßen habe (vgl. VIII 7, 7). Ähnliche Versionen bietet*

Plutarch in den „Vitae parallelae" („Parallelbiographien"; entstanden vermutlich 105–115) im Kapitel über Marcellus (Abschnitt 19).
133 Aber *bis* zeichnet] *Vgl. „Dokumente", Nr 20.*
137–138 Sucht *bis* Flucht] *Vgl. „Dokumente", Nr 34.*
139–140 Körper *bis* Blatt.] *Vgl. zur Erwähnung der Presse Schlegels Rezension in den einleitenden Erläuterungen.*
141–188 Da *bis* besteht.] *Vgl. „Dokumente", Nr 52; zu diesen Versen, zur Darstellung der Depravationserscheinungen der menschlichen Gesellschaft im Kulturstande außerdem Schillers Brief an Herzog Friedrich Christian von Augustenburg vom 13. Juli 1793, den 5. Brief der Abhandlung „Ueber die ästhetische Erziehung des Menschen" (NA 20, 319–321) und die Erläuterungen zu V. 91.*
142 dem tagenden Licht] *Metapher für die Aufklärung.*
151 des *bis* Sterne] *Das Sternbild des Wagens oder des Großen Bären am nördlichen Sternhimmel diente zusammen mit dem in der Nähe stehenden Polarstern der Seefahrt zur Orientierung; er ist während des ganzen Jahres im Norden sichtbar. Schon Homers „Odyssee" weist darauf hin (vgl. 5, 271–275).*
152 es *bis* Gott] *Vgl. „Dokumente", Nr 34.*
154 Willkühr vermischt] *Vgl. „Dokumente", Nr 19.*
155 Aus *bis* Treue] *Die mit diesem Vers einsetzende Beschreibung erinnert an die Verhältnisse im „Eisernen Zeitalter" nach Ovids „Metamorphosen" (vgl. 1, 127–131).*
157–158 Ihren *bis* Zaum] *Nach Hesiod verlassen* Αἰδώς *und* Νέμεσις *im „Eisernen Zeitalter" die Erde und hinterlassen trauriges Elend (vgl. Werke und Tage, V. 197–200), nach Ovid entflieht als letzte der Gottheiten Astraia (vgl. Metamorphosen 1, 150), die Göttin der Gerechtigkeit, hier wie die römische Iustitia mit der Binde als Indiz der Unparteilichkeit vorgestellt.*
157 die Schaam] *Pudicitia, römische Göttin der Schamhaftigkeit.*
158 der freche Gelust] *Vgl. „Dokumente", Nr 55, außerdem NA 4, 436.*
160 Sykophant] *griech.: Feigenangeber, d. h. einer, der Leute anzeigt, die verbotenerweise Feigen aus Attika ausführten; später allgemein für „Verleumder", „Denunziant".*
166–167 Alle *bis* erfindet] *Vgl. „Dokumente", Nr 47.*
169–170 Leben *bis* geflohn] *In Herders „Tithon und Aurora" (1792) heißt es ähnlich über sogenannte politisch-moralische Personen und staatliche Einrichtungen: Oft steht Jahrhunderte lang ihr Körper zur Schau da, wenn die Seele des Körpers längst entflohn ist, oder sie schleichen als Schatten umher zwischen lebendigen Gestalten. (In: Zerstreute Blätter 4, 352.)*
172 Des Gesetzes Gespenst] *Vgl. „Dokumente", Nr 19.*
180 numidischen] *Numidien: in der Antike das Gebiet des östlichen Algerien, der Westteil der afrikanischen Mittelmeerküste.*
182 Und *bis* Natur] *Vgl. „Dokumente", Nr 34.*
185–188 Weit *bis* besteht.] *Vgl. „Dokumente", Nr 34.*
195–196 Brausend *bis* Bahn] *Vergleichbar ist das Bild in der 1. Strophe von „Die Macht des Gesanges".*
197 Wild *bis* öd'.] *Vgl. „Dokumente", Nr 20.*

198 Hängt *bis* Welt] *Vgl. „Dokumente", Nr 34.*
201—202 In *bis* ach!] *Mit einer solchen Szene – Rückkehr in die Arme der Natur – schließt auch „Die Macht des Gesanges".*
207—215 Ewig *bis* Geschlechter] *Im Sinne dieser Verse hatte Schiller am 10. September 1789 im Brief an Caroline von Beulwitz und Charlotte von Lengefeld die* Identität dieses gleichförmige Beharren der Natur *und deren wohltätige Wirkung auf den dem Wechsel unterworfenen Menschen gepriesen und in der Rezension „Über Matthissons Gedichte" von der* ewigen Einheit der einfachen, stets sich selbst gleichen Natur *der* Mannigfaltigkeit des menschlichen Wesens *gegenüber gesprochen (NA 22, 281).*

Zum Gedanken zyklischer Wiederholung historischer Abläufe vgl. Herders „Tithon und Aurora"; dort wird eine ähnliche, freilich harmonistische Vorstellung entwickelt: Der Blick in die Natur belehre den Betrachter über den in sich selbst wiederkehrenden Lauf der Dinge *und die diesem zugrundeliegenden* Gesetze einer daurenden Ordnung *(Zerstreute Blätter 4, 360):* Nicht Revolutionen, sondern E v o l u t i o n e n sind der stille Gang dieser grossen Mutter *(S. 364);* Revolutionen erscheinen als Zeichen der Barbarei, *und Herders Prognose lautet: [...]* je mehr die Vernunft und Billigkeit der Menschen zunimmt, desto seltner müssen sie werden, bis sie sich zuletzt ganz verlieren. *(Ebd., S. 363.)*

267—268 Die Theilung der Erde

ENTSTEHUNG. *Das Gedicht, das Schiller am 16. Oktober 1795 an Cotta und Goethe schickte, ist vermutlich kurz vorher entstanden.*

ÜBERLIEFERUNG. *H: ? h: GSA. Abschrift von der Hand Gottlieb Leonhardt Heubners. 1 Doppelblatt 19 × 22,7 cm, $2^1/_4$ S. beschrieben. Leicht vergilbtes geripptes Papier: Wz.: D & C BLAUW. – E: Horen 1795. 11. Stück. S. 27-28. D: Gedichte 1 (1800). S. 30-31 (2. Fassung); danach in: Gedichte ²1 (1804). S. 30-31. Schiller bestimmte das Gedicht auch für die Prachtausgabe. Vgl. den Text in NA 2 I, 406-407. – Textwiedergabe nach E.*

LESARTEN. **5** hatte,] *Komma fehlt h* **11** Seine:] Seine, *h* **14** Poet,] *Komma fehlt h* **15** überall] überal *h* **18** „Vergessen] *Anführungsstriche fehlen h* **24** dir."] Dir" *h* **25** deinem] Deinem *h* **26—28** *Anführungsstriche fehlen h* **27** deinem] Deinem *h* – *Vgl. die Varianten der 2. Fassung in NA 2 I, 406-407.*

ERLÄUTERUNGEN. *Schiller bezeichnete das Gedicht als* Schnurre; *als er es Goethe schickte, schrieb er dazu,* er habe es billig in Frankfurt auf der Zeile vom Fenster aus lesen sollen, wo eigentlich das Terrain dazu ist. Wenn es ihm gefalle, möge er es dem Herzog vorlesen *(an Goethe vom 16. Oktober 1795). Goethe fand das Gedicht* ganz allerliebst, wahr, treffend und tröstlich. *(An Schiller vom 28. Oktober 1795.) Da die Verse anonym erschienen, hatte Körner Schwierigkeiten bei der Zuordnung; am 18. Dezember 1795 schrieb er*

Schiller, *der Schluß des Gedichts lasse ihn auf diesen, der Anfang auf Goethe raten. Offenbar wurde die Mutmaßung, Goethe sei der Verfasser, allgemein angestellt, denn wenige Tage später, am 23. Dezember, teilte Schiller diesem mit:* Das Glück, welches das kleine Gedicht die T h e i l u n g d e r E r d e zu machen scheint, kommt mit auf Ihre Rechnung, denn schon von vielen hörte ich, daß man es Ihnen zuschreibt. *- Vgl. auch die Erläuterungen zur 2. Fassung des Gedichts.*
3 Lehen] *mhd. lêhen: „geliehenes Gut", dessen Übernahme den Lehensträger zu ritterlichem Kriegsdienst und Treue dem Lehnsherrn gegenüber verpflichtete.*
8 Junker] *mhd. juncherre: junger, noch nicht Ritter gewordener Adliger.*
8 birschte] *mhd. birsen; nhd. pirschen.*
10 Fermier] *franz.: Pächter.*
20 Jovis] *Genitiv zu lat. Iupiter.*
26 Himmels Harmonie] *wohl Anspielung auf die Sphärenmusik; vgl. die Erläuterungen zu „Die Künstler" (V. 285).*
31—32 Willst bis seyn.] *Das Motiv von der Aufnahme des Dichters in den Olymp findet sich auch im Gedicht „Der Besuch".*

268—269   Die Thaten der Philosophen

ENTSTEHUNG. *Schiller schickte das Gedicht am 16. Oktober 1795 an Cotta und Goethe; es ist vermutlich kurz vorher entstanden.*

ÜBERLIEFERUNG. *H: ? h: GSA. Abschrift von der Hand Gottlieb Leonhardt Heubners. 1 Doppelblatt 19 × 22,7 cm, 3 S. beschrieben. Leicht vergilbtes geripptes Papier. Wz: VAN DER LEY. - E: Horen 1795. 11. Stück. S. 29-30. D: Gedichte 2 (1803). S. 113-116 (unter dem Titel „Die Weltweisen"); danach in: Gedichte ²2 (1805). S. 113-116. - Textwiedergabe nach E.*

LESARTEN. *Augenvarianten und Interpunktionsveränderungen in D sind im folgenden nicht verzeichnet. - Überschrift:* Die Weltweisen *D*   **1** Den S a t z] Der Satz *D*   **3** Den Nagel] Den Kloben *E (Kloben im Druckfehlerverzeichnis) und h* Der Kloben *D*   **15** Philosophie] Metaphysik *D*   **25** L e i b n i t z] D e s C a r t e s *D*   **51** bis] biß *h*

ERLÄUTERUNGEN. *Zusammen mit der „Theilung der Erde" rechnete Schiller das Gedicht zu den* Schnurren *(an Körner vom 21. Dezember 1795; vgl. auch an Goethe vom 16. Oktober 1795). Wie das erstgenannte erschien es anonym, so daß Körner über den Verfasser unsicher war; zuerst fiel ihm August Friedrich Ernst Langbein, dann Goethe ein (vgl. an Schiller vom 18. Dezember 1795). Als Schiller das Gedicht an Goethe schickte, kommentierte er es mit der Bemerkung, er habe sich in ihm über den Satz des Widerspruchs lustig gemacht: [...]* die Philosophie erscheint immer lächerlich, wenn sie aus eigenem Mittel, ohne ihre Abhängigkeit von der Erfahrung zu gestehn, das Wißen erweitern und der Welt Gesetze geben will. *(Brief vom 16. Oktober 1795.)* Logik *und* Metaphysik *(vgl. LESARTEN zu V. 15), die hier an-*

gesprochen sind, werden ebenso karikiert (1. und 2. Strophe) wie Ästhetik und Ethik (3. und 4. Strophe) sowie Natur- und Staatsrechtsphilosophie (4. bis 6. Strophe). Launige Kritik an der Philosophie üben auch die „Xenien"; vgl. Nr 371–389, die später das Gedicht „Die Philosophen" bildeten.

1 Den S a t z] *Der Satz des Widerspruchs („principium contradictionis") in der philosophischen Logik seit Aristoteles besagt, daß einander kontradiktorisch entgegengesetzte Urteile nicht zugleich wahr sein können. Für die 2. Strophe ist außerdem an den Satz des zureichenden Grundes („principium rationis sufficientis") zu denken: Es kann weder ein Urteil wahr noch ein Geschehen wirklich sein ohne einen dies notwendig machenden Grund, unabhängig davon, ob dieser bekannt ist oder nicht.*

1 Den] *Dieser Akkusativ ist ebenso wie der in V. 3 (Den Nagel) anakoluthisch, da er in beiden Fällen abhängig ist von: wie er heißt (V. 7).*

3 Nagel] *Die „Horen" boten zunächst wie später der 2. Teil der „Gedichte" Kloben: eine Vorrichtung zum Tragen beweglicher schwebender Gegenstände (vgl. Grimm 5, 1217). Der Ausdruck wurde im Verzeichnis der „Druckfehler und Verbesserungen" zu Beginn des 12. „Horen"-Stücks 1795 korrigiert (vgl. LESARTEN).*

25 L o c k ' *und* **L e i b n i t z]** *John Locke (1632–1704), englischer Philosoph und Begründer des Empirismus in der englischen Philosophie, Wegbereiter der Aufklärung; Gottfried Wilhelm Leibniz (1646–1716), Philosoph und Mathematiker, Physiker und Techniker, Geschichts- und Sprachforscher; im 2. Teil der „Gedichte" wird statt seiner René Descartes (1596–1650), französischer Philosoph und Mathematiker, genannt (vgl. LESARTEN).*

45 Herr Puffendorf und Feder] *Samuel Freiherr von Pufendorf (1632–1694), Professor für Natur- und Völkerrecht in Deutschland und Schweden, vertrat in seinem Werk „De jure naturæ et gentium" („Über Natur- und Völkerrecht"; 8 Bücher. Lund 1672) die Auffassung, der Mensch sei ein von Natur geselliges Wesen, das aus dem Bedürfnis gegenseitiger Ergänzung der Einzelnen den Staat als eine aus freiem Willensentschluß geschaffene Form des Zusammenlebens errichte. Vgl. über Pufendorf auch Xenion Nr 387. – Johann Georg Feder (1740–1821) war Professor der Philosophie in Göttingen; neben Schriften zu naturrechtlichen Fragen veröffentlichte er eine Vielzahl vor allem philosophischer, aber auch geographischer und pädagogischer Werke.*

51—54 Einstweilen bis Liebe.] *Vgl. hierzu das Epigramm „Würde des Menschen".*

269 Theophanie

ENTSTEHUNG. *Wahrscheinlich gehörte das Distichon zu den Schnurren, die Schiller am 16. Oktober 1795, bald nach ihrer Entstehung, an Goethe schickte.*

ÜBERLIEFERUNG. *H: ? – E: Horen 1795. 11. Stück. S. 40. D: Gedichte 2 (1803). S. 208; danach in: Gedichte ²2 (1805). S. 208. Schiller bestimmte das Distichon auch für die Prachtausgabe seiner Gedichte. Vgl. NA 2 I, 325. – Textwiedergabe nach E.*

ERLÄUTERUNGEN. *Theophanie bedeutet „Erscheinung Gottes", besonders in bezug auf Christi Geburt. Hier steht der Begriff für die Erscheinung des Göttlichen im Menschen: Freiheit des Willens und des Geistes und dessen Überlegenheit über die physische Natur des Menschen, die sich vor allem im Leiden offenbart. Vgl. des weiteren die Erläuterungen zum themenverwandten Epigramm „Die zwei Tugendwege". Körner dachte in seinem Brief an Schiller vom 18. Dezember 1795 an Herder als Verfasser des Distichons.*

270 Einem jungen Freund als er sich der Weltweißheit widmete

ENTSTEHUNG. *Das Gedicht schickte Schiller wahrscheinlich am 16. Oktober 1795 an Cotta. Vgl. Schillers Brief an Cotta vom 30. Oktober 1795. Es wird in der ersten Hälfte desselben Monats entstanden sein.*

ÜBERLIEFERUNG. *H: ? – E: Horen 1795. 11. Stück. S. 41–42. D^1: Gedichte 2 (1803). S. 132–133. D^2: Gedichte ^{2}2 (1805). S. 132–133. – Textwiedergabe nach E.*

LESARTEN. *Augenvarianten und Interpunktionsveränderungen in D^1 und D^2 werden im folgenden nicht verzeichnet. – Überschrift:* Freund] Freunde D^2 **5** harret] harrt D^1 D^2 **12** Wahrheit] Wahres D^1 D^2 **16** D ä m m e r - s c h e i n] *nicht gesperrt* D^1 D^2

ERLÄUTERUNGEN. *Das Gedicht behandelt eine ähnliche Thematik wie „Das verschleierte Bild zu Sais": die von der Suche nach Wahrheit ausgehende Gefährdung des Menschen, hier wie dort an der Figur eines strebenden Jünglings demonstriert. In beiden Fällen dient ein antiker Götterkult der Veranschaulichung, im vorliegenden Fall der Demeter-Kult zu Eleusis in Attika (vgl. dazu auch das „Bürgerlied"). Im Herbst fanden die großen Eleusinischen Mysterien statt, ein Geheimkult, an dem nur derjenige teilnehmen durfte, der nach seiner Einweihung Aufnahme in den Kreis der Mysten gefunden hatte; die Göttin selbst durften nur die Epopten anschauen. – Daß das Gedicht einen bestimmten Adressaten hatte, ist nicht anzunehmen.*
16 Sicher *bis* dahin] *Vgl. die Beschreibung des Jünglings in „Natur und Schule".*

270 Archimedes und der Schüler

ENTSTEHUNG. *Schiller schickte das Gedicht vermutlich am 3. Oktober 1795 an Herder. Vgl. Herders Antwort vom 10. Oktober. Es wird also Ende September oder Anfang Oktober desselben Jahres entstanden sein.*

ÜBERLIEFERUNG. *H: ? – E: Horen 1795. 11. Stück. S. 42. D: Gedichte 1 (1800). S. 149; danach in: Gedichte ^{2}1 (1804). S. 149. Schiller bestimmte das*

Gedicht auch für die Prachtausgabe. Vgl. NA 2 I, 316. – Textwiedergabe nach E.

LESARTEN. *In der ursprünglichen Fassung – vermutlich in Vers 4 – stand das von Schiller falsch skandierte Wort Syrakus. Auf den Fehler wies Herder in seinem Brief vom 10. Oktober 1795 hin. – Vgl. die Varianten der für die Prachtausgabe übernommenen Fassung D in NA 2 I, 316.*

ERLÄUTERUNGEN. *Klage über die Bedrohung der Autonomie der Kunst erhebt der 2. Brief „Ueber die ästhetische Erziehung des Menschen":* Der N u t - z e n ist das große Idol der Zeit, dem alle Kräfte frohnen und alle Talente huldigen sollen. *(NA 20, 311.) Diesem Ziel hat sich nach Schillers Antrittsrede „Was heißt und zu welchem Ende studiert man Universalgeschichte?" der Wissenschaftler vom Typus des Brodgelehrten (NA 20, 362) verschrieben, der unfähig ist, Zwecklosigkeit zu ertragen (vgl. NA 17, 361). Archimedes (um 285–212 v. u. Z.), der griechische Mathematiker und Mechaniker aus Syrakus, verkörpert das Gegenbild eines wahrhaft* philosophischen Geistes *(NA 20, 362).*

Das Gedicht bezieht sich vermutlich auf Plutarchs „Vitae parallelae" („Parallelbiographien"); dort wird über Archimedes berichtet, er habe ein so hohes Verständnis von Wissenschaft gehabt, daß er nicht das Geringste über seine mechanischen Arbeiten schriftlich hinterlassen habe, weil er die Mechanik wie überhaupt alle mit einem Bedürfnis sich befassende Kunst für unedel erachtete (vgl. das Kapitel über Marcellus, Abschnitt 17).

4 Willst *bis* W e i b .] *Herder kritisierte den Schluß, weil Bild und Vergleich unerwartet kämen und* das doppelsinnige Früchte zu einem ganz fremden Bilde führet *(an Schiller vom 10. Oktober 1795). – Vgl. zu dem Thema auch Xenion Nr 62 (Wissenschaft).*

271 Menschliches Wissen

ENTSTEHUNG. *Das Gedicht ist wahrscheinlich im Oktober 1795 entstanden und wurde wohl in diesem Monat an Cotta geschickt. Vgl. Cottas Brief an Schiller vom 11. November 1795.*

ÜBERLIEFERUNG. *H: ? – E: Horen 1795. 12. Stück. S. 55. D: Gedichte 1 (1800). S. 72; danach in: Gedichte ²1 (1804). S. 72. Schiller bestimmte das Gedicht auch für die Prachtausgabe. Vgl. NA 2 I, 318–319. – Textwiedergabe nach E.*

LESARTEN. *In D sind die Sperrungen in den Versen 8 und 10 aufgehoben. Vgl. NA 2 I, 319.*

ERLÄUTERUNGEN. *Nicht nur in diesem Gedicht dient die Astronomie, deren Beginn als neuzeitliche Wissenschaft die Aufstellung des Gravitationsgesetzes durch Isaac Newton (1643–1727) markiert, der Demonstration einer menschlichen Erkenntnis, deren Grenze Schiller dort verlaufen sieht, wo es um das „Wesen" der Natur geht; vgl. dazu das Epigramm „An die Astronomen" und Xenion Nr 180 (Der astronomische Himmel). Das Beispiel eines Naturforschers, dessen Erkenntnisorgan die Oberfläche seines Gegenstandes nicht zu durchdringen vermag, war für Schiller Alexander von Humboldt (1769–1859); vgl. sein hartes Urteil über ihn im Brief an Körner vom 6. August 1797.*
7 Siriusfernen] *Sirius ist ein Stern im Sternbild des Großen Hundes am südlichen Sternhimmel.*
8 S c h w a n] *Sternbild am nördlichen Sternhimmel.*
8 S t i e r s] *Stier: Sternbild am nördlichen Sternhimmel.*
9 der *bis* Tänze] *Im Hintergrund steht wohl die (pythagoreische) Vorstellung von der Sphärenharmonie; vgl. die Erläuterungen zu „Die Künstler" (V. 285).*
10 P l a n i g l o b i u m] *nach lat. planus (eben) und globus (Kugel): Projektion einer Kugeloberfläche auf eine Ebene; hier: Wiedergabe des Sternhimmels durch eine Kreisfläche.*

271   Die Dichter der alten und neuen Welt

ENTSTEHUNG. *Vermutlich entstand das Gedicht im Oktober 1795. Vgl. Schillers Brief an Cotta vom 30. Oktober. Am 19. November meldete Cotta, er könne das Gedicht nirgends finden; Schiller schickte ihm am 27. November eine Kopie.*

ÜBERLIEFERUNG. *H: ? – E: Horen 1795. 12. Stück. S. 56–57. D: Gedichte 1 (1800). S. 169–170 (2. Fassung unter dem Titel „Die Sänger der Vorwelt"); danach in: Gedichte ²1 (1804). S. 169–170. Schiller bestimmte die 2. Fassung des Gedichts auch für die Prachtausgabe. Vgl. den Text in NA 2 I, 298. – Textwiedergabe nach E.*

LESARTEN. *Vgl. die Varianten der 2. Fassung in NA 2 I, 298.*

ERLÄUTERUNGEN. *Der Titel verweist auf den Gegensatz zwischen „naiven" und „sentimentalischen" Dichtern, den Schiller in der gleichzeitig entstandenen Abhandlung erörtert. Was das Gedicht beklagt, erscheint dort als historisches Faktum:* Dichter von der naiven Gattung sind in einem künstlichen Weltalter nicht so recht mehr an ihrer Stelle. [...] Aus der Societät selbst können sie nie und nimmer hervorgehen *(NA 20, 435). Zuvor schon hatte Schiller in der Rezension „Über Bürgers Gedichte" festgestellt:* Unsre Welt ist die homerische nicht mehr *(NA 22, 247); dort begründete die Gemeinsamkeit im Denken und*

*Empfinden eine homogene Gemeinschaft, in der ein "Volksdichter" das gesamte
Volk zum Publikum hatte.*

*Anregungen zum vorliegenden Gedicht gingen vermutlich von Herder aus;
im Juni 1795 hatte Schiller die fünfte Sammlung von dessen "Briefen zu Beförderung der Humanität" (1795) erhalten (vgl. Schiller an Herder vom
12. Juni 1795), in welcher der Aufsatz "Haben wir noch das Publicum und
Vaterland der Alten?" (S. 52–148) eine vergleichbare Thematik behandelt.
Dies trifft auch für Herders "Horen"-Beitrag "Homer, ein Günstling der Zeit"
(1795. 9. Stück. S. 53–88; vgl. die Einzelerläuterungen) zu. Herder teilte Schiller sein Urteil über die ursprüngliche Fassung des Gedichts im Brief vom
10. Oktober 1795 mit;* er fand die beiden letzten Verse *etwas zu künstlich
verschränkt,* den in ihnen enthaltenen Gedanken freilich so wahr und treffend.
*Körner war das Gedicht unter denen im 12. "Horen"-Stück 1795 erschienenen
das liebste (an Schiller vom 20. Januar 1796). – Vgl. auch die Erläuterungen zur
2. Fassung des Gedichts.*

2 mit bis Wort] *In der Antike trugen umherziehende Rhapsoden ihre Dichtungen singend oder rezitierend vor. Herder schreibt in seinem Aufsatz "Homer,
ein Günstling der Zeit" über Homers Werke:* Denn g e l e s e n zu werden, sind
diese Gesänge ursprünglich nicht gedichtet; sie wurden g e s u n g e n ; sie
sollten g e h ö r t werden. *(S. 58.) Und gegen Ende:* Sein l e b e n d i g e s
W o r t , [...] das die Zeit auf ihren Flügeln umher getragen, [...] tönt vom
Cecropischen Felsen noch fort in die Seelen der Menschen. *(S. 88.)*

9—13 Jeder bis sie!] *Über das Wechselverhältnis zwischen Sänger und Publikum äußert sich Herder ausführlich in seinem "Horen"-Aufsatz:* Zweck des
Rhapsoden war, mit der Versammlung gleichsam ganz Eins zu werden, und
aus seiner in ihre Seelen h o m e r i s c h e B e g e i s t e r u n g hinüberströmen zu lassen *(S. 61). In dieser Absicht habe er seinen Gesang seinem Publikum stets neu anpassen müssen (vgl. S. 60–61), das Homerische Epos sei ein
lebendiger Gesang, der durch Tradition,* zumal durch die von Geschlecht zu
Geschlecht forttönende Rede, wie in trunkener Begeisterung fortgebildet *werde
(S. 85–86).*

272 Schön und erhaben

ENTSTEHUNG. *Auch dieses Gedicht wurde wahrscheinlich mit einer Manuskript-Sendung im Oktober 1795 an Cotta geschickt; es entstand vermutlich
im selben Monat.*

ÜBERLIEFERUNG. H: ? *(Bei einer in der Lenin-Bibliothek in Moskau aufbewahrten Handschrift von "Die Führer des Lebens" scheint es sich nach der
Beschreibung, die freundlicherweise die Leiterin der dortigen Handschriftenabteilung, Frau L. W. Tiganowa, am 12. Februar 1987 lieferte, um eine Gerstenbergksche Fälschung zu handeln.)* – E: Horen 1795. 12. Stück. S. 57. D^1:
Gedichte 2 (1803). S. 200–201. D^2: Gedichte ^{2}2 (1805). S. 200–201 *(unter
dem Titel "Die Führer des Lebens"). – Textwiedergabe nach E.*

LESARTEN. *Augenvarianten und Interpunktiosabweichungen in D^1 und D^2 sind im folgenden nicht verzeichnet. – Überschrift: Die Führer des Lebens D^2 1 G e n i e n] nicht gesperrt $D^1 D^2$ die durch das Leben dich leiten] die dich durchs Leben geleiten $D^1 D^2$ 2 gehn] stehn $D^1 D^2$ 9 ersten] erstern $D^1 D^2$*

ERLÄUTERUNGEN. *Schillers Schrift „Ueber das Erhabene" identifiziert die beiden Genien des Gedichts, treffender als die beiden Adjektive in der Überschrift, als das Gefühl des „Schönen" und des „Erhabenen" (vgl. NA 21, 41). Zugleich gibt sie eine genaue Paraphrase des Inhalts (vgl. ebd., Z. 23–33). Dabei wird ein durch die Formulierungen in V. 5 und 6 nahegelegtes Mißverständnis, das sich auch in Herders Beurteilung des Gedichts findet, beseitigt: Die Kluft (V. 5) trennt nicht Leben und Tod, sondern sinnliche und intelligible Welt, wo wir als reine Geister handeln und alles körperliche ablegen müssen (NA 21, 41). Herder kritisierte in seinem Brief an Schiller vom 10. Oktober 1795, dem Gedicht nach habe es den Anschein, als wenn der erhabene Genius nur im Tode von Bedeutung sei, obwohl der Mensch seiner während des Lebens noch mehr bedürfe. Daß das Erhabene im Leben und gemeinsam mit dem Schönen wirken soll, geht aus dem letzten Distichon hervor; in der Schrift „Ueber das Erhabene" wird betont, daß der Mensch nur dann vollendeter Bürger der Natur und der intelligiblen Welt ist, wenn das Erhabene mit dem Schönen sich gattet (NA 21, 53). – Vgl. auch die Erläuterungen zu „Die Führer des Lebens".*

272 Der Skrupel

ENTSTEHUNG. *Das Distichon schickte Schiller wahrscheinlich im Oktober 1795 an Cotta (vgl. dessen Brief vom 11. November); es entstand wohl im selben Monat.*

ÜBERLIEFERUNG. *H: ? – E: Horen 1795. 12. Stück. S. 61.*

ERLÄUTERUNGEN. *Im Brief an Cotta vom 27. November 1795 hat Schiller das Distichon ebenso wie im Inhaltsverzeichnis der „Horen" als sein Eigentum ausgewiesen. Es ist aber denkbar, daß es nicht von ihm stammt; denn es findet sich auch in Herders „Sämmtlichen Werken" (II 10 [1828], 134). In Schillers Gedichtsammlungen von 1800 und 1803 fehlt es.*

272 Karthago

ENTSTEHUNG. *Das Gedicht, das Schiller vermutlich im Oktober 1795 an Cotta schickte, ist wahrscheinlich im selben Monat entstanden.*

ÜBERLIEFERUNG. H: ? – *E: Horen 1795. 12. Stück. S. 114. D: Gedichte 2 (1803). S. 134; danach in: Gedichte ²2 (1805). S. 134.* – *Textwiedergabe nach E.*

LESARTEN. **2** Trotz] Gewalt *D* List.] List! *D* **5** R ö m e r erwirbst] Römer erwarbst *D* **6** t y r i s c h] *nicht gesperrt D*

ERLÄUTERUNGEN. Das Epigramm bezieht sich auf die Zeit der Großmachtstellung Karthagos, der Hauptstadt des Karthagischen Reiches, nordöstlich des heutigen Tunis auf einer Halbinsel gelegen. Karthago verlor sie in den Punischen Kriegen gegen die Römer im 3. und 2. Jahrhundert v. u. Z., die mit der Zerstörung der Stadt im Jahr 146 v. u. Z. endeten. – *Mit den Tyriern sind die Phönizier gemeint, ein seefahrendes Handelsvolk, das von den Hafenstädten Tyros und Sidon seine Macht auf den ganzen Mittelmeerraum ausdehnte; Karthago gehörte seit dem 9. Jahrhundert zu ihren Handelsniederlassungen. Dem vermittelnden Einfluß der Phönizier kommt neben dem der Etrusker in Italien große Bedeutung im Rahmen des ost-westlichen Kulturgefälles zwischen dem Orient und Europa zu.*

272 Ausgang aus dem Leben

ENTSTEHUNG. Das Gedicht gehörte wahrscheinlich zu einer der Manuskript-Lieferungen, die Schiller im Oktober 1795 an Cotta schickte; es ist wohl im selben Monat entstanden.

ÜBERLIEFERUNG. H: ? – *E: Horen 1795. 12. Stück. S. 114. D¹: Gedichte 1 (1800). S. 316 (2. Fassung unter dem Titel „Die idealische Freiheit"); danach in: Gedichte ²2 (1804). S. 316. D²: Gedichte 2 (1803). S. 207 (1. Fassung); danach in: Gedichte ²2 (1805). S. 207.* – *Textwiedergabe nach E.*

LESARTEN. **1** zwey] z w e y *D²* **2** *Sperrungen aufgehoben D²* – *Vgl. die Varianten der 2. Fassung in NA 2 I, 122.*

ERLÄUTERUNGEN. Das Epigramm greift Gedanken aus dem Gedicht „Das Reich der Schatten" auf. Vgl. die einleitenden Erläuterungen dazu sowie V. 38–40 und 41–50 dieses Gedichts. – *Vgl. auch die Erläuterungen zur 2. Fassung des Gedichts.*
4 Parze] *Hier ist wohl Atropos gemeint.*

272 Der Dichter an seine Kunstrichterin

ENTSTEHUNG. Das Distichon entstand vermutlich im Oktober 1795 und wurde im selben Monat an Cotta geschickt.

ÜBERLIEFERUNG. H: ? – E: Horen 1796. 1. Stück. S. 74.

ERLÄUTERUNGEN. In der Abhandlung "Ueber naive und sentimentalische Dichtung" heißt es vom naiven Dichter, er sei unschuldig, *und ihm sei erlaubt, was der unschuldigen Natur erlaubt ist. Diese seine Freiheit sei gegen alle Einwendungen einer frostigen Decenz zu verteidigen, denn* bist du, der du ihn liesest oder hörst, nicht mehr schuldlos, [...] so ist es d e i n Unglück, und nicht das seine *(NA 20, 464, 463).*

MUSEN-ALMANACH FÜR DAS JAHR 1797

275 **Das Mädchen aus der Fremde**

ENTSTEHUNG. Das Gedicht entstand im Sommer 1796; es scheint, daß es am 12. August bereits geschrieben war. Vgl. Schillers Brief an Goethe von diesem Tag.

ÜBERLIEFERUNG. H: ? – E^a: Musen-Almanach für das Jahr 1797. S. 17 bis 18; unterzeichnet (wie auch in E^b und E^c): Schiller. *E^b: Musen-Almanach für das Jahr 1797. Zweyte Ausgabe. S. 17–18. E^c: Musen-Almanach für das Jahr 1797. Dritte Auflage. S. 17–18. D: Gedichte 1 (1800). S. 3–4; danach in: Gedichte ^{2}1 (1804). S. 3–4. Schiller bestimmte das Gedicht auch für die Prachtausgabe. Vgl. den Text in NA 2 I, 184. – Textwiedergabe nach E^b.*

LESARTEN. Vgl. die geringfügigen Varianten in NA 2 I, 184.

ERLÄUTERUNGEN. Körner *nannte das Gedicht ein* liebliches Räthsel *und stellte fest, gegen seine sonstige Gewohnheit habe Schiller in diesem Fall darauf verzichtet,* die Produkte der Phantasie für den Verstand zu würzen. Das Bild steht noch in der Gestalt vor uns, wie es empfangen wurde. *(An Schiller vom 11. Oktober 1796.) Zusammen mit "Pompeji und Herkulanum" zählte Körner das Gedicht zu seinen* Lieblingen *(an Schiller vom 5. Oktober 1796) und fand solchen Gefallen an ihm, daß er es vertonte (vgl. an Schiller vom 28. Oktober 1796). Schiller bestätigte im Brief an Körner vom 17. Oktober 1796, daß er versucht habe, seine gewöhnliche Manier zu verlassen und seine poetische Natur zu erweitern.*

Der Rätselcharakter des Gedichts veranlaßte Jahre später (1804) einen Leser zu der Frage nach der Identität des Mädchens; Schiller beschied ihn mit dem Hinweis, mit seinem Gedichte vom "Mädchen aus der Fremde" habe er eben nur "das Mädchen aus der Fremde" gemeint *(NA 42, 403). Trotzdem hat die Figur unterschiedlichste Deutungen hervorgerufen. Zutreffend ist wohl die Annahme, das Gedicht handle von der Dichtkunst; dafür spricht schon, daß Schiller es programmatisch als Eingangsgedicht sowohl für den 1. Teil seiner Gedichtsammlung wie für die geplante Prachtausgabe seiner Gedichte wählte.*

Als Schiller dem Maler Veit Hans Friedrich Schnorr von Carolsfeld (1764 bis 1841) dankte, der zu dem Gedicht eine Zeichnung für diese Ausgabe angefertigt hatte, schrieb er, die Zeichnung sei schön und ernst und vereinige so die zwey Eigenschaften, welche das f r e m d e M ä d c h e n charakterisiren sollen. *(An Schnorr von Carolsfeld vom 4. Februar 1804.)*
6 Man *bis* kam] *Vgl. zum Gedanken der unbekannten Herkunft der Poesie die 1. Strophe von „Die Macht des Gesanges" und „Der Graf von Habsburg" (V. 45–50).*
7–8 Und *bis* nahm] *Von der Flüchtigkeit poetischen Zaubers ist auch in „Die Gunst des Augenblicks" (V. 29–36) die Rede.*
9–12 Beseligend *bis* Vertraulichkeit.] *Im Sinn dieser Verse beschreibt der 15. Brief „Ueber die ästhetische Erziehung des Menschen" den Eindruck, den das Antlitz der Juno Ludovisi macht, dessen* Anmuth *anzieht, dessen* Würde *zurückschreckt (vgl. NA 20, 359–360). Vergleichbar ist die Wirkung der Jungfrau von Orleans.*

276–277 Pompeji und Herkulanum

ENTSTEHUNG. *Das Gedicht entstand im August 1796. Vgl. Schillers Briefe an Goethe vom 8. und 12. August dieses Jahres.*

ÜBERLIEFERUNG. H: ? – E^a: *Musen-Almanach für das Jahr 1797. S. 19 bis 24; unterzeichnet (wie auch in E^b und E^c):* Schiller. E^b: *Musen-Almanach für das Jahr 1797. Zweyte Ausgabe. S. 19–24.* E^c: *Musen-Almanach für das Jahr 1797. Dritte Auflage. S. 19–24.* D: *Gedichte 1 (1800). S. 288–292 (2. Fassung); danach in: Gedichte* ²*1 (1804). S. 288–292. Schiller bestimmte das Gedicht auch für die Prachtausgabe. Vgl. den Text in NA 2 I, 304–305. – Textwiedergabe nach E^b.*

LESARTEN. **24** von buntem] vom bunten E^c **28** Wein,] *Komma fehlt* E^a E^c **36** Geschwind!] *Ausrufezeichen fehlt* E^a E^b **41** Kästchen?] Kästchen! E^a E^b **48** bewahrt.] bewahrt, E^b **52** Hand.] Hand, E^b – *Vgl. die Varianten der 2. Fassung in NA 2 I, 304–305.*

ERLÄUTERUNGEN. *Am 8. August 1796 bat Schiller Goethe um eine Schrift über die Herkulanischen Entdeckungen, weil er Details darüber brauche, und erwähnt in diesem Zusammenhang Volkmanns Geschichte. Goethe schickte ihm das Gewünschte am 10. August: die dreibändigen „Historisch-kritischen Nachrichten von Italien" (1770–1771) von Johann Jakob Volkmann. Vor allem den dritten Band benutzte Schiller für sein Gedicht (vgl. die Einzelerläuterungen). Weitere Quellen waren Winckelmanns „Sendschreiben von den Herculanischen Entdeckungen" (1762) und dessen „Nachrichten von den neuesten Herculanischen Entdeckungen" (1764); vgl. dazu im einzelnen: Leitzmann, Die Quellen von Schillers Pompeji und Herculanum (1905).*
Körner zählte das Gedicht zusammen mit „Das Mädchen aus der Fremde"

zu seinen Lieblingen *(an Schiller vom 5. Oktober 1796). Im Brief vom 11. [–14.?] Oktober 1796 schrieb er, es gehöre zu der Gattung der bessern griechischen Epigrammen; sein Thema sei die Liebe des Alterthums in dem Momente, da die unterirdischen Schätze gefunden werden. Schiller erklärte im Antwortbrief vom 17. Oktober, er habe wie beim „Mädchen aus der Fremde" seiner Manier entsagt,* die Produkte der Phantasie für den Verstand zu würzen – *so Körner im Brief vom 11. [–14.?] Oktober. – Vgl. zum vorliegenden Gedicht auch Xenion Nr 550 (Pompeji) und die Erläuterungen dazu. – Vgl. auch die Erläuterungen zur 2. Fassung des Gedichts.*

1 trinkbare Quellen] *Pompeji und die Nachbarstadt Herculaneum wurden durch einen Ausbruch des Vesuvs im August des Jahres 79 unter Lava verschüttet. Über die Wiederentdeckung berichtet Volkmann:* Zu der neueren Entdeckung gab der Prinz von Elboeuf Anlaß. Denn als solcher die kaiserliche Armee im Jahre 1706 zu Neapel commandirte, blieb er da, und heyrathete eine Prinzessin von Salsa, welcher zu Gefallen er ein Landhaus zu Portici anlegte. Als bey dieser Gelegenheit ein Brunnen gegraben werden sollte, kam man auf eine harte Rinde, welches die Lava war, und nachdem diese durchbrochen worden, fanden sich drey weibliche Statuen. *(Historisch-kritische Nachrichten von Italien 3, 271.) Dann wurde das Theater entdeckt.*

5 Griechen! Römer!] *Schiller nahm Pompeji für eine römische, Herculaneum für eine griechische Stadt (Herkules Stadt [V. 6]). Beide Städte aber waren Gründungen der oskischen Ausoner, eines italischen Stammes.*

7 Portikus] *lat.: Säulengang, Säulenhalle.*

10 Sieben Mündungen] *Das Theater von Herculaneum hatte sieben Aufgänge. Eine genaue Beschreibung des Theaters bieten Winckelmanns „Sendschreiben" (S. 23–26) und Volkmanns „Historisch-kritische Nachrichten" (3, 274–276).*

11–12 Das *bis* Agamemnon] *Anspielung auf die Iphigenie-Geschichte; sie war in den Iphigenie-Dramen des Euripides Gegenstand der griechischen Tragödie.*

13 Bogen] *Triumphbogen.*

13 Forum] *lat.: Markt, Marktplatz; auch Ort von Gerichtsverhandlungen.*

14 curulischen Stuhl] *Die „sella curulis" war ein mit Elfenbein ausgeschlagener tragbarer Klappstuhl ohne Arm- und Rückenlehne, ein Amtssessel für Angehörige des Magistrates, den sie während ihrer Amtshandlungen benutzten. Winckelmann erwähnt ihn im „Sendschreiben" (S. 60).*

15–16 Traget *bis* ihn.] *Dem Prätor, dem höchsten richterlichen Beamten, gingen Liktoren, Amtsdiener, voran, die „fasces" trugen, mit Rutenbündeln umwundene Beile.*

17–18 Reinliche *bis* hin.] *Die Straßen von Pompeji waren mit Vesuvlava gepflastert und mit erhöhten Gehsteigen eingefaßt (vgl. Volkmann, Historisch-kritische Nachrichten 3, 274).*

19–20 die zierlichen *bis* her] *Im römischen Haus waren die Zimmer rings um das Atrium, den Hof, herum gruppiert.*

23 die netten Bänke] *Bänke standen an den Wänden des Speisezimmers; auf ihnen liegend wurden die Mahlzeiten eingenommen.*

24 buntem Gestein] *Die Fußböden bestanden aus Marmor mit eingelegten Mosaikarbeiten oder waren insgesamt als Mosaik gearbeitet.*
26 Feston] *franz.: Girlande; hier aus Blumen- und Fruchtgewinden.*
26 reizende Bildungen] *Einige werden anschließend beschrieben.*
29 sie] *eine zweite Bacchantin.*
31—32 Flüchtig *bis* an.] *Die Szene ist auf einem Gemälde dargestellt, das Volkmann beschreibt:* Eine fast nackende Bacchantinn, welche auf einem Centaur sitzt, mit fliegendem Haar und Gewande. Ihre Stellung ist sonderbar, aber artig. Sie ruhet nur mit einem Knie auf den Centaur, und hält sich mit einer Hand an seine Haare, und mit der andern treibt sie ihn durch den Thyrsus an. Zugleich giebt sie ihm einen Stoß in die Ribben, um ihn zum Gallop zu bewegen. *(Historisch-kritische Nachrichten 3, 299.)*
31 sie] *eine dritte Bacchantin.*
32 Thyrsus] *Thyrsusstäbe, die mit Efeu und Weinlaub umwunden waren, trugen die Bacchantinnen im Gefolge des Dionysos.*
34 etrurischen Krug] *Etrurien: antike Landschaft im westlichen Mittelitalien (Toskana), nach den Etruskern benannt; die Stadt Aretium war für Keramik und Tonwaren bekannt.*
35 Dreyfuß] *Auf dem Dreifuß wurde das Kochgeschirr über den Herd gesetzt; über einen der aufgefundenen Dreifüße heißt es bei Volkmann:* Die Pfanne des einen ruhet auf drey geflügelten Sphinxen, woran die Beine befestigt sind. *(Historisch-kritische Nachrichten 3, 283.) Ähnliches berichtet Winckelmann in seinem „Sendschreiben"* (S. 48–49).
37 Titus] *Titus Flavius Vespasianus (9–79), römischer Kaiser von 69 bis 79, also zur Zeit des Vulkanausbruchs.*
42 Pasten] *Nachbildungen und Abdrücke von Gemmen, Münzen, Medaillen u. ä. in farbigem Glasfluß; möglicherweise meint Schiller hier etwas wie Kameen o. ä.*
44 gehöhlten Crystall] *Volkmann erwähnt Schminkkästchen von Bergkrystall, worinn sich die Schminke (fucus) noch befindet (Historisch-kritische Nachrichten 3, 286).*
45 Museum] *griech.* μουσεῖον: *Ort, der den Musen geweiht ist; Studierzimmer, Bibliothek.*
46 Schatz seltener Rollen] *Volkmann berichtet vom Fund zahlreicher Handschriftenrollen im Bibliothekszimmer eines Landhauses in Herculaneum (Historisch-kritische Nachrichten 3, 289–292), ebenso Winckelmann im „Sendschreiben"* (S. 63–90).
51 Caduceus] *Heroldsstab des Hermes.*
51 zierlich geschenkelte Hermes] *Unter den aufgefundenen Bronzestatuen sei die schönste ein sitzender Merkur, griech. Hermes, teilt Volkmann mit (Historisch-kritische Nachrichten 3, 281). Winckelmann beschreibt sie:* [...] das besondere sind dessen [Merkurs] Flügel, welche an den Füßen gebunden sind, [...] anzuzeigen, daß dieser Gott nicht zum gehen, sondern zum fliegen gemacht sey. *(Sendschreiben, 35.)*
52 Und *bis* Hand] *Gelegentlich tragen Götterbildnisse „victoriolae", kleine Figuren der Siegesgöttin Victoria, in Händen. Vermutlich aber dachte Schiller*

278 Politische Lehre

ENTSTEHUNG. *Das Gedicht, das in der von Goethes Diener Johann Jakob Ludwig Geist nach dem 27. Juni 1796 geschriebenen "Xenien"-Sammelhandschrift* h⁸ *(Hᵇ) (vgl. ÜBERLIEFERUNG zu "Tabulae votivae"/"Xenien") enthalten ist, ist wohl im Frühjahr 1796 entstanden.*

ÜBERLIEFERUNG. *H: ? – h: GSA. Abschrift von der Hand Geists in* h⁸ *(Hᵇ). S. 9 (als 2 Distichen unter den Überschriften "Politische Lehre" und "Das Kennzeichen"). – Eᵃ: Musen-Almanach für das Jahr 1797. S. 32. Eᵇ: Musen-Almanach für das Jahr 1797. Zweyte Ausgabe. S. 32. Eᶜ: Musen-Almanach für das Jahr 1797. Dritte Auflage. S. 32. D: Gedichte 1 (1800). S. 311; danach in: Gedichte ²1 (1804). S. 311. Schiller bestimmte das Gedicht auch für die Prachtausgabe. Vgl. den Text in NA 2 I, 316. – Textwiedergabe nach* Eᵇ.

LESARTEN. **1** recht,] *Komma fehlt* h   **2** ist,] *Komma fehlt* h   *zwischen Vers 2 und 3 Überschrift:* Das Kennzeichen. h   **3** vollkommen] v o l l - k o m m e n h   **4** daß das] das das Eᶜ – *Vgl. die geringfügigen Varianten in NA 2 I, 316.*

ERLÄUTERUNGEN. *Das Epigramm gehörte ursprünglich zu einer großen Gruppe allgemein politischer Distichen; vgl. "Konkordanz der ,Xenien'-Sammelhandschrift [...]" (S. 364). In der Abhandlung "Ueber das Erhabene" macht Schiller einen Unterschied zwischen dem* Verlangen nach schönen und guten Gegenständen *und der Forderung,* daß die vorhandenen Gegenstände schön und gut seyen, *und erklärt:* daß das vorhandene schön und gut sey, können wir fodern; daß das Schöne und Gute vorhanden sey, bloß wünschen. *(NA 21, 40, 41.) Abgesehen von seiner allgemeinen Bedeutung, erscheint es möglich, das Epigramm auf Johann Gottlieb Fichte zu beziehen; vgl. die Erläuterungen zum Gedicht "An einen Weltverbesserer".*

278 Die beste Staatsverfassung

ENTSTEHUNG. *In der überlieferten "Xenien"-Sammelhandschrift* h⁸ *(Hᵇ) folgt das Distichon auf "Das Kennzeichen". Es ist vermutlich zur gleichen Zeit entstanden wie "Politische Lehre".*

ÜBERLIEFERUNG. H: ? h: GSA. Abschrift von der Hand Geists in h⁸ (Hᵇ) (vgl. ÜBERLIEFERUNG zu „Tabulae votivae"/„Xenien"). S. 9. – Eᵃ: Musen-Almanach für das Jahr 1797. S. 32. Eᵇ: Musen-Almanach für das Jahr 1797. Zweyte Ausgabe. S. 32. Eᶜ: Musen-Almanach für das Jahr 1797. Dritte Auflage. S. 32. – Textwiedergabe nach Eᵇ.

LESARTEN. Überschrift: Die gute Staatsverfassung h

ERLÄUTERUNGEN. Das Distichon gehörte früher zu einer großen Gruppe allgemein politischer Epigramme; vgl. die „Konkordanz [...]" (S. 364). Es thematisiert, ebenso wie das folgende, „An die Gesetzgeber", das Verhältnis zwischen der Ordnung des Staates und der Moralität des einzelnen Menschen, das in den ersten Briefen, „Ueber die ästhetische Erziehung des Menschen" theoretisch erörtert wird. Auch dort wird davor gewarnt, in dem sittlichen Charakter des Einzelnen eine Stütze für das Bestehen der Gesellschaft zu erblicken; auf eine solche Grundlage könne von dem Gesetzgeber nie gewirkt, und nie mit Sicherheit gerechnet werden (3. Brief; NA 20, 315).

278 An die Gesetzgeber

ENTSTEHUNG. In der überlieferten „Xenien"-Sammelhandschrift h⁸ (Hᵇ) folgen die Verse unmittelbar auf das Distichon „Die gute Staatsverfassung". Sie sind vermutlich zur gleichen Zeit entstanden wie dieses.

ÜBERLIEFERUNG. H: ? h: GSA. Abschrift von der Hand Geists in h⁸ (Hᵇ) (vgl. ÜBERLIEFERUNG zu „Tabulae votivae"/„Xenien"). S. 9. – Eᵃ: Musen-Almanach für das Jahr 1797. S. 32. Eᵇ: Musen-Almanach für das Jahr 1797. Zweyte Ausgabe. S. 32. Eᶜ: Musen-Almanach für das Jahr 1797. Dritte Auflage. S. 32. – Textwiedergabe nach Eᵇ.

LESARTEN. 1 das Rechte] was recht ist, h

ERLÄUTERUNGEN. Das Distichon gehörte ursprünglich zu einer großen Gruppe allgemein politischer Epigramme; vgl. die „Konkordanz [...]". Thematisch ist es eng verwandt mit dem vorhergehenden, „Die beste Staatsverfassung".

278 Würde des Menschen

ENTSTEHUNG. Das Distichon entstand im Januar 1796. Es gehört zu den auf einem Foliobogen eingetragenen 24 Distichen, die Schiller am 22. Januar 1796 an Goethe schickte. Vgl. ÜBERLIEFERUNG.

ÜBERLIEFERUNG. H: Freies Deutsches Hochstift Frankfurt a. M. 1 Folioblatt mit 24 Distichen, von denen „Würde des Menschen" das 21. ist. Das

Blatt gehört zu den frühesten der überlieferten „Xenien"-Handschriften (H⁴).
Vgl. ÜBERLIEFERUNG zu „Tabulae votivae"/„Xenien". h: GSA. Abschrift von der Hand Geists in der „Xenien"-Sammelhandschrift h⁸ (Hᵇ) (vgl. ÜBERLIEFERUNG zu „Tabulae votivae"/„Xenien"). S. 10. − Eᵃ: Musen-Almanach für das Jahr 1797. S. 33. Eᵇ: Musen-Almanach für das Jahr 1797. Zweyte Ausgabe. S. 33. Eᶜ: Musen-Almanach für das Jahr 1797. Dritte Auflage. S. 33. − Textwiedergabe nach Eᵇ.

LESARTEN. **2** Blöße bedeckt,] B l ö ß e bedeckt, − *h* Würde] W ü r d e *h*

ERLÄUTERUNGEN. Das Distichon gehörte in der Sammelhandschrift der „Xenien" zu einer großen Gruppe allgemein politischer Epigramme; vgl. die „Konkordanz [...]" (S. 364). Zum Gedanken vgl. den Schluß des Gedichts „Die Thaten der Philosophen".

278   Majestas populi

ENTSTEHUNG. Das Epigramm ist frühestens im Februar und spätestens im Juni 1796 entstanden.

ÜBERLIEFERUNG. H: ? h: GSA. Abschrift von der Hand Geists in der „Xenien"-Sammelhandschrift h⁸ (Hᵇ) (vgl. ÜBERLIEFERUNG zu „Tabulae votivae"/„Xenien"). S. 10 (als 2 Distichen unter den Überschriften „Majestas populi" und „Das Lotto"). − Eᵃ: Musen-Almanach für das Jahr 1797. S. 33. Eᵇ: Musen-Almanach für das Jahr 1797. Zweyte Ausgabe. S. 33. Eᶜ: Musen-Almanach für das Jahr 1797. Dritte Auflage. S. 33. D: Gedichte 1 (1800). S. 311; danach in: Gedichte ²1 (1804). S. 311. Schiller bestimmte das Gedicht auch für die Prachtausgabe. Vgl. den Text in NA 2 I, 316. − Textwiedergabe nach Eᵇ.

LESARTEN. **1** dich] Dich *h*   beym] beim *h*   **2** bey] Bey *h*   gewohnt,] gewohnt! *h*   zwischen Vers 2 und 3 Überschrift: Das Lotto. *h*   **4** blos] bloß *h* − *Vgl. die geringfügigen Varianten in NA 2 I, 316.*

ERLÄUTERUNGEN. Das Gedicht gehörte in h zu einer großen Gruppe allgemein politischer Epigramme; vgl. die „Konkordanz [...]" (S. 364−365). Als Historiker hatte Schiller den Begriff, den er zurückweist, selbst in Anspruch genommen; in seiner Schrift über „Die Geschichte des dreyßigjährigen Kriegs" heißt es, König Ferdinand habe die Böhmische Nation, als Kaiser Matthias ihm Platz machte, *in widriger Stimmung vorgefunden:* im vollen Feuer des Aufruhrs, jetzt, da die Nation ihre Majestät zurück genommen hatte *(NA 18, 74).* − *Einen ähnlichen Gedanken wie das Gedicht formuliert das Epigramm „Die verschiedene Bestimmung" in den „Tabulae votivae" (Nr 2).*

278 Das Ehrwürdige

ENTSTEHUNG. *Das Distichon, das in der „Xenien"-Sammelhandschrift h^8 (H^b) fehlt, ist vermutlich erst im Juli oder August 1796 entstanden.*

ÜBERLIEFERUNG. *H: ? – E^a: Musen-Almanach für das Jahr 1797. S. 33; unterzeichnet (wie auch in E^b und E^c):* Schiller. *E^b: Musen-Almanach für das Jahr 1797. Zweyte Ausgabe. S. 33. E^c: Musen-Almanach für das Jahr 1797. Dritte Auflage. S. 33. – Textwiedergabe nach E^b.*

LESARTEN. **1** Einzelne] einzelne E^a E^c.

ERLÄUTERUNGEN. *Der in diesem Distichon vertretene Standpunkt entspricht dem eines „realistischen Idealisten": In der Abhandlung „Ueber naive und sentimentalische Dichtung" wird der Realist als* Menschenfreund ohne Achtung vor der Menschheit *als Gattung charakterisiert, während der Idealist über der großen Idee, die er sich von der Menschheit macht,* in Gefahr kommt, die Menschen zu verachten. *(NA 20, 498.)*

279–282 Klage der Ceres

ENTSTEHUNG. *Das Gedicht ist Anfang Juni 1796 entstanden. Schiller schickte es am 10. Juni an Goethe, Cotta und Körner.*

ÜBERLIEFERUNG. *H: ? – E^a: Musen-Almanach für das Jahr 1797. S. 34 bis 41; unterzeichnet (wie auch in E^b und E^c):* Schiller. *E^b: Musen-Almanach für das Jahr 1797. Zweyte Ausgabe. S. 34–41. E^c: Musen-Almanach für das Jahr 1797. Dritte Auflage. S. 34–41. D: Gedichte 1 (1800). S. 5–11; danach in: Gedichte ²1 (1804). S. 5–11. Schiller bestimmte das Gedicht auch für die Prachtausgabe. Vgl. den Text in NA 2 I, 372–375. – Textwiedergabe nach E^b.*

LESARTEN. **4** springt.] springt, E^c **34** zurück,] zurück E^a E^c **70** glüht,] glüht. E^c **102** Schoß] Schooß E^b **106** Nacht,] Nacht. E^c **112** Cozyt!] Cozyt, E^a E^c **114** schauervollen] Schauervollen E^a E^c **126** Licht] Licht, E^a *– Über Korrekturvorschläge Körners zu den Versen 53–56 sowie Humboldts zu den Versen 22 und 38 der ursprünglichen Fassung des Gedichts vgl. deren Briefe vom 15. Juni bzw. 25. Juni 1796 sowie die folgenden Erläuterungen. Vgl. auch die Varianten in NA 2 I, 372–375.*

ERLÄUTERUNGEN. *Das Gedicht greift die Geschichte von Ceres, griech. Demeter, und ihrer Tochter Proserpina, griech. Persephone, auf. Es klammert allerdings den letzten Teil der Erzählung aus:* Ceres ist ohne Hoffnung, die Tochter wiederzusehen. *Auf diese Weise erhält Schiller in seiner* Allegorie *(Goethe an Schiller vom 14. Juni 1796) die Möglichkeit, das Motiv vom Wiedererscheinen der Proserpina in Samenkorn und Blume einzuführen. Mit dem*

DAS EHRWÜRDIGE / KLAGE DER CERES

Motiv von Raub und Wiederkehr der Proserpina verband sich schon in alter Zeit die Vorstellung des periodischen Wechsels von Blühen und Vergehen in der Natur.

Die Aufnahme des Gedichts in Schillers Umgebung war allgemein sehr positiv. Goethe, um kritische Würdigung gebeten (vgl. Schiller an Goethe vom 11. [12.] Juni 1796), fand es gar schön gerathen und lobte, wie das Bedeutende und die Deutung sich ineinanderschlängen (an Schiller vom 14. Juni 1796); eine Woche später erinnerte er sich anläßlich des Gedichts an verschiedene eigene Versuche mit der Aufzucht von Pflanzen in Dunkelheit, um jene Idee, die Sie so freundlich aufgenommen und behandelt haben, noch weiter zu begründen. *(An Schiller vom 21. Juni 1796.)* Körner nannte das Gedicht köstlich *und* poetisch gedacht, es sei daher ein Beweis dafür, daß es dem Autor nicht an eigentlichem Dichtertalent *fehle; Sprache und Versbau seien* äusserst vollendet. *Nur an einer Stelle des Probedrucks, der Körner vorlag, entdeckte er eine gewisse Dunkelheit (an Schiller vom 15. Juni 1796); es handelt sich um V. 53–56, die Schiller für den endgültigen Druck bearbeitet zu haben scheint. Über die abschließende Fassung äußerte Körner sich noch einmal ausführlich im Vergleich zu Goethes Idylle „Alexis und Dora", die ebenfalls im „Musen-Almanach für das Jahr 1797" (S. 1–17) erschien (vgl. an Schiller vom 11. [–14.?] Oktober 1796). Schiller freute sich über Körners Zustimmung, bekannte aber dem Freund zugleich:* [...] gegen Göthen bin ich und bleib ich eben ein poetischer Lump. *(An Körner vom 27. Juni 1796.)*

Wortreich fiel Humboldts Lob im Brief vom 25. Juni 1796 aus; er wollte das Gedicht, im Gegensatz zu Goethe, nicht für eine Allegorie ansehen und pries in diesem Zusammenhang vor allen anderen die 7. und 8. Strophe. Gleichzeitig merkte er Kleinigkeiten an; so mißfiel ihm der Konsonantenreichtum des ursprünglichen Verses 22; er lautete nach Humboldts Brief: Oder w a r s der s c h w a r z e D i s. *Schiller änderte den Vers wohl ebenso wie die beiden folgenden und übernahm auch Humboldts Formulierungsvorschlag für V. 38, an dem diesen zunächst das Adverb „schon" störte. Herder lobte besonders die* neuen Seiten *in der Behandlung der alten Fabel (an Schiller vom 5. oder 6. Juli 1796). Enthusiastisch sprach nach Erscheinen des Almanachs Gotthard Ludwig Kosegarten, einer der Beiträger, trotz der Verärgerung über einige Eingriffe Schillers in seine Gedichte von einem* unnachahmlichen unnachsingbaren Gesang, das Beste, was Schiller vorgelegt habe *(an Schiller vom 15. Dezember 1796). Von persönlicher Betroffenheit zeugt die Mitteilung Sophie von La Roches, das Gedicht habe ihr eine* süsse wehmuth *im Gedanken an ihren (1791) verstorbenen Sohn Franz und* an die pflanzen [...], welche über seiner Hülle wachsen, vermittelt *(an Schiller vom 17. Januar 1797).*

6 Zeus] *metonymisch für „Himmel".*

8 Augen] *noch unentfaltete Seitenknospen (vgl. Grimm 1, 799).*

15 Titan] *Helios, der Sonnengott, war einer der Titanen, wurde „daher auch öfters* T i t a n *genannt" (Hederich, 2233; vgl. z. B. Vergils „Äneis" [4, 119] und Ovids „Metamorphosen" [1, 10]). Helios gilt als der alles Sehende und Hörende; vgl. Homers „Ilias" (3, 277) und „Odyssee" (11, 109) sowie „Die Kraniche des Ibycus" (V. 71–72).*

21 Hast *bis* entrissen] *Der Vers meint nicht, daß Zeus seine eigene Tochter entführt haben könnte, er ist vielmehr den drei folgenden Versen beizuordnen: „Hat Pluto sie mir mit Wissen des Zeus entrissen?"*

27–28 Ewig *bis* ein.] *Anspielung auf den Totenfährmann Charon in der Unterwelt.*

37–48 Mütter *bis* Qual!] *Diese Klage der Ceres über die eigene Göttlichkeit findet sich auch in Ovids „Fasten" (vgl. 4, 609–618).*

39 des Grabes Flamme] *Gemeint ist wohl der Brauch der Leichenverbrennung; vielleicht hatte Schiller auch Euadne im Sinn, die sich ins Feuer stürzt, als ihr Gatte Kapaneus auf dem Scheiterhaufen verbrannt wird und ihm so in den Tod folgt. Sie wird in Vergils „Äneis" bei Aeneas' Besuch der Unterwelt erwähnt (vgl. 6, 447).*

41 Jovis] *lateinischer Genitiv von Iupiter.*

63 des Tages sichrer Wagen] *der Wagen des Helios.*

91 Styx] *Synekdoche: Gemeint ist wie in V. 108 die Unterwelt.*

108 Styx] *Vgl. zu V. 91.*

108 Aethers] *hier: „Himmel".*

283 Jetzige Generation

ENTSTEHUNG. *Das Distichon entstand in der ersten Hälfte des Januars 1796; es wurde von Schiller auf der 4. Seite des Heftes, das von Ende Dezember 1795 bis Ende Januar 1796 zwischen Goethe und Schiller hin und her ging und das die sogenannten „Ur-Xenien" enthält, eingetragen.*

ÜBERLIEFERUNG. *H: GSA. Das Distichon ist von Schillers Hand am Ende der 4. Seite des aus 3 Doppelblättern bestehenden Heftes der sogenannten „Ur-Xenien" eingetragen. Das Heft stellt die früheste „Xenien"-Handschrift dar. Vgl. ÜBERLIEFERUNG zu „Tabulae votivae"/„Xenien" (H^1). h: GSA. Abschrift von der Hand Geists in h^8 (H^b) (vgl. ÜBERLIEFERUNG zu „Tabulae votivae"/„Xenien"). S. 65. – E^a: Musen-Almanach für das Jahr 1797. S. 49. E^b: Musen-Almanach für das Jahr 1797. Zweyte Ausgabe. S. 49. E^c: Musen-Almanach für das Jahr 1797. Dritte Auflage. S. 49. D: Gedichte 1 (1800). S. 307; danach in: Gedichte ²1 (1804). S. 307. Schiller bestimmte das Distichon auch für die Prachtausgabe. Vgl. den Text in NA 2 I, 316. – Textwiedergabe nach E^b.*

LESARTEN. **2** jung, ach!] jung ach H   alt!] alt. H – *Vgl. auch die Varianten in NA 2 I, 316.*

ERLÄUTERUNGEN. *Zum Thema des Distichons vgl. auch die Epigramme „Jugend" und „Quelle der Verjüngung".*

283 Falscher Studiertrieb

ENTSTEHUNG. *Das Distichon entstand im Januar 1796. Es gehört zu den auf einem Foliobogen eingetragenen 24 Distichen, die Schiller am 22. Januar 1796 an Goethe schickte. Vgl. ÜBERLIEFERUNG.*

ÜBERLIEFERUNG. *H: Freies Deutsches Hochstift Frankfurt a. M. 1 Folioblatt mit 24 Distichen, von denen „Falscher Studiertrieb" das 18. ist. Vgl. zu „Würde des Menschen". h: GSA. Abschrift von der Hand Geists in h^8 (H^b) (vgl. ÜBERLIEFERUNG zu „Tabulae votivae"/„Xenien"). S. 65. – E^a: Musen-Almanach für das Jahr 1797. S. 49; unterzeichnet (wie auch in E^b und E^c): Schiller. E^b: Musen-Almanach für das Jahr 1797. Zweyte Ausgabe. S. 49. E^c: Musen-Almanach für das Jahr 1797. Dritte Auflage. S. 49. – Textwiedergabe nach E^b.*

LESARTEN. **1** wie viel] wieviel H   Mir] mir h   **2** Seh'] Seh H h

ERLÄUTERUNGEN. *Das Distichon behandelt ein beliebtes Epigrammthema Schillers; vgl. die große Gruppe von Epigrammen über Fragen nach Erkenntnis und Wahrheit in Wissenschaft und Moral in der Sammelhandschrift der „Xenien" (siehe „Konkordanz [...]", S. 366–368). Denkbar ist, daß in erster Linie von philosophischer Wahrheit die Rede ist, so daß sich die Verse auf Kant und die Diskussion seiner Philosophie unter Nachfolgern, Schülern und in der Öffentlichkeit beziehen ließen, ähnlich wie Xenion Nr 53 (Kant und seine Ausleger). Zur Wahrheit, die der forschenden Menge entschlüpft, vgl. auch „Tabulae votivae" Nr 32 und 33 (Metaphysiker und Physiker, Die Versuche).*
2 Eulengeschlecht] *Die Eule war der Vogel Athenes, der Göttin der Weisheit. Hier wird sie vermutlich sowohl, mit Blick auf die Menge der Wahrheitsforscher, in ironischer Absicht erwähnt als auch, mit Blick auf die Eule als Nachtvogel, zur Versinnbildlichung der Unangemessenheit (und Aussichtslosigkeit) des Strebens zum Lichte.*

283 Jugend

ENTSTEHUNG. *Das Distichon befindet sich in der „Xenien"-Sammelhandschrift h^8 (H^b) zwar in der Nachbarschaft von „Falscher Studiertrieb"; es ist aber nicht anzunehmen, daß es zur gleichen Zeit (im Januar 1796) entstanden ist. Die Entstehung kann im Februar 1796 so gut wie in einem der folgenden Monate vermutet werden.*

ÜBERLIEFERUNG. *H: ? h: GSA. Abschrift von der Hand Geists in h^8 (H^b) (vgl. ÜBERLIEFERUNG zu „Tabulae votivae"/„Xenien"). S. 62. – E^a: Musen-Almanach für das Jahr 1797. S. 51. E^b: Musen-Almanach für das Jahr 1797. Zweyte Ausgabe. S. 51. E^c: Musen-Almanach für das Jahr 1797. Dritte Auflage. S. 51. – Textwiedergabe nach E^b.*

ERLÄUTERUNGEN. *Das Epigramm erinnert in der Gegenüberstellung von „irdischer" und „himmlischer" Charis an Schillers Unterscheidung zwischen* o r g a n i s c h e r *und* m o r a l i s c h e r *Schönheit; über diese heißt es:* Die s e l b s t e r w o r b e n e *Schönheit überlebt die Jugend weit, und verrät ihre Spuren noch im Alter (Fragmente aus Schillers aesthetischen Vorlesungen; NA 21, 83). Eine andere Antwort auf die Frage nach der Möglichkeit unvergänglicher Jugend gibt das folgende Epigramm, „Quelle der Verjüngung".*
1 Charis] *Gewöhnlich ist von drei Chariten die Rede.*

283 Quelle der Verjüngung

ENTSTEHUNG. *Das Distichon folgt in der „Xenien"-Sammelhandschrift* h^8 *(H*^{b}*) auf „Jugend"; es ist sicher zur gleichen Zeit entstanden wie dieses Distichon.*

ÜBERLIEFERUNG. *H: ? h: GSA. Abschrift von der Hand Geists in* h^8 *(H*^{b}*) (vgl. ÜBERLIEFERUNG zu „Tabulae votivae"/„Xenien"). S. 62. – E*^{a}*: Musen-Almanach für das Jahr 1797. S. 51; unterzeichnet (wie auch in E*^{b} *und E*^{c}*):* Schiller. *E*^{b}*: Musen-Almanach für das Jahr 1797. Zweyte Ausgabe. S. 51. E*^{c}*: Musen-Almanach für das Jahr 1797. Dritte Auflage. S. 51. – Textwiedergabe nach E*^{b}*.*

LESARTEN. **2** immer] jedem *h*   fragt] fragt, *h*

ERLÄUTERUNGEN. *Die Vorstellung von der Poesie als Quelle der Jugend findet sich auch in Schillers Rezension „Über Bürgers Gedichte"; dort wird die Dichtkunst* eine jugendlichblühende Hebe *genannt, in ihrem* verjüngenden Licht könne der Geist *der Erstarrung eines frühzeitigen Alters entgehen. (NA 22, 246.) Im Brief an Goethe vom 17. Januar 1797 deutet Schiller dessen poetische Tätigkeit als Rückkehr des ausgebildeten und reifen Geistes zu seiner Jugend:* Diese zweyte Jugend ist die Jugend der Götter und unsterblich wie diese. *Im Gedicht „Der Besuch" wird dem Dichter durch Hebe, der Göttin der Jugend, unsterbliches Leben verliehen (vgl. V. 21–30).*

283 Der Aufpasser

ENTSTEHUNG. *Das Distichon ist frühestens im Februar und spätestens im Juni 1796 entstanden.*

ÜBERLIEFERUNG. *H: ? h: GSA. Abschrift von der Hand Geists in der „Xenien"-Sammelhandschrift* h^8 *(H*^{b}*) (vgl. ÜBERLIEFERUNG zu „Tabulae votivae"/„Xenien"). S. 69. – E*^{a}*: Musen-Almanach für das Jahr 1797. S. 56; unterzeichnet (wie auch in E*^{b} *und E*^{c}*):* Schiller. *E*^{b}*: Musen-Almanach für das Jahr 1797. Zweyte Ausgabe. S. 56. E*^{c}*: Musen-Almanach für das Jahr 1797.*

Dritte Auflage. S. 56. D: Gedichte 1 (1800). S. 309; danach in: Gedichte ²1 (1804). S. 309. Schiller bestimmte das Distichon auch für die Prachtausgabe. Vgl. den Text in NA 2 I, 320. – Textwiedergabe nach E^b.

LESARTEN. *Überschrift fehlt h*   1 Strenge] Strenge, *h*   Gewissen] Gewissen, *h*   du,] *Komma fehlt h – Vgl. auch die Interpunktionsveränderungen in NA 2 I, 320.*

ERLÄUTERUNGEN. *Das Distichon gehörte in h zu einer Gruppe allgemeiner moralisch-ästhetischer Sprüche (vgl. die „Konkordanz [...]", S. 380–381). Das Epigramm zielt auf einen Kritiker; möglicherweise ist an Johann Heinrich Voß gedacht, dessen Rigorismus in metrischen Dingen Schiller gelegentlich Ärger bereitete (vgl. an Goethe vom 13. Dezember 1795 und die Erläuterungen dazu). Gegen Kritik, auch strenge und kleinliche, aus dem Kreis der Freunde, vor allem von seiten Körners und Humboldts, hatte Schiller sonst nichts einzuwenden; er suchte sie vielmehr und akzeptierte sie oft genug; vgl. die Diskussion und Bearbeitung von Gedichten wie „Das Reich der Schatten" und „Elegie".*

284   Die Geschlechter

ENTSTEHUNG. *Das Gedicht entstand vermutlich im Juli 1796. In der „Xenien"-Sammelhandschrift h⁸ (H^b), die Geist Ende Juni 1796 zu schreiben begann, finden sich die Verse noch gesondert in einzelne Distichen.*

ÜBERLIEFERUNG. H: ? *h: GSA. Abschrift von Geist in h⁸ (H^b) (vgl.* ÜBERLIEFERUNG *zu „Tabulae votivae"/„Xenien"). S. 62–64 (in 17 Distichen, von denen 11 eine eigene Überschrift tragen; vgl.* LESARTEN*). – E^a: Musen-Almanach für das Jahr 1797. S. 59–62; unterzeichnet (wie auch in E^b und E^c): Schiller. E^b: Musen-Almanach für das Jahr 1797. Zweyte Ausgabe. S. 59 bis 62. E^c: Musen-Almanach für das Jahr 1797. Dritte Auflage. S. 59–62. D: Gedichte 1 (1800). S. 69–71; danach in: Gedichte ²1 (1804). S. 69–71. Schiller bestimmte das Gedicht auch für die Prachtausgabe. Vgl. den Text in NA 2 I, 307–308. – Textwiedergabe nach E^b.*

LESARTEN. *Die Fassung h lautet:*

Das Kind.

   Sieh hier in Einen Strauß die doppelte Blume gebunden,
      Jüngling und Jungfrau, sie deckt beyde die Knospe noch zu.

Knabenalter.

Leise löst sich das Band, es entzweyen sich zart die Naturen,
   Und von der lieblichen Schaam trennet sich feurig die Kraft.

Der Knabe.

Gönne dem Knaben zu spielen, in wilder Begierde zu toben,
  Nur die gesättigte Kraft kehret zur Anmuth zurück.

Die Geschlechter.

Aus der Knospe beginnt die doppelte Blume zu streben,
  Köstlich ist jede, doch stillt keine dein sehnendes Herz.

Jungfrau.

Blühend erhebt sich die schlanke Gestalt in schwellender Fülle,
  Aber der Stolz bewacht streng wie der Gürtel den Reiz.

Herrlich siehst du im Chor der Oreaden sie ragen,
  Aber die Chariten stehn nur um die Gottinn von Gnid.

Scheu wie das zitternde Reh das ihr Horn durch die Wälder verfolgt,
  Flieht sie im Mann nur den Feind, hasset noch weil sie nicht liebt.

Trotzig schauet und kühn aus finstern Wimpern der Jüngling,
  Aber die herschende Kraft schonet die dienende nicht.

Fern in der Speere Gewühl und auf die stäubende Rennbahn
  Ruft ihn der lockende Ruhm, reißt ihn der brausende Muth.

Jetzo Natur beschütze dein Werk. Aus einander auf immer
  Fliehet, wenn du nicht vereinst, feindlich was ewig sich sucht.

Aber da bist du, du mächtige schon! Aus dem wildesten Streite
  Rufst du der Harmonie göttlichen Frieden hervor.

Nacht und Stille.

Tief verstummet die lermende Jagd, des rauschenden Tages
  Tosen verhallet, und leis' sinken die Sterne herab.

Gesang.

Seufzend flistert im Winde das Rohr, sanft murmeln die Bäche,
  Und mit melodischem Lied füllt Philomela den Hayn.

Das Verlangen.

Was erreget zu Seufzern der Jungfrau steigenden Busen?
  Jüngling, was füllet den Blick schwellend mit Thränen dir an?

Des Weibes.

Ach sie suchet umsonst, was sie sanft anschmiegend umfasse,
  Und die schwellende Frucht beuget zur Erde die Last.

Des Mannes.

Ruhelos strebend verzehrt sich in eigenen Flammen die Seele.
Ach der brennenden Glut wehet kein lindernder Hauch.

Die Begegnung.

Siehe! da finden sie sich, es führet sie Amor zusammen,
Und dem geflügelten Gott folgt der geflügelte Sieg!

Göttliche Liebe! du bists die der Menschheit Blumen vereinigt,
Ewig getrennt, sind sie doch ewig verbunden durch dich!

18 Du] du E^b **20** hervor.] hervor, E^b **21** lermende] lärmende E^c **33** vereinigt!] vereinigt E^a E^c – *Vgl. auch die geringfügigen Varianten in NA 2 I, 307–308.*

ERLÄUTERUNGEN. Wie bei „Würde der Frauen" gingen auch hier Anregungen von Humboldts Abhandlungen in den „Horen" über das Verhältnis der beiden Geschlechter aus, das wiederholt Gegenstand von Gedichten Schillers ist (vgl. die einleitenden Erläuterungen zu „Würde der Frauen"). Humboldts Reaktion war demnach zustimmend: Dem Humboldt geht nichts über die Geschlechter, *berichtet Schiller an Körner am 17. Oktober (ähnlich auch an Goethe vom 23. Oktober 1796). Körner erkannte das Gedicht als Beweis für Schillers* Talent zur Poesie der Betrachtung *(an Schiller vom 11. [–14.?] Oktober 1796).*

11 ihr Horn] *Das Possessivpronomen bezieht sich entweder auf* Jungfrau *(V. 9) oder auf den Plural zu* Mann *(V. 12). Mit* Horn *mag das Jagdhorn (der jagenden Männer) gemeint sein oder der Bogen (der jagenden Jungfrau), wobei sich der Gedanke an die jungfräuliche Jagdgöttin Artemis einstellt, deren Bogen, „nach einigen, von Horne" gewesen sein soll (Hederich, 912).*

285 **Der Naturkreis**

ENTSTEHUNG. Das Distichon ist frühestens im Februar und spätestens im Juni 1796 entstanden.

ÜBERLIEFERUNG. H: ? h: GSA. Abschrift von Geist in der „Xenien"-Sammelhandschrift h^8 (H^b) (vgl. ÜBERLIEFERUNG zu „Tabulae votivae"/„Xenien"). S. 64. – E^a: Musen-Almanach für das Jahr 1797. S. 62; unterzeichnet (wie auch in E^b und E^c): Schiller. *E^b: Musen-Almanach für das Jahr 1797. Zweyte Ausgabe. S. 62. E^c: Musen-Almanach für das Jahr 1797. Dritte Auflage. S. 62. – Textwiedergabe nach E^b.*

LESARTEN. **1** Reiche, so] Reiche! So *h* **2** Greis.] *Komma fehlt h* kindlich,] kindisch *h*

ERLÄUTERUNGEN. Vom Begriffspaar „kindisch" und „kindlich" handelt Schiller in seiner Abhandlung „Ueber naive und sentimentalische Dichtung"; dort sucht er die kindische Unschuld von der kindlichen [...] zu unterscheiden (NA 20, 422).

285 Der epische Hexameter

ENTSTEHUNG. In der „Xenien"-Sammelhandschrift h^8 (Hb), die Geist nach dem 27. Juni 1796 angefertigt hat, ist auf der Seite, auf der die „metrischen" „Xenien" stehen, zwischen „Distichon" und „Ottave rime" (im Musenalmanach „Die achtzeilige Stanze" genannt) eine Lücke, die sicher noch (im Juli?) ausgefüllt werden sollte. Das läßt die Vermutung zu, daß diese Distichen in einem späten Stadium der „Xenien"-Produktion (vielleicht im Juni 1796) entstanden sind.

ÜBERLIEFERUNG. H: ? h: GSA. Abschrift von Geist in h^8 (Hb) (vgl. ÜBERLIEFERUNG zu „Tabulae votivae"/„Xenien"). S. 57. – E^a: Musen-Almanach für das Jahr 1797. S. 67. E^b: Musen-Almanach für das Jahr 1797. Zweyte Ausgabe. S. 67. E^c: Musen-Almanach für das Jahr 1797. Dritte Auflage. S. 67. D: Gedichte 2 (1803). S. 204; danach in: Gedichte ²2 (1805). S. 204. – Textwiedergabe nach E^b.

LESARTEN. 1 strömenden] ströhmenden h

ERLÄUTERUNGEN. Das Distichon gehörte ursprünglich zu einer Gruppe von vier Epigrammen über poetische Formen, zu der noch die beiden folgenden sowie Xenion Nr 539 (Alexandriner) zählten (vgl. die „Konkordanz [...]", S. 377). Ganz im Sinne des Distichons äußerte Schiller Goethe gegenüber, bei der Lektüre Homers schwimme man ordentlich in einem poetischen Meere (Brief vom 27. April 1798). Eben dieses Bild benutzte auch August Wilhelm Schlegel in seinem Gedicht „Der Hexameter":
  Gleichwie sich dem, der die See durchschifft, auf offener Meerhöh'
  Rings Horizont ausdehnt, und der Ausblick nirgend umschränkt ist,
  [...]
  So auch trägt das Gemüth der Hexameter [...].
(Sämmtliche Werke 2, 32.) Körner gefielen das vorliegende Epigramm sowie die beiden folgenden vorzüglich, weil man, besonders im ersten und dritten, an der Wahl des Bildes die Seele des Betrachtenden erkennt. (An Schiller vom 11.[–14.?] Oktober 1796.)

285 Das Distichon

ENTSTEHUNG. Vgl. zu „Der epische Hexameter".

ÜBERLIEFERUNG. H: ? h: GSA. Abschrift von Geist in der „Xenien"-Sammelhandschrift h^8 (Hb) (vgl. ÜBERLIEFERUNG zu „Tabulae votivae"/

„Xenien"). S. 57. − E^a: Musen-Almanach für das Jahr 1797. S. 67. E^b: Musen-Almanach für das Jahr 1797. Zweyte Ausgabe. S. 67. E^c: Musen-Almanach für das Jahr 1797. Dritte Auflage. S. 67. D: Gedichte 2 (1803). S. 204; danach in: Gedichte ^{2}2 (1805). S. 204. Schiller bestimmte das Distichon auch für die Prachtausgabe. Vgl. den Text in NA 2 I, 324. − Textwiedergabe nach E^b.

LESARTEN. Vgl. die Variante flüssige für silberne in NA 2 I, 324.

ERLÄUTERUNGEN. Das Distichon ist ein klassisches elegisches Versmaß: Doppelvers aus einem Hexameter und einem Pentameter, bestehend (trotz des Namens) aus zwei katalektischen Tripodien mit einer Zäsur nach der dritten Hebung, auf die unmittelbar die vierte folgt. Vgl. auch die Erläuterungen zu „Der epische Hexameter".

285 Die achtzeilige Stanze

ENTSTEHUNG. Vgl. zu „Der epische Hexameter".

ÜBERLIEFERUNG. H: ? h: GSA. Abschrift von Geist in der „Xenien"-Sammelhandschrift h^8 (H^b) (vgl. ÜBERLIEFERUNG zu „Tabulae votivae"/ „Xenien"). S. 57. − E^a: Musen-Almanach für das Jahr 1797. S. 67; unterzeichnet (wie auch in E^b und E^c): Schiller. E^b: Musen-Almanach für das Jahr 1797. Zweyte Ausgabe. S. 67. E^c: Musen-Almanach für das Jahr 1797. Dritte Auflage. S. 67. D: Gedichte 2 (1803). S. 205; danach in: Gedichte ^{2}2 (1805). S. 205. Schiller bestimmte das Distichon auch für die Prachtausgabe. Vgl. den Text in NA 2 I, 324. − Textwiedergabe nach E^b.

LESARTEN. Überschrift: Ottave rime. h   1 schmachtende. Dreymal] schmachtende; dreymal h   2 schaamhaft] schamhaft h − Vgl. auch den Text in NA 2 I, 324.

ERLÄUTERUNGEN. Die Stanze oder „Ottave rime", wie der Titel früher lautete, ist eine achtzeilige Strophe, die aus der italienischen Dichtung (Tasso, Ariosto, Boccaccio) stammt, wo sie aus jambischen Endecasillabi („Elfsilbern") besteht; ins Deutsche wurde sie als Strophe mit (zumeist) fünfhebigen jambischen Versen mit abwechselnd weiblichem und männlichem Schluß sowie dreimal alternierendem Reim (Dreymal / Fliehest du [...]) mit abschließendem Paarreim übernommen. In dieser Form benutzte Schiller sie in Gedichten wie „Die Begegnung", „Die Erwartung", „An Göthe als er den Mahomet von Voltaire auf die Bühne brachte". Als Schiller seine Übersetzung „Die Zerstörung von Troja" aus dem 2. Buch von Vergils „Äneis" vorlegte, erörterte er in einer Vorrede ausführlich den metrischen Charakter der Stanze und begründete seine Entscheidung für diese Versart (vgl. NA 2 I, 22−25).

285 Das Geschenk

ENTSTEHUNG. *Das Gedicht, das auch – in Form von zwei Distichen – Eingang in die "Xenien"-Sammelhandschrift h^8 (H^b) gefunden hat, ist wahrscheinlich, da es nicht zu den "eigentlichen" "Xenien" gehört, ziemlich spät – vielleicht während Goethes Aufenthalt in Jena vom 28. April bis 8. Juni 1796 – entstanden.*

ÜBERLIEFERUNG. *H: ? h: GSA. Abschrift von Geist in h^8 (H^b) (vgl. ÜBERLIEFERUNG zu "Tabulae votivae"/"Xenien"). S. 60. – E^a: Musen-Almanach für das Jahr 1797. S. 71; unterzeichnet (wie auch in E^b und E^c): Schiller. E^b: Musen-Almanach für das Jahr 1797. Zweyte Ausgabe. S. 71. E^c: Musen-Almanach für das Jahr 1797. Dritte Auflage. S. 71. D: Gedichte 1 (1800). S. 195; danach in: Gedichte ^{2}1 (1804). S. 195. – Textwiedergabe nach E^b.*

LESARTEN. *Überschrift:* Ein Korb mit Steinwein. *h*   **1** seid] seyd *h* D   willkommen!] willkommen, *h*   **2** Ja] Ja, D   Schaafe] Schafe *h* D   tränket] tranket *h*   Hirt!] Hirt. *h* D   *zwischen Vers 2 und 3 Überschrift:* Das Geschenk. *h*   **3** Dreymal] Dreimal D

ERLÄUTERUNGEN. *Das Epigramm gehörte ursprünglich zu einer Gruppe von Monodistichen, die aus Xenion Nr 551 ("Verse! Wo irret ihr hin? [...]"), den vorliegenden Versen sowie den "Xenien" Nr 552–558 bestand. Aus Nr 552–554 entwickelte sich das Gedicht "Der Besuch" (vgl. die "Konkordanz [...]", S. 378). – Anlaß war eine Sendung Wein, die Schiller (am 1. März 1796) von Karl Theodor von Dalberg (1744–1817), dem Koadjutor des Erzbistums Mainz und Kurmainzischen Statthalter in Erfurt, als Dank für das 12. "Horen"-Stück 1795 und den "Musen-Almanach für das Jahr 1796" erhalten hatte (vgl. Dalberg an Schiller vom 27. Februar 1796 und die Erläuterungen dazu).*
1 Ring und Stab] *Attribute eines Bischofs: der Ring als Sinnbild der geistigen Ehe mit der Kirche, der Stab als Sinnbild des Hirtenamtes und der Regierungsgewalt des Bischofs.*
1 auf Rheinweinflaschen] *Dalbergs Wappen auf Siegel oder Etikett.*
3 Dich *bis* Muse] *Vgl. die einleitenden Erläuterungen.*
3–4 die Muse / Schickt dich] *Anspielung auf Dalbergs eigene künstlerische, vor allem dramatische Versuche; er bearbeitete auch Dramen, vor allem englische, fürs deutsche Theater.*

285 Grabschrift

ENTSTEHUNG. *Das Distichon ist vermutlich auch erst im Mai oder Juni 1796 entstanden; vgl. das in der "Xenien"-Sammelhandschrift h^8 (H^b) folgende Distichon (NA 2 I, 91; Xenion Nr 551).*

ÜBERLIEFERUNG. H: ? h: GSA. Abschrift Geists in h⁸ (Hᵇ) (vgl. ÜBERLIEFERUNG zu „Tabulae votivae"/„Xenien"). S. 59. – Eᵃ: Musen-Almanach für das Jahr 1797. S. 71; unterzeichnet (wie auch in Eᵇ und Eᶜ): D. Eᵇ: Musen-Almanach für das Jahr 1797. Zweyte Ausgabe. S. 71. Eᶜ: Musen-Almanach für das Jahr 1797. Dritte Auflage. S. 71. – Textwiedergabe nach Eᵇ.

LESARTEN. Überschrift: Grabschrifft. h

ERLÄUTERUNGEN. Das Distichon gehörte ursprünglich zu einer Gruppe von Epigrammen im Umkreis der Motive „Tod" und „Grab" (vgl. die „Konkordanz [...]", S. 378). Es ist im Stile antiker Grabinschriften gehalten: Ein Beispiel bieten V. 101–102 der „Elegie". Der Pentameter erinnert an das „Et in Arcadia ego" im Gedicht „Resignation" (V. 1).

285   Der Homeruskopf als Siegel

ENTSTEHUNG. Das Distichon ist frühestens im Februar und spätestens im Juni 1796 entstanden.

ÜBERLIEFERUNG. H: ? h: GSA. Abschrift Geists in der „Xenien"-Sammelhandschrift h⁸ (Hᵇ) (vgl. ÜBERLIEFERUNG zu „Tabulae votivae"/„Xenien"). S. 61. – Eᵃ: Musen-Almanach für das Jahr 1797. S. 85; unterzeichnet (wie auch in Eᵇ und Eᶜ): Schiller. Eᵇ: Musen-Almanach für das Jahr 1797. Zweyte Ausgabe. S. 85. Eᶜ: Musen-Almanach für das Jahr 1797. Dritte Auflage. S. 85. D: Gedichte 1 (1800). S. 324; danach in: Gedichte ²1 (1804). S. 324. Schiller bestimmte das Distichon auch für die Prachtausgabe. Vgl. den Text in NA 2 I, 325. – Textwiedergabe nach Eᵇ.

LESARTEN. 1 Homer! dir] Homer, dir h   zarte] süße h

ERLÄUTERUNGEN. Schiller besaß einen solchen Ring; er hatte am 14. März 1790 bei Göschen einige Gemmen, u. a. einen Homer, bestellt: Alle ungefaßt, und für ein Petschaft zu gebrauchen. – Vgl. die Abbildung bei Wychgram, Schiller (⁴1901), 405.

286   Der Genius mit der umgekehrten Fackel

ENTSTEHUNG. Das Distichon entstand frühestens im Februar und spätestens im Juni 1796.

ÜBERLIEFERUNG. H: ? h: GSA. Abschrift Geists in der „Xenien"-Sammelhandschrift h⁸ (Hᵇ) (vgl. ÜBERLIEFERUNG zu „Tabulae votivae"/„Xenien"). S. 59. – Eᵃ: Musen-Almanach für das Jahr 1797. S. 87; unterzeichnet (wie auch in Eᵇ und Eᶜ): Schiller. Eᵇ: Musen-Almanach für das Jahr 1797. Zweyte Aus-

gabe. S. 87. E^c: Musen-Almanach für das Jahr 1797. Dritte Auflage. S. 87. — Textwiedergabe nach E^b.

LESARTEN. *Überschrift:* umgekehrten] umgestürzten *h*   **1** Fackel,] Komma fehlt *h*

ERLÄUTERUNGEN. *Das Distichon gehörte früher zu einer Gruppe von Epigrammen im Umkreis der Motive „Tod" und „Grab" innerhalb einer größeren Reihe über Gegenstände der bildenden Kunst (vgl. die „Konkordanz [. . .]", S. 378). Der Tod wurde bei den Alten (auf Grabmälern und Sarkophagen) als Jüngling dargestellt, der in der Hand eine zur Erde gesenkte Fackel trägt (vgl. im einzelnen die Erläuterungen zu Xenion Nr 549 [Die Basreliefs]).*

286   Macht des Weibes

ENTSTEHUNG. *Die Varianten gegenüber der ursprünglichen Fassung, die sich in der „Xenien"-Sammelhandschrift h^8 (H^b) findet, lassen vermuten, daß Schiller die vorliegende Fassung erst im Juli oder Anfang August 1796 geschrieben hat.*

ÜBERLIEFERUNG. H: ? h^1: *GSA. Abschrift von Geist in* h^8 (H^b) *(vgl.* ÜBERLIEFERUNG *zu „Tabulae votivae"/„Xenien"). S. 75.* h^2: *SNM. Abschrift der Verse 7–8 von Caroline von Wolzogen unterhalb eines aufgeklebten „Wilhelm Tell"-Fragments. 1 Doppelblatt mit gepreßter Randleiste 24,6 × 19,2 cm, 1 S. beschrieben. (Vgl. NA 10, 435.) – E^a: Musen-Almanach für das Jahr 1797. S. 88; unterzeichnet (wie auch in E^b und E^c): Schiller. E^b: Musen-Almanach für das Jahr 1797. Zweyte Ausgabe. S. 88. E^c: Musen-Almanach für das Jahr 1797. Dritte Auflage. S. 88. D: Gedichte 1 (1800). S. 196; danach in: Gedichte ²1 (1804). S. 196. – Textwiedergabe nach E^b.*

LESARTEN. *Überschrift:* Frauen. h^1 **1** ihr, ihr] ihr – ihr h^1 **4** Anmuth] Schönheit h^1 **7** Königinn] Königin h^2 **8** bloß] blos, *h*

ERLÄUTERUNGEN. *Das Gedicht bestand in h aus vier Monodistichen, deren erstes den Titel „Frauen" trug; sie gehörten zu einer größeren Epigrammgruppe zu dem in dieser Überschrift angedeuteten Thema (vgl. „Konkordanz [. . .]", S. 382). Der vermeintliche Unterschied zwischen männlicher und weiblicher Natur ist ein beliebtes Thema (nicht nur) in der Epigrammatik Schillers: Es wird, von den folgenden abgesehen, in Gedichten behandelt wie „Die berühmte Frau", „Würde der Frauen", „Die Geschlechter", „Das Lied von der Glocke" (V. 116–131) u. a. Anregungen gingen dabei von Humboldt aus, der in zwei „Horen"-Beiträgen die Frage nach dem Geschlechtsunterschied ausführlich erörtert hatte (vgl. die Erläuterungen zu „Würde der Frauen").*
2 Was *bis* nie] *Beispiel: „Die berühmte Frau".*
3–4 Kraft *bis* Weib.] *Vergleichbar ist das ein Jahr später entstandene Epi-*

gramm „Das Regiment". – *Der Gedanke von der* männlichen Kraft und der weiblichen Milde *(Ueber die ästhetische Erziehung des Menschen. 27. Brief; NA 20, 409) wurde von Schiller wiederholt formuliert; nicht nur in der zitierten Abhandlung, auch in der Schrift „Ueber Anmuth und Würde", wo „Anmut"* als Ausdruck der weiblichen Tugend *bezeichnet wird,* der sehr oft der männlichen fehlen dürfte *(NA 20, 289), desgleichen in den Bemerkungen „Ueber die nothwendigen Grenzen beim Gebrauch schöner Formen", wo von der Herrschaft des weiblichen Geschlechts* durch Schönheit *die Rede ist (vgl. NA 21, 16–17).*

5–6 Manche *bis* entbehrt.] *Eine ähnliche Auffassung über die* gelehrten Frauens *ist als mündliche Äußerung Schillers überliefert (vgl. die einleitenden Erläuterungen zu „Die berühmte Frau").*

286 Tugend des Weibes

ENTSTEHUNG. *Die Verse sind wahrscheinlich zur gleichen Zeit entstanden wie die Druckfassung von „Macht des Weibes", also im Juli oder Anfang August 1796.*

ÜBERLIEFERUNG. *H: ? – E^a: Musen-Almanach für das Jahr 1797. S. 89. E^b: Musen-Almanach für das Jahr 1797. Zweyte Ausgabe. S. 89. E^c: Musen-Almanach für das Jahr 1797. Dritte Auflage. S. 89. – Textwiedergabe nach E^b.*

ERLÄUTERUNGEN. *Zum Thema des Wesens von Mann und Frau vgl. die Erläuterungen zu „Macht des Weibes". Ganz im Sinne des Epigramms heißt es in der Abhandlung „Ueber Anmuth und Würde", es seien bei einer* schönen Seele *nicht einzelne Handlungen sittlich,* sondern der ganze Charakter ist es. *(NA 20, 287.)*

286 Weibliches Urtheil

ENTSTEHUNG. *Die Verse sind wahrscheinlich zur gleichen Zeit entstanden wie die Druckfassung von „Macht des Weibes", also im Juli oder Anfang August 1796.*

ÜBERLIEFERUNG. *H: ? h: GSA. Abschrift von Geist in der „Xenien"-Sammelhandschrift h^8 (H^b) (vgl. ÜBERLIEFERUNG zu „Tabulae votivae"/ „Xenien"). S. 75. – E^a: Musen-Almanach für das Jahr 1797. S. 89. E^b: Musen-Almanach für das Jahr 1797. Zweyte Ausgabe. S. 89. E^c: Musen-Almanach für das Jahr 1797. Dritte Auflage. S. 89. – Textwiedergabe nach E^b.*

ERLÄUTERUNGEN. *Das Distichon gehörte in h zu einer großen Gruppe von Epigrammen zum Thema „weiblicher und männlicher Charakter" (vgl. die*

„Konkordanz [. . .]", S. 382 und die Erläuterungen zu „Macht des Weibes"). In der Schrift „Ueber die nothwendigen Grenzen beim Gebrauch schöner Formen" entdeckte Schiller einen natürlichen Geistesunterschied beyder Geschlechter: *Der Mann herrsche im* Reich der Abstraktion, *die Frau im* Reich der Einbildungskraft und Empfindung, *wo sie* zugleich Muster und Richterinn *sei (NA 21, 17).*

286   Forum des Weibes

ENTSTEHUNG. *Das Distichon entstand zur gleichen Zeit wie die erste Fassung von „Macht des Weibes".*

ÜBERLIEFERUNG. *H: ? h: GSA. Abschrift von Geist in der „Xenien"-Sammelhandschrift h⁸* (Hᵇ) *(vgl.* ÜBERLIEFERUNG *zu „Tabulae votivae"/ „Xenien"). S. 75. – Eᵃ: Musen-Almanach für das Jahr 1797. S. 89. Eᵇ: Musen-Almanach für das Jahr 1797. Zweyte Ausgabe. S. 89. Eᶜ: Musen-Almanach für das Jahr 1797. Dritte Auflage. S. 89. – Textwiedergabe nach Eᵇ.*

LESARTEN. *Überschrift fehlt h*   1 Frauen] Frauen, *h*   2 Wort.] Wort! *h*

ERLÄUTERUNGEN. *Das Distichon gehörte ursprünglich zu einer großen Gruppe von Epigrammen zum Thema „weiblicher und männlicher Charakter" (vgl. die „Konkordanz der ‚Xenien'-Sammelhandschrift [. . .]", S. 382, sowie zu „Macht des Weibes"). Nach dem vorhergehenden Distichon, „Weibliches Urtheil", basiert die Urteilsfähigkeit der Frau auf* Liebe, *nicht auf* Gründen; *insofern entziehen sich nach Schillers Meinung die nur zweckrational zu bewertenden einzelnen Thaten des Mannes ihrer Kompetenz; als Liebende aber richtet sich ihr Blick auf den (ganzen) Menschen.*

287   Das weibliche Ideal / An Amanda

ENTSTEHUNG. *Das Gedicht besteht in der „Xenien"-Sammelhandschrift h⁸* (Hᵇ) *noch aus sechs einzelnen Distichen. Die vorliegende Fassung entstand im Juli oder Anfang August 1796.*

ÜBERLIEFERUNG. *H: ? h: GSA. Abschrift von Geist in h⁸* (Hᵇ) *(vgl.* ÜBERLIEFERUNG *zu „Tabulae votivae"/„Xenien"). S. 75–76. – Eᵃ: Musen-Almanach für das Jahr 1797. S. 90–91, unterzeichnet (wie auch in Eᵇ und Eᶜ):* Schiller. *Eᵇ: Musen-Almanach für das Jahr 1797. Zweyte Ausgabe. S. 90–91. Eᶜ: Musen-Almanach für das Jahr 1797. Dritte Auflage. S. 90–91. – Textwiedergabe nach Eᵇ.*

LESARTEN. *Überschrift fehlt h*   1 Ueberal] Ueberall *h*   Manne,] *Komma fehlt h*   2 weiblichsten] weiblichen *h*   männlichste Mann.] männliche Mann!] *h*   **3** Klarheit,] *Komma fehlt h*   **4** Wie sie von weiblicher Stirn, wie sie von göttlicher strahlt. *h*   *zwischen Vers 4 und 5 Überschrift:* Im Leiden. *h*   **6** mahlt] bricht *h*   *zwischen Vers 6 und 7 Überschrift:* Schöne Seele. *h*   **7** frey! Du b i s t es, denn] frey, du b i s t ' s, denn, *h*   **9** Eines,] *Komma fehlt h*   **10** Auch] Schon *h*   Selbst] selbst *h*

ERLÄUTERUNGEN. *Das erste und dritte der früheren Monodistichen trugen Überschriften (vgl. LESARTEN); sie gehörten zu einer größeren Gruppe von Epigrammen zum Thema „weiblicher und männlicher Charakter" (vgl. die „Konkordanz [...]", S. 383, und die Erläuterungen zu „Macht des Weibes").*

Amanda (lat.: die Liebenswerte) heißt Rezia, die tugendhafte Heldin in Wielands „Oberon" (vgl. auch zu Xenion Nr 274 [Almansaris und Amanda]). Amanda war aus Liebe zu Hüon bereit, im Feuer zu sterben.

3 Des *bis* Klarheit] *Sie ist Kennzeichen der „schönen Seele", deren Sittlichkeit nicht, wie beim Mann, Resultat eines Kampfes des Willens mit dem Affekt (vgl. V. 7–10), sondern Ausdruck der Harmonie beider ist; vgl. darüber im einzelnen „Ueber Anmuth und Würde" (NA 20, 287).*

11 Hier *bis* Fülle] *Vgl. hierzu die „himmlische" Charis im Epigramm „Jugend", hinter der sich Schillers Begriff von der* m o r a l i s c h e n *Schönheit verbirgt (vgl. die Erläuterungen zu diesem Epigramm).*

287   Die schönste Erscheinung

ENTSTEHUNG. *Das Gedicht entstand vermutlich Mitte 1796.*

ÜBERLIEFERUNG. *H: ? – Eª: Musen-Almanach für das Jahr 1797. S. 91; unterzeichnet (wie auch in E^b und E^c): Schiller. E^b: Musen-Almanach für das Jahr 1797. Zweyte Ausgabe. S. 91. E^c: Musen-Almanach für das Jahr 1797. Dritte Auflage. S. 91. – Textwiedergabe nach E^b.*

ERLÄUTERUNGEN. *Das Epigramm stellt zwischen Leiden, Schönheit und Freude einen bedingenden Zusammenhang her. Ein Beispiel für die Verbindung der beiden ersten Begriffe ist die „moralische Schönheit" Amandas, der „schönen Seele", im vorhergehenden Gedicht. In Winckelmanns von Schiller ausführlich zitierter Beschreibung der Laokoon-Statue heißt es: [...] da, wohin der größte Schmerz gelegt ist, zeigt sich auch die größte Schönheit. (Ueber das Pathetische; NA 20, 206.) – Zur Metrik vgl. die Erläuterungen zu „Ilias".*

287   An die Astronomen

ENTSTEHUNG. *In die vorliegende Form ist das Gedicht vermutlich erst im Juli oder Anfang August 1796 gebracht worden; in der „Xenien"-Sammelhandschrift h⁸ (H^b) erscheinen die Verse noch in zwei Distichen (mit zwei Überschriften) gesondert.*

ÜBERLIEFERUNG. H: ? h: GSA. Abschrift von Geist in h⁸ (Hᵇ) (vgl. ÜBERLIEFERUNG zu „Tabulae votivae"/„Xenien"). S. 19. – Eᵃ: Musen-Almanach für das Jahr 1797. S. 99; unterzeichnet (wie auch in Eᵇ und Eᶜ): Schiller. Eᵇ: Musen-Almanach für das Jahr 1797. Zweyte Ausgabe. S. 99. Eᶜ: Musen-Almanach für das Jahr 1797. Dritte Auflage. S. 99. D: Gedichte 1 (1800). S. 313 (2. Fassung); danach in: Gedichte ²1 (1804). S. 313. Schiller bestimmte das Gedicht auch für die Prachtausgabe. Vgl. den Text in NA 2 I, 317. – Textwiedergabe nach Eᵇ.

LESARTEN. Überschrift: Die Mathematische Größe. h   2 giebt?] giebt. h zwischen Vers 2 und 3 Überschrift: An die Astronomen. h – Vgl. die Varianten der 2. Fassung in NA 2 I, 317.

ERLÄUTERUNGEN. Die beiden Distichen des Gedichts gehörten ursprünglich zu einer umfangreichen Gruppe von Epigrammen über Fragen nach Wahrheit und Erkenntnis in Wissenschaft und Leben (vgl. die „Konkordanz [...]", S. 367). Daß das Erhabene [...] keine objektive Eigenschaft des Gegenstandes sei, sondern bloß die Wirkung unsers eigenen Subjekts auf Veranlassung jenes Gegenstandes, diese Auffassung vertrat Schiller schon in den „Zerstreuten Betrachtungen über verschiedene ästhetische Gegenstände" (NA 20, 235). Über den Begriff geben ausführlich die Schriften „Vom Erhabenen", „Ueber das Pathetische" und „Ueber das Erhabene" Auskunft. „Erhaben" ist alles, was dem Subjekt das Vermögen des Menschen als Vernunftwesen, sich der physischen Natur zu widersetzen, zum Bewußtsein bringt und die Überlegenheit des freien Willens über die Naturnotwendigkeit dokumentiert.

Über Schillers allgemeine Antipathie gegen die Astronomie gibt ein Brief seines Jugendfreundes Albrecht Lempp (1763–1819) vom 10. September 1802 Aufschluß; darin heißt es: Nur laß mir in Zukunft die Astronomen unangefochten. [...] Hir hat der menschliche Verstand was einziges in seiner Art geleistet, das gewis gekannt zu werden verdient. Themenverwandte Gedichte sind „Menschliches Wissen" und Xenion Nr 180, „Der astronomische Himmel".

287   Innerer Werth und äußere Erscheinung

ENTSTEHUNG. Das Distichon ist frühestens im Februar und spätestens im Juni 1796 entstanden.

ÜBERLIEFERUNG. H: ? h: GSA. Abschrift von Geist in der „Xenien"-Sammelhandschrift h⁸ (Hᵇ) (vgl. ÜBERLIEFERUNG zu „Tabulae votivae"/ „Xenien"). S. 69. – Eᵃ: Musen-Almanach für das Jahr 1797. S. 104. Eᵇ: Musen-Almanach für das Jahr 1797. Zweyte Ausgabe. S. 104. Eᶜ: Musen-Almanach für das Jahr 1797. Dritte Auflage. S. 104. D: Gedichte 1 (1800). S. 315 (unter der Überschrift „Inneres und Aeußeres"); danach in: Gedichte ²1 (1804). S. 315. Schiller bestimmte das Distichon auch für die Prachtausgabe. Vgl. den Text in NA 2 I, 320. – Textwiedergabe nach Eᵇ.

LESARTEN. Überschrift: äußere] äusre *h* **1** „Gott] *Anführungsstriche fehlen h* Herz". – Drum] Herz – drum *h* sieht,] sieht *h* sieht' *E^a (Druckfehler)* **2** w i r] wir *h* – *Vgl. auch NA 2 I, 320.*

ERLÄUTERUNGEN. Das Distichon gehörte ursprünglich zu einer Gruppe von Epigrammen, die allgemeine moralisch-ästhetische Sprüche enthielt (vgl. die „Konkordanz [...]"). Es unternimmt die (ironische) Relativierung von Schillers sonst vertretener Auffassung, der Mensch sei nicht dazu bestimmt, einzelne sittliche Handlungen zu verrichten, sondern ein sittliches Wesen zu seyn. *(Ueber Anmuth und Würde; NA 20, 283.) Vgl. auch „Ueber den moralischen Nutzen ästhetischer Sitten" (NA 21, 34).*

288 Freund und Feind

ENTSTEHUNG. Das Distichon ist frühestens im Februar und spätestens im Juni 1796 entstanden.

ÜBERLIEFERUNG. H: ? h: GSA. Abschrift von Geist in der „Xenien"-Sammelhandschrift h^8 (H^b) (vgl. ÜBERLIEFERUNG zu „Tabulae votivae"/ „Xenien"). S. 70. – E^a: Musen-Almanach für das Jahr 1797. S. 104; unterzeichnet (wie auch in E^b und E^c): Schiller. *E^b: Musen-Almanach für das Jahr 1797. Zweyte Ausgabe. S. 104. E^c: Musen-Almanach für das Jahr 1797. S. 104. D: Gedichte 1 (1800). S. 315; danach in: Gedichte ²1 (1804). S. 315. Schiller bestimmte das Distichon auch für die Prachtausgabe. Vgl. den Text in NA 2 I, 321. – Textwiedergabe nach E^b.*

LESARTEN. Überschrift fehlt h **1** nützen] nutzen *h* **2** Freund] Freund, *h* kann] k a n n *h* Feind] Feind, *h* soll] s o l l *h*

ERLÄUTERUNGEN. Das Distichon gehörte ursprünglich zu einer drei Epigramme umfassenden Gruppe zum Thema, das die Überschrift andeutet (vgl. die „Konkordanz [...]", S. 381). Das dritte war „Wechselwirkung" (Nr 14 der „Tabulae votivae"), das zweite stammt von Goethe und trug im „Musen-Almanach" (S. 56) den Titel „Der Freund":
  Dieser ist mir der Freund, der mit mir Strebenden wandelt,
  Lädt er zum Sitzen mich ein, sag ich ihm dießmal: Leb wohl!

288 Der griechische Genius / an Meyer, in Italien

ENTSTEHUNG. Möglicherweise ist das Distichon im Juni 1796 entstanden, nachdem Schiller Briefe Meyers an Goethe von diesem erhalten hatte. Vgl. Schiller an Goethe vom 24. Juni 1796.

ÜBERLIEFERUNG. H: ? h: GSA. Abschrift von Geist in der „Xenien"-Sammelhandschrift h^8 (H^b) (vgl. ÜBERLIEFERUNG zu „Tabulae votivae"/

„Xenien"). S. 39. – E^a: Musen-Almanach für das Jahr 1797. S. 107; unterzeichnet (wie auch in E^b und E^c): Schiller. E^b: Musen-Almanach für das Jahr 1797. Zweyte Ausgabe. S. 107. E^c: Musen-Almanach für das Jahr 1797. Dritte Auflage. S. 107. – Textwiedergabe nach E^b.

ERLÄUTERUNGEN. Das Epigramm richtet sich an den aus der Schweiz stammenden Maler und Kunstschriftsteller Johann Heinrich Meyer (1760 bis 1832), Direktor der Zeichenschule in Weimar, Mitarbeiter der „Horen". Er hatte sich von 1784 bis 1789 in Rom aufgehalten, wo er mit Goethe Freundschaft schloß; Ende 1795 war er erneut nach Italien aufgebrochen. Im Brief an Goethe vom 2. Januar 1795 nannte Schiller es etwas äuserst seltenes, daß ein Mann wie Meyer Gelegenheit hat, die Kunst in Italien zu studiren, oder daß einer der diese Gelegenheit hat, gerade ein Meyer ist.
1 Tausend bis fragen] Von ihnen handeln die Gedichte „Die Antike an einen Wanderer aus Norden" und „Die Antiken in Paris".

288   Erwartung und Erfüllung

ENTSTEHUNG. Das Distichon ist frühestens im Februar und spätestens im Juni 1796 entstanden. Die Änderungen der ursprünglichen Fassung besorgte Schiller im Juli oder Anfang August 1796.

ÜBERLIEFERUNG. H: ? h: GSA. Abschrift von Geist in der „Xenien"-Sammelhandschrift h^8 (H^b) (vgl. ÜBERLIEFERUNG zu „Tabulae votivae"/„Xenien"). S. 16. – E^a: Musen-Almanach für das Jahr 1797. S. 111; unterzeichnet (wie auch in E^b und E^c): Schiller. E^b: Musen-Almanach für das Jahr 1797. Zweyte Ausgabe. S. 111. E^c: Musen-Almanach für das Jahr 1797. Dritte Auflage. S. 111. – Textwiedergabe nach E^b.

LESARTEN. Überschrift: Menschliches Leben. h   **2** Still,] Komma fehlt h   in den Hafen] an das Ufer h

ERLÄUTERUNGEN. Das Bild im Hexameter findet sich schon im Gedicht „Die Ideale" (vgl. V. 55–56), das im übrigen auf seine Weise das Mißverhältnis von „Erwartung und Erfüllung" beklagt. Auf anderer Ebene behandelt diesen Sachverhalt das Epigramm „Menschliches Wirken", das in der Sammelhandschrift unmittelbar folgte.

288   Das gemeinsame Schicksal

ENTSTEHUNG. Das Distichon ist frühestens im Februar und spätestens im Juni 1796 entstanden. Die Änderung der Überschrift der ursprünglichen Fassung erfolgte später.

ÜBERLIEFERUNG. H: ? h: GSA. Abschrift von Geist in der „Xenien"-Sammelhandschrift h[8] (H[b]) (vgl. ÜBERLIEFERUNG zu „Tabulae votivae"/ „Xenien"). S. 64. – E[a]: Musen-Almanach für das Jahr 1797. S. 111; unterzeichnet (wie auch in E[b] und E[c]): Schiller. E[b]: Musen-Almanach für das Jahr 1797. Zweyte Ausgabe. S. 111. E[c]: Musen-Almanach für das Jahr 1797. Dritte Auflage. S. 111. – Textwiedergabe nach E[b].

LESARTEN. Überschrift: Das gemeinschaftliche Schicksal. h

ERLÄUTERUNGEN. In h folgte das Distichon unmittelbar dem Epigramm „Der Naturkreis". Von dessen Zwangsläufigkeit ist dort wie hier die Rede.

288 Menschliches Wirken

ENTSTEHUNG. Das Distichon ist frühestens im Februar und spätestens im Juni 1796 entstanden. Die Änderung der Überschrift der ursprünglichen Fassung erfolgte später.

ÜBERLIEFERUNG. H: ? h: GSA. Abschrift von Geist in der „Xenien"-Sammelhandschrift h[8] (H[b]) (vgl. ÜBERLIEFERUNG zu „Tabulae votivae"/ „Xenien"). S. 16. – E[a]: Musen-Almanach für das Jahr 1797. S. 114; unterzeichnet (wie auch in E[b] und E[c]): Schiller. E[b]: Musen-Almanach für das Jahr 1797. Zweyte Ausgabe. S. 114. E[c]: Musen-Almanach für das Jahr 1797. Dritte Auflage. S. 114. – Textwiedergabe nach E[b].

LESARTEN. Überschrift: Das Wirken h 2 Weiseste] weiseste h

ERLÄUTERUNGEN. Das Gedicht „Breite und Tiefe" empfiehlt dem, der etwas Trefliches leisten will (V. 9) im Sinne des vorliegenden Epigramms, [...] / Im kleinsten Punkte die höchste Kraft zu sammeln (V. 12). Eine dem Distichon entsprechende Lebenserfahrung formuliert der alte Attinghausen im „Wilhelm Tell" (vgl. II 1. V. 761–763; NA 10, 165). Vgl. auch zu „Erwartung und Erfüllung".

288 Der Vater

ENTSTEHUNG. Das Distichon ist vermutlich Mitte 1796 entstanden.

ÜBERLIEFERUNG. H: ? h: GSA. Abschrift von Geist in der „Xenien"-Sammelhandschrift h[8] (H[b]) (vgl. ÜBERLIEFERUNG zu „Tabulae votivae"/ „Xenien"). S. 64. – E[a]: Musen-Almanach für das Jahr 1797. S. 114; unterzeichnet (wie auch in E[b] und E[c]): Schiller. E[b]: Musen-Almanach für das Jahr 1797. Zweyte Ausgabe. S. 114. E[c]: Musen-Almanach für das Jahr 1797. Dritte Auflage. S. 114. – Textwiedergabe nach E[b].

LESARTEN. **1** Wirke] Wirke, *b*   willst] magst *b*   **2** Natur] Natur, *b*
gewaltige] Gewaltige *E^a E^c*

ERLÄUTERUNGEN. Ein Epigramm über die Bedeutung der Vaterschaft, mit der die Natur – im 1. Kapitel des 8. Buches von Goethes Roman „Wilhelm Meisters Lehrjahre", das Schiller im Juni/Juli 1796 intensiv gelesen hatte – die Entwicklung des Helden zum „Bürger" für abgeschlossen erklärt: In diesem Sinne waren seine Lehrjahre geendigt, und mit dem Gefühl des Vaters hatte er auch alle Tugenden eines Bürgers erworben. [...] O der unnöthigen Strenge der Moral! *rief er aus, da die Natur uns auf ihre liebliche Weise zu allem bildet, was wir sein sollen. (WA I 23, 137.)*

289   Der Besuch

ENTSTEHUNG. Das Gedicht entstand vermutlich im Juli 1796. Eine Vorform ist in drei Distichen in der „Xenien"-Sammelhandschrift h^8 (H^b) (vgl. ÜBERLIEFERUNG zu „Tabulae votivae"/„Xenien") überliefert, die Geist nach dem 27. Juni erstellte. Vgl. den Text in NA 2 I, 91 (Xenien Nr 552–554).

ÜBERLIEFERUNG. H: ? – E^a: Musen-Almanach für das Jahr 1797. S. 120–121, unterzeichnet (wie auch in E^b und E^c): Schiller. *E^b: Musen-Almanach für das Jahr 1797. Zweyte Ausgabe. S. 120–121. E^c: Musen-Almanach für das Jahr 1797. Dritte Auflage. S. 120–121. D: Gedichte 1 (1800). S. 151–152 (2. Fassung mit dem Titel „Dithyrambe"); danach in: Gedichte ^{2}1 (1804). S. 151–152. Schiller bestimmte die 2. Fassung des Gedichts auch für die Prachtausgabe. Vgl. den Text in NA 2 I, 188. – Textwiedergabe nach E^c.*

LESARTEN. Vgl. den Text der Vorform in NA 2 I, 91 (Xenien Nr 552–554).
5 Knabe,] *Komma fehlt E^b*   **10** irrdische] irdische *E^a*   **15** Was] was *E^b*
16 empor!] empor. *E^a E^b* – *Vgl. die Varianten der 2. Fassung in NA 2 I, 188.*

ERLÄUTERUNGEN. Ob für das Motiv des Götterbesuchs, das sich zuvor schon in der „Elegie" (V. 82–90) findet, eine Vorlage wie im Fall der in der Handschrift voraufgehenden „Xenien" (vgl. zu Nr 540–550) anzunehmen ist, erscheint unsicher. Eduard Castle verweist auf ein Relief mit der Überschrift „Fête de Bacchus" in der „Antiquité expliquée et representée en figures" (Paris ^{2}1722. Bd 2. Tafel LXXXIX) von Bernhard de Montfaucon (vgl. Schillers „Dithyrambe" [1938]). Eine Abbildung des Reliefs enthält auch die deutsche Ausgabe von Johann Jacob Schatz: Griechische und Römische Alterthümer (1757), Tafel LXIII, Nr 5 mit dem Titel „Ritus Bacchanalium".

     Körner *gefiel an dem Gedicht* dieselbe Behandlung, wie bey dem Mädchen aus der Fremde; er lobte die Vereinigung von Lieblichkeit und frischem Leben mit Hoheit, die Geschlossenheit und die einfache Sprache *(an Schiller vom 11. [–14.?] Oktober 1796).* Humboldt *bekundete* großen Respect *(so Schillers Bericht an Goethe vom 23. Oktober 1796).*

DER VATER – GÜTE UND GRÖSSE   331

Vgl. auch die Erläuterungen zum Epigramm "Das Geschenk" und zur 2. Fassung des Gedichts.
13 Chor] *hier: "kreis, reigen, menge" (Grimm 2, 617).*

290   Liebe und Begierde

ENTSTEHUNG. *Das Distichon ist frühestens im Februar und spätestens im Juni 1796 entstanden.*

ÜBERLIEFERUNG. *H: ? h: GSA. Abschrift von Geist in der "Xenien"-Sammelhandschrift h⁸ (Hᵇ) (vgl. ÜBERLIEFERUNG zu "Tabulae votivae"/ "Xenien"). S. 69. – Eᵃ: Musen-Almanach für das Jahr 1797. S. 125. Eᵇ: Musen-Almanach für das Jahr 1797. Zweyte Ausgabe. S. 125. Eᶜ: Musen-Almanach für das Jahr 1797. Dritte Auflage. S. 125. – Textwiedergabe nach Eᵃ.*

LESARTEN. 1 l i e b t] liebt *h* Eᵇ   b e g e h r t ,] begehrt *h* begehrt, Eᵇ
2 nur] und *h*

ERLÄUTERUNGEN. *Das Distichon, ursprünglich zu einer großen Gruppe allgemeiner moralischer Sprüche gehörig (vgl. die "Konkordanz [...]", S. 381), nennt Goethes Schwager Johann Georg Schlosser (1739–1799) als Adressaten; vgl. über ihn besonders Xenion Nr 479 und die Erläuterungen dazu sowie die "Xenien" Nr 63 (An Kant) und 517 (E** Hymenäus zu der St* und Sch* Heirath), außerdem das Epigramm "Theophagen" aus den "Tabulae votivae" (Nr 45). Schlosser hatte in seiner Schrift "Fortsetzung des Platonischen Gesprächs von der Liebe" (1796) – gemeint ist der Dialog "Symposion" – geäußert:* Hätte Sokrates und seine Diotime [...] nicht die Liebe selbst, mit der Begierde zur Liebe verwechselt, so würde weder diese haben fragen können, was dann dem wird, der da liebt; noch würde jener in Verlegenheit gekommen seyn, was er antworten sollte; denn Beyde würden dann gesehen haben, daß wer liebt, schon wirklich alles hat, und daß nur, so lang er noch zu lieben begehrt, ihm etwas werden kann. *(S. 33–34.)*

290   Güte und Größe

ENTSTEHUNG. *Das Distichon ist frühestens im Februar und spätestens im Juni 1796 entstanden.*

ÜBERLIEFERUNG. *H: ? h: GSA. Abschrift von Geist in der "Xenien"-Sammelhandschrift h⁸ (Hᵇ) (vgl. ÜBERLIEFERUNG zu "Tabulae votivae"/"Xenien"). S. 21. – Eᵃ: Musen-Almanach für das Jahr 1797. S. 125; unterzeichnet* (*wie auch in E^b und E^c*): Schiller. *E^b: Musen-Almanach für das Jahr 1797. Zweyte Ausgabe. S. 125. E^c: Musen-Almanach für das Jahr 1797. Dritte Auflage. S. 125. – Textwiedergabe nach E^b.*

LESARTEN. *Überschrift fehlt h*   **1** vereinigt,] vereinigt *h*

ERLÄUTERUNGEN. *Das Distichon gehörte früher zu einer großen Gruppe von Epigrammen, die sich mit Fragen nach Erkenntnis und Wahrheit in Wissenschaft und Leben beschäftigt (vgl. die „Konkordanz [...]", S. 368).*

290   Der Fuchs und der Kranich / An F. Nicolai

ENTSTEHUNG. *Die zahlreichen Epigramme gegen Friedrich Nicolai sind teilweise schon zu Beginn der „Xenien"-Produktion entstanden; so befand sich das Distichon „Verdienst" (Xenion Nr 218) bereits unter den Versen, die Schiller am 17. Januar 1796 an Goethe schickte. Die vier Distichen, aus denen Schiller – im Juli 1796? – das vorliegende Gedicht zusammenfügte, sind vermutlich im Februar oder März 1796 entstanden.*

ÜBERLIEFERUNG. *H: ? h: GSA. Abschrift von Geist in der „Xenien"-Sammelhandschrift h^8 (H^b) (vgl. ÜBERLIEFERUNG zu „Tabulae votivae"/„Xenien"). S. 29. – E^a: Musen-Almanach für das Jahr 1797. S. 142; unterzeichnet (wie auch in E^b und E^c):* Schiller. *E^b: Musen-Almanach für das Jahr 1797. Zweyte Ausgabe. S. 142. E^c: Musen-Almanach für das Jahr 1797. Dritte Auflage. S. 142. – Textwiedergabe nach E^a.*

LESARTEN. *Überschrift:* Der Kranich beym Fuchse. *h*   **1** philosophschen] philosophischen *E^c*   **2** Schüsseln sehr breit und flach setzt er dem Hungrigen vor. *h zwischen Vers 2 und 3 Überschrift:* Was geschah? *h*   **3** Gast, nur] Gast. Nur *h zwischen Vers 4 und 5 Überschrift:* Der Fuchs beym Kranich. *h*   **5** abstrakte zu Weine,] andre zu Tische *h*   **6** setzt'] setzt *h*   vor.] vor; *E^b zwischen Vers 6 und 7 Überschrift:* Was geschah? *h*   **7** Trink nun, Bester! so rief und mächtig schlürfte der Langhals, *h*   **8** thierische] *darunter von Goethes Hand mit Blei* Lappernde *h*

ERLÄUTERUNGEN. *Das Gedicht bestand ursprünglich aus Monodistichen mit Einzeltiteln (vgl. LESARTEN); sie gehörten in eine lange Reihe von Epigrammen gegen den Buchhändler und Schriftsteller Christoph Friedrich Nicolai (1733–1811); vgl. die „Konkordanz [...]", S. 370; über Nicolai und sein Verhältnis zu Schiller die Erläuterungen zu den „Xenien" Nr 142–144. In der Handschrift ging als Einleitung Xenion Nr 476 unmittelbar voraus (vgl. die Erläuterungen dazu). Der Spott trifft den Aufklärer Nicolai, der in Auseinandersetzung mit der kritischen Philosophie für sich immer wieder den Standpunkt des „gesunden Menschenverstandes" in Anspruch nahm (vgl. Xenion Nr 204 und die Erläuterungen dazu). Körner nannte es einen* glücklichen Einfall, die alte Äso-

pische Fabel auf diese Weise neu zu nutzen, und hätte diese Art von Polemik gern öfter in den „Xenien" gesehen (an Schiller vom 11. [–14.?] Oktober 1796).

290 Die Sachmänner

ENTSTEHUNG. *In der „Xenien"-Sammelhandschrift h^8 (H^b) stehen die beiden Distichen, die frühestens im Februar und spätestens im Juni 1796 entstanden, noch getrennt unter zwei Überschriften. Die Zusammenstellung hat Schiller vermutlich im Juli oder Anfang August 1796 vorgenommen.*

ÜBERLIEFERUNG. *H: ? h: GSA. Abschrift von Geist in der „Xenien"-Sammelhandschrift h^8 (H^b) (vgl. ÜBERLIEFERUNG zu „Tabulae votivae"/„Xenien"). S. 67. – E^a: Musen-Almanach für das Jahr 1797. S. 151; unterzeichnet (wie auch in E^b und E^c): D. E^b: Musen-Almanach für das Jahr 1797. Zweyte Ausgabe. S. 151. E^c: Musen-Almanach für das Jahr 1797. Dritte Auflage. S. 151. – Textwiedergabe nach E^c.*

LESARTEN. *Überschrift:* Geist. *h* 1 schöpfen"] schöpfen" – *h zwischen Vers 2 und 3 Überschrift:* Die Sachmänner *h* 3 nicht] nichts *E^a E^b* 4 häuft] hauft *h*

ERLÄUTERUNGEN. *Die früheren Monodistichen (vgl. LESARTEN) gehörten zu einer Gruppe von Epigrammen zum Thema „Literatur und Literaten" (vgl. die „Konkordanz [...]", S. 380). Von seiner allgemeinen Bedeutung abgesehen, liegt, wie im vorausgehenden Gedicht und den thematisch verwandten „Xenien" Nr 187 (Formalphilosophie), Nr 201 (Das grobe Organ) und Nr 473 (Überfluß und Mangel), der Bezug zu Nicolai nahe. In einem Brief an Humboldt vom 27. Juni 1798 äußerte Schiller die Überzeugung, daß es kein Gefäß giebt, die Werke der Einbildungskraft zu fassen, als eben diese Einbildungskraft selbst.*

291–304, 309–360 Tabulae votivae / Xenien

ENTSTEHUNG. *Die „Tabulae votivae" (= T) und „Xenien" (= X), die Ende September 1796 im „Musen-Almanach für das Jahr 1797" (S. 152–182 und 197 bis 302) erschienen, entstanden in der Zeit von Oktober 1795 bis (vermutlich) September 1796. Vgl. „Dokumente zu Entstehung und Aufnahme" der „Xenien".*

TEXTWIEDERGABE. *Die in NA 1 wiedergegebenen „Tabulae votivae" (Nr 1–103) und „Xenien" (Motto und Nr 1–414) entsprechen im wesentlichen dem zweiten Druck im „Musen-Almanach für das Jahr 1797. Zweyte Ausgabe" (E^b; s. unten). Über gelegentliche (meist begründete) Abweichungen vgl. LES-*

ARTEN. In NA 21 (S. 74–98) wurden als Nr 415–569 zunächst jene „Xenien" von Schiller und Goethe aufgenommen, die sich in einer aus 676 Distichen bestehenden Sammelhandschrift, die Goethes Diener Geist Ende Juni 1796 anzufertigen begann, zusätzlich zu den für den Druck bestimmten finden. Es schien nicht ratsam, die eindeutig von Goethe stammenden Xenien fortzulassen, weil sie Bestandteile eines Werkes sind, dessen gemeinsame Verfasserschaft Goethe und Schiller oft genug betonten. (Im übrigen ist die Verfasserschaft in Einzelfällen kaum mit Gewißheit anzugeben, so daß gegen das Prinzip, nur Schillers Xenien aufzunehmen, notwendig hätte verstoßen werden müssen.) Die letzte Gruppe der in NA 21 aufgenommenen „Xenien" (Nr 570–602) besteht aus solchen, die von Schillers Hand überliefert sind, die aber weder für Geists Abschrift noch für den Druck im Musenalmanach bestimmt wurden.

ÜBERLIEFERUNG. Erich Schmidt und Bernhard Suphan haben bei ihrer 1893 erschienenen „Xenien"-Ausgabe (= S./S.) neben den Erst- und späteren Drukken fast alle bis heute bekannt gewordenen handschriftlichen Textzeugen berücksichtigen können. Lediglich die von Schiller stammenden Handschriften H^4, H^5, H^8 und H^9 sowie die von Schillers Sohn Ernst stammende Abschrift h^{12} (s. unten) waren ihnen nicht zugänglich. Die auch für die vorliegende Ausgabe ausgewerteten Handschriften faßten sie unter den folgenden Siglen zusammen, deren „Bestandteile" sich aus dem Vergleich mit der NA-Siglierung erkennen lassen:

S./S. H^1 = NA H^{1-3}, h^{1-3} u. a.[1])
S./S. H^a = NA h^{6-7} u. a.[2])
S./S. H^b = NA h^8
S./S. H^c = NA h^{9-11} u. a.[3])

S./S. „Briefblatt an Schiller 10. October 95" = NA h^4
S./S. „brieflich an Meyer 25. Jan. 96" = NA h^5

Handschriftliche Textzeugen der „Tabulae votivae" und „Xenien":

H^1: GSA. Teil der sogenannten „Ur-Xenien", der „Handschrift jenes frühesten, ‚wandernden Exemplars', das den Ertrag des ersten Xenien-Monats, also von

---

[1]) h^1 und h^2 umfassen nur jene von Geist und Goethe in das Exemplar der „Ur-Xenien" eingetragenen Distichen, die in den Musenalmanach aufgenommen wurden oder sich in der Geistschen Sammelhandschrift (H^b = h^8) finden, die also dem „Gemeinschaftswerk" Schillers und Goethes zuzurechnen sind.
[2]) Die unter H^a („ein Convolut Goethischer Concepte und Geistscher Munda") und H^c – „Goethische (oder Geistsche) Streifen und Blätter" – zusammengefaßten Distichen stammen von Goethe; von ihnen wurden nur diejenigen hier berücksichtigt, die in den Musenalmanach Eingang gefunden haben oder sich in der Geistschen Sammelhandschrift (H^b = h^8) finden.
[3]) Siehe Anm. 2. – Freilich stammt h^{11} nicht von Goethe oder Geist.

Weihnachten 1795 bis Ende Januar 1796, aufzunehmen bestimmt war." (Hans Wahl im Nachwort zu: Ur-Xenien *[1934].*) 3 hintereinanderliegende Doppelblätter *(das 3. inzwischen getrennt)* 18,4 × 27,3 cm, S. 1–5 und 9–12 ganz, S. 6 zu ⁴/₅, S. 7 zu ²/₅ beschrieben; S. 8 ist leer. Geripptes Papier, vergilbt und stockfleckig. Wz. *(aller 3 Doppelblätter):* Kreuzfahne tragendes Lamm auf Hirschstange/liegendes Posthorn mit S in der Windung des Horns, beides mit Randornamentierung. – Die Eintragungen stammen von Geist (vgl. h¹), Goethe (vgl. h²) und Schiller. Distichen von Schillers Hand auf S. 2 (T 87), S. 3 (X 452, X 570, X Motto, X 497), S. 4 (X 571, X 43, X 14, X 572, „Jetzige Generation" *[NA 1, 283]*), S. 9 (X 573, X 288) und S. 12 (X 268, X 34, X 152, X 13, X 267, X 44, X 253). – E: Vgl. „Konkordanz der überlieferten Textzeugen [...]".

H²: GSA. 1 Blatt 24,8 × 38,4 cm, 2 S. beschrieben. Geripptes Papier, vergilbt und etwas stockfleckig. Wz.: Posthorn in gekröntem Schild mit angehängter Glockenmarke, darunter C & I HONIG. – Schiller schickte das Blatt mit seinem Brief vom 17. Januar 1796 an Goethe. Es enthält 24 Distichen, und zwar auf der Vorderseite: X 44, X 218, X 144, X 574, X 575, X 576, X 15, X 561, T 90, X 453, X 95; auf der Rückseite: X 97, X 577, X 578, X 98, X 101, X 106, X 112, X 110, X 104, X 579, X 103, X 111, X 113. Zwischen dem vorletzten und letzten Distichon die Notiz von Schillers Hand: (Hier muß noch zu 10 Distichen *[danach gestr. gelassen]* offen bleiben). – E: Vgl. „Konkordanz der überlieferten Textzeugen [...]".

H³: GSA. 2 ineinandergelegte Doppelblätter 19 × 24,6 cm, 5¹/₃ S. beschrieben, und zwar die ersten 4¹/₂ S. von Schillers Schreiber Gottlieb Leonhardt Heubner (vgl. h³), das Folgende von Schiller. Vergilbtes geripptes Papier. Wz. des 1. Blattes: Posthorn in gekröntem Schild mit angehängter Glockenmarke, darunter C & I HONIG. Wz. des 2. Blattes: H. – Schiller schickte die Blätter mit seinem Brief vom 17. Januar 1796 an Goethe. Von Schillers Hand sind 3 Distichen (X 149, T 9, X 39) auf S. 5 und 2 Distichen (T 10, X 9) auf S. 6. – E: Vgl. „Konkordanz der überlieferten Textzeugen [...]".

H⁴: Freies Deutsches Hochstift Frankfurt a. M. 1 Blatt 24,8 × 38,2 cm, 2 S. beschrieben. Leicht vergilbtes geripptes Papier. Wz.: H. – Schiller schickte das Blatt vermutlich mit seinem Brief vom 22. Januar 1796 an Goethe. Es enthält insgesamt 24 Distichen von Schillers Hand, und zwar auf der Vorderseite: X 270, X 119, X 283, X 292, X 148, X 287, X 290, X 505, X 284, X 291, X 296, X 297; auf der Rückseite: X 293, X 593, X 285, X 594, X 177, „Falscher Studiertrieb" *(NA 1, 283),* X 516, X 595, „Würde des Menschen" *(NA 1, 278),* T 84, X 271, X 134. – E: Vgl. „Konkordanz der überlieferten Textzeugen [...]".

H⁵: Bibliotheca Bodmeriana Cologny-Genève. 1 Blatt 19,1 × 25 cm, 2 S. beschrieben. Leicht vergilbtes geripptes Papier. (Nach freundlicher Auskunft von Dr. Hans E. Braun *[Bibliotheca Bodmeriana]* vom 21. November 1986.) – Schiller schickte das Blatt vermutlich mit seinem Brief vom 24. Januar 1796 an

Goethe. Es enthält 7 Distichen von Schillers Hand, und zwar auf der Vorderseite: X 65, X 596, X 597; *auf der Rückseite:* X 64, X 289, X 598, X 466. – E: *Vgl. „Konkordanz der überlieferten Textzeugen [...]".*

H⁶: *GSA. Schillers Brief an Goethe vom 18. Januar 1796. (Vgl. NA 28, 168 u. 507.) – Der Brief enthält das Distichon „Gesundbrunnen zu ***" (X 108). – E: Vgl. „Konkordanz der überlieferten Textzeugen [...]".*

H⁷: *GSA. Schillers Brief an Goethe vom 22. Januar 1796. (Vgl. NA 28, 170–171 u. 510–511.) – Der Brief enthält die Distichen „An einen gewißen moralischen Dichter" (X 11) und „Jakob der Kantianer" (X 602). – E: Vgl. „Konkordanz der überlieferten Textzeugen [...]".*

H⁸: *Bis 1945 Preußische Staatsbibliothek Berlin, danach Biblioteka Jagiellońska Kraków (Krakau). 1 Blatt 17,5 × 10 cm, 1 S. beschrieben. Vergilbtes geripptes Papier. Wz.: Am oberen Rand Teil eines Zeichens. – Das Blatt enthält das Distichon „Moralische Zwecke der Poesie" (X 177). – E: Vgl. „Konkordanz der überlieferten Textzeugen [...]".*

H⁹: *The New York Public Library. 1 Blatt 9,2 × 16,2 cm, 1 S. beschrieben. Geripptes Papier, stockfleckig und vergilbt. Auf der Rückseite Notiz mit schwarzer Tinte:* Unterzeichneter, 75 Jahre alt, und vermöge seines Geschäfts in steter Verbindung mit Schiller gestanden, bezeugt der Wahrheit gemäß, daß Umstehendes Schillers eigenthümliche Handschrift und von ihm selbst geschrieben ist. Weimar d. 10 Okt. 1852 / Wilh. Hoffmann / Großh. Commissionsrath / und Hofbuchhändler – *Das Blatt enthält das Distichon „Gefährliche Nachfolge" (X 329). – E: Vgl. „Konkordanz der überlieferten Textzeugen [...]".*

b¹: *GSA. Von der Hand Geists im Exemplar der „Ur-Xenien". Vgl. zu H¹. – Nicht alle von Geist aufgeschriebenen Distichen fanden Eingang in den Musenalmanach und in die Sammelhandschrift* (H^b = b⁸), *sondern nur die im folgenden aufgeführten. S. 1:* X 256, X 247, X 262, X 248, X 261, X 521; *S. 2:* X 260, X 259, X 258, X 257, X 518, X 263; *S. 9:* X 45, X 116, X 252, X 249; *S. 10:* X 246. – E: *Vgl. „Konkordanz der überlieferten Textzeugen [...]".*

b²: *GSA. Goethe im Exemplar der „Ur-Xenien". Vgl. zu H¹. – Nicht alle Distichen Goethes wurden in den Musenalmanach aufgenommen oder für die Geistsche Abschrift* (H^b = b⁸) *bestimmt, sondern nur die im folgenden aufgeführten. S. 5:* X 27, X 504, X 18, X 125, X 319; *S. 6:* X 503, X 490; *S. 7:* X 164; *S. 10:* X 209, X 494; *S. 11:* X 43, X 510, X 15, X 16, X 17. – E: *Vgl. „Konkordanz der überlieferten Textzeugen [...]".*

b³: *GSA. Von der Hand des Schillerschen Schreibers Heubner (4½ S.) vor Eintragungen Schillers. Vgl. zu H³. – Heubners Eintragungen umfassen insgesamt 26 Distichen. S. 1:* X 35, X 42, X 40, X 580, X 254; *S. 2:* X 581, X 582, X 265, X 140, X 488, X 583; *S. 3:* X 584, X 585, X 586, X 155, X 154, X 587;

S. 4: X 266, X 289, X 588, X 589, X 22, X 590; S. 5: X 139, X 591, X 592. –
E: Vgl. „Konkordanz der überlieferten Textzeugen [...]".

h^4: *Brief Goethes an Schiller vom 6.–10. Oktober 1795. (Vgl. NA 35, 374.)* –
*Der Brief enthält frühe Fassungen der Distichen „Triumph der Schule" (X 164)
und „Die Zergliederer" (T 31). Weitere Fassungen finden sich unter den Einzelblättern, die unter den Siglen b^9 und b^{10} zusammengefaßt sind.* – E: Vgl. „Konkordanz der überlieferten Textzeugen [...]".

h^5: *GSA. Brief Goethes an Johann Heinrich Meyer vom 25. Januar 1796.* –
Der Brief enthält 3 Distichen: X 15, X 16, X 17. – E: Vgl. „Konkordanz der überlieferten Textzeugen [...]".

h^6: *GSA. 80 Distichen (darunter 1 Distichon doppelt) von Geists Hand in
einem Konvolut von insgesamt 7 Doppelblättern in Folioformat (S. 1–28; die
Seiten 8, 12, 22–24, 27 und 28 sind unbeschrieben). Zu den Eintragungen
Goethes in diesem Konvolut vgl. b^7. Außer den im folgenden aufgeführten 80
Distichen finden sich in dem Konvolut weitere von Geists Hand, die aber nicht
in den Musenalmanach aufgenommen wurden und auch nicht der Sammelhandschrift H^b (vgl. zu b^8) angehören; sie bleiben hier unerwähnt. S. 1: T 40, X 51,
X 519, X 447, X 448, T 103, X 20, X 21; S. 2: X 12, T 13, X 91, X 151, T 31,
X 165, X 166, X 167, X 168; S. 3: X 169, X 170, X 171, X 174, X 520, X 32;
S. 9: X 208, X 421, X 424, X 425, X 432, X 221, X 433, X 422, X 233; S. 10:
X 426, X 234, T 25, T 26; S. 11: T 27, T 28, T 29, X 29, X 526, X 159; S. 13:
X 220, X 217, X 223, X 435, X 423, X 225, X 210, X 211, X 147; S. 14: X 216,
X 212, T 91, X 227, X 229; S. 15: X 229, X 214, X 161, X 162, X 163, X 172,
X 173, X 215; S. 16: X 232, X 443, X 230, X 440, X 429, X 438, X 176;
S. 17: X 242, X 213, X 124, X 445; S. 18: T 89, X 239, X 240, X 241; S. 20:
T 14, X 281.* – E: Vgl. „Konkordanz der überlieferten Textzeugen [...]".

h^7: *GSA. 15 Distichen von Goethes Hand in dem unter b^6 beschriebenen Konvolut. Weitere Distichen von Goethe in diesem Konvolut werden hier nicht berücksichtigt, weil sie weder in den Musenalmanach aufgenommen noch für die
Sammelhandschrift H^b (vgl. zu b^8) bestimmt wurden. S. 3: X 208; S. 4: X 150,
X 421; S. 5: X 159, X 221, X 432, X 424, X 425; S. 6: T 28, T 25; S. 7:
T 27, T 26, T 29, X 433, X 29.* – E: Vgl. „Konkordanz der überlieferten Textzeugen [...]".

h^8: *GSA. Die von Schmidt/Suphan als H^b bezeichnete Reinschrift, die Geist nach
dem 27. Juni 1796 anfertigte. 19 Doppelblätter in Folioformat (hier paginiert:
S. 1–76) mit 676 Distichen. Die Doppelblätter 1 und 2, 3 und 4, 7 und 8,
9 und 10, 11 und 12, 13 und 14, 15 und 16, 17 und 18 liegen jeweils ineinander; lediglich die Doppelblätter 5, 6 und 19 liegen einzeln. Über den Inhalt
der Handschrift vgl. „Konkordanz [...]".* – E: Vgl. „Konkordanz der überlieferten Textzeugen [...]".

b^9: GSA. 7 Distichen von Geists Hand auf 2 Blättern und 4 Streifen: T 31 (doppelt), T 53, X 50, X 92, X 170, X 216, X 281. – E: Vgl. „Konkordanz der überlieferten Textzeugen [...]".

b^{10}: GSA. 4 Distichen (T 31, X 8, X 94, X 164) von Goethes Hand auf 3 verschiedenen Blättern; dazu ein weiteres Distichon (X 224) in einem Notizbuch Goethes. – E: Vgl. „Konkordanz der überlieferten Textzeugen [...]".

b^{11}: GSA. 12 Distichen (davon 5 doppelt) auf 3 Blättern (S. 1–6; die Reihenfolge der Abschrift ist nicht zweifelsfrei zu bestimmen) von der Hand Christian Theodor Musculus'; sie wurden wahrscheinlich bei den Vorarbeiten zur Quartausgabe der Werke Goethes (1836/37) abgeschrieben. Außer den im folgenden aufgeführten Distichen finden sich auf den Blättern auch einige, die nicht für den Musenalmanach bestimmt wurden und auch in der Sammelhandschrift H^b (vgl. zu b^8) fehlen. S. 1 (?): X 433, X 520, T 28; S. 2 (?): X 150, X 29, X 159; S. 3 (?): X 424, X 425, X 208; S. 4 (?): X 221, X 432; S. 5 (?): X 150, X 520, T 82; S. 6 (?): X 433, X 424, X 425. – E: Vgl. „Konkordanz der überlieferten Textzeugen [...]".

b^{12}: GSA. 3 Distichen (X 599, X 600, X 601) von der Hand Ernst von Schillers. – E: Vgl. „Konkordanz der überlieferten Textzeugen [...]".

Drucke:

E^a: Musen-Almanach für das Jahr 1797 [erschienen Ende September 1796]. S. 152–182: Tabulae votivae (Nr 1–103), unterzeichnet: G. und S.; S. [195]–302: Xenien (Motto und Nr 1–414). Die Paginierung in E^a ist gelegentlich fehlerhaft: S. 169 (statt 164), 171 (statt 166), 203 (statt 202), 202 (statt 203), 201 (statt 210), 223 (statt 217), 203 (statt 302). In den folgenden Auflagen des Almanachs (E^b und E^c) sind die Fehler verbessert. (In einem 1980 in Leipzig erschienenen Nachdruck von E^a wurden nicht nur die Seitenzahlen 202 und 203 vertauscht, sondern versehentlich auch die Texte der beiden Seiten; die übrigen 4 Paginierungsfehler blieben erhalten.) E^b: Musen-Almanach für das Jahr 1797. Zweyte Ausgabe [erschienen Anfang Dezember 1796]. S. 152–182 und [195]–302. Die Ausgabe weist eine falsche Seitenzahl auf: S. 624 (statt 264). E^c: Musen-Almanach für das Jahr 1797. Dritte Auflage [erschienen Ende Februar 1797]. S. 152–182 und [195]–302. Über die geringfügigen Abweichungen dieser Drucke voneinander vgl. LESARTEN zu den „Tabulae votivae" und „Xenien". Zu den Erstdruck-Angaben im einzelnen vgl. „Konkordanz der überlieferten Textzeugen [...]".

D^1: Gedichte 1 (1800). S. 275–278: „Shakespears Schatten" (Zusammenfassung der Xenien Nr 390–412); S. 314: „Astronomische Schriften" (2. Fassung des Xenions Nr 180, „Der astronomische Himmel"); S. 303–324: „Votivtafeln", und zwar im einzelnen:

TABULAE VOTIVAE / XENIEN 339

D^1, S.	Tabulae votivae, Nr
303	T 1, T 2
304	T 3, T 4, T 5
305	T 6, T 8, T 9
306	T 10, T 11, T 12
307	T 15, T 16
308	T 18, T 56, T 58
309	T 52, T 23
310	T 21
313	T 43
314	T 41
315	T 53
316	T 59
317	T 62
318	T 67, T 68
319	T 69, T 32–33[1]
320	T 73, T 74, T 79
321	T 83, T 84
322	T 85, T 86
323	T 39, 87, 99
324	T 17

Die Texte in D^1 auch in: Gedichte ²1 (1804). S. 275–278 und 303–324.

D^2: Gedichte 2 (1803). S. 179–199: 60 Xenien, und zwar im einzelnen:

D^2, S.	Xenien, Nr
179	X 320–322[2]
180	X 331–330[3]
181	X 366–368[4]
182–188	X 371–389[5]
189	X 288, X 45, X 22
190	X 11, X 14
191–193	X 309–318[6]
193	X 62, X 53
194–199	X 97–98 und 100–113[7]

Die Texte in D^2 auch in: Gedichte ²2 (1805). S. 179–199.

---

[1] *Beide Distichen unter der Überschrift „Die Forscher".*
[2] *Alle drei Distichen unter der Überschrift „Griechheit".*
[3] *In dieser Reihenfolge unter der Überschrift „Die Sonntagskinder".*
[4] *Unter der Überschrift „Die Homeriden".*
[5] *Unter der Überschrift „Die Philosophen".*
[6] *Unter der Überschrift „Jeremiade".*
[7] *Unter der Überschrift „Die Flüsse".*

*Für die geplante Prachtausgabe seiner Gedichte bestimmte Schiller nur solche
„Tabulae votivae" und „Xenien", die er vorher schon in den ersten Sammlungen
seiner Gedichte (D^1, D^2) wiederveröffentlicht hatte; und zwar in dieser Reihenfolge: X 390–412 (Shakespears Schatten), T 1, T 2, T 3, T 4, T 5, T 6, T 8,
T 56, T 18, T 21, T 43, T 67, T 68, T 69, T 32–33, T 59, T 62, T 52, T 23,
T 41, T 16, T 79, T 74, T 84, T 85, T 86, T 53, T 73, T 87, T 99, X 288,
T 17, X 180, X 45, T 15. Vgl. die Texte in NA 2 I, 306–307, 314–323 und
325–326.*

*Goethe hat 1800 in seine „Neuen Schriften" folgende „Tabulae votivae" und
„Xenien" aus dem „Musen-Almanach für das Jahr 1797" übernommen: T 13,
T 14, T 18, T 22 (1. Distichon), T 25–27, T 29, T 30, T 56, T 73, T 80, T 81
(1. Distichon), T 89, T 97 (1. Distichon), T 98, T 103; X 12, X 19, X 93, X 94,
X 96, X 127, X 277. – T 18, T 56 und T 73 wurden also sowohl von Goethe
wie von Schiller in ihre Werke aufgenommen.*

*KONKORDANZ
DER ÜBERLIEFERTEN TEXTZEUGEN, ERSTDRUCKE UND
SPÄTERER DRUCKE DER „TABULAE VOTIVAE" (T) UND „XENIEN" (X)
IN NA 1/2 I*

1	H^{1-3}, h^{1-3} (in S./S. H^1)	H^{4-9}	h^{4-7} (h^{6-7} in S./S. H^a)	h^8 (= S./S. H^b)	h^{9-12} (h^{9-11} in S./S. H^c)	Erstdruck[2]	spätere Drucke[3]	$P^{4)}$
	Sigle, Seite	Sigle	Sigle, Seite	Nr, Seite	Sigle	Kürzel, Seite	Sigle, S.	
2	3	4	5	6	7	8	9
*				646, 70		MA 97, 152	D^1, 303	×
*				222—224, 23 f.		MA 97, 152	D^1, 303	×

Die Zeichen hinter den Nummern bedeuten: *: Text stammt von Schiller; (*): Text stammt wahrscheinlich von Schiller; +: Text stammt von Goethe; (+): Text stammt wahrscheinlich von Goethe.
Die sicheren Zuschreibungen ergeben sich im wesentlichen aus dem Handschriftenbefund und aus Briefzeugnissen; die Vermutungen beruhen auf Angaben Dritter (z. B. auf – im einzelnen freilich fehlerhaften – Eintragungen Charlotte Schillers in ihrem Exemplar des „Musen-Almanachs für das Jahr 1797") und auf Deutungen der Texte.
In der folgenden Aufstellung werden zur Angabe des Erstdrucks folgende Abkürzungen gebraucht:
Bas = Schiller's und Goethe's Xenien-Manuscript. Zum erstenmal bekannt gemacht von Eduard Bas und hrsg. von Wendelin von Maltzahn. Berlin 1856.
Boxb. = Robert Boxberger: Über Schillers „Demetrius". In: Zeitschrift für Vergleichende Litteraturgeschichte 5 (1892). S. 52–61.
Goethe = Goethe's poetische und prosaische Werke in Zwei Bänden. Bd 1. Stuttgart und Tübingen 1836.
Hoffm. = Nachlese zu Schillers Werken nebst Variantensammlung. Aus seinem Nachlaß im Einverständniß und unter Mitwirkung der Familie Schillers hrsg. von Karl Hoffmeister. Bd 3. Stuttgart und Tübingen 1840.
MA 97 = Musen-Almanach für das Jahr 1797. herausgegeben von Schiller. Tübingen [1796]. (Die Zahlen in eckigen Klammern berichtigen die fehlerhafte Paginierung in MA; vgl. ÜBERLIEFERUNG.)
Sch./G.-Br. = Briefwechsel zwischen Schiller und Goethe. T. 2. Stuttgart und Tübingen 1828.
S./S. = Xenien 1796. Nach den Handschriften des Goethe- und Schiller-Archivs hrsg. von Erich Schmidt und Bernhard Suphan. Weimar 1893 (= Schriften der Goethe-Gesellschaft. Bd 8). – Vgl. auch WA 5.
Steig = Reinhold Steig: Neue Schiller- und Goethe-Handschriften aus des Grafen Schlitz Nachlaß.
V: Königlich privilegirte Berlinische Zeitung von Staats- und gelehrten Sachen. Vossische Zeitung. Sonntagsbeilage No 46 vom 14. November 1909. S. 363–366.
WA 1 = Goethes Werke. Hrsg. im Auftrage der Großherzogin Sophie von Sachsen. [I. Abtheilung.] Bd 1. Weimar 1887.
WA 5 = Goethes Werke [...]. Bd 5 I. Weimar 1893. – Die in diesem kurz nach der Ausgabe von Schmidt/Suphan (vgl. S./S.) erschienenen Band enthaltenen Nr 1–148 der „Xenien. Aus dem Nachlaß" (S. 269–290) berücksichtigen zwar auch die Sammelhandschrift H^b (h^8), sind aber in Interpunktion und Orthographie derart „normalisiert", daß sie ohne textkritischen Wert sind.
2 werden die Erstauflagen der von Schiller herausgegebenen Sammlungen seiner Gedichte berücksichtigt:
D^1 = Gedichte von Friederich Schiller. Erster Theil. Leipzig 1800.
D^2 = Gedichte von Friederich Schiller. Zweyter Theil. Leipzig 1803.
In dieser Spalte werden die Distichen angekreuzt, die Schiller für die geplante Prachtausgabe bestimmte.

342   ANMERKUNGEN ZU TABULAE VOTIVAE / XENIEN

NA 1 Nr[1])	H^{1-3}, h^{1-3} (in S./S. H^1) Sigle, Seite	H^{4-9} Sigle	h^{4-7} (h^{6-7} in S./S. H^a) Sigle, Seite	h^8 (= S./S. H^b) Nr, Seite	h^{9-12} (h^{9-11} in S./S. H^c) Sigle	Erstdruck[2]) Kürzel, Seite	spätere Drucke[3]) Sigle, S.
1	2	3	4	5	6	7	8
T 3 *				225, 24		MA 97, 153	D^1, 30
T 4 *				226, 24		MA 97, 153	D^1, 30
T 5 *				625, 68		MA 97, 153	D^1, 30
T 6 *				624, 68		MA 97, 153	D^1, 30
T 7 *				626, 68		MA 97, 154	
T 8 *						MA 97, 154	D^1, 30
T 9 *	$H^3, 5$			622, 68		MA 97, 154	D^1, 30
T 10 *	$H^3, 6$			620, 68		MA 97, 154	D^1, 30
T 11 *				623, 68		MA 97, 155	D^1, 30
T 12 *						MA 97, 155	D^1, 30
T 13 +			$h^6, 2$	619, 67		MA 97, 155	
T 14 +			$h^6, 20$	643, 70		MA 97, 155	
T 15 *				613, 67		MA 97, 156	D^1, 30
T 16 *				615, 67		MA 97, 156	D^1, 30
T 17 *						MA 97, 156	D^1, 32
T 18 (*)						MA 97, 156	D^1, 30
T 19 (*)				614, 67		MA 97, 157	
T 20				616, 67		MA 97, 157	
T 21 *				204—205, 21f.		MA 97, 157	D^1, 31
T 22 (+)						MA 97, 158	
T 23 *				207, 22		MA 97, 158	D^1, 30
T 24 (*)						MA 97, 158	
T 25 +			$h^6, 10; h^7, 6$	208, 22		MA 97, 159	
T 26 +			$h^6, 10; h^7, 7$	209, 22		MA 97, 159	
T 27 +			$h^6, 11; h^7, 7$	210, 22		MA 97, 159	
T 28 +			$h^6, 11; h^7, 6$	211, 22	$h^{11}, 1$	MA 97, 159	
T 29 +			$h^6, 11; h^7, 7$	212, 22		MA 97, 160	
T 30 +				213, 22		MA 97, 160	
T 31 +			$h^4; h^6, 2$	171, 18	h^9 (2×); h^{10}	MA 97, 160	
T 32 *				159, 17		MA 97, 160	D^1, 31
T 33 *				158, 17		MA 97, 161	D^1, 31
T 34 (+)				163, 17		MA 97, 161	
T 35 (*)				165, 17		MA 97, 161	
T 36 (*)				166, 17		MA 97, 161	
T 37 (*)				168, 18		MA 97, 162	
T 38 (*)				167, 17		MA 97, 162	

---

[1])–[4]) *Siehe Seite 341.*

KONKORDANZ – TEXTZEUGEN / DRUCKE 343

1	H^{1-3}, h^{1-3} (in S./S. H^1)	H^{4-9}	h^{4-7} (h^{6-7} in S./S. H^a)	h^8 (= S./S. H^b)	h^{9-12} (h^{9-11} in S./S. H^c)	Erstdruck[2]	spätere Drucke[3]	$P^{[4]}$
	Sigle, Seite	Sigle	Sigle, Seite	Nr, Seite	Sigle	Kürzel, Seite	Sigl2, S.	
	2	3	4	5	6	7	8	9
9	*			161, 17		MA 97, 162	D^1, 323	
0	+		h^6, 1	214, 22		MA 97, 162		
1	*			203, 21		MA 97, 163	D^1, 314	×
2	(*)			198, 21		MA 97, 163		
3	*			200f., 21 (V.1f.)		MA 97, [164]	D^1, 313	×
4	(+)					MA 97, [164]		
5	(+)					MA 97, 165		
6	(+)					MA 97, 165		
7	(*)			634, 69 (V.3f.)		MA 97, 165f.		
8	(+)			306, 32		MA 97, [166]		
9	(+)			305, 32		MA 97, [166]		
0	+			307, 32		MA 97, [166]		
1	+			308, 32		MA 97, 167		
2	*			206, 22		MA 97, 167	D^1, 309	×
3	(*)			189, 20	h^9	MA 97, 167	D^1, 315	×
4	(*)			190, 20		MA 97, 167		
5	(*)			191, 20		MA 97, 168		
6	(*)			192, 20		MA 97, 168	D^1, 308	×
7	(*)			193, 20		MA 97, 168		
8	*			194, 20		MA 97, 168	D^1, 308	
9	*			195–196, 20		MA 97, 169	D^1, 316	×
0	(*)			197, 20		MA 97, 169		
1	(*)					MA 97, 169		
2	*			215–217, 23		MA 97, 170	D^1, 317	×
3	(*)			627–628, 68		MA 97, 170f.		
4				218, 23		MA 97, 171		
5				219, 23		MA 97, 171		
6				220, 23		MA 97, 171		
7	*					MA 97, 172	D^1, 318	×
8	*			228–229, 24		MA 97, 172	D^1, 318	×
9	*					MA 97, 173	D^1, 319	×
0	(*)			232, 24		MA 97, 173		
1	(*)			231, 24		MA 97, 173		
2	(+)					MA 97, 174		
3	(*)			235, 25		MA 97, 174	D^1, 320	×

) Siehe Seite 341.

$NA\,1$	H^{1-3}, h^{1-3} (in S./S. H^1)	H^{4-9}	$h^{4-7}\,(h^{6-7}$ in S./S. H^a)	h^8 (= S./S. H^b)	$h^{9-12}\,(h^{9-11}$ in S./S. H^c)	Erstdruck[2]	spätere Drucke[3]
Nr^1)	Sigle, Seite	Sigle	Sigle, Seite	Nr, Seite	Sigle	Kürzel, Seite	Sigle, S.
1	2	3	4	5	6	7	8
T 74 *				236, 25		MA 97, 174	D^1, 320
T 75 (+)				238, 25		MA 97, 174	
T 76				241, 25		MA 97, 175	
T 77 (+)				237, 25		MA 97, 175	
T 78				239, 25		MA 97, 175	
T 79 *				242, 25		MA 97, 175	D^1, 320
T 80 +						MA 97, 176	
T 81 +						MA 97, 176	
T 82 +				639, 69	h^{11}, 5	MA 97, 176	
T 83 *				243, 25		MA 97, 177	D^1, 321
T 84 *		H^4, 2		644, 70		MA 97, 177	D^1, 321
T 85 *				645, 70		MA 97, 177	D^1, 322
T 86 *				368, 38		MA 97, 177	D^1, 322
T 87 *	H^1, 2			595, 65		MA 97, 178	D^1, 323
T 88				244, 26		MA 97, 178	
T 89 +			h^6, 18	598, 65		MA 97, 178	
T 90 *	H^2, 1			597, 65		MA 97, 178	
T 91 +			h^6, 14	599, 65		MA 97, 179	
T 92 (*)				602, 66		MA 97, 179	
T 93 (+)				603, 66		MA 97, 179	
T 94 (+)				600, 66		MA 97, 179	
T 95				601, 66		MA 97, 180	
T 96 +				609, 66		MA 97, 180	
T 97 +						MA 97, 180f.	
T 98 +						MA 97, 181	
T 99 *				605, 66		MA 97, 181	D^1, 323
T 100 (*)				606–607, 66		MA 97, 181f.	
T 101				608, 66		MA 97, 182	
T 102 (*)				386, 40		MA 97, 182	
T 103 +			h^6, 1	617, 67		MA 97, 182	
X Motto	H^1, 3					MA 97, [198]	
X 1 (+)				15, 2		MA 97, 199	
X 2 (+)				16, 2		MA 97, 199	
X 3 (+)				17, 2		MA 97, 199	
X 4 (+)				18, 2		MA 97, 199	

---

[1])–[4]) *Siehe Seite 341.*

KONKORDANZ – TEXTZEUGEN / DRUCKE

1	H^{1-3}, h^{1-3} (in S./S. H^1)	H^{4-9}	h^{4-7} (h^{6-7} in S./S. H^a)	h^8 (= S./S. H^b)	h^{9-12} (h^{9-11} in S./S. H^c)	Erstdruck[2])	spätere Drucke[3])	P^4)
	Sigle, Seite	Sigle	Sigle, Seite	Nr, Seite	Sigle	Kürzel, Seite	Sigle, S.	
2	3	4	5	6	7	8	9	
(+)						MA 97, 200		
(+)						MA 97, 200		
(+)						MA 97, 200		
+					h^{10}	MA 97, 200		
*	$H^3, 6$			621, 68		MA 97, 201		
0						MA 97, 201		
1 *		H^7		359, 37		MA 97, 201	$D^2, 190$	
2 +			$h^6, 2$	311, 32		MA 97, 201		
3 *	$H^1, 12$			312, 32		MA 97, [202]		
4 *	$H^1, 4$			313, 32		MA 97, [202]	$D^2, 190$	
5 +	$h^2, 11$		h^5	286, 30		MA 97, [202]		
6 +	$h^2, 11$		h^5	287, 30		MA 97, [202]		
7 +	$h^2, 11$		h^5	288, 30		MA 97, [203]		
8 +	$h^2, 5$			295, 31		MA 97, [203]		
9 +				296, 31		MA 97, [203]		
0 +			$h^6, 1$	309, 32		MA 97, [203]		
1 +			$h^6, 1$	310, 32		MA 97, 204		
2 *	$h^3, 4$			360, 37		MA 97, 204	$D^2, 189$	
3 (+)				293, 30		MA 97, 204		
4 (+)				314, 33		MA 97, 204		
5				315, 33		MA 97, 205		
6 (*)				292, 30		MA 97, 205		
7 +	$h^2, 5$			407, 42		MA 97, 205		
8 (+)						MA 97, 205		
9 +			$h^6, 11; h^7, 7$	7, 1	$h^{11}, 2$	MA 97, 206		
0 (+)				8, 1		MA 97, 206		
1 (*)						MA 97, 206		
2 +			$h^6, 3$	90, 10		MA 97, 206		
3 (*)				316, 33		MA 97, 207		
4 *	$H^1, 12$			318, 33		MA 97, 207		
5 *	$h^3, 1$			319, 33		MA 97, 207		
6 (*)						MA 97, 207		
7 (*)						MA 97, 208		
8 (*)						MA 97, 208		
9 *	$H^3, 5$			320, 33		MA 97, 208		
0 *	$h^3, 1$			321, 33		MA 97, 208		

[4]) Siehe Seite 341.

ANMERKUNGEN ZU TABULAE VOTIVAE / XENIEN

NA 1	H^{1-3}, h^{1-3} (in S./S. H^1)	H^{4-9}	h^{4-7} (h^{6-7} in D./S. H^a)	h^8 (= S./S. H^b)	h^{9-12} (h^{9-11} in S./S. H^c)	Erstdruck[2]	spätere Drucke[3]
Nr^1)	Sigle, Seite	Sigle	Sigle, Seite	Nr, Seite	Sigle	Kürzel, Seite	Sigle, S.
1	2	3	4	5	6	7	8
X 41 (*)				322, 33		MA 97, 209	
X 42 *	$h^3, 1$			324, 34		MA 97, 209	
X 43 */+	$H^1, 4; h^2, 11$			9, 1		MA 97, 209	
X 44 *	$H^1, 12; H^2, 1$			329, 34		MA 97, 209	
X 45 (*)	$h^1, 9$			325, 34		MA 97, [210]	D^2, 189
X 46 (*)						MA 97, [210]	
X 47 (*)						MA 97, [210]	
X 48 (+)				332, 34		MA 97, [210]	
X 49						MA 97, 211	
X 50 +					h^9	MA 97, 211	
X 51 +			$h^6, 1$	333, 34		MA 97, 211	
X 52 (+)						MA 97, 211	
X 53 *						MA 97, 212	D^2, 193
X 54 (*)						MA 97, 212	
X 55 (*)						MA 97, 212	
X 56 (*)						MA 97, 212	
X 57 (*)						MA 97, 213	
X 58 (+)						MA 97, 213	
X 59 (*)						MA 97, 213	
X 60 (*)						MA 97, 213	
X 61 (*)						MA 97, 214	
X 62 *				162, 17		MA 97, 214	D^2, 193
X 63 (+)						MA 97, 214	
X 64 *			$H^5, 2$	370, 38		MA 97, 214	
X 65 *			$H^5, 1$	369, 38		MA 97, 215	
X 66 (*)				424, 44		MA 97, 215	
X 67 (+)				14, 2		MA 97, 215	
X 68 *				95, 10		MA 97, 215	
X 69 *				96, 10		MA 97, 216	
X 70 *				97, 10		MA 97, 216	
X 71 *				98, 11		MA 97, 216	
X 72 *				99, 11		MA 97, 216	
X 73 *				101, 11		MA 97, [217]	
X 74 *				102, 11		MA 97, [217]	
X 75 (+)				103, 11		MA 97, [217]	
X 76 *				104, 11		MA 97, [217]	

---

[1])–[4]) Siehe Seite 341.

KONKORDANZ – TEXTZEUGEN / DRUCKE

A 1	H^{1-3}, h^{1-3} (in S./S. H^1)	H^{4-9}	h^{4-7} (h^{6-7} in S./S. H^a)	h^8 (= S./S. H^b)	h^{9-12} (h^{9-11} in S./S. H^c)	Erstdruck[2]	spätere Drucke[3]	$P^{[4]}$
	Sigle, Seite	Sigle	Sigle, Seite	Nr, Seite	Sigle	Kürzel, Seite	Sigle, S.	
	2	3	4	5	6	7	8	9
77 *				105, 11		MA 97, 218		
78 *				106, 11		MA 97, 218		
79 *				107, 11		MA 97, 218		
80 *				108, 12		MA 97, 218		
81 *				109, 12		MA 97, 219		
82 (+)				110, 12		MA 97, 219		
83 *				111, 12		MA 97, 219		
84 *				112, 12		MA 97, 219		
85 *				113, 12		MA 97, 220		
86 *				114, 12		MA 97, 220		
87 *				115, 12		MA 97, 220		
88 *				116, 12		MA 97, 220		
89 *				118, 13		MA 97, 221		
90 *				120, 13		MA 97, 221		
91 +			h^6, 2			MA 97, 221		
92 +					h^9	MA 97, 221		
93 +						MA 97, 222		
94 +					h^{10}	MA 97, 222		
95 *	H^2, 1			122, 13		MA 97, 222		
96 +						MA 97, 222		
97 *	H^2, 2			124, 13		MA 97, 223	D^2, 194	
98 *	H^2, 2			126, 13		MA 97, 223	D^2, 194	
99 *				127, 13		MA 97, 223		
100 *				129, 14		MA 97, 223	D^2, 195	
101 *	H^2, 2			131, 14		MA 97, 224	D^2, 195	
102 *				133, 14		MA 97, 224	D^2, 195	
103 *	H^2, 2			135, 14		MA 97, 224	D^2, 196	
104 *	H^2, 2			134, 14		MA 97, 225	D^2, 196	
105 *						MA 97, 225	D^2, 196	
106 *	H^2, 2			138, 15		MA 97, 225	D^2, 197	
107 *						MA 97, 225	D^2, 197	
108 *		H^6		140, 15		MA 97, 225	D^2, 197	
109 *						MA 97, 226	D^2, 198	
110 *	H^2, 2					MA 97, 226	D^2, 198	
111 *	H^2, 2			139, 15		MA 97, 226	D^2, 198	
112 *	H^2, 2			141, 15		MA 97, 226	D^2, 199	

---

[4] *Siehe Seite 341.*

348   ANMERKUNGEN ZU TABULAE VOTIVAE / XENIEN

NA 1	H^{1-3}, h^{1-3} (in S./S. H^1)	H^{4-9}	h^{4-7} (h^{6-7} in S./S. H^a)	h^8 (= S./S. H^b)	h^{9-12} (h^{9-11} in S./S. H^c)	Erstdruck[2]	spätere Drucke[3]
Nr[1]	Sigle, Seite	Sigle	Sigle, Seite	Nr, Seite	Sigle	Kürzel, Seite	Sigle, S.
1	2	3	4	5	6	7	8
X 113 *	$H^2, 2$			143, 15		MA 97, 227	$D^2, 199$
X 114 (*)				12, 2		MA 97, 227	
X 115 (+)				5, 1		MA 97, 227	
X 116 +	$h^1, 9$			291, 30		MA 97, 227	
X 117 (*)				294, 31		MA 97, 228	
X 118 (*)						MA 97, 228	
X 119 *			$H^4, 1$	406, 42		MA 97, 228	
X 120 (*)						MA 97, 228	
X 121 (*)						MA 97, 229	
X 122						MA 97, 229	
X 123 (*)						MA 97, 229	
X 124 +			$h^6, 17$	11, 2		MA 97, 229	
X 125 +	$h^2, 5$			290, 30		MA 97, 230	
X 126 (*)				367, 38		MA 97, 230	
X 127 +						MA 97, 230	
X 128 (+)						MA 97, 230	
X 129 (*)				385, 40		MA 97, 231	
X 130 (*)				336, 35		MA 97, 231	
X 131 (*)				430, 45		MA 97, 231	
X 132 (*)				404, 42		MA 97, 231	
X 133 (*)				366, 38		MA 97, 232	
X 134 *			$H^4, 2$	459, 48		MA 97, 232	
X 135 (+)				391, 41		MA 97, 232	
X 136 (*)				351, 36		MA 97, 232	
X 137 (*)				378, 39		MA 97, 233	
X 138 (*)				380, 39		MA 97, 233	
X 139 *	$h^3, 5$			364, 38		MA 97, 233	
X 140 *	$h^3, 2$					MA 97, 233	
X 141 (*)				353, 36		MA 97, 234	
X 142 (*)				343, 35		MA 97, 234	
X 143 (*)				345, 36		MA 97, 234	
X 144 *	$H^2, 1$			344, 36		MA 97, 235	
X 145 (*)				338, 35		MA 97, 235	
X 146 (*)				340, 35		MA 97, 235	
X 147 +			$h^6, 13$	339, 35		MA 97, 235	
X 148 *			$H^4, 1$	402, 42		MA 97, 236	

[1])–[4]) Siehe Seite 341.

KONKORDANZ – TEXTZEUGEN / DRUCKE

H^{1-3}, h^{1-3} (in S./S. H^1)	H^{4-9}	h^{4-7} (h^{6-7} in S./S. H^a)	h^8 (= S./S. H^b)	h^{9-12} (h^{9-11} in S./S. H^c)	Erstdruck[2]	spätere Drucke[3]	P[4]
Sigle, Seite	Sigle	Sigle, Seite	Nr, Seite	Sigle	Kürzel, Seite		Sigle, S.
2	3	4	5	6	7	8	9
* $H^3, 5$			356, 37		MA 97, 236		
+		$h^7, 4$	357, 37	$h^{11}, 2;$ $h^{11}, 5$	MA 97, 236		
+		$h^6, 2$	354, 37		MA 97, 236		
* $H^1, 12$			358, 37		MA 97, 237		
			592, 65		MA 97, 237		
* $h^3, 3$			413, 43		MA 97, 237		
* $h^3, 3$			414, 43		MA 97, 237		
(*)			388, 40		MA 97, 238		
(*)			618, 67		MA 97, 238		
(+)					MA 97, 238		
+		$h^6, 11; h^7, 5$		$h^{11}, 2$	MA 97, 238		
(+)			6, 1		MA 97, 239		
+		$h^6, 15$	183, 19		MA 97, 239		
+		$h^6, 15$	184, 19		MA 97, 239		
+		$h^6, 15$	185, 19		MA 97, 239		
+ $h^2, 7$		h^4	170, 18	h^{10}	MA 97, 240		
+		$h^6, 2$	172, 18		MA 97, 240		
+		$h^6, 2$	173, 18		MA 97, 240		
+		$h^6, 2$	174, 18		MA 97, 240		
+		$h^6, 2$	175, 18		MA 97, 241		
+		$h^6, 3$	176, 18		MA 97, 241		
+		$h^6, 3$	177, 18	h^9	MA 97, 241		
+		$h^6, 3$	178, 19		MA 97, 241		
+		$h^6, 15$	179, 19		MA 97, 242		
+		$h^6, 15$	180, 19		MA 97, 242		
+		$h^6, 3$	181, 19		MA 97, 242		
+					MA 97, 242		
+		$h^6, 16$	182, 19		MA 97, 243		
*	$H^4, 2; H^8$		610, 67		MA 97, 243		
(*)					MA 97, 243		
(*)					MA 97, 243		
*			188, 20		MA 97, 244		$D^1, 314 \times$
(*)					MA 97, 244		
(*)					MA 97, 244		
(*)					MA 97, 244		

Siehe Seite 341.

350 ANMERKUNGEN ZU TABULAE VOTIVAE / XENIEN

NA 1	H^{1-3}, h^{1-3} (in S./S. H^1)	H^{4-9}	h^{4-7} (h^{6-7} in S./S. H^a)	h^8 (= S./S. H^b)	h^{9-12} (h^{9-11} in S./S. H^c)	Erstdruck[2]	spätere Drucke[3]
Nr[1]	Sigle, Seite	Sigle	Sigle, Seite	Nr, Seite	Sigle	Kürzel, Seite	Sigle, S.
1	2	3	4	5	6	7	8
X 184	*			247, 26		MA 97, 245	
X 185	*			248, 26		MA 97, 245	
X 186	*			250, 26		MA 97, 245	
X 187	*			252, 26		MA 97, 245	
X 188	*			253, 26		MA 97, 246	
X 189	*			255, 27		MA 97, 246	
X 190	*			256, 27		MA 97, 246	
X 191	*			257, 27		MA 97, 246	
X 192	*			258, 27		MA 97, 247	
X 193	*			259, 27		MA 97, 247	
X 194	*			262, 27		MA 97, 247	
X 195	*			264, 28		MA 97, 247	
X 196	*			266, 28		MA 97, 248	
X 197	*			269, 28		MA 97, 248	
X 198	*			270, 28		MA 97, 248	
X 199	*			271, 28		MA 97, 248	
X 200	*			272, 28		MA 97, 249	
X 201	*			273, 28		MA 97, 249	
X 202	*			274, 29		MA 97, 249	
X 203	*			275, 29		MA 97, 249	
X 204	*			276, 29		MA 97, 250	
X 205	*			282, 29		MA 97, 250	
X 206	*			284, 30		MA 97, 250	
X 207	* $H^2, 1$			285, 30		MA 97, 250	
X 208	+		$h^6, 9; h^7, 3$	20, 2	$h^{11}, 3$	MA 97, 251	
X 209	+ $h^2, 10$			22, 3		MA 97, 251	
X 210	+		$h^6, 13$	23, 3		MA 97, 251	
X 211	+		$h^6, 13$	24, 3		MA 97, 251	
X 212	+		$h^6, 14$	25, 3		MA 97, 252	
X 213	+		$h^6, 17$	26, 3		MA 97, 252	
X 214	+		$h^6, 15$	32, 4		MA 97, 252	
X 215	+		$h^6, 15$	34, 4		MA 97, 252	
X 216	+		$h^6, 15$	36, 4	h^9	MA 97, 253	
X 217	+		$h^6, 13$	38, 4		MA 97, 253	
X 218	* $H^2, 1$			268, 28		MA 97, 253	
X 219	(+)			41, 5		MA 97, 253	

[1]–[4] Siehe Seite 341.

KONKORDANZ – TEXTZEUGEN / DRUCKE

A 1 (r¹)	H^{1-3}, h^{1-3} (in S./S. H^1)	H^{4-9}	h^{4-7} (h^{6-7} in S./S. H^a)	h^8 (= S./S. H^b)	h^{9-12} (h^{9-11} in S./S. H^c)	Erstdruck[2]	spätere Drucke[3]	P^4
Sigle, Seite	Sigle	Sigle	Sigle, Seite	Nr, Seite	Sigle	Kürzel, Seite		Sigle, S.
2	3	4	5	6	7	8	9
220 +			h^6, 13	43, 5		MA 97, 254		
221 +			h^6, 9; h^7, 5	44, 5	h^{11}, 4	MA 97, 254		
222 (+)						MA 97, 254		
223 +			h^6, 13	46, 5		MA 97, 254		
224 +					h^{10}	MA 97, 255		
225 +			h^6, 13	47, 5		MA 97, 255		
226 (+)						MA 97, 255		
227 +			h^6, 14	49, 5		MA 97, 255		
228				50, 5		MA 97, 256		
229 +			h^6, 14; h^6, 15	51, 6		MA 97, 256		
230 +			h^6, 16	56, 6		MA 97, 256		
231 (+)				57, 6		MA 97, 256		
232 +			h^6, 16	62, 7		MA 97, 257		
233 +			h^6, 9	63, 7		MA 97, 257		
234 +			h^6, 10	65, 7		MA 97, 257		
235 (+)						MA 97, 257		
236 (+)						MA 97, 258		
237						MA 97, 258		
238 (*)						MA 97, 258		
239 +			h^6, 18	408, 42		MA 97, 258		
240 +			h^6, 18	409, 42		MA 97, 259		
241 +			h^6, 18	410, 42		MA 97, 259		
242 +			h^6, 17	13, 2		MA 97, 259		
243 (+)						MA 97, 259		
244 (+)						MA 97, 260		
245 (+)				432, 45		MA 97, 260		
246 +	h^1, 10			457, 47		MA 97, 260		
247 +	h^1, 1			452, 47		MA 97, 260		
248 +	h^1, 1			455, 47		MA 97, 261		
249 +	h^1, 9			456, 47		MA 97, 261		
250 (+)				449, 47		MA 97, 261		
251 (*)				433, 45		MA 97, 261		
252 +	h^1, 9			438, 45		MA 97, 262		
253 *	H^1, 12			439, 46		MA 97, 262		
254 *	h^3, 1			436, 45		MA·97, 262		
255 (+)				435, 45		MA 97, 262		

[1-4] Siehe Seite 341.

ANMERKUNGEN ZU TABULAE VOTIVAE / XENIEN

$NA\ 1$	H^{1-3}, h^{1-3} (in S./S. H^1)	H^{4-9}	h^{4-7} (h^{6-7} in S./S. H^a)	h^8 (= S./S. H^b)	h^{9-12} (h^{9-11} in S./S. H^c)	Erstdruck[2]	spätere Drucke[3]	P[4]
Nr[1]	Sigle, Seite	Sigle	Sigle, Seite	Nr, Seite	Sigle	Kürzel, Seite	Sigle, S.	
1	2	3	4	5	6	7	8	9
$X\ 256$ + $h^1, 1$				437, 45		MA 97, 263		
$X\ 257$ + $h^1, 2$				440, 46		MA 97, 263		
$X\ 258$ + $h^1, 2$				441, 46		MA 97, 263		
$X\ 259$ + $h^1, 2$				445, 46		MA 97, 263		
$X\ 260$ + $h^1, 2$				444, 46		MA 97, 264		
$X\ 261$ + $h^1, 1$				446, 46		MA 97, 264		
$X\ 262$ + $h^1, 1$				448, 46		MA 97, 264		
$X\ 263$ + $h^1, 2$				460, 48		MA 97, 264		
$X\ 264$ (*)				355, 37		MA 97, 265		
$X\ 265$ * $h^3, 2$				431, 45		MA 97, 265		
$X\ 266$ * $h^3, 4$				374, 39		MA 97, 265		
$X\ 267$ * $H^1, 12$				347, 36		MA 97, 265		
$X\ 268$ * $H^1, 12$				348, 36		MA 97, 266		
$X\ 269$ (*)				349, 36		MA 97, 266		
$X\ 270$ *			$H^4, 1$	362, 37		MA 97, 266		
$X\ 271$ *			$H^4, 2$	373, 38		MA 97, 266		
$X\ 272$						MA 97, 267		
$X\ 273$ (*)						MA 97, 267		
$X\ 274$						MA 97, 267		
$X\ 275$ (*)						MA 97, 267		
$X\ 276$						MA 97, 268		
$X\ 277$ +						MA 97, 268		
$X\ 278$ (+)						MA 97, 268		
$X\ 279$ (+)						MA 97, 268		
$X\ 280$				362, 37		MA 97, 269		
$X\ 281$ +			$h^6, 20$	377, 39	h^9	MA 97, 269		
$X\ 282$ (*)				403, 42		MA 97, 269		
$X\ 283$ *			$H^4, 1$	427, 44		MA 97, 269		
$X\ 284$ *			$H^4, 1$	428, 44		MA 97, 270		
$X\ 285$ *			$H^4, 2$	411, 43		MA 97, 270		
$X\ 286$ (*)				412, 43		MA 97, 270		
$X\ 287$ *			$H^4, 1$	420, 44		MA 97, 270		
$X\ 288$ * $H^1, 9$				425, 44		MA 97, 271	$D^2, 189$	
$X\ 289$ * $h^3, 4$		$H^5, 2$		426, 44		MA 97, 271		
$X\ 290$ *			$H^4, 1$	417, 43		MA 97, 271		
$X\ 291$ *			$H^4, 1$	418, 43		MA 97, 271		

[1])–[4]) *Siehe Seite 341.*

KONKORDANZ – TEXTZEUGEN / DRUCKE

1	H^{1-3}, h^{1-3} (in S./S. H^1)	H^{4-9}	h^{4-7} (h^{6-7} in S./S. H^a)	h^8 (= S./S. H^b)	h^{9-12} (h^{9-11} in S./S. H^c)	$Erstdruck^2)$	spätere $Drucke^3)$	$P^4)$
	Sigle, Seite	Sigle	Sigle, Seite	Nr, Seite	Sigle	Kürzel, Seite	Sigle, S.	
2	3	4	5	6	7	8	9	
92 *		$H^4, 1$		326, 34		MA 97, 272		
93 *		$H^4, 2$		419, 43		MA 97, 272		
94						MA 97, 272		
95 (+)						MA 97, 272		
96 *		$H^4, 1$		422, 44		MA 97, 273		
97 *		$H^4, 1$		423, 44		MA 97, 273		
98 (*)						MA 97, 273		
99 *				390, 40		MA 97, 273		
00 (*)				421, 44		MA 97, 274		
01 *						MA 97, 274		
02 *						MA 97, 274		
03 *						MA 97, 274		
04 *						MA 97, 275		
05 *						MA 97, 275		
06 *						MA 97, 275		
07 *						MA 97, 275		
08 *						MA 97, 276		
09 *				392, 41		MA 97, 276	$D^2, 191$	
10 *				393, 41		MA 97, 276	$D^2, 191$	
11 *				394, 41		MA 97, 276	$D^2, 191$	
12 *				395, 41		MA 97, 277	$D^2, 191$	
13 *				397, 41		MA 97, 277	$D^2, 192$	
14 *				398, 41		MA 97, 277	$D^2, 192$	
15 *				399, 41		MA 97, 277	$D^2, 192$	
16 *				401, 42		MA 97, 278	$D^2, 192$	
17 *				400, 41		MA 97, 278	$D^2, 192$	
18 *				392, 41		MA 97, 278	$D^2, 193$	
19 + $h^2, 5$				451, 47		MA 97, 278		
20 *						MA 97, 279	$D^2, 179$	
21 *						MA 97, 279	$D^2, 179$	
22 *						MA 97, 279	$D^2, 179$	
23 *						MA 97, 279		
24 *						MA 97, 280		
25 *						MA 97, 280		
26 *						MA 97, 280		
27 *						MA 97, 280		

Siehe Seite 341.

NA 1	H^{1-3}, h^{1-3} (in S./S. H^1)	H^{4-9}	h^{4-7} (h^{6-7} in S./S. H^a)	h^8 (= S./S. H^b)	h^{9-12} (h^{9-11} in S./S. H^c)	Erstdruck[2]	spätere Drucke[3]
Nr^1)	Sigle, Seite	Sigle	Sigle, Seite	Nr, Seite	Sigle	Kürzel, Seite	Sigle, S.
1	2	3	4	5	6	7	8
X 328	*					MA 97, 281	
X 329	*	H^9				MA 97, 281	
X 330	*					MA 97, 281	D^2, 180
X 331	*					MA 97, 281	D^2, 180
X 332	*			463, 48		MA 97, 282	
X 333	*			464, 48		MA 97, 282	
X 334	*			465, 48		MA 97, 282	
X 335	*			466, 48		MA 97, 282	
X 336	*			468, 49		MA 97, 283	
X 337	*			469, 49		MA 97, 283	
X 338	*			479, 52		MA 97, 283	
X 339	*			480, 52		MA 97, 283	
X 340	*			481, 52		MA 97, 284	
X 341	*			484, 52		MA 97, 284	
X 342	*			485, 52		MA 97, 284	
X 343	*			486, 52		MA 97, 284	
X 344	*			487, 52		MA 97, 285	
X 345	*			488, 52		MA 97, 285	
X 346	*			483, 52		MA 97, 285	
X 347	*					MA 97, 285	
X 348	*					MA 97, 286	
X 349	*					MA 97, 286	
X 350	*			495, 53		MA 97, 286	
X 351	*			496, 53		MA 97, 286	
X 352	*			489, 53		MA 97, 287	
X 353	*			490, 53		MA 97, 287	
X 354	*			491, 53		MA 97, 287	
X 355	*			492, 53		MA 97, 287	
X 356	*			493, 53		MA 97, 288	
X 357	*					MA 97, 288	
X 358	*			472, 51		MA 97, 288	
X 359	*			473, 51		MA 97, 288	
X 360	*					MA 97, 289	
X 361	*					MA 97, 289	
X 362	*					MA 97, 289	
X 363	*					MA 97, 289	

---

[1])–[4]) Siehe Seite 341.

1 1	H^{1-3}, h^{1-3} (in S./S. H^1)	H^{4-9}	h^{4-7} (h^{6-7} in S./S. H^a)	h^8 (= S./S. H^b)	h^{9-12} (h^{9-11} in S./S. H^c)	Erstdruck[2]	später Drucke[3]	P^4
)	Sigle, Seite	Sigle	Sigle, Seite	Nr, Seite	Sigle	Kürzel, Seite	Sigle, S.	
	2	3	4	5	6	7	8	9
364 *						MA 97, 290		
365 *						MA 97, 290		
366 *						MA 97, 290	D^2, 181	
367 *						MA 97, 290	D^2, 181	
368 *						MA 97, 291	D^2, 181	
369 *						MA 97, 291		
370 *						MA 97, 291		
371 *						MA 97, 291	D^2, 182	
372 *						MA 97, 292	D^2, 182	
373 *						MA 97, 292	D^2, 183	
374 *						MA 97, 292	D^2, 183	
375 *						MA 97, 292	D^2, 183	
376 *						MA 97, 293	D^2, 184	
377 *						MA 97, 293	D^2, 184	
378 *						MA 97, 293	D^2, 184	
379 *						MA 97, 293	D^2, 185	
380 *						MA 97, 294	D^2, 185	
381 *						MA 97, 294	D^2, 185	
382 *						MA 97, 294	D^2, 186	
383 *						MA 97, 294	D^2, 186	
384 *						MA 97, 295	D^2, 186	
385 *						MA 97, 295	D^2, 187	
386 *						MA 97, 295	D^2, 187	
387 *						MA 97, 295	D^2, 187	
388 *						MA 97, 296	D^2, 188	
389 *						MA 97, 296	D^2, 188	
390 *				499, 54		MA 97, 296	D^1, 275	×
391 *				500, 54		MA 97, 296	D^1, 275	×
392 *				501, 54		MA 97, 297	D^1, 275	×
393 *				502, 54		MA 97, 297	D^1, 275	×
394 *				503, 54		MA 97, 297	D^1, 275	×
395 *				504, 54		MA 97, 297	D^1, 276	×
396 *				505, 54		MA 97, 298	D^1, 276	×
397 *				506, 54		MA 97, 298	D^1, 276	×
398 *				507, 54		MA 97, 298	D^1, 276	×
399 *				508, 54		MA 97, 298	D^1, 276	×

) Siehe Seite 341.

NA 1	H^{1-3}, h^{1-3} (in S./S. H^1)	H^{4-9}	h^{4-7} (h^{6-7} in S./S. H^a)	h^8 (= S./S. H^b)	h^{9-12} (h^{9-11} in S./S. H^c)	Erstdruck[2]	spätere Drucke[3]
Nr[1]	Sigle, Seite	Sigle	Sigle, Seite	Nr, Seite	Sigle	Kürzel, Seite	Sigle, S.
1	2	3	4	5	6	7	8
X 400 *				509, 55		MA 97, 299	D^1, 276
X 401 *				510, 55		MA 97, 299	D^1, 277
X 402 *				511, 55		MA 97, 299	D^1, 277
X 403 *				512, 55		MA 97, 299	D^1, 277
X 404 *				513, 55		MA 97, 300	D^1, 277
X 405 *				514, 55		MA 97, 300	D^1, 277
X 406 *				515, 55		MA 97, 300	D^1, 277
X 407 *				516, 55		MA 97, 300	D^1, 278
X 408 *				517, 55		MA 97, 301	D^1, 278
X 409 *				518, 55		MA 97, 301	D^1, 278
X 410 *				519, 56		MA 97, 301	D^1, 278
X 411 *				520, 56		MA 97, 301	D^1, 278
X 412 *				521, 56		MA 97, [302]	D^1, 278
X 413 *				522, 56		MA 97, [302]	
X 414 (*/+)				461, 48		MA 97, [302]	

Xenien aus dem Nachlaß (NA 2 I, 74—98)
NA 2 I

X 415 +				1, 1		Goethe, 206	
X 416 (+)				2, 1		S./S.,1; WA 5,269	
X 417 (+)				3, 1		S./S.,1; WA 5,269	
X 418 (+)				4, 1		S./S.,1; WA 5,269	
X 419 (*)				10, 1		S./S.,2; WA 5,269	
X 420 (+)				19, 2		S./S.,3; WA 5,270	
X 421 +			$h^6, 9; h^7, 4$	21, 3		S./S.,3; WA 5,270	
X 422 +			$h^6, 9$	27, 3		S./S.,4; WA 5,270	
X 423 +			$h^6, 13$	28, 3		S./S.,4; WA 5,270	
X 424 +			$h^6, 9; h^7, 5$	29, 3	$h^{11}, 3; h^{11}, 6$	Goethe, 206	
X 425 +			$h^6, 9; h^7, 5$	30, 3	$h^{11}, 3; h^{11}, 6$	Goethe, 206	
X 426 +			$h^6, 10$	31, 4		S./S.,4; WA 5,270	
X 427 (+)				33, 4		S./S.,4; WA 5,271	
X 428				35, 4		S./S.,5; WA 5,271	
X 429 +			$h^6, 16$	37, 4		S./S.,5; WA 5,271	

[1])–[4]) *Siehe Seite 341.*

KONKORDANZ – TEXTZEUGEN / DRUCKE

A 2I[1])	H^{1-3}, h^{1-3} (in S./S. H^1)	H^{4-9}	h^{4-7} (h^{6-7} in S./S. H^a)	h^8 (= S./S. H^b)	h^{9-12} (h^{9-11} in S./S. H^c)	Erstdruck[2])	spätere Drucke[3])	P[4])
	Sigle, Seite	Sigle	Sigle, Seite	Nr, Seite	Sigle	Kürzel, Seite	Sigle, S.	
2		3	4	5	6	7	8	9
430 (*)				39, 4		S./S.,5; WA 5,271		
431 (*)				40, 4		S./S.,5; WA 5,271		
432 +			$h^6, 9; h^7, 5$	42, 5	$h^{11}, 4$	S./S.,5; WA 5,271		
433 +			$h^6, 9; h^7, 7$	45, 5	$h^{11}, 1;$ $h^{11}, 6$	Goethe, 206		
434 (+)				48, 5		S./S.,6; WA 5,272		
435 +			$h^6, 13$	52, 6		S./S.,6; WA 5,272		
436 (+)				53, 6		S./S.,7; WA 5,272		
437 (+)				54, 6		S./S.,7; WA 5,272		
438 +			$h^6, 16$	55, 6		S./S.,7; WA 5,272		
439 (+)				58, 6		S./S.,7; WA 5,272		
440 +			$h^6, 16$	59, 6		S./S.,7; WA 5,273		
441				60, 6		S./S.,7; WA 5,273		
442				61, 7		S./S.,7; WA 5,273		
443 +			$h^6, 16$	76, 8		S./S.,9; WA 5,273		
444 (+)				82, 9		S./S.,10; WA 5,273		
445 +			$h^6, 17$	83, 9		S./S.,10; WA 5,273		
446 (+)				88, 10		S./S.,10; WA 5,274		
447 +			$h^6, 1$	93, 10		S./S.,11; WA 5,274		
448 +			$h^6, 1$	94, 10		S./S.,11; WA 5,274		
449 (*)				100, 11		S./S.,12; WA 5,274		
450 (*)				117, 12		S./S.,14; WA 5,274		
451 (*)				119, 13		S./S.,14; WA 5,274		
452 *	$H^1, 3$			121, 13		S./S.,14; WA 5,274		
453 *	$H^2, 1$			123, 13		Boas, 87		
454 *				125, 13		S./S.,15; WA 5,275		
455 *				128, 14		S./S.,15; WA 5,275		
456 *				130, 14		S./S.,15; WA 5,275		
457 (*)				160, 17		S./S.,18; WA 5,275		
458 (*)				164, 17		S./S.,19; WA 5,275		
459 (*)				169, 18		S./S.,19; WA 5,275		
460 (*)				199, 21		S./S.,23; WA 5,276		
461 (*)				221, 23		S./S.,25; WA 5,276		
462 (*)				230, 24		S./S.,26; WA 5,276		
463 (*)				233, 24		S./S.,27; WA 5,276		
464 (*)				234, 25		S./S.,27; WA 5,276		

[1]) Siehe Seite 341.

$NA\ 2I$	H^{1-3}, h^{1-3} (in S./S. H^1)	H^{4-9}	$h^{4-7}\ (h^{6-7}$ in S./S. H^a)	h^8 (= S./S. H^b)	$h^{9-12}\ (h^{9-11}$ in S./S. H^c)	Erstdruck[2])	spätere Drucke[3])
$Nr^1)$	Sigle, Seite	Sigle	Sigle, Seite	Nr, Seite	Sigle	Kürzel, Seite	Sigle, S.
1	2	3	4	5	6	7	8
X 465 (*)				240, 25		S./S.,27; WA 5,276	
X 466 *		$H^5, 2$		245, 26		S./S.,28; WA 5,276	
X 467 (*)				246, 26		S./S.,28; WA 5,277	
X 468 (*)				249, 26		S./S.,28; WA 5,277	
X 469 (*)				251, 26		S./S.,29; WA 5,277	
X 470 (*)				254, 27		S./S.,29; WA 5,277	
X 471 (*)				260, 27		S./S.,30; WA 5,277	
X 472 (*)				261, 27		S./S.,30; WA 5,277	
X 473 (*)				263, 27		S./S.,30; WA 5,277	
X 474 (*)				265, 28		S./S.,30; WA 5,278	
X 475 (*)				267, 28		S./S.,30; WA 5,278	
X 476 *				277, 29		S./S.,31	
X 477 (*)				283, 29		S./S.,32; WA 5,278	
X 478 (+)				289, 30		S./S.,33; WA 5,278	
X 479 (*)				297, 31		S./S.,34; WA 5,278	
X 480 (*)				298, 31		S./S.,34; WA 5,278	
X 481 (*)				299, 31		S./S.,34; WA 5,279	
X 482				300, 31		S./S.,34; WA 5,279	
X 483				301, 31		S./S.,34; WA 5,279	
X 484				302, 31		S./S.,34; WA 5,279	
X 485				303, 31		S./S.,34; WA 5,279	
X 486				304, 32		S,/S.,34; WA 5,279	
X 487 (*)				317, 33		S./S.,36; WA 5,279	
X 488 *	$h^3, 2$			323, 33		Boas, 115	
X 489 +				327, 34		S./S.,37; WA 5,280	
X 490 +	$h^2, 6$			328, 34		Boas, 63	
X 491 (*)				330, 34		S./S.,37; WA 5,280	
X 492 (*)				331, 34		S./S.,37; WA 5,280	
X 493 (+)				334, 35		S./S.,38; WA 5,280	
X 494 +	$h^2, 10$			335, 35		Boas, 96	
X 495				337, 35		S./S.,38; WA 5,280	
X 496 (*)				341, 35		S./S.,39; WA 5,281	
X 497 *	$H^1, 3$			342, 35		S./S.,39; WA 5,281	
X 498 (*)				346, 36		S./S.,39; WA 5,281	
X 499 (+)				350, 36		S./S.,40; WA 5,281	
X 500 (*)				352, 36		S./S.,40; WA 5,281	

---

[1])–[4]) *Siehe Seite 341.*

KONKORDANZ – TEXTZEUGEN / DRUCKE 359

4 2 I	H^{1-3}, h^{1-3} (in S./S. H^1)	H^{4-9} in S./S. H^a)	h^{4-7} (h^{6-7} in S./S. H^a)	h^8 (= S./S. H^b)	h^{9-12} (h^{9-11} in S./S. H^c)	Erstdruck²)	spätere Drucke³)	P⁴)
)	Sigle, Seite	Sigle	Sigle, Seite	Nr, Seite	Sigle	Kürzel, Seite	Sigle, S.	
	2	3	4	5	6	7	8	9
501 (*)				361, 37		S./S.,41; WA 5,281		
502 +				365, 38		S./S.,41; WA 5,281		
503 + $h^2, 6$				371, 38		Boas, 62		
504 + $h^2, 5$				372, 38		Boas, 58		
505 *		$H^4, 1$		375, 39		S./S.,42; WA 5,282		
506 *				376, 39		S./S.,42; WA 5,282		
507 (+)				379, 39		S./S.,43; WA 5,282		
508 (*)				381, 39		S./S.,43; WA 5,282		
509 (*)				382, 39		S./S.,43; WA 5,282		
510 + $h^2, 10$				384, 40		Boas, 97		
511				387, 40		S./S.,44; WA 5,283		
512 (*)				389, 40		S./S.,44; WA 5,283		
513 (*)				396, 41		S./S.,45; WA 5,283		
514 (+)				405, 42		S./S.,46; WA 5,283		
515				415, 43		S./S.,47; WA 5,283		
516 *		$H^4, 2$		416, 43		S./S.,47; WA 5,283		
517 (+)				429, 45		S./S.,49; WA 5,283		
518 + $h^1, 2$				434, 45		Boas, 48		
519 +			$h^6, 1$	442, 46		S./S.,50; WA 5,284		
520 +			$h^6, 3$	443, 46	$h^{11}, 1;$ $h^{11}, 5$	Goethe, 206		
521 + $h^1, 1$				447, 46		Boas, 47		
522 (*)				450, 47		S./S.,51; WA 5,284		
523 (+)				452, 47		S./S.,51; WA 5,284		
524 (+)				454, 47		S./S.,51; WA 5,284		
525 (+)				458, 47		S./S.,52; WA 5,285		
526 +			$h^6, 11$	462, 48		S./S.,52; WA 5,285		
527 (*)				467, 48		S./S.,53; WA 5,285		
528 (*)				470, 49		S./S.,53; WA 5,285		
529 (*)				471, 49		S./S.,53; WA 5,285		
530 (*)				474, 51		S./S.,54; WA 5,285		
531 (*)				475, 51		S./S.,54; WA 5,286		
532 (*)				476, 51		S./S.,54; WA 5,286		
533 (*)				477, 51		S./S.,54; WA 5,286		
534 (*)				478, 51		S./S.,54; WA 5,286		
535 (*)				482, 52		S./S.,54; WA 5,286		

⁻⁴) Siehe Seite 341.

$NA\ 2\ I$	H^{1-3}, h^{1-3} (in S./S. H¹)	H^{4-9} in S./S,	h^{4-7} (h^{6-7} Hᵃ)	h^8 (= S./S. Hᵇ)	h^{9-12} (h^{9-11} in S./S. Hᶜ)	Erstdruck²)	spätere Drucke³)
Nr¹)	Sigle, Seite	Sigle	Sigle, Seite	Nr, Seite	Sigle	Kürzel, Seite	Sigle, S.
1	2	3	4	5	6	7	8
X 536 (*)				494, 53		S./S.,56; WA 5,286	
X 537 (*)				497, 53		S./S.,56; WA 5,286	
X 538 (*)				498, 53		S./S.,56; WA 5,287	
X 539 (*)				526, 57		S./S.,59; WA 5,287	
X 540 (*)				527, 58		S./S.,60; WA 5,287	
X 541 (*)				528, 58		S./S.,60; WA 5,287	
X 542 (*)				529, 58		S./S.,60; WA 5,287	
X 543 (*)				530, 58		S./S.,60; WA 5,287	
X 544 (*)				531, 58		S./S.,60; WA 5,288	
X 545 (*)				532, 58		S./S.,60; WA 5,288	
X 546 (*)				533, 58		S./S.,60; WA 5,288	
X 547 (*)				534, 58		S./S.,60; WA 5,288	
X 548 (*)				540, 59		S./S.,61; WA 5,288	
X 549 (*)				542, 59		S./S.,61; WA 5,288	
X 550 *				544, 59		S./S.,61; WA 5,288	
X 551 (*)				546, 59		S./S.,62; WA 5,289	
X 552 *				549, 60		Boxb.,53	
X 553 *				550, 60		Boxb.,53	
X 554 *				551, 60		Boxb.,53	
X 555 *				552, 60		S./S.,62	
X 556 (*)				553, 60		S./S.,62	
X 557 (+)				554, 60		S./S.,63; WA 5,289	
X 558 (*)				555, 60		S./S.,63; WA 5,289	
X 559 (+)				588, 64		S./S.,66; WA 5,289	
X 560 *				575, 62		S./S., 65	
X 561 *	H², 1			596, 65		Boas, 85	
X 562				604, 66		S./S.,68; WA 5,289	
X 563				629, 68		S./S.,71; WA 5,290	
X 564				632, 69		S./S.,71; WA 5,290	
X 565 (*)				633, 69		S./S.,71; WA 5,290	
X 566 (*)				637, 69		S./S.,72; WA 5,290	
X 567				640, 70		S./S.,72; WA 5,290	
X 568 +				669, 75		WA 1, 472	
X 569 +				676, 76		WA 1, 472	
X 570 *	H¹, 3					Boas, 52	
X 571 *	H¹, 4					Boas, 53	

---

¹⁾⁻⁴⁾ *Siehe Seite 341.*

KONKORDANZ – TEXTZEUGEN / DRUCKE 361

A 2 I	H^{1-3}, h^{1-3} (in S./S. H^1)	H^{4-9} in S./S. H^a)	h^{4-7} (h^{6-7} (= S./S. H^b)	h^8	h^{9-12} (h^{9-11} in S./S. H^c)	Erstdruck[2])	spätere Drucke[3])	P[4])
r[1])	Sigle, Seite	Sigle	Sigle, Seite	Nr, Seite	Sigle	Kürzel, Seite	Sigle, S.	
	2	3	4	5	6	7	8	9
572 *	$H^1, 4$					Boas, 57		
573 *	$H^1, 9$					Boas, 70		
574 *	$H^2, 1$					Boas, 84		
575 *	$H^2, 1$					Boas, 84		
576 *	$H^2, 1$					Boas, 85		
577 *	$H^2, 2$					Boas, 88		
578 *	$H^2, 2$					Boas, 89		
579 *	$H^2, 2$					Boas, 91		
580 *	$h^3, 1$					Boas, 112		
581 *	$h^3, 2$					Boas, 113		
582 *	$h^3, 2$					Boas, 113		
583 *	$h^3, 2$					Boas, 115		
584 *	$h^3, 3$					Boas, 116		
585 *	$h^3, 3$					Boas, 116		
586 *	$h^3, 3$					Boas, 117		
587 *	$h^3, 3$					Boas, 118		
588 *	$h^3, 4$					Boas, 120		
589 *	$h^3, 4$					Boas, 121		
590 *	$h^3, 4$					Boas, 123		
591 *	$h^3, 5$					Boas, 124		
592 *	$h^3, 5$					Boas, 124		
593 *			$H^4, 2$			Steig, 366		
594 *			$H^4, 2$			Steig, 366		
595 *			$H^4, 2$			Steig, 366		
596 *			$H^5, 1$			Steig, 366		
597 *			$H^5, 1$			Steig, 366		
598 *			$H^5, 2$			Steig, 366		
599 *					h^{12}	Hoffm., 70		
600 *					h^{12}	Hoffm., 70		
601 *					h^{12}	Hoffm., 70		
602 *			H^7			Sch./G.-Br., 7		

—[4]) *Siehe Seite 341.*

KONKORDANZ
DER „XENIEN"-SAMMELHANDSCHRIFT h^8 (H^b)
MIT DEN „TABULAE VOTIVAE" UND „XENIEN"
IN NA 1/2 I[1])

h^8 (H^b) Seite, Nr	Nr	NA 1/2 I Nr	
S. 1	1	415	[bis Nr 18:
	2	416	zur Einleitung]
	3	417	
	4	418	
	5	115	
	6	160	
	7	29	
	8	30	
	9	43	
	10	419	
S. 2	11	124	
	12	114	
	13	242	
	14	67	
	15	1	
	16	2	
	17	3	
	18	4	
	19	420	[bis Nr 55:
	20	208	gegen Johann Friedrich Reichardt]
S. 3	21	421	
	22	209	
	23	210	
	24	211	

---

[1]) *Die folgende Übersicht wird in diesem Band abgekürzt als „Konkordanz der ‚Xenien'-Sammelhandschrift [...]" oder lediglich als „Konkordanz [...]" zitiert.*

Die Numerierung der Sammelhandschrift h^8 (H^b) bezieht sich auf die Zählung der „Xenien"-Ausgabe von Schmidt/Suphan. „Xenien" und „Tabulae votivae" werden lediglich mit ihrer Nummer in NA 1 und NA 2 I registriert; die übrigen mit Titel oder Anfangsworten zitierten Distichen erschienen außerhalb der „Xenien" und „Tabulae votivae".

Lücken, die später noch ausgefüllt werden sollten, weisen folgende Seiten der Handschrift auf: S. 9, 21, 40, 44, 48, 49, 51, 56, 57, 64, 65, 70, 74, 76. Die fehlenden Distichen sind durch „–" gekennzeichnet; dabei wurde von zehn „Xenien" pro Seite ausgegangen. Die Seiten 50, 71 und 72 sind unbeschrieben.

$h^8(H^b)$ Seite,	Nr	NA 1/2 I Nr	
	25	212	
	26	213	
	27	422	
	28	423	
	29	424	
	30	425	
S. 4	31	426	
	32	214	
	33	427	
	34	215	
	35	428	
	36	216	
	37	429	
	38	217	
	39	430	
	40	431	
S. 5	41	219	
	42	432	
	43	220	
	44	221	
	45	433	
	46	223	
	47	225	
	48	434	
	49	227	
	50	228	
S. 6	51	229	
	52	435	
	53	436	
	54	437	
	55	438	
	56	230	[bis Nr 58:
	57	231	gegen Carl Friedrich Cramer]
	58	439	
	59	440	[bis Nr 61:
	60	441	gegen politische „Schwärmer"]
S. 7	61	442	
	62	232	[bis Nr 94:

364 ANMERKUNGEN ZU TABULAE VOTIVAE / XENIEN

h⁸(H^b)   NA 1/2 I
Seite, Nr   Nr

	63	233	allgemeine politische Epigramme]
	64		Goethe: „Väterlichster Rath"
	65	234	
	66		Goethe: „Ein Drittes"²)
	67		Goethe: „Wißt ihr, wie auch der Kleine [...]"³)
	68		Goethe: „Wer ist das würdigste Glied [...]"⁴)
	69		Goethe: „Der Erste"
	70		Goethe: „Ultima ratio"
S. 8	71		Goethe: „Wer will die Stelle?"
	72		Goethe: „Zum ewigen Frieden"
	73		Goethe: „Zum ewigen Krieg"
	74		Goethe: „Unterschied"
	75		Goethe: „Warum?"⁵)
	76	443	
	77		Goethe: „An den Selbstherrscher"
	78		Goethe: „Der Minister"
	79		Goethe: „Der Hofmann"
	80		Goethe: „Der Rathsherr"
S. 9	81		Goethe: „Der Nachtwächter"
	—		
	—		
	—		
	82	444	
	83	445	
	84		Schiller: „Politische Lehre"
	85		Schiller: „Das Kennzeichen"⁶)
	86		Schiller: „Die gute Staatsverfassung"⁷)
	87		Schiller: „An die Gesetzgeber"
S. 10	88	446	
	89		Schiller: „Würde des Menschen"
	90	32	
	91		Schiller: „Majestas populi"

²) Im „Musen-Almanach" unter dem Titel „Der Biedermann".
³) Im „Musen-Almanach" unter dem Titel „Würde des Kleinen".
⁴) Im „Musen-Almanach" unter dem Titel „Der Würdigste".
⁵) Im „Musen-Almanach" unter dem Titel „Ursache".
⁶) Nr 84 und 85 erschienen im „Musen-Almanach" zusammengefaßt unter dem Titel „Politische Lehre".
⁷) Im „Musen-Almanach" unter dem Titel „Die beste Staatsverfassung".

h^8 (H^b)		NA 1/2 I		
Seite,	Nr	Nr		
	92		Schiller: „Das Lotto"[8])	
	93	447		
	94	448		
	95	68		[bis Nr 120:
	96	69		Tierkreis-Zyklus]
	97	70		
S. 11	98	71		
	99	72		
	100	449		
	101	73		
	102	74		
	103	75		
	104	76		
	105	77		
	106	78		
	107	79		
S. 12	108	80		
	109	81		
	110	82		
	111	83		
	112	84		
	113	85		
	114	86		
	115	87		
	116	88		
	117	450		
S. 13	118	89		
	119	451		
	120	90		
	121	452		[Martial]
	122	95		[bis Nr 123:
	123	453		Einheit Deutschlands]
	124	97		[bis Nr 143:
	125	454		Zyklus der Flüsse]
	126	98		
	127	99		

[8]) Nr 91 und 92 erschienen im „Musen-Almanach" zusammengefaßt unter dem Titel „Majestas populi".

ANMERKUNGEN ZU TABULAE VOTIVAE / XENIEN

h^8 (H^b) Seite,	Nr	NA 1/2 I Nr		
S. 14	128	455		
	129	100		
	130	456		
	131	101		
	132		Schiller: „Neckar"[9])	
	133	102		
	134	104		
	135	103		
	136	105		
	137	107[10])		
S. 15	138	106		
	139	111		
	140	108		
	141	112		
	142		Schiller: „Iser"[11])	
	143	113		
	144		Goethe: „Die Eisbahn"	[bis Nr 155: Goethes
	145		Goethe: „Bedeutung"	Zyklus „Die Eisbahn"[12])]
	146		Goethe: „Die Kämpfer"	
	147		Goethe: „Selbständigkeit"	
S. 16	148		Goethe: „Kunstrichter"	
	149		Goethe: „Bescheidenheit"	
	150		Goethe: „Gefahr"	
	151		Goethe: „Schönheit"	
	152		Goethe: „Dem Dilettanten"	
	153		Goethe: „Das Publikum"	
	154		Goethe: „Mittelalter"	
	155		Goethe: „Die Individualität"	
	156		Schiller: „Menschliches Leben"[13])	
	157		Schiller: „Das Wirken"[14])	
S. 17	158	T 33		[bis Nr 214: Erkenntnis, Wahrheit
	159	T 32		und Schönheit in Wissenschaft und

---

[9]) Die Handschrift hat nur die Überschrift; der Text des Distichons ist nicht überliefert.
[10]) Die Handschrift hat nur die Überschriften von Nr 136 und 137.
[11]) Die Handschrift hat nur die Überschrift; der Text des Distichons ist nicht überliefert.
[12]) Im „Musen-Almanach" nur mit Gesamtüberschrift.
[13]) Im „Musen-Almanach" unter dem Titel „Erwartung und Erfüllung".
[14]) Im „Musen-Almanach" unter dem Titel „Menschliches Wirken".

$h^s(H^b)$ Seite, Nr	NA 1/2 I Nr		
	160	457	*Philosophie, Ethik und Ästhetik]*
	161		T 39
	162	62	
	163		T 34
	164	458	
	165		T 35
	166		T 36
	167		T 38
S. 18	168		T 37
	169	459	
	170	164	
	171		T 31
	172	165	
	173	166	
	174	167	
	175	168	
	176	169	
	177	170	
S. 19	178	171	
	179	172	
	180	173	
	181	174	
	182	176	
	183	161	
	184	162	
	185	163	
	186		Schiller: „Die mathematische Größe"
	187		Schiller: „An die Astronomen"[15])
S. 20	188	180	
	189		T 53
	190		T 54
	191		T 55
	192		T 56
	193		T 57
	194		T 58
	195		T 59

---

[15]) Nr 186 und 187 erschienen im „Musen-Almanach" zusammengefaßt unter dem Titel „An die Astronomen".

$h^8(H^b)$ Seite,	Nr	NA 1/2 I Nr	
	196	T 59	
	197	T 60	
S. 21	—		
	—		
	—		
	198	T 42	
	199	460	
	200	T 43	
	201	T 43	
	202	Schiller: „Nur zwey Tugenden giebts [...]"[16]	
	203	T 41	
	204	T 21	
S. 22	205	T 21	
	206	T 52	
	207	T 23	
	208	T 25	
	209	T 26	
	210	T 27	
	211	T 28	
	212	T 29	
	213	T 30	
	214	T 40	
S. 23	215	T 62	[bis Nr 245: Mediokrität und Genialität]
	216	T 62	
	217	T 62	
	218	T 64	
	219	T 65	
	220	T 66	
	221	461	
	222	T 2	
	223	T 2	
S. 24	224	T 2	
	225	T 3	
	226	T 4	
	227	T 67	
	228	T 68	
	229	T 68	

---

[16] Im „Musen-Almanach" unter dem Titel „Güte und Größe".

KONKORDANZ – SAMMELHANDSCHRIFT / NA 1/2 I

$h^8(H^b)$ Seite,	Nr	NA 1/2 I Nr		
	230	462		
	231		T 72	
	232		T 70	
	233	463		
S. 25	234	464		
	235		T 73	
	236		T 74	
	237		T 77	
	238		T 75	
	239		T 78	
	240	465		
	241		T 76	
	242		T 79	
	243		T 83	
S. 26	244		T 88	
	245	466		
	246	467		[bis Nr 284:
	247	184		gegen Christoph Friedrich Nicolai]
	248	185		
	249	468		
	250	186		
	251	469		
	252	187		
	253	188		
S. 27	254	470		
	255	189		
	256	190		
	257	191		
	258	192		
	259	193		
	260	471		
	261	472		
	262	194		
	263	473		
S. 28	264	195		
	265	474		
	266	196		
	267	475		
	268	218		

$h^8(H^b)$ Seite, Nr	$NA\ 1/2\ I$ Nr	
269	197	
270	198	
271	199	
272	200	
273	201	
S. 29 274	202	
275	203	
276	204	
277	476	
278		Schiller: „Der Kranich beym Fuchse"
279		Schiller: „Was geschah?"
280		Schiller: „Der Fuchs beym Kranich"
281		Schiller: „Was geschah?"[17])
282	205	
283	477	
S. 30 284	206	
285	207	[Verbindung zur folgenden Epigrammreihe]
286	15	[bis Nr 324: gegen „Frömmler" u. „moralische Schwätzer"]
287	16	[Nr 286–294: Brüder Stolberg]
288	17	
289	478	
290	125	
291	116	
292	26	
293	23	
S. 31 294	117	
295	18	[Claudius]
296	19	[Jung-Stilling]
297	479	[Schlosser]
298	480	[bis Nr 299:
299	481	Hermes?]
300	482	[bis Nr 308:
301	483	Bezug unsicher oder allgemein]
302	484	
303	485	
S. 32 304	486	
305		T 49

---

[17]) Die Distichen Nr 278–281 erschienen im „Musen-Almanach" zusammengefaßt unter dem Titel „Der Fuchs und der Kranich. / An F. Nicolai".

$h^s(H^b)$ Seite,	Nr	NA 1/2 I Nr		
	306	T 48		
	307	T 50		
	308	T 51		
	309	20		[bis Nr 311:
	310	21		Lavater]
	311	12		
	312	13		[bis Nr 315:
	313	14		Hermes]
S. 33	314	24		
	315	25		
	316	33		[bis Nr 321:
	317	487		Manso]
	318	34		
	319	35		
	320	39		
	321	40		
	322	41		[Jean Paul[18])]
	323	488		[bis Nr 324: Manso]
S. 34	324	42		
	325	45	[bis Nr 391:	[bis Nr 327:
	326	292	diverse Adressaten I]	Dyk]
	327	489		
	328	490		[Moritz]
	329	44		[Schlichtegroll/Moritz]
	330	491		[bis Nr 331:
	331	492		Jakob]
	332	48		[bis Nr 334:
	333	51		allgemein]
S. 35	334	493		
	335	494		[Böttiger]
	336	130		[Voß]
	337	495		[Wieland?]
	338	145		[bis Nr 341:
	339	147		Reichardt]
	340	146		
	341	496		
	342	497		[Martial-Epigramm]

[18]) Versehentlich falsch plaziert.

ANMERKUNGEN ZU TABULAE VOTIVAE / XENIEN

$h^8(H^b)$ Seite,	Nr	$NA\ 1/2\ I$ Nr		
	343	142		[bis Nr 346:
S. 36	344	144		Nicolai]
	345	143		
	346	498		
	347	267		[Hofmann]
	348	268		[bis Nr 349:
	349	269		Jenisch]
	350	499		[Jean Paul]
	351	136		[allgemein]
	352	500		[Wolf]
	353	141		[Adelung]
S. 37	354	151		[Campe]
	355	264		[Wolf]
	356	149		[bis Nr 357:
	357	150		allgemein]
	358	152		[Campe]
	359	11		[bis Nr 361:
	360	22		Klopstock]
	361	501		
	362	270		[Goethe]
	363	280		[Wieland]
S. 38	364	139		[Eschenburg]
	365	502		[Jean Paul]
	366	133		[F. A. v. Kleist?]
	367	126		[Kosegarten]
	368		T 86	[allgemein]
	369	65		[bis Nr 370:
	370	64		Platner]
	371	503		[allgemein]
	372	504		[Heinse]
	373	271		[Kotzebue]
S. 39	374	266		[Meister]
	375	505		[Schatz]
	376	506		[Schiller]
	377	281		[Bezug unsicher oder allgemein]
	378	137		[bis Nr 382:
	379	507		Goethe und Schiller]
	380	138		
	381	508		

$h^s(H^b)$ Seite,	Nr	NA 1/2 I Nr		
	382	509		
	383		Schiller: „Der griechische Genius"	[Meyer]
S. 40	384	510		[Bürger]
	385	129		[Voß]
	386		T 102	[allgemein]
	387	511		[Fichte]
	388	156		[Garve]
	—			
	389	512		[Spittler]
	390	299		[Heinrich]
	—			
	—			
S. 41	391	135		[Carstens]
	392	309/318		[bis Nr 401:
	393	310		„Jeremiade"]
	394	311		
	395	312		
	396	513		
	397	313		
	398	314		
	399	315		
	400	317		
S. 42	401	316		
	402	148	[bis Nr 431:	[Salzmann]
	403	282	diverse	[Salzmann? Bouterwek?]
	404	132	Adressaten II]	[W. G. Becker]
	405	514		[Schmidt von Werneuchen]
	406	119		[Ramdohr]
	407	27		[Racknitz]
	408	239		[bis Nr 410:
	409	240		allgemein]
	410	241		
S. 43	411	285		[Pölitz]
	412	286		[Joseph II.]
	413	154		[von Thümmel? Forberg?]
	414	155		[Kotzebue? Böttiger? Forberg?]
	415	515		[Schröder]
	416	516		[Gelehrte Gesellschaften]
	417	290		[Dülon? allgemein?]

$h^8($H$^b)$ Seite,	Nr	NA 1/2 I Nr	
	418	291	[allgemein]
	419	293	[Spalding]
S. 44	—		
	420	287	[Akademien nützlicher Wissenschaft]
	421	300	[allgemein]
	422	296	[bis Nr 423:
	423	297	Jakob]
	424	66	[Platner]
	425	288	[Gelehrte Gesellschaften]
	426	289	[Universität Göttingen]
	427	283	[Der ,,Reichs-Anzeiger"]
	428	284	[Göschen]
S. 45	429	517	[Ewald/Stolberg/Schlosser]
	430	131	[Nicolay]
	431	265	[Meiners]
	432	245	[bis Nr 460:
	433	251	über die Journale]
	434	518	
	435	255	
	436	254	
	437	256	
	438	252	
S. 46	439	253	
	440	257	
	441	258	
	442	519	
	443	520	
	444	260	
	445	259	
	446	261	
	447	521	
	448	262	
S. 47	449	250	
	450	522	
	451	319	
	452	523	
	453	247	
	454	524	
	455	248	

$h^8(H^b)$ Seite,	Nr	NA 1/2 I Nr	
	456	249	
	457	246	
	458	525	
S. 48	459	134	
	460	263	
	461	414	*[bis Nr 462:*
	462	526	*Rest von Schillers Zyklus vom Gericht über die Freier?]*
	—		
	463	332	*[bis Nr 522:*
	464	333	*Schillers Unterwelt-Zyklus]*
	465	334	
	466	335	
	467	527	
S. 49	468	336	
	469	337	
	470	528	
	471	529	
	—		
	—		
	—		
	—		
	—		
	—		
S. 50	—		
	—		
	—		
	—		
	—		
	—		
	—		
	—		
	—		
S. 51	—		
	—		
	—		
	472	358	
	473	359	
	474	530	

$h^s(H^b)$		$NA\ 1/2\ I$	
Seite,	Nr	Nr	
	475	531	
	476	532	
	477	533	
	478	534	
S. 52	479	338	
	480	339	
	481	340	
	482	535	
	483	346	
	484	341	
	485	342	
	486	343	
	487	344	
	488	345	
S. 53	489	352	
	490	353	
	491	354	
	492	355	
	493	356	
	494	536	
	495	350	
	496	351	
	497	537	
	498	538	
S. 54	499	390	*[bis Nr 521:*
	500	391	*„Shakespears Schatten"]*
	501	392	
	502	393	
	503	394	
	504	395	
	505	396	
	506	397	
	507	398	
	508	399	
S. 55	509	400	
	510	401	
	511	402	
	512	403	
	513	404	

h^8 (H^b) Seite, Nr	Nr	NA 1/2 I Nr		
		514	405	
		515	406	
		516	407	
		517	408	
		518	409	
S. 56		519	410	
		520	411	
		521	412	
		522	413	
		—		
		—		
		—		
		—		
		—		
S. 57		523		Schiller: „Der epische Hexameter" [bis Nr 526: metrische Formen]
		—		
		524		Schiller: „Distichon"[19])
		525		Schiller: „Ottave rime"[20])
		526	539	
		—		
		—		
		—		
		—		
		—		
S. 58		527	540	[bis Nr 540: Architektur und bildende Künste]
		528	541	
		529	542	
		530	543	
		531	544	
		532	545	
		533	546	
		534	547	
		535		Schiller: „Obelisk"
		536		Schiller: „Triumphbogen"
S. 59		537		Schiller: „Peterskirche"
		538		Schiller: „Schöne Brücke"

[19]) Im „Musen-Almanach" unter dem Titel „Das Distichon".
[20]) Im „Musen-Almanach" unter dem Titel „Die achtzeilige Stanze".

378 ANMERKUNGEN ZU TABULAE VOTIVAE / XENIEN

h^8 (H^b) Seite, Nr	NA 1/2 I Nr	
539		Schiller: „Thor"²¹)
540	548	
541		Schiller: „Das Skelet und die Urne"²²) [bis Nr 545:
542	549	Tod und Grab]
543		Schiller: „Der Genius mit der umgestürzten Fackel"²³)
544	550	
545		Schiller: „Grabschrift"
546	551	[Verbindungs-Xenion]
S. 60 547		Schiller: „Ein Korb mit Steinwein" [bis Nr 555:
548		Schiller: „Das Geschenk"²⁴) Leben und Liebe]
549	552	
550	553	
551	554	
552	555	
553	556	
554	557	
555	558	
S. 61 556		„Immer war mir das Feld [...]"²⁵) [bis Nr 558:
557		„Raum und Zeit [...]" „Einer" I]
558		„Schwer zu bezwingen [...]"
559		Schiller: „Der Homeruskopf als Siegel"²⁶)
560		„Welche Schrift ich zweymal [...]"²⁷) [bis Nr 567:
561		„Wer mich entzückt [...]" „Einer" II]
562		„Ein Epigramm sey zu kurz [...]"
563		„Kennst du den herrlichen Gift [...]"
564		„Das ist die wahre Liebe [...]"
565		„Warum bin ich vergänglich [...]"²⁸)

21) Nr 535–539 erschienen unter den Überschriften „Der Obelisk", „Der Triumphbogen", „Die schöne Brücke" und „Das Thor" im „Musen-Almanach für das Jahr 1798".
22) Das Distichon erschien unter dem Titel „Die Urne und das Skelet" im „Musen-Almanach für das Jahr 1798".
23) Im „Musen-Almanach": „Der Genius mit der umgekehrten Fackel".
24) Nr 547 und 548 erschienen im „Musen-Almanach" zusammengefaßt unter dem Titel „Das Geschenk".
25) Dieses und die beiden folgenden Distichen entsprechen V. 7–10 und 13–14 des Zyklus „Einer".
26) Das Distichon erschien außerhalb von „Einer" als selbständiges Epigramm im „Musen-Almanach für das Jahr 1797".
27) Dieses und die sieben folgenden Distichen entsprechen V. 15–18, 21–28, 33–38 des Zyklus „Einer".
28) In der Handschrift unter der Überschrift „Klage der Schönheit".

KONKORDANZ – SAMMELHANDSCHRIFT / NA 1/2 I 379

h^s (H^b) Seite,	Nr	NA 1/2 I Nr		
S. 62	566		„Und die Liebe [...]"	
	567		„Leben muß man [...]"	
	568		Schiller: „Jugend"	[bis Nr 569:
	569		Schiller: „Quelle der Verjüngung"	Jugend]
	570		Schiller: „Das Kind"	[bis Nr 587:
	571		Schiller: „Knabenalter"	„Die Geschlechter"]
	572		Schiller: „Der Knabe"	
	573		Schiller: „Die Geschlechter"	
	574		Schiller: „Jungfrau"	
	575[29])	560		
S. 63	576		Schiller: „Scheu wie das zitternde Reh [...]"	
	577		Schiller: „Trotzig schauet und kühn [...]"	
	578		Schiller: „Fern in der Speere Gewühl [...]"	
	579		Schiller: „Jetzo, Natur [...]"	
	580		Schiller: „Aber da bist du [...]"	
	581		Schiller: „Nacht und Stille"	
	582		Schiller: „Gesang"	
	583		Schiller: „Das Verlangen"	
	584		Schiller: „Des Weibes"	
	585		Schiller: „Des Mannes"	
S. 64	586		Schiller: „Die Begegnung"	
	587		Schiller: „Göttliche Liebe [...]"[30])	
	588	559		[bis Nr 593:
	589		Schiller: „Der Vater"	die Generationen/das Alter]
	590		Schiller: „Der Naturkreis"	
	591		Schiller: „Das gemeinschaftliche Schicksal"[31])	
	—			
	—			
	—			
	—			
S. 65	—			
	592	153		
	—			
	593		Schiller: „Jetzige Generation"	

---

[29]) Das Distichon wurde nicht in den Zyklus des „Musen-Almanachs" aufgenommen.
[30]) Nr 570–574 und 576–587 erschienen im „Musen-Almanach" zusammengefaßt unter der Überschrift „Die Geschlechter".
[31]) Im „Musen-Almanach" unter dem Titel „Das gemeinsame Schicksal".

380 ANMERKUNGEN ZU TABULAE VOTIVAE / XENIEN

$h^8 (H^b)$ Seite,	Nr	NA 1/2 I Nr		
	594		Schiller: „Falscher Studiertrieb"	[allgemein]
	595		T 87	[bis Nr 623:
	596	561		Literatur und Literaten]
	597		T 90	
	598		T 89	
	599		T 91	
S. 66	600		T 94	
	601		T 95	
	602		T 92	
	603		T 93	
	604	562		
	605		T 99	
	606		T 100	
	607		T 100	
	608		T 101	
	609		T 96	
	610	177		
S. 67	611		Schiller: „Geist"	
	612		Schiller: „Die Sachmänner"[32])	
	613		T 15	
	614		T 19	
	615		T 16	
	616		T 20	
	617		T 103	
	618	157		
	619		T 13	
S. 68	620		T 10	
	621	9		
	622		T 9	
	623		T 11	
	624		T 6	[bis Nr 638:
	625		T 5	allgemeine moralische Sprüche]
	626		T 7	
	627		T 63	
	628		T 63	
	629	563		

---

[32]) *Nr 611 und 612 erschienen im „Musen-Almanach" zusammengefaßt unter dem Titel „Die Sachmänner".*

h⁸(Hᵇ) Seite, Nr	NA 1/2 I Nr		
S. 69 630		Goethe: „Was ist heilig [...]"	
631		Goethe: „Was ist das heiligste [...]"³³)	
632	564		
633	565		
634		T 47	
635		Schiller: „Liebe und Begierde"	
636		Schiller: „Innrer Werth und äußere Erscheinung"³⁴)	
637	566		
638		Schiller: „Strenge, wie mein Gewissen [...]"³⁵)	
639		T 82	[bis Nr 640:
S. 70 640	567		Kritik]
641		Schiller: „Theuer ist mir [...]"³⁶)	[bis Nr 643:
642		Goethe: „Dieser ist mir [...]"³⁷)	Freund und Feind]
643		T 14	
644		T 84	[bis Nr 645:
645		T 85	Sprache]
646		T 1	[„Tabulae votivae"]
—			
—			
—			
S. 71 —			
—			
—			
—			
—			
—			
—			
—			
S. 72 —			
—			
—			

---

³³) Nr 630–631 erschienen im „Musen-Almanach" zusammengefaßt unter dem Titel „Das Heilige und Heiligste".
³⁴) „Musen-Almanach": „Innerer [...]".
³⁵) Im „Musen-Almanach" unter dem Titel „Der Aufpasser".
³⁶) Im „Musen-Almanach" unter dem Titel „Freund und Feind".
³⁷) Im „Musen-Almanach" unter dem Titel „Der Freund".

ANMERKUNGEN ZU TABULAE VOTIVAE / XENIEN

$h^8(H^b)$ Seite, Nr	$NA\ 1/2\ I$ Nr		
—			
—			
—			
—			
—			
—			
S. 73	647	„An die Xenien"[38])	[bis Nr 662:
	648	„Die Mannigfaltigkeit"[39])	Goethe über die Frauen:
	649	„L.B."	„Vielen"]
	650	„C.G."	
	651	„L.D."	
	652	„H.W."	
	653	„N.Z. S.O. A.D."	
	654	„Kornblume"	
	655	„A.L."	
	656	„Tuberrose"	
S. 74	657	„Klatschrose"	
	658	„A.F. K.N. H.D."	
	659	„W.R. L.K. W.J."	
	660	„C.F."	
	661	„M.R."	
	662	„L.W."	
—			
—			[bis Nr 675:
—			Schiller über die Frauen]
S. 75	663	Schiller: „Frauen"	[bis Nr 666:
	664	Schiller: „Kraft erwart ich [...]"	„Macht des
	665	Schiller: „Manche zwar [...]"	Weibes"]
	666	Schiller: „Wahre Königinn ist [...]"[40])	
	667	Schiller: „Männer richten [...]"[41])	[bis Nr 669:
	668	Schiller: „Frauen, richtet [...]"[42])	weiblicher

---

[38]) 1. Fassung des ersten Distichons im Zyklus.
[39]) Im „Musen-Almanach" unter dem Titel „Mannichfaltigkeit".
[40]) Nr 663–666 erschienen im „Musen-Almanach" zusammengefaßt unter dem Titel „Macht des Weibes".
[41]) Im „Musen-Almanach" unter dem Titel „Weibliches Urtheil".
[42]) Im „Musen-Almanach" unter dem Titel „Forum des Weibes".

h^8 (H^b) Seite, Nr	NA 1/2 I Nr		
	669	568	Charakter]
	670	Schiller: „Überall weichet [...]"	[bis Nr 675:
	671	Schiller: „Was das höchste [...]"	„Das weibliche
	672	Schiller: „Im Leiden"	Ideal"]
S. 76	673	Schiller: „Schöne Seele"	
	674	Schiller: „Was du auch giebst [...]"	
	675	Schiller: „Hier ist ewige Jugend [...]"[43])	
	—		
	—		
	—		
	—		
	—		
	676	569	[Schlußepigramm]

---

[43]) Nr 670–675 erschienen im „Musen-Almanach" unter dem Titel „Das weibliche Ideal / An Amanda".

291–304 Tabulae votivae

Tabulae votivae waren bei den Römern Tafeln (lat. tabulae) mit Bildern und Inschriften als Weihegeschenke (lat. votivus: geweiht) für Hilfe und Beistand der Götter; sie wurden im Heiligtum der jeweiligen Gottheit aufgestellt (vgl. Nr 1). Horaz verwendet den Begriff in seinen „Carmina" (I 5, 13–14). Der Name deutet es an: Die Votivtafeln sollen das Gegenstück zu den polemischen, satirischen „Xenien" sein. Schiller nannte sie die lieblichen und gefälligen, die philosophischen und rein poetischen, kurz die unschuldigen, die ernsthaften Xenien *(an Goethe vom 18. Juni, 1. August und 5. August 1796). – Goethe – so berichtete Schiller – waren die „Tabulae votivae", an denen er selbst wenig Anteil gehabt habe,* das liebste *unter Schillers lyrischen Beiträgen im „Musen-Almanach", und dieser selbst meinte: [...]* auch ich halte auf die Tabulas votivas am meisten *(an Körner vom 17. Oktober 1796). Goethe lobte sie als* außerordentlich schön *(an Schiller vom 17. August 1796); Humboldt empfand* großen Respect *(so Schiller an Goethe vom 23. Oktober 1796), Kosegarten bezeichnete sie als* geflügelte Siebenweisensprüche *(an Schiller vom 15. Dezember 1796).*

Bei der Verzeichnung der Lesarten werden Augenvarianten und für das Verständnis der Texte unbedeutende Interpunktionsdifferenzen (etwa versehentlich fehlende Kommata am Versende) nicht berücksichtigt.

291 Nr 1   [Was der Gott mich gelehrt]

LESARTEN. 2 Häng ich dankbar und fromm] Häng' ich, dankbar und fromm, D^1

ERLÄUTERUNGEN. *Das Distichon führt als Motto in die folgenden Epigramme ein. Zu seinem Inhalt vgl. die einleitenden Erläuterungen zu den „Tabulae votivae".*

291 Nr 2   Die verschiedene Bestimmung

LESARTEN. Überschrift: Die verschiedne Bestimmung. D^1 1 Millionen gebraucht die Natur, das Geschlecht zu erhalten, b^8 sorgen dafür] beschäftigen sich D^1 5 Einer, der einzige streuet] einer, einer allein streut D^1

ERLÄUTERUNGEN. *Das Gedicht bestand ursprünglich aus drei Monodistichen, die ebenso wie die beiden folgenden Distichen, Nr 3 und 4, zu einer Gruppe von Epigrammen im Umkreis des Themas „Mediokrität und Genialität" gehörten (vgl. die „Konkordanz der ‚Xenien'-Sammelhandschrift [...]"). – Wie in den beiden anschließenden Nummern dient die biologisch-botanische Bildebene der Ausdeutung auf das menschliche und geistige Leben. Zum Verhältnis des Einzelnen zur Gattung vgl. das Epigramm „Majestas populi".*

291 Nr 3   Das Belebende

LESARTEN. Überschrift fehlt b^8

ERLÄUTERUNGEN. Das Distichon gehörte in der Sammelhandschrift derselben Epigrammgruppe an wie das vorangehende. — Es berührt sich mit einer Stelle aus Schillers Schrift „Ueber die nothwendigen Grenzen beim Gebrauch schöner Formen": Nichts als was i n u n s s e l b s t schon lebendige That ist, kann es a u ß e r u n s werden, und es ist mit Schöpfungen des Geistes wie mit organischen Bildungen; nur aus der Blüte geht die Frucht vor *(NA 21, 16) — und mit Nr 64 (Verstand).*

291 Nr 4   Zweyerley Wirkungsarten

LESARTEN. Überschrift: Gutes und Schönes b^8 *1—2 keine Hervorhebungen* b^8

ERLÄUTERUNGEN. Das Distichon gehörte in der Sammelhandschrift derselben Epigrammreihe an wie Nr 2 (Die verschiedene Bestimmung). — Über das Gutes fördernde Schöne handelt Schillers Schrift „Ueber den moralischen Nutzen ästhetischer Sitten"; ein entwickelter ästhetischer Geschmack, so wird argumentiert, gebe dem Gemüth eine für die Tugend zweckmäßige Stimmung, indem er hinderliche Neigungen entferne und der Tugend günstige erwecke (NA 21, 34). Da das Schöne so dem Guten den „Boden" bereitet, ist es „Keim", nicht aber „Grund" des Sittlichen, den dieses, wie Schiller mit Kant betont, stets in sich selbst haben müsse; es könne also Moralität „begünstigen", aber nicht „erzeugen", heißt es in Schillers Schrift (vgl. NA 21, 28).

291 Nr 5   Unterschied der Stände

LESARTEN. 1 Adel ist auch in der sittlichen Welt. Gemeine Naturen D^1
2 thun] t h u n D^1 sind] s i n d D^1

ERLÄUTERUNGEN. Das Distichon gehörte ursprünglich ebenso wie die beiden folgenden zu einer Gruppe allgemeiner moralischer Sprüche (vgl. die „Konkordanz der ‚Xenien'-Sammelhandschrift [...]"). — „Schöne Naturen" entsprechen Schillers Vorstellung von der „schönen Seele"; nicht deren einzelne Handlungen seien sittlich, wie er in der Abhandlung „Ueber Anmuth und Würde" ausführt, sondern der ganze Charakter sei es: Die schöne Seele hat kein andres Verdienst, als daß sie ist. *(NA 20, 287.) Vgl. die Epigramme „Tugend des Weibes", „Das weibliche Ideal", „Innerer Werth und äußere Erscheinung" und die Erläuterungen dazu.*

291 Nr 6 Das Werthe und Würdige

LESARTEN. *Überschrift:* Brauchbarkeit und Würdigkeit. b^8 **2** o!] o b^8 E^a E^c D^1

ERLÄUTERUNGEN. *Das Distichon gehörte in der Sammelhandschrift derselben Epigrammgruppe an wie das vorhergehende, das dort unmittelbar folgte (vgl. die „Konkordanz [...]").* – *Es behandelt den Unterschied zwischen „Wert" und „Würde" ganz im Sinne der Kantischen Moralphilosophie; in der „Grundlegung zur Metaphysik der Sitten" heißt es:* Im Reiche der Zwecke hat alles entweder einen P r e i s, oder eine W ü r d e. Was einen Preis hat, an dessen Stelle kann auch etwas anderes als Ä q u i v a l e n t gesetzt werden; was dagegen über allen Preis erhaben ist, mithin kein Äquivalent verstattet, das hat eine Würde. *(2. Abschnitt; Werke 4, 434.) Der Preis ist Ausdruck des relativen Werths von etwas, das erst als Mittel zu einem Zweck Wert gewinnt; Würde dagegen kommt dem zu, was* Zweck an sich selbst *sein kann: die Sittlichkeit und die Menschheit, sofern sie derselben fähig ist (ebd.; Werke 4, 435). Das Distichon knüpft an das vorhergehende, „Unterschied der Stände", an und variiert dessen Bestimmung.*

291 Nr 7 Der moralische und der schöne Character

LESARTEN. *Überschrift:* Der sittliche und der schöne Character. b^8

ERLÄUTERUNGEN. *Das Distichon gehörte in der Sammelhandschrift in den gleichen Zusammenhang wie Nr 5, „Unterschied der Stände".* – *„Moralisch" nennt Schiller (mit Kant) einen Charakter, der die Neigung der Pflicht, den sinnlichen Trieb der Stimme der Vernunft unterordnet. Sofern er das kategorisch geltende Sittengesetz zur Richtschnur seines Handelns macht, wird er zum Mitglied der Geistergemeine der Menschen als Vernunftwesen. Das schöne Gemüth dagegen, die „schöne Seele", erhält ihre Dignität nicht durch Unterwerfung ihrer Subjektivität unter die allgemeine Vernunftgesetzgebung, sondern durch ihre Individualität selbst, in der die Harmonie von Pflicht und Neigung wirklich ist. Daß der „schöne Charakter" die Stufe der Vollendung, die Ausbildung eines „moralischen Charakters" aber eine Forderung an jedermann darstellt, geht aus dem folgenden Epigramm, „Die moralische Kraft", hervor. Vgl. weiter „Tabulae votivae" Nr 59 (Schöne Individualität) und 62 (Die Mannichfaltigkeit), zur Unterscheidung des „schönen" vom „moralischen" Charakter auch Nr 60 (Der Vorzug).*

292 Nr 8 Die moralische Kraft

ERLÄUTERUNGEN. *Das Epigramm setzt die „schöne Empfindung" des Menschen in seiner sinnlich vernünftigen, d. h. menschlichen Natur (Ueber das Er-*

habene; NA 21, 40) dem „vernünftigen Willen" des Menschen als „Geist" gegenüber. „Schön" sind Empfindungen, sofern sie durch die Harmonie von Pflicht und Neigung getragen werden; „vernünftig" ist der Wille, der im Konflikt beider dem Vernunftgesetz den Vorrang einräumt. Schön zu empfinden, ist der Vorzug weniger, vernünftig zu wollen die Aufgabe aller (vgl. das vorangehende Distichon); diese begleitet das Gefühl der Erhabenheit, jene das Gefühl des Schönen, über deren Verhältnis zueinander Schiller in seiner Schrift „Ueber das Erhabene" handelt.

292 Nr 9   Mittheilung

LESARTEN. Überschrift: Wahrheit und Schönheit H^3 h^8 2 der Schönheit] dem Schönen D^1

ERLÄUTERUNGEN. Das Distichon gehörte ursprünglich wie die beiden folgenden zu einer Reihe von Epigrammen über Literatur und Literaten (vgl. die „Konkordanz der ‚Xenien'-Sammelhandschrift [...]"). – In der Schrift „Ueber die nothwendigen Grenzen beim Gebrauch schöner Formen" heißt es: Es ist niemals der Inhalt, der durch die Schönheit der Form gewinnt, und niemals der Verstand, dem der Geschmack beym Erkennen hilft. Der Inhalt muß sich dem Verstand unmittelbar durch sich selbst empfehlen *(NA 21, 4); daß andererseits im Falle des Schönen der Inhalt nichts, die Form aber alles thun* müsse *(Ueber die ästhetische Erziehung des Menschen; NA 20, 382), ist Schillers wiederholt geäußerte Überzeugung.*

292 Nr 10   An *

LESARTEN. Überschrift: An x x x. H^3 h^8 1 weißt] w e i ß t H^3 h^8

ERLÄUTERUNGEN. Das Distichon gehörte in der Sammelhandschrift in den gleichen Kontext wie das vorhergehende. – Hier steht es in Zusammenhang mit den beiden folgenden; in allen geht es, ähnlich wie in Nr 5 und 6, um den Unterschied von „Sein" und „Haben", „Sein" und „Tun", „Würde" und „Preis" (vgl. die Erläuterungen zu beiden Distichen). Im vorliegenden Fall wird diese Differenzierung auf Persönlichkeit und Tätigkeit eines Lehrers bezogen, zunächst diese jener vorgezogen (Nr 10), dann umgekehrt (Nr 11), schließlich zieht beides an (Nr 12): Der Lehrer wird zum Freund.

Ob die Distichen an bestimmte Adressaten gerichtet sind, ist unsicher; u. a. wurden für Nr 10 Karl August Böttiger (vgl. über ihn die Erläuterungen zu Xenion Nr 494 [B. T. R.]), aber auch Johann Friedrich Reichardt (vgl. über ihn die Erläuterungen zu Xenion Nr 80 [Zeichen des Scorpions]) und Christoph Friedrich Nicolai genannt (vgl. über ihn die Erläuterungen zu den „Xenien" Nr 142–144), für Nr 11 Herder, aber auch Klopstock und Wieland (vgl. die Überschrift in der Sammelhandschrift) und Fichte, für Nr 12 Goethe, Wilhelm von Humboldt, auch Johann Heinrich Meyer.

292 Nr 11 An **

LESARTEN. *Überschrift:* An einen berühmten Schrifftsteller. h^8 1 Wahrheit willst du mich lehren? Bemühe dich nicht. Nicht die Sache h^8 2 d i c h] dich h^8

ERLÄUTERUNGEN. *Vgl. die Erläuterungen zu Nr 10 (An *).*

292 Nr 12 An ***

ERLÄUTERUNGEN. *Vgl. die Erläuterungen zu Nr 10 (An *).*

292 Nr 13 Das blinde Werkzeug

LESARTEN. *Überschrift:* Das Schmerzlichste h^6 *Überschrift fehlt* h^8 1 beklag] empfind h^6 2 Werth,] *Komma fehlt* h^6 h^8

ERLÄUTERUNGEN. *Das Distichon gehörte ursprünglich zu einer Gruppe von Epigrammen über Literatur und Literaten (vgl. die „Konkordanz der ‚Xenien'-Sammelhandschrift [...]").* – *Nach Kant stehen alle Menschen als vernünftige Wesen [...] unter dem* G e s e t z, *daß jedes derselben sich selbst und alle andere* n i e m a l s b l o ß a l s M i t t e l, *sondern jederzeit* z u g l e i c h a l s Z w e c k a n s i c h s e l b s t *behandeln solle. (Grundlegung zur Metaphysik der Sitten; Werke 4, 433.) Ob das Epigramm einen bestimmten Bezug hat, ist ungewiß: „Goethe, nicht Schiller, könnte dabei auch an Herder gedacht haben" (Schmidt/Suphan [1893], 193); für Herder plädiert auch Boas (Xenienkampf [1851] 1, 228–229).*

292 Nr 14 Wechselwirkung

LESARTEN. *Überschrift fehlt* h^6 h^8 1 Ball an die Wand] Ballen der Wand zu h^6 h^8

ERLÄUTERUNGEN. *Das Distichon gehörte ursprünglich zu einer kleinen Sequenz von drei Epigrammen zum Thema „Freund und Feind" (vgl. die „Konkordanz der ‚Xenien'-Sammelhandschrift [...]").* – *Über Goethes „Mährchen", das in den „Horen" (1795. 10. Stück. S. 108–152) erschienen war, schrieb Schiller an Goethe, er finde in ihm die* Idee, *deren Sie einmal erwähnten „das gegenseitige Hülfleisten der Kräfte und das Zurückweisen aufeinander" recht artig ausgeführt. (An Goethe vom 29. August 1795.)*

292 Nr 15　　　　　　　　An die Muse

LESARTEN. 1 nicht;] nicht - D^1　　2 dich] D i c h D^1

ERLÄUTERUNGEN. *Das Distichon gehörte ursprünglich ebenso wie das folgende in den Kontext einer Gruppe von Epigrammen über Literatur und Literaten (vgl. die „Konkordanz der ‚Xenien'-Sammelhandschrift [...]"). – Eine der (ungenannten) Funktionen der Poesie im menschlichen Leben beschreibt das Epigramm „Quelle der Verjüngung"; eine Welt ohne Kunst wird im Gedicht „Poesie des Lebens" entworfen.*

293 Nr 16　　　　　　　　Der Philister

LESARTEN. *Überschrift:* Philister h^8　Der gelehrte Arbeiter D^1　　1 belohnt] labt D^1

ERLÄUTERUNGEN. *Das Distichon gehörte in der Sammelhandschrift in den gleichen Zusammenhang wie das vorhergehende. – Es enthält einen von Schiller oft wiederholten Gedanken, den er in seiner Rezension „Über Bürgers Gedichte" so formulierte: Die Dichtkunst allein könne die dem* philosophierenden Verstande *drohende Gefahr abwenden,* über dem Fleiß des Forschens den Preis seiner Anstrengungen zu verlieren *(NA 22, 245). Vergleichbare Äußerungen finden sich im Aufsatz „Was kann eine gute stehende Schaubühne eigentlich wirken?" (vgl. NA 20, 88) und in der Ankündigung der „Horen" (vgl. NA 22, 106). Daß die Schönheit Vermittlerin der Wahrheit sei, war eine der zentralen Thesen des Gedichts „Die Künstler" (vgl. V. 397–408, 425–442). – Angesichts eines solch allgemeinen Kontextes mag dahingestellt sein, ob das vorliegende Distichon, das folgende oder auch Nr 20 einen aktuellen Bezug haben, etwa auf den Altphilologen Friedrich August Wolf, den Schiller mit Blick auf dessen Auseinandersetzung mit Herder als* Philister *bezeichnet und zu* persiflieren angekündigt hatte *(an Goethe vom 24. Oktober 1795). In den „Xenien" wird Wolfs philologische Homer-Kritik angegriffen (vgl. Nr 264 [Der Wolfische Homer] und 500 [Der Wolfische Homeer]) und betont, gerade sie mache den alten Sänger unsterblich; vgl. dazu das folgende Distichon. – Vgl. auch die Erläuterungen zur 2. Fassung des Distichons.*

293 Nr 17　　　　　　　　Das ungleiche Schicksal

LESARTEN. *Überschrift:* Die Gunst der Musen D^1

ERLÄUTERUNGEN. *Zum Stichwort „Philister" vgl. das vorhergehende Epigramm und die Erläuterungen dazu.*

293 Nr 18   Pflicht für jeden

ERLÄUTERUNGEN. *Über die Hindernisse auf dem Weg, zu einem* Ganzen *zu werden, d. h.* die mannichfaltigen Anlagen im Menschen *allseitig zu entwikkeln und den* Antagonism der Kräfte *zu überwinden, berichtet ausführlich der 6. Brief „Ueber die ästhetische Erziehung des Menschen" (vgl. NA 20, 321– 328; Zitate: S. 326). Die Herstellung der* Totalität der Gattung *im* Individuum *(S. 322) entspricht dem klassischen Bildungsideal. Für Schiller repräsentierte Goethes Persönlichkeit ein* Ganzes *(vgl. an Goethe vom 23. August 1794). Die Forderung des Distichons an den, dem solches versagt bleibt, erhebt in anderem Zusammenhang das Epigramm „Unsterblichkeit"; vgl. die Hinweise auf weitere Epigramme zum Begriff des „Ganzen" in den Erläuterungen dazu.*

293 Nr 19   Der schöne Geist und der Schöngeist

LESARTEN. 1 auf leichten Schultern] auf leichter Achsel h^8 Schöngeis *(Druckfehler)*] Schöngeist h^8 E^a E^b E^c

ERLÄUTERUNGEN. *Das Distichon gehörte ursprünglich ebenso wie das folgende zu einer Gruppe von Epigrammen über Literatur und Literaten (vgl. die „Konkordanz der ‚Xenien'-Sammelhandschrift [...]"). –* Mit einer Leichtigkeit, als wenn bloß der Instinkt aus ihr handelte, *heißt es in der Abhandlung „Ueber Anmuth und Würde" von der „schönen Seele",* übt sie der Menschheit peinlichste Pflichten aus *(NA 20, 287).*

293 Nr 20   Philister und Schöngeist

ERLÄUTERUNGEN. *Das Distichon gehörte in der Sammelhandschrift in den gleichen Kontext wie das vorangehende. – Zum Stichwort „Philister" vgl. Nr 16, 17 und 22, zum „Schöngeist" das vorige Epigramm.*

293 Nr 21   Die Uebereinstimmung

LESARTEN. *Fassung* h^8:
            Realist und Idealist.
   Beyde suchen die Wahrheit. Der innen im Herzen und jener
      Außen im Leben, und so findet sie jeder gewiß.
   Ist dein Auge gesund, so zeigt es dir aussen den Schöpfer,
      Ist es dein Herz, dann gewiß zeigt es dir innen die Welt.

ERLÄUTERUNGEN. *Das Epigramm gehörte ursprünglich zu einer Sequenz über Erkenntnis, Wahrheit und Schönheit in Wissenschaft, Philosophie, Ethik und Ästhetik (vgl. die „Konkordanz der ‚Xenien'-Sammelhandschrift [...]"). –*

Von den Begriffen „Realist" und „Idealist" ist ausführlich im Schlußteil der Abhandlung „Ueber naive und sentimentalische Dichtung" die Rede; jener kommt zur Erkenntnis über den Weg der Erfahrung, anders als dieser, *der aus sich selbst und aus der blossen Vernunft seine Erkenntnisse nimmt (NA 20, 494). Trotzdem, so ergibt Schillers Betrachtung, kann es auch nicht fehlen, daß er [der Realist] mit dem ächten Idealisten in dem endlichen Resultat übereinkommen wird, wie verschieden auch der Weg ist (NA 20, 502; vgl. ebenso Schiller an Humboldt vom 9. [und 11.] Januar 1796). Durch den Unterschied zwischen dem Idealisten und dem Realisten sah Schiller sein Verhältnis zu Goethe bestimmt; in seinem Brief an ihn vom 23. August 1794 stellt er seinen eigenen* speculativen Geist *dessen* intuitivem *gegenüber, äußert trotz dieser* Opposita *jedoch zugleich die Überzeugung, daß beide sich auf halbem Wege begegnen werden. An Körner berichtete Schiller am 1. September 1794 von seinem ersten Gespräch mit Goethe über Kunst und Kunsttheorie, in dem sich eine unerwartete Uebereinstimmung gefunden habe, die um so interessanter war, weil sie wirklich aus der größten Verschiedenheit der Gesichtspunkte hervorging.*

Das folgende Epigramm charakterisiert mit Schwärmer *und* Philister *die* K a r r i k a t u r e n *des Idealisten und Realisten, mit deren Beschreibung die Abhandlung „Ueber naive und sentimentalische Dichtung" schließt (vgl. NA 20, 502–503).*

293 Nr 22   Natur und Vernunft

ERLÄUTERUNGEN. *Vgl. die Erläuterungen zum vorhergehenden Epigramm.*

294 Nr 23   Der Schlüssel

LESARTEN. *Überschrift:* Schlüssel. h^8

ERLÄUTERUNGEN. *Das Distichon gehörte in der Sammelhandschrift zu einer Gruppe von Epigrammen, die sich mit Fragen nach Erkenntnis, Wahrheit und Schönheit beschäftigen (vgl. die „Konkordanz [...]"). – Zum Hexameter vgl. die Erläuterungen zu Nr 25 (Glaubwürdigkeit).*

294 Nr 24   Das Subjekt

ERLÄUTERUNGEN. *Im 9. Brief „Ueber die ästhetische Erziehung des Menschen" wird die Warnung, insbesondere an den Künstler, ausgesprochen, nicht zum Zögling oder gar Günstling der Verhältnisse zu werden, wenn auch nicht zu vermeiden sei,* Sohn seiner Zeit *und damit deren determinierenden Einflüssen ausgesetzt zu sein (NA 20, 333).*

294 Nr 25 Glaubwürdigkeit

LESARTEN. *Überschrift fehlt* h^7 1 Wem ihr *[danach* G *gestr.]* glauben sollt redliche Freunde? *[Fragezeichen verb. aus Komma]* Das kann ich nicht *[über gestr.* Wer könnte das*]* sagen h^7 ist,] ist? h^8 *Das ganze Distichon gestr.* h^7 *(wahrscheinlich nach Abschrift in* h^6*)*

ERLÄUTERUNGEN. *Dieses Distichon gehörte in der Sammelhandschrift ebenso wie die folgenden, Nr 26–43, zu einer Reihe von Epigrammen über Erkenntnis, Wahrheit und Schönheit (vgl. die „Konkordanz [...]").* – *In Goethes „Torquato Tasso" sagt Antonio zu dem introvertierten Dichter:* Der Mensch erkennt sich nur im Menschen, nur / Das Leben lehret jedem was er sei. *(II 3. V. 1242–1243; WA I 10, 154.)*

294 Nr 26 Was nutzt

LESARTEN. 1 Irrthum!] Irrthum h^7 *Das ganze Distichon gestr.* h^7 *(wahrscheinlich nach Abschrift in* h^6*)*

ERLÄUTERUNGEN. *Das Distichon gehörte in der Sammelhandschrift in den gleichen Zusammenhang wie das vorangehende.* – *Im Hintergrund stehen vermutlich Goethes Auseinandersetzung mit den Vulkanisten oder Plutonisten auf dem Gebiet der Geologie (vgl. die „Xenien" Nr 161–163 und die Erläuterungen dazu) und der Streit um Newtons Farbentheorie (vgl. die „Xenien" Nr 164–176 und die Erläuterungen dazu sowie Nr 31 der „Tabulae votivae" [Die Zergliederer]). In Goethes „Maximen und Reflexionen" zur Naturwissenschaft heißt es:* Das Wahre fördert; aus dem Irrthum e n t wickelt sich nichts, er v e r wickelt uns nur. *(WA II 11, 136.) In Goethes Brief an Charlotte von Stein vom 8. Juni 1787 findet sich folgende vergleichbare Formulierung:* [...] auch eine schädliche Wahrheit ist nützlich, weil sie nur Augenblicke schädlich seyn kann und alsdann zu andern Wahrheiten führt *(WA IV 8, 230–231).*

294 Nr 27 Was schadet

LESARTEN. *Über der Überschrift* Zum ewigen Krieg *gestr.* h^7 1 Irren] Irren, h^6 h^8 2 schädlich, wie] schädlich. Wie h^7 *Das ganze Distichon gestr.* h^7 *(wahrscheinlich nach Abschrift in* h^6*)*

ERLÄUTERUNGEN. *Das Distichon gehörte in der Sammelhandschrift in den gleichen Zusammenhang wie Nr 25 (Glaubwürdigkeit).* – *Zum Inhalt vgl. die Erläuterungen zum vorangehenden Epigramm.*

294 Nr 28   Zucht

LESARTEN. 1 straft –] *Gedankenstrich fehlt* h^6 h^7 2 Kind,] *Komma fehlt* h^6, *Komma verb. aus Punkt* h^7 *Das ganze Distichon gestr.* h^7 *(wahrscheinlich nach Abschrift in* h^6*)*

ERLÄUTERUNGEN. *Das Distichon gehörte in der Sammelhandschrift in den gleichen Zusammenhang wie Nr 25 (Glaubwürdigkeit). – Es setzt das Thema „Irrtum und Wahrheit" fort; vgl. die Erläuterungen zu Nr 26 (Was nutzt).*

294 Nr 29   Das Schooßkind

LESARTEN. 1 nie] nicht h^7 2 Irrthum,] *Komma fehlt* h^7 Kind,] *Komma fehlt* h^7 h^8 nah] nahe h^6 *Das ganze Distichon gestr.* h^7 *(wahrscheinlich nach Abschrift in* h^6*)*

ERLÄUTERUNGEN. *Das Distichon gehörte in der Sammelhandschrift in den gleichen Zusammenhang wie Nr 25 (Glaubwürdigkeit). – Es führt das in Nr 26 (Was nutzt) angeschlagene Thema „Irrtum und Wahrheit" fort. Eine Erklärung für den geschilderten Sachverhalt bieten Goethes „Maximen und Reflexionen über Literatur und Ethik", in denen es heißt:* Die Wahrheit widerspricht unserer Natur, der Irrthum nicht, und zwar aus einem sehr einfachen Grunde: die Wahrheit fordert, daß wir uns für beschränkt erkennen sollen, der Irrthum schmeichelt uns, wir seien auf ein- oder die andere Weise unbegränzt. *(Aus Kunst und Alterthum; WA I 42 II, 151.)*

294 Nr 30   Trost

LESARTEN. *Überschrift fehlt* h^8

ERLÄUTERUNGEN. *Das Distichon gehörte in der Sammelhandschrift in den gleichen Zusammenhang wie Nr 25 (Glaubwürdigkeit). – Hier schließt es die mit Nr 26 (Was nutzt) begonnene Reihe zum Thema „Irrtum und Wahrheit" ab. Die Verse evozieren den Gedanken an Goethes „Faust"; im „Prolog im Himmel" sagt der Herr zu Mephistopheles:*
    Es irrt der Mensch so lang er strebt.
    [...]
    Ein guter Mensch in seinem dunklen Drange
    Ist sich des rechten Weges wohl bewußt.
(V. 317, 328–329; WA I 14, 22.)

295 Nr 31 Die Zergliederer

LESARTEN. *Überschrift:* Vergebene Bemühung. b^6 Vergebliche Bemühung. b^8 *Überschrift fehlt* $b^{9(1)}$ **2** Einziges] einziges $b^{9(1)}$ *Fassung* b^4 *(so auch* b^{10}*; dort Unterstreichung der Zahlwörter):*

Das ist ein pfäffischer Einfall! denn lange spaltet die Kirche
Ihren Gott sich in drey, wie ihr in sieben das Licht.

Fassung $b^{9(2)}$: Der Gegner.
Neu ist der Einfall doch nicht man hat ja selber den höchsten
Einzigsten reinsten Begriff Gottes in Theile getheilt.

ERLÄUTERUNGEN. *Das Distichon gehörte in der Sammelhandschrift in den gleichen Zusammenhang wie Nr 25 (Glaubwürdigkeit). — Es beschreibt den Versuch, dem Phänomen des Lichts mit den Mitteln der Newtonschen Theorie auf die Spur zu kommen, als „Vergebliche Bemühung"; über Goethes Auseinandersetzung mit Newton vgl. die „Xenien" Nr 164—176 und die Erläuterungen dazu.*

295 Nr 32 Metaphysiker und Physiker

LESARTEN. *Überschrift fehlt* b^8 Die Forscher D^1 *(Titel der zusammengefaßten T 32 und T 33)* **2** Jagd?] Jagd! D^1

ERLÄUTERUNGEN. *Das Distichon gehörte ebenso wie das folgende in der Sammelhandschrift dem gleichen thematischen Zusammenhang an wie Nr 25 (Glaubwürdigkeit). — Wie im Epigramm „Falscher Studiertrieb" geht es um die Wahrheit, die ihren „Feinden" entschlüpft. Unter „Metaphysikern" und „Physikern" sind wie im 19. Brief „Ueber die ästhetische Erziehung des Menschen" allgemein Philosophen einerseits, Naturwissenschaftler andererseits zu verstehen; ähnlich heißt es dort:* Weder Abstraktion noch Erfahrung leiten uns bis zu der Quelle zurück, aus der unsre Begriffe von Allgemeinheit und Nothwendigkeit fließen *(NA 20, 372). Vgl. auch Xenion Nr 457, ebenfalls mit dem Titel „Metaphysiker und Physiker", welches in der Sammelhandschrift unmittelbar folgte.*

295 Nr 33 Die Versuche

LESARTEN. *Überschrift:* Die Forscher b^8 *ohne Überschrift* D^1 *(s. zu Nr 32)* **1** Tausend Spione lauren auf deine Spuren o Wahrheit b^8 greifen] fangen, D^1 **2** leisem Tritt] Geistestritt D^1

ERLÄUTERUNGEN. *Vgl. die Erläuterungen zum vorangehenden Distichon. — Die geschilderte Situation erinnert an Jesu Gefangennahme nach dem Verrat des Judas (vgl. Matth. 26, 47; Mark. 14, 43; Luk. 22, 52; Joh. 18, 3—6).*

295 Nr 34   Die Quellen

LESARTEN. Fassung b⁸ (ohne Überschrift):
    Herrlicher Künste Mutter ist das Bedürfniß gewesen,
    Zu der Wissenschaft nur hat es noch keinen geführt.

ERLÄUTERUNGEN. Das Distichon gehörte in der Sammelhandschrift in den gleichen Zusammenhang wie Nr 25 (Glaubwürdigkeit). – Sofern weder der Druck, die „lebensnotwendigen" Bedürfnisse zu befriedigen, noch die „Zufälligkeit" von Entdeckungen mit Freiheit und Systematik wissenschaftlicher Arbeit vereinbar sind, bilden beide lediglich die Basis verschiedener „Kunstfertigkeiten" und Kenntnisse. Welcher Weg zur „Wissenschaft" im Sinne Schillers führen könnte, ergibt sich aus der Beschreibung des „philosophischen Kopfs" in der Jenaer Antrittsrede; an erster Stelle: Liebe zur Wahrheit (vgl. NA 17, 362–363). Vgl. auch das in der Sammelhandschrift (der 1. Fassung des Distichons) unmittelbar vorhergehende Xenion Nr 62 (Wissenschaft).

295 Nr 35   Empiriker

LESARTEN. Fassung b⁸: Empiriker.
    Daß ihr der Künste würdigste treibt, wer hat es bezweifelt?
    Aber die würdigste Kunst ist nur Gewerbe bey euch.

ERLÄUTERUNGEN. Das Distichon gehörte in der Sammelhandschrift in den gleichen Zusammenhang wie Nr 25 (Glaubwürdigkeit). – Zusammen mit den drei folgenden variiert es das in Nr 32 angeschlagene Thema, den Gegensatz von „Metaphysiker und Physiker". Die „Empiriker" haben mit der Erfahrung zwar einen sicheren Weg zur Erkenntnis gewählt, doch bleiben sie, beschränkt auf die „Bahnen" der „Anschauung", (in paradoxer Formulierung) blind für den „Pfad", der ins Reich der Vernunftideen führt. Im Gedicht „Poesie des Lebens" wird der Typus eines solchen „Empirikers" beschrieben.
    Die 1. Fassung des völlig neu bearbeiteten Epigramms (vgl. LESARTEN) wurde ebenso wie das folgende (vgl. auch dazu die LESARTEN) sowie Nr 37 und 38 mit Blick auf die (zeitgenössische) Medizin formuliert: Unmittelbar vorher ging Xenion Nr 458 (Aerzte); vgl. die Erläuterungen dazu.

295 Nr 36   Theoretiker

LESARTEN. **1** ihrs sicherlich treffen] ihr alle kurieren b⁸   **2** wäre] währe b⁸
(Schreibversehen)   wahr!] wahr. b⁸

ERLÄUTERUNGEN. Das Distichon gehörte in der Sammelhandschrift in den gleichen Zusammenhang wie Nr 25 (Glaubwürdigkeit). – Im Unterschied zum „Empiriker" (Nr 35) bedient sich der „Theoretiker" nicht der Erfahrung, son-

dern abstrakter „Gesetze" des Denkens überhaupt. Obersatz *und* Untersatz *sind Begriffe aus der formalen Logik; sie bezeichnen die beiden Prämissen (*propositio maior *und* propositio minor*), aus denen die Schlußfolgerung (*conclusio*) zu ziehen ist.*

295 Nr 37   Letzte Zuflucht

LESARTEN. 2 Aber,] Komma fehlt h^8

ERLÄUTERUNGEN. *Das Distichon gehörte in der Sammelhandschrift in den gleichen Umkreis wie Nr 25 (Glaubwürdigkeit). – Angesprochen sind hier die „Metaphysiker" und „Theoretiker". Der* delphische Gott *ist* Apollon, *der im Orakel zu Delphi durch eine von ihm inspirierte Seherin zu den Gläubigen sprach.*

295 Nr 38   Die Systeme

LESARTEN. 1 Himmel! Wie] Himmel wie h^8 2 heraus!] heraus. h^8

ERLÄUTERUNGEN. *Das Distichon gehörte in der Sammelhandschrift* in *den gleichen Umkreis wie Nr 25 (Glaubwürdigkeit). – Wie das vorige wendet es sich an die „Metaphysiker" und „Theoretiker". Das Bild eines Gebäudes (auf unsicherem Grund) benutzte Kant zur Charakterisierung einer unkritischen Metaphysik (vgl. die Erläuterungen zum Gedicht „Der Metaphysiker").*

296 Nr 39   Die Philosophien

LESARTEN. *Überschrift fehlt* h^8 Die Philosophieen D^1 2 *Kommata fehlen* D^1 immer] ewig h^8 D^1

ERLÄUTERUNGEN. *Das Distichon gehörte in der Sammelhandschrift in die gleiche Epigrammreihe wie Nr 25 (Glaubwürdigkeit). – Es stellt den verschiedenen historischen Systemen der Philosophie, die der Veränderung unterworfen sind, die „Philosophie" im griechischen Wortsinne (φιλοσοφία) als „Liebe zur Weisheit" gegenüber. Aus Schillers Brief an Goethe vom 28. Oktober 1794 geht hervor, daß er auch die Kantische Philosophie in Abhängigkeit vom Gesetz der Veränderung* sah, *zugleich aber glaubte, daß deren* Fundamente [...] dieß Schicksal nicht zu fürchten haben werden, denn seit es Vernunft gebe, habe *man sie stillschweigend anerkannt, und im Ganzen darnach gehandelt. In einem anderen Brief an Goethe vom 9. [–11.] Juli 1796 unterscheidet Schiller* die Philosophie *und* das Philosophieren *und betont, nur jene könne dieses unschädlich machen. Einen ähnlichen Gedanken, auf die Religion bezogen, enthält Nr 41 (Mein Glaube).*

TABULAE VOTIVAE Nr 36–42

296 Nr 40   **Die Vielwisser**

LESARTEN. Überschrift: An die Herren G. H. J. b^6 b^8 1 Gestirne,] Gestirne; b^6 b^8

ERLÄUTERUNGEN. Das Distichon gehörte in der Sammelhandschrift in den gleichen Zusammenhang wie Nr 25 (Glaubwürdigkeit). – Zur abschätzigen Beurteilung der Astronomen (auch durch Schiller) vgl. die Epigramme „Menschliches Wissen" und „An die Astronomen", außerdem Xenion Nr 180 (Der astronomische Himmel). – Die Buchstaben G. H. J. in der früheren Überschrift lassen, wie im Fall von Xenion Nr 51, das Distichon beliebig zuordnen.

296 Nr 41   **Mein Glaube**

LESARTEN. 2 nennst!] nennst. b^8 Anführungsstriche fehlen D^1

ERLÄUTERUNGEN. Das Distichon gehörte in der Sammelhandschrift in den gleichen Zusammenhang wie Nr 25 (Glaubwürdigkeit). – Wie in Nr 39 den Begriff „Philosophie" führt Schiller hier das Wort „Religion" auf seine ursprüngliche Bedeutung zurück: lat. religio: Gewissenhaftigkeit, Skrupulosität. Derlei Eigenschaften hindern ihn, sich an eine bestimmte Religion als dogmatische Glaubensgemeinschaft anzuschließen; das gilt auch für die christliche; vgl. darüber Schillers Brief an Goethe vom 17. August 1795, zum Stichwort „Religion" ebenso den Brief an Zelter vom 16. Juli 1804. Mit dem Thema beschäftigen sich auch das Epigramm „Ein Wort an die Proselytenmacher" und Nr 58 der „Tabulae votivae" (Das eigne Ideal).

296 Nr 42   **Moralische Schwätzer**

LESARTEN. Nur 1 Distichon b^8:
     Moralische Schwätzer.
   Wie sie mit ihrer Moral, die schmutzgen Naturen uns quälen!
   Thut euch die Peitsche sogar noth, was empfehlt ihr sie uns!
6 Warlich] Wahrlich E^c

ERLÄUTERUNGEN. Das erste Distichon gehörte in der Sammelhandschrift, in 1. Fassung, dem gleichen Umkreis an wie Nr 25 (Glaubwürdigkeit). – Das Epigramm richtet sich nur indirekt gegen die Kantische Moralphilosophie und deren Pflichtethik, der Schiller gelegentlich, freilich nicht in dieser Weise, den Vorwurf des Rigorismus machte (vgl. Xenion Nr 388 [Gewissensscrupel] und die Erläuterungen dazu); der Plural der Überschrift deutet an, daß es um die Propagandisten der Lehre Kants geht (vgl. Xenion Nr 53 [Kant und seine Ausleger]). Auf dem Gebiet der praktischen Philosophie Kants galt Schillers Antipathie Männern wie Karl Heinrich Heydenreich, Professor der Philosophie in

Leipzig (vgl. über ihn zu Xenion Nr 122) und besonders dem Hallenser Philosophieprofessor Ludwig Heinrich von Jakob, dessen popularisierende Kant-Interpretation Schiller wiederholt mit „Xenien" bedachte (vgl. über Jakob allgemein Nr 253, über seine Kant-Nachfolge Nr 54, 296, 297, 602 sowie die Erläuterungen dazu). Außerdem ist an die Adressaten von Tabula votiva Nr 44 (Der Strengling und der Frömmling) zu denken.

296 Nr 43   Meine Antipathie

LESARTEN. *Die Distichen durch Leerzeile getrennt* b^8 **1** zuwider und] zuwider, D^1 **2** so viel schwatzen von] allein nöthig die b^8 **3** *Anführungsstriche fehlen* b^8 *Schlußstriche fehlen* b^8 E^a E^b **4** *Kommata fehlen* b^8 davon.] davon! b^8

ERLÄUTERUNGEN. *Das Epigramm bestand in der Sammelhandschrift aus zwei Monodistichen, die in den gleichen Kontext wie Nr 25 (Glaubwürdigkeit) gehörten. — In der Schrift „Ueber den moralischen Nutzen ästhetischer Sitten" äußert Schiller die Auffassung, es sei für ein Volk oder Zeitalter keine Empfehlung, wenn man in demselben so oft von Moralität und einzelnen moralischen Thaten hört; [...] am Ende der Kultur werde nur wenig darüber zu reden sein (NA 21, 34–35). Auch dieses Epigramm richtet sich gegen „Moralische Schwätzer" (Nr 42).*

296 Nr 44   Der Strengling und der Frömmling

ERLÄUTERUNGEN. *Die in V. 1 umrissene Position des „Strenglings" erinnert an die rigoristische Ethik Kants und seiner Nachfolger (vgl. zu Nr 42 [Moralische Schwätzer]), welche die „Xenien" Nr 388 und 389 persiflieren. V. 2 beschreibt den umgekehrten, in ihrem psychologischen Widersinn aber kongruenten Standpunkt des „Frömmlings", dessen Forderung christlichen Geboten wie dem der Feindesliebe entspricht. Zu den Vertretern einer „Frömmlings"-Moral werden in den „Tabulae votivae" und „Xenien" Männer gerechnet wie Johann Georg Schlosser (vgl. Xenion Nr 479), Friedrich Leopold Graf zu Stolberg (vgl. zu Xenion Nr 15), Johann Kaspar Lavater (vgl. Xenion Nr 20) und Johann Ludwig Ewald (vgl. zu Xenion Nr 258, außerdem Nr 517).*

297 Nr 45   Theophagen

ERLÄUTERUNGEN. *Zu den „Theophagen" (griech.: Gottesesser) zählt gewiß Johann Georg Schlosser, der in seiner Schrift „Fortsetzung des Platonischen Gesprächs von der Liebe" (1796) einen Gottesbegriff entwickelte, nach dem Gott als das vollkommenste Wesen Sitz der reinen Liebe als des höchsten Genusses ist; vgl. darüber Näheres in den Erläuterungen zu Xenion Nr 479 (Neueste Theorie der Liebe).*

297 Nr 46 Fratzen

ERLÄUTERUNGEN. Der Hexameter geht auf den „Strengling" (vgl. Nr 44); ein Beispiel dafür, was der Pentameter meint, könnte Johann Kaspar Lavater mit seinen religiösen Schriften bieten; eines seiner Bücher trägt den Titel „Aussichten in die Ewigkeit" (1768–1778) und beschreibt in vollem Ernst und in handgreiflicher Weise das Leben der (frommen) Menschen nach dem Tode in der ewigen Seligkeit.

297 Nr 47 Moral der Pflicht und der Liebe

LESARTEN. Nur V. 3–4, unter der Überschrift: Br – G –. b^8 **4** Zatter geistiger Lieb'] Geistiger Lieb' und Begier b^8

ERLÄUTERUNGEN. Erhabene Seelen *(V. 1) vermögen im Fall des Konflikts zwischen Pflicht und Neigung stets* die Foderung der Natur dem Ausspruch der Vernunft nachzusetzen *(Ueber Anmuth und Würde; NA 20, 291), während in* schönen Gemüthern *(V. 2) der Konflikt der Harmonie gewichen ist (vgl. ebd.; NA 20, 287–289): Sie handeln aus „Liebe", jene aus „Pflicht" (vgl. Nr 8 [Die moralische Kraft]).*

Das zweite Distichon war in der Sammelhandschrift als Monodistichon enthalten und gehörte zu einer Gruppe allgemeiner moralischer Sprüche (vgl. die „Konkordanz [. . .]"); sein Titel setzte es mit der „Brüdergemeine" der Herrnhuter in Beziehung, einer in den 20er Jahren des 18. Jahrhunderts aus dem Pietismus hervorgegangenen Religionsgemeinschaft auf der Grundlage urchristlicher Brüderlichkeit, welche ihren Mitgliedern die Verpflichtung zur Bruderliebe auferlegte.

Im letzten Distichon wird mit dem Volk, das die Moral der Dämonen *(V. 5) (griech.* δαίμων*: Geist), also die am Pflichtbegriff orientierte Sittlichkeit des Menschen als Geistwesen, unberechtigter Weise für sich in Anspruch nimmt, auf das revolutionäre Frankreich angespielt: Robespierre und den Jakobinern steht „Erhabenheit" nicht zu.*

297 Nr 48 Der Philosoph und der Schwärmer

LESARTEN. **1** schauet das Auge zum Himmel] schaut zum Himmel das Antlitz b^8 **2** Dieser,] *Komma fehlt* b^8

ERLÄUTERUNGEN. Das Distichon gehörte ursprünglich ebenso wie die drei folgenden zu einer großen Gruppe von Epigrammen gegen „Frömmler" und „moralische Schwätzer" (vgl. die „Konkordanz der ‚Xenien'-Sammelhandschrift [. . .]"). – Einige der „Schwärmer" werden in den Erläuterungen zu Nr 44 (Der Strengling und der Frömmling) genannt.

297 Nr 49   Das irdische Bündel

LESARTEN. *Überschrift fehlt* b^8

ERLÄUTERUNGEN. *Das Distichon gehörte in der Sammelhandschrift in den gleichen Kontext wie das vorangehende.* – Es geht gegen „Frömmler" und „Schwärmer" vom Schlage Johann Georg Schlossers (vgl. *zu Nr 45 [Theophagen] und Xenion Nr 479 [Neueste Theorie der Liebe]*).
2 Seraph] *Engel am Throne Gottes.*

297 Nr 50   Der wahre Grund

LESARTEN. *Überschrift:* Bon vivants *von Goethe nachgetragen* b^8 1 Freunde,] *Komma fehlt* b^8 2 der höllischen Glut] dem höllischen Feur b^8

ERLÄUTERUNGEN. *Das Distichon gehörte in der Sammelhandschrift in den gleichen Zusammenhang wie Nr 48 (Der Philosoph und der Schwärmer).*

297 Nr 51   Die Triebfedern

LESARTEN. *Überschrift:* Horaz *von Goethe nachgetragen* b^8

ERLÄUTERUNGEN. *Das Distichon gehörte in der Sammelhandschrift in die gleiche Epigrammreihe wie Nr 48 (Der Philosoph und der Schwärmer).* – *Bei Horaz (vgl. die frühere Überschrift) lassen sich verwandte Verse nicht finden; das Bild des Hexameters begegnet ähnlich in „Natur und Schule" (V. 53).*

298 Nr 52   An die Mystiker

LESARTEN. 2 umgiebt,] *Komma fehlt* b^8

ERLÄUTERUNGEN. *Das Distichon gehörte ursprünglich ebenso wie die folgenden, Nr 53–60, zu einer Sequenz von Epigrammen über Erkenntnis, Wahrheit und Schönheit in Wissenschaft, Philosophie, Ethik und Ästhetik (vgl. die „Konkordanz der ‚Xenien'-Sammelhandschrift [...]").* – *Goethe nennt die Natur gelegentlich ein offenbares Geheimniß (Maximen und Reflexionen über Kunst. Aus „Kunst und Alterthum"; WA I 48, 179).*

298 Nr 53   Licht und Farbe

LESARTEN. *Überschrift fehlt* b^9 1 Eines] *von Goethe geändert in* Eins b^9 bey dem] *darüber von Goethe oben?* beym b^9 2 *Kommata fehlen* b^8 b^9

ERLÄUTERUNGEN. Das Distichon gehörte in der Sammelhandschrift in den gleichen Kontext wie das vorangehende. – Hier präludiert es dem in den beiden folgenden Distichen philosophisch und ästhetisch gewendeten Thema am physikalischen Beispiel. Dem Verhältnis zwischen der Vielheit der Farben und der Einheit des Lichts entspricht das Verhältnis zwischen der Mannigfaltigkeit des Wahren und Schönen und der Einheit der Wahrheit und Schönheit. Das Bild des siebenfarbigen Regenbogens am Schluß des Gedichts „Die Künstler" erfüllt eine in ähnlicher Weise veranschaulichende Funktion (vgl. V. 474–481 und die Erläuterungen dazu), ebenso in „Das verschleierte Bild zu Sais" (V. 15). In den „Künstlern" ist davon die Rede, daß die vielfältigen Formen der Schönheit in Einen Bund der Wahrheit / in Einen Strohm des Lichts zurück fließen (V. 480–481); auch unter diesem Aspekt – die „wechselnde" Schönheit als Vermittlerin der „ewig einen" Wahrheit – ließe sich das Epigramm verstehen, vor allem dann, wenn es isoliert auftritt wie im Fall seiner Wiederveröffentlichung im 1. Teil der „Gedichte" und in der geplanten Ausgabe letzter Hand (vgl. NA 2 I, 323).

298 Nr 54   Wahrheit

LESARTEN. **2** Eines doch bleibt] doch Eines nur ist b^8

ERLÄUTERUNGEN. Das Distichon gehörte in der Sammelhandschrift in den gleichen Zusammenhang wie Nr 52 (An die Mystiker). – Der Gedanke wird in V. 3–4 von Nr 62 (Die Mannichfaltigkeit) wiederaufgegriffen; vgl. im übrigen die Erläuterungen zum vorangehenden Epigramm.

298 Nr 55   Schönheit

LESARTEN. **1** mannichfach] zahllos b^8 **2** Daß es Eines doch bleibt, macht ja das wechselnde schön. b^8

ERLÄUTERUNGEN. Das Distichon gehörte in der Sammelhandschrift in die gleiche Epigrammreihe wie Nr 52 (An die Mystiker). – Dort waren die Pentameter des vorhergehenden und des vorliegenden Distichons parallel formuliert (vgl. LESARTEN); die Prädikate ist und bleibt signalisieren, weniger deutlich als in der Almanach-Fassung bleibt und wechselt, den unterschiedlichen Charakter der Begriffe von „Wahrheit" und „Schönheit": Jene wird als statisch, ahistorisch betrachtet, sie bietet sich der „Metexis", der Teilhabe, an; diese erscheint fortwährend als Resultat eines Prozesses, also dynamisch und historisch, sie bedarf der „Praxis".

298 Nr 56   Aufgabe

LESARTEN. *Überschrift fehlt* b^8 1 höchsten,] Höchsten! b^8 höchsten! D^1
2 sich] s i c h D^1

ERLÄUTERUNGEN. *Das Distichon gehörte in der Sammelhandschrift in den gleichen Umkreis wie Nr 52 (An die Mystiker). – Über Themen verwandter Art korrespondierte Schiller mit Humboldt, etwa über den (von Humboldt in einem nicht überlieferten Brief geäußerten) Gedanken, die Ausbildung des Individuums bestehe nicht im Streben nach einem allgemeinen Ideal, sondern* vielmehr in der möglichst reinen Darstellung und Entwicklung seiner Individualität *(an Humboldt vom 4. Januar 1796).*

298 Nr 57   Bedingung

LESARTEN. *Überschrift fehlt* b^8 2 d e i n e n] deinen b^8

ERLÄUTERUNGEN. *Das Distichon gehörte in der Sammelhandschrift in den gleichen Kontext wie Nr 52 (An die Mystiker). – In seinem Gedicht „Das Reich der Schatten" hatte Schiller darzustellen versucht, auf welche Weise es Menschen möglich sei,* schon auf Erden Göttern gleichen *zu können (V. 21); eine der Voraussetzungen dafür ist in seiner Aufforderung enthalten:* Nehmt die Gottheit auf in euren Willen, / Und sie steigt von ihrem Weltenthron. *(V. 135–136.)*

298 Nr 58   Das eigne Ideal

LESARTEN. *Überschrift fehlt* b^8 1 gehört,] *Komma fehlt* b^8 D^1 nur,] *Komma fehlt* b^8 D^1

ERLÄUTERUNGEN. *Das Distichon gehörte in der Sammelhandschrift in den gleichen Zusammenhang wie Nr 52 (An die Mystiker). – Es ergänzt den Gedanken von Nr 41 (Mein Glaube); in beiden Fällen geht es um Individualität als Grundlage wahrer Religiosität. Zur Vorstellung, daß „Denken" den Einzelnen zum Mitglied der Gesellschaft aller Vernunftwesen mache, vgl. Nr 7 (Der moralische und der schöne Character) und Nr 62 (Die Mannichfaltigkeit), ebenso das folgende Epigramm.*

298 Nr 59   Schöne Individualität

LESARTEN. *Über den durch Leerzeile getrennten Distichen die Überschrift:* Harmonie und Indentität *(sic)* b^8 1 E i n i g] Einig b^8 D^1 E i n e s] Eines b^8 D^1 4 Wohl dir,] Heil dir b^8

ERLÄUTERUNGEN. *Das Gedicht bestand in der Sammelhandschrift aus zwei Monodistichen, die zur gleichen Epigrammreihe gehörten wie Nr 52 (An die Mystiker). – Anknüpfend an den Hexameter des vorigen Distichons handelt es vom Unterschied zwischen* „Harmonie und Identität" *von* „Einzelnem" *und* „Ganzem"; *das Ideal formuliert der zweite Pentameter: die Kongruenz von Vernunft und Herz, wie sie Schiller in der* „schönen Seele" *realisiert sah (vgl. zu Nr 7 [Der moralische und der schöne Character]). In die gleiche Richtung weisen die beiden vorangehenden Epigramme.*

299 Nr 60   **Der Vorzug**

LESARTEN. *Überschrift fehlt* b^8 1 U e b e r] Ueber b^8 2 d u r c h] durch b^8 doch] noch b^8

ERLÄUTERUNGEN. *Das Distichon gehörte in der Sammelhandschrift in den gleichen Umkreis wie Nr 52 (An die Mystiker). – Es steht im Kontext der* „Tabulae votivae" *Nr 7 (Der moralische und der schöne Character) und Nr 47 (Moral der Pflicht und der Liebe) (vgl. die Erläuterungen dazu). Der Hexameter beschreibt den Träger einer* „erhabenen" *Gesinnung, der seine Neigung der Pflicht unterordnet und damit sich selbst besiegt. Der Pentameter geht auf Schillers Begriff der* „schönen Seele", *deren Herz mit der Vernunft übereinstimmt (vgl. den Schluß des vorigen Epigramms) und die damit andere besiegt: Die* „Würde" *des* „Tapferen" *erweckt* A c h t u n g, *die* „Anmut" *aber* L i e b e *(Ueber Anmuth und Würde; NA 20, 302).*

299 Nr 61   **Die Erzieher**

ERLÄUTERUNGEN. *Im Hintergrund des Distichons steht Kants nach Schillers Meinung rigoristische Moralphilosophie (vgl. zu Xenion Nr 388 [Gewissensscrupel]), die Sittlichkeit als unbedingten Gehorsam gegen das kategorisch gebietende Moralgesetz bestimmt. In seiner Abhandlung* „Ueber Anmuth und Würde" *bezweifelt Schiller, daß sich Empfindungen der Schönheit und Freyheit mit einer solchen Pflichtethik vereinbaren ließen (vgl. NA 20, 286), und erklärt in der Schrift* „Ueber die ästhetische Erziehung des Menschen" *gerade die Ausbildung des Empfindungsvermögens für das dringendere Bedürfniß der Zeit (8. Brief; NA 20, 332); Ziel ist die Harmonisierung von sittlicher Welt und empfindender.*

Ob Schiller den Aufsatz „Etwas über den Ausdruck: Erziehung zum Menschen und Bürger" *(in: Philosophisches Journal einer Gesellschaft Teutscher Gelehrten. Bd 1. 1795. S. 210–232) des von ihm geschätzten Jenaer Privatdozenten Johann Heinrich Gottlieb Heusinger (1766–1837) (vgl. Schillers Bemerkung über ihn im Brief an Humboldt vom 7. September 1795) kannte, ist ungewiß. Heusinger, Pädagoge und Philosoph, Anhänger Kants, Rousseaus, Basedows und Campes, verwirft die* „Erziehung zum Bürger" *zugunsten einer*

"*Erziehung zum Menschen*", *d. h. für ihn zur Entwicklung der natürlichen Anlagen des Menschen. Zur Begründung heißt es u. a.:* Der Mensch zieht jederzeit den kürzern, wenn er gegen die Natur kämpft *(S. 223), und:* Was aber der Mensch nicht k a n n , das s o l l er auch nicht. *(S. 232.)*

299 Nr 62   Die Mannichfaltigkeit

LESARTEN. *Überschrift fehlt* b^8 *Die drei Distichen sind durch Leerzeilen voneinander getrennt* b^8 **1** Alle,] alle, b^8 D^1 Alle. E^a E^c **2** Begriff, ach!] Begriff, ach b^8 D^1 Begriff ach E^a E^c **3** spielenden] wechselnden b^8 D^1 **4** er] er, b^8 leer] leer, b^8 immer] ewig b^8 D^1 hervor.] hervor, D^1 **5** liebend] bildend D^1 Schönheit] Schönheit, E^a E^c

ERLÄUTERUNGEN. *Die früheren Monodistichen gehörten zu einer Gruppe von Epigrammen über Mediokrität und Genialität (vgl. die "Konkordanz der 'Xenien'-Sammelhandschrift [...]"). – Das Gedicht führt Gedanken aus den "Tabulae votivae" Nr 53–61 fort: zum Verhältnis von Individuum und Gemeinschaft (vgl. Nr 56–59), zum Verhältnis der vielfältigen Erscheinungsformen des Wahren und Schönen und der Einheit der Wahrheit (vgl. Nr 53, 54) und zur Schönheit, die sich aus* tausendfach *verschiedenem Schönen konstituiert (vgl. Nr 53, 55), schließlich zum Unterschied zwischen der "Moral der Pflicht und der Liebe" (vgl. Nr 60, 61). – Zum Stichwort "Mannigfaltigkeit" heißt es im 4. Brief "Ueber die ästhetische Erziehung des Menschen":* Einheit fodert zwar die Vernunft, die Natur aber Mannichfaltigkeit, und von beyden Legislationen wird der Mensch in Anspruch genommen. *(NA 20, 316–317.)* Weder für den Einzelnen noch für den Staat sei es Indiz einer vollendeten Bildung, wenn sie nur durch Aufhebung der Mannichfaltigkeit Einheit zu bewirken im Stand seien *(S. 317).*

299 Nr 63   Das Göttliche

LESARTEN. *Überschrift fehlt* b^8 *Die beiden Distichen sind durch eine Leerzeile getrennt* b^8 **1** könnte] konnte b^8 *(Schreibversehen?)*   **2** *Kommata fehlen* b^8 **3** ahndet] ahnet E^c erschafft] verschafft b^8 **6** lebt es dem Herzen, dem Blick] sieht es verkorpert der Blick b^8

ERLÄUTERUNGEN. *Die früheren Monodistichen gehörten zu einer Gruppe von Epigrammen mit allgemeinen moralischen Sprüchen (vgl. die "Konkordanz der 'Xenien'-Sammelhandschrift [...]"). – In seinem Gedicht "Die Künstler" hatte Schiller mit Hilfe der Venus-Allegorie die Vorstellung von Schönheit als sinnlicher Anschauung zugänglich gemachter Wahrheit entworfen (vgl. V. 59–61), am Ende gar die Vision, daß Wahrheit in Identität mit Schönheit als unvermittelter Gegenstand einer ("intellektuellen") Anschauung möglich sein werde (vgl. V. 433–436). Ein solches Vermögen wird, nach Kant freilich als* leerer *und* anthropomorphistischer Begriff *(Von einem neuerdings erhobenen vornehmen Ton in der Philosophie.* In: *Berlinische Monatsschrift.* Bd 27. *Mai 1796. S. 413 [Kant's Werke 8, 400]), einem göttlichen Wesen zugeschrieben. Während Schiller die Möglichkeit ins Auge faßte, die Schönheit könne aus dem Dilemma einer auf die bloße Erfahrung beschränkten Erkenntnis herausführen und den „Ahnungen der Vernunft" zur Anschauung verhelfen, gesteht Kant der Kunst lediglich die* Darstellung ä s t h e t i s c h e r I d e e n *zu, welche zu etwas über die Erfahrungsgränze hinaus Liegendem wenigstens streben und so einer Darstellung der Vernunftbegriffe (der intellectuellen Ideen) nahe zu kommen suchen (Kritik der Urtheilskraft. § 49; Werke 5, 314). Eine Vernunftidee selbst läßt sich (auch) auf ästhetischem Wege nicht erkennen, weil sie ein Begriff ist*, dem keine A n s c h a u u n g *(Vorstellung der Einbildungskraft) adäquat sein kann. (Ebd.) Die Einschränkung in V. 1, welche die Schönheit trotz allem als sterbliche charakterisiert, deutet an, daß der Künstler* die menschliche Natur nicht verlassen *kann (Schiller an Humboldt vom 29. [und 30.] November 1795), eine Einschränkung, an der Schillers Idyllen-Projekt – alles Sterbliche ausgelöscht, lauter Licht, lauter Freyheit, [...] keine Schranke (ebd.) – scheiterte (vgl. die einleitenden Erläuterungen zu „Das Reich der Schatten").*

299 Nr 64   Verstand

LESARTEN. 1 beseelen] beleben b^8

ERLÄUTERUNGEN. *Das Distichon gehörte in der Sammelhandschrift ebenso wie die folgenden, Nr 65–68, zu einer Reihe von Epigrammen über Mediokrität und Genialität (vgl. die „Konkordanz [...]"). – Es steht mit den beiden sich anschließenden in engem Zusammenhang. „Verstand" und „Phantasie" als regulatives und generatives Vermögen machen im Zusammenwirken „Dichtungskraft" aus. Die doppelte Quelle des Schönen in der Kunst bezeugen die Bestimmungen in den an Körner gerichteten „Kallias"-Briefen: Schönheit sei* Natur in der Kunstmäßigkeit *(an Körner vom 23. Februar 1793), oder das Kunstwerk müsse* regelmäßig seyn, aber es muß r e g e l f r e y e r s c h e i n e n *(an Körner vom 18. Februar 1793); überhaupt wird das Verhältnis von „Stoff" und „Form" dort ausführlich diskutiert. Kants „Kritik der Urtheilskraft" setzt fest:* Die Gemüthskräfte also, deren Vereinigung [...] das G e n i e ausmacht, sind Einbildungskraft und Verstand. *(§ 49; Werke 5, 316.) Vgl. auch Nr 73 (Die schwere Verbindung).*

299 Nr 65   Phantasie

ERLÄUTERUNGEN. *Vgl. die Erläuterungen zum vorangehenden Distichon.*

300 Nr 66   Dichtungskraft

ERLÄUTERUNGEN. *Vgl. die Erläuterungen zu Nr 64 (Verstand).*

300 Nr 67   Der Genius

ERLÄUTERUNGEN. *Die 1. Fassung des ersten Distichons gehörte in der Sammelhandschrift in den gleichen Zusammenhang wie Nr 64 (Verstand). – Hier führt es (in bearbeiteter und erweiterter Fassung) eine Reihe von Votivtafeln zum Geniebegriff an (Nr 67–73). Unter „Genius" verstanden die Römer einen persönlichen Schutzgeist des Menschen, der ihn von Geburt an begleitete; eigentlich war er wohl eine Personifikation der Zeugungskraft (lat. generare: erzeugen, erschaffen). Kant deutete ihn als Geist, dessen* Eingebung *im Genie* originale Ideen *hervorbringe (Kritik der Urtheilskraft. § 46; Werke 5, 308). In diesem Sinne tritt er hier auf im Vergleich zu „Verstand" und „Vernunft". Beide Begriffe sind vor dem Hintergrund der Kantischen Philosophie zu verstehen; danach ist der Verstand das Vermögen der Erkenntnis, d. h. der begrifflichen Bestimmung von Inhalten und Urteilen im Rahmen des durch die Anschauung Gegebenen; die Vernunft hingegen hat es mit Ideen zu tun, d. h. mit Begriffen, die den Bereich der Erfahrung transzendieren, gleichwohl Postulaten der Vernunft selbst entsprechen (vgl. auch zu „Weißheit und Klugheit"). Während also der Verstand analysiert, was ist, formuliert die Vernunft, was sein soll (könnte); damit erweitert sie das Feld ihrer Aussagen,* doch nur in das Leere *(V. 3).*

Der Genius teilt mit der Vernunft die Innovationskraft und die das Gegebene überschreitende Originalität, er betätigt sich aber innerhalb des Zuständigkeitsbereichs des Verstandes, d. h. der Natur. Für die Kunst heißt das: Wissenschaft und Verstand können bloß zu einer verständigen Nachahmung gegebener Fälle, aber niemals zu einer positiven Erweiterung führen; diese kann nur vom Genie kommen (Schiller an Körner vom 3. Februar 1794). Was gemeint ist, erhellt aus Kants „Kritik der Urtheilskraft", der Schiller eigenem Bekunden nach sehr bedeutende Winke verdankt (ebd.). Dort wird das Genie als angebornes productives Vermögen des Künstlers *definiert, das als solches selbst zur Natur gehört; es zeichnet sich durch* O r i g i n a l i t ä t *aus, bringt* e x e m p l a r i s c h e Werke *hervor, die nicht durch Nachahmung entsprungen sind, ihrerseits aber anderen zum Richtmaße oder Regel der Beurtheilung dienen; insofern ist es die generative Kraft des Genies,* d u r c h w e l c h e d i e Natur der Kunst die Regel giebt. *(§ 46; Werke 5, 307, 308.) Unter diesen Voraussetzungen ist, mit Blick auf V. 4, die Erklärung in der Abhandlung „Ueber naive und sentimentalische Dichtung" zu verstehen:* Nur dem Genie ist es gegeben, ausserhalb des Bekannten noch immer zu Hause zu seyn, und die Natur z u e r w e i t e r n , ohne über sie h i n a u s z u g e h e n. *(NA 20, 424.)*

300 Nr 68   Der Nachahmer und der Genius

LESARTEN. *Die beiden Distichen sind durch eine Leerzeile getrennt* h^8 *Überschrift:* Genialität. h^8 Der Nachahmer. D^1 3 Nur an gebildetem Stoff kannst du, Nachahmer, dich bilden h^8 4 das Gebildete] Gebildetes D^1

ERLÄUTERUNGEN. Die früheren Monodistichen gehörten in den gleichen Umkreis wie Nr 64 (Verstand). – Sie knüpfen an das Thema des vorangehenden Epigramms an, die Charakterisierung des Genies und dessen schöpferischen Vermögens: Der „Nachahmer" bedarf des nachzubildenden Gegenstandes wie der Verstand der zu erkennenden Natur („natura naturata"); der „Genius" dagegen schafft spontan und original, der naive Dichter ist (selbst) Natur („natura naturans"); vgl. „Ueber naive und sentimentalische Dichtung" (NA 20, 432). Wie unabhängig das wahre Genie von seinem Stoff ist, erläutert Schiller am Beispiel von Goethes Werken „Die Leiden des jungen Werthers", „Torquato Tasso" und „Wilhelm Meisters Lehrjahre": in allen Fällen sei es der Souveränität der poetischen Behandlung gelungen, sich selbst das gefährliche Extrem *eines* sentimentalischen Charakters *als Gegenstand verfügbar zu machen (vgl. ebd.; NA 20, 459–460).*

300 Nr 69   Genialität

LESARTEN. 3 unergründlicher] unermeßlicher D^1

ERLÄUTERUNGEN. Wie in den beiden vorangehenden Epigrammen geht es um die Bestimmung des Genies: Der Genius als Demiurg äußert sich in seinen Werken wie Gott in der Schöpfung, ohne daß sein Wesen ganz darin zu fassen wäre. Das zeigt das Bild in V. 3–4: dem Verstand als dem begrifflich erkennenden Vermögen (vgl. zu Nr 67 [Der Genius]) bleibt verborgen, was sich Erfahrung und Anschauung entzieht. Das Genie selbst, das als N a t u r *die Regel gibt, vermag seinerseits darüber nicht zu reflektieren (Kant, Kritik der Urtheilskraft; Werke 5, 308); Schiller nennt das Werk des naiven Genies eine* G u n s t d e r N a t u r *[...], um zu erinnern, daß die Reflexion keinen Antheil daran habe. (Ueber naive und sentimentalische Dichtung; NA 20, 475.) Im Sinne des Epigramms äußerte sich Schiller über Goethes Roman „Wilhelm Meisters Lehrjahre":* Ruhig und tief, klar und doch unbegreiflich wie die Natur so wirkt es und so steht es da *(an Goethe vom 2. Juli 1796). Ähnlich sprach sich Körner nach intensivem Studium des Werks aus:* Bis zu einem gewissen Punkt könne man dem Künstler nachspüren [...] – aber weiter hinaus entzieht er sich unsern Blicken [...]. Nur durch seine Wirkungen will es sich verkündigen. *Dann zitiert er kommentierend das zweite Distichon des vorliegenden Epigramms (an Schiller vom 5. [–13.?] November 1796). – Vgl. auch die Erläuterungen zur 2. Fassung des Distichons.*

300 Nr 70   Witz und Verstand

LESARTEN. Fassung h^8:

    Witz und Verstand.
Der wagt zu wenig, und jener zu viel – in der Nüchternheit muthig,
Fromm in der Wahrheit zu seyn, war dem Genie nur verliehn.

ERLÄUTERUNGEN. Das Distichon gehörte in der Sammelhandschrift ebenso wie das folgende in den Umkreis einer Gruppe von Epigrammen über Mediokrität und Genialität (vgl. die „Konkordanz [...]"). – Der Begriff „Witz" war im 18. Jahrhundert semantisch vielschichtig; im allgemeinen wurden darunter „der verstand, die natürliche auffassungs- und beurtheilungskraft" verstanden (Grimm 14 II, 865) oder, unter Einfluß von franz. „esprit" (engl. „wit"), soviel wie „Geist"; in literarischem Zusammenhang geriet der Begriff in die Nähe von „Phantasie", „Einbildungskraft", „Erfindungsgabe" (vgl. Grimm 14 II, 879); in speziellerem Sinn bezeichnete er die „fähigkeit, versteckte zusammenhänge vermöge einer besonders lebhaften und vielseitigen combinationsgabe aufzudecken und durch eine treffende und überraschende formulierung zum ausdruck zu bringen" (Grimm 14 II, 874). Ähnlich lautet die Definition Kants: Der Witz p a a r t *(assimilirt) heterogene Vorstellungen, die oft nach dem Gesetze der Einbildungskraft (der Association) weit auseinander liegen (Anthropologie in pragmatischer Hinsicht. § 54; Werke 7, 220). Vor diesem Hintergrund sind das Attribut* kühn *und das Bild vom Tänzer auf glatter Ebene (Nr 72; ähnlich auch Nr 71) zu sehen. Zum Begriff „Verstand" vgl. die Erläuterungen zu Nr 64 (Verstand) und Nr 67 (Der Genius), zur Persönlichkeit des Genies dessen Beschreibung in der Abhandlung „Ueber naive und sentimentalische Dichtung" (NA 20, 424–427).*

300 Nr 71 Aberwitz und Wahnwitz

LESARTEN. Fassung h[8]:

> Der Unterschied.
> Will der W i t z nicht gelingen, so lachen wir über den Thoren,
>   Aber uns lingt *[Schreibversehen; recte: mislingt]* das Genie, ist es dem
>   Rasenden gleich.

ERLÄUTERUNGEN. Das Distichon gehörte in der Sammelhandschrift in den gleichen Zusammenhang wie das vorangehende. – Nach Kants späteren Ausführungen ist „Aberwitz" die Krankheit einer gestörten V e r n u n f t, *„Wahnwitz" eine gestörte* U r t h e i l s k r a f t *(Anthropologie in pragmatischer Hinsicht. § 52; Werke 7, 215). Wer darunter leidet, ist ein* P h a n t a s t *oder* E n t h u s i a s t *(ebd. § 45; Werke 7, 202). Die Gefährdung des Genius ergibt sich aus dessen spezifischer Veranlagung (vgl. zu Nr 67 [Der Genius]):* Die generative Kraft seiner Phantasie, die frei von Nachahmung und Regel schöpferisch tätig ist, unterliegt der Gefahr der S c h w ä r m e r e y, *wenn ihre Originalität nicht* zu Begriffen zusammenstimmt *(Kant, Anthropologie in pragmatischer Hinsicht. § 30; Werke 7, 172), was zu originaler Tollheit führt (ebd. § 57; Werke 7, 225). Einen etwas anderen Aspekt erhält der Zusammenhang, wenn Schiller den Begriff eines „sentimentalischen Genies" (Ueber naive und sentimentalische Dichtung; NA 20, 481) einführt, das über die bloße Natur hinausstrebt, um sich jenseits der Schranken von Erfahrung und Anschauung zur*

Idee der menschlichen Natur in ihrem absoluten Vermögen *zu erheben (ebd.); überschreitet es diese Grenze* aus bloßer Willkühr, *so wird es zum Phantasten, der die Freiheit der Einbildungskraft mißbraucht: Dieser* ist völlig ohne Gesetz *und seine* Phantasterey *führt* zu einem unendlichen Fall in eine bodenlose Tiefe, und kann nur in einer völligen Zerstörung sich endigen. *(Ebd.; NA 20, 503.)* Die *(harmlose) Lächerlichkeit eines dem Witz unterlaufenden Fehlers beruht lediglich auf einer punktuell mißlingenden Kombinationsleistung (vgl. zum vorigen Epigramm).*

300 Nr 72 Der Unterschied

ERLÄUTERUNGEN. *Der strauchelnde Tänzer auf dem Parkett korrespondiert dem „Aberwitz" im vorangehenden Epigramm, der schwindelnde Seiltänzer über dem Abgrund dem (naiven) Genie – in den Augenblicken, wo es, durch die Macht des Beyspiels oder den verderbten Geschmack der Zeit, die schützende Natur verläßt und in Gefahr gerät, die Balance zu verlieren zwischen Phantasie und Verstand (vgl. Nr 65 und 64 sowie Nr 66), Originalität und Regelmäßigkeit (vgl. zu Nr 67), Einbildungskraft und Geschmack (vgl. Nr 73), Freiheit und Gesetz (vgl. zu Nr 71), aber auch (im Falle des „sentimentalischen" Genies) auf dem schmalen Grat, der die Erhebung über alle* z u f ä l l i g e n *Schranken der menschlichen Natur von der Mißachtung ihrer* n o t h w e n d i g e n *Schranken trennt (Ueber naive und sentimentalische Dichtung; NA 20, 481).*

301 Nr 73 Die schwere Verbindung

ERLÄUTERUNGEN. *Das Distichon gehört ebenso wie die folgenden, Nr 74–79, in der Sammelhandschrift in den Umkreis einer Gruppe von Epigrammen über Mediokrität und Genialität (vgl. die „Konkordanz [...]"). – Unter „Genie" ist hier in der Gegenüberstellung mit „Geschmack" – nach Kant dem Vermögen der Beurtheilung des Schönen (Kritik der Urtheilskraft. § 1; Werke 5, 203) – das generative Vermögen der Einbildungskraft zu verstehen. Die Notwendigkeit der Synthese beider Fähigkeiten behandeln die „Tabulae votivae" Nr 64–66. Das Wort vom Geschmack, der die Kraft fürchtet, erinnert an die Rede von den „Kraftgenies" zur Bezeichnung für die Dramatiker des Sturm und Drang, der Zaum, den das Genie verachtet, an die Charakterisierung der Regeln als Krücken der Schwachheit und Zuchtmeistern der Verkehrtheit (Ueber naive und sentimentalische Dichtung; NA 20, 424). Kant fordert diese „schwere Verbindung", denn:* Der Geschmack ist so wie Urtheilskraft überhaupt die Disciplin (oder Zucht) des Genies, beschneidet diesem sehr die Flügel und macht es gesittet oder geschliffen *(Kritik der Urtheilskraft. § 50; Werke 5, 319).*

301 Nr 74 Korrektheit

LESARTEN. 2 Ohnmacht] O h n m a c h t b^8 Größe] G r ö ß e b^8

ERLÄUTERUNGEN. *Das Distichon gehörte in der Sammelhandschrift in den gleichen Kontext wie das vorhergehende.* – „Korrektheit" *besitzt das Kunstwerk entweder im Sinne der pünktlichen Nachahmung der Regel durch die* „Mittelmäßigkeit" *(vgl. Nr 75, 76) oder aber durch die Normsetzung des Genies selbst:* Critik führt bloß zur Fehlerlosigkeit, *und die Beobachtung der Regeln kann einem Werke der Schönen Kunst bloß das Verdienst der* W a h r h e i t *verschaffen (wenn es eine Nachahmung der Natur seyn soll) (Schiller an Körner vom 3. Februar 1794).*

301 Nr 75 Lehre an den Kunstjünger

ERLÄUTERUNGEN. *Das Distichon gehörte in der Sammelhandschrift in den gleichen Zusammenhang wie Nr 73 (Die schwere Verbindung).* – „Mittelmäßigkeit" *erwächst aus* N a c h ä f f u n g, *wenn der Schüler alles* n a c h m a c h t *bis auf das, was das Genie als Mißgestalt nur hat zulassen müssen,* um die Idee des Kunstwerks nicht zu schwächen; für eine gewisse *Abweichung von der gemeinen Regel* ist das Genie *gleichsam privilegirt [...] (vgl. Nr 77 [Das Privilegium]), da das Unnachahmliche seines Geistesschwunges durch ängstliche Behutsamkeit leiden würde. (Kant, Kritik der Urtheilskraft. § 49; Werke 5, 318.)*

301 Nr 76 Das Mittelmäßige und das Gute

LESARTEN. *Überschrift fehlt* b^8 1 jenem] dem schlechten b^8 verschaffen, zähle] verschaffen? Zähle b^8 2 dieses erhöhn, zähle] das Gute erhöhn? Zähle b^8

ERLÄUTERUNGEN. *Das Distichon gehörte in der Sammelhandschrift in den gleichen Umkreis wie Nr 73 (Die schwere Verbindung). – Vgl. im übrigen die Erläuterungen zu den beiden vorhergehenden Epigrammen.*

301 Nr 77 Das Privilegium

LESARTEN. *Überschrift fehlt* b^8 1 Reiche] Gute b^8 der Armuth] des Stümpers b^8

ERLÄUTERUNGEN. *Das Distichon gehörte in der Sammelhandschrift in den gleichen Zusammenhang wie Nr 73 (Die schwere Verbindung). – Vgl. die Erläuterungen zu Nr 75 (Lehre an den Kunstjünger).*

301 Nr 78   Die Sicherheit

ERLÄUTERUNGEN. *Das Distichon gehörte in der Sammelhandschrift in den gleichen Kontext wie Nr 73 (Die schwere Verbindung). – Zum Inhalt vgl. besonders die Erläuterungen zu Nr 75 (Lehre an den Kunstjünger). Möglich ist, daß Schiller eine Stelle aus dem von Lessing stammenden 111. der „Briefe, die Neueste Litteratur betreffend" vorschwebte; dort heißt es mit Bezug auf Klopstock:* Ich weiß, daß ein feuriges Pferd auf eben dem Steige, mit samt seinem Reiter den Hals brechen kann, über welchen der bedächtliche Esel, ohne zu straucheln, gehet. *(6 [1760], 374.)*

301 Nr 79   Das Naturgesetz

LESARTEN. *Fassung b^8 (ohne Überschrift):*
So wars von jeher, mein Freund, und so wirds auch bleiben. Die Ohnmacht
Hat die R e g e l für sich, aber die Kraft den Erfolg.
1 bleiben. Die] bleiben, die D^1

ERLÄUTERUNGEN. *Das Distichon gehörte in der Sammelhandschrift in den gleichen Umkreis wie Nr 73 (Die schwere Verbindung). – Vgl. im übrigen Nr 73–75 und die Erläuterungen dazu.*

301 Nr 80   Vergebliches Geschwätz

ERLÄUTERUNGEN. *Friedrich Heinrich Jacobi berichtet in seiner Schrift „David Hume über den Glauben, oder Idealismus und Realismus. Ein Gespräch" (1787), Goethe habe auf die Frage,* wie das menschliche Geschlecht wohl möchte fortgepflanzt worden seyn, wenn der Sündenfall nicht eingetreten wäre, *geantwortet: [...]* ohne Zweifel durch einen vernünftigen Discurs! *(Werke 2 [1815], 276.) In einer Anmerkung wird erklärt, dieser Blitzstrahl des Geistes sei die Quelle des vorliegenden Distichons (vgl. ebd.), das den* vernünftigen Discursen, *auch in Hinsicht auf die Kunst, Zeugungskraft abspricht.*

302 Nr 81   Genialische Kraft

ERLÄUTERUNGEN. *Goethes Epigramm bedient sich des Bildes von Blitzstrahl und Blitzableiter (1752 von Benjamin Franklin erfunden, 1769 erstmals in Deutschland, auf dem Turm der Jacobikirche in Hamburg, errichtet): Gegen „natürliche" Blitze gibt es ein Schutzmittel, gegen Jupiters Blitz nicht; dessen „göttliche" Wirkungskraft geht, wie die „genialische", über die Natur (und deren Gesetzlichkeit) hinaus.*

302 Nr 82   Delikatesse im Tadel

LESARTEN. *Fassung h^8 h^{11}:*
　　　　　Delikatesse im Tadel.
　　Was heißt schonender Tadel? Der deinen Fehler verkleinert?
　　　Zudeckt? Nein, der dich selbst über den Fehler erhebt!
Ohne Überschrift h^{11}, Punkt am Ende h^{11}, das ganze Distichon mit Blei gestr. h^{11}

ERLÄUTERUNGEN. *Das Distichon ging ursprünglich unmittelbar Xenion Nr 567 (Die Bedingung) voraus, das auch von Kritik handelt (vgl. die „Konkordanz der ‚Xenien'- Sammelhandschrift [...]"). – „Delikatesse" (franz.: Zartgefühl) im Sinne des Distichons hatte Schiller nach eigenem Urteil in seiner Rezension der Gedichte Gottfried August Bürgers bewiesen; vgl. zum Hintergrund die Erläuterungen zu Xenion Nr 345, außerdem Nr 510. In der Abhandlung „Ueber naive und sentimentalische Dichtung" verteidigt er sich gegen die Kritik, welche die Schärfe seines Tadels hervorgerufen hatte:* Jene Rüge konnte bloß einem wahren Dichtergenie gelten [...]. Ein solches Individuum durfte und mußte man unter den höchsten Maaßstab der Kunst stellen, weil es fähig gewesen sei, ihn zu erfüllen *(NA 20, 480). Unter dieser Voraussetzung kommt es dazu, daß der Tadel den Getadelten selbst über den Fehler erhebt, wie es in der 1. Fassung des Epigramms heißt.*

302 Nr 83   Wahl

LESARTEN. *Überschrift fehlt h^8* 　 1 a l l e n] allen D^1 　 gefallen] gefallen, h^8 　 2 w e n i g e n] wenigen D^1 　 v i e l e n] vielen h^8 D^1

ERLÄUTERUNGEN. *Das Distichon gehörte in der Sammelhandschrift zu einer Gruppe von Epigrammen über Mediokrität und Genialität (vgl. die „Konkordanz [...]"). – In seiner Rezension „Über Bürgers Gedichte" hatte Schiller den* Volksdichter *vor die „Wahl" zwischen dem* A l l e r l e i c h t e s t e n *und dem* A l l e r s c h w e r e s t e n *gestellt: zwischen der Anpassung an die Fassungskraft der Menge unter Verzicht auf den Beifall der gebildeten Klasse und dem Versuch, die Kluft zwischen beiden durch die Größe seiner Kunst aufzuheben (NA 22, 248); d. h.:* Was den Vortrefflichen gefällt, ist gut; was allen ohne Unterschied gefällt, ist es noch mehr. *(NA 22, 250.) Gelingt letzteres nicht, so ist das erste vorzuziehen:* Denn wer den Besten seiner Zeit genug / Getan, der hat gelebt für alle Zeiten. *(Prolog [zu „Wallensteins Lager"]. V. 48–49; NA 8, 4.) In Herders Übersetzung der Ode „Beifall" von Jakob Balde (1604–1688) heißt es zum gleichen Thema:*
　　A l l e n   i m m e r gefallen ist ein Glücksspiel.
　　W e n i g e n gefallen ein Werk der Tugend,
　　Wenns die B e s s e r e n sind. Gefallen N i e m a n d
　　　　Schmerzet und kränket.

Soll ich wählen? Ich wählte gern die Mitte,
W e n i g e n gefallen und nur den B e ß t e n.
Aber unter Beiden, ob A l l e n oder
           K e i n e m ? - O K e i n e m !

(Terpsichore 2 (1795), 312.) Für Schiller selbst waren, wie er Körner später einmal mitteilte, nur wenige Leser von Bedeutung: Körners, Humboldts, Goethe, Charlotte Schiller, denn das Publicum, so wie es ist, nimmt einem alle Freude. (Brief vom 15. August 1798.)

302 Nr 84   Sprache

LESARTEN. *Überschrift:* Die Sprache H^4 b^8 1 erscheinen!] erscheinen? H^4 b^8 2 Seele] Seele, H^4 b^8 D^1

ERLÄUTERUNGEN. *Das Distichon ging in der Sammelhandschrift, wie hier, dem folgenden themenverwandten unmittelbar voran (vgl. die „Konkordanz [...]"). – Die Unfähigkeit der Sprache, die Seele angemessen zur „Erscheinung" zu bringen, beklagt eine im Druck nicht berücksichtigte Textstelle des „Don Karlos", die Schiller wiederholt in Briefen an Körner vom 15. April 1786, an Charlotte von Lengefeld vom 24. Juli 1789 und an Humboldt vom 1. Februar 1796, jedesmal in veränderter Fassung, zitierte; zuletzt heißt es:*

      O schlimm, daß der Gedanke
Erst in der Sprache todte Elemente
Zerfallen muß, die Seele zum Gerippe
Absterben muß, der Seele zu erscheinen;
Den treuen Spiegel gieb mir, Freund, der g a n z
Mein Herz empfängt und g a n z es wiederscheint.

302 Nr 85   An den Dichter

LESARTEN. 1 Liebenden;] Liebenden. b^8 D^1 e r] E r b^8 Er D^1 2 trennt] trennt, b^8

ERLÄUTERUNGEN. *Das Distichon folgte auch in der Sammelhandschrift dem vorangehenden, das gleichfalls die Sprache zum Gegenstand hat (vgl. die „Konkordanz [...]"). – Sprache als unvollkommenes, aber einzig zur Verfügung stehendes Ausdrucksmittel: In der Abhandlung „Ueber naive und sentimentalische Dichtung" macht Schiller den Grad der Äquivalenz von* Zeichen *und* Bezeichnetem *vom poetischen Vermögen des Dichters abhängig; im Falle des Genies* springe *wie durch innere Nothwendigkeit die Sprache aus dem Gedanken hervor und sei eins mit ihm (NA 20, 426).*

302 Nr 86 Der Meister

LESARTEN. 1 dem] dem, b^8 ausspricht] darstellt b^8 2 An dem, was er verschweigt, kennt man den Meister des Styls. b^8 verschweigt,] *Komma fehlt* E^a E^c D^1

ERLÄUTERUNGEN. *Sehr ähnlich äußerte sich Schiller in Briefen an Georg Joachim Göschen vom 17. Januar 1789 und 4. Februar 1794 (Beilage); im erstgenannten Brief weist er auf einen Ausspruch Voltaires hin, den Karl Theodor von Dalberg in seinem Brief an Schiller vom 16. Januar 1796 zitierte:* [...] le secret d'ennüier est celui de tout dire.

302 Nr 87 Dilettant

LESARTEN. *Überschrift:* Poetischer Dilettant. H^1 b^8 2 schon] dich H^1 seyn.] seyn? H^1 D^1

ERLÄUTERUNGEN. *Das Distichon gehörte in der Sammelhandschrift zu einer Gruppe von Epigrammen über Literatur und Literaten (vgl. die „Konkordanz* [...]"). *– Der Begriff „Dilettant" wurde im 18. Jahrhundert zunächst nicht pejorativ gebraucht, sondern bezeichnete einen Kunstliebhaber oder einen Kunstausübenden zum Zeitvertreib und Vergnügen; vgl. ital. dilettare: ergötzen, amüsieren. In den von Schiller und Goethe gemeinsam erarbeiteten „Schemata über den Dilettantismus" heißt es zum Stichwort „Lyrische Poesie":* Impudenz des neuesten Dilettantism, durch Reminiscenzen aus einer reichen cultivierten Dichtersprache, und durch die Leichtigkeit eines guten mechanischen Aeusern geweckt und unterhalten. (NA 21, *Faltblatt* „Über den Dilettantism" [7], *6. Spalte, Z. 47–58.) Noch in seinem Brief an Goethe vom 13. März 1801 bedauerte Schiller, daß beim hohen Stand der zeitgenössischen Literatur die hohlsten Köpfe* in der Lage seien, sich eine Phraseologie *daraus zu ziehen. In bezug auf die deutsche Sprache äußerte sich Goethe im gleichen Sinne; vgl. die an junge Dichter gerichtete „Wohlgemeinte Erwiderung" (WA I 41 II, 375–376).*

302 Nr 88 Der berufene Richter

LESARTEN. *Überschrift fehlt* b^8 1 Gute] G u t e b^8

ERLÄUTERUNGEN. *Das Distichon gehörte ursprünglich zu einer Gruppe von Epigrammen über Mediokrität und Genialität (vgl. die „Konkordanz der ‚Xenien'-Sammelhandschrift* [...]"). *Es folgte unmittelbar Nr 83 (Wahl). – Wie dieses spielt es mit einer Klimax, den Komparationsformen von „gut", wobei es den Gedanken, dem Dichter das Urteil der wenigen Besseren zum Maßstab zu empfehlen, aufgreift. Das im folgenden formulierte Paradoxon löst sich auf, wenn* das Gute *als die abstrakte Idee des Schönen verstanden wird (als Absolutum nicht steigerungsfähig),* das Beste *hingegen als ein auf konkrete Kunstwerke bezogenes (relatives) Attribut: Die besten Werke sind die, welche dem Guten am nächsten kommen.*

303 Nr 89 Der berufene Leser

LESARTEN. *Überschrift fehlt* b^8 Es giebt ihrer. *von Goethe nachgetragen* b^6
1 Welchen] Welch einen b^6 **2** in dem Buche nur] nur im Büchelchen b^6

ERLÄUTERUNGEN. *Das Distichon gehörte in der Sammelhandschrift ebenso wie die folgenden, Nr 90–96, zu einer Gruppe von Epigrammen über Literatur und Literaten (vgl. die „Konkordanz [...]"). – Durch die Überschrift schließt es sich hier an das vorhergehende an. Goethes schlechte Meinung über das Publikum – [...]* es liest nur ein jeder / Aus dem Buch sich heraus *(Erste Epistel; Horen 1795. 1. Stück. S. 2–3) – teilte Schiller ganz; darüber gibt der Briefwechsel zwischen beiden wiederholt Aufschluß; vgl. auch das Konzept von Schillers Brief an Fichte vom 3. August 1795, außerdem die Erläuterungen zu Nr 83 (Wahl). So war auch der Plan zu den „Xenien" u. a. aus Anlaß des gespannten Verhältnisses zum Publikum nach dessen unmutiger Reaktion auf die „Horen" entstanden. Gegen Ende des „Xenien"-Jahres teilte Schiller Körner lapidar mit:* Ich bekümmere mich auch nicht mehr darum [um Anfeindungen], denn das Publicum in Rücksicht auf mich habe ich aufgegeben. *(Brief vom 28. Oktober 1796.) Humboldt schrieb an Schiller ganz im Sinne des Distichons:* Eigentlich lesen thut jeder fast nur das, was er selbst eben zu seinem eignen Geschreibsel braucht. *(Brief vom 4. Dezember 1795.) Zum Verhältnis von Dichter und Publikum vgl. auch das Gedicht „Die Dichter der alten und neuen Welt".*

303 Nr 90 An ****

LESARTEN. *Überschrift:* An Y xx H^2 *Überschrift fehlt* b^8 **2** dich,] *Komma fehlt* H^2 b^8 Freund,] *Komma fehlt* b^8

ERLÄUTERUNGEN. *Das Distichon gehörte in der Sammelhandschrift in den gleichen Umkreis wie das vorangehende. – Es ist unsicher, an wen es gerichtet ist. Die Eigenschaft, ein kritischer Leser zu sein, dessen Rat den Autor vollendet, trifft auf Schillers Freunde Körner und Humboldt zu; vgl. z. B. die „Dokumente zu Entstehung, Kritik und Selbstdeutung" zu den Gedichten „Die Künstler", „Das Reich der Schatten" und „Elegie". Beider produktives Vermögen dagegen war, nach Schillers Meinung, weniger entwickelt. Körner war für Schiller ein* treflicher Beurtheiler *(an Herder vom 17. Mai 1795), er bewunderte die* Energie seines Geistes *unter widrigen Verhältnissen, gestand aber, daß sie, aus Mangel äuserer Nahrung, nicht hinreicht, Früchte zu treiben. (An Huber vom 19. Februar 1795.) Über Humboldt urteilte er:* Ich fürchte wirklich, er hat zum Schriftsteller kein rechtes Talent *(an Körner vom 7. November 1794).*

303 Nr 91   Das Mittel

LESARTEN. Überschrift: Die Mittel. h^6 h^8 **1** Willst du wirken als Autor, in Deutschland, so triff sie nur tüchtig, h^6 h^8 tüchtig,] tüchtig. E^c

ERLÄUTERUNGEN. Das Distichon gehörte in der Sammelhandschrift in den gleichen Zusammenhang wie Nr 89 (Der berufene Leser). – Anders als dort wird hier die reale Leserschaft beschrieben, über deren Behandlung Schiller Hölderlins Zeugnis zufolge äußerte, man müsse jezt das Publikum recht in Indignation sezen, um darauf zu wirken. *(An Christian Ludwig Neuffer vom 19. Januar 1795; Sämtliche Werke 6 [1954], 152.)*

303 Nr 92   Die Unberufenen

LESARTEN. Überschrift fehlt h^8 **1** schwer;] schwer, h^8

ERLÄUTERUNGEN. Das Distichon gehörte in der Sammelhandschrift in den gleichen Kontext wie Nr 89 (Der berufene Leser). – Dem Hexameter korrespondiert eine Bemerkung Schillers im Brief an Goethe vom 31. Mai 1799: Es ist freilich leichter tadeln als hervorbringen. *Der Pentameter wird im folgenden Epigramm wieder aufgenommen.*

303 Nr 93   Die Belohnung

LESARTEN. Überschrift fehlt h^8

ERLÄUTERUNGEN. Das Distichon gehörte in der Sammelhandschrift in den gleichen Umkreis wie Nr 89 (Der berufene Leser). – Ein solcher wird hier charakterisiert. Schiller erwartete „Belohnung" im beschriebenen Sinne von seinen Freunden, Körners, Humboldts, Goethe, und von seiner Frau (vgl. zu Nr 83 [Wahl]). Er selbst gewährte sie Goethe, besonders in seinen Briefen über „Wilhelm Meisters Lehrjahre" vom Sommer 1796. Im Brief vom 2. Juli erklärte er, sich Goethes Sache zu der eigenen zu machen und alles was in mir Realität ist, zu dem reinsten Spiegel des Geistes auszubilden, der in dieser Hülle lebt.

303 Nr 94   Das gewöhnliche Schicksal

LESARTEN. Überschrift fehlt h^8

ERLÄUTERUNGEN. *Das Distichon gehörte in der Sammelhandschrift in den gleichen Zusammenhang wie Nr 89 (Der berufene Leser).* — *Es ist das Komplement zum vorangehenden.*

303 Nr 95   Der Weg zum Ruhme

LESARTEN. 1 nenn] wenn h^8 *(Schreibversehen)*   in der Höhe] i n d e r H ö h e h^8 2 nieder] n i e d e r h^8 dazu.] dazu! h^8

ERLÄUTERUNGEN. *Das Distichon gehörte in der Sammelhandschrift zum gleichen Umkreis wie Nr 89 (Der berufene Leser).* — *Der Ausfall gegen die deutsche Leserschaft hat eine Parallele im ersten Entwurf von Schillers Brief an Fichte vom 3. August 1795, wo dem deutschen Publikum ein unüberbietbar roher Geschmack bescheinigt und festgestellt wird, es sei* in aesthetischer Rücksicht zu tief gesunken *[...], um so leicht wieder aufgerichtet werden zu können.*

303 Nr 96   Bedeutung

LESARTEN. *Fassung h^8:*

                 Die Bedeutung.
Was bedeutet dein Werk? so fragt ihr den Künstler, den Dichter,
    Freunde fragt ihr mich so, kennt ihr das Schöne noch nicht.

ERLÄUTERUNGEN. *Das Distichon gehörte in der Sammelhandschrift zum gleichen Umkreis wie Nr 89 (Der berufene Leser).* — *Den Unterschied zwischen der Schönheit als* Göttinn *und dem Schönen als Dienerin einer vordergründig faßbaren „Bedeutung" macht Kants Definition einer ästhetischen Idee deutlich; er versteht unter einer solchen diejenige Vorstellung der Einbildungskraft, die viel zu denken veranlaßt, ohne daß ihr doch irgend ein bestimmter Gedanke, d. i.* B e g r i f f , *adäquat sein kann (Kritik der Urtheilskraft. § 49; Werke 5, 314). An dieser Unmöglichkeit scheiterten beispielsweise die Leser, die ratlos Goethes „Mährchen" zur Kenntnis nahmen (vgl. Xenion Nr 137 und die Erläuterungen dazu). Überhaupt machte Goethe sich lustig über die* wunderlichen Leute, die Deutschen; *Eckermann hörte (am 6. Mai 1827):* Sie machen sich durch ihre tiefen Gedanken und Ideen, die sie überall suchen und überall hineinlegen, das Leben schwerer als billig. *(Eckermann [1925], 504.) Für Schiller war es vor allem jedwede moralische Bedeutung, die ihm mit Schönheit unvereinbar erschien; vgl. u. a. an Körner vom 18. Februar 1793, auch das folgende Epigramm sowie die „Xenien" Nr 127, 177 und 311.*

304 Nr 97   An die Moralisten

ERLÄUTERUNGEN. *Das Epigramm spiegelt Goethes Verdruß über eine moralisierende Literaturkritik wider, wie sie sich zuletzt anläßlich der Veröffentlichung der „[Römischen] Elegien" in den „Horen" (1795. 6. Stück. S. 1–44)*

27 Schiller 2 II A

*und der „Epigramme. Venedig 1790" im „Musen-Almanach für das Jahr 1796"
(S. 205–260) kundgetan hatte; auch in den „Xenien" wird dagegen Front gemacht (vgl. Nr 127, 177, 228, 311). Der Architect (V. 3) erscheint hier als Vertreter einer im Gegensatz zur Poesie zweckorientierten Kunst; vgl. dazu Goethes von Schiller in dessen Brief an Humboldt vom 9. November 1795 referierte Auffassung, außerdem die „Xenien" Nr 540–547.*

304 Nr 98 An die Muse

ERLÄUTERUNGEN. *Zur Fackel als Attribut des Prometheus und des Amor, griech. Eros, vgl. die „Hinweise zu mythologischen Namen und Begriffen".*

304 Nr 99 Die Kunstschwätzer

LESARTEN. *Überschrift fehlt b^8*

ERLÄUTERUNGEN. *Das Distichon gehörte in der Sammelhandschrift ebenso wie die beiden folgenden zu einer Gruppe von Epigrammen über Literatur und Literaten (vgl. die „Konkordanz [...]"). – Angesprochen sind Literaturkritik und Leserschaft, die Schiller im Brief an Goethe vom 25. Juni 1799 zu der Bemerkung veranlaßte:* Das einzige Verhältniß gegen das Publicum, das einen nicht reuen kann, ist der Krieg.

304 Nr 100 Deutsche Kunst

LESARTEN. *Die beiden Distichen durch eine Leerzeile getrennt b^8 Überschrift fehlt b^8* 1 Gaben von oben nur ist was du in Künsten besitzest, b^8 2 der] dein b^8

ERLÄUTERUNGEN. *Die Distichen gehörten in der Sammelhandschrift in den gleichen Umkreis wie das vorhergehende. – Ein ähnliches Urteil über die Unfruchtbarkeit des poetischen Bodens der Gegenwart enthält das Gedicht „Die Dichter der alten und neuen Welt". Was Schiller angeht, so waren ihm die Alten nach eigenem Bekunden die einzige reine Quelle des poetischen Geschmacks, aus dem Umgang mit ihnen erhoffte er sich* Classicität *(an Körner vom 20. August 1788). Goethe legte in der Elegie „Hermann und Dorothea", mit der er sein gleichnamiges Epos ankündigte, ein entschiedenes Bekenntnis für die antike Literatur ab:*
> Also das wäre Verbrechen, daß einst Properz mich begeistert,
> Daß Martial sich zu mir auch, der verwegne, gesellt?
> Daß ich die Alten nicht hinter mir ließ, die Schule zu hüten,
> Daß sie nach Latium gern mir in das Leben gefolgt?
> [...]
> Doch Homeride zu sein, auch nur als letzter, ist schön.

(V. 1–4, 30; WA I 1, 293, 294.) Im Rückblick freilich schrieb Goethe später in den „Zahmen Xenien [II]": Wir sind vielleicht zu antik gewesen, / Nun wollen wir es moderner lesen. (WA I 3, 245.)

304 Nr 101 Todte Sprachen

LESARTEN. *Überschrift fehlt* h^8

ERLÄUTERUNGEN. *Das Distichon gehörte in der Sammelhandschrift in den gleichen Kontext wie Nr 99 (Die Kunstschwätzer). – Es schließt sich an das vorangehende an (vgl. die Erläuterungen dazu). Die genannten Dichter sind Quintus Horatius Flaccus (65–8 v. u. Z.), römischer Satiriker, Lyriker und Literaturtheoretiker (De arte poetica), und Pindaros aus Kynoskephalai (um 522/ 518–nach 446 v. u. Z.), griechischer Dichter von Päanen und Dithyramben, Komponist lyrischer Chorlieder.*

304 Nr 102 Deutscher Genius

LESARTEN. *Überschrift:* Nachahmung. h^8 **1** Ringe, Deutscher,] *Kommata fehlen* h^8

ERLÄUTERUNGEN. *Das Distichon gehört thematisch zu den beiden vorhergehenden. Von der empfohlenen „Nachahmung" – so der Titel in der Sammelhandschrift – soll die klassische französische Literatur ausgenommen bleiben. – Sprung ist hier vor dem Hintergrund der Tanzkunst als Bild für französische Geistesart allgemein zu verstehen: „esprit", „Witz"; von diesem ist in Nr 70– 72 die Rede, auch dort verbunden mit dem Bildbereich des „Springens" und „Tanzens".*

304 Nr 103 Guter Rath

LESARTEN. *Überschrift:* Der beste Rath. h^6 h^8 **1** Freunde,] *Komma fehlt* h^6 h^8 **2** den ach!] den, ach! h^6 *(*den *verb. aus* dem, *Satzzeichen nachträglich eingefügt; vermutlich von Goethe)*   den ach h^8

ERLÄUTERUNGEN. *Das Distichon gehörte in der Sammelhandschrift zu einer Gruppe von Epigrammen über Literatur und Literaten (vgl. die „Konkordanz [...]"). – Hier schließt es sich an das vorhergehende an. In „Wilhelm Meisters Lehrjahre" sagt Aurelie zu Wilhelm: „[...] es ist der Charakter der Deutschen, daß sie über allem schwer werden, daß alles über ihnen schwer wird." (4. Buch. 20. Kapitel; WA I 22, 128.)*

305—306 Vielen

ÜBERLIEFERUNG. h¹: GSA. 2 Seiten mit 13 Distichen von der Hand Geists in dem unter h⁶ der „Tabulae votivae"- und „Xenien"-Überlieferung beschriebenen Konvolut (S. 18 und 19), und zwar in dieser Reihenfolge: Nr 1, 3, 4, 5, 18 (S. 18); Nr 11, 12, 6, 7, 17, 15, 16, 10 (S. 19). h²: GSA. 2 Seiten mit 16 Distichen von der Hand Geists in der unter h⁸ der „Tabulae votivae"- und „Xenien"-Überlieferung beschriebenen Sammelhandschrift (S. 73 und 74), und zwar in dieser Reihenfolge: Nr 1–7, 16, 8, 9 (S. 73); Nr 10–12, 17, 15, 18 (S. 74). – Eᵃ: Musen-Almanach für das Jahr 1797. S. 187–191. Eᵇ: Musen-Almanach für das Jahr 1797. Zweyte Ausgabe. S. 187–191. Eᶜ: Musen-Almanach für das Jahr 1797. Dritte Auflage. S. 187–191. – Textwiedergabe nach Eᵇ.

ERLÄUTERUNGEN. Die im Zusammenhang mit den „Xenien" entstandenen Distichen waren im Inhaltsverzeichnis des „Musen-Almanachs für das Jahr 1797" G. und S. zugewiesen, stammen aber vermutlich von Goethe allein. Das legt die Überlieferungslage nahe: 13 der 18 Distichen finden sich bereits in der von Goethes Schreiber Geist besorgten „Xenien"-Handschrift h⁶, deren Texte von Goethe sind; in h⁸ (Hᵇ) kommen die Distichen „Mannichfaltigkeit", „A. L." und „Tuberose" hinzu, im Druck schließlich noch „Geranium" und „Ranunkeln". Schiller nahm keines der Epigramme in seine späteren Werke auf, Goethe dagegen integrierte die Zyklen „Vielen" und „Einer", überarbeitet, in seine „Vier Jahreszeiten", als „Frühling" und „Sommer".

Für Goethes Autorschaft spricht auch der spezifische Charakter der Distichen. Während Schillers Epigramme eine Tendenz haben, das Allgemeine zu suchen, läßt sich Goethe eher vom Individuellen anregen und geht aufs Einzelne. Schillers epigrammatisches Verfahren wird deutlich an den Gedichten auf „das Weibliche" (Macht des Weibes, Tugend des Weibes, Weibliches Urtheil, Forum des Weibes, Das weibliche Ideal, Die Geschlechter); sie zielen auf den geschlechtsspezifischen Idealtypus der Frau ab. Die vorliegenden Distichen dagegen umspielen die „Vielen", d. h. viele einzelne Frauen.

Der Hypothese, daß die Epigramme des Zyklus Goethe angehören, widerspricht die Angabe des Inhaltsverzeichnisses nicht. Angesichts der Tatsache, daß für alle anderen Epigramme, für die „Xenien" und „Tabulae votivae", auch für „Einer", beide, Goethe und Schiller gemeinsam, die Verantwortung übernahmen, hätte es befremdlich, gar distanzierend gewirkt, wenn Schiller sich nicht auch hier mit seinem Namen dazu bekannt hätte. (Daß eine entsprechende Unterschrift im Almanach selbst am Ende des Zyklus [S. 191] fehlt, dürfte ein Versehen sein.)

Über die hinter den einzelnen Chiffren der Überschriften verborgene Identität der Adressatinnen sind verschiedene, bisher nicht stichhaltige Spekulationen angestellt worden (vgl. Boas, Xenienkampf [1851] 1, 274–288; Schmidt/Suphan [1893], 194–195; außerdem die Einzelerläuterungen). Wie weit hier überhaupt Aufschlüsse zu erwarten sind, erhellt aus dem zeitgenössischen Kommentar Wielands, der in seiner Besprechung des Schillerschen Almanachs viele der Epi-

gramme zu R ä t h s e l n *erklärte:* Unter diese Rubrik gehören wohl auch, für die meisten Leser, die Distichen V i e l e n gewidmet, [...] worin wie es scheint, individuelle, meistens mit Anfangsbuchstaben bezeichnete Damen unter dem Bilde von Blumen karakterisiert, oder komplimentiert, oder satirisiert werden. Da die meisten dieser kleinen Mignaturbildchen nur für den, der das Gesicht k e n n t , Interesse haben, so ist die Zierlichkeit und Zartheit des Pinsels alles, was uns übrigen daran behagen kann. *(Der Neue Teutsche Merkur 1797. Bd 1. Februar. S. 189–190; wiedergedruckt in: Fambach 2, 376.)*

Wielands Einschätzung erscheint in verschiedener Hinsicht zutreffend. Es ist anzunehmen, daß die Chiffren tatsächlich für (wenn auch bis jetzt nicht klar identifizierte) einzelne weibliche Personen aus der Gesellschaft stehen; dies legt der Umstand nahe, daß die Chiffren (bis auf „E. D." und „E. W." in h^6, in h^8 (H^b) zu „L. D." und „L. W." verändert) im Gang der Überlieferung stets die gleichen blieben, also keineswegs willkürlich gewählt erscheinen; auch in den beiden anderen Fällen ergibt sich der Eindruck, als seien mit dem gleichartigen Wechsel der ersten Buchstaben dieselben Personen auf bloß unterschiedliche Weise chiffriert worden (vgl. die Einzelerläuterungen).

Ebenso richtig wird Wielands Bemerkung sein, diese Distichen seien lediglich für einen kleinen Kreis eingeweihter Leser von unmittelbarem Interesse. Diese Sonderstellung der Epigramme innerhalb des „Xenien"-Almanachs wird durch die isolierte Veröffentlichung als eigenständiger Zyklus unterstrichen.

Aus diesen Überlegungen ergibt sich der eigenartige Charakter der Epigrammreihe. Adressaten sind zugleich die „Vielen" und der informierte Leser, der im zweiten Distichon (Mannichfaltigkeit) angesprochen und aufgefordert wird, sich für eine aus der Vielzahl der mit verschiedenen Blumen geschmückten (und gekennzeichneten) Damen zu entscheiden, und so ein wenig in die Situation des Paris vor den drei Göttinnen gerät.

(Diese Erläuterungen verdanken wir freundlichen Hinweisen von Franz Schwarzbauer, Konstanz.)

305 Nr 1   [Auf ihr Distichen ...]

LESARTEN. *Fassung h^1 und h^2:*
             An die Xenien.
O ihr neckischen Jungen! was zerrt und schleppt ihr für Kränze?
   Dornen? bey Seite damit! Blätter und Blumen herbey! *(h^2: herbey.)*

305 Nr 2   **Mannichfaltigkeit**

LESARTEN. *Überschrift:* Die Mannigfaltigkeit. h^2

305 Nr 3   **L. B.**

LESARTEN. **1** Rosenknospe,] *Komma fehlt* h^1 **2** sich,] *Komma fehlt* h^1

ERLÄUTERUNGEN. *Boas (Xenienkampf [1851] 1, 277–278) rät auf die Gräfin Lina von Beust, ohne diese Wahl allerdings plausibel machen zu können; über Lina von Beust ließ sich nichts Näheres ermitteln (vgl. Goethe an Schiller vom 26. Januar 1798 und die Erläuterungen dazu).*

305 Nr 4   C. G.

LESARTEN. 1 S t r ä u ß c h e n] Sträußchen $h^1\,h^2$ 2 Blume;] Blume, h^1

ERLÄUTERUNGEN. *Boas (Xenienkampf [1851] 1, 278) und Schmidt/Suphan ([1893] 195) beziehen das Distichon auf Christiane Goethe, geb. Vulpius (1765–1816); das erscheint freilich angesichts der Tatsache, daß diese damals noch ihren Mädchennamen trug und Goethe sie erst am 19. Oktober 1806 heiratete, abwegig.*

305 Nr 5 / 306 Nr 18   L. D. / L. W.

ERLÄUTERUNGEN. *Boas (Xenienkampf [1851] 1, 280) und Schmidt/Suphan ([1893] 195) vermuten Louise Auguste von Sachsen-Weimar-Eisenach, geb. Prinzessin von Hessen-Darmstadt (1757–1830), seit 1775 Gemahlin von Herzog Karl August; genauer gesagt, es wird angenommen, hinter den Buchstaben verberge sich „ L (u i s e) D(armstadt) L(uise) W(eimar), oder nach der ersten Handschrift [h^1] E(leonore) D. und W." (Schmidt/Suphan); letzteres wird damit begründet, daß die Herzogin hier mit dem Vornamen genannt werde, unter dem sie in Goethes „Tasso" porträtiert sei. Diese Gleichsetzung der historischen Person mit der fiktiven Figur erscheint jedoch problematisch, jedenfalls nicht im Sinne Goethes; vgl. hierüber den Bericht Caroline Herders im Brief an ihren Mann vom 20. März 1789 (Herders Reise nach Italien, 296).*

Die Korrektur des ersten Buchstabens beider Chiffren in „L." führt nach Distichon Nr 18 offenkundig zum Vornamen Leonore, der im Pentameter in der Form Eleonore auftaucht, zuvor mit „E." abgekürzt; es handelt sich also nur um Varianten desselben Vornamens, so daß aller Wahrscheinlichkeit nach in beiden Fassungen jeweils dieselben Personen gemeint sind.

Der Text von Distichon Nr 5 spielt auf das Hohelied Salomos an, in dem die Geliebte mit der Lilie verglichen wird (vgl. Das Hohelied 6, 1–3; 7, 3); auch das Matthäus-Evangelium (6, 28–29) könnte im Hintergrund stehen, wo es von den Lilien auf dem Felde heißt, sie arbeiteten und sorgten nicht, und doch sei Salomo in all seiner Herrlichkeit nicht so gekleidet gewesen wie eine von ihnen.

305 Nr 5   L. D.

LESARTEN. Überschrift: E. D. h^1 1 Lilie] Lilie, h^1 2 herrlicher] geschmückter $h^1\,h^2$

305 Nr 6   **H. W.**

LESARTEN. *V. 2 von Goethes Hand h*^{1} *2 nicht.] Punkt fehlt h*^{2}

ERLÄUTERUNGEN. *Boas (Xenienkampf [1851] 1, 281) und Schmidt/Suphan ([1893], 195) denken an Henriette (Antonie Albertine von) Wolfskeel (1776– 1831), Hofdame der Herzoginmutter Anna Amalia. Zur Begründung führt Boas an, sie sei „sehr hoch und schlank gewachsen, auch trug sie das Haupt ein wenig geneigt". –* Agley: *Akelei.*

305–306 Nr 7–15   **N. Z. S. O. A. D. /**
                      A. L. / Tuberrose / Klatschrose /
A. F. K. N. H. D. / W. R. L. K. W. J. / Geranium /
                   Ranunkeln / M. R.

ERLÄUTERUNGEN. *Zu diesen Chiffren stellt selbst Boas (Xenienkampf [1851] 1, 282–285) nur vorsichtige Vermutungen an, nicht sonderlich überzeugende. Schmidt/Suphan machen keine Vorschläge. Es werden, der Reihenfolge nach, von Boas genannt: ein nicht identifiziertes „Dreiblatt junger Damen", „die talentvolle Tochter (oder Anverwandte) des Bergrath und Professor* L e n z *in Jena", Caroline Böhmer/Schlegel (1763–1809) (vgl. über sie zu Xenion Nr 273 [An Madame B ** und ihre Schwestern]), Louise von Göchhausen (1747– 1831), eine der Hofdamen Anna Amalias, danach ein doppeltes „Dreiblatt" unbekannter Damen, Charlotte Sophie Louise Wilhelmine von Seebach (1781– 1849) oder Henriette von Knebel (1755–1813), das Distichon „Ranunkeln" sei „ganz allgemein gehalten", „M. R." bleibt ohne Auflösung. –* Tuberose: *Nachthyazinthe mit weißen, duftenden Blüten;* Ranunkeln: *Hahnenfuß.*

305 Nr 7   **N. Z. S. O. A. D.**

LESARTEN. *Überschrift:* N. Z. S. O. A. D. *h*^{1} *1 duftende] von Goethe ü. d. Z. erg. h*^{1} *Glocken,] Komma fehlt h*^{1} *o Hiazinte, bewegst du,] von Goethes Hand (ohne das erste Komma) über gestr.* zeigen die Nelken und senden Gerüche; *h*^{1} *o] o! h*^{2} *E*^{a} *E*^{c} *2 wie] von Goethes Hand gestr.* nicht, *darüber von Goethes Hand und wieder gestr.* nich *oder* mich *(ohne i-Punkt) oder auch (ohne u-Bogen) h*^{1}

305 Nr 9   **Tuberrose**

LESARTEN. *Überschrift:* Tuberose. *h*^{2}

306 Nr 10   **Klatschrose**

LESARTEN. *2 Ausrufezeichen und Kommata fehlen h*^{1}

306 Nr 11   **A. F. K. N. H. D.**

LESARTEN. Überschrift: A. F. K. N. H D. *h*¹

306 Nr 12   **W. R. L. K. W. J.**

LESARTEN. Überschrift: W. R. L. K. W. J. *h*¹   **1** schön! Doch] schön, doch *h*¹

306 Nr 15   **M. R.**

LESARTEN. Überschrift: M. R. *gestr., danach* M. K. *gestr., Streichung der ursprünglichen Überschrift durch Unterpungierung rückgängig gemacht h*¹   **1** Sagt!] *Ausrufezeichen fehlt h*²

306 Nr 16   **Kornblume**

LESARTEN. **1** erscheinest,] *Komma fehlt h*²   **2** *von Goethes Hand (ohne Komma) unter gestr.* Immer daß Ceres dich selbst *h*¹

ERLÄUTERUNGEN. Boas (Xenienkampf [1851] 1, 286) vermutet, ohne dies glaubhaft zu machen, Sophie Ernestine Louise Vulpius (1775–1806): Sie sei „eine lebhafte, heitere und hübsche Person" gewesen und habe als „wandelndes Album" Weimars „alle Neuigkeiten recht unverblümt" weitererzählt.

306 Nr 17   **C. F.**

LESARTEN. **1** Kleinheit,] *Komma fehlt h*¹   Auge,] *Komma fehlt h*¹ E^b

ERLÄUTERUNGEN. Boas (Xenienkampf [1851] 1, 286) erklärt, es sei „ohne Zweifel" die Gräfin Constanze von Fritsch (1786–1858), Hofdame der Erbgroßherzogin Maria Pawlowna, gemeint; zur Stützung seiner Auffassung entwirft er ein detailliertes Bild ihrer „elfenartigen Erscheinung" und zitiert einen Vierzeiler Goethes aus dem Jahr 1816, Begleitverse eines mit Stiefmütterchen (franz. pensées) bestickten Beutels, den er ihr schickte:
    Die deutsche Sprache wird nun rein,
    P e n s é e darf künftig nicht mehr gelten;
    Doch wenn man sagt: G e d e n k e m e i n !
    So hoff' ich, soll uns niemand schelten.
(WA I 4, 244.) Die Bedeutung der Anklänge an das vorliegende Blumendistichon ist jedoch angesichts des dazwischen liegenden Zeitraums von zwanzig Jahren zu relativieren; im übrigen: Constanze von Fritsch war zur „Xenien"-Zeit ein Kind von zehn Jahren.

306 Nr 18   **L. W.**

LESARTEN. **1** inneren] innern E^c **2** brächte das Herz sich hervor] *von Goethes Hand* h^1

ERLÄUTERUNGEN. Vgl. oben zu Nr 5/18.

307–308   Einer

ÜBERLIEFERUNG. h: GSA. 2 Seiten mit 11 Distichen von der Hand Geists in der unter h^8 der „Tabulae votivae"- und „Xenien"-Überlieferung beschriebenen Sammelhandschrift (S. 61 und 62), und zwar in der Reihenfolge: V. 7–10, 13–18, 21–24, 27–28, 33–34 (S. 61); V. 35–38 (S. 62). – E^a: *Musen-Almanach für das Jahr 1797. S. 192–195.* E^b: *Musen-Almanach für das Jahr 1797. Zweyte Ausgabe. S. 192–195.* E^c: *Musen-Almanach für das Jahr 1797. Dritte Auflage. S. 192–195. – Textwiedergabe nach* E^b.

LESARTEN. **2** erregt.] erregt, E^a E^c **8** Geliebte,] *Komma fehlt h*   **9** es,] *Komma fehlt h*   **10** Liebchen,] *Komma fehlt h*   **13** besiegen] bezwingen *h*   **14** unüberwindlich ist] nimmer bezwingest du *h*   **18** ab.] ab! *h*   **22** *Kommata fehlen h*   **27** bleibt,] bleibt. *h*   *Überschrift über V. 33:* Klage der Schönheit. *h*   **36** weinend,] *Komma fehlt h*

ERLÄUTERUNGEN. Wie der vorhergehende Epigrammzyklus „Vielen" sind auch die vorliegenden Distichen im „Musen-Almanach für das Jahr 1797" G. und S. (S. 195) zugeschrieben. Die Tatsache freilich, daß Goethe sie später, überarbeitet, in seine „Vier Jahreszeiten", als „Sommer", aufnahm, Schiller dagegen kein einziges in seine Werke, gibt Anlaß zu der Vermutung, daß Goethe als Autor anzusehen ist; vgl. die Erläuterungen zu „Vielen". Ob einzelne Distichen wie V. 9–10 oder die letzten drei (V. 33–38) von Schiller stammen oder auf ihn zurückgehen, bleibt ungewiß. Anders als im Falle der vorangehenden Epigrammsequenz, deren Distichen sich auf konkrete Personen beziehen, ist ein solcher Bezug hier nicht notwendig anzunehmen, auch wenn die Verse 13 bis 14 an Goethes Verhältnis zu Christiane Vulpius denken lassen. Wie die handschriftliche Überlieferung zeigt, waren die Verse zunächst (in h^8 [H^b]) Monodistichen ohne Überschrift (bis auf die Verse 33 bis 34, die den Titel „Klage der Schönheit" trugen [vgl. die „Konkordanz der ‚Xenien'-Sammelhandschrift [...]"]), nur thematisch verknüpft durch das Stichwort „Liebe".
1–2 Grausam *bis* erregt.] *Etwas anders ist vom Spiel Amors mit den Musen im Xenion Nr 127 (An die Moralisten) die Rede, das offenbar (auch) von Goethe stammt, der es in den „Herbst" der „Vier Jahreszeiten" aufnahm.*
9–10 Raum *bis* scheint.] *Raum und Zeit sind nach Kant, genauer, reine Formen der Anschauung, unter denen die gegenständliche Welt rezipiert wird.*
11 Sorge *bis* Pferde] *nach Horaz' „Carmina" (III 1, 40); vgl. zu „Das Siegesfest" (V. 153–154).*

23 den herrlichen Gift] *Nach Grimm ist das Substantiv „n. und m." (4 14, 7423).*

33—38 Warum *bis* zugleich.] *Zum Gedanken der Vergänglichkeit des Schönen vgl. Schillers Elegie „Nänie" und die Erläuterungen dazu.*

38 Parze] *Atropos, die den Lebensfaden durchtrennt.*

309—360 Xenien[1]

Im Sommer 1794 hatten Schiller und Goethe, nach Jahren räumlicher Nachbarschaft und persönlicher Distanz, jenes denkwürdige „Bündnis" geschlossen, das für das „klassische Jahrzehnt" der deutschen Literatur bestimmend wurde. Der Anlaß war Schillers Versuch, seinen „Horen" jeden nur denkbaren Glanz zu geben; und Goethes Bereitschaft, das Unternehmen zu fördern, wurde schnell mit der Erfahrung belohnt, daß Schillers Qualitäten (intellektuell, moralisch, poetisch) eine nahe Beziehung geradezu forderten. In seinen „Tag- und Jahres-Heften" für 1794 resümierte der Ältere: [...] übertraf alle meine Wünsche und Hoffnungen das auf einmal sich entwickelnde Verhältniß zu S c h i l l e r ; von der ersten Annäherung an war es ein unaufhaltsames Fortschreiten philosophischer Ausbildung und ästhetischer Thätigkeit. Zum Behuf seiner Horen mußte ihm sehr gelegen sein, was ich im Stillen gearbeitet, angefangen, unternommen, sämmtlich zu kennen, neu anzuregen und zu benutzen; für mich war es ein neuer Frühling, in welchem alles froh nebeneinander keimte und aus aufgeschlossenen Samen und Zweigen hervorging. *(WA I 35, 41—42.)*

Aus der Bekanntschaft wurde schnell eine Freundschaft, und mit ihr stellte sich (auf beiden Seiten) das Bewußtsein ein, als Dioskuren dem Rest der deutschen Literatur überlegen zu sein. Daß insbesondere die Literaturkritik der Entwicklung der Literatur — einer Literatur, die nicht nur neue, sondern auch „fortschrittliche" („klassische") Wege einschlug — weit hinterherhinkte, lehrte anscheinend die Erfahrung: Selten wurden Goethes und Schillers Werke öffentlich so gewürdigt, wie die Dichter glaubten, daß sie zu würdigen seien, das heißt: wie sie sich selbst (wechselseitig) würdigten.

Die „Xenien" entstanden zunächst aus dieser doppelten Überzeugung der eigenen Superiorität und der Inferiorität der öffentlichen Kritik. Sie weiteten sich schnell aus zu einer halb scherzhaften, halb ernsthaften Polemik gegenüber der zeitgenössischen deutschen Literatur und zu einer „Abrechnung" mit politischen „Phantasten" — den Anhängern der Französischen Revolution. Dabei mischten sich gelegentlich, wie im Falle des liebsamen Komponisten und unliebsamen Kritikers Johann Friedrich Reichardt (der sich zudem als Befürworter französischer Verhältnisse in den Verdacht revolutionärer Umtriebigkeit gebracht hatte), persönliche (Vor-)Urteile mit sachlichen Argumenten, deren Stichhaltigkeit durchaus in Zweifel gezogen werden konnten.

---

[1] *Wir danken Franz Schwarzbauer, Konstanz, für viele Diskussionen und Hinweise zur Erläuterung einzelner „Xenien".*

„*Der Schwarm der Xenien ist von den ‚Horen' ausgeflogen, die 1794 den Bund Goethes und Schillers schürzten, die Gemeinsamkeit des Strebens und Wirkens immer fester gründeten und den Mißgünstigen gegenüber zu Schutz und Trutz aufforderten, bis die Stunde des Gerichts gekommen schien."* (Schmidt/ Suphan [1893], XIII.) Schon bevor der „Xenien"-Plan Ende 1795 feste Formen annahm, waren beide Dichter gesonnen, einen kritischen Fechtplatz in den Horen zu eröfnen, *wie Schiller am 15. Juni 1795 an Goethe schrieb (vgl. „Dokumente", Nr 2).* Dieser hatte bereits Monate vor dem Erscheinen des ersten „Horen"-Stücks angedeutet, welche Funktion die Zeitschrift a u c h haben solle: Für die Horen habe fortgefahren zu dencken und angefangen zu arbeiten, besonders sinne ich auf Vehikel und Masken wodurch und unter welchen wir dem Publico manches zuschieben können. *(Brief an Schiller vom 1. Oktober 1794.) Wie sich dies im einzelnen bewerkstelligen ließe, war vermutlich im April 1795, als Goethe (zusammen mit Heinrich Meyer) in Jena weilte, oft genug erörtert worden. Darauf deuten Briefe Goethes vom Mai dieses Jahres, in denen es etwa heißt:* Ich kenne das Possenspiel des deutschen Autorwesens schon zwanzig Jahre in und auswendig; es muß nur f o r t g e s p i e l t werden, weiter ist dabey nichts zu sagen. *(16. Mai 1795.) Oder:* Wolfs Vorrede zur Ilias habe ich gelesen [...] wenn nur nicht diese Herrn, um ihre schwachen Flancken zu dekken, gelegentlich die fruchtbarsten Gärten des ästhetischen Reichs verwüsten und in leidige Verschanzungen verwandeln müsten. [...] Eine tüchtige Epistel hab ich diesen Freunden dereinst zugedacht. *(17. Mai 1795.)*
Im Oktober 1795 schließlich war, so scheint es, das Maß des Unmuts voll; da waren nämlich, kurz hintereinander, zwei kritische „Horen"-Rezensionen (in der „Neuen Bibliothek der schönen Wissenschaften und der freyen Künste" und den „Annalen der Philosophie und des philosophischen Geistes") erschienen, deren Verfasser Schiller kurzerhand Schmierer zu Leipzig und Halle *titulierte (im Brief an Cotta vom 30. Oktober 1795; vgl. die Erläuterungen zu diesem Brief in NA 28, 435–436). Da hatte bereits Goethe (im Brief vom 10. Oktober; vgl. „Dokumente", Nr 3) zwei Distichen gegen Newton geliefert, die im nachhinein als „Ur-Ei" der „Xenien" (und „Tabulae votivae") angesehen werden konnten. Schiller hielt allerdings zunächst an dem Plan fest, den Gegnern in der Literatur (und Literaturkritik) in Prosa zu antworten; in den zweiten Teil seiner Abhandlung „Ueber naive und sentimentalische Dichtung", der im Dezember 1795 in den „Horen" erschien, fügte er seine Polemik ein, und zwar, wie er glaubte, mit hinlänglicher Deutlichkeit:* Ich glaube, dieses jüngste Gericht über den größten Theil der deutschen Dichter wird am Schluß des Jahrgangs eine gute Wirkung thun, und unsern Herren Critikern besonders viel zu denken geben. Mein Ton ist freymüthig und fest, obgleich wie ich hoffe überal mit der gehörigen Schonung. Unterwegs habe ich freilich soviel als möglich e f f l e u r i e r t, und es sind wenige, die unverwundet aus dem Treffen kommen. *(Brief an Goethe vom 23. November 1795; vgl. auch „Dokumente", Nr 7.)*
Am 23. Dezember 1795 teilte Goethe dem Freund den Einfall *mit, der ihm dieser Tage gekommen sei: mit Epigrammen, wie die Xenia des Martials sind, gegen alle Zeitschriften zu Felde zu ziehen (vgl. „Dokumente", Nr 8). Schiller griff den Vorschlag auf, und so nahm das gemeinsame Unternehmen seinen An-*

fang; es fand zehn Monate später, mit dem Erscheinen des „Musen-Almanachs für das Jahr 1797", seinen Abschluß.

Schon im Januar 1796, dem fruchtbarsten Monat der „Xenien"-Produktion, erweiterte sich der Plan beträchtlich: Nicht nur Zeitschriften (und ihre Herausgeber), sondern auch Einzelwerke (und ihre Verfasser), politische Richtungen (und ihre Repräsentanten) sowie literarische Landschaften (jeweils gekennzeichnet durch den Namen eines Flusses) wurden in Distichenform kritisch charakterisiert – witzig und aggressiv, oft übermütig und ungerecht. Auch die Idee, die Unterwelt lebendig zu machen, war Schiller bereits gekommen. Anfang Februar zog er eine Zwischenbilanz: Das meiste ist wilde gottlose Satyre, besonders auf Schriftsteller und Schriftstellerische Produkte [...]. Ueber 200 sind jetzt schon fertig, obgleich der Gedanke kaum über einen Monat alt ist. Sind wir mit einer raisonnabeln Anzahl fertig, so wird der Vorrath mit Rücksicht auf eine gewiße Einheit sortiert [...]. *(An Körner vom 1. Februar 1796; „Dokumente", Nr 25.) Wie es weiterging, wie (mehrfach) „sortiert" wurde, welche Hindernisse sich der endgültigen „Fassung" entgegenstellten und wie schließlich Schiller entschied, welche Xenien in welcher Anordnung in seinen Musenalmanach aufgenommen wurden – das erhellt, wenn auch nicht lückenlos, aus seinem Briefwechsel. (Vgl. „Dokumente zu Entstehung und Aufnahme [...]", außerdem* ÜBERLIEFERUNG.*)*

Aus der Masse von über 900 Distichen fanden fast drei Viertel Eingang in den Almanach: 124 in 103 „Tabulae votivae", 414 als „Xenien" (dazu das Motto), aus 18 wurde der Zyklus „Einer" (von Goethe), aus 19 das Gedicht „Vielen" (von Goethe), aus 17 „Die Geschlechter" (von Schiller), aus 16 „Die Eisbahn" (von Goethe) gebildet; außerdem wurden 19 Distichen von Goethe und 52 von Schiller (einzeln oder in Epigrammen unterschiedlicher Länge zusammengefaßt) für den Almanach bestimmt.

Für über 300 der 414 Xenien lassen sich (auf Grund der Textüberlieferung und brieflicher Zeugnisse) die Verfasser eindeutig bestimmen; Schillers Anteil an ihnen beträgt etwa 70%. (Nicht anders verhält es sich bei den „Tabulae votivae"; vgl. dazu die „Konkordanz der überlieferten Textzeugen [...]".) Nicht nur die Sorge um Beiträge für seinen Musenalmanach, sondern auch das energische Festhalten an dem einmal gefaßten Plan, mit den Gegnern gründlich „abzurechnen", und das Bestreben, dem Gemeinschaftswerk mit Goethe seinen deutlichen Stempel aufzudrücken (was wenigstens dieser erkennen und anerkennen sollte), ließen Schiller zum Hauptakteur des von ihm und Goethe zunächst mit uneingeschränktem Vergnügen, später zuweilen mit einigem Verdruß betriebenen Unternehmens werden. Es scheint, daß sich die Zweyheit der beiden Dichter, von der Goethe hoffte, sie werde sich immer mehr in Einklang bringen lassen *(Brief an Schiller vom 17. Mai 1797), auch bei der „Xenien"-Produktion gründlich behauptete. Eine genaue Analyse der einzelnen Xenien könnte diese Annahme bestätigen: Schiller ist in vielen seiner Distichen viel direkter, persönlicher, auch verletzender als Goethe in den seinen. Schiller will, daß der Angegriffene die „epigrammatischen Nadeln" (vgl. Xenion 315) spürt, daß er sich als „Schaf" (vgl. Nr 69) oder „Ochs" (vgl. Nr 70) wiedererkennt, daß er mit dem Urteil, er sei ein „Pedant" (vgl. Nr 152) oder ein „Kutscher auf schmutzi-*

gem Bock" (vgl. Nr 253), ohne Umschweife konfrontiert wird. Goethes Distichen sind in der Regel allgemeiner, mittelbarer, in vielen Fällen auch "poetischer" – menschlicher; sie reflektieren nicht nur den Anlaß, dem sie ihre Entstehung verdanken. Freilich fand Goethe auch (oder sagte er es nur des "Einklangs" wegen?), daß schwerlich errathen werden könne, wer welche Distichen geschrieben habe (vgl. Nr 91).

Die "Xenien" erfüllten den ihnen von den Dichtern zugedachten Zweck: Die Erregung der Zeitgenossen war sehr heftig. In Schillers Briefwechsel finden sich darüber zahlreiche Zeugnisse. Vgl. die Dokumente (Nr 75 ff) der folgenden Zusammenstellung.

Dokumente zu Entstehung und Aufnahme
aus Schillers Briefwechsel

29. März – 2. Mai 1795: Goethe in Jena

1) *Von Goethe, 3. Mai 1795*
Für den Kalender habe ich einiges, besonders für die Herrn X. Y. Z. gefunden, das nächstens mit dem übrigen folgt.

2) *An Goethe, 15. Juni 1795*
Ich habe schon ehemals daran gedacht, daß wir wohl daran thun würden, einen kritischen Fechtplatz in den Horen zu eröfnen. [...] Mein Vorschlag wäre, daß wir die Angriffe aus unserm eigenen Mittel machen müßten [...]. Es schadet uns nichts, wenn man uns für unbändig und ungezogen hält.

3) *Von Goethe, 6. und 10. Oktober 1795*
Am Schluß des Briefes: Nr 164; vgl. ÜBERLIEFERUNG (h⁴) und die Erläuterungen zu "Tabulae votivae" (Nr 31).

4) *Von Goethe, 28. Oktober 1795*
Sollten Sie Sich nicht nunmehr überall umsehn? und sammeln was gegen die Horen im allgemeinen und besondern gesagt ist und hielten am Schluß des Jahrs darüber ein kurzes Gericht, bey welcher Gelegenheit der Günstling der Zeit [*Friedrich August Wolf*] auch vorkommen könnte. Das hällische philosophische Journal soll sich auch ungebürlich betragen haben. Wenn man dergleichen Dinge in Bündlein bindet brennen sie besser.
Vgl. zu diesem Vorschlag Goethes auch Schillers Brief an Cotta vom 30. Oktober 1795; zu Goethes Kritik an Wolf außerdem dessen Brief an Schiller vom 17. Mai 1795.

5) *An Goethe, 1. November 1795*
Wir leben jetzt recht in Zeiten der Fehde. [...] Ausser den Völkern, die Herr Jacob in Halle commandirt und die Herr Manso in der Bibliothek der Schönen Wissenschaften hat ausrücken lassen, und außer Wolfs schwerer Cavallerie

haben wir auch nächstens vom Berliner Nicolai einen derben Angriff zu erwarten. Im Xten Theil seiner Reisen soll er fast von nichts als von den Horen handeln und über die Anwendungen Kantischer Philosophie herfallen [...]. Es läßt sich wohl noch davon reden, ob man überal nur auf diese Plattituden antworten soll. Ich möchte noch lieber etwas ausdenken, wie man seine Gleichgültigkeit dagegen recht anschaulich zu erkennen geben kann. Nicolain sollten wir aber doch von nun an, in Text und Noten, und wo Gelegenheit sich zeigt mit einer recht insignen Geringschätzung behandeln.

6) Von Goethe, 21. November 1795
Haben Sie schon die abscheuliche Vorrede Stolbergs zu seinen platonischen Gesprächen gelesen? Die Blößen, die er darinne giebt sind so abgeschmackt und unleidlich, daß ich große Lust habe drein zu fahren und ihn zu züchtigen. Es ist sehr leicht die unsinnige Unbilligkeit dieses bornirten Volks anschaulich zu machen, man hat dabey das vernünftige Publikum auf seiner Seite und es giebt eine Art Kriegserklärung gegen die Halbheit, die wir nun in allen Fächern beunruhigen müßen. Durch die geheime Fehde des Verschweigens, Verruckens und Verdruckens, die sie gegen uns führt, hat sie lange verdient daß ihrer nun auch in Ehren und zwar in der Continuation gedacht werde.

7) An Goethe, 23. November 1795
Stolbergs Delictum wünschte ich in Augenschein nehmen zu können. [...] Bey diesem Menschen ist Dünkel mit Unvermögen in so hohem Grade gepaart, daß ich kein Mitleid mit ihm haben kann. [...] Freilich hätte ich viel darum gegeben, wenn Sie für das erste Stück im zweyten Jahrgang [der „Horen"] etwas hätten thun können. Vielleicht haben Sie auch Lust, in diesem Stück den K r i e g zu eröfnen?

8) Von Goethe, 23. Dezember 1795
Den Einfall auf alle Zeitschriften Epigramme, iedes in einem einzigen Disticho, zu machen, wie die Xenia des Martials sind, der mir dieser Tagen gekommen ist, müssen wir cultiviren und eine solche Sammlung in Ihren Musenalmanach des nächsten Jahres bringen. Wir müssen nur viele machen und die besten aussuchen. Hier ein Paar zur Probe. *[Goethe schickte sie erst am 26. Dezember.]*

9) Von Goethe, 26. Dezember 1795
Mit 100 Xenien, wie hier ein Duzend beyliegen, könnte man sich sowohl bei dem Publiko als seinen Collegen aufs angenehmste empfehlen. *[Nr 247–249, 256–262, 518, 521, „Fichtes Wissenschaftslehre", „Allgemeine Litteratur Zeitung" (Schmidt/Suphan, Nr 729, 926).]* – Vgl. auch ÜBERLIEFERUNG (h¹).

10) An Goethe, 29. Dezember 1795
Der Gedanke mit den Xenien ist prächtig und muß ausgeführt werden. Die Sie mir heute schickten haben uns sehr ergötzt, besonders die Götter und Göttinnen darunter. Solche Titel begünstigen einen guten Einfall gleich beßer. Ich denke aber, wenn wir das hundert voll machen wollen, werden wir auch über einzelne

Werke herfallen müssen, und welcher reichliche Stoff findet sich da! Sobald wir uns nur selbst nicht ganz schonen, können wir heiliges und profanes angreifen. Welchen Stoff bietet uns nicht die Stolbergische Sippschaft, Rackenitz, Ramdohr, die metaphysische Welt, mit Ihren Ichs und NichtIchs, Freund Nicolai unser geschworener Feind, die Leipziger GeschmacksHerberge, Thümmel, Göschen als sein Stallmeister, u. d. gl dar! [...] Auf Ihre baldige Hieherkunft freue ich mich nicht wenig. [...] Und dann soll es auch heißen nulla dies sine Epigrammate.

11) Von Goethe, 30. Dezember 1795
Ich freue mich sehr, daß die Xenien bey Ihnen Eingang und Beyfall gefunden haben und ich bin völlig der Meinung, daß wir weiter um uns greifen müssen. Wie werden sich C h a r i s *[vgl. zu Nr 119]* und J o h a n n *[Göschens Roman „Johanns Reise" (1793)]* prächtig neben einander ausnehmen! wir müssen diese Kleinigkeiten nur ins Gelag hineinschreiben und zuletzt sorgfältig auswählen. Über uns selbst dürfen wir nur das was die albernen Pursche sagen, in Verse bringen und so verstecken wir uns noch gar hinter die Form der Ironie.

3.-17. Januar 1796: Goethe in Jena

12) An Humboldt, 4. Januar 1796
Seitdem Göthe hier ist haben wir angefangen Epigramme von Einem Distichon im Geschmack der Xenien des Martial zu machen. In jedem wird nach einer deutschen Schrift geschossen. Es sind schon seit wenig Tagen über 20 fertig *[vermutlich: Motto, Nr 14, 43, 247-249, 256-263, 452, 497, 518, 521, 570-572, „Tabulae votivae" (Nr 87), „Fichtes Wissenschaftslehre", „Allgemeine Litteratur Zeitung (Schmidt/Suphan, Nr 729, 926); vgl. ÜBERLIEFERUNG (H¹, b¹, b²)]* und wenn wir etliche 100 fertig haben, so soll sortiert und etwa Ein Hundert für den Almanach beybehalten werden. Zum Sortieren werde ich Sie und Körnern vorschlagen. Man wird schrecklich darauf schimpfen, aber man wird sehr gierig darnach greifen, und an recht guten Einfällen kann es natürlicherweise unter einer Zahl von 100 nicht fehlen. Ich zweifle ob man mit Einem Bogen Papier, den sie etwa füllen, so viele Menschen zugleich in Bewegung setzen kann, als diese Xenien in Bewegung setzen werden.

13) An Goethe, 17. Januar 1796
Hier folgen 4 Almanache und 66 Xenien. *[Motto, Nr 9, 14, 22, 35, 39, 40, 42, 43 (1. Fassung), 44, 95, 97, 98, 101, 103, 104, 106, 110-113, 139, 140, 144, 149, 154, 155, 207, 218, 254, 265, 266, 289, 452, 453, 488, 497, 561, 570-572, 574-592, „Tabulae votivae" (Nr 9, 10, 87, 90), „Jetzige Generation" (NA 1, 283); vgl. ÜBERLIEFERUNG (H¹⁻³, b², b³).]* Ehe Sie Weimar erreichen, werden mit denen die Sie schon fertig haben nah an 80 daraus werden.

14) An Goethe, 18. Januar 1796
Am Schluß des Briefes: Nr 180; vgl. ÜBERLIEFERUNG (H⁶).

15) An Körner, 18. Januar 1796
Für das nächste Jahr sollst Du Dein blaues Wunder sehen. Göthe und ich arbeiten schon seit einigen Wochen an einem gemeinschaftlichen Opus für den neuen Almanach, welches eine wahre poetische Teufeley seyn wird, die noch kein Beyspiel hat.

16) Von Goethe, 20. Januar 1796
Die Epigramme sind noch nicht abgeschrieben, auch fürchte ich Sie werden mir so vorauslaufen daß ich Sie nicht einhohlen kann.

17) An Goethe, 22. Januar 1796
Hier eine kleine Lieferung von Epigrammen. *[Vermutlich: Nr 119, 134, 148, 177, 270, 271, 283–285, 287, 290–293, 296, 297, 505, 516, 593–595, „Tabulae votivae" (Nr 84) sowie „Würde des Menschen" (NA 1, 278) und „Falscher Studiertrieb" (NA 1, 283); vgl. ÜBERLIEFERUNG (H⁴).]* Was Ihnen darunter nicht gefällt, lassen Sie nur gar nicht abschreiben. Es geht mit diesen kleinen Spässen doch nicht so rasch als man glauben sollte; da man keine S u i t e von Gedanken und Gefühlen dazu benutzen kann, wie bey einer längeren Arbeit. Sie wollen sich ihr ursprüngliches Recht als G l ü c k l i c h e E i n f ä l l e nicht nehmen lassen. Ich zweifle deßwegen, ob ich, bey meinem Müßiggange, Ihnen soweit vorkommen werde als Sie denken, denn in die Länge geht es doch nicht, ich muss mich zu größern Sachen entschließen, und die Epigramme auf den Augenblick ankommen lassen. Doch soll kein Posttag leer seyn, und so rücken wir doch in 4, 5 Monaten weit genug vor. *[Am Schluß des Briefes folgen Nr 11 und (die 1. Fassung von) Nr 602; vgl. ÜBERLIEFERUNG (H⁷); Goethe notierte über dem Brief das gegen Reichardt gerichtete Distichon „Freyheit" (Schmidt/Suphan [1893], 77, Nr 678).]*

18) Von Goethe, 23. Januar 1796
In den letzten Epigrammen die Sie mir senden ist ein herrlicher Humor, und ich werde sie deßhalb alle abschreiben lassen, was am Ende nicht in der Gesellschaft bleiben kann wird sich wie ein fremder Körper schon separiren.

19) An Goethe, 24. Januar 1796
Hier wieder einige Xenien, daß die Observanz nicht verletzt wird.

20) Von Goethe, 27. Januar 1796
Mit der ganzen Sammlung unserer kleinen Gedichte bin ich noch nicht zu stande, hier kommt einstweilen mein Beytrag von dieser Woche. *[Nr 18, 27, 125, 164, 319, 490, 503, 504, Schmidt/Suphan Nr 702, 721, 728; vgl. auch ÜBERLIEFERUNG (h²).]* Wenn wir unsere vorgesetzte Zahl ausfüllen wollen, so werden wir noch einige unserer nächsten Angelegenheiten behandeln müssen, denn wo das Herz voll ist geht der Mund über und dann ist es eine herrliche Gelegenheit die Sachen aus der Studierstube und Recensentenwelt in das weitere Publikum hinaus zu spielen, wo dann einer oder der andere gewiß Feuer fängt der sonst die Sache hätte vor sich vorbey streichen lassen.

21) An Goethe, 27. Januar 1796
Sie haben mich mit dem reichen Vorrath von Xenien, den Sie geschickt haben, recht angenehm überrascht. Die den Newton betreffen *[vgl. auch "Dokumente", Nr 3]*, werden Sie zwar, auch durch den Stoff, kenntlich machen, aber bey dieser gelehrten Streitsache, die niemand Lebenden namentlich betrifft, hat dieses auch nichts zu sagen. Die angestrichenen haben uns am meisten erfreut.

Denken Sie darauf Reichardten unsern soi disant Freund mit einigen Xenien zu beehren. Ich lese eben eine Recension der Horen in seinem Journal Deutschland *[...]*. Es ist durchaus mit einem nicht genug verhehlten Inngrimm geschrieben. *[...]*

Wir müssen Reichardt, der uns so ohne allen Grund und Schonung angreift, auch in den Horen, bitter verfolgen.

Hier wieder einige Pfähle ins Fleisch unserer Collegen. Wählen Sie darunter was Ihnen ansteht.

22) Von Körner, 28. Januar 1796
Du spannst meine Erwartung sehr auf das Produkt, was Du mit Göthen gemeinschaftlich zur Welt bringen willst. Daß Ihr beyde euch so gut zusammen versteht, macht mir viel Freude, und ich erwarte von dieser genialischen Heyrath noch manche treffliche Früchte.

23) Von Goethe, 30. Januar 1796
Die Disticha nehmen täglich zu sie steigen nunmehr gegen zweyhundert. *[Vermutlich Ende Januar 1796, vielleicht mit dem Brief, kamen folgende "Xenien" Goethes zu Schiller: Nr 15–17, 43, 45, 209, 246, 249, 252, 494, 510, Schmidt/ Suphan Nr 733–738; Schiller ergänzte die Lieferung um Nr 13, 34, 44 (1. Fassung), 152, 253, 267, 268, 288, 573; vgl. ÜBERLIEFERUNG (H^1, h^{1-2}).]* Ich lege das neuste Modenjournal bey wegen der Abhandlung pagina 18 über die X e n i e n. Der Verfasser *[Karl August Böttiger]* denkt wohl nicht daß ihm auch eins fürs nächste Jahr zubereitet werde *[...]*. *[Nr 494.]*

Aus Ihrem Briefe seh ich erst daß die Monatschrifften Deutschland und Frankreich Einen Verfasser *[Johann Friedrich Reichardt]* haben. Hat er sich emancipiret, so soll er dagegen mit Karnevals Gips-Drageen auf seinen Büffelrock begrüßt werden daß man ihn für einen Perükenmacher halten soll. Wir kennen diesen falschen Freund schon lange und haben ihm bloß seine allgemeinen Unarten nachgesehen weil er seinen besondern Tribut regelmäßig abtrug, sobald er aber Mine macht diesen zu versagen, so wollen wir ihm gleich einen Bassa von 3 brennenden Fuchsschwänzen zuschicken. Ein Duzend Disticha sind ihm schon gewidmet, welche künftigen Mittewoch, geliebt es Gott, anlangen werden. *[Über die "Xenien" gegen Reichardt vgl. zu Nr 80 und die "Konkordanz [...]".]*

24) An Goethe, 31. Januar 1796
Für unsere Xenien haben sich indeßen allerley Ideen, die aber noch nicht ganz reif sind, bey mir entwickelt. Ich denke auch, daß wenn Sie etwa zu Ende dieser Woche kommen, Sie ein hundert und darüber bey mir finden sollen. Wir müssen

die guten Freunde in allen erdenklichen Formen verfolgen, und selbst das poetische Intereße fodert eine solche Varietæt innerhalb unseres strengen Gesetzes, bey einem Monodistichon zu bleiben. Ich habe dieser Tage den Homer zur Hand genommen, und in dem Gericht das er über die Freyer ergehen läßt eine prächtige Quelle von Parodien entdeckt, die auch schon zum Theil ausgeführt sind; eben so auch in der Nekyomanthie, um die verstorbenen Autoren und hie und da auch die lebenden zu plagen. Denken Sie auf eine Introduction Newtons in der Unterwelt – Wir müssen auch hierinn unsere Arbeiten ineinander verschränken.

Beym Schluße denke ich geben wir noch eine Comödie in Epigrammen. Was meinen Sie?

25) An Körner, 1. Februar 1796
Das Kind, welches Göthe und ich mit einander erzeugen, wird etwas ungezogen und ein sehr wilder Bastard seyn. Es wäre nicht möglich etwas, wozu eine strenge Form erfodert wird, auf diesem Wege zu erzeugen. Die Einheit kann bey einem solchen Product bloß in einer gewißen Grenzenlosigkeit und alle Messung überschreitenden Fülle gesucht werden, und damit die Heterogeneitæt der beyden Urheber in dem einzelnen nicht zu erkennen sey, muß das einzelne ein Minimum seyn. Kurz, die ganze Sache besteht in einem gewißen Ganzen von Epigrammen, davon jedes ein Monodistichon ist. Das meiste ist wilde gottlose Satyre, besonders auf Schriftsteller und Schriftstellerische Produkte, untermischt mit einzelnen poetischen, auch philosophischen Gedankenblitzen. Es werden nicht unter 600 solcher Monodistichen werden, aber der Plan ist, auf 1000 zu steigen. Ueber 200 sind jetzt schon fertig, obgleich der Gedanke kaum über einen Monat alt ist. Sind wir mit einer raisonnabeln Anzahl fertig, so wird der Vorrath mit Rücksicht auf eine gewiße Einheit sortiert, überarbeitet um einerley Ton zu erhalten, und jeder wird dann etwas von seiner Manier aufzuopfern suchen, um dem andern mehr anzunähern. Wir haben beschloßen, unsere EigenthumsRechte an die einzelnen Theile niemals auseinander zu setzen (welches auch bey der Muthwilligkeit der Satyre nicht wohl anzurathen wäre) und sammeln wir unsere Gedichte, so läßt ein Jeder diese Epigrammen ganz abdrucken.

26) An Humboldt, 1 Februar 1796
Die Mitteilungen über die „Xenien" entsprechen denen im Brief an Körner vom selben Tag; siehe oben. Am Schluß fügt Schiller hinzu: Daß ich für eine große Correctheit, auch in der Prosodie, sorgen werde, verspreche ich Ihnen, sowohl in meiner als Göthens Portion.

27) Von Goethe, 4. Februar 1796
Die erste Abschrift der Xenien ist endlich fertig geworden und ich schicke sie sogleich um so mehr, da ich vor den 14ten dieses nicht nach Jena kommen kann. Sie sehen zusammen schon ganz lustig aus, nur wird es ganz gut seyn, wenn wieder einmal eine poëtische Ader durch die Sammlung durchfließt, meine letzten sind, wie Sie finden werden, ganz prosaisch, welches, da ihnen keine Anschauung zum Grunde liegt, bey meiner Art wohl nicht anders seyn kann.

28) An Goethe, 5. Februar 1796
Die Sammlung wächßt uns unter den Händen, daß es eine Lust ist. Es hat mich gefreut auch mehrere politische unter den neuen anzutreffen; denn da wir doch zuverläßig an den unsichern Orten confisziert werden, so sähe ich nicht, warum wir es nicht auch von dieser Seite verdienen sollten. Sie finden 40–42 neue von mir; gegen 80 andre, die zusammen gehören und in Kleinigkeiten noch nicht ganz fertig sind, behalte ich noch zurück. Reichardt ist gut recommandiert, aber er muß es noch mehr werden. Man muss ihn auch als Musiker angreifen, weil es doch auch da nicht so ganz richtig ist, und es ist billig, daß er auch biß in seine letzte Vestung hinein verfolgt wird, da er uns auf unserem legitimen Boden den Krieg machte.

29) Von Körner, 7. Februar 1796
Wäre es nicht möglich, daß Du mir etwas von den bewußten Epigrammen schicken könntest? Es sollte sie niemand zu sehn bekommen. Ich bin äusserst begierig darauf. Die Arbeit hat das Angenehme, daß man einzelne flüchtige Einfälle nutzen kann. Die Form scheint mir sehr glücklich gewählt. Fast möchte ich eine Wette eingehen, daß ich doch bey den meisten Monodistichen den Urheber errathen wollte. Schicke mir sie also ohne Bezeichnung.

30) An Goethe, 7. Februar 1796
Hier einige Dutzend neue Xenien, die seit heut und gestern in Einem Raptus entstanden. Laßen Sie das wandernde Exemplar bald reich ausgestattet wieder zu mir gelangen.

31) Von Humboldt, 9. Februar 1796
Auf nichts bin ich eigentlich jetzt für den Augenblick so begierig, als auf die Xenien, die ich doch leider wahrscheinlich erst spät sehe. Es ist ein guter Einfall, Ihre beiderseitigen Eigenthumsrechte daran ganz und gar nicht zu sondern, und die enge Verschränkung zweier so heterogener Individualitäten wird schon allein ein wunderbares Produkt hervorbringen.

32) An Goethe, 12. Februar 1796
Diese Woche habe ich wieder viel schlaflose Nächte gehabt, [...] und wahrscheinlich haben Sie mich jetzt in den Xenien überhohlt.

33) Von Goethe, 13. Februar 1796
Bey dem Briefe vom 7ten Februar sollen ein Dutzend Xenien liegen, ich habe sie aber nicht gefunden [...]. Leider hat mich auch in diesen Tagen weder etwas Xenialisches noch Genialisches angewandelt, ich hoffe mehr als jemals auf eine Ortveränderung, um zu mir selbst zu kommen, leider weiß ich noch nicht ob ich Montags kommen kann.

16. Februar (Dienstag) – 16. März 1796: Goethe in Jena

34) An Körner, 29. Februar 1796
Du wünschest von meinen poetischen Arbeiten etwas zu lesen, aber ich habe Dir leider von dieser Art nichts zu zeigen. Außer einigen 100 Monodistichen zu unserm gemeinschaftlichen Werke habe ich seitdem nichts produciert; meine Krämpfe, Besuche, Mangel an Stimmung haben mich immer noch an kein ordentlich Geschäft denken lassen. [...] Von unsern Monodistichen kann ich Dir nichts communicieren. Ich darf nicht aus der Schule schwatzen; auch qualifiziert sich noch nichts zur Ausstellung.

35) An Cotta, 13. März 1796
Ich setze [...] mit dem Almanach für das folgende Jahr ganz aus, und anstatt deßelben gebe ich in Verbindung mit Göthen ein poetisches Werk heraus, an welchem wir schon seit etlichen Monaten angefangen zu arbeiten. [...] Die Einkleidung des Werks ist völlig neu, und der Innhalt für Jedermann.

36) An Goethe, 18. März 1796
Ich habe an meinen Wallenstein gedacht, sonst aber nichts gearbeitet. Einige Xenien hoffe ich vor der merkwürdigen Constellation *[vermutlich Ifflands Gastspiel in Weimar vom 25. März bis 26. April]* noch zu Stande zu bringen.

37) An Körner, 21. März 1796
Der MusenAlmanach wird dieses Jahr nicht erscheinen, aber unsere Epigramme werden wir, wenn das 1000 voll wird, gemeinschaftlich in einem eigenen Band herausgeben.

23. März – 20. April 1796: Schiller in Weimar

38) Von Humboldt, 26. März 1796
Die Xenien fangen immer lebhafter an, mich zu interessiren, um so mehr, da sie jetzt gar den Almanach wenigstens auf ein Jahr verdrängen sollen. [...]
Von den Xenien selbst wünschte ich außerordentlich selbst einmal einige zu sehen. Trotz allem dem, was mir Ihre Briefe nacheinander davon gesagt haben, kann ich mir noch keine hinreichende Idee davon machen. Der Gedanke, sie abgesondert, mit großer typographischer Pracht, und besonders unter Ihren beiden Namen erscheinen zu lassen, gefällt mir sehr, wenn es Ihnen nur möglich seyn wird, dem Ganzen eine hinlänglich große Mannigfaltigkeit zu geben. [...] Auf die Scheidung Ihrer Arbeit von der Göthischen freue ich mich sehr, ob ich gleich in dieser Art der Kritik, wie ich aus Erfahrung weiß, nicht selten Fehlgriffe thue. Es ist eine sehr treffende Bemerkung von Göthe, daß man keines seiner Stücke Ihnen zuschreiben wird, und es beweist aufs neue, in wie festen Gränzen seine Natur eingeschlossen ist, und wie wahr und richtig Sie ihn immer beurtheilt haben. Erhält denn jedes einzelne Distichon einen Titel? oder ist die Beziehung von selbst aus den Gedichtchen selbst klar.
[Vgl. auch Humboldts Brief an Schiller vom 9. April 1796, in dem er auf

Nicolais „Horen"-Kritik in dessen „Beschreibung einer Reise [...]" aufmerksam macht. (Siehe die Erläuterungen zu Nr 142–144.)]

25. – 26. April 1796: Schiller in Weimar

28. April – 8. Juni 1796: Goethe in Jena

39) *Von Goethe, Ende Mai oder Anfang Juni 1796*
Die schöne Uebung in Distichen wird uns, wie ich hoffe, endlich dahin führen daß wir uns in einzelnen Hexametern bedeutend ausdrücken.

40) *An Körner, 6. Juni 1796*
Goethe ist noch hier, und der Roman *[Wilhelm Meisters Lehrjahre]* rückt zu seinem Ende. Auch giebt es wieder viel neue Xenien, fromme und gottlose.

41) *Von Goethe, 10. Juni 1796*
Hier folgen die versprochenen Epigramme, es sind doch dreysig an der Zahl! leider ist auch hier der Haß doppelt so stark als die Liebe. Sobald Sie mit der Zusammenstellung fertig sind so schicken Sie mir das Ganze ja gleich. Dadurch wird manches Xenion, das noch unvollendet da liegt, gewiß völlig fertig, und zu neuen giebt es wieder Anlaß.

Das eine, d e r G e f ä h r l i c h e *[nicht oder unter anderem Titel überliefert]* habe ich nach Ihrer Idee gemacht, vielleicht nehmen Sie die Veränderung auf. Überhaupt wird mich beym Durchgehen der übrigen, im allgemeinen, der Gedanke leiten, daß wir bey aller Bitterkeit uns vor kriminellen Inkulpationen hüten *[...]*.

42) *An Goethe, 11. [12.] Juni 1796*
Die gestern überschickten Xenien haben uns viel Freude gemacht, und so überwiegend auch der Haß daran Theil hat, so lieblich ist das Contingent der Liebe dazu ausgefallen. Ich will die Musen recht dringend bitten, mir auch einen Beytrag dazu zu bescheeren. *[...]*

Die Xenien hoffe ich Ihnen auf den nächsten Freitag *[17. Juni]* in Abschrift schicken zu können. Ich bin auch sehr dafür, daß wir nichts criminelles berühren, und überhaupt das Gebiet des frohen Humors so wenig als möglich verlaßen. Sind doch die Musen keine Scharfrichter! Aber schenken wollen wir den Herren auch nichts.

43) *An Goethe, 18. Juni 1796*
Die Xenien erhalten Sie auf den Montag *[20. Juni]*. Zur Verknüpfung der verschiedenartigen Materien sind noch manche neue nöthig, wobey ich auf Ihren guten Genius meine Hofnung setze. Die Homerischen Parodien *[Unterweltzyklus (vgl. „Konkordanz [...]"), Gericht über die Freier (vgl. an Goethe, 31. Januar 1796)]* habe ich, weil sie sich an das Ganze nicht anschließen wollen, herauswerfen müssen, und ich weiß noch nicht recht, wie ich die Todtenerscheinungen werde unterbringen können. Gar zu gern hätte ich die lieblichen

und gefälligen Xenien an das Ende gesetzt, denn auf den Sturm muss die Klarheit folgen. Auch mir sind einige in dieser Gattung gelungen, und wenn jeder von uns nur noch ein Dutzend in dieser Art liefert, so werden die Xenien sehr gefällig endigen.

44) Von Goethe, 18. Juni 1796
Sollten noch andere Gäste *[Reichardt mit Voß]*, wie ich nicht hoffe, gegenwärtig seyn, so will ich für dieselben *[für Reichardt]* gleich ein Gastgeschenk eingelegt haben
Komm nur von Giebichenstein, von Malepartus! Du bist doch
    Reineke nicht, du bist doch nur halb Bär und halb Wolf.
[Schmidt/Suphan (1893), 88, Nr 761.]

45) An Goethe, 20. Juni 1796
Die Xenien kann ich heute noch nicht mitschicken. Mein Abschreiber ist ausgeblieben.

46) An Goethe, 24. Juni 1796
Die Xenien erhalten Sie Montag früh *[27. Juni]* ganz gewiß. Es sind, nach Abzug der weggebliebenen, noch 630–40, und ich denke nicht, daß mehr als 15 oder 20 von diesen werden ausgemustert werden. Da der Zusammenhang und die Vollständigkeit wohl noch 80 neu nöthig machen, so wird die Zahl wohl auf 700 bleiben.

47) Von Goethe, 25. Juni 1796
[...] es wäre lustig wenn wir auch ein Dutzend Xenien in jene Weltgegend *[die aktuelle Politik]* werfen könnten.

48) Von Humboldt, 25. Juni 1796
Die Xenien erwarte ich mit Ungeduld. Nur fürchte ich mich beinah davor, daß mir vieles unverständlich seyn wird. Ich besitze eine eigne Ungeschicklichkeit im Errathen auch der glücklichsten und leichtesten Anspielungen.

49) Von Goethe, 26. Juni 1796
Wenn Sie dem Bothen die Xenien mit zurückgeben können, so soll es mir angenehm seyn.

50) An Körner, 27. Juni 1796
Ich hoffe Dir nächstens die Xenien zu senden, so wie sie jetzt beschaffen sind: Du wirst mehrere Hunderte die Du noch nicht kennst und die nicht der schlechteste Theil davon sind, darunter finden.

51) An Goethe, 27. Juni 1796
Von den Xenien sende ich durch den Boten was fertig ist. Noch 80 sind ohngefehr zurück, die das BotenMädchen bringen soll. Ich bin eben daran, diese, es sind gerade die freundlichen, mit einigen neuen zu vermehren, die eine glückliche

Stimmung mir dargeboten hat. Ueberhaupt hoffe ich, daß der Schluß sehr gut ausfallen soll. Sie werden unter den hier folgenden gegen 100 neue Bekannte finden, und einige ältere vermissen. Warum ich diese wegließ, läßt sich mündlich sagen. Streichen Sie nun ohne Schonung alles, was Ihnen aus irgend einer Rücksicht anstößig ist, weg. Unser Vorrath leidet eine strenge Wahl.

In das Mscrpt lassen Sie Ihren Spiritus nichts schreiben. [...] Fallen Ihnen Ueberschriften ein, so bitte ich sie mit dem Bleystift zu bemerken.

Um die Zahl der poetischen und gefälligen Xenien zu vermehren, wünschte ich Sie zu veranlaßen, daß Sie durch die wichtigsten Antiken und die schönern italienischen MahlerWerke eine Wanderung anstellten. Diese Gestalten leben in Ihrer Seele, und eine gute Stimmung wird Ihnen über jede einen schönen Einfall darbieten. Sie sind um so passendere Stoffe, da es lauter Individua sind.

52) An Goethe, 28. Juni 1796
Hier der Rest der Xenien. Was heute folgt, ist wie Sie sehen noch nicht in dem gehörigen Zusammenhang, und alle meine Versuche, die verschiedenen Gruppen zusammen zu bringen, sind mir mißglückt. Vielleicht helfen Sie mir aus der Noth. Es wäre gar zu schön, wenn wir diese letzte Parthie recht reich ausstatten könnten.

53) Von Goethe, 29. Juni 1796
Etwa 8 Tage wird meine Zeit durch äußere Geschäffte aufgezehrt werden [...]. Alsdann sollen die Xenien, Cellini und der Roman *[Wilhelm Meisters Lehrjahre]* den übrigen Juli in sich theilen. [...] Die neuen Xenien von der würdigen, ernsten und zarten Art sind Ihnen sehr glücklich gerathen, ich habe zu Completirung dieser Sammlung, auch von meiner Seite, allerley Aussichten wenn sich nur die Stimmung dazu findet.

54) Von Goethe, 7. Juli 1796
Sobald die Xenien abgeschrieben sind schicke ich Ihr Exemplar zurück und arbeite indessen in meins hinein.

55) An Goethe, 8. Juli 1796
Ehe Sie mir das Exemplar der Xenien senden, so haben Sie doch die Güte, darinn gerade auszustreichen, was Sie heraus wünschen, und zu unterstreichen, was Sie geändert wünschen. Ich kann dann eher meine Maaßregeln nehmen, was noch zu thun ist.

56) Von Goethe, 9. Juli 1796
Die Xenien erhalten Sie mit meinem Gutachten zurück, die ernsthaften und wohlmeinenden sind gegenwärtig so mächtig, daß man denen Lumpenhunden, die angegriffen sind, mißgönnt daß ihrer in so guter Gesellschafft erwähnt wird.

57) Von Humboldt, 9. Juli 1796
Die Auswahl der Xenien mag Ihnen freilich Mühe genug machen. Im Ganzen

ist es doch eine schwere Art der Composition, wenn eine ganze Sammlung Interesse, Mannigfaltigkeit, und ästhetischen Werth erhalten soll.

58) Von Goethe, 12. Juli 1796
Künftigen Sonabend [16. Juli], wenn mir es möglich ist, komme ich Sie zu besuchen. Ueber den Roman [Wilhelm Meisters Lehrjahre] müssen wir nun nothwendig mündlich conferiren, auch wegen der Xenien [...]. Die Xenien, Cellini und sonst noch was vielleicht bringe ich mit.

16. Juli – 19. Juli 1796: Goethe in Jena

59) Von Körner, 22. Juli 1796
Mit Sehnsucht warte ich auf die Xenien, wovon Du mir eine Abschrift schicken wolltest.

60) An Goethe, 23. [25.?] Juli 1796
Neulich erfuhr ich, daß Stolberg und wer sonst noch bey ihm war den Meister feierlich verbrannt habe, biß auf das VIte Buch [...]. Von Baggesen spuckt ein Epigramm auf meinen MusenAlmanach, worinn die Epigramme [Goethes „Epigramme. Venedig 1790"] übel wegkommen sollen. [...] Haben Sie die Güte mir, was Sie noch von Xenien haben, zu senden, weil es jetzt mit dem Drucke sehr ernst ist.

61) An Körner, 23. [25.?] Juli 1796
Die Xenien konnte ich Dir nicht mehr schicken, weil der Buchdrucker mich drängt; auch ist mit dem ganzen eine Veränderung vorgegangen. Nachdem ich die Redaction daran gemacht, fand sich daß noch eine erstaunliche Menge neuer Xenien nöthig sey, wenn die Sammlung auch nur einigermaßen den Eindruck eines Ganzen machen sollte. Weil aber etliche hundert neue Einfälle, besonders über wißenschaftliche Gegenstände einem nicht so leicht zu gebote stehen und auch die Vollendung des Meisters Göthen und mir eine starke Diversion machte, so sind wir übereingekommen, die Xenien nicht als ein Ganzes sondern zerstückelt dem Almanach einzuverleiben. Außerdem daß die obigen Gründe dieses nothwendig machen, so gewinnen wir wenigstens noch dieses dabey, daß die einzelnen Xenien einander weniger Schaden thun, weil sie durch verschiedenartige Produkte von fremden Verfaßern unterbrochen werden, daß manche, welche zusammen gehörten, nun auch wirklich zusammen gehängt werden, weil wir an die Monodistichalform nicht mehr gebunden sind, endlich auch noch dieses, daß sie jetzt, wo sie unter eigenen Titeln im Register laufen, dem Almanach einen weit größern Anschein von Reichthum geben. Unter die polemischen kommen jetzt bloß Chiffern, unter die unschuldigen setzen wir unsern Nahmen.

62) Von Goethe, 26. Juli 1796
Auf den Sonabend [30. Juli] schicke ich wohl noch ein paar Dutzend Xenien. Könnten Sie mir nicht, wie Sie beym Almanach vorwärts rucken, das Manuscript erst herüber schicken, ich habe in den Xenien manche Stellen verändert, auch

hie und da noch Ueberschriften gefunden, vielleicht wäre etwas davon zu brauchen.
[...] Die Auto da Fe der Stolberge und die Epigramme der Baggesen sollen ihnen übel bekommen [...].

63) An Goethe, 28. Juli 1796
Hier die Xenien, welche mir bald möglichst zurückzusenden bitte. Was ausgestrichen ist, bleibt theils weg, theils ist es schon gedruckt oder für den Druck herausgeschrieben. Aenderungen in dem ausgestrichenen sind also entweder unnöthig oder auch schon zu spät. Die Nahmen unter den einzelnen Versen bedeuten nichts, und es ist auch nicht dabey geblieben.

64) Von Goethe, 30. Juli 1796
Die Xenien kommen sogleich wieder zurück, ich habe nur wenige Anmerkungen gemacht und erinnere nur noch daß wir in E u d ä m o n i a *[vgl. Nr 449, 519]* das i lang gebraucht haben, welches wohl nach dem Accent, nicht aber nach der Quantität richtig ist. Wahrscheinlich brauchen Sie diese paar Epigramme nicht.

Ueberhaupt will ich Ihnen nicht leugnen, daß es mir einen Augenblick recht wehe gethan hat unser schönes Carten und Luftgebäude, mit den Augen des Leibes, so zerstöhrt, zerrissen, zerstrichen und zerstreut zu sehen. Die Idee war zu schön, zu eigen und einzig als daß ich mich nicht [...] darüber betrüben sollte für immer darauf renunciiren zu müssen. Doch mag es denn auch an dem Spase genug seyn den uns der Gedanke indessen gemacht hat, es mag genug seyn daß nun so viel Stoff da ist, der zu einem andern Körper nun wieder verarbeitet werden kann. Die Zusammenstellung in Ihrem Almanach wird mich schon wieder trösten, nur bitte ich meinen Nahmen so wenig als möglich unter die Gedichte zu setzen. Die wenigen welche ich die Zeit hervorgebracht habe muß ich für den Augenblick liegen lassen, ich bringe sie mit, wenn ich komme, und bis dahin wird der neue Körper des Almanachs schon so lebendig und mächtig seyn um sie sich zu assimiliren.

Noch eins ich wünschte daß alles wegbliebe, was in unserm Kreise und unsern Verhältnissen unangenehm wirken könnte in der ersten Form forderte, trug, entschuldigte eins das andere jetzt wird jedes Gedicht nur aus freyem Vorsatz und Willen eingeschaltet und wirkt auch nur einzeln für sich.

65) An Goethe, 31. Juli 1796
Sie können Sich von den Xenien nicht ungern trennen, als ich selbst. Außer der Neuheit und interessanten Eigenthümlichkeit der Idee ist der Gedanke, ein gewißes Ganzes in Gemeinschaft mit Ihnen auszuführen, so reizend für mich gewesen. Aber seyen Sie versichert, daß ich die Idee nicht meiner Convenienz aufgeopfert habe. Zu einem Ganzen, so wie es auch von dem liberalsten Leser gefodert werden konnte, fehlte noch unübersehlich viel; eine mühsame Redaction hat mich mit diesem Mangel gar sehr bekannt gemacht. Selbst wenn wir die zwey letzten Monate ausschließend dazu hätten widmen können, würde weder der satyrische noch der andere Theil die nöthige Vollständigkeit erlangt haben.

Das ganze Werk ein Jahr länger liegen zu laßen erlaubte weder das Bedürfniß des Almanachs, noch wäre es der vielen Anspielungen auf das neueste in der Litteratur, welches nach einem Jahre sein Intereße verliert, zu wagen gewesen: und was dieser Rücksichten mehr sind *[. . .]*. Uebrigens ist uns diese Idee und Form noch gar nicht verloren, denn es ist noch so erstaunlich viel Stoff zurück, daß dasjenige, was wir aus dem alten noch etwa dazu nehmen, darinn verschwinden wird.

Ihren Nahmen nenne ich sparsam. Selbst bey denjenigen politischen, welche niemanden angreifen, und vor welchen man sich gefreut haben würde, ihn zu finden, habe ich ihn weggelassen, weil man diese mit den andern, auf Reichardt gehenden, in Verbindung vermuthen könnte. Stolberg kann nicht geschont werden, und das wollen Sie wohl selbst nicht, und Schlosser wird nie genauer bezeichnet, als eine allgemeine Satyre auf die Frommen erfodert. Ausserdem kommen diese Hiebe auf die Stolbergische Sekte in einer solchen Verbindung vor, daß jeder m i c h als den Urheber sogleich erkennen muß; ich bin mit Stolberg in einer gerechten Fehde und habe keine Schonung nöthig. Wieland soll mit der zierlichen Jungfrau in Weimar wegkommen, worüber er sich nicht beklagen kann. Uebrigens erscheinen diese Odiosa erst in der zweyten Hälfte des Almanachs, so daß Sie bey Ihrem Hierseyn noch herauswerfen können, was Ihnen gut dünkt. Um Ifland nicht weh zu thun, will ich in dem Dialog mit Shakespear lauter Schröderische und Kotzebuische Stücke bezeichnen.

66) An Goethe, 1. August 1796
Nach langem Hin und Herüberschwanken kommt jedes Ding doch endlich in seine ordentliche wagrechte Lage. Die erste Idee der Xenien war eigentlich eine fröhliche Posse, ein Schabernak auf den Moment berechnet und war auch so ganz recht. Nachher regte sich ein gewisser Ueberfluß und der Trieb zersprengte das Gefäß. Nun habe ich aber, nach nochmaligem Beschlafen der Sache, die natürlichste Auskunft von der Welt gefunden, Ihre Wünsche und die Convenienz des Almanachs zugleich zu befriedigen.

Was eigentlich den Anspruch auf eine gewiße Universalität erregte und mich bey der Redaction in die große Verlegenheit brachte, waren die philosophischen und rein poetischen, kurz die unschuldigen Xenien; also eben die, welche in der ersten Idee auch nicht gewesen waren. Wenn wir diese in dem vordern, und gesetzten Theile des Almanachs, unter den andern Gedichten bringen, die lustigen hingegen unter dem Nahmen X e n i e n und als ein eigenes Ganze, wie voriges Jahr die Epigramme *[Goethes „Epigramme. Venedig 1790"]* dem ersten Theile anschließen, so ist geholfen. Auf Einem Haufen beysammen und mit keinen ernsthaften untermischt, verlieren sie sehr vieles von ihrer Bitterkeit, der allgemein herrschende Humor entschuldigt jedes einzelne, so wie Sie neulich schon bemerkten und zugleich stellen sie wirklich ein gewißes Ganzes vor. Auch die Hiebe auf Reichardt wollen wir unter dem Haufen zerstreuen und nicht, wie erst geschehen war an die Spitze stellen. Von der einen Seite war die E h r e und von der andern die B e l e i d i g u n g zu groß, die wir ihm durch diese Auszeichnung anthaten. Und so wären also die Xenien (wenn Sie meinen Gedanken gut heissen, wie ich denke) zu ihrer ersten Natur zurückgekehrt, und wir hätten doch auch zugleich nicht Ursache, die Abweichung von jener zu bereuen, weil sie uns manches gute und schöne hat finden lassen.

Und da nach dem neuen Plane diejenigen politischen Xenien von Ihnen, welche bloß Lehren enthalten und gar niemand treffen, von den satyrischen ganz getrennt sind, so habe ich unter jene Ihren Nahmen gesetzt. Er gehört davor, weil sich diese Confessionen an die Epigramme vom vorigen Jahr und selbst an den Meister anschliessen, und, in Form und Innhalt, unverkennbar Ihren Stempel tragen.

67) Von Goethe, 2. August 1796
Ich hoffe Sie bald zu besuchen und es freut mich, daß Sie sich einen Weg ausgedacht haben wie wir den Spas mit den Xenien nicht verliehren. Ich glaube es ist der ganz richtige und der Kalender behält seine vorige Form und zeichnet sich vor allen andern durch Vorspiel und Nachspiel aus *[...]*.

68) An Goethe, 5. August 1796
Ich sende Ihnen hier eine Anzahl ernsthafter Xenien die ich, aus den Ihrigen und den Meinigen gemischt, in Einen Strauss zusammen gebunden habe, damit doch auch, in Absicht auf die ernsthaften Stücke, die Idee einiger beyderseitigen Vereinigung in etwas erfüllt werde. Haben Sie die Güte, das Mscrpt anzusehen und zu bemerken, wo Sie etwas anders wünschen. Fänden Sie keine Erinnerung zu machen, so erbitte ich mir das Mscrpt mit retournierendem Boten-Mädchen zurück, um es gleich an Göpferdt zu geben.

69) Von Goethe, 6. August 1796
Die ci devant Xenien nehmen sich, in ihrer jetzigen Zusammenstellung sehr gut aus, und wird diese ernsthafte Gesellschaft gewiß auch gut aufgenommen werden. Könnten Sie noch die paar fehlenden Ueberschriften finden, so würde es sehr schön seyn, mir hat der Geist, in diesen kurzen Stunden, nichts eingeben wollen. Die nächste Woche bin ich bey Ihnen *[...]*.

70) Von Körner, 8. August 1796
Es ist doch fast Schade, daß die Xenien als einzelne Epigramme in einem Almanache erscheinen sollen. Ihr werdet gewiß beyde die Lust verlieren sie als ein Ganzes zu vollenden. Eine Zierde für den Almanach bleiben sie freylich, aber sie wirken nicht mehr en masse.

71) Von Goethe, 13. August 1796
Bey der Redaction der Xenien hoffe ich gegenwärtig zu seyn und meine neusten noch unterzubringen.

72) An Körner, 15. August 1796
Die Idee mit den Xenien ist nicht ganz aufgegeben. Bloß die ernsthaften, philosophischen und poetischen sind daraus vereinzelt und bald in größeren bald in kleineren Ganzen vorne angebracht. Die schönsten von diesen kennst **Du** gar nicht und wirst **Dich** sehr darüber freuen. So haben wir, ausser mehreren klei-

neren Ganzen, 70, 80 die zusammengehören, in Einer Folge vereinigt und uns
beyde unterschrieben, ohne anzumerken, von welchem unter beyden die einzelnen sind.
Die satyrischen, welche eine Anzahl von 230 ausmachen folgen hinten unter
dem Nahmen X e n i e n nach, wie die Epigramme *[Goethes „Epigramme.
Venedig 1790"]* im vorigen Almanach.

18. August – 5. Oktober 1796: Goethe in Jena

73) *Von Körner, 29. August 1796*
Mit der getroffenen Einrichtung wegen der Xenien bin ich sehr zufrieden. Auch
die Societät dabey ist ein hübscher Einfall den man nicht aufgeben durfte.

74) *An Cotta, 17. September 1796*
Die Xenien laufen biß auf 415. Sie werden sie etwas stark gesalzen finden,
aber das Volk hat auch eine scharfe Lauge verdient, und das Publicum wird
sich nur um so beßer dabey befinden.

Ende September 1796: „Musen-Almanach für das Jahr 1797" erscheint.

75) *Von Körner, 5. Oktober 1796*
Ich habe gesucht mir die Xenien fremd zu machen, und alles Persönliche dabei
zu vergessen, und es sind nur wenige unter den polemischen, die ihren Werth
nicht behaupteten. Eine gewisse vis comica, wovon es im Deutschen so wenig
Beispiele giebt, herrscht bei weitem in dem größten Theile, und macht sie zu
einem bedeutenden Kunstwerke für jeden, der für das Komische Sinn hat, er
mag sich nun für literarische Streitigkeiten interessiren oder nicht. Freilich ist
der Sinn für's Komische selten in unsern Tagen *[...]*. Darum wundere Dich
nicht, wenn diese Producte *[...]* anders aufgenommen werden, als sie sollten.

76) *Von Goethe, 8. Oktober 1796*
Indessen haben unsere mordbrennerischen Füchse auch schon angefangen ihre
Wirkung zu thun. Des Verwunderns und Rathens ist kein Ende. Ich bitte Sie
um alles ja kein zweifelhaftes zu gestehen, denn der Sinn der Rätzel wird wie
ich sehe tausendfach.

77) *An Goethe, 11. Oktober 1796*
Unterdessen habe ich nichts mehr vom Almanach gehört, als daß unsere gute
Freundin Sxx *[Caroline Schlegel]* hier die auf Manso gerichteten Xenien abgeschrieben und an Gottern geschickt hat, welcher sehr davon soll erschreckt worden seyn.

78) *Von Körner, 11. [–14.] Oktober 1796*
Der didaktische Theil der Xenien erinnert an die Gnomen der Alten. Einzeln
haben sie ihren Werth für den Verstand, und es ist gewiß verdienstlich die Resultate des ernsten Nachdenkens klar und bestimmt in einer solchen Form dar-

zulegen. Aber zum Gedicht werden sie, däucht mich, nur durch ihre Verknüpfung. Aus einer Reihe solcher Denksprüche geht ein Charakter hervor, und durch den Gedanken erscheint uns ein Denker.

Und nun zu den Xenien im weiteren Sinn, nehmlich mit Innbegriff der Tabulae votivae und derer, die auf Amors Schicksale folgen *[Vielen, Einer]*. – Für mich ist es ein herrlicher Genuß eine solche Reihe von Kindern vor mir zu sehen, die Eure geistige Heyrath zur Welt gebracht hat. Eben aus der Verschiedenheit Eurer Naturen sind die köstlichsten Mischungen entstanden, hier Klarheit bey tiefem Sinn, dort Innigkeit bey froher Laune, dort üppige Kraft bey strenger Zucht, dort zarte Empfänglichkeit für die Natur bey dem höchsten Streben nach dem Ideale –

Was ich in diesen Produkten vorzüglich ehre, ist das Spiel im höhern Sinn. Spielend behandelt Ihr die fruchtbarsten Resultate des schärfsten Nachdenkens und der geprüftesten Erfahrung, die lieblichsten Bilder der Phantasie, die süßesten Empfindungen, die widerlichsten Albernheiten. Und gleichwohl verliert der Gedanke nichts an seinem Gehalt, der Stachel der Satire nichts an Schärfe. In dem polemischen Theile der Xenien ist vielleicht manchmal noch zuviel Ernst.

79) An Körner, 17. Oktober 1796
Es sind jetzt von dem Almanach über 1400 Exemplarien auf die Leipziger Meße verschickt, gegen 400 sind roh an Cotta gelaufen. 108 sind bloß hier und in Weimar verkauft worden, obgleich in beyden Städten über 1 Dutzend verschenkter Exempl. circuliert.

Buchhändler Böhme aus Leipzig an den ich die Ballen besorgt, schreibt mir, daß sie sich reissend vergriffen.

Es geht mir mit euch Herren und meinen dießjährigen Gedichten wie im vorigen Jahre, jeder wählt sich ein anderes für seinen Geschmack aus. Dem Humboldt geht nichts über die Geschlechter, Göthen sind die Tabulæ votivæ, an denen er selbst sehr wenig Antheil hat, das liebste von mir; auch ich halte auf die Tabulas votivas am meisten.

80) An Goethe, 18. Oktober 1796
Von den Xenien habe weiter nichts erfahren. [...] Bey seiner *[August Wilhelm Schlegels]* Zurückkunft von Dessau, sagt er *[Schlegel]*, hätten sie schon sehr in Leipzig rumort.

Ich höre, daß man unter andern auch die Herzogin in Weimar unter der zierlichen Jungfrau versteht.

Das Xenion „Wieland! Wie reich ist dein Geist" etc *[Nr 40]* halten einige für eine Satyre auf Wieland und auf die neue Ausgabe *[von dessen Werken bei Göschen]*!

81) Von Goethe, 19. Oktober 1796
Den Spitz von Gibichenstein *[Johann Friedrich Reichardt]* müssen wir nun eine Weile bellen lassen bis wir ihn einmal wieder tüchtig treffen.

82) An Goethe, 23. Oktober 1796
[*Humboldt*] ist von unserm Almanach nicht wenig überrascht worden und hat recht darinn geschwelgt; auch die Xenien haben den heitern Eindruck auf ihn gemacht, den wir wünschen. Es ist mir wieder eine angenehme Entdeckung, daß der Eindruck des Ganzen doch jedem liberaleren Gemüth gefällig und ergötzlich ist. In Berlin, schreibt er, sey zwar großes Reissen darnach, aber doch habe er nichts, weder interessantes noch kurzweiliges darüber erfahren. Die Meisten kämen entweder mit moralischen Gemeinplätzen angestochen, oder sie belachen alles ohne Unterschied wie eine litterarische Hatze. Unter den vordern Stücken die er noch nicht kannte hat die Eisbahn von Ihnen und die Musen in der Mark ihn vorzüglich erfreut; [...] vor den Tabulis votivis hat er, wie auch Genz, einen großen Respect; aber eine Auseinandersetzung unsers beyderseitigen Eigenthums an diesen gemeinschaftlichen Productionen findet er sehr schwer. Von den Xenien schreibt er, daß sie sämtlich Ihnen in die Schuhe geschoben würden, worinn man in Berlin noch mehr durch Hufeland bestärkt worden sey, der behauptet habe, alle von Ihrer Hand gelesen zu haben.

83) An Goethe, 25. Oktober 1796
[*August Wilhelm*] Schlegel erzählt, daß der Herzog von Gotha über die Xenien sehr ungehalten sey und zwar wegen Schlichtegrolls, den er sehr hoch halte. Auch hör ich, daß sich Schütz, der Recension unsers Almanachs wegen, nicht zu rathen und zu helfen wisse.

84) Von Goethe, 26. Oktober 1796
Mit dem Weimarischen Publiko bin ich im Ganzen wegen des Almanachs ziemlich zufrieden, doch ist der Gang immer eben derselbe, die Xenien verkaufen die Tabulas votivas und was sonst gutes und ernsthaftes in dem Büchein stehen mag. Daß man nicht überall mit uns zufrieden seyn sollte, war ja die Absicht und daß man in Gotha ungehalten ist, ist recht gut, man hat dort mit der größten Gemüthsruhe zugesehen, wenn man mir und meinen Freunden höchst unartig begegnete und da das litterarische Faustrecht noch nicht abgeschafft ist, so bedienen wir uns der reinen Befugniß uns selbst Recht zu verschaffen und den nekrologischen Schnabel [*Adolf Heinrich Friedrich Schlichtegroll*] zu verrufen, der unserm armen Moritz, gleich nach dem Tode, die Augen aushackte [...].

85) An Goethe, 28. Oktober 1796
Humboldts waren noch in den letzten Tagen, als unser Almanach dahin kam, in Berlin. Er soll gewaltiges Aufsehen da gemacht haben. Nicolai nennt ihn den Furien-Almanach. Zöllner und Biester sollen ganz entzückt darüber seyn (Sie sehen, daß es uns mit Biestern gelungen ist) Dieser findet die Xenien noch viel zu mäßig geschrieben.

Ein anderer meynte, jetzt wäre noch eine Landplage mehr in der Welt, weil man sich jedes Jahr vor dem Almanach zu fürchten habe. [*Friedrich Ludwig*

Wilhelm] Meyer, der Poet, meynte, wir beyde hätten einander in den Xenien selbst heruntergerissen, und ich habe das Distichon: W o h l f e i l e A c h t u n g pag. 221 *[Nr 92]* auf Sie gemacht!!

Woltmann war gestern bey mir und wollte wißen, daß Wieland von den Xenien gesagt habe: Er bedaure nur, daß Voß darinn gelobt sey, weil soviel andere ehrliche Leute mißhandelt wären. Woltmann glaubt steif und fest, daß mit dem Necrologischen Raben *[vgl. Nr 77],* der hinter Wieland krächze, niemand als Bötticher gemeynt sey.

Endlich ist denn der erste gedruckte Angriff auf die Xenien geschehen, und wenn alle dem gleich sind, so haben wir freilich nichts dabey zu thun. Dieser Angriff steht in – dem Reichsanzeiger *[Rudolf Zacharias Becker in Nr 251 vom 28. Oktober; vgl. die Erläuterungen zu dem Brief].* Schütz hat ihn mir communiciert, er besteht aus einem Distichon, wo aber der Pentameter – vor dem Hexameter steht. Sie können sich nichts erbärmlichers denken. Die Xenien werden hämisch gescholten.

Die junge Nepoten *[vgl. Nr 341]* hat Schlegel noch nicht heraus. Er fragte uns heute wieder darnach.

Was Sie aber belustigen wird ist ein Artikel in dem neuen Leipziger Intelligenz Blatt, welches in Folio herauskommt *[vgl. die Erläuterungen zu dem Brief und Fambach 2, 298–299].* Hier hat ein ehrlicher Anonymus sich der Horen gegen Reichardt angenommen. Zwar sind beyde nicht genannt, aber unverkennbar bezeichnet.

86) Von Cotta, 28. Oktober 1796
Die Xenien machen grosses Aufsehen [. . .].

87) An Cotta, 31. Oktober 1796
Aus beyliegendem von Böhme ersehen Sie, daß der Vorrath von Almanachs Exemplarien schwerlich reichen wird. [. . .] Sie haben nun selbst zu urtheilen, ob eine neue Auflage gemacht werden soll.

88) An Goethe, 31. Oktober 1796
Es sind [. . .] ausser denen für Cotta und seinen District 900–1000 Exempl. in Paketen an bestimmte Buchhandlungen verpackt worden, und ausser diesen habe ich nach und nach 435 an den Commissionair geschickt, wenn etwa nachgefodert würden. Diese letztern sind also weg [. . .]. Selbst die schadhaften sind biß auf ein einziges Exemplar verkauft. [. . .] Deßwegen habe ich heute an Cotta geschrieben und ihn zu einer neuen Auflage ermuntert [. . .].

Die *[nicht überlieferten]* Gothaischen Epigramme *[vom Prinzen August von Sachsen-Gotha]* sind zwar noch ganz liberal ausgefallen, aber ich gestehe doch, daß mir diese Art, unsre Sache zu nehmen, gerade die allerfatalste ist. Es blickt nichts daraus hervor, als eine Schonung der Leerheit und Flachheit [. . .]. Der Pentameter

U n s e r W a s s e r e r f r i s c h t etc
ist merkwürdig, und ganz erstaunlich expressiv für diese ganze Klaße.

89) Von Charlotte von Schimmelmann, [1.(?) und] 8. November 1796
Sie nannten es aber selbst eine k r i e g s erklärung – ich bin vielleicht zu sehr von der Parthey des Ewigen Friedens –. und die litterarische welt sollte, so scheint es mir, der Politischen welt ein schönes beyspiel geben – *[. . .]* ach lieber Schiller S i e sollten nicht so scheint es mir sich an der Spitze der kriegführenden stellen, nicht im nahmen der musen die Geißel schwingen –

90) An Goethe, 2. November 1796
[Johann Friedrich Reichardt] soll sich bey den Xenien sehr sentimentalisch benehmen und weil ihm Schlegel versichert, S i e hätten keinen Antheil an denen, die auf ihn gehen, so soll er sehr getröstet seyn, und Humboldt meynt, Sie wären vor seinem Besuch keineswegs sicher. *[. . .]*
In Halle soll Wolf und besonders Eberhard mit den Xenien sehr zufrieden seyn, selbst Klein, der Verwandte Nicolais.

91) Von Karl Theodor von Dalberg, 6. November 1796
Was nun die Fehden anlangt: so bin ich aus Neigung und Beruf ein Freünd des Friedens; doch denk ich auch, daß es eben nicht übel ist den Parnaß von Bav und Müv und Cotin unsrer Zeiten zu reinigen: und wenn mancher sich durch Laune und vieleicht etwas Muthwillen mißhandelt fühlt? so wird er sich wehren.

92) Von Goethe, 12. November 1796
Ich stehe vorerst dabey stille, daß wir *[. . .]* den gehörigen Effect gethan haben *[. . .]*. Man steht denn doch am Ziel, es mag nahe oder fern gesteckt seyn, wenn einen der Leser gewahr wird.

93) An Goethe, 13. November 1796
Hier des Coadjutors *[Karl Theodor von Dalbergs]* Brief *[vgl. „Dokumente", Nr 91]*, die Xenien betreffend; Sie sehen daraus, daß man viel sündigen kann, wenn man sich nur erst in einen recht moralischen Ruf gesetzt hat.
An der neuen Auflage des Almanachs wird eben jetzt hier in Jena gedruckt *[. . .]*.
Noch lege ich Ihnen ein Blättchen Hexameter (!) bey, welche in Breslau von einem Champion des Herrn Manso, gegen Sie oder mich, gemacht worden sind. Es ist doch sonderbar, daß unsere bißherigen Angreifer im SilbenMaaße schon verunglücken.
Alexander vHumboldt soll über die Xenien recht entzückt seyn, sagt mir sein Bruder.

94) Von Goethe, 14. November 1796
Die Actenstücke, die ich heute von Ihnen erhalte, kommen sogleich zurück. Bey dem einen *[dem Blatt mit Hexametern aus Breslau; vgl. „Dokumente", Nr 93]* ist es wirklich merkwürdig daß unsere Gegner bis jetzt das Element nicht finden können, worin wir uns bewegen; bey dem andern *[Dalbergs Brief vom 6. November; vgl. „Dokumente", Nr 91]* zeigt sich eine gewisse höhere Vorstellungs-

art, die denn auch ganz gut ist; sähe nur nicht die Neigung zu dem e r q u i c k -
l i c h e n W a s s e r *[vgl. „Dokumente", Nr 88]* auch hier so klar mit durch.
Die oberdeutsche Litteratur-Zeitung *[132. Stück vom 4. November]* lege ich
bey und bitte mir sie bald zurück. Eine solche leichte, oberflächliche, aber wohl-
meynende Behandlung des Ganzen ist nicht unerwünscht. *[Vgl. Fambach 2, 306–
313.]*

95) Von Goethe, 15. November 1796

[. . .] nach dem tollen Wagestück mit den Xenien müssen wir uns blos großer
und würdiger Kunstwerke befleißigen und unsere proteische Natur, zu Beschä-
mung aller Gegner, in die Gestalten des Edlen und Guten umwandeln.

96) An Goethe, 18. November 1796

In Coppenhagen ist man auf die Xenien ganz grimmig, wie mir die Schimmelmann heute schreibt *[im Brief vom (1.? und) 8. November]*, die zwar eine libe-
ralere Sentimentalität hat, und – wenn sie nur könnte, gerne gerecht gegen uns
wäre. Daran dürfen wir überhaupt gar nicht denken, daß man unser Produkt
seiner Natur nach würdigt; die es am beßten mit uns meynen, bringen es nur
zur Toleranz.

Mir wird bey allen Urtheilen dieser Art, die ich noch gehört, die miserable
Rolle des Verführten zu Theil, Sie haben doch noch den Trost des Verführers.

97) Von Cotta, 18. November 1796

Was den MusenAlmanach betrifft, so habe ich die wenigen mir übrig gebliebenen
Exemplarien bereits nach Leipzig an verschiedene Besteller spedirt *[. . .]*. Ich
bitte daher um möglichste Beschleunigung der neuen Auflage –

98) Von Goethe, 19. November 1796

Ich hoffe daß die Coppenhagner und alle gebildete Anwohner der Ostsee aus
unsern Xenien ein neues Argument für die wirkliche und unwiderlegliche Existenz des Teufels nehmen werden, wodurch wir ihnen denn doch einen sehr
wesentlichen Dienst geleistet haben.

99) An Goethe, 22. November 1796

Sie haben vielleicht das neueste Stück vom Archiv der Zeit *[November. Bd 2.
S. 425–448]* schon gesehen, wo ein Ausfall auf Sie vom alten Klopstock sich
befindet. Es hat ihn verdroßen, daß Sie in Ihren Epigrammen vom vorigen Jahr
sich beklagen, D e u t s c h schreiben zu müssen, und er macht daher seinem
Unwillen in einem Epigramme Luft, das freilich sehr kläglich ist. *[. . .]* das
U r t h e i l ! ! spricht:

„Göthe! du dauerst dich, daß du mich schreibest? Wenn du mich kenntest,
    Wäre dieß dir nicht Gram. Göthe du dauerst mich auch!"

100) Von Goethe, 26. November 1796

Auf einem *[nicht überlieferten]* Kartenblatt finden Sie hier beyliegend einige
Bemerkungen zu den Xenien, vielleicht können Sie noch Gebrauch davon machen.

101) An Goethe, 6. Dezember 1796
Das schmutzige Produkt gegen uns, deßen Verfaßer Magister Dyk in Leipzig seyn soll *[Johann Kaspar Friedrich Mansos und Johann Gottfried Dyks „Gegengeschenke an die Sudelköche in Jena und Weimar"]*, ist mir schon vor einigen Tagen in die Hand gekommen. Ich hoffte, es sollte Ihnen unbekannt bleiben. Die Empfindlichkeit gewißer Leute kann freilich keinen nobleren Ausbruch nehmen, aber es ist doch bloß in Deutschland möglich, daß böser Wille und Roheit darauf rechnen dürfen, durch eine solche Behandlung geachteter Nahmen, nicht alle Leser zu verscherzen. *[...]*

Das unangenehme an der Sache ist dieses, daß die wohlweisen Herrn Moderatisten, so wenig sie auch ein solches Product in Schutz nehmen können, doch triumphieren und sagen werden, daß unser Angriff darauf geführt habe, und daß das Scandal durch uns gegeben sey.

Sonst sind übrigens diese Distichen die glänzendste Rechtfertigung der unsrigen *[...]*. Ich bin doch begierig, ob sich nicht von selbst einige Stimmen auch für die Xenien erheben werden; denn wir können freilich auf so etwas nichts erwiedern.

102) Von Goethe, 7. Dezember 1796
Den Dückischen Ausfall habe ich, da ich die Deutschen so lange kenne, nicht besonders gefunden, wir haben dergleichen noch mehr zu erwarten.

103) An Goethe, 9. Dezember 1796
In den nächsten 2, 3 Monathen, fürchte ich, kann bey dem Publicum noch keine Stimmung erwartet werden gerecht gegen die Xenien zu seyn. Die vermeyntliche Beleidigung ist noch zu frisch wir scheinen im Tort zu seyn, und diese Gesinnung der Leser wird sie verhärten. Es kann aber nicht fehlen, daß unsere Gegner, durch die Heftigkeit und Plumpheit der Gegenwehr sich noch mehr in Nachtheil setzen und die Beßergesinnten gegen sich aufbringen. *[...]*

Wie wenig man seinen Köcher gegen uns noch erschöpft habe, werden Sie aus beyliegendem Zeitungsblatt, das der Hamburgischen Neuen Zeitung angehängt *[„Drittes Stück der Beiträge von gelehrten Sachen v. 1796" der H.N.Z.]* und mir von Hamburg überschickt worden ist abermals ersehen. Die Verfahrungsart in dieser Repartie wäre nicht unklug ausgedacht, wenn sie nicht so ungeschickt wäre ausgeführt worden. Ob vielleicht Reichardt – oder Baggesen? – dahinter steckt?

104) Von Goethe, 10. Dezember 1796
Ueberhaupt merke ich wird es schon Buchhändlerspeculation pro oder contra etwas drucken zu lassen, das wird eine schöne Sammlung geben! Von dem edlen Hamburger dessen Exercitium ich hier zurückschicke wird es künftig heißen:

Auch erscheint ein Herr F* rhetorisch, grimmig-ironisch,
Seltsam gebärdet er sich, platt deutsch, im Zeitungsformat.

---

105) An Goethe, 12. Dezember 1796
Hier etwas von dem Neuesten über die Xenien. *[Es ist unsicher, um was es sich handelt.]* Ich werde, wenn der Streit vorbey ist, Cotta vermögen, alles was gegen die Xenien geschrieben worden, auf Zeitungspapier gesammelt drucken zu lassen, daß es in der Geschichte des deutschen Geschmacks ad Acta kann gelegt werden.
Auf die Neue Auflage sind jetzt soviele Bestellungen gemacht, daß sie bezahlt ist. Selbst hier herum, wo soviel Exemplare zerstreut worden, werden noch nachgekauft.

106) Von Heinrich Christian Boie, 12. Dezember 1796
Die kriegrische Gestalt Ihres lezten *[Almanachs]* hat mich nicht abgeschreckt, wiewohl ich mit einigen der Gegeißelten Mitleid gehabt habe. *[...]* Anziehender als diese satirischen Distichen sind mir indeß die gewesen, die eine tiefe Empfindung, eine grosse Wahrheit oft so glücklich in zweien wie hingeblasenen Zeilen sagen, und die bedeutenden Blicke, die manche andere ins Innere der Kunst und Wissenschaft werfen. Manche, ich bekenne es Ihnen, verstehe ich gar nicht, weil mir der Schlüßel fehlt.

107) Von Cotta, 13. Dezember 1796
Herr Rat Becker hat gar zu schön im ReichsAnzeiger geantwortet, wenn alle so antworteten, so hätte man allein hierinnen Stoff für 400 neue Xenien auf 98. *[Vgl. „Dokumente", Nr 85.]*

108) Von Gotthard Ludwig Kosegarten, 15. Dezember 1796
Was die strengen, wiewohl, so viel ich weiß, nicht unverdienten Züchtigungen anlangt, welche Sie einigen unsrer vorlautesten und ruhmredigsten Schriftsteller haben angedeihen lassen, so dünkt mich, daß auch diese gar nicht schaden können.

109) Von Cotta, 22. Dezember 1796
Ich möchte Sie wol einmal bitten, wenn Sie Zeit und Musse haben, mir zu einigen Xenien einen Commentar zu geben: ich möchte gerne alle verstehen.

110) An Goethe, 25. Dezember 1796
Reichard hat sich nun geregt, und gerade so wie ich erwartet hatte *[Erklärung des Herausgebers an das Publikum, über die Xenien im Schillerschen Musenalmanach. 1797; vgl. zu Xenion Nr 80]*, er will es bloß mit mir zu thun haben und Sie zwingen, sein Freund zu scheinen. Da er sich auf dieses Trennungssystem ganz verläßt, so scheint mirs nöthig, ihn gerade durch die unzertrennlichste Vereinigung zu Boden zu schlagen. Ignorieren darf ich seinen insolenten Angriff nicht *[...]*; die Replique muß schnell und entscheidend seyn. Ich sende Ihnen hier das *[nicht überlieferte]* Concept, ob es Ihnen so recht ist.

111) Von Goethe, 27. Dezember 1796
[...] übereilen Sie nichts. *[...]* Meo voto müßte unsere Prosa so ästhetisch als

möglich seyn, ein rednerischer, juristischer, sophistischer Spaß, der durch seine Freiheit und Uebersicht der Sache wieder an die Xenien selbst erinnerte. Ihr Aufsatz scheint mir zu ernsthaft und zu gutmüthig. Sie steigen freywillig auf den Kampfplatz der dem Gegner bequem ist *[...]*. Flüchtig betrachtet sehe ich die Sache so an:

Ein ungenannter Herausgeber von zwey Journalen greift einen genannten Herausgeber von einem Journal und einem Almanach deßhalb an daß er in einigen Gedichten verläumdet und als Mensch angegriffen worden sey.

Nach meiner Meynung muß man ihn bey dieser Gelegenheit aus seinem bequemen Halbincognito heraustreiben und zuerst von ihm verlangen, daß er sich auf seinen Journalen nenne, damit man doch auch seinen Gegner kennen lerne, zweytens daß er die Gedichte wieder abdrucken lasse, die er auf sich zieht, damit man wisse wovon die Rede sey und worüber gestritten wird. Diese beyden Präliminarfragen müssen erst erörtert seyn, ehe man sich einläßt, sie incommodiren den Gegner aufs äußerste und er mag sich benehmen wie er will, so hat man Gelegenheit ihn zu persiffliren, die Sache wird lustig *[...]*.

Ich finde auf der Reise gewiß so viel Humor und Zeit um einen solchen Aufsatz zu versuchen *[...]*.

112) An Goethe, 11. Januar 1797
Die Reichardtische Sache habe ich mir diese Zeit über aus dem Sinne geschlagen, weil ich mich darinn mit Freuden in Ihren Rath ergeben will. *[...]*

Aber Wieland wird nun auch gegen die Xenien auftreten, wie Sie aus dem 1. Stück des Merkur ersehen werden *[Die Musen-Almanache für das Jahr 1797; vgl. Fambach 2, 353–388]*. Es wäre doch unangenehm, wenn er uns zwänge, auch mit ihm anzubinden, und es frägt sich, ob man nicht wohl thäte, ihm die Folgen zu bedenken zu geben.

113) Von Goethe, 18. Januar 1797
Der versprochene Aufsatz *[gegen Reichardt]* ist so reif daß ich ihn in einer Stunde dictiren könnte, ich muß aber nothwendig vorher mit Ihnen noch über die Sache sprechen *[...]*.

114) Von Cotta, 24. Januar 1797
Haben Sie schon an Xenien für 98 angefangen? Die Herrn sorgen für reichlichen Stoff.

115) An Goethe, 27. Januar 1797
Haben Sie gelesen, was Campe auf die Xenien erwiedert hat *[vgl. zu Nr 87, 151]*. Es geht eigentlich nur Sie an, und er hat sich auch höflich benommen, aber den P e d a n t e n und die W a s c h f r a u nur aufs neue bestätigt. Was das Archiv des Geschmacks *[Januar 1797. Bd 1. S. 30–75: Friedrich Ludwig Meyer über „Die neuesten Musenalmanache"]* und der Genius der Zeit *[1796. 12. Stück. Bd 9. S. 430–437 (August Hennings); vgl. Fambach 2, 316–319]* zu Markte gebracht, haben Sie wohl schon gelesen, auch des WandsbeckerBoten klägliche Verse *[Urians Nachricht von der neuen Aufklärung, nebst einigen an-*

dern Kleinigkeiten. Von dem Wandsbecker Bothen (Matthias Claudius). Hamburg 1797].

116) Von Goethe, 29. Januar 1797
Von Xenialischen Dingen habe ich die Zeit nichts gehört [...].

117) An Goethe, 7. Februar 1797
Ohne Zweifel haben Sie jetzt auch die Wielandische Oration gegen die Xenien gelesen. Was sagen Sie dazu? Es fehlt nichts, als daß sie im Reichsanzeiger stünde.

118) An Goethe, 9. [10.] Februar 1797
Von Nicolai in Berlin ist ein Buch gegen die Xenien erschienen *[Anhang zu Friedrich Schillers Musen-Almanach für das Jahr 1797]*, ich hab es aber noch nicht zu Gesichte bekommen.

119) Von Goethe, 11. Februar 1797
Dem verwünschten Nikolai konnte nichts erwünschter seyn als daß er nur wieder einmal angegriffen wurde, bey ihm ist immer bonus odor ex re qualibet, und das Geld das ihm der Band einbringt ist ihm gar nicht zuwider.

120) An Goethe, 16. Mai 1797
Das Geschwätz über die Xenien dauert noch immer fort; ich finde immer noch einen neuen Büchertitel, worin ein Aufsatz oder so was gegen die Xenien angekündigt wird. Neulich fand ich in einem Journal: Annalen der l e i d e n d e n M e n s c h h e i t *[von August Hennings]* einen Aufsatz *[des Herausgebers]* gegen die Xenien. *[1797. 3. Heft. S. 405–419: Die neuesten Musenalmanache; vgl. die Erläuterungen zu Schillers Brief.]*

121) Von Christian Garve, 23. September 1797
Diese kleinen Spiele des Witzes der Phantasie und der Philosophie, wie sie Ihr Allmanach enthält, haben gewiß ihren großen Werth, besonders da sie unter uns, von je her, so selten gewesen sind, und jetzt in der ganzen Welt selten werden. Wie viel wichtige Wahrheiten haben Sie nicht in manchem kurzen Epigramm gesagt, und wie viele unentdeckte Seiten des menschlichen Lebens und tief liegende Empfindungen des menschlichen Herzens haben Sie und Göthe uns nicht in Ihren am sorglosesten hingeworfnen Producten kennen gelehrt? Aber indem ich meinen Beyfall [...] bezeuge, darf ich nicht an der Freundschaft auf eine doppelte Weise zum Verräther, und selbst der Sittlichkeit untreu werden. Ich kann unmöglich laut und gegen Sie billigen, was ich insgeheim und gegen andere strenge getadelt habe. Und was könnte in der That mehr Tadel verdienen, als dieser Mißbrauch der schönsten Talente, diese Verbindung von Uebermuth, Partheygeist und unwürdiger Rache, mit Philosophie angenehmer Darstellung, richtigem Geschmacke, und selbst mit Gerechtigkeit im Urtheilen und mit Tugendliebe. Menschen geflissentlich zu kränken, von denen man nie ist beleidigt worden, Verdienste herabzusetzen, die man wirklich innerlich hochachtet,

das Gute, welches in andrer Schriften und Charakter vorhanden ist, geflissentlich verkennen, und die Fehler über alle Wahrheit und über die innere Ueberzeugung vergrößern: wie können dieß Männer bey sich selbst entschuldigen, die selbst in der öffentlichen Achtung stehn, und deren höhere Geisteskräfte sie über alle solche Beleidigungen, oder Rivalitäten [...] hinwegsetzen sollten. Sie haben insbesondre meinen Freund Manso auf eine Weise, die er nicht verdient, angegriffen. *[Es folgt eine ausführliche Verteidigung Mansos.]*

122) *Von Joachim Heinrich Campe, 9. März 1798*
[...] und schließe mit der wiederholten Versicherung meiner aufrichtigen Verehrung, in welcher selbst die X e n i e n mich nicht wankend machen konnten.

Zu den Erläuterungen der „Xenien"

Selbst die Zeitgenossen haben nicht alle „Xenien" verstanden, wenn „verstehen" heißt, die in den Epigrammen enthaltenen Anspielungen, Bezüge und Zitate zu bemerken und aufzulösen. Um so weniger ist zu erwarten, daß ein Leser aus großer historischer Distanz unmittelbares Verständnis aufbringt. Der folgende „Xenien"-Kommentar soll dazu beitragen, die einstige Aktualität der Epigramme ein Stück weit wiederherzustellen, indem er in zwei Jahrhunderten Verschüttetes und Vergessenes ans Licht zu ziehen sich bemüht.

Natürlich sind diesem Bemühen Grenzen gesetzt, sachliche – manches läßt sich (offenbar) nicht aufklären, einiges bleibt Spekulation, einzelnes kann irrig sein –, aber auch methodische: Das Ausforschen der „Xenien" nach vermeintlichen Implikationen, nach literarischen, politischen oder persönlichen Bezügen, vermag unter Umständen den Blick auf das Epigramm als poetische Form und deren Eigengesetzlichkeit zu verstellen. So kann z. B. die Suche nach realen Adressaten das Verständnis eines Epigramms verhindern, dessen „Witz" vielleicht gerade darin besteht, daß es einen individuellen Bezug nur insinuiert, um mit der Neugier des Lesers zu spielen, und dessen eigene Klatschsucht mobilisiert, sich selbst einen Betroffenen zu suchen; „Xenien" wie Nr 51, 154, 155 und die Sequenz „Vielen" sind dafür Beispiele.

Die Bearbeiter sind sich dieser Zusammenhänge bewußt. Sie haben trotzdem nicht darauf verzichtet, Verklausuliertes zu explizieren, Angedeutetes soweit wie möglich zu dechiffrieren, vielleicht Gemeintes zu paraphrasieren. Wichtiger als die leichte Lesbarkeit des Kommentars erschienen die Präsentation von Quellenmaterial und die Dokumentation des zeitgenössischen Hintergrundes; die Ausführlichkeit bestimmte, von den besonderen Erfordernissen der einzelnen Texte abgesehen, die Maxime „so wenig wie möglich, so viel wie nötig". Die Absicht war, detaillierte Informationen oder plausible Spekulationen zu liefern und der Versuchung zu widerstehen, über schwierig Erscheinendes „kommentarlos" hinwegzugehen oder sich mit einer summarischen Bemerkung aus der Affäre zu ziehen. Der Leser mag von Fall zu Fall entscheiden, wie weit auf diese Weise „Sinn" gefördert wird.

Zu den Vorarbeiten, auf die der Kommentar zurückgreift, gehören u. a. Boas, Xenienkampf (1851); Saupe, Xenien (1852); Boas, Xenien-Manuscript (1856) und Schmidt/Suphan ([1893], 109–218); die Anmerkungen der Schmidt/Suphanschen Ausgabe sind methodisch umstritten (vgl. Schwarzbauer, „Die Xenien 1796/1893" [1986]), nach ihrem Materialwert jedoch „noch immer der maßgebliche Kommentar" (Eibl, 1165; ebenso Wild, 1132), auf dem sowohl die Erläuterungen von Jochen Golz in der Berliner Schiller-Ausgabe (BA 1 [1980], 701–756 und 763–776) als auch die von Karl Eibl in Bd 1 der Frankfurter Ausgabe von Goethes „Sämtlichen Werken" (1 [1987], 1157–1189) und von Reiner Wild in der Münchner Goethe-Ausgabe (1 [1988], 1124–1192) beruhen.

309 Motto

ERLÄUTERUNGEN. Das Zitat stammt aus den Epigrammen des Martial (XI 2, 1–4):

„Harter Cato, die Stirne gefurcht und finster die Braue,
Maid des Fabricius du, der an dem Pfluge noch ging,
Prüderie, die du doch nur markiert, du sittliche Richtschnur,
Scheinheiligkeit, die bei Nacht schwindet, nun fort jetzt mit euch!"
(Nach Rudolf Helm; Martial, Epigramme [1957], 409.) Weiter heißt es:
„Schau, meine Verse, die rufen: ‚Hurra! Saturnalien sind ja!'
Ja, man darf's und man mag's, da uns ja Nerva beschützt.
Finstere Leser, so lernt nur ruhig den holprigen Santra!
Habe mit euch nichts zu tun, dies hier, dies Buch, das ist mein!"
(XI 2, 5–8; ebd., 409–410.) Schiller beschäftigte sich mit Martial erst im Zusammenhang mit seiner Arbeit an den „Xenien" (vgl. zu Nr 452). Goethe hatte die Verse 1–4 zuvor schon als Motto seiner „Epigramme. Venedig 1790" im „Musen-Almanach für das Jahr 1796" in Erwägung gezogen (vgl. WA I 1, 437).

309–310 Nr 1–8

Nr 1–4 gehörten in der Sammelhandschrift zu einer Gruppe einleitender Epigramme über Wesen und Funktion der „Xenien" (vgl. die „Konkordanz [...]"). Um Nr 5–8 erweitert, führen sie die Almanach-„Xenien" ein, die auf der Reise zur (Leipziger) Buchmesse Stadttor und Zoll zu überwinden haben.

309 Nr 1   Der ästhetische Thorschreiber

LESARTEN. 1 Standes und Characteres?] Standes? welches Characters? h^8

ERLÄUTERUNGEN. Der Zensor überprüft die „Xenien" am (Leipziger) Stadttor. – Vielleicht gingen für die Eingangssituation Anregungen durch den Anfang von Theodor Gottfried von Hippels Roman „Lebensläufe nach Aufsteigen-

der Linie" (1778–1781) – *ein Schriftsteller im Gespräch mit dem wachhabenden Offizier am Schlagbaum* – *oder durch Jean Pauls Roman* „Hesperus, oder 45 Hundsposttage" (1795) *aus, in dem zu Beginn des 2. Hundsposttags die Leser des Romans am* „Tor" *des ersten Kapitels die Rolle des Wachhabenden übernehmen. Schiller las den Roman im Sommer 1795 und fand ihn* noch beßer *als die* „Lebensläufe" *von Hippel (an Goethe vom 12. Juni 1795).*

309 Nr 2   Xenien

LESARTEN. **1** minder,] *Komma fehlt* b^8 E^c **2** immer, wir] immer. Wir b^8

ERLÄUTERUNGEN.
1 Distichen] *Vgl.* „Das Distichon", *außerdem Xenion Nr 416.*

309 Nr 3   Visitator

LESARTEN. *Überschrift:* Mauth. b^8 **1** Coffers.] Coffres! b^8

ERLÄUTERUNGEN. *lat. visitator: Durch-, Untersucher; Kontrolleur.* – *Gemeint ist ein Zollbeamter (oder Zensor), wie sich aus dem ursprünglichen Titel des Distichons ergibt.*
1 contrebandes] *franz.: Schmuggelware.*
2 französischem Gut] *Anspielung auf das Gedankengut der Französischen Revolution.*

309 Nr 4   Xenien

LESARTEN. *Überschrift:* Antwort. b^8 **1** Coffers] Coffres b^8 **2** Tragen; den Hauderer dort hinter uns – den visitirt! b^8 Poeten] Pöeten E^a E^c

ERLÄUTERUNGEN. *Das Distichon enthält die selbstironische* „Antwort" – *so sein ursprünglicher Titel* – *auf die Frage des* „Visitators" *(vgl. Nr 3).* – *Mit dem* Hauderer *(Mietfuhrmann) in der früheren Fassung war Johann Friedrich Reichardt gemeint (über ihn vgl. zu Nr 80), der in einer sich anschließenden umfangreichen* „Xenien"-*Gruppe angegriffen wurde (vgl. die* „Konkordanz der ‚Xenien'-Sammelhandschrift [...]").

309 Nr 5   Der Mann mit dem Klingelbeutel

ERLÄUTERUNGEN. *Nach* „Thorschreiber" *und* „Visitator" *werden die* „Xenien" *nun von einem Bettler belästigt; die Antwort folgt in Nr 6.*

309 Nr 6   Helf Gott

ERLÄUTERUNGEN. *Mit dieser landläufigen Formulierung wird der Bettler aus Nr 5 abschlägig beschieden. Der Hinweis auf die vorderen Kutschen meint die literarischen Produktionen für die* Dummen *und* Gebrechlichen *(Nr 5).*

310 Nr 7   Der Glückstopf

ERLÄUTERUNGEN. *Vgl. Goethes „Jahrmarkts-Fest zu Plundersweilern" (1. Fassung: 1774): der Literaturbetrieb als Jahrmarktstreiben.*

310 Nr 8   Die Kunden

LESARTEN. *Überschrift fehlt* b^{10} **2** treibt] führt uns b^{10}

ERLÄUTERUNGEN.
1 Boutiquen] *franz.: (Kram-)Laden, Bude (vgl. Nr 7).*

310 Nr 9   Das Widerwärtige

LESARTEN. **1** schenken] Schenken E^b *(Druckfehler)*   selbst, doch] selbst. Doch b^8 **2** auf!] auf. b^8

ERLÄUTERUNGEN. *Der Bezug des Xenions ist unsicher. Boas (Xenienkampf [1851] 1, 53) und Saupe (Xenien [1852], 90) verweisen auf Nicolai (über ihn vgl. zu Nr 142–144) als den erklärten Gegner der „Xenien"-Dichter, der mithin als erster angegriffen werde. Schmidt/Suphan ([1893] 193) erinnern an Fragmente aus Schillers ästhetischen Vorlesungen von 1792/1793, in denen es im Zusammenhang mit Kotzebues Stück „Das Kind der Liebe" (1790) heißt:* Das Ekelhafte ist den Sinnen unmittelbar zuwider: es dringt sich, wie K a n t sehr treffend sagt, uns zum Genusse auf *(NA 21, 86). Auch Mansos „Kunst zu lieben" könnte im Hintergrund stehen (vgl. Nr 35–39).*

310 Nr 10   Das Desideratum

ERLÄUTERUNGEN. *Boas und Saupe verweisen wieder auf Nicolai (vgl. zu Nr 9), ebenso Schmidt/Suphan ([1893] 201), die den Namen Johann Kaspar Friedrich Mansos hinzufügen (über ihn vgl. zu Nr 33). Beide würden als Dichter mit Wieland, als Kritiker mit Lessing verglichen, als dessen Freund sich Nicolai gern bezeichnete (vgl. zu Nr 196, 475).*

310 Nr 11   An einen gewissen moralischen Dichter

LESARTEN. *Überschrift:* Der moralische Dichter. D^2 **1** Ja] Ja, H^7 ärmlicher] elender H^7 *(von Goethe gestr., darüber* ärmlicher*)*   **2** vergessen,] *Komma fehlt* H^7 b^8 D^2 mich's,] michs! H^7

ERLÄUTERUNGEN. *Das Distichon gehörte ursprünglich zu einer Gruppe von drei Epigrammen auf Friedrich Gottlieb Klopstock (vgl. die „Konkordanz [...]"). Dieser Bezug wurde im Almanach zurückgenommen, die ursprüngliche Gruppe zerstreut und so die Suche nach neuen Adressaten provoziert. So vermuten Boas (Xenienkampf [1851] 1, 54) und Saupe (Xenien [1852], 91) eine Anspielung auf Lavater, gegen den sich Nr 12 richtet, und dessen religiöses Werk „Pontius Pilatus" (1782–1785).*

Klopstocks Epos „Der Messias" (1755–1773) feiert den Leidensweg Christi als der sündigen Menschen Erlösung (1, 1; Bd 1 [1974]. S. 1), Christus als Mittler zwischen Gottvater und den gefallenen Menschen (vgl. Nr 22). Schiller übte an dem Werk sowohl hinsichtlich des „erhabenen Stoffs" (Nr 22) als auch an dessen poetischer Behandlung Kritik. Schillers Auffassung war es nicht, den Menschen durch die Poesie als einen ärmlichen Wicht *erscheinen zu lassen, sondern, gerade umgekehrt, der Menschheit Götterbild* aufzurichten, *wie es im programmatischen Gedicht „Das Reich der Schatten" (V. 63) heißt. Als Poet war Klopstock für Schiller ein typisch „sentimentalischer" Dichter, dem er vorwarf, er ziehe allem, was er behandelt, den Körper aus, um es zu Geist zu machen (Ueber naive und sentimentalische Dichtung; NA 20, 457). Klopstock seinerseits hatte für die „modernen" literarischen Bestrebungen und Leistungen Schillers und Goethes kein Verständnis; nach einem Gespräch mit ihm am 7. September 1796 notierte Humboldt in sein Tagebuch:* Göthens neueste Sachen verwirft er durchaus. Schiller ist ihm verhasst. Die ästhetischen Briefe wären non sens, seine Prätensionen fürchterlich. *(Gesammelte Schriften III 14, 337.) – Vgl. zu Klopstock Nr 22, 131, 501.*

310 Nr 12–14

Diese Distichen gehörten ursprünglich zu einer größeren Gruppe von Epigrammen über „Frömmler" und „moralische" Dichter (vgl. die „Konkordanz der ‚Xenien'-Sammelhandschrift [...]").

310 Nr 12   Das Verbindungsmittel

LESARTEN. *Überschrift:* Ein drittes. b^6 *Überschrift fehlt* b^8 **1** Natur,] *Komma fehlt* b^6 b^8

ERLÄUTERUNGEN. Angesprochen ist Johann Kaspar Lavater (1741–1801), philosophisch-theologischer Schriftsteller und Pfarrer in Zürich, der "Prophet", wie ihn Goethe nannte (vgl. Nr 20 und die Erläuterungen dazu). Früher mit Goethe befreundet, war Lavater nicht nur Gegenstand der "Xenien", sondern zuvor schon der Venezianischen Epigramme Goethes (vgl. WA I 53, 9); freilich wurden die Lavater betreffenden Verse ihres kräftigen Tons wegen damals nicht veröffentlicht. Über die Verbindung von "Hohem" und "Niederem" berichtete Goethe in "Dichtung und Wahrheit": Lavater habe sich so lange zum Gottmenschen stilisiert, bis er zuletzt mit demselben wirklich in Eins zusammengeschmolzen [...] zu sein wähnen durfte. (WA I 29, 142.) – Vgl. über Lavater auch Nr 20 und 21.

310 Nr 13   Für Töchter edler Herkunft

ERLÄUTERUNGEN. Johann Timotheus Hermes (1738–1821), evangelischer Theologe, Prediger und Schriftsteller in Breslau, erzählt in seinem Roman "Für Töchter edler Herkunft" (1787) – mit erhobenem Zeigefinger – die schlüpfrigen Abenteuer eines auf die schiefe Bahn geratenen Fräuleins. Die eingestreute "Moral" – belehrende Bemerkungen über Erziehung, Ehe und Familie – wird die Faszination durch das "Laster" beim Leser nicht beeinträchtigt, die Lektüre des Romans nur legitimiert haben (vgl. Nr 14). – Schiller hatte den Roman in seinem Brief an Cotta vom 2. Oktober 1794 bestellt.

310 Nr 14   Der Kunstgriff

LESARTEN. Überschrift: Hermes Romane H^1 **1** Wollt ihr] Willst du H^1 gefallen?] gefallen, H^1 **2** Mahlet die Wollust – nur mahlet] Mahle die Wollust, nur mahle H^1 Mahlet die Wollust, nur – mahlet D^2

ERLÄUTERUNGEN. Wie aus der früheren Überschrift in H^1 hervorgeht, bezieht sich das Distichon nicht nur auf Hermes' Roman "Für Töchter edler Herkunft" (Nr 13), sondern auf seine Werke allgemein; am bekanntesten ist sein Roman "Sophiens Reise von Memel nach Sachsen" (1770–1772). Vgl. auch Nr 480.

311 Nr 15–17

Diese "Xenien" gegen den Grafen Friedrich Leopold zu Stolberg-Stolberg gehörten ursprünglich in eine größere Gruppe von Epigrammen gegen die Brüder Stolberg, diese wiederum zu einer umfangreichen Gruppe von Epigrammen über "Frömmler" und "moralische Schwätzer" (vgl. die "Konkordanz der ‚Xenien'-Sammelhandschrift [...]").

311 Nr 15 Der Teleolog

LESARTEN. 1 Weltenschöpfer, der] Weltenschöpfer der, h^2 Weltschöpfer, der h^5 Weltenschöpfer? der, h^8 2 schuf] erschuf h^2 h^5 erfand!] erfand. h^2 h^5 h^8

ERLÄUTERUNGEN. *Friedrich Leopold Graf zu Stolberg-Stolberg (1750–1819), Regierungspräsident in Eutin, und sein Bruder Christian (1748–1821), Amtmann in Tremsbüttel, sind wiederholt Adressaten der „Xenien", sowohl als dichtendes Brüderpaar (vgl. Nr 72, 125, 357, 478) als auch einzeln, wobei die Angriffe vorwiegend Friedrich Leopold gelten; vgl. über ihn Nr 15–17, 23, 26, 52, 116–118, 125, 278, 279, 517, 600, 601; über seinen Bruder Nr 23. Im Mai 1775 besuchten die Brüder Goethe in Frankfurt und begleiteten ihn anschließend auf seiner Reise in die Schweiz; die freundschaftlichen Beziehungen zu Goethe nahmen jedoch ab, je stärker ihre, vor allem Friedrich Leopolds, literarische Bestrebungen unter dem Einfluß Klopstocks und Claudius' christlich-religiösen Charakter annahmen; Friedrich Leopold trat 1800, unter großem öffentlichen Aufsehen, zum katholischen Glauben über.*

Schiller war Friedrich Leopold wenig freundlich gesonnen, seit dieser seine „Götter Griechenlandes" heftig kritisiert und unter orthodoxem christlichen Aspekt für bedenklich erklärt hatte (vgl. die „Dokumente zu Entstehung und Aufnahme" dieses Gedichts, Nr 7): Stolberg kann nicht geschont werden [...]; ich bin mit Stolberg in einer gerechten Fehde und habe keine Schonung nöthig. *(„Dokumente", Nr 65.)*

„Teleolog" gebildet nach Teleologie (griech. τέλος: *Zweck, Ziel): Lehre von der Zielgerichtetheit und Zweckhaftigkeit der Natur und der gesamten Schöpfung. – Das Xenion, ursprünglich im Anschluß an die Epigramme gegen den Reisebeschreiber Christoph Friedrich Nicolai (Nr 184–206; vgl. die „Konkordanz der ‚Xenien'-Sammelhandschrift [...]"), spielt auf eine Stelle in Friedrich Leopold Graf zu Stolbergs „Reise in Deutschland, der Schweiz, Italien und Sicilien" (1794) an; dort heißt es über die Korkbäume in Süditalien:* Aus der Rinde des Baumes werden Pfropfen zu Flaschen gemacht [...]. Dieser Baum kann seine so nützliche, zu unserm Gebrauch von Gott bestimmte Rinde entbehren, da jeder andre Baum stirbt, wenn man ihm die Rinde nimmt. *(3, 170–171.)*

311 Nr 16 Der Antiquar

LESARTEN. 1 sieht,] Komma fehlt h^2 h^5 h^8 erblick'] erblickt h^2 h^5 erblick h^8 E^a E^c

ERLÄUTERUNGEN. *Wieder ist gegen eine Stelle in der „Reise in Deutschland, der Schweiz, Italien und Sicilien" gezielt, da Stolberg angesichts der antiken Plastiken bemerkte:* Ein gewisser Charakter von Härte, Mangel der Theilnehmung, trüber Melancholie, welche an Zorn gränzet, bezeichnet die meisten Köpfe der alten Statuen, sowohl der Götter als der Menschen [...]. Es schwebet, selbst auf den Gesichtszügen der ewigen Götterjugend, wie eine schwarze Wolke, der Gedanke des Todes. *(2, 267.)*

311 Nr 17   Der Kenner

LESARTEN. **1** Urnen! Das] Urnen das h^8 könnt] könnt' E^b

ERLÄUTERUNGEN. An anderer Stelle seiner Reisebeschreibung erklärte Stolberg von den nach Handzeichnungen des großen Rafael gefertigten Majoliken (nach der italienischen Stadt Faenza auch: Fayencen): Mögen immer des Alterthums ausschließende Bewundrer mit Entzücken von griechischen Vasen reden, ich würde eine ganze Sammlung solcher Alterthümer, wenn ich sie besäße, gern für Eine dieser rafaelischen hingeben. *(4, 338.) Noch in einem Aufsatz „Über Majolica-Gefäße" (in: Jenaische Allgemeine Literatur-Zeitung 1804. Bd 3. S. 1– IV) äußerte Johann Heinrich Meyer die Bereitschaft, einem solchen Tausch gern zuzustimmen (vgl. S. IV).*
2 *Majolica-Topf] Majolika: Tonwaren aus farbigem Ton, die nach dem Brennen mit einer Blei- oder Zinnglasur versehen, bemalt und nochmals gebrannt werden.*

311 Nr 18–21

Diese „Xenien" gehörten in der Sammelhandschrift zu einer größeren Gruppe von Epigrammen, in denen es um „Frömmler" und „moralische Schwätzer" geht (vgl. die „Konkordanz [...]").

311 Nr 18   Erreurs et Verité

LESARTEN. **1** Bote,] Bote! $h^2\ h^8$ **2** Wahrheit,] *Komma fehlt* $h^2\ h^8$ schwer;] schwer, $h^2\ h^8$ Irrthum,] *Komma fehlt* $h^2\ h^8$ fort!] fort. $h^2\ h^8$

ERLÄUTERUNGEN. Matthias Claudius (1740–1815), dem Kreise um den Göttinger Hain und Friedrich Leopold Graf zu Stolberg nahestehender Dichter und Herausgeber der Zeitschrift „Der Wandsbecker Bothe" (Hamburg 1771– 1775), hatte das theosophische Werk „Des Erreurs et de la Vérité" (1775; ²1781) des französischen Mystikers Louis-Claude de Saint-Martin (1743–1803) übersetzt: „Irrthümer und Wahrheit" (1782; ²1795). Goethe hatte seinerzeit über das (französische) Buch in einem Brief an Lavater geurteilt: [...] welche Wahrheit! und welcher Irrthum! Die tiefsten Geheimnisse der wahrsten Menschheit mit Strohseilen des Wahns und der Beschräncktheit zusammen gehängt. *(Brief vom 9. [?] April 1781; WA IV 5, 108–109.) Das Xenion geht freilich weniger auf Claudius' Übersetzung als auf den „Wandsbecker Bothen", der eine Mischung verschiedenster literarischer Formen enthielt: Gedichte, Epigramme, Abhandlungen, Fabeln, Rezensionen, fingierte Briefe und Gespräche. Claudius reagierte auf die „Xenien" mit Gegenversen in seiner Schrift „Urians Nachricht von der neuen Aufklärung" (1797) (vgl. des näheren die Erläuterungen zu Schiller an Goethe vom 27. Januar 1797).*

311 Nr 19 H. S.

LESARTEN. *Überschrift:* H. St. b^8 **2** Gelegenheit,] *Komma fehlt* b^8 E^a

ERLÄUTERUNGEN. *Die ursprüngliche Überschrift könnte die Vermutung Caroline Schlegels in ihrem Brief an Luise Gotter vom 22. [?] Oktober 1796 (Caroline 1, 402) stützen, hinter „H. S." verberge sich Johann Heinrich Jung, genannt Jung-Stilling (1740–1817); in dieser Annahme sind ihr die späteren Kommentatoren gefolgt, obwohl der Wortlaut des Epigramms, jedenfalls des Pentameters, mit Leben und Wirken Jungs nicht recht vereinbar erscheint. – Jung war Mediziner, bekannt als erfolgreicher Augenarzt, 1787 Professor der Ökonomie, Finanz- und Kameralwissenschaften in Marburg. Seine literarischen Werke sind geprägt von empfindsam-pietistischer Frömmigkeit; bekannt wurde er durch seine in mehreren Bänden erschienene Lebensbeschreibung (1777–1817), die er als Exempel der Vorsehung verstand. Deren ersten Band, „Henrich Stillings Jugend" (1777), hatte Goethe, mit dem Jung seit der Zeit in Straßburg befreundet gewesen war, herausgegeben. Zur „Xenien"-Zeit erschien Jungs mystisch-pietistischer Roman „Das Heimweh" (1794–1796).*

311 Nr 20 Der Prophet

LESARTEN. *Überschrift:* L. xxx b^6 L. xxx. b^8 **1** Schade,] *Komma fehlt* b^6 b^8 E^a E^c

ERLÄUTERUNGEN. *Mit deutlicher Anspielung weist der frühere Titel des Distichons auf Johann Kaspar Lavater hin, auf den auch die beiden ursprünglich folgenden Nr 21 und 12 gehen (vgl. über ihn zu Nr 12). Als „Prophet" pflegte Goethe Lavater gelegentlich zu bezeichnen (vgl. an Schiller vom 15. Oktober 1796). Ein ähnlich ambivalentes Urteil wie im vorliegenden Xenion hatte Goethe schon früher gefällt; über Lavaters religiöses Werk „Pontius Pilatus" (1782–1785) schrieb er an Charlotte von Stein: [...] in meinen Augen knüpft sich bey Lavatern der höchste Menschenverstand, und der grasseste Aberglauben durch das feinste und unauflöslichste Band zusammen. (Brief vom 6. April 1782; WA IV 5, 300–301.)*

311 Nr 21 Das Amalgama

LESARTEN. *Überschrift:* Ein anderes. b^6 b^8 **1** innig,] innig; E^c **2** hier, ach!] hier ach b^6

ERLÄUTERUNGEN. *Die Überschrift in der Sammelhandschrift (b^8) bezieht das Xenion wie Nr 20, die auch dort vorherging, auf Johann Kaspar Lavater (vgl. über ihn zu Nr 12 und 20). – „Amalgama": nach zeitgenössischer Auffassung „ein durch den Mercurium vivum, oder Qveckstlber, aufgelösetes und* durch dessen Beymischung in eine wie Wachs geschmeidige Masse gebrachtes Metall" *(Zedler, Universal Lexicon 1, 8–9).*

311 Nr 22   **Der erhabene Stoff**

LESARTEN. *Überschrift:* Klopstock h^3 **2** das] d a s $h^3 D^2$

ERLÄUTERUNGEN. *Der Adressat des Xenions geht aus der Überschrift in h^3 hervor: Klopstock (über ihn vgl. zu Nr 11). Möglicherweise sollte die Titeländerung dem Epigramm einen breiteren Bezug geben, so daß es auch auf Lavater gedeutet werden könnte, dem die beiden vorangehenden Distichen gelten; auch er behandelte, in der Absicht, Klopstock noch zu übertreffen, den Messias-Stoff: „Jesus Messias. Oder / Die Evangelien und Apostelgeschichte" (1783 bis 1786).*

312 Nr 23   **Belsatzer ein Drama**

LESARTEN. *Überschrift:* Belsatzer, ein Drama. h^8

ERLÄUTERUNGEN. *Das Distichon spottet über Christian Graf zu Stolbergs Drama „Belsazer" (1787). Goethe besaß Stolbergs „Schauspiele mit Choeren", in denen das Drama abgedruckt war (vgl. Ruppert, Goethes Bibliothek, Nr 1164). Über Stolberg und seinen Bruder Friedrich Leopold vgl. zu Nr 15–17. – Belsazar: babylonischer König um die Mitte des 6. Jahrhunderts v. u. Z.; die alttestamentarische Erzählung von Belsazar (Belschazzar), der Gott beleidigte und dafür bestraft wurde (vgl. Dan. 5), war ein vielfach behandelter Dramenstoff.*

312 Nr 24–25

Beide „Xenien" auf Johann Timotheus Hermes (vgl. über ihn zu Nr 13) gehörten in der Sammelhandschrift zu einer großen Gruppe von Epigrammen über „Frömmler" und „moralische Schwätzer" (vgl. die „Konkordanz [...]").

312 Nr 24   **Gewisse Romanhelden**

LESARTEN. *Überschrift:* Hxxxs Romanhelden. h^8 Gewisse] Gewiße E^a
2 Künstler,] *Komma fehlt* h^8 E^a E^c

ERLÄUTERUNGEN. *Die Überschrift in der Sammelhandschrift weist auf Johann Timotheus Hermes hin; mit dem „pedantischen Geck" ist möglicherweise auf Herrn Puf in „Sophiens Reise von Memel nach Sachsen" angespielt; gemeint sein könnte auch Herr Grundleger in "Zween litterarische Märtyrer und deren Frauen" (1789) oder überhaupt der Typ einer solchen Figur in Hermes' Werken.*

312 Nr 25   Pfarrer Cyllenius

LESARTEN. **1** ihrem Zofenfranzösisch] ihren Zofen französisch b^8

ERLÄUTERUNGEN. *Kyllenios war, nach dem Geburtsort des Gottes, dem Berg Kyllene in Arkadien, ein Beiname des Hermes. Das Xenion bezieht sich also auf Johann Timotheus Hermes und auf dessen Vorliebe, seine Romanfiguren gelegentlich französisch reden zu lassen (mit Übersetzung in Fußnoten) und lateinische Wendungen einzustreuen.*

312 Nr 26   Jamben

ERLÄUTERUNGEN. *Das Xenion ironisiert eine Bemerkung in Stolbergs Übersetzung "Auserlesene Gespräche des Platon" (1795):* Jambos heißt der metrische Fuß, welcher aus einer kurzen und ihr folgenden langen Sylbe besteht *(1, 363). Über die Kritik Goethes und Schillers an diesem Werk vgl.* NA 36 I, 27 *und* 36 II, 39–41. *– Der Titel spielt auf Friedrich Leopold Graf zu Stolbergs frühe Gedichtsammlung "Jamben" (1784) an. – Über Stolberg vgl. zu Nr 15 bis 17.*

312 Nr 27   Neuste Schule

LESARTEN. *Überschrift:* v. R.xx b^8 **1** Ehmals] Ehemals b^8

ERLÄUTERUNGEN. *Die frühere Überschrift enthält eine deutliche Anspielung auf Joseph Friedrich Freiherr von Racknitz (1744–1818), Hofmarschall in Dresden. Er veröffentlichte 1796 eine "Darstellung und Geschichte des Geschmacks der vorzüglichsten Völker"; als* Probe *und* Vorläufer (Sp. 821) *dieses Werks erschien im selben Jahr der Band "Darstellung und Geschichte des Geschmacks an Arabesken", den Böttiger in der* ALZ (1796. Nr 103 vom 30. März. Sp. 821–824) *voller Lob besprach. Das erstgenannte Werk ist in vier Hefte aufgeteilt, die jeweils mehrere "Geschmäcke" enthalten: "Griechischer Geschmack", "Altdeutscher Geschmack", "Französischer grotesker Geschmack" u. a. m. Goethe äußerte sich auch in Briefen an Johann Heinrich Meyer kritisch über die* Dresdner Geschmäcke *und deren Verfasser, den* Freund der Geschmäcke in Dresden *(Briefe vom 8. August und 18. April 1796; WA IV 11, 148, 55). Schiller nannte Racknitz schon zu Beginn der Arbeit an den "Xenien" unter denen, die angegriffen werden sollten (vgl. "Dokumente", Nr 10).*

312 Nr 28   An deutsche Baulustige

ERLÄUTERUNGEN. *Das Epigramm zielt auf Joseph Friedrich von Racknitz' Schrift „Darstellung und Geschichte des Geschmacks der vorzüglichsten Völker" (1796); sie enthält neben Beispielen europäischer Bau- und Wohnstils (vgl. Nr 27) auch Kapitel (mit jeweils eigener Seitenzählung) über exotisch anmutende Völker: „O-Tahitischer Geschmack", „Ostindischer Geschmack" oder auch: „Sibirischer Geschmack"; im 3. Heft findet sich das Kapitel „Kamtschadalischer Geschmack", zu dem der Verfasser selbst anmerkt:* Es wird ohne Zweifel unerwartet seyn, in einem Werke, welches den guten Geschmack, und die vortheilhafte Anwendung der bildenden Künste bey unsern Wohnungen zum Gegenstande hat, ein Land erwähnt zu finden, das fast aller Schönheiten der Natur beraubt ist, und bey dessen Einwohnern kaum ein Versuch einer, zu einer bildenden Kunst zu rechnenden Arbeit angetroffen wird. *(S. 1.)*
1 Kamtschadalisch] *Kamtschadalen: altes sibirisches Fischervolk auf der Halbinsel Kamtschatka.*

312 Nr 29   Affiche

LESARTEN. *Überschrift:* Einladung h^6 h^7 h^{11} Feuerwerk. h^8 1 Stille] Lange h^6 h^7 h^8 Stille *über eingeklammertem* Lange h^{11} 2 nun auch das Feuerwerk euch.] euch auch das Feuerwerk nun. h^6 h^7 *Das ganze Distichon gestr.* h^7 *(wahrscheinlich nach Abschrift in h^6)*

ERLÄUTERUNGEN. *Unter dem Titel „Feuerwerk" gehörte das Epigramm, ebenso wie das folgende, in der Sammelhandschrift zu einer Gruppe einleitender „Xenien", die über Charakter und Funktion der Distichen Aufschluß geben (vgl. die „Konkordanz [...]"). — Der ursprüngliche Titel „Einladung" richtete sich an die Leser, dem „Feuerwerk" beizuwohnen, dessen Vorbereitung das Distichon beschreibt. — „Affiche": franz.: Anschlag(szettel), Bekanntmachung.*

312 Nr 30   Zur Abwechslung

LESARTEN. *Überschrift:* Die Arten h^8 2 spielend] spielend, h^8

ERLÄUTERUNGEN. *Vgl. die Erläuterungen zu Nr 29.*

313 Nr 31   Der Zeitpunkt

ERLÄUTERUNGEN. *Das Xenion erinnert an Auffassungen Schillers; angesichts der Französischen Revolution heißt es in vergleichbarer Formulierung an anderer Stelle:* Die moralische Möglichkeit fehlt, und der freygebige Augenblick findet ein unempfängliches Geschlecht *(Ueber die ästhetische Erzie-*

30 Schiller 2 II A

hung des Menschen. 5. Brief; NA 20, 319); in der „Geschichte des Dreyßigjährigen Kriegs" findet sich, im Hinblick auf das protestantische Lager in Deutschland zu Beginn des Krieges, folgende Bemerkung: Der große Zeitpunkt fand nur m i t t e l m ä ß i g e Geister auf der Bühne, und unbenutzt blieb das entscheidende Moment (NA 18, 90).

313 Nr 32   Goldnes Zeitalter

LESARTEN. *Überschrift:* Das goldne Zeitalter. b^6 b^8 **1** bessern? Ich] bessern! ich b^6 einzeln] einzeln, b^6 **2** man,] Komma fehlt b^6 b^8

ERLÄUTERUNGEN. *Das Distichon gehörte ursprünglich in eine größere Gruppe allgemeiner politischer „Xenien" (vgl. die „Konkordanz der ‚Xenien'-Sammelhandschrift [...]"). – Das Goldene Zeitalter der Menschheitsgeschichte ist die „aetas aurea", eine von Glück, Frieden und Harmonie geprägte Epoche, wie sie von Ovid in den „Metamorphosen" (1, 89–150) oder von Hesiod in den „Werken und Tagen" (V. 106–201) beschrieben wird (vgl. auch „Natur und Schule" [V. 15–28]). – Vielleicht wollte sich das Xenion auf seine Weise, komisch kommentierend und trivialisierend, an der geschichtsphilosophischen Diskussion im Umkreis von Kants „Idee zu einer allgemeinen Geschichte in weltbürgerlicher Absicht" (1784) beteiligen; zu Kants teleologischer Geschichtsauffassung gehört, ausgehend von der Überzeugung, daß die Naturanlagen eines jeden Geschöpfs zur vollen Entfaltung bestimmt sind, die These, daß die Bestimmung des Menschen sich nur innerhalb der Gattung über Generationen hinweg verwirkliche.*

313–314 Nr 33–42

Diese „Xenien" richten sich gegen Johann Kaspar Friedrich Manso (über ihn vgl. zu Nr 33). Nr 33–35 sowie Nr 39–42 gehörten in der Sammelhandschrift zu einer größeren Gruppe von Epigrammen über „Frömmler" und „moralische Schwätzer" (vgl. die „Konkordanz [...]"). Nr 41 über Jean Paul mag, wenn kein Irrtum vorliegt, aus Gründen des Kontrastes hier aufgenommen worden sein, obwohl ihre Plazierung willkürlich erscheint und auch zu Mißverständnissen geführt hat (vgl. zu Nr 42). Zu Manso vgl. weiter Nr 89, 335, 487, 488, 537, 538, 590.

313 Nr 33   Manso von den Grazien

LESARTEN. **1** Sprüche] Verse b^8 **2** Ruf.] Ruf! b^8

ERLÄUTERUNGEN. *Die Polemik gegen Johann Kaspar Friedrich Manso (1760–1826), Schriftsteller, Philologen, Historiker, Direktor des Maria-Magdalenen-Gymnasiums in Breslau, veranlaßte im September 1795 eine Rezension* von Schillers „Horen" in der von Johann Gottfried Dyk (vgl. zu Nr 45, 46) herausgegebenen, in Leipzig erscheinenden „Neuen Bibliothek der schönen Wissenschaften und der freyen Künste" (Bd 55. S. 283–330; wiedergedruckt in: Fambach 2, 126–145), in der Manso die ersten vier Stücke von Schillers neuem Journal besprach. Er hatte insbesondere Schillers Briefe „Ueber die ästhetische Erziehung des Menschen" einer scharfen Kritik unterzogen, ihnen mehr Schein als Wahrheit und in dem Gange der Entwickelung mehr Künsteley als Natur (S. 310) vorgeworfen und den Verfasser bezichtigt, dunkle und verworrene Begriffe (S. 317) in eine geschraubte Metaphersprache (S. 319) gekleidet zu haben, welche er als Nachbeter Kants (S. 309) aus dessen Philosophie entwickelt habe.

Schiller wies, mit Blick auf die in Halle von Jakob herausgegebenen „Annalen der Philosophie", in denen die „Horen" gleichfalls ablehnend beurteilt wurden (vgl. Nr 54, 70, 253, 296, 297), die Kritik dieser Schmierer zu Leipzig und Halle *an seiner Schrift als* unendlich lächerlich *zurück und verwies auf Kant selbst als den* competentesten Richter, *der sie bewundere (an Cotta vom 30. Oktober 1795).* – Über Manso informieren u. a.: Lux, *Johann Kaspar Friedrich Manso* (1908); Rüffler, *Johann Caspar Friedrich Manso* (1926).

Im speziellen spielt das Epigramm auf Mansos Gedicht „Über den Einfluß der Grazien" (1795) an.

313 Nr 34 Tassos Jerusalem von demselben

LESARTEN. *Überschrift:* Tassos Jerusalem von Manso. h^8

ERLÄUTERUNGEN. *Manso hatte das Epos* „La Gierusalemme liberata" *(1581) von Torquato Tasso übersetzt;* „Das befreyte Jerusalem" *erschien jedoch nur in einem ersten, fünf Gesänge umfassenden Band (1791); erst 1798 folgte ein sechster Gesang (vgl. zu Nr 488). Schiller besaß zwei Tasso-Übersetzungen, darunter nicht die Mansos (vgl. Schüddekopf, Schillers Bibliothek [1905], Nr 218 [Übersetzung von Johann Baptist Schaul] und Nr 219 [von Johann Diederich Gries]).*

1 asphaltischer Sumpf] Asphalt *(„Erdpech") kann aus („sumpfigem") Erdöl gewonnen werden; seit der Antike war Palästina bekannt für seine Vorkommen an Asphalt („Judenpech"). Mansos* „Jerusalem"-*Übersetzung verhält sich also zu Tassos Original, wie ein (palästinensischer)* „Asphaltsee" *zu Jerusalem, der glänzenden* „Tochter Zions".

313 Nr 35 Die Kunst zu lieben

LESARTEN. *Überschrift:* Die Kunst zu lieben von Manso h^3 (von Manso *von Schiller erg.)* h^8 **1** Kunst?] K u n s t ? h^3

ERLÄUTERUNGEN. *Mansos anonym erschienenes poetisches Hauptwerk,* „Die Kunst zu lieben" *(1794), ist Gegenstand auch der folgenden* „Xenien" *Nr 36–40. Das in Stanzenform verfaßte* „Lehrgedicht", *dessen erste beide*

Bücher den Jünglingen, deren drittes dem Unterrichte der Damen gewidmet *sind (S. 133), orientiert sich, neben „L'art d'aimer" (1775) von Pierre-Joseph Bernard (1710-1775), in teils enger Anlehnung, teils freier Anverwandlung am Vorbild von Ovids „Ars amatoria"; zu Beginn des ersten Buches heißt es:*
>Ich singe, was zuerst der zärtliche Ovid
>Den Söhnen seines Volks am Tiberstrand verrieth,
>[...]
>Die Kunst, die zu verstehen und zu üben
>den Weisen selbst nicht reut, – die süße Kunst zu lieben.

(V. 1-2, 7-8; S. 9.) In einer Vorrede gibt der Verfasser der Hoffnung Ausdruck, trotz der Delikatesse des Gegenstandes von der Linie des Feinen und Wohlanständigen [...] in keinem seiner Gemählde abgewichen zu seyn (S. 4). Dabei beruft er sich auf Moritz August von Thümmel und Wieland, insbesondere auf dessen Versdichtung „Musarion, oder die Philosophie der Grazien" (1768), die er als das schönste Lehrgedicht, das jemahls aus eines Dichters Feder geflossen ist (S. 235), lobt.

So anspruchsvoll Manso mit der Ankündigung begonnen hatte, er werde erstmals in der deutschen Literatur ein Gedicht vorlegen, das sich mit dem bekannten ovidischen messen dürfe (S. 3), so schließt er auch; in der vorletzten Stanze heißt es:
>Dank dir, Idalia, und deinen Charitinnen!
>[...]
>Dir dank' ichs, wenn, im Buch der Zeiten, durch mein Lied
>Verewigt, neben Götz und Bernard und Ovid,
>Mein Nahme künftig prangt, und Deutschlands holde Schönen
>Mit ihrem Lobe mich und meine Laute krönen.

(S. 201.)
Über die zeitgenössische Rezeption und Kritik vgl. Schmidt/Suphan (1893), 149-150; Lux, Johann Kaspar Friedrich Manso (1908), 108-109. – Vgl. über Manso und sein Gedicht auch Nr 537 und 538.

313 Nr 36   Der Schulmeister zu Breslau

ERLÄUTERUNGEN. *Manso war seit 1790 bis zu seinem Tod 1826 Direktor des Magdalenäums in Breslau.*
2 Präceptor] *Erzieher, Lehrer (an der Unterstufe höherer Schulen).*

313 Nr 37   Amor, als Schulcollege

ERLÄUTERUNGEN. *Das Xenion bezieht sich wie Nr 35, 36, 38-40 und 42 auf Mansos „Lehrgedicht" „Die Kunst zu lieben".*

313 Nr 38   Der zweyte Ovid

ERLÄUTERUNGEN. *Manso empfand sich als Nachfolger Ovids (vgl. zu Nr 35) und wollte als „zweiter" Ovid auch der „bessere" sein.* Kritik am berühmten Vorbild betraf den Mangel *einer geübten und gebildeten Urtheilskraft, und eines durch Philosophie genährten und gepflegten Geschmacks (Ovid [1795], 372); außerdem kritisierte er* vorzüglich den vernachlässigten Zusammenhang, die häufigen Wiederhohlungen und den spielenden Witz *in Ovids Werk (Die Kunst zu lieben, 205).*
    Im Jahr 8 u. Z. wurde Ovid von Kaiser Augustus nach Tomi(s) am Schwarzen Meer (heute: Constanza) verbannt; Ovid behauptete, Anlaß für seine Verbannung sei die „Ars amatoria" gewesen, die Anstoß am Kaiserhof erregt habe. Das Xenion erklärt nun witzig, Mansos „Kunst zu lieben" hätte solche Wirkung nicht gehabt, und denkt dabei insgeheim an die Schulmeisterlichkeit, die unerotische Pedanterie des Werks.

314 Nr 39   Das Unverzeihliche

LESARTEN. *Überschrift:* Das Liebliche H^3 1 kann] *danach* dir *gestr.* H^3 vergeben:] vergeben, H^3 vergeben; h^8 E^a E^c

ERLÄUTERUNGEN. *Das Xenion, das in H^3 noch den mißverständlichen Titel „Das Liebliche" trug, bezieht sich, im Sinne von Nr 37, auf Manso und seine Dichtung „Die Kunst zu lieben".*

314 Nr 40   Prosaische Reimer

LESARTEN. *Überschrift:* Mansoische Reimerey h^3 h^8

ERLÄUTERUNGEN. *Das Distichon trug in der Sammelhandschrift noch den ausdrücklich auf Manso bezogenen Titel „Mansoische Reimerey"; der neue Titel macht deutlicher, was damit gemeint war. Den Vergleich mit Wieland provozierte Manso selbst, indem er Wielands Vorbild als Maßstab für sein eigenes Werk anlegte (vgl. zu Nr 35).*
2 Caput mortuum] *lat. (wörtlich): Totenkopf; Terminus technicus der Alchimie für eine rückständige, nicht weiter brauchbare Substanz.*

314 Nr 41   Jean Paul Richter

ERLÄUTERUNGEN. *Als Kontrast zur poetischen „Armut" Mansos wird hier, nach Wieland in Nr 40, auf den Reichthum Johann Paul Friedrich Richters (1763–1825) hingewiesen. Goethe lernte Richter während dessen Aufenthalts in Weimar vom 18. bis 26. Juni 1796 kennen, Schiller beim Besuch Richters in*

Jena am 25. Juni. Den Eindruck Goethes, der vom wunderlichen Wesen *Richters sprach (an Schiller vom 21. Juni 1796), bestätigte Schiller; Richter sei ihm vorgekommen wie einer, der* aus dem Mond gefallen *ist (an Goethe vom 28. Juni 1796). Zuvor hatte Goethe noch an Johann Heinrich Meyer geschrieben:* Es ist ein sehr guter und vorzüglicher Mensch, dem eine frühere Ausbildung wäre zu gönnen gewesen, ich müßte mich sehr irren, wenn er nicht noch könnte zu den unsrigen gerechnet werden. *(Brief vom 20. Juni 1796; WA IV 11, 103.) Schiller gegenüber zweifelte er dann daran (vgl. an Schiller vom 29. Juni). Kurze Zeit später zeigte sich Goethe gar verärgert über eine* arrogante Aeusserung des Herrn Richters, *in einem Briefe an Knebel (an Schiller vom 10. August 1796) –* man brauche jetzt einen Tyrtäus mehr als einen Properz *(vgl. die Erläuterungen zu Goethes Brief) –, worauf er ihn mit dem satirischen Epigramm „Der Chinese in Rom" (Musen-Almanach für das Jahr 1797. S. 110) bedachte.*

Richter seinerseits fand Schiller bei seinem Besuch verworren, hartkräftig, vol Eksteine, vol scharfer schneidender Kräfte, aber ohne Liebe *(an Christian Otto vom 26. Juni 1796; Sämtliche Werke III 2, 217). Helmina von Chézy berichtet in ihren Erinnerungen, Richter habe ihr noch im Jahr 1800 erzählt:* Schiller ist kalt! [...] Schiller ist Eis, er ist ein Gletscher, nie Sonnenstrahl mit göttlichem Farbenspiel, warmen Purpurtönen *(Unvergessenes [1858] 1, 150).*

Auf die „Xenien" reagierte Richter gelassen; jedenfalls zog er es vor, sich nicht öffentlich zu äußern; er fand, daß sie mehr Gesumse machen als Giftblasen ausleeren *(an Friedrich von Oertel vom 1. Dezember 1796; Sämtliche Werke III 2, 274), zeigte Mitgefühl für die Betroffenen, ohne allerdings in den Streit eingreifen zu wollen, so sehr die* Mishandlung eines Reichard, Hermes etc. *einen* Bluträcher *aufruft (an Charlotte von Kalb vom 8. November 1796; ebd. S. 271), und glaubte im übrigen, wie berichtet wird,* die Füchse könnten ihm seine Saat nicht verderben. *(Johann Gottfried und Caroline Herder an Gleim vom 26. und 30. Dezember 1796; Von und an Herder [1861], 220.) Über die „Xenien"-Autoren heißt es:* Doch habe ich gegen Göthe und Schiller eben so viele Liebe als eigentlich Mitleid mit ihren eingeäscherten Herzen. *(An Charlotte von Kalb vom 8. November 1796; ebd. S. 271.) Über Goethe:* Göthens Karakter ist fürchterlich: das Genie ohne Tugend mus dahin kommen. *(An Friedrich von Oertel vom 22. Oktober 1796; Sämtliche Werke III 2, 261.)*

Der Vorwurf der Verschwendung poetischen „Reichtums" wurde vielfach erhoben und bezieht sich auf Richters seit Ende 1795 in der literarischen Öffentlichkeit diskutierten Roman „Hesperus, oder 45 Hundsposttage" (1795) (vgl. Nr 499), worauf unser feineres Publikum seinen Überfluß von Beyfall ergießt, *wie Goethe am 15. Dezember 1795 an Schiller schreibt. Neben der allgemeinen Auffassung, daß in dem Roman* ein Reichthum von erhabnen und rührenden Ideen, von großen und neuen Bildern, von treffenden, feinen und tiefen Bemerkungen aufbewahrt *sei (Friedrich Jacobs in einer Rezension des Romans in der ALZ [1795. Nr 317 vom 26. November. Sp. 418]), herrschte zugleich der Eindruck einer ungeheuren Verwirrung und großen Geschmacklosigkeit (Humboldt an Schiller vom 9. Juli 1796) – und der Maßlosigkeit:* Richter weiß seinen Reichthum nicht immer mit Geschmack anzuwenden. Ein Bild jagt das andere und eine Blüthe erstickt die andere. *(Georg Christoph Lichtenberg an Johann Friedrich Benzenberg vom Juli 1798; Briefe 3, 204.)* In gleichem Sinne äußerte sich Friedrich Heinrich Jacobi: Richter sei ein schlechter Wirthschafter und treibe Verschwendung *(an Christian Wilhelm Dohm vom 13. Dezember 1797; Nachlaß 1, 199).*

314 Nr 42 An seinen Lobredner

LESARTEN. *Überschrift:* An den Lobredner Mansos. b^3 2 Er] E r b^3
du] d u b^3

ERLÄUTERUNGEN. *Dieses Xenion folgte ursprünglich auf Nr 488 (vgl. die „Konkordanz der ‚Xenien'-Sammelhandschrift [...]"); es bezieht sich also auf Johann Kaspar Friedrich Manso; vgl. auch die Überschrift in b^3. Als Lobredner könnte der österreichische Schriftsteller und Sekretär des Wiener Hoftheaters Johann Baptist von Alxinger (1755–1797) angesprochen sein, der in einer Rezension Mansos „Kunst zu lieben" größtes Lob zollte:* Kein deutscher Dichter dürfte sich dieses Productes schämen, oder besser zu reden, jeder dürfte sich etwas darauf zu gute thun. Plan, Gedanken und Ausführung verrathen einen Meister in der Kunst zu lieben und – zu dichten *(ALZ 1796. Nr 157 vom 21. Mai. Sp. 421). Einzelne Zeitgenossen, z. B. Daniel Jenisch in seinen „Litterarischen Spiessruthen" (1797) (S. 18–19) bezogen das Distichon, seinem Wortlaut folgend, auf Jean Paul, dem die vorhergehende Nummer gewidmet ist; dieser selbst fühlte sich durchaus getroffen, wie aus seiner Deutung des Epigramms im Brief an Friedrich von Oertel vom 22. Oktober 1796 hervorgeht, in dem er sich als den* Höcker auf den Schultern des Trägers *bezeichnet (Sämtliche Werke III 2, 261).*

314 Nr 43 Feindlicher Einfall

LESARTEN. *Fassung H^1:*

Vignette
Durch das Getreide liefen mit brennenden Schwänzen die Füchse,
   Feuer fieng da die Saat und der Philister erschrack.
Fassung H^1 (von Goethe oder Schiller) gestr. (nach Übernahme in b^2?)
Fassung b^2:

An die Xenien
Brauset hin ihr lustigen Füchse mit brennenden Schwänzen
   Und verderbet der Herrn reife, papierene Saat.
Überschrift: An die lustigen Xenien b^8 1 Fort] Fort! b^8 Philister, ihr Füchse] Philister ihr Füchse, b^8

ERLÄUTERUNGEN. *Das Distichon gehörte in der Sammelhandschrift zu einer Sequenz einleitender Epigramme (vgl. die „Konkordanz [...]"); unter* dem Titel „An die lustigen Xenien" verwies es zusammen mit Nr 419 (An die ernsthaften Xenien), die ursprünglich folgte, auf die verschiedenen Funktionen der „Tabulae votivae" und „Xenien": zum Nachdenken anregendes Räsonnement und satirische Kritik. Hier dient es als Verbindungs-Epigramm zwischen den Manso gewidmeten Distichen und den folgenden (Nr 45–52), die sich großenteils mit Literaturkritik und Literaturkritikern befassen. – Das Bild von den Füchsen stammt aus dem Alten Testament; Simson geht auf die beschriebene Weise gegen die Philister vor und zerstört ihre Ernte (vgl. Richt. 15, 3–5). Goethe hatte das Bild gebraucht (vgl. „Dokumente", Nr 23).

314 Nr 44   Nekrolog

LESARTEN. *Überschrift:* Schlichtegroll der Todtengräber H^1 Nekrolog] *nach gestr.* Schlichtegroll H^2 **1** Weislich hast du den Kiel mit einer Spade vertauschet, H^1 allen,] *Komma fehlt* H^2 berichten,] *Komma fehlt* H^2 **2** dir,] *Komma fehlt* h^8 Das ganze Distichon gestr. H^1 *(wahrscheinlich nach Übernahme in* H^2*)*

ERLÄUTERUNGEN. Gemeint ist der „Nekrolog auf das Jahr [...]" (Gotha 1791–1806), den „Schlichtegroll der Todtengräber" (H^1) herausgab. Adolf Heinrich Friedrich Schlichtegroll (1765–1822) war Gymnasiallehrer und Schriftsteller in Gotha. In seinem „Nekrolog" war 1795 eine abfällig urteilende Biographie des mit Goethe befreundeten Karl Philipp Moritz (1756–1793) erschienen (Bd 2. S. 169–276); siehe dazu Nr 490, die ursprünglich unmittelbar vorherging (vgl. die „Konkordanz der ‚Xenien'-Sammelhandschrift [...]"). Vgl. über Schlichtegroll außerdem Nr 77 und 178.

314–315 Nr 45–51

Diese „Xenien" bilden eine Gruppe von Epigrammen auf Literaturkritik und Literaturkritiker.

314 Nr 45   Bibliothek schöner Wissenschaften

LESARTEN. *Überschrift:* Dyk und seine Gesellen. b^1 Er und seine Gesellen. b^8

ERLÄUTERUNGEN. Das Epigramm wendet sich wie die beiden in der Sammelhandschrift unmittelbar folgenden, Nr 489 und 490 (vgl. die „Konkordanz [...]"), gegen Johann Gottfried Dyk (1750–1813), Schriftsteller und Buch-

händler in Leipzig; vgl. die früheren Überschriften, die schließlich durch den Titel von Nr 489, die ungedruckt blieb, ersetzt wurden.
Dyk verlegte die „Bibliothek der schönen Wissenschaften und der freyen Künste", seit 1765 „Neue Bibliothek [...]", von 1757 bis 1805 in Leipzig (Bd 1-12. 1757-1765; Bd 1-72. 1765-1806). Sie wurde zunächst von Christoph Friedrich Nicolai und Moses Mendelssohn herausgegeben, 1759 von Christian Felix Weiße, schließlich, vermutlich von 1783 an, von Dyk selbst übernommen. Das Journal, in dem Mansos Kritik an den „Horen" erschienen war (vgl. zu Nr 33), war Schiller nicht freundlich gesonnen, wie aus einer Vielzahl herber Urteile hervorgeht, die sich vor allem im Jahr 1795 häuften: Als Gotthold Friedrich Stäudlin Schiller als Germaniens Liebling *bezeichnete, wird dem entgegnet, dies sei ein Lob so über alle Grenzen getrieben, daß nur die ärgsten Enthusiasten dieses Schriftstellers eine solche Hyperbel erträglich finden können. (1795. Bd 54. S. 150.) In ähnlicher Weise wird bald darauf Schillers Einschätzung als* musterhafter Dichter, Geschichtschreiber und Aesthetiker *korrigiert: Seine Werke, besonders die dichterischen, haben, bey einzelnen großen Schönheiten, viele und große Fehler, die, wie gewöhnlich, am eifrigsten nachgeahmt werden (1795. Bd 55. S. 48). Zu diesen Fehlern gehörte nach Ansicht des Journals immer wieder Unverständlichkeit der Sprache, Dunkelheit der Ideen, Undeutlichkeit der poetischen Bilder sowie die philosophische Verkleidung trivialer Gedanken: Wir kennen Männer, die unendlich mehr Tiefsinn besitzen, als Hr.* S c h i l l e r , *und die gleichwohl seiner Manier [...] nie Geschmack abgewinnen konnten. [...] Wie muß man sich hier oft quälen, eine Stelle zu entziffern, die am Ende doch nur einen gemeinen Gedanken enthält, der sich weit besser, und zugleich allgemein verständlich hätte sagen lassen! (1795. Bd 55. S. 38.) Diese Vorwürfe betrafen sowohl Schillers ästhetische Abhandlungen (vgl. die Besprechung der Schriften „Ueber den Grund des Vergnügens an tragischen Gegenständen" und „Ueber die tragische Kunst" [1792. Bd 47. S. 238-270]) als auch seine poetischen Werke; da heißt es z. B.: Wie wenig es ihm geglückt ist, über Kantische Ideen Herr zu werden, davon gibt* d a s R e i c h d e r S c h a t t e n , *die seltsamste Mißgeburt, die jemals aus dem Gehirne eines Dichters hervorgegangen ist, ein unverwerfliches Zeugniß (1796. Bd 58. S. 299). Interessant ist angesichts solcher Verurteilungen die spätere Behandlung Schillers durch das Journal, als dieser zu den etablierten Autoren gehörte; Christian Friedrich Wilhelm Jacobs schrieb 1801 über den 1. Teil der „Gedichte": So selten überhaupt die Erscheinung eines Dichters ist, welcher philosophischen Tiefsinn mit allen Gaben der Musen vereinigt, so sehr finden wir uns oft in diesen Gedichten überrascht, einen scheinbar spröden und unfruchtbaren Stoff von der reichsten Fülle poetischen Lebens durchdrungen zu sehn; in der Sammlung entfalte sich eine edle und erhabne Philosophie in den schönsten Blüthen der Dichtkunst (1801. Bd 65. S. 83). (Über Jacobs vgl. zu Nr 69.)*

314 Nr 46   **Dieselbe**

ERLÄUTERUNGEN. *Vgl. die Erläuterungen zu Nr 45.*

315 Nr 47   Die neuesten Geschmacksrichter

ERLÄUTERUNGEN. Den „Xenien" gegen die Jahrzehnte alte „Bibliothek der schönen Wissenschaften und der freyen Künste" (vgl. Nr 45, 46) folgt hier ein Distichon gegen die unmittelbar zeitgenössische Literaturkritik. Vielleicht ist dabei auch an Friedrich Schlegel zu denken. Vgl. dazu Nr 330 und 331.

315 Nr 48   An Schwätzer und Schmierer

LESARTEN. 1 könnens] konnens b^8

ERLÄUTERUNGEN. Das Epigramm steht hier im Zusammenhang mit „Xenien" über Literaturkritik und Literaturkritiker (Nr 45–51), in der Sammelhandschrift schloß es sich an die Distichen gegen Ludwig Heinrich von Jakobs „Annalen der Philosophie und des philosophischen Geistes" (vgl. zu Nr 491, 492 und die „Konkordanz [...]") an. Vermutlich aber hat es allgemeinen Bezug.

315 Nr 49   Guerre ouverte

ERLÄUTERUNGEN. „Offenen Krieg" erklären die „Xenien" ihren Gegnern, die hier allgemein angesprochen sind. In seinem Brief an Schiller vom 21. November 1795 hatte Goethe aus Anlaß der Lektüre der Vorrede von Stolbergs „Auserlesenen Gesprächen des Platon" (1795) (vgl. zu Nr 116) eine Art Kriegserklärung gegen die Halbheit versprochen, um dadurch die geheime Fehde des Verschweigens, Verruckens und Verdruckens öffentlich zu machen. (Vgl. „Dokumente", Nr 6.)

315 Nr 50   An gewisse Collegen

LESARTEN. Überschrift fehlt b^9

ERLÄUTERUNGEN. Allen voran ist vermutlich Johann Friedrich Reichardt (vgl. über ihn zu Nr 80) mit seinen Journalen „Deutschland" und „Frankreich" angesprochen, in denen sowohl politische wie literarische Kritik getrieben wurde.

315 Nr 51   An die Herren N. O. P.

LESARTEN. Überschrift: An die Herren K. L. M. b^6 An die Herren P. R. W. b^8 **1** meisten,] meisten! b^6 Gute,] Gute; b^6

ERLÄUTERUNGEN. Das Epigramm, das in der Sammelhandschrift unmittelbar auf Nr 48 folgte (vgl. die „Konkordanz [...]"), ist im Gegensatz zu die-

sem auf gutwillige, aber inkompetente Rezensenten gemünzt, im übrigen von allgemeinem Bezug. Der Titel rechnet damit, daß der Leser die Verse selbst adressiert.

315 Nr 52   Der Commissarius des jüngsten Gerichts

ERLÄUTERUNGEN. *Friedrich Leopold Graf zu Stolberg (vgl. über ihn zu Nr 15–17) hatte in seiner "Reise in Deutschland, der Schweiz, Italien und Sicilien" (1794) Kalabrien als Rüstkammer des Allmächtigen bezeichnet (3, 269):*
Calabrien ist ein blühendes Weib des befruchtenden Himmels! [...] Aber sie trägt unter ihrem Herzen einen Riesen, dessen Zuckungen die Erde schon oft erschütterten! Seine Geburt wird durch die Wehen der Gebärerin laut angekündiget werden, und diese Wehen werden die harrende Erde erschüttern von Pol zu Pol! bis –
Wohl dem, dem die Stimme des Herrn im Donner und im Säuseln willkommen ist! *(3, 269–270.)*

315–317 Nr 53–66

Diese "Xenien" bilden eine Gruppe von Epigrammen über Philosophie und Philosophen.

315 Nr 53   Kant und seine Ausleger

LESARTEN. 2 thun.] thun, E^c *(Druckfehler)*

ERLÄUTERUNGEN. *Das Xenion kommentiert spöttisch die zeitgenössische philosophische Debatte, die sich – so gut wie ausschließlich – mit Kant beschäftigte. Es richtet sich im besonderen an die orthodoxen Kantianer, zu denen Jakob, dem das folgende Distichon gewidmet ist, und die Mitarbeiter seiner Zeitschrift "Annalen der Philosophie und des philosophischen Geistes" gehörten. Im Brief an Friedrich Christian von Augustenburg vom 13. Juli 1793 vergleicht Schiller Kant und seine Interpreten mit "Baumeister" und "Arbeitern".*

315 Nr 54   J – b

ERLÄUTERUNGEN. *Hinter der Chiffre verbirgt sich Ludwig Heinrich von Jakob (1759–1827), Professor der Philosophie in Halle. Er war Herausgeber der "Annalen der Philosophie und des philosophischen Geistes", in denen im Oktober 1795 eine scharfe Kritik von Schillers "Horen", im wesentlichen gegen seine Briefe "Ueber die ästhetische Erziehung des Menschen" gerichtet, erschienen war. Deren Urheber, der Kieler Philosophieprofessor Wilhelm August*

Friedrich Mackensen (1768–1798), hatte Schiller vorgeworfen, Kant nicht verstanden zu haben. Vgl. darüber ausführlich zu Nr 253, zu Jakob und seinen "Annalen" ferner zu Nr 55, 70, 296, 297, 491, 492, 602.

316 Nr 55   Die Stockblinden

ERLÄUTERUNGEN. *Das Distichon ist wohl gegen jene Popularphilosophen gerichtet, die es für die höchste Aufgabe der Philosophie ansahen, die "Wirklichkeit" zu erforschen. Vgl. Nr 35 der "Tabulae votivae", wo die "Empiriker"* blind *genannt werden.*

316 Nr 56   Analytiker

ERLÄUTERUNGEN. *Das Xenion nimmt Bezug auf Kants Unterscheidung zwischen analytischen ("Erläuterungs"-) und synthetischen ("Erweiterungs"-) Urteilen in der "Einleitung" zur "Kritik der reinen Vernunft"; danach tragen jene nichts zur Erweiterung der Erkenntnis bei, sofern ihr Prädikatbegriff bereits im Subjektbegriff enthalten ist (z. B.: "Alle Körper sind ausgedehnt"); synthetische Urteile hingegen gehen – mit Hilfe der Erfahrung – über den Subjektbegriff hinaus. – Das Distichon wendet sich gegen den Versuch mancher Philosophen im Umkreis Fichtes, ein System erster Grundsätze – vor aller Erfahrung – aufzustellen. Insofern ist es das Komplement zum vorhergehenden. Das Bild der Zwiebel benutzte Nicolai zu einer ironischen Kritik an Schelling im 11. Band seiner "Beschreibung einer Reise durch Deutschland und die Schweiz" (1796):* Schelling sei bestrebt, von jeder Art der Philosophie alles M a t e r i a l e und G e g e b e n e , wie Häute von einer Zwiebel, so subtil als möglich a b z u - z i e h e n [...], bis auch mit dem subtilsten Messer keine Haut mehr abgezogen werden kann *(11, 122). Schelling seinerseits griff das Bild ebenfalls auf; in seiner "Antikritik" "Einiges aus Gelegenheit der Rec. meiner Schrift: Vom Ich als Princip der Philosophie [...]" schreibt er:* Höchstens schien sie [die Frage nach dem ersten Grundsatz der Philosophie] ihm [dem Rezensenten] gut genug für einen Menschen, der wie N i c o l a i mit seinem Ich auf immer brouillirt, in dieser Unmöglichkeit, etwas m i t s i c h s e l b s t anzufangen, einen Knäuel haben muß, den er abwinde, oder eine Zwiebel, die er schäle. *(Intelligenzblatt Nr 165 der ALZ vom 10. Dezember 1796. Sp. 1406.)*

316 Nr 57   Der Geist und der Buchstabe

ERLÄUTERUNGEN. *Das Xenion richtet sich gegen die Philosophen in der Nachfolge Kants, die dessen Philosophie dem* Buchstaben *nach predigten, ohne deren* Geist *erfaßt zu haben. Die Überschrift erinnert an Johann Gottlieb Fichtes (als "Horen"-Beitrag von Schiller zurückgewiesene) Schrift "Ueber Geist und Buchstab in der Philosophie" (vgl. zu Nr 511).*

316 Nr 58   Wissenschaftliches Genie

ERLÄUTERUNGEN. *Sowohl der Dichter wie der Philosoph werden „geboren", weil sie, jeder auf spezifische Weise, Wahrheit „schauen" und als geschaute „bilden"; im Hintergrund des Epigramms steht Goethes Begriff der „Intuition".*

316 Nr 59   Die bornierten Köpfe

ERLÄUTERUNGEN. *In Kants Begrifflichkeit wird dem Verstand (empirische) Erkenntnisfähigkeit innerhalb der Grenzen der Erfahrungswirklichkeit zugewiesen, der Vernunft das (spekulative) Vermögen vorbehalten, ins Reich der Ideen vorzustoßen; vgl. das Epigramm „Der Genius" in den „Tabulae votivae".*

316 Nr 60   Bedientenpflicht

ERLÄUTERUNGEN. *Das Bild gebrauchte Schiller wohl, wie im folgenden Xenion, mit Blick auf jene* kritischen Bibliotheken, philosophischen und litterarischen Annalen und Reisebeschreibungen, *in denen über Literatur und Philosophie gehandelt wird,* wie es sich für die Gesindestube der deutschen Litteratur geziemt. (Ueber naive und sentimentalische Dichtung; *NA 20, 439.)*

316 Nr 61   Ungebühr

ERLÄUTERUNGEN. Vgl. die Erläuterungen zu Nr 60.

316 Nr 62   Wissenschaft

LESARTEN. **1** Eine unsterbliche Göttinn ist sie dem einen, dem andern b^8

ERLÄUTERUNGEN. *In der Sammelhandschrift gehörte das Xenion zu einer großen Gruppe von Epigrammen über Erkenntnis, Wahrheit und Schönheit in Wissenschaft, Philosophie, Ethik und Ästhetik (vgl. die „Konkordanz [...]"). – Die Unterscheidung, die in dem Distichon vorgenommen wird, ist vergleichbar mit jener zwischen dem „Brotgelehrten" und dem „philosophischen Kopf" in Schillers Jenaer Antrittsrede über die Frage „Was heißt und zu welchem Ende studiert man Universalgeschichte?" (vgl. NA 17, 359–363).*

317 Nr 63   An Kant

ERLÄUTERUNGEN. *Kant hatte im Mai-Heft 1796 der „Berlinischen Monatsschrift" (Bd 27. S. 387–426) einen Aufsatz „Von einem neuerdings erhobe-*

nen vornehmen Ton in der Philosophie" veröffentlicht. Er tritt darin, sich gegen Johann Georg Schlosser und Friedrich Leopold Stolberg wendend, Versuchen entgegen, die Philosophie als Arbeit des Verstandes mit Begriffen durch ein intuitives Philosophieren, durch einen philosophierenden Glauben zu ersetzen: Alle dünken sich vornehm nach dem Maße, als sie glauben, nicht arbeiten zu dürfen; und nach diesem Grundsatz ist es neuerdings so weit gekommen, daß sich eine vorgebliche Philosophie, bei der man nicht a r b e i t e n , sondern nur das Orakel in sich selbst anhören und genießen darf, um die ganze Weisheit, auf die es mit der Philosophie angesehen ist, von Grunde aus in seinen Besitz zu bringen, unverhohlen und öffentlich ankündigt *(Kant's Werke 8, 390). Humboldt und Goethe machten Schiller zustimmend auf diesen Aufsatz aufmerksam (vgl. ihre Briefe vom 19. und 26. Juli 1796).*
2 R o t ü r e] *lat.-franz.: nichtadlige Klasse, Bürgerliche (pejorativ).*

317 Nr 64   Der kurzweilige Philosoph

LESARTEN. *Überschrift:* Der lustige Philosoph (NB Ernst Plattner) H^5 Der galante Philosoph. b^8 **1** spaßhafte] lustige H^5 b^8 Doctor] Doctor, H^5 b^8 **2** E r n s t ,] ernst b^8

ERLÄUTERUNGEN. *Das Distichon ist wie die beiden folgenden an Ernst Platner (1744–1818), Professor der Physiologie und (gegen Kant opponierenden) Philosophen in Leipzig, adressiert. Platner pflegte seinen Vorlesungen, die er in einem dekorierten Hörsaal abhielt, durch Witz und Polemik Unterhaltsamkeit zu verleihen. In einem Brief an Schiller vom 30. Mai 1792 bezeichnet Bartholomäus Ludwig Fischenich, der mit Schiller befreundet war, Platner als eitlen und egoistischen* Hippias *und berichtet aus Leipzig, daß die Studenten zu ihm haufenweis hinströmen,* um *seine Rhapsodien, seine satirische und polemische Ausfälle, und seinen oft sehr gemeinen Witz gierig zu verschlingen und sich den Sinn durch einen prächtigen Saal, und Büsten alter und neuerer Philosophen fesseln zu lassen.*

317 Nr 65   Verfehlter Beruf

LESARTEN. *Überschrift:* Plattner H^5 **2** Gerüst] G e r ü s t H^5 hätte] hatte b^8

ERLÄUTERUNGEN. *Wie aus der früheren Überschrift hervorgeht, zielt auch dieses Xenion auf Ernst Platner; vgl. die Erläuterungen zu Nr 64.*
2 auf höherm Gerüst] *Anspielung vielleicht auf die Bühne des Schauspielers oder des Marktschreiers. – In seinem Brief berichtet Fischenich (vgl. zu Nr 64),* Platner lasse sich von seinen Studenten als den ersten Lehrer in Teutschland ausposaunen [...], seine Waare von verschmitzten Miethlingen [...] ausrufen *und* schlage seine Bude unter dem Bild des gnädigsten Kurfürsten *auf.*

317 Nr 66   Das philosophische Gespräch

LESARTEN. *Überschrift:* Die philosophische Unterredung. b^8 1 Einer,] Komma fehlt b^8

ERLÄUTERUNGEN. *Das Distichon bezieht sich auf das zwischen Theophil und Philaleth geführte „Gespräch über den Atheismus" von Ernst Platner (vgl. über ihn zu Nr 64), das dieser als Anhang zu Humes „Gesprächen über natürliche Religion" (1781) veröffentlichte, in der Absicht, darinnen die stärksten Ideen des britischen Schriftstellers zu widerlegen (S. 257). Insofern fand auch ein „Gespräch" zwischen Platner und Hume statt. Der ursprüngliche Titel wurde geändert, um die Anspielung deutlicher zu machen.*

317 Nr 67   Das Privilegium

LESARTEN. *Überschrift:* An die ernsthaften Herren b^8 2 nicht,] Komma fehlt b^8

ERLÄUTERUNGEN. *Das Epigramm gehörte in der Sammelhandschrift zu einer Gruppe einleitender Distichen über Wesen und Funktion der „Xenien" (vgl. die „Konkordanz [...]"). Hier markiert es den Übergang zum folgenden Epigrammzyklus.*

317–320 Nr 68–90

Diese Epigramme gehörten in der Sammelhandschrift zu dem um Nr 449–451 erweiterten Tierkreis-Zyklus Schillers. Wie für den großen Unterwelt-Zyklus (Nr 332–414) bezog Schiller einzelne Motive aus einer literarischen Vorlage; im vorliegenden Fall stammen sie aus dem 2. Buch von Ovids „Metamorphosen".

317 Nr 68   Litterarischer Zodiacus

LESARTEN. *Überschrift:* Litterarische Ecliptik b^8 1 Jetzo] Jetzt b^8 Thierkreis] Thierkreis, b^8

ERLÄUTERUNGEN. *In Ovids „Metamorphosen" (2, 50–102) warnt Helios seinen Sohn Phaeton vor den Gefahren, die ihm bei der Fahrt mit dem Sonnenwagen drohen; in V. 78 heißt es über den bevorstehenden Weg:* [...] per insidias iter est formasque ferarum. *(„Durch Tücken führt es und wilder Tiere Gestalten"; nach Erich Rösch; Metamorphosen [1983], 49.)*
Titel *Zodiacus] griech.-lat.: Tierkreis. – Unter dem Tierkreis versteht die Astronomie die Zone der Ekliptik (vgl. die frühere Überschrift), der scheinbaren Bahn der Sonne während eines Jahres; sie ist aufgeteilt in zwölf, jeweils*

30 *Grad umfassende Tierkreise: Widder, Stier, Zwillinge, Krebs, Löwe, Jungfrau, Waage, Skorpion, Schütze, Steinbock, Wassermann, Fische. Schiller benutzt darüber hinaus auch einige nicht zum Tierkreis zählende Sternbilder.*

317 Nr 69   Zeichen des Widders

LESARTEN. 1 zunächst] zuerst h^8 Schaafe,] Schafe; h^8 2 Aus Journalen heraus sticht sein gewundenes Horn. h^8

ERLÄUTERUNGEN. *Hinter dem* Widder *verbirgt sich Christian Friedrich Wilhelm Jacobs (1764–1847), Gymnasiallehrer in Gotha. Er gehörte zu den Mitarbeitern der von Johann Gottfried Dyk herausgegebenen Zeitschrift „Neue Bibliothek der schönen Wissenschaften und der freyen Künste" (vgl. zu Nr 45, 46). Jacobs seinerseits schätzte Schiller und Goethe; vgl. sein Urteil über den 1. Teil von Schillers „Gedichten" in den Erläuterungen zu Nr 45; auf das vorliegende Xenion dichtete er:*
     Widder im Thierkreis hieß ich dir einst. O! wär' ich es, freudig
     Brächt' ich mein Vließ den Beherrschern des nächtlichen Reiches zum Lösgeld,
     Und du, Göttlicher! kehrtest zurück zu den sehnenden Völkern.
(Schiller's Album [1837], 113.)

317 Nr 70   Zeichen des Stiers

LESARTEN. 2 H a l l i s c h e] Hallische h^8 H a l l i s c h E^a E^c

ERLÄUTERUNGEN. *Der* Nahmensbruder *von Christian Friedrich Wilhelm Jacobs (vgl. Nr 69) ist Ludwig Heinrich von Jakob, Professor der Philosophie in Halle und Herausgeber der „Annalen der Philosophie und des philosophischen Geistes" (vgl. über ihn zu Nr 54, 253).*

318 Nr 71   Zeichen des Fuhrmanns

LESARTEN. 1 knallet] knallt h^8 G**] Gxxa h^8

ERLÄUTERUNGEN. *Mit dem Bild des* Fuhrmanns *wird Rudolf Zacharias Becker (1752–1822) bedacht, um Aufklärung und Volksbildung bemühter Schriftsteller in Gotha und Herausgeber der Zeitschrift „Der Reichs-Anzeiger oder Allgemeines Intelligenz-Blatt zum Behuf der Justiz, der Polizey und der bürgerlichen Gewerbe im Deutsche Reiche, wie auch zur öffentlichen Unterhaltung der Leser über gemeinnützige Gegenstände aller Art" (Gotha 1791–1849 [1791–1792 unter dem Titel „Der Anzeiger [...]"; 1806–1849 unter dem Titel „Allgemeiner Anzeiger der Deutschen"]). Schiller lernte Becker 1788 im Hause der Familie Lengefeld persönlich kennen und gewann eine gute Ansicht*

über ihn (vgl. an Körner vom 1. September 1788). Becker war der erste, der sich – im „Reichs-Anzeiger" Nr 251 vom 28. Oktober 1796 – öffentlich zu den „Xenien" äußerte (vgl. zu Schiller an Goethe vom 28. Oktober 1796 sowie „Dokumente", Nr 85). – Über Becker vgl. auch Nr 319, zum „Reichs-Anzeiger" auch Nr 252 und 283.
1 Schwager] *Kutscher, Postillion (vgl. Grimm 9, 2178).*

318 Nr 72   Zeichen der Zwillinge

LESARTEN. *Fassung h^8:*
         Zeichen der Zwillinge.
     Unter die Zwillinge tretet ihr nun, hier mögt ihr verweilen;
       Grüßet sie höflich, sie sind werthe Bekannte von mir.

ERLÄUTERUNGEN. *Gemeint sind Christian Graf zu Stolberg-Stolberg (1748–1821) und sein Bruder Friedrich Leopold (1750–1819), die „Dioscuren" (Nr 357) (vgl. zu Nr 15). Im Unterschied zur früheren, wenig prägnanten Fassung des Distichons in der Sammelhandschrift wird hier im Almanach auf die enthusiastische und zur Schau gestellte Religiosität der Brüder angespielt. Ein Zeugnis dafür sind z. B. Friedrich Leopolds „Auserlesene Gespräche des Platon" (1795), über deren Vorrede, die eine eifernde Apologie Jesu Christi und des Christentums enthält, Goethe sich heftig aufregte (vgl. im einzelnen zu Goethe an Schiller vom 21. November 1795 sowie „Dokumente", Nr 6). Über die „Gespräche" vgl. auch Nr 116.*

318 Nr 73   Zeichen des Bärs

LESARTEN. **1** Nordwärts strecket der Bär zu Kiel die bleyernen Tatzen h^8

ERLÄUTERUNGEN. *Wie aus der früheren Fassung deutlicher hervorgeht (der Bär zu Kiel), bezieht sich das Xenion auf Christoph Friedrich Nicolai (vgl. über ihn zu Nr 142–144) als Herausgeber der „Allgemeinen deutschen Bibliothek" (vgl. darüber zu Nr 254), die zunächst in Berlin und Stettin bei Nicolai, ab 1792 (Bd 107) aber, um den preußischen Zensurbestimmungen auszuweichen, in Kiel (recte Hamburg) bei Carl Ernst Bohn erschien, dem Nicolai nominell auch die Herausgeberschaft übergab. Der Pentameter spielt auf Lafontaines Fabel „L'Ours et l'Amateur des Jardins" („Der Bär und der Gartenfreund") (8. Buch, Nr 10) an.*

318 Nr 74   Zeichen des Krebses

LESARTEN. **1** Kommt mir dem Krebs in Bxxxn nicht zu nah, manch lyrisches Blümchen h^8 **2** üppigem] üppigen h^8

ERLÄUTERUNGEN. *Karl Wilhelm Ramler (1725–1798), Professor der schönen Künste und Theaterdirektor in Berlin, war als Übersetzer antiker Autoren und als Herausgeber (der Werke Ewald von Kleists, Johann Nikolaus Götz', Johann Peter Uz', Magnus Gottfried Lichtwers u. a.) bekannt für eigenmächtige Eingriffe in den Text; siehe dazu „Das Neueste von Plundersweilern" (1781), wo Goethe Ramler als ungebetenen Barbier verspottet. Über Ramler vgl. auch Nr 106, 359, 524, 571.*
1 lyrisches Blümchen] *Im „Vorbericht" der von ihm herausgegebenen „Lyrischen Blumenlese" (Bd 1. 1774) erstattet Ramler offen Bericht über die* Verbesserungen *(S. IV), die er an den Gedichten vorgenommen habe:* Den Dichtern, die an dieser Bluhmenlese Antheil haben, sage ich den aufrichtigsten Dank für die gütige Aufnahme einiger vorgeschlagenen Lesearten zu ihren vortrefflichen lyrischen Gedichten. *(S. III.)*

318 Nr 75   Zeichen des Löwen

LESARTEN. **1** E u t i n i s c h e n] Eutinischen b^8 **2** griechischem] griechischen b^8

ERLÄUTERUNGEN. *Als Löwe tritt hier Johann Heinrich Voß (1751–1826) auf, damals Rektor in Eutin. Voß versuchte (u. a. in seinen Homer-Übersetzungen), den griechischen Hexameter möglichst dem Muster entsprechend nachzuahmen, wobei er so „rigoristisch" (vgl. Schiller an Goethe vom 13. Dezember 1795) verfuhr, daß er nach Meinung anderer der deutschen Sprache Schaden zufügte. In der „Vorrede" zu seiner Übersetzung von Vergils „Georgicon", „Des Publius Virgilius Maro Landbau" (1789), entwickelt Voß ausführlich seine Auffassung vom Hexameter und stellt u. a. fest:* Iene vielfachen Wendungen des Rhythmus sowohl, als diesen Reichthum des Wohllauts, verlangt der Hexameter, ohne Rücksicht auf seinen Inhalt, für sich selbst. *(S. XVII.) – Vgl. über Voß auch Nr 120, 121, 129, 248, 514.*
2 Fuß] *Versfuß.*

318 Nr 76   Zeichen der Jungfrau

LESARTEN. **1** euch,] *Komma fehlt* b^8 W e i m a r ,] Weimar b^8

ERLÄUTERUNGEN. *Aus Schillers Brief an Goethe vom 31. Juli 1796 geht hervor, daß Christoph Martin Wieland (1733–1813) als* zierliche Jungfrau *in Weimar karikiert wird (vgl. „Dokumente", Nr 65).* Er solle mit diesem (einzigen) Seitenhieb wegkommen, *heißt es dort, woraus sich schließen läßt, daß andere kritische Distichen ausgemustert wurden. Diejenigen veröffentlichten Epigramme, die dann doch auf Wieland Bezug nehmen (Nr 40, 259, 280, 284, 360–362), sind freundlich oder harmlos;* mit ihm wollten es die „Xenien" nicht verderben.
Wieland reagierte mit einem Beitrag in seinem „Neuen Teutschen Merkur" (1797. Bd 1. S. 64–100, 167–204) über „Die Musen-Almanache für das Jahr

1797. Ein Gespräch zwischen einem Freund und Mir" (wiedergedruckt in: Fambach 2, 353–382; über die „Xenien": S. 178–204; Fambach 2, 372–382). *Darin kritisiert er die „Xenien", indem er insbesondere die „Tabulae votivae" gegen sie ausspielt, als ein* seltsames Gemengsel von den ungleichartigsten Witzspielwerken, in dem die mißlungenen die mit ächtem Witz dominierten *(S. 191). Über ihre Entstehung und Publikation äußert er die Vermutung, die „Xenien" seien Produkte einer bloßen Laune ihrer Verfasser und ursprünglich nicht zur Veröffentlichung bestimmt gewesen. Erst als der „Musen-Almanach" nach Material verlangte, habe sich sein Herausgeber der Epigramme erinnert, aus Zeitmangel aber die Redaktion einem ihn und Goethe enthusiastisch verehrenden, im Grunde edlen, aber feurigen und unbesonnenen* Kunstjünger *überlassen; dieser* junge Brausekopf *habe zudem eigene Distichen, und solche der üblen Art, hinzugefügt. Schiller wäre demnach der* Brausekopf, *der, ohne Wissen Goethes, den „Xenien"-Streit mutwillig vom Zaun gebrochen hat?*

2 Grazie] *Anspielung auf Wieland als den „Sänger der Grazien": „Musarion, oder die Philosophie der Grazien" (1768), „Die Grazien" (1770).*

318 Nr 77 Zeichen des Raben

LESARTEN. **2** setzt] sezt E^c   nur.] Punkt fehlt b^8

ERLÄUTERUNGEN. *Das* Nekrologische Thier *läßt an Adolf Heinrich Friedrich Schlichtegroll (vgl. über ihn zu Nr 44) denken. Er war Herausgeber des alljährlich erscheinenden „Nekrologs [...]. Enthaltend Nachrichten von dem Leben merkwürdiger in diesem Jahre verstorbener Personen" (Gotha 1791– 1806) (vgl. auch zu Nr 178, 490). Schlichtegrolls Periodikum hatte u. a. eine verunglimpfende Biographie über Karl Philipp Moritz veröffentlicht, die Goethe sehr verärgerte (vgl. zu Nr 490). Goethe lehnte, wie aus seinem späteren Brief an Zelter vom 29. Mai 1801 hervorgeht, nekrologische Publikationen überhaupt ab, weil sie die Persönlichkeit des Verstorbenen „zerstörten" (WA IV 15, 231). – Einige Leser identifizierten den „Raben" mit Karl August Böttiger (vgl. „Dokumente", Nr 85).*

318 Nr 78 Locken der Berenice

LESARTEN. Überschrift: Haar der Berenice. b^8   **1** auch,] Komma fehlt b^8
2 striegeln] streicheln b^8

ERLÄUTERUNGEN. *Die Überschrift bezeichnet ein Sternbild am nördlichen Sternhimmel in der Nähe des Löwen (auch „Haar der Berenice"). Berenike II. war die Gemahlin des ägyptischen Königs Ptolemaios III. (3. Jahrhundert v. u. Z.), die nach der glücklichen Heimkehr ihres Gatten aus einem Krieg ihr Haar der Aphrodite weihte; als dieses aus dem Tempel verschwand, erzählte man, es sei in den Himmel entführt worden.*

Das Distichon geht auf die in Salzburg erscheinende „Oberdeutsche all-

gemeine Litteraturzeitung", *deren Rezensionen ihre literarischen Gegenstände mit eisernem Kamm auf sprachliche, stilistische und metrische Unregelmäßigkeiten hin durchkämmten, so auch Schillers „Musen-Almanach für das Jahr 1796" (15. Stück. 3. Februar 1796. Sp. 234–238). August Wilhelm Schlegel hatte angesichts der sprachlichen Skrupulosität der Zeitung den Eindruck, als ob den Recensenten wegen ihres Bairischen Dialekts das Gewissen schlüge, und sie durch dieses Mittel die Aufmerksamkeit davon ablenken wollten. (Vorlesungen über schöne Litteratur und Kunst 2, 34.)*

319 Nr 79   Zeichen der Waage

ERLÄUTERUNGEN. *Die Waage – als Sinnbild der Gerechtigkeit – wird im „Litterarischen Zodiacus" vermißt.*

319 Nr 80   Zeichen des Scorpions

LESARTEN. **1** nun] jetzt b^8 kommt] kömmt b^8 G – b – n her] dem giftigen Frankreich b^8

ERLÄUTERUNGEN. *Das Epigramm bezieht sich auf Johann Friedrich Reichardt (1752–1814), Kapellmeister, Komponist und Journalist; über ihn vgl. ausführlich zu Schiller an Reichardt vom 10. Juli 1795. Neben Christoph Friedrich Nicolai (vgl. über ihn zu Nr 142–144) ist er der mit den meisten Distichen bedachte „Xenien"-Adressat. In der Sammelhandschrift machten die ihm gewidmeten Epigramme einen Block von 37 Distichen aus (vgl. die „Konkordanz [...]"). Im Almanach haben Nr 50, 145–147, 208–217, 219–229, 236, 251 mit Reichardt zu tun; vgl. außerdem Nr 420–438, 450 und 496.*

Das Verhältnis Schillers und Goethes zu Reichardt, der für beide als Komponist von Gedichten und Liedern tätig war – für Goethe vertonte er auch Singspiele –, entwickelte sich von Beginn an nicht ungetrübt, für Schiller mehr aus persönlichen, für Goethe mehr aus politischen Gründen. Im Brief an Charlotte von Lengefeld und Caroline von Beulwitz vom 30. April 1789 berichtete Schiller, daß er Reichardt kennengelernt habe, und nannte ihn einen impertinenten Menschen, der sich in alles einmische. Im gleichen Sinne äußerte sich Schiller gegenüber Körner am selben Tag und Goethe gegenüber noch am 16. Mai 1795. Eben im Mai 1795 hatte Reichardt durch die Vermittlung von Gottlieb Hufeland, dem Mitherausgeber der ALZ, seine Dienste den „Horen" angetragen. Ursachen des aktuellen Konflikts war dann jedoch Reichardts Kritik an Schillers Journal, die mit der Ankündigung seiner – anonym erschienenen – Zeitschrift „Deutschland" begonnen hatte; im „Intelligenzblatt" Nr 129 der ALZ (vom 11. November 1795. Sp. 1036) hatte Reichardts Verleger Unger das Journal angezeigt, ohne mit berühmten Namen gedungener Mitarbeiter zu prahlen (siehe auch: Deutschland 1796. Bd 1. 1. Stück. S. 3), – eine Bemerkung, die sich gegen Schillers „Horen"-Ankündigung richtete (vgl. NA 22, 106–109). 1796 erschien außerdem von Reichardt eine sehr kritische Rezension der ersten sechs „Horen"-Stücke (Deutschland 1796. Bd 1. 1. Stück. S. 55-90; weitere Stücke wurden besprochen in: 2. Stück. S. 241-256; 3. Stück. S. 375-381, 383-386; wiedergedruckt in: Fambach 2, 225-252). Sie wandte sich besonders gegen Goethes „Unterhaltungen deutscher Ausgewanderten", weil diese etwas ganz dem angekündigten Plan [der „Horen"] entgegenlaufendes (S. 63) darstellten, d. h. eine politische Thematik enthielten: Ist das ehrlich? heißt das strenges Stillschweigen über das Lieblingsthema des Tages [...] beobachten? [...] Heißt das nicht vielmehr, die wichtigen Gegenstände mit dictatorischem Uebermuthe aburtheilen [...]? (S. 62.) Dem Verfasser wird ferner eine sehr geringe Meinung von der deutschen Leserwelt unterstellt, wenn er weiterhin glaubt sie durch leere Gespenstergeschichtchen von dem zwar nicht r e i n e n aber wahren großen Interesse der Menschheit abziehen zu können (S. 63).

Schiller berichtete am 27. Januar 1796 Goethe darüber, dessen Abneigung gegen Reichardt mit dessen moralisierender Literaturkritik (vgl. zu Nr 228), vor allem aber mit dessen Parteinahme für die Französische Revolution (vgl. die „Tag- und Jahres-Hefte" für 1795; WA I 35, 47-48) zu tun hatte. Dabei war Reichardt nicht der völlig kritiklose Revolutionsanhänger, wie Goethe ihn darstellt; in seinen „Vertrauten Briefen aus Paris" distanzierte er sich klar von den Jakobinern und sprach sich für eine gemäßigte Monarchie aus. Die politischen „Xenien" gegen Reichardt scheinen die Vorurteile auszunutzen, die gegen Reichardt durch die Umstände seiner Entlassung entstanden waren, als er 1794 sein Amt als königlicher Kapellmeister in Berlin (ohne Ruhegehalt) wegen antimonarchischer Gesinnung verlor.

Schiller schloß seinen Bericht über Reichardts „Horen"-Kritik an Goethe mit der Aufforderung: Wir müssen Reichardt, der uns so ohne allen Grund und Schonung angreift, auch in den Horen, bitter verfolgen. (Schillers persönliche Enttäuschung kommt auch in seinem Brief an Humboldt vom 1. Februar 1796 zum Ausdruck, in dem er den falschen Charakter Reichardts beklagt.) Goethe antwortete am 30. Januar zustimmend: Man solle die bisher geübte Nachsicht aufgeben, sobald Reichardt seinen regelmäßigen Tribut verweigere. Nachdem Schiller sich im darauffolgenden Brief an Goethe vom 31. Januar noch einmal über die „Horen"-Rezension erregt hatte, ließ er schließlich Reichardts Tribut, dessen musikalische Mitarbeit, nicht mehr gelten; am 5. Februar forderte er, vermutlich angeregt durch Körners Kritik an Reichardts Kompositionen für den „Musen-Almanach für das Jahr 1796" im Brief vom 28. Januar, Reichardt nun auch als Musiker anzugreifen, weil es doch auch da nicht so ganz richtig ist. (Vgl. „Dokumente", Nr 21, 23, 24 u. 28.)

Trotz der „Xenien" kam es zwischen Reichardt und Goethe nicht zum völligen Bruch. Reichardt arbeitete weiterhin als Liederkomponist (vgl. seine Sammlung „Göthe's Lieder, Oden, Balladen und Romanzen mit Musik" [Abteilung 1-4. 1809-1811]); Goethe seinerseits äußerte sich später versöhnlich (vgl. die „Tag- und Jahres-Hefte" für 1802: WA I 35, 135-137). Schillers Beziehung zu Reichardt änderte sich vorerst nicht, zumal Ende September 1796 im Journal „Deutschland" der Anfang von Friedrich Schlegels „Horen"-Rezension erschien (Bd 3. 7. Stück. S. 74-97; 8. Stück. S. 217-221; die Fortsetzungen erschienen *in: Bd 4. 10. Stück. S. 67–70; 12. Stück. S. 350–361; wiedergedruckt in: Fambach 2, 276–295), die Schiller erneut erboste, so daß er an Goethe schrieb:* Das Insekt hat das Stechen wieder nicht lassen können. Wirklich, wir sollten es noch zu Tode hetzen, sonst ist keine Ruhe vor ihm. *(Brief vom 16. [und 17.] Oktober 1796.) Goethe reagierte zurückhaltend auf diesen Vorschlag (vgl. „Dokumente", Nr 81).*

Nach Erscheinen der „Xenien" richtete sich Reichardts Groll einseitig gegen Schiller, den er zu Recht als Hauptkontrahenten empfand (vgl. „Dokumente", Nr 90). Das geht aus seiner „Erklärung des Herausgebers an das Publikum, über die Xenien im Schillerschen Musenalmanach" hervor (Deutschland 1796. Bd 4. 10. Stück. S. 103–106; wiedergedruckt in: Fambach 2, 349–352), in der er den Herausgeber des Almanachs als den Verantwortlichen aufforderte, den Urheber der Verleumdungen anzugeben, oder falls er sich selbst dazu bekennt, seine Beschuldigungen öffentlich zu beweisen. Kan er dies nicht, so ist er für ehrlos zu achten. *(S. 105.) Schiller bemühte sich sofort um Goethes Solidarität, in Sorge, es könne ein Keil zwischen diesen und ihn getrieben werden (vgl. „Dokumente", Nr 110). Zugleich übersandte Schiller das (nicht überlieferte) Konzept einer* Replique, *doch Goethes Stellungnahme war wieder abwartend, er warnte vor Übereilung und zu ernsthafter Reaktion (vgl. „Dokumente", Nr 111). Sein von Schiller angeregter Plan einer eigenen Erwiderung (vgl. ebd. sowie „Dokumente", Nr 113) blieb ebenso unausgeführt wie schließlich Schillers Vorhaben (vgl. „Dokumente", Nr 112).*

Reichardt machte am Ende – nach dessen Tod – auch mit Schiller Frieden. Parallel zu „Göthe's Liedern [...]" veranstaltete er eine Sammlung seiner Schiller-Vertonungen: „Schillers lyrische Gedichte in Musik gesetzt" (Heft 1–2. 1810); in diesem Zusammenhang ist ein freundlicher Brief Reichardts an Charlotte Schiller vom 4. Januar 1810 überliefert (H: GSA). – Über Reichardt informiert ausführlich: Salmen, Johann Friedrich Reichardt (1963); vgl. auch Stefan, Revolutionstourismus (1986).

1 böses Insekt] *Schiller griff diese Metapher in seinem Brief an Goethe vom 16. [und 17.] Oktober 1796 wieder auf (siehe oben).*

1 G – b – n] *Giebichenstein bei Halle, wo Reichardt ein Gut besaß. In der ersten Fassung war an dieser Stelle vom* giftigen Frankreich *die Rede: eine Anspielung auf Reichardts Journal „Frankreich" (vgl. Nr 208, 420).*

319 Nr 81 Ophiuchus

LESARTEN. **1** jetzt] jezt E^c

ERLÄUTERUNGEN. *Ophiuchus (griech.: Schlangenträger) ist ein Sternbild am nördlichen Sternhimmel. – Worauf sich das Distichon bezieht, ist unklar. Der Wortlaut des Epigramms läßt daran denken, daß ein im Norden (Deutschlands) erscheinendes Journal oder dessen Herausgeber gemeint ist, der vor einer drohenden Gefahr warnt. In diesem Sinn verstand es Boas (Xenienkampf [1851] 1, 79–80); in dem „Balg" glaubte er einen Hinweis auf die verbotenen, in*

Preußen bedeutungslosen Jesuiten und in Ophiuchus Johann Erich Biester (1749–1816) zu erkennen, der in seiner (im Namen der Aufklärung überhaupt sehr antikatholisch eingestellten) „Berlinischen Monatsschrift" immer wieder vor einer Jesuitengefahr warnte. Boas stützt sich bei seiner Vermutung auf den Brief Schillers an Goethe vom 28. Oktober 1796 (vgl. „Dokumente", Nr 85), in dem er mitteilt, Biester sei ganz entzückt über die „Xenien" und hinzufügt: Sie sehen, daß es uns mit Biestern gelungen ist; damit sei, so Boas, gemeint, daß Biester einer der „Xenien"-Adressaten sei, der dies nicht bemerkt habe; da es sonst (offenbar) kein anderes Xenion auf Biester gibt, könnte das vorliegende Distichon im Hintergrund der Briefstelle stehen.

Schmidt/Suphan ([1893], 129–130) u. a. vermuten, daß sich hinter dem „Balg" die „Deutsche Monatsschrift. Von den bisherigen Herausgebern derselben fortgesetzt" (Leipzig und Halberstadt) verbirgt, die mit Beginn des Jahres 1795 erschien, nachdem ihr früherer Verleger Friedrich Vieweg in Berlin mit Friedrich Gentz, dem ehemaligen Mitherausgeber, die „Neue Deutsche Monatsschrift" gegründet hatte; da diese das bedeutendere der konkurrierenden Unternehmen war, wurde sie, so wird überlegt, als rechtmäßiger Nachfolger des alten Journals betrachtet, die unter dem früheren Titel fortgeführte Zeitschrift dagegen lediglich als (inhaltloser) „Balg" der ursprünglichen. Zu ihren Mitarbeitern gehörten Johann Ludwig Wilhelm Gleim (1719–1803) und Johann Joachim Eschenburg (1743–1820) (über diese vgl. Nr 343, 344 und Nr 85, 139). Sie betrieb von orthodox aufklärerischem Standpunkt aus eine moralisierende Literaturkritik, polemisierte gegen Kant und gehörte zu den Journalen, die Schillers „Horen", insbesondere dessen theoretische Schriften und philosophische Gedichte kritisierten; vgl. den „Versuch über die Manier unserer bekannteren Dichter" (Deutsche Monatsschrift 1796. Bd 2. S. 136–171). Diese Deutung läßt freilich offen, worin die Gefahr besteht, die das Xenion als scheinbar erweist, da gerade die Fortsetzung der Zeitschrift, also der „Balg", viel heftigere Kritik an Schiller übte als die alte, die „Schlange". – Zur „Deutschen Monatsschrift" vgl. auch Nr 256.

Vergleichbare Überlegungen stellt Hoffmeister an, indem er auf die in Hamburg bzw. Kiel erscheinende „Allgemeine deutsche Bibliothek" und ihre Fortsetzung, die „Neue allgemeine deutsche Bibliothek", hinweist (Nachlese zu Schillers Werken 3 [1840], 129). – Zu diesem Journal vgl. Nr 73.

319 Nr 82 Zeichen des Schützen

LESARTEN. 2 S c h ü t z] Schütz, b^8 getrost] geruhig b^8 versteht auch den Spaß.] verstehet auch Spaß. b^8

ERLÄUTERUNGEN. Gemeint ist Christian Gottfried Schütz (1747–1832), Professor der Poesie und Beredsamkeit in Jena, bis zu seinem Tod Herausgeber der ALZ, die Schillers „Horen" in Besprechungen wohlwollend förderte. Schiller, der bis 1794 selbst Mitarbeiter der ALZ war, schätzte Schütz als Kritiker dennoch nicht sehr (vgl. an Goethe vom 23. Dezember 1795).

319 Nr 83 Gans

ERLÄUTERUNGEN. *Gemeint sind die Zeitschriften „[Neue] Bibliothek der schönen Wissenschaften und der freyen Künste", die bei Johann Gottfried Dyk in Leipzig erschien (vgl. zu Nr 45), und die „Gothaischen gelehrten Zeitungen" (1774–1804), die bei Carl Wilhelm Ettinger in Gotha herauskamen. Diese hatten erst im Sommer 1796 im 53. Stück vom 6. Juli Kritik an der von Schiller (nur noch formell) herausgegebenen „Allgemeinen Sammlung Historischer Memoires" geübt (vgl. des näheren zu Schiller an Goethe vom 12. Februar 1796). – Vgl. über beide Journale auch Nr 340 und die Erläuterungen dazu.*

319 Nr 84 Zeichen des Steinbocks

LESARTEN. 1 Vorbeygehn] Vorbeygehen b^8 B e r l i n i s c h e n] Berlinischen b^8 2 verdrießt] verdrüßt E^a E^c

ERLÄUTERUNGEN. *Das Xenion bezieht sich auf Christoph Friedrich Nicolai. Vgl. über ihn die Erläuterungen zu Nr 142–144.*

319 Nr 85 Zeichen des Pegasus

LESARTEN. 1 B****] Bxxxxg b^8 G r a d a d P a r n a s s u m] Grad ad Parnassum b^8

ERLÄUTERUNGEN. *Adressat des Distichons ist Johann Joachim Eschenburg (1743–1820), Hofrat und Schriftsteller in Braunschweig. Eschenburg hatte den „Entwurf einer Theorie und Literatur der schönen Wissenschaften" (1783) vorgelegt und ihm eine umfangreiche, die gesamte Weltliteratur ausschöpfende „Beispielsammlung" (1788–1795) (vgl. Nr 139) folgen lassen. Eschenburgs „Entwurf [...]" war als Anleitung zur rechten Ausübung der Dichtkunst gemeint und sollte als solche den Weg* a d P a r n a s s u m, *dem Sitz der Musen bei Delphi, weisen. Vgl. über Eschenburg auch Nr 139 und 390.*

319 Nr 86 Zeichen des Wassermanns

ERLÄUTERUNGEN. *Das Epigramm geht auf den Sprachforscher und Lexikographen Johann Christoph Adelung (1732–1806), Oberbibliothekar in Dresden. Adelung war Verfasser voluminöser Kompendien und Wörterbücher, deren bedeutendstes Schiller selbst erworben hatte (vgl. an Cotta vom 18. September 1795): „Grammatisch-kritisches Wörterbuch der Hochdeutschen Mundart, mit beständiger Vergleichung der übrigen Mundarten, besonders aber der Oberdeutschen"* (²*1793–1801; 1. Auflage 1774–1786). Über Adelung vgl. auch Nr 105 und 141. Schiller besaß die zweite Auflage (vgl. Schüddekopf, Schillers Bibliothek, Nr 4), Goethe die erste (vgl. Ruppert, Goethes Bibliothek, Nr 638).*

319 Nr 87 Eridanus

ERLÄUTERUNGEN. *Eridanos ist in Ovids „Metamorphosen" (vgl. 2, 319– 366) der Fluß der Unterwelt, in den Phaeton mit dem Sonnenwagen hinabstürzte; die Tränen der trauernden Schwestern wurden zu Bernstein. Im allgemeinen wird der Po mit dem Eridanos identifiziert, aber auch Rhein und Rhône, sogar die Radaune bei Danzig werden genannt. Ein Beitrag zu dieser Diskussion war soeben erschienen: „Der aufgefundene Eridanus" (1796) von Johann Gottfried Hasse. Das Xenion bringt – vielleicht des Wortspiels wegen – den Fluß mit dem „ocker"-farbenen Bernstein in Zusammenhang mit der „Oker", die durch Braunschweig fließt, wo Joachim Heinrich Campe lebte (vgl. über ihn zu Nr 151). Die* furchtbare Waschfrau *meint Campe als Sprachreiniger, der die deutsche Sprache vor allem von Fremdwörtern zu säubern bemüht war; vgl. des näheren, auch zur Reaktion Campes, zu Nr 151 sowie „Dokumente", Nr 115 und 122.*

2 Teut] *in der Kunstmythologie der Klopstockzeit ein Phantasiename für einen altgermanischen Gott und Stammvater der Deutschen; das Xenion persifliert die Bemühungen der Sprachreiniger um die richtige Form von „deutsch" oder „teutsch".*

320 Nr 88 Fische

LESARTEN. 1 L e i p z i g] Leipzig b^8

ERLÄUTERUNGEN. *Das Xenion spielt auf die als „Nachträge zu Sulzers allgemeiner Theorie der schönen Künste" erschienenen „Charaktere der vornehmsten Dichter aller Nationen" an, die bei Dyk in Leipzig herauskamen. Sie wurden herausgegeben von Christian Friedrich Wilhelm Jacobs (vgl. über ihn zu Nr 69), Johann Friedrich Kaspar Manso (vgl. über ihn zu Nr 33), Johann Gottfried Dyk (vgl. über ihn zu Nr 45, 292, 489) und Georg Gottlieb Schatz (vgl. über ihn zu Nr 505). Schiller nannte die Ästhetik Sulzers, der ein Kunstwerk nach der in ihm enthaltenen Moral beurteilte, „antipodisch" zu seiner eigenen (vgl. an Körner vom 21. September 1795). Über Sulzer vgl. auch Nr 352.*

2 Grundeln] *Sammelname für am Grund lebende Fischarten wie Gründlinge und Schmerlen.*

320 Nr 89 Der fliegende Fisch

LESARTEN. *Überschrift:* Fliegender Fisch. b^8 1 geduldig;] geduldig, b^8 geduldig E^a gedultig E^c 2 wäßrigtes] wäßrichtes b^8 wäßeriges E^c

ERLÄUTERUNGEN. *Gemeint ist Johann Friedrich Kaspar Manso (vgl. über ihn zu Nr 33): Ebensowenig wie fliegende Fische außerhalb ihres Elements kann dieser im Gebiete der Poesie, die also nicht zu seinem Element gehört, heimisch werden.*

320 Nr 90 Glück auf den Weg

LESARTEN. *Überschrift fehlt* b^8 2 Aber den Muthigen rückt nichts aus dem ewigen Gleis. b^8

ERLÄUTERUNGEN. *Mit diesem Distichon schließt der Zyklus der Tierkreis-„Xenien" (Nr 68–90).*

320 Nr 91 Die Aufgabe

LESARTEN. *Überschrift:* Aufgabe. b^6 1 Wem das Gedichtchen gehört? ihr werdet es schwerlich erfahren, b^6 2 Sondert,] sondert b^6 hier!] hier. b^6

ERLÄUTERUNGEN. *Schiller und Goethe hatten beschlossen, den beiderseitigen Anteil an der Verfasserschaft der „Xenien" bewußt nicht offenzulegen (vgl. „Dokumente", Nr 25). Die Aufforderung, die Verfasserfrage auch hier zu klären, greift die Diskussion um die Autorschaft der Homerischen Epen auf, die Friedrich August Wolf auf eine neue wissenschaftliche Grundlage gestellt hatte (vgl. zu Nr 264). Wolf selbst konnte die „Aufgabe" im Fall der „Xenien" nicht lösen; über einen entsprechenden Versuch schrieb ihm Humboldt am 7. November 1796:* Soviel aber, lieber Freund, kann ich Ihnen sagen, daß wir uns mächtiglich geirrt haben *(Gesammelte Werke 5 [1846], 173).*
2 Chorizonten] *nach griech.* χωρίζειν: *sondern, trennen, unterscheiden.*

320 Nr 92 Wohlfeile Achtung

LESARTEN. *Überschrift fehlt* b^9 2 und wird] *darunter von Goethes Hand* geliebt, *danach* ehret und liebt man ihn doch. b^9

ERLÄUTERUNGEN. *Es gibt keinen Hinweis auf einen bestimmten Adressaten. Schmidt/Suphan ([1893], 197) erwägen Klopstock, ohne daß dies plausibel begründet wäre.*
1 Selten] *nicht im Sinne von „außergewöhnlich", sondern von „nicht oft".*

320—321 Nr 93—96

Diese „Xenien"-Gruppe zu politischen und nationalen Fragen leitet über zum folgenden Zyklus der Flüsse (Nr 97–113), der mit dem Rhein, Germaniens Grenze (Nr 97), beginnt. In der Sammelhandschrift bestand die Gruppe lediglich aus Nr 95 und 453, die nicht veröffentlicht wurde (vgl. die „Konkordanz [...]").

320 Nr 93   Revolutionen

ERLÄUTERUNGEN. *Reformation und Französische Revolution werden dem Gedanken evolutionärer Entwicklung entgegengestellt. Vgl. auch die spätere Fassung in Goethes Zyklus „Herbst" (Nr 62) in den „Vier Jahreszeiten".*
2 Letzten Tagen] *Die Wendung ist sowohl auf die unmittelbare Vergangenheit wie auf die biblische Endzeit-Vorstellung zu beziehen.*

320 Nr 94   Partheygeist

LESARTEN. *Fassung h^{10} (ohne Überschrift):*
Sag mir, wo ist denn die Klicke? „Dadrüben ist sie beym [*danach gestr.* M]
                                                                                    Nachbar?
    Frag ich den Nachbar er sagt hüben sey sie bey.
1 drüben,] drüben; E^c

ERLÄUTERUNGEN. *Ereignisse von weltgeschichtlicher Bedeutung – wie Reformation und Französische Revolution – lassen keine andere Reaktion als Parteinahme zu. Diese verlangt notwendig nach Einseitigkeit. So demonstrieren es Vetter Karl und der Geheimerat in Goethes „Unterhaltungen deutscher Ausgewanderten". Das Xenion bedauert die Parteibildung und die Unvereinbarkeit der widerstreitenden Positionen, weil sie nur allmählich zu überwinden sind, scheint sie aber für unvermeidlich zu halten.*

320 Nr 95   Das deutsche Reich

LESARTEN. *Überschrift:* Deutschland H^2 h^8 **1** aber] Aber H^2 h^8 **2** beginnt,] *Komma fehlt* H^2 h^8

ERLÄUTERUNGEN. *In der Sammelhandschrift folgte dem Distichon Nr 453; beide behandeln das Thema der Identität von „Deutschland" und „deutsch". – Das Xenion unterscheidet vor dem Hintergrund von Kleinstaaterei und politischer Zerstückelung zwischen „Deutschland" als politischem und als kulturellem Begriff; die Einheit Deutschlands besteht lediglich in der Identität als Kulturnation. Deutsches Reich und deutsche Nation sind zweierlei Dinge, heißt es in Schillers Gedichtfragment „[Deutsche Größe]".*

321 Nr 96　　　　　Deutscher Nationalcharacter

LESARTEN. 1 vergebens,] *Komma fehlt E^a*　vergebens. *E^c*

ERLÄUTERUNGEN. *Ähnlich wie in Nr 95 dem „politischen" das „gelehrte" Deutschland entgegengesetzt wird, geht es hier um die Alternative zwischen der nationalen Identitätssuche der Deutschen als „Deutsche" und ihrer Selbstdefinition als „Menschen". Im Gedichtfragment „[Deutsche Größe]" bestimmt Schiller als spezifische Aufgabe der Deutschen, an dem ewgen Bau der Menschenbildung zu arbeiten (vgl. zu NA 2 I, 433; Z. 19–20).*

321–323 Nr 97–113

Diese „Xenien"-Gruppe nahm Schiller, mit Ausnahme von Nr 99, unter dem Titel „Die Flüsse" in den 2. Teil seiner „Gedichte" auf (vgl. ÜBERLIEFERUNG). In der Sammelhandschrift gehörten noch Nr 454–456 dazu, außerdem Überschriften für zwei Distichen ohne Text, die nicht fertiggestellt wurden („Neckar" und „Iser") (vgl. die „Konkordanz [...]"). In den Umkreis des Zyklus gehören weiterhin Nr 577–579 aus H².

321 Nr 97　　　　　　　　Rhein

LESARTEN. 1 dem] *verb. aus der H²*　　gebührt,] *Komma fehlt H² h⁸*　　2 duldenden Strom.] *über gestr.* Rücken mir weg. *H²*

ERLÄUTERUNGEN. *Das Distichon spielt auf das Vordringen französischer Revolutionstruppen über den Rhein 1795 und 1796 im Ersten Koalitionskrieg an.*
1 Schweitzer] *Der Rhein entspringt in der Schweiz; zugleich vielleicht Anspielung auf die aus Schweizern gebildeten Söldnertruppen.*

321 Nr 98　　　　　　Rhein und Mosel

LESARTEN. *Überschrift:* Rhein bey Coblenz *H²*　　2 Umarmung] Verbindung *D²*　　erfreut!] erfreut. *H² h⁸*　　beglükt. *D²*

ERLÄUTERUNGEN. *Mit der* lotharingischen Jungfrau *ist die Mosel, franz. Moselle, gemeint, die durch Lothringen fließt, so genannt nach dem Karolinger Lothar II., 855–869 König von Lotharingien. Vermutlich soll gesagt werden: Nördlich der Moselmündung, ab Koblenz, durchfließt der Rhein – poetisch, künstlerisch? – unfruchtbares Land. Ähnliches trifft für die „Donau in B**" (Nr 99) zu. Zum Bild vgl. auch Nr 578.*

321 Nr 99   **Donau in B****

LESARTEN. *Überschrift:* Donau. b^8 **2** Triften,] *Komma fehlt* b^8

ERLÄUTERUNGEN. *Solange die Donau durch „B**", durch Bayern, fließt, haben Bacchus und Komus Charis verdrängt.*

321 Nr 100   **Donau in O****

LESARTEN. *Überschrift:* Ens. b^8 Donau in **. D^2 **1** umwohnet] umwohnt D^2 **2** immer] ewig b^8

ERLÄUTERUNGEN. *Gemeint ist die Donau in Österreich. Dort wohnen die Fajaken, nach Homers „Odyssee" ein äußerst gastfreundliches und festfreudiges, dabei wenig ehrgeiziges Volk (vgl. 7, 98–99; 8, 246–249 sowie zu Nr 456). Die Überschrift in der Sammelhandschrift (b^8) bezog das Distichon auf die Enns, einen rechten Nebenfluß der Donau in Österreich.*

321 Nr 101   **Mayn**

LESARTEN. **2** noch immer] her stets noch H^2 b^8

ERLÄUTERUNGEN. *Mit dem* alten Geschlecht *könnten, so wird vermutet, mit Blick auf Frankfurt als Kaufmannsstadt die Frankfurter Patrizier gemeint sein (vgl. Boas, Xenienkampf [1851], 87; Schmidt/Suphan [1893], 132; BA 1, 724). – Anders betrachtet, ließe sich deuten: Die Burgen zerfallen zwar, aber die Menschen, die in ihnen lebten, bleiben, wie sie waren: Feudalaristokraten, „Leute von gestern".*

321 Nr 102   **Saale**

LESARTEN. **1** Lauf] Lauf, D^2

ERLÄUTERUNGEN. *Gemeint ist die nur rund 400 km lange Sächsische oder Thüringische Saale, die durch das im 18. Jahrhundert in viele Einzelstaaten zersplitterte Mitteldeutschland floß. Mit den* Fürsten *ist vor allen Karl August (1757–1828) angesprochen, seit 1775 Herzog von Weimar, dessen Hof die Möglichkeit der Entwicklung eines freien geistigen Lebens bot; vgl. Goethes Lob Karl Augusts in Nr 34 b seiner „Epigramme. Venedig 1790" (WA I 16, 315).*

321 Nr 103　　　　　　　　Ilm

LESARTEN. **1** höret] hörte H^2　　Welle,] *Komma fehlt* H^2　　**2** Führt] Führte H^2　Führet b^8 D^2　　vorbey,] *Komma fehlt* H^2

ERLÄUTERUNGEN. *Die Ilm, ein kleiner, 120 km langer Nebenfluß der Saale (vgl. Nr 102), fließt durch Weimar. In vergleichbarer Weise kokettiert Nr 573 mit dem Gegensatz von bescheidenen äußeren Verhältnissen und „innerer" Größe beim Anblick Weimars und Jenas.*

322 Nr 104　　　　　　　　Pleisse

LESARTEN. **1** Bächlein] Bach D^2

ERLÄUTERUNGEN. Über den kläglichen Chor *der* Musen an der P l e i s s e, *dem kleinen, rund 90 km langen Nebenfluß der Weißen Elster, der bei Leipzig mündet, klagte Schiller auch in seiner Abhandlung „Ueber naive und sentimentalische Dichtung" (vgl. NA 20, 480). Dort wie hier sind Dichter und Schriftsteller im Umkreis der bei Dyk in Leipzig erscheinenden „Neuen Bibliothek der schönen Wissenschaften und der freyen Künste" (vgl. zu Nr 45) und des von Christian Heinrich Schmid herausgegebenen Leipziger Musenalmanachs gemeint; vgl. auch die Erläuterungen NA 21, 310.*

322 Nr 105　　　　　　　　Elbe

LESARTEN. **1** andern,] *Komma fehlt* D^2　　kauderwelsch. Unter] Kauderwelsch – unter D^2

ERLÄUTERUNGEN. *Das Epigramm spielt auf Johann Christoph Adelung (1732–1806) an, den Verfasser des „Grammatisch-kritischen Wörterbuchs der Hochdeutschen Mundart" (vgl. zu Nr 86), der die Auffassung vertrat, nur die im obersächsischen Meißen gepflegte Kanzleisprache habe als hochdeutsche Norm zu gelten. – Über die Elbe vgl. auch Nr 579.*

322 Nr 106　　　　　　　　Spree

LESARTEN. **1** Ramler] Rammler E^c　　Cesar] Cäsar b^8 E^c

ERLÄUTERUNGEN. *Das Xenion erwähnt Karl Wilhelm Ramler in Berlin (vgl. über ihn zu Nr 74) und Friedrich II., den Großen (1712–1786), den* Cesar, *dem Ramler panegyrische Oden widmete.*

322 Nr 107 **Weser**

LESARTEN. 2 Epigramme bedenkt!] Epigramme, bedenkt, D^2

ERLÄUTERUNGEN. *In der Sammelhandschrift ist das Xenion ebenso wie Nr 105 über die Elbe nur als Überschrift ohne Text überliefert; die Erklärung dafür gab dann gewissermaßen den Stoff zum vorliegenden Distichon. Vermutlich bezieht es sich vor allem auf Bremen, über das noch 1799 in der Vorrede des „Hanseatischen Magazins" festgestellt wird, es sei nach wie vor in einem literärischen Dunkel verborgen (zitiert nach Tardel, Schillers Weser-Epigramm [1935], 430). – Über die Weser vgl. auch Nr 579.*

322 Nr 108 **Gesundbrunnen zu *****

LESARTEN. *Überschrift:* Der Gesundbrunnen zu N.N. H^6 Gesundbrunnen zu **. D^2 1 Flüsse] Bäche H^6

ERLÄUTERUNGEN. *Es ist unsicher, ob ein bestimmter Ort, z. B. Karlsbad (mithin Böhmen), gemeint ist, wo sich Schiller im Sommer 1791 zur Erholung aufgehalten hatte. Angeregt wurde das Epigramm vermutlich durch das Epos „Die Gesundbrunnen" (1795) von Valerius Wilhelm Neubeck (1765–1850); vgl. des näheren die Erläuterungen zu Schiller an Goethe vom 18. Januar 1796.*

322 Nr 109 **P** bey N*****

LESARTEN. *Überschrift:* Pegnitz. D^2

ERLÄUTERUNGEN. *Hinter der verschlüsselten Überschrift verbirgt sich die „Pegnitz bei Nürnberg". – Das Xenion erinnert an den Nürnberger Dichterkreis der Pegnitzschäfer, den 1644 gegründeten „Löblichen Hirten- und Blumenorden an der Pegnitz", zu dessen Mitgliedern Georg Philipp Harsdörffer (1607–1658), Johann Klaj (1616–1656), Siegmund von Birken (1626–1681) u. a. gehörten. Über Pflege und Reinerhaltung der Muttersprache, wie bei anderen Sprachgesellschaften des Barock, hinaus standen bei den Nürnbergern Poesie und Ästhetik im Vordergrund; sie bemühten sich um eine formal virtuose Gesellschaftsdichtung, die im Sinne von Harsdörffers „Frauenzimmer Gesprechspielen" (1641–1649) Poesie als Spielerei mit Worten treiben, inhaltlich nach Horazischer Regel nützlich-lehrhafte Unterhaltung bieten sollte. Im Juli 1794 hatte der inzwischen in seiner Bedeutung zurückgegangene Orden sein 150jähriges Jubiläum gefeiert.*

322 Nr 110   Die **chen Flüsse

LESARTEN. *Überschrift:* Die geistlichen Flüsse H^2 **1** **cher] geistlicher H^2 **2** Ländern] Landen H^2

ERLÄUTERUNGEN. *Nach der Überschrift in H^2 sind „geistliche Flüsse" gemeint, also solche, die durch die Territorien geistlicher Fürstentümer von reichsunmittelbaren Bischöfen und Äbten flossen: Rhein (Mainz, Köln), Mosel (Trier), Main (Würzburg), Fulda (vgl. zu Nr 112) u. a.*

322 Nr 111   Salzach

LESARTEN. **1** ich,] *Komma fehlt* H^2 zu] zu zu D^2 *(Druckfehler)*   **2** an Salze] an Salz sehr H^2 am Salze b^8

ERLÄUTERUNGEN. *Die Salzach ist ein Nebenfluß des Inn, sie mündet bei Braunau.* Juvavien *ist das Salzburger Land, nach dem alten keltischen Namen der Stadt, Iuvavum; sie wurde 739 durch Bonifatius Bistum.* Salz *hier wie schon lat.* sal *im übertragenen Sinn: Verstand, „Witz", Esprit.*

323 Nr 112   Der anonyme Fluß

LESARTEN. **1** Bischoffs] Bischofs E^b **2** aus] aus, b^8

ERLÄUTERUNGEN. *Gemeint ist vermutlich die Fulda. Aus der von Bonifatius 744 gegründeten Abtei ging 1752 das Bistum Fulda hervor. Zur Zeit der „Xenien" regierte Fürstbischof Adalbert III. von Harstall über das zwischen der Rhön und dem Vogelsberg gelegene Hochstift Fulda, das im Vergleich zu anderen Bistümern wie Würzburg und Bamberg als wirtschaftlich armes Land galt; vgl. darüber im einzelnen Enneking, Das Hochstift Fulda (1935) 2, 96 bis 117.*

323 Nr 113   **Les fleuves indiscrets**

LESARTEN. **1** mehr ihr Flüße.] mehr, ihr Flüsse! D^2 **2** bescheiden,] *Komma fehlt* H^2 b^8 Schätzchen] Steine H^2 b^8

ERLÄUTERUNGEN. *franz.: Die indiskreten Flüsse. – Das Xenion spielt auf den Roman „Les bijoux indiscrets" (1748) („Die geschwätzigen Kleinode") von Denis Diderot (1713–1784) an, in dem Edelsteine, vom Zauberring eines Sultans manipuliert, ihre Trägerinnen, die Damen des Hofes, dazu veranlassen, von ihren erotischen Abenteuern zu berichten. Mit diesen vergleicht das Distichon die in Nr 97–112 erwähnten Flüsse und schließt damit den Zyklus.*

323 Nr 114   An den Leser

LESARTEN. 2 gute] böse h^8 böse] gute h^8

ERLÄUTERUNGEN. *Das Distichon gehörte wie Nr 115 in der Sammelhandschrift zu einer Reihe einleitender Epigramme über Wesen und Funktion der „Xenien" (vgl. die „Konkordanz [...]"). Hier markieren beide den Übergang vom „Flüsse"-Zyklus zu den folgenden „Xenien". – Eine ähnliche Einteilung der „Xenien" nehmen Nr 43 und 419 vor.*

323 Nr 115   Gewissen Lesern

LESARTEN. *Überschrift fehlt* h^8 1 ungesalznen, verzeyhet,] *Kommata fehlen* h^8

ERLÄUTERUNGEN. *Vgl. zu Nr 114. – Das Distichon spielt auf die ursprüngliche Bedeutung des Begriffs „Xenien" als Küchenpräsente (Nr 364) an (vgl. zu Nr 417, 418).*

323 Nr 116–117

Diese „Xenien" gehörten ursprünglich zu einer größeren Gruppe von Epigrammen gegen Friedrich Leopold Graf zu Stolberg-Stolberg (vgl. über ihn zu Nr 15) innerhalb einer umfangreichen Epigrammfolge über „Frömmler" und „moralische Schwätzer" (vgl. die „Konkordanz der ‚Xenien'-Sammelhandschrift [...]").

323 Nr 116   Dialogen aus dem Griechischen

LESARTEN. *Überschrift:* Platons Gespräch von Stollberg. h^1 1 F*** S***] Friedrich Stolberg, h^1 Fxxx Sxxx, h^8

ERLÄUTERUNGEN. *In der Vorrede seiner „Auserlesenen Gespräche des Platon" (1795–1797) stellt Stolberg Platon als Vorläufer des Christentums dar (vgl. dazu die Erläuterungen zu Goethe an Schiller vom 21. November 1795). Darüber hatte sich Goethe heftig erregt (vgl. an Schiller vom 21. und 25. November 1795, ebenso an Humboldt vom 3. Dezember 1795; WA IV 10, 344). In einem erst nach Stolbergs Tod veröffentlichten Aufsatz, „Plato als Mitgenosse einer christlichen Offenbarung. (Im Jahre 1796 durch eine Übersetzung veranlaßt.)" ([1826] WA I 41 II, 169–176) nahm er dagegen Stellung.*

323 Nr 117   Der Ersatz

LESARTEN. 2 Parnasse;] Parnasse: E^b

ERLÄUTERUNGEN. Das Epigramm bezieht sich auf Friedrich Leopold zu Stolbergs Rezension „Gedanken über Herrn Schillers Gedicht: Die Götter Griechenlandes" (1788), in welcher er die griechische Mythologie eine trostlose Lehre genannt und von christlichem Standpunkt aus die griechischen Götter als blühende Fiktionen und Geburten der Phantasie bezeichnet hatte; vgl. des weiteren die Erläuterungen zu Schillers Gedicht.

323 Nr 118 Der moderne Halbgott

LESARTEN. 2 Herkuliskus] Herkuliscus E^a E^c

ERLÄUTERUNGEN. Herakles als Sohn des Zeus und der Alkmene war Halbgott; als christlicher Herkules, *im Pentameter spöttisch in der Diminutivform als* Herkuliskus, *wird Friedrich Leopold Graf zu Stolberg bezeichnet, und mit Bezug auf Herakles' Kampf mit dem Riesen Antaios wird auf Stolbergs Kritik an der griechischen Mythologie und Schillers Gedicht „Die Götter Griechenlandes" angespielt (vgl. zu Nr 117). Anlaß zu dem Xenion gab vermutlich eine Passage aus der Vorrede zu Stolbergs „Auserlesenen Gesprächen des Platon", in der das Bild vom Riesen Antaios gebraucht wird (vgl. S. VI).*

323 Nr 119 Charis

LESARTEN. Überschrift: Charis von Rxx H^4 1 Vulkan?] Vulkan! E^b
2 Roturiers] Rotüriers H^4 adlicher] adlichter h^8

ERLÄUTERUNGEN. Das Distichon bezieht sich auf die Schrift „Charis oder / Ueber das Schöne und die Schönheit in den nachbildenden Künsten" (1793) von Friedrich Wilhelm Basilius von Ramdohr (1752–1822), Jurist, Diplomat und Schriftsteller in Celle. Über Ramdohrs Werk bekannte Goethe, der es besaß (vgl. Ruppert, Nr 3203), er habe darin noch keine Seite gefunden, von der ich mir den Inhalt zueignen könnte. *(An Schiller vom 4. September 1794.) Schiller dagegen fand den* empirischen Theil seines Buchs, die Charakterisierung der einzelnen Künste und die Bestimmung ihrer Grenzen, *sehr brauchbar; vgl. seine ausführliche Stellungnahme im Brief an Goethe vom 7. September 1794.*
2 Roturiers] *(franz.) Roturier (von Roture): nach mittellat. ruptura (Acker, kleines Gut) pejorativ für nichtadligen (bäurischen) Stand.*

324 Nr 120 Nachbildung der Natur

ERLÄUTERUNGEN. Dieses und das folgende Xenion beziehen sich auf Johann Heinrich Voß' Idylle „Luise" (Buchausgabe 1795) (vgl. zu Nr 129) und

August Wilhelm Ifflands Drama „Die Jäger" (1785) (vgl. zu Nr 404), deren Sujets — das protestantische Pfarrhaus und die Försterei — vielfache Nachahmungen fanden.

324 Nr 121   Nachäffer

LESARTEN. 1 meinen] meynen E^a E^c

ERLÄUTERUNGEN. *Vgl. die Erläuterungen zu Nr 120.*

324 Nr 122   Klingklang

LESARTEN. 1 geklingelt,] geklingelt; E^c

ERLÄUTERUNGEN. *Das Xenion geht nach Meinung der bisherigen Kommentatoren gegen Karl Heinrich Heydenreich (1764—1801), Professor der Philosophie in Leipzig. Zu seinen poetischen Produkten gehören „Gedichte" (1794), zu seinen philosophischen Schriften zur Zeit der „Xenien" die „Briefe über den Atheismus" (1796) und ein „Philosophisches Taschenbuch für denkende Gottesverehrer" (1796—1799). Schiller besaß den ersten Band von Heydenreichs „System der Aesthetik" (1790) (vgl. Schüddekopf, Schillers Bibliothek, Nr 1949).*

324 Nr 123   An gewisse Umschöpfer

LESARTEN. 1 zu Etwas] zu etwas E^c

ERLÄUTERUNGEN. *Das Distichon stellt — parodistisch — Begriffe und Sätze aus dem Umkreis der Identitätsphilosophie (Fichte, Schelling) zusammen. Das Verfahren erinnert an die „Xenien" des Philosophen-Zyklus (Nr 371—389).*

324 Nr 124   Aufmunterung

LESARTEN. *Überschrift:* An die Xenien h^6 h^8 1 Deutschland] „Deutschland h^6 h^8 viel;] viel"! h^6 h^8 2 Lermt,] Lärmt *unter gestr.* Lernt h^6, *Komma fehlt* h^6 h^8

ERLÄUTERUNGEN. *Das Epigramm gehörte ursprünglich zu einer Reihe einleitender „Xenien" über deren Wesen und Aufgabe (vgl. die „Konkordanz der ‚Xenien'-Sammelhandschrift [...]").*

324 Nr 125 Das Brüderpaar

LESARTEN. 1 poetische Wälder] Wälder und Berge b^2 b^8

ERLÄUTERUNGEN. Das Epigramm bezieht sich auf die „Gedichte der Brüder Christian und Friedrich Leopold Grafen zu Stolberg" (1779), die auf dem Titelblatt eine Vignette mit der Darstellung zweier sich umschlingender Kentauren bietet, dazu das Motto aus Vergils „Äneis": Ceu duo nubigenae cum vertice montis ab alto / descendunt Centauri. *(7, 674–675.) („[...] / wie zwei wolkengeborne Kentauren hoch von des Berges / Gipfel steigen"; nach Johannes Götte, Aeneis [1983], 309/311.)*

324 Nr 126 K**

LESARTEN. Überschrift: Kosegarten b^8 N** E^b 1 Tadler! Du] Tadler, du b^S kannst,] *Komma fehlt* b^8 vermißt,] *Komma fehlt* b^8 2 dich!] *Ausrufezeichen fehlt* b^8

ERLÄUTERUNGEN. Die Sigle soll, wie aus dem Titel in b^8 *hervorgeht, Gotthard Ludwig (Theobul) Kosegarten (1758–1818), Propst in Altenkirchen auf Rügen, bezeichnen. – Kosegarten, den das Epigramm wohl als Mitarbeiter der „Horen" freundlich behandelt, wurde sonst weniger wohlwollend beurteilt. (In der 2. Auflage des „Xenien"-Almanachs ist die Andeutung seines Namens in der Überschrift ganz zurückgenommen.) Er hatte im „Musen-Almanach für das Jahr 1796" u. a. das Gedicht „Schön Sidselil und Ritter Ingild" (S. 158–162) publiziert, das* Humboldt *laut auflachen ließ und dem er eine* furchtbare Composition *bescheinigte (an Schiller vom 31. August 1795).* Körner *machte Kosegarten wiederholt den Vorwurf der Trockenheit und Steifheit (vgl. an Schiller vom 11. [–14.?] Oktober, 28. Oktober und 15. Dezember 1796). In ihren Briefen urteilten auch Goethe und Schiller schärfer:* Äußerst frazenhaft erscheint der arme Kosegarten, *schreibt Goethe an Schiller am 12. August 1797 (mit Blick auf Kosegartens Selbstanzeige seiner „Poesieen" [1798]; vgl. ausführlich zu Schiller an August Wilhelm Schlegel vom 3. Juli 1797); Schiller bemerkt in seiner Antwort vom 17. August 1797, die Anzeige von Kosegartens Gedichten* könne nur ein Verrückter verfaßt haben *und weist auf einen (nicht überlieferten) Brief an Kosegarten vom 9. Juni 1797 hin, in dem er ihm – ohne Erfolg – seine Meinung gesagt habe.*

324 Nr 127 An die Moralisten

LESARTEN. 1 auf leben] aufleben E^b *(Druckfehler)*

ERLÄUTERUNGEN. Goethes Xenion wendet sich gegen die moralisierenden Kritiker seiner „[Römischen] Elegien" (Horen 1795. 6. Stück. S. 1–44) und der

„*Epigramme. Venedig 1790*" *(Musen-Almanach für das Jahr 1796. S. 205–260).*
Vgl. dazu auch Nr 228.

325 Nr 128   Der Leviathan und die Epigramme

ERLÄUTERUNGEN. *Der Bezug des Xenions ist unklar; vielleicht hat es allgemeine Bedeutung. Es richtet sich gegen einen Kritiker, dessen „Fürchterlichkeit" sich nur im Kampf, in seinem spezifischen Element, der allzu „wässrigen" Kritik, beweist, sich dagegen in den luftigen Gefilden der Poesie, die ihm wesensfremd sind, verliert. Daß der Kritiker ein Fisch genannt wird, erinnert an Johann Kaspar Manso in Nr 89; frühere Kommentatoren rieten auf Baggesen (vgl. Boas, Xenienkampf [1851] 1, 97), Nicolai (Saupe, Xenien [1852], 124) und Jenisch (Schmidt/Suphan [1893], 205).*

Titel Leviathan] *alttestamentarisches Ungeheuer, dargestellt in Gestalt eines Walfisches, eines Krokodils, eines Meerdrachens oder einer Schlange (vgl. Zedler, Universal Lexicon 17, 618). In der Jesaja-Apokalypse heißt es in der Prophezeiung vom Gericht über die Feinde:* „An jenem Tag bestraft der Herr mit seinem harten, großen, starken Schwert den Leviatan, die schnelle Schlange, den Leviatan, die gewundene Schlange." *(Jes. 27, 1.)*

Titel Epigramme] *Damit dürften Goethes „Epigramme. Venedig 1790" gemeint sein (vgl. zu Nr 127).*

325 Nr 129   Louise von Voß

LESARTEN. *Überschrift:* Voß] *gesperrt* E^c 1 Warlich,] Warrlich *h*^{8}
2 *Kommata fehlen h*^{8}

ERLÄUTERUNGEN. *Das Lob auf die Idylle „Luise" (1795) von Johann Heinrich Voß (1751–1826) bedient sich dessen eigener Homer-Übersetzung; in der „Odyssee" sagt Odysseus über den Sänger Demodokos:* Wahrlich es füllt mit Wonne das Herz, dem Gesange zu horchen, / Wenn ein Sänger, wie dieser, die Töne der Himmlischen nachahmt. *(9, 3–4; nach Voß [1781], 162.) Wie sehr Schiller Voß' Dichtung schätzte, geht auch aus der Abhandlung „Ueber naive und sentimentalische Dichtung" (vgl. NA 20, 471–472) und aus Voß' Brief an Schiller vom 7. Februar 1796 hervor.*

325 Nr 130   Jupiters Kette

LESARTEN. *Überschrift:* Guter Poet, schlechter Kunstrichter *h*^{8} 1 Hängten auch alle poetische Sudler sich an dich, sie ziehen *h*^{8}

ERLÄUTERUNGEN. *Das Epigramm bezieht sich wie das vorhergehende auf Johann Heinrich Voß (vgl. zu Nr 75). Die frühere Überschrift deutet an, daß*

Voß einerseits als Dichter, Übersetzer und Vermittler der griechischen Antike angesprochen wird, als welcher er von Schiller und Goethe hoch geschätzt wurde (vgl. z. B. „Ueber naive und sentimentalische Dichtung" [NA 20, 471–472]), andererseits als Herausgeber seines (damals) in Hamburg erscheinenden „Musen-Almanachs" (vgl. zu Nr 248), den sie heftig kritisierten. Den „Musen-Almanach fürs Jahr 1796" fand Schiller schlechter, als man sich eine Vorstellung davon machen kann. (An Humboldt vom 26. Oktober 1795.) Vgl. auch Nr 131.

Das Bild von Jupiters Kette *stammt aus Homers „Ilias" (8, 17–27): Jupiter, seine Macht demonstrierend, erklärt, selbst wenn alle Götter und Göttinnen sich an eine goldene Kette hängten, würden sie ihn nicht vom Olymp herunterziehen können, er aber sie zu sich hinauf.*

325 Nr 131 Aus einer der neuesten Episteln

LESARTEN. 2 vernahm.] gesehn. b^8

ERLÄUTERUNGEN. *Im von Johann Heinrich Voß herausgegebenen Hamburger „Musen-Almanach fürs Jahr 1796" war eine „Epistel an Ramler" (S. 109–125) von Ludwig Heinrich von Nicolay (1737–1820) erschienen; Nicolay war 1796 russischer Staatsrat in Petersburg und Schriftsteller. In der „Epistel" (S. 124) wird die ältere mit der neueren deutschen Literatur seit dem Sturm und Drang verglichen, die dem Verfasser zufolge eine bedenkliche Entwicklung genommen hat:*

> Der Pöbel, unbesorgt um das Warum und Wie,
> Klatscht allem zu, was seine Fantasie
> Auch mit dem gröbsten Kitzel wecket.
> Ist nur der Unsinn neu und kühn,
> Er läuft ihm nach, vergöttert ihn,
> Bis eines seiner Kraftgenien
> Ein neues Monster ausgehecket;
> [...].

Über den verehrten Klopstock heißt es (S. 112):

> [...] jener, der aus Miltons Schule
> Sich uns, sein größerer Schüler, wies,
> Und was im Himmel, in dem Pfuhle,
> Erhabnes er vernahm, in neue Phrasen stieß.

Über Klopstock als Dichter des „Messias", auf den hier angespielt wird, vgl. zu Nr 11, außerdem Nr 22, 501.

325 Nr 132 B**s Taschenbuch

LESARTEN. *Überschrift:* Die Gedichtsammlung. b^8

ERLÄUTERUNGEN. *Das Xenion bezieht sich auf das „Taschenbuch [1794–1797: und Almanach] zum geselligen Vergnügen" (Leipzig), das für die Jahre 1794–1814 von Wilhelm Gottlieb Becker (1753–1813) herausgegeben wurde.*

Schiller lernte Becker Ende 1786 in Dresden kennen (vgl. an Körner vom 5. Januar 1787). Trotz des harten Urteils der „Xenien" über Beckers „Taschenbuch", zu dessen Beiträgern Bürde, Gleim, Haug, die Karschin, Lafontaine, Langbein, Manso, Pfeffel, Racknitz, Ramler, August Wilhelm Schlegel, Schink u. a. gehörten, veröffentlichte Schiller dort selbst später (in den Taschenbüchern für 1803 bis 1805) einige Gedichte (Die Gunst des Augenblicks, Die Antiken zu Paris, Sehnsucht, Dem Erbprinzen von Weimar [...], Punschlied. Im Norden zu singen, Der Alpenjäger). – Über Becker vgl. auch Nr 71, 276, 525.

325 Nr 133   Ein deutsches Meisterstück

LESARTEN. *Überschrift fehlt* b^8

ERLÄUTERUNGEN. *Der Bezug dieses Xenions ist unsicher. Boas (Xenienkampf [1851] 1, 100), Saupe (Xenien [1852], 126–127) und Schmidt/Suphan ([1893], 157) folgen Daniel Jenisch, der in seinen „Litterarischen Spießruthen" (1797; S. 51) auf Franz Alexander von Kleist (1769–1797) und dessen Werk „Zamori oder die Philosophie der Liebe" (1793) geraten hatte, ohne diese Deutung plausibel zu machen.*

325 Nr 134   Unschuldige Schwachheit

LESARTEN. *Überschrift:* An die [*danach* Leser *gestr.*] Deutschen H^4 *Überschrift fehlt* b^8 1 Unsre] „Unsre H^4 b^8 Gedichte] *über gestr.* Bücher H^4 Spott?] Spott?" H^4 Spott" b^8 2 sind.] sind! b^8

ERLÄUTERUNGEN. *Wer angesprochen wird, ist unklar. Die frühere Überschrift scheint für den Almanach nicht gepaßt zu haben. In der Sammelhandschrift ging Nr 525 (Beckers Taschenbuch) unmittelbar voraus. Auch im Almanach geht es in Nr 132 kurz zuvor um Becker und um die Frage, ob dessen Almanach wirklich „Gedichte" enthalte; in Nr 133 wird bestritten, daß es sich bei dem „deutschen Meisterstück" um ein „Gedicht" handle. Dies könnte Anlaß geben, alle drei Distichen, Nr 132–134, in Zusammenhang zu bringen. Nr 134 fingierte dann einen Dialog zwischen den in den beiden vorhergehenden Epigrammen Angesprochenen und den „Xenien". Jene fragten im ersten Teil des Hexameters nach:* Unsre Gedichte nur trift dein Spott? *Die „Xenien" antworteten darauf:* Freut euch doch, daß wir euch nicht persönlich angreifen, sondern bloß als „Dichter", weil ihr schlecht erfindet und er-dichtet. *„Unschuldig" erscheint die „Schwachheit" erstens, weil sie ein naives Dichtungsverständnis verrät, zweitens schon der Rückfrage wegen.*

325 Nr 135   Das neueste aus Rom

LESARTEN. *Überschrift fehlt* b^8 2 t a n z t.] tanzt. b^8

ERLÄUTERUNGEN. Carl Ludwig Fernow (1763–1808), Bibliothekar und Schriftsteller in Rom, hatte in einem Brief aus Rom vom 2. Mai 1795, der im „Neuen Teutschen Merkur" (1795. Bd 2. S. 158–189) abgedruckt wurde, „Ueber einige neue Kunstwerke des Hrn. Prof. Carstens" berichtet. Dieser Asmus Jakob Carstens (1754–1798) hatte im April 1795 einige seiner Werke in Rom ausgestellt, unter ihnen „ Z e i t u n d R a u m , eine Mahlerey in Tempera. Eine anschauliche Darstellung dieser abstrakten Formen der Sinnlichkeit; in ihnen befinden sich alle Erscheinungen" (S. 163). Das Epigramm teilt Fernows Zweifel, ob dergleichen – nach Kant die reinen Formen sinnlicher Anschauung – mit den Mitteln der Malerei überhaupt dargestellt werden könne. Goethe hatte am 8. Februar 1796 an Heinrich Meyer in Rom geschrieben und um nähere Auskunft gebeten, um dieser Angelegenheit in den „Xenien" gedenken zu können (WA IV 11, 23); vgl. Meyers Antwort vom 25. Februar 1796 (Goethe-Meyer 1, 201–202) sowie Goethe an Schiller vom 30. Januar und 12. Februar 1796, Schiller an Goethe vom 31. Januar 1796 und die Erläuterungen dazu.

326 Nr 136   Deutsches Lustspiel

LESARTEN. 1 Fratzen] Larven b^8

ERLÄUTERUNGEN. Schiller wiederholte diese Einschätzung des deutschen Lustspiels – ohne die Ironie des Xenions – später im Zusammenhang einer „Dramatischen Preisaufgabe" in Goethes „Propyläen" (1800; NA 22, 326–327); dort klagt er darüber, daß die reine Komödie, das lustige Lustspiel in Deutschland zu sehr vom sentimentalischen verdrängt sei, in dem das Sittliche und Pathetische vorherrsche, welches immer ernsthaft mache. Vor allem an „Charakterstücken" mangle es, wofür es den Deutschen offenbar an Begabung fehle. Dieser Ansicht war schon Lessing, der mit Blick auf die Komödien Gellerts, durchaus im Sinne des Distichons, feststellte: Sie beweisen zugleich, daß es an Originalnarren bey uns gar nicht mangelt, und daß nur die Augen ein wenig selten sind, denen sie sich in ihrem wahren Lichte zeigen. (Hamburgische Dramaturgie. 22. Stück; Sämtliche Schriften 9, 273.) Große Ähnlichkeit mit dem Xenion hat eine Bemerkung im „Journal des Luxus und der Moden" aus der Entstehungszeit der „Xenien", der sich in einem Artikel über die „Geschichte des K. K. Nationaltheaters in Wien unter der Direction des Frhrn. von Braun" findet (Bd 11. Mai 1796. S. 253–268): Wo es Thoren und Gecken als Originale, und satyrische Genies als Mahler giebt, da sollte man doch über keinen Mangel an Comödien klagen dürfen. (S. 262.)

326 Nr 137   Das Mährchen

LESARTEN. 2 Nun,] „Nun b^8 alle?] alle?" b^8 Mährchen,] Komma fehlt b^8

XENIEN Nr 135–141 505

ERLÄUTERUNGEN. In den „Horen" war Goethes „Mährchen, (zur Fortsetzung der Unterhaltungen deutscher Ausgewanderten.)" erschienen (1795. 10. Stück. S. 108–152) und hatte bei seinen Lesern Ratlosigkeit hervorgerufen; Humboldt schrieb am 4. Dezember 1795 an Schiller: Die Leute klagen, daß es nichts sage, keine Bedeutung habe. Vgl. auch Humboldt an Goethe vom 9. Februar 1796.

326 Nr 138   Frivole Neugier

LESARTEN. 1 auch] auch, b^8 2 sage,] Komma fehlt b^8

ERLÄUTERUNGEN. Ähnliche Ratlosigkeit wie Goethes „Mährchen" gegenüber (vgl. Nr 137) hatte in der Frage geherrscht, wer sich hinter den Figuren in Schillers Erzählung „Der Geisterseher" (1787–1789), besonders hinter dem geheimnisvollen Armenier, verberge.
1 den delphischen Gott] *Apollon.*

326 Nr 139   Beyspielsammlung

LESARTEN. Überschrift: Eschenburgs Beyspielsammlung b^3 1 nein,] *Komma fehlt* b^3 b^8

ERLÄUTERUNGEN. Es geht, wie die Überschrift in b^3 noch deutlicher zu erkennen gibt, um Johann Joachim Eschenburgs „Beispielsammlung zur Theorie und Literatur der schönen Wissenschaften" (1788–1795); vgl. hierüber zu Nr 85, über Eschenburg außerdem Nr 390.

326 Nr 140   Mit Erlaubniß

LESARTEN. Überschrift: Wer es haben will b^3 1 wird!] wird. b^3

ERLÄUTERUNGEN. Als Johann Joachim Eschenburgs Nachbar (vgl. Nr 139) wird hier, wie aus dem folgenden Xenion hervorgeht, Johann Christoph Adelung bezeichnet: Beide wollen beispielgebend wirken, der eine auf poetischem, der andere auf sprachlichem Gebiet.

326 Nr 141   Der Sprachforscher

LESARTEN. Überschrift: A. b^8

ERLÄUTERUNGEN. Die frühere Überschrift des Distichons verweist auf Johann Christoph Adelung (1732–1806), Oberbibliothekar in Dresden, Lexiko-

graph und Grammatiker. Adelung hatte ein „Grammatisch-kritisches Wörterbuch der Hochdeutschen Mundart" (²1793–1801) verfaßt, das Schiller erwarb (vgl. an Cotta vom 18. September 1795 sowie Schüddekopf, Schillers Bibliothek, Nr 4). Die Veränderung der Überschrift sollte womöglich den Bezug erweitern und läßt an die gesamte „Gesellschaft von Sprachfreunden" denken, die Gegenstand von Nr 151 ist (vgl. die Erläuterungen dazu).

326–327 Nr 142–144

Diese Distichen richten sich gegen Christoph Friedrich Nicolai (1733–1811), neben Reichardt (vgl. zu Nr 80) hauptsächliche Zielscheibe der „Xenien". In der Sammelhandschrift gab es eine 39 Distichen umfassende geschlossene Epigrammgruppe, die sich mit Nicolai auseinandersetzte (vgl. die „Konkordanz [...]"). Außerhalb dieser beziehen sich noch folgende Nummern (vermutlich) auf Nicolai: Nr 9 (?), 10 (?), 73, 84, 128 (?), 142–144, 238, 254, 334, 355, 498, 574– 576.

Nicolai war Buchhändler, Verleger und Schriftsteller in Berlin, der sich in vielfältigster Weise literarischen, philosophischen und theologischen Angelegenheiten widmete. Nach seiner ersten literaturkritischen Schrift, den „Briefen über den itzigen Zustand der schönen Wissenschaften in Deutschland" (1755), kam es durch die Bekanntschaft mit Lessing und Moses Mendelssohn 1756 und 1757 zum Briefwechsel über die Tragödie, der Nicolais „Abhandlung vom Trauerspiele" folgte, die in der mit den Freunden gegründeten „Bibliothek der schönen Wissenschaften und der freyen Künste" erschien (1757. Bd 1. 1. Stück. S. 17–68). Während Nicolai sich aus diesem Unternehmen bereits 1759 zurückzog, entwickelte sich, nach den wieder in Zusammenarbeit mit Lessing und Mendelssohn herausgegebenen „Briefen die Neueste Litteratur betreffend" (1759–1765) (vgl. zu Nr 144), die 1766 gegründete „Allgemeine deutsche Bibliothek" zu einem der langlebigsten Publikationsorgane der Aufklärung (vgl. zu Nr 254). Neben Journalistik trieb Nicolai auch belletristische Schriftstellerei; er schrieb satirische gesellschafts-, religions- und philosophiekritische Romane (vgl. zu Nr 142, 498) sowie die voluminöse kulturkritische „Beschreibung einer Reise durch Deutschland und die Schweiz" in zwölf Bänden (1783–1796).

Darin trat Nicolai von einem strikt aufklärerisch-rationalen Standpunkt aus zum Kampf gegen Aberglauben, Schwärmerei und Irrationalismus in Kunst und Poesie, in Philosophie und Religion an. Seine Opposition galt in gleicher Weise der Literatur des Sturm und Drang, der Klassik und Romantik, der Transzendentalphilosophie Kants und dessen Anhängern sowie dem römischen Katholizismus. In seinem kritischen Engagement nicht immer zurückhaltend, geriet Nicolai in vielfachen Konflikt mit den Angegriffenen; er verfeindete sich mit Hamann und Herder, mit Wieland und Voß, mit Lavater und Jacobi u. a. Mit Goethe hatte er es schon 1775 durch die Parodie „Freuden des jungen Werthers" verdorben; vgl. dazu Nr 355 sowie Goethes Spottverse „Nicolai auf Werthers Grabe" und „‚Die Leiden des jungen Werther' / an Nicolai" (WA I 5 I, 159–160). Zum Streit mit Schiller kam es durch Nicolais scharfe Beurteilung *der „Horen" in der „Beschreibung einer Reise" (Bd 11. Berlin und Stettin 1796. S. 177–312).*

Schiller, der früher einmal Hoffnungen darein setzte, von Nicolai, gleichsam dem Souverain der Litteratur, geschätzt zu werden (an Christophine Schiller vom 6. November 1782), hatte bereits vor der Veröffentlichung der Kritik durch Humboldt erfahren, daß Nicolai die „Horen" fürchterlich abimiren wolle (an Schiller vom 23. Oktober 1795). Nicolai machte der Zeitschrift im allgemeinen den Vorwurf, sie erfülle die hochgesteckten Erwartungen nicht, die sie selbst geweckt habe, und sie bediene sich in unmäßiger Weise der modischen Terminologie und der Ideen der Kantischen Philosophie; im besonderen griff er die Briefe „Ueber die ästhetische Erziehung des Menschen" an: sie seien sophistisch, langweilig, dunkel und statt philosophisch voll blühender Phantasie (vgl. hierüber ausführlich zu Schiller an Goethe vom 1. November 1795). Nach der Lektüre urteilte Humboldt in seinem Brief an Schiller vom 9. April 1796: Sie können sich das Ding gar nicht platt, unwissend, langweilig, und anmaßend genug vorstellen. *Noch ehe Schiller Nicolais Ausführungen selbst zur Kenntnis genommen hatte, war er schon zur Reaktion entschlossen (vgl. an Goethe vom 1. November, an Körner vom 2. November 1795). Am 29. November 1795 kündigte er Goethe den „Beschluß der Abhandlung über naive und sentimentalische Dichter, nebst einigen Bemerkungen einen charakteristischen Unterschied unter den Menschen betreffend" (Horen 1796. 1. Stück. S. 75–122; NA 20, 473–503) mit dem Hinweis an:* Hier habe ich Lust, eine kleine Hasenjagd in unserer Litteratur anzustellen und besonders etliche gute Freunde, wie Nicolai und Consorten zu regaliren. *Ausgeführt wurde dieser Plan in den Äußerungen über die Gefahren, die der Schönheit durch die „Platitüde" drohen (vgl. NA 20, 487–488), womit Nicolai angesprochen war.*

Nachdem das Unternehmen der „Xenien" in Gang gekommen war, gehörte Nicolai für Schiller als unser geschworner Feind *zu den besonders heftig zu treffenden Gegnern (vgl. „Dokumente", Nr 10); nicht weniger als knapp fünfzig Distichen wurden ihm gewidmet (s. o.). Nicolai verteidigte sich mit einem „Anhang zu Friedrich Schillers Musen-Almanach für das Jahr 1797", in der Absicht,* mit den Herren Schiller und Göthe wegen ihrer Ungezogenheit in ihrem sogenannten Musenalmanache ein Wörtchen zu sprechen, sehr ernsthafft und lustig, wie mans nehmen will, gar nicht in dem Tone den diese Herren annehmen, aber in einem Tone, den sie vermuthlich nicht erwartet haben. Ich vertheidige im Grunde die ganze deutsche Litteratur, welche solcher Karrenschieberton beschimpft *(an Ludwig Christoph Althof vom 9. Dezember 1796; Briefe von und an Gottfried Bürger 4, 269).*

Vgl. über Nicolai: Möller, Aufklärung in Preußen (1974); Martens, Ein Bürger auf Reisen (1979); Jäger, Der reisende Enzyklopäd und seine Kritiker (1982); de Bruyn, Vertraute Briefe (1982); Berghahn, Maßlose Kritik (1986).

326 Nr 142   Geschichte eines dicken Mannes

LESARTEN. *Überschrift:* Geschichte des dicken Mannes. b^8 *Im Klammersatz fehlt* N. b^8 2 rühmet] meldet b^8

ERLÄUTERUNGEN. Das Xenion bezieht sich auf Nicolais komischen Roman „Geschichte eines dicken Mannes" (1794); es spielt auf die im Untertitel erwähnte Rezension des Romans in der „Neuen allgemeinen deutschen Bibliothek" (1795. Bd 19. 2. Stück. S. 404–406) an, deren Verfasser der Pädagoge und Schriftsteller Ernst Christian Trapp (1745–1818) aus Wolfenbüttel ist; dort heißt es: Gesetzt, lieber Leser, du hättest dir den Magen deines Geistes mit mancher schwer zu verdauenden Speise unserer Zeit überladen, und wünschtest ein Elixir à la Lucien, à la Foote, à la Hogarth, das die Blähungen sanft dir abtreibe: so kann ich dir auf Glauben diesen dicken Mann empfehlen. *(S. 405.)*

Der Roman richtet sich gegen die kritische Philosophie als Mode, gegen das Nachbeten ihrer Terminologie, letztlich gegen die Autorität Kants. In den Figuren von Anselm und Philipp treten der „gesunde Menschenverstand" und der „philosophische" gegeneinander an: In unserm dicken Manne lernt der philosophische Verstand von dem gemeinen, Anselm von Philipp, und befindet sich wohl dabey. *(S. 406.) Nicolai setzte seine Kritik an Kant fort in einem weiteren Roman: „Leben und Meinungen Sempronius Gundibert's eines deutschen Philosophen" (1798). Die „Geschichte eines dicken Mannes" war von Schiller bereits im „Beschluß der Abhandlung über naive und sentimentalische Dichter" im Zusammenhang mit der satyrischen Dichtkunst kritisiert und der Verfasser zu den* geschworenen Feinden alles poetischen Geistes *gerechnet worden (Horen 1796. 1. Stück. S. 87; NA 20, 480).*

326 Nr 143 Anecdoten von Friedrich II.

LESARTEN. Überschrift: Friedrich] Fridrich E^a E^c

ERLÄUTERUNGEN. Nicolai hatte eine Sammlung „Anekdoten von König Friedrich II. von Preussen" (1788–1792) herausgegeben. – Vgl. auch zu Nr 469.

327 Nr 144 Litteraturbriefe

LESARTEN. 1 Ich] ich b^8 glauben,] glauben. H^2 kein Satzzeichen b^8

ERLÄUTERUNGEN. Das treffliche Werk waren die von Lessing, Mendelssohn und Nicolai gemeinsam herausgegebenen „Briefe die Neueste Litteratur betreffend" (1759–1765), ein aktuelles Rezensionsjournal in Briefform (mit Hilfe eines fiktiven Empfängers, eines in der Schlacht von Zorndorf verwundeten preußischen Offiziers). Der Hauptanteil der Arbeit wurde von Lessing geleistet, nach dessen Rückzug 1760 (mit dem Beschluß des 127. Briefes) von Mendelssohn. Nicolai lieferte nur bei Manuskriptmangel Beiträge; seine Aufgaben lagen auf organisatorisch-verlegerischem Gebiet. Im 11. Band seiner „Beschreibung einer Reise durch Deutschland und die Schweiz" (1796), in dem auch Nicolais „Horen"-Kritik erschien, hatte dieser einleitend bemerkt:* Es ist mir immer noch als ob ich Litteraturbriefe schriebe. *(S. XI.) Möglicherweise liegt hier der Anlaß zu vorliegendem Xenion.*

327 Nr 145—147

Diese „Xenien" beziehen sich auf Johann Friedrich Reichardt (vgl. über ihn zu Nr 80); in der Sammelhandschrift schloß sich noch Nr 496 an.

327 Nr 145   Gewisse Melodien

LESARTEN. *Überschrift:* Rxxsche Compositionen b^8 1 Denken!] Denken. b^8 eiskalt,] eiskalt. E^c 1—2 bleibt man eiskalt, / Vier, fünf] gefällt sie / Keinem, zwey b^8

ERLÄUTERUNGEN. *Wie aus der Überschrift in der Sammelhandschrift (b^8) deutlicher hervorgeht, sind Kompositionen von Reichardt gemeint. Das herbe Urteil über dessen Musik erscheint schwer verständlich, war Reichardt doch, und auch mit Erfolg, als Komponist für Goethe und Schiller tätig; noch für den „Musen-Almanach für das Jahr 1796" hatte er acht Kompositionen geliefert (vgl. Schiller an Reichardt vom 10. Juli 1795 und die Erläuterungen dazu). Möglicherweise wurde Schiller durch eine Stellungnahme Körners zur Kritik an Reichardt veranlaßt; Körner sprach angesichts von Reichardts musikalischen Beiträgen zum Almanach von* Armuth und Trockenheit *als Folge eines musikalischen Unvermögens. Wenige Tage später jedenfalls forderte Schiller Goethe auf, Reichardt in den „Xenien" nun auch als Musiker anzugreifen (Brief vom 5. Februar 1796; vgl. „Dokumente", Nr 28). Vgl. über Reichardt als Musiker und Komponist: Salmen, Johann Friedrich Reichardt (1963), 189—348.*
1 Musik fürs Denken] *Vergleichbar äußerte sich Goethe in einer späteren, durchaus wohlwollenden Besprechung von Reichardts „Vertrauten Briefen aus Paris" (1804):* Gegen Musik und Oper verhält sich der Reisende als denkender Künstler *(Jenaische Allgemeine Literatur-Zeitung. Nr 18 vom 21. Januar 1804. Sp. 139; WA I 40, 253).*

327 Nr 146   Ueberschriften dazu

LESARTEN. *Fassung b^8:*
    Ueberschrifften zu seinen Melodien.
 Frostig und herschloß *[Schreibversehen durch Hörfehler]* ist
    der Gesang, doch werden die Leser
Auf besonderm Postscript höflich zu fühlen ersucht.

ERLÄUTERUNGEN. *Reichardt versah seine Kompositionen links oben über der Partitur mit differenzierten Angaben der Vortragsweisen und Tempi, wie z. B. folgenden aus dem „Musen-Almanach für das Jahr 1796":* Mächtig und stark *(Schillers „Die Macht des Gesanges"; vor S. 1),* Innig sehnend *(Goethes „Die Nähe des Geliebten"; vor S. 5),* Innig froh, doch nicht zu lebhaft *(Haugs „Minnelied"; vor S. 23),* Lebhaft und wonnevoll *(Sophie Mereaus „Frühling";*

vor S. 55), Langsam ohne alle Erhebung der Stimme, durchaus gleichförmig und halbstark *(Goethes „Meeresstille"; vor S. 83) u. ä. Welch große Bedeutung Reichardt solchen Hinweisen beimaß, geht aus seiner Rezension der „Lieder in Musik gesezt" (1795) von Hans Georg Nägeli (1773–1836) hervor; dort heißt es:* Daß Hr. N. aber alle seine Lieder ohne die Bewegung und den Vortrag andeutende Überschriften gelassen hat, ist sehr zu bedauern. [...] Es ist zu wetten, daß oft von zehn Dilettanten, nicht zwei die Lieder in einer und derselben Bewegung singen werden, und vielleicht nicht Einer in der rechten. *(Musikalischer Almanach hrsg. von Johann Friedrich Reichardt. Berlin 1796. Kapitel V [o. S.].)*

327 Nr 147   Der böse Geselle

LESARTEN. 1 bitte] *verb. aus* bittet h^6 Musen,] *Komma fehlt* h^6 h^8 ihm] i h m h^6 2 Denn der schwere Gesang zieht auch dein leichtstes in Grund h^6

ERLÄUTERUNGEN. *Vgl. die Erläuterungen zu Nr 145 und 146.*

327 Nr 148   Karl von Karlsberg

LESARTEN. *Überschrift:* Salzmann H^4

ERLÄUTERUNGEN. *Der Titel zitiert den Roman „Carl von Carlsberg" (1783–1788) von Christian Gotthilf Salzmann (1744–1811), der Theologe, philanthropischer Pädagoge und Gründer des Erziehungsinstituts in Schnepfenthal bei Gotha war. Über Salzmanns Werk hatte Schiller sich in der Abhandlung „Ueber naive und sentimentalische Dichtung" ironisch geäußert (vgl.* NA 20, 480).
2 Charité] *Krankenhaus, in dem die ärmere Bevölkerung kostenlose medizinische Pflege erhielt.*

327 Nr 149   Schriften für Damen und Kinder

LESARTEN. 1 für] *danach* Damen *gestr.* H^3 nebst Fabeln] *über gestr.* Spruchbüchlein H^3 Kinder"] Kinder": H^3 h^8

ERLÄUTERUNGEN. *Das Distichon wendet sich wohl allgemein gegen die zeitgenössische Flut von Damenzeitschriften, von denen Schmidt/Suphan ([1893], 156–157) eine Vielzahl anführen, einerseits, gegen fromm-didaktische Kinderliteratur („Spruchbüchlein" [vgl. die Fassung in* H^3]*) und aufklärerische Schriften für Kinder* (Fabeln)*, wie sie von Joachim Heinrich Campe (vgl. zu Nr 151) und Christian Felix Weiße (1726–1804) verfaßt wurden, anderer-*

seits. Schillers Bedenken gegen Damenliteratur werden in einem Schreiben an Ludwig Ferdinand Huber vom 14. November 1794 deutlich, das er seinem Brief an Cotta vom selben Tag mit der Erlaubnis zur Veröffentlichung beischloß (Flora 1795. Erstes Bändchen. S. 101–103); dort äußert er sich anerkennend über die von Huber und Christian Jakob Zahn (1765–1830) bei Cotta herausgegebene Zeitschrift „Flora. Teutschlands Töchtern geweiht von Freunden und Freundinnen des schönen Geschlechts", kritisierte jedoch, daß sich das Journal blos auf eine angenehme Unterhaltung des schönen Geschlechts zum Nachteil einer ernsthaftern Belehrung und Bildung beschränke (S. 101). (Später veröffentlichte Schiller selbst einige Gedichte in einer Damenzeitschrift: In Cottas „Taschenbuch für Damen" erschienen „Die Worte des Wahns", „Hero und Leander", „An ***" [später: „Der Antritt des neuen Jahrhunderts. An ***"], „Voltaires Püçelle und die Jungfrau von Orleans", „An die Freunde", „Thekla. Eine Geisterstimme", „Die vier Weltalter", „Kassandra" u. a.) Goethe hatte für Damen- und Kinderliteratur wenig übrig, wie er überhaupt das moderne Feminisiren und Infantisiren so mancher höheren und profunderen Materie ablehnte (Zur Farbenlehre. Historischer Theil; WA II 4, 120).

327 Nr 150   Dieselbe

LESARTEN. *Überschrift fehlt* h^7 h^{11} *(beide Fassungen)* Ein andres. h^8 1 Kinder! Ich] Kinder, ich h^7 h^8 2 überliesse] überließe E^a Kind!] Kind. h^7 h^8 h^{11} *(beide Fassungen)*   *Das ganze Distichon gestr.* h^7 *und erste Fassung* h^{11}

ERLÄUTERUNGEN. *Die Überschrift des Xenions bezieht sich auf die in Nr 149 erwähnten fingierten Titel* „Bibliothek für das andre Geschlecht [...]". – *Angesichts der anwachsenden Kinderliteratur machte Georg Christoph Lichtenberg den Vorschlag:* Es wäre ein guter Plan, wenn einmal ein Kind ein Buch für einen Alten schriebe, da jetzt alles für Kinder schreibt. *(Vermischte Schriften 2 [1801], 409.)*

327 Nr 151   Gesellschaft von Sprachfreunden

LESARTEN. 1 Ihr] ihr h^6 2 Unsrer] Unserer h^6 Autoren, und,] *Kommata fehlen* h^6 h^8 wem] wen E^b Federgen] Federchen h^6 h^8

ERLÄUTERUNGEN. *Das Xenion bezieht sich in erster Linie auf Joachim Heinrich Campe (1746–1818), den dem Geiste der Aufklärung verpflichteten Pädagogen, Verleger, Schriftsteller und Sprachforscher (vgl. über ihn zu Schiller an Humboldt vom 7. September 1795). Als Sprachforscher widmete sich Campe u. a. der Reinigung der deutschen Sprache (vgl. Nr 152); unter seiner Initiative wurden in Braunschweig* „Beiträge zur weitern Ausbildung der Deutschen Sprache von einer Gesellschaft von Sprachfreunden" *herausgegeben. Zu dieser Gesellschaft gehörten neben anderen Ernst Christian Trapp (1745–1818),*

Mitarbeiter am Dessauer Philanthropin, Privatgelehrter in Wolfenbüttel, Johann Joachim Eschenburg (vgl. zu Nr 85, 139), Johann Friedrich Heynatz (1744–1809), Rektor des Lyzeums in Frankfurt/O., außerordentlicher *Professor der Beredsamkeit und der schönen Wissenschaften, Johann Christian Christoph Rüdiger (1751–1822), Professor der Kameralwissenschaften in Halle und Sprachkundler.*

In der Ankündigung der Zeitschrift hieß es, große Werke berühmter Dichter *(so auch Goethes „Iphigenie auf Tauris" [vgl. Bd 2. 1796. 6. Stück. S. 1–37; Bd 3. 1797. 7. Stück. S. 1–50])* sollten unparteiisch auf ihre sprachliche Reinheit *untersucht werden,* von Männern, welche das Kleid von dem Körper wohl zu unterscheiden wüßten, und, indem sie auf jenem etwa hier ein wenig Staub abzublasen, etwa dort ein Schmutzfleckchen auszutilgen fänden, der makellosen Schönheit, die sie an diesem zu bemerken Gelegenheit hätten, alle mögliche Gerechtigkeit und Achtung erwiesen *(zitiert nach Schmidt/Suphan [1893], 156).*

Campe reagierte auf das Xenion im 7. Stück der „Beiträge" 1797 (Bd 3. S. 179–182) mit „Doppelversen (Distichen), einem Gegengeschenk für die Verfasser der Xenien in Schillers Musen-almanache"; einer der „Doppelverse", unterzeichnet mit Die Sprachfreunde, *nimmt Bezug auf die Schreibung* Federgen *im vorliegenden Epigramm:*

Euro Gnaden vergönnen, daß wir bürsten HochIhnen
Auch ein F e d e r g e n ab; sehn Sie, F e d e r c h e n heißt's!

(S. 179.) Für Schiller hatte Campe damit den P e d a n t e n *und die* W a s c h f r a u *[vgl. Nr 87] nur aufs neue bestätigt. (An Goethe vom 27. Januar 1797; vgl. „Dokumente", Nr 115.) Im übrigen aber nahm Campe den Spott nicht übel; vgl. seinen Brief an Schiller vom 9. März 1798 (vgl. „Dokumente", Nr 122), außerdem die Erläuterungen zu Schiller an Goethe vom 27. Januar 1797.*

328 Nr 152 **Der Purist**

LESARTEN. *Überschrift:* Campe der Uebersetzer H^1 1 fremden] gallischen H^1 h^8 2 doch] doch, H^1 h^8 P e d a n t] Pedant h^8

ERLÄUTERUNGEN. *Wie die frühere Überschrift in H^1 verrät, richtet sich das Epigramm gegen Joachim Heinrich Campe und dessen Sprachreinigungsbemühungen; vgl. darüber zu Nr 151, über Campes Antwort auf den Spott der „Xenien" die Erläuterungen zu Schiller an Goethe vom 27. Januar 1797.*

328 Nr 153 **Vernünftige Betrachtung**

LESARTEN. *Überschrift fehlt* h^8 1 wir,] *Komma fehlt* h^8 zerrinnet] verrinnet h^8

ERLÄUTERUNGEN. *Das Xenion folgte in der Sammelhandschrift dem Epigramm „Das gemeinschaftliche Schicksal", das im „Musen-Almanach für das*

Jahr 1797" (S. 111) unter dem Titel „Das gemeinsame Schicksal" erschien (vgl. NA 1, 288). Schlagen die „Xenien"(-Dichter) hier versöhnliche Töne an, oder wird die „Vernünftige Betrachtung" lediglich ironisierend zitiert, als Rede eines anderen, der für sich „Vernünftigkeit" in Anspruch nimmt? Nr 154 könnte eine Antwort darauf sein.

328 Nr 154   An **

LESARTEN. *Überschrift:* An XXX b^3 2 plump] schwer b^3

ERLÄUTERUNGEN. *Der Adressat des Xenions, wenn es einen bestimmten gibt, ist nicht mit Sicherheit anzugeben. Boas (Xenienkampf [1851] 1, 109) und Saupe (Xenien [1852], 132) verweisen auf Moritz August von Thümmel (1738–1817), Schriftsteller in Gotha, Coburgischen Geheimen Rat und Minister; dessen (1796 noch nicht abgeschlossenes) Werk „Reise in die mittäglichen Provinzen von Frankreich" (1791–1805) hatte Schiller in seiner Abhandlung „Ueber naive und sentimentalische Dichtung" als guten Unterhaltungsroman bezeichnet, ihm ästhetische Würde jedoch abgesprochen (NA 20, 461). Schon zu Beginn der „Xenien"-Zeit wurde Thümmel als potentieller Gegner genannt (vgl. Schiller an Goethe vom 29. Dezember 1795; vgl. „Dokumente", Nr 10); es ist sonst kein Distichon gegen Thümmel überliefert bis auf ein nicht veröffentlichtes Epigramm Goethes über Thümmels Reise-Werk:*

    Reisen in's südliche Frankreich.
Wie es hinter dem Mieder beschaffen und unter dem Röckchen,
    Lehret, wißt ihr es nicht, zierlich der reisende Freund.

(WA I 5 I, 292.) (Mit Hinweis auf dieses Distichon widerrief Boas später seine Deutung; vgl. Schiller's und Goethe's Xenien-Manuscript [1856], 118.) Schmidt/Suphan ([1893], 169) denken an Friedrich Karl Forberg (1770–1848), Adjunkt der philosophischen Fakultät in Jena; Forberg hatte nach Erscheinen der „Horen"-Rezension von Christian Gottfried Schütz in der ALZ (1795. Nr 28 und 29 vom 31. Januar. Sp. 217–227) behauptet, die Besprechung sei von Cotta bezahlt worden, worauf er von den Herausgebern der ALZ verklagt wurde und einlenkte (vgl. zu Humboldt an Schiller vom 27. November 1795 sowie Fambach 2, 120–123).

328 Nr 155   An ***

LESARTEN. *Überschrift:* An Herostratus. b^3 *Überschrift fehlt* b^8 1 Nein! Du] Nein du b^3 b^8 verspottet] v e r s p o t t e t b^3 2 genannt,] g e n a n n t – b^3 genannt – b^8 verschon] vergeß b^3 dich,] *Komma fehlt* b^3 b^8

ERLÄUTERUNGEN. *Über den unbekannten Adressaten des Xenions, falls ein solcher angesprochen ist, gibt es – trotz der ursprünglichen Überschrift – nur*

Vermutungen. Hoffmeister (Nachlese zu Schillers Werken 3 [1840], 148) rät auf August von Kotzebue, Boas (Xenienkampf [1851] 1, 110) und Saupe (Xenien [1852], 132–133) schlagen Karl August Böttiger (vgl. über ihn zu Nr 494) vor, Schmidt/Suphan ([1893], 169), wie für Nr 154, Friedrich Karl Forberg.

328 Nr 156 Garve

ERLÄUTERUNGEN. *Christian Garve (1742–1798), philosophischer Schriftsteller in Breslau, 1770 bis 1772 Professor der Philosophie in Leipzig, bis er sein Amt aus Gesundheitsgründen aufgab, litt an Gesichtskrebs und ertrug seine Krankheit in allgemein bewunderter Weise (vgl. zu Garve an Schiller vom 18. April 1796). Er hatte im 1. Teil seiner „Versuche über verschiedene Gegenstände aus der Moral, der Litteratur und dem gesellschaftlichen Leben" (1792) eine Abhandlung „Ueber die Geduld" veröffentlicht (S. 1–116), auf die das Xenion Bezug nimmt. Trotz des respektvollen Epigramms billigte Garve weder dieses Distichon noch die übrigen „Xenien" (vgl. des näheren zu Garve an Schiller vom 23. Oktober 1797 [vgl. „Dokumente", Nr 121] und Schiller an Garve vom 6. November 1797).*

328 Nr 157 Auf gewisse Anfragen

LESARTEN. **1** Ob du] ob du b^8 **2** Ja,] *Komma fehlt* b^8 nein! Folge] nein, folge b^8

ERLÄUTERUNGEN. *Soll das Xenion auf einen bestimmten Adressaten bezogen werden, so ließe sich (mit Boas [Xenienkampf (1851) 1, 110–111]) auf Karl Ludwig Woltmann (1770–1817), Professor der Geschichte in Jena, Mitarbeiter der „Horen" und des „Musen-Almanachs", hinweisen; er hatte Schiller im Dezember 1795 ein Trauerspiel, „Cäcilie von der Tiver", und ein Singspiel, „Der Gerichtshof der Liebe", vorgelegt, die Schiller für mißlungen hielt (vgl. an Goethe vom 24. Januar 1796); – oder, was plausibler scheint, mit Schmidt/ Suphan ([1893], 193) auf Martin Heinrich Arvelius (1761–1799), Schriftsteller in Reval, dem der Rezensent seiner „Gedichte" (1794 [vgl. Ruppert, Goethes Bibliothek, Nr 827]) in der ALZ (1795. Nr 219 vom 13. August. Sp. 316– 317), Johann Baptist von Alxinger, vom Dichten abgeraten hatte, obwohl der* Autor sein Buch Hn. W i e l a n d *zugeeignet und es auf dessen Ausspruch will ankommen lassen, ob er fortdichten soll oder nicht (Sp. 316). Daraufhin hatte der erboste Arvelius im „Intelligenzblatt" Nr 145 der ALZ vom 12. Dezember 1795 (Sp. 1166–1167) eine „Antikritik" verfaßt, in der er Wieland zitierte, der ihn aufgefordert habe,* nicht nur Nebenstunden, sondern [...] selbst Ihre heitersten und freisten Tage, dem Dienst der Muse, die Ihnen so hold ist, zu widmen. *(Sp. 1166.)*

328 Nr 158   Stoßgebet

ERLÄUTERUNGEN. *Das hier isoliert stehende politische Epigramm schließt inhaltlich an andere „Xenien" an: Vgl. Nr 440–448. Den Standpunkt: „Jedem das Seine" vertreten in ähnlicher Weise auch Nr 233 und 234. Eine Figur wie den Sansculott mit Epauletten und Stern verkörpert Schnaps in Goethes Lustspiel „Der Bürgergeneral" (1793).*
2 Sansculott] *Vgl. zu Nr 211.*

328 Nr 159   Distinctionszeichen

LESARTEN. *Überschrift:* Interpunctionen h^6 Interpunktionen. h^{11} *Überschrift fehlt* h^7 **1** Anführungsstriche fehlen h^7 doch] *fehlt* h^7 manche] viele h^6 (manche) *über nicht gestr.* viele h^{11} Gedichtgen"!] Gedichten!" h^6 Gedichten h^7 (Gedichtchen) *über nicht gestr.* Gedichten!" h^{11} **2** Freilich, zu] Nein zu h^6 h^7 h^{11} (Freilich) *unter nicht gestr.* Nein h^{11} braucht *bis* Punkt.] *fehlt* h^7

ERLÄUTERUNGEN. *Wenn die kritische Feststellung im Hexameter den „Xenien" gilt, so ließe sich die Erwiderung im Pentameter als eine Art präventiver Selbstkritik der Epigramme lesen; sie geben zu, von unterschiedlichem poetischen Gewicht zu sein, aber die „unbedeutenden" Gedichtgen konturieren – wie Punkt und Komma den Satz – die bedeutenden. Wie Punkt und Komma für sich keine (semantische) „Bedeutung", sondern nur die Funktion haben, die Bedeutung des Satzes hervortreten zu lassen, so gehört es zur Aufgabe der „unbedeutenden" „Xenien" (oft an den Nahtstellen und Übergängen der Sammlung), die (poetische) Bedeutung der anderen hervorzuheben. – Das Xenion argumentiert wie schon Martial in seinen Epigrammen (I 16):*
    Sunt bona, sunt quaedam mediocria, sunt mala plura
        quae legis hic: aliter non fit, Avite, liber.
(„Gutes ist da, manch Mäßiges auch, noch mehr kann auch schlecht sein, / was du hier liest; doch sonst gibt es, Avitus, kein Buch"; nach Rudolf Helm, Martial, Epigramme [1957], 57.)

329 Nr 160   Die Addressen

LESARTEN. *Überschrift:* An den Leser. h^8 **1** Alles *bis* selber,] Alles, wir sagens vorher, ist nicht für alle; h^8

ERLÄUTERUNGEN. *Das Distichon gehörte ursprünglich zu einer Gruppe einleitender Epigramme (vgl. die „Konkordanz der ‚Xenien'-Sammelhandschrift [...]"). Es gibt Aufschluß über das Selbstverständnis der „Xenien"; zu deren epigrammatischen Strategien gehört, ihre Adressaten von Fall zu Fall nicht anzugeben, um die Leser in die Situation zu versetzen, sich selbst betroffen zu fühlen – und sich damit als Adressaten selbst zu verraten, insgeheim oder öffentlich, so, wie Goethe es mit Reichardt plante (vgl. „Dokumente", Nr 111).*

329–331 Nr 161–183

*Die meisten Distichen dieser „Xenien"-Reihe gehörten in der Sammelhandschrift zu einer Epigrammgruppe über Erkenntnis, Wahrheit und Schönheit in Wissenschaft, Philosophie, Ethik und Ästhetik (vgl. die „Konkordanz [...]").
Hier kommen die nur im Almanach überlieferten „Xenien" Nr 175, 178, 179, 181–183 hinzu; Nr 177 war ursprünglich einer „Xenien"-Gruppe über Literatur und Literaten eingegliedert.*

329 Nr 161–163

Über Vulkanisten und Neptunisten.

329 Nr 161   Schöpfung durch Feuer

LESARTEN. 1 Säulen! Ihr] Säulen, ihr h^6 h^8 2 Mensch] Mensch, h^6 h^8

ERLÄUTERUNGEN. *Das Xenion bezieht sich auf den geologischen Streit zwischen den sogenannten Neptunisten, die, wie Abraham Gottlob Werner, Johann Georg Forster und Alexander von Humboldt, die (widerlegte) These vertraten, die Gesteine seien durch Kristallisationen aus dem Urozean entstanden, und den sogenannten Plutonisten oder Vulkanisten, die, wie der schottische Geologe James Hutton (1726–1797), der Auffassung waren, die Gesteinsbildung stehe mit einem Zentralfeuer im Innern der Erde in Zusammenhang. Goethe machte in diesem Streit „Vergleichs-Vorschläge die Vulkanier und Neptunier über die Entstehung des Basalts zu vereinigen" (WA II 9, 304–306). Vgl. dazu auch seine Bemerkungen über Karl Wilhelm Nose (WA II 9, 183–195) und die späteren „Zahmen Xenien" „Wie man die Könige verletzt [...]" und „Kaum wendet der edle Werner den Rücken [...]" (WA I 3, 358–359).*

329 Nr 162   Mineralogischer Patriotismus

LESARTEN. Überschrift: Der Vorzug. h^6 h^8 1 Jedermann freute sich nun bey sich auch Lava zu finden, h^6 h^8 2 schlecht,] schlecht: h^6 h^8 Gebürg!] Gebirg! h^6 Gebirg. h^8

ERLÄUTERUNGEN. *Vgl. die Erläuterungen zu Nr 161.*

329 Nr 163   Kurze Freude

LESARTEN. 2 entzündete] entzündende b^8

ERLÄUTERUNGEN. Vgl. die Erläuterungen zu Nr 161. – Die Theorie des Neptunismus ist heute widerlegt.

329–331 Nr 164–176

Die Distichen sind gegen die Farbenlehre Newtons und ihre Vertreter gerichtet. Goethes Schriften zur Farbenlehre stammen aus den zwei Jahrzehnten von 1790 bis 1810. In der Phase bis zur „Xenien"-Zeit erschienen seine „Beyträge zur Optik" (1791–1792); 1793 entstanden die ersten Abhandlungen, in denen Goethe gegen Newton Stellung bezog: „Versuche die Elemente der Farbenlehre zu entdecken", „Über Newtons Hypothese der diversen Refrangibilität" u. a.

Die Auseinandersetzung mit Newton hatte grundsätzlichen Charakter; in ihr spiegeln sich unterschiedliche Auffassungen der Naturforschung und ihrer Methodik wider. Newton ist für Goethe der Vertreter der „modernen" Naturwissenschaft; diese macht „Natur" zu einem vom Betrachtenden unabhängigen, objektiven Gegenstand, der auf induktiv-experimentellem Weg, mit Hilfe der Technik und unter Einsatz von Apparaten untersucht wird; „Natur" wird mathematisiert, mechanisiert, quantifiziert, ihre sichtbaren Erscheinungen auf den Sinnen nicht (mehr) zugängliche „Naturgesetze" reduziert. Künstlich (Nr 164) nennt Goethe diese Art der Naturwissenschaft; er glaubte, daß sie die „Natur" verfälsche und den Zusammenhang von Subjekt und Objekt zerstöre. Goethe forderte, die Erforschung der Natur auf das Gebiet des Anschaulichen und Erfahrbaren zu beschränken, in welchem alle Erscheinungen untereinander und mit dem Menschen in Zusammenhang stehen. Nicht technisch-experimentelle Analyse, sondern genaue Beobachtung der Naturerscheinungen sollte ihn zur intuitiven Erkenntnis zugrundeliegender Urphänomene führen; zwischen beiden waltete für Goethe nicht ein kausales Verhältnis wie zwischen Einzelfall und Naturgesetz, sondern die lebendige Beziehung individueller Entfaltung und Ausformung eines Grundtypus. In dieser Hinsicht hat Naturbetrachtung, jenen Vorgang nachvollziehend, die Aufgabe, ein ursprüngliches Ganzes herzustellen, und es wird die Verwandtschaft naturwissenschaftlicher Neugierde in Goethes Sinn mit dem Nachahmungstrieb des Künstlers offenbar.

Goethes Farbenlehre wurde von Freunden (Karl August, Heinrich Meyer, Schiller), von Künstlern (Klotz, Roux, Runge) und Philosophen (Schelling, Hegel) zustimmend aufgenommen. Unter Naturwissenschaftlern jedoch, insbesondere Physikern, tat sie nicht die gewünschte Wirkung. Auf physikalischem Gebiet verlor Goethe die Auseinandersetzung mit Newton.

329 Nr 164   Triumph der Schule

LESARTEN. *Überschrift fehlt* h^4 h^{10} 1 Welch erhabner] Welch ein erhabner h^2 Welch ein erhabener h^8 „Welch ein erhabner h^4 h^{10} Welch erhabener E^c Gedancke! Uns] Gedancke! uns h^2 h^4 Gedanke! uns h^8 h^{10} lehrt] zeigt h^{10} unsterbliche] treffliche *über gestr.* göttliche h^{10} Meister,] Lehrer, h^{10} *Komma fehlt* E^c 2 Deutlich die Theile des Strahls den wir nur einfach geglaubt." h^{10} theilen] *über gestr.* spalten h^2 spalten h^4 gekannt.] gekannt." h^4

ERLÄUTERUNGEN. *Im Gegensatz zu Isaac Newton (1643–1727), der die Farbe Weiß aus dem Zusammenwirken der verschiedenen Spektralfarben erklärt hatte, vertrat Goethe in seiner Farbenlehre die (widerlegte) Auffassung von der Einheit des weißen Lichts. Vgl. das Distichon „Die Zergliederer" aus den „Tabulae votivae" (Nr 31) sowie die Aufzählung von Parallelstellen bei Goethe in Schmidt/Suphan ([1893], 134–135).*

329 Nr 165   Die Möglichkeit

LESARTEN. 2 darauf,] *Komma fehlt* h^6 h^8 kömmt] komt h^6 kommt h^8

ERLÄUTERUNGEN. *Vgl. die Erläuterungen zu Nr 164–176.*

329 Nr 166   Wiederholung

LESARTEN. 1 tausendmal:] tausendmal! E^c 2 beging.] *Punkt fehlt* E^a *(Druckfehler)*

ERLÄUTERUNGEN. *Vgl. die Erläuterungen zu Nr 164–176.*

329 Nr 167   Wer glaubts?

ERLÄUTERUNGEN. *Vgl. die Erläuterungen zu Nr 164–176.*

330 Nr 168   Der Welt Lauf

LESARTEN. 1 fördert euch nicht] hilft euch nichts h^6 2 immer,] *Komma fehlt* h^6 h^8

ERLÄUTERUNGEN. *Vgl. die Erläuterungen zu Nr 164–176.*

330 Nr 169   Hoffnung

LESARTEN. 1 genommen,] *Komma fehlt* h^6 h^8

ERLÄUTERUNGEN. Zwar trog Goethes „Hoffnung" auf einen späteren wissenschaftlichen Durchbruch seiner physikalischen Arbeiten zur Farbentheorie und Optik, aber es bleibt ihm die „Ehre", durch seine entschiedenen Ansichten die Wahrheitsfindung gefördert zu haben. Vgl. auch zu Nr 164–176.

330 Nr 170   Exempel

LESARTEN. Überschrift fehlt h^9 1 sah ich verschwinden, dich] *gestr., darüber von Goethes Hand:* schwand in der Nacht, du h^9 2 folgst] *gestr., darunter von Goethes Hand:* schleichst h^9

ERLÄUTERUNGEN. In der Phlogistontheorie des Naturforschers, Chemikers und Mediziners Georg Ernst Stahl (1660–1734) wurde die Auffassung vertreten, daß alle brennbaren Stoffe ein Phlogiston, eine bestimmte materielle Substanz, enthielten, die beim Vorgang der Verbrennung entweiche. Diese Theorie wurde von dem französischen Chemiker Antoine Laurent Lavoisier (1743–1794) widerlegt.

330 Nr 171   Der letzte Märtyrer

LESARTEN. 1 aber] aber, h^6

ERLÄUTERUNGEN. Goethe sieht sich, selbstironisch, als „Märtyrer" der wahren Farbenlehre; vgl. auch Nr 169. Er spielt auf den tschechischen Kirchenreformer Jan Hus (um 1370–1415) an, der während des Konzils zu Konstanz 1415 als Ketzer verbrannt wurde; mit Bezug auf die Bedeutung seines Namens Hus (tschech.: Gans) wurde ihm das Wort in den Mund gelegt, jetzt brate man eine Gans, in hundert Jahren aber komme ein Schwan, dem man nichts anhaben werde; gemeint ist Martin Luther (1483–1546).

330 Nr 172   Menschlichkeiten

LESARTEN. 1 gesehen,] *Komma fehlt* h^6 h^8 2 schloß er, bewieß er so fort] schloß er nur, sah er nicht mehr h^6 h^8

ERLÄUTERUNGEN. Goethe bestritt keineswegs die „Sehfähigkeit" Newtons, aber er glaubte, diese Fähigkeit sei nicht auf die „lebendige" Natur, sondern lediglich auf im Experiment „künstlich" hergestellte Erscheinungen ausgerichtet gewesen und habe so notwendigerweise zu Fehlschlüssen geführt. Vgl. auch die Erläuterungen zu Nr 164–176.

330 Nr 173   Und abermals Menschlichkeiten

LESARTEN. 1 auf,] *Komma fehlt* b^6 b^8 sehn] sehen b^6 2 Sie erzählten nur fort *[b^8: fort,]* was er gesehen *[b^8: gesehn]* und gewähnt b^6 b^8

ERLÄUTERUNGEN. *Vgl. die Erläuterungen zu Nr 164–176.*

330 Nr 174   Der Widerstand

LESARTEN. *Überschrift:* Uberall Aristocraten. b^6 *Überschrift fehlt* b^8

ERLÄUTERUNGEN. *Das Xenion geht gegen die Anhänger Newtons, die sich durch die kritiklose Wiederholung seiner Meinungen, ohne eigenes Verdienst, „geadelt" fühlen. Sie setzen damit dem Fortschritt der Wissenschaft „Widerstand" entgegen.*

330 Nr 175   Neueste Farbentheorie von Wünsch

ERLÄUTERUNGEN. *Christian Ernst Wünsch (1744–1828) war Professor der Mathematik und Physik in Frankfurt/O. und Anhänger Newtons. In seiner Schrift „Versuche und Beobachtungen über die Farben des Lichtes" (1792 [vgl. Ruppert, Goethes Bibliothek, Nr 5291]), zuletzt noch in seinen „Kosmologischen Unterhaltungen für junge Freunde der Naturerkenntniß" (2 [²1794], 616), versuchte er die Anzahl der einfachen Farben, deren Newton sieben ausgewiesen hatte, auf drei zu reduzieren. Vgl. dazu Goethes Bemerkung „Wünsch 1792" (WA II 5 II, 313) – ein guter, aber äußerst paradoxer Kopf –, ferner Goethe an Schiller vom 13. Januar 1798, außerdem die „Nachträge zur Farbenlehre"; dort heißt es:* Hier haben wir unsern guten W ü n s c h wieder und seinen Essig der aus Gurkensalat erzeugt wird. *(WA II 5 I, 357.)*

331 Nr 176   Das Mittel

LESARTEN. *Überschrift fehlt* b^8 1 Warum] „Warum b^6 Versen?] Versen?" b^6

ERLÄUTERUNGEN. *Goethe wandte sich an ein Publikum, das keiner „Schule" (Nr 164) angehörte; deshalb wählte er Verse und nicht eine (prosaische) Wissenschaftssprache.*

331 Nr 177   Moralische Zwecke der Poesie

LESARTEN. *Überschrift fehlt* b^8 1 „Bessern] Beßern H^4 Dichter"!] Dichter!" – H^4 Dichter! – b^8 2 nicht einen Augenblick] nimmer und nimmermehr b^8 ruhn?] ruhn! E^b *unterzeichnet:* S. H^8

ERLÄUTERUNGEN. *Das hier etwas überraschend erscheinende Xenion gehörte in der Sammelhandschrift zu einer Epigrammreihe über Literatur und Literaten (vgl. die „Konkordanz* [...]"). *Die Ablehnung moralisch-didaktischer Literatur wird in den „Xenien" wiederholt ausgesprochen; vgl. Nr 127 und 311, außerdem das Epigramm „An die Moralisten" in den „Tabulae votivae" (Nr 97).*

331 Nr 178 Sections-Wuth

LESARTEN. *Überschrift:* Sections Wut E^a

ERLÄUTERUNGEN. *Das Epigramm attackiert das von Goethe verabscheute Nekrolog-Unwesen (vgl. zu Nr 77). Mit dem* Prosector *(lat.: Zergliederer) ist* Adolf Heinrich Friedrich Schlichtegroll (1765–1822) *als Herausgeber des „Nekrologs auf das Jahr* [...]. *Enthaltend Nachrichten von dem Leben merkwürdiger in diesem Jahre verstorbener Personen" (1791–1806) gemeint. Vgl. Nr 44, 77, 490 und die Erläuterungen dazu.*

331 Nr 179 Kritische Studien

ERLÄUTERUNGEN. *Es ist möglich, daß sich das Xenion auf die Beiträger zu Schlichtegrolls „Nekrolog" bezieht (vgl. zu Nr 178), aber auch, daß die pedantisch analysierenden „Sprachforscher" (Nr 141) oder die „Gesellschaft von Sprachfreunden" (Nr 151) gemeint sind, die unter der Leitung von Joachim Heinrich Campe in dessen „Beiträgen zur weitern Ausbildung der Deutschen Sprache" literarische Werke zergliederten; so vermutete Boas (Xenienkampf [1851] 1, 117). Schließlich ist auch die Deutung möglich, daß das Xenion jene Naturforschung ablehnt, die nur durch Experimente und Eingriffe in die „Natur" diese zu erkennen vermeinte (vgl. zu Nr 164–176).*

331 Nr 180 Der astronomische Himmel

LESARTEN. **1** In unendliche Höhe erstreckt sich das Sternengewölbe, b^8 **2** Aber] Doch b^8

ERLÄUTERUNGEN. *Es ist nicht sicher, ob sich das Distichon allgemein gegen eine wissenschaftsgläubige Überschätzung naturwissenschaftlicher Erkenntnismöglichkeiten richtet (wie „Menschliches Wissen" und „Genialität") oder ob es einen bestimmten Bezugspunkt hat, wie z. B.* Christian Ernst Wünschs *(vgl. zu Nr 175) Schrift „Kosmologische Unterhaltungen" (^{2}1791–1794), oder, wie* Boas *annimmt (Xenienkampf [1851] 1, 118), sich gar auf den astronomisch interessierten* Herzog Ernst II. Ludwig von Sachsen-Gotha (1745–1804) *bezieht.*

331 Nr 181   Naturforscher und Transscendental-Philosophen

LESARTEN. Überschrift: Transscendental-Philosophen] *Bindestrich fehlt E^a E^b*

ERLÄUTERUNGEN. Über den Gegensatz zwischen empirischer Naturwissenschaft und spekulativer Philosophie vgl. Goethe an Schiller vom 28. und vom 30. Juni 1798. – Ein Jahr nach dem „Xenien"-Almanach erschienen die „Ideen zu einer Philosophie der Natur" (1797) von Friedrich Wilhelm Joseph Schelling (1775–1854); in diesem Werk versuchte der Verfasser, der Warnung des Xenions gerade zuwider, eine spekulative Naturphilosophie zu entwickeln, die in die Lehre von der Identität von Subjekt und Objekt, Idealem und Realem, Geist und Natur im Absoluten einmündet; mit dieser Auffassung stieß Schelling bei den empirischen Naturwissenschaften auf scharfen Widerspruch.

331 Nr 182   An die voreiligen Verbindungsstifter

ERLÄUTERUNGEN. Vgl. die Erläuterungen zu Nr 181.

331 Nr 183   Der treue Spiegel

ERLÄUTERUNGEN. Wer der Adressat des Distichons ist, läßt sich nicht mit Bestimmtheit sagen. Möglich ist, daß Johann Heinrich Meyer (1760–1832), Goethes Freund, gemeint ist, der im Oktober 1795 wieder zu einer Italienreise aufgebrochen war und in Briefen über das Erlebte berichtete. Nach anderer Auffassung geht das Xenion auf Wieland (Boas, Xenienkampf [1851] 1, 119), Herder (Saupe, Xenien [1852], 140–141) oder Goethe selbst (Schmidt/Suphan [1893], 205), über dessen „Wilhelm Meister" Schiller u. a. sagte, sein, Wilhelms, Gemüt sei treuer [...] Spiegel *(an Goethe vom 5. Juli 1796).*

332–334 Nr 184–206

Die Epigramme gehörten in der Sammelhandschrift zu einer noch umfangreicheren „Xenien"-Gruppe gegen Christoph Friedrich Nicolai (vgl. die „Konkordanz [...]"; über Nicolai zu Nr 142–144).

332 Nr 184   Nicolai

LESARTEN. Überschrift: Ankündigung *von Goethe mit Blei nachgetragen b^8*

ERLÄUTERUNGEN. Das Distichon spielt auf Nicolais ungewöhnlich umfangreiche, mit einer Fülle umständlicher Berichte und Erklärungen, mit Exkursen in Literatur und Philosophie, mit statistischem Material angereicherte „Beschrei-

bung einer Reise durch Deutschland und die Schweiz, im Jahre 1781" an, die von 1783 bis 1796 in 12 Bänden erschien.

332 Nr 185 Der Wichtige

LESARTEN. *Überschrift:* Geschichte und Weissagung *von Goethe mit Blei nachgetragen h*[8]

ERLÄUTERUNGEN. In der Vorrede von Bd 11 der „Beschreibung einer Reise" (1796) verteidigt sich Nicolai gegen den Vorwurf, Zeit und Papier würde verschwendet (S. XI), mit dem Hinweis, „Wahrheit" erfordere „Deutlichkeit" (zu diesem Begriff vgl. Nr 467): Ich bin nun schon seit sehr langer Zeit im Besitze unangenehme Wahrheiten öffentlich und offenherzig herauszusagen (S. X), Zeit und Papier seien nicht für übel angewandt, wenn sie Gelegenheit gaben die Wahrheit deutlicher aus einander zu setzen, *auch in den wenigen Jahren bis zu seinem Tode wolle er stets nur* auf die Sache der Wahrheit sehen (S. XI). – Die Formulierung der Verse ist eine Persiflage auf Nicolais „Deutlichkeits"-Stil.

332 Nr 186 Der Plan des Werks

LESARTEN. *Überschrift:* Buchhandler Gewerbe *von Goethe mit Blei nachgetragen h*[8]

ERLÄUTERUNGEN. Die Vorrede zu Bd 11 der „Beschreibung einer Reise" bemerkt zur Konzeption des Gesamtwerks: Diese [die Reisebeschreibung] sollte, meinem Plane gemäß, der Faden seyn worauf ich Beobachtungen, Gedanken, Vorschläge aller Art die mir für unser deutsches Vaterland nützlich schienen, reihen wollte; irgend einen Faden muß ein Schriftsteller haben, der Dinge von sehr verschiedener Art vorzutragen hat. (S. XXVI.)
1 drey Lustra] *lat. lustrum: Jahrfünft. – Nicolai unternahm seine Reise 1781, sein Werk wurde 1796 abgeschlossen.*
2 Nützlich] *neben „deutlich" (vgl. Nr 467) eines der Lieblingswörter des Aufklärers Nicolai, das allein in der Vorrede zu Bd 11 mehr als ein dutzendmal vorkommt.*
2 formlos die Form] *Anspielung auf Nicolais wiederholte Kritik an der „Formalphilosophie" (Nr 187) und die kaum geordnete Stoffmasse seiner Reisebeschreibung.*

332 Nr 187 Formalphilosophie

LESARTEN. **1** Allen] n *von Goethe mit Blei erg. h*[8]

ERLÄUTERUNGEN. *Im Zusammenhang mit seiner „Horen"-Kritik in Bd 11 der „Beschreibung einer Reise" (S. 177–312) wandte sich Nicolai in einigen*

Abschnitten über „Formale Philosophie" (so der Kolumnentitel; S. 189–206) gegen die von Schiller in den Briefen „Ueber die ästhetische Erziehung des Menschen" aufgegriffene Philosophie Kants (vgl. zu Nr 142–144). Dieser abstrakten, spekulativen „Modephilosophie" trat Nicolai als dem „gesunden Menschenverstand" verpflichteter Denker entgegen (vgl. zu Nr 204); als solcher äußerte er sich in der Vorrede: Freylich den formalen Magistern in Tübingen [Schiller und den Mitarbeitern der „Horen"] verlange ich nicht zu gefallen *(S. VIII).*
2 Stoff nur zusammengeschleppt] *Vgl. Nr 186.*

332 Nr 188   Der Todfeind

ERLÄUTERUNGEN. Das Distichon ist Nicolai als Literaturkritiker gewidmet. In der Vorrede zu Bd 11 der „Beschreibung einer Reise" stellt er sich als warnender Hüter der von der Gefahr eines frühen Verwelkens bedrohten deutschen Literatur hin: Ich kann es eher als ein anderer. Unter den jetzt lebenden Schriftstellern bin ich vielleicht einer der ältesten derer die sich mit der deutschen Litteratur im Allgemeinen beschäftigen, und vielleicht haben wenige ihre Aufmerksamkeit so ununterbrochen darauf gerichtet, als ich. *(S. X.)*

332 Nr 189   Philosophische Querköpfe

ERLÄUTERUNGEN. In Nicolais „Horen"-Kritik im 11. Band seiner Reisebeschreibung tragen die Seiten 207 bis 231 den Kolumnentitel „Philosophische Querköpfe"; gemeint sind die Vertreter der kritischen Philosophie (vgl. zu Nr 187, außerdem zu Nr 142–144).
1 Nickel] *Spottname für Nicolai, hier mit Blick auf dessen Namen; ursprünglich aus Nikolaus gebildetes Schimpf- und Scherzwort (vgl. Grimm 7, 733–735).*

332 Nr 190   Empirischer Querkopf

LESARTEN. **1** Teufel!] *Ausrufezeichen fehlt* h^8

ERLÄUTERUNGEN. Das Xenion bezieht sich auf Kants Unterscheidung von Urteilen a posteriori, die auf Erfahrung beruhen, und Urteilen a priori, die der Erfahrung nicht bedürfen bzw. über sie hinausgehen. In seiner „Horen"-Kritik äußert Nicolai den Wunsch, die Vertreter der kritischen Philosophie möchten, ausgestattet mit seiner langjährigen Erfahrung, einmal prüfen, ob das E m p i r i s c h e *, ob die* E r f a h r u n g *, wovon sie im J. 1795 so verächtlich sprachen, wirklich gegen die reine Deduktion a priori so gar unbedeutend sey (S. 190).*

332 Nr 191   Der Quellenforscher

LESARTEN. *Überschrift fehlt h*^{8}

ERLÄUTERUNGEN. *In Band 12 der „Beschreibung einer Reise" (1796) berichtet Nicolai über den „Ursprung der Donau" (S. 24–33). Darauf Bezug nehmend, spielt das Xenion auf die kompilatorische Arbeitsweise Nicolais in seiner Reisebeschreibung an.*

332 Nr 192   Derselbe

LESARTEN. *Überschrift fehlt h*^{8} 2 dir] dicr E^b *(Druckfehler)*

ERLÄUTERUNGEN. *Vgl. die Erläuterungen zu Nr 191.*

333 Nr 193   N. Reisen XI. Band. S. 177

ERLÄUTERUNGEN. *Als Beispiel für die willkürliche Anordnung des Stoffs in Nicolais Reisebeschreibung (vgl. Nr 186) paraphrasiert das Epigramm den Übergang vom 5. zum 6. Kapitel in Bd 11:* In und bey Tübingen sah ich zuerst die schwäbische Mode, daß die jungen Mädchen gemeinen Standes lange geflochtene Zöpfe tragen, und [. . .] Bänder darein flechten, welche bis auf die Füße herabhangen.
VI.
Das Journal die H o r e n , obgleich nicht eigentlich, wenigstens nur dem kleinsten Theile nach, in T ü b i n g e n geschrieben, kommt doch daselbst heraus. *Es folgt Nicolais langatmige „Horen"-Kritik.*

333 Nr 194   Der Glückliche

LESARTEN. 2 *Kommata fehlen h*^{8} besiehst.] *Punkt fehlt E*^{a} *(Druckfehler)*

ERLÄUTERUNGEN.
1 Nickel] *Vgl. zu Nr 189.*

333 Nr 195   Verkehrte Wirkung

LESARTEN. 1 Schlag,] *Komma fehlt h*^{8} 2 *Kommata von Goethe mit Blei erg. h*^{8}

ERLÄUTERUNGEN. *Anspielung auf die Redseligkeit des „geistig gelähmten" Vielschreibers Nicolai. Vgl. auch Nr 474.*

333 Nr 196 Pfahl im Fleisch

LESARTEN. Überschrift: Ecce Homo *von Goethe mit Blei nachgetragen* h⁸

ERLÄUTERUNGEN. Die Überschrift ist ebenso wie der frühere Titel biblischen Ursprungs; vgl. Joh. 19, 5, *wo Pilatus den gegeißelten, dornengekrönten Jesus dem Volke mit dem Wort „Ecco homo!" („Sehet, welch ein Mensch!") vorstellt, und* 2 Kor. 12, 7, *wo Paulus berichtet, ihm sei ein Pfahl ins Fleisch gegeben, d. h. ein Engel des Satans, der ihm Faustschläge gebe, damit er sich der hohen Offenbarungen wegen nicht überhebe; eine ähnliche Formulierung findet sich in Schiller an Goethe vom 27. Januar 1796. – Nicolai berief sich gern auf seine Freundschaft mit Lessing (vgl. zu Nr 142–144); auch in der Reisebeschreibung wird er verschiedentlich genannt, u. a. im Zusammenhang der „Horen"-Kritik: [...]* so wie sich L e s s i n g *ehemals in seinen Hoffnungen von einem* M u s e u m *irrte, welches er herauszugeben gedachte, und woran, eben so wie an den* H o r e n, *die trefflichsten Köpfe Deutschlands mitarbeiten sollten,* so irre sich Schiller – *aus* Mangel an praktischer Kenntniß einer Welt worin man nicht lebt *(11, 179).*

333 Nr 197 Die Horen an Nicolai

LESARTEN. 2 auch,] *Komma von Goethe mit Blei erg.* h⁸

ERLÄUTERUNGEN. Das Distichon geht auf Nicolais „Horen"-Kritik im 11. Band der „Beschreibung einer Reise" (S. 177–312). Vgl. zu Nr 142–144.
1 Unsere Reyhen] *die Reihen der tanzenden Horen.*

333 Nr 198 Fichte und Er

ERLÄUTERUNGEN. Im Rahmen seiner Ausführungen gegen die „Horen" hatte Nicolai Johann Gottlieb Fichte (1762–1814), Professor der Philosophie in Jena, angegriffen und seine Philosophie als fieberhafte Zuckungen eines der Anhänger der kritischen Philosophie *bezeichnet (Beschreibung einer Reise; 11, 229). Nachdem Nicolai wiederholt, u. a. in seinem Roman „Leben und Meinungen Sempronius Gundibert's" (1798), Kants Philosophie und ihre Vertreter, unter ihnen vor allen Fichte, attackiert hatte, verfaßte Fichte als Entgegnung und unter Bezug auf den Romantitel die Schrift „Friedrich Nicolai's Leben und sonderbare Meinungen" (1801), herausgegeben von August Wilhelm Schlegel; über Schillers Einschätzung dieses polemischen Werks vgl. seinen Brief an Körner vom 13. und 14. Mai 1801.*

333 Nr 199 Briefe über ästhetische Bildung

LESARTEN. **1** Nickel!] *Ausrufezeichen von Goethe mit Blei erg.* h⁸

ERLÄUTERUNGEN. Nicolai hatte in der „Horen"-Kritik Schillers Briefen „Ueber die ästhetische Erziehung des Menschen" u. a. den Vorwurf der Unverständlichkeit und Dunkelheit gemacht (vgl. Beschreibung einer Reise; 11, 278; ähnlich 11, 240; vgl. auch zu Schiller an Goethe vom 1. November 1795). Diese Meinung vertraten im übrigen auch andere Kritiker (vgl. zu Nr 45, 69). Nicolai seinerseits nahm für seine Reisebeschreibung, in aufklärerischer Absicht, neben „Nützlichkeit" (vgl. zu Nr 186) vor allem „Deutlichkeit" in Anspruch (vgl. zu Nr 467).

333 Nr 200 Modephilosophie

LESARTEN. 2 Geist ernstlich] Geist, ernstlich, h^8 *(Kommata von Goethe mit Blei erg.)*

ERLÄUTERUNGEN. Das Distichon richtet sich gegen Nicolais Kritik an der Kantischen Philosophie und deren Vertretern, die er zuletzt in der Besprechung der „Horen" im 11. Band der „Beschreibung einer Reise" geäußert hatte: Die kritische Philosophie ist wirklich ein Ding der Mode geworden, das seinen Zeitlauf hält. [...] nur Kantisch und fein formal muß man seyn, sonst ist man unmodisch! (S. 305.)

333 Nr 201 Das grobe Organ

LESARTEN. Überschrift fehlt h^8

ERLÄUTERUNGEN. Als „Empirischem Querkopf" (Nr 190) bleibt Nicolai Kants Transzendentalphilosophie unzugänglich.

334 Nr 202 Der Lastträger

LESARTEN. Überschrift: Der Lasttrager *von Goethe mit Blei nachgetragen* h^8

ERLÄUTERUNGEN. Gemeint ist, unter Parodierung des tautologischen Stils Nicolais (ähnlich auch Nr 185), das Heranschleppen von Stoff und Material, von dem schon in Nr 187 die Rede ist. Nicolai betont zu Beginn des 11. Bandes, seine Reisebeschreibung habe so sehr viel Zeit erfordert [...] zum Sammeln, zum Nachschlagen, zum Vergleichen, zum Untersuchen, zum Entdecken und zum Wegbringen falscher Nachrichten, [...] zu mündlichen Erkundigungen, zu wiederhohlten Korrespondenzen, *daß er* kaum Zeit sie zu schreiben *gehabt habe* (S. XXXVI); *dennoch möchte er die dadurch zustandegekommene* W e i t l ä u f i g k e i t *von bloßer* W e i t s c h w e i f i g k e i t *unterschieden wissen* (S. XXXIV).

334 Nr 203 **Die Waidtasche**

LESARTEN. *Überschrift:* Der Instinkt *von Goethe mit Blei nachgetragen* h^8
1 Schöpfung,] *Komma von Goethe mit Blei erg.* h^8 **2** ist,] *Komma von Goethe mit Blei erg.* h^8

ERLÄUTERUNGEN. *Ähnlich wie Nr 474 kritisiert das Xenion Nicolais wahllose Vielschreiberei.*

334 Nr 204 **Das Unentbehrliche**

ERLÄUTERUNGEN. *Nicolai reklamierte für sich der Philosophie Kants und dessen Schüler gegenüber den Standpunkt des „gesunden Menschenverstandes"; in der „Horen"-Kritik in Bd 11 seiner Reisebeschreibung kommt der Begriff immer wieder vor; in einer Fußnote auf Seite 289 wird er umständlich erläutert; u. a. heißt es dort:* Gesund sei ein Verstand, *der sich in der heitern Atmosphäre der mit Welterfahrung verbundenen Denkungskraft kräftig bildete, nicht aber durch unrichtige Anwendung trostloser Schulphilosophie sich siech demonstrirte.* – *Vgl. hierzu die in der Sammelhandschrift unmittelbar folgenden Distichen, die später unter dem Titel „Der Fuchs und der Kranich / An F. Nicolai" zusammengefaßt wurden.*

334 Nr 205 **Die Xenien**

LESARTEN. **1** giebst] gibst E^c

ERLÄUTERUNGEN. *Die in diesem und im folgenden Xenion geäußerte Vermutung, Nicolai werde die Angriffe der „Xenien" zu ausführlichen Erwiderungen in seiner Reisebeschreibung nutzen, bestätigte sich nicht; das Werk wurde mit Bd 12, der zusammen mit Bd 11 1796 erschien, abgeschlossen. Allerdings veröffentlichte Nicolai einen „Anhang zu Friedrich Schillers Musen-Almanach für das Jahr 1797" (1797), in dem es einleitend heißt:* Der pöbelhafte Ton in diesem Musenalmanache erregte in Deutschland allgemeinen Widerwillen; mir scheint jener sogar auch unbillig, denn man sollte jedem das Seine lassen. Wenn die Musen wie Fischweiber schimpfen, was bleibt dann den Fischweibern? [...] Einige Männer, die nicht zu verachten sind, unwillig über die Art wie mir in diesem Almanache begegnet wird, glaubten, ich müßte nothwendig öffentlich darüber etwas sagen *(S. 4). Vgl. hierüber auch zu Schiller an Goethe vom 9. [10.] Februar 1797.*

334 Nr 206 **Lucri bonus odor**

LESARTEN. *Überschrift:* Bonus odor *von Goethe mit Blei nachgetragen* h^8

ERLÄUTERUNGEN. *Die Überschrift ist aus den „Saturae" des Juvenal gezogen:* lucri bonus est odor ex re / qualibet *(14, 204) („Gewinn riecht gut aus jeglicher Sache"; nach Alexander Berg [³o. J.], 289). Über Nicolais geschäftstüchtige Schriftstellerei vgl. auch Nr 218 und 474. Goethe zitierte das Juvenal-Wort mit Bezug auf Nicolais „Anhang zu Friedrich Schillers Musen-Almanach" im Brief an Schiller vom 11. Februar 1797. – Mit diesem Xenion schließt die mit Nr 184 beginnende „Xenien"-Reihe gegen Christoph Friedrich Nicolai.*

334 Nr 207   Vorsatz

LESARTEN. *Überschrift:* Ankündigung *von Goethe mit Blei nachgetragen* h^8 2 der fröhliche] mein fröhlicher H^2 verehrt] verschont H^2

ERLÄUTERUNGEN. *Das Xenion markiert den Übergang von der „Xenien"-Gruppe gegen Christoph Friedrich Nicolai (Nr 184–206) zu den Epigrammen gegen Johann Friedrich Reichardt (Nr 208–229).*

334–337 Nr 208–229

Diese „Xenien"-Gruppe richtet sich gegen Johann Friedrich Reichardt (vgl. über ihn zu Nr 80). Sie gehörte in der Sammelhandschrift zu einer noch umfangreicheren Epigrammreihe (vgl. die „Konkordanz [...]"). Das Distichon Nr 218 ist hier wohl versehentlich aufgenommen.

334 Nr 208   Nur Zeitschriften

LESARTEN. *Überschrift:* Zeitschriften] *nach gestr.* Nahmen h^7 1 *keine Sperrungen* h^8 faßt er mit einer] faßt er mit Einer *über gestr.* fasset die Rechte h^7 gewaltig] *nach gestr.* die Linke h^7 2 Mit der andern, doch] *über gestr.* Glück für den Riesen sie h^7 papieren und leicht!] Papiere nur gleich. h^6 *(Hörfehler?)* Papieren und leicht. h^7 papieren und leicht. h^{11}

ERLÄUTERUNGEN. *Reichardts Journale „Frankreich im Jahre 1795 [1796; 1797]" und „Deutschland" (Bd 1–4. Berlin 1796); vgl. zu Nr 420.*

334 Nr 209   Das Motto

LESARTEN. *Überschrift:* Frankreich. h^2 1 sich:] *Doppelpunkt fehlt* h^2
2 M e i n e] Meine h^2

ERLÄUTERUNGEN. *Reichardts Journal „Frankreich" trug den Untertitel „Aus den Briefen Deutscher Männer in Paris. Mit Belegen.* La verité, rien que la verité, toute la verité." („Die Wahrheit, nichts als die Wahrheit, die ganze Wahrheit.") Vgl. auch Nr 421.

335 Nr 210   Der Wächter Zions

LESARTEN. 1 bestehet] besteht b^6 im] in b^8

ERLÄUTERUNGEN. Als Wächter Zions werden in der Bibel Jerusalem oder die Wächter auf den Mauern Jerusalems bezeichnet (vgl. Jes. 62, 6–7), die aufgerufen sind, dem Herrn keine Ruhe zu lassen, bis er Jerusalem wieder aufgebaut hat. Hier steht Zion für das Zentrum nicht des religiösen, sondern eines politischen Glaubens, als dessen „Wächter" Reichardt als nimmermüder Verkünder der neuen Zeit der „Wahrheit" (vgl. auch Nr 209), als Propagandist der französischen Sache (Reichardt an Schiller vom 20. Juli 1795), der keine Ruhe geben will, karikiert wird. Das Bild vom bellenden Hund wird – mit Blick auf die antiaristokratische, demokratische Tendenz von Reichardts Journal „Frankreich" – im folgenden Epigramm und in Nr 213 wieder aufgegriffen.

335 Nr 211   Verschiedene Dressuren

LESARTEN. Überschrift: Verschiedene] Verschiedne b^6 1 Hunde,] Komma fehlt b^6 b^8 2 seidenen] seidnen b^6

ERLÄUTERUNGEN. Vgl. die Erläuterungen zu Nr 210.
2 seidenen Strumpf] Attribut der Kniehosen (franz. culottes) tragenden „Aristokraten"; die Anhänger der Revolution wurden im Unterschied dazu nach den lange Hosen tragenden Angehörigen des vierten Standes „Sansculotten" genannt.

335 Nr 212   Böse Gesellschaft

LESARTEN. b^6 zunächst ohne die zweite Hälfte des Hexameters, an deren Stelle die erste Hälfte des Pentameters gerückt ist; nach der Niederschrift der zweiten Hälfte des Pentameters als dessen erste (Schreibversehen?) das unfertige Distichon abgebrochen und gestr., darunter das vollständige Distichon

ERLÄUTERUNGEN. Adressat des Xenions sind Reichardt und die Mitarbeiter seines Journals „Frankreich"; zu diesen zählten u. a. Johann Georg Büsch (1728–1800) (vgl. zu Nr 236), Karl Friedrich Cramer (1752–1807) (vgl. zu Nr 230, 231, 235, 236), Jonas Ludwig von Heß (1756–1823), Johann Georg Kerner (1770–1812), August Heinrich Julius Lafontaine (1758–1831), Karl Friedrich Reinhard (1761–1837), Georg Heinrich Sieveking (1751–1799), Johannes Heinrich Daniel Zschokke (1771–1848).

335 Nr 213 An die Obern

LESARTEN. 1 euch!] euch, b^6 b^8 2 Plätze,] Komma fehlt b^6 b^8

ERLÄUTERUNGEN. *Vgl. die Erläuterungen zu den vorhergehenden Epigrammen (Nr 210–212).*

335 Nr 214 Baalspfaffen

LESARTEN. *Satzzeichen fehlen* b^6 1 Erhabener] erhabener b^6 2 versehn!] versehn. b^8

ERLÄUTERUNGEN. *Mit Priestern Baals, des heidnischen Gottes aus dem Alten Testament, werden Reichardt und seine Mitstreiter für die französische Sache (vgl. zu Nr 210) verglichen. Über die „Priester der Freiheit" vgl. Nr 429.*

335 Nr 215 Verfehlter Beruf

LESARTEN. 2 Ihres Grimmes, der] Ihrer Wuth, die b^6 Komma fehlt b^8

ERLÄUTERUNGEN. *Gemeint sind Reichardt und die Mitarbeiter seiner Journale „Deutschland" und „Frankreich", hier in Anspielung auf die französischen Jakobiner* Schreckensmänner *genannt, die sich freilich nur als „Papiertiger" erweisen, weil ihre Schreckensherrschaft nur auf dem Papier und an literarischen Produkten ausgeübt wird. Zu den „mäßigen" („gemäßigten"? „mittelmäßigen"?) Schriften gehörten immerhin auch Schillers „Horen" und sein „Musen-Almanach für das Jahr 1796".*

335 Nr 216 An mehr als Einen

LESARTEN. *Überschrift fehlt* b^9 1 beschmaußt,] *Komma fehlt* b^6 beschmuzt, E^c

ERLÄUTERUNGEN. *Reichardt stand seit 1775 als königlich-preußischer Kapellmeister in den Diensten Friedrichs II. und Friedrich Wilhelms II., bis er seiner politischen Einstellung wegen 1794 entlassen wurde (vgl. Nr 424). Das Distichon, sofern es sich auch auf Reichardt bezieht, trifft diesen also zu Unrecht.*

335 Nr 217 Das Requisit

LESARTEN. *Satzzeichen fehlen* b^6 2 euch] es b^6

ERLÄUTERUNGEN. *Rote Kappen trugen, als Freiheitssymbol, die Jakobiner; das Glöckchen ist Attribut der Narrenkappe.*

336 Nr 218   Verdienst

LESARTEN. *Überschrift:* Nicolai H^2 *Überschrift fehlt* h^8 **1** Deutschen] Deutschen, H^2 h^8

ERLÄUTERUNGEN. *Dieses Distichon gegen Christoph Friedrich Nicolai scheint irrtümlich in die Epigrammgruppe gegen Reichardt geraten zu sein. Die Überschrift evoziert das Wortspiel mit der Differenz zwischen „das Verdienst" und „der Verdienst" und spielt auf Nicolais umfangreiche Tätigkeit als Schriftsteller (vgl. Nr 474) und Herausgeber an (Bibliothek der schönen Wissenschaften und der freyen Künste [vgl. Nr 45, 489], [Neue] Allgemeine deutsche Bibliothek [vgl. Nr 254]).*

336 Nr 219   Umwälzung

LESARTEN. *Überschrift fehlt* h^8 **1** arg! da] arg. Da h^8 arg! Da] E^a E^c
2 Orgel,] *Komma fehlt* h^8

ERLÄUTERUNGEN. *Das Epigramm setzt die „Xenien"-Reihe gegen Johann Friedrich Reichardt fort, der hier als Kantor apostrophiert wird; dabei ist wohl an den Komponisten und ehemaligen Kapellmeister Reichardt gedacht.*
2 Klaven] *Tasten; lat. clavis: Schlüssel (welcher bei Orgelinstrumenten dem Wind den Weg zu den Pfeifen öffnet).*

336 Nr 220   Der Halbvogel

LESARTEN. **1** Strauß,] *Komma fehlt* h^6 vergeblich,] vergeblich. h^6

ERLÄUTERUNGEN. *Das Epigramm folgte ursprünglich auf Nr 432 (vgl. die „Konkordanz der ‚Xenien'-Sammelhandschrift [...]"). Beide Distichen werfen Reichardt Halbheit und Dilettantismus in literarischen Dingen vor.*

336 Nr 221   Der letzte Versuch

LESARTEN. *Überschrift fehlt* h^7 **1** geschrieben,] *Komma fehlt* h^6 h^7 h^8
2 Nun geräth dir zuletzt noch vielleicht ein Journal. h^7, *nicht gestr., über* Nun *bis* noch: Gehn die Journale nicht ab Freund dann, *nach* ein Journal.: ist alles vorbey H^7 Gehn] gehen h^6 vorbey.] *Punkt fehlt* h^6

ERLÄUTERUNGEN. *Das Distichon bezieht sich wohl auf Reichardts Zeitschriften „Frankreich" und „Deutschland" (vgl. Nr 208). Der letzteren sind die folgenden Epigramme (Nr 223–229) gewidmet; in der Sammelhandschrift gehörten noch Nr 434–437 hinzu (vgl. die „Konkordanz [...]"). Zuvor hatte*

Reichardt mit anderen, allerdings musikalischen Journalen wenig Erfolg gehabt: „Musikalisches Kunstmagazin" (Bd 1-2. Berlin 1782 und 1791), „Musikalisches Wochenblatt" (Berlin 1791-1792). - Vgl. auch Nr 223.

336 Nr 222   Kunstgriff

ERLÄUTERUNGEN. Reichardts anonym erscheinendes „Musikalische Wochenblatt" kündigt im „Vorbericht" vom 1. Oktober 1791 die Mitarbeit der besten musikalischen Schriftsteller und Componisten sowie die Besprechung der wichtigsten musikalischen Werke und Schriften an (Nr 1. S. 1); symptomatisch ist der Inhalt der anschließenden drei ersten Nummern: Es wird Reichardts „Musikalisches Kunstmagazin" lobend besprochen (S. 2-3); Reichardt, sich gegen die Regel als Verfasser des Artikels nennend, bringt „Berichtigungen und Zusätze zum Gerberschen Lexikon der Tonkünstler u. s. w." (S. 3-4); Nr 2 bespricht (S. 9-12) Reichardts Oper „Olimpia" als vollendetes Meisterwerk (S. 9) und schließt mit einem Auszug aus der Partitur (S. 16); Nr 3 setzt Reichardts „Berichtigungen und Zusätze" fort (S. 17-18), preist die guten Reformen, die Hr. C. M. R e i c h a r d t bei der großen Oper einzuführen gesucht habe (S. 21) und bringt abschließend wieder einen Auszug aus Reichardts Oper.

336-337 Nr 223-229

Die „Xenien" beziehen sich alle auf Reichardts Journal „Deutschland" (Bd 1-4. Berlin 1796).

336 Nr 223   Dem Großsprecher

LESARTEN. 2 Auch *bis* nichts,] Diesmal wirkst du auch nichts b^6

ERLÄUTERUNGEN. Wahrscheinlich gab die Ankündigung von Reichardts Zeitschrift „Deutschland" durch ihren Verleger Johann Friedrich Unger Anlaß zu dem Distichon; es heißt dort über die beabsichtige Wirkung des Journals: Für Werke der Litteratur und Kunst, darf durchaus keine Schonung gelten. [...] Was nicht wahr, nicht gut ist, muß mit männlicher Entschlossenheit und Kraft zurückgedrängt, und an seiner weitern Verbreitung nach Möglichkeit behindert werden. [...] Der Skribler und der Pfuscher in der Kunst muß das Heiligthum Apollo's nicht betreten *(Intelligenzblatt Nr 129 der ALZ vom 11. November 1795. Sp. 1035-1036; siehe auch: Deutschland 1796. Bd 1. 1. Stück. S. 2).*

336 Nr 224   Mottos

LESARTEN. *Fassung b^{10} (Bleistifteintragung, schwer lesbar):*
    Seze künftig nur Mottos vor deine Journale sie zeigen
    Alle die Tugenden an die dich auf ewig fliehn

ERLÄUTERUNGEN. *Die einzelnen Bände des Journals „Deutschland" trugen das Motto:* Fiat justitia, pereat mundus! / Es herrsche Gerechtigkeit, die Schelme in der Welt mögen auch insgesamt darüber zu Grunde gehen! / K a n t . Z u m e w i g e n F r i e d e n . *Außerdem wurde jedes einzelne Stück mit einem neuen Motto eingeleitet (aus Voß, Haller, Goethe, Herder u. a., auch aus Schillers Lied „An die Freude" (V. 91–92):* Dem Verdienste seine Kronen, / Untergang der Lügenbrut! *[Bd 2. 5. Stück. S. 163]).*

336 Nr 225   Sein Handgriff

LESARTEN. *Überschrift:* Der Handgriff b^6 1 ich,] *Komma fehlt* b^8 2 mein,] *Komma fehlt* b^6

ERLÄUTERUNGEN. *Während Reichardt für sein Journal „Frankreich" auf Originalbeiträge zurückgreifen konnte, litt „Deutschland" sehr an Stoffmangel und lebte, trotz der Mitarbeit der Brüder Schlegel, Friedrich August Wolfs, Johann Gottfried Herders, Johann Heinrich Voß' weitgehend aus zweiter Hand, indem in großem Umfang Auszüge aus Abhandlungen und anderen Zeitschriften sowie überlange Anzeigen und Rezensionen abgedruckt wurden. Allein für die Besprechung der „Horen" benötigte Reichardt 36 der 151 Seiten des ersten Stücks (S. 55–90). Reichardt machte die Unzuverlässigkeit seiner Beiträger und die Zensur dafür verantwortlich, daß er gezwungen war, dem kritischen Theile, für den die meisten Beiträge einkamen, weit mehr Platz einzuräumen, als ihm lieb war, verwahrte sich zugleich aber gegen den Vorwurf, die Auszüge und umständlichen Anzeigen seien bloße Lückenbüßer (Deutschland 1796. Bd 4. 12. Stück. S. 371, 372). Ähnlich entschuldigend hatte sich Reichardt schon am Ende des ersten Bandes geäußert (vgl. 3. Stück. S. 427). – Vgl. auch Nr. 226.*

336 Nr 226   Die Mitarbeiter

ERLÄUTERUNGEN. *Neben den in den Erläuterungen zu Nr 225 genannten gab es weitere Mitarbeiter: Karl August Böttiger (vgl. über ihn zu Nr 494), Friedrich August Eschen (1776–1800), Christian Garve (vgl. über ihn zu Nr 156), Jonas Ludwig von Heß (1756–1823), Johann Friedrich Jünger (1759–1797), Johann Kaspar Friedrich Manso (vgl. über ihn zu Nr 33), Sophie Mereau (1770–1806), Karl Friedrich Müchler (1763–1857), Gotthelf Wilhelm Christoph*

Starke *(1762–1830), Wilhelm Heinrich Wackenroder (1773–1798), Karl Friedrich Zelter (1758–1832); sie blieben im Journal – nach dem Brauch der Zeit – meist anonym.*

337 Nr 227 Unmögliche Vergeltung

LESARTEN. *Satzzeichen fehlen* h^6 1 verschreyst] verschreyst Du h^6 2 nöthig,] *Komma fehlt* h^8

ERLÄUTERUNGEN. *Vgl. die Erläuterungen zu Nr 225.*

337 Nr 228 Das züchtige Herz

LESARTEN. *Überschrift:* Der Sittenrichter. h^8 1 wir] w i r E^c 2 Herzlich zufrieden, wenn du Freund nur nicht lügst und nicht stiehlst. h^8

ERLÄUTERUNGEN. *Der „Sittenrichter", wie es in der früheren Überschrift heißt, ist der „Horen"-Rezensent im Journal „Deutschland", d. h. Reichardt selbst (vgl. Fambach 2, 252), der die Veröffentlichung von Goethes „Römischen Elegien" in den „Horen" (1795. 6. Stück. S. 1–44) kritisierte: Aber bei allen Musen und Grazien, wie kommen diese Kinder der muthwilligsten Sinnlichkeit in den mit einem so reinen Kreise umschloßnen Tempel der Horen? (1796. Bd 1. 1. Stück. S. 90; vgl. auch zu Nr 436, 437.) Diesem Kritiker wird die moralische Delikatesse* deswegen *erlassen, weil er unter den zehn Geboten vor allem wohl das siebte und achte unvollkommen erfüllt; vgl. die frühere Fassung des Pentameters, außerdem das vorhergehende Epigramm sowie Nr 225 und 434.*

337 Nr 229 Abscheu

LESARTEN. 1 *Satzzeichen fehlen* h^6 *(beide Fassungen)* Besonders] besonders h^6 *(beide Fassungen)* 2 Der du den tückischen Sinn hinter der Grobheit verbirgst h^6 *(1. Fassung), das ganze Distichon gestr.* h^6 *(1. Fassung)*

ERLÄUTERUNGEN. *Zum Vorwurf der Falschheit vgl. Nr 228, zu dem der Grobheit Nr 435.*

337 Nr 230–231

Beide Distichen folgten in der Sammelhandschrift Nr 438, in der von Reichardts Nachbar *die Rede ist: Karl Friedrich Cramer, einem der Mitarbeiter an Reichardts Journal „Frankreich".*

337 Nr 230 Der Hausierer

LESARTEN. **1** Ja] Ja! h^6 zu der Entwicklung] *von Goethe über gestr.* zu dem völligen Ende h^6 **2** K r ä m e r] Krämer h^6 h^8 K r * * e r] Cramer h^6 Krxxxx h^8 begiebt!] begiebt. h^6 h^8

ERLÄUTERUNGEN. Karl Friedrich Cramer (1752–1807), ehemals Professor für griechische und orientalische Sprachen in Kiel, Klopstock-Biograph (*Klopstock* [1777]; *Klopstock. Er; und über ihn* [1780–1793]), war, wie Reichardt, Anhänger der Französischen Revolution und wurde, wie dieser, 1794 aus dem Dienst entlassen; seit 1795 lebte er in Paris als Schriftsteller, Übersetzer, Buchdrucker und Buchhändler. Auf die „Xenien" reagierte Cramer mit dem 19. Stück seiner Zeitschrift „Menschliches Leben": „*Cramer der Kræmer. / oder Annalen der französischen Litteratur und Kunst.*" (1. Stück. Altona und Leipzig 1797.)

337 Nr 231 Deutschlands Revanche an Frankreich

LESARTEN. Überschrift: Revanche] Revenge h^8 **2** Gut! Wir] Gut wir h^8 spedieren] spendieren *von Goethe zu* spedieren *verb.* h^8

ERLÄUTERUNGEN. Beide, *der* Mann von Bedeutung *und der* Mann von Verdienst, *so könnte das Epigramm meinen, sind nur scheinbar* „bedeutend" *bzw.* „verdienstvoll". *Vielleicht steht der mit Livree und Epauletten aufgeputzte* Mann von Bedeutung, *der sich lediglich als* Lakay *erweist, in allgemeinem Sinn für französische Lebensart und Kultur (steif, unnatürlich, reglementiert, zeremoniell, leer bei glänzendem Äußeren). Für den Import nur äußerlicher* „Bedeutung" *revanchiert sich Deutschland mit dem Export eines echt deutschen Werts: inneren persönlichen* „Verdienstes". *Aus Nr 230 (und aus den geschäftsmäßigen Formulierungen des Distichons) geht freilich hervor, daß es sich bei* „Verdienst" *im Falle Karl Friedrich Cramers – wie zuvor im Hinblick auf Nicolai (vgl. Nr 218) – nicht um* „das", *sondern um* „den Verdienst" *handelt. Auf diese Weise wäre die Handelsbilanz zwischen Frankreich und Deutschland gewissermaßen ausgeglichen.*

337–338 Nr 232–236

Die ersten drei „Xenien" gehörten in der Sammelhandschrift zu einer größeren Gruppe politischer Epigramme, zumeist von Goethe (vgl. die „Konkordanz [...]"). Hinzu kommen hier mit Nr 235 und 236 zwei nur im „Musen-Almanach" überlieferte Distichen, die sich, rückblickend, wieder auf Cramer und Reichardt beziehen.

337 Nr 232   Der Patriot

LESARTEN. 1 Wie] wie b^6 b^8 2 Schwätzer] Sudler b^6 nicht!] nicht. b^6 b^8 nicht; E^c *(Druckfehler)*

ERLÄUTERUNGEN. *Kritik an der zeitgenössischen Diskussion der Verfassungsfrage übt auch Nr 440.*

337 Nr 233   Die drey Stände

LESARTEN. 1 Sansculott? In] Democrat? in b^6 Sansculott? In *über gestr.* Democrat? in b^8 2 jeglicher] jeglicher, E^b

ERLÄUTERUNGEN. *Zum Sansculott, dem besitzlosen Angehörigen des vierten Standes zur Zeit der Französischen Revolution, vgl. zu Nr 211.*

337 Nr 234   Die Hauptsache

LESARTEN. 1 Rechtsinn,] Rechtsinn! b^6 b^8 2 doch ihr,] *Komma fehlt* b^6

ERLÄUTERUNGEN. *Das Epigramm umreißt Goethes politischen Standpunkt: Dem bürgerlichen Recht auf Erwerb und Besitz gesellt sich das aristokratische Recht auf Regierung und Macht zu. Vgl. in diesem Zusammenhang Goethes Epigramm-Zyklus „Herbst" (Nr 65–67, 70–82) innerhalb der „Vier Jahreszeiten" (WA I 1, 354–356).*

338 Nr 235   Anacharsis der Zweyte

ERLÄUTERUNGEN. *Anacharsis war einer der Sieben Weisen des Altertums. Der französische Revolutionär und deutsche Baron Johann Baptist von (Jean Baptiste de) Cloots (1755–1794), der, in die Auseinandersetzungen zwischen Robespierre und den Hebertisten verwickelt, hingerichtet wurde, nannte sich Anacharsis. Als Anacharsis der Zweite wird hier Karl Friedrich Cramer, der „kopflose" politische Schwärmer, bezeichnet; über Cramer vgl. zu Nr 230.*

338 Nr 236   Historische Quellen

ERLÄUTERUNGEN. *Gemeint ist vermutlich die Zusammenarbeit zwischen Johann Friedrich Reichardt und Karl Friedrich Cramer, dem „tauben" Musiker und dem „blinden" Enthusiasten, bei der Berichterstattung über die politischen Verhältnisse in Frankreich.*

338—339 Nr 237—244

Diese Epigramme beziehen sich, mit Ausnahme von Nr 238, deren Einordnung willkürlich erscheint, auf die „Xenien" selbst und ihre Autoren.

338 Nr 237   Der Almanach als Bienenkorb

ERLÄUTERUNGEN. *Wie hier mit Bienen werden in Nr 243 und 244 die „Xenien" mit Schmetterlingen bzw. Sperlingen verglichen; Goethe schrieb am 24. September 1796 an Christian Gottlob Voigt über den „Xenien"-Almanach:* [...] wir lassen da, zu gleicher Zeit, geflügelte Naturen aller Art, Vögel, Schmetterlinge und Wespen ausfliegen. *(WA IV 11, 213.)*

338 Nr 238   Etymologie

LESARTEN. 1 Nahm'] Name E^a E^c

ERLÄUTERUNGEN. *Das Epigramm spielt auf den Namen „Nikolaus", griech.* Νικόλαος *(Volkssieger), an, mithin auf Nicolai; vgl. über ihn zu Nr 142—144. Auch Nr 189, 194 und 199 (Nickel) spielen mit Nicolais Namen.*

338 Nr 239   Ausnahme

LESARTEN. *Überschrift fehlt* h^6 h^8 1 manchen] den und jenen h^6 Weil] weil h^6 ist,] ist. h^6 2 Wie] So wie h^6 h^8

ERLÄUTERUNGEN. *Das Epigramm zitiert einen Leser mit der Frage an den „Xenien"-Dichter, warum er einige Adressaten von der Kritik ausnehme. Wer gemeint ist, bleibt ungesagt, aber es fällt auf, daß Namen wie Wieland, Herder, Voß, Fichte u. a. nicht oder mit Wohlwollen genannt werden. Das hatte ebenso literaturpolitische wie persönliche Gründe; während Schiller an der Redaktion der „Xenien" arbeitete, wünschte Goethe ausdrücklich, daß alles wegbliebe, was in unserm Kreise und unsern Verhältnissen unangenehm wirken könnte (an Schiller vom 30. Juli 1796; vgl. „Dokumente", Nr 64).*

338 Nr 240   Die Insekten

LESARTEN. *Überschrift fehlt* h^6 h^8 1 Weil] weil h^6

ERLÄUTERUNGEN. *Die in den „Xenien" am häufigsten Gescholtenen sind Christoph Friedrich Nicolai (vgl. zu Nr 142—144) und Johann Friedrich Reichardt (vgl. zu Nr 80), den Schiller im Brief an Goethe vom 16. [und 17.] Oktober 1796 auch als* Insekt *bezeichnet.*

338 Nr 241   Einladung

LESARTEN. *Überschrift fehlt* h^6 h^8 **1** nicht, man könnte] nicht wir könnten h^6 h^8 **2** Immerhin thut es, *[h^6:* Immer zu,*]* denn ich halte sie selbst nicht für stark *[h^6:* stark.*]* h^6 h^8

ERLÄUTERUNGEN. *Wie in der früheren Fassung reagiert der Pentameter auf die im Hexameter an die „Xenien"-Autoren gerichtete Frage, zunächst mehr defensiv, dann offensiv: mit der Aufforderung, Kritik, diese aber mit Laune, mit Geist, zu üben. So verstand Schiller die „Xenien" zunächst auch – als Kritik, die* das Gebiet des frohen Humors so wenig als möglich verlaßen *soll:* Sind doch die Musen keine Scharfrichter! *(An Goethe vom 11. [12.] Juni 1796; vgl. „Dokumente", Nr 42.) Auch Goethe drängte immer wieder darauf,* bey aller Bitterkeit der Angriffe sich vor kriminellen Inkulpationen zu hüten *(an Schiller vom 10. Juni 1796), d. h.* die vielfältige Kritik nicht *prosaisch* unvermittelt vorzutragen, sondern ihr durch *eine poëtische Ader* ästhetische Qualität *zu verschaffen (an Schiller vom 4. Februar 1796). Am 27. Dezember 1796 warnte Goethe Schiller vor allzu ernsthafter Reaktion auf Reichardts „Xenien"-Schelte (vgl. zu Nr 80) und riet zu den poetischen Mitteln des „Witzes": Ironie, Persiflage.*

338 Nr 242   Warnung

LESARTEN. *Überschrift:* Die Kriegslist. h^6 **1** tausend] hundert h^6 h^8 Hinterhalt, daß] Hinterhalt! Daß h^6 h^8 etwa] etwa, h^6 h^8 **2** hitzig] heftig h^6 h^8 Schultern und] ihnen den h^6 entblößt!] entblößt. h^6 h^8 E^a E^c

ERLÄUTERUNGEN. *Das Epigramm gehörte ursprünglich in eine Reihe einleitender Distichen über Wesen und Funktion der „Xenien" (vgl. die „Konkordanz [...]"). In der früheren Fassung war im Hexameter von* hundert *die Rede,* tausend *entspricht allerdings der schließlich zustande gekommenen Anzahl von Epigrammen nahezu, wenn man die außerhalb der „Xenien" veröffentlichten Distichen und die Nachlaß-„Xenien" hinzunimmt.*

339 Nr 243   An die Philister

ERLÄUTERUNGEN. *Vgl. die Erläuterungen zu Nr 237.*

339 Nr 244   Hausrecht

ERLÄUTERUNGEN. *Vgl. die Erläuterungen zu Nr 237.*

339—341 Nr 245—263

Diese „Xenien" gehörten in der Sammelhandschrift zu einer noch größeren Gruppe von Epigrammen über die Journale, Almanache, Taschenbücher usw. (vgl. die „Konkordanz [...]").

339 Nr 245 Currus virum miratur inanes

LESARTEN. 1 Journale! Calender!] Deutsche Journale h^8 2 Gepäck] Gepack h^8

ERLÄUTERUNGEN. Indem es auf das Bild von der Fahrt zur (Leipziger) Buchmesse (vgl. Nr 1—8) zurückgreift, leitet das Xenion mit einem Zitat aus Vergils „Äneis" die Epigrammreihe gegen die Journale ein: arma procul currusque virum miratur inanes (6, 651) („Waffen seitab und Wagen der Helden, unnütz geworden, / staunt er an"; nach Johannes Götte [1983], 259).

339 Nr 246 Kalender der Musen und Grazien

LESARTEN. Überschrift: Kalender] Calender E^c 1 Grazien! oft] Grazien oft $h^1 h^8$ 2 Pfarrer] von Goethe unter gestr. Pfaffen h^1

ERLÄUTERUNGEN. Der „Calender der Musen und Grazien" wurde von Friedrich Wilhelm August Schmidt (1764—1838), Prediger in Werneuchen bei Berlin, herausgegeben. Mit der Perücke als Indiz der Unnatur wird auf die „falsche" Naturpoesie in Schmidts „Calender" hingewiesen; in Goethes Parodie „Musen und Grazien in der Mark" (Musen-Almanach für das Jahr 1797. S. 68—71) heißt es am Schluß: Wir sind bieder und natürlich, / Und das ist genug gethan. (S. 71.) — Vgl. auch Nr 514.

339 Nr 247 Taschenbuch

LESARTEN. Überschrift: Jacobi's Taschenbuch $h^1 h^8$ 2 Gewerb,] Komma fehlt $h^1 h^8$

ERLÄUTERUNGEN. Wie aus der früheren Überschrift deutlich hervorgeht, bezieht sich das Epigramm auf das „Taschenbuch von J[ohann] G[eorg] Jacobi und seinen Freunden" (Königsberg und Leipzig 1794—1796; Basel 1797—1798). Zu den „Freunden" Jacobis (1740—1814), der seit 1784 Professor der schönen Wissenschaften in Freiburg war, gehörten u. a. Johann Georg Schlosser (vgl. zu 479, 517), Friedrich Leopold Graf zu Stolberg (vgl. zu Nr 15—17), Johann Heinrich Voß (vgl. zu Nr 248), Johann Wilhelm Ludwig Gleim (vgl. zu 343, 344). Der im Xenion angestellte Vergleich erinnert an Goethes Beschreibung *von Verona in der "Italienischen Reise":* Da ist nicht etwa eine Thür vor dem Laden oder Arbeitszimmer, nein, die ganze Breite des Hauses ist offen, man sieht bis in die Tiefe und alles was darin vorgeht. *(WA I 30, 73.)*

339 Nr 248   Vossens Almanach

LESARTEN. **1** Immer zu,] Immer fort h^1 Immerfort h^8 Beym] beym h^8 Kalender] Calender, h^8

ERLÄUTERUNGEN. *Über den von Johann Heinrich Voß (vgl. zu Nr 75) herausgegebenen „Musen-Almanach für das Jahr 1776 [–1798; 1800]" (Lauenburg 1776; Hamburg 1777–1798; 1799 nicht erschienen; Neustrelitz 1800) äußerte sich Schiller wiederholt abfällig:* schlechter, als man sich eine Vorstellung davon machen kann *(Schiller an Humboldt vom 26. Oktober 1795),* über die Maaßen dürftig und elend *(an Goethe vom selben Tag),* horribel *(an Goethe vom 1. November 1795),* miserable *(an Goethe vom 28. Oktober 1796). Zu Vossens Almanach vgl. auch Nr 130.* Vielleicht denkt der Deutsche, der Voß' Almanach bei dessen Erscheinen (im Herbst) zur Kenntnis nimmt, ihn dann aber wieder vergißt, *ähnlich. Die Tatsache, daß Voß selbst in den „Xenien" gut behandelt wird, hängt mit dem Umstand zusammen, daß der wegen seiner „homerischen" Gesinnung (vgl. Nr 129) geschätzte Dichter als Verbündeter der „Horen" gewonnen werden sollte.*

339 Nr 249   Schillers Almanach von 1796

LESARTEN. **1** erhebest] erhebst h^1 h^8 Idealen] Idealen, h^8 **2** zurück,] zurück! h^1 h^8 du,] *Komma fehlt* h^1 h^8

ERLÄUTERUNGEN. *Die Verse, einem Kritiker in den Mund gelegt, spielen auf den „Musen-Almanach für das Jahr 1796" an, der zu Anfang Schillers Gedicht „Die Macht des Gesanges" (S. 1–3) bringt, im weiteren u. a. „Der Tanz" (S. 32–35) und „Die Ideale" (S. 135) und mit Goethes „Epigrammen. Venedig 1790" (S. 205–260) schließt. Ein solcher Kritiker war z. B. Jens Immanuel Baggesen; vgl. zu „Ueber der Kammerthüre manches Berühmten" und Schiller an Goethe vom 23. [25?] Juli 1796.*

339 Nr 250   Das Paket

LESARTEN. *Überschrift:* Das Paket Manuscripte. h^8 **1** weit] fern h^8

ERLÄUTERUNGEN. *Das Xenion richtet sich an das „Journal von und für Deutschland" (Ellrich [ab 1785: o. O.] 1784–1792), das zunächst von Leopold Friedrich Günther von Goeckingk (1748–1828), seit 1785 aber schon von*

Philipp Sigmund von Bibra (1750–1803), Domkapitular und Regierungspräsidenten in Fulda, herausgegeben wurde. Die Zeitschrift verstand sich als nationales Journal, mit der Aufgabe, die verschiedenen, durch besondere Regenten von einander abgesonderten großen und kleinen Staaten Deutschlands [...] mit einander bekannter *zu machen (1784. 1. Stück. o. S. [Plan zum gegenwärtigen Journale]). – Auch Schiller lieferte (mindestens) einen Beitrag in die Zeitschrift: „Über Iffland als Lear" (NA 22, 315); vgl. die Erläuterungen dazu sowie Ernst Müller, Schillers Beiträge in Goeckingks „Journal von und für Deutschland" (1899). Goethe bezog die Zeitschrift (vgl. Ruppert, Goethes Bibliothek, Nr 294).*

1 Eule] *Sie war das heilige Tier der Minerva, der Göttin der Weisheit.*

340 Nr 251   Das Journal Deutschland

LESARTEN. **1** Feierlichkeit] Feierlichkeit, b^8

ERLÄUTERUNGEN. *Der* Spielmann *ist Johann Friedrich Reichardt (vgl. zu Nr 80), der Herausgeber der Zeitschrift „Deutschland" (vgl. Nr 223–229). Dabei ist wohl nicht an Reichardt als Musiker und Komponist zu denken, sondern an den Umstand, daß er jeden Band und jedes Stück des Journals mit einem Motto eröffnete (vgl. auch Nr 224). Schon in der Selbstrezension seiner „Anthologie auf das Jahr 1782" findet sich ein ähnliches Bild bei Schiller; vom Verfasser heißt es, er* trompetet [...] *sich mit einem ziemlich brutalen Motto voraus (NA 22, 133).*

340 Nr 252   Reichsanzeiger

LESARTEN. **2** Geistreich,] Abgeschmackt b^1 Geistreich b^8

ERLÄUTERUNGEN. *Gemeint ist der in Gotha erscheinende „Kaiserlich privilegirte Reichs-Anzeiger", herausgegeben von Rudolf Zacharias Becker; vgl. zu Nr 71, über die Qualität der Artikel zu Nr 283. Für Goethe war der „Reichs-Anzeiger" ein Exempel* bornirter Deutschheit *(an Schiller vom 22. November 1797). – Vielleicht ist die Genitivkonstruktion „Reichsanzeiger" als Genitivus subjectivus aufzufassen: Der „Reichs-Anzeiger" als Anzeiger des deutschen Reiches, das (als einheitliches politisches Gebilde) nicht existiert (vgl. Nr 95), ist wie ein leerer Spiegel. Der Niveaulosigkeit der politischen Verhältnisse Deutschlands korrespondiert die literarisch-journalistische der Zeitschrift. – Das Xenion könnte sich aber auch darüber belustigen, daß die Zeitung zu einem großen Teil aus Anfragen, Vorschlägen, Aufforderungen bestand, die von seinen Lesern eingesandt und von der Redaktion oder anderen Lesern mit Erklärungen, Hinweisen, Berichtigungen beantwortet wurden; in dieser Hinsicht war der „Reichs-Anzeiger" ein Medium, durch welches die Öffentlichkeit mit sich selbst sprechen konnte; vgl. Nr 283 und die Erläuterungen dazu.*

340 Nr 253   **A. d. Ph.**

LESARTEN. Fassung H¹ b⁸:
  Philosophische Annalen
  Vierzig Eselein ziehen den Bettelkarren durch Deutschland,
  Den auf schmutzigem Bock Jakob der Kutscher regiert.
1 *Komma fehlt* b⁸   **2** Jakob] Jacob b⁸

ERLÄUTERUNGEN. *Das Distichon ist den* „Annalen der Philosophie und des philosophischen Geistes von einer Gesellschaft gelehrter Männer" *gewidmet, die von 1795 bis 1797 von dem Philosophieprofessor Ludwig Heinrich von Jakob (1759–1827) in Halle herausgegeben wurden (vgl. zu Nr 54).* – Vierzig Eselein – *so heißt es in der früheren Fassung* – zögen den Bettelkarren: *jene* „Gesellschaft gelehrter Männer", *von der Jakob in der Ankündigung der Zeitschrift behauptet hatte:* [...] es haben sich schon jetzt mehr als V i e r z i g der würdigsten und allgemeingeachtesten [sic] Schriftsteller zu diesem Institute vereinigt, wovon mehrere allgemein als die größten Weltweisen anerkannt sind. (Intelligenzblatt Nr 125 der ALZ vom 12. November 1794. Sp. 1009.)
  Die Zeitschrift nahm für sich in Anspruch, den orthodoxen Standpunkt der Kantischen Philosophie zu vertreten und zog auf philosophischem Gebiet gegen Schelling und Fichte zu Felde. Auch Schillers Briefe „Ueber die ästhetische Erziehung des Menschen" *wurden in der anonym erschienenen* „Horen"-*Rezension (1795. 118.–122. Stück vom 2., 5., 7., 9., 12. Oktober. Sp. 937–970; wiedergedruckt in: Fambach 2, 151–167) von dem Kieler Philosophieprofessor Wilhelm Friedrich August Mackensen (1768–1798) (vgl. Fambach 2, 167) von diesem Ausgangspunkt aus kritisiert:* Sie bestünden größtenteils aus Kantischen Ideen, deren wahren Sinn einzusehen, es aber dem Verf. an Nüchternheit und Ueberlegung fehlte, die er aber dennoch brauchen zu können glaubte, weil sie, wenn sie durch Uebertreibung zu einer abendtheuerlichen Carricatur verzerrt worden sind, dazu dienen können, das Gemüth des unerfahrnen Lesers in Erstaunen zu versetzen *(118. Stück. 2. Oktober 1795. Sp. 941). Schiller bezeichnete diesen Angriff als* unendlich lächerlich *und berief sich darauf, daß Kant selbst, der competenteste Richter in dieser Sache mit Bewunderung davon spricht (an Cotta vom 30. Oktober 1795). Vgl. hierzu Kants Brief an Schiller vom 30. März 1795.*

340 Nr 254   **A. D. B.**

LESARTEN. Überschrift: Allgemeine Deutsche Bibliothek b³ b⁸   **2** Witz.] Witz! b³

ERLÄUTERUNGEN. *Gemeint ist die* „Allgemeine deutsche Bibliothek" *(Bd 1–117. Berlin und Stettin [ab 1792: Kiel (recte Hamburg)] 1766–1794) und ihre Fortsetzung, die* „Neue allgemeine deutsche Bibliothek" *(Bd 1–106. Kiel [recte Hamburg] [ab 1801: Berlin und Stettin] 1793–1805). Die Zeit-*

schrift wurde von Christoph Friedrich Nicolai (vgl. über ihn zu Nr 142–144), von 1792 an von Carl Ernst Bohn herausgegeben, 1801 wieder von Nicolai übernommen. Sie gehört zu den ausdauerndsten Publikationsorganen der Aufklärung, deren zunächst fortschrittliche Literaturkritik später zur Orthodoxie neigte, schließlich anachronistisch zu werden begann. Das Xenion spielt darauf unter Hinweis auf Papierqualität und typographische Gestaltung an, über die ganz ähnlich August Wilhelm Schlegel urteilte: Er fand, daß die Zeitschrift das Unerfreuliche ihres ganzen Treibens durch die stumpfen Lettern, das graue Papier, und die schlechten Porträtkupfer von Gelehrten sinnbildlich ausdrückt. (Vorlesungen über schöne Litteratur und Kunst 2, 33.)

340 Nr 255   A. d. Z.

LESARTEN. *Überschrift:* Böse Vorbedeutung. h^8

ERLÄUTERUNGEN. *Hinter der Abkürzung verbirgt sich das „Berlinische Archiv der Zeit und ihres Geschmacks" (Berlin 1795–1800), das (bis 1796) von Friedrich Ludwig Wilhelm Meyer (1759–1840) und Friedrich Eberhard Rambach (1767–1826), später von Rambach allein, schließlich (ab 1799) zusammen mit Ignaz Aurelius Feßler (1756–1839) herausgegeben wurde. Die Zeitschrift hatte Schillers und Goethes Unwillen erregt, als sie 1795 einen unter Pseudonym erschienenen, von Daniel Jenisch stammenden Aufsatz „Ueber Prose und Beredsamkeit der Deutschen" veröffentlichte (Bd 1. S. 249–254, 373–377), in dem auch Schiller und Goethe scharf angegriffen wurden; vgl. zu Nr 268. – Die Rückseite des Journals zeigte die drei Charitinnen, die mittlere in Rückansicht. – Vgl. auch zu Nr 268.*

340–341 Nr 256–262

Diese Goetheschen Distichen auf Zeitschriften gehören zu den ersten der „Xenien"-Produktion; Goethe schickte sie, zusammen mit anderen, mit seinem Brief vom 26. Dezember 1795 an Schiller; vgl. die Erläuterungen dazu und zu Schillers Antwort vom 29. Dezember 1795; außerdem „Dokumente", Nr 9.

340 Nr 256   Deutsche Monatschrift

LESARTEN. 2 Produkt?] Product. $h^1 h^8$ Produkt. $E^a E^c$

ERLÄUTERUNGEN. *Die „Deutsche Monatsschrift" wurde von 1790 bis 1794 von Gotthold Nathanael Fischer (1748–1800) und Friedrich Gentz (1764–1832) in Berlin bei Friedrich Vieweg herausgegeben. Nach Differenzen zwischen Verleger und Herausgebern kam es 1795 zur Neugründung der „Neuen Deutschen Monatsschrift" unter der Redaktion von Gentz bei Vieweg in Ber-*

lin, die es nur zu einem Jahrgang brachte, während die „alte" „Deutsche Monatsschrift" unter Fischer in der Sommerschen Buchhandlung zu Leipzig bis 1799 weiterexistierte. Die beiden Journale standen Schiller unterschiedlich gegenüber. Sprach sich die „Neue Deutsche Monatsschrift" (1795. Bd 2. S. 317) lobend über die Briefe „Ueber die ästhetische Erziehung des Menschen" aus (vgl. Goethe und Humboldt an Schiller vom 16. bzw. 28. September 1795 und Schiller an Cotta vom 18. September 1795), verurteilte die „Deutsche Monatsschrift" (1796. Bd 2. S. 136-171) in ihrem Beitrag „Versuch über die Manier unserer bekannteren Dichter" Schillers „Horen", indem sie in für das Journal traditioneller Weise gegen den Kantianismus, diese Puppe unsers Decenniums (S. 167), eiferte.

340 Nr 257 G. d. Z.

LESARTEN. Überschrift: Genius der Zeit. h^1 h^8 1 Dich, o Dämon! erwart ich] Dich o Dämon erwart ich, h^1 h^8 herschenden Launen] herschende Laune h^1 2 Aber] Doch h^1 h^8

ERLÄUTERUNGEN. *Gemeint ist* „Der Genius der Zeit" (Altona 1794–1800), *herausgegeben von August Hennings (1746–1826). Goethe hatte für das politisch liberale Journal, das mit der Französischen Revolution sympathisierte, ebensowenig übrig wie für dessen Herausgeber, den er den* Herrn GDZ *nannte (z. B. an Eichstädt vom 21. April 1804); Hennings polemisierte später im* „Musaget", *einer anderen von ihm herausgegebenen Zeitschrift, heftig gegen Goethes* „Wilhelm Meisters Lehrjahre": Verfall des Geschmaks und der sittlichen Denkungsart, groteske Geburten *einer zügellosen Phantasie unter Miß*achtung der Regeln des Schönen, Mangel an *moralischer Tendenz* u. a. m. (1799. 2. Stück. S. 151, 152). *Schiller, im* „Genius der Zeit" *verschiedentlich gelobt (vgl. 1795. Bd 4. S. 339; 1796. Bd 7. S. 110–111), wurde wegen der* „Horen"-Rezension *von Christian Gottfried Schütz in der ALZ angegangen (Der Genius der Zeit 1795. Bd 4. S. 519–529; wiedergedruckt in: Fambach 2, 116–119), deren* ungeheure und seltene Grösse mehr dunkelt und beschattet, als einladet. [...] Die Klagen in der Recension über die Menge und die Einrichtung anderer Zeitschriften geziemen mehr der erblassenden Megäre oder der zerstörenden Tisiphone, als den tanzenden Horen. *(S. 520–521.) Auf das Distichon reagierte Hennings in einer Rezension des* „Xenien"-*Almanachs in seinem Journal ungewöhnlich scharf (1796. Bd 9. S. 430–431, 432–437): Er nennt ihn pöbelhaft,* die Epigramme Kothwürfe *(S. 432) und wirft deren Verfassern vor,* ihre Muse durch Rachsucht, durch Plumpheit, durch Plattheit, durch Persönlichkeit, durch Armseeligkeiten wohl gar durch Schadenfreude geschändet zu haben *(S. 434). Ein Jahr später erschien eine noch stärkere Antwort in der Zeitschrift in Form zweier Distichen auf den* „Tod" *Schillers und Goethes, deren Autor vermutlich ebenfalls Hennings ist; vgl. ausführlich zu Nr 490.*
1 Dämon] *in der Antike eine nicht weiter bestimmte, Schicksal zuweisende Gottheit, daneben Bezeichnung für eine Zwischenstufe zwischen Göttern und*

Menschen (bei Homer auch die Götter selbst), in der Philosophie für den göttlichen Teil der menschlichen Seele; hier ist der „Genius der Zeit" gemeint, der sich als Kobold *entlarvt.*

340 Nr 258   Urania

LESARTEN. **1** ihn] ihn, $h^1\ h^8$ **2** Sudelgefäß] Sudelgefäß, $h^1\ h^8$ frömmelnde,] *Komma fehlt* $h^1\ h^8$

ERLÄUTERUNGEN. *Urania war eine der neun Musen, die Göttin der Astronomie, aber in weiterem Sinne auch der „allgemeinen Wissenschaft göttlicher und menschlicher Dinge" (Hederich, 2478). „Urania für Kopf und Herz" (Hannover [später: Leipzig]) war der Titel einer Monatsschrift, die von 1793 bis 1796 von Goethes Jugendfreund Johann Ludwig Ewald (1747–1822), Generalsuperintendenten in Detmold, herausgegeben wurde. Goethe hatte zu Ewald, früher als Prediger in Offenbach Vertreter eines rationalistisch verstandenen Christentums, später einem schwärmerischen Pietismus zuneigend, keinen Kontakt mehr. Vielleicht war der von Goethe nicht autorisierte Abdruck seines Gedichts „Sehnsucht" (WA I 4, 95) in der „Urania" (1793. S. 53) ein Anlaß für die Entstehung des Xenions.*

341 Nr 259   Merkur

LESARTEN. **2** *Kommata fehlen* $h^1\ h^8$

ERLÄUTERUNGEN. *Wieland gab die Zeitschrift „Der Neue Teutsche Merkur" (Weimar 1773–1810 [1773. Bd 1: Der Deutsche Merkur; dann bis 1789: Der Teutsche Merkur]) zusammen mit verschiedenen Redakteuren und Mitarbeitern heraus, die den Charakter des Journals stark mitprägten. So widmete sich der „Merkur" unter der Mitarbeit von Wielands Schwiegersohn Karl Leonhard Reinhold (vgl. über ihn zu Nr 381) der Verbreitung der Kantischen Philosophie; nach dessen Weggang nach Kiel 1794 trat Karl August Böttiger (vgl. über ihn zu Nr 494) an seine Stelle, womit die Zeitschrift archäologisch-antiquarischen Zuschnitt erhielt. In dieser letzten Phase, ab 1796, zog Wieland sich weitgehend von redaktioneller Tätigkeit zurück, beteiligte sich aber mit politischen Beiträgen (zur Französischen Revolution). Vgl. Goethes Verse „Auf das Septemberheft des Neuen teutschen Merkur von 1802 geschrieben", in denen es heißt:* Im deutschen Merkur / Ist keine Spur / Von Vater Wieland, / Der steht auf dem blauen Einband *(V. 3–6; WA I 5 I, 163).*

341 Nr 260   Horen. Erster Jahrgang

LESARTEN. *Überschrift:* Die Horen. $h^1\ h^8$ **1** wandeln] wandlen $h^1\ h^8$ **2** Schritt,] *Komma fehlt* $h^1\ h^8$

ERLÄUTERUNGEN. *Als Beispiel für die Mischung von „ernsten" und „verwegenen" Beiträgen in Schillers Zeitschrift kann das 6. Stück des ersten Jahrgangs 1795 dienen, das aus Goethes „[Römischen] Elegien" (S. 1–44) und Schillers Ausführungen über „Die schmelzende Schönheit. Fortsetzung der Briefe über die ästhetische Erziehung des Menschen" (S. 45–124) besteht.*

341 Nr 261 Minerva

LESARTEN. **1** Göttinn,] Göttin! h^1 Göttinn! h^8 Göttin, E^c

ERLÄUTERUNGEN. *Angesprochen ist „Minerva. Ein Journal historischen und politischen Inhalts", das von 1792 bis 1812 in Berlin, Hamburg, später in Leipzig von Johann Wilhelm von Archenholtz (1743–1812), Historiker in Hamburg, Mitarbeiter der „Horen", herausgegeben wurde.*

341 Nr 262 Journal des Luxus und der Moden

LESARTEN. **1** Luxus,] *Komma fehlt* h^1 h^8 **2** fördern,] fördern; h^8

ERLÄUTERUNGEN. *Das „Journal des Luxus und der Moden" (Weimar 1786–1827 [ursprünglich unter dem Titel „Journal der Moden", seit 1813 „Journal für Luxus, Mode und Gegenstände der Kunst", seit 1814 „Journal für Literatur, Kunst, Luxus und Mode"]) wurde von Friedrich Justin Bertuch (1747–1822), Legationsrat, Verleger, Buchhändler in Weimar, und Georg Melchior Kraus (1737–1806), Direktor der Zeichenschule in Weimar, herausgegeben, später von Carl Bertuch und Böttiger. Es enthält populärwissenschaftliche Beiträge (über Erfindungen, über Technisches), Artikel über „Luxus" und „Mode" (Kleidung, Schmuck, Möbel usw.), aber auch Literarisches (Gedichte, Abhandlungen, Rezensionen u. a.). Mit Bezug auf die Zeitschrift schrieb Goethe in seinem Brief an Schiller vom 30. Januar 1796:* Es ist aber als wenn alles geistreiche diesen feuerfarbenen Einband flöhe.

341 Nr 263 Dieser Musenalmanach

LESARTEN. *Überschrift:* Schillers Almanach. h^1 Schillers Almanach von 1797. h^8 **1** herzlichen] herzliche h^1 h^8 **2** Collegen, von euch] Collegen von Euch, h^1 h^8

ERLÄUTERUNGEN. *Das Epigramm schließt, wie schon in der Sammelhandschrift (vgl. die „Konkordanz [...]"), die „Xenien"-Reihe über die Journale. Den* Dank *dokumentiert ausführlich Boas in den „Anti-Xenien" (Xenienkampf [1851] 2, 21–239).*

341 Nr 264   Der Wolfische Homer

LESARTEN. Überschrift: Homer h^8 **2** Nun] Nun, h^8 ihr] ein h^8

ERLÄUTERUNGEN. Friedrich August Wolf (1759-1824), Professor der klassischen Literatur in Halle, hatte in seinen „Prolegomena ad Homerum" (1795) die These vertreten, Homers „Ilias" und „Odyssee" seien nicht das Werk eines einzelnen Dichters, sondern mehrerer, die über Jahrhunderte mündlich Überliefertes aufgeschrieben und zu den beiden Epen verarbeitet hätten. Über die Diskussion der „Homerischen Frage" informieren im einzelnen die Erläuterungen zu Schiller an Goethe vom 24. Oktober 1795. – Vgl. auch Nr 500 und Schillers Epigramm „Ilias", mit dem er schon in den „Horen" (1795. 9. Stück. S. 135) gegen Wolf Stellung genommen hatte. – Goethe hatte das Buch in seiner Bibliothek (vgl. Ruppert, Nr 1300).
1 Sieben Städte] *nach antiker, hellenistischer Tradition: Smyrna, Rhodos, Kolophon, Salamis, Chios, Argos und Athen.*

341 Nr 265   M***

LESARTEN. Überschrift: Professor Meiners in Göttingen h^3 M. s. h^8 **1** Beschlusse] Beschlusse, h^3 h^8 **2** noch,] *Komma fehlt* h^8

ERLÄUTERUNGEN. Wie aus der Überschrift in h^3 hervorgeht, zielt das Xenion nach Christoph Meiners (1747-1810). Er war Professor der Philosophie in Göttingen, schrieb aber nicht nur philosophische, sondern auch historische, belletristische, biographische und Reisewerke. Das Bild der „Maschine" für Vielschreiberei findet sich auch in Nr 285.

341 Nr 266   Herr Leonhard **

LESARTEN. Überschrift: An Herrn Leonhard XXX (Meister) *[Klammerzusatz von Schillers Hand]* h^3 Herr Leonhard x. h^8 **1** les' ich] ließt man h^3 h^8 Schriften,] *Komma fehlt* h^8 **2** nur, Freund] allein h^8

ERLÄUTERUNGEN. Leonhard Meister (1741-1811) war Professor für Geographie und Geschichte in Zürich, Verfasser von sprach- und literarhistorischen sowie poetischen Schriften. Vgl. über ihn auch die Erläuterungen zu Schillers Brief an Meister vom 12. November 1784, mit dem er ihn zur Teilnahme an der „Thalia" einlud.

342 Nr 267 Pantheon der Deutschen I. Band

LESARTEN. Überschrift: Pantheon der Deutschen H^1 b^8 I. Band] *Punkt fehlt E^a*   1 Deutschlands] Deutschland H^1 *(Schreibversehen)*

ERLÄUTERUNGEN. Von dem „Pantheon der Deutschen", *herausgegeben von Karl Gottlieb Hofmann (1762–1799), Magister der Philosophie und Buchhändler in Chemnitz, waren 1794 und 1795 die ersten beiden Teile erschienen. Der erste Teil enthält eine* „Charakteristik D. Martin Luthers" *(S. 1–232) von dem Leipziger Philosophieprofessor Ernst Karl Wieland (1755–1828) sowie eine* „Charakteristik Friedrichs II. Königs von Preussen" *(S. 233–410) von Heinrich Würtzer (1751–1835), Magister der Philosophie, Privatdozenten in Göttingen, seit 1793 Privatgelehrtem in Altona. Die folgenden Bände bringen biographische Darstellungen über Kaiser Rudolph von Habsburg, Leibniz, Lessing, Arminius, Ulrich von Hutten, Kopernikus, Moritz von Sachsen. Das wenig erfolgreiche Unternehmen erhielt schlechte Kritik; in der ALZ (1795. Nr 207 vom 30. Juli. Sp. 217–221) heißt es über die Luther-Biographie,* man würde bey jeder Seite dieses Aufsatzes mit dem Lesen aufhören können, ohne den Wunsch zu fühlen, mehr von diesem Manne zu erfahren *(Sp. 219);* Würtzers Beitrag wird eine *prätensionsvolle Geschmacklosigkeit und Unzweckmäßigkeit (ebd.) vorgeworfen.*

342 Nr 268 Borussias

LESARTEN. 1 nur] *ü. d. Z. erg.* H^1 Krieg] Krieg, H^1 b^8 2 Jahrhunderte,] *Komma fehlt* H^1 b^8

ERLÄUTERUNGEN. „Borussias" *(1794), das Werk des Berliner Predigers Daniel Jenisch (1762–1804), war der Versuch, eine Frideriziade in der Form des klassischen Epos vorzulegen, ein Stoff, den auch Schiller in früheren Jahren in einem epischen Gedicht zu behandeln plante (vgl. an Körner vom 20. Oktober 1788 sowie vom 10. [und 12.] März 1789). Conz berichtet vom Frühsommer 1792 (vgl. NA 42, 154), daß Schiller den Gedanken an eine Epopee aus der Geschichte des Siebenjährigen Krieges hegte und deshalb wohl Teile des Werkes von Jenisch in seine* „Neue Thalia" *aufgenommen habe:* „Die Aussichten des verklärten Kleists in die Schöpfung oder achter und neunter Gesang der Borußias" *(1793. 3. Stück. S. 286–319). Als Schiller 1794 die Buchfassung des Epos von Jenisch zum Geschenk erhielt, bedauerte er, durch diesen Umstand daran gehindert zu sein,* über dieses elende Produkt etwas zu sagen *(an Charlotte Schiller vom 12. September). Diese Zurückhaltung wurde jedoch aufgegeben, als Jenisch im März und April 1795 im* „Berlinischen Archiv der Zeit und ihres Geschmacks" *(Bd 1. S. 249–254, 373–377) einen Aufsatz* „Ueber Prose und Beredsamkeit der Deutschen" *veröffentlichte und darin verschiedene Beiträge der* „Horen", *insbesondere die Briefe* „Ueber die ästhetische Erziehung *des Menschen" scharf angriff; er warf Schiller vor, daß unsers Thucydides Geschichtbücher zu übermäßig den Dichter und Romanschreiber duften, und daß einige seiner neuesten Abhandlungen, voll des feinsten Beobachtungsgeistes [...] zugleich voll unerträglicher Unbestimmtheiten und undurchdringlicher Dunkelheiten sind (S. 251–252). Überhaupt sei die entschiedenste Dürftigkeit oder vielmehr Armseligkeit der Deutschen, an vortreflichen c l a s s i s c h - p r o s a i s c h e n W e r k e n jeder Gattung (S. 250) zu beklagen. Goethe trat Jenisch daraufhin mit seinem „Horen"-Beitrag „Litterarischer Sansculottismus" (1795. 5. Stück. S. 50–56) entgegen; vgl. des weiteren zu Schiller an Goethe vom 13. September 1795. Im übrigen hielt der Streit Jenisch nicht davon ab, Schiller seine Mitarbeit an den „Horen" anzubieten (vgl. seinen Brief vom 19. Mai 1795), ohne daß Schiller darauf eingegangen wäre. Außerdem beabsichtigte Jenisch eine Ehrenrettung Schillers in der „Neuen Deutschen Monatsschrift" (vgl. Humboldt an Schiller vom 13. November 1795 und die Erläuterungen dazu), ohne damit bei Schiller den gewünschten Erfolg zu haben (vgl. Schiller an Goethe vom 23. November 1795). Nach Erscheinen der „Xenien" reagierte Jenisch mit seinen „Litterarischen Spiessruthen" (1797), in denen er witzige Bezüge und Quellen der Epigramme aufdeckte oder herstellte.*

342 Nr 269   Guter Rath

LESARTEN. **1** studiose,] *Komma fehlt* h^8 **2** *Kommata fehlen* h^8

ERLÄUTERUNGEN. *Das Distichon stammt aus Martials „Epigrammen" (14, 185):* „Wißbegieriger, nimm vom gelehrten Maro die ‚Mücke', / daß du nicht, läßt du das Spiel, ‚Waffen und Helden' gleich liest." *(Nach Rudolf Helm [1957], 547.) In der Übersetzung von Karl Wilhelm Ramler, die Schiller zur Vorbereitung auf die „Xenien" benutzte (vgl. zu Nr 417–418), trägt das Epigramm den Titel „Virgils Mücke" und lautet:* Nimm des gelehrten Maro Werk d i e M ü c k e : du könntest / Sonst von W a f f e n u n d M a n n singen, und Possen verschmähn. *(Marcus Valerius Martialis in einem Auszuge [1787–1793] 4, 382.) Saupe (Xenien [1852], 162) bietet folgende Version:* „Lies vom beredten Virgil, o fleißiges Männchen, „d i e M ü c k e, " / Daß nach den Possen du nicht „W a f f e n u n d M ä n n e r" besingst." *– Vielleicht kommt diese Deutung des lateinischen Epigramms dem Sinn am nächsten, den das Distichon hier mit Bezug auf Jenisch haben könnte.* „Culex" *ist ein Vergil zugeschriebenes Epyllion (das von einer Mücke handelt, die einen schlafenden Hirten zur Warnung vor einer Schlange sticht und von diesem erschlagen wird); die „Borussias" trug als Motto den Beginn von „Äneis":* Arma virumque cano *(„Waffentat künde ich und den Mann [...]"; nach Johannes Götte [1983], 7); neben dem Epos hatte Jenisch Satiren und komische Erzählungen geschrieben. Demnach könnte der Sinn des Xenions lauten: Lies als Possenschreiber getrost Vergils „Culex", aber nicht die „Äneis", weil du dadurch auf den Gedanken gebracht werden könntest, als epischer Dichter zu glänzen, der du nie sein kannst.*

342 Nr 270   Reinecke Fuchs

LESARTEN. *Überschrift:* Reinicke Fuchs H⁴   1 hätte] *danach 2 (?) Wörter – das eine (?) – unleserlich gemacht* H⁴

ERLÄUTERUNGEN. *Goethes Hexameterepos „Reinecke Fuchs in zwölf Gesängen" erschien zuerst in „Goethe's neuen Schriften" (Bd 2. Berlin 1794. S. 1–491). Schiller bewunderte das Werk um des homerischen Tones willen, der ohne Affektation darin beobachtet ist. (An Körner vom 12. Juni 1794.) Humboldt gegenüber bezeichnete er es als das beßte poetische Produkt [...], was seit sovielen vielen Jahren in Umlauf gekommen ist (Brief vom 25. Januar 1796).*

342 Nr 271   Menschenhaß und Reue

LESARTEN. 1 Menschenhaß?] Menschenhaß? – H⁴   Nein,] *Komma fehlt* H⁴ h⁸ Eᵃ Eᶜ   2 Reue] R e u e H⁴

ERLÄUTERUNGEN. *Kotzebues Schauspiel „Menschenhaß und Reue" (uraufgeführt am 3. Juni 1789 in Berlin) hatte den überwältigenden Publikumserfolg, den Schiller nach dem Besuch des Stücks in Weimar am 31. Dezember 1789 erwartet hatte; Caroline von Wolzogen berichtet:* Wir blieben ganz ungerührt, und spaßten über die vielen falschen sentimentalen Dinge und Motive, die es enthält. Schiller kannte den Standpunkt des Geschmacks im großen Publicum und sagte vorher, daß Kotzebue viel Glück machen würde. *(Schillers Leben 2, 64; siehe auch NA 42, 126.) – Vgl. über Kotzebue auch Nr 404, 406.*

342 Nr 272   Schinks Faust

ERLÄUTERUNGEN. *Johann Friedrich Schink (1755–1835) hatte im Juli-Heft des „Berlinischen Archivs der Zeit und ihres Geschmacks" (1796. Bd 2. S. 70–84) Auszüge aus einer „Faust"-Dichtung veröffentlicht: „Doktor Faust's Bund mit der Hölle. Ein kleines Ganze aus einem größeren"; zuvor war bereits ein „Prolog zu einem dramatischen Gedichte: Doktor Faust" in derselben Zeitschrift erschienen (1795. Bd 2. S. 451–465). Auf Seite 84 von „Doktor Faust's Bund mit der Hölle" sagt Faust:* Geister der Finsterniß, haltet ihn nicht, den schrecklichen Bund, damit auch i c h zurück kann.

342 Nr 273   An Madame B** und ihre Schwestern

ERLÄUTERUNGEN. *Die Adressatin des Xenions läßt sich nicht mit Sicherheit angeben. Neben der dänischen Schriftstellerin Friederike Brun (1765–1835) kommt Caroline Böhmer (1763–1809), seit dem 1. Juli 1796 Gattin*

August Wilhelm Schlegels, in Frage, obwohl diese selbst das Epigramm auf Brun bezog (vgl. ihren Brief an Luise Gotter; Caroline 1, 403); dies tat auch Humboldt im Brief an Karl Gustav von Brinkmann vom 7. November 1796 (Humboldt-Brinkmann, 86; siehe auch NA 42, 217). – Die Beziehung auf Caroline Böhmer legt, mit Blick auf ihre politischen Aktivitäten während der Mainzer Republik 1793 (vgl. zu Nr 347), ein politisches Verständnis des Distichons nahe; mit den Schwestern *könnten die Mainzer Klubistinnen, aber auch allgemein politisierende Frauen gemeint sein (vgl. zu Nr 441, 442). Die Klimax* Sibylle, Parce *und* Furien *ließe sich mit der politischen Entwicklung im Gefolge der Französischen Revolution (und ihrer Einschätzung durch die „Xenien"-Autoren) in Verbindung bringen.*

342 Nr 274 Almansaris und Amanda

ERLÄUTERUNGEN. *Almansaris, die Hüon bedrängende Königin, und die tugendhafte Amanda, die Almansor, dem König, widersteht, sind Figuren aus Wielands Versdichtung „Oberon" (zuerst 1780). Ob das Distichon bestimmte Adressaten hat oder allgemein zu verstehen ist, ist unsicher.*
1 Scherz] *im Sinne der erotischen Scherzdichtung gebraucht.*

343 Nr 275 B**

LESARTEN. 2 Phantast,] *Komma fehlt* E^a

ERLÄUTERUNGEN. *Die Chiffre der Überschrift bezeichnet vielleicht den deutsch-dänischen Dichter Jens Immanuel Baggesen (1764–1826); dafür spräche die Tatsache, daß das Xenion nur im Almanach überliefert, also offenbar erst spät entstanden ist. Die Absicht, Baggesen in die Reihe der „Xenien"-Adressaten aufzunehmen, stammt ebenfalls erst aus dem Sommer 1796. Am 23. [25.] Juli berichtete Schiller von einem abschätzigen Epigramm Baggesens auf den „Musen-Almanach für das Jahr 1796" (vgl. die Erläuterungen zu Schillers Brief), worauf Goethe antwortete, das solle ihm* übel bekommen *(an Schiller vom 26. Juli; vgl. „Dokumente", Nr 60 u. 62).*

Baggesen hatte Schiller, dessen begeisterter Anhänger er wurde, bei einem Besuch in Jena 1790 kennengelernt und sich ein Jahr später durch die Vermittlung einer finanziellen Hilfe für Schiller vom Herzog von Augustenburg und vom Grafen von Schimmelmann sehr verdient gemacht; später gehörte er zur Fraktion der „Horen"-Gegner; an Karl Leonhard Reinhold schrieb er am 22. März 1795: Schiller fängt auch an, als Schriftsteller bei mir zu fallen. Seine Horenankündigung hat mir im höchsten Grade misfallen. *(Baggesen-Reinhold/ Jacobi 2, 18.) Auch Goethe war er, aus moralischen Gründen, nicht wohlgesonnen; er rechnete ihn zu den Schriftstellern,* deren Schriften mich anstinken *(an Reinhold vom 7. Juli 1792; Baggesen-Reinhold/Jacobi 1, 216). Schillers Verdruß über den früheren Wohltäter drückt sich auch in der (im Nachlaß gefundenen) Replik auf ein anderes Epigramm Baggesens aus; vgl. „Ueber der Kammerthüre manches Berühmten" und die Erläuterungen dazu.*

343 Nr 276   Erholungen. Zweytes Stück

ERLÄUTERUNGEN. *In der von Wilhelm Gottlieb Becker (vgl. über ihn zu Nr 132) herausgegebenen Zeitschrift „Erholungen" (1796. 2. Bändchen. S. 23– 41)) war die kurze Erzählung „Die Vernichtung. Eine Vision" von Johann Paul Friedrich Richter erschienen (vgl. über ihn zu Nr 41).*

343 Nr 277   Moderecension

ERLÄUTERUNGEN. *Moderezensionen, so sagt Goethe, machen nicht Moden, sondern folgen ihnen, um auf einfachste Weise den größten Erfolg (bei Verkäufern und Käufern) zu haben.*

343 Nr 278   Dem Zudringlichen

ERLÄUTERUNGEN. *Das Epigramm ist vermutlich, ebenso wie das folgende, an Friedrich Leopold Graf zu Stolberg gerichtet; vgl. über ihn zu Nr 15.*

343 Nr 279   Höchster Zweck der Kunst

LESARTEN. **2** Marmorblock] Marmorblick E^b *(Druckfehler)*

ERLÄUTERUNGEN. *Das Xenion verspottet einen Kritiker, der Kunst auf moralisch-religiöse Zwecke verpflichtet wissen möchte. Als einen solchen kritisieren die „Xenien" wiederholt Friedrich Leopold Graf zu Stolberg (vgl. über ihn zu Nr 15).*

343 Nr 280   Zum Geburtstag

ERLÄUTERUNGEN. *Adressat ist Christoph Martin Wieland, Anlaß des Xenions dessen Neigung zu überlangen Satzperioden, die schon der „Sprachforscher" (Nr 141) Johann Christoph Adelung mit Kritik bedachte. Adelung vergleicht Wielands syntaktische Konstruktionen mit* einem Satze Schachteln [...], wo immer eine aus der andern heraus kriecht. *(Ueber den Deutschen Styl [1785] 1, 261.)*

343 Nr 281   Unter vier Augen

LESARTEN. *Überschrift:* Das Rätzel. h^6 *Überschrift fehlt* h^8 h^9 **1** Viele rühmen,] Manche rühmen h^6 h^8 habe] haben h^8 *(Hörfehler?)*   Verstand;] Verstand! h^6 glaubs,] *Komma fehlt* h^8, s *von Goethe mit Tinte gestr., darüber von seiner Hand* es h^9 den einen] den einen, h^6 den Einen, h^8, *von Goethe mit Tinte gestr., darüber von seiner Hand* jeden h^9 **2** Den] *von Goethe mit Blei gestr., darunter von seiner Hand* Welchen h^9 jedesmal] *von Goethe mit Tinte gestr., darunter von seiner Hand* dießmal h^9 liebt,] *Komma fehlt* h^8

ERLÄUTERUNGEN. *Es ist unwahrscheinlich, daß sich das Xenion an eine bestimmte Person richtet.* Boas (Xenienkampf [1851] 1, 153–154) *stellt, wenig überzeugend, einen Bezug zu Wielands „Gesprächen unter vier Augen" (1798/1799) her,* Saupe (Xenien [1852], 166) *rät auf* Caroline Böhmer *(vgl. zu Nr 275),* Schmidt/Suphan ([1893], 160) *erwähnen den Namen* Sophie von Schardts *(1755–1819). Mit gleicher Berechtigung ließen sich Frauen wie* Emilie von Berlepsch *und* Therese Huber-Forster *nennen. Wie andere Distichen auch, spielt dieses Xenion wahrscheinlich mit dem Leser, dem es, in der vertraulichen Situation „unter vier Augen", ein Bekenntnis über eine Person anbietet, in der begründeten Annahme, daß diese jeder Leser für sich selbst identifizieren kann.*

343 Nr 282   Charade

LESARTEN. **2** *Kommata fehlen* h^8 ist ohne] hat auch nicht h^8

ERLÄUTERUNGEN. *Die Auflösung des Rätsels ist unklar. Möglicherweise bezieht sich das Wortspiel auf* Christian Gotthilf Salzmann, *Adressat von Nr 148, die in der Sammelhandschrift unmittelbar vorausging, oder auf* Friedrich Bouterwek *(1766–1828), Professor der Beredsamkeit in Göttingen, Verfasser philosophischer, belletristischer und literaturgeschichtlicher Schriften;* Schiller *schätzte ihn nicht sehr (vgl. u. a. an Goethe vom 18. April 1797 und 12. Januar 1798). Deutlich ist das Wortspiel in folgendem, nicht veröffentlichtem Xenion Goethes:*

     Welch ein ästhetischer Kram rhapsodischen Denkens und Wissens!
     Schiene nur Phöbus darein, flöß es wie B u t t e r hin w e g.
(Schmidt/Suphan [1893], 81; Nr 718.)

343 Nr 283   Frage in den Reichsanzeiger
                          W. Meister betreffend

LESARTEN. *Überschrift:* Frage in den ReichsAnzeiger, / Wilh. Meister betreffend. H^4 Frage in den Reichsanzeiger, Wilhelm Meister betreffend. h^8 **1** welschen] griechischen H^4 h^8

ERLÄUTERUNGEN. Mignon, Lothario, Serlo u. a. gehören zu den welschen Nahmen *in Goethes Roman „Wilhelm Meisters Lehrjahre". Die fiktive Frage des Xenions soll einen Eindruck vom Niveau der literarischen Kritik im Gothaer „Reichs-Anzeiger" (vgl. zu Nr 252) vermitteln. Vergleichbar ist folgende dem Epigramm kaum nachstehende Anfrage, die der „Reichs-Anzeiger" tatsächlich abdruckte:* Ist es nicht an sich unnütz, für den litterarischen Gebrauch aber beschwerlich, daß die Seitenzahl in jedem Stück der Horen von 1 anfängt, da doch das Ganze in Bände von mehrern Stücken getheilt ist? *(1795. Nr 276 vom 27. November. Sp. 2807; abgedruckt auch in: Fambach 2, 123.) Den Ausdruck,* es gehöre etwas in den „Reichs-Anzeiger", *gebrauchten Schiller und Goethe, wenn es sich um etwas besonders Dummes handelte; vgl. Schiller an Goethe vom 20. März 1801, Goethe an Schiller vom 22. November 1797 und an Voigt vom 14. Juni 1796 (WA IV 11, 97).*

344 Nr 284   Göschen an die deutschen Dichter

LESARTEN. 1 heraus,] heraus; E^c 2 Habt] habt b^8

ERLÄUTERUNGEN. Der Leipziger Verleger Georg Joachim Göschen (1752–1828) brachte seit 1794 mehrere Gesamtausgaben Wielands in verschiedenen Formaten heraus; neben einer Oktav-Ausgabe in 39 Bänden und sechs Supplementbänden (C[hristoph] M[artin] Wielands sämmtliche Werke [Leipzig 1794–1811]), die zugleich im Klein- und Großoktavformat erschien, legte Göschen eine Quart-Ausgabe und eine weitere im Duodez-Format vor. – Auf der Leipziger Ostermesse 1795 war es zwischen Göschen und Cotta zum Streit um die Verlagsrechte an „Don Karlos" gekommen, in den Schiller auf der Seite Cottas eingriff. Göschen gehörte zu den ersten „Xenien"-Adressaten, die Schiller bei Erwägung des Planes einfielen (vgl. an Goethe vom 29. Dezember 1795; vgl. „Dokumente", Nr 10).
2 Location] *nach lat. locus (Platz; Rang; Stand): Rangbestimmung, Reihenfolge.*

344 Nr 285   Verleger von P** Schriften

LESARTEN. Überschrift: Der Verleger von Pölitz Schriften H^4 Der Verleger von Pxxx Schrifften. b^8 1 ich,] *Komma fehlt* b^8 denkt,] *Komma fehlt* H^4 b^8

ERLÄUTERUNGEN. Als Maschine *(siehe auch Nr 265) bezeichnet hier ein Verleger seinen besten Produzenten, Karl Heinrich Ludwig Pölitz (1772–1838), Professor der Moral und Geschichte an der Ritterakademie in Dresden (vgl. die Überschrift in H^4). Er galt als Vielschreiber:* [...] es erregt im Ganzen gewiß kein sehr günstiges Vorurtheil für den Werth von Schriften, wenn man Männer, wie den Exmarquis C. G r o s s e auf einmal mit sieben Büchern, und einen P ö l i t z mit eben so vielen auf dem literarischen Markte auftreten sieht. *(Intelligenzblatt Nr 108 der ALZ vom 26. September 1795. Sp. 868.)*

344 Nr 286 Josephs II. Dictum, an die Buchhändler

LESARTEN. 1 Käsehandel] Handel mit Käse b^8 Geschäfte] Geschafte b^8
2 Kaiser, man siehts,] Kaiser – man siehts – b^8

ERLÄUTERUNGEN. *Der österreichische Kaiser Joseph II. (1741–1790) hatte aus Anlaß von Beschwerden von seiten des Buchhandels gegen das vor allem in Wien verbreitete Unwesen unberechtigten Nachdruckens im Jahr 1788 eine „Allerhöchste Entschliessung" über Druck und Nachdruck von Büchern getroffen, in der, im Namen der Freiheit von Buchhandel und Buchdruck, u. a. erklärt wird: „Wer sich Lettern, Farbe, Papier und Presse einschafft, kann drucken, wie Strümpf stricken, und wer gedruckte Bücher sich macht, oder einschaft, kann solche verkaufen"; dann heißt es: „Um aber Bücher zu verkaufen, braucht es keine mehrere Kenntniss, als wie um Käs zu verkaufen: nämlich ein Jeder muss sich die Gattung von Büchern oder Käs einschaffen, die am mehresten gesucht werden, und das Verlangen des Publikums durch Preise reitzen und benutzen." (Zitiert nach Kink, Geschichte der kaiserlichen Universität zu Wien [1854] 1 II, 287–288.) Vielleicht wurde das Epigramm durch Herders „Briefe zu Beförderung der Humanität" (1 [1793], 131) veranlaßt, in denen des kaiserlichen Erlasses und des Vergleichs zwischen Buch- und Käsehandel gedacht wird.*

344 Nr 287 Preisfrage der Academie nützl. Wissenschaften

LESARTEN. *Überschrift:* Preißfrage von der Academie nützl. Wißensch. zu St. H^4 Preisfrage von der Academie nützlicher Wissenschaften in St. b^8 **1** û] ü H^4 b^8 Ü. E^a E^c Schnörkel] Schnorkel b^8 **2** dreißig] fünfzig H^4 b^8

ERLÄUTERUNGEN. *Trotz der abgekürzten (oder verschlüsselten?) Ortsangabe in der früheren Überschrift ist nicht klar, welche Akademie genau gemeint ist. Vielleicht wurde die Ortsangabe im Almanach gestrichen, um dem Xenion einen allgemeinen Bezug zu geben. – Eine „Akademie nützlicher Wissenschaften", der Schiller selbst angehörte, hatte ihren Sitz in Erfurt; ihr Protektor war Karl Theodor von Dalberg (1744–1817), Statthalter in Erfurt, Koadjutor von Mainz. Einen Eindruck von der Tätigkeit der Akademie vermitteln die in ihren Sitzungen gehaltenen Vorträge; in diesen wurde 1796 z. B. gehandelt über die „Beantwortung einer auf die Geschichte der Schlacht bey Cannä sich beziehende unerörterte Frage für die Leser der dritten Dekade des Livius", „Ueber die Longitudinalschwingungen elastischer Körper", über den „Beweis, daß Eoban Hesse weder an der Severi- noch Predigerschule hier in Erfurt ehemals Rektor gewesen sey", „Ueber das schwere Zahnen der Kinder", über die „Frage: ob ein Artilleriekorps mit Recht ein Geniekorps verdiene genannt zu werden"* (Erfurtische gelehrte Zeitung auf das Jahr 1796. S. 33, 34, 65, 66, 257). Im ersten Band (Mannheim 1787) der „Schriften der Kurfürstlichen deutschen Gesellschaft in Mannheim" (vgl. Nr 516) finden sich drei Aufsätze von Kasimir Freiherr von Häffelin (1737-1827), deren Thematik an das Xenion erinnert: „Von dem gothischen Geschmacke, der sich in der deutschen Schrift und besonders in dem deutschen Drucke erhalten hat" (S. 57-154), „Von dem Ursprunge der deutschen Buchstaben" (S. 155-216) und „Erste deutsch geschriebene Werke [...]" (S. 217-254); im ersten Aufsatz tritt der Verfasser für die Anlehnung an die lateinische Schrift und die Abschaffung der gotischen Schrift ein, an deren Buchstaben er „viel unnüzes Zeug, viele Krümmungen und überflüssige Zierrathen" tadelt (S. 76).

344 Nr 288   G. G.

LESARTEN. Überschrift: Gelehrte Societäten H^1 B. B. D^2 *(Druckfehler)*
1 siehst du ihn] *über gestr.* steht er nur H^1 sieht man ihn D^2 **2** Sind sie in Corpore,] sind sie in Corpore, *unter gestr.* Sieh sie zusammen,; *über* Sieh *gestr.* Sind, *über* zusammen, *gestr.* beysammen H^1 gleich] *verb. aus* sogleich H^1 dir] euch D^2 – Vgl. auch den Text in NA 2 I, 323.

ERLÄUTERUNGEN. Die Abkürzung bedeutet, mit Blick auf die frühere Überschrift, „Gelehrte Gesellschaften". Das folgende Xenion Nr 289 läßt unter den hier allgemein angesprochenen Gesellschaften in erster Linie an die (1751 gegründete) Göttinger denken, die „Societas regia scientiarum Gottingensis". Ihr Gründungspräsident war Albrecht von Haller (vgl. zu Nr 353), zu ihren Ehrenmitgliedern gehörte u. a. Karl Theodor von Dalberg (vgl. zu Nr 287), zu den Ordentlichen Mitgliedern gehörten u. a. Christian Gottlob Heyne (vgl. zu Nr 366), Georg Christoph Lichtenberg (1742-1799), Professor der Physik in Göttingen, Christoph Meiners (vgl. zu Nr 265), Ludwig Timotheus Spittler (vgl. zu Nr 440).
2 in Corpore] *lat.: in der Gesamtheit.*

344 Nr 289   Hörsäle auf gewissen Universitäten

LESARTEN. Überschrift: Die Hörsäle in Gxxx b^3 Die Hörsäle auf der Univ. Göttingen H^5 Die Hörsäle auf gewissen Universitäten. b^8 **1** gesondert] geschieden b^3 b^8 **2** hier!] hier. b^3 H^5 b^8 hier, E^c *(Druckfehler)*

ERLÄUTERUNGEN. Gemeint ist, wie die Überschrift in H^5 noch deutlich zu erkennen gibt, die Göttinger Universität. Das Epigramm bezieht sich auf den Umstand, „dass in den Göttinger Auditorien abgesonderte ‚Grafenbänke' die akademische Gleichheit eigen genug illustrirten" (Herbst, Voss [1872] 1, 100-101). Klassenunterschiede wurden nicht nur aufgrund der Herkunft, son-

dern auch aufgrund der Höhe von Kolleggeldzahlungen gemacht, und nicht nur in Göttingen; Schiller waren solche Verhältnisse von der Karlsschule in Stuttgart bekannt.

344 Nr 290   Der Virtuose

ERLÄUTERUNGEN. *Möglicherweise spielt das Xenion, wie im folgenden auch andere Epigramme (Nr 291, 293, 296, 297), in Form einer Zeitungs-Annonce, auf den (erblindeten) Flötenspieler Ludwig Dülon (Dulon) (1769–1826) an, der seit 1783 Konzertreisen in Deutschland und Europa unternahm und im Jahre 1791 in Wien aufgetreten war. In einem allgemeineren Sinn könnte mit dem „Virtuosen" auch der Typ des Konzertreisenden gemeint sein, der sich völlig den Erwartungen des Publikums anpaßt – im Distichon bis zur Verleugnung der musikalischen Eigenart seines Instruments –, das solche Artistik als „virtuose" künstlerische Leistung mißversteht.*

344 Nr 291   Sachen so gesucht werden

LESARTEN. 1 haben,] *Komma fehlt* b^8 2 Bell-Letters] Belles Lettres H^4 Bell' Lettres b^8

ERLÄUTERUNGEN. *Im Stil einer Zeitungs-Anzeige (vgl. auch zu Nr 290) wird ein Gesuch formuliert, das eine Mode karikiert, die Schiller später so beschrieb:* Jetzt gibt sich jeder Bediente mit Lecture ab, und schreibt am Ende auch wohl selbst *(Wolzogen, Schillers Leben 2, 210).*
2 Bell-Letters] *franz. belles lettres: Poesie, Literatur. Die Orthographie im Almanach ist bewußt unkorrekt.*

345 Nr 292   Französische Lustspiele von Dyk

LESARTEN. *Überschrift:* Die französischen Lustspiele in Dyks Verlag H^4 Französische Lustspiele in Dyks Verlag. b^8 2 gestehns,] *Komma fehlt* b^8 gestehens E^c

ERLÄUTERUNGEN. *Der Leipziger Schriftsteller, Buchhändler und Verleger Johann Gottfried Dyk (vgl. zu Nr 45) hatte eine zehnbändige Sammlung „Komisches Theater der Franzosen" (1777–1786) herausgegeben. – Vgl. auch Nr 594.*

345 Nr 293   Buchhändler-Anzeige

LESARTEN. *Überschrift:* Buchhändler Anzeige E^a 1 wichtig,] *Komma fehlt* H^4 b^8 2 jetzt] jezt E^c

ERLÄUTERUNGEN. *In Form einer Zeitungs-Annonce (vgl. zu Nr 290) wird das großsprecherische Anzeigenwesen karikiert und durch die Gegenüberstellung des Interesses an der Menschheit einerseits, am Geschäft andererseits blamiert. Anlaß des Xenions war vermutlich eine Ankündigung des Werkes „Die Bestimmung des Menschen" (neue, vermehrte Auflage 1794; zuerst: 1748) von Johann Joachim Spalding (1714–1804), evangelischem Theologen, ehemals Propst und Oberkonsistorialrat in Berlin, mit dem dieser gegen die Schrift „L'homme machine" (1748) des französischen Materialisten Julien Offray de la Mettrie (1709–1751) aufgetreten war.*
2 courant] *franz.: umlaufend; Währung unbeschränkter Zahlkraft eines bestimmten Landes, deren Münzen ihren Geldwert durch ihren Metallwert abdeckten.*

345 Nr 294   Auction

ERLÄUTERUNGEN. *Das Epigramm bezieht sich auf die Metaphysik vor Kant, welcher dieser in der „Kritik der reinen Vernunft" (1781; ²1787) ein Ende bereitet hatte, indem er nachwies, daß menschliche Erkenntnis die Grenzen der Erfahrungswirklichkeit nicht zu transzendieren vermöge, d. h. Dinge stets nur als der Sinnlichkeit und ihren reinen Formen von Raum und Zeit gegebene (als „Erscheinungen"), nicht jedoch „als an sich selbst betrachtete" (als „Dinge an sich") erkennen könne.*
2 sub hasta] *lat.: unter der Lanze; in öffentlicher Versteigerung.*

345 Nr 295   Gottesurtheil

ERLÄUTERUNGEN. *Mit dem* Almanachsritter *ist Karl Reinhard (1769–1840) gemeint, der von 1795 bis 1804 den Göttinger „Musenalmanach" herausgab, mit dem* Ritter vom Sporn *Daniel Jenisch (vgl. über ihn zu Nr 268). Beide fochten von Dezember 1795 bis Oktober 1796 eine literarische Fehde aus, die durch Jenischs Aufsatz „Philosophisch-kritischer Versuch, schlecht zu schreiben" (Berlinisches Archiv der Zeit und ihres Geschmacks 1795. Bd 2. S. 38–65; wiedergedruckt in: Fambach 3, 619–634) ausgelöst worden war; dort hatte Jenisch als Beispiel einige Stanzen aus Reinhards „Gedichten" (1794) zitiert. Daraufhin schrieb Reinhard an Jenisch einen scharfen Protestbrief, den dieser im „Berlinischen Archiv der Zeit" (1795. Bd 2. S. 517–520) publik machte: „Zurechtweisung und Bedrohung an Gottschalk Nekker", was Reinhard wiederum zum Anlaß nahm, sich im „Intelligenzblatt" der ALZ (Nr 12 vom 27. Januar 1796. Sp. 88) von dem Brief als einer Fälschung zu distanzieren. Vgl. hierzu und zum weiteren Verlauf der Auseinandersetzung im einzelnen: Fambach 3, 634–663. Der Streit wurde schließlich vom Universitätsgericht zu Göttingen zu Jenischs Ungunsten entschieden, weil der Verdacht der Fälschung als nicht ausgeräumt betrachtet wurde.*

345 Nr 296   **Sachen so gestohlen worden**

LESARTEN. **1** Zwanzig] Sechzig H^4 b^8 **2** I.] J. H^4 b^8 E^b

ERLÄUTERUNGEN. Die aus der Kantischen Moralphilosophie gestohlenen „zwanzig Begriffe" (in der Sammelhandschrift waren es noch sechzig) finden sich wieder in der Schrift „Philosophische Sittenlehre" (1794) von Ludwig Heinrich von Jakob (vgl. über ihn zu Nr 54).

345 Nr 297   **Antwort auf obigen Avis**

LESARTEN. **2** zu Hall Schriften vor kurzem] Moral kürzlich zu Halle H^4 b^8

ERLÄUTERUNGEN. Vgl. die Erläuterungen zu Nr 296.
Titel Avis] franz.: Anzeige, Ankündigung.

345 Nr 298   **Schauspielerin**

ERLÄUTERUNGEN. Ob dem Xenion ein persönlicher Bezug zugrundeliegt, ist ungeklärt. Es erinnert an die Annoncen, in denen Schauspieler ein Engagement suchten: „Ich spiele Helden im Panzer, erste und zweite Liebhaber, Chevalliers, zitternde Greise, lateinische Rollen, und soufliere auch. Meine Größe ist fünf Fuß, zehn Zoll, und, ob ich gleich in Westphalen gebohren bin, so sprech ich doch, wie die Bayern!" (Hamburgische Theaterzeitung 1792. Nr 52 vom 29. Dezember. S. 836–837.) Im Mannheimer „Theater Kalender" von 1796 finden sich Kurzcharakteristiken von Schauspielern und Schauspielerinnen: „M a d. H e n k e , Mütter im Trauer- und Lustspiel, chargirte, affektirte Damen, komische Rollen und Bauerweiber" (2. Abtheilung. S. 3–4); über Madame Greger aus Bellomos Truppe heißt es: „spielt zärtl. und alte Mütterrollen, stolze Frauen, Betschwestern, und komische Weiber." (Ebd., S. 48.)
1 Forcen] franz.: Stärken.

345 Nr 299   **Professor Historiarum**

LESARTEN. **2** Ach!] Ausrufezeichen fehlt b^8 Brod!] Brod. b^8

ERLÄUTERUNGEN. Der Adressat des Xenions läßt sich nicht mit Sicherheit angeben. Es folgt in der Sammelhandschrift unmittelbar auf Nr 512, die dem von Schiller geschätzten Historiker Ludwig Timotheus Spittler gewidmet ist (vgl. die „Konkordanz [...]"). Eine durchaus plausible Annahme ist, es könnte Christian Gottlieb Heinrich (1748–1810), Professor der Geschichte in Jena, den Schiller weniger schätzte, gemeint sein. Schiller war mit Heinrich in Konflikt geraten, als er sich, formal nicht ganz korrekt, in seiner gedruckten Antritts-

rede von 1789 als "Professor der Geschichte" bezeichnete (vgl. zu Schillers Brief an Caroline von Beulwitz und Charlotte von Lengefeld vom 10. November 1789). Im Unterschied zu Schiller, der als "Professor der Philosophie" berufen war und Geschichte als Teil der Philosophie auffaßte und betrieb (vgl. den zitierten Brief), nennt das Epigramm seinen Adressaten (mit einem Blick auf jenen alten Titel-Streit?) "Professor historiarum", statt "historiae", d. h. als einen Historiker, dem die Geschichte als episodische Sammlung von "Geschichten" erscheint, und, im Sinne von Schillers Antrittsrede, einen "Brotgelehrten", der Geschichte aus Gründen des Gelderwerbs treibt.

346 Nr 300 Recension

LESARTEN. 1 hüpft! Doch] hüpft, doch h^8

ERLÄUTERUNGEN. Die Widersprüchlichkeit der Urteile mag auf das Verfahren von Rezensionen zu beziehen sein, die unspezifiziertem Lob unsachliche Detailkritik folgen lassen. Ein Beispiel ist die Kritik des "Musen-Almanachs für das Jahr 1796" in der "Neuen Bibliothek der schönen Wissenschaften und der freyen Künste" (1796. Bd 58. S. 285–317); dort ist die Methode zweifach angewandt: Einer allgemein positiven Einschätzung des Almanachs steht die scharfe Kritik der Beiträge Schillers gegenüber; diese wiederum besteht aus einer positiven Gesamturteilen (über Gedichte wie "Der Tanz", "Die Ideale", "Würde der Frauen") folgenden kritischen Analyse von Grammatik, Bildern usw., die in einer scharfen Verurteilung des Gedichts "Das Reich der Schatten" gipfelt.

346–347 Nr 301–308

Diese "Xenien"-Reihe von Schiller richtet sich gegen Friedrich Schlegel (1772–1829); sie wird fortgesetzt mit Nr 320–331.

Die Beziehung zu Friedrich Schlegel, den Schiller durch Vermittlung Körners 1792 in Dresden flüchtig kennengelernt hatte, war zunächst, weil der Jüngere dem Älteren große Achtung bezeugte, ungetrübt, ebenso wie die zu August Wilhelm, dem Mitarbeiter an "Horen" und "Musen-Almanach" und wohlwollendem Rezensenten von Schillers Zeitschrift (ALZ 1796. Nr 4–6 vom 4.–6. Januar; wiedergedruckt in: Fambach 2, 185–217). Von seiten Friedrich Schlegels war das Verhältnis bestimmt durch den Respekt vor dem Ästhetiker Schiller, dessen Abhandlung "Ueber naive und sentimentalische Dichtung" er mehrfach privat (an Schiller vom 2. Mai und 20. Juli 1796, an August Wilhelm Schlegel vom 15. Januar und Mitte Februar 1796; Briefe an seinen Bruder August Wilhelm, 253, 266), aber auch öffentlich anerkennend würdigte; vgl. die Vorrede seiner Schrift "Die Griechen und Römer" (1797) (S. X–XI). Den Wunsch Schlegels, an den "Horen" teilzunehmen, ließ Schiller unerfüllt (vgl. die Erläuterungen zum Brief Schlegels an Schiller vom 20. Juli 1796).

Zur Verstimmung über Schlegel kam es durch dessen Rezension des „Musen-Almanachs für das Jahr 1796", die Reichardt in seinem Journal „Deutschland" erscheinen ließ: „An den Herausgeber Deutschlands, Schillers Musen-Allmanach betreffend" (1796. Bd 2. 6. Stück. S. 348–360; wiedergedruckt in: Fambach 2, 265–269). (Von Schlegels strenger „Horen"-Rezension in Reichardts „Deutschland" [1796. 7., 8., 10., 12. Stück] kannte Schiller, als die „Xenien" gedruckt wurden, noch nichts; das 7. Stück erschien erst Ende September 1796.) Schlegel bespricht den Almanach als ganzen durchaus positiv; er lobt die strenge, aber liberale Auswahl der Beiträge und deren Mannigfaltigkeit (vgl. S. 350); die folgende Einzelkritik, die teilweise von August Wilhelm Schlegel (und seiner Frau Caroline) angeregt und im ganzen gebilligt worden war, beschäftigt sich jedoch im wesentlichen mit Schiller und läßt an dessen Gedichten – von einigen Epigrammen wie „Columbus", „Odysseus" und „Zevs zu Herkules" und der ersten Strophe der „Stanzen an den Leser" abgesehen (vgl. S. 351, 357) – nicht viel Gutes gelten: Dies betrifft besonders den „Tanz", „Pegasus in der Dienstbarkeit", „Die Ideale", die dritte Strophe der „Macht des Gesanges", die „Würde der Frauen" und die zweite und dritte Strophe der „Stanzen an den Leser" (vgl. die Erläuterungen dazu); Schlegel schließt mit einer Gegenüberstellung Schillers und Goethes: Es seien Antithesen *(S. 358), nicht miteinander vergleichbar (vgl. des näheren die Erläuterungen zu Nr 304). – Obwohl Körner, der den Ton der Besprechung auch hart und anmaßend* nannte, *Schlegel bei Schiller zu entschuldigen suchte und ihn dessen Verehrung versicherte (an Schiller vom 22. Juli 1796), reagierte Schiller betroffen und unversöhnlich. Während der Schlußredaktion der „Xenien" im August 1796 entstanden die vorliegenden Epigramme, in denen Schiller einzelne Sätze der Rezension aufgreift und karikiert, indem er sie isoliert, übertreibt und auf eine paradoxe Spitze führt. Die Distichen argumentieren nicht so sehr gegen ungerechtfertigte Kritik, sie versuchen vielmehr, den Kritiker lächerlich zu machen, der „sein Handwerk" (vgl. Nr 301) nicht beherrscht. – Im folgenden werden nur die jeweiligen Bezugsstellen der Epigramme angegeben.*

Vgl. grundlegend: Bernays, Friedrich Schlegel und die Xenien (1869).

346 Nr 301   Litterarischer Adreßcalender

ERLÄUTERUNGEN. *Ein „literarischer Adreßkalender", so meint das Xenion vermutlich, enthält die Namen aller „literarischen Handwerker"; doch bedeutet die Aufnahme in den Kalender kein Qualitätsurteil. Die qualitative Differenzierung nehmen die „Xenien"-Autoren in den folgenden Epigrammen vor.*

346 Nr 302   Neuste Kritikproben

ERLÄUTERUNGEN. *Schlegel stellt in seiner Rezension für die Gedichte „Die Ideale" und „Würde der Frauen" fest:* Meisterhaft und einzig sind [...] abgezogene Begriffe ohne Verworrenheit und Unschicklichkeit belebt. *(S. 356.)*

XENIEN Nr 301–308 563

Unmittelbar zuvor ist dagegen von Schillers Unvollendung *die Rede:* Es ist ihm unmöglich, sich selbst zu beschränken und unverrückt einem endlichen Ziele zu nähern. *(S. 356.) Wenig später heißt es gar:* Die einmal zerrüttete Gesundheit der Einbildungskraft ist unheilbar *(S. 359).*

346 Nr 303   Eine zweyte

ERLÄUTERUNGEN. *Vgl. die Erläuterungen zu Nr 302. – Schlegel urteilt über die anonym erschienenen Epigramme (u. a. von Herder) in seiner Rezension:* Fehlte es diesen Dichtern nicht fast immer an sinnlicher Stärke, oft an Lebenswärme *[...],* so könnten sie auf den ersten Rang Ansprüche machen: denn diese Zartheit des Gefühls, Biegsamkeit des Ausdrucks und Bildung des Geistes, sind des größten Meisters werth. *(S. 352.)*

346 Nr 304   Eine dritte

ERLÄUTERUNGEN. *Schlegel äußert über Goethe, den als* größten Dichter unsrer Zeit *(S. 358) mit Schiller zu vergleichen er im übrigen für unbillig hält (S. 359), er bleibe* mit bewundernswürdiger Selbstbeherrschung, selbst auf die Gefahr uninteressant und trivial zu seyn, seinem einmal bestimmten Zwecke *treu, und könne* fast nicht umhin *[...],* auch das geringste in seiner Art rein zu vollenden *(ebd.).*

346 Nr 305   Schillers Würde der Frauen

ERLÄUTERUNGEN. *Schlegel, der Schillers Gedicht „Würde der Frauen" sowohl inhaltlich wie formal ablehnte, schließt seine Kritik am darin gezeichneten Frauenbild sowie an der* monoton *(S. 354) empfundenen Gegenüberstellung von männlichem und weiblichem Charakter mit der Ansicht, das Gedicht gewinne, wenn man die Rhythmen in Gedanken verwechsle und das Ganze strophenweise rückwärts liest. Er fährt fort:* Auch hier ist die Darstellung idealisirt; nur in verkehrter Richtung, nicht aufwärts, sondern abwärts, ziemlich tief unter die Wahrheit hinab. Männer, wie diese, müßten an Händen und Beinen gebunden werden; solchen Frauen ziemte Gängelband und Fallhut. *(S. 354.) Einige dieser Bemerkungen gehen auf August Wilhelm Schlegel zurück (vgl. den Brief Friedrich Schlegels vom 27. Mai 1796; Briefe an seinen Bruder August Wilhelm, 274).*

346 Nr 306   Pegasus, von eben demselben

ERLÄUTERUNGEN. *In Schlegels Rezension heißt es über die Gedichte „Pegasus in der Dienstbarkeit" von Schiller und „Der Kirchenbau zu Aachen. Eine Legende" (Musen-Almanach für das Jahr 1796. S. 193–203) von August Fried-*

rich Ernst Langbein (1757–1835): Ohne ursprüngliche Fröhlichkeit, und eine wie von selbst überschäumende Fülle sprudelnden Witzes, können komische und burleske Gedichte nicht interessiren, und ohne Grazie und Urbanität müssen sie beleidigen. Die Meisterzüge im Einzelnen, wie die erste Erscheinung des Apollo, söhnen mit der Grellheit des Ganzen nicht aus. – In L a n g b e i n s Legende fehlt es wenigstens nicht an muntrer Laune *(S. 353)*.

346 Nr 307 Das ungleiche Verhältniß

ERLÄUTERUNGEN. Zu Beginn seiner Rezension stellt Schlegel die rhetorische Frage: Ob ich aber im Stande sey, nach der geistreichen Rezension im 3ten Stücke noch etwas Bedeutendes, des Gegenstandes und des Ortes Würdiges über den S c h i l l e r s c h e n A l l m a n a c h zu sagen, das müssen Sie *[Reichardt]* entscheiden. *(S. 348.)*

347 Nr 308 Neugier

ERLÄUTERUNGEN. Vergleichbar ist das Epigramm „Die Unberufenen" aus den „Tabulae votivae" (Nr 92).

347 Nr 309 Jeremiaden aus dem Reichs-Anzeiger

LESARTEN. Die Xenien Nr 309–318 hat Schiller für die Sammlung seiner Gedichte (D²) unter der Überschrift „Jeremiade" zu einem einzigen Gedicht zusammengefaßt; die Überschriften über den einzelnen Distichen (Nr 310–318) entfielen damit. – Überschrift: Jeremiade h^8 D^2 2 Zeit.] Zeit! D^2

ERLÄUTERUNGEN. Die folgenden „Klagegesänge" (nach den dem biblischen Propheten Jeremias zugeschriebenen Klageliedern über den Untergang des Staates Juda und der Stadt Jerusalem) über zeitgenössische Literatur, Philosophie und Ästhetik beziehen sich nicht nur auf die im „Reichs-Anzeiger" (vgl. zu Nr 252) betriebene Kritik, sondern ebenso auf Journale wie die Leipziger GeschmacksHerberge *(Schiller an Goethe vom 29. Dezember 1795), die „Neue Bibliothek der schönen Wissenschaften und der freyen Künste" (vgl. zu Nr 45, 489) oder die „Annalen der Philosophie", deren „Horen"-Rezension (vgl. zu Nr 253) mit einer „Jeremiade" über die zeitgenössische Literatur endet (vgl. Sp. 968–970). Klage wird dabei von einem frühaufklärerisch-rationalistischen Standpunkt geführt über die verlorene* goldne Zeit der Poesie. *Unter diesem Aspekt mögen auch andere Adressaten angesprochen sein: Herder, dem Schiller Verehrung* gegen alles verstorbene und vermoderte *und* Kälte gegen das Lebendige *vorwarf (an Goethe vom 18. Juni 1796; ebenso Goethe an Meyer vom 20. Juni 1796, WA IV 11, 101), oder Wieland, über den Schiller am 18. Dezember 1798 nach dem Tod Christian Garves an Goethe schrieb:* Wieder einer aus dem g o l d n e n Weltalter der Litteratur weniger, wird uns Wieland sagen.

Die „Xenien" fingieren die Rolle eines advocatus diaboli, der das „Alte" gegen das „Neue", gegen die Ansprüche der Ästhetik und Kritik Schillers und der „Horen" verteidigt.

347 Nr 310 Böse Zeiten

LESARTEN. *Vgl. zu Xenion Nr 309. – Überschrift fehlt h^8*

ERLÄUTERUNGEN. *Neben allgemeine Klagen über die Dunkelheit der kritischen Philosophie und die Unverständlichkeit ihrer Sprache traten wiederholt ähnliche Vorwürfe gegen Schillers ästhetische Schriften und philosophische Gedichte (vgl. zu Nr 45 und Nr 199). Reichardts Journal „Deutschland" brachte 1796 im Vorabdruck Auszüge aus Friedrich Schlegels Abhandlung „Über das Studium der Griechischen Poesie" (6. Stück. Bd 2. S. 393-415), in der es über die moderne Poesie (S. 393) heißt, sie habe die Grenzen des Wahren und Schönen in Verwirrung gebracht: Die Philosophie poetisirt und die Poesie philosophirt. (S. 394.) „Gesunden Menschenverstand" hatte u. a. Nicolai Kants Philosophie und Schillers Ästhetik gegenüber ins Feld geführt (vgl. zu Nr 187).*

347 Nr 311 Scandal

LESARTEN. *Vgl. zu Xenion Nr 309. – Überschrift fehlt h^8* 1 gehört,] *Komma fehlt h^8* 2 Gast,] *Komma fehlt h^8*

ERLÄUTERUNGEN. *Der Hinweis auf den Zusammenhang von Moral und Politik läßt vor allem an Schillers Briefe „Ueber die ästhetische Erziehung des Menschen" denken. Sie stehen im Mittelpunkt der „Horen"-Kritik von Johann Kaspar Friedrich Manso (vgl. zu Nr 33) in der „Neuen Bibliothek der schönen Wissenschaften und der freyen Künste": Der Zweck dieser Briefe ist die Lösung der Frage: Wodurch und auf welchem Wege kann der Widerspruch, der zwischen der bürgerlichen Verfassung und der sittlichen Bestimmung des Menschen obwaltet, gehoben werden? (1795. Bd 55. S. 284.) Daß eine „ästhetische Erziehung" ihren Beitrag zur Lösung dieser Frage leisten könne, daran äußert Manso erhebliche Zweifel und bezichtigt Schiller, in seiner Abhandlung bloß* Nachbeter Kants *(S. 309) zu sein.*

347 Nr 312 Das Publicum im Gedränge

LESARTEN. *Vgl. zu Xenion Nr 309. –* 1 wenden] flüchten h^8 natürlich,] *Komma fehlt h^8* 2 es] uns h^8

ERLÄUTERUNGEN. *Das große Publikum befindet sich in einem Dilemma: Folgt es seiner wahren Natur, offenbart es seine „Plattheit" im Sinne der Inkompetenz in Fragen der Ästhetik; fühlt es sich hingegen gezwungen, nach Maßstäben der wahren Kunst zu urteilen, dann kann es nur seine „Abgeschmacktheit", d. h. seine Geschmacklosigkeit zeigen.*

347 Nr 313 Das goldne Alter

LESARTEN. *Vgl. zu Xenion Nr 309.* – *Überschrift fehlt* b^8 **1** Naivetät] Naivität b^8 **2** *Kommata fehlen* b^8 o komm,] o komm! E^b

ERLÄUTERUNGEN. Die Stubenmädchen (zu Leipzig) gehörten zum Personal des „sächsischen" Lustspiels von Christian Fürchtegott Gellert, Christlob Mylius, Adam Gottfried Uhlichs, Christian Felix Weiße u. a.; sie zeichnen sich durch Natürlichkeit aus.

347 Nr 314 Comödie

LESARTEN. *Vgl. zu Xenion Nr 309.* – **1** Comödie] Komödie E^c **2** Knecht.] Knecht! D^2

ERLÄUTERUNGEN. Das Epigramm zitiert bekannte Versatzstücke der alten Typenkomödie, so den Maskarill und Amant; es enthält Anspielungen auf die Komödien „Die Wochenstube" (1723) des dänischen Dichters Ludvig von Holberg (1684–1754) und „Die zärtlichen Schwestern" (1747) von Christian Fürchtegott Gellert (1715–1769), in der Siegmund die Rolle eines wankelmütigen Liebhabers spielt.
2 Amant] *lat.:* Liebhaber.

347 Nr 315 Alte deutsche Tragödie

LESARTEN. *Vgl. zu Xenion Nr 309.* – *Überschrift:* Tragödie. b^8 **2** Cothurns.] Kothurns! D^2

ERLÄUTERUNGEN. Das Xenion bezieht sich, den Gedanken von Nr 314 fortführend (Komm [...]), auf das von der französischen Klassik beeinflußte (Alexandriner-)Drama von Christian Felix Weiße, Johann Elias Schlegel u. a.
1 Salz] *wie „attisches Salz" im Sinne von „geistreichem Witz";* mit attischem Salze [...] reiben, *heißt es in Wielands „Xenien"-Kritik (Fambach 2, 377; vgl. zu Nr 76).*
1 epigrammatischer Nadeln] *„Nadeln" im Sinne von* „(Nadel-)Stichen".
2 Menuettschritt] *Versmaß des Alexandriners (vgl. zu Nr 539); auch im Brief an Goethe vom 15. Oktober 1799 vergleicht Schiller den Alexandriner mit den vorgeschriebenen Bewegungen des Tanzes:* [...] wie die Geige des Musicanten

die Bewegungen der Tänzer leitet, so auch die zweyschenkligte Natur des Alexandriners die Bewegungen des Gemüths und die Gedanken.
2 geborgten Cothurns] *Anspielung auf das Vorbild des klassizistischen französischen Dramas. – Kothurn: Vgl. zu Nr 397.*

348 Nr 316 Roman

LESARTEN. *Vgl. zu Xenion Nr 309. – Überschrift fehlt* h^8 1 geduldig] gedultig E^c

ERLÄUTERUNGEN. *Die Gattung des philosophischen Romans (Albrecht von Haller, Johann Jakob Dusch, Christian Friedrich Sintenis u. a.) hatte in der „Xenien"-Zeit neue Aktualität gewonnen. Der Schriftsteller Ignaz Feßler (1756–1839), Professor für Orientalistik in Lemberg, Verfasser verschiedener Geschichtsromane, hatte im Frühjahr 1796 im „Berlinischen Archiv der Zeit und ihres Geschmacks" (1796. Bd 1. S. 242–268) einen Beitrag „An die ästhetischen Kunstrichter der Deutschen" gerichtet, in dem er für die Anerkennung des didaktischen historisch-philosophischen Romans eintrat. Von Friedrich Bouterwek (vgl. zu Nr 282) war kurz zuvor „Paullus Septimius, oder das lezte Geheimniß des Eleusinischen Priesters" (1795) erschienen, ein Roman, der Kants theoretische und praktische Philosophie zu behandeln versuchte.*

348 Nr 317 Deutliche Prosa

LESARTEN. *Vgl. zu Xenion Nr 309. – Überschrift:* Prosa. h^8

ERLÄUTERUNGEN. *Anspielung auf den ausgeprägt auktorialen Stil des Romans der Aufklärung, der sich u. a. in der Vorliebe für die Apostrophe des Lesers dokumentiert. Auf das Attribut „deutlich" machte besonders Christoph Friedrich Nicolai in seinen Schriften Anspruch; vgl. zu Nr 185 und 467.*

348 Nr 318 Chorus

LESARTEN. *Vgl. zu Xenion Nr 309. – Keine Wiederholung des Xenions Nr 309 in* h^8 2 Ach!] *Ausrufezeichen fehlt* D^2

ERLÄUTERUNGEN. *Zum Abschluß der „Jeremiaden aus dem Reichs-Anzeiger" wiederholt der Chor der Klageführenden resümierend Nr 309.*

348 Nr 319 Gelehrte Zeitungen

LESARTEN. *Überschrift:* National Zeitung / in der Ankündigung. h^2 Gelehrte Zeitung. h^8 1 Lotto,] *Komma fehlt* h^2 h^8 zieht man] zieht *verb.*

aus ziehen, man *über gestr.* wir b^2 **2** kommen,] kommen; $b^2\ b^8$ nur] doch $b^2\ b^8$ niemand dabey was] *über gestr.* leider nicht Einer b^2

ERLÄUTERUNGEN. *Ursprünglich bezog sich das Distichon, wie aus der Überschrift in* b^2 *hervorgeht, auf die "National-Zeitung der Teutschen [später: Deutschen]" (Teutschland [später: Gotha] 1796–1829) von Rudolf Zacharias Bekker (vgl. zu Nr 71), welche dieser im "Intelligenzblatt" der ALZ (Nr 128 vom 7. November 1795. Sp. 1028–1032) und – ausführlicher – im "Reichs-Anzeiger" (1795. Nr 223 vom 26. September. Sp. 2241–2248) angekündigt hatte. Möglicherweise spielt das Xenion auf die von Becker erwähnte vielköpfige Korrespondentenschar an, auf sein* Verzeichniß der Freunde des Guten in allen Gegenden Deutschlandes *(Sp. 2246), auf deren Mitarbeit er hoffte. In einer Erwiderung auf Beckers Ankündigung im "Reichs-Anzeiger" vom 26. Oktober 1795 (Nr 248. Sp. 2497–2502) wurde der Hinweis auf so viel Correspondenten in Zweifel gezogen (Sp. 2501), worauf Becker in einer Antwort (Nr 251 vom 29. Oktober. Sp. 2529–2538) einräumte, seine Hoffnung auf genügend Beiträge gründe sich im wesentlichen auf die große Zahl von* Gönnern und Freunden *und* uneigennützigen Beförderern seines Unternehmens *(Sp. 2533). – Vielleicht ist mit dem neuen Titel allgemeiner an die Praxis der großspurigen Ankündigung von Zeitungen gedacht, die sich zum Zweck der Leserwerbung mit einer Vielzahl von Mitarbeitern vorstellten, die sich in der Regel – so das Xenion – als "Nieten" erwiesen.*

348—349 Nr 320—331

Diese "Xenien" bilden die zweite Epigrammreihe gegen Friedrich Schlegel (vgl. zu Nr 301–308). Sie beziehen sich auf eine andere Veröffentlichung Schlegels in Reichardts Journal "Deutschland", den mit viel Lob kommentierten Vorabdruck von Auszügen aus der Schrift "Die Griechen und die Römer" (1797): "Über das Studium der Griechischen Poesie" (1796. Bd 2. 6. Stück. S. 393–415). Trotz Berührung mit Auffassungen, wie sie die Abhandlung "Ueber naive und sentimentalische Dichtung" entwickelte, nahm Schiller an Schlegels Ton, an seiner Vorliebe für Superlative und Paradoxa Anstoß, ohne freilich den fragmentarischen Charakter der Äußerungen, der den widrigen Eindruck von "Uebertreibung und Einseitigkeit" (Nr 323) zu verstärken vermochte, in Rechnung zu stellen. Schlegel seinerseits empfand die Behandlung als ungerecht; seine Rezension des "Xenien"-Almanachs (vgl. zu Nr 301–308) bedeutete das Ende der Beziehung zu Schiller.

348 Nr 320   Die zwey Fieber

LESARTEN. *Für die Sammlung seiner Gedichte (D^2) hat Schiller die Xenien Nr 320–322 unter der Überschrift "Griechheit" zusammengefaßt.*

ERLÄUTERUNGEN. Schlegel erhob in seiner Schrift die griechische Kunst (und mit ihr die Poesie) zum Muster des Vollendeten: Die griechische Kunst hat wirklich den höchsten Gipfel der Vollkommenheit erreicht, ihre Werke sind das U r b i l d d e r K u n s t u n d d e s G e s c h m a c k s. *(S. 412.)*
1 Gallomanie] *die Orientierung der deutschen Literatur an der französischen, „kalt", weil sie nicht Einsatz des Gefühls, sondern des Verstandes in Befolgung festumrissener Regeln verlangte.*

348 Nr 321   Griechheit

LESARTEN. Vgl. zu Xenion Nr 320. – **1** ich,] *Komma fehlt* D^2 **2** sprecht.] sprecht! D^2

ERLÄUTERUNGEN. Schiller billigte die Tugenden der „Griechheit" Schlegel weder damals noch später zu; vgl. seine negative Beurteilung von Schlegels Roman „Lucinde" (1799) im Brief an Goethe vom 19. Juli 1799.

348 Nr 322   Warnung

LESARTEN. Vgl. zu Xenion Nr 320. – **2** ich!] ich, D^2 wird!] wird. D^2

ERLÄUTERUNGEN. Das Xenion bezieht sich auf Ton und Sprache von Schlegels Schrift (vgl. zu Nr 320–331).

348 Nr 323   Uebertreibung und Einseitigkeit

ERLÄUTERUNGEN. Die „Übertreibung" scheint darin zu bestehen, daß nach Rousseauscher Naturbegeisterung und Empfindsamkeit nun sogar für „Vernunft" geschwärmt wird: für die „Griechheit", zu der Verstand und Maaß und Klarheit (Nr 321) gehören und deren Bewunderung daher nur mit Verstande (Nr 322) geschehen kann. „Einseitigkeit" ist es, nur noch zu schwärmen.

349 Nr 324   Neueste Behauptung

ERLÄUTERUNGEN. In Schlegels Schrift heißt es: C h a r a k t e r l o s i g k e i t scheint der einzige Charakter der modernen Poesie *(S. 395); etwas später wird vom* t o t a l e n Ü b e r g e w i c h t d e s C h a r a k t e r i s t i s c h e n I n d i v i d u e l l e n u n d I n t e r e s s a n t e n *in der ganzen Masse der modernen Poesie (S. 396) gesprochen.*

349 Nr 325   Griechische und moderne Tragödie

ERLÄUTERUNGEN. *Schlegel setzt der modernen* p h i l o s o p h i s c h e n T r a g ö d i e *die alte ästhetische Tragödie entgegen:* Diese ist die Vollendung der schönen Poesie [...], und ihr endliches Resultat ist die höchste Harmonie. Jene ist das höchste Kunstwerk der didaktischen Poesie [...], und ihr endliches Resultat ist die höchste Disharmonie. *(S. 401.)*

349 Nr 326   Entgegengesetzte Wirkung

ERLÄUTERUNGEN. *Über Sophokles' Tragödie schreibt Schlegel:* Der Schluß des ganzen Werks gewährt endlich jederzeit die v o l l s t e B e f r i e d i - g u n g. *(S. 415.) Auf der anderen Seite:* Volle B e f r i e d i g u n g die sich nur in dem vollständigen Genuß findet, wo jede erregte Erwartung erfüllt [...] wird, wo alle Sehnsucht schweigt, diese fehlt der Poesie unsers Zeitalters. *(S. 393.) Die Begründung:* Wahrheit und Sittlichkeit ist öfter der Zweck moderner Dichter als Schönheit. *(Ebd.) Daher fühlt sich der moderne Zuschauer „erschüttert" und „gerührt", der antike dagegen „erleichtert". Der Pentameter läßt an die Bestimmung in Aristoteles' „Poetik" denken, die Tragödie reinige von Furcht und Mitleid. – Vgl. im übrigen zu Nr 325.*

349 Nr 327   Die höchste Harmonie

ERLÄUTERUNGEN. *Charakteristikum der alten Tragödie ist nach Schlegel die schließliche Herstellung der höchsten Harmonie (S. 401). Das Xenion ironisiert diese Bemerkung mit dem Hinweis auf die Schicksale von Ödipus und seiner Mutter Jokaste in Sophokles' Tragödie „König Ödipus".*

349 Nr 328   Aufgelößtes Räthsel

ERLÄUTERUNGEN. *Schlegel schreibt über Shakespeares „Hamlet" als Exempel der „philosophischen Tragödie" (vgl. zu Nr 325):* Es giebt vielleicht keine vollkommnere Darstellung der unauflöslichen Disharmonie, welche der eigentliche Gegenstand der philosophischen Tragödie ist [...]. Der Totaleindruck dieser Tragödie ist ein M a x i m u m d e r V e r z w e i f l u n g. *(S. 402.)*

349 Nr 329   Gefährliche Nachfolge

LESARTEN. 2 sagen,] sagen; H^9 *unterzeichnet:* Schiller. H^9

ERLÄUTERUNGEN. *Das Distichon geht von der Erfahrung aus, die Schiller mit der Kritik, vor allem der an seinen philosophischen Schriften, gemacht hat, und warnt vor dem Aussprechen der* Wahrheit. *Im Hintergrund steht wohl Schlegels „Studium"-Aufsatz (vgl. zu Nr 320–331), der, wie Schlegel in seinem Brief an Schiller vom 2. Mai 1796 zu erkennen gab, Schillers Ästhetik verpflichtet war, sie dann aber auf* den Kopf *stellte; dies mußte Schiller um so mehr überraschen, als er zunächst – von Humboldt über Schlegels Werk informiert – eher eine implicite Bestätigung als eine Erweiterung oder Widerlegung seiner Ideen erwartet hatte (an Humboldt vom 9. [und 11.] Januar 1796). In diesem Zusammenhang weist Schiller auf Schlegels Urtheil über Shakespear hin; in seinem Aufsatz erklärt Schlegel Shakespeare zum* Gipfel der modernen Poesie *(S. 402); er charakterisiere den Geist der modernen Poesie überhaupt am vollständigsten und treffendsten (S. 402); diese Betrachtungsweise stellt Schillers Auffassung „auf den Kopf", der Shakespeare in seiner Abhandlung „Ueber naive und sentimentalische Dichtung" als einen „naiven" Dichter an die Seite Homers stellt (vgl. NA 20, 432–433). Daß mit seiner Schrift eine* Revolution *in der ästhetischen Bildung bevorstehe, gehörte zu Schlegels Überzeugung: [...]* richtige *Begriffe müssen die* verkehrten *Begriffe dann wieder auf die rechte Bahn bringen. (S. 410.)*

Die Überschrift „Gefährliche Nachfolge" könnte allgemein auf die Gefährdung derer anspielen, die „Wahrheit" aussprechen, durch diejenigen aber, die sich „nachfolgend" mit ihr auseinandersetzen, grundsätzlich mißverstanden werden. Es ist freilich nicht auszuschließen, daß die „Nachfolge" auf die Wahrheitsfreunde selbst geht, die schon gefundene und allgemein anerkannte Erkenntnisse vertiefen und damit kein Verständnis finden.

349 Nr 330   Geschwindschreiber

LESARTEN. *Für die Sammlung seiner Gedichte (D²) schloß Schiller das Distichon dem folgenden an; es bildete damit die zweite Hälfte des Epigramms „Die Sonntagskinder".* – 2 Ach!] *Ausrufezeichen fehlt* D²

ERLÄUTERUNGEN. *Der Vorabdruck aus seiner Schrift „Über das Studium der Griechischen Poesie" war nicht die erste Veröffentlichung des damals gerade 24jährigen Schlegel zum Thema; bereits 1794 war in der „Berlinischen Monatsschrift" ein Aufsatz „Von den Schulen der Griechischen Poesie" erschienen (1794. Bd 24. S. 378–400).*

349 Nr 331   Die Sonntagskinder

LESARTEN. *Vgl. zu Xenion Nr 330.* – 2 bescheert!] bescheert. D²

ERLÄUTERUNGEN. *Vgl. die Erläuterungen zu Nr 330.*

350—360 Nr 332—414

Diese „Xenien"-Gruppe enthält den großen Unterwelt-Zyklus, der auf einen Einfall Schillers zurückging; vgl. „Dokumente zu Entstehung und Aufnahme", Nr 24. Anregungen gingen vom 11. Gesang der „Odyssee" aus, in dem von Odysseus' Begegnung mit den Seelen der verstorbenen Helden in der Unterwelt erzählt wird; daneben diente der 6. Gesang von Vergils „Äneis" als Vorlage, in dem Aeneas mit der Sibylle in die Unterwelt hinabsteigt.

Die gesamte Gruppe (Nr 332–414) besteht aus dem Unterweltzyklus (Nr 332–413) und dem abschließenden Epigramm aus dem Gericht über die Freier, das von dem ursprünglich geplanten Zyklus über Odysseus' Rache an den Freiern seiner Gemahlin Penelope nach dem 22. Gesang der „Odyssee" übriggeblieben ist (Nr 414). Innerhalb des großen Zyklus bilden Nr 371–389 über die Philosophen und Nr 390–412 über „Shakespears Schatten" zusammengehörige Gruppen. Ergänzt wird der Unterweltzyklus durch die nicht veröffentlichten „Xenien" Nr 527–538 aus der Sammelhandschrift.

350 Nr 332   Xenien

ERLÄUTERUNGEN. Das Epigramm leitet die große Gruppe der Unterwelt-„Xenien" (Nr 332–413) ein; am Ende des Zyklus führt die angesprochene Muse (Nr 333) die „Xenien" wieder zurück (Nr 413).
1 Manen] *nach römischer Auffassung die Seelen der Toten.*
2 Monodistichen] *Einzeldistichen; vgl. zu Nr 2 und 416 sowie zum Epigramm „Das Distichon".*

350 Nr 333   Muse

LESARTEN. *Überschrift:* Die Muse. h^8 **1** Geflügelt] Gefiedert h^8 **2** hindurch.] hindurch! h^8

ERLÄUTERUNGEN. *Weitere, z. T. ähnliche Selbstcharakterisierungen nehmen Nr 2, 4, 43, 364, 365, 416–418 vor.*

350 Nr 334   Acheronta movebo

LESARTEN. *Überschrift:* Sit mihi fas audita loqui. h^8 **2** auf.] auf! h^8

ERLÄUTERUNGEN. *Die Überschrift ist Vergils „Äneis" (7, 312) entnommen; Juno, die den Aeneas vergeblich verfolgt, sagt nach dessen Landung in Latium, ergrimmt über ihre Machtlosigkeit:* flectere si nequeo superos, Acheronta movebo. *(„Kann ich den Himmel nicht beugen, so hetz ich die Hölle in Aufruhr"; nach Johannes Götte [1983], 289.) Die frühere Überschrift aus der*

Sammelhandschrift stammt aus dem 6. Gesang (vgl. V. 266–267), in dem Aeneas mit der Sibylle in die Unterwelt hinabsteigt; vor deren Schilderung heißt es unter Anrufung der Götter: sit mihi fas audita loqui, sit numine vestro / pandere res alta terra et caligine mersas. *(„Göttliches Recht sei mir, Gehörtes zu sagen, mit eurem / Walten ein Sein zu enthüllen, in Abgrunds Dunkel versenktes"; nach Johannes Götte [1983], 237.)*

In beiden Fällen wird auf den Reisebeschreiber *Nicolai angespielt (vgl. zu Nr 142–144), vor dessen ausufernder „Beschreibung einer Reise durch Deutschland und die Schweiz" (vgl. zu Nr 184) selbst die Unterwelt nicht sicher ist.*

350 Nr 335 Sterilemque tibi Proserpina vaccam

LESARTEN. **1** Hekate! Keusche!] Hekate, keusche! h^8 die Kunst *bis* Manso,] *unterstrichen* h^8 **2** sie, sie] sie. Sie h^8 gewußt.] gewußt! h^8

ERLÄUTERUNGEN. *Um Zugang zur Unterwelt zu erlangen, opfert Aeneas:* [...] ipse atri velleris agnam / Aeneas matri Eumenidum magnaeque sorori / ense ferit, sterilemque tibi, Proserpina, vaccam. *(6, 249–251.) („[...] doch Aeneas / opfert ein schwarzwollig Lamm der Mutter der Eumeniden / und ihrer mächtigen Schwester; und dir, Proserpina, schlachtet / er mit dem Schwert eine Kuh, die niemals fruchtbar gewesen"; nach Johannes Götte [1983], 235.) – Über Mansos „Lehrgedicht" „Die Kunst zu lieben" (1794) vgl. zu Nr 35.*
1 Hekate] *Sie wurde im Lateinischen mit Proserpina gleichgesetzt; Vergil bezeichnet sie beide als Schwestergöttinnen.*

350 Nr 336 Elpänor

LESARTEN. **1** treffen,] *Komma fehlt* h^8 E^a E^c **2** und wie? Gar] Und wie, gar h^8 Genick?] Genick! h^8

ERLÄUTERUNGEN. *Elpenor ist die erste der Seelen der verstorbenen Gefährten des Odysseus, die ihm im 11. Gesang der „Odyssee" begegnet; Odysseus spricht sie an:* Sag, Elpänor, wie kamst du hinab ins nächtliche Dunkel? / Gingst du schneller zu Fuß, als ich im schwärzlichen Schiffe? *(11, 57–58; nach Voß [1781], 207.) Elpenor war zusammen mit Odysseus in die Gewalt der Zauberin Kirke geraten; von deren Zaubertrank betrunken, war er auf dem Dach des Hauses der Kirke eingeschlafen und zu Tode gestürzt (vgl. 10, 552–560).*

Gemeint ist vermutlich Johann Georg Forster *(1754–1794), Natur- und Völkerkundler, Verfasser von Reisebeschreibungen und politischen Schriften. Seine Begeisterung für die Französische Revolution machte ihn 1792/1793 zum Anhänger und Förderer der „Rheinischen Republik", die in Mainz gegründet wurde; als Mainz 1793 von den preußischen Truppen zurückerobert wurde, hielt Forster sich als Abgesandter des Rheinischen Nationalkonvents in Paris*

*auf, um der Nationalversammlung den Anschluß von Mainz an die Französische
Republik vorzuschlagen; in die Reichsacht erklärt, blieb er als politischer Flüchtling in Paris, wo er politisch und schriftstellerisch tätig war; isoliert und verarmt starb er dort am 10. Januar 1794.*

Schillers Beziehung zu Forster entwickelte sich über Ludwig Ferdinand Huber, Körners und Schillers Freund in Leipzig, der seit 1788 sächsischer Gesandtschaftsattaché in Mainz und mit Forsters Familie eng verbunden war. 1789 verteidigte Forster Schillers „Götter Griechenlandes" gegen Stolbergs Kritik (vgl. „Dokumente", Nr 13, dazu). Forster wurde Mitarbeiter an der „Thalia"; u. a. lieferte er den Aufsatz „Ueber die Humanität des Künstlers" (1790. Bd 3. 11. Heft. S. 83–94), den Schiller positiv beurteilte (vgl. an Göschen vom 28. September 1790). Getrübt wurde Schillers Verhältnis zu Forster auf indirekte Weise im Zusammenhang mit der Beziehung zwischen Huber und Forsters Gattin Maria Therese (1764–1829), die nach Forsters Tod heirateten; Therese zuliebe hatte sich Huber von Körners Schwägerin Dora Stock getrennt. Über Forsters Mainzer Aktivitäten erklärte sich Schiller äußerst mißbilligend und glaubte von vornherein an deren Scheitern (vgl. an Körner vom 21. Dezember 1792).

Im Unterschied zu Schiller lernte Goethe Forster persönlich kennen; beide sahen sich zuletzt 1792 in Mainz während Goethes Teilnahme am preußischen Feldzug gegen die französischen Revolutionstruppen (vgl. Campagne in Frankreich 1792; WA I 33, 4–5), ein Umstand, der Forster gegen Goethe einnehmen mußte. Über die politischen Meinungsverschiedenheiten äußerte Goethe später: So hat der arme Forster denn doch auch seine Irrthümer mit dem Leben büßen müssen! wenn er schon einem gewaltsamen Tode entging! Ich habe ihn herzlich bedauert. *(An Samuel Thomas Sömmerring vom 17. Februar 1794; WA IV 10, 142.)*

Forsters Beurteilung in den „Xenien" Nr 336 und 337 erscheint dagegen weniger versöhnlich; sie wird Persönlichkeit und Schicksal Forsters nicht gerecht. – Vgl. Leitzmann, Georg Forsters Beziehungen zu Goethe und Schiller (1892).

350 Nr 337   Unglückliche Eilfertigkeit

LESARTEN. *Überschrift:* Die unglückliche Eilfertigkeit. b^8 **1** keine Hervorhebungen b^8 Ach,] *Komma fehlt* b^8 geschwind wollt ich folgen] ich hör's, ich will folgen b^8 **2** däuchte] währet b^8 sprang] spring b^8

ERLÄUTERUNGEN. *Antwort auf Nr 336; vgl. die Erläuterungen dazu.*

350–351 Nr 338–344

Diese „Xenien" haben das Gespräch zwischen Odysseus und Achilleus zur Vorlage; vgl. „Odyssee" (11, 467–540). Hinter Achilleus verbirgt sich, jedenfalls in Nr 338–340, Lessing.

350 Nr 338   Achilles

LESARTEN. **1** dich,] *Komma fehlt* b^8

ERLÄUTERUNGEN. *In der „Odyssee" spricht Odysseus zur Seele des toten Achilleus:* Vormals im Leben ehrten wir dich, wie einen der Götter, / Wir Achaier; und nun, da du hier bist, herschest du mächtig / Unter den Geistern: drum laß dich den Tod nicht reuen, Achilleus. *(11, 484–486; nach Voß [1781], 222.) – Gemeint ist Gotthold Ephraim Lessing (1729–1781).*

350 Nr 339   Trost

ERLÄUTERUNGEN. *Der erste Satz des Distichons entspricht der „Odyssee" (11, 486); vgl. zu Nr 338. – Mit der* Bibliothek schöner Scientien *ist die „Bibliothek der schönen Wissenschaften und der freyen Künste" gemeint (vgl. zu Nr 45). Lessing, der maßgeblichen Anteil am Zustandekommen der Zeitschrift hatte, lieferte selbst aber nur wenige Beiträge für sie.*

351 Nr 340   Seine Antwort

LESARTEN. *Überschrift:* Antwort. b^8 **1** dem Aermsten als Ackerknecht dienen] als Tagelöhner das Feld baun b^8

ERLÄUTERUNGEN. *Achilleus' Antwort in der „Odyssee" lautet:* Lieber möcht' ich fürwahr dem unbegüterten Meier, / Der nur kümmerlich lebt, als Tagelöhner das Feld baun, / Als die ganze Schaar vermoderter Todten beherschen. *(11, 489–491; nach Voß [1781], 223.) Die 1. Fassung des Hexameters hält sich fast wörtlich an diese Stelle. – Lessings Antwort im vorliegenden Xenion geht gegen das* Gänsegeschlecht, *und somit, in Anspielung auf Nr 83, gegen die Mitarbeiter der „Bibliothek der schönen Wissenschaften und der freyen Künste" (vgl. zu Nr 339) in Leipzig und der „Gothaischen gelehrten Zeitungen" (vgl. zu Nr 83).*

351 Nr 341   Frage

LESARTEN. **1** jungen Nepoten] noch lebenden Neffen b^8

ERLÄUTERUNGEN. *In der „Odyssee" fordert Achilleus den Odysseus auf:* Aber verkündige mir von meinem treflichen Sohne, / Ob an der Spize des Heers er schaltete, oder daheim blieb. *(11, 492–493; nach Voß [1781], 223.) Zuvor hatte die Seele Agamemnons gesagt:* Aber verkündige mir, und sage die lautere Wahrheit, / Habt ihr etwa gehört von meinem noch lebenden Sohne *(11, 457– 458; nach Voß [1781], 221). Beide Stellen waren wohl die Vorlage für das*

Xenion. – *Allgemein wird die Ansicht vertreten, bei den* Nepoten *handle es sich um Friedrich und August Wilhelm Schlegel. Ein Indiz dafür sei der Brief Schillers an Goethe vom 28. Oktober 1796, in dem es heißt:* Die junge Nepoten hat Schlegel noch nicht heraus – *obwohl er doch selber einer von ihnen ist, ergänzen die Interpreten. Nimmt man den Begriff im Sinn von „Neffen" wörtlich, wie es die frühere Überschrift nahelegt, so wäre der Fragende der Onkel der Schlegels: der Literaturtheoretiker und Dramatiker Johann Elias Schlegel (1719–1749). Gegen diese Auffassung läßt sich allerdings der Umstand anführen, daß offenbar nach wie vor Achilleus, d. h. Lessing, spricht; da unter „Nepoten" auch Verwandte im allgemeineren Sinn verstanden werden können, bestünde auch unter dieser Voraussetzung die Möglichkeit, an die Brüder Schlegel zu denken – als Erben des großen Literaturkritikers?*

351 Nr 342   Antwort

LESARTEN. *Fassung b⁸:*

                             Antwort.
     Freylich walten sie noch, aus dem Bauche des Rosses die ersten,
     Schießen sie spitzige Pfeil' auf die Trojaner herab.

ERLÄUTERUNGEN. *Vgl. die Erläuterungen zu Nr 341.*

351 Nr 343   Frage

LESARTEN. 1 auch,] *Komma fehlt* b⁸   vom] von b⁸ *(Schreibversehen?)* 2 ließt?] ließt. b⁸

ERLÄUTERUNGEN. *In der „Odyssee" bittet Achilleus den Odysseus um Auskunft über seinen Vater:* Melde mir auch, wo du Kunde vom großen Päleus vernahmest, / Ob er noch weitgeehrt die Mürmidonen behersche, / Oder ob man ihn schon durch Hellas und Ftia verachte, / Weil vor hohem Alter ihm Händ' und Schenkel erbeben. *(11, 494–497; nach Voß [1781], 223.) – Mit Peleus ist Johann Wilhelm Ludwig Gleim (1719–1803), Kanonikus in Halberstadt, gemeint. Vergleichbar mit der Einschätzung Gleims durch das Xenion ist Goethes spätere Bemerkung im Brief an Zelter vom 19. Juli 1829:* Ich habe es dem alten Gleim von Grund aus verdacht daß er seinen Namen, unter den geringfügigsten Dingen, bis in's hohe Alter in den Taschenbüchern fortwalten ließ und auf diese Weise von sich selbst ein absterbendes Echo werden mußte. *(WA IV 46, 16.) Gleim reagierte auf die „Xenien" mit seiner kleinen Schrift „Kraft und Schnelle des alten Peleus" (1797); zum Titel vgl. Nr 344.*

351 Nr 344   Antwort

LESARTEN. 1 Ach!] Ach, b⁸   2 G***] Grenadiers b⁸

ERLÄUTERUNGEN. In der „Odyssee" vermag Odysseus dem Achilleus keine Auskunft über dessen Vater zu geben; das Xenion benutzt deshalb die Beschreibung Agamemnons: Aber ihm mangelte jezo die spannende Kraft und die Schnelle, / Welche die biegsamen Glieder des Helden vormals belebte. *(11, 393–394; nach Voß [1781], 219.) Das wohlwollende Urteil des Pentameters bezieht sich, wie aus der Fassung in der Sammelhandschrift hervorgeht, auf Gleims Gedichtsammlung „Preussische Kriegslieder [...] von einem Grenadier" (1758).*

351 Nr 345 **Ajax**

LESARTEN. 1 Ajax,] *Komma fehlt* b⁸   mußtest] müßtest b⁸   *nach dem* Tode] *bis zum Tode,* b⁸   2 Recension?] Recension. b⁸

ERLÄUTERUNGEN. In der „Odyssee" redet Odysseus den toten Aias an: Aias, Telamons Sohn, des Herlichen! mußtest du also / Selbst nach dem Tode den Groll forttragen wegen der Rüstung *(11, 553–554; nach Voß [1781], 225). – Das Epigramm spielt auf Gottfried August Bürger (1747–1794) an, der über Schillers Rezension des 2. Teils seiner „Gedichte" (1789) sehr betroffen reagierte und mit einer „Vorläufigen Antikritik" antwortete (Intelligenzblatt Nr 46 der ALZ vom 6. April 1791. Sp. 383–387; siehe auch: NA 22, 417–421), ohne daß er glauben mochte, daß Schiller der Verfasser sei, wie aus seinem Brief an den Herausgeber hervorgeht (abgedruckt in: NA 22, 417). Schiller seinerseits erwiderte darauf mit einer gleichzeitig veröffentlichten „Vertheidigung des Recensenten gegen obige Antikritik" (Sp. 387–392; siehe auch: NA 22, 259–264). Bürger wehrte sich wiederum im Göttinger „Musenalmanach 1793" unter dem Pseudonym „Menschenschreck" mit einigen Epigrammen, in denen Schiller u. a. zu* den schlechten Pfaffen *der Kunstkritik gerechnet (S. 147) und als nörgelnder* Uhu *und* Erhabner Kauz *(S. 172) verspottet wird, der von einem Ideal* rede, das doch *ein Popanz nur / Von metaphysischer Natur* sei *(S. 173). Ein Epigramm heißt „Ueber Antikritiken" (S. 69):*

> Von mir wird sicherlich hinfort
> Nicht wieder antikritisiret.
> An einem wohlbekannten Ort
> Wird man nur ärger dann schimpfiret.
> Man lasse dem das letzte Wort,
> Dem doch das erste nicht gebüret!

Ein anderes, „An Herrn Schuft" (S. 118), lautet:

> O Schuft, es ist Unmöglichkeit
> Von schlechter Verse Schlechtigkeit
> Mit Gründen stets die Schüfte zu belehren.
> Doch bin ich immerdar bereit,
> Bei meiner Seelen Seligkeit
> Die Schlechtigkeit der deinen zu beschwören.

Im gleichen Almanach fordert nach Bürgers Tod (am 8. Juni 1794) eine „Grabschrift", verfaßt von dem Halberstädter Dichter Klamer Schmidt (vgl. Schmidt/ Suphan [1893], 184), auf: Schon', o Kritika, den du oft erzürnt hast, / Und wirf sühnende Blumen auf sein Grab hin! *(Musenalmanach 1795. S. 243.) – Vgl. zur Auseinandersetzung zwischen Schiller und Bürger und zur Diskussion darüber Fambach 3, 448–489; über Bürger auch Nr 510.*

351 Nr 346   Tantalus

LESARTEN. *Überschrift:* Tantalos. b^8 **1** Jahre lang steh ich so hier] Auch den Tantalos sah ich b^8 **2** will ich] wollt er b^8 zerrinnt] zerrann b^g

ERLÄUTERUNGEN. *In der „Odyssee" heißt es über Tantalos:* Mitten im Teiche stand er, den Kinn von der Welle bespület, / Lechzte hinab vor Durst, und konnte zum Trinken nicht kommen. / Denn so oft sich der Greis hinbückte, die Zunge zu kühlen; / Schwand das versiegende Waßer hinweg *(11, 583–586; nach Voß [1781], 226.) – Der Adressat ist nicht sicher ermittelt. Hoffmeister (Nachlese zu Schillers Werken [1840] 3, 192), Boas (Xenienkampf [1851] 1, 184–185) und Saupe (Xenien [1852], 185) weisen auf Johann Christoph Gottsched (1700–1766) hin, dessen lebenslange theoretische Bemühungen um die Dichtkunst nicht dazu führten, daß er als Dichter selbst mit Erfolg in Erscheinung getreten wäre. Schmidt/Suphan ([1893], 182) denken an Lessing, dessen Bedeutung als Literaturkritiker die als Dichter überwogen habe, auch an Christian Felix Weiße (1726–1804) und Johann Elias Schlegel (vgl. zu Nr 341). Für Weiße könnte sprechen, daß in der Sammelhandschrift Nr 339 unmittelbar vorherging, in der die „Bibliothek der schönen Wissenschaften und der freyen Künste" erwähnt wird, deren Herausgeber Weiße war; Nr 45 verspottet diese Zeitschrift in ähnlichem Sinn und mit ähnlichen Bildern wie das vorliegende Epigramm; gegen Weiße spricht allerdings die Tatsache, daß er zur Zeit der „Xenien" noch lebte. Zu Schlegel könnte passen, daß in der Sammelhandschrift Nr 341 folgte; vgl. die Erläuterungen dazu.*

351 Nr 347   Phlegyasque miserrimus omnes admonet

ERLÄUTERUNGEN. *In Vergils „Äneis" wird von den Strafen berichtet, die den Übeltäter in der Unterwelt erwarten; in diesem Zusammenhang heißt es:*
     [...] Phlegyasque miserrimus omnis
     admonet et magna testatur voce per umbras:
     „discite iustitiam moniti et non temnere divos."
     vendidit hic auro patriam dominumque potentem
     inposuit; fixit leges pretio atque refixit
(6, 618–622). („[...] und Phlegyas mahnt, der Unselige, alle, / ruft sein Zeugnis lauten Schreis beschwörend durchs Dunkel: / ‚Lernet Gerechtigkeit, laßt euch warnen, und achtet die Götter!' / Dieser verkaufte für Gold sein Vater-

land, half dem Tyrannen / also zur Macht, er gab und tilgte für Geld auch Gesetze"; nach Johannes Götte [1983], 257.) – Adressat der Warnung des Phlegyas ist wahrscheinlich Johann Georg Forster (vgl. zu Nr 336). Der Bezug ist ein mehrfacher. Die Figur des gegen den Gott aufbegehrenden, tempelzerstörenden Phlegyas verweist ebenso auf den revolutionär gesinnten Forster wie der Kontext des Vergilzitats in der Überschrift, wo vom Verrat am Vaterland und der Einsetzung eines Tyrannen die Rede ist. Die Formulierung des Weibes Rath läßt sich wohl weniger auf Forsters Frau Therese beziehen – es gab das Gerücht, sie habe ihn wegen ihrer Beziehung zu Huber bewußt in politische Verwicklungen getrieben – als auf Caroline Böhmer (1763–1809; 1796 verheiratet mit August Wilhelm Schlegel, 1803 mit Schelling), die in Mainz mit Forster befreundet war und wie dieser mit der französischen Besatzungsmacht sympathisierte, was sie 1793 ins Gefängnis brachte.

Wie Nr 336 und 337 erscheint auch dieses Xenion ungerecht; Friedrich Schlegel, der auch die beiden folgenden Distichen auf Forster bezieht, entrüstete sich in seiner Rezension des „Xenien"-Almanachs darüber, daß hier nichts geschont sei, auch das Schonungswürdigste nicht, daß hier ein hohnlachendes Zeichen [...] sogar an das Grab eines edeln Unglücklichen gesteckt sei, der wenigstens verdient habe, daß die Erde auf seiner unbesudelten Asche leicht ruhe. (Deutschland 1796. Bd 4. 10. Stück. S. 102.)

2 Freyheitsbaum] Im Oktober 1792 errichteten republikanisch Gesinnte auf dem Marktplatz in Mainz einen „Freiheitsbaum". Vgl. Georg Forster's sämmtliche Schriften (1843) 6 III, 403.

352 Nr 348   Die dreyfarbige Kokarde

ERLÄUTERUNGEN. Die Anhänger der Französischen Revolution trugen eine Kokarde in den Farben der Tricolore an der Jakobinermütze. Das Epigramm schließt an das vorhergehende an und bezieht sich vermutlich auf Johann Georg Forster. Schmidt/Suphan ([1893], 215) erwähnen daneben auch Klopstock und denken an dessen die frühere Begeisterung für die Revolution korrigierende Oden.

352 Nr 349   Agamemnon

ERLÄUTERUNGEN. Im Sinne von Nr 347 ist hier wohl Johann Georg Forster gemeint, den des Weibes Rath ins Unglück stürzte. Agamemnon wendet sich an Odysseus als den Gatten Penelopes, die, zwanzig Jahre von ihm getrennt und von Freiern bedrängt, für Rechtschaffenheit und eheliche Treue steht. Möglicherweise spielt das Epigramm auf diese Weise auch auf Forsters Gattin Therese an (vgl. zu Nr 336, 347).

352 Nr 350   Porphyrogeneta,
                     den Kopf unter dem Arme

LESARTEN. *Überschrift:* Porphyrogeneta den Kopf unter dem Arm. b^8 1 an, ihr Liebden!] an ihr Liebden? b^8 **2** verliert,] *Komma fehlt* b^8 h a t ,] *Komma fehlt* b^8 dazu!] dazu. b^8

ERLÄUTERUNGEN. Πορφυρωγέννετος, *nach dem Purpurzimmer, in dem ihre Mutter die Niederkunft abzuwarten hatte: in Purpur Geborener; so lautete der Name byzantinischer Prinzen und Prinzessinnen. Im vorliegenden Zusammenhang ist wohl an fürstlich Geborene allgemein zu denken. – Auf wen und ob auf einen Bestimmten angespielt wird, ist unklar. Vielleicht ist an das französische Königspaar Ludwig XVI. und Marie-Antoinette und ihr Schicksal während der Revolution gedacht oder an Ludwig Philipp Joseph, Herzog von Orleans (1747–1793), genannt Philippe Egalité; er war politischer Gegner von Ludwig XV. und Ludwig XVI., beteiligte sich an den revolutionären Umtrieben in Paris, war Anhänger Dantons und Befürworter der Hinrichtung des Königs 1793; als sein Sohn Ludwig Philipp, der spätere Bürgerkönig, jedoch zu den Österreichern überlief, wurde er am 6. November 1793 selbst guillotiniert. Denkbar ist auch, daß das Distichon sich stellvertretend für alle im Verlauf der Revolution ums Leben gekommenen Fürsten an die noch lebenden wendet und meint: Schafft euch Ratgeber an, seid klug; wer (im übertragenen Sinn) keinen klugen Kopf hat, läuft Gefahr,* auch was er h a t , *d. h. seinen leibhaftigen Kopf zu verlieren.*

352 Nr 351   Sisyphus

LESARTEN. **1** zur Ruh] in Ruh b^8 Unglückselger] unglückselger b^8 E^a E^c
2 Stein!] Stein. b^8

ERLÄUTERUNGEN. *Schmidt/Suphan ([1893], 185) sehen in der Gestalt des Sisyphos, dessen Mühe ewig vergeblich bleibt, Joseph II. (1741–1790), 1764 zum römisch-deutschen König gewählt, nach dem Tod seines Vaters Franz I. 1765 Kaiser, in den österreichischen Ländern ab 1780, nach dem Tod seiner Mutter Maria-Theresia, Alleinregent. Er hatte im Sinne des aufgeklärten Absolutismus umfassende Reformen auf militärischem, wirtschaftlichem, sozialem, bildungs- und kirchenpolitischem Gebiet ins Werk zu setzen versucht, war jedoch auf wachsenden Widerstand bei Adel und Geistlichkeit gestoßen und mußte kurz vor seinem Tode die meisten seiner Reformen wieder rückgängig machen. – Vgl. auch zu Nr 286.*

352 Nr 352   Sulzer

LESARTEN. **1** Hüben] Drüben b^8

ERLÄUTERUNGEN. Johann Georg Sulzer (1720–1779), Philosoph, Pädagoge, Ästhetiker, Professor der Mathematik in Berlin, dessen Hauptwerk die „Allgemeine Theorie der Schönen Künste" (1771–1774) war, hatte eine Abhandlung „Ueber die Unsterblichkeit der Seele, als ein Gegenstand der Physik betrachtet" (1781) geschrieben. Er unternahm dort den Versuch, die Unsterblichkeit der Seele glaubhaft zu machen, indem er den Nachweis darüber führte, daß es der Analogie der Natur gemäß ist, daß die Seele nach dem Tode mit einem neuen Körper vereint werden wird. *(S. 4.) Das Distichon variiert eine Stelle aus Klopstocks „Messias"; dort berichtet Portia der Maria von ihrem Traum, in dem der verstorbene Sokrates sie anspricht:* Mein aufrichtiges Herz erlangte Vergebung. O drüben, / Portia, drüben über den Urnen, wie sehr ist es anders, / Als wir dachten! *(7, 422–424; 1, 150.) – Vgl. über Sulzer auch Nr 88.*

352 Nr 353   Haller

LESARTEN. **1** Ach! Wie] Ach wie b^8 Bände] Bücher b^8 **2** belohnt,] Komma fehlt b^8

ERLÄUTERUNGEN. Albrecht von Haller (1708–1777), Naturforscher, Arzt, Publizist und Dichter aus Bern, von 1736 bis 1753 Professor für Anatomie, Botanik und Chirurgie in Göttingen. Mit seinem medizinischen Hauptwerk „Elementa physiologiæ corporis humani" (1757–1766) gehört Haller zu den Begründern der neueren Physiologie. Daneben verfaßte er botanische, anatomische, chirurgische und medizinisch-praktische Lehrbücher, beschäftigte sich mit philosophischen Fragen (z.B. in seinen gegen Voltaire gerichteten „Briefen über einige Einwürfe nochlebender Freygeister wieder die Offenbarung" [1775–1777]), war (1745–1753) Herausgeber der „Göttingischen Zeitungen von Gelehrten Sachen" (später: „Göttingische Anzeigen von gelehrten Sachen") und schließlich Dichter. Sein poetisches Hauptwerk ist das früh entstandene, in Alexandrinern abgefaßte Lehrgedicht „Die Alpen" (1732), in dem er der sittenlosen städtischen Zivilisation, auf Rousseau vorausweisend, das tugendhafte ursprüngliche Leben der Bergwelt entgegenstellt.   Später verfaßte er philosophisch-politische Romane, in denen er am Beispiel historischer Modelle unterschiedliche Staatsformen vorführte, so z.B. den aufgeklärten Absolutismus in „Usong" (1771), die konstitutionelle Monarchie in „Alfred König der Angel-Sachsen" (1773) oder eine aristokratisch-oligarchische Republik in „Fabius und Cato" (1774). Zu den wenigen Schriften, die belohnt wurden, gehörten wohl eher Hallers medizinische und naturwissenschaftliche Schriften als seine poetischen Werke; vgl. Schillers Kritik in der Abhandlung „Ueber naive und sentimentalische Dichtung" (NA 20, 452–454). – Der Pentameter des Distichons bezieht sich wie Nr 352 auf Klopstocks „Messias"; dort heißt es in dem oben erwähnten Zusammenhang: [...] Wie krümmen alsdann der Tugenden höchste / Sich in das Kleine! wie fliegt ihr Wesen verstäubt in die Luft aus! / Einige werden belohnt; die meisten werden vergeben! *(7, 419–421; 1, 150.)*

352 Nr 354   Moses Mendelsohn

LESARTEN. Überschrift: Moses Mendelssohn h^8 **1** Ja! Du] Ja du h^8 unsterblich!] *Ausrufezeichen fehlt* h^8 **2** bewiesen". –] bewiesen –" h^8 siehst!] s i e h s t . h^8

ERLÄUTERUNGEN. Moses Mendelssohn (1729–1786), Kaufmann, Schriftsteller und Philosoph in Berlin. Von Lessing, mit dem er seit 1754 befreundet war, zur philosophischen Schriftstellerei angeregt – Lessing gab Mendelssohns „Philosophische Gespräche" (1755) heraus –, vertrat er, von der Philosophie Wolffs ausgehend, beeinflußt von Leibniz, Spinoza und Shaftesbury, im Sinne der Aufklärung den Gedanken der Toleranz, verfocht eine Vernunftreligion und befaßte sich mit der Frage nach der Unsterblichkeit der Seele. Mit den Freunden Lessing und Nicolai beteiligte er sich an den „Briefen über den itzigen Zustand der schönen Wissenschaften in Deutschland" (1755) (vgl. zu Nr 142–144), am Briefwechsel über das Trauerspiel in den Jahren 1756 und 1757, an der „Bibliothek der schönen Wissenschaften und der freyen Künste" (vgl. zu Nr 45) und den „Briefen, die Neueste Litteratur betreffend" (1759– 1765) (vgl. zu Nr 142–144). – Das Distichon bezieht sich auf Mendelssohns Schrift „Phaedon oder über die Unsterblichkeit der Seele" (1767); in der Vorrede schreibt Mendelssohn: Nach dem Beyspiel des Plato, habe ich den Sokrates in seinen letzten Stunden die Gründe für die Unsterblichkeit der menschlichen Seele seinen Schülern vortragen *und (im 3. Gespräch, unter Hinzuziehung der Ergebnisse der neueren Philosophie)* meinen Sokrates fast wie einen Weltweisen aus dem achtzehnten Jahrhundert sprechen lassen. *(o. S.) – Mendelssohns Freunde Nicolai und Lessing sind Gegenstand der beiden folgenden „Xenien".*

352 Nr 355   Der junge Werther

LESARTEN. Nicht die Frage, sondern die Antwort in Anführungsstrichen h^8 **1** hier?" –] *Gedankenstrich fehlt* h^8 **2** gefreut.] *unterstrichen* h^8

ERLÄUTERUNGEN. Mit dem dummen Gesellen *ist Christoph Friedrich Nicolai gemeint (vgl. zu Nr 142–144), der anonym eine Parodie auf Goethes Roman „Die Leiden des jungen Werthers" (1774) veröffentlicht hatte: „Freuden des jungen Werthers. Leiden und Freuden Werthers des Mannes" (1775). Goethe besaß das Buch (vgl. Ruppert, Goethes Bibliothek, Nr 1067).*

353 Nr 356   L***

LESARTEN. Überschrift: Lessing. h^8 **1** Edler Schatten du zürnst?] Ja über den grausamen Bruder, h^8 **2** im] in h^8

ERLÄUTERUNGEN. *Die Sigle steht für Lessing (vgl. die frühere Überschrift). Der „lieblose Bruder" ist Karl Gotthelf Lessing (1740-1812); er hatte eine Biographie seines Bruders veröffentlicht: „Gotthold Ephraim Lessings Leben" (1793-1795). Außer diesem Werk veröffentlichte er seinen Briefwechsel mit dem Bruder (1794) und wirkte bei der Herausgabe von Lessings Werken mit; vgl. dazu im einzelnen Seifert, Lessing-Bibliographie (1973), Nr 1, 2.*

353 Nr 357 Dioscuren

ERLÄUTERUNGEN. *Als Kastor und Polydeukes treten hier die Grafen Friedrich Leopold und Christian zu Stolberg-Stolberg auf (vgl. zu Nr 15). In der „Odyssee" heißt es über jene:*
  Diese leben noch beid' in der allernährenden Erde.
  Denn auch unter der Erde beehrte sie Zeus mit dem Vorrecht,
  Daß sie beid' abwechselnd den einen Tag um den andern
  Leben und wieder sterben, und göttlicher Ehre genießen.
(11, 301-304; nach Voß [1781], 216.) Dieses Vorrecht, so hatte Friedrich Leopold in einer Anmerkung seiner „Reise in Deutschland, der Schweiz, Italien und Sicilien" (1794) mitgeteilt, erhielten die Zwillinge, seitdem der unsterbliche Pollux von Zeus erbeten hatte, die Unsterblichkeit mit dem von Lyngkeus erschlagnen sterblichen Kastor theilen zu dürfen. (4, 15.) - Vgl. das gleichnamige Distichon Nr 478, außerdem Nr 72, 125.

353 Nr 358 Unvermuthete Zusammenkunft

LESARTEN. *Überschrift fehlt* b^8 **1** Behausung,] Behausung? b^8

ERLÄUTERUNGEN. *Die Frage richtet sich an Karl Wilhelm Ramler (vgl. zu Nr 74), der im folgenden Epigramm antwortet. „Unvermutet" ist die Begegnung, weil die „Xenien" Ramler in Nr 74 zu Berlin noch frisch und gesund angetroffen hatten; die Erklärung des Sachverhalts liefert Nr 359.*

353 Nr 359 Der Leichnam

LESARTEN. *Überschrift:* Antwort. b^8 **1** Ach,] *Komma fehlt* b^8 Almanachen noch] der Oberwelt b^8 umgeht,] umgeht! E^c

ERLÄUTERUNGEN. *Vgl. die Erläuterungen zu Nr 358.*

353 Nr 360 Peregrinus Proteus

ERLÄUTERUNGEN. *Peregrinus Proteus war ein Philosoph des 2. Jahrhunderts u. Z., der nach kynischer Lehre eine von Bedürfnislosigkeit, Selbstgenüg-*

samkeit und Gleichgültigkeit gegen Tod und körperliche Leiden geprägte Lebensauffassung vertrat. Bekannt wurde er durch seine spektakuläre Selbstverbrennung während der Spiele in Olympia. Der griechische Dichter Lukianos aus Samosata hatte in seinem satirischen Werk „Über das Lebensende des Peregrinos" diesen als betrügerischen Wander- und Wunderprediger dargestellt. Dieses Bild versuchte Wieland in seinem Roman „Geheime Geschichte d*es* Philosophen Peregrinus Proteus" (1791) zu korrigieren; bei Wieland erscheint Peregrinus als Schwärmer, jedoch nicht als Lump. Gegen diesen Ausdruck setzte sich Wieland nach der Veröffentlichung der „Xenien" zur Wehr: P e r e g r i n war ein Schwärmer, ein Narr (wenn die Herren wollen) bis an sein Ende: aber in seinem ganzen Leben ist auch nicht ein einziger Zug, der ihn zu dem pöbelhaften Ehrentitel L u m p qualificirt *(Die Musen-Almanache für das Jahr 1797; in: Der Neue Teutsche Merkur 1797. Bd 1. Februar. S. 196).*

353 Nr 361 Lucian von Samosata

ERLÄUTERUNGEN. *Der griechische Dichter Lukianos aus Samosata (um 120–185), dessen Schriften Wieland übersetzte (Lucians von Samosata Sämtliche Werke [1788–1789]) hatte nicht nur in seiner Satire auf Peregrinus Proteus (vgl. Nr 360), sondern auch in vielen anderen Schriften religiöse Schwärmerei sowie Eitelkeit und Trivialität der zeitgenössischen Tagesphilosophen zum Gegenstand von Ironie und Parodie gemacht.*

353 Nr 362 Geständniß

ERLÄUTERUNGEN. *Vgl. die Erläuterungen zu Nr 361. Womöglich hat das Xenion nicht nur Lukian, sondern auch dessen Übersetzer im Blick.*

353 Nr 363 Alcibiades

LESARTEN. 2 Gemählden] Gemälden E^c

ERLÄUTERUNGEN. *Alkibiades (um 450–404 v. u. Z.), griechischer Staatsmann und Feldherr. – Er war Gegenstand des Romans „Alcibiades" (1781 bis 1788) von August Gottlieb Meißner (1753–1807), Professor der Ästhetik in Prag, später Konsistorialrat und Schuldirektor in Fulda. Über den Charakter des Alkibiades in diesem Roman heißt es im „Vorbericht" zum 1. Teil:* Wollust war freilich sein Hauptfehler; obgleich vieles seine Zeit entschuldigt *(o. S.); in der Widmung des 4. Teils an Gleim:* Prächtig, wenn er ausging, weichlich, wenn er daheim ruhte [...]. Der Wollust ofner eingestandner Freund [...]. Verzogen von Jugend an [...], dennoch ein großer Feldherr und Staatsmann: So dacht' ich mir den Sohn des Klinias; und bin jeden einzelnen Zug dieses Gemäldes durch Beispiele aus seiner Geschichte zu belegen erbötig. [...] Zum H e l d e n in dichtrischem Verstande [...] wolt' ich ihn nie erhöhen *(o. S.). (Einige Illustrationen zeigen Alkibiades in wenig heroischen Situationen, z. B. die Glicerion bedrängend [T. 2, nach S. 22]).*

354 Nr 364 Martial

ERLÄUTERUNGEN. *Martial wundert sich über die satirische Schärfe der „Xenien", die von seinen „Xenia", dem 13. Buch seiner Epigrammsammlung, angeregt wurden. Vgl. zum Begriff der „Xenien" zu Nr 417, 418.*

354 Nr 365 Xenien

ERLÄUTERUNGEN. *Entgegnung der „Xenien" auf Nr 364.*

354 Nr 366–370

Diese „Xenien" behandeln die Auseinandersetzung um die Frage der Autorschaft der Homerischen Epen. Vgl. zu Nr 264.

354 Nr 366 Rhapsoden

LESARTEN. *Die Xenien Nr 366–368 hat Schiller für die Sammlung seiner Gedichte (D^2) unter der Überschrift „Die Homeriden" zusammengefaßt. – Überschrift:* Rapsoden E^a 2 Heynen] H e y n e n D^2 ihn.] ihn – D^2

ERLÄUTERUNGEN. *Rhapsoden waren fahrende Sänger im antiken Griechenland, die eigene oder fremde, vor allem Werke Homers vortrugen. – Möglicherweise erhielt die Szene der sich um die* Göttinger Würste *streitenden Autoren (vgl. Nr 367) Anregung durch den Kampf zwischen dem Bettler Iros und dem als Bettler verkleideten Odysseus im 18. Gesang der „Odyssee", in dem Antinoos, einer der Freier der Penelope, erklärt:* Wer nun am tapfersten kämpft, und seinen Gegner besieget; / Dieser wähle sich selbst die beßte der bratenden Würste. *(18, 46–47; nach Voß [1781], 346.) (Andererseits galt die Stadt Göttingen – schon vor Heines „Harzreise" [1824] – als berühmt durch ihre Würste.)*
2 Heynen] *Christian Gottlob Heyne (1729–1812), Professor der klassischen Philologie in Göttingen; im Gegensatz zu Wolf vertrat er die These, die Homerischen Epen stammten von einem einzigen Autor.*

354 Nr 367 Viele Stimmen

LESARTEN. *Vgl. zu Xenion Nr 366.* – **1** Mir *bis* Ich] „Mir her! Ich sang der Könige Zwist! – „Ich D^2 **2** Mir] „„Mir D^2 ich] Ich D^2 geschah!] geschah!"" – D^2

ERLÄUTERUNGEN. Vgl. die Erläuterungen zu Nr 366.
1 der Könige Zwist] *Gemeint ist der erste Gesang der „Ilias", deren Handlung vom „Zorn des Achilleus" ausgeht, der mit Agamemnon in Streit gerät, als dieser ihm sein Ehrengeschenk, die Sklavin Briseis, nimmt, als Ausgleich für den Verlust seiner eigenen Lieblingssklavin Chryseis, der Tochter des trojanischen Apollonpriesters Chryses, die er, Agamemnon, auf Ratschlag des von Achilleus unterstützten Sehers Kalchas freigeben mußte, um Apollon zu versöhnen, der den Griechen die Pest gesandt hatte. Dem zürnenden Sohn verspricht dessen Mutter Thetis Hilfe; sie eilt zu Zeus, der ihr versichert, die Trojaner solange siegen zu lassen, bis Achilleus von den Griechen Genugtuung erfahre.*
1 Schlacht bey den Schiffen] *Kampf zwischen Griechen und Trojanern um die griechischen Schiffe im 13. Gesang der „Ilias".*
2 was auf dem Ida geschah] *Im 14. Gesang der „Ilias" schläfert Hera mit Hilfe von Aphrodites Gürtel ihren Gatten Zeus auf dem Berg Ida ein, um so dem Poseidon Gelegenheit zu geben, den Griechen zur Seite zu stehen.*

354 Nr 368 Rechnungsfehler

LESARTEN. **1** die] Die D^2 reichen,] reichen! D^2 **2** versehn.] versehn! D^2

ERLÄUTERUNGEN. Vgl. die Erläuterungen zu Nr 366.

354 Nr 369 Einer aus dem Chor

LESARTEN. **2** Gebacknem] Gebackenem E^c

ERLÄUTERUNGEN.
Titel recitiren] *Zitiert wird, in veränderter Fassung, die „Odyssee" (9, 5–10); Odysseus spricht zu seinem Gastgeber Alkinoos, dem König der Phäaken, an deren Küste der Heimkehrende verschlagen wird (vgl. auch Nr 100, 456).*

354 Nr 370 Vorschlag zur Güte

ERLÄUTERUNGEN. Den erwähnten zwei Dutzend Würsten korrespondieren die 24 Gesänge der „Ilias". Friedrich August Wolf (vgl. zu Nr 264) hatte von drei oder vier Verfassern der Homerischen Werke gesprochen, das Epigramm Nr 264, nach antiker Tradition, die Zahl sieben ins Spiel gebracht.
2 Astyanax] *Die „Ilias" berichtet über den Abschied Hektors von seiner Gattin Andromache und seinem Sohn Astyanax, bevor er in den Kampf zieht (vgl. 6, 402–502). Schiller behandelte die Szene in seinem Gedicht „Abschied Andromachas und Hektors".*

355–357 Nr 371–389

Diese „Xenien" bilden den späteren „Philosophen"-Zyklus. Sie enthalten ein Gespräch zwischen „Ich", später dem „Lehrling", und den Philosophen in der Unterwelt, bevor der Dialog mit Herakles (Shakespeare) (Nr 390–412) den Unterweltzyklus abschließt. Aus Schillers Brief an Goethe vom 31. Januar 1796 geht hervor, daß ursprünglich auch Epigramme auf Naturwissenschaftler wie Newton, von Goethe beigesteuert, in der Gruppe der Unterwelt-„Xenien" Platz finden sollten.

*Einiges spricht dafür, daß es sich bei den Epigrammen nicht nur um witzige Reminiszenzen aus der Philosophiegeschichte handelt, sondern zugleich um eine versteckte Parodie auf eine bestimmte Art der Philosophiegeschichtsschreibung und philosophischen Methodik. Ein schlagendes Beispiel dafür lieferte Karl Leonhard Reinhold (vgl. zu Nr 371, 373, 381), bis 1794 Professor der Philosophie in Jena; in seinem „Versuch einer Beantwortung der von der erlauchten Königl. Akademie der Wissensch. zu Berlin aufgestellten Frage: ‚Was hat die Metaphysik seit Wolff und Leibnitz gewonnen?'" (in: Preisschriften [1796], 171–254) werden die früheren philosophischen Schulen auf einzelne Positionen reduziert, die sich in einem Satz formulieren lassen. Was angeblich in systematischer Absicht geschieht, verzerrt die Philosophiegeschichte zur Karikatur. Eine ähnlich rigorose Systematik bietet Reinholds Aufsatz „Systematische Darstellung aller bisher möglichen Systeme der Metaphysik" (1794). Anlaß zur Karikierung könnte auch eine in den philosophischen Zeitschriften der Zeit anzutreffende Mode der philosophischen Schriftstellerei geboten haben; ein anschauliches Beispiel ist der Aufsatz von Karl Christian Ehrhard Schmid (vgl. zu Nr 383) „Bruchstücke aus einer Schrift über die Philosophie und ihre Principien" im „Philosophischen Journal einer Gesellschaft Teutscher Gelehrten" (1795. Bd 3. S. 95–132); er beginnt mit Bemerkungen „Ueber den Sinn des Problems":
„E i n e r s t e r G r u n d s a t z d e r P h i l o s o p h i e a l s W i s s e n -
s c h a f t w i r d g e s u c h t." – Wir reflectiren vorerst nur darüber, was in diesem Gesuch eigentlich liegt und nicht liegt.*

„Er wird g e s u c h t." So ist er demnach noch nicht gefunden. [...] Man sucht den Grundsatz f ü r d i e P h i l o s o p h i e. – Sucht man wohl den Grundsatz für das, was man nicht hat? Umgekehrt, hat man die Philosophie ohne den Grundsatz? Also wer den Grundsatz für die Philosophie sucht, der hat Philosophie und hat sie auch nicht. (S. 95, 97.) An der Suche nach einem ersten Grundsatz der Philosophie beteiligen sich die in den „Xenien" zu Wort kommenden Philosophen (vgl. zu Nr 371).

355 Nr 371 Philosophen

LESARTEN. *Schiller hat die Xenien Nr 371–389 für die Sammlung seiner Gedichte (D^2) unter die Überschrift „Die Philosophen" gesetzt, die einzelnen Distichen aber noch mit Zwischentiteln versehen, die zum Teil den Überschriften im Musenalmanach entsprechen.* Überschrift: Lehrling. D^2 2 Kommata fehlen D^2

ERLÄUTERUNGEN. Es spricht, wie in Nr 373, 375, 382, 384, „Ich".
1 in pleno] *in voller Versammlung, vollzählig.*
2 das Eine, was noth] *Es ist möglich, daß diese Stelle zweifachen Bezug hat: Im Neuen Testament sagt Jesus zu Martha, die ihn in ihrem Hause eifrig bedient und sich über mangelnde Mithilfe ihrer Schwester Maria beklagt, die Jesus zu Füßen sitzt und ihm zuhört: „Eines nur ist notwendig. Maria hat den besten Teil erwählt, der ihr nicht wird genommen werden." (Luk. 10, 42.) Diese Szene, in der es um das Wort Gottes geht, wird im Epigramm auf das „Ich" (bzw. den „Lehrling") übertragen, der von den Philosophen Belehrung über Möglichkeiten menschlicher Erkenntnis der Wahrheit erwartet. – Karl Leonhard Reinhold bestimmt in der „Vorrede" seiner Schrift „Ueber das Fundament des philosophischen Wissens" (1791), daß* der letzte Zweck der Philosophie kein anderer *sei,* als das E i n e , w a s d e r M e n s c h h e i t n o t h i s t , *daß aber* das E i n e , w a s d e r P h i l o s o p h i e in der Eigenschaft als Wissenschaft n o t h i s t , *darin bestehe, ihr ein* F u n d a m e n t *zu verschaffen, ein System – so heißt es am Schluß der Abhandlung – von allgemeingeltenden Grundsätzen, das wiederum auf einem allgemeinsten Grundsatz als dem* absolutesten *ruhe (S. XVI, XVII, 138).*

355 Nr 372 Aristoteles

LESARTEN. **1** Sache,] *Komma fehlt* D²

ERLÄUTERUNGEN.
1 Jenaer Zeitung] *Gemeint ist die in Jena erscheinende, von Christian Gottfried Schütz (vgl. zu Nr 82) herausgegebene „Allgemeine Literatur-Zeitung" (1785– 1803). In ihrer Anfangszeit vertrat die Zeitschrift den Standpunkt der kritischen Philosophie, besonders den Kants, im Gegensatz etwa zu Nicolais „Allgemeiner deutscher Bibliothek" (vgl. zu Nr 254).*

355 Nr 373 Dringend

LESARTEN. Überschrift: Lehrling. D²   **1** Leibe] Halse D²   **2** Satz,] *Komma fehlt* D²

ERLÄUTERUNGEN. Das Epigramm enthält eine begriffliche Unterscheidung, die Karl Leonhard Reinhold in seiner Schrift „Versuch einer neuen Theorie des menschlichen Vorstellungsvermögens" (1789; ²1795) vornimmt; dort wird gleich auf der ersten Seite das a l l g e m e i n g e l t e n d e *Princip in der Philosophie von dem* a l l g e m e i n g ü l t i g e n *unterschieden. Auch in Reinholds späterer Abhandlung „Ueber das Fundament des philosophischen Wissens" ist von dieser Unterscheidung immer wieder die Rede. Vgl. auch Nr 381. – Die Suche nach einem* allgültigen Satz *bestimmt auch den Ausgangspunkt von Schillers Gedicht „Die Thaten der Philosophen".*

355 Nr 374   Einer aus dem Haufen

LESARTEN. *Überschrift:* Erster. D^2 **1** denke] denke, D^2 mithin,] Komma fehlt D^2 ich,] ich! D^2

ERLÄUTERUNGEN. *Der erste Philosoph, der sich zu Wort meldet, ist René Descartes (1596–1650), französischer Philosoph und Mathematiker. Der Satz „Cogito ergo sum" war dem rationalistischen Philosophen, der alle vermeintlich wahren Sätze in „methodischen Zweifel" zu ziehen und nur gelten zu lassen forderte, was sich als „clare et distincte" herausstellte, der zunächst einzig unbezweifelbare.*

355 Nr 375   Ich

LESARTEN. *Überschrift:* Lehrling. D^2 **1** denken?] denken! D^2 **2** ich,] Komma fehlt D^2 gedacht!] gedacht. D^2

ERLÄUTERUNGEN. *Das Distichon ist nicht nur eine parodistische Antwort auf Nr 374, sondern gewiß auch eine Anspielung auf die deutschen Philosophieprofessoren und Popularphilosophen.*

355 Nr 376   Ein Zweyter

LESARTEN. *Überschrift:* Ein zweyter E^a E^c Zweiter. D^2 **2** schwimmen wir,] Komma fehlt D^2

ERLÄUTERUNGEN. *Als zweiter spricht der holländische Philosoph Baruch de Spinoza (1632–1677), der von Descartes beeinflußt wurde. Hinter dem* Ding aller Dinge *steht Spinozas Begriff der „Substanz"; diese war für ihn identisch mit der Natur bzw. Gott; sie ist unbegrenzt, zeitlos, eine einzige, unteilbar und frei. Der Mensch gehört lediglich zu den „Modi finiti" dieser Substanz.*

355 Nr 377   Ein Dritter

LESARTEN. *Überschrift:* Ein dritter E^a E^c Dritter. D^2 **1** selber!] selber, D^2 **2** es] er E^c

ERLÄUTERUNGEN. *Als dritter redet der englische Philosoph und Theologe George Berkeley (1685–1753). In Auseinandersetzung mit Descartes und Locke entwickelte er die Lehre, daß Außenwelt und Erfahrungswelt identisch seien; das Sein der Dinge bestehe in ihrem Wahrgenommenwerden: „Esse est percipi". Als einzig substanzielle Gegenstände werden Geist, Seele und deren empirische Ausformung, das* Ich, *angenommen; sie sind Träger der Vorstellungen von den Dingen.*

355 Nr 378   Ein Vierter

LESARTEN. *Überschrift:* Ein vierter E^c Vierter. D^2 **2** andern] andern, D^2

ERLÄUTERUNGEN. *Es spricht Gottfried Wilhelm Leibniz (1646–1716), Philosoph und Mathematiker, Physiker, Jurist und politischer Schriftsteller. Die von ihm entworfene Lehre von den Monaden sieht vor, daß die Welt und die Seele, Körper und Geist, Natur und Mensch nur in der Art ihrer Vorstellungen unterschiedliche Monaden bzw. Aggregate von Monaden sind. Jede Monade und ihr Vorstellungsverlauf sind in sich geschlossen und völlig selbständig. Die „prästabilierte Harmonie", die innerhalb der Monaden und zwischen ihnen herrscht, verweist auf Gott als die Urmonade und den Schöpfer innerer und äußerer, individueller und universeller Harmonie.*

356 Nr 379   Ein Fünfter

LESARTEN. *Überschrift:* Ein fünfter E^c Fünfter. D^2 **1** nichts,] *Komma fehlt* D^2

ERLÄUTERUNGEN. *Es redet Immanuel Kant, dessen „Kritik der reinen Vernunft" (1781;* ^{2}*1787) die Möglichkeit von Erkenntnis auf die Dinge, soweit sie* erscheinen, *beschränkt, in Abgrenzung von den Dingen „als an sich selbst betrachtet".*

356 Nr 380   Ein Sechster

LESARTEN. *Überschrift:* Sechster. D^2 **1** bin ich,] bin Ich D^2 **2** nicht] n i c h t D^2 gut! *bis* dazu.] gut, hab' ich ein NichtIch gesetzt. D^2

ERLÄUTERUNGEN. *Gemeint ist Johann Gottlieb Fichte (1762–1814), Professor der Philosophie in Jena. Das Epigramm spielt auf seine „Wissenschaftslehre" (1794–1795) an. Ausgangspunkt des Denkens sind danach drei Setzungen des „Ich": 1. Das Ich setzt ursprünglich schlechthin sein eigenes Sein, womit der Satz der Identität begründet ist. 2. Unbeweisbar wie dieser ist auch die Antithese, daß das Ich schlechthin ein Nicht-Ich setze. Der dahinter stehende Satz der Negation (A nicht = Non-A) und der Satz der Identität (A = A) würden sich aufheben; deshalb werden sie zur Synthese vereinigt: 3. Das Ich setzt im Ich dem teilbaren Ich ein teilbares Nicht-Ich entgegen, womit der Gegensatz zwischen Ich und Nicht-Ich nicht absolut, sondern nur in einem Teil besteht. „Ich" ist für Fichte Inbegriff von Geist, Wille, Sittlichkeit, „Nicht-Ich" Inbegriff von Natur, Materie. – Auf Fichte gehen auch Nr 198, 511 sowie Goethes Distichon „Fichtes Wissenschaftslehre" (vgl. „Dokumente zu Entstehung und Aufnahme" der „Xenien", Nr 9); Fichtes Werk befand sich in Goethes Bibliothek (vgl. Ruppert, Nr 3051).*

356 Nr 381   Ein Siebenter

LESARTEN. *Überschrift:* Siebenter. D^2 **1** ist; ein] ist! Ein D^2 **2** macht, *bis* drey!] macht mit der Vorstellung d r e y. D^2

ERLÄUTERUNGEN. *Das Epigramm zitiert zentrale Begriffe aus Reinholds Schrift „Versuch einer neuen Theorie des menschlichen Vorstellungsvermögens" (^{2}1789) (vgl. Nr 373); im 2. Buch dieser Schrift wird umständlich von ihnen gehandelt.* § VII *lautet:* Man ist, durch das B e w u s t s e y n g e n ö t h i g e t, darüber einig, daß zu jeder Vorstellung ein vorstellendes Subjekt, und ein vorgestelltes Objekt gehöre, welche B e y d e von der V o r s t e l l u n g, zu der sie gehören, u n t e r s c h i e d e n werden müssen. *(S. 200.)*

356 Nr 382   Ich

LESARTEN. *Überschrift:* Lehrling. D^2 **1** Ofen,] Ofen! D^2 **2** ich,] *Komma fehlt* D^2 setzt.] setzt! D^2

ERLÄUTERUNGEN.
2 Einen erklecklichen Satz] *den in Nr 373 geforderten obersten Grundsatz der Philosophie.*

356 Nr 383   Ein Achter

LESARTEN. *Überschrift:* Achter. D^2

ERLÄUTERUNGEN. *Gemeint ist Karl Christian Ehrhard Schmid (1761–1812), Philosoph und Theologe in Jena. Der zitierte Satz stammt aus dessen Schrift „Versuch einer Moralphilosophie" (1790). Vgl. dazu Schiller an Körner vom 18. Juni 1790.*

356 Nr 384   Ich

LESARTEN. *Überschrift:* Lehrling. D^2

ERLÄUTERUNGEN. *Erwiderung auf Nr 383.*

356 Nr 385   David Hume

LESARTEN. **1** Volk, der] Volk! Der D^2

ERLÄUTERUNGEN. *Im Unterschied zu dem von Kant verwirrten* Volk *– den von Kant beeinflußten Philosophen in Nr 380, 381, 383 – und den bisher* *gemachten Vorschlägen für den* allgültigen Satz *(Nr 373) tritt David Hume (1711–1776) hier als ein* auch in der Hölle *nicht bekehrter Vertreter eines skeptizistischen Empirismus auf.*

356 Nr 386 Rechtsfrage

ERLÄUTERUNGEN. *Die Frage richtet sich an den Naturrechtler Samuel Freiherr von Pufendorf (vgl. zu Nr 387).*

357 Nr 387 Puffendorf

LESARTEN. **1** doch] Doch D^2 **2** fort.] fort! D^2

ERLÄUTERUNGEN. *Samuel Freiherr von Pufendorf (1632–1694) war Jurist und Historiker, Professor des Natur- und Völkerrechts auf dem ersten in Deutschland eingerichteten Lehrstuhl in Heidelberg, später in Schweden. – Vgl. auch „Die Thaten der Philosophen" (V. 45).*
1 Possession] *lat. possessio: Besitz.*

357 Nr 388 Gewissensscrupel

ERLÄUTERUNGEN. *Das Epigramm bezieht sich auf Kants Moralphilosophie, in der Handlungen als moralisch bezeichnet werden, die nicht aus „Neigung", sondern aus „Pflicht" ausgeführt werden. Diesen seiner Ansicht nach rigiden Dualismus hatte Schiller bereits in seiner Abhandlung „Ueber Anmuth und Würde" als Ausdruck einer* finstern und mönchischen Ascetik *(NA 20, 284) charakterisiert. Kant selbst griff diesen Vorwurf in seiner Schrift „Die Religion innerhalb der Grenzen der bloßen Vernunft" (^{2}1794) auf und wies ihn zurück (vgl. Werke 6, 23–24). In der Tat trifft das Epigramm Kant ebensowenig wie Nr 389, weil es in seiner „reinen Moralphilosophie" nicht um die psychologische Frage der Motivation tugendhafter Handlungen geht, sondern, unter Absehung von allem Empirischen, um die apriorische Bestimmung dessen, was als moralisch zu gelten hat, und um die Frage, wo der Grund der Verbindlichkeit von moralisch Gebotenem zu suchen ist.*

357 Nr 389 Decisum

LESARTEN. *Überschrift:* Entscheidung. D^2 **1** suchen,] *Komma fehlt* D^2

ERLÄUTERUNGEN. *Mit diesem Epigramm schließt die „Xenien"-Gruppe über die Philosophen in der Unterwelt.*
Titel Decisum] *lat.: Urteilsspruch, Entscheidung (vgl. die spätere Überschrift).*

357—360 Nr 390—412

Diese „Xenien"-Gruppe über Shakespeare beendet den großen Unterwelt-Zyklus (vgl. zu 332-414). Als Vorlage benutzte Schiller den 11. Gesang der „Odyssee", in dem berichtet wird, wie Odysseus ins Land der Kimmerier am Ende des Ozeans gelangt, wo der Okeanos ins Meer mündet und eine Kluft in die Unterwelt führt. Odysseus gräbt eine Grube, bringt Totenopfer dar, und die Seelen der Verstorbenen steigen zu ihm empor. Unter ihnen ist auch der Geist des Herakles, den Schiller hier mit Shakespeare identifiziert und der mit Odysseus („Ich") ein Gespräch über das deutsche Drama und Theater führt.

357 Nr 390   Hercules

LESARTEN. *Die Xenien 390-412 faßte Schiller für die Sammlung seiner Gedichte (D¹) unter der Überschrift „Shakespears Schatten" zusammen; die einzelnen Überschriften entfielen dabei. Das Gedicht bestimmte Schiller auch für die Prachtausgabe. Vgl. den Text in NA 2 I, 306-307.*
Überschrift fehlt h^8 1 Herkules! Seine] Herkules, seine h^8 1—2 den bis Uebersetzung!] die hohe Kraft des Herakläs, / Seinen Schatten. D^1 2 Uebersetzung!] Uebersetzung: h^8

ERLÄUTERUNGEN. *In der „Odyssee" heißt es: Und nach diesem [Sisyphos] erblickt' ich die hohe Kraft Häraklas', / Seine Gestalt; denn er selbst feirt mit den ewigen Göttern / Himmlische Wonnegelag' (11, 601-603; nach Voß [1781], 227). – Mit Herakles ist Shakespeare gemeint, mit der Uebersetzung, später hieß es nur noch Schatten, die Prosaübertragung „William Shakespear's Schauspiele" (1775-1782) von Johann Joachim Eschenburg (vgl. zu Nr 85), die Schiller selbst besaß (vgl. Ortlepp, Schillers Bibliothek und Lektüre, 377). Neben Eschenburgs Übersetzung gab es eine weitere von Wieland, ebenfalls in Prosa, „Shakespear Theatralische Werke" (1762-1766), die Schiller auf der Karlsschule kennenlernte (vgl. NA 42, 12), ehe August Wilhelm Schlegel seine metrische Bearbeitung in Angriff nahm, von der Ausschnitte in den „Horen" erschienen: „Scenen aus Romeo und Julia von Shakespeare" (Horen 1796. 3. Stück. S. 92-104). Schiller begrüßte dieses Unternehmen in seinem Brief an Schlegel vom 11. März 1796: [...] der Himmel lohn es Ihnen, daß Sie uns von dem traurigen Eschenburg befreyen wollen.*

357 Nr 391   Heracliden

LESARTEN. *Vgl. zu Xenion Nr 390.* – Überschrift: Sein Gefolge. h^8 1 Vögelgeschrey,] *Komma fehlt* h^8 Tragöden] Tragöden, h^8 2 ihn.] *Punkt fehlt* h^8

ERLÄUTERUNGEN. In der „Odyssee" heißt es: Ringsum schrie, wie Vögelgeschrei, das Geschrei der gescheuchten / Flatternden Geister um ihn *(11, 605–606; nach Voß [1781], 227). – Das Xenion spielt vermutlich allgemein auf die von Lessing maßgeblich beeinflußte Shakespeare-Nachfolge, vielleicht die „Shakespearomanie" der Stürmer und Dränger an. Beim* Hundegebell der Dramaturgen *läßt sich dagegen an Kritiker wie Johann Friedrich Schink (1755–1835) denken, der wiederholt Shakespeares* mannichfaltige Verstossungen gegen Wahrheit und Natur, gegen Geschmak, Einheit der Handlung und Karaktere *rügte (Dramaturgische Monate 1790. Bd 1. S. 151).*

357 Nr 392 „Pure Manier"

LESARTEN. Vgl. zu Xenion Nr 390. – Überschrift fehlt b[8]

ERLÄUTERUNGEN. In der „Odyssee" heißt es: [...] er stand der graulichen Nacht gleich, / Hielt den entblößten Bogen gespannt, und den Pfeil auf der Senne, / Schauete drohend umher, und schien beständig zu schnellen. *(11, 606–608; nach Voß [1781], 227.) – Durch die erst im Almanach hinzugefügte Überschrift erhält das Xenion seinen Bezug auf Friedrich Schlegel. In Reichardts Journal „Deutschland" (1796. Bd 1. 2. Stück. S. 258–261) war unter dem Titel „Göthe. Ein Fragment" (fälschlich mit der Angabe „v. A. W. Schlegel", die später [1796. Bd 1. 3. Stück. S. 428] korrigiert wurde) ein Vorabdruck aus Friedrich Schlegels Abhandlung „Ueber das Studium der Griechischen Poesie" (In: Die Griechen und Römer, 1–250) veröffentlicht worden, in welchem Goethe als Dichter* in der Mitte zwischen dem [...] M a n i e r i r t e n u n d d e m O b j e k t i v e n *charakterisiert (S. 260), Shakespeare dagegen als der* manirirte Engländer *bezeichnet wird. In der gleichen Zeitschrift wurden später größere Auszüge aus Schlegels Abhandlung abgedruckt (vgl. zu Nr 301–308); dort heißt es über Shakespeare:* Seine Darstellung ist nie objektiv, sondern durchgängig m a n i e r i r t. *– Unter* M a n i e r *verstehe ich in der Kunst eine individuelle Richtung des Geistes und eine individuelle Stimmung der Sinnlichkeit, welche sich in Darstellungen, die idealisch seyn sollen, äußern (S. 403).*

357 Nr 393 Er

LESARTEN. Vgl. zu Xenion Nr 390. – Anführungsstriche am Anfang und Ende D[1]   1 That, Unglücklicher,] That unglücklicher *b*[8]   jetzo,] jetzo? *b*[8]   2 niederzusteigen,] *Komma fehlt b*[8]   Grab!] Grab!" – *D*[1]

ERLÄUTERUNGEN. In der „Odyssee" fragt die Seele des verstorbenen Achilleus den Odysseus: Welche noch größere That, Unglücklicher, wagest du jezo? / Welche Kühnheit, herab in die Tiefe zu steigen, wo Todte / Nichtig und sinnlos wohnen, die Schatten gestorbener Menschen! *(11, 474–476; nach Voß [1781], 222.)*

357 Nr 394   Ich

LESARTEN. Vgl. zu Xenion Nr 390. – **1** mußt'] mußt E^a **2** guten Geschmack] alten Kothurn D^1

ERLÄUTERUNGEN. Odysseus antwortet auf die Frage des Achilleus (vgl. zu Nr 393): Wegen Teiresias mußt' ich herab, wenn etwa der Seher / Mir weißagte, wie ich zur felsichten Ithaka käme. *(11, 479–480; nach Voß [1781], 222.)* Mit Teiresias, dem thebanischen Seher, ist Gotthold Ephraim Lessing (1729– 1781) gemeint, der in der „Hamburgischen Dramaturgie" (1767–1769) auf der Grundlage einer Neuinterpretation der Aristotelischen Poetik Kritik an der Unnatur des französischen Dramas übte und Shakespeare als Muster zeitgenössischer Dramatik empfahl.

358 Nr 395   Er

LESARTEN. Vgl. zu Xenion Nr 390. – Anführungsstriche am Anfang und Ende D^1 **2** Ihnen ewig umsonst eine Aesthetik herauf. b^8 herauf.] herauf." – D^1

ERLÄUTERUNGEN. Die Ersetzung von Aesthetik *in der Sammelhandschrift durch* Dramaturgie *bezieht das Xenion deutlicher auf Lessing und dessen „Hamburgische Dramaturgie". Mit der* Natur und den alten Griechen *ist auf Shakespeare sowie auf Aristoteles und die griechischen Dramatiker angespielt.*

358 Nr 396   Ich

LESARTEN. Vgl. zu Xenion Nr 390.

ERLÄUTERUNGEN. In der Abhandlung „Ueber naive und sentimentalische Dichtung" übt Schiller Kritik an einer falschen naiven Poesie, die glaube, daß schon die bloße Empfindung, [...] die bloße Nachahmung wirklicher Natur den Dichter ausmache. *(NA 20, 479.)* Die Darstellung der „nackten" Natur auf unsern tragischen Bühnen ziele bloß auf emotionale Wirkungen beim Zuschauer ab, dem nach Beendigung des tragischen Geschehens zumute sei, als habe er S a l z m a n n s menschliches Elend gelesen *(NA 20, 480) (vgl. zu Nr 148).*

358 Nr 397   Er

LESARTEN. Vgl. zu Xenion Nr 390. – Anführungsstriche am Anfang und Ende D^1 **2** Nacht?] Nacht?" – D^1

ERLÄUTERUNGEN. *Der Kothurn, ein Stiefel mit dicken Sohlen, gehörte zum Kostüm der griechischen Schauspieler in den Heldenrollen der Tragödie; er verlieh ihnen eine ihrer erhabenen Rolle entsprechende größere Erscheinung im Unterschied zu den Schauspielern der Komödie, die den niedrigeren "Soccus" trugen. Später diente der Begriff, wie hier, zur Bezeichnung des hohen, pathetischen Stils der Tragödie. In Lessings "Hamburgischer Dramaturgie" erfüllt das französische klassische Drama nur den Buchstaben der Aristotelischen Poetik, Shakespeare dagegen deren Geist (vgl. zu Nr 394).*

358 Nr 398   Ich

LESARTEN. *Vgl. zu Xenion Nr 390.* – **2** Geht] Läuft h^8

ERLÄUTERUNGEN. *Nur Shakespeares "Hamlet", auf den der Pentameter mit dem Hinweis auf den* geharnischten Geist von Hamlets Vater im 1. Akt *anspielt, durchbricht die Vorherrschaft des französisch beeinflußten und des trivialen Dramas. Nach Äußerungen im 4. und 5. Buch von Goethes "Wilhelm Meisters Lehrjahren" war "Hamlet" ein Mittelpunkt des literarischen Interesses; darüber handelt August Wilhelm Schlegels "Horen"-Beitrag "Etwas über William Shakespeare bey Gelegenheit Wilhelm Meisters" (1796. 4. Stück. S. 57– 112). Friedrich Ludwig Schröder (vgl. zu Nr 404), neben Johann Franz Hieronymus Brockmann (1745–1812), der 1776 in Hamburg bei Schröder den ersten deutschen Hamlet spielte, der berühmteste Hamlet-Darsteller, hatte 1777 und 1778 zwei Bühnenbearbeitungen des "Hamlet" in Prosa vorgelegt.*

358 Nr 399   Er

LESARTEN. *Vgl. zu Xenion Nr 390.* – *Anführungsstriche am Anfang und Ende* D^1 **1** gut!] gut. h^8 **2** Affekt.] Affekt." – D^1

ERLÄUTERUNGEN. *Vgl. zur Antwort in Nr 400.*

358 Nr 400   Ich

LESARTEN. *Vgl. zu Xenion Nr 390.* – **1** *Kommata fehlen* h^8

ERLÄUTERUNGEN. *Über den* Spaß *äußert sich Schiller im Zusammenhang mit der deutschen Komödie in der Abhandlung "Ueber naive und sentimentalische Dichtung"; dort spricht er von* unsäglichen Platituden *und* Armseligkeiten *(NA 20, 479, 480). Über den* Jammer *vgl. zu Nr 396; gemeint ist vor allem die Trivialdramatik Schröders, Ifflands und Kotzebues (vgl. zu Nr 402–406), die in den Spielplänen der Theater vorherrschend war.*

358 Nr 401 Er

LESARTEN. *Vgl. zu Xenion Nr 390.* – *Anführungsstriche am Anfang und Ende* D^1 2 geht?] geht?" – D^1

ERLÄUTERUNGEN. *Vgl. zur Antwort Nr 402.*

358 Nr 402 Ich

LESARTEN. *Vgl. zu Xenion Nr 390.* – 1 Keines] Keins b^8

ERLÄUTERUNGEN. Die Charakteristik trifft neben dem bürgerlichen Trauerspiel vor allem dessen trivialisierte Formen in den Stücken Schröders, Ifflands und Kotzebues (vgl. Nr 404, 406), deren Ideologie, Schauplatz und Personal.

359 Nr 403 Er

LESARTEN. *Vgl. zu Xenion Nr 390.* – *Anführungsstriche am Anfang und Ende* D^1 1 Cesar] Cäsar E^c 2 mehr?] mehr?" – D^1 *[Für die 2. Auflage seiner Gedichte (1804) ersetzte Schiller* Anton *durch* Achill; *diese Fassung war auch für die Prachtausgabe bestimmt.]*

ERLÄUTERUNGEN. Die Namen, die genannt werden, sollen in ihrer Distanz zum Personal, das in Nr 404 erwähnt wird, zugleich einen poetischen Abstand signalisieren. Sie lassen einen vierfachen Bezug herstellen: zum griechischen Drama, zum französischen Drama sowie zu Shakespeare und Goethe. So könnte Cäsar auf Shakespeare (Die Tragödie von Julius Caesar) und Voltaire (Der Tod Caesars) verweisen, Marcus Antonius auf Shakespeare (Das Leben von Antonius und Cleopatra), Orestes auf Aischylos (Die Orestie), Sophokles (Elektra), Euripides (Elektra; Iphigenie bei den Tauriern; Orestes), Voltaire (Orest), Antoine Houdart de la Motte (Orestes und Pylades) und Goethe (Iphigenie auf Tauris), Andromache schließlich auf Euripides (Andromache) und Racine (Andromache). – Den Namen Achills nahm Schiller später auf, weil er besser zu den anderen Figuren aus der griechischen Literatur paßt.

359 Nr 404 Ich

LESARTEN. *Vgl. zu Xenion Nr 390.* – 1 Nichts!] Nichts, E^c Pfarrer] Förster b^8 2 Fähndriche] Fahndriche b^8 Sekretairs] Secretairs, b^8

ERLÄUTERUNGEN. Im Brief an Goethe vom 31. Juli 1796 schrieb Schiller: Um Ifland nicht weh zu thun, will ich in dem Dialog mit Shakespear lauter Schröderische und Kotzebuische Stücke bezeichnen. *(Vgl. „Dokumente", Nr 65.)*

Aus diesem Grund bittet er darum, das Personal einiger Stücke abschreiben zu lassen, um es in den „Xenien" verwenden zu können. Trotz Schillers Absichts-erklärung sind die Figuren auch solche in Stücken Ifflands (bis 1796); beispiels-weise treten Militärs aller Ränge in jedem zweiten Stück der drei Autoren auf, aber auch Landräte, Justizräte, Kriegsräte, Kammerräte, Hofräte und auch (oft ränkevolle) Sekretäre. Die Erwähnung der Fähndriche bezieht sich auf Schrö-ders Lustspiel „Der Fähndrich" (1782), der Pfarrer auf Kotzebues „Das Kind der Liebe" (1791), möglicherweise auch auf Pastor Seebach in Ifflands „Die Jäger" (1785), obwohl die Pfarrer die Förster ersetzten, die in der Sammel-handschrift einen offenbar allzu deutlichen Hinweis auf Ifflands Stück enthiel-ten; um Pfarrer und Förster geht es auch in Nr 120, wobei neben Voß Iffland ausdrücklich genannt wird.*

359 Nr 405   Er

LESARTEN. Vgl. zu Xenion Nr 390. – Anführungsstriche am Anfang und Ende
D^1 1 Misère] *unterstrichen* h^8 2 geschehn?] geschehn?" – D^1

ERLÄUTERUNGEN. Vgl. die Antwort in Nr 406.

359 Nr 406   Ich

LESARTEN. Vgl. zu Xenion Nr 390. – Fassung h^8:
    Ich.
    Was? Sie spielen, sie fechten, sie lieben, sie leyhen, versetzen,
    Borgen, stehlen auch Gold, wagen den Galgen und mehr.

ERLÄUTERUNGEN. Das Modell für eine Kabale, ein Lieblingsbegriff Iff-lands (von dem auch der Titel „Kabale und Liebe" für Schillers Drama stammt), könnte etwa vorsehen, daß ein hoher Beamter in der Nähe eines Fürsten, durch unlautere Mittel aufgestiegen und von einem durchtriebenen Sekretär unter-stützt, seine Position zum Ränkespiel mißbraucht; Beispiele dafür sind der Kanzler Flessel in Ifflands „Die Mündel" (1785) oder auch der Hofrat in „Die Advokaten" (1796). Die Angabe: sie leyhen auf Pfänder, bezieht sich auf Iff-lands Lustspiel „Die Hagestolzen" (1793), der Hinweis auf die silbernen Löffel auf Schröders Stück „Der Fähndrich", wagen den Pranger auf Ifflands „Verbre-chen aus Ehrsucht" (1784) oder auch Kotzebues „Kind der Liebe" (1791). – In der früheren Fassung des Distichons läßt spielen an Ifflands Schauspiel „Der Spieler" (uraufgeführt 1795) denken, fechten an Schröders Stücke „Der Fähn-drich" und „Der Ring" (1783), versetzen an Schröders Lustspiel „Das Porträt der Mutter oder Die Privatkomödie" (1786); lieben paßt auf fast alle Stücke, zu leyhen, borgen, stehlen und wagen den Galgen vgl. oben.
    Schillers Beurteilung der bürgerlichen Rührstücke war deutlich: Sie bewirken bloß Ausleerungen des Thränensacks und eine wollüstige Erleichterung der Ge-fäße; aber der Geist geht leer aus (Ueber das Pathetische; NA 20, 199).

359 Nr 407   **Er**

LESARTEN. Vgl. zu Xenion Nr 390. – Anführungsstriche am Anfang und Ende
D^1 2 zermalmt?] zermalmt?" – D^1

ERLÄUTERUNGEN. Die Widersprüchlichkeit des Pentameters kommt in Schillers Tragödientheorie zur Auflösung: Der Mensch als S i n n e n w e s e n muß tief und heftig l e i d e n , [...] damit das Vernunftwesen seine Unabhängigkeit kund thun und sich h a n d e l n d darstellen könne. *(Ueber das Pathetische; NA 20, 196.)*

359 Nr 408   **Ich**

LESARTEN. Vgl. zu Xenion Nr 390. – 1 Bekannten,] *Komma fehlt* b^8 Bekannten; E^c

ERLÄUTERUNGEN. Nach Schillers Auffassung solle der Theaterbesucher Befreiung von den Schranken des Wirklichen *erwarten, zumindest aber die Möglichkeit,* sein Geschäft, sein gemeines Leben, sein Individuum *im Theater zu vergessen,* wie es in der Vorrede zur „Braut von Messina" heißt *(NA 10, 8).* Der „Prolog" zu „Wallensteins Lager" betont, mit Blick auf das bürgerliche Rührstück, ausdrücklich die mit Schillers Drama beginnende neue Ära *(V. 50)* der Bühnenkunst; der Dichter habe die Aufgabe,
    Euch aus des Bürgerlebens engem Kreis,
    Auf einen höhern Schauplatz zu versetzen,
    [...]
    Im engen Kreis verengert sich der Sinn,
    Es wächst der Mensch mit seinen größern Zwecken.
(V. 53–54, 59–60; NA 2 I, 62.)

359 Nr 409   **Er**

LESARTEN. Vgl. zu Xenion Nr 390. – Anführungsstriche am Anfang und Ende
D^1 2 sucht?] sucht?" – D^1

ERLÄUTERUNGEN. Vgl. die Erläuterungen zu Nr 408.

359 Nr 410   **Ich**

LESARTEN. Vgl. zu Xenion Nr 390. – 2 Geschick,] *Komma fehlt* b^8

ERLÄUTERUNGEN. Das Distichon spielt auf die Dramaturgie des Zufalls und die Schematik von Gut und Böse im bürgerlichen Drama an. August Wil-

helm Schlegel schrieb in einer Rezension über Ifflands Schauspiele: Die Uebung der sogenannten poetischen Gerechtigkeit (welche oft nichts weniger als poetisch ist) stellt das Uebel nicht wieder her. Der Gute mag siegen: die Handlungen und die Demüthigung des Bösen hinterlassen einen niederschlagenden Eindruck, der allen Triumph verbietet, die Einbildungskraft befleckt und die Flügel der Seele lähmt. *(ALZ 1797. Nr 188 vom 14. Juni. Sp. 682.)*
1 Casus] *lat.: Fall, Angelegenheit.*

359 Nr 411   Er

LESARTEN. *Vgl. zu Xenion Nr 390.* − Anführungsstriche am Anfang und Ende D^1 **2** an?] an. b^8 an?" − D^1

ERLÄUTERUNGEN. *Vgl. die Erläuterungen zu Nr 408.*

360 Nr 412   Er

LESARTEN. *Vgl. zu Xenion Nr 390.*

ERLÄUTERUNGEN. *Die Überschrift geht auf einen Druckfehler im „Musen-Almanach für das Jahr 1797" (S. 203) zurück. Der Sprecher ist hier wieder „Ich" (Odysseus). Mit diesem Xenion endet das Gespräch mit „Shakespears Schatten" (vgl. zu Nr 390−412). − Dafür, daß das Laster die Rechnung nicht ohne den Wirt machen kann, sorgt die poetische Gerechtigkeit; vgl. zu Nr 410.*

360 Nr 413   Muse zu den Xenien

LESARTEN. *Überschrift:* Die Muse zu den Xenien. b^8 **1** Gorgona] Gorgone b^8 **2** Fratze] Fratze, b^8 hervor] herauf b^8

ERLÄUTERUNGEN. *Als sich in der „Odyssee" am Ende der Begegnung zwischen Odysseus und den Seelen in der Unterwelt unzählige Schaaren von Geistern (11, 632) herandrängen, ergreift jenen Entsetzen:* Fürchtend, es sende mir jezo die strenge Persefoneia / Tief aus der Nacht die Schreckengestalt des gorgonischen Unholds, / Floh ich eilend von dannen *(11, 634−636; nach Voß [1781], 228). − Wie demjenigen, der die Medusa, eine der Gorgonen, anschaut und durch deren Blick zu Stein erstarrt, könnte es, so wird angedeutet, dem Leser der Oden von Lorenz Leopold Haschka (1749−1827), dem Jesuiten, Dichter und späteren Professor für Ästhetik in Wien, ergehen. Haschka hatte stets vereinzelte Oden veröffentlicht, auf Joseph II., auf Leopold II., auf Deutschland, Österreich und verschiedene politische Ereignisse, Eroberungen und Friedensschlüsse; das Xenion befürchtet nun einen ganzen Band.*

Mit Nr 413 schließt der Zyklus der Unterwelt-„Xenien"; vgl. zu Nr 332−414.

360 Nr 414   An die Freyer

LESARTEN. *Fassung b⁸:*
> An die Freyer.
> Freyer! Seid ihr beleidigt? Hier ist der Bogen Odyßeus!
> Spannt ihn wie wir ihn gespannt, schnellt durch die Aexte den Pfeil.

ERLÄUTERUNGEN. *Ebenso wie die frühere Fassung bezieht sich das Distichon auf den Wettkampf im 21. Gesang der „Odyssee", den Penelope unter den Freiern veranstaltet: Wer den Bogen des Odysseus zu spannen und den Pfeil durch zwölf Äxte hindurchzuschießen vermöchte, der solle Penelope zur Gemahlin erhalten; Johann Jakob Bodmers Übersetzung spricht wie das Xenion statt von Äxten von* Ringen *(Homers Werke [1778] 2, 268). Niemand anders als Odysseus selbst war dazu in der Lage.*

Unter dieser Voraussetzung ist das Xenion in der Fassung des Almanachs als Schlußepigramm zwar versöhnlich in der Aufforderung zum friedlichen Wettkampf, zugleich aber doch wieder voller Spott angesichts der Chancenlosigkeit der Gegner. – Mit dem Motiv vom tödtenden Bogen stellt das letzte Distichon den Bezug zu Nr 415 her, die in der Sammelhandschrift am Anfang steht. Dort bildete es zusammen mit Nr 526 den Abschluß der Epigrammreihe gegen die Zeitschriften; so bezog es sich auf die Journalherausgeber, denen in Nr 526 ein weiteres Gericht angekündigt wird.

MUSEN-ALMANACH FÜR DAS JAHR 1798

363–365   Der Ring des Polykrates

ENTSTEHUNG. *Das Gedicht entstand im Juni 1797. Am 24. Juni trug Schiller in seinen Kalender ein:* Ring des Polykrates fertig.

ÜBERLIEFERUNG. *H: ? – E: Musen-Almanach für das Jahr 1798. S. 24–29; unterzeichnet:* SCHILLER. *D: Gedichte 1 (1800). S. 143–148; danach (mit einigen Varianten) in: Gedichte ²1 (1804). S. 143–148. Schiller bestimmte das Gedicht (in der Fassung von 1804) auch für die Prachtausgabe. Vgl. NA 2 I, 242–244. – Textwiedergabe nach E.*

LESARTEN. *Augenvarianten und Interpunktionsveränderungen in D werden im folgenden nicht verzeichnet.* – **2** Sinnen] Sinnen, *E*   **54** Theil.] Theil." *E*   **71** ergetzen] ergötzen *D*   **86** Kommt er bestürzt herbegeeilt, *D*   **90** Glück!"] Glück! *E* – *Vgl. die Varianten der letzten Fassung in NA 2 I, 242–244.*

ERLÄUTERUNGEN. Den Stoff der Ballade überliefert Herodot (3, 39–43); Schiller benutzte die Übersetzung von Johann Friedrich Degen: „Herodots Geschichte" (1783–1788); die Erzählung von Polykrates und Amasis findet sich in dem 2. Band (S. 36–40; abgedruckt in: Leitzmann, 7–9). Hinweise darauf konnte Schiller im 2. Teil von Christian Garves „Versuchen über verschiedene Gegenstände aus der Moral, der Litteratur und dem gesellschaftlichen Leben" (1796) entnehmen, den er im Mai 1797 vom Verfasser zum Geschenk erhalten hatte; das Buch enthält u. a. Bemerkungen „Ueber zwey Stellen des Herodots" (S. 1–126), deren erste sich auf „Die Unterredung des Solons mit dem Krösus, im ersten Buche des Herodots, vom 30ten bis 33ten Kap." bezieht; in diesen Bemerkungen heißt es:

„Und eben deswegen nun," sagt Solon, [...], „könne er über einen noch lebenden Menschen nicht urtheilen, ob er im Ganzen ein glücklicher Mensch sey: weil er wisse, daß die, welche außerordentliche Glücksfälle erfahren, zum Unglück ausersehen scheinen, und keiner in größerer Gefahr stehe, tief gestürzt zu werden, als der am höchsten vom Glück erhoben worden sey."

Ob die Alten das menschliche Leben in diesem Puncte richtig beobachtet haben mögen, weiß ich nicht: aber dieß war lange Zeit ihre feste und unabänderliche Meinung, daß außerordentliche Glücksfälle die Vorboten von Unglück wären. In allen alten Denkmählern der Griechen, in ihrer Mythologie, in ihren Geschichtbüchern, in den Denksprüchen ihrer frühesten Weisen findet sie sich deutlich durch Worte ausgedrückt, oder in Erzählungen eingekleidet. Ich will unter vielen Beispielen, dem Leser nur die Geschichte des Tyrannen von Samos, Polykrates, beym Herodot, eingedenk machen, dem, weil er in Allem glücklich war, sein alter Gastfreund Amasis, König von Aegypten, in einem Briefe den Rath gab, sich des kostbarsten seiner Kleinodien freywillig zu berauben, und durch irgendeinen Verlust, den neidischen Dämon, den er bey seinem großen Glücke zu fürchten hätte, zu versöhnen. (S. 50–51.) *Als Amasis erfuhr, daß seinem Freunde der Zufall auch den freywilligen Verlust wieder ersetzt hätte: so kündigte er ihm Freundschaft und Gastrecht feyerlich auf, weil, wie er sagte, er mit einem Manne in keiner Verbindung stehen wollte, den das Schicksal ohne Zweifel zum Untergange bestimmt hätte, da es ihm auf so wunderbare Weise schmeichelte. (S. 52.)*

Am 26. Juni schickte Schiller die Ballade an Goethe und schrieb dazu: Es ist ein Gegenstück zu Ihren Kranichen. *(Gemeint sind „Die Kraniche des Ibycus", deren Stoff ursprünglich Goethe bearbeiten wollte.) Goethe fand in seiner Antwort:* [...] alles ist sehr gut. *(An Schiller vom 27. Juni 1797.) Dieses Urteil bestätigte er auch bey wiederholtem Lesen (an Schiller vom 28. Juni 1797). Humboldt und Körner äußerten sich differenzierter. Im Brief vom 9. Juli 1797 entwickelte Humboldt in Abgrenzung zum Epischen seine Gattungsvorstellung von Balladen:* epische Gedichte [...], die aber auf einen lyrischen – vielleicht auch immer schauderlich tragischen – Effect hin gearbeitet, und mehr sentimental, als naiv behandelt sind. *Er kommt dann zu dem Ergebnis,* „Der Ring des Polykrates" gehöre nicht zu dieser Gattung, weil er *nur* Erzählung *sei; in dieser Hinsicht sei das Gedicht* sehr gut *und* sehr leicht und lebendig erzählt, die wirkende Nemesis beeindrucke. Nach Erscheinen des Almanachs blieb Humboldt*

bei seiner Einschätzung, daß „Der Ring des Polykrates" bloße Erzählung ohne
bestimmte Wirkabsicht sei und deswegen auch nur einen schwachen Eindruck
mache; er beschäftige die Phantasie, nicht aber Herz und Geist (an Schiller vom
7. [-11.?] Dezember 1797). Körner stellte das Gedicht neben „Die Kraniche
des Ibycus" und tadelte in beiden Fällen, das Ganze habe etwas Trockenes,
denn: Die Einheit ist hier wieder ein abstrakter Begriff, die Rache des Schicksals, wie dort der Nemesis. Auch Körner fand, es handle sich jeweils um ein erzählendes Gedicht, und dort dürfe das Unsinnliche nicht vorherrschen. Der
eigentliche Stoff der Ballade ist wohl höhere menschliche Natur in Handlung.
(An Schiller vom 27. September 1797.) Schiller konzedierte den Einwand der
Trockenheit; er sah diese durch den Gegenstand selbst verursacht, weil die Personen darinn nur um der Idee willen da sind, und sich als Individuen derselben
subordinieren. Andere Stoffe für Balladen zu wählen, sei jedoch problematisch,
wenn die Wirkung des Uebersinnlichen nicht verlieren soll. (An Körner vom
2. Oktober 1797.) Im Zusammenhang seiner Besprechung des Almanachs nach
dessen Erscheinen wiederholte Körner seine Bedenken (vgl. an Schiller vom
26. März 1798). Goethe wies nach Schillers Bericht Körners Kritik, die Schiller
selbst für gar nicht ungegründet hielt, wegen des zu engen Balladenbegriffs
zurück: Die Darstellung von Ideen so wie sie hier behandelt wird, hält er für
kein Dehors der Poesie und will dergleichen Gedichte mit denjenigen welche
abstrakte Gedanken symbolisieren nicht verwechselt wißen (an Körner vom
27. April 1798).

Vgl. auch die Erläuterungen zum späteren Abdruck (NA 2 I, 242-244).

1 Er] Gemeint ist der (im Text) ebensowenig wie Egyptens König (V. 5) beim
Namen genannte Tyrann von Samos, Polykrates; vgl. über das Verhältnis der
Figuren zur „Idee" des Gedichts den oben zitierten Brief Schillers an Körner vom
2. Oktober 1797. - Polykrates, der Sohn des Aiakes, hatte sich um 538 v. u. Z.
zum Tyrannen der Insel Samos im Agäischen Meer gemacht; mit Hilfe einer
großen Flotte herrschte er weithin; er entwickelte eine großartige Bautätigkeit
und zog Dichter und Künstler an seinen Hof; um 523/522 wurde er von dem
persischen Satrapen Oroites umgebracht; vgl. Herodot (3, 120-125).

2 vergnügten] „vergnügen" hier im Sinne von „Genüge tun" (vgl. Grimm 12 I,
463-464).

5 Egyptens König] Amasis, ein ägyptischer König der 26. Dynastie (570-526
v. u. Z.). Herodot bezeichnet ihn als einen Freund der Griechen, weil er ihnen
erlaubte, sich in Naukratis niederzulassen, Seehandel zu treiben und ihren Gottesdienst an eigenen Kultstätten zu verrichten (vgl. 2, 178).

8-10 Die bis rächen] Da Schiller die Kenntnis der historischen Zusammenhänge nicht voraussetzen konnte, ist diese Stelle ebenso wie das Folgende allgemein zu verstehen. - Herodot berichtet von zwei Brüdern des Polykrates, mit
denen sich dieser anfangs die Herrschaft geteilt hatte; den einen habe er dann
jedoch umgebracht, den anderen, Syloson, vertrieben (vgl. 3, 39; auch zu
V. 15).

14 Milet] Stadt im westlichen Kleinasien an der Mündung des Mäander. - In
einer Auseinandersetzung mit Milet und dem diesem verbündeten Lesbos, von
der Herodot berichtet (vgl. 3, 39), blieb Polykrates Sieger.

15 Tirannen] *Der griechische Begriff τυραννίς bezeichnet zunächst allgemein die Alleinherrschaft eines Machthabers; die Tyrannis war die Herrschaftsform des 7. und 6. Jahrhunderts v. u. Z.; die meisten Tyrannen kamen im Kampf gegen adlige Vorherrschaft zur Macht, indem sie die Unzufriedenheit der Bevölkerung ausnutzten; sie förderten Handel, Handwerk, Künste und bereiteten demokratischere Herrschaftsformen des 5. Jahrhunderts vor. Außer Polykrates waren Periander in Korinth, Kleisthenes in Sikyon und Peisistratos in Athen bekannte Tyrannen.*

21 Polydor] *Von einem Feldherrn des Polykrates mit diesem Namen ist nichts überliefert.*

24 Ein wohlbekanntes Haupt] *Vgl. zu V. 8–10.*

40 Sparter] *Herodot berichtet von einem auf Bitten von vertriebenen Samiern unternommenen, erfolglosen Kriegszug der Spartaner gegen Samos und der Belagerung der Hauptstadt (vgl. 3, 44, 47, 54–56).*

41 Bedräuen] *nach mhd. dröuwen, dröun: (be-)drohen.*

52 der Götter Neide] *Die antike Vorstellung vom Neid der Götter findet sich besonders bei Herodot: Amasis spricht in seinem Brief an Polykrates davon (3, 40; vgl. die Bemerkungen Garves in den einleitenden Erläuterungen), ebenso Solon im Gespräch mit Krösus (1, 32). Anlaß ist jedesmal unerhörtes Glück und ungewöhnlicher Reichtum des Menschen. Der Gedanke, daß einem solchen Menschen Sanktionen mißgünstiger Götter drohen, ist Ausdruck der griechischen Überzeugung, daß das rechte Maß, verkörpert in der Göttin Nemesis (vgl. zu V. 76 und zu „Der Tanz" [V. 25]), dem Menschen in allem das Beste sei; er ist zugleich Konsequenz aus der Auffassung, daß auch die Götter Mangelwesen seien, sofern auch sie in vielfacher Weise dem Schicksal und dessen Verfügungen unterworfen sind. Die Anthropomorphisierung der griechischen Mythologie, die außer dem Neid auch alle anderen menschlichen Untugenden als göttliche Eigenschaften kennt, gehört einer Zeit an, von der Schiller in den „Göttern Griechenlandes" sagte:* Da die Götter menschlicher noch waren, / waren Menschen göttlicher. *(V. 191–192.) Garve reflektiert im Zusammenhang mit der Äußerung Solons über den Neid der Götter und gelangt zu folgender Erklärung:* Wesen, die ihren Werth im Vorzuge vor andern, und in der Gewalt über sie haben, ist es natürlich, daß sie diese Gewalt auch behaupten, daß sie diese Erhabenheit sich nicht wollen nehmen lassen. Daraus folgt dann [...], daß die Götter diejenigen Menschen hassen, die sich zu einer Gleichheit mit ihnen erheben wollen. *(S. 45.) Dies gelte auch für den Fall,* wenn den Menschen nur das Glück, nicht sein eigner Stolz, erhebt, auch hier suchten die Götter ihn zu demüthigen, und durch große Unglücksfälle in seine Sphäre zurückzuweisen *(S. 46). – Vgl. zum Thema* Neid / Des Schicksals *(V. 3592–3593) das Gespräch zwischen Gordon und Wallenstein (Wallensteins Tod V 4; NA 8, 336–339).*

55—57 Auch *bis* Huld] *Herodot berichtet, Amasis habe 44 Jahre ohne sonderliches Unglück regiert (3, 10), unter ihm habe Ägypten eine außerordentliche Blüte erlebt (2, 177).*

58—59 Doch *bis* sterben] *Das Ereignis ist von Schiller erfunden; nach Herodot folgte Amasis dessen Sohn Psammenitus III. (vgl. 3, 8).*

64—66 Noch *bis* streun.] *Amasis schrieb nach Herodots Bericht (3, 40) an Polykrates, er habe noch von niemand gehört, der als ein vollkommener Günstling des Glücks nicht zulezt noch ganz unglücklich geworden wäre. (Herodots Geschichte 2, 37.)*
74 heget] *hegen: eigentlich „mit einem Hag (Gebüsch, Hecke) umgeben" (vgl. Grimm 4 II, 777), hier: enthalten, bergen.*
75 dieser Ring] *nach Herodot ein smaragdener Siegelring des Steinschneiders Theodoros aus Samos (vgl. 3, 41).*
76 Erinnen] *Die Erinyen waren eigentlich Straf- und Rachegöttinnen; hier mögen sie in einer Funktion ähnlich der der Nemesis als der Göttin des Maßes gedacht sein (vgl. zu V. 52). Humboldt und Körner deuteten beide die Idee des Gedichts auf das Walten der Nemesis (vgl. die einleitenden Erläuterungen).*

366—367 Der Handschuh

ENTSTEHUNG. Das Gedicht entstand im Juni 1797. Am 19. Juni trug Schiller in seinen Kalender ein: Handschuh. fertig. *Vgl. Schillers Briefe an Goethe vom 18. Juni, an Charlotte von Stein vom 17. Juli und an Böttiger vom 18. Oktober 1797.*

ÜBERLIEFERUNG. H: ? − E: Musen-Almanach für das Jahr 1798. S. 41–44; unterzeichnet: SCHILLER. *D: Gedichte 1 (1800). S. 139–142; danach in: Gedichte* ²1 *(1804). S. 139–142. Schiller bestimmte das Gedicht auch für die Prachtausgabe. Vgl. NA 2 I, 274–276. − Textwiedergabe nach E.*

LESARTEN. **2** Kampfspiel] Kampfspiol E *(Druckfehler)* **23** erschaut,] Komma fehlt E − *Vgl. die spätere Fassung in NA 2 I, 274–276. − Vgl. auch die Erläuterungen zu V. 27 und 65.*

ERLÄUTERUNGEN. Das Gedicht trägt − ein singulärer Fall − die Gattungsbezeichnung „Erzählung"; vgl. dazu Humboldts und Körners Äußerungen über den „Ring des Polykrates" in den einleitenden Erläuterungen dazu, Körners unten zitierten Brief vom 8. Oktober 1797, außerdem: Oellers, Der „umgekehrte Zweck" der ‚Erzählung' „Der Handschuh" (1976). Die Quelle für den Stoff zu seinem Gedicht gibt Schiller im Brief an Goethe vom 18. Juni 1797 selbst an; er nennt den „Handschuh" ein kleines Nachstück zum T a u c h e r , wozu ich durch eine Anecdote in Saint Foix Essay sur Paris aufgemuntert wurde. *Es handelt sich um den 1. Band von Germain François Poullain de Saint-Foix' „Essais historiques sur Paris" (1759); dort wird, zur Erklärung des Straßennamens „Rue des Lions, près Saint Paul" und nach der Vorlage einer Erzählung aus Pierre de Bourdeilles, Sieur de Brantômes „Les Vies des Dames galantes" (1665); berichtet:* Cette rue prit son nom du bâtiment & des cours où étoient renfermés les grands & petits lions du Roi. Un jour que François I s'amusoit à regarder un combat de ses lions, une Dame ayant laissé tomber son gant, dit à De Lorges, si vous voulez que je croye que vous m'aimez autant que vous me le jurez tous les jours, allez ramasser mon gant. De Lorges descend, ramasse le gant au milieu de ces terribles animaux, remonte, le jette au nez de la Dame & depuis, malgré toutes les avances & les agaceries qu'elle lui faisoit, ne voulut jamais la voir. *(S. 202.)* *(„Diese Straße erhielt ihren Namen von dem Gebäude und den Höfen, wo die großen und kleinen Löwen des Königs eingeschlossen waren. Als eines Tages Franz I. zu seinem Vergnügen einem Löwenkampfe zusah, ließ eine Dame ihren Handschuh fallen und sprach zu De Lorges: Soll ich glauben, daß Ihr mich so liebt, wie Ihr mir alle Tage schwört, so hebt mir den Handschuh auf. De Lorges steigt hinab, nimmt den Handschuh aus der Mitte dieser furchtbaren Tiere, steigt wieder hinauf, wirft ihn der Dame ins Gesicht und wollte sie nachher nie wiedersehen, ungeachtet aller Anträge und Neckereien von ihrer Seite";* nach BA 1, 793–794.) Stoff und Motiv haben, von den genannten Quellen abgesehen, vielfältige literarische Tradition; vgl. die Übersicht bei Oellers, Der „umgekehrte Zweck", 390–391.

Goethes Urteil über das Gedicht, das er, Schillers Formulierung aufgreifend und zugleich differenzierend, ein artiges Nach- und Gegenstück zum „Taucher" nannte, fiel zustimmend aus; der Gegenstand sei ein sehr glücklicher, die Ausführung gut gerathen: Hier ist die ganz r e i n e T h a t , ohne Zweck oder vielmehr im umgekehrten Zweck was so sonderbar wohl gefallt. *(An Schiller vom 21. Juni 1797.)* Humboldt, dem „Der Handschuh" neben „Der Taucher" am meisten unter den Beiträgen Schillers zum Almanach galt *(vgl. an Schiller vom 7. [–11.?] Dezember 1797),* fand, Schiller habe Großes in der Beschreibung der Tiere geleistet und die metrische Form sei unnachahmlich schön *(an Schiller vom 9. Juli 1797).* Körner sprach im Brief vom 8. Oktober 1797 von verschiedenen Zweckformen der Poesie; zu diesen wolle er den „Handschuh" nicht rechnen: Er ist ein selbständiges poetisches Gemälde – theils Thierstück, theils Ritterstück.

Vgl. auch die Erläuterungen zur 2. Fassung der Ballade.

1 Löwengarten] *„Garten" hier im früheren Sinn: Zaun, Mauer, Wall; überhaupt, „was eingezäunt, eingehegt ist" (Grimm 4 I 1, 1390–1391).*

3 König Franz] *Franz I. (1494–1547), seit 1515 König von Frankreich.*

27 recket] *Schiller änderte die Stelle offenbar so, nachdem Goethe in seinem Brief vom 29. Juli 1797 von einer Lesung des Gedichts berichtet hatte, die Zweifel darüber erregt habe, ob man sagen könne* e i n T h i e r l e c k e s i c h d i e Z u n g e .

44 Altans] *Altan: eine im Obergeschoß eines Gebäudes ins Freie geführte Plattform, die von Säulen oder Pfeilern gestützt wird (im Gegensatz zum „Balkon" [V. 5], der frei hängt; hier ist beides synonym gebraucht).*

49 Kunigund] *Der Name ist frei erfunden.*

65 Und bis spricht:] *Die Handschrift bot eine für die 2. Fassung des Gedichts wieder aufgenommene wesentlich drastischere Version dieser Stelle der Vorlage gemäß (vgl. NA 2 I, 276). Schiller entschärfte den Vers, nachdem er bei einer Lesung am 14. Juli in Weimar auf Kritik durch Charlotte von Stein gestoßen war; vgl. Schiller an Charlotte von Stein vom 17. Juli und an Böttiger vom*

18. Oktober 1797. Körner begrüßte die Änderung theils wegen des Rittercostüms, theils weil dadurch die letzte Zeile mehr gehoben wird. *(An Schiller vom 8. Oktober 1797.)*

368—370   Ritter Toggenburg

ENTSTEHUNG. *Das Gedicht entstand im Juli 1797. Am 31. Juli notierte Schiller in seinen Kalender:* Ritter Toggenburg fertig.

ÜBERLIEFERUNG. H: ? *(Bei einer in den Kunstsammlungen der Sammlung Veste, Coburg, aufbewahrten Handschrift handelt es sich eindeutig um eine Gerstenbergksche Fälschung.)* — E: *Musen-Almanach für das Jahr 1798. S. 105—109; unterzeichnet:* SCHILLER. D: *Gedichte 1 (1800). S. 73—77; danach in: Gedichte* ²1 *(1804). S. 73—77. Schiller bestimmte das Gedicht auch für die Prachtausgabe seiner Gedichte. Vgl. den Text in NA 2 I, 272-274. — Textwiedergabe nach E.*

LESARTEN. *Vgl. NA 2 I, 272-274 und die Lesarten dazu in NA 2 II B.*

ERLÄUTERUNGEN. *Die Frage nach einer direkten Quelle für den Stoff der Ballade ist offen. Vom Namen Toggenburg ausgehend (die frühere Grafschaft gehört [seit 1803] zum Kanton St. Gallen), ist auf die (seit dem 15. Jahrhundert erzählte) Legende von Ida (Idda) von Toggenburg hinzuweisen; sie wurde von ihrem Mann, dem Grafen Heinrich von Toggenburg, der Untreue verdächtigt und verstoßen; darauf zog sie sich als Einsiedlerin in die Gegend der Abtei Fischingen im Thurgau zurück, wo sie um das Jahr 1184 gestorben sein soll; Heinrich, der sie nach erwiesener Unschuld vergeblich um Rückkehr bat, begab sich aus Reue ebenfalls in die Einsiedelei. Schiller könnte durch den Roman „Elisabeth, Erbin von Toggenburg" (1789) von Christiane Benedikte Eugenie Naubert (1756-1819) auf den Stoff aufmerksam geworden sein; vgl. Köster, Die ritter- und räuberromane (1897). Möglicherweise gingen auch Anregungen von Johannes von Müllers „Geschichten schweizerischer Eidgenossenschaft" aus, die Schiller seit langem kannte (vgl. an Crusius vom 5. November 1787), in denen die Legende erzählt wird (1 [1786], 380).*

Humboldt fand Schilderung und Ton charakteristisch *und von* Effect *(an Schiller vom 7. [—11.?] Dezember 1797), Körner lobte die* musikalische Einheit *und die* durchgängige Gleichheit des Tons, der gut zu dem Stoff passe *(an Schiller vom 19. Januar 1798; Beilage).*

14 Lande Schweitz] *historisch problematische Bezeichnung, wenn die Geschichte der Schweiz mit der Eidgenossenschaft der drei Urkantone (Uri, Schwyz und Unterwalden) 1291 begonnen wird. Im gleichen Jahr ging den Kreuzfahrern mit Akka in Palästina die letzte christliche Bastion verloren; die Zeit der Kreuzzüge war vorbei.*

22 Muselmann] *Verballhornung von persisch Musliman, türkisch Musulman: die sich Gott Hingebenden; die Gläubigen; im Deutschen als Singular gebräuchlich.*

29 Joppe's] *die heutige israelische Hafenstadt Jaffa, früher jahrhundertelang wichtigster Hafen für die Kreuzfahrer.*

48 Härenes Gewand] *aus Pferdehaar gefertigte Kleidung, von Einsiedlern und Mönchen auf der bloßen Haut getragen.*

371 Elegie / an Emma

ENTSTEHUNG. *Im Inhaltsverzeichnis der Sammlung seiner Gedichte von 1800 (D) gab Schiller als Entstehungsjahr des Gedichts 1796 an. Es ist vermutlich gegen Ende dieses Jahres entstanden, als eine Aufnahme in den „Musen-Almanach für das Jahr 1797" nicht mehr möglich war. Am 6. Juli 1797 schickte Schiller das Gedicht mit der Bitte um Vertonung an Zelter. Vgl. die Erläuterungen zu diesem Brief.*

ÜBERLIEFERUNG. *H: ? – E: Musen-Almanach für das Jahr 1798. S. 115–116; unterzeichnet: S. D: Gedichte 1 (1800). S. 300 (mit der Überschrift „An Emma"); danach in: Gedichte ²1 (1804). S. 300. Schiller bestimmte das Gedicht auch für die Prachtausgabe. Vgl. den Text in NA 2 I, 207. – Textwiedergabe nach E.*

LESARTEN. *Vgl. die geänderten Schlußverse in NA 2 I, 207.*

ERLÄUTERUNGEN. *Körner tadelte die dritte Strophe; dort sei* der Gedanke alltäglich, der Ausdruck matt, und die Verse steif. *(An Schiller vom 19. Januar 1798; Beilage). In der 2. Fassung veränderte Schiller die Strophe; vgl. die Erläuterungen dazu.*

372–376 Der Taucher

ENTSTEHUNG. *Den Beginn der Arbeit an der Ballade verzeichnet Schillers Kalender unter dem 5. Juni 1797 –* Taucher angefangen. *–, das Ende unter dem 15. Juni:* Taucher geendigt. *Vgl. auch Schillers Briefe an Amalie von Imhoff vom 17. Juli und an Körner vom 21. Juli.*

ÜBERLIEFERUNG. *H: ? – E: Musen-Almanach für das Jahr 1798. S. 119–130; unterzeichnet: SCHILLER. D: Gedichte 1 (1800). S. 129–138; danach in: Gedichte ²1 (1804). S. 129–138. Schiller bestimmte das Gedicht auch für die Prachtausgabe. Vgl. den Text in NA 2 I, 266–271. – Textwiedergabe nach E.*

LESARTEN. **1** Rittersmann] Ritter *D (Druckversehen?), wieder geändert zu* Rittersmann *in der 2. Auflage von 1804* **63** Mast] Mast, *E* **159** Blick,] *Komma fehlt E – Vgl. auch die (geringfügigen) Varianten in NA 2 I, 266–271.*

ERLÄUTERUNGEN. *Obwohl bisher rund zwanzig verschiedene Vorschläge gemacht worden sind – vom griechischen Dichter und Chorlyriker Bakchylides aus der 1. Hälfte des 5. Jahrhunderts v. u. Z. (vgl. Egen, Ein uraltes Gegen-*

stück zu Schillers Taucher [1909]) bis in Schillers unmittelbare Gegenwart hinein: Johann George Rievethals „Lukumon" (1796) (vgl. Alsleben, Funde und Forschungen [1920]) –, ist zu vermuten, daß Schiller keine gedruckte Quelle vorlag, jedenfalls nicht zur Abfassungszeit des Gedichts, sondern daß er gesprächsweise mit dem Stoff vertraut wurde, vielleicht durch Goethe, von dem sich Schiller auch zu den „Kranichen des Ibycus" anregen ließ (vgl. Leitzmann, 48). Eine ausführliche Untersuchung des Taucher-Motivs und der Diskussion der Quellenfrage bieten Heinisch, Der Wassermensch (1981) (vgl. besonders S. 250–281) und Breymayer, Der endlich aufgefundene Autor einer Vorlage von Schillers „Taucher" (1983/1984); Breymayer äußert die letztlich unbewiesene Ansicht, ein Erbauungsbuch von Christian Gottlieb Göz, in dem die Tauchersage als Exempel erzählt wird, sei Schillers Quelle gewesen.

Für Leitzmanns Vermutung spricht die Tatsache, daß Schiller den Namen des in den Quellen genannten sagenhaften Tauchers vor der Fertigstellung der Ballade nicht kannte; er erfuhr ihn von Herder; vgl. Herder an Schiller vom 28. Juli 1797 und Schiller an Goethe vom 7. August 1797 sowie die Erläuterungen dazu. Goethe zeigte sich im Antwortbrief vom 12. und 14. August belustigt darüber, daß Herder bei der Lektüre der Ballade sich noch der Chronik erinnern kann die das Geschichtchen erzählt. Eine der Chroniken aus der Vielzahl der Überlieferungen aus dem 14. bis 17. Jahrhundert, die der Ballade sehr nahekommen, ist „Athanasii Kircheri mundus subterraneus" (1665); dort wird im 1. Band (2. Buch. 15. Kapitel. S. 98–99) die „Historia des Pescecola Urinatore Siculo" erzählt (abgedruckt in: Leitzmann, 3–5; ebenso in: Goedeke, Schillers sämmtliche Schriften 11, 445–447), die von einem berühmten sizilianischen Berufstaucher aus der Zeit des Königs Friedrich berichtet, der Nicolaus geheißen habe, aber Pescecola („Fischnickel"), also Nicolaus Pesce (ital.: Fisch) genannt wurde; der König habe während eines Aufenthalts in Messina dem Mann eine goldene Schale, die er ins Wasser warf, versprochen, wenn er sie zurückbringe und über die Natur des benachbarten Wasserstrudels der Charybdis Auskunft geben könne; mit der Schale zurückgekehrt, habe Nicolaus gesagt: Clementissime rex, quæ jussisti, executus sum; jussis tuis nunquam obtemperassem, si quæ comperi, prius novissem, etiam promisso mihi imperii tui dimidio: temeritatem magnam commisi, dum temeritatem putavi, regis jussui non parere. („Gnädigster König, was du befohlen hast, habe ich ausgeführt; ich hätte deinen Befehlen niemals gehorcht, wenn ich, was ich in Erfahrung gebracht habe, vorher gewußt hätte, auch wenn du mir die Hälfte deines Reiches versprochen hättest: indem ich es für eine Verwegenheit hielt, dem Befehl des Königs nicht zu gehorchen, beging ich eine noch größere.") Auf die Frage, worin die Verwegenheit bestehe, habe der Taucher vier Gefahren genannt: die gewaltige Strömung, die Unzahl der Klippen, den furchtbaren Strudel und die Ungeheuer in der Tiefe: ingentium polyporum greges, pisces atrocitate immanes, quos canes vocant, vulgo pesce cane („Scharen von ungeheuren Polypen", „ungeheuer große gräßliche Fische, die Hunde genannt werden, gewöhnlich Fischhunde") u. a. Weiter habe er erzählt, die Schale sei deswegen zu finden gewesen, weil sie nicht senkrecht in die Tiefe gefallen, sondern auf einer Klippe hängengeblieben sei. Der Strudel schlucke das Wasser ein und stoße es wieder *aus; das Meer sei dort so tief, daß es das Auge beinahe in cimmerische Tiefen blicken lasse. Als Pescecola trotz anfänglicher Weigerung eines Beutels voll Gold wegen ein zweites Mal in die Tiefe getaucht sei, sei er nicht mehr zurückgekehrt. – In einer Notiz Friedrich Wilhelm Riemers (H: GSA) heißt es:* T a u c h e r *von Schiller.* / Ruht auf der Geschichte des Nicolaus piscis, auch Nicolo oder Colas, le poisson, genannt, weil er fast mehr unter als über dem Wasser lebte. Seiner gedenkt / Joh. Matthæus De Rerum Inventor. p. 40. *(Die Schrift „De rerum inventoribus aureus libellus [...]" von Ioannes Matthaeus aus Luna, Italien, erschien 1520 in Paris [ohne Angabe von Ort und Jahr].)*

(Über andere Quellen, die Goethe bekannt gewesen sein könnten, lassen sich Spekulationen anstellen; Heinisch erwähnt z. B. die „Kosmologischen Unterhaltungen für die Jugend" [2 (1779), 520–524] von Christian Ernst Wünsch, dessen Farbentheorie in den „Xenien" verspottet wurde [vgl. Nr 175], und den „Abriß einer Naturgeschichte des Meeres" [1792] [S. 22–24] von Friedrich Wilhelm Otto, einem der Vertreter des Neptunismus [vgl. die „Xenien" Nr 161–163 und die Erläuterungen dazu]. Möglich ist auch, daß beide, Goethe und Schiller, die Romanze „Nicolaus der Taucher" von Franz Alexander von Kleist kannten, der seinerseits auf Otto hinweist [in: Deutsche Monatsschrift 1792. Bd 3. S. 53–72]; vgl. im einzelnen Heinisch, Der Wassermensch, 253–269.)

Körner gefiel Schillers erster Versuch in der Ballade (an Körner vom 21. Juli 1797) sehr gut; er wertete ihn, wie auch den „Handschuh", als Beweis für Schillers schöpferische Phantasie; da der Leser nicht – wie für „Der Ring des Polykrates" und „Die Kraniche des Ibycus" – Bekanntschaft mit besondern Ideen haben müsse, sei die Wirkung allgemein; die Metrik unterstütze die Handlung, indem sie dem Vers oft eine raschere Bewegung verleihe, die dem Innhalt sehr angemessen ist *(an Schiller vom 9. [und 11.] Juli 1797). Die Trockenheit, die Körner am „Ring des Polykrates" (und später an den „Kranichen des Ibycus") störte, sei hier durch eine* kleine Dosis von Liebe vermieden *(an Schiller vom 30. Juli 1797); er finde immer neue Schönheiten darin, je öfter er die Ballade lese (vgl. an Schiller vom 19. Januar 1798; Beilage).*

Humboldt, der sich ausführlich äußerte, hielt das Gedicht ebenfalls neben „Der Handschuh" und sah in beiden Balladen die Gattung in für Schiller typischer Weise realisiert: höchste Objectivität, *der* Eindruck des Großen, Schauderlichen und Tragischen *unter* Verzicht auf alle *Ausgeburten der Phantasie* durch ein *einfaches, simples, natürliches, ich glaube sogar historisches Factum. Dadurch erscheine „Der Taucher" so edel und erhaben. Entscheidend für die Rezeption der Ballade werde der ihr eigene Ton eines* Volkslieds *und die* wirkungsvolle Gliederung der Handlung sein: Sie haben gerade nur da verweilt, wo es der Leser erwartet, und eilen da schnell, wo er selbst auf die Folge begierig ist. *Besonders geglückt erschienen Humboldt folgende Stellen: die Beschreibung der Meerestiefe (V. 109–132), Strophe 16 (V. 91–96), V. 123–126, die Schilderung des Strudels (V. 97–102), das Auftauchen des Jünglings (V. 73–78). Wie Körner lobte auch Humboldt schließlich das Versmaß. Vgl. an Schiller vom 9. Juli 1797.*

7 König] Die Quellen geben nicht eindeutig Aufschluß darüber, wer gemeint ist. Nach „Athanasii Kircheri mundus subterraneus" soll sich die Geschichte

DER TAUCHER 611

tempore Frederici regis in Sicilia *("zur Zeit des Königs Friedrich in Sizilien")*
*zugetragen haben; meist wird davon ausgegangen, daß es sich um den (an der
Naturlehre sehr interessierten) Staufer Friedrich II. (1194–1250), 1198 (bereits)
König von Sizilien (und späterer Deutscher König und Römischer Kaiser) handelt; zu dessen Zeit spielt auch die Romanze von Franz Alexander von Kleist
(s. o.); auch der Name Friedrichs II. (1272–1337), 1296 König von Neapel und
Sizilien, wird genannt; vgl. Boelitz, Schillers Gedichte 2, 62; Schneegans, Schiller's sicilianische Dichtungen (1887), 83–89; Heinisch, Der Wassermensch
(1981), 40, 57–60, 225–228.*
31—36 Und *bis* gebähren.] *Goethe fühlte sich am 25. September 1797 an diese
Verse erinnert, als er auf seiner Reise in die Schweiz den Rheinfall bei Schaffhausen besuchte; über V. 31 schrieb er an Schiller: [...] es war mir sehr merkwürdig wie er die Hauptmomente der ungeheuern Erscheinung in sich begreift.
In seiner Antwort vom 6. Oktober erklärte Schiller dazu, er habe lediglich
das Beispiel einer Mühle studiert, ansonsten sich aber an Homers Beschreibung
der Charybdis (Odyssee 12, 237–243) gehalten, und dies habe ihn, so vermutet
er, vielleicht bei der Natur erhalten.*
63—64 Doch *bis* Grab] *Auch hier mag Schiller die „Odyssee" im Sinn gehabt
haben (vgl. 12, 437–439).*
94 Und *bis* nicht] *Der Vers erinnert an Matth. 4, 7: Jesu Versuchung durch
den Teufel.*
110 purpurner Finsterniß] *Körner hatte in seinem Brief vom 9. [und 11.] Juli
1797 an dem Attribut „purpurn" Anstoß genommen, worauf Schiller das Adjektiv verteidigte, denn der Taucher sehe wirklich unter der Glasglocke die Lichter
grün und die Schatten purpurfarb. (An Körner vom 21. Juli 1797.) Vermutlich
stammte diese Kenntnis von Goethe (vgl. die Erläuterungen zu dem Brief).*
111 Und *bis* schlief] *Gemeint ist: „Und obgleich es hier dem Ohre nie vernehmbar war [...]". – Das unbestimmte Pronomen „es" kommt in den folgenden Versen wiederholt vor; wie die Finsternis (V. 110) ist auch das* u n b e -
s t i m m t e *ein Ingrediens des Schrecklichen, [...] weil es der Einbildungskraft Freyheit giebt, das Bild nach ihrem eigenen Gutdünken auszumahlen.
(Vom Erhabenen; NA 20, 191.)*
113 Salamandern *bis* Drachen] *Humboldt gab zu bedenken, daß Salamander
und Molche in solcher Tiefe nicht vorkämen. Mit den Drachen kann man schon
liberaler umgehn, da sie mehr ein Geschöpf der Fabel und der Phantasie sind.
(An Schiller vom 9. Juli 1797.)*
117 Klippenfisch] *Es ist unklar, welcher Fisch gemeint ist. Schiller hatte zwei
Fischbücher von Goethe benutzt, um deren Rückgabe dieser am 16. Juni 1797
bat (vgl. die Erläuterungen zu dem Brief); um welche Bücher es sich handelte,
ließ sich nicht ermitteln. Das Buch von Adam Olearius (d. i. Adam Ölschläger)
(um 1599–1671) über die „Gottorfische Kunst-Kammer" (1674) erklärt zu dem
Stichwort, es sei ein „See-Wolff", ein „reissendes fressiges / und der Zähne halber grausames Thier" (S. 49). Das gleiche Werk bietet eine Übersetzung der
Taucher-Geschichte nach Kircher (S. 45–48); ob daraus zu schließen ist, daß
Schiller Olearius kannte und benutzte, bleibt freilich ungewiß; vgl. dazu Puls,
Schillers Quelle für den „Taucher" (1959).*

118 Hammers] *Gemeint ist der Hammerhai, der zeitgenössisch auch „See-Hund" oder „See-Wolff" genannt wurde; vgl. Zedler, Universal Lexicon (12, 931), und den Bericht Nicolaus Pesces in den einleitenden Erläuterungen.*
123 Larven] *lat. larva: Gespenst; Maske; hier wohl auch: „Fratzen".*
127 krochs] *Es ist von einem Polypen die Rede; Kircher läßt Nicolaus Pesce von einem solchen berichten (s. o.).*
130—131 Laß *bis* Toben] *Die Verse erinnern an Homers „Odyssee" (12, 432–439).*

377—378 Reiterlied

ENTSTEHUNG. Das Lied, das für „Wallensteins Lager" bestimmt war (V. 1052–1099; vgl. NA 8, 52–53), entstand Ende März oder Anfang April 1797. Am 7. April schickte Schiller es – mit der Anregung zu einer Komposition – an Körner. Vgl. auch dessen Briefe an Schiller vom 17. April, 29. Mai und 25. Juni 1797.

ÜBERLIEFERUNG. H: ? h: GSA. In der Abschrift von „Wallensteins Lager" von Gottlob Leonhardt Heubner vor der ersten Aufführung des Stückes am 12. Oktober 1798. Vgl. die Beschreibung in NA 8, 409–410. – E: Musen-Almanach für das Jahr 1798. S. 137–140; unterzeichnet: SCHILLER. Schiller bestimmte das Gedicht auch (ohne die vom Chor gesprochenen Verse und mit der Schlußstrophe aus „Wallensteins Lager") für die Prachtausgabe. Vgl. den Text in NA 2 I, 217–218. – Textwiedergabe nach E.

LESARTEN. Vgl. den Text des Erstdrucks von „Wallensteins Lager", V. 1052–1099, und die Varianten in h (ohne Augenvarianten und Interpunktionsabweichungen) in NA 8, 52–53 und 422. – **24** *darunter (vermutlich von Schillers Hand) ein kräftiger waagrechter Rötelstrich (2 cm) h* **35** Hochzeitschloß,] *Komma fehlt E – Vgl. auch die Varianten der späteren Fassung in NA 2 I, 217–218.*

ERLÄUTERUNGEN. An Karl Friedrich Zelter, dem er das Lied zum Komponieren schickte, schrieb Schiller am 6. Juli 1797: Es wird von zwey Personen einem Kuirassier und einem Jäger abgesungen, davon der erste einen ernsten und männlichen, der andre einen leichten und lustigen Character hat. Tatsächlich wurde es schließlich von vier Personen (außer dem Chor) gesungen, neben den genannten von dem Dragoner und dem Wachtmeister. In der Musikbeilage des „Musen-Almanachs für das Jahr 1798" war eine Komposition des Liedes von Christian Jakob Zahn (1765–1830) abgedruckt. Körner, der ebenfalls eine Vertonung vorlegte, nahm das Gedicht positiv auf; er äußerte nur hinsichtlich von V. 45 Zweifel, ob hier nicht mehr der Dichter, als der Reuter selbst spricht. (An Schiller vom 17. April 1797.) Später, nach Erscheinen des Almanachs, berichtete er, das Gedicht mache große Wirkung: Von Thielemann und seinem Zirkel wenigstens wird es mit Enthusiasmus gesungen. (An Schiller vom 19. Ja-

nuar 1798; Beilage.) (Über Körners Freund von Thielmann vgl. die Stammbucheintragung „[Für H. v. T.]" und die Erläuterungen dazu.) Die öffentliche Kritik fiel anders aus; vgl. das herbe Urteil der „Oberdeutschen allgemeinen Litteraturzeitung" (abgedruckt: NA 29, 611).

Es wird angenommen, daß wie im Fall der „Trauer-Ode auf den Todt des Hauptmanns Wiltmaister" Einflüsse von Kriegsgedichten aus der Renaissance ausgingen (vgl. Fischl, Quelle und Nachwirkung von Julius Wilhelm Zincgrefs „Vermanung zur Dapfferkeit" [1911]). Bedeutender aber scheinen biblisch-religiöse Bezüge: Der Soldat repräsentiert in seiner Todesexponiertheit die menschliche Existenz schlechthin – als Leben zum Tode; was V. 43 militärisch formuliert, bezieht der Apostel Paulus auf alle Menschen: „[...] denn wir haben keine gewisse Stätte" (1 Kor. 4, 11); vgl. im einzelnen Kaiser, Geschichte der deutschen Lyrik (1986), 91–93.

Vgl. auch die Erläuterungen zur 2. Fassung des Gedichts.

22 Neige] *Rest (vgl. Grimm 7, 567).*

27 Der Fröhner] *einer, der für einen Fronherrn zwangsweise Frondienste (z. B. in der Landwirtschaft) verrichtet. – Der Ausdruck sei – sagte Körner im Brief vom 8. Oktober 1797 – zwar edler und angemessener als der ursprüngliche Begriff „Philister", aber er vermittle nicht alles, was man sich bei diesem Wort denke.*

45 Das bis fort] *Vgl. in den einleitenden Erläuterungen Körners Einwand gegen diesen Vers.*

378 Die Urne und das Skelet

ENTSTEHUNG. *Das Distichon, das zunächst für die „Xenien" bestimmt war, entstand im Frühjahr oder Frühsommer 1796.*

ÜBERLIEFERUNG. *H: ? h: GSA. Abschrift Geists in der „Xenien"-Sammelhandschrift h⁸ (Hᵇ) (vgl. ÜBERLIEFERUNG zu „Tabulae votivae"/„Xenien"). S. 59. – E: Musen-Almanach für das Jahr 1798. S. 147; unterzeichnet: E. – Textwiedergabe nach E.*

LESARTEN. *Überschrift:* Das Skelet und die Urne. *h* 2 Tod.] Tod! *h*

ERLÄUTERUNGEN. *Das Distichon gehörte in h⁸ zu einer Gruppe von Epigrammen mit den Motiven „Tod" und „Grab" (vgl. die „Konkordanz [...]", S. 378). – Es ist das Gegenstück zum dort folgenden Xenion Nr 549 (Die Basreliefs) und dem sich diesem anschließenden Epigramm „Der Genius mit der umgekehrten Fackel". Vgl. die Erläuterungen zu diesen Gedichten sowie zu „Die Götter Griechenlands" (V. 71–72, 105–112).*

378   Das Regiment

ENTSTEHUNG. Das Distichon ist wahrscheinlich schon 1795 oder 1796 entstanden. Vgl. ERLÄUTERUNGEN.

ÜBERLIEFERUNG. H: ? – E: Musen-Almanach für das Jahr 1798. S. 156; unterzeichnet: E.

LESARTEN. 2 darin.] Punkt fehlt E

ERLÄUTERUNGEN. Das Epigramm gehört thematisch in die Gruppe von Schillers Gedichten zum Thema des Unterschieds der Geschlechter; vgl. die Erläuterungen zu „Würde der Frauen". Inhaltlich steht es der „Macht des Weibes" nahe (vgl. V. 3–4).

379   Die Worte des Glaubens

ENTSTEHUNG. Das Gedicht entstand vielleicht schon im Frühjahr 1797 (vgl. Schillers Brief an Spener vom 27. April 1797), wahrscheinlich aber erst im Sommer desselben Jahres (vgl. Schillers Brief an Zelter vom 7. August 1797).

ÜBERLIEFERUNG. H: ? h: GSA. Abschrift von der Hand Christophine Reinwalds (vermutlich nach D). – E^1: Flora. Teutschlands Töchtern geweiht. Eine Monatsschrift [...] September 1797 (unter den Cottaschen Verlagsanzeigen vor S. 177, dem Beginn des Heftes); unterzeichnet: Schiller. Das August-Heft der „Horen" 1797, in das Cotta das Gedicht ebenfalls als Werbung für den Musenalmanach einrückte, erschien erst Ende Oktober 1797, also später als der Almanach (E^2). E^2: Musen-Almanach für das Jahr 1798. S. 221–222; unterzeichnet: SCHILLER. D: Gedichte 1 (1800). S. 28–29; danach in: Gedichte ^{2}1 (1804). S. 28–29. Schiller bestimmte das Gedicht auch für die Prachtausgabe seiner Gedichte. Vgl. den Text in NA 2 I, 370. – Textwiedergabe nach E^2.

LESARTEN. 4 Kunde,] Kunde E^1 E^2 5 Werth] Weth h *(Schreibversehen)* 8 würd] wird h   10 Thoren,] Thoren. E^1 11 Sclaven] Sklaven nur h 18 *unterstrichen* h   21 webt] schwebt h   24 beharret] beharrt h   29 aller] nimmer sein h D   30 Wenn er nicht mehr] So lang er noch h D – *Vgl. auch die Varianten in NA 2 I, 370.*

ERLÄUTERUNGEN. In Kants „Kritik der praktischen Vernunft" wird „Über die Postulate der reinen praktischen Vernunft überhaupt" gehandelt (Kant's Werke 5, 132): Diese Postulate sind nicht theoretische Dogmata, sondern V o r a u s s e t z u n g e n *in nothwendig praktischer Rücksicht, erweitern also zwar nicht das speculative Erkenntniß, geben aber den Ideen der speculativen Vernunft im* A l l g e m e i n e n *[...] objective Realität (ebd.). Kant nennt drei solcher Postulate: Unsterblichkeit, Freiheit (des Willens), Dasein Gottes*

DAS REGIMENT - NADOWESSISCHE TODTENKLAGE 615

(vgl. ebd.). Das Gedicht bringt diese Begriffe in eine für Schillers Denken charakteristische Reihenfolge, in welcher die Freiheit den ersten Rang einnimmt; außerdem scheint ihm die Tugend, als Frucht der Freiheit *des Willens, bedeutsamer als der Gedanke der Unsterblichkeit.*

Für Schillers Einschätzung des Gedichts ist seine Bemerkung Zelter gegenüber aufschlußreich, die Verse könnten, wenn überhaupt, vielleicht im Geiste der Kirchengesänge vertont werden *(Brief vom 7. August 1797). Körner rechnete „Die Worte des Glaubens" in die Gattung von* lyrischen Gedichten der Betrachtung *(an Schiller vom 8. Oktober 1797); nach Erscheinen des Almanachs verglich er sie mit Goethes Gedicht „Erinnerung", das unmittelbar folgte (S. 223): Bei Schiller höre man mehr den „Redner", bei Goethe mehr den „Dichter" (an Schiller vom 26. Februar 1798; Beilage). Humboldt lobte, der Gehalt sei* kräftig, Ton und Vers seien rüstig *(an Schiller vom 7.[-11.] Dezember 1797). - In der Folge des Gedichts entstanden später „Die Worte des Wahns".*

7—8 Der Mensch *bis* gebohren] *Die Verse variieren den Satz* Rousseaus: L'homme est né libre, & par-tout il est dans les fers. *(„Der Mensch ist frei geboren, ist aber allenthalben in Ketten.") (Du contract social [1762], 2.) Möglicherweise schließen sich die Verse aber auch an das Wort des Tempelherrn in Lessings „Nathan der Weise" (IV 4) an:* Es sind / Nicht alle frey, die ihrer Ketten spotten. *(Lessings sämtliche Schriften 3 [1887], 126.)*

9—12 Laßt *bis* nicht] *Vgl. „Das Lied von der Glocke" (V. 353-360).*

9—10 Laßt *bis* Thoren] *Gemeint ist: Laßt euch nicht durch des Pöbels Geschrei und den Mißbrauch (der Freiheit) durch rasende Toren verwirren.*

11—12 Vor dem Sclaven *bis* nicht.] *Die Formulierung ist nicht so eindeutig wie das, was sie meint: Vor dem Sklaven, der sich selbst befreit, müsse man erzittern, nicht vor dem freien Menschen.*

13 Und *bis* Schall] *In Albrecht von Hallers Gedicht „Die Tugend" lautet der erste Vers:* Freund! die Tugend ist kein leerer Nahme *(Versuch Schweizerischer Gedichte [⁹1762], 106).*

17—18 Und *bis* Gemüth] *Neben biblischen Anklängen (vgl. Matth. 11, 25; 1 Kor. 1, 19) enthalten die Verse Bezüge zu Schillers Begriff der „schönen Seele" (vgl. zu „Natur und Schule").*

19 heiliger Wille] *In Kants „Kritik der praktischen Vernunft" heißt es:* Die völlige Angemessenheit des Willens [...] zum moralischen Gesetze ist H e i - l i g k e i t , eine Vollkommenheit, deren kein vernünftiges Wesen der Sinnenwelt in keinem Zeitpunkte seines Daseins fähig ist. *(Kant's Werke 5, 122.)*

21 Hoch *bis* Raume] *Raum und Zeit sind nach Kant die reinen Formen der Anschauung, derer sich menschliche Erkenntnis nicht entledigen kann.*

380—381 Nadowessische Todtenklage

ENTSTEHUNG. Das Gedicht entstand Anfang Juli 1797. Am 3. Juli notierte Schiller in seinen Kalender: (Nadoweßisches Lied.) *Vgl. auch Schillers Briefe an Goethe vom 30. Juni, 4. Juli und 7. Juli 1797.*

ÜBERLIEFERUNG. H: 1961 *im Besitz des Freiherrn von Gemmingen-Hornberg (Fränkisch-Crumbach, Odenwald).* 1 *Blatt* 19,3 × 4,8(-5,3) *cm, am unteren Rand unregelmäßig beschnitten. Leicht vergilbtes geripptes Papier. Bruchstück einer früheren (?) Fassung mit den Versen* 21-24 *(auf der Vorderseite) und* 37-40 *(auf der Rückseite) aus dem Bertrab-Gemmingenschen Familienalbum; auf ein Albumblatt geklebt, das über und unter H von Emilie von Gleichen-Rußwurm beschriftet ist:* Schillers Handschrift / Meiner geliebten Tony zur Erinnerung / an Emilie von Gleichen geb. von Schiller [...] Aus der N a - d o w e s s i s c h e n   T o d t e n k l a g e / Dec. 1847. *(Textwiedergabe nach einer Photokopie.)* - *E: Musen-Almanach für das Jahr* 1798. *S.* 237-239; *unterzeichnet:* SCHILLER. *D: Gedichte* 1 *(1800). S.* 202-204; *danach in: Gedichte* ²1 *(1804). S.* 202-204. *Schiller bestimmte das Gedicht auch für die Prachtausgabe seiner Gedichte (mit der Überschrift* „Nadoweßiers Todtenlied"). *Vgl. den Text in NA* 2 I, 219-220. - *Textwiedergabe nach E.*

LESARTEN (nach einer Photokopie). **21—22** Wo der Biß der Klapperschlangen / Nimmer giftig ist, *H*   **37** Beile] Beile, *H*   **38** tapfer] rüstig *H*   **40** unteres Viertel abgeschnitten *H*

ERLÄUTERUNGEN. Aus Schillers Brief an Goethe vom 30. *Juni* 1797 *geht hervor, wie er auf das Motiv vom toten Sioux-Indianer stieß: durch das Buch* „Travels through the Interior Parts of North America" (1778; ²1779) *von Jonathan (nicht Thomas, wie Schiller schreibt) Carver* (1710-1780), *das dieser nach einer Reise in den Jahren* 1766 *bis* 1768 *geschrieben hatte; Schiller hatte die deutsche Übersetzung gelesen:* „Johann Carvers Reisen durch die innern Gegenden von Nord-Amerika" (1780) *von Christoph Daniel Ebeling. Carver erzählt von einem Begräbnisplatz der Nadowessier, die später abgekürzt Sioux (von franz.* Nadovessioux) *genannt wurden, etwa* dreißig Meilen unterhalb dem Wasserfalle von St. Anton *(S.* 44), *im Grenzgebiet der Staaten Wisconsin und Minnesota, nördlich der Mündung des St. Croix in den Mississippi. Die Exotik des Stoffs interessierte Schiller - mit Blick auf den kommenden Musenalmanach - der Veränderung wegen (an Goethe vom* 4. *Juli* 1797). *Die Schilderung des Gedichts bezieht sich im wesentlichen auf das* 15. *Kapitel* „Von der Art der Indier, ihre Todten zu behandeln" *(S.* 333-340); *vgl. die ausführlichen Auszüge in den Erläuterungen zu Schiller an Goethe vom* 30. *Juni* 1797.

Die Aufnahme des Gedichts ist bezeichnend für Schillers ästhetische Ratgeber. Goethe akzeptierte es ganz und lobte seinen ächten realistisch humoristischen Character; es habe das Verdienst, den Kreis der poetischen Gegenstände zu erweitern *(an Schiller vom* 5. *Juli* 1797). *(Der Begriff des* „Humors", *den Goethe auch zur Charakterisierung der Ballade* „Der Gang nach dem Eisenhammer" *verwendet, meint* „[gute] Laune", „Stimmung"; *vgl. auch Goethe an Schiller vom* 31. *Januar* 1798.) *Eben dies, wozu Schiller nicht übel Lust bekundete (an Goethe vom* 7. *Juli* 1797), *schien Körner bedenklich; er gestand dem Lied zwar* viel Charakteristisches und etwas Rührendes zu, *aber* über die Behandlung weiterer solcher Stoffe *erklärte er:* [...] eigentlich kannst Du doch Deine Zeit besser brauchen. *(An Schiller vom* 21. *Juli* 1797.) *In der Be-*

sprechung des fertigen Almanachs wiederholte er sein Unbehagen am Costüm *des Gedichts (an Schiller vom 26. Februar 1798; Beilage). Auch Humboldt war befremdet; Schiller zitiert dessen Urteil, das wohl im nicht überlieferten Schlußteil von Humboldts Brief an Schiller vom 16. Juli 1797 ausgesprochen wurde, im Brief an Goethe vom 23. Juli: Humboldt empfinde angesichts der* Roheit des Stoffs *ein* Grauen.
Die Reaktion der Freunde wird Schiller gehindert haben, ähnliche Gedichte folgen zu lassen. Goethe bedauerte das noch über dreißig Jahre später; im Gespräch mit Eckermann am 23. März 1829 soll er gesagt haben, die "Nadowessische Todtenklage" gehöre zu Schillers allerbesten Gedichten, und ich wollte nur, daß er ein Dutzend in dieser Art gemacht hätte. *Ihm war es ein Zeugnis dafür, wie Schiller auch das Objective zu fassen wußte, wenn es ihm als Überlieferung vor Augen kam. (Eckermann, 262.) Zugleich äußerte er Unwillen dem Tadel der Freunde gegenüber, die Schillers* Idealität grundlos in Gefahr gesehen hätten *(ebd.).*
Vgl. auch die Erläuterungen zur 2. Fassung des Gedichts.
32 ihn scharren ein] *"Einscharren" oder "Eingraben" (vgl. V. 35) der Leichen war bei den Sioux nicht üblich; die im Verlauf eines Jahres Gestorbenen wurden in Häute gewickelt und in Baumgräbern (d. h. auf Bäumen) oder auf dafür vorgesehenen Gerüsten beigesetzt. Jeweils im Frühjahr wurden die Gebeine an der Höhle des Großen Geistes von den nomadisierenden Indianern bestattet. Vgl. die deutsche Übersetzung (S. 44–46).*

382 **Der Obelisk**

ENTSTEHUNG. *Das Distichon, daß zunächst für die "Xenien" bestimmt war, entstand im Frühjahr oder Frühsommer 1796.*

ÜBERLIEFERUNG. H: ? h: *GSA. Abschrift Geists in der "Xenien"-Sammelhandschrift h*[8] *(H*[b]*) (vgl.* ÜBERLIEFERUNG *zu "Tabulae votivae"/"Xenien"). S. 58. –* E: *Musen-Almanach für das Jahr 1798. S. 240; unter den folgenden drei Distichen gezeichnet:* SCHILLER. D: *Gedichte 2 (1803). S. 205; danach in: Gedichte* [2] *(1805). S. 205. Schiller bestimmte das Gedicht auch für die Prachtausgabe seiner Gedichte. Vgl. den Text in NA 2 I, 324. – Textwiedergabe nach* E.

LESARTEN. *Überschrift:* Obelisk. *h* **1** Meister,] Meister: *h* **2** Stehe,] *Komma fehlt h* Kraft] Muth *h*

ERLÄUTERUNGEN. *Dieses und die folgenden Distichen bis einschließlich "Die Peterskirche" gehörten in h*[8] *zu einer Gruppe von Epigrammen über Gegenstände der bildenden Künste (vgl. die "Konkordanz [...]", S. 377–378). – Anregungen gingen möglicherweise von Gesprächen mit Goethe über Themen der Architektur und Baukunst aus; von solchen berichtet Schiller z. B. im Brief an Humboldt vom 9. November 1795. Humboldt gefielen die Epigramme als* hübsche Einfälle *(an Schiller vom 7. [-11.]* Dezember 1797); *Körner wurde an die Distichen "Der epische Hexameter" und "Die achtzeilige Stanze" vom vergangenen Jahr erinnert, er hätte gern gesehen, wenn das* ganze Gebiet der Aesthetik auf eben diese Art *bearbeitet worden wäre (an Schiller vom 26. Februar 1798; Beilage).*

Titel Obelisk] *ein hoher, schmaler, viereckiger, sich nach oben verjüngender Steinpfeiler, dessen Spitze pyramidenförmig ausläuft.*

382 Der Triumphbogen

ENTSTEHUNG. *Das Distichon, das zunächst für die "Xenien" bestimmt war, entstand im Frühjahr oder Frühsommer 1796.*

ÜBERLIEFERUNG. H: *?* h: GSA. *Abschrift Geists in der "Xenien"-Sammelhandschrift* h⁸ (Hᵇ) *(vgl.* ÜBERLIEFERUNG *zu "Tabulae votivae"/"Xenien"). S. 58. –* E: *Musen-Almanach für das Jahr 1798. S. 240; unter den beiden folgenden Distichen gezeichnet:* SCHILLER. D: *Gedichte 2 (1803). S. 205; danach in: Gedichte* ²2 *(1805). S. 205. Schiller bestimmte das Distichon auch für die Prachtausgabe. Vgl. den Text in NA 2 I, 324. – Textwiedergabe nach E.*

LESARTEN. *Überschrift:* Triumphbogen. *h* 1 nicht,] *Komma fehlt h* Meister,] *Komma fehlt h* des Himmels Bogen, ich] den Bogen des Himmels. Ich *h* 2 ihn] ihn, *h*

ERLÄUTERUNGEN. *Vgl. die Erläuterungen zu "Der Obelisk".*
Titel Triumphbogen] *wurde in Rom zunächst siegreichen Feldherrn, später dem Kaiser und seiner Familie errichtet.*

382 Die schöne Brücke

ENTSTEHUNG. *Das Distichon, das zunächst für die "Xenien" bestimmt war, entstand im Frühjahr oder Frühsommer 1796.*

ÜBERLIEFERUNG. H: *?* h: GSA. *Abschrift Geists in der "Xenien"-Sammelhandschrift* h⁸ (Hᵇ) *(vgl.* ÜBERLIEFERUNG *zu "Tabulae votivae"/"Xenien"). S. 59. –* E: *Musen-Almanach für das Jahr 1798. S. 240; unter dem folgenden Distichon gezeichnet:* SCHILLER. D: *Gedichte 2 (1803). S. 206; danach in: Gedichte* ²2 *(1805). S. 206. – Textwiedergabe nach E.*

LESARTEN. *Überschrift:* Schöne Brücke *h* 1 Wagen,] *Komma fehlt h*

ERLÄUTERUNGEN. *Vgl. die Erläuterungen zu "Der Obelisk" und "Elegie" (V. 131–132).*

382   Das Thor

ENTSTEHUNG. *Das Distichon, das zunächst für die „Xenien" bestimmt war, entstand im Frühjahr oder Frühsommer 1796.*

ÜBERLIEFERUNG. *H: ? h: GSA. Abschrift Geists in der „Xenien"-Sammelhandschrift h*[8] *(H*b*) (vgl.* ÜBERLIEFERUNG *zu „Tabulae votiv*1*e"/„Xenien"). S. 59. – E: Musen-Almanach für das Jahr 1798. S. 240; unterzeichnet:* SCHILLER. *D: Gedichte 2 (1803). S. 206; danach in: Gedichte* [2]*2 (1805). S. 206. – Textwiedergabe nach E.*

LESARTEN. *Überschrift:* Thor. *h*   **1** locke] lade *h*   den Wilden herein] den Freyen ein *h*   **2** führ] führt *h*   heraus] *verb. aus* hinaus *h*

ERLÄUTERUNGEN. *Vgl. die Erläuterungen zu „Der Obelisk". – Das Motiv findet sich wiederholt in Schillers Gedichten: „Elegie" (V. 90–94, 183–184), Xenion Nr 548 (Grenzscheide), „Bürgerlied" (V. 193–196), „Das Lied von der Glocke" (V. 302–304).*

382   Die Peterskirche

ENTSTEHUNG. *Das Distichon, das zunächst für die „Xenien" bestimmt war, entstand im Frühjahr oder Frühsommer 1796.*

ÜBERLIEFERUNG. *H: ? h: GSA. Abschrift Geists in der „Xenien"-Sammelhandschrift h*[8] *(H*b*) (vgl.* ÜBERLIEFERUNG *zu „Tabulae votivae"/„Xenien"). S. 59. – E: Musen-Almanach für das Jahr 1798. S. 255; unterzeichnet:* E. *D: Gedichte 2 (1803). S. 206; danach in: Gedichte* [2]*2 (1805). S. 206. Schiller bestimmte das Distichon auch für die Prachtausgabe. Vgl. den Text in NA 2 I, 324. – Textwiedergabe nach E.*

LESARTEN. *Überschrift:* Peterskirche *h*   **1** geirret.] geirrt, *h*

ERLÄUTERUNGEN. *Vgl. die Erläuterungen zu „Der Obelisk". – Die päpstliche Kirche S. Petri in Vaticano, deren Kuppel von Michelangelo stammt, könnte als Beispiel für den Gedanken dienen, das Erhabene der Größe sei nicht abhängig von der Größe des Gegenstandes; vielmehr sei der Gegenstand „erhaben", der mich mir selbst zu einer unendlichen Größe macht (Zerstreute Betrachtungen über verschiedene ästhetische Gegenstände; NA 20, 235).*

383   Licht und Wärme

ENTSTEHUNG. *Das Gedicht ist vermutlich im Frühjahr 1797 entstanden; es gehörte wahrscheinlich zu den Kleinigkeiten, die Schiller am 27. April 1797 an Spener schickte.*

ÜBERLIEFERUNG. H: ? – E: Musen-Almanach für das Jahr 1798. S. 258; unterzeichnet: SCHILLER. *D: Gedichte 1 (1800). S. 184; danach in: Gedichte ²1 (1804). S. 184. Schiller bestimmte das Gedicht auch für die Prachtausgabe. Vgl. NA 2 I, 410. – Textwiedergabe nach E.*

LESARTEN. **11** Herz] Herz, E *– Vgl. die geringfügigen Varianten in NA 2 I, 410.*

ERLÄUTERUNGEN. Der Gedanke, daß die Wahrheit wohl „Licht", nicht aber in jedem Fall „Wärme" spendet, findet sich öfter bei Schiller, z. B. im Zusammenhang mit dem Begriff des „Philisters" (vgl. „Tabulae votivae" Nr 16–20). An anderer Stelle wird der (einseitig) philosophierende Verstand vor dem Schicksal gewarnt, über dem Fleiß des Forschens den Preis seiner Anstrengungen zu verlieren, d. h. über der „Wahrheit" das „Leben" (Über Bürgers Gedichte; NA 22, 245). Wahrheit in Begleitung von „Licht" und „Wärme" zu vermitteln, gehört zu den Aufgaben der Kunst; vgl. „Die Künstler". – Körner rechnete das Gedicht zu einer mehr rhetorischen als poetischen Gattung (vgl. an Schiller vom 26. März 1798; Beilage).
17–18 Drum *bis* Blick.] *Eben diese idealistisch-realistische Haltung wird im 9. Brief „Ueber die ästhetische Erziehung des Menschen" einem jungen Freund von Wahrheit und Schönheit mit Blick auf seine Zeitgenossen empfohlen:* Denke sie dir, wie sie seyn sollten, wenn du auf sie zu wirken hast, aber denke sie dir, wie sie sind, wenn du für sie zu handeln versuchst. *(NA 20, 336.)*

384 Breite und Tiefe

ENTSTEHUNG. Das Gedicht dürfte zu den Kleinigkeiten *gehört haben, die Schiller am 27. April 1797 an Spener schickte; es ist wahrscheinlich kurz vorher entstanden.*

ÜBERLIEFERUNG. H: ? – E: Musen-Almanach für das Jahr 1798. S. 263; unterzeichnet: SCHILLER. *D: Gedichte 2 (1803). S. 202–203; danach in: Gedichte ²2 (1805). S. 202–203. Schiller bestimmte das Gedicht auch für die Prachtausgabe. Vgl. NA 2 I, 411. – Textwiedergabe nach E.*

LESARTEN. Vgl. die geringfügigen Varianten in NA 2 I, 411.

ERLÄUTERUNGEN. Den in V. 9–12 enthaltenen Gedanken spricht der 6. Brief „Ueber die ästhetische Erziehung des Menschen" aus, wo davon die Rede ist, daß unserer Kraft, wenn wir die ganze Energie unsers Geistes in Einem Brennpunkt versammeln, gleichsam Flügel wachsen *(NA 20, 327). Vgl. dagegen den „Spruch des Konfucius", der die Entfaltung ins Breite (V. 10) empfiehlt, wobei es freilich um theoretische Erkenntnis der Welt geht, nicht wie hier um das praktische Handeln in ihr. – Körner zählte das Gedicht zu den Fabeln, denen die Moral vorausgeschickt ist – wie es auch in den „Stanzen an*

LICHT UND WÄRME – DIE KRANICHE DES IBYCUS 621

den Leser" der Fall ist. Das Bild der letzten Strophe hält er für verfehlt: Ohne Stamm und Blätter gab es doch weder Kern noch Früchte. *(An Schiller vom 26. März 1798; Beilage.)*

385–390   Die Kraniche des Ibycus

ENTSTEHUNG. Die Ballade entstand in einer ersten Fassung vom 11. bis 16. August 1797 (Kalendernotiz vom 11. August: Ibykus angef.; am 16. August: Ibykus fertig*). Das Manuskript der zweiten Fassung, die im Almanach veröffentlicht wurde, schickte Schiller am 6. September 1797 an Böttiger und am 22. September abschließend an Goethe. Vgl. im einzelnen ERLÄUTERUNGEN sowie die „Dokumente zu Entstehung, Kritik und Selbstdeutung".*

ÜBERLIEFERUNG. H: ? – E: Musen-Almanach für das Jahr 1798. S. 267–277; unterzeichnet: SCHILLER. *D: Gedichte 1 (1800). S. 155–164; danach in: Gedichte* ²1 *(1804). S. 155–164. Schiller bestimmte das Gedicht auch für die Prachtausgabe seiner Gedichte. Vgl. den Text in NA 2 I, 245–250. – Textwiedergabe nach E.*

LESARTEN. **51** Corinth] Corinth, E   **59** Schmerz,] *Komma fehlt* E   **121** „Wohl] *Anführungsstriche fehlen* E *– Vgl. auch die Varianten in NA 2 I, 245–250 sowie LESARTEN dazu in NA 2 II B.*

Dokumente zu Entstehung, Kritik und Selbstdeutung

1) Goethe, Tagebuch vom 21. Mai 1797; WA III 2, 69
Merkwürdige griechische Sprichwörter. Andreae Schotti Adagia graeca Antverpiae 1612.

2) Schiller an Goethe, 26. Juni 1797
Hier sende ich meine Ballade *[Der Ring des Polykrates]*. Es ist ein Gegenstück zu Ihren Kranichen.

3) Goethe an Böttiger, 16. Juli 1797; WA IV 12, 194
Die Griechen haben ein Sprichwort: D i e K r a n i c h e d e s I b i c u s , dessen Bedeutung Ew. Wohlgeb. bekannt seyn wird; nun soll aus diesem Stoff eine Ballade gebildet werden und wir wünschten zu diesem Behufe einige Nachricht, wo sich die Geschichte begeben und ob von dem Manne selbst etwas näheres als sein letztes Schicksal bekannt wäre?
  Wollten Ew. Wohlgeb. uns hierüber einigen Aufschluß geben so würden Sie uns sehr verbinden, so wie wir wünschten daß Sie an einem von diesen Abenden die zwey Schillerischen schon fertigen Balladen *[Der Taucher, Der Ring des Polykrates]* anhören möchten.

ANMERKUNGEN ZU BAND 1, S. 385

4) Böttiger an Goethe, 16. Juli 1797; in: Ende, Beitrag zu den Briefen an Schiller aus dem Kestner-Museum (1905), 388
Vom Ibykus haben sich nur wenig dunkle Sagen erhalten. Er war ein Sicilianer aus Rhegium, und wurde wahrscheinlich auf einer Reise zu den Isthmischen Spielen bei Corinth von den Räubern ermordet, wo sich dann das Anrufen der Kraniche zugetragen haben soll, so wie die Entdeckung im Theater von Corinth (im S i s y p h i s c h e n L a n d e, wie ein altes Epigramm sagt) geschehen seyn muß, wo die Mörder die Kraniche oben in der Luft fliegen sahen. Dieß könnte zur Szene der Ballade nützlich seyn. Die Geschichte erzählt aus dem Plutarch am besten Erasmus in Adagiis in der Stelle, die ich hier gezeichnet habe. Auch hat sie A l d r o v a n d i in seiner Ornithologia lib. XX. t. III. Opp. p. 145 nach seiner Art gar erbaulich vorgetragen. Die Kraniche waren im Alterthum ein Symbol der Klugheit und Wetterprophezeiung, daher wohl die Geschichte entstanden sein mag.

Übrigens sagt Cicero Tuscul. IV, 33, er sey ganz gewaltig verliebter Natur, u. den schönen Knaben sehr hold geweßen. Dieß ist aber auch alles, was wir eigentlich von dem Ehrenmann wissen.

5) Goethe an Schiller, 19. Juli 1797
Hier ist der Polycrates zurück, ich wünsche daß die Kraniche mir bald nachziehen mögen, auf den Sonabend erfahren Sie das Nähere von meiner Abreise. *[Goethe reiste erst am 30. Juli.]*

6) Goethe an Körner, 20. Juli 1797; WA IV 12, 199
Sie haben durch Schillern erfahren, daß wir uns jetzt im Balladenwesen und Unwesen herumtreiben. Die seinigen sind ihm, wie Sie schon wissen, sehr geglückt; ich wünsche, daß die meinigen einigermaßen darneben stehen dürfen: er ist zu dieser Dichtart in jedem Sinne mehr berufen, als ich.

7) Schiller an Goethe, 21. Juli 1797
Ich werde jetzt die Lieder zum Almanach zuerst fertig zu bringen suchen, weil mich die Componisten so sehr mahnen, dann mein Glück an den Kranichen versuchen [...].

8) Goethe an Schiller, 26. Juli 1797
Da ich Gedichte von der Hand Ihres Schreibers sah glaubte ich schon die Kraniche fliegen zu sehen.

9) Schiller an Goethe, 28. Juli 1797
Möge nun auch die Reise *[in die Schweiz]* einen guten Fortgang haben *[...].* Vielleicht fliegt aus Ihrem Reiseschiff eine schöne poetische Taube aus, wo nicht gar die Kraniche ihren Flug von Süden nach Norden nehmen. Diese ruhen noch immer bei mir ganz und ich vermeide selbst, daran zu denken, um einiges andre voraus zu schicken.

10) Schillers Kalender, 11. August 1797
Ibykus angef.

DIE KRANICHE DES IBYCUS 623

11) Schillers Kalender, 16. August 1797
Ibykus fertig.

12) Schiller an Goethe, 17. August 1797
Endlich erhalten Sie den Ibykus. Möchten Sie damit zufrieden seyn. Ich gestehe, daß ich bei näherer Besichtigung des Stoffes mehr Schwierigkeiten fand als ich anfangs erwartete, indeßen däucht mir, daß ich sie größtentheils überwunden habe. *[...] [Vgl. „Dokumente", Nr 23.]* Die letzte Hand habe ich noch nicht daran legen können, da ich erst gestern Abend fertig geworden, und es liegt mir zuviel daran, daß Sie die Ballade bald lesen, um von Ihren Erinnerungen noch Gebrauch machen zu können. Das angenehmste wäre mir, zu hören, daß ich in wesentlichen Punkten Ihnen begegnete.

13) Goethe an Schiller, 22. [-24.] August 1797
Die Kraniche des Ibycus finde ich sehr gut gerathen, der Uebergang zum Theater ist sehr schön, und das Chor der Eumeniden am rechten Platze. Da diese Wendung einmal erfunden ist, so kann nun die ganze Fabel nicht ohne dieselbe bestehen, und ich würde, wenn ich an meine Bearbeitung noch denken möchte, dieses Chor gleichfalls aufnehmen müssen.

Nun auch einige Bemerkungen: *[Vgl. „Dokumente", Nr 25, 26 und 36.]*

14) Schiller an Goethe, 30. August 1797
Herzlichen Dank für das, was Sie mir über den Ibykus sagen, und was ich von Ihren Winken befolgen kann, geschieht gewiß. Es ist mir bei dieser Gelegenheit wieder recht fühlbar, was eine lebendige Erkenntniß und Erfahrung doch beim Erfinden so viel thut.

15) Schiller an Böttiger, 6. September 1797
Sie haben mit dem Ibykus viele Mühe gehabt, es ist also nicht anders als billig, daß ich Ihnen vorlege, was zum Theil mit Ihrer Hülfe daraus entstanden ist. Zugleich habe ich aber noch das Anliegen auf dem Herzen, daß Sie so gefällig seyn möchten, mir zu sagen, ob darin nirgends gegen altgriechische Gebräuche verstoßen ist; auf so eine Art nehmlich, wie man auch dem Poeten nicht verzeyht. Haben Sie die Güte, das Gedicht auch in dieser Hinsicht zu durchlaufen, und mir solches alsdann mit erster Post zurückzusenden.

16) Schiller an Goethe, 7. [und 8.] September 1797
Mit dem Ibycus habe ich nach Ihrem Rath wesentliche Veränderungen vorgenommen *[...] [vgl. im einzelnen „Dokumente", Nr 25].* Ich habe die Ballade, in ihrer nun veränderten Gestalt, an Bötticher gesendet, um von ihm zu erfahren, ob sich nichts darinn mit altgriechischen Gebräuchen im Widerspruch befindet. Sobald ich sie zurückerhalte, lege ich die letzte Hand daran und eile dann damit in Druck.

17) Böttiger an Schiller, 8. September 1797
Die Kraniche des Ibycus, die hier wieder zu ihrem Meister und Herrn geflogen kommen, sind mir nun erst sehr achtbare, Gottgeheiligte Vögel geworden.

Ich gestehe es gern, daß es mir lange etwas räthselhaft schien, wie aus diesem, im Grunde nicht sehr dankbaren Stoffe eine gute Ballade werden könnte. *[Vgl. auch „Dokumente", Nr 33.] [...]*
Sie fodern mich auf, Ihnen zu sagen, ob diese nach Corinth verpflanzte Szene auch überal den Geschmack ihres Erdreichs und ihres Zeitalters habe, und ich kann Ihnen darauf nichts antworten, als daß ich selten beym Lesen der Alten selbst einen so reinen Eindruck der antiken Umgebungen gehabt habe, als in diesem Gedichte. Vom Fichtenhaine des Poseidon bis zu dem kreisenden Chor und den Theaterstufen ist alles so ächt, so wahr, als wenn Sie das Ganze vor einem Zauberspiegel gesehn hätten.

18) Goethe an Schiller, 12. September 1797
Ich freue mich daß Sie das was ich über den Ibykus geschrieben nutzen mögen, es war die Idee worauf ich eigentlich meine Ausführung bauen wollte, verbunden mit Ihrer übrigen glücklichen Behandlung, kann dadurch das Ganze Vollständigkeit und Rundung erlangen.

19) Schiller an Goethe, 22. September 1797
Ich wünsche nun sehr, daß die K r a n i c h e in der Gestalt, worinn Sie sie jetzt lesen, Ihnen Genüge thun mögen.

20) Schiller an Körner, 2. Oktober 1797
So eben erhalte ich Deinen Brief *[vom 27. September; vgl. „Dokumente", Nr 23]*. Es überraschte mich, daß Du den Ibykus durch Rakenitz eher als durch mich erhalten mußtest. Es ist dieß eine Indiscretion von Bötticher, dem ich den Ibykus vor dem Abdruck communicirte, um gewiß zu wissen, daß ich nicht gegen altgriechisches Costüm verstoßen –

21) Goethe an Schiller, 14. [und 17.] Oktober 1797
Den Ibykus finde ich sehr gut gerathen und beym Schlusse wüßte ich nun auch nichts mehr zu erinnern.

22) Goethes „Tag- und Jahreshefte" für 1804; WA I 35, 185
Auch er *[Schiller]* machte mich mit seinen Ansichten bekannt, und ich entbehrte nichts an einem Stoff *[Wilhelm Tell]* der bei mir den Reiz der Neuheit und des unmittelbaren Anschauens verloren hatte, und überließ ihm daher denselben gerne und förmlich, wie ich schon früher mit den Kranichen des Ibycus und manchem andern Thema gethan hatte *[...]*.

---

23) V. 1–184
Die zwey Hauptpunkte worauf es ankam schienen mir e r s t l i c h eine Continuität in die Erzählung zu bringen, welche die rohe Fabel nicht hatte und z w e i t e n s die Stimmung für den Effekt zu erzeugen. *(Schiller an Goethe, 17. August 1797.)*

DIE KRANICHE DES IBYCUS

Eine Ballade: die Kraniche des Ibycus habe ich kürzlich durch Rackenitz bekommen. Ich wollte fast mehr auf Dich als auf Göthe rathen. Deine Manier finde ich besonders in der Beschreibung des tragischen Chors. Dagegen ist die Versification mehr Göthen als Dir ähnlich. Die Darstellung ist köstlich und einzelne Stellen machen große Wirkung, aber das Ganze hat etwas Trocknes, ohngefähr wie der Ring des Polykrates. Die Einheit ist hier wieder ein abstrakter Begriff, die Rache des Schicksals, wie dort der Nemesis. Solche Begriffe schaden der dramatischen Darstellung nicht weil die Aufmerksamkeit zu sehr auf der handelnden und leidenden menschlichen Natur haftet, und die unsinnliche Idee gleichsam nur im Hintergrunde steht. Aber im erzählenden Gedicht darf das Unsinnliche, däucht mich nicht herrschen. Der eigentliche Stoff der Ballade ist wohl höhere menschliche Natur in Handlung. Das Begeisternde in einer menschlichen Begebenheit wird aufgefaßt und gleichsam in einem dichterischen Monument verewigt. Das Ziel ist entweder S i e g nach einem schweren Kampfe, oder eine heldenmäßige Resignation bey dem Uebergewicht der äussern Kraft. *(Körner an Schiller, 27. September 1797.)*

Die Trockenheit, die Du an dieser Ballade und auch am Polycrates bemerkst mag von dem Gegenstand wohl kaum zu trennen seyn, weil die Personen darin nur um der Idee willen da sind, und sich als Individuen derselben subordiniren. Es fragte sich also bloß, ob es erlaubt ist, aus dergleichen Stoffen Balladen zu machen, denn ein größres Leben möchten sie schwerlich vertragen, wenn die Wirkung des Uebersinnlichen nicht verlieren soll.

Ich habe von der Ballade keinen so hohen Begriff, daß die Poesie nicht auch als bloßes Mittel dabei statt haben dürfte. *(Schiller an Körner, 2. Oktober 1797.)*

[...] Körners Urtheil über den Ibycus kann ich schlechterdings nicht unterschreiben. Trocken könnte ich dieß Stück in keinem Verstande und in keinem noch so kleinen Grade nennen. Mir ist es gleich nach jenen *[Der Taucher, Der Handschuh]* bei weitem das Liebste, und so oft ich es auch jetzt schon gelesen habe, so kehre ich doch immer noch dazu zurück. Es liegt eine Größe und Erhabenheit darin, die Ihnen wiederum ganz eigen ist. *[...]* Der Ibycus hat dagegen *[gegen „Der Ring des Polykrates"]* einen außerordentlichen Gehalt; er ergreift tief; er erschüttert; er reißt hin und man muß immer wieder zu ihm zurückkehren. Auf der andern Seite aber scheint es mir, daß das Détail vielleicht hätte sorgfältiger gearbeitet seyn können *[...]*. Ueberraschend schön sind noch im Ibycus die Uebergänge, und die schwierige Erzählung der Entwicklung ist Ihnen sehr gut gelungen. *(Humboldt an Schiller, 7. [-11.?] Dezember 1797.)*

Ueber d i e K r a n i c h e d e s I b y k u s bin ich mit Humboldt in einen Krieg verwickelt worden. Meinen Vorwurf der Trockenheit kann ich nicht zurücknehmen; aber er hat nie der Behandlung, sondern dem Stoff gegolten. Dagegen beschuldige ich Humboldt geradezu: daß er beim Stoffe nicht unbefangen ist, daß ihn eine solche Darstellung g r i e c h i s c h e r F e s t e in den dritten Himmel versetzt *[...]*. Eben weil die griechische Volksversammlung und der tragische Chor so lebendig vor unsern Augen steht, haben wir den armen

Ibykus ganz vergessen, wenn seine Kraniche gezogen kommen. Es ist kein bekannter Name, dessen bloßer Schall ein interessantes Bild erweckte. Wir haben wenig von ihm erfahren; denn gleich wie er auftrat, wurde er getödtet. Wir wünschen seine Mörder entdeckt und gestraft; aber dies Interesse erregt keine sehr gespannte Erwartung. Und diese Spannung muß ganz durch eine Schilderung verschwinden, die so sehr unsre Aufmerksamkeit fesselt, daß wir alles andre darüber aus dem Gesicht verlieren. Ein erzählendes Gedicht – dies ist's, was ich behaupte – fordert eine menschliche Hauptfigur, und für diese die stärkste Beleuchtung. Dies vermisse ich hier und im Ring des Polykrates. In beiden Gedichten wird dadurch die Wirkung des Ganzen geschwächt. Das Schicksal kann nie der Held eines Gedichts werden, aber wohl ein Mensch, der mit dem Schicksale kämpft *(Körner an Schiller, 26. März 1798; Beilage).*

Deine Critik des Almanachs hat Göthen viel Vergnügen gemacht, er hat sich lange damit beschäftigt. In dem aber, was Du über den Ibykus und Polykrates sagst und was ich auch für gar nicht ungegründet halte, ist er nicht Deiner Meinung und hat sich beider Gedichte nachdrücklich gegen Dich und gegen mich selbst angenommen. Er hält Deinen Begriff, aus dem Du sie beurtheilst und tadelst für zu eng, und will diese Gedichte als eine neue, die Poesie erweiternde Gattung angesehen wissen. Die Darstellung von Ideen so wie sie hier behandelt wird, hält er für kein Dehors der Poesie und will dergleichen Gedichte mit denjenigen welche abstrakte Gedanken symbolisieren nicht verwechselt wißen etc. Dem sei wie ihm wolle, wenn auch die Gattung zuläßig ist, so ist sie wenigstens nicht der höchsten p o e t i s c h e n Wirkung fähig, und es scheint daß sie deßwegen etwas ausserhalb der Poesie zu Hülfe nehmen müsse, um jenes fehlende zu ergänzen. *(Schiller an Körner, 27. April 1798.)*

24) V. 1–56
Sollte ich hingegen an diesem Gedicht etwas tadeln, so wäre es der Anfang. Die Erzählung des Mords des Dichters scheint mir nicht gedrängt genug und stellenweis zu matt. Ich weiß nicht, ob ich mich irre, aber mir ists, als wären Sie anfangs nicht gleich in der energischsten Stimmung gewesen, oder als hätten Sie Sich die Arbeit da zu leicht gemacht. *(Humboldt an Schiller, 7.[–11.?] Dezember 1797.)*

25) V. 13–24, 41–48
Ich wünschte, da Ihnen die Mitte so sehr gelungen, daß Sie auch noch an die Exposition einige Verse wendeten da das Gedicht ohnehin nicht lang ist. Meo voto würden die Kraniche schon von dem wandernden Ibykus erblickt, sich, als Reisenden, verglich er mit den reisenden Vögeln, sich, als Gast, mit den Gästen, zöge daraus eine gute Vorbedeutung. Und rief alsdann unter den Händen der Mörder die schon bekannten Kraniche, seine Reisegefährten, als Zeugen an. Ja wenn man es vortheilhaft fände, so könnte er diese Züge schon bey der Schifffahrt gesehen haben. Sie sehen was ich gestern schon sagte *[vgl. „Dokumente", Nr 26],* daß es mir darum zu thun ist aus diesen Kranichen ein langes und breites Phänomen zu machen, welches sich wieder mit dem langen verstrickenden

Faden der Eumeniden, nach meiner Vorstellung, gut verbinden würde. *(Goethe an Schiller, 22. [-24.] August 1797.)*

Mit dem Ibycus habe ich nach Ihrem Rath wesentliche Veränderungen vorgenommen, die Exposition ist nicht mehr so dürftig, der Held der Ballade interessiert mehr, die Kraniche füllen die Einbildungskraft auch mehr, und bemächtigen sich der Aufmerksamkeit genug, um bei ihrer letzten Erscheinung, durch das Vorhergehende, nicht in Vergeßenheit gebracht zu seyn. *(Schiller an Goethe, 7. [und 8.] September 1797.)*

Gewonnen haben sie *[Die Kraniche des Ibycus]* ganz unstreitig durch die Idee, die Sie mir zu der Exposition gegeben. *(Schiller an Goethe, 22. September 1797.)*

Ich freue mich daß durch meinen Rath der Anfang Ihres I b y c u s eine grössere Breite und Ausführung gewinnt, wegen des Schlusses werden Sie denn wohl auch recht behalten. *(Goethe an Schiller, 25. [und 26.] September 1797.)*

26) V. 13-16, 41-48, 71-72, 153-160
[...] der Kraniche sollten, als Z u g v ö g e l , ein ganzer Schwarm seyn, die sowohl über den Ibykus als über das Theater wegfliegen, sie kommen als Naturphänomen und stellen sich so neben die Sonne und andere regelmäßige Erscheinungen. Auch wird das Wunderbare dadurch weggenommen, indem es nicht eben dieselben zu seyn brauchen, es ist vielleicht nur eine Abtheilung des großen wandernden Heeres und das Zufällige macht eigentlich, wie mich dünkt, das ahndungsvolle und sonderbare in der Geschichte. *(Goethe an Schiller, 22. [-24.] August 1797.)*

Mir sind die Kraniche nur aus wenigen Gleichnißen zu denen sie Gelegenheit gaben, bekannt und dieser Mangel einer lebendigen Anschauung machte mich hier den schönen Gebrauch übersehen, der sich von diesem Naturphænomen machen läßt. Ich werde suchen, diesen Kranichen, die doch einmal die Schicksalshelden sind, eine größere Breite und Wichtigkeit zu geben. *(Schiller an Goethe, 30. August 1797.)*

27) V. 37-38, 51-52
Zu den matten Stellen rechne ich [...] „So muß ich hier - - erscheint." und [...] „Erkennt - - - die Züge, d i e i h m t h e u e r s i n d." *[Vgl. auch „Dokumente", Nr 24.] (Humboldt an Schiller, 7. [-11.?] Dezember 1797.)*

28) V. 41-48
Vgl. *„Dokumente", Nr 25 und 26.*

29) V. 51-52
Vgl. *„Dokumente", Nr 27.*

30) V. 71-72
Vgl. *„Dokumente", Nr 26.*

ANMERKUNGEN ZU BAND 1, S. 385

31) V. 80–184
Vorzüglich von der Erwähnung des Theaters an, ist die Schilderung göttlich. Das Gemählde des Amphitheaters und der Versammlung ist so lebendig, groß, und klar, schon die Namen der Völker versetzen in jene glückliche Zeit, daß ich kaum etwas Prächtigeres für die Phantasie kenne. *(Humboldt an Schiller, 7.[-11.?] Dezember 1797.)*

32) V. 81, 139
Ein eingefleischter antiquarischer Sylbenstecher würde vielleicht darüber kritteln, daß Sie von Bänken sprechen, wo es nur steinerne Sitze gab, und das Theater ein Haus nennen, [...] da doch unbedachte halbrunde Steinmaße der alten Theater nichts Hausartiges und Bewohnbares gehabt haben *(Böttiger an Schiller, 8. September 1797).*

33) V. 96, 109–110
[...] durch Ihre glückliche Einführung des grausen Eumenidenchores, und des nach Aeschylus nachgeahmten, mit Aeschyleischer Sublimität einherschreitenden Rachegesangs ist der Foderung des Uebernatürlichen volle Gnüge geleistet, und das unbegreifliche Helldunkel, was in der Ballade so zauberisch wirkt, herrlich erreicht worden. *(Böttiger an Schiller, 8. September 1797.)*

Und nun der Chor der Eumeniden, wie er in seiner furchtbaren Größe auftritt, des Theaters Rund umwandelt, und endlich, selbst dann noch schauerlich verschwindet. Hier ist die Sprache zugleich Ihnen so individuell und der Sache so angemessen, daß ich mir nicht läugnen kann, bei diesem Chor eigentlich noch mehr und noch etwas Höheres gefühlt zu haben, als bei dem Griechischen des Aeschylus, so nah Sie auch diesem geblieben sind. Schon diese Sprache, diese Versart, selbst der Reim macht, daß sich das, was sonst nur modernen Werken eigen ist, mit dem Antiken gattet. Die Erhabenheit für Phantasie und Herz, die dem Griechischen Ausdruck so eigen ist, gewinnt jetzt noch, dünkt mich, einen Zuwachs mehr für den Geist. Es wäre schwer im Einzelnen zu zeigen, worin dieß liegt. Aber es muß doch in einer kleinen Nüance sentimentaler Behandlung versteckt seyn. So sind z. B. die schönen Zeilen: „und wo die Haare lieblich flattern, Um Menschenstirnen freundlich wehn" von dieser Art. Diese Erinnerung an den Contrast dieser Ungeheuer mit der Lieblichkeit der Menschennatur, diese Reflexion die den Dichter in sich zurück führt, hätte der alte Dichter nicht gemacht. Der Reim mag hier auf eine sonderbare Weise zugleich mitwirken. Man kann nicht läugnen, daß der Aeschylus überhaupt, besonders aber seine Eumeniden, etwas Steifes, Hartes und Grelles haben. Der Reim mischt nun, wenn Sie es mir verzeihen wollen zu sagen, gleichsam etwas Gothisches hinzu, und so wird bei einer glücklichen Behandlung das Fremde, Sonderbare und .Schauderliche vermehrt. Vielleicht aber bringt auch nur diese völlige Uebertragung des Antiken in eine uns ganz eigenthümliche und uns angebohrne Manier, uns den Gegenstand näher, stimmt nur uns besser, und vermehrt nur dadurch subjectiv den Effect. [...] Dieß Stück im Ibycus ist daher, dünkt mich, meisterhaft und läßt dem strengsten Tadel nichts übrig. *(Humboldt an Schiller, 7. [-11.?] Dezember 1797.)*

34) V. 105-112
Auch denke ich hatte die neue Strophe, die ich den Furien noch gewidmet, zur genauen Bezeichnung derselben anfänglich noch gefehlt. *(Schiller an Goethe, 22. September 1797.)*

35) V. 109-110
Vgl. „Dokumente", Nr 33.

36) V. 137-156
Dann würde ich nach dem 14ten Verse, wo die Erinnyen sich zurückgezogen haben, noch einen Vers einrücken, um die Gemüthsstimmung des Volkes, in welche der Inhalt des Chors sie versetzt, darzustellen und von den ernsten Betrachtungen der Guten, zu der gleichgültigen Zerstreuung der Ruchlosen übergehen, und dann den Mörder zwar dumm, roh und laut, aber doch nur dem Kreise der Nachbarn vernehmlich, seine gaffende Bemerkung ausrufen lassen, daraus entständen zwischen ihm und den nächsten Zuschauern Händel, dadurch würde das Volk aufmerksam u.s.w. Auf diesem Weg, so wie durch den Z u g der Kraniche würde alles ganz ins Natürliche gespielt und nach meiner Empfindung die Wirkung erhöht, da jetzt der 15te Vers zu laut und bedeutend anfängt und man fast etwas anders erwartet. Wenn Sie hie und da an den Reim noch einige Sorgfalt wenden, so wird das übrige leicht gethan seyn und ich wünsche Ihnen auch zu dieser wohlgerathnen Arbeit Glück. *(Goethe an Schiller, 22. [-24.] August 1797.)*

Wie ich den Uebergang zu dem Ausrufe des Mörders anders machen soll, ist mir sogleich nicht klar, obgleich ich fühle, daß hier etwas zu thun ist. *(Schiller an Goethe, 30. August 1797.)*

Was aber Ihre Erinnerung in Rücksicht auf die Entwicklung betrifft, so war es mir unmöglich, hierinn ganz Ihren Wunsch zu erfüllen – Laße ich den Ausruf des Mörders nur von den nächsten Zuschauern gehört werden, und unter diesen eine Bewegung entstehen, die sich dem ganzen, nebst ihrer Veranlassung, erst mittheilt, so bürde ich mir ein Detail auf, das mich hier, bei so ungeduldig forteilender Erwartung, gar zu sehr embarraßiert, die Masse schwächt, die Aufmerksamkeit vertheilt u.s.w. Meine Ausführung soll aber nicht ins Wunderbare gehen, auch schon bei dem ersten Concept fiel mir das nicht ein, nur hatte ich es zu unbestimmt gelassen. Der bloße natürliche Zufall muß die Catastrophe erklären. Dieser Zufall führt den Kranichzug über dem Theater hin, der Mörder ist unter den Zuschauern, das Stück hat ihn zwar nicht eigentlich gerührt und zerknirscht, das ist meine Meinung nicht, aber es hat ihn an seine That und also auch an das, was dabey vorgekommen, e r i n n e r t , sein Gemüth ist davon frappirt, die Erscheinung der Kraniche muss also in diesem Augenblick ihn überraschen, er ist ein roher dummer Kerl, über den der momentane Eindruck alle Gewalt hat. Der laute Ausruf ist unter diesen Umständen natürlich.

Da ich ihn o b e n sitzend annehme, wo das gemeine Volk seinen Platz hat, so kann er e r s t l i c h die Kraniche früher sehen, eh sie über der Mitte des Theaters schweben, dadurch gewinne ich, daß der Ausruf der wirklichen Erscheinung der Kraniche vorhergehen kann, worauf hier viel ankommt, und daß also die wirkliche Erscheinung derselben bedeutender wird. Ich gewinne z w e i - t e n s , daß er, wenn er oben ruft, beßer gehört werden kann. Denn nun ist es gar nicht unwahrscheinlich, daß ihn das ganze Haus schreien hört, wenn gleich nicht alle seine Worte verstehen. *[Vgl. auch „Dokumente", Nr 25.] (Schiller an Goethe, 7. [und 8.] September 1797.)*

37) V. 139
Vgl. „Dokumente", Nr 32.

38) V. 153–160
Vgl. „Dokumente", Nr 26.

39) V. 161–168, 169–176, 177–184
Dem Eindruck selbst, den seine Exclamation macht, habe ich noch eine Strophe gewidmet, aber die wirkliche Entdeckung der That, als Folge jenes Schreyes, wollte ich mit Fleiß nicht umständlicher darstellen, denn sobald nur der W e g zu Auffindung des Mörders geöfnet ist (und das leistet der Ausruf, nebst dem darauf folgenden verlegenen Schrecken) so ist die Ballade aus, das andere ist nichts mehr für den Poeten. *(Schiller an Goethe, 7. [und 8.] September 1797.)*

ERLÄUTERUNGEN. Die 1. Fassung der Ballade, die vom 11. bis 16. August 1797 entstand, schickte Schiller am 17. August sogleich Goethe zu. Auf dessen Meinung und Ratschlag legte Schiller um so mehr Wert, als der Stoff der Ibykus-Geschichte ursprünglich von Goethe zur Bearbeitung vorgesehen war: Im Brief vom 26. Juni 1797 spricht Schiller von Ihren Kranichen *(vgl. „Dokumente", Nr 2). Seit wann Goethe daran dachte, ist ungewiß; immerhin findet sich, freilich ohne erhellenden Kontext, am 21. Mai 1797 in seinem Tagebuch die Notiz:* Merkwürdige griechische Sprichwörter, *gefolgt von dem Hinweis:* Andreae Schotti Adagia graeca Antverpiae 1612 *(WA III 2, 69). Es handelt sich um Andreas Schottus'* „Παροιμίαι ἑλληνικαί. Adagia sive proverbia Græcorum" (1612); *in diesem Werk wird die Geschichte unter dem Stichwort „Ibyci grues" zweimal in fast gleicher Version erzählt (S. 12, 179). Es ist sicher, daß beide, Goethe und Schiller, über den Plan sprachen, als Schiller vom 11. bis 18. Juli in Weimar zu Besuch war, und daß dieser seinerseits Gefallen daran fand, denn am 16. Juli bat Goethe in seinem und Schillers Namen den Weimarer Gymnasialdirektor Karl August Böttiger um näheren Aufschluß über das griechische Sprichwort von den „Kranichen des Ibykus" (vgl. „Dokumente", Nr 3), Böttigers Antwort an Goethe erfolgte noch am selben Tag (vgl. „Dokumente", Nr 4). Handschriftliche Notizen Schillers auf diesem Brief zeigen an, daß er ihm (gleich oder später) persönlich übergeben wurde; vgl. dazu Ende, Beitrag zu den Briefen an Schiller aus dem Kestner-Museum (1905), 388.*

Es ist zu vermuten, daß sich Schillers Interesse vor allem am Stichwort Entdeckung im Theater von Corinth *entzündete. In Verbindung mit dem schon in „Die Künstler" aufgenommenen Motiv vom Chor der Eumeniden, der auch die* noch so heimlich verübte Mordtat rächt (vgl. V. 229–231), ließ sich dieses Ereignis zum Exempel für „Die Macht des Gesanges" entwickeln, deren Wirksamkeit Schiller (nicht nur) im gleichnamigen Gedicht beschrieben hat; schon dort tritt die Poesie im Bund mit den Parzen auf (vgl. V. 11–12) und vermag die Wahrheit hinter der Lüge zum Vorschein zu bringen (vgl. V. 21–30).

Böttigers Brief nennt einige Informationsquellen. Er erwähnt ein altes Epigramm, das von Antipater Sidonius, einem griechischen Dichter von Ende des 2. Jahrhunderts v. u. Z. aus Tyros, stammt (abgedruckt in: Schmidt [1827], 207–208), außerdem „Erasmi Roterodami adagiorum chiliades tres, ac centuriae fere totidem" (1508) (Nr DCCCXL. S. 95; abgedruckt in: Leitzmann, 9), ein Buch, das Böttiger gleich mitschickte, in dem wiederum auf Ausonius und Plutarch hingewiesen wird (s. u.), weiter „Ulyssis Aldrovandi [...] ornithologiae Tomus tertius ac postremus" (1603) (20. Buch. 5. Kapitel. S. 350; abgedruckt in: Leitzmann, 9–10), in der auf Antipaters Epigramm aufmerksam gemacht wird, schließlich Ciceros „Tusculanae disputationes" (4, 33), die Ibykus als Knabenliebhaber charakterisieren. Die bei Erasmus gegebenen Verweise beziehen sich auf ein Monosyllabum des Decimus Magnus Ausonius (um 310–um 395) (zitiert bei Erasmus, 95 und in: Leitzmann, 9) und Plutarchs Bemerkungen „Über die Geschwätzigkeit" in den „Moralia" (509 e-f) (in deutscher Übersetzung abgedruckt in: Schmidt, 209). Ob Schiller einige der genannten Texte – und welche – kannte und benutzte, ist nicht klar; er selbst äußerte im Brief an Goethe vom 30. August, er kenne die Kraniche nur aus wenigen Gleichnißen (vgl. „Dokumente", Nr 26); auch das von Böttiger zur Verfügung gestellte Werk des Erasmus scheint Schiller nur flüchtig zur Kenntnis genommen zu haben, denn auf seine an Goethe gerichtete Bitte, ihm bei der Suche nach poetischen Stoffen behilflich zu sein (an Goethe vom 15. Dezember 1797), antwortete dieser am Tag darauf: Hier überschicke ich den H i g i n , und würde zugleich rathen sich die A d a g i a des Erasmus anzuschaffen, die leicht zu haben sind. Ob Schiller sich, von den erwähnten Quellen abgesehen, anderen Orts informierte, in zeitgenössischen oder alten Nachschlagewerken wie Benjamin Hederichs „Reales Schul-Lexicon" (1717) (Sp. 1556–1557; abgedruckt in: Rehder, Die Kraniche des Ibycus [1949], 528) oder das „Lexicon" des byzantinischen Lexikographen Suidas (um 1000 u. Z.) (der Artikel über Ibykos ist in deutscher Übersetzung abgedruckt in: Schmidt, 206) oder etwa in Tommaso Fazellos „De rebus Siculis decas prima" (1749) (2. Buch. 2. Kapitel. S. 86–87; abgedruckt in: Goedeke, Schillers sämmtliche Schriften 11, 450) –, dies bleibt offen. Zu bemerken ist allerdings, daß sich das für Schiller entscheidende Motiv der Verbindung von Mord und Aufdeckung im Theater nur bei Plutarch, Aldrovandi und Fazelli findet – freilich allererst auch schon in Böttigers Brief. Im übrigen war es aus Shakespeares „Hamlet" bekannt.

Obwohl Goethe unmittelbar nach Schillers Abreise am 19. Juli 1797 die Erwartung aussprach, daß ihm die Kraniche auf der bevorstehenden Reise in die Schweiz bald nachziehen mögen, und tags darauf Körner mitteilte, was die Balladen angehe, sei Schiller zu dieser Dichtart in jedem Sinne mehr berufen als er selber (vgl. „Dokumente", Nr 5), scheint er seinen ursprünglichen Plan dennoch nicht völlig aufgegeben zu haben; Schiller dachte jedenfalls noch am 28. Juli daran, daß die Kraniche ihren Flug von Süden nach Norden nehmen *könnten* (vgl. „Dokumente", Nr 9). *Er selbst kam erst Mitte August zur Arbeit an dem Gedicht, nach dessen Kenntnisnahme Goethe im Brief vom 22. [-24.] August mit Blick auf Schillers Eumenidenchor meinte:* [...] ich würde, wenn ich an meine Bearbeitung noch denken möchte, dieses Chor gleichfalls aufnehmen müssen. (Vgl. „Dokumente", Nr 13.) *Wann genau er Schiller den Stoff gerne und förmlich überließ, wie er in den „Tag- und Jahresheften" für 1804 notierte* (vgl. „Dokumente", Nr 22), *läßt sich nicht ermitteln. Die im eben zitierten Brief Schiller mitgeteilten* Bemerkungen *zur 1. Fassung der Ballade, die Goethe der* Idee *seiner eigenen* Ausführung *entnahm (an Schiller vom 12. September 1797; vgl. „Dokumente", Nr 18), machen wahrscheinlich, daß er zu diesem Zeitpunkt nicht mehr an eine eigene Arbeit dachte.*

Der Goethe am 17. August geschickte Text der Ballade erfuhr auf der Grundlage jener Bemerkungen erhebliche Veränderungen. Schiller hatte sich zunächst darum bemüht, Continuität und Stimmung für den Effect *in die überlieferte Fabel zu bringen (an Goethe vom 17. August 1797; vgl. „Dokumente", Nr 12). Dabei stand in der ursprünglich um einige Strophen kürzeren Fassung die Schilderung des antiken Theaters mit dem Eumenidenchor und dessen schicksalhafter Funktion im Mittelpunkt, die Vorstellung also, wie Humboldt fand, von der* Gewalt künstlerischer Darstellung über die menschliche Brust *(Ueber Schiller [1830], 20).*

Über Goethes Vorschläge und Schillers fast vollständige Einarbeitung derselben geben beider Briefe vom 22. [-24.] August und 12. September sowie vom 7. [und 8.] und 22. September 1797 Aufschluß (vgl. „Dokumente", Nr 13, 18 und 19). Goethes Hinweise zielten vor allem auf die Erweiterung der Exposition des Geschehens durch eine breitere Schilderung der Kraniche; er riet, aus diesen ein langes und breites Phänomen zu machen, welches sich wieder mit dem langen verstrickenden Faden der Eumeniden [...] gut verbinden würde. *(Vgl. „Dokumente", Nr 25.) Aus den in den Briefen diskutierten Einzelheiten läßt sich ein ungefähres Bild der Fassung vom 17. August gewinnen:*

Goethe nennt die schließliche Strophe 18 die 14.; also sind später vier neue Strophen hinzugekommen. Dazu gehört offenbar Strophe 3, die ganz Goethes Vorschlägen entspricht (vgl. „Dokumente", Nr 25), ebenso Strophe 14, die Schiller selbst als neu bezeichnet (vgl. „Dokumente", Nr 34). Die beiden weiteren Strophen könnten die 5. und 9. sein; jene, sofern sie, für die pure Handlung entbehrlich, mit Schillers Absicht korrespondiert, die Exposition zu erweitern und Ibykus als Helden stärker hervortreten zu lassen; diese, weil sie dem ursprünglichen Plan nach ebenfalls entbehrlich war, ferner sich V. 73 unmittelbar an V. 64 anschließt (Er bezieht sich auf *des Mörders) und außerdem V. 71-72 (möglicherweise) mit Goethes Einlassung in Verbindung zu bringen sind, die Kraniche sollten als* Naturphänomen *auftreten und sich neben andere regelmäßige Naturerscheinungen wie die Sonne stellen (vgl. „Dokumente", Nr 26). Denkbar erscheint auch, daß die zweite Hälfte von Strophe 2 nach Goethes Votum überarbeitet wurde (vgl. ebd.).*

Nach Strophe 18 wurde die folgende Goethes Vorstellungen entsprechend ergänzt (vgl. „Dokumente", Nr 36) sowie wahrscheinlich die 22.: Schiller

*spricht von einer neuen Strophe, die er dem Eindruck gewidmet habe,
den seine [des Mörders]* Exclamation *macht (vgl. „Dokumente", Nr 39); diese
Inhaltsangabe trifft auf Strophe 22 ebenso zu wie auf die vorhergehende, doch
scheint diese für den Handlungsablauf weniger entbehrlich als jene; darüber
hinaus entspricht sie dem Geschehen, wie es Schiller beschreibt, als er Goethe
gegenüber seine ursprüngliche Version der Entdeckung des Mörders nach dessen
Ausruf rechtfertigt (vgl. „Dokumente", Nr 36): da der Rufende oben im Theater sitze, sei es nicht unwahrscheinlich, daß ihn das ganze Haus schreien hört,
wenn gleich nicht alle seine Worte verstehen. Hinzu kommt, daß die Schlußstrophe an die 21. anschließt;* dem *in V. 177 bezieht sich auf* er *in V. 167;
schließlich steht das Motiv von* der Eumeniden Macht *in V. 172 offensichtlich
in Korrespondenz zu der* furchtbarn Macht *von V. 147 der ebenfalls neuen
Strophe 19.*

*Aus diesen Überlegungen ergibt sich, daß die Ballade am 17. August aus
17 Strophen bestand, die für den Almanach um die Strophen 3, 14, 19, 21 und
vermutlich 5 und 9 vermehrt wurden.*

*Nachdem Schiller den endgültigen Text am 6. September 1797 an Böttiger
mit der Bitte um Prüfung des antiken Kostüms geschickt, dessen geringfügige
Einwendungen vom 8. September jedoch unberücksichtigt gelassen hatte (vgl.
„Dokumente", Nr 15, 17 und 32), schickte er ihn am 22. September abschließend
Goethe zu, der nun alles sehr gut gerathen fand (an Schiller vom 14. [und 17.]
Oktober 1797; vgl. „Dokumente", Nr 21).*

*Derselben Ansicht war Humboldt, der sich sehr anerkennend und ausführlich
äußerte (vgl. „Dokumente", Nr 23 und 33) und zugleich gegen Körners Vorwurf der Trockenheit Stellung nahm, den dieser, auch im Blick auf den „Ring
des Polykrates", damit begründete, die Einheit der Ballade bestehe wesentlich in
dem abstrakten Begriff der* Rache des Schicksals, *und dies sei der Gattung
eines* erzählenden Gedichts *nicht angemessen; Schiller teilte die Bedenken des
Freundes, obwohl neben Humboldt auch Goethe widersprach (vgl. „Dokumente", Nr 23, sowie die Einzelerläuterungen).*

1—184 Zum Kampf *bis* Rache Strahl.] *Vgl. „Dokumente", Nr 23.*
1—56 Zum Kampf *bis* Glanz!"] *Vgl. „Dokumente", Nr 24.*
1—2 Zum Kampf *bis* Landesenge] *Gemeint sind die Isthmischen Spiele (vgl. zu
„Die Götter Griechenlandes" [V. 91]).*
4 Ibycus] *Soweit bekannt ist, stammte Ibycus aus Rhegium, einer Stadt an der
Südwestspitze Italiens, Sizilien gegenüber, wirkte am Hof des Polykrates in
Samos (also im 6. Jahrhundert v. u. Z.), schrieb Bücher in dorischem Dialekt,
galt als Erfinder der Sambuka, eines dreieckigen, zitherähnlichen Instruments,
und soll von Räubern ermordet worden sein.*
8 des Gottes] *Apollons.*
10 Acrocorinth] *Die Burg von Korinth lag auf einem Berg im Süden der Stadt.*
11 Poseidons Fichtenhayn] *Die Isthmischen Spiele wurden alle zwei Jahre zu
Ehren des Poseidon abgehalten, in der Nähe seines „berühmten Tempels auf der
Landenge bey Korinth" (Hederich, 1718).*
13—24 Nichts *bis* Schmach!] *Vgl. „Dokumente", Nr 25.*
13—16 Nichts *bis* ziehn.] *Vgl. „Dokumente", Nr 26.*

19 Zeichen] *In der Antike wurden Naturerscheinungen, u. a. der Vogelflug, als göttliche Zeichen ausgedeutet; vgl.* den Hinweis Böttigers in „Dokumente", Nr 4.
23 der Gastliche] *Gemeint ist Zeus, der u. a. den Beinamen Xenios trug:* „*Er heißt B e s c h ü t z e r d e r G a s t f r e y h e i t . Unter seinem Schutze stunden die Fremden [. . .], daher solche zu beleidigen, ein Verbrechen wider ihn war, welches er hart und schwer strafte"* (Hederich, 2494).
27 gedrangem] *„gedrang": eng (vgl.* Grimm 4 I 1, 2034).
37—38 „So *bis* unbeweint] *Vgl.* „Dokumente", Nr 27.
38 unbeweint] *d. h. zugleich „unbestattet": Vgl.* Homers „Ilias" (22, 386) *und* „Odyssee" (11, 54).
41—48 Und *bis* bricht.] *Vgl.* „Dokumente", Nr 25 und 26.
44 furchtbar krähn] *Möglicherweise hatte Schiller dieses Detail aus der (für* „Das Lied von der Glocke" *benutzten)* „Oeconomischen Encyklopädie" *von Johann Georg Krünitz; über die Kraniche heißt es dort:* „*Sie können ein besonders fürchterliches Geschrey machen, und gleichsam aus dem Bauche schreyen [. . .]. Ist man ihm [dem Vogel] nahe, so wird man von dem Geschreye fast ganz übertäubt"* (47 [1789], 11).
51—52 Erkennt *bis* sind] *Vgl.* „Dokumente", Nr 27.
54 der Fichte Kranz] *als Siegeszeichen.*
61 Prytanen] *griech.* πρύτανις: *Oberster, Herrscher; höchste obrigkeitliche Person.*
63 Manen] *lat. manes: Seelen der Verstorbenen, auch deren Schutzgeister.*
71—72 Nur *bis* bescheint!] *Vgl.* „Dokumente", Nr 26.
80—184 Die *bis* Strahl] *Vgl.* „Dokumente", Nr 31.
81 Bank an Bank] *Vgl.* „Dokumente", Nr 32.
82 der Bühne Stützen] *Die Bühne bestand aus einem hölzernen Podest; hier aber sind offenbar die Zuschauerränge gemeint.*
87 In *bis* Bogen] *nach Art des terrassenförmig ansteigenden antiken Amphitheaters.*
91 Theseus Stadt] *Theseus als Begründer Athens, der Hauptstadt Attikas:* „*Er brachte [. . .] die in ganz Attika zerstreueten Athenienser in die Stadt Athen"* (Hederich, 2351).
91 Aulis] *Hafenstadt in Böotien, von wo die griechische Flotte nach Troja aufbrach.*
92 Phocis] *mittelgriechische Landschaft westlich von Böotien; Delphi liegt dort.*
93 Asiens] *Gemeint ist das Gebiet des antiken Kleinasien.*
96 Des C h o r e s] *Vgl.* „Dokumente", Nr 33. *- griech.* χόρος: *Tanzplatz; dann Schar der Tänzer. Das antike Drama erwuchs aus kultischen Festspielen anläßlich der Dionysien; Chorlieder und Kithara- oder Flötenmusik begleiteten feierliche Tänze; später kamen erläuternde Verse hinzu, dann die Wechselrede zwischen Chor und Schauspielern. — Für die im Anschluß folgenden Strophen benutzte Schiller Wilhelm von Humboldts Übersetzung (1793) eines Chors aus der Tragödie* „Die Eumeniden" *von Aischylos (wiedergedruckt in: Leitzmann, 11—13). In der Tragödie wird der wegen Mordes an seiner Mutter verfolgte Orestes von den Eumeniden im Tempel der Athene aufgespürt; zu Beginn der Humboldtschen Übersetzung lautet die Aufforderung an die Rachegöttinnen:*

Auf nun, und schlinget den Reigen! / Lasset ertönen / Den grausen Gesang! *(S. 153.)*

99—100 Hervortritt *bis* Rund] *Die Schilderung entspricht nicht alter Sitte (V. 97). Der antike Chor kam aus den* πάροδοι, *seitlichen Zugängen zum Theater, und betrat die* ὀρχήστρα, *den Tanzplatz im Zentrum des Theaters (von den Zuschauern aus gesehen) vor der* σκήνη *(Scene [V. 182]), der Bühne; dort, in der Orchestra, führte der Chor seine Reigentänze auf.*

103 Riesenmaaß] *Eigentlich trugen die Schauspieler auf der Bühne, nicht die Choreuten, den Kothurn (vgl. zu Xenion Nr 397).*

105—112 Ein *bis* blähn.] Vgl. „Dokumente", Nr 34. *– In ähnlicher Weise beschreibt Schiller die Erinyen in den „Zerstreuten Betrachtungen über verschiedene ästhetische Gegenstände" (NA 20, 227). Im Hintergrund stehen antike Schilderungen wie in Ovids „Metamorphosen" (4, 481–499) und Vergils „Äneis" (7, 324–329).*

109—110 Und *bis* wehn] Vgl. „Dokumente", Nr 33.

113—120 Und *bis* Klang.] *In Humboldts Aischylos-Übersetzung heißt es (S. 154; jeweils am Ende von Strophe 1 und Antistrophe 1):*

> Ueber dem geweihten Opfer
> Sei dies unser Lied! Sinneraubend,
> Herzzerrüttend, wahnsinnhauchend,
> Schallt der Hymnos der Erinnyen,
> Seelenfressend, sonder Leier,
> Und des Hörers Mark verzehrend.

121—128 „Wohl *bis* Nacht!] *Bei Humboldt heißt es am Anfang u. a. (S. 153):*

> Denn, wer in schuldloser Reinheit
> Seine Hände bewahret,
> Den besucht nie unser Zorn;
> Fern von Unglück durchwallt er das Leben.
> Aber, wer, wie Dieser, frevelnd
> Hände des Mordes birgt;
> Dem gesellen wir uns rächend bei,
> Zeugen wahrhaft den Erschlagenen gegen ihn,
> Fordern von ihm das vergossene Blut.

129—136 Und *bis* frei."] *Zu Beginn von Antistrophe 1 heißt es in Humboldts Übersetzung (S. 154):*

> Denn des Schicksals Richterausspruch
> Gab zum sichern Eigenthume
> Dieses Loos uns. Wessen Frevlerarm
> Mordend unschuldvolles Blut verspritzt,
> Dem zu folgen, bis er zu den
> Schatten walle. Aber sterbend
> Wird er nicht der Banden ledig.

Und am Anfang des Epodos (S. 155):
Plötzlich aus der Höhe stürzend,
Hemmen wir des flüchtgen
Bösewichts unsichern Schritt.
Unter seiner Unthat Bürde
Wankt im irren Lauf sein Fuß.
Und er sinkt; und sieht es
In des Wahnsinns Irrthum nicht.

137—156 So *bis* Ibycus!"] *Vgl. „Dokumente", Nr 36.*
139 Hause] *Vgl. „Dokumente", Nr 32.*
140 Gottheit] *wohl die Nemesis, hier als Rache- und Strafgottheit.*
145—146 Und *bis* bebet] *Vgl. „Die Macht des Gesanges" (V. 19-20).*
147—150 Und *bis* flicht] *Vgl. „Die Macht des Gesanges" (V. 11-12).*
151—152 Dem *bis* Sonnenlicht] *Vgl. „Die Macht des Gesanges" (V. 29-30).*
153—160 Da *bis* vorüberziehn.] *Vgl. „Dokumente", Nr 26.*
155 Timotheus] *Der griechische Name („Gott ehrend") ist frei gewählt.*
161—168 „ D e s *bis* Kranichzug?"] *Vgl. „Dokumente", Nr 39.*
169—176 Und *bis* war."] *Vgl. ebd.*
173 gerochen] *Vgl. zu diesem starken Partizip Präteritum von „rächen" Pfleiderer, 378.*
177—184 Doch *bis* Strahl] *Vgl. „Dokumente", Nr 39.*
182 Die *bis* Tribunal] *Der Gedanke findet sich in verschiedener Form wiederholt bei Schiller, angefangen von der Schrift über die Frage „Was kann eine gute stehende Schaubühne eigentlich wirken?" (1784) bis zu den Bemerkungen „Ueber den Gebrauch des Chors in der Tragödie" (1803). Hier heißt es:* Der Dichter muß die Palläste wieder aufthun, er muß die Gerichte unter freien Himmel herausführen *(NA 10, 12); dort:* Die Gerichtsbarkeit der Bühne fängt an, wo das Gebiet der weltlichen Geseze sich endigt. *(NA 20, 92.)*
182 Scene] *Vgl. zu V. 99-100.*
182 Tribunal] *erhöhter Sitz der römischen Richter, Tribunen und Prätoren.*

391   Das Geheimniß

ENTSTEHUNG. *Das Gedicht entstand vermutlich Anfang August 1797. Vgl. Schillers Briefe an Goethe vom 28. Juli und an Zelter vom 7. August sowie die Erläuterungen dazu.*

ÜBERLIEFERUNG. *H: ? — E: Musen-Almanach für das Jahr 1798. S. 299-300; unterzeichnet:* SCHILLER. *D: Gedichte 1 (1800). S. 15-16; danach in: Gedichte ²1 (1804). S. 15-16. Schiller bestimmte das Gedicht auch für die Prachtausgabe. Vgl. NA 2 I, 196-197. — Textwiedergabe nach E.*

LESARTEN. *Vgl. die geringfügigen Varianten in NA 2 I, 196-197.*

KRANICHE D. IBYCUS – GANG NACH DEM EISENHAMMER 637

*ERLÄUTERUNGEN. Die Gefährdung des Glücks der Liebenden durch die
Mißgunst (V. 24) der* Welt *(V. 21) – dies gehörte zum Motivfundus der Minnesänger; bei ihnen wurde die Rolle der* Lauscher *(V. 2) vom „merkære", „huotære"
oder „nidære" übernommen. Bei Schiller begegnet das Motiv einige Male: Vgl.
„Die Erwartung" (V. 21), „Hero und Leander" (V. 67–70), „Die Piccolomini"
(III 5; V. 1729–1733; NA 8, 128). „Die Braut von Messina" (V. 650–654;
NA 10, 43–44). – Goethe fand das Gedicht sehr lobenswürdig (an Schiller
vom 30. Oktober 1797), Humboldt sehr* sanft und schön *(an Schiller vom
7. [–11.?] Dezember 1797), und für Körner war es eins seiner Lieblinge, ein
Gedicht, das nur in sehr glücklichen Stunden zustandekomme (an Schiller vom
26. März 1798; Beilage). Schiller ärgerte sich – ohne Grund – in seinem Brief
an Goethe vom 31. August 1798 darüber, daß Karl Philipp Conz, Diakon in
Vaihingen und Jugendfreund Schillers (vgl. zu „[Für Karl Philipp Conz]"),
das Gedicht in seinem „Liebeszuruf" copiert habe; vgl. hierüber die Erläuterungen zu dem Brief.*
15–16 Doch bis herab] *Vergleichbar ist der Gedanke in „Das Glück" (V. 14–
16), „Die Erwartung" (V. 61–62), „Die Gunst des Augenblicks" (V. 17–18).*

392–398   Der Gang nach dem Eisenhammer

*ENTSTEHUNG. Das Gedicht entstand im September 1797. Vgl. Schillers
Brief an Goethe vom 22. September und die Kalendernotiz vom 25. September:*
Gang nach d Eisenhammer fertig.

*ÜBERLIEFERUNG. H: ? – E: Musen-Almanach für das Jahr 1798. S. 306–
318; unterzeichnet:* SCHILLER. *D: Gedichte 1 (1800). S. 171–183; danach
in: Gedichte* ²1 *(1804). S. 171–183. Schiller bestimmte das Gedicht auch für
die Prachtausgabe seiner Gedichte. Vgl. NA 2 I, 280–286. – Textwiedergabe
nach E.*

LESARTEN. **16** quälen.] quälen, *E*   **40** glücken.] *Punkt fehlt E*   **57**
„Ja] *Anführungsstriche fehlen E*   **64** Blonden.] *Punkt fehlt E*   **200** loben.]
Punkt fehlt E   **208** gebetet.] *Punkt fehlt E*   **224** loben.] *Punkt fehlt E –
Vgl. auch die Varianten in NA 2 I, 280–286.*

ERLÄUTERUNGEN. Ein Zufall habe ihm, *schreibt Schiller am 22. September
1797 an Goethe, ein recht artiges* Thema zu einer Ballade *zugeführt; sie
umfasse in der Ausführung* 24 Strophen. *Gemeint ist das vorliegende Gedicht,
das schließlich 30 Strophen umfaßte, und der Zufall bestand darin, daß Charlotte von Stein Schillers Gattin am 9. September ein Werk des französischen
Novellisten Nicolas Edme Restif (Rétif) de la Bretonne (1734–1806) geschickt
hatte, in dem Schiller auf den Stoff der Ballade stieß: „Les contemporaines ou
avantures des plus jolies femmes de l'âge présent"; in dieser Sammlung von
Sittenbildern findet sich eine Novelle mit dem Titel „La fille-garson" (3 [1780],
21–25), in welcher die Episode vom Gang zum Eisenhammer erzählt wird*

(wiedergedruckt in: Leitzmann, 14–16 und, in der Übersetzung von Wilhelm Christhelf Siegmund Mylius, in: Goedeke, Schillers sämmtliche Schriften 11, 452–454): Champagne, der ebenso gottesfürchtige wie hübsche Diener der Comtesse de K***, deren Gatte in der Nähe von Vannes oder Quimper in der Bretagne Eisenhämmer besaß, wird von einem seiner Kameraden, Pinson, genannt Blèro, aus Mißgunst des allgemeinen Lobes für den Konkurrenten wegen verleumdet, doch auf die in der Ballade geschilderte Weise vor dem ihm vom Grafen zugedachten Tod gerettet. Bis auf wenige unwesentliche Einzelheiten und die Veränderung der Namen hält sich Schiller eng an die Vorlage.

Daß die Geschichte selbst eine lange literarische Tradition hat, verdeutlicht der Hinweis auf die alte Historiensammlung „Neue und vermehrte Acerra philologica" (1688 u. ö.); dort wird sie als Exempel erzählt, unter der Überschrift „Daß Kirchengehen nicht säume / wird mit einer feinen Historie bestätiget"
(S. 876–878).

Goethe lernte die Ballade, ebenso wie Körner und Humboldt, erst im fertigen Almanach kennen, den Schiller am 6. Oktober 1797 mit der Bemerkung übersandte, Goethe solle ihm berichten, ob die Schilderung des Eisenhammers gelungen sei, falls er auf seiner Schweizer Reise an einem solchen vorüberkomme, so wie er ihm im Falle des Strudels im „Taucher" dessen Realistik bestätigt hatte. *Goethe antwortete am 30.* Oktober, er habe sich besonders über die Ballade gefreut: Sie haben kaum irgend etwas mit so glücklichem Humor gemacht und die retardirende Messe ist von dem besten Effect. *Körner nannte die Ballade seinen* Liebling *unter den ihm noch unbekannten Gedichten Schillers (an Schiller vom 8.* Oktober 1797); *später äußerte er sich ausführlich:* Er empfinde einen *besondern Reiz durch den Ton der christlichen – katholischen – altdeutschen Frömmigkeit* und *etwas Herzliches* durch die Idee der göttlichen Vorsehung *(an Schiller vom 26.* März 1798; *Beilage). Demgegenüber konnte Humboldt mit dem Gedicht nichts anfangen:* Der Eisenhammer ist mir zu sehr Ballade. Ich weiß ihm nicht gerade einen Tadel, aber es ist nicht die Gattung, die ich liebe. *(An Schiller vom 7.[–11.] Dezember 1797.) Humboldt, der an erster Stelle die Balladen „Der Taucher" und „Der Handschuh" schätzte, entwickelte seine Auffassung von der Gattung im Brief an Schiller vom 9. Juli 1797.*

Schiller war sich bewußt, mit der Ballade poetisches Neuland zu betreten; sie sei für ihn ein neues Genre gewesen, an das er sich *nicht ohne Furcht wagte (an Körner vom 20. Oktober 1797). Dieses Bekenntnis mag sich ebenso auf den Inhalt wie auf die Form beziehen; die poetische Behandlung christlichkatholischer Motive (die dem an der Antike orientierten Humboldt mißfallen haben werden) war Schiller fremd, mehr noch als der Stil des Gedichts, den Goethe, anders als Körner, wie schon beim „Nadowessischen Todtenlied" mit dem Stichwort „Humor" andeutete; dieser Begriff bezeichnet für Goethe, abgesehen von seiner allgemeinen Bedeutung* „(gute) Laune", „(leichte) Stimmung", *eine gewisse überlegene Distanz des Autors zu seinem Stoff:* Ohne selbst poetisch zu sein, erhebt [er] uns seiner Natur nach über den Gegenstand *(an Schiller vom 31. Januar 1798). In der Tat erinnert die Ballade in einzelnen Stilelementen, in Thematik (eine Mordtat [als Gegenstand der „Moritaten"], hier:*

DER GANG NACH DEM EISENHAMMER

deren Verhinderung), handfester moralischer Nutzanwendung („Wer andern eine Grube gräbt ..."), in den grell überzeichneten Charakteren, dem distanziert ironischen, gelegentlich parodistisch anmutenden Unterton und der saloppen Vers- und Reimtechnik an die Tradition des Bänkelsangs. Es ist kaum vorstellbar, daß Schiller die Ballade als ein „ernsthaftes" Gedicht verstanden wissen wollte.

In der Öffentlichkeit löste die Ballade unterschiedliche Reaktionen aus: Vgl. beispielsweise die herbe Verurteilung in der „Oberdeutschen allgemeinen Litteraturzeitung" (zitiert in NA 29, 611) und die Zustimmung der „Tübingischen gelehrten Anzeigen" (zitiert in NA 29, 621). Bemerkenswert ist die vielfache Vertonung und Dramatisierung der Ballade; auch eine Oper entstand: „Der Gang zum Eisenhammer" (1838) von Friedrich Reil und Conradin Kreuzer.

Titel Eisenhammer] *Vgl. zu V. 81–96.*

1 Fridolin] *Der Name ist frei gewählt; ob Schiller den Bezug zu ahd. fridu („Schutz", „Friede") oder zu dem Heiligen dieses Namens (Tag: 6. März), einen in der Schweiz wirkenden Missionar aus dem 6. Jahrhundert, hergestellt haben wollte, sei dahingestellt.*

2 Furcht des Herrn] *bibelsprachlich; vgl. 1 Petr. 2, 18; auch Eph. 6, 5.*

4 Gräfin von Saverne] *Der Name ist, vielleicht des Reims wegen (vgl. V. 47/ 48, 129/131), frei gewählt; Saverne, deutsch: Zabern, kommt als Ortsname im Elsaß vor.*

6–8 Doch bis Gotteswillen] *Die Verse erinnern an 1 Petr. 2, 19.*

10 Vesper] *lat. vespera: Abend; hier: abendlicher katholischer Gottesdienst, durch Glockenläuten angekündigt.*

15 fehlen] *wie mhd. vélen, vælen mit Genitiv konstruiert; so auch oft in Luthers Bibelübersetzung.*

25 Roberts] *Der Name ist frei gewählt; Robert heißt auch in der Erzählung „Der Verbrecher aus verlorener Ehre" der üble Jägerbursche, der Christian Wolf zweimal an die Behörden verrät und von diesem aus Rache erschossen wird.*

39 berücken] *Das aus der Sprache der Fischer und Vogelsteller stammende Verb bedeutet „überlisten", „täuschen", „in eine Falle locken" (vgl. Grimm 1, 1529).*

41 Brau'n] *synekdochisch für „Augen".*

51 gebohrner Knecht] *als Knecht geboren.*

53 gebeut] *alte Flexionsform von „bieten" nach mhd. biuten (vgl. Pfleiderer, 373–374).*

63 Kunigonden] *Der Name ist frei gewählt.*

75 Gesteht!] *Es spricht der Graf, der in Erregung das letzte Wort seines Gesprächspartners wiederholt.*

80 befahren] *mhd. bevâren: besorgen, befürchten.*

81–96 Da bis erweichen.] *Krünitz' „Oeconomische Encyklopädie" (10 [²1785]) gibt folgende Erklärung des Begriffs „Eisenhammer": „die Hütte oder das Gebäude, in welchem das Eisen in großen Stücken geschmiedet wird, (die Hammerhütte), und in weiterer Bedeutung, der Umfang aller Gebäude und Hütten, wo der Eisenstein gepocht, geschmelzet, das Eisen gereiniget, gegossen, und zu allerley groben Geräthschaften verarbeitet wird, von welcher Fabrik die Hammerhütte nur ein Theil ist" (S. 579). Im vorliegenden Fall handelt es sich um*

eines der sogenannten Luppenfeuer, "deren sich die Adligen [...] noch heutigen Tages sehr häufig bedienen. [...] Sowohl das Schmelz- als Schlacken-Loch sind mit feuerbeständigen Ziegelsteinen ausgemauert [...] Gemeiniglich hat man in eben dieser, oder einer gegen über stehenden Hütte, einen [...] durch das Wasser getriebenen Hammer, durch welchen das in dem Luppen-Feuer erhaltene Roheisen ferner bearbeitet und zu Stabeisen gemacht wird." (S. 580.)
83 hoher Oefen] *„D e r   H o h e o f e n , worin das Schmelzen der Eisenerze geschieht." (Oeconomische Encyklopädie 10, 588.)*
85 spat] *nach mhd. „spate", dem Adverb zu „spæte".*
88 verglasen] *(zu Glas) verschmelzen (vgl. Grimm 12 I, 447).*
97 zwoen] *Diese Wortform, aus der Schiller später zweien machte, findet sich auch in „Kabale und Liebe" (I, 4):* Wer kann den Bund zwoer Herzen lösen *(NA 5, 14).*
98 Bedeutet] *nach mhd. bediuten: erklären, belehren; anweisen.*
111 schicken sich] *wie im Mhd.: sich anschicken.*
135—136 Und denkst *bis* finden] *Durch Reue über eigene Sünden anderen Gnade erwirken zu können, entspricht nicht katholischer Auffassung.*
151 Chorgehilfe] *Gemeint ist hier wohl ein Meßdiener.*
154 Sacristan] *mittellat. sacristanus: Küster; hier wohl: (als) Meßdiener.*
157 Stola] *schärpenartiger Streifen, über der Brust gekreuzt getragen; die Stola gehört zum liturgischen Gewand der katholischen Priester.*
157 Cingulum] *schmales weißes Band (oder eine Schnur) zum Schürzen der Albe (des weißen Gewandes unter dem Meßgewand) und zur Befestigung der Stola; es gehört ebenfalls zur liturgischen Kleidung.*
159 Gefäße] *Sie enthalten Wasser und Wein, die in den Kelch gegeben und vermischt werden.*
162 Ministrant] *nach lat. ministrare (aufwarten, bedienen): Meßdiener.*
167 S a n c t u s] *lat.: heilig; in der katholischen Liturgie der dreimalige Lobruf am Ende der „Präfation" zur Vorbereitung auf die „Wandlung"; vgl. zu V. 171.*
171 Gott, den gegenwärtgen] *In der „Wandlung" der Meßfeier verwandeln sich nach katholischem Glauben Brot und Wein in Leib und Blut Christi.*
172 hocherhabner] *erhaben: präteritales Partizip von „heben" nach mhd. Flexionsweise (vgl. Pfleiderer, 368—369).*
177 pünktlich] *genau, sorgfältig (vgl. Grimm 7, 2240).*
182 V o b i s c u m   D o m i n u s] *lat.: Der Herr sei mit euch. — So lautet die Formel des Grußes, den der Priester, u. a. am Ende der Messe, an die Gemeinde richtet; diese antwortet: „Et cum spiritu tuo" („Und mit deinem Geiste").*
187 Heiligthum] *In Schillers französischer Vorlage ist von „sanctuaire" die Rede; vermutlich ist der Altarraum, die Hochaltarstätte, gemeint.*
191 Zahl zu füllen] *Gemeint ist offenbar eine mit der Herrin verabredete Zahl von Gebeten (die nicht mit den in V. 215 angegebenen vier Rosenkränzen in Zusammenhang stehen).*
192 Paternoster] *lateinische Anfangsworte des „Vaterunser"-Gebets.*
215 der Rosenkränze viere] *Der Rosenkranz ist die Maria als Mutter Gottes*

GANG NACH DEM EISENHAMMER – DIE BEGEGNUNG 641

verehrende Gebetsreihung, die je nach Bezug auf Ereignisse in der Lebensgeschichte von Maria und Jesus als der „freudenreiche", „schmerzensreiche" oder „glorreiche" Rosenkranz bezeichnet wird. Die Zahl vier erscheint willkürlich.

DIE HOREN 1797

401   Hofnung

ENTSTEHUNG. *Das Gedicht entstand vermutlich im Frühjahr 1797; es gehörte wahrscheinlich zu den* Kleinigkeiten, *die Schiller am 27. April 1797 an Spener schickte.*

ÜBERLIEFERUNG. *H: ? – E: Horen 1797. 10. Stück. S. 107. D: Gedichte 1 (1800). S. 205; danach in: Gedichte* ²1 *(1804). S. 205. Schiller bestimmte das Gedicht auch für die Prachtausgabe seiner Gedichte. Vgl. den Text in NA 2 I, 409. – Textwiedergabe nach E.*

LESARTEN. *Vgl. die Varianten in NA 2 I, 409.*

ERLÄUTERUNGEN. *Das Gedicht ist gewissermaßen ein Gegenstück zu „Die Ideale".*
3 goldenen Ziel] *Das Attribut evoziert die Vorstellung vom Goldenen Zeitalter; vgl. zu „Natur und Schule" (V. 15).*
17–18 was bis nicht] *Vergleichbar ist „Thekla. Eine Geisterstimme" (V. 21–22).*

402   Die Begegnung

ENTSTEHUNG. *Das Gedicht ist vielleicht schon 1796, spätestens aber wohl im Frühjahr 1797 entstanden. Es könnte zu den* Kleinigkeiten *gehört haben, die Schiller am 27. April 1797 an Spener schickte. Vgl. auch* ERLÄUTERUNGEN.

ÜBERLIEFERUNG. *H: ? – E: Horen 1797. 10. Stück. S. 109–110. D: Gedichte 1 (1800). S. 89–90; danach in: Gedichte* ²1 *(1804). S. 89–90. – Textwiedergabe nach E.*

LESARTEN. *Augenvarianten und Interpunktionsveränderungen werden im folgenden nicht verzeichnet. –* **1** sah] seh D   **25** Das] „Das D   **30** Blume] Blumen D *(2. Auflage)*   **32** kann.] kann." D

ERLÄUTERUNGEN. *In Briefen an Humboldt vom 5. Oktober 1795 und an Körner vom 29. Februar 1796 sprach Schiller von Plänen zu einer Erzählung in*

Versen *und zu einem* romantischen Gedicht in Stanzen, *die unausgeführt blieben. Ob das vorliegende Gedicht oder „Die Erwartung" oder auch die Ballade „Der Kampf mit dem Drachen" hiermit in Zusammenhang stehen, erscheint ungewiß; vgl. die Erläuterungen zu dem Brief an Humboldt.*

GELEGENHEITSGEDICHTE 1797

404—405 Zum Geburtstag der Frau Griesbach

ENTSTEHUNG. *Die geläufige Annahme, das Gedicht könne erst 1797 entstanden sein, weil Schillers Sohn Karl ein Jahr vorher zur Rezitation noch zu jung gewesen sei, ist nicht überzeugend. Eine Abschrift des Gedichtes von unbekannter Hand (h^1), die vermutlich aus dem frühen 19. Jahrhundert stammt, gibt 1796 als Entstehungsjahr an (vgl. LESARTEN). Es ist kein triftiger Grund zu erkennen, dieser Angabe zu mißtrauen.*

ÜBERLIEFERUNG. *H: ? – h^1: SNM. Abschrift von unbekannter Hand. h^2: GSA. Abschrift von Amalie von Voigt, geb. Ludecus. h^3: SNM. Abschrift von unbekannter Hand (offenbar aus späterer Zeit). – E: Zeitgenossen. Ein biographisches Magazin für die Geschichte unserer Zeit. 3. Reihe. Bd 1. Leipzig 1829. S. 52–53 (vermutlich nach h^2). – Textwiedergabe nach E.*

LESARTEN. *Augenvarianten und Interpunktionsabweichungen werden im folgenden nicht verzeichnet.* – Überschrift: Am Geburtstag der Kirchenräthin Griesbach / Im Nahmen seines kleinen Sohnes Carl. / 1796. h^1 Überschrift fehlt h^2 h^3 Verse, von Schiller gedichtet im Namen seines kleinen Sohnes, der dieselben der Gattin Griesbach's zum Geburtstage überreichte. E   1 Frau] fehlt h^1 3 Mich schickt] Es schikt mich h^3 die] fehlt h^3 5—8 fehlt h^3 10 fehlt h^3 13—20 fehlt h^3 14 Spargel] Spargeln h^1 h^2 21 Viel] Viele h^3 23 im] in h^2 ruft] schreit h^3 25—32 fehlt h^3; statt dessen variierter Text der Verse 15—20: In deinem Garten wachsen dir / Himbeer u. Stachelbeere – / Bey Stachelbeeren fällt mir ein / Sie schmecken gar so süsse; / Drum wenn sie werden zeitig seyn, / So sorge, daß ichs wisse! – h^3 33 Nun lebe] Nun, jezt leb' h^3 Ade] adieu h^3 36 'ne] Eine h^1 unter dem Text: Schiller ließ dieß Gedicht durch sein Kind in Weimar Frau v. Griesbach vortragen. h^3

ERLÄUTERUNGEN. *Adressatin des Gedichts, das Schiller für seinen am 14. September 1793 geborenen Sohn Karl Friedrich Ludwig (gest. 1857) verfaßte, war Friederike Juliane Griesbach (1755–1831), die am 28. April Geburtstag hatte. Sie war die Frau des Jenaer Theologieprofessors Johann Jakob Griesbach (1745–1812), mit dem Schiller seit 1787 bekannt war; von 1795 bis 1799 wohnte er in dessen Haus am Löbdergraben.*

DIE BEGEGNUNG – DAS GLÜCK 643

406   **An Demoiselle Slevoigt**

ENTSTEHUNG. Vgl. ERLÄUTERUNGEN.

ÜBERLIEFERUNG. H: ? – E^1: Rheinisches Taschenbuch auf das Jahr 1812. Darmstadt [1811]. S. 3–4; mit der Vorbemerkung (S. 2): „Die Verleger verdanken dies liebliche, noch ungedruckte Gedicht der gütigen Mittheilung des Herrn Staatsrath Dr. H u f e l a n d in Berlin und glauben in diesem Falle von ihrem angenommenen Grundsatz, nur historische Aufsätze und romantische Darstellungen in ungebundener Rede aufzunehmen, einmal abweichen zu dürfen." E^2: Taschenbuch für Damen auf das Jahr 1812. Tübingen [1811]. S. 1–2. – Textwiedergabe nach E^2.

LESARTEN. Augenvarianten und Interpunktionsabweichungen in E^1 werden im folgenden nicht verzeichnet. – Überschrift: Brautlied / von Schiller. *E^1*   **3** sahen] sehen *E^1*   **13** ernste] holde *E^1*

ERLÄUTERUNGEN. Caroline Auguste Slevoigt war die Tochter des Pfarrers Christian August Friedrich Slevoigt in Dorndorf bei Dornburg; ihr Bräutigam, Benjamin Gottlieb Sturm, hatte von 1790 bis 1794 in Jena Medizin studiert und war Praktikus in Reichenbach im Vogtland. Die Hochzeit fand am 10. Oktober 1797 in Wenigenjena statt. Näheres konnte nicht ermittelt werden. Möglich ist, daß Schiller durch den befreundeten Medizinprofessor Christoph Wilhelm Hufeland Bekanntschaft mit dem Brautpaar hatte; Hufeland war es auch, der das Gedicht nach Schillers Tod publizierte. Wer mit der mütterlichen Freundin *und den* fünf schwesterlichen Freundinnen *gemeint ist, ist unklar; im Anschluß an V. 8 scheint es sich nicht um Mutter und Schwestern, sondern um eine ältere und fünf jüngere Freundinnen zu handeln. – In der Metrik greift Schiller (in den jeweils ersten sechs Versen) auf die Strophenform seines früheren „Hochzeitgedichts auf die Verbindung Henrietten N. mit N. N." zurück.*
9 süssen Gott] *Eros, lat. Amor.*

MUSEN-ALMANACH FÜR DAS JAHR 1799

409–411   **Das Glück**

ENTSTEHUNG. Das Gedicht entstand Ende Juli 1798. Vgl. Schillers Briefe an Goethe vom 20. Juli und 31. Juli sowie die Erläuterungen dazu.

ÜBERLIEFERUNG. H: ? – E: Musen-Almanach für das Jahr 1799. S. 62–68; unterzeichnet: SCHILLER. *D: Gedichte 1 (1800). S. 17–22. (2. Fassung); danach (mit weiteren Varianten; vgl. LESARTEN) in: Gedichte ^{2}1 (1804). S. 17–22. Schiller bestimmte das Gedicht auch für die Prachtausgabe seiner Gedichte. Vgl. den Text in NA 2 I, 300–301. – Textwiedergabe nach E.*

LESARTEN. **26** seinem Olimp] himmlischen Höhn D *(2. Auflage)* **36** ihm] ihn E *(Druckfehler)* **37—38** fehlt D *(2. Auflage) – Vgl. die Varianten der 2. Fassung (der in der 2. Auflage der Gedichte, der Vorlage für die Prachtausgabe, die verzeichneten Varianten noch hinzugefügt wurden) in NA 2 I, 300– 301.*

ERLÄUTERUNGEN. Am 26. Mai 1797 schrieb Caroline von Humboldt an ihren Mann, Schiller bitte um Empfehlung einer Pindar-Übersetzung und um seine, Humboldts, Übertragung der Pindarischen Oden; er habe nämlich selbst die Absicht, eine Pindarische Ode für den Almanach zu verfertigen, zu der er das Sujet schon mit sich herumträgt. Er wollte nichts Bestimmteres darüber sagen, als daß die Hauptidee der Ode sein sollte, daß das Glück über das Verdienst gehe. *(Wilhelm und Caroline von Humboldt in ihren Briefen 2, 71.) Erst über ein Jahr später kam es zur Realisierung dieses Plans (vgl.* ENTSTEHUNG*), möglicherweise mit neu erwachtem Interesse, nachdem Schiller ein gleichfalls in Distichen abgefaßtes, in der Diktion ähnliches Gedicht von Louise Brachmann, „Die Gaben der Götter", im 12. „Horen"-Stück 1797 (S. 79–80) veröffentlicht hatte.*

In einem Brief vom 5. Juli 1798 an die Verfasserin zollte er dem Gedicht großes Lob. Anders als dieses sollte Schillers Gedicht aber nicht elegischen, sondern hymnischen Charakter haben, und Schiller schwankte in dieser Situation, ob sich ein solcher Ton mit den klassischen Distichen vertrage. Am 20. Juli fragte er deswegen bei Goethe an; in seiner Antwort vom 21. Juli zerstreute Goethe die Bedenken; er selbst habe Ähnliches früher auch schon im Sinn gehabt.

Nach der Fertigstellung versuchte Körner im Brief vom 22. August 1798, der seltenen Gattung des Gedichts mit einer Charakterisierung gerecht zu werden: Das Dargestellte ist das dichtende Subjekt im idealisirten Zustande der B e - t r a c h t u n g . Das Idealische ist hier in der höchsten Empfänglichkeit bey der ungestörtesten R u h e . Ohne Spur von Kälte muß die Empfindung in stetem Gleichgewicht bleiben. Dieß wurde desto schwerer bey einem Stoffe, der wie d a s G l ü c k die Empfindung aufs höchste reitzt. *In der Kritik des „Musen-Almanachs für das Jahr 1799" ging Körner noch einmal auf das Gedicht ein; er ordnet es der* Classe der Hymnen zu *und nennt es ein* Prachtstück für ein aesthetisches Fest, *am Ende zweifelt er, ob Schiller jemals schönere Verse gemacht habe. (An Schiller vom 19. November 1798; Beilage.)*

Die Darstellung des von den Göttern auserwählten „Glücklichen" steht im Kontext von Schillers Begriffen der „schönen Seele" und des „naiven Genies"; vgl. in diesem Zusammenhang auch Gedichte wie „Natur und Schule" und „Die Gunst des Augenblicks". Von diesem allgemeinen Hintergrund abgesehen, mag, ähnlich wie im Fall des Geniebegriffs in der Abhandlung „Ueber naive und sentimentalische Dichtung", Schillers Bild von Goethe Einfluß gehabt haben; vgl. dazu Schillers einschlägige Äußerungen in den Briefen an Körner vom 25. Februar und 9. März 1789, an Goethe vom 23. und 31. August 1794, außerdem den Brief an Goethe vom 19. März 1799, wo es heißt: Sie wohnen gleichsam im Hause der Poesie, wo Sie von Göttern bedient werden.

DAS GLÜCK 645

Vgl. auch die Erläuterungen zur 2. Fassung.
1—4 Selig *bis* gedrückt!] *Eine ähnliche Vorstellung findet sich bei Horaz in der Ode an Melpomene in den "Carmina" (IV 3, 1–12), zu Beginn von Klopstocks Ode "Der Lehrling der Griechen" (V. 1–16) und in Louise Brachmanns Gedicht "Die Gaben der Götter"*: Glücklich ihr, die Cythere mit Reizen schmückte, und denen / Here, die große, des Glücks schimmernde Gaben verlieh *(V. 1–2. S. 79). Dieser Eingang erinnert wie der von Schillers Gedicht an Horaz' "Iambi", in denen das Glück des Landlebens gepriesen wird:* Beatus ille, qui procul negotiis *(2,1).*
2 Venus] *als Göttin der Schönheit.*
9—16 Groß *bis* Gunst.] *Die Verse handeln von "Anmut" und "Würde", deren Verhältnis Schillers Abhandlung erörtert.*
14 Alles *bis* herab] *Vgl. ebenso V. 55 und "Die Gunst des Augenblicks" (V. 17–20).*
19—22 Nicht *bis* ein.] *Vergleichbar ist "Natur und Schule" (V. 58–62).*
25—26 Wem *bis* Olimp] *Die Verse spielen auf Ganymedes an.*
25 Vater] *eine der Homerischen Bezeichnungen für Zeus; vgl. u. a. "Ilias" (1, 544), "Odyssee" (1, 28).*
29 Lorbeer] *als Zeichen des Sieges.*
29 Binde] *durch das Haar geflochtenes Band zum Zeichen herrschaftlicher Gewalt; vgl. "Dido" (V. 215).*
30 Krönte *bis* Glück] *Der Vers spielt wohl darauf an, daß Zeus nur durch die List seiner Mutter Rheia vor seinem Vater Kronos gerettet wurde und ihm durch das Los die Herrschaft über Himmel und Erde zuteil wurde.*
34 das *bis* Glück] *Plutarch erzählt in seinen "Biographien" (Kapitel über Caesar, 38), Caesar habe dem im Sturm verzagten Steuermann seines Schiffes Mut zugesprochen und gesagt:* Καίσαρα φέρεις καὶ τὴν καίσαρος τύχην συμπλέουσαν *("Du fährst Caesar und Caesars Glück").*
35—36 Ihm *bis* an] *Die Verse spielen auf die u. a. von Herodot (1, 24) erzählte Legende von Arion an, dem Sänger aus Lesbos (um 600 v. u. Z.), der während einer Schiffsfahrt von Tarent nach Korinth von den Seeleuten ermordet und beraubt werden sollte; er rettete sich durch die Bitte, noch ein letztes Mal singen zu dürfen, und den Vorschlag, sich dann selbst umbringen zu wollen. Neugierig auf den berühmten Sänger, ließen ihn die Seeleute gewähren. Nach beendetem Vortrag sprang Arion über Bord und wurde von einem Delphin an Land getragen. – Die Geschichte hatte August Wilhelm Schlegel zu einer Romanze verarbeitet, "Arion", die im "Musen-Almanach für das Jahr 1798" (S. 278–286) erschienen war.*
35 das brausende Delphin] *Genus und Betonung sind ungewöhnlich; das Attribut erklärt sich aus der Eigenart der Delphine, Wasser durch ein Spritzloch am Hinterkopf auszustoßen.*
36 beut] *Vgl. zu "Der Gang nach dem Eisenhammer" (V. 53).*
40—42 daß *bis* Blick] *Anspielung auf die Episode in Homers "Ilias" (3, 346–382), in der Aphrodite den Paris im Kampf gegen Menelaos rettet, indem sie ihn in Nebel einhüllt und vom Schlachtfeld entführt (nur insofern verdunkelt sie dem Menelaos den Blick).*

45 Weil *bis* beweget] *Der Vers spielt darauf an, daß die Götter in der Frage von Achilleus' Schicksal zerstritten waren; im Kampf um Troja standen sie teils auf seiten der Griechen, teils auf seiten der Trojaner.*
47—48 Daß *bis* hinab] *Der „Zorn des Achill" steht am Anfang der „Ilias"; vgl. zu Xenion Nr 367 (Viele Stimmen).*
48 Hellas] *griech.* "Ελλας : *Griechenland.*
49—50 Um *bis* hold.] *Hektor, der Tapferste unter den Trojanern und Gegenspieler des Achilleus, stellte sich diesem, von den Seinen vergeblich zurückgerufen, vor den Mauern Trojas zum Zweikampf und unterlag; vgl. den 22. Gesang der „Ilias". Der Untergang der Stadt war danach nicht mehr aufzuhalten.*
51 verdienstlos] *Die Stelle erinnert an Schillers frühere Bestimmung in „Ueber Anmuth und Würde", wonach die „schöne Seele"* kein andres Verdienst *habe, als daß sie ist. (NA 20, 287.)*
52 der Venus Geschenk] *der Gürtel der Venus, den die Göttin verleiht und so Anmut und Liebreiz vermittelt; vgl. Schillers Reflexionen darüber in der Abhandlung „Ueber Anmuth und Würde" (NA 20, 251-256).*
55 daß *bis* herabkommt] *Vgl. zu V. 14.*
57 der Gott] *Apollon.*
65—66 Aber *bis* dir] *Vergleichbar sind „Das Reich der Schatten" (V. 115-116) und „Die Gunst des Augenblicks" (V. 25-28).*
68 Eine *bis* Meer] *Aphrodite, lat. Venus, soll aus dem Schaum des Meeres geboren worden sein.*
69—70 Wie *bis* Lichts] *Athene, lat. Minerva, soll in voller Rüstung aus dem Haupt des Zeus geboren worden sein.*

412—420   **Der Kampf mit dem Drachen**

ENTSTEHUNG. Das Gedicht entstand in der zweiten Hälfte des August 1798. Schiller trug am 18. August in seinen Kalender ein: Ritter angefangen *und am 26. August:* (Ritter fertig). *Vgl. auch seine Briefe an Goethe vom 21. August, 31. August und 4. September 1798.*

ÜBERLIEFERUNG. H: ? – E: Musen-Almanach für das Jahr 1799. S. 151-164; unterzeichnet: SCHILLER. *D: Gedichte 1 (1800). S. 113-128; danach in: Gedichte ²1 (1804). S. 113-128. Schiller bestimmte das Gedicht auch für die Prachtausgabe seiner Gedichte. Vgl. den Text in NA 2 I, 288-296. – Textwiedergabe nach E.*

LESARTEN. **27** Rufen,] Rufen. E   **28** Stuffen.] Stuffen, E   **53** „Herr] *Anführungsstriche fehlen* E   **115** Spitze,] *Komma fehlt* E – *Vgl. auch die Varianten in NA 2 I, 288-296.*

ERLÄUTERUNGEN. Den Stoff des Gedichts, das als einziges im Umkreis der Balladen die Gattungsbezeichnung „Romanze" führt, entnahm Schiller zwei

DAS GLÜCK / DER KAMPF MIT DEM DRACHEN 647

Quellen: erstens der „Histoire des Chevaliers Hospitaliers de S. Jean de Jérusalem" ([²1772] 2, 157–163; wiedergedruckt in: Leitzmann, 22–26) von René Aubert de Vertot (1655–1735); zur deutschen Bearbeitung dieses Werks von Friedrich Immanuel Niethammer (Geschichte des Maltheserordens nach Vertot [1792–1793]; der Drachenkampf: 2, 15–21; abgedruckt in: Goedeke, Schillers sämmtliche Schriften 11, 454–456) hatte Schiller die Vorrede geschrieben. Vertot war ihm seit der Arbeit am „Don Karlos" vertraut (vgl. NA 12, 387); er benutzte dessen Werk außerdem für die „Geschichte des Abfalls der vereinigten Niederlande von der Spanischen Regierung" sowie für den Dramenplan „Die Maltheser" und das Gedicht „Die Ritter des Spitals zu Jerusalem". Auf die zweite Quelle wurde Schiller durch Goethe aufmerksam gemacht: „Neupolirter Geschicht- Kunst- und Sitten-Spiegel ausländischer Völcker" (1670) von Erasmus Francisci. Gleich „Das erste Buch / der auserlesenen Geschichten" enthält zu Beginn (S. 1–5) die Geschichte des Drachenkampfs unter dem Titel „Der kühne Ritter" (wiedergedruckt in: Leitzmann, 16–22). Eigenem Bekunden nach stützt sich Francisci seinerseits auf die Erzählung, wie sie der hochberühmte Jesuit / Herr Pater Kircherus / in seinem stattlichen Werck de Mundo Subterraneo *berichtet (S. 1); über Athanasius Kircher und sein Buch vgl. die Erläuterungen zu „Der Taucher". Goethe hatte Franciscis Werk von Dezember 1797 bis November 1798 aus der Weimarer Bibliothek entliehen und für die Walpurgisnacht im „Faust" benutzt; am 13. Januar 1798 schrieb er Schiller von dem* abgeschmackten Buche, mit dem Hinweis, es enthalte trotzdem manchen für uns brauchbaren Stoff.

In beiden Vorlagen wird die Episode in die Regierungszeit von Helion de Villeneuve verlegt, der von 1332 bis 1346 Großmeister des Maltheserordens war; dieser hatte, um weitere Todesopfer zu vermeiden, den Kampf mit dem Drachen verboten, was den jungen adligen Ritter Dieudonné (Theodatus) de Gozon aus der Provence (oder Gascogne) nicht hinderte, das Unternehmen auf die in der Ballade geschilderte Weise zu wagen; trotz des glücklichen Ausgangs bestrafte Helion den Ungehorsam mit dem Entzug der Ordenszugehörigkeit, nahm diese Strafe jedoch auf Fürbitten des Volkes und des Ordenskonsiliums wieder zurück; nach seinem Tode wurde Dieudonné zum Nachfolger gewählt. Zur Überlieferung vgl. zusammenfassend: Peppermüller, Zur Stoffgeschichte von Schillers „Kampf mit dem Drachen" (1967).

Seine Arbeit an der Ballade kommentierte Schiller im Brief an Goethe vom 21. August 1798 mit der Anmerkung, daß er sich dabei die Unterhaltung verschaffe, mit einer gewißen plastischen Besonnenheit zu verfahren, welche der Anblick der Kupferstiche in mir erweckt hat. *Bei den Kupferstichen könnte es sich um Abbildungen antiker Plastiken handeln (vgl. die Erläuterungen zu dem Brief); auch Franciscis Bericht ist (nach S. 2) mit Illustrationen versehen; deren erste trägt den Titel „Rhodisischer Drachen-Bestreiter" und zeigt einen Ritter, der mit eingelegter Lanze auf das Untier zugaloppiert. Als Schiller das Gedicht am 4. September 1798 Goethe schickte, schrieb er dazu, er hoffe den* christlich-mönchisch-ritterlichen Geist recht getroffen *und* diese verschiedenen Momente der Handlung harmonisch vereinigt zu haben; *die Erzählung des Ritters hielt Schiller selbst für zu lang, aber für notwendig. Goethe zeigte sich zufrieden und*

*fand alles sehr schön und zweckmäßig (an Schiller vom 5. September 1798).
Ähnlich äußerte sich Körner, der die Ballade, zusammen mit „Die Bürgschaft",
zu Schillers* gelungensten Arbeiten rechnete *(an Schiller vom 13. Oktober 1798);
seinen Verdacht, Schiller messe Gedichten dieser Art, weil sie ihm leicht von der
Hand gingen, keinen großen Wert bei, wies dieser zurück (vgl. an Körner
vom 29. Oktober 1798). In seiner Almanach-Kritik gab Körner später ein ausführliches Urteil ab; er hob außer der* lebendigen Darstellung *die* besondre
epische Kunst in der Anordnung *der Handlung, um die gewünschte Wirkung
zu erzielen, hervor; es gehe nämlich nicht um das „sinnliche" Interesse an der
Gefährlichkeit des Drachenkampfes, sondern um die Betrachtung der Heldentat
unter „moralischem" Gesichtspunkt; die Stanzen des Gedichts seien ein passen-
der Rhythmus zu dem einfach feyerlichen Gange der Erzählung (an Schiller
vom 27. Dezember 1798; Beilage). Beides, Handlungsführung und metrische
Form, sieht Körner in einem* interessanten Contrast *zu „Die Bürgschaft" (vgl.
an Schiller vom 20. Februar 1799; Beilage).*
3 Rhodus] *Rhodos, die griechische Insel vor der Südwestküste Kleinasiens mit
gleichnamiger Hauptstadt, war von 1308/1310 bis 1522 im Besitz der Johanniter, die auch Rhodiser genannt wurden. Vgl. auch zu „Die Ritter des Spitals zu
Jerusalem".*
14 Lindwurm] *Die tautologische Bezeichnung (mhd. lint: Schlange) meint ein
Fabelwesen, halb Drache, halb Schlange; vgl. V. 123.*
18 Strauß] *nach mhd. strûz: Zwist, Zweikampf, Gefecht.*
22—23 Sankt *bis* Spitals] *Über den Orden der Johanniter vgl. die Erläuterungen zu „Die Ritter des Spitals zu Jerusalem".*
23 Spitals] *Spital: Armen-, Krankenhaus; „Hospital".*
24—26 Zu Rathe *bis* Schritt] *Der Orden wurde von einem auf Lebenszeit ge-
wählten Großmeister geführt, beraten von einem Konvent, einem Konsilium
von acht Würdenträgern mit dem Titel Großkreuz.*
36 Pilgrim] *nach lat. peregrinus, mittellat. pelegrinus: Pilger.*
41 Pflicht] *Die Gelübde der Mönche und Ritter betrafen Gehorsam, Armut
und Keuschheit.*
43 des Kreutzes Zeichen] *Die Johanniter trugen auf Brust und schwarzem Man-
tel ein achtspitziges Kreuz, dessen Arme sich nach außen schwalbenschwanz-
artig verbreitern („Maltheserkreuz").*
81 Begegneten *bis* Leu'n] *Anspielung auf den Kampf des Herakles mit dem
Nemeischen Löwen.*
82 rangen *bis* Minotauren] *Anspielung auf Theseus.*
84 dauren] *mhd. tûren (reflexiv): zu kostbar dünken; etwas bedauern.*
85 Saracen] *Im Sprachgebrauch mittelalterlicher Schriftsteller bezeichnete der
Begriff das ganze Volk der Araber, insbesondere aber die Gegner der Kreuzfahrer.*
96 ich hab's gefunden] *Einem geflügelten Wort zufolge soll Archimedes nach
der Entdeckung des Gesetzes vom spezifischen Gewicht ausgerufen haben:
„Εὕρηκα!"*
98 Heimat] *Vgl. die einleitenden Erläuterungen.*
113 dräun] *nach mhd. dröuwen, dröun: (be-)drohen.*

128 Uhr] *Urochse, Auerochse.*
133 Vließ] *Vlies: Fell (vgl. Grimm 12 II, 389).*
174 Mirakel] *lat. miraculum: Wunder(-ding).*
187 Höllendrache] *nach Off. 12,9: der Teufel.*
225 Basiliskenblick] *Vgl. zu "Rousseau" (V. 49).*
244 Gekröse] *Eingeweide.*
277—288 Muth *bis* schmücken.] *In Schillers Vorrede zu Niethammers Vertot-Bearbeitung werden die Johanniter in gleicher Weise charakterisiert.*
277 Mameluk] *Mamelukken waren ursprünglich freigelassene Sklaven in Ägypten und Syrien, später die Herren dieser Gebiete; der Begriff ist "durch die Handlung, vielleicht auch schon durch die Kreuzzüge, in Deutschland bekannt geworden, wo man es nur im verächtlichen Verstande [...] zu gebrauchen pflegt." (Adelung 3, 42.) Hier: Ungläubiger.*
299 Kreuz] *Zum symbolischen Gehalt des Kreuzes vgl. "Die Ritter des Spitals zu Jerusalem" (V. 9-10): Synthese von "Demut" und "Kraft".*

421—425 Die Bürgschaft

ENTSTEHUNG. *Das Gedicht entstand Ende August 1798. Am 27. August notierte Schiller in seinen Kalender:* (Bürgschaft angefangen) *und am 30. August:* (Bürgschaft. fertig). *Vgl. auch Schillers Briefe an Goethe vom 28. August, 31. August und 4. September.*

ÜBERLIEFERUNG. *H: ? – E: Musen-Almanach für das Jahr 1799. S. 176–182; unterzeichnet: SCHILLER. D: Gedichte 1 (1800). S. 34–40; danach in: Gedichte* ²1 *(1804). S. 34–40. Schiller bestimmte das Gedicht auch für die Prachtausgabe seiner Gedichte (mit dem Titel "Damon und Pythias"). Vgl. den Text in NA 2 I, 250-254. – Textwiedergabe nach E.*

LESARTEN. *Überschrift:* Die Bürgschaft. Romanze. *im Inhaltsverzeichnis von* E Die Bürgschaft. / Ballade. *D* 28 Bande."] *Anführungsstriche fehlen E* 60 Da treibet die Angst ihn] Da treibt ihn die Angst *D (2. Auflage) – Vgl. auch die Varianten in NA 2 I, 250-254.*

ERLÄUTERUNGEN. *Der Stoff ist in verschiedenen Versionen in zahlreichen antiken und mittelalterlichen Quellen überliefert; zur Stoffgeschichte vgl. Schmidt, 225-237; Stadelmann, Die Bürgschaft (1896/1897); Brechenmacher, Schillers "Bürgschaft" (1911). Schiller entnahm die Geschichte der Fabel- und Anekdotensammlung des römischen Polyhistors und Grammatikers Gaius Iulius Hyginus (gest. nach 10 u. Z.). Am 15. Dezember 1797 hatte Schiller in einem Brief an Goethe über Mangel an poetischen Stoffen geklagt; schon am nächsten Tag schickte Goethe folgendes Werk aus seiner Bibliothek: "Hygini Quæ hodie extant, adcurante Joanne Scheffero Argentoratensi"* (1674). *Über seine Lektüre berichtete Schiller in seinen Briefen an Goethe vom 25. August und 4. September 1798; im letzten Brief nennt er Hyginus als Quelle. Die 257. Fabel trägt den Titel „Qui inter se amicitia junctissimi fuerunt" („Männer, die durch eine sehr große Freundschaft miteinander verbunden waren")* (S. 191-193; *wiedergedruckt in: Leitzmann, 26 [nach der Ausgabe 1670]; Goedeke, Schillers sämmtliche Schriften 11, 456): Moerus wird nach mißglücktem Anschlag vor Dionysius gebracht und von diesem zum Kreuzestod verurteilt; er bittet um drei Tage Urlaub, um seine Schwester verheiraten zu können, und bietet seinen Freund Selinuntius als Pfand an; dieser wird bis zuletzt an der Treue des Freundes nicht irre, obwohl dieser, von Unwetter und Hochwasser aufgehalten, erst zurückkehrt, als Selinuntius schon auf den Richtplatz geführt wird; der König läßt beide kommen, schenkt dem Moerus das Leben und bittet, in den Freundschaftsbund aufgenommen zu werden. Das Motiv, das in vergleichbarer Weise schon das Gedicht „Deutsche Treue" behandelte, war Schiller womöglich bereits in dem Aufsatz „Ueber moderne Größe" von Ludwig Ferdinand Huber begegnet, den er in der „Thalia" (1786. 2. Heft. S. 6-20) veröffentlicht hatte; dort erscheinen in der Rolle von Moerus und Selinuntius Damon und Pithias (der Wortlaut des Namens schwankt); beide Namen tauchen in der für die Ausgabe letzter Hand vorgesehenen Überschrift der Ballade auf; vgl. die Erläuterungen dazu.*

Als Schiller die Ballade am 4. September 1798 an Goethe schickte, bat er zu prüfen, ob er die Hauptmotive, die in dem Stoffe lagen, *alle berücksichtigt habe. Goethe fand die Ballade, ebenso wie „Der Kampf mit dem Drachen", sehr gut gerathen; er gab nur zu bedenken, der Umstand, daß Moerus fast verdurstet wäre, obwohl er sich erst am gleichen Tag aus einem reißenden Strom gerettet habe, verstoße nicht nur gegen die Wahrscheinlichkeit, sondern komme auch der Phantasie und der Gemüthsstimmung [...] hier nicht ganz recht. (An Schiller vom 5. September 1798.) Schiller ging darauf nicht ein. Körner berichtete zunächst, die Ballade mache in seinem Kreise wie „Der Kampf mit dem Drachen" groß Glück (an Schiller vom 13. Oktober 1798), später ging er näher auf sie ein: Er lobte die Korrespondenz zwischen der Spannung der Handlung und dem jambisch-anapästischen Versmaß.* Dazu kommt das Sinnliche in dem Stoffe, und der hohe StandPunkt, aus dem das Moralische, wie eine NaturErscheinung, mit scheinbarer Kälte betrachtet wird. *(An Schiller vom 20. Februar 1799; Beilage.)*

Mit einem Rückblick auf Schillers Schrift „Ueber das Erhabene" ließe sich das in der Ballade geschilderte Geschehen mit dem Begriff des „Erhabenen der Handlung" in Verbindung bringen; zu einer solchen Erhabenheit werde erfordert, daß das Leiden einen Menschen nicht nur vom moralischen Handeln abbringt, sondern daß das Leiden geradezu Folge seines moralischen Handelns sei, z. B. wenn der Mensch sich aus bloßer Achtung vor einer gebotenen Pflicht für das Leiden entscheidet; zur Veranschaulichung verwies Schiller in seiner Abhandlung auf den römischen Feldherrn und Konsul Marcus Atilius Regulus zur Zeit der Punischen Kriege, der, um Wort zu halten, sich der Rachbegier der Karthaginienser ausliefert *(NA 20, 212).*

DIE BÜRGSCHAFT / BÜRGERLIED   651

Vgl. auch die Erläuterungen zum Wiederabdruck der Ballade unter dem Titel „Damon und Pythias".
1 Dionys] *Dionysios der Ältere (430–367 v. u. Z.), seit 404 Tyrann von Syrakus in Sizilien.*
1 Tirannen] *Vgl. zu „Der Ring des Polykrates" (V. 15). Hier bezeichnet der Begriff allgemein einen Gewaltherrscher.*
3 Häscher] *der Häscher: „büttel, gerichtsdiener, stadtknecht" (Grimm 4 II, 526).*
7 Kreutze] *Die Kreuzigung war eine erniedrigende Hinrichtungsart.*
12 gefreit] *„freien" eigentlich: „werben für andere" (Grimm 4 I 1, 107); Grimm paraphrasiert die vorliegende Stelle mit „angetraut" (ebd.).*
14 erwürgen] *allgemein: „töten" (vgl. Grimm 3, 1073).*
22 gebeut] *Flexionsform von „bieten" nach mhd. biuten.*
51 Zeus] *wohl als Herrscher über alle anderen Götter.*
63 und *bis* Erbarmen] *Die Formulierung ist homerisch; vgl. etwa „Ilias" (10, 157).*
71 für] *vor (vgl. Pfleiderer, 389).*
82 heilige] *„heilig" hier wohl wie mhd. heilec, heilic: Heil bringend.*
103 Philostratus] *Der Name ist frei gewählt; vielleicht mit Bezug zu V. 104 (griech. φίλος: Freund; στρατός: Lager).*
120 am Thor] *An den Stadttoren wurden öffentliche Angelegenheiten wie Rechtssachen verhandelt; hier war auch die Richtstätte; vgl. zu „Elegie" (V. 93).*
124 Chor] *„kreis, reigen, menge" (Grimm 2, 617).*
125 erwürget] *Vgl. zu V. 14.*
139–140 Ich *bis* dritte] *Valerius Maximus schließt die Erzählung von Damon und Phintias (so lautet der Name hier) im Abschnitt „De amicitiae vinculo" („Über die Bande der Freundschaft") im 4. Buch der „Factorum dictorumque memorabilium libri" sehr ähnlich: Dionysius eos rogavit, ut* s e i n s o c i e t a t e m   a m i c i t i a e,   t e r t i u m   s o d a l i t i i   g r a d u m   u l t i m a c u l t u r u m   b e n e v o l e n t i a   r e c i p e r e n t. *(1783. S. 230.) (Dionysius „bat sie [...], daß sie ihn in ihr Freundschaftsbündniß aufnehmen mögten, indem er den dritten Rang im Bunde durch die äußerste Liebe sich erhalten wolle"; nach Schmidt, 226.) Bei Cicero lautet der Schluß: Tyrannus petivit, ut se ad amicitiam tertium adscriberent (Schmidt, 227). („Der Tyrann bat, ihn als Dritten in ihre Freundschaft aufzunehmen.")*

426–432   Bürgerlied

ENTSTEHUNG. *Das Gedicht entstand Ende August/Anfang September 1798. Der Kalendereintrag vom 7. September bezieht sich auf dieses Gedicht:* Ceres fertig gemacht. *Vgl. auch Schillers Briefe an Goethe vom 31. August und 5. September 1798.*

ÜBERLIEFERUNG. H: ? – E: Musen-Almanach für das Jahr 1799. S. 189–
199; unterzeichnet: SCHILLER. D: Gedichte 1 (1800). S. 78–88 (mit dem
Titel „Das Eleusische Fest"); danach in: Gedichte ²1 (1804). S. 78–88. Schiller
bestimmte das Gedicht auch für die Prachtausgabe. Vgl. den Text in NA 2 I,
376–382. – Textwiedergabe nach E.

LESARTEN. 1 Aehren,] *Komma fehlt* E   94 nennt,] nennt. E   **201**
Wüste,] *Komma fehlt* E – Vgl. auch die (geringfügigen) Varianten in NA 2 I,
376–382 und LESARTEN dazu in NA 2 II B.

ERLÄUTERUNGEN. Es ist anzunehmen, daß Schiller, der unmittelbar zuvor „Die Bürgschaft" beendet hatte, aus der für die Ballade benutzten Fabelsammlung des Hyginus (vgl. die einleitenden Erläuterungen zu dem Gedicht) Anregungen empfing; so wird in der 147. Fabel die Geschichte von Ceres und Triptolemos erzählt (s. u.) und über die Einsetzung der Thesmophorien in Eleusis (s. u.) berichtet; in der 164. Fabel geht es um die Zivilisierung Attikas und die Gründung der Stadt Athen durch Athene. Daß Schiller jedoch das Sujet des Gedichts schon lange im Sinn hatte, darüber gibt Humboldt Aufschluß: „Eine Idee, mit der Schiller vorzugsweise gern sich beschäftigte, war die Bildung des rohen Naturmenschen, wie er ihn annimmt, durch die Kunst, ehe er der Cultur durch Vernunft übergeben werden konnte. Prosaisch und dichterisch hat er sie mehrfach ausgeführt. Auch bei den Anfängen der Civilisation überhaupt, dem Uebergange vom Nomadenleben zum Ackerbau, bei dem, wie er es so schön ausdrückte, mit der frommen, mütterlichen Erde gläubig gestifteten Bund verweilte seine Phantasie vorzugsweise gern. [Vgl. V. 49–52.] Was die Mythologie hiermit Verwandtes darbot, hielt er mit Begierde fest. Ganz den Spuren der Fabel getreu bleibend, bildete er Demeter, die Hauptgestalt in diesem Kreis, indem er sich in ihrer Brust menschliche Gefühle mit göttlichen gatten ließ, zu einer eben so wundervollen, als tief ergreifenden Erscheinung aus. Es war lange ein Lieblingsplan Schillers, die erste Gesittung Attika's durch fremde Einwanderungen episch zu behandeln. Das E l e u s i s c h e F e s t ist an die Stelle dieses unausgeführt gebliebenen Plans getreten." (Ueber Schiller [1830], 37–38.)

Auf der Rückseite von Humboldts Brief an Schiller vom 29. August 1795 findet sich eine Aufzeichnung Schillers über den geplanten Inhalt der „Horen"-Stücke 9–11 des Jahrgangs 1795 (vgl. NA 35, 607); für das 11. Stück war u. a. ein Bürgerlied vorgesehen, das nicht erschien; es ist möglich, daß dieser Titel in den von Humboldt angedeuteten Zusammenhang gehört.

Seine kulturhistorische Thematik stellt das „Bürgerlied" in eine Reihe mit Gedichten wie „Die Künstler" oder „Elegie"; die zentrale Gestalt der Demeter knüpft überdies den Zusammenhang zur „Klage der Ceres", die in der Ausgabe letzter Hand unmittelbar vorhergehen sollte, so wie „Die Künstler" unmittelbar folgen sollten. Hiervon abgesehen, ist die Geschichte der Menschheitsentwicklung wiederholt Gegenstand der theoretischen Schriften Schillers, worauf Humboldt schon hinwies: von der Dissertation „Versuch über den Zusammenhang der thierischen Natur des Menschen mit seiner geistigen" (vgl.

NA 20, 53–56), über die Jenaer Antrittsrede "Was heißt und zu welchem Ende studiert man Universalgeschichte?" (vgl. NA 17, 364–366) und der Schrift "Etwas über die erste Menschengesellschaft nach dem Leitfaden der Mosaischen Urkunde" (vgl. NA 17, 398–413) bis zu den Briefen "Ueber die ästhetische Erziehung des Menschen"; vgl. besonders den 24. bis 27. Brief (NA 20, 388–412). (Weitere Hinweise finden sich in den Erläuterungen zu den genannten Gedichten.)

Körner nahm das Gedicht skeptisch auf; er glaubte, es spreche nur ein kleines Publikum an, weil das fremde Costum *eine allgemeine Wirkung verhindere (an Schiller vom 13. Oktober 1798). Schiller teilte diese Bedenken; er machte den trocknen Stoff, weniger die mythischen Maschinen dafür verantwortlich: [...] der Teufel mache etwas poetisches aus dem unpoetischsten aller Stoffe. (An Körner vom 29. Oktober 1798.) In der Almanach-Kritik wiederholte Körner seine Auffassung, das Gedicht mit seinem höchst idealisirten Stoffe sei nur für die Gebildeten und* Denker, trotz des einfachen und heiteren Tons des Ganzen *(an Schiller vom 20. Februar 1799; Beilage).*

Das Gedicht stellt sich als Lied zum "Eleusischen Fest" dar. In Eleusis, der Stadt an der Bucht des Saronischen Golfs in Attika, wurde Demeter, lat. Ceres, auf der Suche nach ihrer Tochter Persephone von König Keleos freundlich aufgenommen; die Göttin ließ sich dort einen Tempel errichten, übergab Triptolemos, dem Sohn des Königs, Weizen und beauftragte ihn, den Ackerbau und zugleich ihren Kult überall zu verbreiten. Demeter wurde als "die Mutter Erde" verehrt, als Göttin der Fruchtbarkeit und des Wachstums, des Ackerbaus und des Getreides; sie führte Seßhaftigkeit und Gesetzlichkeit ein und galt deshalb als Begründerin des menschlichen Kulturstandes. Ihr zu Ehren wurden mehrere Feste gefeiert, u. a. in ganz Griechenland das (nur Frauen vorbehaltene) Fest der Thesmophorien im Monat der Aussaat, in Attika und Eleusis die Mysterien der (Großen) Eleusinien, ein neuntägiges Fest im September; am sechsten Tage fand eine Prozession von Athen nach Eleusis statt, wo die Wiedervereinigung Demeters mit ihrer Tochter gefeiert wurde; auch das Ehrenfest der Thalysien, von Theokrit in der siebten seiner Idyllen dargestellt, stand unter dem Schutz der Demeter. – Die Handlung des Gedichts, die Stadtgründung durch Demeter, ist frei erfunden.

Vgl. auch die Erläuterungen zum Wiederabdruck des Gedichts unter dem Titel "Das Eleusische Fest".

2 Cyanen] *lat. cyanus: botanischer Name der (blauen) Kornblume.*
4 Königin] *Demeter.*
10 Troglodyte] *in der antiken Ethnographie Bezeichnung für höhlenbewohnende Völkerschaften in Äthiopien; Herodot berichtet über sie (vgl. 4, 183). Im 26. Brief "Ueber die ästhetische Erziehung des Menschen" wird die troglodytische und nomadische Lebensweise in einen vorkulturellen Zustand verwiesen, der erst mit dem Leben* in eigener Hütte zu Ende sei *(NA 20, 398).*
11 Nomade] *Vgl. zu V. 10.*
11 Triften] *nach mhd. trîben ([Vieh] treiben), seit der Schäferdichtung des 17. Jahrhunderts poetisch für Wiese, grünes Land (vgl. auch Grimm 11 I 2, 498).*
16 Unglücksstrand] *Von den Taurern berichtet Herodot, sie hätten jeden*

Fremdling, der an ihre Küste verschlagen worden sei, der Artemis geopfert; die Taurer selbst sagten, die Opfer würden der Iphigenie dargebracht (vgl. 4, 103).
23 heitre Säule] Vgl. „Die Götter Griechenlandes" (V. 89).
34 unser Bild] Von Prometheus erzählt Ovid, er habe Menschen nach dem Bild der Götter geformt (vgl. Metamorphosen 1, 82–86).
42 der Selgen Chor] Umschreibung für griech. μάκαρες: Selige; so nannten die Griechen ihre Götter.
42 Chor] „kreis, reigen, menge" (Grimm 2, 617).
48 gequältes Herz] durch den Verlust der Tochter; vgl. „Klage der Ceres".
51 Glaubig] Zur Verhinderung des Umlauts vor Labial im Oberdeutschen vgl. Pfleiderer, 297.
54 Monde] Monate.
56 Im melodischen Gesang] Gemeint ist die nach pythagoreischer Anschauung durch die Bewegung der Planeten hervorgerufene „Sphärenmusik".
57–58 Und bis verhüllt] Bei Homer erscheinen die Götter den Menschen nur, indem sie eine verwandelte Gestalt annehmen; ihre Schutzbefohlenen pflegen sie in Nebel zu hüllen; vgl. „Ilias" (3, 380–381), „Odyssee" (7, 140–143), auch Vergils „Äneis" (1, 586–587).
73–80 Und bis schwillt] Vgl. „Elegie" (V. 85–86).
89 Vater Zeus] Demeter redet den Bruder homerisch an: „Ζεῦ πάτερ", beginnen viele Gebete; vgl. auch „Das Glück" (V. 25) und die Erläuterungen dazu.
95–96 Nimm bis erkennt] homerische Vorstellung; vgl. „Ilias" 5, 127–128.
97–104 Und bis Aar.] Vgl. zu dieser Strophe die Schilderung vom Opfer des Elias auf dem Berge Karmel (1 Kön. 18, 36–39).
100 Blitz] Donner und Blitz als Willenskundgebung des Zeus; vgl. „Ilias" (2, 353; 13, 242–244); „Odyssee" (20, 102–103).
104 Aar] Der Adler war der dem Zeus gewidmete Vogel; sein Erscheinen signalisierte das Wohlwollen des Gottes; vgl. „Ilias" (24, 292–295; 24, 315).
109 Wehre] Waffen (vgl. Grimm 14 I 1, 148).
113–192 Und bis dar.] Vgl. zu diesem Götterreigen „Elegie" (V. 83–90).
119 des Styx verborgne Mächte] Gemeint sind die Gottheiten der Unterwelt: Hades und Persephone, die Totenrichter Minos, Rhadamanthys und Aiakos, auch die Erinyen.
121 Gott der Esse] Hephaistos.
129 Minerva] trotz des Speers (V. 130), der sie als Kriegsgöttin ausweist, hier als Beschützerin der Staaten und Städte (insbesondere Athens) und deren inneren wie äußeren Friedens.
137–144 Und bis Raum.] Vgl. zu dieser Tätigkeit Demeters die „Elegie" (V. 41–44).
138 Plan] Ebene (vgl. Grimm 7, 1883).
140 Grenzgott] Terminus.
141 Kette] nach Grimm eine „meszkette, zum feldmessen" (5, 632).
145–152 Alle bis Fichtenwald.] Die Strophe folgt Homers „Odyssee" (6, 102–106).
154 der Schilfbekränzte Gott] Griechen und Römer sahen in den Flüssen Gott-

heiten; die wichtigsten waren bei den Griechen Acheloos, bei den Römern Tiberinus, der − wie andere auch − mit schilfbedecktem Haupt dargestellt wurde; vgl. Vergils „Äneis" (8, 31−34).
155 Floß] *hier wohl „die auf dem wasser, durch band und flechtwerk [...] zusammenhängenden [...] baumstämme", die der Fluß transportiert (Grimm 3, 1819); zum Maskulinum vgl. Adelung (2, 219).*
157 die leichtgeschürzten Stunden] *Die Horen als Göttinnen der Jahreszeiten wurden, einen Reigen tanzend, in geschürzten Kleidern dargestellt.*
161 Meergott] *Poseidon.*
162 Tridentes] *lat. tridens: Dreizack; Attribut des Poseidon. Mit einem Dreizack spaltete er den gyraiischen Felsen (vgl. Odyssee 4, 505−506). Im vorliegenden Zusammenhang (vgl. V. 168) wird der Gott wohl erwähnt, weil er nach Homers „Ilias" für König Laomedon die Mauern Trojas errichtete (vgl. 21, 446).*
167 Hermes] *Da er u. a. auch der Gott des Handels und der Kaufleute war, könnte sein Erscheinen hier zusammen mit Poseidon bei der Gründung der Stadt als Hinweis auf die künftige Blüte von Handel und Schiffahrt gedeutet werden.*
170 Apoll] *Er nahm zusammen mit Poseidon an der Erbauung Trojas teil; vgl. „Ilias" (21, 441−449).*
175−176 Leise *bis* Stein] *Von Amphion, dem Sohn des Zeus und der Antiope, wird erzählt, beim Bau der Stadt Theben hätten die Steine sich nach dem Klang seiner Lyra von selbst zur Mauer zusammengesetzt.*
186 Götterkönigin] *Hera als Gattin des Zeus und Beschützerin der Ehe.*
189 Knaben] *Amor hier, wie in hellenistischer Zeit, als Knabe vorgestellt.*
201−208 Freiheit *bis* seyn.] *Die Vorstellung vom Menschen als einem Wesen in der Mitte zwischen Tier und Gott ist Schiller schon früh vertraut; sie findet sich in der Dissertation „Versuch über den Zusammenhang der thierischen Natur des Menschen mit seiner geistigen" (vgl. NA 20, 47) und in der „Anthologie auf das Jahr 1782" (vgl. An einen Moralisten, V. 45−48, und die Erläuterungen dazu). Auch von der spezifisch menschlichen Anlage zur Geselligkeit und ihrer Entwicklung im Lauf der Menschheitsgeschichte ist schon in der Dissertation die Rede (vgl. NA 20, 53−54). Wie weit Aristoteles' Wort vom Menschen als πολιτικὸν ζῷον im Unterschied zu Tier und Gott in der „Politik" (1, 2) hier anregend wirkte − Schiller hatte 1797 die „Poetik" des Aristoteles studiert −, sei dahingestellt.*

433   Poesie des Lebens / An ***

ENTSTEHUNG. *Das Gedicht entstand schon im Juni 1795. Vgl. Schillers Brief an Goethe vom 12. Juni 1795. Ob Schiller das Gedicht für den Druck überarbeitet hat, ist auf Grund der Überlieferungslage nicht zu bestimmen.*

ÜBERLIEFERUNG. *H: ? − E: Musen-Almanach für das Jahr 1799. S. 202− 203; unterzeichnet: SCHILLER. D: Gedichte 1 (1800). S. 153−154; danach in:*

Gedichte ²1 *(1804). S. 153–154. Schiller bestimmte das Gedicht auch für die Prachtausgabe seiner Gedichte. Vgl. NA 2 I, 415–416. – Textwiedergabe nach E.*

ERLÄUTERUNGEN. *Schiller stellte in einem Brief an Körner vom 17. [und 22.] Januar 1789 die Frage:* Was ist das Leben der Menschen, wenn ihr ihm nehmt, was die Kunst ihm gegeben hat? Ein ewiger aufgedeckter Anblick der Zerstörung. *Die Antwort auf diese Frage gibt die an einen fiktiven Adressaten gerichtete gereimte Epistel, wie Schiller sein nach sechs Jahren historischer und philosophischer Studien erstes poetisches Produkt aus dem Jahr 1795 bezeichnete (an Goethe vom 12. Juni 1795; vgl. V. 18–35); er wolle sich damit eine* Brücke bauen, um den Weg zurück *von Metaphysik zu Gedichten zu finden, was ihm nach eigenem Geständnis Schwierigkeiten bereitete.*

Über die Gründe für die späte Publikation lassen sich nur vage Vermutungen anstellen. Aus der Tatsache, daß weder Humboldt noch Körner um ihre Meinung zu dem Gedicht befragt wurden, scheint hervorzugehen, daß Schiller ihm, als bloßer Vorübung zur neu einsetzenden lyrischen Arbeit, keinen allzu hohen Rang beimaß. Erwachsen aus verworfenem Material zu dem Gedicht „Die Künstler" (vgl. Kurscheidt, „Poesie des Lebens" [1984], 179–180), gehörte es schon zur Zeit seiner Entstehung einer vergangenen Schaffensperiode an, der Schiller distanziert gegenüberstand; vgl. sein kritisches Urteil über die „Künstler" im Brief an Körner vom 27. Mai 1793. Es mochte auch gestört haben, daß sich die rhetorische Form einer „Epistel" nicht recht zum Plädoyer für Schönheit und Poesie schicken wollte, wie eine solche Apologie überhaupt im ersten Jahrgang eines neuen Musenalmanachs wenig am Platze schien.

Der Rückgriff auf das Gedicht könnte mit dessen Thematik zusammenhängen, dem Verhältnis von Wahrheit und Schein, das für Schiller im Verlauf der Arbei am „Wallenstein" neues Interesse gewann. Die Schlußstrophe des „Prologs zu Wallensteins Lager" (V. 133–138) gibt darüber Auskunft.

Eine prosaische Antwort auf die eingangs zitierte Frage hatte nur kurze Zeit nach dem Gedicht schon die Abhandlung „Ueber naive und sentimentalische Dichtung" geliefert; in deren letztem Teil, in dem es um das Verhältnis von Idealismus und Realismus geht, erläutert Schiller den Begriff eines „Realisten", indem er von ihm abzieht, was er poetisches *hat; das Ergebnis entspricht dem des Gedichts:* Es bleibt alsdann von dem erstern [dem Begriff des „Realisten"] nichts übrig, als, in Rücksicht auf das theoretische, ein nüchterner Beobachtungsgeist und eine feste Anhänglichkeit an das gleichförmige Zeugniß der Sinne; in Rücksicht auf das praktische eine resignirte Unterwerfung unter die Nothwendigkeit [...] der Natur: eine Ergebung also in das, was ist und was seyn muß. *(NA 20, 492.)*

Körner bemerkte nach der Veröffentlichung unter Anknüpfung an Schillers frühere Charakterisierung des Gedichts als „Epistel": Es ist ein Fragment eines idealisirten Briefs im höchsten poetischen Schmuck, *und* zählte es *zur rhetorischen Classe (an Schiller vom 20. Februar 1799; Beilage).*

1 Schattenbildern] *Vgl. zum Begriff des „Schattens" die Gedichte „Die Künstler" (V. 23) und „Das Reich der Schatten" sowie die Erläuterungen dazu.*
2 Schein] *Über den Begriff des „schönen" Scheins und seine Legitimation im*

POESIE DES LEBENS / DES MÄDCHENS KLAGE 657

*Gegensatz zum „logischen" Schein handelt Schiller ausführlich im 26. Brief
„Ueber die ästhetische Erziehung des Menschen" (vgl. NA 20, 399–404, besonders 402–403).*
3 trügrischem Besitz] *In den „Künstlern" dagegen ist von lieblichem Betruge
(V. 76) die Rede.*
4 Entblößt bis sehn.] *Im Hintergrund steht die Venus-Allegorie in „Die Künstler" (vgl. V. 54–65, 433–442).*
11 das bis Noth] *Gemeint ist: „das furchtbare Gebot der (physischen) Notwendigkeit".*
13 der bis Herrschaft] *In „Die Götter Griechenlandes" wurde dagegen Venus
(Urania) als Göttin der Wahrheit eine ernste strenge Göttin (V. 197) genannt.*
14 Wie bis Nothwendigkeit] *Vgl. „Die Künstler" (V. 311–315); dort verhelfen
gerade Grazien und Musen zur Gelassenheit gegenüber dem Geschick.*
16 Porte] *lat. portus: Hafen.*
18–27 Erschreckt bis Grab.] *Vgl. die Beschreibung der entgötterten Natur
(V. 168) in „Die Götter Griechenlandes".*
19 Liebesgötter] *Vor allem in der darstellenden Kunst begegnet eine Vielzahl
von kindlich-knabenhaften Eroten als Amoretten, Genien oder Putti.*
22 Die Schwester Göttinnen] *wohl die Chariten, lat. Grazien.*
25–35 Des Traumes bis Versteinerung] *Vgl. zum Schleier-Motiv die Venus-Allegorie in „Die Künstler" (siehe zu V. 4) und „Das verschleierte Bild zu
Sais", zum Inhalt der Verse das Schicksal des Jünglings in diesem Gedicht.*
28 zauberische Binde] *Auf Abbildungen erscheint Eros mit verbundenen Augen:
Anzeichen für die Blindheit der Liebe.*
29 Cytherens Sohn] *Eros als Sohn der Aphrodite.*

434 **Des Mädchens Klage**

ENTSTEHUNG. *Schiller schickte das Gedicht am 5. September 1798 an Goethe; es ist vermutlich unmittelbar vorher entstanden. Die beiden ersten Strophen übernahm Schiller in den zweiten Teil des „Wallenstein" (Die Piccolomini, V. 1757–1766; NA 8, 130).*

ÜBERLIEFERUNG. *H: ? – E: Musen-Almanach für das Jahr 1799. S. 208–
209; unterzeichnet: SCHILLER. D: Gedichte 1 (1800). S. 67–68; danach in:
Gedichte ²1 (1804). S. 67–68. Schiller bestimmte das Gedicht auch für die
Prachtausgabe. Vgl. NA 2 I, 200. – Textwiedergabe nach E.*

LESARTEN. *Vgl. die in Versanordnung und damit Strophenform veränderte
(dem Lied Theklas in den „Piccolomini" folgende) Fassung in NA 2 I, 200.*

ERLÄUTERUNGEN. *Goethe, dem Schiller das klein Liedchen am 5. September 1798 zur Begutachtung schickte, fand das Gedicht allerliebst, es habe
vollkommen den Ton der* K l a g e. *(An Schiller vom 6. September 1798.) Unter diesem Stichwort ist auf Schillers Gedicht „Nänie" hinzuweisen, in dem*

über den Untergang des Schönen auf dieser Welt geklagt wird; nur als Klaglied
[...] im Mund der Geliebten *sei es zu bewahren (V. 13). Im vorliegenden Gedicht geht es um die individuelle Situation der Trauer über eine verlorene Liebe; Thekla singt die beiden ersten Strophen in den „Piccolomini", nachdem ihre Liebe zu Max gescheitert ist; nach dessen Tod sagt sie:* Das ist das Los des Schönen auf der Erde! *(Wallensteins Tod. IV 12. V. 3180; NA 8, 318).*
Vgl. in diesem Zusammenhang auch das Gedicht „Thekla. Eine Geisterstimme".

Einflüsse auf Stimmung und Ton des Gedichts mögen, durch Herder vermittelt, von altenglischen Volksliedern ausgegangen sein; das Lied „Das Mädchen am Ufer" beginnt:

> Die See war wild im Heulen
> Der Sturm, er stöhnt mit Müh,
> Da saß das Mädchen weinend,
> Am harten Fels saß sie
> [...]

(Volkslieder [1778-1779] 1, 77). Ein anderes Lied mit dem gleichen Titel erinnert im Versmaß an Schillers Gedicht:

> Im säuselnden Winde, am murmelnden Bach
> Saß Lila auf Blumen und weinet' und sprach:
> [...]

(Ebd. 2, 18.) – Körner rechnete das Gedicht zu einer Gattung, die Schiller früher nicht gelungen sei, weil ihm ihre Produkte für den Geist nicht reichhaltig genug erschienen seien, nämlich zu einer Lyrik des reinen Gefühls (an Schiller vom 20. Februar 1799; Beilage).

Die Sprecher der Strophen sind in der ersten der Dichter, in der zweiten und vierten das Mädchen, in der dritten die himmlische *(V. 21), zuvor als* Du Heilige *(V. 12) apostrophiert; möglicherweise ist Maria, die Mutter Gottes, gemeint.*

INHALTSVERZEICHNIS
des zweiten Bandes
Teil II A

INHALT

Gedichttitel, die von den Herausgebern stammen, sind in eckige Klammern eingeschlossen. Gedichte ohne Titel werden mit ihren Anfangsworten in kursiver Schrift angeführt; dies geschieht auch – zur Unterscheidung – hinter gleichlautenden Gedichttiteln. Die Überschriften der 103 Epigramme der „Tabulae votivae" und die 414 Distichen der „Xenien" sind nicht einzeln verzeichnet, sondern mit Hilfe des „Registers der Gedichtüberschriften und Gedichtanfänge" in NA 2 I, 484–544 zu ermitteln. Wenn keine anderen Angaben gemacht werden, bestehen die Anmerkungen zu den einzelnen Gedichten aus den Abschnitten ENTSTEHUNG, ÜBERLIEFERUNG, (gegebenenfalls) LESARTEN sowie ERLÄUTERUNGEN.

GEDICHTE (ANMERKUNGEN ZU BAND 1)

Vorbemerkung 7
Verzeichnis der Siglen und Abkürzungen 8
Zu den Einzelgedichten
    Vorbemerkungen 10

Gedichte
Erster Band

Zu den Jugendgedichten
    1. Reim 14
    2. Sprache 15
    3. Stil 16

Gedichte in der Reihenfolge ihres Erscheinens 1776–1799

Os magna sonaturum 1776–1780 17

Der Abend 18
Der Eroberer 21
[Aus „Selim und Sangir"] 23
[Aufschriften für ein Hoffest] 24

INHALTSVERZEICHNIS

Empfindungen der Dankbarkeit beim NahmensFeste Ihro Excellenz der
Frau Reichsgräfin von Hohenheim 25
   1. Von der Akademie 26
   2. Von der École des Demoiselles 26
Die Gruft der Könige 26
Triumphgesang der Hölle 27
Der Venuswagen 28
Die Entzükung / an Laura 32

Stammbuchblätter 1776–1781

[Für Ferdinand Moser] 34
   Seelig ist der Freundschafft himmlisch Band 34
   Sperat infestis 34
[Für Immanuel Elwert] 35
   So eingeschrenckt der Mensch ist 35
   Ist einer krank 35
[Für Heinrich Friedrich Ludwig Orth] 35
[Für Johann Christian Wekherlin] 36
[Einem ausgezeichneten Esser] 37
[Für Karl Philipp Conz] 37
[Für einen Unbekannten] (*Ein edles Herz*) 37

Trauergedichte 1780–1782

Trauer-Ode auf den Todt des Hauptmanns Wiltmaister 38
Elegie auf den frühzeitigen Tod Johann Christian Weckerlins 39
Todenfeyer am Grabe Philipp Friderich von Riegers 43

Anthologie auf das Jahr 1782   45

Die Journalisten und Minos 47
Fantasie / an Laura 49
Bacchus im Triller 51
An die Sonne 52
Laura am Klavier 57
Die Herrlichkeit der Schöpfung 58
Elegie auf den Tod eines Jünglings 60
Roußeau 61
Die seeligen Augenblike / an Laura 65
Spinoza 65
Die Kindsmörderin 66
In einer Bataille / von einem Offizier 70
An die Parzen 71
Der Triumf der Liebe 72
Klopstok und Wieland 76
Gespräch 77

Vergleichung	78
Die Rache der Musen	79
Das Glück und die Weisheit	80
An einen Moralisten	80
Grabschrift eines gewissen – Physiognomen	81
Eine Leichenfantasie	82
Aktäon	86
Zuversicht der Unsterblichkeit	86
Vorwurf / an Laura	86
Ein Vater an seinen Sohn	88
Die Messiade	88
Kastraten und Männer	89
An den Frühling	91
Hymne an den Unendlichen	92
Die Gröse der Welt	94
Meine Blumen	96
Das Geheimniß der Reminiszenz	97
Gruppe aus dem Tartarus	101
Die Freundschaft	101
Die Wirtemberger	106
Melancholie / an Laura	106
Die Pest	109
Das Muttermal	110
Monument Moors des Räubers	111
Morgenfantasie	113
An Minna	114
Elisium	115
Quirl	117
Die schlimmen Monarchen	117
Graf Eberhard der Greiner von Wirtemberg	121
Baurenständchen	123
Die Winternacht	123

Auf der Flucht 1782–1783 /

Stammbuchblätter und Gelegenheitsgedichte 1784–1786 . . . 124

Auf der Flucht 1782–1783

[Aus „Teufel Amor"]	124
Hochzeitgedicht auf die Verbindung Henrietten N. mit N. N.	125
Wunderseltsame Historia des berühmten Feldzuges [...]	126
Prolog (*Sie – die, gezeugt aus göttlichem Geschlechte*)	133

INHALTSVERZEICHNIS 663

Stammbuchblätter und Gelegenheitsgedichte 1784–1786

[Für Rahbek] 133
[Für Spangenberg] 134
[An Körner. In dessen Exemplar der Anthologie] 135
Unserm theuren Körner 135
[An Körner. Zu dessen Hochzeit, 7. August 1785] 136
Am 7. August 1785 137
Unterthänigstes Pro memoria 138

Thalia 1786

Freigeisterei der Leidenschaft 141
Resignation 143
An die Freude 146
Die unüberwindliche Flotte 152

Dresden 1787

Ein Wechselgesang 155
[An Elisabeth Henriette von Arnim] 156

Weimar, Rudolstadt, Volkstedt 1787–1788

[An Caroline Schmidt] 157
Prolog (*Der Frühling kam*) 158
Die Priesterinnen der Sonne 159
[In das Stammbuch Charlottens von Lengefeld] 161
Die Götter Griechenlandes
    Entstehung 162
    Überlieferung 162
    Lesarten 162
    Dokumente zu Entstehung und Aufnahme 162
    Erläuterungen 168
[In die Holy Bible für Frau von Lengefeld] 175
Die berühmte Frau 176
Die Künstler
    Entstehung 178
    Überlieferung 178
    Lesarten 178
    Dokumente zu Entstehung, Kritik und Selbstdeutung
        aus Schillers Briefwechsel 179
    Erläuterungen 191

Stammbuchblätter 1790–1797

[Für Karl Graß] 204
[Für Jens Baggesen] 204
[Für Johannes Groß] 205
[Für Behaghel von Adlerskron] 206
[Für Franz Paul v. Herbert (?)] (richtig: [Für Friedrich Immanuel Niethammer]) 206
[Für Georg Friedrich Creuzer] 207
[Für Karl Wilhelm Justi] 208
[Für denselben] 208
[Für H. v. T.] 209
[Für Sophie Nösselt] 210
[Für einen Kunstfreund] 211
[Für Friederike Brun] 212
[Für F. C. J. (richtig: F. L. J.) Bodemann] 212

Musen-Almanach für das Jahr 1796

Die Macht des Gesanges 213
Das Kind in der Wiege 215
Odysseus 215
Das Unwandelbare 216
Zevs zu Herkules 216
Der Tanz 217
Spruch des Confucius 219
Würden 220
Deutschland und seine Fürsten 221
Pegasus in der Dienstbarkeit 221
Der spielende Knabe 223
Die Ritter des Spitals zu Jerusalem 224
Der Sämann 225
Die zwei Tugendwege 226
Die Ideale 227
Der Kaufmann 230
Ein Wort an die Proselytenmacher 230
Der beste Staat 231
Der Abend / nach einem Gemählde 231
Der Metaphysiker 232
Columbus 233
Würde der Frauen 234
Stanzen an den Leser 237

INHALTSVERZEICHNIS   665

Die Horen 1795–1796

Das Reich der Schatten
  Entstehung 238
  Überlieferung 238
  Lesarten 239
  Dokumente zu Entstehung, Kritik und Selbstdeutung
    aus Schillers Briefwechsel 240
  Erläuterungen 250
Natur und Schule 259
Das verschleierte Bild zu Sais 262
Der philosophische Egoist 265
Die Antike an einen Wanderer aus Norden 266
Deutsche Treue 267
Weißheit und Klugheit 269
An einen Weltverbesserer 270
Das Höchste 271
Ilias 271
Unsterblichkeit 272
Elegie
  Entstehung 273
  Überlieferung 273
  Lesarten 273
  Dokumente zu Entstehung, Kritik und Selbstdeutung
    aus Schillers Briefwechsel 275
  Erläuterungen 285
Die Theilung der Erde 294
Die Thaten der Philosophen 295
Theophanie 296
Einem jungen Freund als er sich der Weltweißheit widmete . . 297
Archimedes und der Schüler 297
Menschliches Wissen 298
Die Dichter der alten und neuen Welt 299
Schön und erhaben 300
Der Skrupel 301
Karthago 301
Ausgang aus dem Leben 302
Der Dichter an seine Kunstrichterin 302

Musen-Almanach für das Jahr 1797

Das Mädchen aus der Fremde 303
Pompeji und Herkulanum 304
Politische Lehre 307
Die beste Staatsverfassung 307

An die Gesetzgeber 308
Würde des Menschen 308
Majestas populi 309
Das Ehrwürdige 310
Klage der Ceres 310
Jetzige Generation 312
Falscher Studiertrieb 313
Jugend 313
Quelle der Verjüngung 314
Der Aufpasser 314
Die Geschlechter 315
Der Naturkreis 317
Der epische Hexameter 318
Das Distichon 318
Die achtzeilige Stanze 319
Das Geschenk 320
Grabschrift 320
Der Homeruskopf als Siegel 321
Der Genius mit der umgekehrten Fackel 321
Macht des Weibes 322
Tugend des Weibes 323
Weibliches Urtheil 323
Forum des Weibes 324
Das weibliche Ideal / An Amanda 324
Die schönste Erscheinung 325
An die Astronomen 325
Innerer Werth und äußere Erscheinung 326
Freund und Feind 327
Der griechische Genius / an Meyer, in Italien 327
Erwartung und Erfüllung 328
Das gemeinsame Schicksal 328
Menschliches Wirken 329
Der Vater 329
Der Besuch 330
Liebe und Begierde 331
Güte und Größe 331
Der Fuchs und der Kranich / An F. Nicolai 332
Die Sachmänner 333
Tabulae votivae / Xenien
    Entstehung 333
    Textwiedergabe 333
    Überlieferung 334
    Konkordanz der überlieferten Textzeugen, Erstdrucke und späterer
        Drucke der „Tabulae votivae" (T) und „Xenien" (X) in NA 1/2 I 341
    Konkordanz der „Xenien"-Sammelhandschrift h^8 (H^b) mit den „Tabulae votivae" und „Xenien" in NA 1/2 I 362

INHALTSVERZEICHNIS 667

Tabulae votivae (Nr 1–103)
   Lesarten und Erläuterungen 384
Vielen 420
Einer 425
Xenien (Nr 1–414) 426
   Dokumente zu Entstehung und Aufnahme
     aus Schillers Briefwechsel 429
   Zu den Erläuterungen der „Xenien" 454
   Lesarten und Erläuterungen 455

Musen-Almanach für das Jahr 1798

Der Ring des Polykrates 601
Der Handschuh 605
Ritter Toggenburg 607
Elegie / an Emma 608
Der Taucher 608
Reiterlied 612
Die Urne und das Skelet 613
Das Regiment 614
Die Worte des Glaubens 614
Nadowessische Todtenklage 615
Der Obelisk 617
Der Triumphbogen 618
Die schöne Brücke 618
Das Thor 619
Die Peterskirche 619
Licht und Wärme 619
Breite und Tiefe 620
Die Kraniche des Ibycus
   Entstehung 621
   Überlieferung 621
   Lesarten 621
   Dokumente zu Entstehung, Kritik und Selbstdeutung 621
   Erläuterungen 630
Das Geheimniß 636
Der Gang nach dem Eisenhammer 637

Die Horen 1797

Hofnung 641
Die Begegnung 641

Gelegenheitsgedichte 1797

Zum Geburtstag der Frau Griesbach 642
An Demoiselle Slevoigt 643

Musen-Almanach für das Jahr 1799

Das Glück 643
Der Kampf mit dem Drachen 646
Die Bürgschaft 649
Bürgerlied 651
Poesie des Lebens / An *** 655
Des Mädchens Klage 657